*Willi Mues: DER GROSSE KESSEL*

WILLI MUES

# DER GROSSE KESSEL

Eine Dokumentation
über das Ende des Zweiten Weltkrieges
zwischen Lippe und Ruhr /
Sieg und Lenne

Erwitte/Lippstadt 1984

DENEN *die in jenen Tagen*
*noch ihr Leben gaben,*
*zum steten Gedenken*

DENEN *die diese Tage erlebten*
*und überlebten,*
*zur Erinnerung*

DENEN *die diese Tage*
*nie erlebten, zur Mahnung,*
*den Frieden zu bewahren*

DER VERFASSER

am 35. Jahrestag der Kesselschließung,
dem Beginn seiner Arbeit

ISBN 3-9800968-2-3

Im Selbstverlag des Verfassers:


Druck: Laumanns Druck und Verlagsgesellschaft mbH, 4780 Lippstadt
Bucheinband: Großbuchbinderei Bernhard Gehring, 4800 Bielefeld

1. Auflage August 1984
2. Auflage Dezember 1984
3. Auflage Februar 1985
4. Auflage März 1987

Printed in West Germany

*Dieser Gedenkstein steht am Eingang von Gut Warte am südwestlichen Stadtrand von Lippstadt, etwa zwei Kilometer westlich der Stelle, wo sich am 1. April 1945 die amerikanischen Panzerspitzen trafen, um den Ruhrkessel zu schließen.*

*Was aber tatsächlich geschah in dem Kriege, erlaubte ich mir nicht nach Auskünften des ersten besten aufzuschreiben, auch nicht nach meinem Dafürhalten, sondern bin Selbsterlebtem und Nachrichten von andern bis ins einzelne nachgegangen.*

*Mühsam war diese Forschung, weil die Zeugen der einzelnen Ereignisse nicht dasselbe über dasselbe aussagten, sondern je nach Gunst oder Gedächtnis. Zum Zuhören wird vielleicht diese undichterische Darstellung minder ergötzlich scheinen; wer aber das Gewesene klar erkennen will . . ., der mag es so für nützlich halten, und das soll mir genug sein.*

Thukydides

Geschichte des Peloponnesischen Krieges, I 22

# Ein Wort zuvor

*Über das Ende des Zweiten Weltkrieges ist bereits eine vielfältige Literatur erschienen. Für den zentralwestfälischen Raum fehlt jedoch eine Gesamtdarstellung. Mit vorliegendem Werk — fast 40 Jahre nach jenen schicksalsschweren Tagen erstellt — will ich versuchen, diese zu bieten. Nach mehrjährigen Forschungsarbeiten lege ich eine Dokumentation vor, in der erstmals in größerem Umfang der Einsatz der deutschen Wehrmacht geschildert wird.*

*Vom damals 17jährigen Flakhelfer bis zum Chef des Generalstabes der Heeresgruppe B konnte ich noch Zeitzeugen befragen. Vielerorts und für gewisse Einheiten sind solche Zeugen des Geschehens allerdings nach fast 40 Jahren kaum noch zu ermitteln; außerdem ist bei vielen Kriegsteilnehmern das Erinnerungsvermögen verblaßt. Für die Darstellung der Ereignisse im Sauerland standen mir einige brauchbare Heimatbücher zur Verfügung, während mir für die Schilderung der Kriegsgeschehnisse in anderen Gegenden jegliche Literatur fehlt.*

*Der Ablauf der Ereignisse wird in dieser Dokumentation vorwiegend nach amerikanischen Darstellungen geschildert, da in ihnen die Orts- und Zeitangaben durchweg präziser sind als in den wenigen deutschen Quellen. Die in alliierter Gefangenschaft erarbeiteten Studien deutscher Generale und Generalstabsoffiziere wurden — wie auch andere brauchbare Aufzeichnungen und Aussagen — in die Gesamtdarstellung mit eingebaut. Trotzdem kann nach so langer Zeit schwerlich eine vollständige Geschichte geschrieben werden, da viele Augen- und Ohrenzeugen bereits nicht mehr leben. Dies gilt vor allem für den Bereich der südlichen Kesselfront.*

*Mir kam es besonders darauf an, die näheren Umstände der Kesselschließung zu ergründen und vor allem für die Räume eine erste Forschungsgrundlage zu schaffen, in denen dieser Zeitabschnitt bislang wenig oder gar nicht erforscht wurde.*

*Es sollte ein echtes Anliegen der örtlichen Heimatforschung sein, gerade diese Epoche des Zweiten Weltkrieges in allen Einzelheiten zu erforschen. Wenn ich mit vorliegender Dokumentation dafür in manchen Orten den Grundstein legen konnte, hat sich meine Forschungsarbeit gelohnt und dieses Werk seinen Zweck erfüllt.*

*Es dürfte verständlich sein, daß ich den Schilderungen der Ereignisse im heimatlichen Bereich größeren Raum gegeben habe.*

*Mein herzlicher Dank gilt allen Personen und Institutionen, die mir bei der Erstellung dieser Dokumentation Rat und Hilfe gaben.*

*Erwitte, im April 1984*

*Willi Mues*

# Inhaltsverzeichnis

## VORWORT ZUR VIERTEN AUFLAGE

Nach den voraufgegangenen drei Auflagen dieses Werkes gingen mir jeweils zahlreiche Zuschriften von ehemaligen Soldaten und von Zeugen der örtlichen Zeitgeschehnisse zu, die die beschriebenen Ereignisse bestätigten oder ergänzten. Die so gewonnenen neuen Erkenntnisse in der Neuauflage zu berücksichtigen, würde bedeuten, das Buch neu zu gestalten. Aus Kostengründen wäre dies nicht realisierbar. An einigen Stellen wurden jedoch Irrtümer korrigiert.

Willi Mues

# Militärische Lage im Frühjahr 1945

*Nach dem Scheitern der Ardennenoffensive, der letzten deutschen Angriffsoperation im Westen, war es nur noch eine Frage der Zeit, wann die alliierten Armeen in breiter Front die deutschen Reichsgrenzen überschreiten würden.*

*Am 16. Januar 1945 trafen sich bei Houffalize in Belgien die Spitzen der 1. US-Armee und der 2. Britischen Armee, um die durch die deutsche Offensive entstandene Frontlücke zu schließen und einen Großteil der deutschen Angriffsverbände abzuschneiden. Am 8. Februar begann die 1. Kanadische Armee einen Angriff aus dem Raum von Nimwegen auf das deutsche Reichsgebiet. Die 9. US-Armee eröffnete am 23. Februar ihre Offensive aus ihren Brückenköpfen an der Rur gegen das Rheinland. Wenig später traten auch die Verbände der 1. US-Armee aus den Ardennen südlich von Aachen zum Angriff nach Osten an. Bei ihrem Vorstoß entlang der Mosel besetzten Truppen der 3. US-Armee am 3. März Trier. Die kanadischen Truppen erreichten im Norden an diesem Tage Xanten. Am 5. März standen die Spitzen des VII. Korps der 1. US-Armee vor Köln und brachten die linksrheinischen Stadtteile bis zum 7. März völlig unter ihre Kontrolle.*

*Gleichzeitig stießen das III. und das V. Korps der 1. US-Armee nach Süden und Südosten rheinaufwärts vor, um die sich noch in der Eifel befindlichen Verbände aus der Flanke anzugreifen. Von Süden aus griff die 3. US-Armee dieses Gebiet frontal an. In jenen Tagen ging fast das gesamte linksrheinische deutsche Reichsgebiet verloren.*

*Nur mit äußerster Mühe und großen Anstrengungen gelang es den restlichen deutschen Verbänden, der Vernichtung auf dem linken Rheinufer zu entgehen und sich über die letzten Rheinübergänge auf das Ostufer zu retten. Groß und unersetzlich waren die Verluste an Menschen, Panzern, Fahrzeugen und anderen schweren Waffen bei den deutschen Divisionen. Sie hatten vielfach nur noch die Hälfte ihres eigentlichen Sollbestandes, oft auch noch weniger. Einige bestanden nur noch aus regimentsstarken Kampfgruppen und ihren Stäben.*

*Etwa zur gleichen Zeit waren an der Ostfront die sowjetischen Armeen bereits weit auf deutsche Gebiete vorgedrungen, nachdem sie am 12. Januar aus den Brückenköpfen bei Warschau und Baranow zu ihrer Winteroffensive angetreten waren. Am 30. Januar hatten sowjetische Einheiten bei Küstrin schon Brückenköpfe über die Oder gebildet; am 15. Februar wurde Breslau eingeschlossen, am 23. Februar Posen eingenommen, und am 24. Februar erfolgte ein weiterer Durchbruch in Hinterpommern.*

*Aus Ungarn und Jugoslawien zogen sich die geschlagenen deutschen Armeen ebenfalls auf die Reichsgrenzen zurück. In Oberitalien drohte die deutsch-italienische Front nach einem erneuten alliierten Angriff zu zerbrechen. Aus Ostfrankreich traten die 7. US-Armee und die 1. Französische Armee ebenfalls zum Großangriff auf die deutschen Westgrenzen an.*

*In der Luft hatten die Alliierten schon seit Jahren die Oberhand gewonnen, und auch zur See konnte die deutsche Kriegsmarine den alliierten Flotten nichts Gleichwertiges mehr entgegensetzen. Das Dritte Reich war an allen Fronten geschlagen und auf seine Ausgangsbasis zurückgeworfen worden. In ihren letzten großen Angriffsoperationen schickten sich die Alliierten in Ost und West an, die deutschen Armeen — oder was von ihnen noch übrig war — zu zerschlagen und ganz Deutschland zu besetzen.*

*Deutschland war geschlagen — die verantwortlichen Führer wollten es nur nicht einsehen. Bis zur bedingungslosen Kapitulation am 8. Mai sollten noch Tausende von Soldaten und auch Tausende von Zivilisten in Ost und West ihr Leben lassen müssen. Viele kleine Städte und Dörfer in Deutschland, vornehmlich auch in Westfalen, bekamen erst in den letzten Kriegswochen die Geißel des Krieges zu spüren.*

I. Teil:

# Vom Rhein zur Lippe

1. Kapitel

# Schicksalsbrücke Remagen

Seit den Tagen des großen Napoleon hatten keine fremden Truppen den Rhein mehr überschritten, um Deutschland anzugreifen. Lange Zeit galt der Strom bei den westlichen Alliierten als das letzte große Hindernis auf dem Wege in das Herz Deutschlands. Sorgfältig war darum der Rheinübergang der alliierten Armeen von den verantwortlichen Stäben geplant worden. Die alliierten Stabschefs hatten sich nach eingehenden Beratungen auf folgenden Drei-Phasen-Plan geeinigt:

Erste Phase: Montgomery besetzt nach Bereinigung des unteren Rheinlandes das linke Rheinufer von Nimwegen bis Düsseldorf durch zusammenlaufende Angriffe der kanadischen 1. Armee vom Reichswald und der amerikanischen 9. Armee von der Roer. Die amerikanische 9. Armee bleibt für den Rheinübergang unter seinem Kommando.

Zweite Phase: Während Montgomery einen geschlossenen Angriff über den Niederrhein vorbereitet, sichert Bradley das Westufer von Düsseldorf bis Koblenz. Zu diesem Zweck treibt die amerikanische 1. Armee ihren linken Flügel bis Köln vor, um dann südostwärts Flanke und Rücken der deutschen Stellungen in der Eifel anzugreifen. Darauf nimmt die amerikanische 3. Armee, ostwärts angreifend, mit einem Stoß von Prüm gegen Koblenz die Offensive auf.

Dritte Phase: Während Montgomery im Sturmangriff den Niederrhein überschreitet, bereinigen die amerikanische 3. und die amerikanische 7. Armee das Dreieck Mosel — Saar — Rhein und sichern für die Streitkräfte, die bei der Zangenoperation auf das Ruhrrevier das Industriegebiet von Süden umfassen sollen, im Abschnitt Mainz — Karlsruhe Übergangsabschnitte.[1]

Westlich des Rheins waren an alliierten Kräften aufmarschiert von Nord nach Süd: die 21. Britische Armeegruppe (Feldmarschall Montgomery) mit der 1. Kanadischen Armee von der Rheinmündung bis etwa Nimwegen, daran schloß die 2. Britische Armee an bis etwa Wesel. Unterstellt war Montgomery zu dieser Zeit auch die 9. US-Armee (William H. Simpson) bis etwa Düsseldorf. Nach Süden schloß die 12. Alliierte Heeresgruppe an (General Omar N. Bradley) mit der 1. US-Armee (Generalleutnant Cortney Hodges) bis nördlich Koblenz, daran die 3. US-Armee (Generalleutnant George S. Patton) bis südlich Oppenheim. Die südlichste alliierte Angriffsgruppe bildete die 6. Heeresgruppe (Generalleutnant Jakob Devers) mit der

---

[1] Chester Wilmot, Der Kampf um Europa, S. Fischer Verlag, 1960, S. 640

7. US-Armee (Generalleutnant Patch) bis nördlich Straßburg, daran schloß sich bis zur Schweizer Grenze die 1. Französische Armee (General Lattre de Tassigny) an.

Der alliierte Oberbefehlshaber General Dwight D. Eisenhower hatte in diesen Armeen insgesamt 87 bestausgerüstete Divisionen zur Verfügung, dazu noch eine Luftlandearmee und eine neue 15. Armee für spätere Besatzungsaufgaben.

An deutschen Kräften standen den Alliierten auf der östlichen Rheinseite von Nord nach Süd gegenüber: in Holland die Heeresgruppe H (Generaloberst Blaskowitz) mit der 25. Armee (General Blumentritt) von der Rheinmündung am Kanal bis etwa Reichsgrenze, daran schloß die 1. Fallschirmjägerarmee (Generaloberst Student) bis südlich Wesel an. Es folgte die Heeresgruppe B (Feldmarschall Model) mit der 5. Panzerarmee (Generaloberst Harpe) bis südlich Köln, daran schloß die 15. Armee (General von Zangen) bis Koblenz an. Die Südfront deckte die Heeresgruppe G (SS-Oberstgruppenführer Hausser) mit der 7. Armee (General Felber) entlang der Mosel bis nördlich von Saarbrücken, daran schloß — an Saarbrücken vorbei und nach Osten zum Rhein — die 1. Armee (General Foertsch) bis in Höhe von Straßburg an. Die südlichsten Abwehrkräfte bildete bis zur Schweizer Grenze die 19. Armee (General von Obstfelder). Insgesamt standen an dieser Front noch 62 Divisionen oder — genauer gesagt — was von diesen Divisionen nach den schweren Abwehrkämpfen noch übrig war. Oberbefehlshaber West war der Generalfeldmarschall Gerd von Rundstedt.

Im Bereich der Heeresgruppe B auf einer Frontlänge von etwa 160 Kilometer verfügte die Heeresgruppe Mitte März über 22 Divisionskampfgruppen, davon auf dem Nordflügel von Duisburg bis Siegburg über sechs und von Siegburg bis Koblenz über 16 Divisionskampfgruppen. Diese Kräfte entsprachen auf dem Nordflügel einer Stärke und Besetzung von 15 Mann je Kilometer, 0,3 Rohre Artillerie und 0,04 Pak. Auf dem Südflügel standen etwa 80 Mann je Kilometer, 2 Rohre Artillerie und 0,5 Pak. An Panzern waren an der Gesamtfront der Heeresgruppe nur noch 65 einsatzbereit = 1 Panzer für 2,5 Kilometer Frontbreite.[2] Ein gewisses Rückgrat der Verteidigung bildeten allerdings die starken Flakkräfte an den Rheinübergängen und bei den größeren Städten. Die Stärkeverhältnisse bei den nördlich und südlich anschließenden deutschen Armeen dürften nicht besser gewesen sein.

Als die alliierten Stäbe den Übergang über den Rhein planten, rechnete wohl niemand ernsthaft mit der Möglichkeit, eine Rheinbrücke unbeschädigt in die Hände zu bekommen. Das wäre alles einfach zu phantastisch gewesen, und doch sollte es so kommen.

Am 2. März hatte die 9. US-Armee zum Rhein aufgeschlossen, und die 83. Infanteriedivision hatte erkundet, daß es etwa 25 Kilometer vor ihr noch eine heile Brücke nach Düsseldorf hinein gab. Schnell wurde eine Kampfgruppe zusammengestellt; die Panzer wurden deutsch getarnt. Die ersten Fahrzeuge wurden mit deutschsprechenden Soldaten besetzt, und nach Einbruch der Dunkelheit rollte die Kolonne los. Ungehindert wurden die deutschen Linien überwunden, und noch weitere 15 Kilometer kam man heran, ohne entdeckt zu werden, trotz deutschen Gegenverkehrs. In der Morgendämmerung war die Kampfgruppe bereits in Sichtnähe der Brücke, da wurde sie von einem deutschen Soldaten, der in einer Kolonne mit dem Fahrrad vorbeifuhr, entdeckt. Schnell wurde diese Kolonne von den getarnten Amerikanern

---

2 Carl Wagener, Kampf und Ende der Heeresgruppe B, in: Wehrwissenschaftliche Rundschau, Heft 10, 1957, S. 538

vernichtet, aber die Deutschen waren gewarnt. Als der erste amerikanische Panzer auf die Brücke rollte, zündeten die Deutschen die vorbereiteten Sprengladungen. Nachdem sich Staub und Gischt verzogen hatten, lag der größte Teil der Brücke im Rhein.[3]

Eine weitere Chance bot sich am 3. März der 2. Panzerdivision von der 9. US-Armee bei Uerdingen gegen Mittag. Das Kampfkommando B[4] der Division hatte sich der Brücke genähert. Oberst Hinds erläuterte dem Captain George Youngblood vom 17. Panzerpionierbataillon den Plan: Eine Infanteriekompanie der Kampfgruppe Hawkins würde die Adolf-Hitler-Brücke im Sturm nehmen und die Wachen auf der anderen Seite überwältigen, während Youngbloods Pioniere die Sprengladungen zu entfernen hätten. Es war ein Plan, dessen Ausgang ungewiß war.

Als die ersten Panzer der Abteilung Hawkins unter Leutnant Kostow die riesige Brücke erreichten, die mit drei Bögen in einer Länge von fast 500 Metern den Rhein überspannte, detonierten auf beiden Auffahrten die Granaten. Seit etwa 15 Stunden lag die Brücke bereits unter dem Feuer des 92. US-Panzerartilleriebataillons, das die Deutschen daran hinderte, die Brücke zu sprengen. Leutnant Kostow rannte unter dem Feuer auf die Brücke bis auf die andere Seite, um sie kurz zu untersuchen. Es gelang ihm, unverletzt zurückzukommen und zu melden, daß die Brücke noch intakt sei.

Die Deutschen waren jedoch fest entschlossen, die Amerikaner so lange abzuwehren, bis die Brücke gesprengt war. Die ersten vier Panzer der Abteilung Hawkins wurden abgeschossen, ehe sie die Brücke erreicht hatten. Zwei nach vorn geschickte Bataillone Infanterie wurden ebenfalls durch deutsches Abwehrfeuer zu Boden gezwungen. Weitere Panzer wurden herangebracht, kamen aber nicht bis zur Brücke, da die Straße zur Auffahrt einen Krater von vier Metern Durchmesser hatte. Nach Einbruch der Dunkelheit erkundete Leutnant Miller vom 41. US-Infanterieregiment nochmals die Brücke bis zum Ostufer. Seine Erkundungen ergaben, daß die Brücke zwar intakt war, aber nur von Infanterie überquert werden konnte, solange der Krater vor der Auffahrt nicht aufgefüllt war. Wenig später gab es eine leichtere und eine schwere Detonation; was geschehen war, konnten die Amerikaner aber nicht feststellen. Captain Youngblood wartete nicht auf weitere Unterstützung, sondern arbeitete sich mit seinen Männern an die Brücke heran. Sie durchschnitten jedes Kabel, untersuchten jeden Stützpfeiler und jedes Verbindungsstück. Die Brücke war noch intakt, und so bestand noch die Hoffnung, sie zu nehmen.

Während die Amerikaner ihre Kräfte für den bevorstehenden Angriff umgruppierten, krochen die Deutschen auf die Brücke. Fieberhaft wurde daran gearbeitet, die zerstörten Sprengkabel zu erneuern. Bei Beginn der Morgendämmerung gab es eine gewaltige Explosion, dann eine zweite und dritte. Die amerikanischen Soldaten, die sich zum Sturm fertigmachten, blieben wie erstarrt stehen. Die östliche Hälfte der Brücke schwankte und stürzte dann donnernd in den Rhein.[5] Den am Nieder-

---

3 John Toland, Das Finale. Die letzten hundert Tage, Lizenzausgabe des Deutschen Bücherbundes, Stuttgart-Hamburg-München 1968, S. 194

4 Die amerikanischen Panzerdivisionen hatten drei Kampfgruppenstäbe für besondere Führungsaufgaben (Combat Command A, B, R), denen die einzelnen Panzer-, Infanterie-, Artillerie- und sonstigen Einheiten für jeweils besondere Kampfaufträge unterstellt waren.

5 Toland, a. a. O., S. 195

rhein stehenden US-Verbänden wurde nun klar, daß eine schnelle Überquerung des Stromes hier nicht mehr möglich war. Ein Beobachtungsflugzeug hatte auch die bei Rheinhausen befindlichen Brücken als zerstört gemeldet.

Ein weiterer Versuch, den Rhein zu überqueren, wurde am 4. März gestartet, als um 21.00 Uhr Colonel Edward Kimball vom Kampfkommando B der 8. US-Panzerdivision den Auftrag erhielt, die kleine Stadt Rheinberg zu nehmen und nördlich davon über den Fluß zu setzen.

Im grauen Morgenlicht passierten die Einheiten die Linien der 35. US-Infanteriedivision und stießen in Richtung Kamp-Lintfort vor. Hier traf man nur auf geringen Widerstand, aber um 3.00 Uhr erhielt Oberst Kimball schlechte Nachrichten von der Aufklärungsabteilung an der Spitze der Kampfgruppe. Vor Rheinberg stießen die Panzer- und Infanterie-Einheiten auf schweres deutsches Abwehrfeuer; anscheinend hatten die Aufklärungsergebnisse, die nur von schwacher deutscher Besetzung berichteten, nicht gestimmt.

Kimball kam zu dem Schluß, daß es für eine Luftunterstützung schon zu spät sei, und befahl daher einen vernichtenden Vorstoß mit Panzern und Schützenpanzern. Die Panzerabteilung des Oberstleutnant van Houten eröffnete den Angriff und traf bald auf die Aufklärungsabteilung des Captains Tucker. Mit den Panzern an der Spitze stießen die beiden Kampfgruppen gegen starkes deutsches Abwehrfeuer weiter vor. Tucker rollte mit aufgesessener Infanterie einen Kanal entlang auf die Stadt zu, bis die Infanteristen durch schweres Pak-, Granatwerfer- und Artilleriefeuer von den Fahrzeugen getrieben wurden.

Rechts davon ging die B-Kompanie[6] unter Captain Kelley gleichfalls vor und erhielt in den engen Straßen der südlichen Außenbezirke der Stadt ebenfalls schweres Pakfeuer. Die Kompanie mußte zurückgehen, um sich zu sammeln, und erbat per Funk dringend Infanterieunterstützung. Gleichzeitig funkte van Houten an Kimball, er wolle keine weiteren Panzer, da bereits zwei abgeschossen seien und den Weg versperrten. Sein Stellvertreter, Major Guerny, griff mit den leichten Panzern die Stadt von Westen an.

Fünfzehn Minuten später kam ein verzweifelter Anruf von Guerney, er habe bereits neun Panzer verloren und könne sich ohne Hilfe nicht mehr halten. Kimball sammelte alle Infanteristen, die er finden konnte, verlud sie auf Halbkettenfahrzeuge und stieß mit ihnen nach vorn. Bald trafen sie auf die neun brennenden Panzer, deren Besatzungen aus den Luken hingen, als versuchten sie, noch zu entkommen.

Bald stieß Kimball auf Guerney, der sich mit seinen verbliebenen 18 Panzern und drei Halbkettenfahrzeugen zu einem neuen Angriff bereitstellte. Die Gruppe rollte auf Rheinberg zu. Plötzlich bekam sie aus getarnten Bunkern beiderseits der Straße vernichtendes Feuer aus Panzerfäusten und Maschinengewehren. Oberst Kimball stieg in einen leichten Panzer um und befahl dem Fahrer, Gas zu geben, um die anderen Panzer einzuholen. Aber bald waren es nur noch drei leichte Panzer, die sich nach vorn bewegten. Nach weiteren 500 Metern wurde auch Kimballs Panzer lahmgeschossen. Mit Mühe konnte er sich mit seinem Fahrer retten.[7]

---

[6] Die englisch-amerikanischen Kompanien eines Bataillons kannten nicht die Numerierung nach Zahlen, sondern nach Buchstaben: A, B, C usw.

[7] Toland, a. a. O., S. 190–192

Die Ludendorff-Eisenbahnbrücke, die bei Remagen den Rhein überspannt. Fast unversehrt fiel sie in die Hände von Truppen der 9. US-Panzerdivision.

Eine Vorkriegsaufnahme der Brücke mit einem der charakteristischen steinernen Brückentürme

Pioniere der 9. US-Panzerdivision sicherten nach der Eroberung sogleich die Remagener Brücke gegen deutsche Gegenmaßnahmen.

2

Amerikanische Flakeinheiten sicherten die Brücke und schossen in der ersten Nacht fünf deutsche Flugzeuge ab.

In der Nähe der Remagener Brücke schlägt eine deutsche Bombe ein.



Neue Verstärkungen rollen über die Brücke auf das Ostufer.

Amerikanische Infanteristen im Tunnel der Erpeler Ley auf der Ostseite der Brücke



Deutsche Gefangene tragen einen Verwundeten zurück. Weitere amerikanische Soldaten überschreiten die Brücke.

Auf dem Weg in ein Sammellager. Deutsche Gefangene marschieren über das Ostufer des Rheins.

5

Am 17. März stürzte die überlastete Brücke in den Fluß und riß einige hundert US-Soldaten mit in die Fluten. US-Sanitäter im Vordergrund

Der Brückenkopf wird ausgeweitet. Unter dem Schutz von Panzern dringen Infanteristen in Andernach ein.

6

In Gießen trafen sich die Spitzen der 1. und 3. US-Armee und kesselten weitere deutsche Verbände ein. Infanteristen besteigen die Panzer für den weiteren Vormarsch nach Norden.

Im Brückenkopf von Remagen am 17. März 1945. Deutsche Bewohner suchen in Rheinbrohl ihren Besitz wieder.

Ausbruch aus dem Brückenkopf. Eine Kolonne der 1. US-Armee rollt am 27. März durch das zerstörte Westerburg.

29. März 1945: In Diez ist die Lahnbrücke gesprengt worden. Deutsche Zivilisten setzen in Kähnen über den Fluß.

Die alliierten Befehlshaber: v. rechts: Oberkommandierender General Dwight D. Eisenhower, Generalleutnant Courtney Hodges, 1. US-Armee, Generalleutnant Omar N. Bradley (12. Army Group), Generalleutnant George S. Patton 3. US-Armee

v. links: Generalleutnant William H. Simpson, 9. US-Armee, Generalmajor Anderson, Generalleutnant Omar N. Bradley, Feldmarschall Bernard L. Montgomery, 21. alliierte Army Group, Generalstabschef Sir Alan Brooke

Der britische Premierminister Winston Churchill fährt mit Feldmarschall Montgomery, Generalleutnant Simpson und anderen US-Offizieren über den Rhein auf das Ostufer.

Alle Fotos dieser Seiten: US-Army

So brach auch dieser Überraschungsvorstoß im deutschen Abwehrfeuer zusammen. Drei Vorstöße der Amerikaner zur Inbesitznahme einer Brücke bzw. zur Überwindung des Flusses waren gescheitert, nun sollte der Zufall den US-Truppen zu Hilfe kommen.

## ANGRIFF AUF DIE BRÜCKE VON REMAGEN

Remagen — dieser kleine Ort mit seiner bis dahin wenig bekannten Eisenbahnbrücke — sollte Kriegsgeschichte machen. Hier sollte den Amerikanern das gelingen, was in den letzten Tagen zweimal im letzten Augenblick noch mißlang.

In den Jahren 1916 bis 1918 war hier auf Drängen des damaligen Generalquartiermeisters und Stabschefs Hindenburgs, General Erich Ludendorff, eine zweigleisige Eisenbahnbrücke für den Nachschubverkehr zur damaligen Westfront gebaut worden. Eine Besonderheit dieser Brücke war ihre Einmündung in einen Tunnel auf der Ostseite in den Felsen der Erpeler Ley. An jeder Auffahrt standen zudem zwei schwere steinerne Türme mit Schießscharten.

Die schwere Eisenkonstruktion dieser Eisenbahnbrücke hatte auch die bisherigen Luftangriffe auf die Rheinbrücke fast unbeschädigt überstanden. Obwohl nach einem Angriff vom 19. Oktober 1944 als zerstört gemeldet, lief bereits ab 9. November der Bahnverkehr wieder über die Brücke. Auch spätere Schäden hatten immer wieder schnell ausgebessert werden können.

In den ersten Märztagen 1945 stand, etwa 40 Kilometer westlich des Rheins, im Gebiet vor Remagen, die deutsche 15. Armee in den Stellungen des Westwalls. Ihr nördlicher Nachbar, die 5. Panzerarmee, war aber bereits bis auf den Rhein zurückgeworfen worden. Zwischen diesen beiden Armeen klaffte eine Lücke von rund 100 Kilometern. General Gustav von Zangen, Befehlshaber der 15. Armee, machte sich große Sorgen um diese Frontlücke. Er befürchtete, daß durch diese Lücke die US-Divisionen in Richtung Remagen stoßen könnten. Diese Befürchtungen teilte er auch seinem Vorgesetzten, dem Oberbefehlshaber der Heeresgruppe B, Generalfeldmarschall Walter Model, mit. Model teilte die Ansicht seines Armeeführers nicht und verbot den Abzug von drei Divisionen aus der Westwallfront, um die Lücke zu schließen. Model erlaubte lediglich eine leichte Schwächung der Westwallfront, um so für den Schutz der Frontlücke einige Reserven zu schaffen.

Als General von Zangen zu seinem Gefechtsstand zurückkam, erfuhr er, daß Köln gefallen war, während eine andere amerikanische Angriffsspitze auf die Frontlücke zwischen den beiden deutschen Armeen vorstieß. General von Zangen handelte nun auf eigene Faust, indem er seiner rechten Armeeflanke, dem LXVII. Korps unter General Otto Hitzfeld, den Befehl gab, nach Nordosten einzuschwenken und sich kämpfend auf Bonn, 25 Kilometer nördlich von Remagen, zurückzuziehen, wo es Verbindung mit der 5. Panzerarmee aufnehmen sollte. Damit wäre den Amerikanern ein rascher Vorstoß in Richtung Remagen verwehrt worden.

Das Schicksal hatte aber schon seinen Lauf genommen. In einer großen Zangenbewegung sollten Truppen der 3. US-Armee, aus der Pfalz vorstoßend, und Truppen der 1. US-Armee bei Koblenz sich vereinigen, um alle deutschen Truppen in diesem Abschnitt vom Rhein abzuschneiden. Es waren rund 250 000 Mann, einschließlich der 15. Armee des Generals von Zangen. Die nördlichste Angriffsspitze der 1. US-Armee war die 9. Panzerdivision des Generalmajors Leonard, die bereits die Front-

lücke zwischen den beiden deutschen Armeen passiert hatte. Am Nachmittag des 6. März rollten die Panzerspitzen dieser Division in die kleine Stadt Meckenheim, knapp 20 Kilometer von Remagen entfernt, ein. Ihr Auftrag war, Remagen zu nehmen und dann nach Süden einzudrehen.

Auf deutscher Seite war es nicht gelungen, die 100 Kilometer breite Frontlücke zu schließen. Dem General Hitzfeld vom LXVII. Korps war als zusätzliche Aufgabe die Verteidigung der Brücke von Remagen übertragen worden. Wie General von Zangen erkannte auch er die Wichtigkeit der Aufgabe und beorderte gleich seinen Adjutanten Major Hans Scheller nach Remagen mit der Aufgabe, das Kommando über alle deutschen Verbände an der Brücke zu übernehmen. Die letzten Vorbereitungen zur Sprengung sollte Scheller kontrollieren und, falls erforderlich, den Befehl zur Sprengung der Brücke geben. Für die Sicherung der Brücke in Remagen war Hauptmann Willi Bratge zuständig. Auf dem Papier verfügte Bratge über ca. 1 000 Mann: 500 Volkssturmleute, 180 Hitlerjungen, 120 russische Freiwillige, etwa 220 Flaksoldaten und seine Sicherungskompanie von 36 Mann. Dazu kamen noch 120 Pioniere unter Hauptmann Friesenhahn, die die Sprengung der Brücke durchführen sollten.[8]

Am Morgen des 7. März rüstete sich das Kampfkommando B der 9. US-Panzerdivision unter Brigadegeneral Hoge für den Angriff auf Remagen. In zwei Kampfgruppen rückten die amerikanischen Panzer und Infanterieverbände des 14. Panzerbataillons und des 27. Panzerinfanteriebataillons auf Remagen vor. Die Spitze bildete ein Zug der A-Kompanie des 27. Panzerinfanteriebataillons, unmittelbar folgte ein Zug M-26, der neuen schweren „Pershing"-Panzer mit 9-cm-Kanone. Gegen 13.00 Uhr hatte die Angriffsspitze vor Remagen eine Position erreicht, von der man einen guten Überblick über das Rheintal hatte und die noch heile Brücke vor sich liegen sah. Von dem Blick, der sich ihnen bot, waren auch die amerikanischen Einheitsführer beeindruckt und vergaßen einen Moment ihr Kriegshandwerk und ihre Aufträge. Dann beorderten sie jedoch ihre Leute nach Remagen ins Rheintal hinab. Gegen 14.00 Uhr hatten diese Verbände das westliche Rheinufer unmittelbar an der Brücke besetzt; vor ihnen lag die unzerstörte Brücke.

Über die Brücke war seit dem frühen Morgen unablässig ein Fahrzeugstrom deutscher Wehrmachtseinheiten, die von Hauptmann Bratge überprüft worden waren, auf das Ostufer gerollt. Als Bratge zu seinem Gefechtsstand zurückkam, traf er auf Major Scheller, den neuen Kampfkommandanten von Remagen. Von Scheller erhoffte sich Bratge die ihm versprochenen Verstärkungen; Scheller hatte jedoch von Verstärkungen nichts gehört. Seine große Sorge waren die Vorbereitungen für die Sprengung der Brücke. Etwa 60 Sprengladungen waren in die Brücke eingebaut worden. Gegen Mittag begannen beide, die Ladung mit einem Hauptkabel zu verbinden. Der Zündapparat befand sich im Tunnel am Ostufer des Rheins. Auf dem Westufer befand sich Hauptmann Friesenhahn mit vier Freiwilligen. Sie warteten noch auf eine deutsche Artillerie-Einheit, die auch die Brücke noch passieren sollte, bevor die westliche Auffahrt zur Brücke gesprengt würde. Amerikanisches Gewehrfeuer näherte sich der Brücke, und erste Panzergranaten schlugen in ihrer unmittelbaren Nähe ein. Als Friesenhahn in der naheliegenden Möbelfabrik amerikanische Stahlhelme auftauchen sah, erteilte er den Befehl zur Zündung. Um 14.35 Uhr gab es eine Explosion, und als der Rauch verzogen war, konnte er feststellen, daß ein zehn Meter

[8] Ebd., S. 198

breites Loch in die Auffahrt gerissen war. Nach einem Zeichen an seine Männer rannten sie gemeinsam los, um noch das Ostufer der Brücke zu erreichen. Außer Hauptmann Friesenhahn gelang es noch einem Feldwebel und einem Unteroffizier unter Beschuß von Panzer- und Infanteriewaffen, wenn auch verwundet, das Ostufer zu erreichen.

Etwa zur gleichen Zeit stellte sich die A-Kompanie des 27. Panzerinfanteriebataillons unter Führung des deutschstämmigen Oberleutnants K. A. Timmermann auf zum Sturm über die Brücke, die nun von deutschen Flakgeschützen beschossen wurde. Auch Kampfkommandoführer Brigadegeneral Hoge, kurz zuvor an der Straßenbiegung mit guter Einsicht in das Rheintal angekommen, drängte auf die Besetzung der Brücke, obwohl dies nicht im vorgesehenen Kampfauftrag der 9. US-Panzerdivision lag. Er hatte gerade neue Weisungen vom III. US-Korps erhalten. Hoge sollte sofort nach Süden vorstoßen und sich in Koblenz mit Verbänden der 3. US-Armee treffen. Hoge zögerte aber nur einen Augenblick, dann war seine Entscheidung gefallen: Die Brücke sollte genommen werden, ohne Rücksicht auf die Korpsbefehle und deren eventuelle Folgen.[9]

Auf der deutschen Seite keuchte Hauptmann Friesenhahn in den Tunneleingang und meldete Bratge: „Die Amis sind in der Möbelfabrik." „Dann jagen Sie die Brücke hoch!" verlangte Hauptmann Bratge aufgeregt. Friesenhahn zögerte, da er noch vor einer Stunde Major Scheller gedrängt hatte, die Brücke sprengen zu lassen. Aber Major Scheller hatte nachdrücklich auf Hitlers Befehl verwiesen, jeden vor ein Kriegsgericht zu stellen, der eine Rheinbrücke zu früh hochgehen ließ. „Major Scheller hat den Befehl zu geben", war Hauptmann Friesenhahns Antwort. Hauptmann Bratge begab sich daraufhin durch den Tunnel zu Major Schellers Gefechtsstand an dem anderen Tunnelende. „Wir müssen die Brücke sprengen; die Amerikaner sind schon in der Möbelfabrik", schrie er zu Scheller hinüber. Scheller dachte an Hitlers Befehl und zögerte. „Wenn Sie den Befehl nicht geben wollen", schrie Bratge wütend, „gebe ich ihn!" Major Scheller seufzte, dann sagte er: „Also gut, jagen Sie sie hoch!" Als Bratge zurückkam und Friesenhahn sah, rief er: „Sprengen Sie die Brücke!"

Hauptmann Friesenhahn zögerte zuerst auch. Dann kniete er neben dem Zündkasten nieder, von dem die Kabel zu den 60 Sprengladungen, die über die ganze Brücke verteilt waren, führten. Er drehte den Schlüssel um, und alles wartete auf die Explosion —, die nicht kam. Friesenhahn drehte weiter, ohne Erfolg. Die Hauptleitung mußte unterbrochen sein, vermutlich durch eine amerikanische Granate. Er schickte ein paar Leute los, aber am Eingang des Tunnels wurden diese bereits von einem amerikanischen Feuerhagel überfallen. Friesenhahn erklärte seinen Unteroffizieren, daß er einen Freiwilligen brauche, der die Notladung — 300 Kilogramm Donarit — unmittelbar unterhalb der beiden Türme am Ostufer von Hand zündete. Die Männer schwiegen. Schließlich wollte es Feldwebel Faust versuchen. Um 15.35 Uhr kroch er unter dem Feuer der amerikanischen Waffen aus dem Tunnel heraus und rannte los. Etwa 80 Meter waren es bis zu der Stelle, wo die Sprengladung angebracht war. Auch Hauptmann Friesenhahn rannte nach draußen, um zu sehen, was geschah. Nach der Detonation einer amerikanischen Granate, vor der er Deckung gesucht hatte, sah er den Feldwebel zurücklaufen. Sollte es wieder nicht geklappt haben? — Dann eine Explosion! Bretter und Balken wirbelten durch die Luft.[10]

---

[9] Ebd., S. 204
[10] Ebd., S. 206

Auch die Amerikaner sahen und hörten die Sprengung. Oberleutnant Timmermann brüllte: „Da schaut! Wir können nicht mehr hinüber; gerade ist sie gesprengt worden!“ Dann schrie jemand: „Sie steht immer noch!“ Timmermann winkte seine drei Zugführer heran. „Gut, dann gehen wir jetzt los!“ Er lief zur Brücke, aber die Männer zögerten noch. Die ersten amerikanischen Soldaten stürmten auf die Brücke, während die Panzer die östlichen Brückentürme unter Feuer nahmen und die deutschen Verteidiger niederhielten. Den ersten Stürmern folgte Leutnant Mott mit drei weiteren Pionieren. Sie durchschnitten jedes Zündkabel, das sie entdecken konnten. Auf Sprengladungen stießen sie erst auf der östlichen Hälfte der Brücke. Sie schnitten die Haltedrähte durch und krochen weiter. Dicht vor den beiden östlichen Brückentürmen erhielten die amerikanischen Angreifer Feuer von deutschen Scharfschützen. Die vorstürmenden US-Soldaten teilten sich nun, um die deutschen Besatzungen in den beiden Brückentürmen anzugreifen und auszuschalten. Einer der ersten war Sergeant Joseph De Lisio, der allein in den rechten Brückenturm eindrang und fünf deutsche Soldaten gefangennahm, die in der unteren Etage um ihr Maschinengewehr hockten, das Ladehemmungen hatte. Auch drei weitere Deutsche im oberen Teil des Turmes wurden von De Lisio gefangengenommen. Gleichzeitig war eine andere kleine Gruppe der Amerikaner dabei, die Besatzung des linken Brückenturmes auszuschalten und gefangenzunehmen. Anschließend stürmte die Gruppe weiter, nachdem sie ihre Gefangenen nach hinten, auf das Westufer, verwiesen hatte. Der erste Amerikaner, der die Ostseite des Rheins bei Remagen betrat, war der Soldat Alexander Drabik aus Ohio. Der erste amerikanische Offizier auf dem Ostufer war Oberleutnant Timmermann, der seine Männer gleich in Richtung des etwa 100 Meter entfernten Tunneleingangs drängte. Einer der ersten am Tunnel war auch De Lisio, der mit einigen anderen in den Tunnel eindrang und zwei weitere Deutsche als Gefangene mitbrachte.

Als Hauptmann Bratge erfuhr, daß die Amerikaner über die Brücke angriffen, rannte er zum Gefechtsstand von Major Scheller zurück, um Verstärkung zu holen. Alle Soldaten, die er antraf, nahm er mit zurück zum Tunnelausgang an der Brücke. Hier angekommen, erhielt er die Meldung über das Verschwinden von Major Scheller und zwei anderen Offizieren. Bratge übernahm daher selbst wieder das Kommando und wollte seine Männer auf eine Anhöhe führen, von der aus die Brücke einzusehen war. Amerikanisches Gewehrfeuer trieb sie aber zurück. Bei den Zivilisten im Tunnel breitete sich Angst aus, und sie verlangten von Bratge die Einstellung des Kampfes; einige Leute versuchten auch, den Pionieren die Waffen abzunehmen. Nach einer kurzen Beratung mit seinen Offizieren, darunter Hauptmann Friesenhahn und drei Leutnants, wandte sich Bratge an seine Soldaten und befahl die Einstellung des Kampfes und die Zerstörung der Waffen sowie das Verlassen des Tunnels.

Zur gleichen Zeit war bereits eine andere amerikanische Gruppe jenseits des Tunnelausganges angekommen und stieß auf deutsche Verstärkungen, die gleich gefangengenommen wurden. Eine andere Kompanie hatte in der Zwischenzeit Flak Hill — so nannten die Amerikaner die Erpeler Ley — umgangen und rückte gegen das andere Tunnelende vor. Kurz darauf waren Hauptmann Bratge und mehr als 200 seiner Leute gefangen. Während weitere amerikanische Infanterie-Einheiten über die Brücke stürmten, hatte Leutnant Mott mit seinen Pionieren die Brücke gründlich untersucht. Kurz nach 16.30 Uhr konnte Mott melden, daß sämtliche Sprengladungen, einschließlich einer 250-kg-Ladung, beseitigt waren. Eine andere Gruppe war

bereits dabei, den Trichter in der westlichen Brückenauffahrt zuzuschütten. In zwei Stunden sollte die Brücke für Fahrzeuge und für Panzer befahrbar sein. Die amerikanischen Infanteristen auf der Ostseite errichteten ihren ersten kleinen Brückenkopf, gruben sich für die Nacht ein und warteten auf weitere Verstärkungen. Es wurde Mitternacht, bis die ersten amerikanischen Panzer über die notdürftig markierte Brücke in stockfinsterer Nacht auf das Ostufer des Rheins herüberrollten, um die Infanterie-Einheiten zu verstärken.

Den höheren deutschen Kommandobehörden blieben die Ereignisse um Remagen zunächst unbekannt. Weder General Hitzfeld, der Korps-Kommandeur im Raume Remagen, noch General von Zangen von der 15. Armee und auch nicht Generalfeldmarschall Model hatten Kenntnis von der neuen Lage. Models Hauptquartier war während der Vorgänge um Remagen gerade auf der Verlegung zum Ostufer des Rheins. Der erste höhere Offizier, der von den Ereignissen Kenntnis erhielt, war Oberst Günther Reichhelm, Operationschef im Stabe Models. Da er seinen Chef nicht erreichen konnte, versuchte er, auf eigene Verantwortung zu handeln. Er brauchte eine Einheit, die schnell in Remagen eingreifen konnte. Nach mehreren Telefonaten bekam Oberst Reichhelm den Kommandeur der 11. Panzerdivision, General Wend von Wietersheim, ans Telefon und wies ihn an, sämtliche verfügbaren Einheiten zusammenzuziehen und unter seinen Befehl zu stellen. General von Wietersheim war einverstanden, aber es fehlte ihm an Treibstoff, um seine 4 000 Soldaten, 25 Panzer und 18 Geschütze nach Remagen zu bringen.[11]

Daraufhin telefonierte Reichhelm mit General Joachim von Kortzfleisch auf der Burg Bensberg, 30 Kilometer nördlich von Bonn, und übertrug ihm das Kommando über das gesamte Unternehmen Brückenkopf Remagen.

General von Kortzfleisch hatte bisher das Kommando über die mit ungenügenden Truppen besetzte rückwärtige Verteidigungslinie gehabt und sollte nun zwei Panzerdivisionen aus der vordersten Linie übernehmen, die 11. und die Panzerlehrdivision. Sofort fuhr von Kortzfleisch mit seinem Operationsoffizier Oberst Rudolf Schulz durch strömenden Regen nach Süden zum Brückenkopf von Remagen auf der Suche nach einer Einheit, die dort sofort eingreifen konnte. Am Rhein, Bonn gegenüber, trafen sie auf ein voll ausgerüstetes Panzergrenadierbataillon mit 16 Panzern, genügend Sprit und Munition unter Oberstleutnant Drewes von der 106. Panzerbrigade, dessen Ziel Bonn war. Drewes war bereit, mit seiner Einheit die Amerikaner über den Rhein zurückzuwerfen. Eine Stunde lang versuchte von Kortzfleisch vergeblich, Drewes Marschbefehl abändern zu lassen. Verzweifelt rief er schließlich den Oberbefehlshaber der Heeresgruppe B, Feldmarschall Model, an. „Wenn Drewes mit seinen kampferprobten Männern die Amerikaner heute abend nicht zurückwirft", sagte er, „müssen wir damit rechnen, daß die Tür nach Deutschland für die Amerikaner offen bleibt."

Kortzfleisch war überrascht: Model erwiderte, er sei über die Situation durchaus im Bilde und habe auch mit Hitler darüber gesprochen. Der Führer halte Remagen für nicht so wichtig und habe befohlen, daß die 106. nach Bonn weitermarschiere. Der ruhige Kortzfleisch verlor die Beherrschung. „Herr Generalfeldmarschall", schrie er, „ich fühle mich verpflichtet, darauf hinzuweisen, daß dieser Befehl für den Krieg von entscheidender Bedeutung sein wird!"

---

[11] Ebd., S. 211

DER WEHRMACHTSBERICHT MELDET:

*8. März 1945 „. . . Der Feind gelangte bis Kreuzberg und gelangte bis zur Brücke bei Remagen, die anscheinend mit Flüchtlingen verstopft war. Er überschritt sie und konnte am Ostufer einen Brückenkopf bilden. Ein Gegenangriff heute früh . . .“*

Während das Bataillon Drewes weiter nach Bonn zog, fuhren von Kortzfleisch und Schulz weiter nach Süden und trafen knapp 10 Kilometer vor Erpel auf den Major Scheller. Er müsse unbedingt mit Model telefonieren, sagte Scheller und berichtete dann über die Ereignisse an der Brücke. Auch er schätze die Amerikaner auf dem Ostufer noch gering an Zahl, so daß man sie jetzt noch leicht zurückwerfen könne. Eine Verzögerung von ein paar Stunden könne aber verheerend sein. Doch die Einheit, der Reichhelm den ersten Angriffsbefehl erteilt hatte — die 11. Panzerdivision —, versuchte immer noch, Sprit aufzutreiben. Sie konnte frühestens am folgenden Tag, dem 8. März, abrücken.

Die Einnahme der Brücke von Remagen schlug auch in den alliierten Stäben wie eine Bombe ein. General Leonard, der Kommandeur der 9. US-Panzerdivision, sagte seinem Brigadier, der entgegen den Korpsbefehlen nicht zum Angriff nach Süden angetreten war, sofortige Rückendeckung und jede weitere Unterstützung zu.

Als der Befehlshaber der 1. US-Armee, Generalleutnant Courtney Hodges, von der Einnahme der Brücke erfuhr, gab er sofort Befehl, alle verfügbaren Verbände über die Brücke nachzuschieben. Dann rief er den Befehlshaber der 12. Heeresgruppe, General Omar N. Bradley, an: „Brad, wir haben eine Brücke.“ „Eine Brücke? Sie meinen eine intakte Brücke über den Rhein?“ — „Leonard hat sich die bei Remagen geschnappt, bevor die Deutschen sie sprengen konnten.“ „Donnerwetter, Courtney, das ist eine Sache! Bekommen Sie Material hinüber?“ „Ich werde alles hinschicken, was ich habe.“ „Das ist großartig.“[12]

Als General Eisenhower gegen 8.00 Uhr abends in seinem Hauptquartier in Reims von General Bradley angerufen wurde, um ihm diese Nachricht zu übermitteln, wollte er seinen Ohren kaum trauen: „Was haben Sie in der Nähe, was können Sie über den Fluß werfen?“ „Ich habe mehr als vier Divisionen, aber ich wollte sichergehen, daß das Übersetzen dieser Verbände nicht Ihren Plänen zuwiderläuft.“ „In Ordnung, Brad! Wir hatten ja damit gerechnet, daß einige Divisionen bei Köln festgehalten werden, aber die sind jetzt frei. Beeilen Sie sich. Schieben Sie sofort mindestens fünf Divisionen hinüber und alles andere, was nötig ist, um die Stellung zu halten.“ General Eisenhower war in bester Stimmung — noch viel später sagte er, das sei für ihn einer der „glücklichsten Momente des Krieges gewesen“.

Auch die Zeitungen der Alliierten berichteten ausführlich über dieses spektakuläre Ereignis, wenn auch erst einige Tage später. So schrieb die New York Times u. a.: „Die schnelle und sensationelle Überquerung des Rheins war ein soldatisches Bravourstück, wie es seit dem Rheinübergang der Legionen Napoleons anfangs des letzten Jahrhunderts keines gegeben hat.“

Während in der Nacht vom 7. zum 8. März die ersten amerikanischen Panzer über die Brücke rollten, um den bis dahin nur infanteristisch gesicherten Brückenkopf zu verstärken, folgten in der Frühe des 8. März weitere Infanterie-Einheiten. Als Infanteristen der 78. Division in Reihen über die Brücke marschierten, stießen sie auf

---

[12] Ebd., S. 213 ff.

der Ostseite auf etwa 100 deutsche Pioniere. Ihr Kommandeur, Major Strobel, hatte Befehl gegeben, die Brücke zu sprengen. Es kam zu einem kurzen, erbitterten Gefecht. Einige deutsche Soldaten erreichten zwar noch die Brücke, aber ehe sie ihre Sprengladungen anbringen konnten, wurden sie gefangengenommen.

Die deutschen Gegenmaßnahmen gegen den amerikanischen Brückenkopf litten von Anfang an nicht nur an zu wenig kampfkräftigen Einheiten, die in der Nähe waren, sondern auch unter der Uneinigkeit der höheren Führer. So stritten zwei Generäle um ihre vorgesehenen Unternehmungen: der eine wollte zunächst alle deutschen Truppen, die noch auf dem Westufer waren, herüberholen, der andere wollte sofort mit allen gerade verfügbaren Kräften zu einem Gegenangriff antreten. Die Folge war, daß es am 8. März während des ganzen Tages zu keiner energischen deutschen Gegenmaßnahme kam und die amerikanischen Verbände bis zum Spätnachmittag bereits 8 000 Soldaten auf dem Ostufer hatten.

Auch die deutsche Luftwaffe wurde bei der Remagener Brücke nochmals aktiv und flog zehn Einsätze gegen die Brücke, davon acht durch Stukas. Auch sie hatten keinen Erfolg, da allein acht Maschinen von der amerikanischen Flak abgeschossen wurden. Um die Remagener Brücke hatten die Amerikaner mittlerweile ihre stärkste Flakstellung während des gesamten Zweiten Weltkrieges aufgebaut. Unangenehmer war den Amerikanern dagegen der deutsche Artilleriebeschuß aus den gedeckten Stellungen der östlichen Rheinseite. Auf der Westseite gab es bei den nachrückenden amerikanischen Einheiten Verluste. Die bereits beschädigte Brückenkonstruktion wurde durch die fortwährenden Detonationen weiter erschüttert.

Für die deutschen Befehlshaber kam es nun darauf an, den amerikanischen Brükkenkopf auf der Ostseite des Rheins schnellstens anzugreifen und zu beseitigen. Jeder Tag, der ohne erfolgreichen Gegenangriff verlief, mußte den Gegner stärker machen. Am frühen Morgen des 9. März erschien Generalfeldmarschall Model in Oberpleis auf dem Gefechtsstand des LIII. Korps bei Generalleutnant Fritz Bayerlein. Model kam gleich zur Sache: „Bayerlein, Ihr Korps ist auf den Brückenkopf von Remagen angesetzt. Ich gebe Ihnen 24 Stunden Zeit, die Panzerlehrdivision, die 9. und 11. Panzerdivision zu versammeln und zum Angriff aufzustellen. Am 10. März muß der Angriff rollen.“ General Bayerlein versuchte zu erreichen, daß er mit allen Divisionen gleichzeitig angreifen konnte. Doch dem stand ein Befehl Hitlers entgegen, nach dem sofort und mit jeder verfügbaren Einheit anzugreifen sei. Einzeln kamen die Teile der Division in die Angriffsräume und wurden sofort eingesetzt. Zu einem geschlossenen massierten Angriff deutscherseits ist es auch in den folgenden Tagen nicht mehr gekommen.

Das Schicksal des Brückenkopfes Remagen wurde freilich nicht nur im Kampf entschieden, sondern bei den Alliierten wie den Deutschen auch von den höchsten Stellen. Eisenhowers anfängliche Begeisterung hatte sich gelegt; denn seine ganze Aufmerksamkeit galt nun der vorgesehenen Rheinüberquerung der 21. Heeresgruppe von Montgomery, der nach dem Übergang weitere zehn Divisionen benötigte. Für den Oberbefehlshaber der 1. US-Armee bedeutete das, daß er den Brückenkopf nur um weitere 1 000 Meter ausdehnen konnte, wenn ihm nur fünf Divisionen bewilligt wurden. Nach den ersten beiden Tagen standen aber bereits mehr als 20 000 US-Soldaten auf der Ostseite des Rheins [13]

---

[13] Ebd., S. 223

Für Adolf Hitler war die Eroberung der Brücke von Remagen — nach dem Attentat vom 20. Juli 1944 — wohl der schwerste Schock seit langem. Obwohl er gegenüber Feldmarschall Model sich zunächst gelassen gab, witterte er doch auch hier wieder Verrat und war fest entschlossen, die „Verantwortlichen" zu bestrafen. Seine erste Maßnahme war die Ablösung des Oberbefehlshabers West, des greisen Generalfeldmarschalls von Rundstedt. Er rief den Oberbefehlshaber in Italien, den Generalfeldmarschall Albert Kesselring, an und befahl ihm, sofort nach Berlin zu kommen. Nach entsprechendem Vortrag übertrug er diesem den Oberbefehl im Westen. Der Mann, für den noch wenige Stunden zuvor Bonn wichtiger gewesen war als Remagen, erklärte jetzt, die Ludendorff-Brücke sei der kritische Punkt. „Es ist unbedingt notwendig, die Lage dort wiederherzustellen. Ich bin überzeugt, daß es möglich ist. Ich vertraue darauf, daß Sie alles Menschenmögliche tun werden."[14]

Am 11. März traf Kesselring nördlich von Remagen auch mit Model zusammen, um erste Dinge im Rahmen der deutschen Abwehrmaßnahmen zu besprechen. „Werfen Sie die Amerikaner über den Rhein zurück!" forderte er den Oberbefehlshaber der Heeresgruppe B auf. „Ich will es versuchen", erwiderte Model gedämpft, „aber ich glaube nicht, daß meine Kräfte ausreichen." Am Nachmittag trugen auch die für Remagen zuständigen Kommandeure dem neuen Oberbefehlshaber ihre Klagen vor. Generalleutnant Fritz Bayerlein bemerkte, immer, wenn er einen Angriffsplan entwickelt habe, müsse er erfahren, daß die Amerikaner die Ausgangsstellungen bereits erobert hätten. Die Ausgangsstellungen für einen Angriff befänden sich, so wie die Amerikaner vorankamen, praktisch nie mehr in deutscher Hand, ergänzte General von Zangen, der Befehlshaber der 15. Armee. Er bat Kesselring um die Erlaubnis, sofort einen starken Gegenangriff führen zu dürfen. Jeder Tag, der verstreiche, bedeute, daß man das Doppelte an eigenen Kräften einsetzen müsse; andernfalls werde die Gegenoffensive nur in neue Rückzüge münden. Nach diesen Informationen war Kesselring überzeugt, daß Remagen allein den Ersatz und den gesamten Nachschub für die Westfront benötigen würde. Aber das Schicksal der ganzen Rheinfront hing davon ab, daß der Brückenkopf beseitigt oder doch wenigstens eingeengt werden konnte. Aber wie war das mit den zur Verfügung stehenden angeschlagenen Verbänden zu schaffen?

Hitler hatte aber auch noch einen anderen Mann anrufen lassen, von dem er sich Hilfe versprach: Otto Skorzeny. Die Ludendorff-Brücke sollte auch von den Froschmännern Skorzenys angegriffen werden. Dieser war von dem Auftrag nicht gerade begeistert und stellte die Bedingung, daß über die Durchführung des Auftrages die Froschmänner nach genauer Lageerkundung selbst entscheiden sollten.

Auch die modernsten Waffen führten die Deutschen gegen die Brücke ins Feld. Bei den Einsätzen der Luftwaffe wurden auch vereinzelt die neuen Düsenjäger vom Typ Me 262 eingesetzt. Für die amerikanischen Flakschützen waren diese Flugzeuge natürlich viel zu schnell, andererseits vermochten ihre Bomben auch nichts gegen die Brücke auszurichten, da sie wegen der hohen Geschwindigkeit der Maschinen das Ziel verfehlten. Und als alles nicht helfen wollte, wurde auch die V-Waffe eingesetzt, und zwar zum Teil von den V-Basen in Holland. Am 12. März wurde die erste V-Rakete gegen die Brücke gestartet, der noch weitere elf folgten. Aber auch von diesen Flugkörpern traf keiner sein Ziel. Die genaueste Rakete traf nur 300 Meter neben der

---

[14] Ebd., S. 220 ff.

Brücke ein Bauernhaus und tötete dort drei Amerikaner; die am schlechtesten gezielte traf etwa 40 Kilometer nördlich in der Gegend von Köln auf. Am wirksamsten war immer noch der Beschuß durch deutsche schwere Artillerie. Auch hier wurde ein riesiges Geschütz noch zum Einsatz gebracht: der Mörser Karl, ein auf ein Panzerfahrwerk montiertes 54-cm- Geschütz. Das 132 Tonnen schwere Ungetüm verschoß Granaten im Gewicht von zwei Tonnen. Nach 14 Schüssen mußte dieser Mörser aber zur Reparatur zurückgezogen werden. Die Schüsse, die ebenfalls sämtlich fehlgingen, hatten aber durch ihre Erschütterungen in der Nähe der Brücke für eine weitere Schwächung der bereits beschädigten Stahlkonstruktion gesorgt.[15]

---

DER WEHRMACHTSBERICHT MELDET:

*14. März 1945 „... Im Brückenkopf von Remagen hat der Gegner eingesetzt: die 7. Panzerdivision, die 9., 99. und 18. Infanteriedivision und die 9. Panzerdivision, d. h. also 5 Verbände. Auf dem Westufer steht noch die 2. Infanteriedivision. Das V. Armeekorps ist noch weiter rückwärts mit Säuberungen beschäftigt ..."*

*„... Bis auf Remagen keine besonderen Kampfhandlungen. Nach neuester Meldung sollen Panzer bereits die Autobahn erreicht haben. Nach Norden kam der Gegner nicht voran. Eigene Stöße stießen nicht durch ..."*

---

Aber auch die Druckwellen, die von den zahlreichen amerikanischen Flakbatterien rund um die Brücke und von den schweren 20-cm-Haubitzen ausgingen, setzten der Brücke weiter zu; dazu kam die Belastung durch den starken Verkehr seit ihrer Einnahme.

Für einen etwaigen Verlust der Brücke hatten die Amerikaner aber schon vorgesorgt. Bereits am 9. März hatten amerikanische Pioniere damit begonnen, etwa 200 Meter unterhalb der Ludendorff-Brücke eine Pontonbrücke zu bauen. Unter dem Feuer schwerster deutscher Artillerie bauten sie bis zum 11. März innerhalb von 32 Stunden die bis dahin längste Schwimmbrücke, die je über einen Fluß geschlagen worden war. Mit dem Bau einer weiteren Brücke hatte man stromaufwärts bei Linz begonnen. Nach Fertigstellung übernahmen diese beiden Brücken sofort einen Teil des weiteren Nachschubverkehrs sowie weitere Verstärkungen für den Brückenkopf.

Am Nachmittag des 17. März waren Pioniere des 276. US-Pionierbataillons dabei, eine riesige Platte auf den am stärksten beschädigten Teil der Eisenbahnbrücke zu schweißen. Plötzlich ertönte ein scharfer Knall, ähnlich einem Schuß; danach folgte eine heftige Detonation, und Teile der Konstruktion brachen ab. Noch bevor Oberstleutnant Clayton Rust, der Pionierkommandeur, Alarm geben konnte, lief ein Zittern durch die Brücke, und dort, wo die Holzplanken lagen, stieg eine Staubwolke hoch. Der Mittelteil der Brücke sank langsam zum Fluß ab und riß die beiden Halteseile mit durchdringendem metallischen Kreischen aus den Widerlagern. Dann stürzte die gesamte Brücke in den Fluß. Rust und ein Großteil seiner Männer wurden flußabwärts bis zu der Pontonbrücke getrieben, wo sie aus dem Wasser gezogen werden konnten. 28 Pioniere fanden hierbei den Tod, 66 wurden verletzt.

Da die Ludendorff-Brücke nun ausgeschaltet war, nahmen sich die Froschmänner von Skorzenys Kampfgruppe die stromabwärts gelegene Pontonbrücke aufs Korn. Am Abend, gegen 19.00 Uhr, stiegen sechs Froschmänner unter Führung von Leutnant Schreiber in die kalten Fluten des Flusses. Sie klammerten sich an leere Benzin-

---

[15] Ebd., S. 233 ff.

kanister, an denen jeweils vier Päckchen des verformbaren Sprengstoffs „Plastit" befestigt waren. Aber die Amerikaner hatten auch hier Vorsorge getroffen. Vor den Brücken gingen unterhalb der Wasseroberfläche in Fünf-Minuten-Abständen kleine Sprengladungen hoch. Zudem schützte ein Torpedonetz die Brückenbauwerke vor antreibenden Minen. Auf den Brücken standen Gewehrschützen, die auf alles im Wasser schossen, was ihnen verdächtig vorkam. Die Froschmänner wurden jedoch vor ihrem Ziel bei der Linzer Pontonbrücke von den Amerikanern mit Hilfe des geheimen CDL-Verfahrens (Canal-Defense-Lights = ein kräftiger Scheinwerferstrahl, dessen Quelle nicht auszumachen war) entdeckt und unter Feuer genommen. Zwei Froschmänner ertranken, die anderen wurden gefangengenommen.

Nach dem Einsturz der Remagener Brücke bauten amerikanische Pioniere in diesem Abschnitt bald eine dritte Pontonbrücke. Über diese drei schwimmenden Brücken liefen dann die weiteren Verstärkungen für die Truppen im Brückenkopf.

Bis zum 17./18. März hatten die amerikanischen Truppen ihren Brückenkopf bis zu einer Tiefe von 15 Kilometern ausgedehnt, und die Patrouillen der 9. US-Infanteriedivision näherten sich bereits der Autobahn Köln-Frankfurt. Im Norden war der Brückenkopf bis an Siegburg ausgeweitet worden, im Süden bis etwa Neuwied.

Vor der Front des Brückenkopfes standen die Divisionen der 15. deutschen Armee, und zwar von Norden nach Süden das LIII. Korps mit der 3. Fallschirmdivision, der 62. und 363. Infanteriedivision, der Panzerlehr- und der 11. Panzerdivision sowie der 3. Panzergrenadierdivision. Es folgte das LXXIV. Korps mit der 9. Panzer- und der 340. Infanteriedivision. Nach Süden folgte das LXVII. Korps mit der 362., 272., 277., 89., 26., 18., 167. Infanteriedivision und der 5. Fallschirmjägerdivision. Daran schlossen ab Koblenz etwa die Verbände der Heeresgruppe H an.[16]

Aufgrund ihrer geringen Stärke und mangelnden Bewaffnung und Ausrüstung konnten diese Verbände den Gegner nicht mehr zurückdrängen, lediglich den Ausbruch der amerikanischen Divisionen noch einige Zeit aufhalten.

Der Verlust der Brücke von Remagen sollte auch noch für einige deutsche Offiziere ein blutiges Nachspiel haben. Hitler hatte die Einsetzung eines „Fliegenden Standgerichts West" befohlen, das an Ort und Stelle Soldaten jeglichen Ranges aburteilen konnte und ermächtigt war, die Urteile sofort zu vollstrecken. Zum Vorsitzenden dieses Gerichts ernannte er Generalleutnant Dr. Rudolf Hübner.

Am 11. März trat dieses Standgericht in einem Bauernhaus, rund 50 Kilometer östlich des Rheins, zusammen. Gegen Hauptmann Bratge wurde in Abwesenheit verhandelt: Todesurteil. Dann wurde, blaß und nervös, Major Scheller hereingeführt. Das Trommelfeuer von Fragen, das Hübner auf ihn niedergehen ließ, brachte Scheller vollends durcheinander, und es dauerte eine ganze Weile, bis der Major zufriedenstellende Antworten gab. „Gestehen Sie Ihre Feigheit und Schuld ein?" schrie Hübner. Scheller murmelte, er gestehe, und wurde abgeführt. Die drei Richter verurteilten ihn zum Tode.

Als nächster war der Flak-Leutnant Karl Peters an der Reihe. Er sagte aus, er habe den größten Teil seiner Flakraketen-Batterie über die Ludendorff-Brücke zurückgebracht; möglicherweise sei freilich eine dieser höchst geheimen Waffen auf dem Westufer geblieben. Noch ehe Peters die näheren Umstände erläutern konnte, brüllte Hübner: „Sie sind des Hochverrats schuldig und verdienen, wegen Feigheit vor dem Feind erschossen zu werden!"

---

16 Wagener, a. a. O., Skizze 2

Der völlig konsternierte Peters konnte nur „Jawohl" murmeln. Ein paar Minuten später war auch er zum Tode verurteilt. Anschließend wurde gegen Major Strobel verhandelt, den Pionier, der versucht hatte, die Brücke zu sprengen; ferner gegen Major August Kraft, Hauptmann Friesenhahns unmittelbaren Vorgesetzten, der überhaupt nicht in dieser Gegend gewesen war: zwei Todesurteile.

Kesselring mußte die Entscheidungen des Gerichts bekanntgeben. Ein Tagesbefehl wurde erlassen — Warnung für jeden Soldaten der Westfront. „Wer nicht in Ehren lebt", hieß es darin, „wird in Schande sterben."[17]

Während die 1. US-Armee ihre Truppen im Brückenkopf von Remagen laufend weiter verstärkte und die ersten Divisionen sich für einen Angriff aus dem Brückenkopf hinaus aufstellten, plante am Niederrhein Feldmarschall Montgomery noch den Übergang seiner 21. Alliierten Heeresgruppe. Aber noch bevor ein Soldat dieser Heeresgruppe seinen Fuß auf das Ostufer des Rheins setzte, gelang den Amerikanern ein weiterer Rheinübergang.

Bei seinem Angriff durch die Pfalz hatte General Patton die Divisionen seiner 3. US-Armee rücksichtslos vorangetrieben. Er wollte noch vor Montgomery über den Fluß setzen. Von General Bradley hatte er die Genehmigung bekommen, in der Nähe von Mainz über den Fluß setzen zu dürfen. Patton wußte, daß Montgomery am Abend des 23. März den Rhein überschreiten würde, und er wollte ihm im Gebiet von Mainz zuvorkommen. Zudem war er davon überzeugt, daß durch ein schnelles und überraschendes Übersetzen die Verluste niedriger gehalten werden könnten. Und er wollte ein Sprungbrett für noch spektakulärere Vorstöße ins Herz Deutschlands hinein. Toland schreibt darüber u. a.:

»Am 20. März flog er zu Generalmajor Manton S. Eddys XII. Korps, dessen Gefechtsstand in der Nähe von Simmern lag. Erregt marschierte er im Zimmer auf und ab. „Matt, ich möchte, daß Sie morgen bei Oppenheim übersetzen!" Oppenheim liegt etwa 25 Kilometer südlich von Mainz.

„Lassen Sie uns noch einen Tag Zeit", bat Eddy. „Nein!" brüllte Patton und fuchtelte mit den Armen. Der wuchtige Eddy streckte sein Kinn vor, er gab nicht nach. Kaum war Patton wütend hinausgestampft, rief Eddy bei Generalmajor S. Leroy (Red.) Irwin von der 5. Division an: „Sie müssen 'rüber (Red.), Georgie tobt hier herum und schreit uns alle an."

In den folgenden 36 Stunden ließ Irwin seinen Männern keine Ruhe. Sie erreichten den Rhein bei Oppenheim am 22. März vor Einbruch der Dunkelheit. Um 22.00 Uhr setzten die ersten Trupps mit Sturmbooten über den Fluß. Die erste Welle erreichte das andere Ufer, bevor die perplexen Deutschen eine Verteidigung aufbauen konnten, und bei Morgendämmerung waren sechs von Irwins Bataillonen am anderen Ufer. Ohne Vorbereitung durch Artilleriefeuer oder Luftangriffe, ohne Fallschirmjäger hatte Patton, zum ersten Mal wieder seit Napoleon, den Rhein mit Booten überquert — bei minimalen Verlusten: 28 Tote und Verwundete.

Die Erfolgsmeldung ging sofort ans Hauptquartier der 3. Armee; aber Pattons stellvertretender Chef des Stabes, Oberst Paul Harkins, schlug vor, sie Bradley erst am Abend des 23., kurz vor der Bekanntgabe von Montgomerys Rheinübergang, weiterzuleiten. Solche Vorschläge hörte Patton besonders gern.«

---

[17] Toland, a. a. O., S. 222

2. Kapitel

# Rheinübergang der Alliierten bei Wesel

Während bei Remagen die US- Kolonnen bereits über den Rhein rollten, plante Feldmarschall Bernard L. Montgomery am Niederrhein noch den hier seit langem vorgesehenen Übergang. Bereits im Frühherbst 1944 waren die ersten Planungen hierfür angelaufen; ausgiebige Studien hatten die einzelnen Stäbe erarbeitet, um die günstigsten Übergangsstellen ausfindig zu machen. Die Wahl fiel nach reiflichen Überlegungen auf das Niederrheingebiet nördlich von Wesel. Die Flußbreite, Flußgeschwindigkeit des Stromes, Ufer und auch das Hinterland auf der Ostseite boten hier die günstigsten Voraussetzungen für das Unternehmen, das den Decknamen „Plunder" (zu deutsch „Landraub") trug, dem die Luftlandeoperation „Varsity" folgen sollte.

Montgomery standen für diese Unternehmen insgesamt 30 Divisionen aus drei alliierten Armeen zur Verfügung: von Norden nach Süden die 1. Kanadische Armee unter General Crear (acht Divisionen), die 2. Britische Armee unter Generalleutnant Dempsey (elf Divisionen, davon drei Panzerdivisionen) und am Südflügel die 9. US-Armee des Generalleutnants William H. Simpson (elf Divisionen, davon ebenfalls drei Panzerdivisionen).[18] Auch sonst war die hier operierende 21. Alliierte Armeegruppe ein großer und „bunter" Verband: 1 703 Niederländer, 5 982 Tschechen, 6 696 Belgier, 14 915 Polen, 182 136 Kanadier, 328 919 Amerikaner und 744 361 Engländer bildeten die Gesamtstreitmacht von 1 284 712 Soldaten.[19]

Eine Unmenge von Material, Ausrüstungen, Waffen und Munition hatten diese Verbände auf dem linken Rheinufer gestapelt, bevor auch nur ein Mann zum Angriff auf das Ostufer antrat. Die britischen Truppen hatten in ihrem Abschnitt rund 60 000 Tonnen Munition herangefahren, weiterhin 30 000 Tonnen Pioniermaterial und weitere 28 000 Tonnen diverses Zubehörmaterial. Die 9. US-Armee hatte in der Zeit vom 4. bis 24. März ebenfalls 138 000 Tonnen Versorgungsgüter und Ausrüstungen bis dicht hinter ihre Front gebracht. Davon waren etwa 6 830 Tonnen Verpflegung = drei Millionen Rationen; 19 000 Tonnen = 4,65 Millionen Gallonen Benzin; 42 000 Tonnen Munition und 70 627 Tonnen andere Versorgungs- und Ausrüstungsgüter.

Zur Unterstützung des Erdangriffs und dessen Vorbereitung konnten die Briten 37 000 Pioniere und insgesamt 3 411 Geschütze, einschließlich Pak-, Flak- und Raketengeschütze, einsetzen. Die Amerikaner hatten hierfür 22 000 Pioniere und 2 070 Geschütze, einschließlich Panzer-, Pak- und Flakgeschütze, zur Verfügung. Dazu kam praktisch die totale Luftüberlegenheit der alliierten Fliegerverbände.[20]

In zahlreichen Einsätzen wurden in den Tagen vor Angriffsbeginn die deutschen Flughäfen bis weit ins Reich hinein angegriffen, um die restlichen fliegenden Ver-

---

18 Dwight D. Eisenhower, Kreuzzug in Europa, Berman-Fischer Verlag, Amsterdam, Anhang, S. 568 bis 573

19 Helmuth Euler, Die Entscheidungsschlacht an Rhein und Ruhr, Motorbuch Verlag, Stuttgart 1980, S. 40

20 Günter Wegmann, Das Kriegsende zwischen Niederrhein, Emsland und Teutoburger Wald im März/April 1945, I. Teil, in: Osnabrücker Mitteilungen, 83. Band, 1977, Meinders & Elstermann, Osnabrück, S. 149–150

bände der deutschen Luftwaffe, insbesondere der Jagdflieger, und hier besonders die Basen der neuen Me-262-Düsenjäger, zu zerschlagen. Auch alle wichtigen Eisenbahnknotenpunkte, Hauptstrecken und wichtigen Straßen wurden von schweren Bomberverbänden und Jagdbomberschwärmen angegriffen.

Die deutschen Truppen auf der östlichen Rheinseite gehörten zur Heeresgruppe H (Generaloberst Johannes Blaskowitz). Der direkte nördliche Nachbar der Heeresgruppe B war hier die 1. Fallschirmarmee (General der Fallschirmtruppen Schlemm). Diese Armee hatte am 10. März den Weselbrückenkopf geräumt und hielt seitdem die Niederrheinfront zwischen Emmerich und Krefeld. Die Armee war in jenen Tagen gerade mit der Neuordnung und Wiederauffrischung beschäftigt. Kampfstarke vollausgerüstete Divisionen gab es auch hier schon lange nicht mehr.

Die Stellungen am Rheinufer waren nur schwach besetzt. Die deutschen Verbände standen mehr in der Tiefe des Raumes. Mit dieser Maßnahme gedachte man die Verluste geringzuhalten, wenn bei Beginn der gegnerischen Offensive das zu erwartende starke Artilleriefeuer und die Luftangriffe auf der Ostseite des Rheins beginnen würden.

Der 1. Fallschirmarmee standen einschließlich der rückwärtigen Einheiten 13 schwache Divisionen sowie eine Flakbrigade und einige Heerestruppen zur Verfügung. Als Eingreifreserve der Armee lag nordöstlich von Emmerich das XXXXVII. Panzerkorps (General der Panzertruppen Freiherr von Lüttwitz) mit der 15. Panzergrenadierdivision und der 116. Panzerdivision bereit. Die Heeresartillerie war in den Räumen Elten, Wesel und Dinslaken bereitgestellt worden. Eine wertvolle Bereicherung der Verteidigung im Erdkampf bedeuteten auch in diesem Raum zahlreiche Flakgeschütze. Während die Artillerie 800 Rohre verschiedenster Kaliber umfaßte, mag die Zahl der Flakgeschütze rund 200 betragen haben.[21]

Die Gesamtstärke der 1. Fallschirmarmee wird in jenen Tagen mit rund 100000 Mann angegeben, davon etwa 70000 Mann in den acht Front-Divisionen und rund 30000 Mann in den Divisionen des XXXXVII. Panzerkorps und des Ersatzkorps in rückwärtigen Gebieten. Über ausgebaute verteidigungsfähige Stellungen verfügten die Verbände der 1. Fallschirmarmee kaum; denn seit dem 1. März 1945 hatte hier wenig getan werden können. Der Führer und Oberste Befehlshaber der deutschen Wehrmacht hatte einen rechtzeitigen Ausbau in den Monaten vorher immer abgelehnt. Lediglich im Raume Wesel und Rees gab es einige unzulängliche Panzergräben. Nur alte Brücken waren noch rechtzeitig zur Sprengung vorbereitet worden. Das rückwärtige Gebiet hatte man in sogenannte Schutzbezirke eingeteilt, und in den kleineren Städten und Dörfern wurden — oft recht primitiv — Straßen- und Panzersperren errichtet. Die erste Verteidigungsstellung waren die Sommerdeiche des Rheins. Hier hatten Fremdarbeiter, Kriegsgefangene, Hitlerjungen, Schulkinder und andere Arbeitskräfte geschanzt. Die Orte hinter der Front wurden mehr oder weniger gut zur Rundumverteidigung eingerichtet. Im rückwärtigen Gebiet war auf der Linie Ahaus-Südlohn-Borken-Bocholt-Wesel der „Westfalenwall" entstanden. Auch diese Anlage war eine unregelmäßige, militärisch unbrauchbare Auffangstellung, die häufig durch Regen einstürzte und meist nur aus Ein-Mann-Löchern, kleinen Schützen- und vertieften Straßengräben bestand. General Schlemm versuchte auch hier das Beste aus der Situation zu machen, indem er das Isseltal und die Landstraße Wesel-Isselburg gegen etwaige Luftlandetruppen verpfählen, verminen und verdrahten ließ.

---

[21] Ebd., S. 142 ff.

DER WEHRMACHTSBERICHT MELDET:

*19. März 1945 „... Im Abschnitt Düsseldorf-Köln haben die Amerikaner nur 3 Divisionen auf breiter Front eingesetzt. Bei Remagen wartet das V. amerikanische Armeekorps auf das Übersetzen. Bei der Heeresgruppe G sind zur Zeit alle feindlichen Kräfte geortet.*

*Bei der Heeresgruppe H lebhafte Bewegungen. Bei Remagen gewann der Feind erneut Gelände nach Norden und Nordosten. Dagegen wieder Angriffe der 3. Panzergrenadierdivision. Die eigenen Verluste sind empfindlich, die des Feindes jedoch auch. Im Osten nur einzelne Einbrüche. Im Süden nur schwächere Angriffe. Nach englischer Meldung ist die Brücke von Remagen infolge der deutschen Angriffe völlig abgesunken. In Koblenz, das von 2 000 Mann verteidigt wurde, ist der Widerstand zu Ende gegangen ..."*

Über den genauen Ort des Rheinübergangs herrschte bei der deutschen Führung zunächst Unsicherheit. Da in Südholland ziemliche Bereitstellungen beobachtet wurden, glaubte man den Übergang in der Gegend von Emmerich annehmen zu müssen. Diese Ansicht änderte sich, als die großen alliierten Luftangriffe auf den Raum Nordwestdeutschland/Westfalen begannen. Der Angriff mußte im Raum von Wesel erfolgen. Trotzdem blieb bei einigen höheren Stäben die Neigung, Emmerich oder Arnheim als Übersetzstelle zu vermuten, insbesondere im Hinblick auf die Bereitstellung der 1. Kanadischen Armee in Südostholland. Am 19. März gewann die Aufklärung der 1. Fallschirmarmee den Eindruck, daß Feldmarschall Montgomery nunmehr alles einsetzen werde, um die Entscheidung herbeizuführen.[22]

Die deutschen Führungsstäbe wußten seit dem 13. März auch um die Bereitstellung feindlicher Luftlandetruppen. Im Raum Bocholt lagen als Eingreifreserven gegen vermutete Luftlandungen das Fallschirmjäger-Ersatz- und Ausbildungsregiment mit der dazugehörenden Panzerjäger-Abteilung, Pionier- und Granatwerferbataillon. Auch besondere Kommandos zur Abwehr von Luftlandetruppen waren gebildet worden. Im Zuge der Angriffsvorbereitungen der Alliierten wurden die eigenen Verbände über die Situation des deutschen Gegners am 13. und 19. März informiert.

Eine besondere Vorsichtsmaßnahme der Alliierten war die Tarnung ihrer Angriffsvorbereitungen durch eine künstliche Nebelwand entlang des Rheins auf einer Länge von rund 100 Kilometer. Im vorgeschobenen Gefechtsstand des XVI. US-Korps in Kamp Lintfort leitete der Chemical-Offizier dieses Korps den gesamten Vernebelungseinsatz entlang der Angriffsfront der 2. Britischen Armee und des XVI. US-Korps. Die Briten stellten hier eine Spezialeinheit für den Rheinübergang bereit: die 79. gepanzerte Division. Eine derartige Spezialdivision hatte die deutsche Wehrmacht nicht zur Verfügung und auch nie besessen. Dazu kam noch eine Spezial-Einheit der Royal Navy. Um den Zeitpunkt des Angriffs und die Angriffsstelle geheimzuhalten, wurde auf Befehl der alliierten Führung die Bevölkerung linksrheinisch evakuiert. Entlang des Rheins mußte das Gebiet bis zur Reichsstraße 57 geräumt werden. Um Bedburg herum entstand eine riesige Zeltstadt für mehr als 24 000 Insassen. Den primitiven Aufenthalt in den Zelten mußten 800 Zivilisten innerhalb von vier Wochen mit dem Tode bezahlen.[23]

Während auf der linken Rheinseite die alliierten Angriffsverbände ihre umfangreichen Vorbereitungen abgeschlossen hatten, herrschte bei den deutschen Kräften auf der rechten Rheinseite eine gewisse Abwehrbereitschaft; so gut es eben die angeschla-

22 Ebd., S. 144 ff.

23 Ebd., S. 150

genen Verbände nach viereinhalb Kriegsjahren noch zuließen. Reichspropagandaminister Dr. Goebbels sprach durch den Rundfunk: „80 000 bester deutscher Soldaten bilden am Niederrhein eine Abwehrmauer, an der sich der Feind blutige Köpfe holen wird!" Auf Befehl des Reichsleiters Bormann wurden in diesen Tagen in den Städten und Dörfern Plakate mit folgendem Text angeschlagen:

„Der Kampf gegen den ins Reich eingedrungenen Feind ist überall mit aller Unnachsichtigkeit und Unerbittlichkeit zu führen ... Gau- und Kreisleiter, sonstige politische Leiter und Gliederungsführer kämpfen in ihrem Gau und Kreis, siegen oder fallen. Ein Hundsfott, wer seinen vom Feind angegriffenen Gau ohne ausdrücklichen Befehl des Führers verläßt, wer nicht bis zum letzten Atemzug kämpft. Er wird als Fahnenflüchtiger geächtet und behandelt. Reißt hoch die Herzen und überwindet alle Schwächen. Jetzt gilt die Parole: Siegen oder fallen! ..."[24]

## DER ANGRIFF

Der 23. März 1945 war ein herrlicher Frühlingstag; heute sollte das lange geplante Unternehmen anlaufen. Feldmarschall Montgomery hatte noch einige Frontverbände besucht, bevor er um 15.30 Uhr in seinem Hauptquartier in Walbeck, nördlich von Straelen (bei Venlo), in Gegenwart des britischen Premierministers Churchill den Angriffsbefehl gab. Der alliierte Oberbefehlshaber General Eisenhower war zu dieser Zeit auf dem Gefechtsstand des XVI. US-Korps in Kamp Lintfort. Über die gesamte linksrheinische Bevölkerung wurde eine Ausgangssperre verhängt. Das Unternehmen „Plunder" mit dem anschließenden Luftlandeunternehmen „Varsity" konnte beginnen.[25]

Auf einer Frontlänge von 40 Kilometer zwischen Emmerich und Voerde setzte um 15.30 Uhr das Trommelfeuer der alliierten Artillerie ein. Es war eine detonierende Feuerwalze, die je nach Bedarf vor- und rückverlegt wurde, so daß die Feuerstärke an- und abschwoll. Im Bereich der vorgesehenen ersten Übergangsstellen wurde das Feuer erst um 18.00 Uhr eröffnet, nachdem um 17.30 Uhr nochmals 77 viermotorige Lancaster-Bomber die Stadt Wesel angegriffen hatten, die an diesem Tage allein vier schwere Luftangriffe erhielt.

Für einen reibungslosen Rheinübergang sorgte bei den alliierten Verbänden eine eigene Uferorganisation. Die Navigation wurde durch unsichtbare Lichter unterstützt, die nur durch Spezialgläser zu erkennen waren. Um 20.00 Uhr wurden die Rheindeiche durch mächtige Bulldozer niedergewalzt, um einen Durchgang für die Amphibienfahrzeuge und Sturmboote zu schaffen. Der erste Rheinübergang begann gegen 20.53 Uhr. In Höhe des linksrheinischen Dorfes Hönnepel ging die 154. Brigade der 51. britischen (Highland) Division in Buffalos und mit der Unterstützung der Amphibienpanzer in sechs Minuten über den Fluß. Rechts von der 154. setzte die 153. Brigade über den Rhein. Die britischen Verbände trafen hier auf die 8. deutsche Fallschirmjägerdivision, die den Raum um Rees hartnäckig verteidigte. Beide Seiten wußten um die Bedeutung der Stadt mit ihren lebenswichtigen Straßen in das Hinterland.[26]

---

24 Werner Haupt, Das Ende im Westen 1945, Podzun-Verlag, Dorheim 1972, S. 83

25 Wegmann, a. a. O., I., S. 152 ff.

26 Ebd., S. 155 ff.

In der Zwischenzeit hatte sich auch die 1. britische Commando-Brigade für den Sturm über den Rhein bereitgestellt. Um 22.00 Uhr gingen die ersten 24 Buffalos gegenüber von Wesel über den Rhein und erreichten nach vier Minuten die Grav-Insel, drei Kilometer westlich von Wesel. Hier deckten — wie an allen Übergangsstellen — die Artillerie- und Feldgeschütze der Alliierten den reibungslosen Übergang.

Inzwischen waren weitere Commando-Einheiten gefolgt und hatten die Insel unter Kontrolle gebracht, als um 22.30 Uhr der erste Pathfinder des Bomber Command über Wesel erschien. Abermals warfen in einem 15-Minuten-Angriff 201 Bomber der Royal Air Force fast 1100 Tonnen Bomben auf die schon gänzlich zerstörte Stadt Wesel. Danach begannen die englischen Commandos mit ihrem Angriff auf die Ruinen von Wesel. Gleichzeitig hielt das schwere Feuer der Artillerie unvermindert an.

In der Trümmerwüste von Wesel befehligte Generalmajor Deutsch eine zusammengewürfelte Truppe, deren Kern aus Flakeinheiten bestand. Den Großteil bildeten Landesschützen und Sicherungsbataillone sowie ein Stoßtrupp Fallschirmjäger der 8. Fallschirmjägerdivision. Gegen 2.00 Uhr morgens hatten die englischen Truppen den Großteil der Stadt in ihrer Hand; nur noch im Norden leisteten die deutschen Truppen verzweifelten Widerstand. Eine Kapitulationsaufforderung hatte der deutsche Stadtkommandant abgelehnt; er fiel später mit der Waffe in der Hand in einer MG-Garbe eines englischen Sergeanten. Sein Nachfolger, Oberstleutnant Roos, übergab später die Reste der Stadt an die vordringenden englischen Commandos.

An der nördlichen Rheinfront setzte um 2.00 Uhr am 24. März die 15. schottische Infanteriedivision bei Xanten auf das östliche Rheinufer über. Die Schotten trafen hier auf die Gegenwehr der 7. Fallschirmjägerdivision, die ein etwa 10 Kilometer langes Stück der Rheinfront bis zum Ostrand von Rees hartnäckig verteidigte.

Südlich von Wesel bereiteten sich auch die Divisionen der 9. US-Armee auf die Überwindung der letzten großen Schranke in das Herz des deutschen Reiches vor. Um 1.00 Uhr erreichte hier das Artillerievorbereitungsfeuer seine größte Stärke. Um 2.00 Uhr setzte die 30. US-Infanteriedivision nördlich von Rheinberg ihre ersten Verbände über. Das 119. Infanterieregiment setzte südlich von Büderich über den Fluß, das 117. Regiment bei Wallach und das 120. Regiment bei Rheinberg. Die hier in Stellung liegende 180. deutsche Infanteriedivision war durch das voraufgegangene Trommelfeuer und den künstlichen Nebel ziemlich verwirrt und zu keiner geschlossenen Abwehr mehr fähig. Die vordersten Linien wurden von den amerikanischen Truppen mühelos genommen.

Um 3.00 Uhr in der Frühe des 24. März war auch die 79. US-Infanteriedivision fertig. Sie ging rechts von der 30. Division mit je einem Bataillon der Infanterieregimenter 315 (links) und 313 (rechts) über den Rhein. Die Bataillone der 79. Division trafen hier bei Dinslaken und Walsum auf die deutschen Eisenbahnlinien, und das 313. Bataillon traf gleichzeitig auf die Grenze zwischen dem LXXXVI. und LXIII. deutschen Korps bzw. der 180. Infanteriedivision und der anschließenden Division Hamburg.[27]

Im Morgengrauen des 24. März stellten britische Commandotruppen und amerikanische Voraustruppen der 30. Division bei Friedrichsfeld die Verbindung her. Der Sprung über den Rhein war den alliierten Truppen damit auf Anhieb an vier Stellen

---

27 Ebd., S. 170 ff.

**Truppen der 1. britischen Commandobrigade machen sich am Abend des 23. März 1945 für die Rheinüberquerung bei Wesel fertig.**

**Pioniere des 167. Pionierbataillons der 9. US-Armee schlagen südlich von Wesel eine Pontonbrücke über den Rhein.**
Fotos: US-Army

Erste Einheiten der 9. US-Armee setzen südlich von Wesel in Sturmbooten über den Rhein.

Das Ostufer ist erreicht – weitere Truppen folgen nach.

Pioniere der 9. US-Armee bereiten am 24. März 1945 weitere Sturmboote und Ausrüstungen für den Übergang vor.

Fotos: US-Army

Viermotorige B-24-Bomber überfliegen den Rhein zur Unterstützung der Luftlandetruppen auf der Ostseite.

Ein Sherman-Panzer wird mit einer Bailey-Schwimmbrücke über den Rhein gebracht.

Leichte M-24-Panzer verlassen auf der Ostseite des Rheins die Landungsboote südlich von Wesel.
Fotos: US-Army

Feldartillerie-Einheiten und Nachschubkolonnen der 9. US-Armee überqueren auf einer Pontonbrücke südlich von Wesel den Rhein.



Weitere Nachschub-Einheiten der 9. US-Armee kommen am 26. März 1945 auf dem Ostufer an.

Kinder schauen zu, wie ein amerikanischer Soldat auf der Autobahn bei Friedrichsfeld eine Gruppe deutscher Soldaten abführt.

Auf dem Wege zum Treffpunkt mit den britischen Bodentruppen ziehen amerikanische Fallschirmjäger an den Trümmern eines Gleiters vorbei, der bei seiner Landung mit Bäumen und Hecken kollidiert ist.
Fotos: US-Army

Eine Flotte von C-47-Transportmaschinen und Lastenseglern auf einem Feldflugplatz in England

Amerikanische Luftlandetruppen nach ihrer Landung in der Nähe von Wesel
Foto: US-Army

Nach der Landung sammeln sich US-Luftlandetruppen auf einem Feld.

**Eine Szene nach der Landung von US-Truppen: Der erste Gefangene wird eingebracht.**

**Britische Luftlandetruppen sammeln sich für das Einrücken in Hamminkeln.**

**Eine Gruppe britischer Luftlandetruppen rollt auf Hamminkeln zu.**

Die fünf Fotos dieser Seiten: Imperial War Museum

Soldaten der 17. US-Luftlandedivision auf Panzern der 6. britischen Garde-Panzerbrigade am 27. März 1945 östlich von Wesel

Nördlich von Dorsten trafen Einheiten der 2. britischen Armee mit Einheiten der 9. US-Armee zusammen und rückten gemeinsam weiter vor.

Fotos: US-Army

geglückt. Es war nun an den nachfolgenden Einheiten, die entsprechenden Flußübergänge zu schaffen und für den notwendigen Nachschub zu sorgen.[28]

## UNTERNEHMEN VARSITY

Der 24. März hatte im Süden und Südosten Englands ebenfalls mit herrlichem Frühlingswetter begonnen, als die Fallschirmjäger der 6. britischen Luftlandedivision ihre Maschinen bestiegen. Es waren 242 Transportmaschinen mit 3 900 Soldaten und 137 Tonnen Nachschubgütern, die hier von verschiedenen Flugplätzen starteten. Der Flug ging über den Kanal in Richtung Belgien. Auf zwölf Flugplätzen rund um Paris sammelten sich die Soldaten der 17. US-Luftlandedivision zu ihrem Flug für das geplante, bis dahin größte Luftlande-Unternehmen. Die insgesamt gestarteten 1 795 Transportmaschinen und 1 305 Lastensegler vereinigten sich über Warre bei Brüssel und flogen unter dem Schutz von 889 Begleitjägern in das ihnen befohlene Angriffsgebiet östlich des Rheins. Das Ziel an diesem Morgen des Palmsonntags waren die Höhen des Diesfordter Waldes, nordwestlich von Wesel. Von diesen Höhen hatte man einen guten Blick auf die Rheinübergangsstellen bei Wesel und Xanten und konnte die Hauptstraßen nördlich und nordwestlich von Wesel blockieren. In diesem Gebiet sollten insgesamt mehr als 14 000 Mann, 695 Fahrzeuge, 113 Geschütze und 109 Tonnen Munition abgesetzt werden. Den Luftlandetruppen sollten unmittelbar 237 viermotorige Liberator-Bomber der 8. US-Luftflotte folgen, die 582 Tonnen Versorgungsgüter abwarfen. Zur gleichen Zeit flogen weitere 2 596 schwere Bomber und 821 mittlere Bomber das Hinterland an, um Flugplätze, Brücken, Straßenverbindungen und Eisenbahnanlagen zu zerstören.[29] Eine gewaltige Luftarmada war im Anflug auf das Niederrheingebiet. Ein Augenzeuge, der den Anflug dieser Verbände auf dem Boden miterlebte, berichtete: „Die am Niederrhein verbliebenen Einwohner werden den Anblick nie im Leben vergessen, den die heranfliegenden Pulks boten. Soweit der Blick reichte, war der Himmel mit niedrigfliegenden Flugzeugen, deren Flughöhe oft unter 200 Meter lag, bedeckt . . ."[30]

Das gesamte Luftlandegebiet war in elf Zonen eingeteilt, davon drei für Fallschirmspringer und acht für Lastensegler. In der Absetzzone „A", südlich von Haldern, sollte die 3. Fallschirmjägerbrigade landen. Der Anflug klappte perfekt, obwohl Transportgruppen sechs bis zehn Minuten vor der vereinbarten Zeit ankamen. Dadurch mußte auch das Artilleriefeuer auf die deutschen Flakstellungen entsprechend gekürzt werden. Um 9.51 Uhr erreichten die Maschinen das vorgesehene Zielgebiet „Arme Heide" in der Absetzzone „A". Von 121 anfliegenden Maschinen erreichten nur zwei das Gebiet wegen technischer Schwierigkeiten nicht, einige kamen zu spät, und 13 Transporter mußten ein zweites Mal anfliegen. Einige Einheiten kamen auch wegen des Flakbeschusses zu hoch an und setzten die Springer aus 345 Meter Höhe ab. Insgesamt sprangen hier 1 920 Mann der 3. Brigade ab, die trotz starker Beschießung das Gebiet bis 11.30 Uhr gesäubert hatten. Die deutsche Abwehr war hier bereits vor der Luftlandung sehr geschwächt worden, und die Flak zögerte zunächst vielfach. Nach dem ersten Absetzen der Springer wurde das Abwehrfeuer stärker, wobei drei Transportmaschinen abgeschossen und drei beschädigt wurden. Kurz nach

---

[28] Haupt, a. a. O., S. 84

[29] Wegmann, a. a. O., I., S. 157 ff.

[30] Haupt, a. a. O., S. 84

dem erfolgten Absprung landeten in der Zone „A" 35 Lastensegler als Verstärkung. Die Landung in dieser Zone war, wie sich später herausstellte, die erfolgreichste.

Die 5. Fallschirmjägerbrigade landete jenseits der Bahnlinie Wesel-Emmerich nordostwärts der 3. Brigade, nordwestlich von Hamminkeln. Während die beiden Fallschirmjägerbrigaden die Nordflanke deckten, sollte die 6. Luftlandebrigade die Isselbrücke und Hamminkeln einnehmen. Die Landung erfolgte eine Viertelstunde nach dem Absprung der Fallschirmjäger. Die Einheiten dieser Brigade hatten weniger Glück. Von den 416 Lastenseglern, die das Gefechtsfeld erreichten, blieben nur 88 unbeschädigt, 37 brannten völlig aus. Die Lastenseglerpiloten erlitten 20 bis 30 Prozent Verlust durch Tote, Verwundete und Vermißte. Auch die 121 Flugzeuge, die die 5. Brigade herangebracht hatten, erlitten beim Rückflug starke Verluste, 16 wurden durch die Flak abgeschossen, 47 weitere mehr oder weniger schwer beschädigt.

Der 6. Luftlandebrigade gelang es, während die anderen Brigaden noch mit der Säuberung ihrer Landezonen beschäftigt waren, sechs intakte Brücken über die Issel einzunehmen und zu halten. Das war möglich, obschon die Hälfte der durch Lastensegler gelandeten Truppen außer Gefecht gesetzt war. Jenseits der Issel liegt Ringenberg, ein dicht von Ulmen umgebener Ort; ideal zum Aufmarsch deutscher Verteidigungskräfte. Die britischen Fallschirmjäger erhielten hier auch bald Artilleriebeschuß, und gegen Mitternacht griffen deutsche Panzer- und Infanterie-Einheiten erfolglos die Straßenbrücke im Bereich der Autobahnkurve an. Die 6. Luftlandedivision verlor an diesem Tage 1400 von den 7220 gelandeten Männern; fast die Hälfte der Truppen an Bord der Lastensegler war außer Gefecht gesetzt worden.[31]

---

DER WEHRMACHTSBERICHT MELDET:

*24. März 1945 „... Der Großangriff über den Rhein hat begonnen, und zwar bei Wesel, wo er vermutet wurde, in Verbindung mit der gleichfalls erwarteten Luftlandung. Der Gegner erreichte mit Schwimmpanzern und Infanterie bei Rees und westlich davon das Ostufer um 22.00 Uhr. Gegenangriffe schlugen nicht durch. Um 0.15 Uhr ging er südlich Wesel zum Angriff über, nahm dort mehrere Orte und drang von Nordwesten in die Stadt ein. Um 9.05 Uhr wurde Dünkirchen von Flugzeugen mit Lastenseglern überflogen; um 10.20 Uhr erfolgte die Landung südlich Bocholt. Um 11.25 Uhr ging eine Meldung ein, daß 30 Lastensegler abgeschossen seien und das Regiment Carst, in dessen Gebiet der Absprung erfolgte, den Kampf begonnen habe. Es scheint sich um die 1. englische Luftlandedivision zu handeln ..."*

---

Südlich der 6. britischen Luftlandedivision sollte laut Plan auch die 17. US-Luftlandedivision in den vorgesehenen Zonen ihre Truppen absetzen. Als erste Einheit dieser Division, die in den Ardennen schwere Verluste hatte hinnehmen müssen, war um 7.17 Uhr das 507. Fallschirmjägerregiment gestartet. Wenig später folgten das 513. Regiment und vier spezielle Luftlandegruppen zur Unterstützung und zuletzt das 194. Luftlandeinfanterieregiment. Um 9.53 Uhr erschien als erstes das Bataillon des Majors Paul F. Smith über dem Zielgebiet, welches am Südende des Diesfordter Waldes in zwei Gruppen absprang. Die Kampfgruppe Raff konnte gleich nach dem Absprung eine Batterie mit fünf 15-cm-Geschützen einnehmen und zwang einen Oberst und 300 Mann zur Kapitulation, nachdem diese Einheit bereits 55 Tote und 40 Verwundete zu verzeichnen hatte. Das III. Bataillon 507 ging gegen den Ort Dies-

---

[31] Wegmann, a. a. O., I., S. 160 ff.

fort vor, vernichtete zwei deutsche Panzer und säuberte das Stadtschloß. Dabei wurden 300 Gefangene gemacht, wobei sich Stabsoffiziere des LXXXVI. deutschen Armeekorps und der 84. Infanteriedivision befanden.

Das 513. Fallschirmjägerregiment landete irrtümlich im Sektor der 6. britischen Luftlandedivision bei Hamminkeln und traf hier auf eine deutsche Abwehr. Das

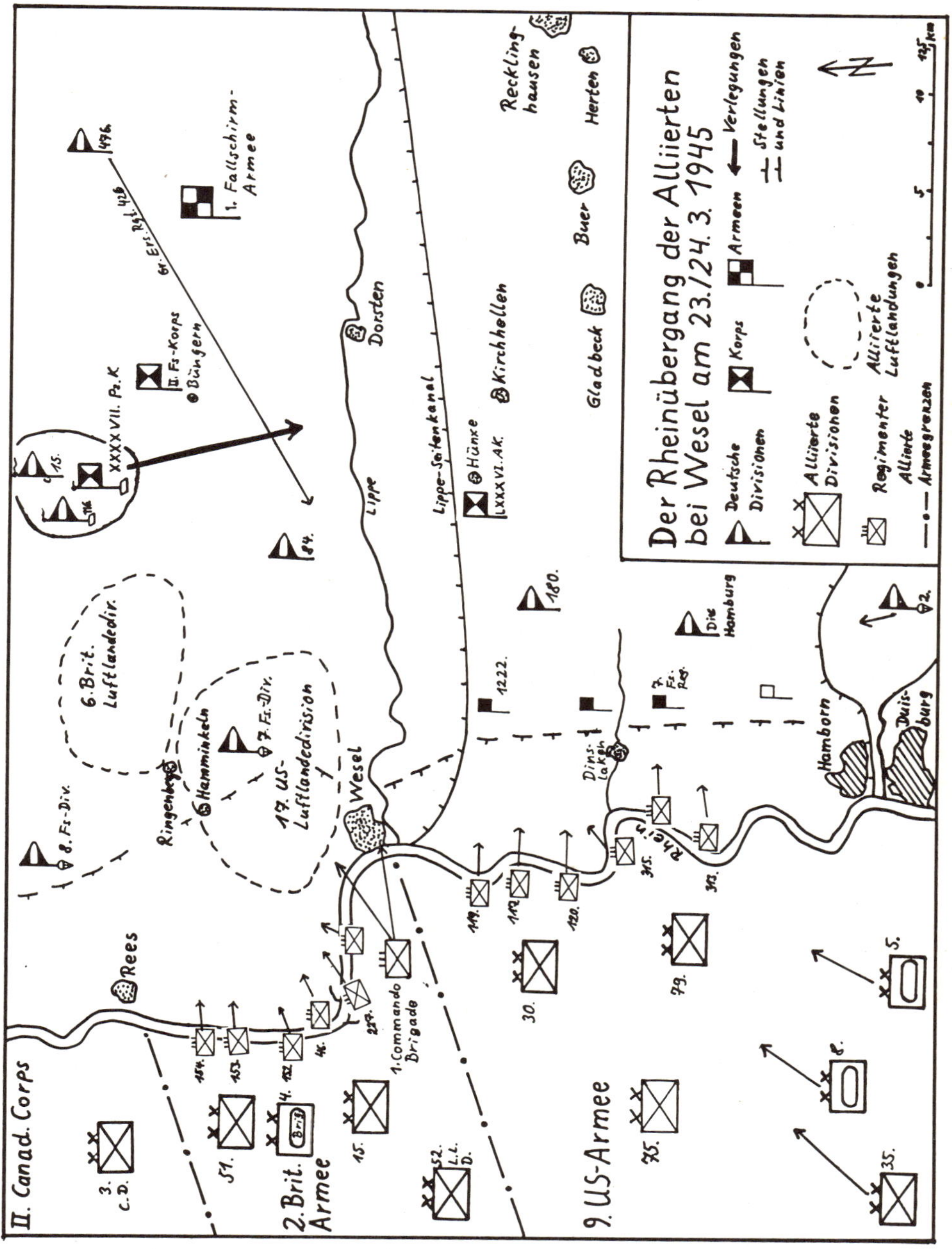


*Karte 1: Der Rheinübergang der Alliierten bei Wesel am 23./24. März 1945*

Regiment mußte sich erst nach Süden in den eigenen Landeraum durchkämpfen; es entsandte ein Bataillon an die Issel. Das zur Unterstützung des Regiments vorgesehene 466. Fallschirm-Feldartilleriebataillon landete an der vorgesehenen Stelle südwestlich von Hamminkeln unter ebenfalls starken Verlusten.

Das 194. Luftlande-Infanterieregiment kam mit den beiden dazugehörenden Feldartilleriebataillonen um 10.20 Uhr im Gehölz westlich der Brücken des Isselkanals herunter. Sie griffen in ihrem Sektor die Deutschen in Richtung Issel und Isselkanal an. Die in diesem Raum verteidigende 84. deutsche Infanteriedivision, die auch mit Teilen noch am Rhein stand und hier gegen die 15. schottische Infanteriedivision focht, wurde vollständig zerschlagen. Nur Reste des Grenadierregiments, 1062, leisteten im Kessel nördlich von Diesfordt noch Widerstand.

Von den gelandeten 9650 amerikanischen Fallschirmjägern wurden 1300 getötet oder verwundet. Von den 114 Transportmaschinen wurden 21 abgeschossen und 59 weitere beschädigt. Bei Einbruch der Dämmerung hatte das 507. amerikanische Fallschirmjägerregiment in Wesel Verbindung mit der 1. britischen Commando-Brigade aufgenommen.

Beide Luftlandedivisionen hatten am Ende dieses Tages ihren Landeraum fest in der Hand. General Ridgway und sein Stellvertreter, General Gale (Kommandeur des I. britischen Luftlande-Korps), hatten einen vollen Erfolg errungen. An verschiedenen Stellen waren Kontakte mit anderen alliierten Einheiten aufgenommen worden.[32]

An diesem ersten Großkampftag waren der britische Premierminister Churchill und der Chef des vereinigten Empire-Generalstabes, Feldmarschall Lord Brooke, am Rhein, um Zeuge dieser gewaltigen Erd-Luft-Angriffs-Operationen zu sein. Toland schreibt u. a.:

»Von ihrem Feldherrnhügel aus konnten Churchill und Brooke beobachten, wie die fliegende Armada über sie hinwegzog; aber bevor die Fallschirmjäger absprangen, verschwanden die Maschinen in Nebel und Rauch. Wenig später war der Konvoi schon wieder auf dem Rückflug. Die Türen der Maschinen waren geöffnet, und die Reißleinen flatterten im Wind.

Gegen Mittag brachte man Churchill und Brooke in gepanzerten Fahrzeugen etwa 15 Kilometer weiter nach Norden zu einer Anhöhe bei Kalkar, wo sie die 51. Highland Division beim Übersetzen beobachteten. Zu Chevasse, der die Gruppe führte, hatte Montgomery gesagt: „Sehen Sie zu, daß Sie sie nach dem Tee wieder loswerden, und sorgen Sie dafür, daß keiner umgebracht wird.“ Aber nach dem Mittagessen äußerte der Premierminister unbekümmert, er wolle jetzt ebenfalls über den Rhein. Der besorgte Chevasse beriet sich mit Churchills Adjutanten, Commander Thompson, und der empfahl ihm, Montgomery zu fragen.

An diesem Abend schrieb Brooke amüsiert in sein Tagebuch: „Auch mit Winston gab es beträchtliche Schwierigkeiten, weil er unbedingt über den Rhein wollte, und es war nicht leicht für uns, ihn davon abzuhalten. Aber zum Schluß war er doch folgsam. Im gepanzerten Wagen fuhren wir dorthin zurück, wo wir unseren eigenen Wagen zurückgelassen hatten, und von dort zum Hauptquartier. Der Premierminister legte sich dann schlafen, was er offenbar auch dringend nötig hatte, denn schon fast

---

[32] Ebd., S. 162

während der ganzen Rückfahrt hatte er geschlummert und war dabei langsam auf meine Oberschenkel gerutscht.“«[33]

Auf der deutschen Seite herrschte in den höheren Führungsstäben lange Zeit Unklarheit über die genauen Absichten und Operationen des Gegners. Demzufolge liefen auch mögliche Gegenmaßnahmen nur schwer an. Die Heeresgruppe H meldete um 3.00 Uhr früh an den Oberbefehlshaber West: 1,5 Kilometer südlich Wesel und bei Mehrum Angriff gegen die 180. Division. Um 3.15 Uhr erfuhr Hitler den Verlust von Wesel. Auf seine Frage nach dem Einsatz von Reserven teilte man ihm mit, daß man an der Niederrheinfront alles eingesetzt habe, was verfügbar gewesen sei. Zudem war die 1. Fallschirmarmee in den ersten Tagen des alliierten Großangriffs ohne Befehlshaber. General Schlemm war bei einem Jagdbomberangriff am 21. März auf sein Hauptquartier schwer verwundet worden. Sein Nachfolger, General der Infanterie Blumentritt, konnte erst am 28. März die Führung der Armee übernehmen.

Im Verlauf des ersten Angriffstages waren auch an den Rheinübergangsstellen weitere Verbände und Verstärkungen übergesetzt worden. Nachschubgüter — vor allem Panzer und andere schwere Waffen — wurden auf eigens dafür gebaute Fähren auf das Ostufer gebracht. Im Bereich der 79. und 30. US-Infanteriedivision begann man in den Morgenstunden mit dem Bau eines Laufsteges über den Rhein. Bei Wallach baute man zudem eine 25-Tonnen-Pontonbrücke. Die Brückenbauten wurden sogleich von Flakkräften gesichert, da in der Nacht vom 24. zum 25. März 43 deutsche Flugzeuge die Brücken angriffen, ohne allerdings eine zerstören zu können. Im Raum von Wesel bauten Armeepionier-Einheiten der 9. US-Armee drei weitere Brücken, und auch bei Mehrum begann man einen Brückenbau. Die deutsche Luftwaffe flog in der Nacht 68 Angriffe gegen diese Brücken, wobei 24 Maschinen abgeschossen wurden.[34]

Südlich der Lippe hatte das LXIII. Armeekorps der 2. Fallschirmjägerdivision schon recht früh befohlen, aus dem Raum Duisburg-Hamborn nach Norden anzugreifen, um gegen die 79. US-Infanteriedivision vorzugehen. Die Heeresgruppe H hatte am frühen Nachmittag des 24. März auch das XXXXVII. Panzerkorps aus der Heeresgruppenreserve entlassen. Während die 15. Panzergrenadierdivision nordöstlich von Rees in die harten Abwehrkämpfe eingriff, befahl der Kommandierende General des XXXXVII. Panzerkorps der 116. Panzerdivision, nach Süden über die Lippe vorzustoßen, um gegen die 30. US-Infanteriedivision vorzugehen. Dieser Marsch war aber nur bei Nacht möglich; außerdem fehlte es der Division an Benzin. Die Vorräte langten gerade für einen Vorstoß bis zur Lippe. Trotz aller Schwierigkeiten gelang es der Division aber ohne große Verluste, in zwei Marschsäulen und auf Umwegen am 26. März den befohlenen Angriffsraum zu erreichen. Aus allen rückwärtigen Orten wurden weitere Kampfgruppen alarmiert und an die bedrohten Frontstellen gebracht.[35]

Die Division Hamburg war am 24. März noch damit beschäftigt, ihre Kräfte umzugruppieren und die gesamte Front zu verstärken. Dabei wurde die Panzerab-

---

33 Toland, a. a. O., S. 273

34 Wegmann, a. a. O., I., S. 173 und 181

35 Oberstleutnant i. G. H. G. Guderian, Die Kämpfe der 116. Panzerdivision in der Zeit vom 24. 3. bis 16. 4. 1945, Bundesarchiv-Militärarchiv Freiburg, MS Nr. 713, S. 3

wehr in der rechten Flanke der Division verstärkt. Der Einsatz eines weiteren Fallschirmjägerregiments wurde vorbereitet.[35a]

Südlich davon war es vor der Front der 2. Fallschirmjägerdivision auch an diesem Tage noch ruhig geblieben.[35b]

Im Bereich der Division Hamburg bekam das Fallschirmjägerregiment 7 mit seinen vorgeschobenen Sicherungen Feindberührung mit aus dem Raume Dinslaken nach Süden und Südosten vorstoßenden feindlichen gepanzerten Aufklärungskräften, die abgewiesen wurden. Der Anschluß an die benachbarte 180. Infanteriedivision ging verloren und wurde später durch Einheiten der 116. Panzerdivision wiederhergestellt. Für die Divisionsartillerie wurde Stellungswechsel in den Raum ostwärts der Reichsautobahn befohlen und durchgeführt.[35c]

Am 25. März — es war der Palmsonntag — tobten an der gesamten Front noch schwere Kämpfe. Am Nordflügel griffen nun auch die Kanadier stärker an und trafen dabei auf die 6. Fallschirmjägerdivision, die im Raum südöstlich von Emmerich stand, und auf die 15. Panzergrenadierdivision. Hierbei kam es zu schweren, wechselvollen Kämpfen zwischen dem Panzergrenadierregiment 115 und der 9. kanadischen Infanteriebrigade. Besonders um den Ort Bienen wurde hart gerungen, der erst am Abend, nach Eintreffen weiterer Verstärkungen, von den Kanadiern behauptet werden konnte. Nach Meinung der kanadischen Soldaten war hier der stärkste Widerstand an der ganzen Front der Britischen Armee zu überwinden. Auch in dem seit zwei Tagen von beiden Seiten schwer umkämpften Rees ging der deutsche Widerstand nun langsam zu Ende. Den laufend eintreffenden Verstärkungen der Alliierten mußten auch hier die deutschen Fallschirmjäger nach schweren Häuserkämpfen weichen. Besonders hartnäckig verteidigt wurden die zahlreichen Einzelhöfe zwischen den kleinen Städten und Dörfern. Nur mit Unterstützung schwerer Waffen, vor allem der Flammpanzer, die bis zu 30 Meter lange Phosphor-Flammen spien, konnten die Angreifer die deutschen Verteidiger niederkämpfen. Gegen vereinzelte deutsche Panzerangriffe setzten die Engländer Typhons ein. Das waren englische Jagdbomber, die mit Raketen bestückt waren und den gesamten Luftraum über der Kampfzone beherrschten.

Im Bereich der alliierten Luftlandedivisionen war dieser Tag auch angefüllt mit Einzelaktionen, aber auch mit der Abwehr deutscher Gegenangriffe, insbesondere westlich von Ringenberg und ostwärts Wesel. In Flüren lag jetzt der Gefechtsstand der 6. britischen Luftlandedivision und ab Spätnachmittag auch der Korpsstab. Die 6. Division übergab ihren linken Sektor an das XII. Korps. Die 17. Luftlandedivision konnte bis Mitternacht ihren rechten Flügel bis zur Lippe ausdehnen. In den Trümmern von Wesel ging an diesem Abend ebenfalls der Kampf zu Ende. Oberstleutnant Ross ging mit 850 Mann der überlebenden Kämpfer in Gefangenschaft. Im Raume Xanten und bei Wardt war es den britischen Pionieren in nur ein- bis zweitägiger Arbeit gelungen, die ersten Brücken über den Rhein in Betrieb zu nehmen. Auch in diesem Raum lief nun der Nachschub schneller und stärker, wodurch sich der Druck auf die deutschen Verteidiger von Stunde zu Stunde steigerte.[36]

---

35a Generalleutnant Steinmüller, Infanteriedivision „Hamburg", März–April 1945, Bundesarchiv-Militärarchiv, MS B-314, S. 4–5

35b Generalleutnant Lackner, Kämpfe der 2. Fallschirmjägerdivision ostwärts des Rheins (Ruhrkessel), Bundesarchiv-Militärarchiv, MS B-508, S. 2

35c Wie Anmerkung 35a

36 Wegmann, a. a. O., I., S. 179 u. 180

Im neuen Kampfabschnitt der 116. Panzerdivision kamen am 25. März nur Teile der Panzergrenadiere zum Einsatz, und zwar Teile des Panzergrenadierregiments 156 vorwärts Hünxe und Teile des Panzergrenadierregiments 60 in der Gegend von Lohberg. Eine geschlossene Front der 180. Infanteriedivision bestand hier bereits nicht mehr, und ein einwandfreies Bild der Lage konnten die Kampfgruppenführer der 116. hier auch nicht gewinnen. Beide deutsche Divisionen führten so im gleichen Kampfabschnitt ihre Divisionen mehr oder weniger nebeneinander. Die angreifenden Teile der 116. Panzerdivision — ohne Panzer und Artillerieunterstützung — waren zu schwach, eine wirksame Hilfe zu bringen. Sie konnten das Vordringen der 30. US-Infanteriedivision nur verlangsamen, aber nicht verhindern. Der 180. Infanteriedivision wurden die beiden Brennpunkte des Kampfes abgenommen; so wurde Zeit gewonnen, bis die Masse der eigenen Division eingetroffen war, während gleichzeitig die 190. Infanteriedivision im Antransport begriffen war. Der Ort Hünxe ging im Laufe des Tages an die vordringenden Amerikaner verloren. Der Gefechtsstand der 116. Panzerdivision wurde am 25. vormittags nach Besten verlegt.[37]

Auch General Eisenhower und der englische Premierminister Churchill besuchten an diesem Sonntag nochmals die verschiedensten Verbände am Rhein. Toland berichtet darüber u. a.:

»Nach dem Gottesdienst am Palmsonntag fuhren Churchill, Montgomery und Brooke zu einem Treffen mit Eisenhower, Bradley und Simpson in einem Schloß bei Rheinberg, hoch über dem Strom. Man unterhielt sich angeregt: jeder freute sich über das Gelingen des Unternehmens. Ein paarmal hintereinander sagte Churchill zu Eisenhower: „Mein lieber General, die Deutschen sind fertig! Jetzt haben wir sie! Sie sind erledigt."

„Gott sei gedankt, Ike, daß Sie an Ihrem Plan festgehalten haben", erklärte Brooke. „Sie waren völlig im Recht, und es tut mir leid, daß meine Angst, wir könnten uns verzetteln, Ihre Aufgabe noch erschwert hat. Die Deutschen sind geschlagen. Es ist nur noch eine Frage der Zeit, wann sie aufgeben werden. Gott sei Dank haben Sie sich nicht irremachen lassen."

Das wenigstens sind die Worte, an die Eisenhower sich später erinnerte. Brooke selbst berichtete, er habe Eisenhower höflich zu seinem Erfolg gratuliert und ihm gesagt, sein Vorgehen habe sich als richtig erwiesen. Daß Eisenhower „völlig im Recht" gewesen wäre, schrieb Brooke, könne er gar nicht zugegeben haben, da er noch jetzt überzeugt sei, daß der Oberkommandierende „völlig im Unrecht" gewesen sei.

Nach einem opulenten Mittagessen im Park schlug Eisenhower vor, zu einer Villa am Rheinufer hinunterzufahren, von wo aus man die Kampfhandlungen beobachten könne. Sie standen auf einer sandsackbewehrten Veranda, die auf den Fluß hinaus ging, und sahen zu, wie ein Landungsfahrzeug hinüber und herüber pendelte. „Am liebsten würde ich einmal 'rüberfahren", bemerkte Churchill.

„Nein, Herr Premierminister", sagte Eisenhower. „Ich bin der Oberkommandierende. Und ich weigere mich, Sie hinüberzulassen. Es könnte Ihnen etwas zustoßen."

Aber Eisenhower mußte noch zu einer anderen Konferenz, und als er abgefahren war, machte Churchill Montgomery auf ein kleines Boot aufmerksam, das gerade angelegt hatte. „Warum fahren wir nicht 'rüber und schauen uns die andere Seite an?"

---

37 Guderian, a. a. O., S. 3–4

„Ja, warum eigentlich nicht?" Der Feldmarschall war sofort einverstanden, was den Premierminister einigermaßen überraschte.

Simpson, der Eisenhower zum Flugzeug gebracht hatte, kam gerade zurück, als Churchill, Montgomery und mehrere Offiziere in ein kleines Landungsfahrzeug der amerikanischen Marine stiegen. „Nachdem General Eisenhower weg ist", grinste Churchill, „fahre ich hinüber!"

Die Sonne schien strahlend, als sie das Ostufer betraten. Ab und zu detonierte eine deutsche Granate. Bevor ihn jemand aufhalten konnte, marschierte Churchill mit schnellen Schritten in Richtung Schlachtfeld, wobei er heftig an seiner Zigarre zog. „Das ist nicht der richtige Platz für den Premierminister", meinte Simpson zu Montgomery. „Der Gedanke, daß ihm ausgerechnet in meinem Abschnitt etwas zustoßen könnte, ist mir unsympathisch." Er ging schneller, um den Premierminister einzuholen, der gar keine Anstalten machte, anzuhalten. „Wenn wir so weiterlaufen", rief Simpson, „sind wir bald an der Front."

Montgomery war offensichtlich von Churchills Unternehmungsgeist angesteckt. Bei der Rückfahrt fragte er den Führer des Landungsbootes: „Können wir nicht flußabwärts fahren, auf Wesel zu, wo noch etwas los ist?"

An einer Kette, die zum Schutz gegen Treibminen quer über den Rhein gespannt war, endete die Reise; aber kaum war man wieder am Westufer, da beugte sich der Feldmarschall zu Churchill und flüsterte: „Wollen wir nicht zur Eisenbahnbrücke bei Wesel fahren? Dort können wir etwas sehen."

Die große Stahlbrücke, teilweise zerstört, lag immer noch unter feindlichem Feuer. Auch hier war Churchill der erste; fix kletterte er nach oben. Die Einschläge warfen hohe Wasserfontänen auf; sie kamen immer näher. Schließlich saß eine Salve auf dem östlichen Brückenende. Man hätte meinen können, die Deutschen wußten, daß Churchill da war.

Ein jüngerer Offizier trat auf Simpson zu. Er war besorgt, der Beobachter einer deutschen Granatwerfergruppe könne hier einsehen. „Sie haben sich schon eingeschossen", sagte er. „Noch zwei oder drei Salven, und Sie sind dran!"

Simpson holte Churchill ein. „Prime Minister", sagte er förmlich, „Ihnen gegenüber sitzen Scharfschützen. Sie beschießen beide Auffahrten der Brücke und inzwischen auch die Straße hinter Ihnen. Ich kann die Verantwortung für Ihren Aufenthalt hier nicht übernehmen und muß Sie bitten, die Brücke sofort zu verlassen."

Churchill machte ein Gesicht wie ein kleiner Junge, den man am Strand von seiner Sandburg wegholt. Er hielt sich mit beiden Armen an einem Stahlträger fest und sah über die Schulter zu Simpson hinüber, als wollte er sagen: Hol mich doch, wenn du kannst!

Schließlich ließ er den Träger los und ging unwillig, mit langsamen Schritten, zum Ufer zurück.«[38]

Am Morgen des 26. März begannen die Kämpfe an allen Fronten des Brückenkopfes Wesel mit erneuter Heftigkeit. Am Nordflügel der Front wurde hart um das Dorf Millingen gerungen. Hier drohte der 6. Fallschirmjägerdivision die Abspaltung vom II. Fallschirmkorps und damit von der 1. Fallschirmarmee. Südwestlich davon drangen die britisch-kanadischen Verbände gegen die Issel vor in Richtung Mehrhoog und auf die Reichsstraße 8. Die zerschlagenen deutschen Verbände mußten sich auch

[38] Toland, a. a. O., S. 276 u. 277

hier vor dem immer stärker werdenden Gegner zurückziehen. Schwer gekämpft wurde an diesem Tage auch um den Isselbrückenkopf zwischen Hamminkeln und Brünen. Hier traten Teile der 15. Panzergrenadierdivision nochmals zu einem Gegenangriff an. Das weitere Vordringen der alliierten Truppen konnte aber auch hier nicht mehr aufgehalten werden.

Im Abschnitt des XXX. britischen Korps waren an diesem Tage fünf Brücken im Bau: eine war bereits am Morgen des 26. März fertig, eine weitere große Brücke (London Bridge) war gegen Mitternacht fertig. Weitere Divisionen und Nachschubgüter wurden über diese neuen Brücken auf das Ostufer des Rheins gebracht. Am Abend des 26. März waren insgesamt elf Brücken über den Rhein geschlagen worden. Zwei Benzinleitungen gingen direkt von Calais bei Wesel über den Rhein zur Versorgung der alliierten Divisionen. Die deutsche Luftwaffe setzte in der Nacht vom 26. zum 27. März 90 Maschinen gegen die Rheinbrücken ein. Bei diesen Einsätzen gingen 30 Maschinen verloren, ohne auch nur eine Brücke beschädigen zu können.[39]

Südlich der Lippe griff an diesem Tage auch die 30. US-Infanteriedivision weiter nach Osten an, südlich von ihr auch die 79. US-Infanteriedivision. Zwischen beiden versammelte sich die 35. US-Infanteriedivision, die gerade mit allen ihren Regimentern und Bataillonen über den Rhein ging. Auch die 8. US-Panzerdivision ging hier über den Rhein und brachte ihre ersten Kampfgruppen durch die Linien der 30. Infanteriedivision nach vorn.[40] Deutsche Gegner waren hier die 116. Panzerdivision und die 190. Infanteriedivision des XXXXVII. Panzerkorps. Beide Divisionen hatten aber noch nicht alle Verbände über die Lippe bringen können. Das Korps stand am Morgen dieses Tages etwa in folgender Linie: 1 Kilometer ostwärts Hünxe-Lohberg-Waldhuck-Sterkrade — von da ab am Kanal bis zum Rhein. Die Hauptlast des Abwehrkampfes lag hier nach wie vor bei den Verbänden der 116. Panzerdivision. Sie hatte eingesetzt: ostwärts Hünxe das Panzergrenadierregiment 156; beiderseits der Straße Kirchhellen das Panzergrenadierregiment; vorwärts der Autobahn bei Solmachtendorf eine schwache Kampfgruppe aus Panzern und Teilen der Panzeraufklärungsabteilung. Schwerpunkte der amerikanischen Angriffe lagen ostwärts Hünxe und nordostwärts Lohberg, wobei hier am Nachmittag erstmals Einheiten der 8. US-Panzerdivision auftraten. Der Flügel der 116. wurde auf Gahlen zurückgeworfen, und in der Mitte gelang es den US-Panzern in harten Waldkämpfen, beim Panzergrenadierregiment 60 einzubrechen und bis zum Westrand der Schlägers-Heide durchzustoßen. Im Laufe des Tages waren bis zum Abend die noch fehlenden Teile der Division eingetroffen und ebenso bei der benachbarten 190. Division. Die 190. übernahm nun am Abend Teile des bisherigen linken Abschnitts der 116. im Waldgebiet nördlich der Autobahn. In der Nacht konnte eine klare Gliederung beider Divisionen vorgenommen werden. Für den nächsten Tag rechnete die 116. Panzerdivision auf ihrem verringerten Kampfabschnitt mit einer planmäßigen Kampfführung ihrer Einheiten.[41]

Der 27. März war der letzte Tag, an dem die 1. Fallschirmarmee von Emmerich im Norden bis nördlich der Lippe westlich von Dorsten eine einigermaßen zusammenhängende — wenn auch nur noch dünn besetzte — Frontlinie wahren konnte.

---

[39] Wegmann, a. a. O., I., S. 184 ff.

[40] Ebd., S. 187

[41] Guderian, a. a. O., S. 4

Während die Alliierten im Norden bei Emmerich, in der Mitte bei Rees und im Süden bis Wesel weitere neue Divisionen und besondere Kampfgruppen über den Rhein warfen, erlahmte der Widerstand der schwer angeschlagenen deutschen Verbände immer mehr. Im Raume Emmerich verhinderte die 6. Fallschirmjägerdivision in Verbindung mit der benachbarten 346. Infanteriedivision den vordringenden Kanadiern die Einnahme dieser Stadt, das Ende war aber auch hier bereits abzusehen. Weitere Stoßrichtungen der britisch-kanadischen Divisionen zeigten in Richtung Anholt, Bocholt und Borken. In der Mitte der deutschen Abwehrfront war die 15. Panzergrenadierdivision immer noch der kampfkräftigste Verband, der seine Gegner nur langsam vorankommen ließ. Im Bereich der beiden Luftlandedivisionen waren die Positionen so gefestigt worden, daß die Kampfgruppen der Divisionen bereit waren für einen Ausbruch aus dem Brückenkopf. Die Stoßrichtung dieser Verbände zielte auf Dorsten.[42]

Auch im Kampfraum südlich der Lippe standen die Divisionen des XXXXVII. deutschen Panzerkorps wieder in schweren Abwehrkämpfen gegen die immer stärker werdenden Amerikaner im Brückenkopf südlich von Wesel. Am Nordflügel des Korps wurden die bereits schwer angeschlagenen Verbände der 180. Infanteriedivision von der 30. US-Infanteriedivision weiter zurückgedrängt. Südlich von der 180. stand die 116. Panzerdivision in schweren Kämpfen. Die Bewegungen in dem neuen Abschnitt waren noch nicht überall abgeschlossen, als die 8. US-Panzerdivision und die 35. US-Infanteriedivision unter Einsatz starker Artillerie und mit Panzern zum Angriff antraten. Die schweren Kämpfe dauerten den ganzen Tag an, und die Verluste waren erheblich. Die Division mußte langsam Boden aufgeben. So verlor das Panzergrenadierregiment 156 im Laufe des Tages Gahlen, und beim Panzergrenadierregiment 60 drang der Gegner in das Waldgebiet westlich von Kirchhellen ein. Der tiefste Einbruch erfolgte gegen Nacht, und zwar bei der 190. Infanteriedivision. Hier gelang es den Amerikanern, bis zur Straße Dorsten-Bottrop durchzustoßen und Kirchhellen von Süden zu bedrohen. In der Nacht wurde daher die 116. Panzerdivision auf die Linie Imloh-Kirchhellen-Eisenbahn ostwärts Kirchhellen zurückgenommen. Der Divisionsgefechtsstand wurde in die Gegend ostwärts Feldhausen verlegt.[43] Bei der südlich anschließenden 190. Infanteriedivision griff der Gegner bei Königshardt und im Walde südlich von Schlaegerheide an. In Königshardt wurde er zunächst vom II. Bataillon/Grenadierregiment 1225 nach hartem Kampf abgewiesen. Dagegen konnte er im Walde südlich davon die Stützpunkte umgehen. Die Verbände der Division zogen sich, um der drohenden Einschließung zu entgehen, an den Waldrand südwestlich von Kirchhellen zurück. Hier konnten die Angriffe der nachstoßenden Amerikaner durch das Artilleriefeuer der Division zunächst gestoppt werden.[44]

Beim linken Nachbarn, dem deutschen LXIII. Armeekorps, war die 79. US-Infanteriedivision über den Emscher-Kanal gegangen und hatte drei kleinere Orte besetzt. Dadurch drohte auch den nördlichen Verbänden der 5. Panzerarmee der Heeresgruppe B im Ruhrgebiet Gefahr. Die nächsten Tage mußten die Entscheidung bringen.

---

42 Wegmann, a. a. O., I., S. 190 ff.

43 Guderian, a. a. O., S. 4–5

44 Generalleutnant Ernst Hammer, Bericht über die 190. Infanteriedivision, Bundesarchiv-Militärarchiv, MS Nr. B-195, S. 21

Am Morgen des 28. März übernahm General der Infanterie Blumentritt für den am 21. März verunglückten General Schlemm den Oberbefehl über die 1. Fallschirmarmee, die mit ihren Divisionen und Restkampfgruppen den gesamten Weselbrückenkopf vom Emscher-Kanal südlich der Lippe bis nach Emmerich abdeckte. Zuvor hatte der Oberbefehlshaber der Heeresgruppe H, Generaloberst Blaskowitz, den neuen Oberbefehlshaber, der bisher die 25. deutsche Armee in Holland geführt hatte, in die Lage an der Front seiner neuen Armee eingeführt. Diese Lagebeurteilung hatte Generaloberst Blaskowitz pflichtgemäß auch an den Oberbefehlshaber West, Feldmarschall Kesselring, und an das OKW (Oberkommando der Wehrmacht) weitergegeben. Bei einem Ausbruch der Alliierten aus dem Brückenkopf — womit stündlich zu rechnen war — standen der 1. Fallschirmarmee keine Eingreifreserven zur Verfügung. General Blumentritt stand vor einer schier unlösbaren Aufgabe. Das Land, das er zu verteidigen hatte, war eben; es gab keine natürlichen Hindernisse bis zum Teutoburger Wald, die sich zu einer Verteidigungslinie hätten ausbauen lassen. Der Dortmund-Ems-Kanal war leicht zu überwinden. Dahinter war das Land eine unübersichtliche Ebene, ohne größere Erhebungen. Für den Einsatz der Artillerie fehlten hier geeignete Beobachtungsmöglichkeiten. Viele Waldstücke und Einzelgehöfte machten einer schwer angeschlagenen Truppe die Verteidigung fast unmöglich, zumal die Beweglichkeit fehlte.[45]

An diesem 28. März kam es nochmals zu schweren Kämpfen im Raume Emmerich, das immer noch von Verbänden der 6. Fallschirmdivision und der 346. Infanteriedivision gegen die hartnäckig angreifenden Kanadier gehalten wurde. Weitere Vorstöße zielten auf Bocholt und Borken. Am Nachmittag erreichten britische Fallschirmjäger Bocholt und drangen kampflos in die Stadt ein; und am Abend folgten ihnen die ersten Panzer. Weiter ostwärts konnte auch die 15. Panzergrenadierdivision nicht mehr verhindern, daß am Abend eine Gruppe der 22. britischen Panzerbrigade die Stadt Borken besetzte. Bei dem nach Süden anschließenden LXXXVI. Armeekorps war die Lage noch schlechter. Die 84. Infanteriedivision und die Division 466 verfügten nur noch über Reste und dauernd wechselnde Rekruteneinheiten usw. Der Korpskommandeur General Straube hatte bis zum Eintreffen des neuen Oberbefehlshabers auch, in Vertretung, die 1. Fallschirmarmee führen müssen. Aber gerade diesem schwachen Korps mit seinen Resten stand das hochwertige XVIII. US-Luftlandekorps gegenüber, das noch durch die 6. britische Gardepanzerbrigade verstärkt worden war. Links gedeckt durch Einheiten der 6. britischen Luftlandedivision, stieß diese Panzerbrigade mit den aufgesessenen Soldaten des 513. US-Fallschirmregiments durch die deutsche Front in Richtung Dorsten. Fast ohne Aufenthalt ging der Angriff bis 27 Kilometer jenseits Dorstens. Die 116. Panzerdivision und das gesamte XXXXVII. Panzerkorps waren damit bereits an der rechten Flanke — wenn auch nördlich der Lippe — überflügelt worden.[46]

Südlich der Lippe hatte das XXXXVII. Panzerkorps auch an diesem Tage wiederum schwere Angriffe der Divisionen der 9. US-Armee abzuwehren. Im Bereich der 180. Infanteriedivision drückte der Gegner weiter nach Osten und gewann langsam an Boden. Im Bereich der 116. Panzerdivision trat der Gegner schon am frühen Morgen zum Angriff auf Kirchhellen an. Unter Einsatz von Artillerie und starken Panzer-

[45] Wegmann, a. a. O., I., S. 196 ff.

[46] Ebd., S. 197

kräften gelang es ihm, in den Ort einzudringen. Das Panzergrenadierregiment 60 mußte nach tapferer Gegenwehr auf die Bahnlinie ostwärts Kirchhellen zurückgenommen werden. Bis zum Mittag stellte der Gegner sich erneut mit starken Kräften in und um Kirchhellen zum Angriff bereit. In harten Kämpfen konnte das Höhengelände westlich von Feldhausen gehalten werden. Dagegen führte ein überraschender Vorstoß mit Panzern in eine auf der Naht zur benachbarten 190. Infanteriedivision entstandene Lücke zu einem tiefen Einbruch, der die beiden Divisionen trennte und die Gefahr brachte, daß die 116. Panzerdivision aus der linken Flanke aufgerollt wurde. Am Abend standen die amerikanischen Panzer bereits am Westrand von Gladbeck. Die Division beantragte daher die Zurücknahme der Front auf die Linie Bachlauf nordwestlich von Polsum-Buer. Die Bewegung wurde genehmigt und in der Nacht ungehindert vom Feind durchgeführt. Der Divisionsgefechtsstand wurde nach Polsum-Ost verlegt.[47]

Bei der südlich anschließenden 190. Infanteriedivision traf dieser amerikanische Angriff besonders den rechten Flügel, der im Laufe des Nachmittags gegen die Eisenbahnlinie zurückgedrückt wurde. In der Mitte konnte das II. Bataillon/Grenadierregiment 1226 die feindlichen Angriffe abwehren. In Königshardt erneuerte der Gegner seine Angriffe vom Vortage, kam aber gegen den zähen Widerstand des II. Bataillon/Grenadierregiments 1225 nur langsam vorwärts. Das Bataillon hatte in den Ortskämpfen allerdings große Verluste. Die benachbarte Division Hamburg schob an ihrer rechten Divisionsgrenze ein Bataillon zur Verstärkung ein. Gegen Abend flauten auch hier die Kämpfe ab.[48]

Am 26. und 27. März war die Lage vor den Fronten der 2. Fallschirmjägerdivision und der Division Hamburg unverändert geblieben.

Am 28. März verstärkte sich auch hier der feindliche Druck auf Hamborn und Sterkrade. Bei der Division Hamburg bestand nur noch zeitweise Verbindung mit der 190. Infanteriedivision. Stärkere Spähtrupps mußten die Zwischenräume überwachen. Die Riegelstellung an der Reichsautobahn westlich von Strekrade wurde durch Teile des Fallschirmjägerregiments 7 besetzt, die hierzu aus der Rheinfront herausgezogen wurden.

Alle schweren Waffen, die noch westlich der Reichsautobahn waren, machten Stellungswechsel in den Raum ostwärts der Autobahn bzw. südlich des Rhein-Herne-Kanals. Auch das Pionierbataillon wurde zum Ausbau des Autobahnriegels eingesetzt.

Die 2. Fallschirmjägerdivision mußte hierzu auf Befehl des LXIII. Armeekorps auch einen Teil ihrer Rheinfront an das südlich anschließende XII. SS-Korps abgeben und dafür eine neue Verteidigungslinie am Rhein-Herne-Kanal mit der Front nach Norden aufbauen. Die Division mußte im Rahmen dieser Maßnahmen das 2. Fallschirmjägerregiment an die benachbarte Division Hamburg abgeben und ebenfalls auch Teile des Fallschirmjägerregiments 23.

Die Division Hamburg setzte das 2. Fallschirmjägerregiment im Raume Bottrop neben dem 7. Fallschirmjägerregiment ein. Die Teile des 23. Regiments wurden im Raume Bottrop zunächst in Reserve gehalten.[48a]

---

47 Guderian, a. a. O., S. 6

48 Hammer, a. a. O., MS Nr. B-195, S. 21–22

48a Steinmüller, a. a. O., S. 6–7
Lackner, a. a. O., S. 2

An diesem 28. März war praktisch die Schlacht um den Rheinübergang beendet. Die 21. Alliierte Armeegruppe hatte einen 65 Kilometer breiten und bis zu 55 Kilometer tiefen Brückenkopf erobert und ausgebaut. Etwa 4 000 Briten und 3 000 amerikanische Soldaten waren bei diesen Kämpfen gefallen.[49] Die Verluste der deutschen Divisionen waren wesentlich höher. Konnten die Alliierten einen abgekämpften Verband zurückziehen und gegen einen frischen ersetzen, so war das bei den Deutschen schon lange nicht mehr möglich. Die Deutschen konnten Montgomery nicht mehr hindern, in die westfälische Ebene auszubrechen. Seine Panzereinheiten hätten gleich losrollen können, wenn nicht die Städte, die vor ihnen lagen, unnötig schwer zerbombt worden wären. Um den Übergangsraum ganz sicher abzuriegeln, hatten die verbündeten Luftstreitkräfte auf die meisten Ziele das Dreifache der Bombenlast von dem abgeworfen, was die Armee angefordert hatte, und damit im Endeffekt den deutschen Nachhuten genutzt.[50]

Eine Woche nach dem Rheinübergang hatte Montgomery 20 Divisionen mit rund 1 500 Panzern auf das Ostufer gebracht.[51] Am 28. März war der Zeitpunkt gekommen, aus dem Brückenkopf auszubrechen. Ohne sich mit dem alliierten Oberbefehlshaber General Eisenhower in Verbindung zu setzen, erließ er Befehle an die Frontkommandeure für den Vormarsch nach Osten.[52]

---

DER WEHRMACHTSBERICHT MELDET:

*29. März 1945 „... Über die Briten besteht Unklarheit. Die 1. amerikanische Armee stößt nach Norden und Nordosten; daher sind die 3. und 7. Division nach Norden eingedreht, die 99. Infanteriedivision folgt. Anscheinend werden noch 2 weitere Infanteriedivisionen nachgeführt. Die 3. amerikanische Armee (Patton) hat ihren Stoß nach Osten nicht fortgesetzt, sondern gleichfalls nach Norden eingedreht. Außerdem führen die Amerikaner einen Stoß gegen die Kräfte im Rheinbogen..."*

*„... Bei der 1. Fallschirmjägerarmee erzielte der Gegner jetzt gleichfalls einen Durchbruch. Bocholt ging verloren, worauf der Gegner nach Emmerich eindrehte. Der eigene Zusammenhalt ist auseinandergerissen worden. Bei Vorstoß nach Osten ging Dorsten verloren. Der Gegner überschritt die Bahn nach Coesfeld. Südlich des Lippe-Seiten-Kanals nahm er Gladbeck und Hamborn. Wo die 2. Fallschirmjägerdivision eingesetzt wird, ist unklar..."*

---

49 Charles Whiting, Die Schlacht um den Ruhrkessel, Molden-Taschenbuch-Verlag, Wien-München, 1978, S. 24

50 Wilmot, a. a. O., S. 658

51 Ebd., S. 658

52 Cornelius Ryan, Der letzte Kampf, Deutscher Bücherbund, Stuttgart-Hamburg, 1966, S. 153

3. Kapitel

# Vorstoß aus dem Brückenkopf Remagen

Am 22. März setzte die 1. US-Armee zu ersten Angriffen aus dem Brückenkopf von Remagen an. Diese Angriffe trafen Teile der 15. deutschen Armee, die hier in ungünstiger Abwehrstellung stand. Die Truppen hatten in tagelangen Abwehrkämpfen an der Brückenkopffront gestanden und zum Ausbau irgendwelcher geeigneter Stellungen keine Zeit gehabt. Auch die notwendige Zusammenlegung von Divisionen und Restkampfgruppen, besonders beim LXVII. Korps, hatte keine Stabilisierung der Front gebracht. Die gesamte vor dem Brückenkopf eingesetzte Heeresartillerie litt unter Munitionsmangel.[53]

An diesem ersten Angriffstag ging der 15. Armee der Abschnitt um Wied verloren, wobei der südliche Armeeflügel in die Linie Dasbach-Ober-Bieber - Bendorf zurückgedrängt wurde. An anderen Stellen der Brückenkopffront herrschte gleichzeitig eine rege Aufklärungstätigkeit der Amerikaner. Dabei stellte das VII. US-Korps vor seiner Front acht deutsche Divisionen oder deren Reste fest, die insgesamt nur noch eine Kampfstärke von etwa zwei Divisionen hatten.[54]

Am 23. März ließen die Angriffe der Amerikaner etwas nach. Der Brückenkopf hatte aber mittlerweile eine Breite von 48 Kilometern, von Bonn bis Neuwied, und eine Tiefe von durchschnittlich 16 Kilometern. Die Front verlief etwa in einer Linie von Siegburg — Verlauf der Autobahn bis Breitscheid-Isenburg — Höhr-Grenzhausen — Vallendar.

Dem Armeeoberkommando 15 wurde befohlen, die 11. Panzerdivision und die Panzerlehrdivision herauszuziehen sowie aus den Panzerabteilungen 506, 512 und 654 unter Major Hudel eine schwere Panzergruppe zu bilden, um einen möglichen feindlichen Panzerdurchbruch zerschlagen zu können.

Beim nördlichen Nachbarn, der 5. Panzerarmee, war es, abgesehen von lebhafter feindlicher Spähtrupp- und Stoßtrupptätigkeit über den Rhein, ruhig geblieben. Die Armee rechnete auch mit keinen ernsthaften Angriffen. Etwaige Fesselungsangriffe hätte sie hinter dem Flußhindernis abzuwehren vermocht. Mit Sorge sah die Armeeführung allerdings auf beide Flanken, wo der Gegner weitere Kräfte massierte. Sie erhielt die Weisung, sich auf die Abgabe von Divisionen einzustellen.

In der Nacht zum 24. März kam vom Oberbefehlshaber West die Meldung, daß der Feind beim linken Nachbarn, im Bereich der Heeresgruppe G, einen Brückenkopf bei Oppenheim errichtet hatte. Die Heeresgruppe B erhielt den Befehl, die 11. Panzerdivision sofort nach Frankfurt zur Verfügung der Heeresgruppe G in Marsch zu setzen. Alle Einwände der Heeresgruppe B, daß dann der eigene Verteidigungsauftrag nicht mehr durchführbar wäre, wurden abgelehnt. Die 11. Panzerdivision mußte abgegeben werden und trat am 24. früh den Marsch nach Süden an.[55]

Vor der Front der 5. Panzerarmee herrschte auch am 24. März Ruhe. Sie blieb unberührt von den Erschütterungen, die sich rechts und links von ihr anbahnten. Im

---

53 Wagener, a. a. O., S. 543

54 Spearhead in the West, The third Armored Division 1941—1945, Nasville/Tennessee, 37219 USA 1980, S. 242

55 Wagener, a. a. O., S. 543

Bereich der 15. Armee entstand im Verlauf des Tages der Eindruck, daß die Kämpfe im Brückenkopf Remagen an Heftigkeit und die feindlichen Angriffe an Geschlossenheit zunahmen. Das feindliche Artilleriefeuer erreichte eine bisher nicht beobachtete Stärke, und auch die Lufttätigkeit im frontnahen Raum nahm zu. Der erwartete feindliche Durchbruchsversuch nach Norden blieb jedoch aus, dagegen erfolgten mehrere tiefe Einbrüche auf der Naht zwischen LIII. und LXXIV. Armeekorps sowie im Abschnitt des LXVII. Korps, das ohne Anschluß rechts und links noch eine zusammenhängende Linie zu halten schien. Die Lage beim LXXIV. Korps war nicht völlig zu klären, sein Anschluß an das LIII. Korps war jedenfalls abgerissen. Auch der Einsatz der Reserven (Panzerlehrdivision und Panzergruppe Hudel) konnte einen sich abzeichnenden Durchbruch in Richtung Altenkirchen nicht verhindern. Sie traten zwar zum Gegenangriff nach Süden an, fielen aber gegenüber dem überlegenen Feind bald in die Abwehr. [56]

Die deutschen Gegenangriffe trafen hier auf das im Vorstoß nach Osten befindliche VII. US-Korps mit der 1. und 104. Infanteriedivision und, allen voran, auf die 3. Panzerdivision, deren erstes Angriffsziel die Straßenverbindungen um Altenkirchen waren.

Im Verlauf des Tages trafen bei der Heeresgruppe B weitere Meldungen über die Lageentwicklung bei den im Norden und Süden benachbarten Heeresgruppen ein. Für die Heeresgruppe B ergab sich am Abend des 24. März folgende Lagebeurteilung: Ihre Feindbeurteilung war nicht zutreffend gewesen, der Feind war im operativen Zusammenhang mit der Überwindung des Rheins bei Oppenheim im Süden sowie bei Wesel im Norden auch zum Großangriff aus dem Brückenkopf Remagen nach Osten und nicht — wie vermutet — nach Norden angetreten. Die Lage bei der 15. Armee war allerdings noch unübersichtlich. Die Verbindungen zum LXXIV. und LXVII. Armeekorps waren unterbrochen. Die Zahl der Vermißten schien hoch zu sein, da sich ganze Kampfgruppen nicht mehr meldeten. Die wenigen Reserven der Armee waren bereits festgelegt.

---

DER WEHRMACHTSBERICHT MELDET:

*24. März 1945 „... Im Brückenkopf von Remagen stieß der Feind südlich der Sieg nach Osten vor, errang jedoch nur geringe Fortschritte. Dagegen eigene Vorstöße. Die Panzerlehrdivision wird noch in Reserve gehalten, ebenso die 11. Panzerdivision. Gegen Siegburg unternahm der Feind nichts mehr. Bei Neuwied konnte der Gegner bis Kaltenwengers vorkommen. Er überquerte die untere Wied und kam 3 Kilometer vor. Herangezogen werden die Panzerbrigade 106 und die 11. Panzerdivision ...“*

---

Trotz der Feindeinbrüche bei den benachbarten Heeresgruppen bestand der Auftrag der Heeresgruppe B, Rhein- und Brückenkopffront zu halten, unverändert. Es kam daher darauf an, vor dem Brückenkopf Remagen wieder eine geschlossene Front herzustellen. Dazu sollte die 5. Panzerarmee die 176. und 12. Volksgrenadierdivision aus ihrer Front herausziehen, zur Verfügung der Heeresgruppe. Der 15. Armee wurde befohlen, Frontlücken durch Gegenangriffe zu schließen, um wieder eine durchgehende Front herzustellen. Aus der nicht angegriffenen Nordfront des Brükkenkopfes sollten Kräfte zur Stützung der Ostfront herausgezogen werden.

---

[56] Ebd., S. 545

Der 25. März sollte zum entscheidenden Tag für die Entwicklung der Lage an der gesamten Brückenkopffront werden. Wenn es gelang, nochmals eine geschlossene Front herzustellen, war Zeit gewonnen für den Anmarsch der von der 5. Panzerarmee kommenden Divisionen und ihren Einsatz. Blieb der Feind aber weiterhin im Durchbruch nach Osten, so mußte unter Berücksichtigung der Lageentwicklung bei den benachbarten Heeresgruppen G und H die oberste Führung neue Weisungen für die Fortführung des Kampfes geben.

Doch die Entwicklung der Lage lief anders. Bei der 5. Panzerarmee war kein Versuch des Rheinübergangs zu erkennen, und die Herauslösung zweier Divisionen lief planmäßig. Der Auftrag zur Rheinverteidigung konnte aber trotz mehrfacher Anfragen beim Oberbefehlshaber West nicht aufgehoben werden.[57]

Bei der 15. Armee waren die feindlichen Einbrüche doch größer als erwartet. Es gelang dem LXXIV. und LXVII. Korps nicht mehr, eine geschlossene Front herzustellen; Reserven konnten nicht gebildet werden. Korps und Divisionen bekamen kein klares Bild der Lage mehr, die Artillerieunterstützung hörte teilweise ganz auf.

„Der Feind nutzte diese Lage und blieb seit dem frühen Morgen des 25. März überall mit Panzerunterstützung im unaufhaltsamen Durchstoß nach Osten. Offenbar zielte sein Stoß auf die Lahn bei Limburg. Alle Bemühungen der mittleren und unteren Führung, wenigstens geschlossene Frontteile zu erhalten, wurden durch immer neue Panzerdurchbrüche und -umgehungen vereitelt. Die notwendigen Ausweichbewegungen der Versorgungstruppen rissen Teile der fechtenden Truppe mit. Die Verbände waren stark vermischt. Das LIII. Armeekorps war, entgegen den Befehlen der Armee, Anschluß nach links zu halten, immer weiter nach Norden in Richtung Sieg ausgewichen. Es bestand die Gefahr, daß auch das LXXIV. Armeekorps sich durch Zurückweichen nach Norden dem feindlichen Hauptstoß entziehen und dem Feind den Weg nach Osten ganz freigeben würde. Von der Heeresgruppe B zur Verbindungsaufnahme entsandte Generalstabsoffiziere stellten im Raum Altenkirchen und Höhr-Grenzhausen Feind, bei Dierdorf und Selters Kampfgruppen des LXVII. Armeekorps fest. Das Postamt Montabaur meldete in der Stadt eigene Truppen, auf der Autobahn nördlich davon feindliche Panzer."[58]

Das VII. US-Korps hatte mit seinen Divisionen in der Frühe des 25. März den Angriff nach Osten eröffnet. Die Panzerkolonnen der 3. US-Panzerdivision passierten die Stellungen der 1. und 104. Infanteriedivision und stießen an diesem Tage in dem hügeligen Waldgelände 20 Kilometer nach Osten vor. Straßensperren und sonstige Blockaden wurden durch Artillerie und Panzerbeschuß niedergekämpft.[59]

„Trotz des klaren und nach oben gemeldeten Eindrucks, daß die eigene Brückenkopffront Remagen zerbrochen, ihr Zusammenhang zerrissen und mit den Kräften der Armee nicht wiederherstellbar sei, und trotz wiederholter Anträge war kein neuer Auftrag vom Oberbefehlshaber West zu bekommen. Die Rheinverteidigung im Abschnitt der 5. Panzerarmee mußte also bestehenbleiben.

Das Oberkommando der Heeresgruppe entschloß sich schließlich, durch weiteres Herausziehen von Divisionen der 5. Panzerarmee die sinnlos gewordene Rheinverteidigung abzubauen (bis auf befehlsgemäß stehenbleibende formelle Sicherun-

---

57 Ebd., S. 545 u. 546

58 Ebd., S. 546

59 Spearhead, a. a. O., S. 242

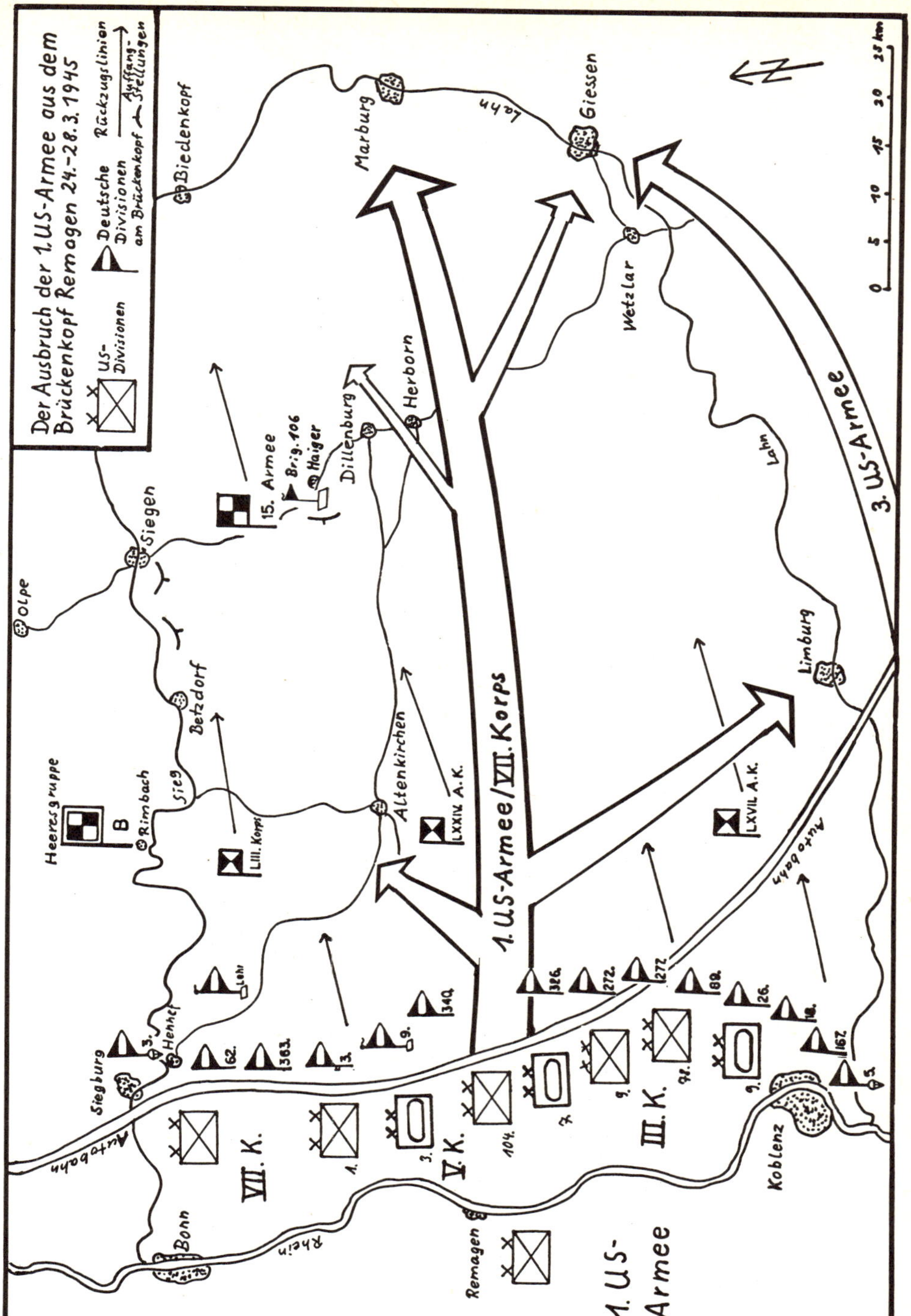


*Karte 2: Der Ausbruch der 1. US-Armee aus dem Brückenkopf von Remagen*

gen) und den Abschnitt der 5. Panzerarmee zur Entlastung der 15. Armee im Süden bis etwa 8 Kilometer ostwärts Siegburg zu verlängern. Für die 15. Armee wurde erwogen, die Reste ihres Nordflügels hinter die Sieg zurückzunehmen und mit diesen Kräften zu versuchen, den feindlichen Durchbruch offensiv aufzufangen. Alle Maßnahmen hatten dem Ziel zu dienen, das Vorgehen des Gegners zwischen Sieg und Lahn zum Stehen zu bringen. Mit intakten und beweglichen Divisionen wäre hierzu ein Gegenangriff nach Süden durchaus erfolgversprechend gewesen. Aber die Truppe war nicht mehr intakt."[60]

Am Morgen des 26. März griffen die Divisionen des VII. US-Korps weiter nach Osten an, durchbrachen gegen leichten Widerstand die Verteidigungslinien der deutschen Truppen und gewannen den Raum um Altenkirchen. Hier traf die 3. US-Panzerdivision nochmals auf stärkeren deutschen Widerstand, wobei auch Panzer und Artillerie zum Einsatz kamen. Die angreifenden Kampfgruppen der 3. Panzerdivision erhielten aber starke Unterstützung durch Jagdbomber, die viele deutsche Fahrzeuge zerstörten. In den Wäldern nördlich von Altenkirchen kam der Vormarsch nur langsam voran.[61]

Während ein Teil der Division noch westlich von Altenkirchen stand, hatten die Kampfgruppen „Richardson"[62] und „Hogan" ihre Angriffsspitzen schon über die Stadt hinaus vorgeschoben. An der rechten Flanke der Division wurde die Kampfgruppe „Doan" durch zerstörte Brücken zunächst aufgehalten, konnte aber durch fortwährende Angriffe in der folgenden Nacht die Wied südöstlich von Altenkirchen überwinden.

An der linken Seite des VII. US-Korps wurde der Angriff der 1. US-Infanteriedivision zunächst noch durch heftigen Widerstand kleinerer deutscher Kampfgruppen aufgehalten. Die 104. US-Infanteriedivision folgte der 3. Panzerdivision dicht auf und säuberte die deutschen Widerstandsnester, die von den schnell vorstoßenden Panzerkolonnen umgangen worden waren. An das VII. US-Korps schloß nach Süden das III. US-Korps mit drei Infanteriedivisionen und einer Panzerdivision an. Auch diese Verbände kamen, gegen vereinzelten deutschen Widerstand, schnell nach Osten voran und erreichten gegen Abend die Dill.[63]

Während die Lage bei der 5. Panzerarmee am 26. und 27. März unverändert ruhig blieb und auch das LVIII. Panzerkorps an der Siegfront nur schwache Feindberührung hatte, verschlechterte sich die Lage bei der 15. Armee in raschem Tempo. Meldungen dieser Armee bekam die Heeresgruppe allerdings kaum noch. Sie mußte aus den verschiedensten Quellen, wie über das Artillerienetz, die Fernsprechvermittlungen und über die Postämter, ein ungefähres Bild der Lage zu gewinnen suchen. Es hielt der Nordflügel der 15. Armee (LIII. Armeekorps und Teile LXXIV. Armeekorps) mit festem Anschluß an das LVIII. Panzerkorps (5. Panzerarmee) in zusammenhängender Linie und nicht angegriffen noch südlich der Sieg. Mitte und Südflügel der 15. Armee (Teile LXXIV. und LXVII. Armeekorps) gingen ohne Anschluß rechts und links in Gruppen kämpfend nach Osten zurück. Sie wurden am 26. März mit letzten Teilen nördlich von Montabaur, am 27. März nördlich von Hadamar,

---

60 Wagener, a. a. O., S. 546

61 Spearhead, a. a. O., S. 242 ff.

62 Die Kampfgruppenstäbe der US-Panzerdivisionen (A, B und R) wurden unterteilt in einzelne Kampfgruppen: „Task Force". Diese waren je nach Kampfauftrag unterschiedlich stark und wurden meistens nach ihrem Führer, einem Major, Oberstleutnant oder Oberst benannt.

63 Spearhead, a. a. O., S. 244

mit Masse nördlich von Weilburg angenommen. Teile des LXVII. Armeekorps (272. Infanteriedivision) fanden sich beim LXXIV. Armeekorps ein. Der Verbleib von Armeestab und Korpsstäben war unbekannt. Keine Widerstandslinie kam mehr zum planmäßigen Aufbau, da sie immer wieder von feindlichen Panzern durchbrochen wurde. Schließlich löste sich der Kampf auf der eigenen Seite in das Sperren von Ortschaften, Brücken und wichtigen Straßen auf. Die Führung war nicht mehr in der Lage, Kampf und Bewegungen zu steuern.

Am Nachmittag erhielt die Heeresgruppe B Meldung, daß der Feind in ihrem Südabschnitt bis Herborn durchgestoßen sei. Er ging also ohne Rücksicht auf die stehenbleibenden deutschen Frontteile geradeaus weiter nach Osten und vermied das zu frühe Eindrehen, das bisher so oft entscheidende Erfolge für ihn verhindert hatte. Diese operative Haltung der feindlichen Führung hätte spätestens jetzt die deutsche oberste Führung zu neuen Entschlüssen bringen müssen. Blieb die Heeresgruppe B am Rhein gebunden, so konnte sie den durchgebrochenen Feind nicht mehr bekämpfen und war eigentlich schon jetzt vom letzten Abwehrkampf um Deutschland ausgeschaltet. Bei aller Unbeweglichkeit ihrer Truppen hätte sie wohl, Freiheit des Handelns vorausgesetzt, zu einer beweglichen Kampfführung übergehen und eine neue Front weiter ostwärts aufbauen können. Trotz aller Anträge waren jedoch keine neuen Befehle vom Oberbefehlshaber West zu erhalten. Der alte Auftrag, Halten der Stellungen, blieb bestehen, da von der obersten Führung beabsichtigt sei, bald neue Kräfte heranzuführen.[64]

Am 27. März wurde der Durchbruch der amerikanischen Divisionen vollkommen. Der einzige stärkere Widerstand von deutschen Verbänden wurde nur noch an der Nordflanke vorgefunden. Hier waren die nach Norden ausgewichenen deutschen Kampfgruppen dabei, eine neue Verteidigungslinie entlang der Sieg aufzubauen, wobei sie überall die rasch vordringenden amerikanischen Angriffsspitzen abzuwehren hatten.

Die Divisionskampfgruppe A der 3. US-Panzerdivision überschritt nach 72stündigem ununterbrochenen Einsatz die Dill, nahm mehrere unzerstörte Brücken ein und besetzte gegen Abend auch Herborn. Die Divisionskampfgruppe R setzte auch in der Nacht ihre Angriffe fort, nur wenig aufgehalten durch deutsches Infanterie- und Panzerabwehrfeuer. Die Verbände hielten nur kurz, um aufzutanken und schoben sich bis in den Raum von Dillenburg vor, wo sie ebenfalls einige unbeschädigte Brücken einnehmen konnten. Die Divisionskampfgruppe B folgte der A-Gruppe in Richtung Herborn, passierte am Spätnachmittag und in der Nacht deren Linien und stieß weiter nach Osten vor. Gegen nur schwachen deutschen Widerstand rollten diese Verbände am 28. März in Marburg an der Lahn ein.[65]

Auch die anderen Divisionen der 1. US-Armee waren seit dem Ausbruch aus dem Brückenkopf von Remagen rasch vorangekommen und waren weit nach Osten und Südosten vorgestoßen. Am 28. März trafen sich die vordersten Spitzen der 1. US-Armee mit den Panzerspitzen der 3. US-Armee in Gießen und hatten damit alle im Raum zwischen Lahn und Main stehenden deutschen Verbände der 15. Armee

---

[64] Wagener, a. a. O., S. 547

[65] Spearhead, a. a. O., S. 244. Das 83. Panzer-Aufklärungsbataillon der 3. US- Panzerdivision klärte an diesem Tage bereits schon den Raum zwischen Marburg und Dillenburg. Das Bataillon traf nur auf geringen Widerstand und sicherte diesen Raum für den weiteren Vormarsch der Division nach Norden.

und der südlich anschließenden 1. Armee, die zur Heeresgruppe G gehörten, eingeschlossen.[66]

„Am 28. März war bei der 5. Panzerarmee die Ablösung der 176. und 59. Volksgrenadierdivision noch im Gange. Die Ablösungen machten große Schwierigkeiten, weil hierzu nur Alarmeinheiten, Volkssturm und Flak zur Verfügung standen. Das Herauslösen des LIII. Armeekorps, der Panzerlehrdivision, der 3. Panzergrenadierdivision und der Panzergruppe Hudel sowie das Absetzen dieses Korps hinter die Sieg liefen an. Der Feind stieß nur zögernd nach. Die 12. und 59. Volksgrenadierdivision wurden von der Armee dem LVIII. Panzerkorps zum Einsatz an der Sieg zugeführt, unterstellt, und sie bezogen mit Teilen bereits Aufnahmestellungen an diesem Abschnitt. Teile erleichterten durch Gegenstöße das Absetzen südlich der Sieg.

Das Armeeoberkommando 15 meldete sich überraschend von einer Dezimeter-Sprechstelle im Wald ostwärts Siegen und teilte als seine Absicht den Aufbau einer Sperrlinie westlich der Lahn mit Teilen des LXXIV. Armeekorps rechts, dem LXVII. Armeekorps links in Linie Straßebersbach-Eibelshausen-Weidenhausen mit. Endgültige Abwehr sei an der Lahn in Linie Laasphe-Cölbe vorgesehen. Um Zuführung von Aufnahmekräften und Reserven dorthin wurde gebeten. Das Armeeoberkommando beabsichtigte, nach Biedenkopf zu gehen. Feindmeldungen aus dem Abschnitt der 15. Armee erreichten die Heeresgruppe auf den verschiedensten Wegen (Postämter, Bevölkerung), jedoch war es schwer, Tatsachen von Gerüchten zu unterscheiden. So wurde der Nachricht vom Eindringen feindlicher Panzer in Marburg und Gießen kein Glauben geschenkt. Tatsächlich ist Marburg am 28. März gefallen. Vom Oberbefehlshaber West traf als einziger Befehl der zur Aufstellung von Panzervernichtungstrupps ein, um durchgebrochene feindliche Panzer bei Tag und Nacht mit Nahkampfmitteln zu vernichten. Irgendeine grundlegende Weisung für die Fortführung des Kampfes, die der Gesamtlage Rechnung trug, war trotz immer wiederholter Anträge nicht zu erreichen. Als ob es sich nur um durchgebrochene Panzer handelte!"[67]

Als die Divisionen der 1. US-Armee ihren Angriff nach Osten mit dem Zusammentreffen von Verbänden der 3. US-Armee bei Gießen krönten, hatten sie einen mächtigen Brückenkopf errichtet. Von der Sieg im Norden bis zum Main im Süden erstreckte sich dieser über 144 Kilometer. Damit war ein mächtiges Sprungbrett geschaffen für den weiteren Vorstoß nach Mittel- und Süddeutschland. Gleichzeitig befanden sich nördlich von Ruhr und Lippe die Verbände der 21. Alliierten Heeresgruppe im Vormarsch nach Osten, und auch die südlich angrenzende 6. Alliierte Heeresgruppe schickte sich an, die dünnen deutschen Linien ostwärts des Rheins zu durchbrechen.[68]

Zwei amerikanische Armeen waren dazu ausersehen, die Zangenbacken um das Industriegebiet an der Ruhr zu legen: Simpsons 9. Armee im Norden und Hodges

---

[66] Aus dem Brückenkopf von Oppenheim waren die Divisionen der 3. US-Armee ebenfalls rasch nach Osten vorgestoßen, hatten bei Aschaffenburg intakte Brücken über den Main genommen und waren dann nach Norden in Richtung Gießen weitergestoßen, wo sie laut Plan mit Verbänden der 1. US-Armee zusammentreffen sollten.

[67] Wagener, a. a. O., S. 548

[68] Das VIII. Korps der 3. US-Armee hatte am 25. März bei Braubach über den Rhein gesetzt.
Das XI. Korps der 7. US-Armee überschritt am 26. März südlich von Worms den Rhein und stellte bei Darmstadt Verbindungen mit der 3. US-Armee her. Am 31. März setzte die 1. Französische Armee bei Speyer, Germersheim und Mechtersheim ihre ersten Verbände über den Rhein.

1. Armee im Süden. Hierzu erteilte nun General Hodges die nötigen Befehle, indem das VII. Korps unter Generalmajor Joseph L. Collins nach Norden und das III. Korps des Generalmajors van Fleet nach Osten und Nordosten angreifen sollten. Die Divisionen des III. Korps sollten dem Vorstoß des VII. Korps den notwendigen Flankenschutz geben.

Der 29. März brachte der Führung der Heeresgruppe B die Gewißheit, daß die Umzingelung der Heeresgruppe im Süden wie im Norden nicht mehr aufzuhalten war. Der Ruhrkessel wäre vielleicht noch zu verhindern gewesen, wenn die oberste Führung andere Weisungen erteilt oder der Heeresgruppe Handlungsfreiheit gegeben hätte. Die Lage der Heeresgruppe war — soweit neue Meldungen nicht eingegangen waren — weitgehend wie am Tage zuvor:

Die 5. Panzerarmee hielt mit dem XII. SS-Armeekorps eine Sicherungslinie an der Ruhr von der Möhnetalsperre bis zur Mündung (Pioniere und Bautruppen) und, wie bisher, die Rheinfront von Duisburg bis Leverkusen (183. Infanteriedivision, 338. Volksgrenadierdivision). Das LXXXI. Armeekorps stand im Abschnitt Köln-Siegburg (ausschließlich) mit der 3. Fallschirmjägerdivision, die südlich der Sieg zerschlagen und neu eingeschoben war, und der 353. Volksgrenadierdivision. Und das LVIII. Panzerkorps hatte die Front an der Sieg von Siegburg bis Siegen (ausschließlich) mit 62., 363., 12. Volksgrenadierdivision besetzt. Das Generalkommando LXXIV. Armeekorps mit 9. Panzerdivision und Teilen 272. Volksgrenadierdivision wurde der 5. Panzerarmee unterstellt, die das Korps im Einsatz an ihrem linken Flügel beiderseits Siegen beließ. Das LIII. Armeekorps befand sich in der Versammlung im Raum Siegen zur Verfügung der Heeresgruppe. An der Ruhr bestand noch keine Feindberührung, obgleich der Südflügel der Heeresgruppe H bereits bis ostwärts Gladbeck ausgewichen war. Am Rhein lag, wie bisher, nur schwacher Feind gegenüber; es fanden keine Kampfhandlungen statt. An der Sieg war der Feind zwar bis zum Abschnitt gefolgt, ohne aber bisher Anstalten zum Angriff über den Fluß zu treffen. Beide Fronten lagen sich auch dort passiv gegenüber. Von der 15. Armee kam keine Meldung mehr. Wie sich später herausstellte, war der Armeestab zwischen zwei feindlichen Panzerkolonnen eingeschlossen und befand sich im Wald südlich von Biedenkopf.

Trotz der schlechten Verbindungen überstürzten sich an diesem Tage die Nachrichten von der ungünstigen Lageentwicklung am Südflügel. Es gelang, mit verschiedenen Postämtern und mit dem Wehrkreiskommando IX in Kassel Verbindung zu bekommen. Diese meldeten, daß der Feind von Marburg nach Norden eingedreht war. Herborn, Dillenburg, Haiger waren feindbesetzt; von eigenen Kräften zwischen Sieg und Gießen war nichts mehr zu spüren. Nur im Waldgebiet südlich von Laasphe sollten noch schwache eigene Kampfgruppen des LXVII. oder LXXIV. Armeekorps halten. Das LXVII. Armeekorps wurde in Linie ostwärts Gießen-Marburg angenommen. Folgender Befehl wurde von der Heeresgruppe durch Funk blind an das Armeeoberkommando 15 und das LXVII. Armeekorps sowie schriftlich durch Verbindungsoffiziere abgesetzt: „Linie Laasphe-Marburg-Gießen ist unbedingt zu halten. Kein weiteres Absetzen nach Osten mehr!" Das Wehrkreiskommando Kassel hatte außerdem gemeldet, daß eine eigene Sicherungslinie Edertalsperre-Fritzlar-Melsungen-Hersfeld-Fulda mit Ersatztruppenteilen und einer neu herangeführten Division („Dänemark") im Aufbau sei.

Mit Oberbefehlshaber West kam nach längerer Unterbrechung wieder eine Fernsprechverbindung zustande, die folgende Orientierung ergab: Feind bei der Heeres-

gruppe H (9. US-Armee) sei im Vorstoß über Dülmen Richtung Münster. Die Heeresgruppe versuche, durch Gegenangriff den durchgebrochenen Feind abzuschneiden und die zerrissene Front wieder zu schließen. Die 1. US-Armee schiene mit Teilen zur Fulda weiterzugehen und mit Teilen Richtung Kassel einzudrehen. Der Nordflügel der Heeresgruppe G sei beim Aufbau einer Front hinter der Fulda und hielte den Main nach Westen und Süden. Die 3. US-Armee sei in breiter Front im Vorgehen nach Nordosten, ebenfalls mit Teilen auf Kassel. Die oberste Führung habe erneut das Absetzen der Heeresgruppe B vom Rhein abgelehnt. Teile der 15. Armee sollen hinter der Fulda eingetroffen sein (LXVII. Armeekorps). Eine eigene neue Armee (12.) sei im Harz in Aufstellung. Die Absicht der Heeresgruppe B sollte bis zum Abend an Oberbefehlshaber West gemeldet werden.

Nach dieser Orientierung traf noch ein Befehl Hitlers ein, der in schärfster Form jedes weitere Absetzen, jede Aufgabe einer Ortschaft bei Todesstrafe verbot. Dieser Befehl wurde auch im Rundfunk bekanntgegeben und galt für alle militärischen, zivilen und Partei-Dienststellen sowie Ortschaften jeder Größe. In jedem größeren Ort war ein verantwortlicher Kommandant einzusetzen.[69]

## DEUTSCHE GEGENMASSNAHMEN IM RAUM NÖRDLICH VON MARBURG

Am 27. März hatte General von Zangen dem Stab des LXVI. Armeekorps (Generalleutnant Flörke) — allerdings noch ohne Truppen — den Befehl erteilt, westlich neben dem LXXIV. Armeekorps die Taleingänge nach Norden zu sperren. Hierzu sollten gegebenenfalls auch die Trosse eingesetzt werden, ebenso hatte er Kampfkommandanten im Tal Würgendorf-Haiger einzusetzen.[70]

Es stellte sich aber bald heraus, daß dieser Auftrag nicht mehr durchführbar war. Am 28. März hatten Verbände des Kampfkommandos B der 3. US-Panzerdivision bereits Marburg besetzt, und Aufklärungseinheiten waren nordwestlich davon bereits bis Mornshausen vorgestoßen.

Generalleutnant Flörke erhielt daraufhin einen neuen Auftrag: Erkundung und Aufbau einer Lahn-Ohm-Stellung im Raume Buchenau — Cölbe — Kirchhain (ausschließlich), links neben dem später eintreffenden LXXIV. Armeekorps, das dann über Biedenkopf bis Laasphe verlängern sollte.

An Kräften sollten für diese Aufgabe zur Verfügung stehen: aufgegriffene Verbände; alle Feld- und Ersatzeinheiten des neuen Raumes; 166. Infanteriedivision (über Kassel im Anmarsch), vorgeworfene Teile waren angeblich schon bei Cölbe — Bürgeln eingesetzt; Verwundeten-Freiwilligen-Bataillon Wildungen bei Buchenau: Dessen Führer hatte kurz vorher durch den Armeechef den Auftrag erhalten, im Raum Buchenau-Sterzhausen-Göttingen zur Verteidigung in Stellung zu gehen.[71]

Generalleutnant Flörke begab sich anschließend in seinen neuen Abschnittsbereich, um sich von der Lage zu überzeugen. Auf seiner Fahrt ins Lahntal traf er zunächst

---

69 Wagener, a. a. O., S. 549–551

70 General Gustav von Zangen, 15. Armee, 25.–30. 3. 1945, Bundesarchiv-Militärarchiv, MS Nr. B-848, S. 17–19

71 Ebd., S. 19

nirgends auf eigene Truppen. Die Straßen waren menschenleer, die Lahnbrücken nicht besetzt und für eine Sperrung oder Sprengung nicht vorbereitet. In Warzenbach trafen als erste Teile des Verwundeten-Freiwilligen-Bataillons Wildungen, drei bis vier Lastkraftwagen mit etwa 60 bis 80 Soldaten aller Wehrmachtsteile und Truppengattungen ein, dabei viele junge Gesichter und eine Anzahl von Unteroffizieren und jungen Offizieren, die meisten mit Auszeichnungen. Noch nicht ausgeheilt, teils noch mit Verbänden und durch diese behindert, halfen sie sich gegenseitig von den Fahrzeugen. Die Bekleidung war ausreichend, wenn auch nicht vorschriftsmäßig feldmarschmäßig. An Bewaffnung waren Gewehr, Seitengewehr und etwa zehn Maschinengewehre vorhanden. Ein junger Offizier stellte die MG-Schützen fest und suchte eine erste Einteilung zu treffen. Der eigentliche Führer wurde noch erwartet; der taktische Auftrag war noch nicht bekannt. Es wurde dem Kommandierenden General klar, daß diese Menschen trotz ihres offensichtlichen Optimismus und ihrer Begeisterungsfähigkeit am 29. März als Truppe noch nicht ins Gewicht fallen konnten. In Sterzhausen ergab sich das gleiche Bild. In Göttingen lagen der Bataillonsstab und die einzige bereits fertigformierte Kompanie. Der Kompanieführer, ein junger Leutnant, erteilte gerade Befehle für die Sicherung der Ortschaft.[72]

Aufklärung war noch nicht angesetzt worden und war auch kaum ausführbar, da motorisierte Fahrzeuge oder auch nur Fahrräder nicht verfügbar waren, die Freiwilligen, zum Teil aber beingeschädigt und alle nicht einmarschiert, für eine zu Fuß durchzuführende Aufklärung nicht verwendbar waren. Der Bataillonsstab verfügte zur Stunde nicht über Nachrichtenmittel, doch waren ihm einige Kilometer Kabel und Fernsprechgeräte in Wildungen in Aussicht gestellt worden. Das Freiwilligen-Bataillon Wildungen hatte einen Frontabschnitt von neun Kilometer Breite zugewiesen bekommen. Bei dem geschilderten Stand der Dinge konnte von einer nachhaltigen Verteidigung keine Rede sein, nicht einmal von einer brauchbaren Sicherung.

Auf der Fahrt von Göttingen nach Cölbe beobachtete General Flörke zahlreiche Lichter in den Wäldern rechts und links der Lahn, deren Bedeutung bzw. Ursprung nicht geklärt werden konnte (eigener oder amerikanischer Aufmarsch?). Auch diese Straßen waren menschenleer. Die Lahnbrücke hart nördlich von Cölbe war schlecht gesprengt oder bombenbeschädigt, für leichte Fahrzeuge ohne weiteres zu benutzen.

Auf eigene Posten traf General Flörke erst am Südausgang von Cölbe, und da diese keine Feindnachrichten hatten, fuhr er in Richtung Marburg weiter. Etwa zwei bis drei Kilometer nördlich von Marburg teilten ihm deutsche Zivilisten mit, daß unmittelbar vor ihm amerikanische Posten — Kommandolaute waren zu hören — ständen. Nach Cölbe zurückgekehrt, traf Flörke den Bataillonskommandeur, einen etwa 25jährigen Stabsoffizier mit amputiertem rechten Arm, der ihm einen ausgezeichneten Eindruck machte und sein Handwerk zu verstehen schien.[73]

Die Truppe hatte in Dänemark zur Ausbildung und zum Küstenschutz gestanden, war ausgeruht und kampfkräftig. Das Bataillon gehörte zur 166. Infanteriedivision (Jütlanddivision). Es machte einen disziplinierten Eindruck. Das Bataillon wurde um Cölbe eingesetzt: eine Kompanie am Südwestrand von Cölbe und an den Hängen westlich von Cölbe, eine Kompanie am Südostrand von Cölbe und eine Kompanie in Reserve nordwestlich von Cölbe. Panzerabwehr war allerdings nur durch Panzer-

72 Generalleutnant Hermann Flörke, Bericht über die Tätigkeit des General-Kommandos des LXVI. Armeekorps im März und April 1945, Bundesarchiv-Militärarchiv, MS Nr. B-382, S. 13–14

73 Ebd., S. 15

fäuste und einige leichte Sperren möglich. Die Stellung des Bataillons war im Gelände gut gewählt und geländemäßig stark.

In Cölbe war auch der Volkssturm einberufen worden, jedoch, da er waffenlos war, mit Zustimmung des Bataillonskommandeurs wieder entlassen worden. General Flörke erfuhr außerdem, daß ein weiteres Bataillon der Division bei Bürgeln und einige Artillerie-Einheiten dahinterständen bzw. der Regimentsstab mit Regiments-Einheiten (Ic und Pak-Kompanie) im Anmarsch seien. Das Eintreffen war unbestimmt. (Es konnte auch nicht festgestellt werden, ob die Artillerie tatsächlich vorhanden war.)[74]

Der Kommandierende General wies den Bataillonskommandeur in Cölbe in die Lage ein, traf Anordnungen für die Aufklärung und Verbindung zum Nachbarn, zur Artillerie und zu seinem Stabe in Bracht und wies darauf hin, daß die Truppe am 29. März fast allein stehen werde. Jede mögliche Unterstützung wurde zugesichert.

Von Cölbe aus bekam General Flörke durch das Postnetz Verbindung zu dem Bataillon in Bürgeln. Dort lagen die Verhältnisse ähnlich wie in Cölbe. Anschluß nach links hatte das Bataillon in Bürgeln nicht, doch wußte der Bataillonskommandeur, daß in der Gegend um Kirchhain eigene Truppen standen.

Auf der Fahrt zu seinem Gefechtsstand in Bracht sah der Kommandierende General im Morgengrauen auf dem Flugplatz Bracht Feuersbrünste und Sprengungen, die der Fliegerhorstkommandant angeordnet hatte.

In Bracht war der Gefechtsstand des Generalkommandos in der Oberförsterei eingerichtet worden. Alle irgendwie verfügbaren Offiziere und motorisierten Fahrzeuge wurden zur Verbindungsaufnahme, zur Aufklärung und zur Sicherung eingesetzt. Durch das Postfernsprechnetz konnte Verbindung zu den Bataillonen Cölbe und Bürgeln, zur Artillerie (?) und zum Funkverstärkeramt Jesberg hergestellt werden. Funkverbindung bestand zunächst noch zum Armeeoberkommando 15 und zur Heeresgruppe B. Beim Generalkommando herrschte einmütig die Auffassung, daß die Korpsfront einem Angriff keinen auch nur nennenswerten Widerstand entgegensetzen konnte, ja, daß es schwer werden würde, Erkundungsvorstöße abzuweisen. Aber es blieb die Hoffnung, daß der Feind nach dem überraschend schnellen Vorgehen in den ersten Tagen seiner Offensive

a) am 29. März noch nicht antreten, sondern sich erst für weitere Operationen bereitstellen oder
b) in ostwärtiger Richtung antreten würde.[75]

Nach Hellwerden wurden die Bataillone Cölbe und Bürgeln angegriffen von US-Truppen mit Panzer- und Artillerieunterstützung. Beide Bataillone meldeten, daß sie die Amerikaner abwehrten, das Bataillon in Cölbe meldete ferner starken Feind im Vorgehen westlich des eigenen Abschnittes, voraussichtlich über Sterzhausen nach Norden. Mit dem Verwundeten-Freiwilligen-Bataillon Wildungen war keine Verbindung zu bekommen. Über seine Geschicke blieb das Generalkommando völlig ohne Nachricht. Wahrscheinlich waren die Kompanien ohne nennenswerten Widerstand in Gefangenschaft geraten. Die vom Stabe des Generalkommandos angesetzte Aufklärung meldete im Laufe des Vormittags starke, den ganzen Tag über andauernde Bewegungen feindlicher Kolonnen aller Waffengattungen über Wetter in Richtung

---

[74] Ebd., S. 16. Der Vorstoß der amerikanischen Divisionen ging auch in den nächsten Tagen so schnell vonstatten, daß alle eventuellen deutschen Reserven einfach überrollt wurden.

[75] Ebd., S. 17–18

DER WEHRMACHTSBERICHT MELDET:

*29. März 1945 „... Auf dem linken Flügel der 5. Panzerarmee nur geringe Tätigkeit. An der Sieg wurde ein Riegel aufgebaut. Herausgelöst sind die 3. Panzergrenadier- und die Panzerlehrdivision, die bei Siegen versammelt werden sollen, um die Lücke zu schließen. Der Feind stieß über Marburg nach Norden vor und erreichte 10.25 Uhr Battenberg. Die Besetzung von Frankenberg ist noch nicht bestätigt. Das Generalkommando LXVII. Armeekorps verlegt nach Waldeck. Wo das Generalkommando LXXXV. Armeekorps liegt, ist nicht bekannt ..."*

Frankenberg. Die Fernsprechaufklärung bestätigte diese Meldungen, die dann der Heeresgruppe B (Feldmarschall Model) weitergefunkt und ständig ergänzt wurden. Die 15. Armee meldete sich auf Funkanruf seit dem frühen Vormittag nicht mehr. Die Angriffe auf die Bataillone Cölbe und Bürgeln wurden den ganzen Tag in mehreren Wellen mit Panzer- und Artillerieunterstützung weitergeführt. Während das Bataillon in Cölbe sich tapfer kämpfend behauptete, kam es bei Bürgeln in den Mittagsstunden zu einer Krise, die aber durch den Einsatz der Reservekompanie überwunden werden konnte. Im Laufe des Tages meldete sich telefonisch der Regimentskommandeur der beiden kämpfenden Bataillone. Er sei mit seinen Regimentseinheiten im Anmarsch, könne aber vor dem 30. März nicht zur Stelle sein.[76]

Gegen Mittag war sich das Generalkommando darüber klar, daß der Stab der 15. Armee ausgefallen war und das Generalkommando durch den Vorstoß der Amerikaner in Richtung Wetter-Frankenberg von der 15. Armee getrennt war. Die Hauptsorge galt der Beobachtung dieses feindlichen Vorstoßes. Einige amerikanische Gefangene gaben über die dort eingesetzten amerikanischen Verbände einen ungefähren Anhalt.

Gegen Abend wurden die Bataillone bei Cölbe und Bürgeln planmäßig von allen Seiten angegriffen. Sie erlagen der Umfassung nach kurzem Kampfe. Die Straße Cölbe-Fritzlar war dadurch den feindlichen Panzerkolonnen geöffnet worden. Von dem Bataillon Cölbe mußte angenommen werden, daß der größte Teil gefangengenommen wurde, von dem Bataillon bei Bürgeln konnten nennenswerte Teile zurückgeführt werden. Es war den beiden Bataillonen immerhin gelungen, die Hauptvormarschstraße der Amerikaner nach Norden für einen ganzen Tag zu sperren, eine in Anbetracht der geringen Kräfte und der vereinsamten Lage doch beachtliche kämpferische Leistung.

Der Stab des Generalkommandos hatte sich für einen schnellen Aufbruch vorbereitet und Wege erkundet. Als amerikanische Panzer, vom Straßenkreuz nordwestlich von Schwabendorf her kommend, in Bracht eindrangen, verließ die Wagenkolonne des Stabes den Ort zum Nordausgang, von den Panzern beschossen und verfolgt, bis der Wald Deckung bot und die Nacht hereinbrach. Das Generalkommando schloß sich in Hertinghausen wieder an das Fernsprechnetz an, setzte die Aufklärungstätigkeit fort und ließ durch das Bataillon Bürgeln die Straße Cölbe-Fritzlar sichern und, soweit es die verfügbaren Kräfte zuließen, an geeigneten Stellen gegen Feindpanzer sperren.[77]

---

[76] Ebd., S. 18. General Flörke schreibt weiter, daß die amerikanische Fliegertätigkeit auffallend gering war. Wohl zogen starke Luftwaffenverbände über den Abschnitt hinweg nach Norden, aber im Bereich des Generalkommandos erfolgten keine größeren Angriffe, sondern nur vereinzelte Jabo-Attacken. Deutsche Fliegertätigkeit fehlte ganz.

[77] Flörke, a. a. O., S. 19

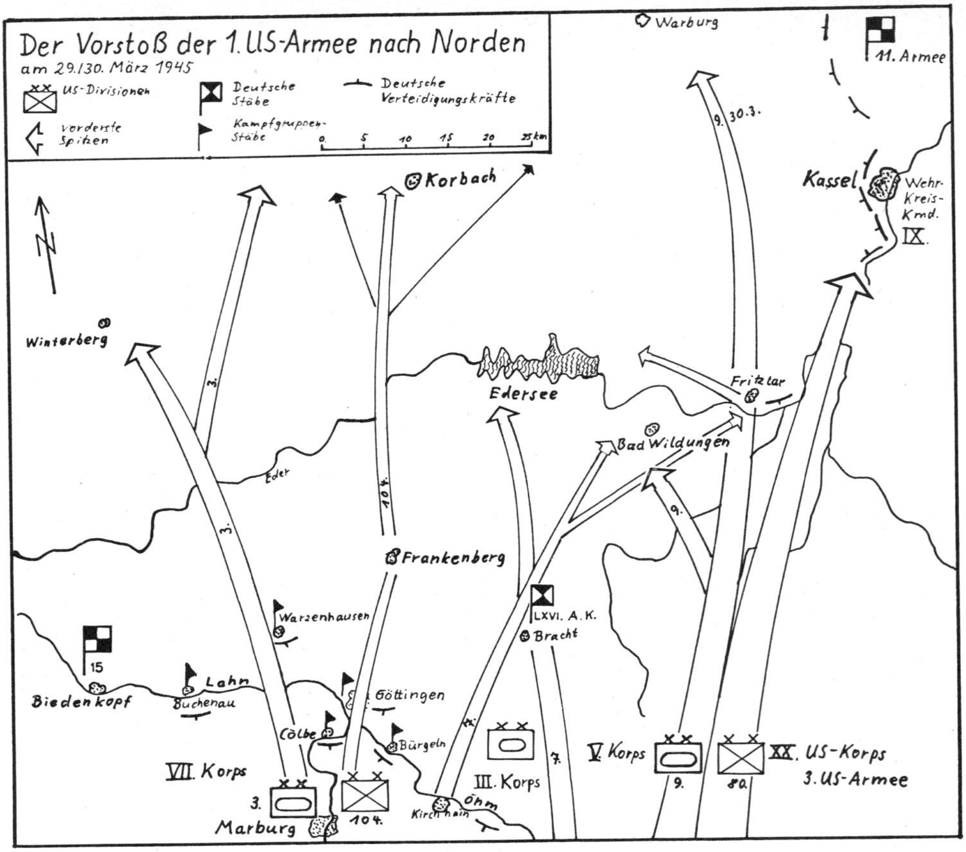


*Karte 3: Der Vorstoß der 1. US-Armee nach Norden am 29./30. März 1945*

Vor einer neuen Lage stand am Morgen des 29. März auch der Oberbefehlshaber der 15. Armee, General von Zangen, auf seinem Armeegefechtsstand in Biedenkopf:

1. Die eigenen Sicherungen im Raume Breidenbach-Wolzhausen waren verschwunden. Aus Breidenbach wurde eine seit Stunden nordwärts fahrende Feindkolonne mit zahlreichen Panzern über Breidenstein-Wallau auf Battenberg gemeldet.
2. Eine gleiche Feindkolonne mit Panzern wurde südostwärts Biedenkopf von Holzhausen über Dautphe-Buchenau auf Wetter gemeldet.

Der Führungsstab mit der gesamten Armee-Nachrichtenabteilung war damit abgeschnitten, sowohl vom Korps Flörke als auch von der Heeresgruppe B mit den dort befindlichen Teilen der 15. Armee. General von Zangen kam daher zu dem Entschluß: Durchschlagen zur Heeresgruppe![78]

Der Armeestab und die Armee-Nachrichtenabteilung räumten darauf in kürzester Zeit die Stadt Biedenkopf und nahmen Deckung im Waldgelände südwestlich der Stadt. Die Deckung gelang, trotz dauernder feindlicher Luftaufklärung und obwohl nachmittags Feindpanzer in Biedenkopf einrückten. — In diesem „Waldversteck"

78 von Zangen, a. a. O., S. 19–20

wurde das Armeeoberkommando von Funkanfragen der Heeresgruppe und vom LXVII. Armeekorps erreicht. Das Korps meldete seinen Gefechtsstand im Raume Vogelsberg. Die Funksprüche wurden nur kurz beantwortet, um den Standort nicht zu verraten.

Eine Erkundung durch den Armeeoberbefehlshaber an der Marschstraße der 3. amerikanischen Panzerdivision ergab, daß mit größeren Marschabständen gefahren wurde. Darauf wurde bei Dunkelheit die gesamte, mehrere 100 Fahrzeuge starke Kolonne in Breidenbach an die feindliche Vormarschstraße herangeführt und „paketweise" in die Marschlücken der 3. amerikanischen Panzerdivision eingegliedert. Die deutschen Kolonnen fuhren in den Lücken der Amerikaner mit, um ostwärts Wiesenbach nach Westen abzubiegen. — Der ganze, praktisch schon ausgeschaltete Armeestab kam auf diese Weise mit allen Fahrzeugen aus der Klemme heraus. Lediglich ein Lastkraftwagen und ein Kradfahrer wurden eingebüßt; letzterer hatte irrtümlich den Anfang einer neuen amerikanischen Fahrkolonne angerufen.

Der Armeestab erreichte in mühseliger Nachtfahrt, mehrfach frische feindliche Panzerspuren querend, über Hasselbach-Eisenstraße am 30. März vormittags Altenhundem (!) und nahm Funkverbindung mit der Heeresgruppe B auf.[79]

Am Mittag dieses Tages fand in Altenhundem eine Besprechung mit Generalfeldmarschall Model statt. Er unterrichtete General von Zangen über den vorerst behelfsmäßigen Aufbau der Ostfront des „Ruhrkessels" und teilte seine Absicht mit, durch Angriff mit dem herangezogenen LIII. Armeekorps (Generalleutnant Bayerlein) über Winterberg nach Osten anzugreifen, um den Feindvorstoß auf Paderborn zu durchbrechen, die Edertalsperre südlich von Korbach zu gewinnen und dort die Verbindung zu den von Kassel her angreifenden Teilen der 11. Armee herzustellen.

Generalfeldmarschall Model befahl: Armeeoberkommando 15 übernimmt am 31. März anstelle des zur Zeit stellvertretend führenden Generalleutnants Thoholte (Höherer Artilleriekommandeur der Heeresgruppe B) den Befehl über die Osthälfte des Ruhrkessels als 15. Armee. Der Gefechtsstand ist im Raume Schmallenberg zu wählen. — Die 5. Panzerarmee führt Befehl in der Westhälfte.[80]

Beim VII. Korps der 1. US-Armee war für den 29. März einer der spektakulärsten Panzervorstöße des gesamten Zweiten Weltkrieges vorgesehen. Den Auftrag erhielt wieder die Spearhead-Division.[81] Der Auftrag der 3. US-Panzerdivision lautete, rasch nach Norden vorzustoßen und die Stadt Paderborn zu sichern. Hier sollte Kontakt mit Verbänden der 9. US-Armee aufgenommen werden, um dadurch alle deutschen Truppen zwischen Sieg, Ruhr und Lippe einzuschließen.

Die Division hatte hierfür — außer der Spitzengruppe Richardson — ihre großen Kampfgruppen R links und B rechts eingesetzt, während die Kampfgruppe A zunächst in Reserve verblieb. Auf vier Routen sollte der Marsch nach Norden angetreten werden. In den vorderen Großverbänden fuhren die Kampfgruppen Hogan, Welborn, Doan und Kane, vorauf auf den mittleren Routen die Aufklärungs-Abteilung. Die Hauptvormarschstraßen gingen über Hallenberg, Medebach, Brilon und Frankenberg, Medebach, Korbach, Arolsen. Deutscher Widerstand zeigte sich kaum, außer

---

79 Ebd., S. 20

80 Ebd., S. 21

81 Die 3. US-Panzerdivision hatte den Spitznamen „Spearhead" (Speerspitze). Sie war schon des öfteren die Angriffsspitze bei den Operationen der 1. US-Armee gewesen.

durch einige Straßensperren. Deutsche Verbände, die den vorrückenden Amerikanern begegneten, waren meistens so überrascht, daß sie schon überwältigt waren, bevor sie an Gegenwehr denken konnten. Streckenweise mußten die Panzerkolonnen die festen Straßen verlassen und über das freie Land fahren, da einzelne Straßenblockaden oder zu schwache Brücken den Vormarsch leicht hemmten. Nur die Kampfgruppe Hogan begegnete einmal stärkerem Widerstand. Der Weg der vorstürmenden amerikanischen Panzerkolonnen war von brennenden deutschen Fahrzeugen und anderem zerstörten Gerät gekennzeichnet. Gefangenenkolonnen marschierten zurück und wurden von den nachfolgenden Infanterie-Einheiten weitergeleitet.[82]

Unangenehm waren den Amerikanern die Straßen, die durch größere Waldgebiete führten. Die vier Vormarschrouten waren im Schnitt fünf bis acht Kilometer von Waldlandschaft getrennt. Um von einer Kolonne zur anderen zu kommen, mußten oft weite Strecken zurückgelegt werden. Die Führung der Verbände wurde meistens durch Aufklärungsflugzeuge überwacht. In den großen Waldgebieten des Rothaargebirges und des angrenzenden Waldecker Landes hatten die Amerikaner leichte Verluste an Versorgungs- und Nachschubfahrzeugen, die plötzlich von kleinen deutschen Kampfgruppen überfallen wurden.[83]

Diesen bedeutsamen Panzervorstoß hat John Toland in seinem Buch „Das Finale" besonders eindrucksvoll beschrieben:

»Am späten Abend des 28. März erhielt Oberstleutnant Walter Richardson den Befehl, sich bei Oberst Robert Howze, Kommandeur der Combat Command Reserve, 3. Panzerdivision, zu melden. Richardson war ungehalten. Seit einer Woche war er im Einsatz und hatte kaum Zeit gehabt zu schlafen. Und das sollte offenbar so weitergehen! Auf Howzes Gefechtsstand traf er seinen alten Freund, den Oberstleutnant Sam Hogan, wie er selbst Texaner. Seite an Seite hatten sie in Frankreich, in den Ardennen und im Rheinland gekämpft.

Howze, sonst die Ruhe selbst, war aufgeregt. „Wir rücken vor", erklärte er den beiden Oberstleutnanten. „Es geht tatsächlich los!" Er deutete auf die Karte und sah Richardson vielsagend an. Paderborn lag mehr als 150 Kilometer nordnordöstlich.

Richardson traute seinen Augen nicht: „Wollen Sie damit sagen, daß wir in einem Tag nach Paderborn sollen?"

Howze nickte. „Morgen früh brechen Sie nach Paderborn auf. Fahren Sie wie der Teufel! Besetzen Sie das Plateau um den Flugplatz." Dann wandte er sich an Hogan: er solle, leicht nach links gestaffelt, Richardsons Flanke schützen. Task Force Welborn, von einer anderen Kampfgruppe, würde rechts von Richardson bleiben, der Rest der Division so schnell wie möglich folgen. „Sehen Sie zu, daß Sie nach Paderborn kommen — ohne Aufenthalt."

Simpsons 2. Panzerdivision werde, sagte Howze, dort Verbindung mit Richardson aufnehmen. Damit würde das gesamte Ruhrgebiet eingekesselt sein.

Es war ein Auftrag von der Art, die Richardson gefiel, und so vergaß er alle Müdigkeit. Er fuhr zu seinem Gefechtsstand zurück und erklärte den Kommandeuren, daß am folgenden Morgen um 6.00 Uhr abgerückt werde. Howze habe nur befohlen: „Fahren Sie!" Und sie könnten fahren, wo sie wollten: quer durch das Gelände, über Feldwege oder auf festen Straßen — Hauptsache, sie erreichten Paderborn in einem Tag. Richardson selbst stand, was bezeichnend für ihn war, bereits um 4.00 Uhr auf

---

82 Spearhead, a. a. O., S. 244–245

83 Ebd., S. 245

*Karte 5:
Vormarsch-Routen
der 3. US-Panzerdivision
in Richtung Norden auf
Paderborn
Die westliche Route über
Winterberg konnte aber
wegen des deutschen
Widerstandes nicht
befahren werden.*

und erkundete mit dem Jeep das Gelände in einer Tiefe von fünf Kilometern, damit seine Gruppe auch mit dem richtigen Schwung losfahren konnte. Dann kehrte er um und kümmerte sich darum, daß genügend Benzin in den Fahrzeugen war.

Um 6.00 Uhr startete Task Force Richardson. Sie hatte jede stärkere Straßensperre zu umgehen und notfalls über freies Gelände auszuweichen. An der Spitze fuhren ein Halbkettenfahrzeug und mehrere Jeeps. Dann folgten Richardson in seinem Jeep und drei „Shermans". Hinter ihnen kamen 17 „Shermans" mit aufgesessener Infanterie und drei schwere „Pershings" mit 9-cm-Kanonen. Dann: Richardsons Stab, eine Batterie Selbstfahrlafetten, 17 weitere „Shermans", leichte Panzer und eine lange Kolonne von Lastwagen mit Soldaten, Munition und Lebensmitteln. Eine sehr bewegliche und kampferprobte Truppe. Alle waren erschöpft, aber von ihrer Aufgabe waren die Männer so begeistert wie Richardson. Den Vormittag über passierte wenig. Gegen Mittag zerschoß Richardsons Einheit einen Personenzug, ohne anzuhalten, und passierte einige Kasernen, die einen absolut friedlichen Eindruck machten. Dann stieß die Kolonne auf eine Straßensperre; Richardson bahnte sich seinen Weg, indem er seine Panzer als Rammböcke einsetzte.

Kurz vor Einbruch der Dunkelheit hatte Richardson 120 Kilometer zurückgelegt. Aber es wurde neblig, und sein Funker konnte keine Verbindung mit rückwärts bekommen. Also gab es nur eines: weiterfahren. Als Richardson wenige Minuten später nach Brilon kam, erhielt er von seinem Divisionskommandeur, Generalmajor Maurice Rose, über Funk den Befehl, Brilon zu säubern. Richardson bestätigte zwar den Empfang der Order, da er aber weiterhin allein die Befehle Howzes auszuführen gedachte, fuhr er weiter. Bis Paderborn waren es noch gut 50 Kilometer, und er wußte noch nicht, welchen Weg er wählen sollte. So fuhr er mit ein paar Fahrzeugen voraus, um die beste Straße zu erkunden, und schickte das Gros des Verbandes nach Brilon, um die Ortschaft wenigstens flüchtig zu durchkämmen.

Ungefähr eine Stunde zuvor hatte Richardson von einem Zivilisten erfahren, daß unmittelbar vor ihm eine gute, direkt nach Paderborn führende Straße abzweige, aber inzwischen war es so dunkel und neblig geworden, daß jemand vorausgehen und die Kolonne führen mußte. Er wollte eben aus seinem Jeep steigen, um diese Aufgabe selbst zu übernehmen, als er hörte, daß das Gros seiner Gruppe wieder aufschloß; er überlegte, warum es in Brilon so lange gedauert haben könnte. Ein Zugführer, ein junger Leutnant, sprang vom ersten Panzer und rannte durch die Dunkelheit zu Richardson. „Folgen Sie mir", sagte der Oberstleutnant, und gemeinsam gingen sie die Straße entlang. Richardson schien es, als habe der Leutnant Angst, denn in der Dunkelheit wirkte das Gesicht des jungen Offiziers kalkweiß. Übelnehmen konnte er es ihm nicht.

Die Panzer rumpelten, die Scheinwerfer mit blauen Tüchern verdunkelt, hinter ihnen her und kamen immer näher. Richardson ging schneller, aber der erste Panzer holte ihn doch ein. Richardson spürte einen Stoß im Rücken, er sprang zur Seite und in den Graben, aber wie ein treuer Hund folgte der Panzer ihm sogar dorthin. Richardson krabbelte auf die Straße zurück und gab wie wild Zeichen mit seiner Taschenlampe, aber der Panzer ließ sich nicht abschütteln. Richardson sah auch den zweiten und den dritten Panzer heranschaukeln, genau hinter dem führenden Panzer her. Und dann erspähte er plötzlich auf weißem Grund ein Rotes Kreuz. Was, zum Teufel, hatten seine Krankenwagen hier vorn zu suchen? Schließlich reagierte der erste Panzer auf seine Zeichen und hielt mit einem Ruck an. Dann krachte es, der zweite Panzer war auf den ersten aufgefahren. Einen Augenblick später krachte es noch einmal.

Richardson fluchte, dann wandte er sich an den jungen Zugführer. „Was, zum Teufel, ist mit dem Kommandanten los?"

Der Leutnant stieg zitternd zum Turm des Panzers hoch und blickte hinein. „Irgend etwas stimmt hier nicht!" rief er. „Der ganze Fußboden ist mit Sekt bedeckt."

Jetzt kletterte Richardson hoch. Der Panzerkommandant saß mit glasigen Augen am Boden des Turmes und umklammerte zwei Flaschen Sekt. Der Oberstleutnant sprang wieder herunter. „Bringen Sie die Panzer auf die Straße", befahl er dem Leutnant, „und sorgen Sie dafür, daß sie da auch bleiben. Schmeißen Sie die Flaschen 'raus, und lassen Sie sämtliche Luken öffnen." Er war sicher, daß in der kalten und nebligen Luft seine volltrunkene Kolonne bald wieder nüchtern sein würde. Er ging zum ersten Krankenwagen; eine vertraute Gestalt, warm eingepackt, kam ihm entgegengeschlurft: Dr. „Scattergood". „Am besten, wir fahren nach Brilon zurück", sagte der Doktor und grinste.

„Scat, was ist, verdammt noch mal, eigentlich los?" fragte Richardson mißtrauisch. „Colonel, ich muß Ihnen die Wahrheit beichten." Er gestand, in Brilon eine Sektkellerei entdeckt zu haben.

Über Funk gab Richardson seinem Stellvertreter den Befehl, den Rest der Einheit sofort aus Brilon herauszuholen, notfalls mit Waffengewalt. Dann ging er auf der Straße weiter. Nach einigen Kilometern wurde der Nebel dünner, und der Oberstleutnant kehrte zur Kolonne zurück.

Um Mitternacht sah er wieder auf den Tachometer und stellte fest, daß er 157 Kilometer geschafft hatte, und das ohne Ausfälle, wenn man von den Betrunkenen absah. Aber knapp zehn Kilometer weiter lag Paderborn, Standort einer Panzerschule und eines SS-Ersatz-Regiments. Er hielt an, ließ die Fahrzeuge auftanken und schaltete eine Ruhepause von ein paar Stunden ein. Am Morgen würde den Männern einiges bevorstehen.«

An diesem 29. März — es war der Gründonnerstag — wurden erstmals Städte und Dörfer im südöstlichen und östlichen Westfalen, vornehmlich im Kreise Brilon, von amerikanischen Truppen besetzt:

Hallenberg, die südlichste Stadt im Kreise Brilon, wurde nach 9.00 Uhr von amerikanischen Truppen besetzt, die von Bromskirchen her über die Landesgrenze hereinrückten. Zu Kämpfen kam es hier nicht; deutsche Soldaten, die nicht rechtzeitig fliehen konnten, wurden als Gefangene abgeführt. Im Laufe des Vormittags wurden die Dörfer Braunshausen, Liesen, Dreislar, Hesborn und Medelon besetzt. Um 13.00 Uhr rückten US-Panzer und nachfolgende Infanterie-Verbände in Medebach ein, nachdem kurz vor ihnen noch eine deutsche Militärkolonne den Ort verlassen konnte. Im Laufe des Nachmittags wurden Wissinghausen, Deifeld, Referinghausen, Titmaringhausen und Düdinghausen von amerikanischen Truppen besetzt. In Züschen machten amerikanische Panzerkolonnen, die aus Richtung Hallenberg heranrollten, am Vormittag an der Panzersperre am Ortsausgang wieder kehrt, da man in Züschen stärkeren Widerstand vermutete. Über Liesen und Hesborn rückten die Kolonnen weiter in Richtung Medebach. Im Laufe des Tages trafen hier aus Richtung Winterberg weitere deutsche Verstärkungen ein, darunter eine Panzer-Einheit mit neun Sturmgeschützen. Abends folgte eine Kolonne Soldaten mit geschulterten Panzerfäusten.[84]

---

[84] Hugo Cramer, Der Landkreis Brilon im Zweiten Weltkriege, 1939—1945, Brilon 1955, S. 24—25 und 76

Über Deifeld, Willingen rückten die amerikanischen Truppen auch auf den Raum um Brilon vor. Noch ehe die Straßensperren zwischen Willingen—Brilon-Wald errichtet werden konnten, fuhren nachmittags gegen 16.00 Uhr die ersten Spitzenpanzer durch Brilon-Wald in Richtung Kreisstadt weiter. Über dem Briloner Stadtgebiet wurden kreisende Aufklärer und andere Flugzeuge gesichtet.[85]

In der Stadt Brilon sickerte am Gründonnerstag vormittags die Nachricht durch, daß amerikanische Panzer Winterberg passiert hätten und in Richtung Olsberg weiterstießen. Die Panzer hatten aber in Züschen an der Liesener Brücke kehrt gemacht und waren über Medebach, Korbach, Willingen auf Brilon vorgestoßen. Ab 15.00 Uhr gab es in Brilon Fliegeralarm, und ab 16.00 Uhr etwa schwärmten plötzlich auf dem Marktplatz amerikanische Soldaten aus. Eine Panzerspitze war über das Hölsterloh und die Hoppecker Straße und durch das Derkerer Tor eingetroffen, ohne auf Widerstand zu stoßen. Die Stadt wurde von dem amtierenden Bürgermeister übergeben. Der amerikanische Kampfkommandant soll darauf erklärt haben, daß bei Widerstand ein Flugzeuggeschwader eingegriffen hätte.[86]

In Brilon befanden sich, abgesehen von einigen versprengten Soldaten, keine deutschen Truppen. Der Volkssturm war zwar mobilisiert, doch waren die Einsatzvorbereitungen noch nicht abgeschlossen. Da angenommen worden war, daß die amerikanischen Panzer von Winterberg her kommen würden, war am Mittag eine Abteilung des Reichsarbeitsdienstes zur Besetzung einer Panzersperre vor der Lederke ausgerückt. Die Besatzung dieser Sperre wurde ohne Verluste gefangengenommen. Im Arbeitsdienstlager am Renzelsberg gab es noch geringen Widerstand, der aber bereits am Gründonnerstagabend gebrochen wurde. Das Kreishaus in Brilon wurde erst gegen 20.00 Uhr von den Amerikanern besetzt.[87]

Auch die Gegend östlich von Brilon wurde an diesem Tage von den Angriffsspitzen der 3. US-Panzerdivision durchfahren. Es waren die Kampfgruppen, die in Richtung Wünnenberg-Haaren weiterrollten. Die Dörfer Nehden, Radlinghausen, Bontkirchen, Borntasten, Adorf, Giershagen, Leitmar, Erlinghausen wurden einfach von den Panzerkolonnen überrollt, ohne daß sich irgendwo deutscher Widerstand zeigte. Aus Richtung Korbach stießen die Panzerkolonnen gegen Bredelar vor und gegen Ober- und Niedermarsberg. In Thülen lag in diesen Tagen eine deutsche Polizei-Abteilung aus dem linksrheinischen Gebiet, durchweg ältere Männer. Um 14.00 Uhr wurde Alarm gegeben, und die Truppe rückte anschließend in Richtung Radling-

---

DER WEHRMACHTSBERICHT MELDET:

*30. März 1945 „... An der Naht von der 15. zur 5. Panzerarmee mußte die 15. Armee nach Norden ausweichen. Das Armeeoberkommando 15 selbst ist im Augenblick abgeschnitten worden, will aber versuchen, sich durchzukämpfen. Das LIII. Korps beim Sammeln. Die Edertalsperre soll abgeriegelt werden. Der Feind kam über Brilon bis südwestlich Paderborn vor und bog dann nach Nordosten ein. Über Homberg stieß der Feind nach Osten weiter. Dagegen eigene Panzer und Flak.*

---

85 Ebd., S. 45—46

86 Ebd., S. 48—49

87 Ebd., S. 49. Geraume Zeit nach der Besetzung der Stadt führten noch hohe und höchste deutsche zivile und militärische Dienststellen mit der Kreisverwaltung Ferngespräche, um sich nach der Lage im Raum Brilon zu erkundigen.

hausen ab. Aus Richtung Korbach rückten gegen 18.00 Uhr die ersten amerikanischen Panzer ein.[88] In Niedermarsberg hatte sich eine kleine SS-Gruppe aus Arolsen zur Verteidigung festgesetzt. Als die vorrückenden Amerikaner auf die Diemel-Brücke zurollten, wurde der Jeep an der Spitze von einem Panzerfaustschützen in Brand geschossen. Als die amerikanischen Panzer das Feuer auf die Brücke eröffneten, wurden einige Häuser beschädigt. Die SS-Gruppe setzte sich aber daraufhin durch das Diemeltal ab. Eine Volkssturm-Abteilung, die von Westheim in die Stadt einrückte, wurde entwaffnet und gefangengenommen.[89]

Am Abend dieses Tages hatten Kampfgruppen der 3. US-Panzerdivision im Schnitt 120, einige bis zu 150 Kilometer zurückgelegt: der längste Marsch in der Geschichte der Division. Das ganze Unternehmen war ohne größere Verluste vonstatten gegangen, außer daß die Männer todmüde waren. Die Vorposten hatten von Brilon bis nach Niedermarsberg die Briloner Höhen erreicht oder teils schon überwunden. In einem letzten Vorstoß durch das Alme- und Altenautal sowie über das Sindfeld sollten sie in die Hellwegebene hinab auf Paderborn stoßen. Bei Paderborn sollten sie dann auf Verbände der 9. US-Armee treffen, um den Ruhrkessel zu schließen.

## 30. MÄRZ

Für General Flörke und seinen Stab des LXVI. Armeekorps ergab sich am Morgen dieses Tages folgendes Bild:

Das Korps war durch den amerikanischen Vorstoß über Wetter nach Norden von seiner Heeresgruppe getrennt worden. Der Feind schob in Richtung Wetter ständig weitere Kolonnen nach. Über den Verbleib des Verwundeten-Freiwilligen-Bataillons Wildungen und des Bataillons Cölbe war nichts bekannt. Nur Reste des Bataillons Bürgeln waren greifbar. Nach links war kein Anschluß vorhanden. An der Eder, in Fritzlar, sollten (!) weitere Verbände stehen. Nach der Lage konnte eine Verteidigung erst an der Eder aufgebaut werden. Es war wichtig, um Zeit zu gewinnen, das Vordringen des Amerikaners auf den Ederabschnitt zu verzögern.[90]

Der Amerikaner hatte seinen Vormarsch mit Dunkelwerden am 29. März abends eingestellt. Wäre er weitergerollt, so wäre er ohne Widerstand bestimmt bis Fritzlar, wahrscheinlich bis Kassel, gelangt. Jetzt konnte die feindliche Spitze bei Albshausen angenommen werden.

Das Generalkommando setzte die schwachen Kräfte des Bataillons Bürgeln in drei Stellungen entlang der Straße Cölbe-Fritzlar zum hinhaltenden Widerstand ein, und zwar bei Halsdorf, Gilserberg und Jesberg. Das Generalkommando befahl zunächst von Gilserberg aus und wollte sich über Gilsa (nordöstlich von Jesberg) als Zwischengefechtsstand nach Fritzlar begeben. Mit Beginn des anderen Morgens trat der Amerikaner wieder an, und zwar in breiter Front, mit vielen kleinen gemischten Panzer- und Infanterieverbänden, abseits der großen Straßen. Er gewann schnell Boden, insbesondere in Richtung Treysa, da ihm kaum Widerstand — außer von

---

88 Es handelte sich hier um Verbände der Kampfgruppe Doan; links davon hielt die Kampfgruppe Kane den Raum ostwärts Brilon.
Den Raum Niedermarsberg-Mengeringhausen hatte die Divisionskampfgruppe B des Brigadegenerals Boudinot der 3. US-Panzerdivision erreicht.

89 Cramer, a. a. O., S. 83–84

90 Flörke, a. a. O., S. 20 ff.

wenigen Versprengten — geleistet wurde. Auf der Fahrt nach Gilsa schaltete sich das Generalkommando in das Fernsprechnetz auf dem „Verstärkeramt Jesberg" ein, erhielt fernmündlich Verbindung zur Heeresgruppe B und bekam vom Chef des Stabes, Generalmajor Wagener, einen neuen Befehl.[91]

---

91 Flörke, a. a. O., S. 20 ff. Das Generalkommando des LXVI. Armeekorps wurde durch den neuen Befehl aus dem jetzigen Einsatz herausgezogen und übernahm, unmittelbar der Heeresgruppe B unterstellt, den Befehl über die im Raum Nieder- und Obermarsberg (25 Kilometer südöstlich von Paderborn) in der Versammlung befindliche verstärkte SS-Brigade Westfalen. Auftrag: Angriff aus dem Raum Marsberg Richtung Westrand Edertalsperre in die Flanke der feindlichen Panzerspitzen, um hierdurch in Zusammenarbeit mit aus dem Raum Winterberg nach Osten angreifenden Teilen der Heeresgruppe eine Einschließung der Heeresgruppe zu verhindern. Für frühestmöglichen Angriff war Sorge zu tragen.
Das Generalkommando setzte daraufhin seine Fahrt nach Fritzlar fort und sah, wie auf dem Flugplatz südlich von Fritzlar Verteidigungsanlagen ausgehoben und die Ederbrücke zur Sprengung vorbereitet wurde. In Fritzlar kam man um 10.00 Uhr auf dem Standortkommando an und traf dort auch den aus Marburg ausgewichenen Kommandeur der 489. Ausbildungs- und Ersatzdivision, Generalleutnant Zehler. Wenig später traf auch Generalmajor Walter, der vor wenigen Tagen zum Kommandanten von Fritzlar ernannt und mit der Verteidigung der Eder-Linie beauftragt worden war, ein. Nach Einweisung in die Lage wurden dem Generalmajor Walter alle deutschen Truppen des Ederabschnittes unterstellt. Er erläuterte, was er zur Verteidigung des Ederabschnittes zur Verfügung hatte, u. a. noch einige schwere Batterien.
Nach dieser kurzen Besprechung und nach Sammlung aller zum Stabe und zur Nachrichtenabteilung gehörenden Kraftfahrzeuge brach der Stab des Generals Flörke, zur Übernahme seiner neuen Führungsaufgabe, nach Kassel auf.

Anmerkung des Verfassers: Bei den bereits zitierten und noch weiterhin vorkommenden Studien des Bundesarchiv-Militärarchiv (MS Nr. B . . .) handelt es sich um Arbeiten deutscher Generale und Generalstabsoffiziere. Diese Arbeiten sind in den Jahren 1945—1947 in amerikanischer Gefangenschaft für die US-Geschichtsschreibung entstanden. Da diese Aufzeichnungen ohne Kriegstagebücher, Karten und sonstige schriftliche Aufzeichnungen faßt nur aus dem Gedächtnis und einigen Notizen entstanden sind, können Fehler in den Namen, Daten und Zahlen nicht ausgeschlossen werden. Die Studien sind daher oft für den örtlichen Bereich nicht unbedingt historisch genau. Trotzdem sind sie aber die einzigsten deutschen Aufzeichnungen von höheren Offizieren aus jenen Tagen und wurden auch für die historische Geschichtsschreibung der US-Armee in Europa verwendet.

4. Kapitel

# Deutscher Ausbruchsversuch bei Winterberg

Am 30. März 1945 — es war der Karfreitag — setzten die amerikanischen Angriffsverbände an fast allen Fronten der Heeresgruppe B ihren Vormarsch fort. Den vorgepreschten Panzerspitzen folgten überall weitere Panzerverbände, Artillerie-, Infanterie- und Pionier- sowie Nachschubverbände, um die errungenen Positionen zu halten und weiter auszubauen.

Gleichzeitig liefen aber auch erstmals seit Tagen im östlichen und südöstlichen Westfalen einige energische deutsche Gegenmaßnahmen an. Der Oberbefehlshaber der Heeresgruppe B Feldmarschall Walter Model hatte in der Nacht zum 30. März den Kommandierenden General des LIII. Korps Generalleutnant Fritz Bayerlein zu seinem Gefechtsstand östlich von Olpe bestellt. Den Abschnitt Siegen mit den dort eingesetzten Truppen der Panzerlehrdivision und der Panzergruppe Hudel übernahm der Kampfkommandant von Siegen.

Feldmarschall Model gab General Bayerlein folgende Lageübersicht: Die völlige Einkesselung der in Ruhrgebiet und Sauerland kämpfenden deutschen Truppen steht unmittelbar bevor. Der Feind ist aus dem Raum von Marburg nicht nach Osten weitergegangen, sondern nach Norden abgedreht und hat den Raum Warburg-Niedermarsberg erreicht. Die englischen Kräfte stehen bereits im Raum von Münster.

General Bayerlein erhielt den Auftrag, mit den vorhandenen und noch zuzuführenden Kräften aus dem Raum von Schmallenberg nach Osten, südlich der Edertalsperre anzugreifen und sich mit einer von Nordosten angesetzten Kampfgruppe (SS-Brigade Westfalen) zu vereinigen, um den Umfassungsring zu sprengen.[92]

General Bayerlein verfügte für den Auftrag über folgende Truppen:

1. eine schwache Kampfgruppe der Panzerlehrdivision (Teile des Pionierbataillons, Panzergrenadier-Lehrregiment 902 und II. Abteilung Panzerlehrregiment 130), die aus dem Raume von Wuppertal bereits im Anmarsch nach Winterberg war,
2. die bei Siegen eingesetzte Kampfgruppe der Panzerlehrdivision,
3. die im Raume Wissen-Siegen sich versammelnde Masse der 3. Panzergrenadierdivision,
4. Masse der schweren Panzergruppe, und zwar I. Abteilung Panzerlehrregiment 130, Panzerjäger-Abteilung 654, schwere Panzer-Abteilung 506, jedoch nicht schwere Panzer-Abteilung 512;
5. die im Raume Düsseldorf in Auffrischung stehende 176. Infanteriedivision soll sobald wie möglich im Eisenbahn-Transport nachgeführt werden.

Der Angriff soll sobald wie möglich beginnen. Die Absichten und die geplante Durchführung waren der Heeresgruppe bis zum 30. März mittags zu melden.

Die Lage in dem neuen Abschnitt und insbesondere im Raum von Winterberg war unklar. Die Heeresgruppe konnte darüber keine genaue Auskunft geben. Bekannt war lediglich, daß der Raum um Berleburg in eigener Hand war und daß südlich von Winterberg eine schwache Kampfgruppe der Bautruppen stehen sollte. Wie

---

[92] Generalleutnant Fritz Bayerlein, LIII. Korps, Ruhrkessel-Ostfront, Bundesarchiv-Militärarchiv, MS Nr. B-396, S. 3

weit der Feind vorgedrungen war und ob der Straßenknotenpunkt und der beherrschende Raum um Winterberg bereits in Feindeshand war, wußte man nicht.

Da der Oberbefehlshaber der 15. Armee, General von Zangen, mit seinem Stabe vermißt war, hatte die Heeresgruppe B ihren Artilleriekommandeur, Generalleutnant Thoholte, mit der Führung der Armee beauftragt. Dessen Gefechtsstand lag in Schuellar, nördlich von Berleburg.[93]

Mit diesen Weisungen versehen, verließ General Bayerlein am 30. März, 3.00 Uhr früh, den Gefechtsstand der Heeresgruppe und begab sich über Kirchhundem in die Gegend von Schmallenberg. Der Korpsgefechtsstand wurde in Milchenbach eingerichtet. Bei der Weiterfahrt nach Winterberg traf Bayerlein am Straßenkreuz von Gleidorf Teile der von Wuppertal kommenden Kampfgruppe der Panzerlehrdivision.

Es war eine Kampfgruppe unter dem Stab II. Abteilung des Panzerlehrregiments 130. Major Helmut Ritgen führte die aus einsatzbereit gewordenen rückwärtigen Teilen der Panzerlehrdivision gebildete Kampfgruppe. Sie bestand aus einer schwachen Panzerkompanie und dem Panzergrenadierbataillon 902. Etwas später traf auch die Panzerjäger-Lehrabteilung 130 mit 18 fabrikneuen Panzerjägern IV ein, die in Bad Driburg ausgeladen worden waren. Beim Durchfahren Schmallenbergs war der Kampfgruppenkommandeur von Feldmarschall Model angehalten und in die Lage eingewiesen worden.[94]

Die Lage bei Winterberg erforderte rasches Handeln, wenn mit den eigenen schwachen Kräften überhaupt ein Erfolg zu erzielen war. Feldmarschall Model hatte befohlen, ohne die Versammlung aller Kräfte abzuwarten, noch am Abend des 30. März von Winterberg aus mit den eingetroffenen Truppen nach Osten anzugreifen, um zunächst die Straße Hallenberg-Medebach zu gewinnen und damit eine der drei Hauptverkehrsstraßen des Feindes zu unterbrechen.[94a]

Der Kommandeur der II. Abteilung des Panzerlehrregiments, Major Ritgen, konnte mit den geringen Kräften nur drei schwache Angriffsgruppen bilden (je eine mit Panzern oder Jagdpanzern verstärkte Kompanie). Diese konnten nur in der Dunkelheit oder Dämmerung auf den kleinen Waldwegen den Angriff riskieren. Vom Forstamt Winterberg wurden ortskundige Forstbeamte angefordert, die der vorgehenden Kampftruppe als Führer dienen sollten.

Um 13.00 Uhr erhielt der bereits eingetroffene Kommandeur der II. Abteilung Panzerlehrregiment den Befehl, das Angriffsgelände zu erkunden, sich östlich von Winterberg bereitzustellen und auf besonderen Befehl abends, in der Nacht oder im Morgengrauen anzugreifen.

Als General Bayerlein auf seinen Gefechtsstand in Milchenbach zurückkehrte,[95] traf er auf Feldmarschall Model. Bayerlein erläuterte dem Feldmarschall seine Angriffsabsichten, die von diesem voll gebilligt wurden. Auch der Kommandeur der 3. Panzergrenadierdivision, General Denkert, dessen Division zum LIII. Korps ge-

---

93 Ebd., S. 4. Vergleiche hierzu die Vorgänge bei der 15. Armee im vorigen Kapitel. Der bisher in der einschlägigen Literatur beschriebene Durchbruch des Stabes der 15. Armee in den Raum westlich von Brilon ist falsch. – Derartige Schilderungen stimmen nicht mit den Angaben des Generals von Zangen überein.

94 Helmut Ritgen, Die Geschichte der Panzerlehrdivision im Westen 1944–1945, Motorbuch Verlag, Stuttgart 1979, S. 296 und 302

94a Bayerlein, a. a. O., S. 5

95 Ein neuer Korpsgefechtsstand wurde fünf Kilometer westlich von Winterberg im Gasthaus Hoher Asten eingerichtet.

hörte, war anwesend. Die Division erhielt den Befehl, als erste Aufgabe den Ort Küstelberg wiederzunehmen, der von den US-Truppen am Vormittag unter Mitnahme der dort eingesetzten Volkssturm-Kompanie besetzt worden war. Sodann sollte sich die Division zum Angriff gegen Medebach bereitstellen. Die ersten Teile der Division konnten frühestens am Morgen des 31. März eintreffen.

Nach diesen Anweisungen begab sich Bayerlein wieder nach Winterberg und gab um 19.00 Uhr dem Führer der Kampfgruppe den Befehl zum Nachtangriff, nachdem zwölf Panzerjäger der Panzerjäger-Abteilung der Panzerlehrdivision eingetroffen waren. Diese hatten nach Einbruch der Dunkelheit Winterberg erreicht.[96]

31. MÄRZ

Der Angriff begann um Mitternacht vom 30./31. März und hatte bis zum Morgen die Straße Hallenberg-Medebach (ohne diese Orte) erreicht. Die Orte Liesen, Hesborn und Medelon wurden genommen und auch das Straßenkreuz nördlich von Hallenberg. Eine Weiterführung des Angriffs mit den vorhandenen Kräften war jedoch nicht möglich, da sich mit Tagesanbruch starker feindlicher Widerstand von den benachbarten Höhen aus zeigte.

Im Laufe des Vormittags besetzte die Aufklärungsabteilung der 3. Panzergrenadierdivision den nicht verteidigten Ort Küstelberg, den beherrschenden Schloßberg und das Straßenkreuz zwei Kilometer östlich von Küstelberg. Dort wurden Gefangene der 3. US-Panzerdivision eingebracht. Die Verkehrsstraße Medebach-Deifeld war damit für den feindlichen Verkehr nicht mehr benutzbar.[96a]

Nach dem Urteil des Chefs der Heeresgruppe B, Generalmajor Wagener, war die Sperrung der Vormarschstraße der Amerikaner „der erste kleine Erfolg seit Wochen" — er sollte der einzige bleiben.[97]

Bis zum Abend trafen die weiteren Teile der Panzerlehrdivision und der 3. Panzergrenadierdivision ein. Der Kommandeur der Panzerlehrdivision (Oberst Niemack) übernahm den Abschnitt Hallenberg-Medelon, der Kommandeur der 3. Panzergrenadierdivision (Generalmajor Denkert) den Abschnitt Glindfeld-Deifeld. In der Nacht zum 1. April war auch der erste Teil (zwei Bataillone) der 176. Infanteriedivision mit ihrem Kommandeur (Generalmajor Landau) eingetroffen. Diese Einheiten übernahmen den Abschnitt Deifeld.

Die Aufklärung hatte ergeben, daß auf den Süd-Nord-Straßen zwischen dem Rothaargebirge und der Edertalsperre laufend starker Kraftwagenverkehr des Gegners von Süden nach Norden bestand. Im Raum von Wunderthausen wurden durch eigene Spähtrupps Ansammlungen von amerikanischen Panzern gemeldet.[97a]

Im Bereich der Panzerlehrdivision gelang es den amerikanischen Truppen in einem Gegenangriff, die Straße Hallenberg-Medebach wieder zu nehmen. Die deutschen Kampfgruppen waren ohne Artillerieunterstützung einfach zu schwach. Sie mußten an den Rand des Waldgebietes ostwärts Winterberg zurückgehen. Die Straße blieb allerdings noch unter deutschem Feuer.[98]

---

96 Bayerlein, a. a. O., S. 5—7

96a Bayerlein, a. a. O., S. 7

97 Ritgen, a. a. O., S. 303

97a Bayerlein, a. a. O., S. 7—8

98 Ritgen, a. a. O., S. 303. Ergänzt durch weitere schriftliche Mitteilungen von Helmut Ritgen an den Verfasser.

DER WEHRMACHTSBERICHT MELDET:

*31. März 1945 „. . . Ein Schwerpunkt bei Siegen, wo der Gegner ostwärts der Stadt mehrere Orte nahm. Ob das Armeeoberkommando 15 zum Ausbruch angetreten ist, ist noch nicht bekannt. Im Lkw-Transport wird die 176. Infanteriedivision herangeführt . . ."*

Das LIII. Korps befahl für den 1. April: Panzerlehrdivision: Angriff auf Hallenberg; 3. Panzergrenadierdivision: Angriff auf Medebach!

Am Abend des 1. April trat eine Kampfgruppe der inzwischen vollzählig versammelten Panzerlehrdivision noch einmal von Züschen zum Angriff nach Hallenberg an. An der Straßensperre vor der Gabel nördlich von Hallenberg trafen diese Verbände auf den Gegenangriff von Einheiten der 9. US-Infanteriedivision. Diesen gelang es, die Deutschen langsam zurückzudrücken und in der Nacht das Dorf Züschen zu nehmen.[98a]

Die 3. Panzergrenadierdivision griff in Richtung Medebach an und drang in die Stadt ein. Nach schweren Straßen- und Häuserkämpfen mußte der Ort aber wieder geräumt werden. Der Division wurde die schwere Panzerjäger-Abteilung 654 (Jagdpanther) unterstellt. Mit den eingetroffenen Teilen stellte sich die 176. Infanteriedivision im Raume Deifeld-Titmaringhausen bereit.[99]

Im Raum zwischen Hallenberg und Berleburg wurden erneut starke Panzeransammlungen (über 60 Panzer) gemeldet. Gegen Abend wurde bekannt, daß der rechte Nachbar, der Sperrverband von Ahlfen, Berleburg verloren hatte und der Gegner aus der Richtung weiter nach Norden angriff. Die Angriffsführung des LIII. Korps für die folgende Nacht und die nächsten Tage war wie folgt gedacht:

Die drei Divisionen sollten in einem geraden Stoß von West nach Ost bis in die Höhe der Edertalsperre vordringen und damit die Hauptverkehrsadern des Feindes durchschneiden. Der Schwerpunkt des Angriffs sollte bei der 3. Panzergrenadierdivision liegen, während die Panzerlehr- und die 176. Infanteriedivision die Flanken dieser Division schützen sollten gegen die sicher zu erwartenden Angriffe des Feindes von Norden und Süden. Zu diesem Zweck sollten die beiden Flankendivisionen an wichtigen Orten und Straßenkreuzungen Stützpunkte mit Panzern bilden. Diese Lösung des befohlenen Angriffs zur Sprengung des feindlichen Umfassungsringes war in Anbetracht der viel zu schwachen eigenen Kräfte eine Notlösung, die kaum zu einem Erfolg führen konnte. Sie war aber das Beste, was in der damaligen Situation getan werden konnte.[100]

In der Nacht zum 2. April traten die Kampfgruppen der drei Divisionen zum Angriff an. Im Laufe des 2. April (2. Ostertag) erreichten Teile der 3. Panzergrenadierdivision unter Umgehung von Medebach den Raum von Goddelsheim. Dort gelang es, einen feindlichen Spähtrupp zu überraschen. Um die Stadt Medebach wurde den ganzen Tag erbittert gekämpft. Die 176. Infanteriedivision erreichte den Raum um Oberschleedorn.[101]

Für diesen Tag war ein erneuter Angriff nach Osten geplant. Die Panzerlehrdivision sollte rechts der 3. Panzergrenadierdivision in Richtung Neukirchen-Sachsenberg vorstoßen. Die Division stellte wieder die beiden Angriffsgruppen bereit. Vor Beginn

98a Ebd.
99 Bayerlein, a. a. O., S. 8
100 Ebd., S. 9
101 Ebd., S. 8

des Angriffs drückte jedoch der Gegner aus südostwärtiger Richtung und verstärkte sich laufend aus der Gegend um Hallenberg. Bis zum Abend waren die Teile der Division auf den Südostrand von Winterberg zurückgegangen.[102]

Die Division versuchte nun, unmittelbar südlich und westlich von Winterberg eine Widerstandslinie aufzubauen. Winterberg selbst wurde wegen seiner starken Belegung durch Lazarette und Krankenhäuser aufgegeben.[103]

General Bayerlein vermerkt in seiner Studie für diesen Tag u. a.: „Die Panzerlehrdivision war nicht zum Angriff angetreten, da der Feind seinerseits aus dem Raum von Hallenberg mit starken Kräften zum Angriff antrat. Das Straßenkreuz nordwestlich von Hallenberg ging am Vormittag verloren. Dann stießen amerikanische Verbände auf Nebenwegen von Liesen Richtung Winterberg vor und erreichten am Abend den Ostrand der Stadt. Der deutschen Führung wurde klar, daß der Gegner mit den schon seit Tagen bei Wunderthausen festgestellten starken Panzerkräften nun zum Hauptangriff auf den Raum von Winterberg angetreten war. Im Abschnitt der 3. Panzergrenadierdivision mußte Medebach nach schweren Verlusten in der Abenddämmerung geräumt werden. Die Kampfgruppe der Division bei Goddelsheim und Schaaken hielt sich noch am Morgen des 2. April. Die Orte selbst wurden von der Kampfgruppe nicht besetzt."[104]

Auch die 176. Infanteriedivision war starken feindlichen Gegenangriffen von Norden her ausgesetzt. Sie mußte in der Dämmerung ihre Teile auf die Umgebung von Deifeld zurücknehmen.

Die von allen Seiten geführten starken Angriffe der Amerikaner gegen die schwachen eigenen Kräfte machten nicht nur ein Aufgeben jedes Angriffs nötig, sondern erforderten alle Kräfte, um den Raum um Winterberg zu halten. Das LIII. Korps mußte am Abend des 1. April seinen Gefechtsstand nach Lenneplätze zurückverlegen.[105]

Der vom Oberbefehlshaber West zugesagte Entsatzvorstoß der neuaufzustellenden 11. Armee im Raum Kassel zusammen mit dem LXVII. Armeekorps und anderen Truppen des Wehrkreiskommandos IX war auch am 2. April nicht in Gang gekommen. So mußte der Versuch, die Einschließungsfront zu durchbrechen, als gescheitert angesehen werden.[106]

Der plötzliche deutsche Vorstoß aus dem Raum Winterberg nach Osten hatte die Amerikaner sicherlich zunächst gestört, traf dieser Stoß doch in erster Linie die Verbindungslinien des VII. US-Korps für die weit nach Norden vorgepreschten Spitzen der 3. US-Panzerdivision und der rechtsgestaffelten 104. US-Infanteriedivision

---

102 Major Helmut Hudel, Einsatz und Kämpfe der Panzerlehrdivision an der Sieg und in den Räumen Winterberg-Schmallenberg bis Werdohl-Altena vom 23. 3. – 15. 4. 1945. Bundesarchiv-Militärarchiv, MS Nr. B-850, S. 7 und 8. – Bei einer Besprechung der Kommandeure auf dem Divisionsgefechtsstand (westlich von Winterberg) äußerten die Kommandeure, besonders die der Panzergrenadierregimenter, Bedenken über die Standfestigkeit ihrer Leute. Sie taten das aufgrund ihrer letzten Beobachtungen. Selbst Tapferkeitstaten einzelner konnten nicht darüber hinwegtäuschen, daß die in der Division vorhandene Kampfmoral endgültig gebrochen war.

103 Ebd., S. 8

104 Bayerlein, a. a. O., S. 9 – Anmerkung des Verfassers: Bayerlein hat sich meistens um einen Tag geirrt, oft auch in der Tageszeit. Das Straßenkreuz bei Hallenberg ging bereits am 1. 4. abends verloren. Amerikanische Verbände drangen in der Frühe des 2. April in Winterberg ein, gleichzeitig wurde Medebach geräumt.

105 Ebd., S. 10

106 Wagener, a. a. O., S. 556

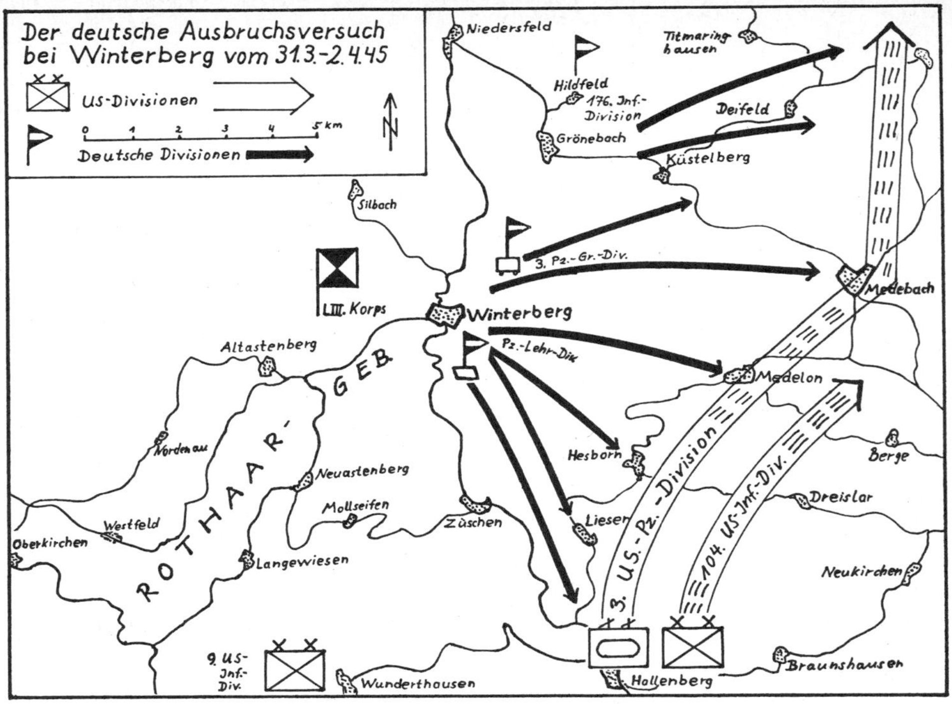


*Karte 4: Der deutsche Ausbruchsversuch bei Winterberg vom 31. März bis 2. April 1945*

sowie auch zum Teil auf die Nachschubeinheiten der in Richtung Edersee-Bad Wildungen-Fritzlar operierenden Verbände der 7. und 9. US-Panzerdivision, des III. und V. Korps. Die Führung der 1. US-Armee reagierte jedoch schnell und drehte einen Teil der Verbände nach Westen, um eine Abwehrposition zu beziehen. Während das 413. Infanterieregiment der 104. Division bereits in der Linie Arolsen-Adorf stand, wurde das 415. Infanterieregiment angehalten und in die Gegend um Hallenberg-Medebach zur Verstärkung der dortigen Truppen eingesetzt.[107]

Das III. US-Korps gab am 31. März die 9. Infanteriedivision an das VII. Korps zur Unterstützung ab. Diese Division stellte sich im Raume Hallenberg den angreifenden Kampfgruppen der Panzerlehrdivision in den Weg und ging wenig später — unterstützt von zahlreichen Artillerie-Einheiten — aus diesem Raum zum Gegenangriff über. Hatte am ersten Angriffstag das Wetter den deutschen Angriffsverbänden einen gewissen „Luftschutz" gegeben, so war es am 31. März wieder aufgeklart. Auf den Hauptstraßen für den Nachschub fanden die amerikanischen Jagdbomber wieder ihre Ziele, und so kamen viele Panzer erst gar nicht in die

107 Mary H. Williams, US-Army in World War II, Special Studies, Chronologye 1941-1945, Washington, D. C. 1960, S. 466 — Anmerkung: Der deutsche Vorstoß war wohl kaum eine Überraschung für die Amerikaner. Irgendwo mußten sie einen Ausbruchsversuch erwarten. Darüber hinaus gab ihnen „Ultra" die Möglichkeit, den deutschen Funkverkehr zu entschlüsseln und damit die Absichten der deutschen Führung zu erfahren. Tatsache ist, daß die 99. US-Infanteriedivision bereits ab 31. 3. nach Nordwesten angriff und die 9. US-Infanteriedivision am gleichen Tage — gleichzeitig mit dem Befehl der Heeresgruppe B an LIII. Armeekorps zum Ausbruch — den Befehl erhielt, nach Nordwesten einzudrehen, anstatt wie bisher dem Vormarsch des III. Korps nach Nordosten zu folgen. Zweifellos hat aber der deutsche Vorstoß das Vordringen des III. Korps gestört.

Angriffsräume. Westlich von Altastenberg traf es vor allem die Verbände der Panzerlehrdivision (neun Panzer wurden durch Raketenbomben abgeschossen). Auch die wenigen Flakbatterien der Kampfgruppen wurden von den Jabos im Tiefstflug niedergehalten.[108]

In der Nacht zum 2. April trat die 9. US-Infanteriedivision (Generalmajor Craig) beiderseits von Hallenberg zum Gegenangriff an. Das Gelände erwies sich hier als sehr unwegsam, und so kamen die Einheiten nur langsam voran. Dazu waren die engen und kurvenreichen Straßen oft noch durch Straßensperren und Minenfelder unpassierbar gemacht worden. Als die Sichtverhältnisse durch Nebel bedingt schlechter wurden, geriet der Vormarsch kurzfristig ins Stocken. Der linke Flügel der Division stieß später über Mollseifen weiter vor und bedrohte die große Straße von Winterberg nach Schmallenberg.[108a]

Im Morgengrauen des 2. April überrannten Teile des I. Bataillons/Infanterieregiments 39 der 9. US- Infanteriedivision die deutschen Sicherungen im Walde ostwärts Winterberg und drangen unvermutet rasch in die Stadt ein. Nur mit Mühe konnten die dort untergezogenen Teile der Panzerlehrdivision auf den Kamm des Rothaargebirges zurückgenommen werden. Der Divisionskommandeur, Oberst Niemack, wurde hierbei verwundet, die Führung der Division übernahm Oberst Freiherr von Hauser.

Wegen der vollbelegten Lazarette und Genesungsheime in Winterberg untersagte General Bayerlein jegliches Artilleriefeuer auf die Stadt und auch jeden Versuch, sie wieder einzunehmen.[109]

Bei den rechten Nachbarverbänden, den Sperrverbänden von Ahlfen und von Kortzfleisch, gingen starke amerikanische Kräfte aus Richtung Berleburg nach Norden vor und erreichten an mehreren Stellen die große Straße Winterberg-Schmallenberg. Beim linken Nachbarn gingen US-Verbände von Brilon auf Altenbüren-Olsberg vor. Damit war das LIII. Korps an beiden Flanken bedroht.[110]

In der Nacht vom 1. zum 2. April stieß ein Regiment der 9. US-Infanteriedivision von Züschen über Mollseifen auf Neuastenberg vor und besetzte den Ort, der aus Mangel an deutschen Kräften nicht verteidigt werden konnte. In Mollseifen wurde der Stab des Panzerartillerieregiments 130 der Panzerlehrdivision von den Amerikanern überrascht und ausgehoben. Dem Korpsstab drohte das gleiche Schicksal; daher wurde der Gefechtsstand in den Morgenstunden nach der Försterei Siedlinghausen verlegt.[111]

Damit war klar, daß der Durchbruch bei Winterberg und der vorgesehene Ausbruch aus der amerikanischen Umklammerung mißlungen war. Nach ersten Überraschungserfolgen waren die vordersten Verbände der drei deutschen Divisionen etwa 13 Kilometer nach Osten vorgestoßen. Weiter hatten die Kräfte des LIII. Korps nicht gereicht, da es auf überlegenen Widerstand der dortigen US-Verbände traf, die, im Gegensatz zu den deutschen Kampfgruppen, laufend verstärkt wurden.

Am 2. April wurde als weitere Unterstützung das Kampfkommando A der 7. US-Panzerdivision der 9. US-Infanteriedivision unterstellt.[111a] Im Raume Küstelberg-

---

108 Williams, a. a. O., S. 467. Auch Ergänzungen von Helmut Ritgen
108a Whiting, a. a. O., S. 62
109 Ritgen, a. a. O., S. 304–305
110 Bayerlein, a. a. O., S. 10
111 Ebd., S. 12 f.
111a Williams, a. a. O., S. 467

Medebach drangen diese Kampfgruppen gegen die dort eingesetzten Verbände der 3. Panzergrenadierdivision vor. Am Abend dieses Tages waren die deutschen Angriffsverbände des Korps Bayerlein überall in die Defensive geraten. Der Ausbruch mußte als gescheitert angesehen werden.

Für die Städte und Dörfer im südöstlichen Sauerland brachen, soweit sie den Durchmarsch der amerikanischen Panzerspitzen schon gut überstanden hatten, durch die deutschen Gegenangriffe nochmals schwere Tage an.

Um Hallenberg herum, insbesondere nach Norden, hatten die Amerikaner starke Artilleriekräfte zusammengezogen, die jeden deutschen Gegenangriff zerschlugen. Auch im kleinen Dorf Braunshausen, östlich von Hallenberg, hatten die Amerikaner starke Panzer- und Artilleriekräfte zusammengezogen, darunter eine 15-cm-Batterie und zwei Long Tom-Langrohrgeschütze, für die eigens die Feuerstellungen eingeebnet und befestigt wurden. In der Nacht vom Karsamstag zum ersten Ostertag sollen etwa 3 000 amerikanische Soldaten in und um den kleinen Ort gelagert haben. Von hier aus wurde die Straße Hallenberg-Züschen-Winterberg beschossen.[112]

In Liesen rückten in der Nacht zum Karsamstag aus Richtung Züschen 40 bis 50 deutsche Soldaten, unterstützt von drei Jagdpanzern, ein und besetzten das Dorf. Rund um den Ort wurden MG-Stellungen ausgebaut, an den Ortsausgängen Minen gelegt und vereinzelt durchziehende amerikanische Truppen beschossen. In einem kurzen Gefecht wurden unterhalb des Dorfes zwei US-Panzer und ein Jeep, oberhalb des Dorfes einige Lkw und Jeeps vernichtet; ein weiterer Panzer fuhr auf eine Mine und wurde beschädigt. Gegen 13.00 Uhr griffen amerikanische Truppen mit Artillerieunterstützung das Dorf an, wobei sie von deutschen Maschinengewehren beschossen wurden und erhebliche Verluste hatten. Die deutschen Truppen mußten jedoch der Übermacht weichen und zogen sich zurück, wobei die Sturmgeschütze vom Waldrand aus das Dorf beschossen. Die Bevölkerung des Ortes hatte in den umliegenden Wäldern Schutz gesucht; geriet da aber in amerikanisches und später in deutsches Artilleriefeuer. Zwei deutsche Soldaten sind in Liesen gefallen und wurden dort beigesetzt. Zwei deutsche Jagdpanzer blieben infolge Motor- und Kettenschadens oberhalb des Dorfes stehen. Am Ostersonntag und an den folgenden Tagen rückten weitere amerikanische Truppen durch das Dorf.[113]

In Dreislar waren auch schon am 29. März die ersten Amerikaner eingerückt, und am Karsamstag rückten amerikanische Panzerverbände in das Dorf. Am Abend kam hier ein Großteil der Medeloner Bevölkerung an, da auf Anordnung der Amerikaner dieser Ort wegen zu erwartender Kampfhandlungen geräumt werden mußte. In der Nacht trafen weitere US-Truppen ein, die sich insbesondere in den nach Norden und Nordwesten liegenden Häusern zur Verteidigung einrichteten. Auch hier wurde mit einem deutschen Vorstoß aus Richtung Medelon gerechnet; es kam aber nicht dazu. Am Nachmittag des ersten Ostertages zogen diese Truppen weiter. An den folgenden Tagen ging südlich und südöstlich von Dreislar US-Artillerie in Stellung, die nachts in Richtung Winterberg-Fredeburg schoß.[114]

Durch Hesborn waren am 29. März auch bereits US-Truppen mit Panzern und Geschützen gezogen, ohne auf deutschen Widerstand zu stoßen. Am Karfreitag folgten weitere Verbände, und am Karsamstag gab es kurze Kämpfe oberhalb von

---

112 Cramer, a. a. O., S. 26–27
113 Ebd., S. 28–29
114 Ebd., S. 30–32

Liesen. Auch hier verließen die Bewohner ihr Dorf und suchten Schutz in den naheliegenden Wäldern. Von der Bevölkerung kam niemand zu Tode; es wurde auch kein Haus beschädigt. In der Nähe des Dorfes fand man später einige tote deutsche Soldaten, die auf dem örtlichen Friedhof beigesetzt wurden. Über Ostern und an den folgenden Tagen war das Dorf mit amerikanischen Truppen belegt. Die im Osten und Südosten des Dorfes stehenden amerikanischen Geschütze feuerten Tag und Nacht.[115]

Medelon war auch bereits am Gründonnerstag von starken amerikanischen Panzerkolonnen durchfahren worden. Vier Panzer mit 32 Mann Bewachung hatten die Amerikaner im Ort zurückgelassen; alles war ruhig verlaufen.

Am Karsamstagmorgen werden die Menschen plötzlich aufgeschreckt: Schweres Maschinengewehrfeuer liegt auf der Straße. Ein deutscher Jagdpanzer ist bis ins Dorf vorgedrungen. Die Amerikaner eröffnen ein wildes Abwehrfeuer auf die Angreifer. In einer gewaltigen Detonation fliegt ein von den Amerikanern zuvor erbeuteter deutscher Jagdpanzer in die Luft, den die Deutschen mit einer Panzerfaust beschossen haben. Danach setzt Artilleriefeuer ein; die Bevölkerung verläßt fluchtartig das Dorf und sucht in der näheren Umgebung Schutz.

Motorengeräusche werden laut, die Amerikaner bekommen Verstärkung, insbesondere an Panzern. Nachdem bereits viele Bewohner in ihr Dorf zurückgekehrt sind, kommt die Nachricht: „70 deutsche Panzer kommen von Bestwig. Das Dorf muß geräumt werden!" Neue Aufregung. Wer ein Fuhrwerk hat, belädt es mit dem Notwendigsten und zieht wieder aus dem Dorf. Am Abend setzt wieder Artilleriefeuer ein, der Beschuß dauert bis zum anderen Morgen. Dann kehren die Leute langsam in ihr Dorf zurück. Gegen 10.00 Uhr — viele Menschen haben sich zur Ostermesse versammelt — beginnt der Beschuß von neuem. Die Kirche muß geräumt werden, die Leute suchen Schutz in ihren Kellern. Am zweiten Ostertag setzt abermals Beschuß ein. Die Deutschen beschießen Medelon aus Richtung Dasseberg; die Amerikaner erwidern das Feuer. Dann ziehen sich die deutschen Truppen durch das Orketal langsam in Richtung Winterberg zurück. Fünf deutsche und acht amerikanische Soldaten sind bei den Kämpfen gefallen.[116]

Zu schweren Kämpfen kam es auch um Medebach, das ebenfalls schon am 29. März von den US-Panzerspitzen passiert worden war, denen am 30. März weitere Einheiten folgten. Da in der folgenden Nacht Medebach besatzungsfrei war, rückten am Karsamstagmorgen neue deutsche Truppen an. Höhere deutsche Offiziere und Parteileute forderten, daß Widerstand geleistet würde, da man beabsichtigte, nach Osten durchzubrechen.

Deutsche Panzerspitzen der 3. Panzergrenadierdivision hatten sich bis Medebach vorgeschoben. Gegen 19.00 Uhr setzte amerikanisches Panzerabwehrfeuer ein. Die deutsche Erwiderung war zunächst schwach, wurde in der Nacht jedoch stärker. Den Ostersonntag verbrachten die Bewohner in den Kellern. Gegen 5.00 Uhr zogen die ersten deutschen Infanterie-Einheiten durch Glindfeld und besetzten zwei wichtige Höhen. Ein deutscher General richtete sein Quartier auf dem Gut Glindfeld ein, das bald danach durch die Amerikaner beschossen wurde. Vier deutsche Panzer stießen aus Richtung Küstelberg auf Medebach vor, während amerikanische Fahrzeuge in Richtung Münden abzogen. Bei diesen Kämpfen wurden zwei deutsche Panzer, mehrere Fahrzeuge und vier amerikanische Panzer in Brand geschossen, einige Häuser

---

[115] Ebd., S. 32–33
[116] Ebd., S. 33–36

beschädigt und einige Zivilpersonen verletzt. Am Ostermontag besetzten weitere deutsche Truppen Glindfeld. Es waren vielfach Genesende aus den Lazaretten, alte Landesschützen, SS-Leute und Volkssturmmänner, mutlose, erschöpfte und vielfach kranke Männer. Es gelang ihnen noch, bis zur Stadtmitte vorzudringen, mußten sich aber unter schweren Verlusten nachher wieder zurückziehen. Die amerikanischen Truppen, die laufend Verstärkung erhielten, beschossen mit schwerer Artillerie die von den Deutschen besetzten Höhen des Kahlen- und des Hesseberges. Heftige Kämpfe entbrannten auch nordöstlich von Medebach. Hier versuchten einzelne kleinere deutsche Trupps, die die Stadt umgangen hatten, nach Osten zu entkommen; es gelang ihnen aber nicht. Am 2. April hatten die Amerikaner Medebach wieder vollkommen in ihrem Besitz und stießen von dort auf Glindfeld vor. Die um Medebach gefallenen deutschen Soldaten wurden in den folgenden Tagen geborgen und auf dem katholischen Friedhof begraben.[117]

Das Dorf Referinghausen hatte nach der Durchfahrt der ersten US-Truppen am 29. März keine Besatzung erhalten. Dafür erschienen aber am zweiten Ostertag nachmittags starke amerikanische Infanterie- und Panzer-Einheiten und belegten das ganze Dorf. Gleichzeitig begann schwerer Artilleriebeschuß in Richtung Küstelberg über das Dorf hinweg. Leichter Beschuß durch deutsche Artillerie richtete keinen Schaden an.[118]

Auch Deifeld und Wissinghausen erlebten nach dem ersten Durchzug der amerikanischen Panzer nochmals aufregende Tage. Hier kam es am ersten Ostertag mittags zu einem Gefecht mit etwa 30 deutschen Soldaten, die sich am Bahndamm der Kleinbahn eingegraben hatten. Im Raum Deifeld kämpften Verbände der 176. Infanteriedivision gegen starke amerikanische Kräfte. Zuvor war die Aufklärungsabteilung der 3. Panzergrenadierdivision bis in diesen Raum vorgestoßen. Die Amerikaner zogen sich nach dem Verlust von acht Panzern zunächst auf Medebach zurück, griffen jedoch bald wieder über die seitlichen Höhen das Dorf an. Am zweiten Ostertag dauerten die Kämpfe noch an, und am Tage darauf versuchte nochmals eine Gruppe deutscher Soldaten von Küstelberg her anzugreifen. Mit Unterstützung eines Jagdpanzers waren sie bis Wissinghausen vorgedrungen.[119]

In Titmaringhausen war nach dem ersten Durchzug der Amerikaner auch bekanntgeworden, daß ein deutscher Gegenangriff bevorstand. SS-Leute kamen ins Dorf, um den Volkssturm zu organisieren. Die älteren Männer wollten schon flüchten, da rückte am 2. Ostertag amerikanische Infanterie in großer Zahl in das Dorf ein und bezog ringsherum feste Stellungen in Erwartung eines deutschen Gegenangriffs. Auch einige Panzer wurden in Stellung gebracht. Aus der Gegend von Düdinghausen beschoß amerikanische Artillerie Tag und Nacht die deutschen Stellungen bei Küstelberg und Grönebach.[120]

Auch das Dorf Düdinghausen wurde in jenen Tagen zweimal besetzt. Am Morgen des ersten Ostertages überflogen alliierte Flugzeuge den Ort, und ab Mittag rückte amerikanische Infanterie ein. Insgesamt sollen rund 5 000 Soldaten in und um Düdinghausen gelegen haben in Erwartung eines größeren deutschen Angriffs. Die Einwohner durften ihre Häuser nicht verlassen. Beide Schulhäuser und einige Privat-

---

117 Ebd., S. 36–38

118 Ebd., S. 38

119 Ebd., S. 38–40

120 Ebd., S. 41–42

wohnungen mußten geräumt werden. Am zweiten Ostertag schoß sich die amerikanische Artillerie langsam in Richtung Westen ein; gleichzeitig trat die Infanterie vorsichtig den Vormarsch in Richtung Titmaringhausen an.[121]

In Oberschledorn waren am 29. März die ersten US-Panzer auf ihrem Vorstoß nach Norden durchgefahren. Dabei wurde der größte Teil der Insassen des dortigen Wehrertüchtigungslagers gefangengenommen. Am ersten Ostertag kamen weitere amerikanische Truppen an. Zwei Artilleriebatterien bezogen Stellung und beschossen die Waldungen um Küstelberg.[122]

Das kleine Dorf Berge war bei dem Vorstoß der Amerikaner am 29. März von zwei Seiten umgangen und nur von einigen Aufklärungsfahrzeugen durchfahren worden. Hier rückten am ersten Ostertag US-Panzer- und Artillerie-Einheiten ein, die von Roninghausen aus das Feuer in Richtung Winterberg und Medebach eröffneten. Weitere US-Verbände folgten am zweiten Ostertag, wobei das Dorf eine starke Einquartierung bekam und einige Familien ihre Häuser räumen mußten.[123]

Vor Züschen war am 29. März die von Hallenberg anrückende amerikanische Panzerspitze abgedreht, nachdem sie die Panzersperre besetzt fand und stärkeren Widerstand vermutete. Die Sperre wurde später laufend verstärkt. Rasch herbeigeführte deutsche Einheiten verschiedener Truppengattungen bezogen unterhalb des Dorfes Stellungen. Gegenüber hatte amerikanische Infanterie Stellung bezogen, und über den östlichen Bergen kreisten amerikanische Aufklärungsflugzeuge. Am anderen Tage rollte eine Kampfgruppe der Panzerlehrdivision mit neun Jagdpanzern in das Dorf ein. Abends folgte eine Kolonne Soldaten mit geschulterten Panzerfäusten. Bei einem nächtlichen Gefecht sollen später 22 deutsche Soldaten gefallen sein.[124]

Am Nachmittag des Karsamstags wurde ein Teil der Bevölkerung in die umliegenden Wälder evakuiert, da die deutsche Führung mit einem Luftangriff rechnete. Gegen 21.00 Uhr begann die Beschießung durch amerikanische Artillerie, die die ganze Nacht hindurch anhielt. Weitere Bewohner flüchteten in der ersten Feuerpause in den frühen Morgenstunden in die umliegenden Wälder. Inzwischen hatte amerikanische Infanterie die Panzersperre zu beiden Seiten in weitem Bogen umgangen. Die Artillerie beschoß jedes Fahrzeug, das sich auf den Straßen sehen ließ; viele Häuser wurden beschädigt. An der Panzersperre kam es wiederholt zu Kämpfen mit Verlusten auf beiden Seiten. Gegen Abend des ersten Ostertages hatte sich die Lage verschärft. Im unteren Ortsteil standen ein Zug Soldaten und zwei Jagdpanzer.[125]

Ein gegen 22.00 Uhr angesetzter Angriff, die Amerikaner von der Chemischen Fabrik zur Panzersperre zurückzudrängen, scheiterte. Dabei fiel der Führer, ein junger Leutnant. Die beiden Jagdpanzer zogen sich daraufhin in westlicher Richtung zurück. Um 23.00 Uhr hatten die Amerikaner den unteren Ortsteil bis zur Bahnhofstraße besetzt. Gegen Mitternacht setzte noch einmal schwacher deutscher

---

121 Ebd., S. 42–43

122 Ebd., S. 44

123 Ebd., S. 44

124 Ebd., S. 99–102

125 Ebd., S. 101. Anmerkung des Verfassers: Turmlose Panzer wurden allgemein „Sturmgeschütze" genannt, obwohl sie ab 1943 offiziell „Jagdpanzer" hießen. Fast alle Divisionen verfügten darüber.

Artilleriebeschuß ein. Am 2. April, gegen 6.00 Uhr, rückte die amerikanische Infanterie weiter vor und besetzte ganz Züschen. Die Artillerie ging mit ihren Geschützen an geeigneten Positionen in Stellung. Aus dem Dorf heraus feuerten Panzer und Feldgeschütze in Richtung Winterberg/Astenberg. Panzer und Nachschubkolonnen rollten in ununterbrochener Folge hin und her. Deutsche Gefangene wurden zusammengebracht und ein Teil der Häuser mit Truppen belegt. An der Panzersperre zählte man später neun abgeschossene Panzer.[126]

Winterberg war in jenen Tagen nicht nur Kurort und überbelegte Lazarettstadt, sondern wegen seiner vielen Straßenverbindungen auch Drehscheibe des gesamten Nachschubverkehrs der deutschen Verbände des LIII. Korps. Seit Tagen und Wochen wurden die Straßen von Tieffliegern angegriffen und alle Kolonnen und Fahrzeuge beschossen und mit Bomben beworfen. Am Karfreitag hörte man hier zudem erstmals Geschützfeuer aus östlicher und südöstlicher Richtung. Der Karsamstag verlief — bis auf die Tieffliegerangriffe und laufende deutsche Nachschubtransporte — ziemlich ruhig. Gegen Abend hörte man wieder heftiges Schießen, das die Bevölkerung veranlaßte, die Keller und den Eisenbahntunnel aufzusuchen. Am Ostermorgen heulten Granaten über der Stadt. Deutsche Soldaten waren im Nuhnetal in Stellung gegangen; Granaten schlugen in der Stadt und im Umland ein. Gegen Abend verstärkte sich das Artilleriefeuer nochmals. Am Morgen des zweiten Ostertages hörte man Infanteriefeuer in nächster Nähe; die Amerikaner rückten auf die Stadt vor. Von verschiedenen Seiten rückten Infanterie- und Panzerverbände in die Stadt ein. Während in der Oberstadt nur leichtere Straßenkämpfe stattfanden, entbrannten am Stadteingang nach Züschen und an der unteren Pforte harte und verlustreiche Kämpfe. Die Gefallenen und Verwundeten — ihre Zahl wird auf 200 geschätzt — wurden zusammen mit den amerikanischen Verlusten auf Lastwagen fortgeschafft. In einigen geräumten Häusern bauten die Amerikaner auf den Böden und in den Fenstern Maschinengewehre ein; ihre Artillerie ging auf dem Schützenplatz in Stellung. Später nahm auch deutsche Artillerie die Stadt unter Beschuß.[127] Da rings um die Stadt wichtige Stellungen noch in deutscher Hand waren, bestand die Gefahr eines deutschen Gegenangriffs.[128] Auf Bitten der Schwestern des Franziskushauses erklärte sich der deutschstämmige amerikanische Kommandant Ewald bereit, mit dem Oberfeldarzt im Wehrheim zu verhandeln. Der Kommandant verlangte, daß sich die deutschen Truppen zurückzögen. Am Mittwoch, dem 4. April, kam es zu einer Einigung; die deutschen Truppen zogen sich in der Nacht zum 5. April 1500 Meter zurück. Die Stadt und die vielen Lazarette wurden somit vor weiteren Zerstörungen bewahrt.[129]

---

126 Cramer, a. a. O., S. 102—106

127 Ebd., S. 105

128 General Bayerlein weist in seiner Studie mehrmals darauf hin, daß Winterberg nicht von den deutschen Truppen verteidigt wurde ... „es wurde strenger Befehl gegeben, den Feind in der Stadt Winterberg nicht zu bekämpfen. Kein Schuß durfte in die Stadt abgegeben werden. Die Nachteile, die sich daraus ergaben, nahm das Korps mit in Kauf." Anmerkung des Verfassers: Anscheinend hat dieser Befehl nicht mehr alle deutschen Einheiten im Raum Winterberg erreicht oder wurde von einigen nicht befolgt. Hugo Cramer berichtet demgegenüber ausführlich auf den Seiten 102—106 von Kämpfen deutscher Truppen in Winterberg. (Nach Meinung von Helmut Ritgen waren das Volkssturm-Einheiten.)

129 Cramer, a. a. O., S. 105

Auch das kleine Dorf Elkeringhausen, östlich von Winterberg, hatte in den letzten Märztagen zahlreiche zurückflutende deutsche Einheiten gesehen. Am Gründonnerstag wurde der Volkssturm aufgerufen, da die Front bedrohlich nahe gerückt war. Unruhe und Spannung stiegen. Am Karfreitag fuhren deutsche Kraftwagen durch Elkeringhausen; weitere Verstärkungen folgten am Karsamstag. Die Bewohner verbargen sich in den Kellern oder flüchteten in die Wälder. Nachmittags marschierte deutsche Infanterie, bewaffnet mit Panzerfäusten, in Richtung Küstelberg weiter. Am Abend rückte eine deutsche Panzerartillerie-Abteilung ein und ging an fünf verschiedenen Stellen in Feuerstellung. Die folgende Nacht war sehr unruhig, da die Geschütze in Richtung Küstelberg feuerten. Am Mittag feuerte die deutsche Batterie nochmals eine halbe Stunde, bevor sich der Gefechtslärm aus Richtung Medelon näherte. Starker deutscher Militärverkehr, Rote-Kreuz-Wagen und Kräder wurden im Dorf beobachtet. Bei der Ehrenscheider Mühle an der Straße nach Medelon standen deutsche Soldaten und Amerikaner, die von einer günstigen Position aus das gesamte Gelände einsehen konnten, im Kampf. In der Frühe des Ostermontags zogen die deutschen Kampftruppen in Richtung Küstelberg weiter. Amerikanische Artillerie beschoß gegen Mittag die Zugangsstraßen zum Ort. Am Abend rückten amerikanische Truppen aus Richtung Medelon in das Dorf ein, besetzten es und sicherten es besonders in Richtung Küstelberg durch starke Wachen. In den umliegenden Wäldern wurden kleinere Gruppen deutscher Soldaten eingebracht und die Leiche eines gefallenen Deutschen gefunden, der auf dem Dorffriedhof bestattet wurde. Später rückten die US-Verbände in Richtung Grönebach weiter.[130]

Das Dorf Küstelberg war auf dem raschen Vorstoß der 3. US-Panzerdivision am Gründonnerstag, dem 29. März, von diesen Verbänden nur kurz gestreift worden. Nach der Befreiung ausländischer Arbeiter fuhren die Panzerkolonnen rasch weiter in Richtung Deifeld. Die Bevölkerung glaubte schon den Krieg überstanden zu haben, da rückte am Nachmittag gegen 17.00 Uhr eine deutsche Einheit von Winterberg her in das unbesetzte Dorf ein. Am Karfreitagmorgen gegen 3.00 Uhr rückte der Volkssturm aus Meschede ein.[131] Die Männer des Dorfes wurden aus den Betten geholt und gezwungen, am Fuße des Schloßberges zusammen mit den im Ort befindlichen Italienern[132] Panzersperren zu bauen. Der im Morgengrauen wieder beginnende Vormarsch neuer US-Verbände wurde dadurch aber nicht behindert. Der Karfreitag blieb ruhig. Am Karsamstag trafen die ersten deutschen Panzer und Artillerie-Einheiten dort ein. Die Bevölkerung mußte den Ort räumen und suchte in den umliegenden Waldschluchten Schutz. Die deutsche Führung ordnete aber auch hier bald das Verlassen dieser Schluchten an und verwies die Flüchtlinge in weiter nördlich gelegene Gebiete. In und um Küstelberg hatten sich Verbände der 3. Panzergrenadierdivision zum Angriff auf Medebach bereitgestellt; später kamen noch Einheiten der schweren Panzer-Abteilung 654 dazu. Am frühen Morgen des ersten Ostertages begann der Angriff in Richtung Medebach, um weiter nach Osten durchzubrechen. In Medebach wurden die Deutschen in schwere Straßenkämpfe verwickelt. Mitten in Küstelberg waren eine schwere deutsche Batterie und an den Rändern des Ortes weitere Geschütze

---

130 Ebd., S. 106–108

131 Es soll sich hierbei um ein Bataillon des Freikorps Sauerland gehandelt haben. Willi Timm, Hagener Hefte, Freikorps Sauerland, S. 20

132 In Küstelberg befand sich ein Kommando italienischer Fremdarbeiter, die für die deutsche Wehrmacht Tankholz (für die Holzvergaser der Lkw) schlugen.

in Stellung gegangen. Am zweiten Ostertag nahmen die deutschen Truppen den Angriff nochmals auf, trafen aber auf energischen Widerstand der amerikanischen Verbände. Amerikanische Artillerie beschoß aus mehreren Orten die deutschen Artillerie-Stellungen und gefährdete dabei die geflüchteten Bewohner abermals.[133]

Am Dienstag, dem 3. April, setzten die Amerikaner zum Angriff auf Küstelberg an. Am Nachmittag drangen Verbände des 415. Infanterieregiments und Panzer der neu herangeführten 7. US-Panzerdivision in den Ort ein.[134]

Am Spätnachmittag wurde das Dorf mit schwerem deutschen Artilleriefeuer belegt, das großen Schaden anrichtete. Das Feuer hielt auch die Nacht über als Störfeuer an, lag aber zum Teil zu weit und richtete keinen Schaden mehr an. Acht deutsche Soldaten waren bei den Kämpfen am Dienstag gefallen, die auf dem Friedhof des Dorfes bestattet wurden. Die Verluste der Amerikaner konnten nicht festgestellt werden, da diese ihre Toten, wie in allen anderen Orten, sofort abtransportierten. Besonders ist die Tätigkeit eines US-Militärarztes in Erinnerung, der während der dreiwöchigen Besetzung auch der deutschen Bevölkerung seine Hilfe niemals versagte. Schwerkranke ließ er mit dem amerikanischen Lazarettwagen ins Krankenhaus nach Medebach bringen.[135]

In Grönebach erschienen am 31. März die ersten deutschen Kampftruppen. Es waren Einheiten der 3. Panzergrenadierdivision, deren Kommandeur, Generalmajor Denkert, hier auch vom 1. bis 3. April seinen Gefechtsstand hatte. Dazu trafen am 2. April noch Teile der 176. Infanteriedivision im Ort ein. Am Ortsrand ging deutsche Artillerie in Stellung, und auch die Infanterie ging hier in Bereitstellung für den geplanten Durchbruch nach Osten. Die Verbände der 176. Infanteriedivision waren zum größten Teil abgekämpft und mit Ersatztruppen aus den Lazaretten wieder aufgefüllt worden. Da es an Fahrzeugen aller Art fehlte, wurden Panzerfäuste auf Handwagen herangebracht. Am 3. April, gegen 10.00 Uhr eröffnete die deutsche Artillerie das Feuer. Nach einer halben Stunde begann die amerikanische Artillerie aus der Richtung von Winterberg das Feuer, das den ganzen Tag über andauerte und auch die folgende Nacht. Am 4. April rückten amerikanische Panzer aus der Gegend von Küstelberg nach heftiger Artillerievorbereitung gegen Grönebach vor. Dabei wurden zwei Panzer von den deutschen Verteidigern in Brand geschossen. Die deutsche Infanterie stand am Ostrand des Ortes und am Walde. Im „Wagenschmier", einem bekannten Zigeunerlagerplatz, blieben ein deutscher Jagdpanzer und zwei Panzerjäger nach verzweifelter Abwehr liegen. Die Amerikaner durchzogen mit ihren Panzern dieses Gelände und auch das Hilletal nach Hildfeld. Am Mittag zogen sich die deutschen Truppen über verschiedene Höhen in das Ruhrtal zurück. Anschließend belegten die Amerikaner den Ort mit Leuchtspurgeschossen. Dabei gingen 13 Häuser in Flammen auf, weitere wurden schwer und alle anderen wurden mehr oder weniger leicht beschädigt. Zwei Bewohner fanden den Tod. Als die Bewohner nach der Besetzung die Keller ihrer Häuser verließen, bot sich ihnen ein schreckliches Bild: tote deutsche und amerikanische Soldaten auf den Straßen; das Dorf selbst in hellen Flammen; verendetes Vieh zwischen den Häusern; kein Haus ohne größere Beschädigungen; die Kirche — und besonders der Kirchturm — schwer getroffen. Drei tote deutsche Soldaten fand man später noch im Walde. Im Dorf und an den Rändern

133 Cramer, a. a. O., S. 108–110
134 Williams, a. a. O., S. 470
135 Cramer, a. a. O., S. 108–110

Generalfeldmarschall
Gerd von Rundstedt
war Oberbefehlshaber
West bis zum
10. März 1945.

Generalfeldmarschall
Albert Kesselring
war ab 10. März 1945
bis zur Kapitulation
Oberbefehlshaber
West.

Generalfeldmarschall
Walter Model
führte ab September
1944 die Heeresgruppe B im Westen.

Generalmajor
Carl Wagener
war der Chef des
Generalstabes der
Heeresgruppe B.

Fotos aus Privatbesitz

In Neuenkleusheim bei Olpe, März 1945: Vortrag der Lage durch den Oberbefehlshaber der Heeresgruppe B, Generalfeldmarschall Model, vor dem neuen Oberbefehlshaber West, Generalfeldmarschall Kesselring, rechts: General Siegfried Westphal

Ein US-Soldat vor einer zerstörten deutschen Kleinstadt im Raum südlich von Köln

Ein deutscher Soldat ergibt sich vor einer brennenden Scheune in einem kleinen Ort im Brückenkopf von Remagen am 29. März 1945.

Eine Fahrzeugkolonne der 1. US-Armee auf dem Weg nach Norden vor Kirchborchen

Eine Gruppe von rund 3000 deutschen Gefangenen, die im Raum von Marburg von der 104. US-Infanteriedivision gesammelt wurden

Befreite Polen begrüßen eine Einheit der 3. US-Panzer-division in Niedermarsberg.

Weiße Fahnen wehen, als eine Kampfgruppe der 7. US-Panzer-division in Kleinern im Edertal einrückt.

Fotos: US-Army

Aus dem Einsatz der Panzerbrigade 106: Panzer IV und Schützenpanzerwagen auf dem Friedensplatz in Bonn



Panzer V (Panther) in Bonn

Der Stabsfunkwagen mit Brigadeführer Oberstleutnant Drewes bei Himberg

Ein Sturmgeschütz in Honnef

Ein getarnter Panzerjäger in Lauerstellung bei Ägidienberg

Der Brigadeadjutant und ein Panzerfaustschütze im Einsatz
Ein abgeschossener Panzerjäger bei Ägidienberg

Ein 2 cm-Flakdrilling des Panzergrenadierbataillons
Ein von der Brigade abgeschossener Sherman-Panzer
Fotos aus Privatbesitz

**Generaloberst Josef Harpe führte die Divisionen der 5. Panzerarmee**
Bundesarchiv
Sig. 81/104/30

**General der Infanterie Gustav A. von Zangen führte die Verbände der 15. Armee.**
Bundesarchiv
Sig. 75/141/10

**General der Infanterie Carl Püchler führte das LXXIV. Armee-Korps.**
Bundesarchiv
Sign. 82/145/30A

**Generalmajor Hans von Ahlfen stand an der Spitze des Sperrverbandes von Ahlfen.**
Bundesarchiv
Sign. 83/13/25

**General der Infanterie Otto Hitzfeld, Kommandierender General des LXVII. Armee-Korps**

**General der Infanterie Joachim von Kortzfleisch war innerhalb der Heeresgruppe B mit Sonderaufgaben betraut.**

Generalleutnant Fritz Bayerlein führte mit den Divisionen des LIII. Korps den Ausbruch bei Winterberg.

Oberst Horst Niemack führte bis zum 2. April 1945 die Panzerlehrdivision.
Bundesarchiv
Sign. 83/13/23

Generalmajor Walter Denkert führte die Verbände der 3. Panzergrenadierdivision.
Bundesarchiv
Sign. 83/13/31A

Oberst Freiherr von Hauser (Kommandeur des Panzer-Gren.-Rgt. 901) übernahm ab 2. April die Führung der Panzerlehrdivision.

Generalmajor Christian Landau führte die Einheiten der 176. Infanteriedivision.
Bundesarchiv
Sign. 79/5/39

Major Helmut Ritgen (Kommandeur der II. Abteilung/Panzer-Lehrregiment 130) führte die ersten Angriffsgruppen der Panzerlehrdivision von Winterberg aus nach Osten.

Bis zum Straßenkreuz vor Hallenberg drang die südlichste Angriffsgruppe der Panzerlehrdivision, bevor sie auf die Spitzen der 9. US-Infanteriedivision traf.

In den Raum um Medebach drangen die Spitzen der 3. Panzergrenadierdivision vor.

Bis Medelon drang die nördlichste Angriffsgruppe der Panzerlehrdivision.

Bis in den Raum um Oberschledorn kamen die Spitzen der 176. Infanteriedivision.
Fotos: Verfasser

ging anschließend schwere amerikanische Artillerie in Stellung mit westlicher und nordwestlicher Schußrichtung.[136]

Das Dorf Hildfeld bei Winterberg war bis zum Ende des Monats März von kriegerischen Ereignissen verschont geblieben. Am Abend des 30. März trafen 30 Mann Volkssturm aus Soest ein und wurden in der Schule untergebracht.[137] Am Karsamstag, dem 31. März, kamen in Eilmärschen reguläre Kampftruppen aus dem Raum Düsseldorf an und quartierten sich in den Häusern ein.[138] Das Dorf glich plötzlich einem Heerlager. Am Ostersonntag zog der Volkssturm wieder ab, während die Infanterie in Richtung Medebach vorstieß und dort in Kämpfe verwickelt wurde. Am Osterdienstag ging deutsche Artillerie im Dorf und in der näheren Umgebung in Stellung. Das Feuer der deutschen Geschütze wurde bald von den Amerikanern erwidert; dabei gab es Verletzte und Beschädigungen an verschiedenen Häusern. Die amerikanische Artillerie legte das Feuer auf die gesamte Gemarkung des Dorfes, besonders aber auf die Straßenkreuzungen. Am Mittwoch, dem 4. April, begann der Kampf um Hildfeld. Frühmorgens setzte von Küstelberg aus heftiges Artilleriefeuer ein. Der darauffolgende Angriff, wobei der amerikanische Befehlshaber verwundet wurde, mißlang jedoch. Kurz vor Mittag begann ein zweiter Angriff, bei dem sich die Amerikaner einnebelten. Gegen 14.00 Uhr hatten sie das gesamte Dorf besetzt. Die deutschen Truppen zogen sich kämpfend in Richtung Niedersfeld zurück. Nunmehr schoß deutsche Artillerie in den Ort hinein. Das Dorf glich einem Schlachtfeld: Die Dorfstraße, von zerstörtem Kriegsgerät übersät, war kaum begehbar, zahlreiche Häuser waren mehr oder weniger schwer beschädigt. Gefallene deutsche und amerikanische Soldaten lagen auf den Straßen und sehr viel totes Vieh. Die Bevölkerung wurde zur Aufräumung aufgerufen. Die deutschen Gefallenen wurden auf dem neuen Friedhof des Dorfes bestattet. Als am anderen Tage die amerikanischen Angriffstruppen abzogen, folgten zahlreiche Artillerie-Einheiten. Drei Tage lang wurde von Hildfeld aus in Richtung Schmallenberg-Bödefeld geschossen. Nach Abzug der Amerikaner am 10. April konnten die Bewohner ihre Häuser wieder beziehen und notdürftig instandsetzen.

Wie in vielen anderen Orten des gesamten Kampfgebietes mußte auch hier die Felderbestellung wiederholt werden, da sie durch zahlreiche Artillerieeinschläge schwer gelitten hatte.[139]

---

136 Ebd., S. 111–112

137 Ebd., S. 113–114. Anmerkung des Verfassers: Es dürfte sich auch hierbei um eine Einheit des Freikorps Sauerland gehandelt haben.

138 Hierbei handelte es sich um Verbände der 176. Infanteriedivision. Die Division hatte am 1. und 3. April ihren Gefechtsstand in Hildfeld.

139 Cramer, a. a. O., S. 114

5. Kapitel

# Angriff der Alliierten nördlich der Lippe

Etwa eine Woche nach den Rheinübergängen zwischen Wesel und Emmerich schickte sich die 21. Alliierte Heeresgruppe an, in die norddeutsche Tiefebene und nach Osten in die westfälischen Lande auszubrechen. Der Oberbefehlshaber dieser Heeresgruppe, Feldmarschall Bernard L. Montgomery, hatte am Dienstag, dem 27. März, um 18.00 Uhr in einem Fernschreiben an den alliierten Oberbefehlshaber Eisenhower über seine Pläne berichtet:

„Ich habe heute die Befehle an die Armeeoberbefehlshaber für den weiteren Vormarsch nach Osten erteilt. Ich beabsichtige, die 9. und die 2. Armee mit aller Kraft zur Elbe vorstoßen zu lassen. Der rechte Flügel der 9. US-Armee wird direkt auf Magdeburg vorgehen, der linke der 2. Britischen Armee auf Hamburg.

Die Kanadische Armee wird an der linken Flanke der 2. Armee zur Säuberung von Nordostholland und Westholland sowie des Küstengebietes operieren ...

Ich habe die 9. und 2. Armee angewiesen, mit ihren Panzer- und motorisierten Kräften sofort vorzugehen und mit äußerster Schnelligkeit und Schlagkraft zur Elbe durchzustoßen. Die Lage scheint günstig, und die Dinge werden vermutlich bald ins Rollen kommen.

Mein Gefechtsstand wird am Donnerstag, dem 29. März, in die Gegend nordwestlich von Bönninghardt (südlich von Xanten, westlich des Rheins) verlegt ... Über Wesel, Münster, Wiedenbrück, Herford und Hannover hoffe ich dann mit meinem Gefechtsstand über die Autobahn Berlin zu erreichen."[140]

Was Montgomery zu diesem Zeitpunkt noch nicht wußte, war, daß Berlin nicht mehr das Hauptziel in den Planungen des alliierten Oberbefehlshabers Eisenhower war. In einem persönlichen Telegramm an Marschall Stalin hatte Eisenhower diesem am 28. März mitgeteilt, daß die alliierten Streitkräfte nicht nach Berlin rollen würden, um die deutsche Reichshauptstadt zu besetzen, sondern in einer Linie Leipzig-Dresden anhalten würden, um die russischen Streitkräfte zu erwarten. Die Eroberung Berlins wurde damit den russischen Armeen überlassen.[141]

Sechs Monate zuvor hatte Eisenhower in einem Brief an Montgomery geschrieben, daß Berlin am wichtigsten sei. „Meiner Ansicht nach gibt es nicht den geringsten Zweifel, daß wir unsere gesamten Kräfte und Möglichkeiten auf einen schnellen Vorstoß nach Berlin konzentrieren sollten." Und bis zum Abend des 28. März hatte Montgomery geglaubt, daß Eisenhower dieser Ansicht sei. Dann erhielt er die Mitteilung, daß Simpsons Armee wieder unter den Befehl von General Bradleys 12. Heeresgruppe käme, sobald das Ruhrgebiet eingekreist sei, und daß Bradley den Hauptangriff in Richtung Leipzig führen würde. Seine, Montgomerys Rolle würde im wesentlichen darin bestehen, Bradleys Nordflanke zu schützen. Eisenhowers Mitteilung war natürlich ein schwerer Schlag für den Mann, der ganz darauf eingestellt war, mit dem Gros der alliierten Streitkräfte auf Berlin vorzustoßen. Und Eisen-

140 Cornelius Ryan, Der letzte Kampf, Deutscher Bücherbund, Stuttgart-Hamburg 1966, S. 104

141 Eine Entscheidung, die bei den alliierten Stabschefs auf heftige Kritik stoßen sollte. Auch zahlreiche Historiker haben bis in die jüngste Vergangenheit über die Richtigkeit dieser damaligen selbständigen Entscheidung von General Eisenhower gestritten.

howers optimistische Feststellung: „Wie Sie sagen, sieht die Lage gut aus . . .“ war für ihn kaum ein Trost.[142]

Unabhängig von den Entscheidungen auf höchster alliierter Ebene bereiteten die Kommandeure der vordersten Divisionen der 21. Alliierten Armeegruppe ihre Angriffe vor. Einige von ihnen wetteiferten förmlich darum, wer von ihnen mit seinen Einheiten als erster an der Elbe stehen würde.

Dem nunmehr beginnenden Vormarsch der Alliierten Armeen nördlich der Lippe hatte die oberste deutsche Führung nichts mehr entgegenzusetzen, was die angloamerikanischen Divisionen noch aufhalten konnte.

Mit dem Rheinübergang bei Wesel waren die alliierten Truppen auch in den Befehlsbereich des Wehrkreises VI (Münster) eingedrungen. Der Wehrkreis war für die Aufstellung neuer Einheiten und die Auffüllung von Ersatzeinheiten nach entsprechenden Weisungen des Befehlshabers des Ersatzheeres zuständig. Die Befehlsgewalt des Wehrkreises war aber mit der Zurücknahme der Front schon merklich kleiner geworden. Bis zum 21. März unterstand bereits beinahe die ganze Rheinprovinz der Front der Heeresgruppe Model. Noch im Dezember 1944 hatte der Wehrkreis VI neun Ersatzbataillone in die Gegend westlich von Köln-Bonn verlegt.[143] Etwa ab 10. März war eine Linie 20 Kilometer ostwärts des Rheins die Grenze des Wehrkreises, etwa in der Linie Bocholt-Bottrop-Essen. Die vorgesetzte Dienststelle war die Heeresgruppe H (Generaloberst Blaskowitz).

In dem noch verbleibenden Restbereich des Wehrkreises wurden die Schwierigkeiten immer größer. Das stellvertretende Generalkommando mußte am 28. März der Heeresgruppe H melden, daß sämtlicher Betriebsstoff bei der Aktion „Leuthen“ (Heranziehung der Ersatztruppen) verbraucht wäre und die Kolonnen festlägen. Motorisierte Bewegungen seien nicht mehr möglich. Dazu kam die Sorge um die weitere Entwicklung der Lage im südöstlichen Teil des Wehrkreises VI im Raume Ostwestfalen-Nordhessen.[144]

Nördlich der Lippe waren die Divisionen der 1. deutschen Fallschirmarmee nach achttägigen schweren Abwehrkämpfen nicht mehr in der Lage, einen Durchstoß durch ihre schwachen Linien zu verhindern. Aufgrund dieser Tatsache sah sich die Führung der Heeresgruppe H am 28. März genötigt, eine Lagebeurteilung umfassender Art gegenüber dem Oberbefehlshaber West und dem Oberkommando der Wehrmacht zugleich abzugeben.

Die Heeresgruppe H führte aus, daß laut Nachricht der Heeresgruppe B über den Stoß des Gegners von Remagen auf Limburg der feindliche Durchbruch dort gelungen sei. Es sei damit zu rechnen, daß der Feind in Kürze tief im Rücken der 1. Fallschirmarmee weit ostwärts des Ruhrgebietes auftreten werde. Bei der Heeresgruppe H habe bis jetzt unter Aufbietung aller Kräfte trotz tiefer Einbrüche der Zusammenhang der Front noch gewahrt werden können. Infolge des Fehlens von Reserven sei jedoch auch bei ihr das Zusammenbrechen der Front nur noch eine Frage von höchstens Tagen. Dem Gegner stehe damit der Vorstoß nach Mitteldeutschland und in Richtung Bremen-Hamburg unter Abschirmung der Niederlande und des Ruhrgebietes offen.

---

142 Toland, a. a. O., S. 299–300

143 General Mattenklott, Wehrkreiskommando VI, Bundesarchiv-Militärarchiv, MS Nr. B-217, S. 3 ff.

144 Vergleiche den raschen Vorstoß der 3. US-Panzerdivision auf Brilon und Marsberg am 29. März 1945.

In beiden Gebieten würden hierdurch zwangsläufig zahlreiche Divisionen — und zwar die kampfkräftigsten — eingeschlossen werden, ohne daß sie an anderer Stelle ersetzt werden könnten. Beide Gebiete seien im augenblicklichen Stadium des Krieges nicht mehr von entscheidender Bedeutung, sondern im Falle der Verteidigung eine Truppen und Vorräte bindende Belastung. Auf der anderen Seite ständen keine Kräfte für eine Weser-Verteidigung zur Verfügung. Bei sofortiger Aufgabe beider Gebiete würde es dagegen möglich sein,

1. den feindlichen Durchbruch bei Heeresgruppe B aufzufangen;
2. eine Weser-Verteidigung aufzubauen und
3. alle Vorräte und Truppen aus den Niederlanden ordnungsgemäß zurückzuziehen und in der Provinz Groningen eine geländemäßig günstige, mit Truppen ausreichend besetzte verteidigungsfähige Front zum Schutz der deutschen Bucht aufzubauen.

Die Heeresgruppe H müsse aus diesen Erwägungen heraus den Befehl zum Anlauf dieser Bewegungen sofort geben.

Die Antwort war eine schroffe Ablehnung dieser Bitte und das Verbot, jemals wieder eine solche Lagebeurteilung vorzulegen. Die Heeresgruppe H hätte unter Ausnutzung aller Möglichkeiten an allen ihren Abschnitten weiter zu halten. Ihr wurde Zuführung einiger Ausbildungs-Regimenter und Panzer-Ausbildungsabteilungen aus Dänemark versprochen.[145]

Am 29. März erteilte Generalleutnant William H. Simpson bei der 9. US-Armee die Befehle für die weiteren Operationen. Das XIX. US-Korps (30., 83. und 95. US-Infanteriedivision sowie 2. und 8. Panzerdivision) sollte Hamm nehmen und ostwärts Datteln die rechte Flanke der Armee schützen. Durch den Angriffsabschnitt der 17. US-Luftlandedivision rollten die Divisionen vorwärts. Bei Paderborn sollten Verbände des XIX. Korps Verbindung mit der 12. US-Armeegruppe aufnehmen.[146]

Die anderen Divisionen der 9. Armee waren teilweise noch in der Umgruppierung begriffen bzw. wurden noch nachgezogen. Nach dieser Umgruppierung sollte das XIII. US-Korps die 17. Luftlandedivision und die 84. und 102. Infanteriedivision sowie die 5. US-Panzerdivision führen. Als linker Flügel der Armee sollte das XIII. Korps die Verbindung zur 2. Englischen Armee halten, die nordöstlich in Richtung Münster und weiter nordwestlich davon zum Vormarsch antrat.

Die 29., 35., 75. und 79. US-Infanteriedivision des XVI. Korps sollten das Ruhrgebiet und den Rücken der beiden vorstoßenden Korps abschirmen. Die Umgruppierung brauchte aber Zeit, und so wurde die 30. Infanteriedivision erst am 30. März, 6.00 Uhr vom XVI. zum XIX. Korps überstellt. Die 8. US-Panzerdivision wurde erst dem XIX. Korps unterstellt, als sie Brückenköpfe über den Dortmund-Ems-Kanal, den Lippe-Seitenkanal und über die Lippe bei Datteln errichtet hatte.[147]

Südlich der Lippe griffen die US-Divisionen mit Übermacht an diesem 29. März abermals die Divisionen des XXXXVII. Panzerkorps an. Die 116. Panzerdivision war in der Nacht zum 29. März auf ihre neue Linie Polsum-Buer zurückgegangen. Im Laufe des Vormittags hatte die Division Zeit, sich in der neuen Linie einzurichten, der Divisionsgefechtsstand wurde in die Gegend nordwestlich von Recklinghausen

---

145 Günter Wegmann, Das Kriegsende zwischen Niederrhein, Emsland und Teutoburger Wald im März/April 1945, II. Teil, Osnabrücker Mitteilungen, 84. Band, S. 127—128

146 Williams, a. a. O., S. 460

147 Wegmann, a. a. O., II., S. 128

verlegt.[148] Ab Mittag fühlte hier der Gegner gegen die neue Linie vor, und am Abend gelang ihm ein Einbruch mit Panzern in Polsum. Die II. Abteilung Panzerregiment 16 und das Panzergrenadierregiment 156 traten zum Gegenstoß an und warfen den Feind wieder hinaus, der hierbei einige Panzer einbüßte. Der Divisionsführung wurde bekannt, daß der Gegner nördlich der Lippe inzwischen weit nach Osten durchgebrochen war. Der Stoß auf Münster zeichnete sich ab. Ebenso bedrohliche Meldungen kamen von Süden, wo der Gegner über Marburg nach Kassel vorstieß. Die Division hatte große Schwierigkeiten, alle noch nördlich der Lippe stehenden rückwärtigen Teile heranzuziehen, da überall großer Betriebsstoffmangel herrschte. Es gelang schließlich aber doch ohne große Einbußen. Die drohende Einkesselung der im Ruhrgebiet kämpfenden Truppen wurde auch hier offenbar.[149]

Die Division Hamburg mußte in der Nacht zum 29. März die Städte Hamborn und Ruhrort räumen und die Hauptkampflinie auf den Rhein-Herne-Kanal nördlich und westlich von Oberhausen zurücknehmen. Weiter nördlich konnten Sterkrade und die Reichsautobahn noch gehalten werden. Der Anschluß an die benachbarte 190. Infanteriedivision war verlorengegangen.

Am gleichen Tage zog die 79. US-Infanteriedivision ein weiteres Regiment zum Rhein-Herne-Kanal nach. Die vordersten Verbände der Division konnten nunmehr das Ruhrtal einsehen.

Sterkrade wurde besetzt; doch wurde ein Vortasten gegen Duisburg abgewiesen. Die 35. US-Infanteriedivision kam nur langsam voran, eroberte aber Gladbeck.[150]

In diesem Abschnitt hatte die deutsche 190. Infanteriedivision ihr II. Bataillon/ Grenadierregiment 1225 an die Division Hamburg — die Sterkrade aufgeben mußte — abgegeben. Der Amerikaner stieß von Kirchhellen über Feldhausen von Norden gegen die rechte Flanke der 190. Infanteriedivision nordwestlich von Gladbeck vor. Der Kommandeur des Grenadierregiments 1226 warf seinen Radfahrzug an den Nordrand von Gladbeck und bog im Anschluß daran das I. Bataillon zurück. Zur Deckung der rechten Flanke hatte die Division das Volkssturm-Bataillon „Hydrierwerk" nördlich dieses Werkes eingesetzt. Gladbeck wurde vom dortigen Volkssturm in zweiter Linie besetzt. Am Abend langte der Befehl über die Rückverlegung der Division in eine neue Stellung westlich von Buer ein. Die Bewegungen wurden in der Nacht ohne Störung durch den Amerikaner durchgeführt. Gladbeck blieb noch kurz als Stützpunkt besetzt.[151]

Ab 29. März war die Division Hamburg auf dem äußersten linken Flügel des LXIII. Armeekorps eingesetzt. Rechts davon war die 2. Fallschirmjägerdivision eingesetzt, der nun wieder das 23. Fallschirmjägerregiment unterstellt wurde, das inzwischen den rechten Flügel der Division Hamburg bis südlich von Gladbeck verlängert hatte. Als Trennungslinie zwischen beiden Divisionen wurde der Nordostrand Bottrop/Nordostrand Essen festgesetzt.[151a]

---

148 Guderian, a. a. O., S. 6—7

149 Ebd. — Die Division entschloß sich aufgrund ihrer Erkenntnisse, schwer bewegliche Teile ihrer Versorgungstruppen und das Feldersatzbataillon, bei dem sich noch eine große Zahl „Ausgekämmter" zur Ausbildung befand, in Richtung Paderborn in Marsch zu setzen.

150 Wegmann, a. a. O., II., S. 129

151 Hammer, a. a. O., S. 22. Bereits abgedruckt bei Wegmann, Teil II

151a Steinmüller, a. a. O., S. 6—7

Die 2. Fallschirmjägerdivision hatte an diesem Tage etwa folgende Stellung zu verteidigen: linker Flügel Nordostrand Bottrop, dann ungefähre Linie der Reichsautobahn. Rechts sollte Anschluß an die 190. Infanteriedivision genommen werden. Dieser Anschluß kam jedoch nicht zustande, so daß der rechte Flügel in der Luft hing.[151b]

Weiter nördlich wurden trotz heftiger deutscher Gegenwehr Dorsten und Feldhausen von den Verbänden der 8. US-Panzerdivision genommen. Gleichzeitig erhielt linksrheinisch die 84. US-Infanteriedivision den Befehl, den Rhein zu überqueren und der 5. US-Panzerdivision zu folgen.

Um 21.00 Uhr setzten sich die Aufklärungsteile der 2. US-Panzerdivision als erste Verbände der 9. US-Armee aus der Gegend von Haltern in Bewegung, um gegen die Elbe vorzustoßen.[152]

An diesem 29. März fiel auf deutscher Seite eine Entscheidung von großer Tragweite. Der Oberbefehlshaber West lehnte ein Absetzen der Heeresgruppe B vom Rhein ab und stimmte dem Stoß von Winterberg nach Osten zu. Gleichzeitig traf bei der Heeresgruppe H der Befehl Hitlers ein, der in schärfster Form jedes weitere Absetzen, jede Aufgabe einer Ortschaft bei Todesstrafe verbot.[153]

Am 30. März — es war der Karfreitag 1945 — setzten die Divisionen der 12. Alliierten Heeresgruppe ihren Vormarsch nach Osten und Nordosten fast ungehindert fort. An der Spitze der 9. US-Armee rollte nördlich der Lippe die 2. US-Panzerdivision nach Osten. Die 83. und 95. Infanteriedivision sollten ihr folgen. Es gab hier nördlich der Lippe keinen größeren deutschen Verband mehr, der sich diesen Divisionen entgegenstellen konnte. Weiter nördlich erreichte die 17. US-Luftlandedivision den Raum um Dülmen, die britischen Nachbardivisionen erreichten die Räume um Coesfeld und Ahaus.[154]

Südlich der Lippe griffen die US-Divisionen an diesem Tage abermals die Stellungen der deutschen Divisionen des XXXXVII. Panzerkorps an und drängten diese weiter zurück. Die 8. US-Panzerdivision griff auf der gesamten Front die dünnen Linien der 116. Panzerdivision an und verwickelte diese in schwere Kämpfe. Das Panzergrenadierregiment 156 wurde an der Straße nach Marl, nordwestlich von Polsum und bei Polsum, von Panzern und Infanterie angegriffen. Es mußte auf Marl weichen und Polsum aufgeben. Beim Panzergrenadierregiment 60 gingen in schweren Straßenkämpfen und im unübersichtlichen Häuser- und Zechengelände Buer und Westerholt verloren. Die Kampfkraft der Division an Panzern und Panzergrenadieren war so zusammengeschmolzen, daß nur noch eine schwache stützpunktartige Linie besetzt werden konnte. Immer wieder entstanden Lücken, in die der Gegner einsickerte und bei energischem Vorgehen durchstoßen konnte. Die Kampfkräfte der benachbarten 180. und 190. Infanteriedivisionen waren ebenfalls so geschwächt, daß die 116. Panzerdivision bei beiden Divisionen mit ihren Panzern helfen mußte.[155]

Bei der benachbarten 190. Infanteriedivision wurde in den Nachmittagsstunden wiederum der rechte Flügel der Division aus nördlicher und nordwestlicher Richtung

---

151b Lackner, a. a. O., S. 2

152 Wegmann, a. a. O., II., S. 129

153 Nähere Einzelheiten hierzu sind bereits unter dem 29. März bei der Heeresgruppe B im Kapitel „Ausbruch aus dem Brückenkopf Remagen" beschrieben worden.

154 Williams, a. a. O., S. 462

155 Guderian, a. a. O., S. 7 und 8

angegriffen. Das I. Bataillon/Grenadierregiment 1225 wehrte den Angriff ab. Dagegen gelang dem Gegner ein Angriff gegen die Mitte von Buer mit einem Einbruch in den westlichen Stadtteil von Buer. Durch Einsatz der Regimentsreserven wurde der Angriff gestoppt. Die ungünstige und unübersichtliche Front vor und in der Stadt bewog die Division, den rechten Flügel an den Waldrand ostwärts der Stadt Buer zurückzunehmen. Am Abend befahl das Korps die Rückverlegung der Front in den Raum westlich von Herten. In der Nacht wurde die Stellung, ohne vom Gegner gestört zu werden, besetzt.[156]

Die Führung des XXXXVII. Panzerkorps sah mit großer Sorge die Entwicklung der Lage nördlich der Lippe, wo der Feind ungehindert nach Osten vorstieß und die rechte Flanke und den Rücken des Korps bedrohte. Die Verbindung zur 1. Fallschirmarmee war durch diesen Vorstoß abgerissen und bestand nur noch über Funk.[157]

Besondere Sorge machte man sich auch bei der 116. Panzerdivision. Von ihren rückwärtigen Teilen erhielt die Division alarmierende Meldungen: Feind in Lüdinghausen, desgleichen nördlich von Datteln; Feind im Vorgehen auf Paderborn und Arnsberg! Übertreibungen meldeten bereits: Feind vor Soest! Um ein klares Bild der Lage als Grundlage für die Führung zu erhalten, setzte die Division von sich aus Spähtrupps der Panzer-Aufklärungsabteilung auf Arnsberg, Brilon, Soest-Paderborn,

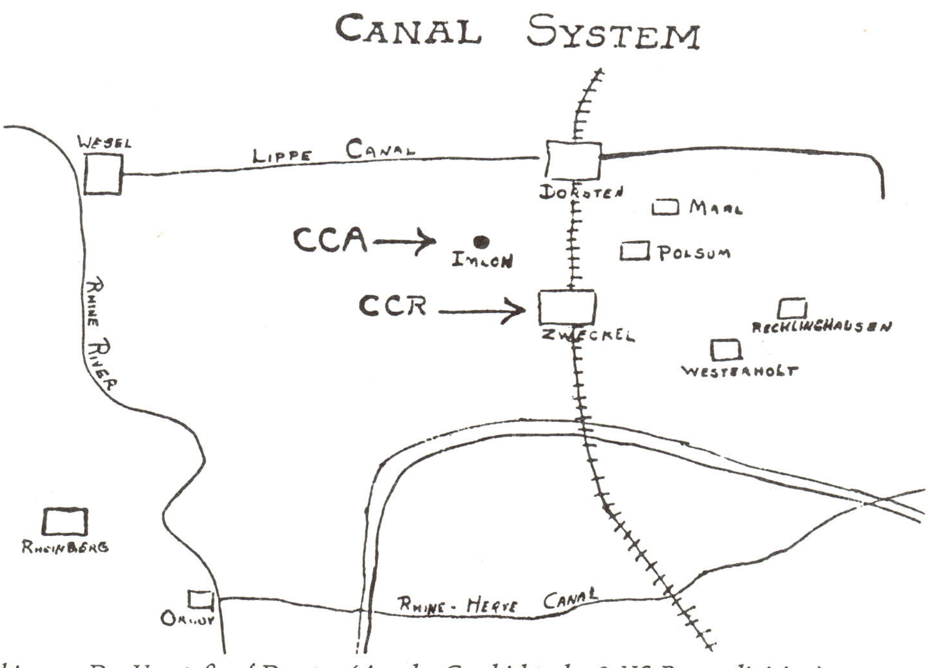


*Skizze 1: Der Vorstoß auf Dorsten (Aus der Geschichte der 8. US-Panzerdivision)*

156 Hammer, a. a. O., S. 22–23

157 General Heinrich Freiherr von Lüttwitz, Das XXXXVII. Panzerkorps in der Zeit vom 24. 3.–16. 4. 1945. Bundesarchiv-Militärarchiv, MS B Nr. B-198, S. 11 – Anmerkung des Verfassers: Die richtige Schreibweise wäre eigentlich XLVII. Panzerkorps. Da in der einschlägigen militärgeschichtlichen Literatur ebenfalls vier X geschrieben wurden und auch des besseren Aussehens wegen, hat der Verfasser die gebräuchliche Schreibweise XXXXVII. Panzerkorps beibehalten.

Beckum-Wiedenbrück sowie in Richtung Münster an. Ebenfalls aus eigenem Entschluß beantragte die Division beim Korps ihre Herauslösung aus der Front nach Westen und die Verlegung in den Raum Beckum-Lippstadt-Wiedenbrück. Es sollte damit die drohende Einschließung aller im Ruhrgebiet kämpfenden Truppen vereitelt werden und damit im äußersten Notfall der einzigen noch voll beweglichen Truppe im Einschließungsraum die Möglichkeit des Ausbruchs nach Osten auf die Weser offengehalten werden. Das Korps zeigte zunächst keine große Neigung für diesen Vorschlag. Um für alle Fälle wenigstens die nicht unmittelbar zum Kampf benötigten Teile vor der Einschließung zu bewahren und sie nicht bei einem Ausbruch als Ballast mitschleppen zu müssen, entschloß sich die Division, diese in der Nacht vom 30. auf den 31. März in den Raum von Melle (nordwestlich von Bielefeld) zu entlassen. So verließen in dieser Nacht alle die Teile die Division, die nicht zur Bewegung der Kampftruppe und ihrer notwendigsten Versorgung und Instandsetzung gebraucht wurden.[158]

Durch Funkbefehl wurden diese Einheiten später weiter in den Raum ostwärts Hameln und von dort in den Harz verlegt, wo sie eine Kampfgruppe bildeten und den dortigen Stellen zur Verfügung gestellt wurden. Ebenfalls in Marsch gesetzt wurde die Panzerjägerabteilung der Division, nachdem diese ihre Panzer an das Panzerregiment abgegeben hatte. Sie sollte bei Warendorf (ostwärts Münster) neue Panzer empfangen. Auch diese Abteilung entging der Einschließung und wurde später mit der Kampfgruppe der Division im Harz vereinigt.[159]

Bei der 116. Panzerdivision wurde an diesem Tage noch eine Entscheidung getroffen, die für den weiteren Verlauf der Ereignisse nördlich der Lippe, bis zur endgültigen Schließung des Kessels, von besonderer Bedeutung sein sollte. Der Divisionskommandeur, Generalmajor Siegfried von Waldenburg, ließ an diesem 30. März am Spätnachmittag den Ordonanzoffizier Major Rudolf Dunker[160] zu sich rufen und erteilte ihm folgenden Auftrag:

„1. Feind strebt in überholender Verfolgung zangenartig an, den Ruhrkessel hinter uns zu schließen, und zwar mit einer nördlichen Stoßgruppe nördlich der Lippe über Dülmen, Ahlen, Beckum auf Lippstadt, mit einer südlichen Stoßgruppe über Siegen, Winterberg, Brilon auf Paderborn.

Es kann damit gerechnet werden, daß die Vereinigung der beiden feindlichen Spitzen in den beiden nächsten Tagen zwischen Lippstadt und Paderborn vollzogen wird.

2. Die 116. Panzerdivision wird morgen oder übermorgen aus der vorderen Linie herausgezogen, um noch vor Schließung des Ruhrkessels nach Osten auszubrechen, wo sie im Rücken des nach Osten vorstoßenden Feindes eingesetzt werden soll.

3. Sie haben den Auftrag, aus dem Feldersatzbataillon der 116. Panzerdivision eine Regimentskampfgruppe zu bilden und mit dieser im Raum Lippstadt-Beckum-

---

158 Guderian, a. a. O., S. 8

159 Ebd., S. 8

160 Major Rudolf Dunker, bei Kriegsanfang aktiver Leutnant beim Infanterieregiment 37 in Osnabrück, Träger des Deutschen Kreuzes in Gold und des goldenen Verwundetenabzeichens, am 13. Mai 1916 in Santiago (Chile) geboren, befand sich seit dem 4. 3. 1945 beim Stabe der 116. Panzerdivision. Zum Zwecke einer späteren Generalstabsausbildung sollte er vor Beginn des nächsten Lehrgangs an der Kriegsakademie als Infanterist Kenntnisse über andere Waffengattungen erwerben.

Hamm die Vereinigung der beiden feindlichen Stoßgruppen so lange zu verhindern, bis die 116. Panzerdivision aus dem Ruhrkessel herausgeschleust ist. Dazu haben Sie sich — je nach Lage — der nördlichen oder südlichen feindlichen Stoßgruppe entgegenzustellen.

Sie fahren sofort zum Stab des Feldersatzbataillons, der in Neheim-Hüsten liegt, und übernehmen das Bataillon. Die Kompanien des Bataillons befinden sich seit gestern auf dem Marsch in die Senne, wo das Bataillon zur weiteren Verwendung sammeln soll. Sie haben es anzuhalten und entsprechend ihrem Auftrag zu gliedern und einzusetzen."

Gegen 22.00 Uhr verließ Major Dunker im Kraftwagen, begleitet von einer Divisionsfunkstelle und einem Kradmelder, den Divisionsgefechtsstand und traf am 31. März, gegen 5.00 Uhr beim Stab des Feldersatzbataillons — genaue Bezeichnung: Panzer-Feldersatzbataillon 146 — in Neheim-Hüsten ein. Der Bataillonsführer, Hauptmann Inboden, orientierte den Major wie folgt über die Lage: „Das Bataillon, in Stärke von etwa 2000 Mann, gegliedert in elf Infanterie-Kompanien, nur mit Infanteriewaffen ausgestattet, befindet sich seit vorgestern im Fußmarsch zum Truppenübungsplatz Sennelager. Die Kompanien marschieren wegen der feindlichen Luftüberlegenheit getrennt auf Nebenstraßen und Wegen und werden heute nachmittag etwa den Raum Lippstadt-Wadersloh-Herzfeld erreicht haben. Der Bataillonsstab befindet sich vollzählig hier und ist motorisiert." — Major Dunker alarmierte daraufhin den Bataillonsstab, verließ mit ihm um 8.00 Uhr Neheim-Hüsten und fuhr nach Werl. Hier erfuhr er, daß die südliche Stoßgruppe des Feindes im Vorstoß von Brilon auf Paderborn sich Paderborn nähere.[161]

Während Major Dunker in nördlicher Richtung gegen Beckum strebte, um seinen Auftrag auszuführen, rollten die Divisionen der 21. Alliierten Heeresgruppe weiter nach Osten durch das südliche Münsterland und nach Nordosten auf die Ems zu.

Im Bereich der 2. Britischen Armee stieß das XXX. Korps in Richtung Lingen/Ems, das XII. Korps zielte in Richtung Rheine, während Teile des VIII. Korps bereits nordwestlich von Münster vorbeistießen. Im Rahmen der südlich anschließenden 9. US-Armee stieß die 17. US-Luftlandedivision vom XIII. Korps von Südwesten auf Münster vor. Im Rahmen dieses Korps ging an diesem Tage die 5. US-Panzerdivision bei Wesel über den Rhein und sammelte bei Selm. Es folgten die 84. und 102. Infanteriedivision, die anschließend ebenfalls in den Raum südlich von Münster vorstießen. Im Rahmen des XIX. Korps waren die 2. US-Panzerdivision und die 83. Infanteriedivision am weitesten nach Osten vorgestoßen. Die Panzer der 2. US-Panzerdivision standen am Vormittag des 31. März bereits vor Ahlen. Nördlich von Hamm standen außerdem bereits die Spitzen der 83. US-Infanteriedivision.[162]

---

161 Wegmann, a. a. O., II., S. 131–132. Dazu einige weitere Erläuterungen: Hauptmann Inboden gab nach dem Krieg die Erklärung ab, daß das Feldersatzbataillon nicht in die Senne, sondern in den Teutoburger Wald befohlen wurde; es kam dann aber in den Harz. Nur drei Kompanien kamen bei der Kampfgruppe Dunker an. Nach dem Absetzen aus Beckum erhielt Hauptmann Inboden von der Division folgenden Funkspruch: „Wenn Beckum nicht mehr möglich, dann Lippstadt!"
Beim Feldersatzbataillon waren folgende Offiziere: Hauptmann Inboden, Oberleutnant Kahle und Oberleutnant Rüdiger (Ordonnanzoffizier), die Leutnante Dewald, Hofrichter, Hüttmann (Pionierkompanie), Schmitz (Ordonnanzoffizier) und Semrau, Assistenzarzt Dr. Kretschmer und Oberzahlmeister Koep.

162 Williams, a. a. O., S. 464

Der Vormarsch der alliierten Verbände erfolgte nunmehr so rasch, daß deutsche Widerstandsnester, wo sie sich noch zeigten, von den vorrückenden Panzerspitzen einfach umfahren wurden und die nachfolgenden motorisierten Infanterieverbände die Bereinigung dieser Punkte übernahmen.

Südlich der Lippe kam es an diesem Tage zu keinen größeren Kampfhandlungen. Beim XXXXVII. Panzerkorps wurde durch den raschen Feindvorstoß nach Osten die Fernsprechverbindung zur 1. Fallschirmarmee endgültig unterbrochen. Es bestand nur noch eine Funkverbindung, die aber fast nur nachts einige Stunden aufrechterhalten werden konnte.[163] Die zum Korps gehörende 116. Panzerdivision war in der Nacht zum 31. März befehlsgemäß auf eine Linie südlich Hüls-Westrand Recklinghausen zurückgegangen. Der Divisionsgefechtsstand war in die Gegend nordostwärts Horneburg verlegt worden. Zu schweren Kämpfen kam es im Bereich der Division an diesem Tage nicht. Vor Recklinghausen wurden Feindvorstöße abgewiesen. Die Aufklärung der Division meldete das Vordringen feindlicher Verbände in die Räume ostwärts Lippstadt und Rheda-Wiedenbrück sowie ein Vorgehen auf Beckum. In der Nacht zum 1. April verließen die letzten zum Abschub bestimmten Teile der Division den Einschließungsraum nach Osten. Diese meldeten später starke feindliche Kolonnen auf der Autobahn von Wiedenbrück in Richtung Bielefeld.[164]

---

DER WEHRMACHTSBERICHT MELDET:

*31. März 1945 „... Bei der Heeresgruppe H drehte der Gegner mit seinem linken Flügel nach Westen und erreichte den Westrand von Emmerich. Die 6. Fallschirmjägerdivision ist nunmehr von der Fallschirmjägerarmee abgetrennt. Die eigene Front ist überdehnt, da der Gegner bis in den Raum westlich Münster und südwestlich Rheine vordrang. Störend macht sich bemerkbar, daß die Heeresgruppe H schlecht oder gar nicht zu erreichen ist. Südlich des Lippe-Seiten-Kanals errangen die Amerikaner nicht viel Gelände. Nach der Beurteilung der Heeresgruppe liegt der operative Durchbruch schon fest in englischer Hand, so daß die Kräfte, die sich bei Wesel nach Osten und aus dem Brückenkopf von Remagen nach Nordosten vorgeschoben haben, sich jetzt zusammenschließen und dann die Heeresgruppe B einkesseln würden ..."*

---

Bei der 190. Infanteriedivision zeichnete sich in den Vormittagsstunden des 31. März ein feindlicher Angriff gegen Scherebeck ab. Um die Mittagszeit war der im Raum der 116. Panzerdivision liegende Ort vom Gegner besetzt. Dadurch war die rechte Flanke der Division bedroht; so wurde der rechte Flügel der Division zur Deckung nach Hochlar zurückgenommen. Am Nachmittag griffen die Amerikaner mit starken Kräften die Front der 190. Infanteriedivision am Waldrande ostwärts Eckeresse an und brachen in die Stellung ein. Das II. Bataillon/Grenadierregiment 1226 wurde auf Herten zurückgedrängt. Die vorspringende Frontmitte wurde von der Division auf den Waldrand ostwärts Herten zurückgenommen. Gegen Abend griff der Gegner nochmals aus Herten heraus die stark erschöpften Bataillone II./1226 und I./1225 an, und es gelang ihm abermals, in die Stellung einzubrechen. Die Bataillone wichen auf die Zeche südlich von Recklinghausen aus. Am Abend traf ein Befehl des XXXXVII. Panzerkorps ein, worin die Rücknahme der 180. und 190. Infanteriedivision in einem Zuge hinter den Emscher-Lippe-Kanal angeordnet wurde.

---

163 von Lüttwitz, a. a. O., S. 11

164 Guderian, a. a. O., S. 8

In der Nacht wurden die Infanteriebataillone in eine Zwischenstellung bei Kolonie Ludwig und Höhen nördlich zurückgenommen. Die Artillerie und die übrigen Teile der Division wurden hinter den Kanal zurückgenommen. Die 190. Infanteriedivision hatte rechts Anschluß zur 180. Division und links zur 2. Fallschirmjägerdivision.[165]

Am 30. und 31. März entwickelten sich am Nord- und Westrand von Bottrop schwere Kämpfe, teils auch an der Reichsautobahn. Die Hauptkampflinie der beiden deutschen Divisionen wurde dadurch jedoch nur unwesentlich verändert.[166]

In der Nacht vom 31. März zum 1. April wurden alle Truppen nördlich des Rhein-Herne-Kanals auf höheren Befehl auf den Kanal zurückgenommen. Die Division Hamburg hielt danach eine Stellung von westlich und nördlich Oberhausen bis nordöstlich von Essen. Daran schloß die 2. Fallschirmjägerdivision mit ihrem linken Flügel an. Der rechte Flügel dieser Division fand nördlich von Gelsenkirchen Anschluß an die 190. Infanteriedivision.[167]

In diesen Frontlinien blieben diese deutschen Divisionen fast unverändert bis zum 7. April, als die Amerikaner ihren Schlußangriff auf das westliche Ruhrgebiet begannen.

Mit dem Rheinübergang der Alliierten bei Wesel kam auch der Raum nördlich von Duisburg in den Angriffsbereich der Divisionen der 9. US-Armee. Einige westliche Stadtteile und Vororte von Duisburg waren schon seit den ersten Märztagen von US-Artillerie-Einheiten, die auf der linken Rheinseite standen, beschossen worden. Am 25. März hatte der stellvertretende Gauleiter Schlessmann einen scharfen Räumungsbefehl erlassen, der in der Bevölkerung große Unruhe verursachte. Vor dem starken Druck der amerikanischen Truppen gingen die schwachen deutschen Verbände am Abend des 27. März hinter die Ruhr zurück. Vorsichtig tasteten sich die Amerikaner an die Außenbezirke von Duisburg heran.[167a]

Erst am 28. März drangen die Amerikaner mit Panzern und Spähwagen weiter in Hamborn ein. Widerstand zeigte sich nicht, obwohl schwache deutsche Nachhuten hier noch am frühen Morgen Maschinengewehrnester gebaut hatten. Von Osten, aus der Gegend von Oberhausen, kamen noch einige deutsche Granaten. Weiße Fahnen waren nur vereinzelt zu sehen. Um 11.00 Uhr vormittags erschienen vor dem Kaufhof die ersten amerikanischen Panzerspähwagen. Sie drangen fächerförmig in die Stadt ein, fuhren aber, da sie keinem Widerstand begegneten, zunächst wieder zurück. Gegen 2.00 Uhr mittags rollten etwa zwanzig schwere Panzer ins Zentrum Hamborns vor. Schwache Infanterie-Abteilungen folgten. Nach ihnen kamen weitere Formationen, so die 280. und 584. Feldpionierkompanie sowie Truppen polnischer Nationalität, die nach Beeck und Ruhrort vorrückten. Auf dem Zinkhüttengelände in der Nähe des Pumpwerks Schmidthorst fuhr Artillerie auf, die sich an der Beschießung Duisburgs beteiligte. In Duisburg stellte man alsbald mit Unbehagen diese Tatsache fest, fielen doch nun auch aus nördlicher Richtung Geschosse in die Stadt.

---

165 Hammer, a. a. O., S. 23

166 Generalleutnant Steinmüller, Infanteriedivision „Hamburg", März – April 1945, Bundesarchiv-Militärarchiv, MS B-314, S. 7

167 Generalleutnant Lackner, Kämpfe der 2. Fallschirmjägerdivision ostwärts des Rheins (Ruhrkessel), Bundesarchiv-Militärarchiv, MS B-508, S. 2

167a Es handelt sich dabei um die vordersten Spitzenverbände der 79. US-Infanteriedivision des XVI. Korps der 9. US-Armee.

Das Hamborner Rathaus wurde gegen 4.00 Uhr besetzt; der herbeigerufene Dienststellenleiter erhielt vom Truppenführer, Oberst Ashworth, den Befehl, für den Fortgang der Verwaltung zu sorgen. Einen bitteren Verlust für die Versorgung der Gesamtstadt bedeutete die Preisgabe des Hamborner Schlachthofes mit seinen großen Beständen. Aus dem Schlachthof in Meiderich dagegen konnten noch in letzter Minute erhebliche Vorräte herausgeholt und nach Duisburg geschafft werden.

Von Laar bis Beeckerwerth und Alsum bildete der Rheindeich mit eingebauten Maschinengewehr- und Minenwerferstellungen die Hauptkampflinie. Homberg gegenüber standen Granatwerfer und schwere Maschinengewehre auf den Landzungen am Ausgang von Hafenmund und Vinckekanal. Einheiten der Wehrmacht und der Waffen-SS hielten anfänglich diese Stellungen besetzt, danach ein schnell zusammengezogenes Ersatzbataillon, zuletzt Volkssturm und Polizei aus Duisburg und Rheinhausen.

Gegen 15.00 Uhr — es war der 28. März — rollten von Hamborn kommend die ersten Panzer an. Infanterie folgte. Das von der Landwehr-, Hafen-, Bergius- und Eisenbahnstraße gebildete Viereck mußte sofort geräumt werden und wurde mit Stacheldraht abgesperrt.

Einen Tag später als Ruhrort wurde auch Meiderich besetzt. Seit den frühen Morgenstunden des 18. März hatte die amerikanische Artillerie von der linken Rheinseite her auch diesen Stadtteil unter Feuer genommen. Am 19. hatten die Werke den Betrieb einstellen müssen. Immerhin hatte Meiderich unter dem Artilleriefeuer bei weitem nicht soviel zu leiden wie die Rheinfront. Dafür war es in den Zeiten des Bombenkrieges um so härter getroffen worden.

Am späten Abend des 28. März überschritten die Amerikaner bei Neumühl die Hamborner Grenze und besetzten Meiderich am folgenden Tage bis zum Rhein-Herne-Kanal, ohne einen Schuß abzugeben. Der südlich des Kanals liegende Teil von Obermeiderich blieb bis zur Besetzung Duisburgs frei und bildete eine Art Niemandsland. Am 30. März bezog eine Abteilung Besatzungstruppen das Verwaltungsgebäude des „Hüttenbetriebs“. Der weitere Vormarsch der amerikanischen Kampftruppe ging ohne Aufenthalt am Kanal entlang nach Osten.[167b]

In Gelsenkirchen hat ein Mitbürger die dramatischen Ereignisse in jenen Stunden und Tagen in einem Tagebuch festgehalten. Das Archiv der Stadt Gelsenkirchen stellte dem Verfasser freundlicherweise Auszüge daraus zur Verfügung:

Am 1. April war Ostersonntag. Von sonntäglicher Stimmung oder österlicher Freude war nichts zu spüren; im Gegenteil: Das Kriegsgeschehen übertönte alles. Die alliierten Truppen versuchten, das Ruhrgebiet weiträumig auszuflankieren. Ihre Panzervorstöße wurden im Norden bis nördlich von Münster und vom Süden her bis in die Gegend von Paderborn vorgetragen. Die Zange um das Ruhrgebiet begann sich zu schließen, um diesen gewaltigen Kessel von allen Verbindungen mit den deutschen Truppen und von den Nachschublinien abzuschneiden. Am Nordrand des Industriegebietes waren nach dem Bericht des Oberkommandos der Wehrmacht vom 2. April um Recklinghausen bereits heftige Kämpfe im Gange.

Am 1. April (Ostersonntag) sprengte man die Brücke, die über die Bahn nach Zeche Graf Bismarck führt, und das Befehlsstellwerk am Bahnhof. Nun will man

---

167b Aus Averdunk-Ring: Geschichte der Stadt Duisburg. Dem Verfasser mitgeteilt vom Stadtarchiv Duisburg aufgrund einer Anfrage im Oktober 1982

noch die Unterführung am Bahnhof sprengen. 22 Bomben und Minen liegen bereit. Der Dr. Meyer mit seinem Anhang hält sich im Wattenscheider Bunker in einem Zechenberg auf. Alles ist hier eingeschlossen und abgeriegelt. Bei Lippstadt ist der Ring geschlossen.

3. April: Um 18.00 Uhr ist hier ein furchtbares Artillerieduell mit Ferngeschützen an dem Übergang über den Kanal. Unsere Soldaten stehen auf dem Ostfriedhof; sie schießen schwach, die Amerikaner aber stark. Sie gebrauchen „Jabos" und fast stillstehende Aufklärungsflugzeuge. Von uns ist kein Flugzeug mehr zu sehen, wie es schon wochenlang war. Gestern waren beide Seiten des Kanals schwach besetzt. Hier hat man SS herangeholt, drüben „Amis" und Neger. Um 19.30 Uhr trat etwas Ruhe ein, von 21.00 bis 22.00 Uhr begann es wieder und ging bis morgens 7.00 Uhr weiter.[167c]

Es sollte aber noch einige Tage dauern, bis der Krieg für die Menschen in und um Gelsenkirchen zu Ende ging. Weiter nördlich, im benachbarten Recklinghausen, ging es schneller. Dem Verfasser standen auch für diesen Bereich einige Auszüge aus dem Stadtarchiv von Recklinghausen zur Verfügung:

Von Marl strömten in den letzten Märztagen vielfach ganze Truppenverbände von der Front durch die Stadt zurück. Am Gründonnerstag wurde der Volkssturm, der zum Zwecke der örtlichen Verteidigung gebildet worden war, aufgerufen. Alle Volkssturmmänner sollten am Abend dieses Tages auf dem Marktplatz antreten, um in geschlossener Formation zur letzten Verteidigung anzutreten. Die Straßen wiesen eine unheimlich wirkende Leere auf. Sie hallten nur wider von den Zurufen und Schritten der sich zurückziehenden deutschen Soldaten. Die Bevölkerung wartete auf die „endliche Befreiung" durch die amerikanischen Truppen, deren Annähern durch vernehmbares Frontschießen seit Tagen immer deutlicher wurde.

Dem Aufruf des Volkssturms leisteten nur wenige Männer Folge. Sie sind, wie später bekannt wurde, in Richtung Lünen abmarschiert, um auf diesem Wege von ihren „tüchtigen Führern" verlassen zu werden. Am Karfreitag erschienen in den Schaufenstern und an öffentlichen Anschlagsäulen Anschläge, auf denen Gauleiter Dr. Meyer zur letzten Verteidigung aufrief. Zivilpersonen, insbesondere Frauen und Kinder, wurden aufgefordert, die Stadt umgehend zu verlassen, „da für die Sicherheit ihres Lebens und Eigentums keine Gewähr mehr übernommen werden könnte". Alle wehrfähigen Männer bis zu den Knaben im Alter von 15 Jahren wurden zur Verteidigung aufgerufen, um den Feind, der nunmehr westfälischen Boden betreten habe, zurückzuwerfen.

Am Karsamstagvormittag, gegen 11.30 Uhr schlugen die ersten Granaten in die Stadt ein. Sie trafen den Marktplatz und das Gebäude des Landratsamtes am Herzogswall. Das war das erste Zeichen des unmittelbar bevorstehenden Angriffs auf die Stadt bzw. des Einmarsches der amerikanischen Truppen in die Stadt. Die Bevölkerung flüchtete in die Keller und Bunker und sah hier ruhig und gelassen dem Einmarsch der feindlichen Truppen, die allgemein als Befreier erwartet wurden, entgegen. Feindliche Flieger überflogen die Stadt, Granatgeschosse sausten hin und her; mitten in der Stadt baute eine deutsche Artillerie-Abteilung ihre Geschütze auf. Doch nur wenige Stunden dauerte hier der unnütz versuchte Verteidigungskampf. Die Panzersperren, die von den Parteigrößen in letzter Stunde errichtet waren, standen

---

167c Mitteilungen des Stadtarchivs Gelsenkirchen an den Verfasser aufgrund einer Anfrage im Oktober 1982

ohne Verteidiger da. Die Flucht der Parteiführer war das letzte Signal für die Auflösung jeden geordneten Widerstandes, der ohnehin nur gezwungen und gegen die innere Überzeugung aufgenommen worden war.

Am Ostersonntag, dem 1. April 1945, mittags gegen 14.30 Uhr erfolgte endlich der Einmarsch der Besatzungstruppen in die Stadt. Die Bevölkerung atmete erleichtert auf, begab sich in Ruhe und Gelassenheit aus Kellern und Bunkern in ihre Wohnungen, wo neuer Lebensmut zu friedlichem Aufräumen und Ordnen im eigenen Heim drängte. In den reparaturbedürftigen Wohnungen wurde gehämmert und geklopft, um wenigstens notdürftige Unterkünfte zu schaffen und nach Tagen steter Unruhe und Sorge um Leben und Gesundheit wieder zur Ruhe zu kommen.[167d]

Hier waren, wie bereits beschrieben, die Einheiten der 116. Panzerdivision auf eine Linie von Marl-Hüls—Recklinghausen zurückgegangen und standen dort in der Verteidigung des nördlichen Ruhrgebietes gegen die übermächtig andrängenden amerikanischen Divisionen der 9. US-Armee.

An die Kämpfe um Recklinghausen erinnert sich der damalige Kommandeur des Panzergrenadierregiments 60 der 116. Panzerdivision, Oberstleutnant Eberhard Stephan, wie folgt:

„Ich war Kampfkommandant von Recklinghausen. Am Morgen des ersten Osterfeiertages erscheint der Bürgermeister der Stadt und bittet, die Sprengung des Eisenbahnviaduktes zu verhindern, da die Einwohner der umliegenden Häuser die Zerstörung ihrer Häuser befürchteten. Die Sprengung hatte eine mir nicht unterstellte Luftwaffeneinheit vorbereitet. Ich begab mich mit meinem Pionieroffizier zur Brücke und gab dem verantwortlichen Luftwaffenoffizier den Befehl, die Sprengvorbereitung sofort an meinen Pionieroffizier zu übergeben. Als Kampfkommandant von Recklinghausen würde ich den Zeitpunkt der Sprengung verantwortlich entscheiden. Sichtlich erfreut, von der Verantwortung der Sprengung entbunden zu sein, übergab dieser die vorbereitete Sprengung und verließ daraufhin Recklinghausen gen Osten. Mein Pionieroffizier erhielt danach den Befehl, die Sprengung zu entschärfen. Diesem Umstand ist es zu verdanken, daß noch heute dieser Eisenbahnviadukt besteht. Diese Angelegenheit sollte einige Tage später Gegenstand einer Untersuchung sein. Bei der Division war angefragt worden, warum der Viadukt nicht — wie befohlen und vorbereitet — gesprengt worden sei. Der Divisionskommandeur, Generalmajor von Waldenburg, sprach mich daraufhin an, ich schilderte ihm die Folgen dieser sinnlosen Sprengung. Er ließ die Sache im Sande verlaufen, da er wie ich der Meinung war, daß, wenn der Rhein den Feind nicht aufhalten konnte, ihn eine Brückensprengung ostwärts davon nicht aufhalten werde."[167e]

Nördlich der Lippe bestand in den letzten Märztagen praktisch keine zusammenhängende Front mehr. Es stand auch kein Großverband mehr zur Verfügung, der an geeigneter Stelle den Vormarsch der alliierten Panzerdivisionen hätte stoppen können. Erst längs der Linie des Teutoburger Waldes wurde versucht, eine neue Front zu errichten.

Das Wehrkreiskommando VI Münster (General der Infanterie Mattenklodt) war bereits am 28. März mit seinem Führungsstab, nach Genehmigung des Oberbefehls-

---

167d Mitteilungen des Stadtarchivs Recklinghausen an den Verfasser aufgrund einer Anfrage im Oktober 1982

167e Brief des ehemaligen Oberstleutnants Eberhard Stephan, Kommandeur des Panzergrenadierregiments 60, an den Verfasser anläßlich einer Befragungsaktion im Jahre 1980

habers West, der Heeresgruppe H und der Heeresgruppe B, nach Hiddesen, südwestlich von Detmold, zurückgegangen.[168]

Die 1. Fallschirmarmee stand mit den Resten des II. Fallschirmkorps und des LXXXVI. Armeekorps hinter der Ems bei Rheine und Osnabrück. Nur Resteinheiten hielten hier und da noch örtliche Stützpunkte oder besonders wichtige Verkehrsknotenpunkte.

Auf Befehl des Wehrkreises VI wurden der Teutoburger Wald und das Eggegebirge örtlich gesperrt durch Einheiten aus den nächstgelegenen Standorten: bei Halle und Bielefeld durch den Standort Bielefeld, beiderseits Oerlinghausen durch den Standort Lemgo und Lage, westlich und südwestlich von Detmold durch den Standort Detmold, von Horn über Driburg-Scherfede durch die zahlenmäßig sehr starke Beobachtungs-Ersatz-Abteilung Lemgo und bei Warburg durch eine Eskadron der Aufklärungs-Ersatz-Abteilung Paderborn. Davor war der Truppenübungsplatz Sennelager, der durch den Kommandanten Generalmajor Goerbig zur Verteidigung vorbereitet und besetzt wurde. Die auf dem Truppenübungsplatz vorhandenen SS-Ersatz- und Ausbildungseinheiten wurden zu einer eigenen SS-Brigade Westfalen zusammengefaßt, die später mit Genehmigung der höchsten Führungsgremien südlich von Paderborn zum Einsatz kam. Die Stadt Paderborn sollte von Truppen des eigenen Standorts verteidigt werden.[169]

In den nächsten Tagen wurden die östlichen Sicherungen zusammengefaßt: rechts bis Detmold unter dem neueingetroffenen Generalmajor Becher, links unter Generalleutnant Karst, Kommandeur der 466. Ersatzdivision, die dem Wehrkreis wieder zur Verfügung stand. In Driburg traf ab 29. März das Ersatz-Regiment 571 unter Oberstleutnant Veith aus dem Wehrkreis XI (Hannover) ein, das mit Waffen gut ausgerüstet war und den Abschnitt Altenbeken-Driburg-Neuenheerse unter Generalleutnant Karst zu besetzen und zu halten hatte.[170]

Zum Wehrkreis VI gehörte auch die 476. Ersatzdivision. Diese war in den letzten Monaten im Raum Hamm-Dortmund-Lüdenscheid-Arnsberg aus vielen kleinen Einheiten zusammengezogen worden. Ab 25. März waren Teile dieser Division im Raum um Dülmen versammelt worden und zum Teil noch eingesetzt. Andere Teile dieser Division waren in den letzten Märztagen noch im mittleren und östlichen Westfalen weit verstreut in Stützpunkten. Bei der Verteidigung des Teutoburger Waldes wurden auch Einheiten dieser Division später dem Schutzbezirksältesten Bielefeld unterstellt. Der Großteil der Division muß aber später im Ruhrkessel eingeschlossen worden sein.[171]

---

168 Mattenklott, a. a. O., S. 4

169 Wegmann, a. a. O., II., S. 158 ff.
Die SS-Brigade Westfalen sollte auf Befehl der Heeresgruppe B über Brilon-Marsberg in Richtung Edersee vorstoßen. Hier sollte Verbindung mit Truppen des LIII. Korps aufgenommen werden, die aus der Richtung Winterberg etwa zur gleichen Zeit zum Ausbruch antraten. (Vergleiche hierzu auch die Angaben im Kapitel „Deutscher Ausbruchsversuch bei Winterberg".) Aus Richtung Kassel sollten Verbände des Armee-Oberkommandos 11 und des LXVII. Korps dazustoßen, um den Kessel aufzubrechen.

170 Wegmann, a. a. O., II., S. 158 ff.

171 Ebd.

Im Verlauf des 31. März hatten die Spitzenverbände der 2. US-Panzerdivision den Raum westlich und nordwestlich von Ahlen erreicht und rollten weiter auf Ahlen und Beckum zu. Hier sollte es noch zu dramatischen Ereignissen kommen.

Die kleine Stadt Ahlen im südlichen Münsterland war in den letzten Kriegsjahren zu einer wahren Lazarettstadt geworden. Nahezu 4000 Verwundete waren in den verschiedensten Krankenhäusern, Lazaretten und sonstigen Häusern untergebracht worden. Chef der Lazarette war der Oberfeldarzt Dr. med. Paul Rosenbaum. Zwischen ihm und der NSDAP-Kreisleitung unter Kreisleiter Wemhöner kam es in den letzten Tagen vor dem Einmarsch der Amerikaner mehrfach zu schweren Auseinandersetzungen über vorgesehene Verteidigungsmaßnahmen in und um Ahlen. Heinrich Meerkemper hat diese dramatischen Tage und Stunden in seinem Buch: „Ahlen im Zweiten Weltkrieg" sehr eindrucksvoll beschrieben:

»Das Kriegsgeschehen dringt immer weiter auf Ahlen vor. Vom Ruhrgebiet her, um das sich der Ring nahezu geschlossen hat, ist aus südwestlicher Richtung Geschützdonner deutlich zu hören. Deutsche Panzerfahrzeuge fahren um Ahlen herum „nach hinten". Alles jagt und hastet von der Front weg. Was werden die kommenden Stunden bringen? Die Nerven der Menschen sind bis zum Zerreißen gespannt. Immer neue Meldungen kommen von der Front, die Ereignisse überstürzen sich. Schon am frühen Morgen befiehlt der Warndienst die sofortige Besetzung aller Panzersperren und fordert den Einsatz jedes kampffähigen Mannes.

Wilde Gerüchte um Befehle kursieren in der Stadt. Hoch an den Türmen von St. Marien und St. Bartholomäus flattern große Rote-Kreuz-Fahnen. An den Ortsausgängen hängen überall Plakate, die Ahlen zur Lazarettstadt erklären. Und gleichzeitig befiehlt der Kreisleiter die Evakuierung Ahlens. Am Galgenberg sollen sich Männer, Frauen und Kinder mit dem Notwendigsten einfinden, um dann mit Bauernwagen weitergebracht zu werden. Flugblätter werden erneut von Haus zu Haus getragen und fordern die Bevölkerung auf, sich dieser organisierten Flucht anzuschließen.

Am Nachmittag des Karfreitags werden die bis dahin von Volkssturmmännern besetzten Panzersperren auf der Wersebrücke an der Weststraße und ebenso an Vehrings Mühle bei Haus Seppenhagen auf Befehl von Oberfeldarzt Dr. Rosenbaum geschleift. Der Chef des Ahlener Reservelazaretts überwacht die Durchführung des Befehls selbst. Ein Ahlener Werk hat die dafür erforderlichen Maschinen und Geräte zur Verfügung gestellt.

Durch die Bevölkerung der Stadt geht ein großes Aufatmen. Am Himmel über Ahlen ist Stille. Kaum ein Flugzeug läßt sich sehen. Ist das nun die Ruhe vor dem Sturm, oder wird wirklich alles gut gehen?

Unvergeßliche Szenen spielen sich derweil auf den um die Stadt herumführenden Straßen ab. Sie sind bevölkert von deutschen Soldaten auf dem Rückzug. Die Männer haben jahrelang mehr als ihre Pflicht getan. Nun sind sie — von einigen Ausnahmen abgesehen — nicht mehr gewillt, sich zu völlig aussichtslosem Kampf zu stellen.

Die Kriegsgefangenen — Polen, Russen, Franzosen — und die vielen Fremdarbeiter erfreuen sich neugewonnener Freiheit. Niemand kümmert sich um sie. Niemand auch wagt es, ihnen in den Weg zu treten. Sie bemächtigen sich der Straße. Ihre Arbeitsplätze in Ahlen und Umgebung haben sie verlassen und warten nun auf die Amerikaner. Nationalitätenweise sind sie versammelt und feiern in ihren Unter-

künften den nahen Tag der völligen Befreiung, der langersehnten Rückkehr in die Heimat.

Karsamstag, 31. März 1945: Mit goldenen Lettern müßte man den Tag, der aus einer klaren Nacht über Ahlen aufzieht, in die Geschichte unserer Stadt eintragen. An diesem Tag fällt Ahlen, aber nicht in dem Sinne, der diesem Wort seit Hunderten von Jahren innewohnt. Die starken amerikanischen Panzerspitzen ziehen in eine nahezu unzerstörte Stadt ein. An diesem Karsamstag 1945 atmen Ahlens Einwohner auf, befreit von drückender Sorge. Den Soldaten der Wehrmacht, die noch in Ahlen sind, geht es nicht anders. Die Tatsache aber, daß hier einmal eine deutsche Stadt nicht verteidigt und deswegen auch nicht zerstört wird, verbreitet sich schnell. Rundfunk und Presse des damals „feindlichen Auslandes" befassen sich eingehend mit dem Phänomen Ahlen. Der Name des Oberfeldarztes Dr. Paul Rosenbaum geht fast um die ganze Welt.

Um 4.20 Uhr teilt der Warndienst den Ahlener Dienststellen mit: „Eine feindliche Panzertruppe ist östlich an Ahlen vorbeigestoßen, eine weitere steht nördlich auf Münster zu!" Um 4.30 Uhr wird gemeldet: „Höchste Gefahr für Ahlen. Feindliche Panzerspitzen stehen vor der Stadt!"

In den dreizehn Lazaretten der Stadt, die inzwischen eingerichtet worden sind, herrscht Hochbetrieb. Ärzte, Sanitäter, Krankenschwestern, Soldaten und auch Zivilisten bemühen sich um die Verwundeten, Schwer- und Leichtverletzten, deren Zahl inzwischen auf mehr als 4000 gestiegen ist. Stündlich kommen neue hinzu, einzeln oder in kleinen Gruppen.

In der Stadt stehen sich zwei Parolen noch immer gegenüber: „Die Stadt wird verteidigt!" (Kreisleitung) und „Die Stadt wird nicht verteidigt!" (Dr. Rosenbaum). Der Genosse Kreisleiter mit seinem Stab ist immer noch der Überzeugung, daß Ahlen verteidigt werden müsse, und hält sich an der Straße zwischen Ahlen und Drensteinfurt bei den letzten Widerstandswilligen auf. Aber für die Fortsetzung des aussichtslosen Kampfes fehlen die einfachsten Voraussetzungen; es mangelt nicht nur an Waffen und Munition, sondern auch an Verbandszeug und Medikamenten.

## DEUTSCHE PANZER IM OSTEN DER STADT

Vom Güterbahnhof kommt die Nachricht, eine Gruppe von zwölf deutschen Panzern wolle sich dort festsetzen, um den Amerikanern den Vormarsch zu sperren. Dr. Rosenbaum läßt den Kommandanten der Gruppe, einen aus Bielefeld stammenden Oberleutnant, zu sich bitten und macht ihm die Lage klar. Der Offizier sieht den Widersinn des ihm erteilten Befehls ein. Die Einheit verläßt Ahlen und rollt davon.

Noch in letzter Minute versucht auch die Kreisleitung, den Willen zum Widerstand in der Stadt zu entfachen. In Ermangelung von geeigneten Fahrzeugen hat man bei unseren Ahlener Bauern Kutschwagen und Pferde „requiriert". In diesen für Sonntagsfahrten vorgesehenen sogenannten „Landauern" werden jetzt Panzerfäuste für die Verteidigung transportiert.

Auf der Buschhoffschen Kreuzung hat man mit quergestellten Fahrzeugen und Kraftwagen der Firma Buschhoff eine lächerliche Panzersperre errichtet. Schon werden an einige Volkssturmmänner Panzerfäuste verteilt, da trifft auch hier — gerade noch rechtzeitig — Dr. Rosenbaum ein. Unterstützt von einigen Soldaten aus dem Reservelazarett, sorgt er dafür, daß die Straße wieder freigemacht wird. Der Rückzug der geschlagenen deutschen Truppen kann weiter über die Kreuzung fluten und wird von

dort aus um die Stadt geleitet. Offiziere des Reservelazaretts machen sich auf Befehl des Oberfeldarztes in Richtung Walstedde auf den Weg und führen die dort noch in Stellung gegangenen Schützentrupps nach Ahlen zurück. In der Umgebung des Pensionates St. Michael ziehen mit Pferden bespannte Flakgeschütze auf. Dr. Rosenbaum sorgt dafür, daß auch sie über den Vorhelmer Weg in Richtung Neubeckum verschwinden. Westlich von Ahlen werden die Straßen von Sperren geräumt, die sonst der Stadt noch unliebsame Zwischenfälle bescheren könnten. Ahlen liegt nun offen vor dem heranrückenden Feind. In der Stadt bietet dieser Vormittag ein ungewohntes Bild. Ein Teil der Ahlener geht auch jetzt noch seinen Berufspflichten nach. Viele aber bleiben der Arbeit fern und bilden Gruppen und Grüppchen, die die Straßen beleben. Überall wird eifrig diskutiert. Obwohl von einem Haus an der Weststraße bereits die weiße Fahne weht, weiß man immer noch nicht eindeutig, ob die Stadt nun verteidigt wird oder nicht. Manche Familie hat in aller Eile Hab und Gut zu Bündeln verpackt und für die Flucht bereitgestellt.

Erst kurz vor Mittag löst sich die Spannung. Auf der Kreuzung vor Buschhoffs Fabrik kommt es zu einer letzten entscheidenden Auseinandersetzung mit der Kreisleitung der NS-Partei. Es ist ein Kräftevergleich von ungeheurer Bedeutung, der über das Wohl und Wehe unserer Stadt geführt wird. Der Oberfeldarzt schleudert den Widerstandsfanatikern unmißverständliche Worte entgegen. Der Erfolg: seine Gegner ziehen sich zurück. Den zahlreich versammelten Ahlener Bürgern aber gibt Dr. Rosenbaum die erlösende Erklärung: „Ahlen wird nicht verteidigt! Ahlen ist Lazarettstadt!"

Diese Nachricht durcheilt die Stadt in Sekundenschnelle. Die Harrenden brechen in begeisterte Rufe aus: „Herr Doktor Rosenbaum, wir danken Ihnen, Sie werden der Retter unserer Heimatstadt!" Der Arzt steigt in seinen Wagen. Er fährt nun mit dem schwersten Auftrag seines Lebens dem Feind entgegen.

Gegen Mittag werden die Straßen langsam menschenleer. An allen Giebeln wehen weiße Fahnen. Auf Buschhoffs Kreuzung stehen noch einige Unentwegte, um die Entwicklung der Dinge zu beobachten. Doch plötzlich rattert ein Maschinengewehr an der Hammer Straße los. Kanonen ballern dazwischen. Eine von Hamm kommende deutsche Panzereinheit ist nichtsahnend mit offener Flanke vor den amerikanischen Panzer her auf Ahlen zugefahren. Sie erhält starken Beschuß, der zwingt sie, ihre gepanzerten Fahrzeuge zu verlassen und im Graben Deckung zu suchen.

Zur gleichen Zeit rollt Dr. Rosenbaum, im Wagen stehend und die Rot-Kreuz-Flagge in der hocherhobenen Hand haltend, auf die ersten amerikanischen Panzer zu. Sie warten auf der Walstedder Straße vor dem Gehöft Quante-Portmann. Etwa 50 Soldaten sind dabei und einige Offiziere. Ein Offizier kommt auf den deutschen Arzt zu. Der Oberfeldarzt geht ihm ruhigen Schrittes entgegen, die Hand an der Mütze. Die amerikanischen Soldaten vertauschen schnell ihre Waffen mit der Kamera und photographieren die Szene.

Auf dem Schwarzen Weg, der gegenüber dem Gehöft in die Holzheide führt, gibt Dr. Rosenbaum seine Absicht bekannt, die Stadt dem Feind kampflos zu übergeben. Mit einer kurzen Handbewegung weist der Amerikaner den Deutschen in einen kleinen Gefechtswagen. In schneller Fahrt geht es dann in Richtung Walstedde, vorbei an Panzern, Spähwagen, Jeeps und anderen Fahrzeugen, deren Kette nicht abreißt. Schon kurz hinter Quante-Portmann sind die Panzer rechts und links auf Feldern und Wiesen in breiter Front aufgefahren. Ihre Kanonen weisen drohend gen Ahlen.

Die Einheit hat den Auftrag, im gegebenen Augenblick das Feuer auf die Stadt zu eröffnen. Es soll, wenn die Stadt sich verteidigt, ein regelrechtes „Demonstrationsschießen" geben. Vierzig Batterien verschiedenster Geschütze stehen einsatzbereit, um Ahlen zu zerfetzen. Dieser Absicht kommt Dr. Rosenbaum zuvor, der inzwischen auf einem amerikanischen Gefechtsstand, etwa fünf Kilometer weiter auf Walstedde zu, eingetroffen ist. Eine alte Windmühle ohne Flügel steht dort im Gelände. Hier haben die Amerikaner ihren Gefechtsstand errichtet. Eine bei Hamm liegende deutsche Batterie, die diesen Punkt ausgemacht hat, feuert ständig herüber. Eine Salve schlägt etwa 50 Meter von der Mühle entfernt ein.

Dr. Rosenbaum wird Oberst Hinds, dem amerikanischen Kommandeur dieses Abschnitts, vorgeführt. Neben dem Gefechtswagen des Obersten stehend, beantwortet er die verschiedensten Fragen. Die Antworten und Auskünfte des Deutschen läßt der Amerikaner durch einen Beobachter kontrollieren, der im Flugzeug hoch über dem Gefechtsstand kreist. Als die Behauptung, in Ahlen seien keine gefechtsbereiten Truppen mehr, von dem Beobachter angezweifelt wird, erklärt Dr. Rosenbaum, hier handele es sich um Reste versprengter Truppen auf dem Rückzug nach Beckum. Ein Widerstand sei nicht zu erwarten. Kein Platz in der Stadt wäre mit Kanonen oder anderen Wehrmachtswaffen bzw. -fahrzeugen besetzt.

Fast 45 Minuten dauert die Verhandlung, bis der Gegner von den lauteren Absichten des Deutschen überzeugt ist. Dauernd schießt während dieser Zeit die Hammer Batterie ihre Lagen herüber, mal zu kurz, mal zu weit. Die amerikanischen Soldaten liegen in Deckung unter ihren Fahrzeugen. Dr. Rosenbaum steht am Wagen des Obersten. Aber auch der Amerikaner bleibt stehen!

Ein amerikanischer Soldat, der sich die Orden und Auszeichnungen von Dr. Rosenbaum aneignen will, wird von Oberst Hinds angefahren: „Das gibt's nicht!"

Nach dieser für den Oberfeldarzt qualvollen Runde ertönt endlich zum ersten Male das langersehnte „O. K.!" Mit dem Gefechtswagen des Obersten geht es, an dem gepanzerten Lindwurm vorbei, zurück in Richtung Ahlen bis zur Spitze bei Quante-Portmann. Dort erteilt Oberst Hinds knappe Befehle. Die Geschützrohre senken sich. Der Gefechtswagen mit dem amerikanischen Oberst und dem deutschen Oberfeldarzt rollt auf die Stadt zu, hinter sich die schweren Panzer. In Ahlen kündet das Rasseln und Dröhnen der Motoren und Ketten die Amerikaner an. Auf dem Kopfsteinpflaster der Walstedder Straße, kurz vor der Stadt, steigert sich dieser Lärm.

Am Eingang zur Stadt harren bereits wieder einige besonders Neugierige der kommenden Dinge. Das Grollen klingt wieder ab. Die Panzer verlangsamen die Fahrt. Plötzlich zischt über den Gefechtswagen das bekannte „Pju, Pju —". Der amerikanische Oberst stutzt. Die Fahrzeuge halten. Ist das eine Lazarettstadt, aus der auf die Spitze der Amerikaner geschossen wird? Dr. Rosenbaum, zunächst ebenso verwirrt wie die Amerikaner, faßt sich schnell. Er kann den Oberst davon überzeugen, daß die Maschinengewehre, aus denen geschossen wird, nicht in Ahlen, sondern — von der Walstedder Straße aus gesehen — südlich liegen, auf Heessen zu.

Zwar hatte der Oberfeldarzt einige Stunden vor seinen Übergabeverhandlungen alle aus Ahlen führenden Straßen von Widerstandsnestern räumen lassen, doch nutzt eine andere Gruppe deutscher Soldaten die letzte Gelegenheit, das Feuer auf den Feind zu eröffnen. Das Beschießen der amerikanischen Panzerspitze ist nur das sinnlose Beginnen eines Spähtrupps einer die Stadt Hamm zäh verteidigenden SS-Einheit.

Der Oberst, für einen Augenblick fast entschlossen, nun doch das Feuer auf die Stadt eröffnen zu lassen, gibt sich zufrieden, als einige Panzer und gepanzerte Fahr-

zeuge aus der Kolonne ausschwenken, um diese Widerstandsnester auszuräuchern. Es kommt zu einem kurzen Gefecht. Einige Häuser am Bahnübergang an der Hammer Straße geraten in Brand. 20 deutsche Soldaten fallen durch die Kugeln der Amerikaner; 17 werden verwundet und finden Aufnahme im Ahlener Lazarett.

## PANZER ROLLEN IN AHLEN EIN

Geführt vom Gefechtswagen des Obersten Hinds, auf dessen Rücksitz auch Dr. Rosenbaum Platz genommen hat, geht es nun weiter. Je mehr sie sich von der Walstedder Straße der Ecke Buschhoff nähern, desto langsamer wird die Fahrt. Die leichte Neigung dieser Straße von der Gaststätte Dahl bis zur Kreuzung hin wird gewissermaßen im Schneckentempo passiert. Um 14.20 Uhr am Karsamstag überquert als erster der Gefechtswagen diese Kreuzung zur Weststraße. Es folgt, nach allen Seiten sichernd, zunächst nur ein Panzer allerschwersten Typs. Dann, mit Abstand, walzen weitere schwer bestückte, furchterregende stählerne Kolosse über die Kreuzung Buschhoff in die Stadt. Allmählich kommt Bewegung in die Kolonne. Schwere und leichte Panzer, im Wechsel, legen ein erhöhtes Tempo vor.

Hier und dort am Stadtrand sieht man schon die ersten Ahlener Bürger auftauchen. Links und rechts der Walstedder Straße und am Anfang der Weststraße finden sie sich ein und bestaunen die Panzer. Der eigentliche Stadtkern aber, „geschmückt" mit weißen Fahnen, liegt noch wie ausgestorben da. Außer den Amerikanern und einigen leichtverwundeten deutschen Soldaten ist niemand auf den Hauptstraßen zu sehen. Nachdem aber die Spitze der amerikanischen Panzer durchgefahren ist, zeigt sich auch hier das erste Leben. Teils noch ein wenig verstört kommen die Menschen aus ihren Schlupfwinkeln. Doch verhältnismäßig schnell fassen sie sich. An ihnen vorbei wälzt sich die Kriegsmaschinerie der Amerikaner in östlicher Richtung zu den Ausgangsstraßen unserer Stadt. Ahlens Bürger erkennen und begrüßen die neu geschaffene Lage. Schon beglückwünschen sie einander, „noch einmal davongekommen" zu sein.

Die Befehlskolonne hat inzwischen, wie es vorher Dr. Rosenbaum mehrfach Oberst Hinds versicherte, den Marktplatz ohne jeden Zwischenfall erreicht. Sofort wird das Rathaus von den Amerikanern besetzt. Zum Marktplatz selbst beginnt eine kleine Völkerwanderung der Ahlener. Der Platz füllt sich mit Neugierigen. Sie wollen hören und sehen, wie es weitergeht.

Zu ihnen spricht Oberfeldarzt Dr. Rosenbaum. Unter anderem sagt er: „Liebe Leute! Herr Oberst Hinds hat mir gerade erklärt, daß kein Schuß auf Ahlen abgegeben wird. Aber geht nach Hause. Gleich werden große Massen amerikanischer Truppen durch die Stadt fahren. Bei diesem Aufmarsch könnten sich zu leicht Unglücke ereignen!"

Die Menschen zerstreuen sich und erleben dann, aus Türen und Fenstern sehend, den Durchzug der amerikanischen Truppen. Stundenlang durchfahren schwere und leichte Panzer, Mannschaftswagen, Nachschubfahrzeuge und Artillerie die Stadt, dirigiert von über den Häusern schwebenden Beobachtungsflugzeugen. Die Straße gleicht einem großen Heerlager. Nur für wenige Stunden wird sie für die Zivilbevölkerung freigegeben. Sonst herrscht striktes Ausgehverbot!

Schon gegen 16.00 Uhr wird die einheimische Bevölkerung durch kleine Plakatanschläge an Häusern und Bäumen von der Besatzungsmacht mit dieser Tatsache bekanntgemacht. Das erste Ausgehverbot beginnt am Karsamstag um 17.00 Uhr.

Während so die Straße für die Ahlener nicht mehr zugänglich ist, wird der Nachbarschaftsbesuch durch die Hinterhöfe der Häuser aufrechterhalten. An den Stadträndern ist in den Gärten die Möglichkeit zum gegenseitigen Gedankenaustausch und auch zu nachbarlicher Hilfe gegeben. Ausgenommen von dem Ausgehverbot sind die Kriegsgefangenen und Fremdarbeiter.

Vom frühen Nachmittag bis zum späten Abend rollen, auch aus Richtung Sendenhorst und Drensteinfurt kommend, unter Führung des amerikanischen Obersten Bruno, Panzer über die Kreuzung Buschhoff in die Stadt hinein. Am Ostausgang Ahlens fahren die Panzerkolonnen wieder nach verschiedenen Richtungen auseinander.

## OPFER NOCH NACH DEM EINMARSCH

Aus Beckum sind Spähtrupps von SS-Einheiten bis in die Bauernschaft Rosendahl vorgestoßen. Sie erfahren, daß die amerikanische Panzerspitze die Stadt Ahlen bereits erreicht hat, und wollen Widerstand leisten. Die hier verhältnismäßig nahe zusammenliegenden Bauernhöfe betrachten sie als geeignete Verteidigungsmöglichkeit. Von hier aus wollen sie versuchen, noch einige feindliche Panzer zu knacken!

Als die amerikanischen Panzer von der Stadtmitte her über die Beckumer Straße vorrücken, stellt ein Offizier der Waffen-SS an den Bauern Rosendahl das Ansinnen, seinen Hof durch deutsche Soldaten verteidigen zu lassen. Rosendahl setzt sich aber energisch zur Wehr, der SS-Offizier läßt von seinem Vorhaben ab und geht. Kurze Zeit später eröffnen versprengte deutsche Soldaten das Feuer auf die vorrückenden Amis und schießen einen schweren Panzer, der die Kolonne anführt, kampfunfähig. Auf diesen Feuerüberfall antworten die Amerikaner mit einer heftigen Kanonade aus allen Rohren, die die Bauernhöfe Uthoff-Brune, Grieskamp, Grabenmeier, Nillies und Dahlhoff in Brand setzen. Es gibt Tote und Verwundete auch unter der Landbevölkerung. Bei den Rettungsarbeiten auf den brennenden Höfen zeigen die GI's, die amerikanischen Panzersoldaten, vorbildliche Hilfsbereitschaft. Wo sie helfen können, sind sie zur Stelle. Unter anderem retten sie auch das Vieh vor dem Verbrennen in den Stallungen.

Kurz nach diesem Gefecht erhalten die Amerikaner erneut Feuer. Von einem Panzerzug aus nördlicher Richtung, etwa in Höhe der Langst, wird herübergeschossen. Aber die Einschläge der deutschen Granaten liegen weit vom Feind entfernt. Einige Panzer der Amerikaner scheren aus und gehen auf dem Hof Schulze Geisthövel in Stellung. In direktem Beschuß werden die Geschütze des deutschen Panzerzuges zum Schweigen gebracht. Der Panzerzug selbst wird bewegungsunfähig und daraufhin von der Besatzung verlassen.

Oberst Hinds, der die Übergabe Ahlens entgegengenommen hat, wird noch am gleichen Tage von Oberst Bruno abgelöst, der in Ahlen als Stadtkommandant fungiert. Dieser, ein älterer Offizier, teilt dem Oberfeldarzt Dr. Rosenbaum mit, daß er den Auftrag habe, noch an diesem Tage Beckum zu nehmen, damit der große Ruhrkessel endlich geschlossen werde. Vom Rathaus aus versucht nun Dr. Rosenbaum im Auftrag von Oberst Bruno telefonische Verbindung zum Kampfkommandanten der Kreisstadt zu bekommen. Dies gelingt auch tatsächlich.«[172]

---

[172] Heinrich Meerkemper, Ahlen im Zweiten Weltkrieg, Verlag E. Sommer, Ahlen 1964, S. 109 ff.

An dem Vorstoß auf Ahlen und Beckum war das Divisionskampfkommando B der 2. US-Panzerdivision beteiligt. Zu diesem großen Kampfverband gehörten u. a. das I. und II. Bataillon des 67. US-Panzerregiments und das III. Bataillon des 41. US-Infanterieregiments. Die Regimentsgeschichte des 67. US-Panzerregiments berichtet u. a. darüber:

»I. Bataillon: Nach dem Gefecht mit etwa 200 Deutschen bei Herbern rückte das Bataillon weiter vor zu dem bedeutenden Kreuzungspunkt Ahlen ... Ahlen war von einer anderen Abteilung unter Oberst Hinds schon genommen worden — ohne Blutvergießen.

Deutsche Polizei unternahm es, die verschiedensten US-Gruppen mit militärischer Exaktheit durch die Stadt zu lenken. Am nördlichsten Ausgang von Ahlen wurde der Widerstand jedoch härter. Major Richard H. Ludeman führte die Kompanie durch ein dichtbewaldetes Gebiet die Straße von Ahlen nach Beckum entlang. Er fuhr mit drei Männern des Nachrichtendienstes in einem Spähwagen, als dieser durch Beschuß von Panzerfäusten getroffen wurde. Alle vier Insassen wurden getroffen; Major Ludeman am wenigsten. Sie erreichten einen Graben, wo sie sich „Erste Hilfe" leisten konnten. Dann ging der Major weiter, um auf befreundete Truppen zu treffen. Er erreichte sein Ziel nicht.

Es gab noch einen weiteren Materialverlust: ein Panzer hinter dem Spähwagen wurde ebenfalls lahmgeschossen. Als die Mannschaft dieses Panzers beobachtete, daß der Spähwagen getroffen war, bestand Hauptmann P. M. Stoddart (Arzt) darauf, den Verwundeten beizustehen, obwohl der Bataillonskommandeur ihn warnte, daß, wenn er ginge, er wahrscheinlich nicht zurückkehren werde. Trotz Feindfeuer gelang es Stoddart schließlich, die Verwundeten zurückzubringen.«[172a]

## DAS RINGEN UM BECKUM[172b]

»Als Major Dunker vom amerikanischen Stoß auf Paderborn erfuhr, entschloß er sich, nach Beckum zu fahren, um sich über die nördliche Stoßgruppe des Feindes zu orientieren und von dort aus das Sammeln der Kompanie einzuleiten.[172b]

Gegen 10.00 Uhr traf der Major auf dem Wehrmeldeamt am Nordwall in Beckum ein, wo ihm Oberstleutnant Lübkemeier — Leiter der SS-Annahme- und Untersuchungsabteilung beim Wehrmeldeamt — auf seine Fragen mitteilte, daß der Feind im Vorstoß auf Ahlen sei und dort gekämpft würde, der Leiter des Wehrmeldeamtes und zugleich Kampfkommandant von Beckum, Oberstleutnant Goebels, am Morgen verunglückt sei und im Bett liege, kein Offizier zur Zeit das Kommando führe und der Kreisleiter und der Landrat im Kreishaus anwesend seien.

Nachdem Major Dunker durch Rückfragen und eigenen Augenschein festgestellt hatte, daß die zuständigen Stellen der Lage ratlos gegenüberstanden und in der durch

---

172a History 67th Armored Regiment, Georg Westermann, Braunschweig 1945, ohne nähere Verfasserangabe, S. 152. Bei weiteren Nennungen nur noch: Geschichte des 67. US-Panzerregiments

172b Die nachstehend geschilderten Ereignisse sind bereits im Bericht von Günter Wegmann im II. Teil, Band 84 der Osnabrücker Mitteilungen abgedruckt worden. Herr Wegmann war bisher allein autorisiert, die von Herrn Major Dunker zur Verfügung gestellten Unterlagen zu veröffentlichen. Mit Brief vom 13. 1. 1981 bekam auch der Verfasser von Herrn Dunker die Genehmigung, diese Erinnerungen zu veröffentlichen.
Da die Ereignisse um Beckum auch für den Raum Lippstadt und die spätere Kesselschließung von besonderer Bedeutung sind, entschloß sich der Verfasser, den Bericht fast ungekürzt zu übernehmen, einschließlich der Fußnoten von Herrn Wegmann (mit anderer Numerierung).

Fahrzeuge und Kolonnen verstopften, eng gebauten Stadt ein Durcheinander herrschte, entschloß er sich, aus eigener Verantwortung zu handeln.[173]

Die Beurteilung der Feindlage ergab, daß die nördliche Stoßgruppe des Gegners, der man auf 10 bis 15 Kilometer gegenüberstand, für das Vorhaben der 116. Panzerdivision die gefährlichere war. Im Sinne seines Auftrages mußte der Major dieser entgegentreten.

Die Stadt Beckum war als wichtiger Straßenknotenpunkt für den weiteren Vorstoß der nördlichen feindlichen Stoßgruppe auf Lippstadt von entscheidender Bedeutung. Es mußte verhindert werden, daß sie frühzeitig in die Hände des Gegners fiel. Mit den schwachen, rein infanteristischen Kräften konnte Major Dunker sich nur in Anlehnung an einen Geländeabschnitt oder an eine Ortschaft mit Aussicht auf einigen Erfolg gegen den überlegenen Gegner zur Wehr setzen. Dies bewog den Major zu dem Entschluß, Beckum zu verteidigen.

Im Kreishaus sprach Major Dunker mit dem Kreisleiter Wemhöner und dem Landrat. Beide waren ratlos. Sie waren froh, als der Major ihnen erklärte, daß er die Zügel in die Hand nehmen wolle. Der Kreisleiter übergab ihm ein Telegramm des Reichsverteidigungskommissars und Gauleiters Dr. Meyer: „Die Stadt Beckum ist wegen ihrer strategischen Bedeutung bis zum letzten Mann zu verteidigen!"

Anschließend begab sich der Kommandeur in die Wohnung des Wehrmeldeamtsleiters und unterrichtete ihn über die Lage und seine Absichten. Er erklärte sich mit den Maßnahmen des Majors einverstanden.

Major Dunker errichtete seinen Gefechtsstand im Wehrmeldeamt. Adjutant und zwei Ordonanzoffiziere wurden beauftragt, die Kompanien des Feldersatzbataillons der 116. Panzerdivision zwischen Beckum und Lippstadt zu suchen und sie nach Auffindung nach Beckum zu leiten.

Gegen 12.00 Uhr ging der Major dann in Richtung Ahlen auf Erkundung. Ungefähr drei Kilometer vor Ahlen stieß er auf den Führer des Reserve-Offiziersbewerber-Lehrgangs VI.[174] Dieser junge Hauptmann mußte ihm melden, daß von den 1400 Mann dieses Lehrgangs nur noch die Hälfte zur Verfügung stehe. Die meisten Fahnenjunker seien im Raum Drensteinfurt, zum Beispiel an der Panzersperre bei der Wirtschaft Baggelmann in Mersch, gefallen oder von der Übermacht überwältigt worden.

Major Dunker befahl dem Hauptmann, sich langsam vom Feind zu lösen und abzusetzen. Unter Zurücklassung kampfkräftiger Gefechtsvorposten im Zuge der Reichsautobahn westlich und nordwestlich von Beckum sollte er mit der Masse die Stadt erreichen und seine Reste ordnen.

Nach etwa einer Stunde stieß der Major auf den Kommandeur eines SS-Bataillons von 600 Mann.[175] Der SS-Obersturmbannführer erklärte ihm, mit einem Sonder-

---

173 Brief Beumer an Major Dunker vom 3. 10. 1947: In Beckum waren verschiedene Dienststellen untergebracht, Truppenteile mit und ohne Ausrüstung, Fremdarbeiter, Ausgebombte, Volkssturm, Feuerwehren, Polizeiabteilungen, alles auf dem Durchzug nach Osten. Die Beckumer Polizei hatte ebenfalls den Befehl zum Abrücken.

174 Es müßte sich um den Ritterkreuzträger Hauptmann Glätzer gehandelt haben, der laut Verfasser zuletzt in Detmold Führer der 2. Inspektion des Lehrganges war. Oberleutnant Führer vom Lehrgang, der in Beckum dabei war, ist ebenfalls dieser Ansicht. Der ROB-Lehrgang lag vor dem Einsatz in der Werre-Kaserne in Detmold. (ROB = Reserve-Offiziers-Bewerber)

175 Es muß sich um ein SS-Polizeibataillon zur besonderen Verwendung des Höheren Polizeiführers West gehandelt haben.

auftrag des Reichsführers SS unterwegs zu sein, unterstellte sich aber nach anfänglicher Weigerung dem Major des Heeres, nachdem dieser ihm erklärt hatte, daß der SS-Führer kaum in der Lage sein werde, seinen Auftrag durchzuführen, wenn der Feind nicht sofort zum Stehen gebracht würde. Das SS-Bataillon setzte sich nach Beckum in Marsch. Um 15.00 Uhr war Major Dunker wieder in Beckum, um die Verteidigung zu organisieren.

Durch fernmündliche Nachfragen in der näheren und weiteren Umgebung von Beckum stellte der Major fest, daß — abgesehen von der Funkstelle Mackenberg, hart ostwärts Beckum — weit und breit keine eigene Truppe stand. Die Funkstelle Mackenberg war eine wichtige Nachrichtenzentrale der Luftwaffe, die durch eine Hundertschaft gesichert wurde. Der führende Oberleutnant Broszehl mit dem 10. und 11. Richtungsverbindungs-Betriebs-Zug (o) der Luftnachrichten-Richtungsverbindungs-Betriebs-Abteilung (o) 11 hatte den Auftrag, die Funkstelle erst im letzten Augenblick zu sprengen. Der Major teilte ihm die Unterstellung unter seine Kampfgruppe mit. In dem Bericht des Majors heißt es dann:

„Gegen 16.00 Uhr wurde ich durch den Bezirks-Kampf-Kommandanten (Schutzbezirksältesten) von Soest, einem Oberstleutnant, angerufen, der mir mitteilte, die Stadt Beckum gehöre zu seinem Bezirk und ich sei ihm unterstellt.

Nachdem ich ihm die Lage und meinen Auftrag geschildert hatte, gab er mir den Befehl, Beckum bis zum letzten Mann zu verteidigen. Ich hätte ihm stündlich fernmündlich über die Lage zu berichten.

Durch diesen Befehl hatte ich ein doppeltes Unterstellungsverhältnis. Es war mir klar, daß für den unmittelbaren Kampf um Beckum die Befehle von Soest maßgebend waren. Da sie sich mit dem von meiner Division erteilten Auftrag im Augenblick deckten, waren keine Überschneidungen zu befürchten. Außerdem konnte meine Division keine unmittelbare Einwirkung auf meine Maßnahmen nehmen, da sie 70 Kilometer entfernt von mir eingesetzt und nur durch Funk mit mir verbunden war.[176]

Im Ganzen gesehen war ich völlig auf mich selbst gestellt und konnte mit keinerlei Unterstützung rechnen, zumal die nächsten eigenen Teile nach Süden hin erst jenseits der Lippe — etwa 20 Kilometer entfernt — standen. Bald darauf meldete sich ein Oberleutnant bei mir, der mir erklärte, er habe soeben auf dem Bahnhof Neubeckum neun Panzer (fünf Sturmgeschütze, vier Tiger) ausgeladen. Die Panzer seien aufmunitioniert, hätten aber nur Betriebsstoff, um 10 Kilometer zu fahren. Er habe Auftrag, sich bei der Panzerlehrdivision zu melden, wisse jedoch nicht, wo diese sich befände.

Ich unterstellte ihn mir und gab ihm den Auftrag, mit den Panzern nach Beckum hineinzurollen. Die Panzer wurden zu zweit an den Hauptausfallstraßen fest eingebaut eingesetzt, da sie ohne Betriebsstoff unbeweglich waren. Einen hielt ich als bewegliche Reserve zurück.

Die zurückgeführten und neu geordneten Teile des Fahnenjunker-Regiments (Reserve-Offiziersbewerber-Lehrgang VI) und des SS-Bataillons wurden im Laufe des Nachmittags in einer Verteidigungsstellung in Anlehnung an den Stadtrand im

---

176 Die nächsten Kampfkommandanten saßen in Lippstadt und Warendorf, die nächsten Stützpunktkommandanten in Rheda, Wiedenbrück und Benteler.
Für die dünne Besetzung des Raumes Lippstadt hier als Beispiel (Lagebericht der Division 476 vom 30. März 1945). Einzelheiten siehe Anhang, Anlage 4

Dreiviertelkreis um Beckum von Osten über Norden und Westen nach Südwesten eingesetzt. Hinzu traten einige kleine Splittergruppen Versprengter, die beim Durchmarsch durch Beckum aufgegriffen worden waren.[177]

Der Feind verhielt sich auffallend ruhig. Außer geringem Artilleriebeschuß und einem schwachen, erfolglosen Aufklärungsvorstoß einiger Panzer[178] unternahm er nichts. Seine Ruhe ließ darauf schließen, daß er planmäßig gegen Beckum aufmarschierte. Ich rechnete nicht vor dem nächsten Morgen mit einem Angriff und konnte in Ruhe meine Vorbereitungen zur Verteidigung der Stadt fortsetzen.

Die 116. Panzerdivision wurde durch Funkmeldungen laufend über die Lage unterrichtet. Der Nachschub an Munition, Betriebsstoff und Verpflegung wurde eingeleitet.[179]

In den frühen Abendstunden trafen die ersten beiden aufgefundenen Kompanien des Feldersatzbataillons ein, denen ich zunächst Ruhe gönnte.

Gegen 21.00 Uhr ließ ich die verantwortlichen Herren der Stadt zu mir bitten. An der Besprechung, die gegen 22.00 Uhr begann, nahmen teil: Dritter Beigeordneter Beumer, Stadtoberinspektor Kersting, Stadtbaumeister Mey, Polizeioberleutnant Leggemann, Polizeiverwaltungssachbearbeiter Lienkamp, Oberstudiendirektor Keuker als Leiter des örtlichen Volkssturms, Hauptsturmführer Klinger als Leiter des Volkssturms des Kreises Beckum sowie Rechtsanwalt Dr. Illigens als Vertreter des Bevollmächtigten für den Nahverkehr beim Oberpräsidenten in Münster.

Nach kurzer Begrüßung beauftragte ich den Stadtbaumeister Mey, bis 2.00 Uhr einen Plan der Stadt anzufertigen, in dem sämtliche zum Ortskampf geeigneten Gebäude, Bunker und Luftschutzräume eingezeichnet sein sollten.

Auf die Frage, wer der Bürgermeister sei, erklärte der Beigeordnete Beumer, daß dieser krank sei. Daraufhin setzte ich Herrn Beumer als kommissarischen Bürgermeister ein.

Ich zog Erkundigungen über die Verhältnisse der Stadt ein: über Größe, Einwohnerzahl, Flüchtlingsverhältnisse und Schutzmöglichkeiten gegen Artilleriebeschuß und Bombenangriffe. Auf die Frage, wer für die Industrie verantwortlich sei, meldete sich Herr Beumer. Weiterhin befragt, ob in bezug auf Lähmung der Werke etwas unternommen sei, verneinte er. Daraufhin ordnete ich an, daß bis 6.00 Uhr früh durch ihn die notwendigen Maßnahmen zu treffen seien. Herr Beumer wies darauf hin, daß er nicht zwei Aufgaben zugleich erfüllen könne. Ich stimmte diesem zu und ernannte nach kurzer Beratung an seiner Stelle Herrn Dr. Illigens zum kommissarischen Bürgermeister.

---

177 Laut Beumer (Brief vom 3. 10. 1947 an Dunker) waren bei den einzelnen versprengten Gruppen noch einige Abteilungen ältere Polizei, die im Norden der Stadt lagen und denen der Weg später nach Osten abgeschnitten war. Andere kleine Abteilungen meldeten sich nachts auf der Polizeiwache und kamen in Gefangenschaft.

178 Laut Beumer (Brief vom 3. 10. 1947 an Dunker) wurde der nachmittags vorgetragene Panzervorstoß auf Beckum unter Abschuß von zwei Panzern abgewehrt. Der amerikanische Offizier, der in Gefangenschaft geriet, war abends noch auf der Befehlsstelle. Es wurde nachmittags auf Beckum geschossen von den Panzern, und zwar teilweise Granaten, welche Zettel zur Übergabe enthielten, dazwischen aber auch einige scharfe Granaten, wobei es mehrere Tote und Verwundete gab.

179 Major Dunker blieb unbekannt bis nach Kriegsende: Der für die 116. Panzerdivision bestimmte Munitionszug wurde am 26. 3. auf der Bahnstation Mersch von englischen Tieffliegern angegriffen, fünf Wagen flogen in die Luft. Am 31. 3. (Karsamstag) fiel ein anderer Munitionszug unversehrt in amerikanische Hände, als US-Truppen von Südkirchen über Herbern nach Mersch vorstießen. Eine Aufmunitionierung war daher nicht möglich.

Ich gab den Herren der Stadt einen Überblick über die militärische Lage und teilte ihnen mit, daß am nächsten Tag, nach kampfkräftiger Aufklärung, ein eigener Gegenangriff mit starken Panzerkräften aus dem Raum Lippstadt-Beckum-Hamm zu erwarten sei mit der Absicht, zu verhindern, daß der Ruhrkessel vom Gegner geschlossen würde. Dabei würde es zu harten Panzerkämpfen um Beckum kommen. Es sei mit starkem feindlichen Artilleriebeschuß und massiertem feindlichen Lufteinsatz, insbesondere auf den Straßenknotenpunkt Beckum, zu rechnen. Um einen unnötigen Verlust an Menschenleben zu vermeiden und um Unterkünfte für die Truppe zu erhalten, müsse Beckum noch in dieser Nacht von der Zivilbevölkerung weitgehend geräumt werden. Mit der Durchführung dieser Aufgabe beauftragte ich Herrn Dr. Illigens.

Ich erklärte den Herren der Stadt, mir sei bekannt, daß in der Stadt weiße Fahnen gehißt worden seien. Eine Übergabe der Stadt käme aus den dargelegten militärischen Gründen nicht in Frage, und wenn sich ähnliche Fälle wiederholen sollten, würde ich genötigt sein, ein Standgericht einzusetzen und dagegen vorzugehen.

Nachdem ich mich im weiteren Verlauf der Besprechung beim Stadtoberinspektor Kersting erkundigt hatte, ob die zu vernichtenden Geheimpapiere verbrannt seien, und dieser das bestätigte, entließ ich die Herren der Stadt.

Die Besprechung wurde mehrfach unterbrochen. Zunächst wurde mir durch einen Offizier gemeldet, daß die Beckumer Brennereien Schnaps an die Truppe verausgabten, die Truppe sei zum Teil betrunken und zum Kampf nicht mehr einsatzfähig. Ich verbot die weitere Schnapsausgabe und ließ die drei Brennereibesitzer der Stadt zu mir rufen. Sie konnten wegen der späteren Ereignisse nicht mehr von mir empfangen werden. Zwei Spähtruppführer erhielten Aufträge zur Aufklärung in Richtung auf Neubeckum und Ahlen.

Durch einen Anruf aus Lippborg erfuhr ich, daß um Mitternacht die Lippebrücken bei Lippborg, Herzfeld und Benninghausen auf Befehl des Bezirks-Kampfkommandanten von Soest gesprengt werden sollten. Ich rief denselben sofort an. Es entspann sich ein erregtes Gespräch. Nach heftigem Wortwechsel erreichte ich mit Mühe und Not, daß wenigsten der Befehl zur Sprengung der Brücke von Herzfeld rückgängig gemacht wurde."

Soweit der Bericht des Majors. Inzwischen rang in Ahlen der Oberfeldarzt Dr. Paul Rosenbaum mit der örtlichen Kreisleitung um das Schicksal der Lazarettstadt. Als Chefarzt der Militärlazarette in Ahlen wußte er, daß dort mehr als 4000 Verwundete lagen, von denen nur etwa 1000 noch rechtzeitig abtransportiert werden konnten.

Am Morgen des 31. März stand die 95. US-Infanteriedivision vor der Stadt. Die 8. US-Panzerdivision versammelte sich in der Gegend von Selm. Die 2. US-Panzerdivision stieß an Ahlen vorbei nach Osten vor, und zwar nördlich, unter Einnahme der Orte Sendenhorst, Enniger, Ahlen und Wiedenbrück. Ahlen wurde also auch von Teilen der 2. Panzerdivision bedrängt. Erst am Mittag des 31. März waren die Parteifunktionäre damit einverstanden, Ahlen zur offenen Stadt zu erklären. Dr. Rosenbaum fuhr mit der Rote-Kreuz-Flagge an seinem Wagen zum Gehöft Quante-Portmann an der Walstedder Straße. Dort standen die ersten Panzer des US-Oberst Hinds. Auf dem Gefechtsstand des Oberst in der Nähe einer Mühle bei Walstedde gelang es dem Chefarzt, trotz Beschuß durch deutsche Artillerie aus Richtung Hamm, den amerikanischen Offizier von seiner ehrlichen Absicht zu überzeugen. Gegen 14.00 Uhr fuhren beide unter dem Schutz zahlreicher Panzer in Richtung

Ahlen. Plötzlich Maschinengewehr-Feuer. Der Oberst glaubte, in eine Falle geraten zu sein, und konnte nur mit Mühe davon überzeugt werden, daß lediglich ein SS-Spähtrupp aus Richtung Hamm/Heessen dieses Feuer eröffnet hatte. Der Spähtrupp wurde durch Panzer vernichtet. Um 14.20 Uhr waren die Amerikaner in Ahlen.[180]

In Beckum wurden inzwischen die Verteidigungsvorbereitungen fortgesetzt. Major Dunker berichtet:[181]

„Um 22.45 Uhr wurde ich aus der vom Feind besetzten Stadt Ahlen angerufen. Am Apparat meldete sich Oberfeldarzt Dr. Paul Rosenbaum und teilte mir mit:

‚Sehr geehrter Herr Major!

Es spricht zu Ihnen, aus eigenem Willen und eigener Erkenntnis, nicht beeinflußt durch irgendwelche Einflüsterungen, der Chefarzt der Ahlener Militärlazarette, Oberfeldarzt Dr. Paul Rosenbaum. Ich bin mir der vollen Verantwortung bewußt, wenn ich Ihnen aus meiner Kenntnis des heutigen Tages heraus schildere, was ich gesehen und was ich gehört habe von einer — ich kenne keinen anderen Ausdruck dafür — ungeheuerlichen, außerordentlichen massierten Kriegsmaschinerie, die ich auf der Fahrt zur Übergabe der Stadt Ahlen und auf den Fahrten zu verwundeten Deutschen im Vorgelände persönlich in Augenschein nehmen konnte: Etwa 2000 motorisierte Panzer, Kanonen, Spähwagen konnte ich auf vier verschiedenen Anmarschwegen zählen. Der Feind hat jetzt von Westen her im Halbkreis Beckum umschlossen. Außerdem ist ein ähnlicher Halbkreis im Osten angeblich vorhanden; das müssen Sie selbst wissen. Noch dauernd läuft der Nachschub heran. Und wie ich nun gehört habe, soll um 23.30 Uhr die Beschießung der Stadt Beckum aus allen Rohren stattfinden. Da mir Beckum als eine Stadt ohne Schutzbauten und Bunker mit etwa 15000 Einwohnern bekannt ist, muß bei der Ausführung dieses Vorhabens die Zivilbevölkerung dem sicheren Untergang entgegensehen. Mir ist durch das Gefecht an der Bahnlinie Drensteinfurt-Hamm und im Vorgelände westlich Ahlen bekannt — da ich die dortigen Kampftruppen persönlich herausholte, um im Lazarettbezirk Ahlen keinen Widerstand aufkommen zu lassen, um 3000 Verwundete zu schützen, sowie durch Zurückweisung von einzelnen Panzerkräften aus Lehr- und Ausbildungsabteilungen, die sich bei mir meldeten —, daß nur verschwindend geringe Kräfte von

---

180 Im Bereich Ahlen leisteten deutsche Truppen am Karsamstag (31. 3.) Widerstand in der Bauernschaft Rosendahl. Morgens gab Kreisleiter Wemhöner Befehle an Soldaten mit Panzerfäusten an Buschhoffs Ecke. Dr. Rosenbaum forderte, daß alle Soldaten wenigstens ein Kilometer von Ahlen entfernt sein müßten, da er Ahlen zur Lazarettstadt erklärte. Der Oberfeldarzt postierte einen Sanitäter mit weißer Fahne an der Kreuzung bei Buschhoff. Die US-Panzer rückten auf der Walstedder Straße vor, dann verließen sie die Straße und setzten den Vorstoß entlang der Holzheide über Ackerland fort. Hier, auf dem Schwarzen Weg, der gegenüber dem Gehöft Quante-Portmann in die Holzheide führte, gab Dr. Rosenbaum dem Amerikaner seine Absicht bekannt, Ahlen kampflos zu übergeben.
Am Nachmittag wurden die bis dahin durch Volkssturm besetzten Panzersperren auf der Wersebrücke an der Weststraße und ebenso an Vehrings Mühle bei Haus Seppenhagen auf Befehl Rosenbaums zerstört. Das Reservelazarett Ahlen errichtete beim Bauern Avenhövel in Borbein, nahe der Straße nach Drensteinfurt, einen Truppenverbandsplatz. Dort fielen 170 Offiziersbewerber des ROB-Lehrgangs VI im Kampf gegen US-Panzer. Mit dem Rest der Detmolder Einheit wollte sich die Kreisleitung auf Haus Seppenhagen zurückziehen. Da Dr. Rosenbaum eine MG-Stellung ein Kilometer westlich von Ahlen untersagte, wurde Haus Seppenhagen nicht verteidigt. Der MG-Trupp für die Verteidigung der Seppenhagener Brücke zog sich in ein Wäldchen in der Nähe des Bauernhofes Schulze-Brockhausen zurück. Die Reste des ROB-Lehrgangs traten den Rückzug auf Beckum an.

181 Beim Fehlen von Anführungszeichen ist nur der ungefähre Wortlaut bekannt.

Westen sich ostwärts nach Beckum herangezogen haben können. Was Sie persönlich an eigenen Kräften ostwärts zugeführt haben, entzieht sich meiner Kenntnis, ebenso, was Sie den — ich muß noch einmal sagen — ungeheuerlichen Waffen, die durch die Luftwaffe noch ergänzt werden sollen, entgegenzusetzen haben, weiß ich nicht. Aus einer ethischen und moralischen Verpflichtung heraus versuche ich — unbeeinflußt durch andere —, Sie mit diesen Ausführungen ins richtige Bild zu setzten über das, was der Stadt Beckum droht, wenn — ohne Berücksichtigung der Tatsachen, die ich Ihnen nenne — die gesamte Stadt mit ihrem Leben an Menschen, mit ihren Gütern an Kultur und Industrie restlos vernichtet werden muß. Und ich bitte Sie — unter Berücksichtigung der Tatsache, daß ich ein alter und, ich kann wohl sagen, verdienter Soldat bin und sowohl als Soldat und auch als Mensch mich für meine Heimat, mein Volk und mein Vaterland einzusetzen mich verpflichtet fühle —, daß auch Sie durch keinerlei der Erhaltung des Volksganzen nicht Rechnung tragenden Bindungen zur Partei und durch unverantwortliches Führertum sich nicht beengt fühlen möchten und für die Erhaltung möglichst vieler deutsche Menschen und deutschen Landes doch eintreten mögen. Ich erlaube mir, aus diesen Beweggründen heraus zu bitten, doch ernstlich darüber nachzudenken, ob es nicht gerechter und verantwortungsbewußter wäre, wenn Sie die Stadt Beckum — wie ich das in Ahlen mit meinen Verwundeten, mit den Lazaretten und der Zivilbevölkerung getan habe — zur offenen Stadt erklären. Ich mag Sie nicht beeinflussen und mit Geschwätz bereden, ich mag Ihnen keine Ratschläge geben, aber ich mußte Ihnen aus heiliger Liebe zum deutschen Land und deutschen Volk diese Nachrichten geben. Tun Sie, was Sie als Soldat müssen, tun Sie es nicht, ohne ernstlich mit sich zu Rate gegangen zu sein.'

Ich antwortete: ‚Herr Oberfeldarzt, ich sehe die Dinge, wie Sie sie schildern, wenn ich auch den Einblick in den Nachschub dort nicht habe. Ich bin Soldat und habe meinen Auftrag, aber ich werde mit meinem Kommandeur in Soest sprechen und werde Ihnen, wenn Sie mich um 23.15 Uhr anrufen, Antwort geben.'

Oberfeldarzt Dr. Rosenbaum: ‚Herr Major, ich muß Ihnen sagen, daß die Zeit drängt, denn der Befehl zur Zertrümmerung von Beckum mit allen verfügbaren Waffen ist bereits auf 23.30 Uhr angesetzt.'

Ich gab zur Antwort: ‚Trotz dieser Lage bin ich genötigt, erst Rückfrage zu halten; ich bitte daher erneut, mich um 23.15 Uhr wieder anzurufen.'

Bis ins Innerste erregt, gab ich den anwesenden Offizieren und Soldaten die Anweisung, das Zimmer zu verlassen, um Ruhe für die zu treffende Entscheidung zu haben.

Zunächst ließ ich Oberstleutnant Lübkemeier zu mir kommen und fragte ihn nach Oberfeldarzt Dr. Rosenbaum aus. Er erklärte mir, daß es sich um einen alten, bewährten Offizier handele, auf dessen Wort man sich verlassen könne. Aufgrund dieser Erklärung bestand für mich kein Zweifel über die Zuverlässigkeit der mir von Dr. Rosenbaum gemachten Mitteilungen.

Mein Auftrag schrieb mir vor, Beckum bis zum letzten Mann zu verteidigen. Dieses war dreifach befohlen: von meiner Division im Sinne meines Auftrages, vom Bezirks-Kampf-Kommandanten von Soest und vom Reichsverteidigungskommissar. Ich hatte demnach keine Wahl.

Jedoch Pflichtbewußtsein und Verantwortungsgefühl waren in einen Zwiespalt geraten. Gedrängt von der Zeit, mußte dieser Kampf rasch ausgefochten werden. Den Befehl, Beckum um jeden Preis zu verteidigen, um nur keinen Fußbreit Boden aufzugeben, hielt ich für unverantwortlich. Es fiel mir deshalb nicht schwer, mich über die

Befehle des Bezirks-Kampf-Kommandanten von Soest und des Reichsverteidigungskommissars hinwegzusetzen. Aber ich hatte von der Division Auftrag, zu verhindern, daß sich der Ruhrkessel frühzeitig schloß. Dieser Auftrag konnte mit meinen Kräften nur durch die Verteidigung von Beckum erfüllt werden:

Gab ich Beckum kampflos auf, um es zu retten, stand zu erwarten, daß der Feind am nächsten Tag ‚die Tür hinter uns zuschlug'. Die 116. Panzerdivision mußte dann in Durchführung ihrer vorgesehenen Aufgabe den Ring, dessen vorzeitige Schließung ich ermöglicht hatte, durch planmäßigen Angriff wieder sprengen. Starke Verluste waren zu erwarten, und es war fraglich, ob es überhaupt gelang.

Verteidigte ich Beckum, ging die Stadt in Trümmer, und ungezählte unschuldige Menschen kamen ums Leben.

Was sollte ich tun? Ich stand vor der Frage, mich für eines von zwei Opfern zu entscheiden. Welches war das geringere? Ich war nicht in der Lage, hier die aufs Ganze gesehen richtige Entscheidung zu treffen, aber ich mußte mich entscheiden. Und so siegte das Verantwortungsgefühl über das Pflichtbewußtsein.

Doch nun erhob sich eine neue Frage: Wer sollte die Verantwortung für diesen Entschluß tragen?

Es war nicht möglich, die Division durch Funk so weitgehend ins Bild zu setzten, daß sie zur richtigen Beurteilung der Lage imstande war. Außerdem war es ausgeschlossen, auf dem Funkweg zeitgerecht eine Entscheidung von ihr herbeizuführen. Eine Rückfrage war zwecklos.

Es blieb die Rückfrage beim Bezirks-Kampf-Kommandanten von Soest, dem ich sowieso unmittelbar unterstellt war und zu dem ich eine Drahtverbindung besaß. Trotzdem unterließ ich diese Anfrage, weil ich wußte, daß ich die Antwort erhalten würde, Beckum bis zum letzten Mann zu verteidigen; der Bezirks-Kampf-Kommandant von Soest würde die Verantwortung für diesen folgenschweren Entschluß nicht übernehmen.

Diese Gründe bewogen mich, aus eigener Verantwortung zu handeln und Beckum nicht zu verteidigen. Ich wußte, daß ich mit dem Kopf dafür einzustehen haben würde.

Ich befahl daraufhin die Führer der Kampfgruppen und Einheiten zu einer sofortigen Besprechung zu mir. Außerdem gab ich Anweisung, den kommissarischen Bürgermeister, Dr. Illigens, zu mir zu rufen. Kurz darauf — um 23.15 Uhr — erfolgte der erwartete Anruf von Dr. Rosenbaum. Ich begann das Gespräch:

Herr Oberfeldarzt, ich bitte Sie, mir auf Ihr Ehrenwort folgende Fragen zu beantworten: Erfolgte Ihr Anruf aus eigener Initiative oder auf Veranlassung des Amerikaners? — Kann ich mich auf die Zahlenangaben von 2 000 gepanzerten Kampffahrzeugen des Gegners verlassen? — Woher wissen Sie, daß um 23.30 Uhr eine Beschießung der Stadt Beckum erfolgen soll?

Dr. Rosenbaum antwortete: Ich hatte bereits nachmittags versucht, Sie zu erreichen, was mir nach Wiederherstellung der Drahtverbindung vorhin endlich gelang. Wie ich Ihnen bereits sagte, habe ich mir durch persönlichen Einblick ein Bild von der Feindstärke machen können: Ich glaube, daß meine Zahlenangabe eher zu niedrig gegriffen ist. Sie können sich diesen immensen Aufmarsch kaum vorstellen. Aus bestimmten Gründen kann ich Ihnen leider nicht sagen, woher ich weiß, daß um 23.30 Uhr die Beschießung von Beckum beginnt, aber Sie können sich auch auf diese Angabe verlassen.

Daraufhin antwortete ich: Ich bitte Sie, dem amerikanischen Kommandanten von Ahlen folgendes zu übermitteln: Der Kampfkommandant von Beckum bittet den

Kommandanten von Ahlen um eine Waffenruhe bis 1.00 Uhr früh, um mit ihm mündlich oder gegebenenfalls fernmündlich in Verhandlungen einzutreten zwecks Erklärung von Beckum zur offenen Stadt.

Dr. Rosenbaum: ‚Ich werde diesen Vorschlag dem amerikanischen Oberst übergeben. Die Zeit ist sehr knapp. Kommt dieser Vorschlag von Ihrem Vorgesetzten, oder ist das Ihr eigener Entschluß, der fest ist, an den Sie sich in jeder Weise gebunden halten?'

Ich gab zur Antwort: ‚Dieses ist mein eigener Entschluß, an den ich mich gebunden halte. Können Sie nicht als Parlamentär kommen?'

Dr. Rosenbaum: ‚Ich komme als Parlamentär, wenn Sie als deutscher Offizier und mein Kamerad mir das Ehrenwort geben, daß nicht unverantwortliche Elemente aus persönlicher oder parteilicher Einstellung heraus in meinen Ratschlägen irgend etwas sehen, das undeutsch ist und nicht von höchstem Verantwortungsbewußtsein getragen wird, um hieraus irgendeinen Anreiz zu bekommen, mich dabei zu beseitigen, denn ich möchte nicht von deutscher, unsauberer Hand fallen für eine heilige Pflicht aus höchstem Bewußtsein für das ganze Gewordene.'

Meine Antwort: ‚Ich verspreche Ihnen als Kampfkommandant von Beckum, wenn Sie zu mir als Parlamentär herauskommen, vollständig freies Geleit und sichere Ihnen jeglichen Schutz zu. Bitte, rufen Sie mich noch einmal um 23.45 Uhr an. In dieser Zeit habe ich meine Kommandeure gesprochen.'

Nach diesem Gespräch erschien der kommissarische Bürgermeister Dr. Illigens in Begleitung von Stadtoberinspektor Kersting, denen ich erklärte:

Ich habe bei dem Amerikaner in Ahlen um Waffenruhe bis 1.00 Uhr nachgesucht zwecks Erklärung von Beckum zur offenen Stadt. Ich werde bis 2.00 Uhr Beckum räumen und bitte Sie, Herr Bürgermeister, die Stadt den Amerikanern zu übergeben. — Dieser Entschluß ist selbständig, und ich trage dafür persönlich die volle Verantwortung.

Inzwischen waren die Kampfgruppen- und Einheitsführer eingetroffen. Ich gab ihnen eine kurze Beurteilung der Lage mit dem daraus getroffenen Entschluß und begründete diesen. Daraufhin rief ich ihnen pflichtgemäß den geheimen Führerbefehl vom Herbst 1944[182] ins Gedächtnis und stellte die Frage:

Ist einer von Ihnen aufgrund gegenteiliger Entschlußfassung bereit, Beckum befehlsgemäß zu verteidigen und damit die volle Verantwortung für die Weiterführung des Kommandos zu übernehmen?

Die an jeden einzelnen der sieben anwesenden Offiziere gestellte Frage wurde von allen mit ‚Nein!' beantwortet. Daraufhin erklärte ich: Ich bin aufgrund der Lage nicht imstande, gemäß Führerbefehl zunächst die Unteroffiziere vor die gleiche Fragestellung zu setzen und, wenn sich unter diesen keiner bereit erklärt, das Kommando zu übernehmen, anschließend im gleichen Sinne die Frage an alle Mannschaften zu richten. Ich handele daher im Sinne meines Entschlusses und ordne dazu an:

1. Die Stadt Beckum wird nach Verhandlung mit dem Feind als offene Stadt erklärt und ist bis 1.30 Uhr von allen eigenen Teilen zu räumen. Bis 1.45 Uhr ist die Räumung zu melden.

2. Feind wird im Laufe der Nacht die Stadt besetzen und wahrscheinlich sofort nach Süden nachstoßen. Ich rechne damit, daß es ihm gelingen wird, im Laufe des morgigen Tages die Schließung des Ruhrkessels durchzuführen.

---

182 „Hitlers Weisungen für die Kriegführung 1939–1945". Genauer Wortlaut im Anhang, Anlage 5.

3. Eigene Teile gewinnen im Fußmarsch über die Brücke bei Herzfeld das Südufer der Lippe und richten sich dort zwischen Lippstadt und Lippborg zur Verteidigung ein.

4. Neuer Gefechtsstand ab 5.00 Uhr in Oestinghausen.

Ergänzend erteilte ich die notwendigen Einzelbefehle über Räumung, Marsch, Marschfolge, Marschweg, Nachhuten, Beziehen der neuen Verteidigungsstellung, Trennungslinien und Gefechtsstände.

Daraufhin rief ich den Führer der Funkstelle Mackenberg an, klärte ihn über Lage und Entschluß auf und gab ihm Befehl, nach Sprengung der Funkstelle sich mit seinen Teilen auf die Linie Wiedenbrück-Lippstadt zurückzuziehen.[183] Die dort stehenden Kräfte in den Stützpunkten Wiedenbrück, Langenberg, Benteler und Cappel wurden fernmündlich über die Lage orientiert.

Adjutant und Ordonnanzoffiziere erhielten Auftrag, die inzwischen — bis auf eine — aufgefundenen restlichen Kompanien des Feldersatzbataillons in ihrem Anmarsch auf Beckum anzuhalten und ihnen die neuen Aufträge für den Einsatz südlich der Lippe zu übermitteln.

Gegen 23.40 Uhr rief Oberfeldarzt Dr. Rosenbaum erneut an: ‚Ich habe in letzter Minute erreicht, daß der Befehl zum Feuern rückgängig gemacht worden ist, und für Sie eine kurzfristige Waffenruhe erbeten und erreicht. Der amerikanische Oberst wird angerufen. Sein Dolmetscher ist hier: Sie sprechen am besten mit dem Dolmetscher. Sie können alles fernmündlich sagen. Wir könnten Sie aber auch abholen. Aber, warten Sie mal, wir können es zunächst ja fernmündlich versuchen. Ich warte hier am Telefon, ich stehe für Sie zur Verfügung.‘

Amerikanischer Dolmetscher: ‚Dr. Rosenbaum hat Ihnen bereits mitgeteilt, daß wir Ihnen die erbetene Waffenruhe gewährt haben. Wenn von Ihrer Seite nicht gefeuert wird, wird auch von dieser Seite nicht gefeuert. Wenn jedoch von Ihnen gefeuert wird, werden wir gegen 24.00 Uhr die Stadt angreifen, beginnend nach der Uhr, die jetzt gesetzt ist auf 18 Minuten vor 24.00 Uhr. Falls von Ihnen aus gefeuert wird, müssen wir auch feuern; dann wird die Stadt ohne Rücksicht bombardiert werden.‘

Ich antwortete: Ich halte mich an die getroffene Vereinbarung: Bis 1.00 Uhr ist Waffenruhe; bis dahin wird von unserer Seite aus nicht gefeuert. Ich habe mich entschlossen, Beckum als offene Stadt zu erklären und kampflos zu räumen. Die amerikanischen Truppen dürfen nicht vor 6.00 Uhr die Stadt betreten.

Amerikanischer Dolmetscher: ‚Herr Oberfeldarzt ist hier anwesend, wir haben einen Zeugen. — Gut, ich werde sofort mit dem Herrn Oberst sprechen. Es wird einige Minuten dauern, bis Antwort kommt.‘

Dr. Rosenbaum: ‚Ich höre Schießen. Geht das zu Ihnen hin?‘

Meine Antwort: ‚Nein!‘

Dr. Rosenbaum: ‚Nicht! Der amerikanische Oberst ist weg, den Feuerbefehl zu stoppen. Ich rufe Sie nochmals an. Gut!‘

Für mich war jetzt von entscheidender Bedeutung, Zeit zu gewinnen, denn meine Truppe war zu Fuß und der Amerikaner motorisiert. Ich mußte einen mehrstündigen Vorsprung haben, um meine Teile ungeschoren über die Lippe zu bringen.

---

183 Kurz darauf mußte diese Luftwaffeneinheit dann aber den Marsch nach Iburg bei Osnabrück antreten.

Gegen 23.55 Uhr rief mich der amerikanische Dolmetscher erneut an: Herr Oberst läßt Ihnen mitteilen, daß wir Ihren Vorschlag nicht annehmen können. Unsere Truppen werden um 2.00 Uhr die Stadt Beckum betreten. Das ist unser Vorschlag.

Ich antwortete: Dieser Vorschlag ist für mich unannehmbar. Ich sehe mich daher gezwungen, nach Ablauf der Waffenruhe die Stadt zu verteidigen. Die einzige Konzession, die ich machen kann, ist, daß Sie mit Ihren Truppen um 4.00 Uhr die Stadt betreten. Ich bitte, das Herrn Oberst zu übermitteln.

Amerikanischer Dolmetscher: Ich werde Herrn Oberst das mitteilen. Bleiben Sie am Apparat, ich werde Ihnen das Ergebnis gleich durchsagen.

Dr. Rosenbaum: ‚Herr Major, ich halte die Verbindung aufrecht, ich bin am Apparat.'

Ich: ‚Zwei Minuten vor Mitternacht.'

Dr. Rosenbaum: ‚Das ist es auch hier. In vier Stunden, um 4.00 Uhr früh, lassen Sie den Gegner die Stadt betreten. Die Stadt wird zur offenen Stadt erklärt. Ich habe meine Sekretärin bei mir; ich lasse alles aufschreiben. — Sie baten darum, daß ich Sie nochmals anrufen sollte; wenn Sie noch etwas sagen wollen, dann können Sie es jetzt tun. Ich bin mit meinem Stabsarzt Dr. Nolte und meiner Sekretärin allein. So kann ich das hier Gesagte diktieren. Alles, was Sie tun, das ist — in vollster Verantwortung vor der Geschichte —, für unser Vaterland und Volk das Beste zu tun.'

Ich diktierte: ‚Es ist der schwerste Entschluß meines Lebens. Ich, Rudolf Dunker, geboren am 13. 5. 1916 in Santiago (Chile), Major im Infanterieregiment 37 (Osnabrück), kommandiert zur 116. Panzerdivision, habe heute morgen aus eigenem Entschluß mich zum Kampfkommandanten von Beckum gemacht. Es gelang mir, den drohenden Durchbruch des Feindes durch Einsatz aller Kräfte zu verhindern. Da ich die Verantwortung nicht tragen kann, daß — aufgrund der fernmündlichen Mitteilungen von Oberfeldarzt Dr. Rosenbaum — die Stadt Beckum einem starken feindlichen Aufmarsch ausgesetzt wird, dessen Auswirkungen die völlige Zerschlagung der Stadt, der Einwohner und der Truppe herbeiführen würde, sehe ich mich gezwungen, aus selbständigem Entschluß, ohne vorheriges Befragen eines Vorgesetzten, zu dem ich Verbindung habe, die Stadt Beckum zur offenen Stadt zu erklären und sie damit dem Gegner ohne Kampf in die Hand zu geben. Ich habe alle meine Offiziere befragt, ob einer die Verantwortung übernehmen wolle; keiner fühlte sich dazu in der Lage, so daß ich bei meinem Entschluß blieb. Ich glaube, damit im Sinne des Ganzen den richtigen Entschluß gefaßt zu haben. Ich werde freiwillig meinem Leben ein Ende machen.'

Dr. Rosenbaum: ‚Ich kann alles Gesagte nur bestätigen, Herr Major. — Herr Major, Sie machen mit sich kein Ende. Ich habe meine Herren hier auch gefragt, ob ich, da ich diesen Rat geben soll und will, in den Augen meiner 30 Sanitätsoffiziere, die zugegen sind, noch als anständiger deutscher Offizier gelte oder als Verräter. Die Sache des Vaterlandes und Volkes muß uns höher stehen als irgendeine Teilsache, die uns in der Form irgendwie dienstlich gesetzt ist, dem Ganzen aber nicht gerecht wird. Und ich kann Ihnen nur eines sagen, daß ich persönlich in meinem Leben keine Verantwortung gescheut habe, keine Gefahr vor dem Feind. Ich habe das Ritterkreuz des Hausordens von Hohenzollern, ich habe die Rettungsmedaille am Bande; das sind Auszeichnungen, die Ihnen zeigen, daß ich nicht irgendwo aus der Gosse komme. Ich bin mir immer bewußt, was ich im einzelnen zu tun habe. Und wenn ich Ihnen dieses sage, so sage ich es Ihnen als Mensch und als Soldat. Ein sich seiner ganzen Verantwortung bewußter Mann — und dafür sterbe ich — hat Ihnen den Rat gegeben,

Ein Blick in das schwer zerstörte Dülmen, das am 30. März 1945 von Truppen der 9. US-Armee besetzt wurde

Im gerade besetzten Haltern suchen ausgebombte Deutsche am 30. März 1945 eine neue Unterkunft.

Auf dem Wege nach Münster haben Soldaten des 194. Luftlande-regiments in Appel-hülsen zahlreiche deutsche Gefangene gemacht.

Fotos: US-Army

Aus den Kämpfen um Dorsten:



Infanteristen der 8. US-Panzerdivision überqueren im Laufschritt einen freien Platz in Dorsten.

Verwundete Soldaten der 8. US-Panzerdivision werden in Dorsten zu einer Verwundeten-Sammelstelle gebracht.

Fotos: US-Arm

Eine Panzerabteilung der 8. US-Panzerdivision rückt am 29. März 1945 in das schwer zerstörte Dorsten ein. Verwundete Soldaten werden auf einem Jeep zurückgebracht.

Bei Kirchhellen beobachtet am 28. März 1945 ein Offizier des 58. Panzerbataillons der 8. US-Panzerdivision einen brennenden deutschen Beobachtungsposten.



Schwere Sherman-Panzer der 8. US-Panzerdivision bekämpfen am 28. März 1945 vor Kirchhellen deutsche Artilleriestellungen.

Fotos: US-Arm

Eine lange Kolonne der 2. US-Panzerdivision im südlichen Münsterland auf dem Marsch nach Osten

Drei US-Generale im Gespräch:
von links Generalleutnant William H. Simpson (9. US-Armee), Generalmajor John B. Anderson (XVI. Korps), Generalmajor John M. Devine (8. Panzerdivision)

Auf dem Wege nach Lippstadt? Sherman-Panzer des 67. Panzerregiments der 2. US-Panzerdivision rollen durch Ahlen.

Ein von der 8. US-Panzerdivision eingebrachter Gefangener wird verhört.
Fotos: US-Army

Eine Fahrzeugkolonne der 83. US-Infanteriedivision an einer Straßenkreuzung in Ahlen am 2. April 1945



In Beckum überraschen US-Soldaten deutsche Zivilisten beim Plündern eines Vorratslagers der Wehrmacht. Fotos: US-Army

Sie rangen um Ahlen und Beckum:
(von oben nach unten)

Oberfeldarzt Dr. med. Paul Rosenbaum, Chef der Ahlener Lazarette

Major Rudolf Dunker,
von der 116. Panzerdivision abkommandiert mit Sonderauftrag,
später Kampfkommandant von Beckum, organisierte südlich von Lippstadt
eine neue Widerstandslinie.

Oberst Sidney R. Hinds,
2. US-Panzerdivision
(links im unteren Bild)

Fotos: US-Army
und privat

Ein Plakat, das in Ahlen aushing.

daß auch Sie — wie ich — nicht zulassen möchten, daß deutsches Gut und deutsche Kultur und Menschenleben sinn- und würdelos zerstört werden. Dafür stehe ich ein — und vor jedem —, und Sie haben das jetzt auch bewußt getan. Es hat aber nichts mit der Würde zu tun, wenn wir eine Stadt von 15000 Seelen sinnlos massakrieren lassen.

In Ihrer Entscheidung brauchen Sie sich vor der Geschichte nicht zu schämen, Sie können stolz darauf sein. Ich werde — ich bin hier jetzt wahrscheinlich geschützt — mit allen Mitteln diesen Ihren Entschluß als einen würdigen und einzig möglichen Entschluß darstellen.

Es hat ein Volk nichts Höheres zu tun, sagt Clausewitz, als für seine Freiheit und Würde einzustehen! Und diese Würde haben Sie zum mindesten jetzt so gut vertreten wie die Freiheit.

Lassen Sie sich das von einem alten, verdienten Soldaten sagen. Und ich möchte Sie bitten, daß Sie Ihrem Leben kein Ende machen, denn, Herr Major, Männer wie Sie können wir in Deutschland brauchen.

Verstehen Sie mich! Ich habe keinen sehnlicheren Wunsch, als daß Sie mich eines Tages nochmal aufsuchen, oder ich bitte Sie, sich meine Anschrift aufzuschreiben. Ich weiß nicht, was mir geschieht, aber ich bin zu erreichen als Grubenrettungsarzt in Kohlscheid bei Aachen: Dr. Paul Rosenbaum.

Herr Major, nicht das Machen macht Geschichte, sondern das Denken und die Gesinnung. Wenn ich für irgend jemand sorgen kann, bitte sagen Sie es mir.'

Ich diktierte weiter: ,Ich wohne in Husum/Nordsee, Osterhusumer Straße 19. Meine Mutter ist Frau Blanca Dunker; mein ältester Bruder Carlos ist wahrscheinlich in Danzig geblieben; mein zweitältester Bruder lebt in Santiago de Chile; ich bin der dritte; der vierte Bruder Franz ist gefallen; der fünfte Bruder Heinz ist gestorben; meine Schwester Gisela ist zu Hause. Nur bitte ich, ihnen meine Grüße zu übermitteln, wenn ich es persönlich nicht mehr kann, und ihnen alles zu sagen, was Sie mir gesagt haben. Der letzte Gruß gilt, wenn ich nicht wiederkehre, meinen Angehörigen. Und hiermit verspreche ich Ihnen, mir selbst nicht das Leben zu nehmen. Das ist alles!'

Dr. Rosenbaum: ,Sie haben mir etwas versprochen, und damit grüße ich Sie in Ehrfurcht und wirklicher Kameradschaft. — Ich übergebe den Apparat dem Dolmetscher.'

Amerikanischer Dolmetscher: ,Ich bedaure, daß wir den Vorschlag bis 4.00 Uhr nicht annehmen können. Wir können nur auf unserem Vorschlag bestehenbleiben. Falls gefeuert wird, wird die Stadt mit vollem Beschuß belegt werden müssen. Der Grund für unsere Aktion ist nur darin zu suchen, daß wir, soweit möglich, Menschenleben sparen wollen und genauso anständige Behandlung der Zivilbevölkerung, den Verwundeten oder in Gefangenschaft Kommenden gewährleisten. Wir halten uns an die Genfer Konvention und, falls gefeuert wird, wird nicht viel übrigbleiben.'

Ich erwiderte: Ich muß die Verantwortung für diese Abmachung ablehnen, denn wenn es mir nicht gelingt, alle meine Truppen aus Beckum herauszuziehen, kann es geschehen, daß in der Dunkelheit der Nacht Ihre Truppen plötzlich mit Teilen der meinigen zusammenstoßen und es zu Feuergefechten kommt. Die Schuld trifft dann mich, und ich werde später dafür zur Rechenschaft gezogen. Sie werden einsehen, daß ich aus diesem Grunde daran festhalten muß, daß vor 4.00 Uhr kein amerikanischer Soldat die Stadt betritt. Ich bitte Sie, dieses Herrn Oberst zu übermitteln. Außerdem bitte ich, mir den Namen von Herrn Oberst zu sagen.

Amerikanischer Dolmetscher: ‚Ich werde nochmals mit Herrn Oberst sprechen. — Den Namen kann ich Ihnen leider nicht sagen im Moment. Der Name ist Herrn Oberfeldarzt Dr. Rosenbaum bekannt. — Aber ich werde ihm das sagen, warten Sie einen Moment.'

Kurz darauf meldete sich der amerikanische Dolmetscher wieder: Herr Oberst ist mit Ihrem Vorschlag einverstanden. Um 4.00 Uhr werden wir die Stadt betreten. — Den Namen von Herrn Oberst darf ich Ihnen nicht nennen.

Ich anwortete: Damit ist unsere Abmachung für mich bindend. Ich bitte Sie nochmals, mir den Namen von Herrn Oberst zu sagen, da ich den meinen auch genannt habe.

Etwas später der amerikanische Dolmetscher: ‚Herr Major, die Entscheidung muß dieselbe bleiben. Aus reinen Sicherheitsgründen kann das nicht gesagt werden. Die Gründe sind Herrn Oberfeldarzt Dr. Rosenbaum bekannt, und im Moment ist unsere Lage ja durchaus anders als Ihre.'

Ich antwortete: Trotzdem muß ich darauf bestehen, daß mir der Name von Herrn Oberst genannt wird, da ich meiner vorgesetzten Dienststelle zu melden habe, mit wem ich verhandelt habe.

Amerikanischer Dolmetscher: ‚Es ist gut. Ich werde das dem Kommandeur einmal sagen. Er wird in einigen Minuten hier sein.'

Dr. Rosenbaum: ‚Sie können Ihre Entscheidung ruhig treffen. Ich warte am Apparat. — Herr Major, ich darf Ihnen ja noch sagen, daß ich die Verantwortung mit Ihnen teile.'

Während ich noch einige Anordnungen und Befehle erteilte, übernahm Oberstleutnant Lübkemeier den Fernsprecher, und Dr. Rosenbaum sagte zu ihm: ‚Hier ist Oberfeldarzt Dr. Rosenbaum. Herr Oberstleutnant, Sie müssen ja noch warten. Sie können Herrn Major Dunker sagen, daß ich in meinen Ausführungen über die Rüstung der Amerikaner noch zu sanft war. Ich habe gesprochen von starken Massierungen, man kann schon sagen, das ist Ungeheuerliches. Sonst würde ich Ihnen das gar nicht gesagt haben. Ich bin den Kolonnen den ganzen Nachmittag entgegengefahren, da ich Verwundete suchte, und habe aus vier Straßen heraus, von Westen her, den ganzen Aufmarsch mit angesehen.'

Oberstleutnant Lübkemeier: Soll das Gespräch abgebrochen werden?

Dr. Rosenbaum: ‚Nein, von mir aus nicht. Es steht noch ein Gespräch mit dem Bevollmächtigten aus. Es handelt sich da um den Namen. — Helfen Sie Herrn Major, den Entschluß etwas leichter machen, denn wir machen ja Geschichte. — Sie können Herrn Major Dunker sagen, daß sein Brief für mich heiligstes Vermächtnis ist.'

Amerikanischer Dolmetscher: ‚Herr Major, es tut mir leid, Ihnen den Namen nicht bekanntgeben zu dürfen.'

Dr. Rosenbaum: ‚Vor der Geschichte weiß ich den Namen.'

Ich wandte mich erneut an den amerikanischen Dolmetscher: Ich werde im Rathaus von Beckum einen Parlamentär zurücklassen.

Amerikanischer Dolmetscher: ‚Im Rathaus von Beckum werden Sie einen Parlamentär zurücklassen. Was soll der Parlamentär tun?'

Ich antwortete: Ich bitte, diesem Parlamentär nach Ihrem Eintreffen den Namen von Herrn Oberst zu sagen, damit er mir denselben später mitteilen kann.

Amerikanischer Dolmetscher: ‚Das wäre ja reiner Erkundungsdienst, ein Parlamentär soll doch etwas festsetzen. Das ist der einzige Grund, weil ich Ihnen den

Namen nicht sage. Herr Oberfeldarzt weiß den Namen, und Sie wissen selbst, daß Namen von Leuten oft nicht bekanntgegeben werden können.'

Ich teilte ihm daraufhin mit: ‚Im Rathaus von Beckum wird der Bürgermeister der Stadt als Parlamentär warten und Ihnen beim Einmarsch mit einer weißen Fahne entgegenkommen, um die Stadt zu übergeben.'

Amerikanischer Dolmetscher: ‚Ich werde diesen Vorschlag bekanntmachen.'

Kurz darauf der Dolmetscher: ‚Herr Major, der Vorschlag ist in der Bestätigung, daß ein Parlamentär mit weißer Flagge herauskommt, mit dem der Kommandeur auf halbem Wege einen Treffpunkt und die Bedingungen vereinbart. So wäre das die einzig mögliche Art, und so ist das auch üblich. Sonst haben wir ja alle Vorschläge gemacht, und wir haben gehört, was Sie sagen konnten. Wir haben Ihnen schon Konzessionen gemacht, und wir hoffen, daß weiteres Blutvergießen vermieden wird.

Oberfeldarzt Dr. Rosenbaum hat Ihnen die Lage erklärt. Ich stimme mit ihm überein. Sie haben keine Angst gezeigt, und Sie wissen, wie Sie sich zu verhalten haben. Oberfeldarzt Dr. Rosenbaum ist Zeuge, daß ich Ihnen mein Wort gebe.'

Ich erwiderte: ‚Gut! — Ich bitte noch dafür zu sorgen, daß dem Bürgermeister von Beckum als Parlamentär nichts zustößt.'

Amerikanischer Dolmetscher: ‚Gut! — Das kann ich bestätigen, dessen Sicherung ist gewährt. — Sie wissen unsere Vorschläge. Sie werden sich danach verhalten, und ich hoffe, daß die Entscheidung so ist, wie sie für alle am besten ist. Und die am meisten unter Ihrer Entscheidung leiden werden, sind die Zivilisten. Ich danke Ihnen!'

Um 0.50 Uhr waren die Verhandlungen beendet. Ich wurde kurz darauf vom Bezirks-Kampfkommandanten von Soest angerufen, der mich fragte, warum seit über zwei Stunden die stündlich angeordneten Orientierungen unterblieben seien.

Ich meldete ihm die letzten Vorkommnisse. Zunächst war er verblüfft und konnte mir nicht antworten. Nachdem er sich gefangen hatte, überschüttete er mich mit Vorwürfen und befahl, daß ich alles rückgängig machen und Beckum verteidigen sollte. Ich lehnte ab und erklärte, daß ich mich an die Abmachungen mit den Amerikanern hielte. Er fragte daraufhin, warum ich selbständig gehandelt hätte, obgleich eine vorherige Nachfrage möglich gewesen wäre. Ich erwiderte, ich hätte gewußt, daß ich niemals die Genehmigung zu diesem Vorhaben von ihm erhalten würde, daher hätte ich aus eigener Verantwortung gehandelt. Als er schließlich einsah, daß ich an meinem Entschluß festhielt, befahl er mir, mich hart südlich von Beckum zur Verteidigung einzurichten. Dieses lehnte ich mit der Begründung ab, daß diese Verteidigung im offenen Gelände ohne Artillerie- und ausreichende Panzerunterstützung sinnlos sei. Außerdem befände sich die Truppe bereits im Abrücken, ich würde in dieser schwierigen Lage keine Änderung meiner getroffenen Maßnahmen vornehmen.

Das Gespräch wurde von beiden Seiten immer erregter geführt. Schließlich beendete ich es mit der Erklärung, daß ich keine Zeit mehr hätte, am kommenden Morgen würde ich — nach Rückführung meiner Truppe — mich auf seinem Gefechtsstand melden und dann zur Verfügung stehen.

Erst langsam legte sich die innere Erregung, die mich nach all dem Erlebten ergriffen hatte. Ich wußte, was mir bevorstand.

Die ersten Meldungen liefen ein: Die Einheiten hatten ihre Stellungen geräumt und befanden sich auf dem Marsch. Um 1.45 Uhr traf die Meldung der letzten Kompanie ein, daß sie den Südausgang von Beckum erreicht habe.

Durch Funk meldete ich der 116. Panzerdivision[184] meinen Entschluß, die neue Lage und meine Absichten.

Um 2.00 Uhr am 1. April bestieg ich meinen Kraftwagen und verließ die Stadt Beckum, um zu meinem neuen Gefechtsstand nach Oestinghausen zu fahren. Gegen 4.00 Uhr erreichte ich, an den marschierenden Kolonnen vorbeifahrend, Herzfeld. Als wir uns der Brücke über die Lippe näherten, ging diese einige hundert Meter vor uns in die Luft. Wir sahen uns plötzlich einer kaum lösbaren Aufgabe gegenüber.

In Lippstadt war der nächste und einzig mögliche Übergang über die Lippe. Ich hatte meinen Stab bereits vorausgeschickt und keine Führungsmittel mehr verfügbar. In mühevoller, zweistündiger Hin- und Herfahrerei gelang es, trotz der Nacht und obgleich ich die Truppenteile — bis auf ihre Führer — nicht kannte, alle Einheiten zu verständigen und ihnen als neuen Auftrag zu befehlen, über Lippstadt einen Versammlungsraum hart südwestlich von Lippstadt bis 11.00 Uhr zu erreichen. Der dem Gegner durch Verhandlung abgerungene Zeitvorsprung mußte durch diese Querbewegung zum Feind verlorengehen, es war daher fraglich, ob meine Absicht gelang.

Auf der Weiterfahrt ließen die uns begegnenden Kirchgänger bewußt werden, daß Ostersonntag war. Um 7.00 Uhr erreichte ich meinen neuen Gefechtsstand in Oestinghausen. Nach einer einstündigen Ruhepause fuhr ich weiter nach Soest. Gegen 9.00 Uhr traf ich auf dem Gefechtsstand des Bezirks-Kampf-Kommandanten ein. Ich stand einem neuen Kommandanten, Oberst Stripp, gegenüber. Ein schweres Donnerwetter brach über mich herein, und ich sollte sofort vor ein Standgericht gestellt und erschossen werden. Durch einen Anruf wurde der Oberst in seinen Vorhaltungen plötzlich unterbrochen. Ich hörte, daß es sich um eine wichtige Feindmeldung handelte, und hatte das Gefühl, daß dies eine Änderung meiner Lage herbeiführen würde.«

---

184 Die 116. Panzerdivision stand zu dieser Zeit noch in der Gegend nordwestlich von Dortmund bei Recklinghausen und wartete auf den Befehl zur Herauslösung aus der Front und Rückverlegung nach Osten.

6. Kapitel

# Kämpfe vor und um Paderborn

Während sich am Abend des 28. März im Raum um Marburg die Kampfgruppen der 3. US-Panzerdivision darauf vorbereiteten, im Rahmen des VII. Korps der 1. US-Armee den gewaltigen Stoß nach Norden, auf Paderborn, vorzubereiten, gab es auf der deutschen Seite ebenfalls einige Vorbereitungen und Befehle, um diesem Stoß zu begegnen.

Die Heeresgruppe H des Generalobersten Blaskowitz hatte, wie bereits beschrieben, eine Lagebeurteilung an den Oberbefehlshaber West, Feldmarschall Kesselring, und an das Oberkommando der Wehrmacht gegeben. Darin war der feindliche Durchbruch weit im Osten der Heeresgruppe B und der 1. Fallschirmarmee befürchtet und der Aufbau einer Weserverteidigung unter Heranziehen von Truppen aus Holland gefordert worden.[185]

Gleichzeitig bemühten sich verschiedene Stellen um die SS-Ausbildungsverbände auf dem Truppenübungsplatz Sennelager. Um 22.00 Uhr am 28. März bat das Wehrkreiskommando im Auftrage der Heeresgruppe H, Generaloberst Blaskowitz, den Oberbefehlshaber des Ersatzheeres um Freigabe der Tigerlehrgänge Senne.[186] An diesem Tage befahl die Heeresgruppe B, Model, den sofortigen Abmarsch des SS-Regiments Holzer. Ein Verbindungsoffizier solle sofort zum Hauptquartier der Heeresgruppe in Neuenkleusheim bei Olpe kommen.[187] Oberst Eichert-Wiersdorff sprach um 22.00 Uhr mit dem Kommandanten des Truppenübungsplatzes, Generalmajor Goerbig, wegen des Einsatzes der SS- und Heeres-Panzer-Einheiten, die auf dem Platze lagen.[188]

Am Morgen des 29. März, Gründonnerstag, gab Generaloberst Blaskowitz die Gruppe Senne, einschließlich der Panzerabteilung 507, zum Schutze der Südflanke des Wehrkreises frei, allgemeine Linie etwa: Warburg-Paderborn.[189]

Feldmarschall Model befahl am Mittag dieses 29. März dem Wehrkreis VI, daß die SS-Panzer-Aufklärungs-Einheiten mit größter Beschleunigung an die Durchbruchsfront über Niedermarsberg und Korbach herangeführt würden.[190] Kurz darauf ordnete die Heeresgruppe B an, der Einsatz des SS-Ausbildungsregiments Senne sei unter allen Umständen zu beschleunigen, es solle über Korbach nach Süden vorstoßen, um sich dem Feinde bei Battenberg vorzulegen und dadurch dessen rückwärtige Teile abzuschneiden.[191]

---

185 Wegmann, a. a. O., II., S. 127. Die Antwort war aber eine schroffe Ablehnung und das Verbot, jemals wieder so eine Lagebeurteilung vorzulegen. Die Heeresgruppe H hätte unter Ausnutzung aller Möglichkeiten an all ihren Abschnitten weiter zu halten. Ihr wurde die Zuführung einiger Ausbildungs-Regimenter und Ausbildungs-Panzertruppenteile aus Dänemark versprochen.

186 Bundesarchiv-Militärarchiv (bei weiterer Nennung: BA-MA) RH 53-6/30 f. 81

187 BA-MA RH 53-6/30 f. 79

188 WK VI, Darstellung der Ereignisse. BA-MA RH 53-6/30 f. 107

189 Obermair an Eichert-Wiersdorff, 29. 3. 1945, 6.30 Uhr, BA-MA RH 53-6/30 f. 94

190 BA-MA RH 53-6/30 f. 93

191 WK VI an Kommandeur SS-Ausbildungsregiment Senne und Fs-Armeeoberkommando 1, BA-MA RH 53-6/30 f. 84

Das Wehrkreiskommando bat auch das SS-Führungshauptamt um Freigabe des SS-Panzer-Ausbildungs- und Ersatzregimentes unter dem Obersturmbannführer Holzer, den SS-Panzer-Aufklärungs-Abteilungen und der SS-Panzer-Ersatz-Abteilung.[192] Der Führer befahl nun deren Einsatz.[193]

Am Morgen des 30. März meldete das Wehrkreiskommando VI der Heeresgruppe H, am Vorabend seien feindliche Panzer um Büren, in Niedermarsberg, etwa 50 bis 100, und in Scherfede, dort Panzerspitze, gemeldet worden.[194] Dem Obersturmbannführer Stern teilte das Wehrkreiskommando einen Befehl des Wehrmachtführungsstabes (Jodl) mit, der Führer habe den Angriff Bayerlein aus dem Raum Schmallenberg Richtung Ederstausee genehmigt. Die SS-Kampfgruppe Sennelager, verstärkt durch die Tiger-Abteilung 507, haben dem Angriff aus dem Raum nördlich Korbach nach Westen entgegenzustoßen. Alle einsatzbereiten Jagdtiger aus dem Sennelager seien der Gruppe nachzuführen. Das Wehrkreiskommando teilte Stern mit, er werde weitere Befehle vom LXVI. Armeekorps der Heeresgruppe B erhalten.[195]

In einem Sturmlauf ohnegleichen hatten die Panzerkolonnen der 3. US-Panzerdivision am 29. März 1945 die Briloner Höhen von Brilon bis Niedermarsberg gewonnen. Am Morgen des 30. März — es war der Karfreitag — setzten die US-Kampfgruppen ihren Vormarsch in Richtung Paderborn fort. In der ersten Tageshälfte durchrollten die US-Verbände den Großteil, insbesondere den südlichen Teil des damaligen Kreises Büren und erreichten gegen Mittag die Südgrenzen des Kreises Paderborn.

Die Kampfgruppe Richardson stieß von Alme aus mit ihren Panzern über den Kleinen Hellweg an Büren vorbei und traf am frühen Nachmittag vor Kirchborchen ein. Die Kampfgruppe Hogan stieß bis nach Wewer vor, und die Kampfgruppe Welborn traf bereits bei Husen und Henglarn auf Widerstand, während rechts davon die Kampfgruppe Lovelady bei Wrexen von deutschen Truppen zunächst gestoppt wurde. Seit ihrem Rheinübergang bei Remagen trafen die Kampfgruppen der 3. US-Panzerdivision erstmals wieder auf energischen deutschen Widerstand.

Der Gegner, auf den die US-Verbände hier unerwartet trafen, war die „SS-Brigade Westfalen". Diese „Brigade" war erst wenige Stunden zuvor auf dem Truppenübungsplatz Sennelager, nördlich von Paderborn, aufgestellt worden.[196]

---

192 WK VI an SS-Führungshauptamt: Bitte um Freigabe SS-Ausbildungs- und Ersatzregiment Senne und Panzeraufklärer-Abteilung Senne, BA-MA RH 53-6/30 f. 90, Bitte um Freigabe SS-Ersatz-Abteilung Uhden und der SS-Panzeraufklärungs-Abteilung Denker, a. a. O., f. 102

193 SS-Führungshauptmann an WK VI, 30. 3. 1945: Einheiten seit 29. 3. nachmittags bereits im Gefecht „und Befehl hierzu vom Führer gegeben". BA-MA RH 53-6/30 f. 92

194 WK VI an Heeresgruppe H, 30. 3. 1945, BA-MA RH 53-6/30 f. 100

195 WK VI an Stern, Auszug aus Fernschreiben OKW/WFSt OP (H), 30. 3. 1945, BA-MA RH 53-6/30 f. 75
Anmerkung des Verfassers: Die diesbezüglichen Akten zu den vorstehend geschilderten Vorgängen konnte der Verfasser im Stadtarchiv von Paderborn einsehen. Sie waren dort vor einiger Zeit von Herrn Jost W. Schneider, Wuppertal, deponiert worden, der diese Akten beschafft hatte. Die Ereignisse sind bereits von Dr. Friedrich Gerhard Hohmann in seinem Bericht „Das Ende des Zweiten Weltkrieges im Raum Paderborn", Westfälische Zeitschrift, 130. Band, 1980, sehr ausführlich beschrieben worden.

196 Auf dem Truppenübungsplatz Sennelager lagen in den letzten Kriegswochen u. a. das SS-Panzerersatz- und Ausbildungsregiment sowie die SS-Panzeraufklärungs-Ersatz-Abteilungen I und II. Dazu kamen die beiden schwachen Abteilungen des am 28. 3. aufgelösten SS-Panzerregiments 26. Bereits am 8. 2. 1945 waren die Panzerlehrgänge „Tiger", die Panzerersatz- und Ausbildungs-Abteilung 500 und die Technische Lehrgruppe in Paderborn zur Panzerersatz- und Ausbildungs-Abteilung „Tiger" (ohne Nr.) zusammengefaßt worden.

Am 29. März waren die einzelnen Einheiten auf dem Truppenübungsplatz Sennelager und Umgebung alarmiert worden und von dort im Fußmarsch in drei Kolonnen angetreten. Die westliche Kolonne (SS-Infanterieregiment Meyer) marschierte über Paderborn-Kirchborchen in Richtung Marsberg. Sie war am 30. März bis in die Ge-

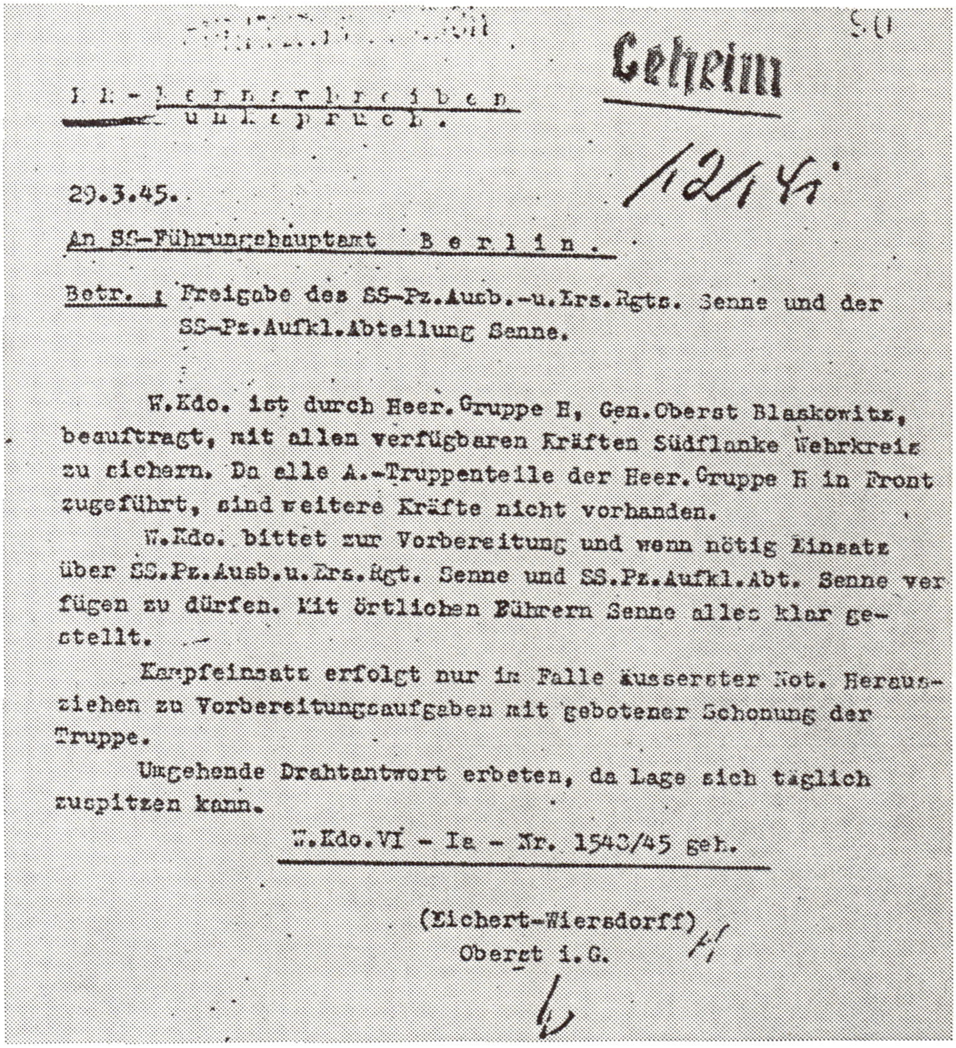

Geheim

Fernschreiben

Funkspruch.

29.3.45.

An SS-Führungshauptamt B e r l i n .

Betr.: Freigabe des SS-Pz.Ausb.-u.Ers.Rgts. Senne und der SS-Pz.Aufkl.Abteilung Senne.

W.Kdo. ist durch Heer.Gruppe H, Gen.Oberst Blaskowitz, beauftragt, mit allen verfügbaren Kräften Südflanke Wehrkreis zu sichern. Da alle A.-Truppenteile der Heer.Gruppe H in Front zugeführt, sind weitere Kräfte nicht vorhanden.

W.Kdo. bittet zur Vorbereitung und wenn nötig Einsatz über SS.Pz.Ausb.u.Ers.Rgt. Senne und SS.Pz.Aufkl.Abt. Senne verfügen zu dürfen. Mit örtlichen Führern Senne alles klar gestellt.

Kampfeinsatz erfolgt nur im Falle äusserster Not. Heranziehen zu Vorbereitungsaufgaben mit gebotener Schonung der Truppe.

Umgehende Drahtantwort erbeten, da Lage sich täglich zuspitzen kann.

W.Kdo.VI - Ia - Nr. 1543/45 geh.

(Eichert-Wiersdorff)
Oberst i.G.

*Dokument 1: Fernschreiben des Wehrkreiskommandos VI an das SS-Führungshauptamt Berlin zwecks Freigabe der SS-Ausbildungs-Einheiten auf dem Truppenübungsplatz Sennelager*

gend Atteln-Helmern gelangt, dort auf die ersten amerikanischen Panzer gestoßen und bis in die Gegend von Nord- und Kirchborchen nach schweren Kämpfen zurückgeworfen worden. Die mittlere Kolonne (SS-Regiment Holzer), dabei die Heeres-

panzer-Abteilung 507[197], war am 30. März in der Gegend von Eggeringhausen-Dörenhagen mit amerikanischen Panzern ins Gefecht geraten und hatte nach schwerem Kampf das Schlachtfeld behauptet. Den hier vorstoßenden US-Kampfgruppen war damit der Weg nach Paderborn zunächst verlegt worden, zudem hatten sie erhebliche Ausfälle an Panzern und Schützenpanzerwagen gehabt.[198]

Die dritte (östliche) Kolonne des SS-Infanterieregiments Holzer, I. und II. Abteilung, war bei Scherfede auf die Amerikaner gestoßen. In schweren hin- und herwogenden Kämpfen konnte auch dieser Platz zunächst behauptet werden. Weiter rückwärts war im Raum südostwärts Paderborn bei Dahl, Schwaney und Herbram die schwere Panzerjäger-Abteilung 512 versammelt. Die Abteilung umfaßte 25 Tigerkampfwagen mit 12,8-cm-Kanone. Seltsamerweise wurde diese immerhin doch beachtliche Streitmacht von den Amerikanern nicht angegriffen.[198a]

Die „SS-Brigade Westfalen" war personell etwas über 3 000 Mann stark und bestand außer aus alten fronterfahrenen und verwundeten Frontsoldaten weitgehend aus jungen 17- bis 19jährigen SS-Soldaten. Ausgerüstet mit Infanteriewaffen und leichten Maschinengewehren, fehlte jegliche Erfahrung im infanteristischen Einsatz, sowohl der Truppe als auch den Unterführern. Es fehlten Granatwerfer, Artillerie, Panzerabwehrgeschütze sowie schwere Waffen. Zudem mangelte es vollkommen an Nachrichtenmitteln für die bewegliche Führung der einzelnen Verbände und anderen Nachschubeinrichtungen, z. B. Feldküchen. Das „Rückgrat" der gesamten Brigade waren die vorhandenen Schulpanzer der Modelle Tiger (1), Panther (1) und etwa 30 Panzer IV. Da diese aber auch überwiegend veraltete Übungspanzer waren, traten im praktischen Kampfeinsatz bald erhebliche Mängel auf. Zur Panzerabwehr besaß die Brigade allerdings genügend Panzerfäuste und auch beherzte Einzelkämpfer zur Bedienung. Allein diese reichten für eine wirksame Panzerbekämpfung in dieser Massierung nicht aus.[199] Führer dieser ganz kurzfristig aufgestellten SS-Brigade Westfalen war der SS-Obersturmbannführer Hans Stern.[200]

Die SS-Brigade Westfalen hatte eine Sperrlinie Warthe (an der damaligen Reichsstraße 1, 2,5 Kilometer südwestlich von Paderborn) — Westrand Wewer - Westrand Nordborchen - Kirchborchen-Südrand, Etteln-Südrand - Ebbinghausen-Südwestrand

---

197 Die Heerespanzer-Abteilung 507 war eine alte, im Osten erfahrene Panzerabteilung mit felderfahrenen Führern und Mannschaften, die zur Auffrischung auf den Truppenübungsplatz Sennelager verlegt worden war. Neue Panzer, etwa 40 Königstiger, waren bereits geliefert worden, dazu einige Tiger und Panzer IV. Die Kampfwagen waren aber noch nicht eingefahren, und so blieben bereits beim Marsch in die Bereitstellungsräume die ersten Kampfwagen liegen.
In der Senne lag ebenfalls die stark abgekämpfte Heerespanzer-Abteilung 501 zur Auffrischung. Sie trat nicht in Erscheinung, da sie noch nicht wieder aufgefüllt war und kaum über einsatzbereite Kampfwagen verfügte.

198 Flörke, a. a. O., S. 9—10

198a Diese Panzerjäger-Abteilung wird bei Flörke in seiner Studie nicht erwähnt. Sie wird auf Seite 45 der Geschichte der 3. US-Panzerdivision „als beständigge Bedrohung" bezeichnet, und auch nach Wegmann II., Seite 159 wird sie erwähnt. Wegmann schreibt, daß sie nicht zum Einsatz kam. Über den weiteren Verbleib konnte auch der Verfasser nichts ausfindig machen.

199 Flörke, a. a. O., S. 10—11

200 Obersturmbannführer Hans Stern, geb. 1907, erwarb als Chef der 3. Kompanie im Panzerregiment 11 (Paderborn) am 15. 7. 1941 das Ritterkreuz. Er kam 1943 als erfahrener Panzermann zur Waffen-SS und wurde am 30. 1. 1944 zum Obersturmbannführer befördert. Nach Krieg und Gefangenschaft diente Hans Stern von 1951—1956 im Bundesgrenzschutz und von 1956—1962 in der Bundeswehr. Wegen Krankheit wurde er vorzeitig pensioniert. Er starb am 30. März 1972.

Holtheim, Hardehausen - Südrand Scherfede mit den vorhandenen beiden SS-Regimentern und der Panzer-Abteilung 507 aufgebaut. Die Orte Wewer, Kirchborchen und Nordborchen waren in aller Eile in Verteidigungszustand gesetzt worden, dabei waren besonders die Durchgangsstraßen besetzt worden, und in den Eckhäusern hatte man Kampfstände eingerichtet. Dieses waren oftmals nur mit Panzerfäusten bewaffnete junge Rekruten, andere deutsche Einheiten arbeiteten teils bis zuletzt an anderen Sperrmaßnahmen. Ähnliche Abwehrmaßnahmen hatten die Deutschen auch in Nordborchen und Hamborn eingerichtet.

In Kirchborchen kam es an diesem Karfreitag zu schweren Kämpfen. Aus vielen Häusern und Winkeln schlug den amerikanischen Panzern ein hartnäckiges Abwehrfeuer, insbesondere von Panzerfäusten, entgegen. Die Bewohner suchten Zuflucht in ihren Kellern. Die deutschen Soldaten wehrten sich tapfer; konnten aber auf Dauer den angreifenden Amerikanern nicht standhalten.

Über die Kämpfe um Kirchborchen und Nordborchen berichtet auch ausführlich die Geschichte der 3. US-Panzerdivision: »Zuerst war da Kirchborchen, das von den Truppen „Bazooka-Town" genannt wurde. Diese Stadt mußte genommen werden, um die Flanke zu sichern. Diese Aufgabe wurde der Kampfgruppe Richardson übertragen. Bis 14.00 Uhr hatten sich die Einheiten bis an den Stadtrand vorgekämpft. Die G-Kompanie des 36. Panzerinfanterieregiments, unterstützt von Panzern des 32. Panzerregiments, hielt auf die ersten Häuser zu. Von dem Moment an benutzten die Verteidiger ihre Panzerfäuste in einem Umfang, der den Soldaten der „Spearhead-Division" bis dahin unbekannt war. Die Stadt wurde von mehr als 200 Hitlerjungen und SS-Männern verteidigt, die aus jedem Fenster und Kellerloch mit Panzerfäusten schossen. Die Panzerfaust wurde für direktes Feuer auf Panzer und auch indirekt, nachdem sie zurückgedrängt worden waren, als Artillerie benutzt. Zusammen mit den Panzerfäusten wurden automatische Waffen und auch einige 2-cm-Flakgeschütze benutzt.

Es kam nun auch zu infanteristischen Kämpfen. Die I-Kompanie unter Captain Jack Libby war zur Unterstützung der G-Kompanie bis an den Stadtrand vorgerückt. Als sie weiter vorrücken wollten, wurden Libbys Männer von einem Hagel aus automatischen Waffen und Granatwerfern empfangen und mußten in einem Steinbruch in Deckung gehen. Dann entschied Libby, die Kompanie über das offene Feld zu einer Stelle springen zu lassen, die bessere Deckung bot. Die Soldaten griffen an, ohne einen Augenblick zu zögern, aber ein vernichtendes Feuer traf sie abermals. An der gesamten Angriffsfront fielen amerikanische Soldaten, und schließlich waren die Reste der Kompanie gezwungen, zu ihren Ausgangsstellungen zurückzukehren. Teile zweier Infanteriegruppen, fünfzehn Mann unter den Stabssergeanten King und Miller, erreichten das erste Haus jenseits des offenen Feldes. Sie schlugen deutsche Panzerfaust-Gruppen ab und warteten auf den Abend und auf weitere Hilfe.

In der Dämmerung rückte der Rest der Kompanie nach und besetzte die Häuser und Schützenlöcher, die von der SS verlassen worden waren. Nach einer kurzen Pause rückten die GI's, unterstützt von den Shermans des 32. Panzerregiments, weiter vor. Mehrere nahegelegene Gebäude brannten, und die Nacht war erfüllt vom Krachen und Bersten der Granaten und anderem Kampflärm der tobenden Schlacht. Zwei weitere Panzer wurden durch Panzerfäuste abgeschossen. Am Abend war die Stadt jedoch weitgehend besetzt. Die Deutschen hielten aber noch das Umland besetzt und machten durch Scharfschützen fast jede Bewegung unmöglich. Verwundete wurden in der Nacht nach hinten transportiert.

Am Morgen des 31. März wurden sieben deutsche Gegenangriffe abgewehrt, aber am Nachmittag durchbrachen zwei deutsche Panther-Panzer die amerikanischen Stellungen. Captain Libby grinste schief und sagte zu seinen Männern: „Gut, Jungens, es kann sein, daß wir im selben Kriegsgefangenenlager landen."

Die beiden Panther-Panzer wurden von Jagdpanzern des 703. Panzerzerstörer-Bataillons gestoppt und von deren 90-mm-Kanonen außer Gefecht gesetzt. Es war ein harter Kampf, aber endlich war Kirchborchen gesichert, jedenfalls offiziell. Die Soldaten bezweifelten dieses jedoch, für sie blieb Kirchborchen „Bazooka-Town".«[201]

Am Abend des Karsamstags zogen sich die deutschen Soldaten still aus Borchen zurück. Die meisten der 60 Verwundeten hatten sie zuvor auf Ackerwagen nach Bad Lippspringe, Detmold und Bad Meinberg gebracht. In der Osternacht rückten die amerikanischen Verbände endlich zur Besetzung der schwerumkämpften Orte ein.

Vom Kampf um Nordborchen berichtet der damalige Pfarrer: „Das Dorf war überfüllt von Paderborner Flüchtlingen und Evakuierten. Einige Familien hatten sich in mehrwöchentlicher Arbeit Felsenbunker im Ranzenberg geschaffen. Andere bargen sich in ihren ehemaligen Zisternen. Wieder andere flüchteten in Heckers Burg, die schweren Kellergewölbe einer uralten Wasserburg. Die gesamte Einwohnerschaft des Jammertales — es soll heute seinen Namen zu Recht erwerben — rettete sich in den Felsenkeller der Landfrauenschule.

Auf den Tennen der Bauernhäuser und in den Scheunen lagen zu Hunderten SS-Truppen, zum Teil wahllos zusammengewürfelt. Sie waren es, die den unsinnigen Kampf um ein friedliches Dorf heraufbeschworen. Mit Maschinengewehren und Panzerfäusten bewaffnet, nur zeitweilig von Panzern unterstützt, setzten sie sich am südlichen Eingang des Ortes fest, vertrieben die Einwohner aus ihren Häusern, so daß sie fast nichts mitnehmen konnten. Und dort, wo am Weißen Kreuz die Straße durch einen Einschnitt führt, lagen sie in schnell aufgeworfenen Einmannlöchern und sperrten mit ihren Panzerfäusten den Weg.

Ein Truppenarzt mit seinem Sanitäts-Personal begann in einer Scheune inmitten des Dorfes einen Verbandsplatz einzurichten. Es war ein doppelt glücklicher Gedanke, ihn zu bitten, den Truppenverbandsplatz in die Kirche zu verlegen. Der Arzt folgte freudig der Einladung, trotz des Widerstrebens seines SS-Kommandanten. Aus Betttüchern und einer zerrissenen Hakenkreuzfahne wurden eiligst Rote-Kreuz-Fahnen gemacht und an den Türmen und der Galerie der Kirche angebracht, wo kurz vorher noch Beobachtungsoffiziere gestanden hatten. Das Rote Kreuz, weithin sichtbar, wurde von den Amerikanern offensichtlich respektiert. Der zuerst vorgesehene Platz bekam im Verlauf des Kampfes einen Volltreffer.

Um 13.00 Uhr brannte das erste Gehöft mitten im Dorfe. An Löschen war bei dem starken Beschuß nicht zu denken. Dichte Rauchwolken lagen über den Häusern, bald mehrten sich die Brände. Das ganze Jammertal brannte Haus für Haus nieder. Von den ersten 14 Häusern gingen zwölf zugrunde! Niemand konnte helfen. Pferde, Rinder, angebrannte Schweine rannten wild umher oder kamen, an der Kette zerrend und brüllend, elend in den Flammen um.

Der Kampf am Eingang des Dorfes wogte hin und her. Panzer stießen vor und wichen zurück, so ging es zwei Tage hindurch. Artillerie schoß unablässig ins Dorf.

Über 20 Gebäude wurden eingeäschert. Es bestand die ernste Gefahr, daß bei dem unerhörten Widerstand die feindliche Luftwaffe eingesetzt würde. In einer ameri-

---

201 Spearhead, a. a. O., S. 143 f.

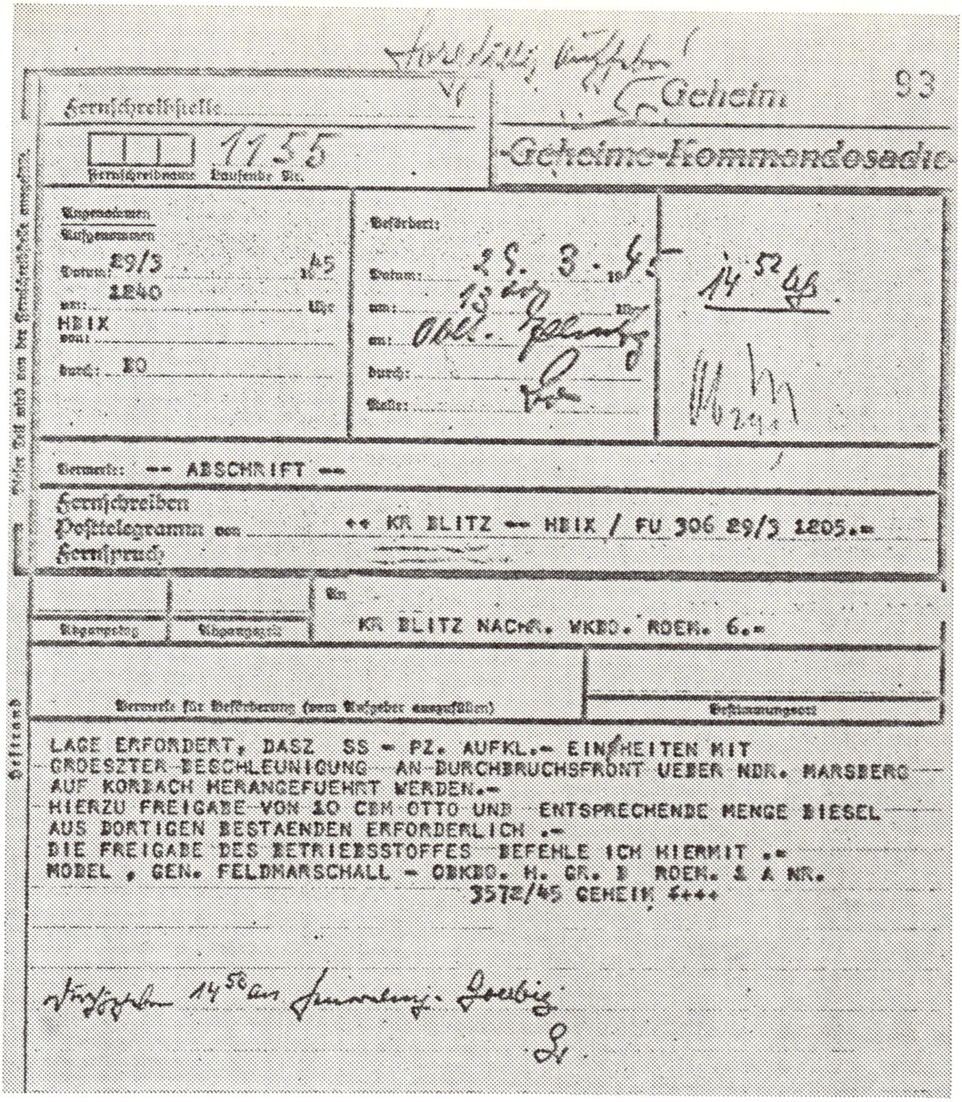

Geheim 93

-Geheime Kommandosache-

Fernschreibstelle 1155

Datum 29/3 1945
1840 Uhr
HBIX
durch: BO

Befördert: Datum 29. 3. 45

14 52 45

Vermerk: -- ABSCHRIFT --

Fernschreiben / Posttelegramm / Fernspruch ++ KR BLITZ -- HBIX / FU 306 29/3 1805.-

An: KR BLITZ NACHR. WKDO. ROEM. 6.-

LAGE ERFORDERT, DASZ SS - PZ. AUFKL.- EINHEITEN MIT
GROESZTER BESCHLEUNIGUNG AN DURCHBRUCHSFRONT UEBER NDR. MARSBERG
AUF KORBACH HERANGEFUEHRT WERDEN.-
HIERZU FREIGABE VON 10 CBM OTTO UND ENTSPRECHENDE MENGE DIESEL
AUS DORTIGEN BESTAENDEN ERFORDERLICH .-
DIE FREIGABE DES BETRIEBSSTOFFES BEFEHLE ICH HIERMIT .-
MODEL , GEN. FELDMARSCHALL - OBKDO. H. GR. B ROEM. 1 A NR.
3572/45 GEHEIM ++++

*Dokument 2: Fernschreiben des Oberbefehlshabers der Heeresgruppe B wegen Freigabe von Treibstoff an die SS-Panzer-Aufklärungs-Einheiten an das Wehrkreiskommando VI am 29. 3. 1945*

kanischen Zeitung konnte man später lesen, daß die betreffende amerikanische Kampftruppe seit ihrem Rheinübergang bei Remagen hier den ersten starken Widerstand gefunden hätte.

Im Schutze der Nacht verließ das vor drei Tagen nach Nordborchen geflüchtete Lazarett des Paderborner Priesterseminars den höchst gefährdeten Ort. Ebenso wurden die transportfähigen Verwundeten des Kampfes auf harten Pferdewagen in Richtung Lippspringe, Detmold oder Neuenbeken fortgeschafft. An Sanitätswagen war schon nicht mehr zu denken. Bei diesen und anderen Fahrten gingen nahezu

20 Ackerpferde zu Verlust. Bei Nacht und Nebel wurden den Insassen des Felsenkellers, der dauernd unter Feuer lag, Erbsensuppe und Milch zugetragen.

Am Karsamstag konnte man trotz des Kampfes in nächster Nähe starkes Panzerfeuer aus Richtung Hamborn vernehmen. Dort entwickelte sich eine regelrechte Panzerschlacht. Etwa 50 Panzer und motorisierte Fahrzeuge blieben auf der Strecke, darunter allein sechs Königstiger. Auch diese waren durchlöchert von Spezialgeschossen.

In der Nacht zum Ostertage endlich sah die SS die Sinnlosigkeit ihres Kampfes ein und zog sich still auf Paderborn zurück."[202]

Östlich der Kampfgruppe Richardson war zunächst das 83. Aufklärungsbataillon der 3. US-Panzerdivision von Niedermarsberg aus nach Norden vorgestoßen. Bei Meerhof stieß das Bataillon auf deutschen Widerstand und umging diesen westlich.[203] Der Vormarsch ging weiter über Essentho in Richtung Dalheim. Die Kampfgruppe des Obersten John Welborn, die dem Aufklärungsbataillon folgte, brach den Widerstand bei Meerhof und machte 150 Gefangene. Das Aufklärungsbataillon zog auf der Straße am Westrand des Dalheimer Waldes nach Norden und erhielt etwas Gewehr- und Panzerfaust-Feuer.[204]

In Husen stießen die ersten amerikanischen Einheiten auf die Spitzen der SS-Brigade Westfalen. Das Regiment Meyer versuchte hier, von Helmern (zwischen Haaren und Dalheim) bis Holtheim (südlich von Lichtenau) eine Verteidigungsstellung aufzubauen. Es war der erste koordinierte Versuch, den Vormarsch der 3. US-Panzerdivision nach Paderborn aufzuhalten. Diese Maßnahme deckte aber nur die Osthälfte der amerikanischen Bedrohung ab und konnte auf ihrer rechten Flanke leicht umgangen werden.[205] Der Kampf um Husen begann um 10.00 Uhr und dauerte bis 14.30 Uhr. Die amerikanischen Truppen verließen ihre Fahrzeuge und kämpften infanteristisch gegen die deutschen Verteidiger. Diese hatten sich am Ortsrand eingegraben und leisteten Haus für Haus zähen Widerstand. Die amerikanischen Panzer zerschossen die Gebäude, und die Infanteristen drangen langsam in den Ort ein.[206]

Als das 83. US-Aufklärungsbataillon Husen fast ganz unter Kontrolle hatte, befahl Generalmajor Rose (Kommandeur der 3. US-Panzerdivision) der Kampfgruppe des Obersten Welborn, durch das Bataillon nach vorn zu stoßen. Die Einheiten dieser Kampfgruppe drangen nun durch die hartnäckig verteidigten Orte Atteln und Henglarn nach Etteln vor. Das Aufklärungsbataillon folgte der Führung der 3. US-Panzerdivision, sicherte die Straße nach Etteln, wo der Divisionsgefechtsstand errichtet wurde, und zog zu dessen Schutz auf eine Anhöhe nordwestlich des Ortes.[207]

Auf dem rechten Flügel der 3. US-Panzerdivision folgte die zum Kampfkommando A gehörende Kampfgruppe des Oberstleutnants Doan der Kampfgruppe Welborn nach Atteln und Henglarn. Auf der Höhe im Norden und in den Wäldern in der

---

202 Rudolf Kiepke, Aus Paderborn – Werden, Untergang, Wiedererstehen, Paderborn 1949, S. 118 und 119

203 Im Raum Meerhof-Scherfede stand das Ausbildungsbataillon 194 vom Grenadierregiment 571. Dieses Regiment gehörte zur 471. Infanteriedivision.

204 Friedrich Gerhard Hohmann, Das Ende des Zweiten Weltkrieges im Raume Paderborn, Westfälische Zeitschrift, 130. Band, 1980, S. 361 f.

205 Spearhead, a. a. O., S. 245

206 Hohmann, a. a. O., S. 362

207 Hohmann, a. a. O., S. 365

Nähe der beiden Orte befanden sich noch zahlreiche deutsche SS-Kräfte. Einige Infanterie-Einheiten und einige leichte Panzer der Kampfgruppe Doan griffen nun die Höhe an, und nach einer Stunde ergaben sich die Deutschen auf der Höhe und in den Wäldern. Die Kampfgruppe Welborn rückte gegen 17.00 Uhr von Etteln nach Nordosten durch den „Böddeker Forst" genannten Wald zwischen Etteln und Eggeringhausen. Später ging es in nordwestlicher Richtung bis zur Kreuzung des Weges von Paderborn nach Ebbinghausen auf der Straße von Eggeringhausen nach Kirchborchen. Auf dieser Straße zog die Kampfgruppe dann nach Westen bis zum Abzweig nach Schloß Hamborn. Von hier aus sollte es dann nach Norden durch den Hamborner Wald in Richtung Paderborn gehen.[208]

Im Raume Dörenhagen-Eggeringhausen sollten die hier vorgestoßenen amerikanischen Verbände nochmals auf energischen deutschen Widerstand stoßen. Hier lag eine Kolonne des SS-Regiments Holzer, die Lehrabteilung mit einer Kompanie der Heerespanzer-Abteilung 507.[209]

Im Laufe dieses Tages war weiter westlich auch die zum Kampfgruppenkommando R gehörende Kampfgruppe des Oberstleutnants Hogan in den Raum Paderborn gelangt. Auf der Route 1 hatte sie in Meiste 40, in Hemmern 110 Soldaten des Baubataillons IV gefangengenommen. Die erste Kompanie des III. Bataillons des 33. US-Panzerregiments rückte gegen 17.00 Uhr in Wewer ein und kam hier unter Panzerfaust-Feuer. Infanteristische Kräfte der Panzer-Abteilung 500, 160 Mann ohne Panzer, bemühten sich, Wewer zu halten. Drei amerikanische Panzer wurden ausgeschaltet. Drei Geschützstände mit je drei 2-cm-Fliegerabwehrgeschützen verursachten Verluste des hier eingesetzten III. Bataillons des 414. US-Infanterieregiments. Gefangene Deutsche berichteten, es ständen zwei Panzer hinter ihnen mit dem Befehl, auf sie zu schießen, wenn sie versuchten, sich zurückzuziehen. Auch die Offiziere hätten Befehl, auf die Infanterie zu schießen, wenn sie sich ergeben wolle.[210]

Hier kam es auch zu Häuserkämpfen und schweren Bränden und Zerstörungen, insbesondere am südlichen Dorfrand und in der Nähe der Ausgangsstraße nach Paderborn bzw. des Schlosses derer von Brenken. Der Beschießung waren etwa 17 Häuser zum Opfer gefallen, und auch die Pfarrkirche hatte mehrere Treffer erhalten. Vierzig deutsche Soldaten sollen bei diesen Kämpfen gefallen sein, eine größere Zahl geriet in Gefangenschaft. Zwischen Paderborn und Wewer waren auf Befehl der SS zwei Almebrücken gesprengt worden: die Eisenbahnbrücke und die Fahrbrücke vor dem Ort Wewer. Diese militärisch sinnlosen Maßnahmen sollten sich noch lange Zeit sehr unangenehm für die Zivilbevölkerung auswirken.[211]

Zu schweren Kämpfen kam es an diesem Karfreitag auch um Scherfede und Wrexen. Hier hatten die Männer des Panzer-Ersatz- und Ausbildungs-Regiments 500 auf den Angriff der Amerikaner gewartet, der hier von der Kampfgruppe Lovelady der 3. US-Panzerdivision vorgetragen wurde. Nach schweren hin- und herwogenden Kämpfen konnte dieser Platz von den deutschen Truppen behauptet werden, und es gelang den Amerikanern nicht, in Scherfede einzudringen. Auf beiden Seiten gab es schwere Verluste.

---

208 Hohmann, a. a. O., S. 367; auch Spearhead, S. 144

209 Flörke, a. a. O., S. 10

210 Hohmann, a. a. O., S. 366

211 Studie der Kriegschronik Paderborn-Sande. Eingesehen vom Verfasser im Stadtarchiv in Paderborn.

Bei den Kämpfen südlich von Paderborn wurden an diesem Tage im Raume Etteln-Kirchborchen-Nordborchen 18 US-Panzer abgeschossen, und im Raume Meerhof-Wrexen wurden weitere acht durch Panzerfaust vernichtet.[212]

Bei den schweren Kämpfen um die beiden Dörfer südlich von Paderborn sind in Kirchborchen 39 und in Nordborchen 69 deutsche Soldaten gefallen. Bei diesen Kampfhandlungen, und nicht nur in den beiden Dörfern, kam es — wahrscheinlich auf beiden Seiten — zur Verletzung der Genfer Konvention.[213]

Der unerwartete deutsche Widerstand vor Paderborn erforderte die schnelle Heranführung weiterer Kampfgruppen der 3. US-Panzerdivision nach vorn hinter die schwerringenden Angriffsverbände. Wie dieses vonstatten ging, wie die Amerikaner die Kämpfe an diesem Tage erlebten — wo in den Abendstunden noch der Kommandeur der 3. US-Panzerdivision fiel —, hat John Toland in seinem Werk „Das Finale" ebenfalls eindrucksvoll beschrieben:

»Im ersten Morgenlicht fuhr die Kampfgruppe los. Es war trübe und wolkig. An einer Straßenkreuzung wurden die ersten beiden Panzer Richardsons von deutschen „Panthern" abgeschossen, und drei Kilometer weiter, nur zehn Kilometer von Paderborn entfernt, tauchte ein ansehnlicher Verband von „Panthern" und „Tigern" auf, der sofort wütend angriff. Nach kurzem und erbittertem Gefecht zogen sich beide Parteien zurück. Die Partie stand unentschieden: Keiner konnte sich bewegen, ohne Gefahr zu laufen, vernichtet zu werden. Richardson bat über Funk, „Thunderbolts" gegen die Deutschen einzusetzen, die sich hinter einer Anhöhe versteckt hielten, aber die Wolken machten Luftunterstützung unmöglich. Richardson benötigte dringend Munition und Treibstoff, und er bat über Funk, das Gewünschte abzuwerfen. „Maschinen stehen nicht zur Verfügung", lautete die lakonische Antwort. Wenige Minuten später erhielt er noch schlechtere Nachrichten: 65 Kilometer hinter ihm hatten die Deutschen überraschend angegriffen, und er war in Gefahr, abgeschnitten zu werden.

So blieb Richardson nichts anderes übrig, als sich einzugraben und zu hoffen, daß die vorne auf der Lauer liegenden Deutschen auch ruhig blieben. Die Deutschen hofften dasselbe von den Amerikanern und unternahmen nichts. Aber als es dunkel wurde, sah Richardson sich einem neuen Problem gegenüber: „Big Six" — General Maurice Rose, Kommandeur der 3. Panzerdivision — wollte Richardsons Kampfgruppe inspizieren und äußerte den Wunsch, daß ihm jemand entgegenkäme. Richardson antwortete, er könne nicht einmal einen einzigen Jeep entbehren. „Laßt Big Six ja nicht hierher!" Dann schaltete er ab.

---

212 Wegmann, a. a. O., II., S. 160. Die Vernichtung der 18 US-Panzer wurde auch am 31. März 1945 im Wehrmachtsbericht bekanntgegeben.

213 Während der Kampfhandlungen um Kirchborchen wurde aus Versehen oder aus einem anderen Grund aus einem Haus ein amerikanischer Sanitätswagen mit Verwundeten beschossen und auch getroffen, wobei es Tote gab. Daraufhin drangen amerikanische Soldaten in das betreffende Haus und verfolgten diese Schützen bis unter das Dach, erschossen sie und warfen ihre Körper durch die Fenster auf die Straße (Chronik der Kämpfe um Kirchborchen).
In einem anderen Hause am Dorfeingang wurden zwei SS-Soldaten nach tapferer Verteidigung und Gefangennahme auf der Tenne des Hauses erschossen. Die Hausbewohner hatte man zuvor in der Küche eingesperrt. (Brief eines Augenzeugen an den Verfasser) Auch in anderen Orten sollen nicht alle jungen deutschen Soldaten der Waffen-SS im offenen Kampf gefallen sein.
Viele ältere Mitbürger in den einzelnen Orten müßten hierüber noch Näheres aussagen können. Siehe auch den Bericht „Namenlose Gefallene" in Anlage 6 im Anhang.
Jost W. Schneider, Wuppertal, ist aufgrund seiner Nachforschungen der Meinung, daß etwa die Hälfte der auf dem Friedhof Böddeken liegenden Toten der SS-Brigade Westfalen nicht im offenen Kampf gefallen ist. — Siehe auch sein Bericht in Anlage 7 im Anhang.

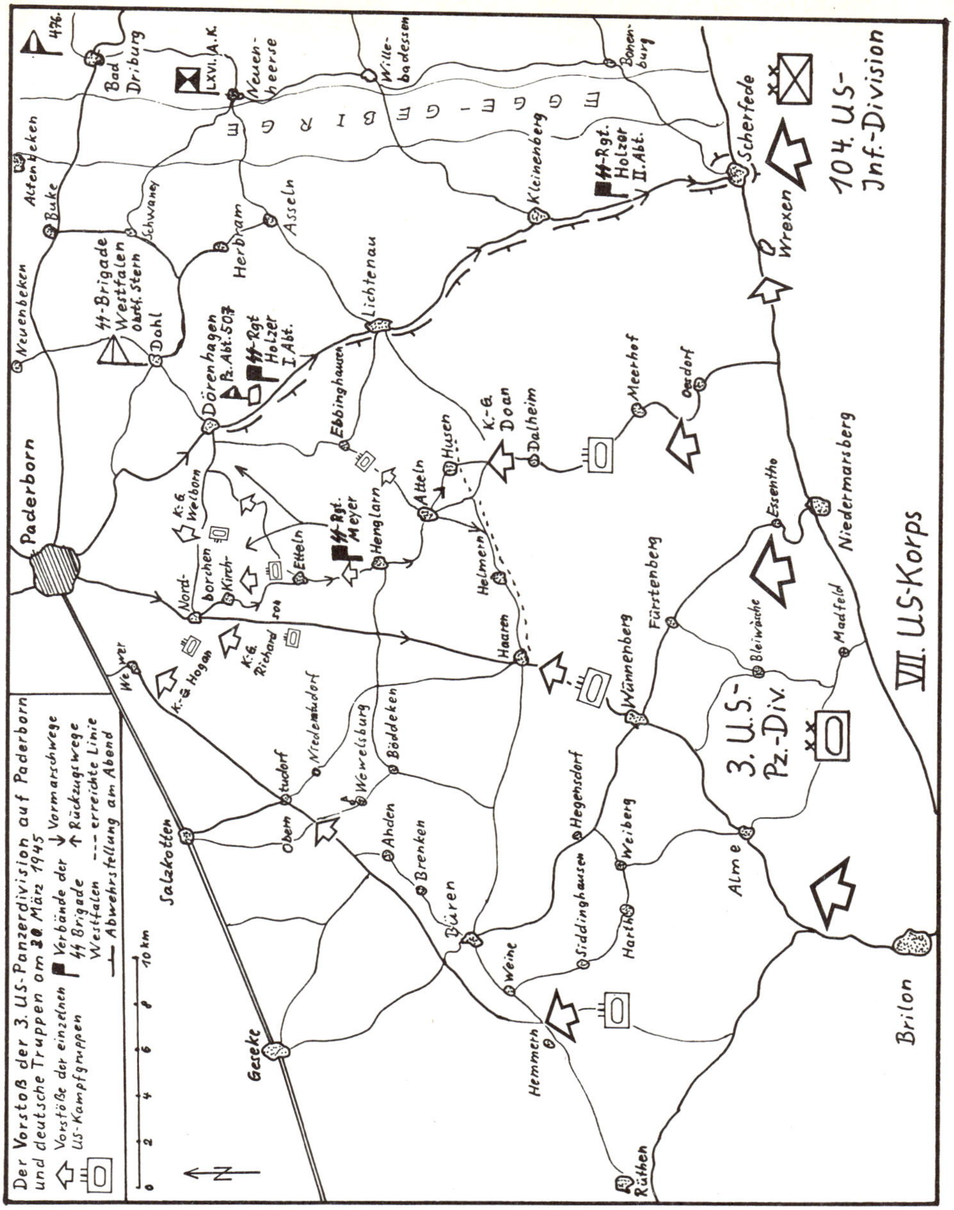


*Karte 6: Die Lage im Raum Paderborn-Büren am 30. März 1945*

Rose war zu diesem Zeitpunkt etwa 10 Kilometer rechts von Richardson bei der Task Force Welborn. Oberst John Welborn hatte eben von der Luftwaffe die Meldung bekommen, daß vor ihm vier „Tiger" abgeschossen worden seien, und marschierte zuversichtlich weiter. Einige Kilometer passierte tatsächlich nichts; aber als die Amerikaner dann an einer kahlen Anhöhe entlangrollten, bekamen sie schweres und präzises 8,8-Feuer. Die vier angeblich vernichteten „Tiger" waren noch quickleben-

dig. Die Flugzeuge hatten sie nur mit Napalmbomben und nicht mit den üblichen 250-Kilo-Sprengbomben angegriffen. Welborn und seine ersten drei Panzer rumpelten in ein Bachbett, aber die folgenden sieben Kampfwagen wurden nacheinander wie schwimmende Enten abgeschossen.

General Rose, Sohn eines Rabbis, war ein angriffslustiger Kommandeur. Er hatte ein strenges, gut geschnittenes Gesicht und trug zu Reithosen blanke Stiefel. Er befand sich etwa eineinhalb Kilometer hinter seinen brennenden Panzern, und als er hörte, daß die ersten drei Glück gehabt hatten, forderte er von der dichtauf folgenden Kampfgruppe Doan Hilfe an.

Aber sieben oder acht „Tiger" waren gerade in nordöstlicher Richtung aufgetaucht und hatten einen Teil der Einheit Welborn abgeschnitten und Doans Vormarsch gestoppt. Ein Panzerzerstörer und mehrere Transportfahrzeuge waren schon abgeschossen. Mit Ausnahme der drei Panzer an der Spitze war Welborns Einheit völlig eingekreist. Vor ihm standen vier „Tiger" deutlich sichtbar auf einer Höhe, die quer zur Straße lief; dahinter waren mindestens sieben weitere, die sich ständig feuernd der Kolonne langsam näherten, und an den Flanken lag deutsche Infanterie in den Wäldern versteckt.

Bei Anbruch der Dämmerung rollten neun „Tiger" — in Gruppen zu je drei Wagen gestaffelt — aus den Wäldern zur Linken und vor Welborns Einheit heraus und langsam die Straße entlang, wobei sie alle Fahrzeuge zusammenschossen, die ihnen vor die Rohre kamen, und die Straßengräben mit Maschinengewehren unter Feuer nahmen. Rose saß mit seinen Leuten in der Falle: Vorne und rückwärts deutsche „Tiger", die kein Pardon kannten. Erhellt wurde das Bild der Zerstörung von den Flammen, die aus den amerikanischen Fahrzeugen schlugen. Sich zu bewegen war unmöglich. Aber die Amerikaner mußten möglichst schnell wegkommen.

Es war „eine wilde Szene aus Dantes Inferno", fand Colonel Frederic Brown, der Artillerieführer der Division. Er empfahl Rose, trotz des Infanteriefeuers nach links durch den Wald auszubrechen, um den Panzern zu entgehen, die den Rückweg versperrten. Rose wandte ein, daß vorn, wo Welborn steckte, kein Panzerfeuer zu hören sei — die vier „Tiger" müßten sich zurückgezogen haben. Deshalb hielt er es für sicherer, nach rechts auszubrechen, aus dem Feuerschein heraus, und dann wieder geradeaus zu fahren, bis man auf Welborn stoße.

Die Gruppe des Generals — zwei Jeeps, ein Schützenpanzer und ein Kradmelder — scherten also aus der Reihe der brennenden Panzer aus und fuhren in Richtung auf Welborns Standort los. Nach eineinhalb Kilometern kamen sie an eine Straßengabelung. Auf dem Scheitelpunkt der nach rechts führenden Straße erkannten sie undeutlich die Umrisse eines zu Welborns Einheit gehörenden Panzers. Die Kolonne bog also von der Hauptstraße ab, die zur Stellung der Task Force Richardson führte, und fuhr auf den Panzer zu. Er war manövrierunfähig und von der Besatzung verlassen. Aus einem Wald direkt voraus kam schweres Gewehrfeuer. Die Gruppe fuhr zur Hauptstraße zurück und dann in Richtung Richardson weiter. Brown — er steuerte seinen Jeep selbst — bildete die Spitze; dann kamen der Jeep Roses, der Schützenpanzer und der Kradmelder.

Die vier Fahrzeuge fuhren eine Anhöhe hinauf, als Brown in der Dunkelheit einen schweren Panzer ausmachte, der ihnen entgegenkam. „Das ist einer von Jacks neuen Panzern", rief er; er glaubte, das Ungetüm sei einer von Welborns „Pershings". Aber während der Panzer vorüberrollte, sah einer der Offiziere in Browns Jeep — Colonel George Garton —, daß der Wagen zwei Auspuffstutzen hatte, und

„Pershings“ hatten nur einen. Also war es ein „Tiger“, und Garton war sicher, daß gleich weitere auftauchen würden. „Tiger“, brüllte er Brown zu, „'runter von der Straße!“ Mit Vollgas raste der Jeep an zwei anderen deutschen Panzern vorüber, während Brown eine Stelle suchte, um von der Straße abzubiegen.

Die ersten drei Deutschen hatten nicht bemerkt, wer ihnen da begegnet war. Der vierte „Tiger“ stellte sich plötzlich quer, um Brown den Weg zu versperren. Dem Oberst gelang es, zwischen einem Baum und dem Panzer durchzuschlüpfen; allerdings wurde von seinem Jeep der Reservekanister abgerissen. Brown bremste, um zu sehen, ob Rose es geschafft hatte. Da tauchte ein fünfter „Tiger“ auf. Brown riß den Wagen nach rechts, gab Gas und fuhr durch den Graben von der Straße herunter. Mitten auf einem Feld hielt er an. Er sah das Mündungsfeuer der deutschen Panzer auf der Straße und hörte das Bellen der Kanonen. Alle sprangen aus dem Jeep und versuchten, den Wald zu erreichen.

Der Jeep Roses, in dem noch der Fahrer, T/5 Shaunce, und der Adjutant des Generals, Major Robert Bellinger, saßen, kam am zweiten „Tiger“ noch vorbei, wurde dann aber vom dritten aufgehalten. Rose und die beiden anderen sprangen auf die Straße. Drohend richteten sich die Maschinengewehre auf sie; dann steckte der deutsche Kommandant seinen Kopf aus dem Turm. Er winkte mit seiner Maschinenpistole und sagte etwas, was die Amerikaner nicht verstanden.

„Ich glaube, er will unsere Pistolen haben“, sagte Rose. Bellinger und Shaunce holten ihre Pistolen aus den Schulterhalftern, Rose, der zwischen ihnen stand, mußte nach unten greifen, um seine Pistolentasche aufzuknöpfen.

Da ratterte die Maschinenpistole los. Rose stürzte auf die Straße — tot. Der nervöse deutsche Panzerkommandant hatte die Bewegung des Generals mißverstanden. Shaunce war mit einem Sprung hinter dem Panzer und damit aus der Schußlinie. Bellinger ließ sich nach rückwärts fallen und landete im Straßengraben. Die Deutschen feuerten zwar auf ihn, aber er wurde glücklicherweise nicht verwundet; er rannte weg und versteckte sich im Wald. Auch Shaunce entkam, allerdings mit einem gebrochenen Bein. Die Leute auf dem Schützenpanzer und der Operationsoffizier der Division, Oberstleutnant Wesley Sweat, gingen in Gefangenschaft.

Diejenigen, die den ersten Überfall überlebt hatten, hatten sich aus dem Staube gemacht. Im Laufen hatten sie Pistolen, Uhren und andere Gegenstände, die sie Deutschen abgenommen hatten, weggeworfen. Sie fürchteten Vergeltung, allerdings grundlos; nur wenige Deutsche dachten an Rache oder gar daran, „Amis“ zu jagen.

In dieser Nacht stießen die Sergeants Bryan Owen und Arthur Haushchild bei ihrer Flucht durch die Wälder plötzlich auf an die hundert Deutsche, die sofort die Hände hoch nahmen. Die beiden Unteroffiziere hielten abwechselnd Wache bei ihren Gefangenen. Owen, der in der vorangegangenen Woche nur wenig geschlafen hatte, nickte während seiner Wache zweimal ein, wurde jedoch beide Male von einem Gefangenen geweckt: er solle nicht dauernd einschlafen. Bei Tagesanbruch trieben Owen und Haushchild ihre Schutzbefohlenen durch den Wald, mehr oder weniger der Nase nach. Nach ein paar Kilometern stießen sie auf eine getarnte Stellung. Im Zwielicht sahen sie einen Soldaten, erkannten aber nicht, ob es ein Amerikaner oder ein Deutscher war.

„Je-sus Co-rist!“ schrie der Posten, als er die vielen Deutschen sah, und Owen hätte ihn dafür am liebsten umarmt.

Die beiden Sergeants übergaben ihre Gefangenen einem Offizier; dann erhielten sie Befehl, umzukehren und Roses Leiche zu bergen. Eine Stunde brauchten sie, bis

sie ihn auf der Straße gefunden hatten. Offensichtlich hatten die Deutschen gar nicht gemerkt, daß sie einen Divisionskommandeur erwischt hatten: Die Karten und geheimen Papiere in Roses Jeep waren unberührt, ebenso die im Schützenpanzer, der im Graben lag. Die Pistole steckte noch in Roses Halfter, und Owen nahm sie an sich. Sie wickelten den General in eine Decke, legten ihm den Stahlhelm auf die Brust, und während sie zurückmarschierten, schleiften sie Rose so verpackt hinter sich her. Kurz vor den amerikanischen Linien wurden sie von einem Leutnant angehalten, der wissen wollte, was zum Teufel sie da machten. Sie erklärten es ihm, und der Leutnant wurde ungehalten, weil sie einen General so respektlos behandelten. Owen schnauzte zurück. Er wurde verhaftet, um vor ein Kriegsgericht gestellt zu werden.«[214]

Aber auch die verantwortlichen deutschen Dienststellen blieben an diesem Tage nicht untätig. Dr. Hohmann schreibt darüber, unter Hinweis auf alle deutschen und amerikanischen Quellen u. a.:

»In einem Korps-Befehl Nr. 1 teilte General Mattenklott mit, Feindpanzerkräfte seien in das Waldgelände nördlich Meerhof und in den Wald nördlich Wrexen eingedrungen. Die Panzerbrigade Westfalen stehe mit der Tiger-Abteilung in der Gegend von Lichtenau. Die Trennungslinie zwischen den Truppen des Truppenübungsplatzes Senne und der vorgeschobenen Panzerbrigade Westfalen einerseits und der Division 466 andererseits solle von Hiddesen über Berlebeck, Veldrom, Altenbeken und Herbram am Ostrand von Lichtenau vorbei bis Scherfede verlaufen. Linke Abschnittsgrenze für die 466. Division sei die Weser. Die Division solle bis zur Südgrenze des Wehrkreises, von Scherfede bis Helmarshausen, lückenlos beobachten und die wichtigsten Straßen sperren und in der Linie Buke-Bad Driburg-Brakel-Höxter eine sichere Sperrlinie aufbauen. Die Panzerbrigade Westfalen habe den Sonderauftrag, die feindlichen Panzer, wo sie sich zeigten, zu vernichten. Die Truppen des Truppenübungsplatzes Senne unter dem Generalmajor Goerbig sollten bewegliche Reserven bereithalten, die jederzeit an bedrückte Punkte geworfen werden könnten. Durch lückenlose Aufklärung müsse das Wehrkreiskommando über Vormarsch und

---

214 Toland, a. a. O., S. 311 ff. Anmerkung des Verfassers zu den Schilderungen von John Toland: Es muß sich bei den deutschen Tigerpanzern um eine Gruppe der schweren Panzer-Abteilung 507 gehandelt haben, die von Dörenhagen aus im Vorziehen auf Haxtergrund/Hamborn war.

Über den Tod von Generalmajor Maurice Rose ist später viel geschrieben und gerätselt worden. Die NS-Propaganda verbreitete das Gerücht, daß der General das Opfer eines antisemitischen Anschlags geworden sei. Davon konnte jedoch nichts stimmen. Die Besatzung des deutschen Panzers hatte noch nicht einmal erkannt, daß sie einen General mit seinen Stabsoffizieren gestellt hatte. Alle Unterlagen fanden sich später vollständig im Jeep, wie es Toland auch beschrieben hat.

In ihrer Notausgabe vom 9. April 1945 berichtete die ‚Westfälische Landeszeitung' von einem Werwolf-Fememord an einem jüdischen US-General (Generalmajor Maurice Rose war Sohn des New Yorker Rabbiners Rose):

„Als dieser Judengeneral sich in Paderborn zeigte, wurde er von einer Gruppe deutscher Zivilisten gestellt und aufgefordert, die Hände hochzuheben. Der Jude folgte der Aufforderung. Er wurde dann von einem der Männer mit fünf Schüssen niedergestreckt."

Fünf Tage bevor die dünne Notausgabe der ‚Westfälischen Landeszeitung' aus der Rotationsmaschine kam, meldete am 4. April die amerikanische Armeezeitung ‚The Stars and Stripes' den Vorfall wesentlich anders:

„Generalmajor Maurice Rose fiel als 11. US-General auf dem europäischen Kriegsschauplatz in einem Wald östlich von Kirchborchen. Der General war zu einer Fahrt an die Front, als er plötzlich auf einen deutschen Panzer traf. Er gab sich gefangen und wollte dem Panzerkommandanten seine Pistole übergeben. Diese Bewegung muß der Deutsche mißverstanden haben. Er schoß auf General Rose, der sofort tot war. Die Begleitoffiziere des Generals konnten rechtzeitig vor dem Zwischenfall in Deckung gehen und flüchten." (Peukert, „Die Amis kommen", S. 60)

Stärke der feindlichen Kräfte genau ins Bild gesetzt werden. Die 466. Division solle aus Versprengten sofort neue Kampfverbände bilden. Sämtliche Kampfkommandanten und Ortskommandanten seien anzuweisen, „die Durchgangsstraßen mit energischen Offizieren zu besetzen, die sich rücksichtslos gegen zurückgehende Teile durchsetzen und der Truppe neue Kampfkräfte zuführen" könnten. General Mattenklott fuhr dann zum Regiment 571 in Bad Driburg.

Es sollte nun in der allgemeinen Linie Salzkotten-Haaren-Scherfede sichern. In und vor der Sicherungslinie befanden sich die SS-Verbände, die nach Meinung Mattenklotts um 9.30 Uhr Haaren bzw. Lichtenau erreicht hatten und auf Korbach vorgehen sollten, um auf Befehl der Heeresgruppe B in südwestlicher oder südostwärtiger Richtung vorzustoßen. Mattenklott besprach derweil in Bad Driburg weiter mit dem Regiment 571 die Sicherung des Wehrkreises. Die 466. Division versuchte diese mit dem Regimente, zwei Alarmeinheiten der Bau-Abteilung 6 in Peckelsheim, einer dritten in Bonenburg und den zwei Schwadronen in Warburg. Mattenklott befahl, allen Versprengten die Handfeuerwaffen zur Stärkung der eigenen Kampfkraft abzunehmen. Er suchte noch das Bataillon 82 in Herbram, das Pionierbataillon 26 in Höxter und die 466. Division, die Kampfgruppe Karst, in Horn auf. Mattenklott erließ dann einen zweiten Korpsbefehl. Der über Westheim vorstoßende Feind sei am 30. März durch Teile des Ausbildungsbataillons 194 zurückgedrängt worden. Aus Rhoden dränge der Feind nach Wrexen und in den Wald nördlich davon. Im Raum westlich Wrexen lag das Ausbildungsbataillon 194. Das Regiment 571 solle die Linie Salzkotten-Haaren-Westheim-Rimbeck gewinnen und sie sperren, bis Delbrück, Geseke, Büren, Niedermarsberg, Rhoden und Warburg aufklären.

Obersturmbannführer Stern meldete den Angriff auf Borchen, seine Verbände hätten seit 14.00 Uhr Feindberührung bei Husen, Atteln und Henglarn: einige Panzer, Zahl nicht genau festzustellen. Scherfede sei um 13.45 Uhr noch feindfrei gewesen. Die Feindkolonne, etwa 25 Panzer, von Niedermarsberg her, habe angeblich Wrexen erreicht. Hier handelte es sich um die Task Force Lovelady, die von Rhoden vorgestoßen war. Stern bat um einige Personenkraftwagen und Beiwagen-Krafträder, um besser aufklären zu können. Seine Sperrlinie verlaufe jetzt: Warthe (westlich Paderborn an der Reichsstraße 1)-Westrand Wewer-Westrand Nordborchen-Kirchborchen-Südrand Ebbinghausen-Südwestrand Holtheim-Hardehausen-Südrand Scherfede. Die schwere Panzer-Abteilung 507 befand sich im Raum Dahl, je eine Kompanie bei den beiden Regimentern Meyer, nordostwärts Nordborchen, Holzer zwei Kilometer östlich Lichtenau. Bisher habe die Brigade drei Panzer und einen Panzerspähwagen durch Panzerfaust vernichtet. Sein Gefechtsstand liege in Dörenhagen. Um 15.15 Uhr meldete das SS-Panzeraufklärungsregiment Meyer vom Gefechtsstand Hamborn, das Regiment halte den Abschnitt Westrand Kirchborchen-Etteln-Henglarn-Atteln besetzt. Eine Kompanie stand beiderseits Helmern. Starke Feindkräfte seien gegen 12.00 Uhr auf der Straße Husen beobachtet worden, Panzerspitzen auf der Straße Haaren-Kirchborchen. Kirchborchen und Nordborchen lägen unter Beschuß (Granatwerfer und KWK-Feuer).

Am Nachmittag des Karfreitags gab das Wehrkreiskommando der SS-Brigade Westfalen bekannt, daß bei Kirchborchen feindliche Panzerkräfte, anscheinend 15 Panzerspähwagen und 10 Sherman-Panzer, vorgedrungen seien. Einzelne Panzer sollten bis zum Bahnhof Paderborn vorgestoßen sein. In Nordborchen werde von eigener Panzeraufklärungs-Abteilung gehalten. Vom Sennelager seien 14 Tigerpanzer Richtung Kirchborchen entsandt. Die Panzerbrigade solle unverzüglich die

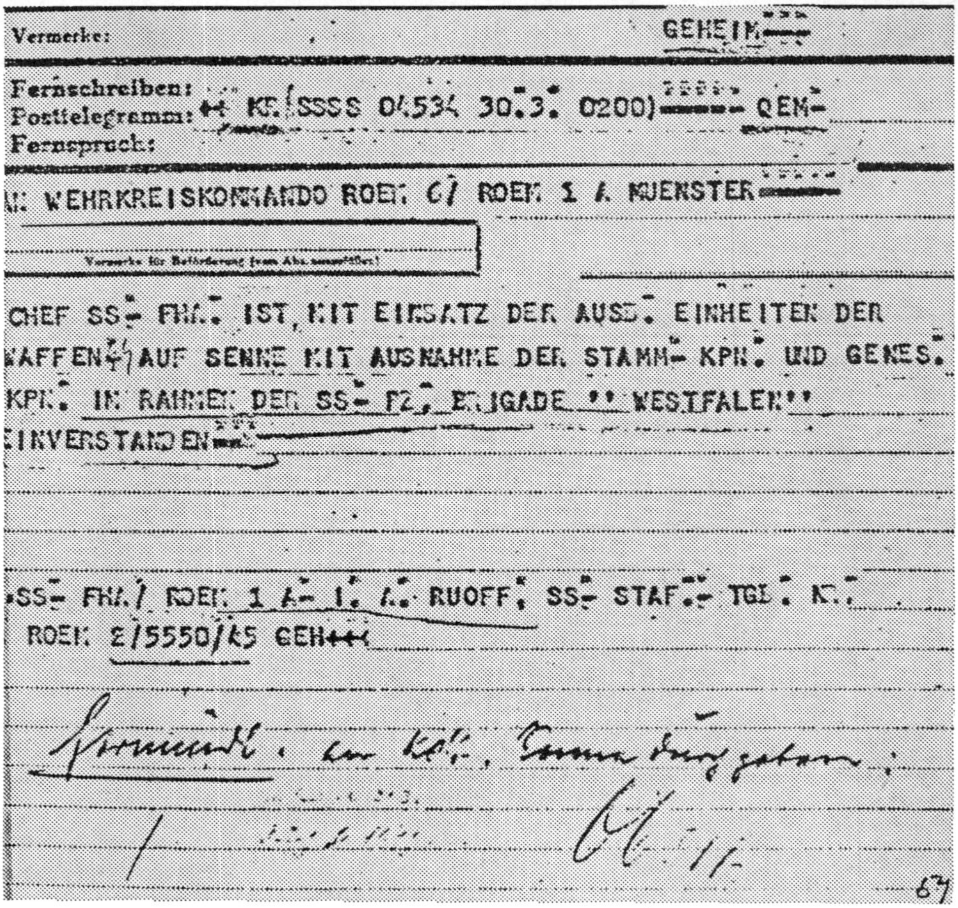
Vermerke: GEHEIM

Fernschreiben:
Posttelegramm: ++ KR. (SSSS 04534 30.3. 0200) ---- GEM-
Fernspruch:

AN: WEHRKREISKOMMANDO ROEM 6/ ROEM 1 A MUENSTER

Vermerke für Beförderung (vom Abs. auszufüllen)

CHEF SS-FHA. IST MIT EINSATZ DER AUSB. EINHEITEN DER WAFFEN-SS AUF SENNE MIT AUSNAHME DER STAMM-KPN. UND GENES. KPN. IM RAHMEN DER SS-PZ. BRIGADE "WESTFALEN" EINVERSTANDEN

SS-FHA./ ROEM 1 A- 1. A. RUOFF. SS-STAF.- TGB. NR. ROEM 2/5550/45 GEH++

67

*Dokument 3: Fernschreiben des SS-Führungshauptamtes Berlin an das Wehrkreiskommando VI, Münster, mit Einverständniserklärung*

feindlichen Panzerkräfte bei Kirchborchen angreifen und vernichten. Auch das Regiment 571 erhielt den Befehl, angetroffenen Feind anzugreifen und zu vernichten.

Um 17.00 Uhr erfuhr das Wehrkreiskommando, feindliche Infanterie sei auf Lastkraftwagen in Nordborchen und Wewer eingedrungen, ihre Stärke sei nicht bekannt. Um 17.40 Uhr meldete der Kampfkommandant Paderborn den Flughafen noch feindfrei. Die Panzerbrigade Westfalen bat um Funkstellen, da die mit Funk ausgestatteten Kraftfahrzeuge ausgefallen waren und Verbindung nur durch Fußmelder, Radfahrer und — soweit vorhanden — Krafträder aufrechterhalten werden konnte, um Sanitätskraftwagen mit den notwendigsten Tragen, um Feldküchen und Essenträger.«

Während die vordersten Spitzen der 3. US-Panzerdivision vor Paderborn festlagen und teilweise in schwere Kämpfe verwickelt waren, führte das VII. US-Korps weitere Verbände, insbesondere der 3. Panzerdivision, nach. Gleichzeitig wurden in der östlichen Umgebung von Brilon weitere Orte von den amerikanischen Truppen besetzt.

Vor Bredelar waren bereits am Abend zuvor (29. März) die ersten amerikanischen Panzerspitzen aufgetaucht. Ein abfahrender deutscher Lazarettzug war von den Amerikanern beschossen worden und kam auf der Giershagener Straße zum Stehen, wodurch der weitere Vormarsch zunächst zum Stillstand kam. Am Morgen des Karfreitags (30. März) kamen neue Panzer aus der Richtung von Marsberg. SS-Truppen schossen den ersten Panzerspähwagen am Eingang des Dorfes in Brand, wodurch zunächst auch dieser Vormarsch stockte. Daraufhin wurde das Dorf zwei Stunden lang beschossen, wobei mehrere Häuser beschädigt wurden. Um 11.30 Uhr rückten die ersten US-Panzer ein und besetzten die wichtigsten Punkte des Dorfes. Am Abend folgten weitere Panzer, die bis zum zweiten Ostertag blieben.[215]

Auch in Rösenbeck rückten die Amerikaner erst am 30. März ein, ohne daß ein Schuß fiel. Das Dorf Leitmar wurde ebenfalls erst am 30. März von den Amerikanern besetzt, die gegen 14.00 Uhr einrückten. Hier wurde eine Gruppe von vier deutschen Soldaten überrumpelt, die gerade dabei war, ihren beschädigten Lastkraftwagen zu reparieren. Einer der Soldaten, der flüchten wollte, wurde beschossen und verletzt.

Der Raum westlich von Brilon war an diesem Tage noch nicht von amerikanischen Truppen besetzt, und wo die Orte noch nicht fest unter amerikanischer Kontrolle waren, kam es immer wieder zu kleineren Störmaßnahmen, so in Brilon-Wald. Hier schossen am 30. März morgens gegen 6.00 Uhr zwei deutsche Soldaten in der Nähe des Degussa-Garagengebäudes mit einer Panzerfaust einen parkenden amerikanischen Tankwagen in Brand, wobei auch ein Haus ganz in Brand geriet. Auf dem Holzlagerplatz des Degussa-Geländes fielen später noch zwei deutsche Soldaten.[216]

Gleichzeitig mit der Verstärkung und Unterstützung der vordersten Angriffstruppen liefen bei der 1. US-Armee an diesem Tage aber auch die Maßnahmen zur Verstärkung der Flanken an. Auf der rechten Flanke des VII. US-Korps standen bereits Teile der 104. Infanteriedivision in der Linie von Arolsen-Korbach. Teile der 1. US-Infanteriedivision stießen von Süden auf Siegen vor. Im Bereich des III. US-Korps klärte die 7. US-Panzerdivision den Bereich östlich von Marburg und nahm Kirchhain. Vorderste Teile dieser Division standen schon am Edersee und besetzten den Staudamm und verschiedene Brücken sowie die Dörfer Hemfurt und Mehlen, Herzhausen und Schmittlotheim. Im Bereich des V. US-Korps hatte die 9. US-Panzerdivision Neustadt und Treysa erreicht und schwenkte bereits nordwärts in Richtung Kassel und Edersee. Die Divisionskampfgruppe B besetzte Bad Wildungen und kreuzte dabei Teile der 7. US-Panzerdivision. Die Divisionskampfgruppe A stieß auf Fritzlar vor und besetzte die Stadt und den in der Nähe liegenden Flugplatz.[217]

Mit diesen überraschenden Vorstößen hatten die Verbände der 1. US-Armee nicht nur die rechte Flanke des weit nach Norden vorgestoßenen VII. Korps gedeckt, sondern bereits weitgehend den Raum besetzt, in den der Ausbruchsversuch des LIII. deutschen Korps aus Winterberg zielte. Auch die im Raume Kassel eingeleiteten Verteidigungsmaßnahmen und die Bereitstellungen für einen deutschen Gegenangriff waren damit weitgehend unmöglich geworden.[218]

---

215 Cramer, a. a. O., S. 85

216 Ebd., S. 46

217 Williams, a. a. O., S. 462

218 Vergleiche hierzu die deutschen Angriffsoperationen des LIII. Korps aus dem Raum Winterberg vom 30./31. März mit dem Ziel, die Einkesselung zu sprengen und sich im Raum südlich der Edertalsperre mit Verbänden aus dem Wehrkreis IX (Kassel) und der SS-Brigade Westfalen zu treffen (Kapitel „Deutscher Ausbruchsversuch bei Winterberg").

Am Abend des 30. März war klar geworden, daß die Angriffsspitzen der 3. US-Panzerdivision Paderborn noch nicht hatten nehmen können. Gleichzeitig war aber auch die SS-Brigade Westfalen auf ihrem Vormarsch in Richtung Korbach-Edersee gestoppt und in schwere Kämpfe verwickelt worden, die enorme Verluste gekostet hatten. Die Brigade war auf eine Linie südöstlich von Paderborn über Lichtenau bis Scherfede zurückgeworfen worden und sammelte. In der Nacht zum 31. März traten in diesem Gebiet neue Befehlsverhältnisse in Kraft, wobei auch die weiteren Operationen abgesteckt werden sollten.

In der Frühe des 30. März befand sich das Generalkommando LXVI. Armeekorps (Generalleutnant Hermann Flörke), dessen Tätigkeit im Rahmen der 15. Armee bereits im Kapitel „Vorstoß aus dem Brückenkopf Remagen" beschrieben wurde, noch im Gebiet zwischen Marburg und Fritzlar. Auf der Fahrt nach Gilsa schaltete sich das Generalkommando in das Fernsprechnetz ein und erhielt eine Verbindung zur Heeresgruppe B. Vom Chef des Stabes, Generalmajor Wagener, erhielt das Generalkommando einen neuen Befehl zum Einsatz im südostwestfälischen Raum.[219]

Das Generalkommando setzte seinen Weg über Fritzlar nach Kassel fort und versuchte, sich unterwegs ein Bild von der allgemeinen Lage zu verschaffen. In Kassel erhielt man beim dortigen Wehrkreiskommando IX einige nähere Informationen und auch die Zusage einiger Unterstützungen. Fliegeralarme und Fliegerangriffe verzögerten die Betriebsstoff- und Verpflegungsausgabe empfindlich, so daß das Kommando die Weiterfahrt erst am Nachmittag antreten konnte. Das stark zerstörte Kassel wurde in diesen Stunden gerade in Verteidigungszustand gesetzt.[220]

Da über die Lage in und um Warburg Unklarheit herrschte, ging die Fahrt über Hofgeismar durch das Diemeltal nach Karlshafen und Beverungen. Hier herrschte ebenfalls bereits große Unruhe, und die Straßensperren wurden geschlossen. Über Feldwege mußte die Kolonne ihren Marsch fortsetzen und kam — unbehelligt durch amerikanische Flieger — bei sinkender Dämmerung in Willebadessen an. Hier fand man zunächst den Stab der Beobachtungs-Ersatz-Abteilung 6 aus Lemgo und erhielt folgende Auskunft: Die Abteilung war auf Befehl des stellvertretenden Generalkommandos VI Münster bzw. der 476. Ersatzdivision, der die Beobachtungs-Ersatz-Abteilung unterstand, zur Sicherung entlang des Eggegebirges, Front nach Westen, eingesetzt worden. Ausbildungs- und waffenmäßig war die Beobachtungs-Ersatz-Abteilung für einen solchen Auftrag ungeeignet. Sie hatte aber ein einigermaßen brauchbares Nachrichtennetz entlang und ostwärts des Eggegebirges angelegt und einige Schützenpanzerwagen zur Aufklärung nach Süden und Westen angesetzt, die aber noch keine Feindberührung hatten. Der Kommandeur der Abteilung wußte aber von Gefechten südostwärts von Paderborn und in der Gegend von Lichtenau-Scherfede. Paderborn sei in eigener Hand. Über Warburg wußte er auch nichts.[221]

Das Generalkommando beschloß daher, seinen Gefechtsstand für die Nacht in Neuenheerse (sieben Kilometer südlich von Bad Driburg) einzurichten. Alle verfüg-

219 Der Befehl wurde bereits in der Fußnote 91 genau erläutert. Damit wurde die SS-Brigade Westfalen dem Stab des LXVI. Armeekorps des Generalleutnants Flörke unterstellt. Dieser stand unmittelbar unter der Befehlsgewalt der Heeresgruppe B.

220 Generalleutnant Flörke, Bericht über die Tätigkeit des Generalkommandos LXVI. Armeekorps (auch SS-Brigade Westfalen) im März und April 1945, BA-MA MS Nr. B-383, S. 7

221 Ebd., S. 8

baren Offiziere wurden zur Aufklärung, die Nachrichten-Abteilung zur Aufnahme von Verbindung auf dem Postnetz, angesetzt. Es gelang, festzustellen, daß der Stab der SS-Brigade Westfalen, im Gefecht stehend, sich bei Dörenhagen (neun Kilometer südöstlich von Paderborn) befinden sollte. Dorthin fuhr um Mitternacht der Kommandierende General.

---

DER WEHRMACHTSBERICHT MELDET:

*31. März 1945 „... Die südlich Paderborn eingesetzte SS-Brigade „Westfalen" schoß 18 Panzer ab. Die Brigade steht zur Verfügung der Heeresgruppe. Bei Kassel wird eine neue Linie aufgebaut ..."*

---

In Dahl traf Generalleutnant Flörke auf eine sammelnde Truppe und eine Anzahl von Panzern (Panzer IV = Ausbildungspanzer), die mit Instandsetzungsarbeiten beschäftigt waren. In einem kleinen, einsam gelegenen Hause am Wegekreuz, zweieinhalb Kilometer südwestlich von Dahl, fand er Obersturmbannführer Stern mit zwei bis drei jungen SS-Offizieren und einigen SS-Männern. Unweit stand ein brennender Panzer; in unmittelbarer Nähe wurden Infanteriepostenschüsse gewechselt.

Über das Unterstellungsverhältnis der SS-Brigade Westfalen unter das Kommando des LXVI. Armeekorps konnte nach den Befehlen der Heeresgruppe B kein Zweifel bestehen. Dieses wurde als erstes geklärt. Obersturmbannführer Stern freute sich, Fühlung mit einer vorgesetzten Dienststelle zu bekommen, da er keinerlei Nachrichtenverbindungen nach außen und zu höheren Dienststellen hatte. Er fühlte sich daher sehr vereinsamt und war dadurch auch nervlich sehr belastet.[222]

Über die Lage der SS-Brigade Westfalen berichtete Obersturmbannführer Stern, daß sie am 29. März auf dem Truppenübungsplatz und Umgebung alarmiert worden und von dort im Fußmarsch in drei Kolonnen angetreten sei. Die westliche Kolonne (Meyer) marschierte über Paderborn-Kirchborchen in Richtung Marsberg. Sie war am 30. März bis etwa Atteln gelangt, dort auf amerikanische Panzer gestoßen und bis in die Gegend Nord- bzw. Kirchborchen zurückgeworfen worden. Das Regiment Meyer war dabei — im Infanteriekampf völlig ungeübt — stark mitgenommen und ziemlich zersprengt worden. Es sammelte, zur Zeit nicht verwendungsfähig, im Raume Dahl-Schwaney und würde vor dem 31. März abends nicht wieder einsatzfähig werden.

Die mittlere Kolonne (Holzer), I. Abteilung (Ausbildungs-Panzer IV und zwei Panzer V) und dabei die Heerespanzer-Abteilung 507, war am 30. März in der Gegend von Eggeringhausen-Dörenhagen mit amerikanischen Panzern ins Gefecht geraten und hatte nach schwerem Kampf das Schlachtfeld behauptet. Den Amerikanern war damit zunächst der Weg nach Paderborn verlegt worden, wobei sie erhebliche Panzerverluste gehabt hatten; es wurde von etwa 40 (?) abgeschossenen Panzern gesprochen. Die eigenen Panzerausfälle waren gering, doch war die Masse für die Nacht zurückgezogen worden, um überholt zu werden, und zur Zeit nicht einsatzbereit.

Die dritte (östliche) Kolonne (SS-Regiment Holzer, I. und II. Abteilung) war bei Scherfede auf den Feind gestoßen. In schweren, hin- und herwogenden Kämpfen

---

222 Ebd., S. 9

war der Ort behauptet worden. Das SS-Regiment Holzer stand jetzt etwa in der Linie Dörenhagen-Lichtenau-Kleinenberg-Scherfede in der Verteidigung.[223]

Obersturmbannführer Stern beurteilte die Lage dahin, daß der Feind am 31. März seinen Angriff fortsetzen würde und daß es sich hier nicht um „Vorgeschobene Panzerspitzen" (wie die Heeresgruppe B meinte), sondern um starke Kräfte mit reichlich Artillerie handele. Er beabsichtigte, sich am 31. März in der erreichten Linie zu verteidigen und seine Kräfte zu sammeln. Selbst anzugreifen schien ihm nicht möglich wegen

1. der weiten Verteilung der Brigade auf 15 bis 20 Kilometer;
2. der mangelnden Gefechtsbereitschaft des SS-Regiments Meyer;
3. der Notwendigkeit, die eigenen Panzer zu überholen und erneut gefechtsbereit zu machen, wozu die Instandsetzungsdienste erst herangeholt werden mußten;
4. der Stärke des Gegners.

Generalleutnant Flörke mußte sich davon überzeugen lassen, daß die Beurteilung der Lage zutreffend war und damit seine bisher scharf vertretene Absicht, am 31. März anzugreifen, um die vorerst noch nicht allzu starken feindlichen Anfänge zu werfen, nicht durchführbar sei. Das war eine bittere Erkenntnis. — So wurde für den 31. März befohlen:

1. Verteidigung;
2. Sammeln und Umgruppierung als Vorbereitung für die Fortsetzung des Angriffs am 1. April mit Schwerpunkt bei der östlichen Kolonne im Forst Hardehausen;
3. Aufklärung.[224]

Am 31. März — es war der Karsamstag — hatte der Stab des LXVI. Korps mit den örtlichen Dienststellen und Behörden fernmündlichen Kontakt aufgenommen, und mit der Heeresgruppe B kam eine Funkverbindung zustande. Am Vormittag traf der Kommandierende General des stellvertretenden VI. Armeekorps Münster, General der Infanterie Mattenklott, der für den Kampfabschnitt zuständige Territorialbefehlshaber, in Neuenheerse ein. In einer eingehenden Absprache wurde dahin Einigung erzielt, daß General Mattenklott mit den Truppen des stellvertretenden VI. Armeekorps (insbesondere der 476. Ersatzdivision — Generalmajor Karst) die Sicherung der Linie Teutoburger Wald-Eggegebirge übernehmen, während das LXVI. Armeekorps mit der SS-Brigade Westfalen und allen etwa vom Oberbefehlshaber West heranzuführenden Truppen für die von der Heeresgruppe B befohlene Offensiv-Aufgabe Marsberg-Edertalsperre verfügbar gehalten werden solle. Bei erfolgreichem Angriff des LXVI. Armeekorps sollte dem stellvertretenden VI. Armeekorps die Flanken-, besonders aber die Rückendeckung des Angriffsverbandes zufallen, wozu eine enge Zusammenarbeit vereinbart wurde. An Verstärkungen wurden besonders Teile der 166. Infanteriedivision erwartet, die aus Dänemark im Antransport war. Man bezweifelte allerdings beim Stab des LXVI. Korps, ob das Abdrehen dieser Division in den Kampfraum des Korps gelingen werde.

Auch mit dem Kommandeur der 476. Ersatz-Division, Generalmajor Karst, der sich beim Stab einfand, wurde die Lage im Sinne der Abmachungen mit General Mattenklott besprochen. Generalmajor Karst hatte im wesentlichen nur ein bis zwei

[223] Ebd., S. 9–11
[224] Ebd., S. 11

SS-Panzer Brigade "Westfalen"    Br.Gef.Std., den 30. 3. 1945
Ia    Schl./Tog.

Eing. $19^{15}$ Uhr 9
62

an das
stellv. Generalkommando VI, Ia.
nachrichtlich
an
Kommandant Tr.Üb.Pl. "Senne"

1.) S c h e r f e d e 13.45 Uhr feindfrei. Die angebliche Feindkolonne, etwa 25 Panzer, von N i e d e r m a r s b e r g im Vormarsch auf W r e x e n, angeblich W r e x e n erreicht. Bestätigung liegt noch nicht vor. ./.
14.00 Uhr Feindberührung bei H u s e n , A t t e l n und H e n g l a r n. Einige Panzer, Zahl nicht genau feststellbar.
12.00 Uhr Feindberührung K i r c h b o r c h e n - N o r d b o r c h e n. Etwa 8 Panzer, einige SFL. bis 15cm Kaliber. Geringe Infanteriekräfte. Feind geht fast ausschliesslich auf Straße vor, meidet Gelände.

2.) Eigene Aufklärung stößt infolge ungenügend vorhandener Aufklärungskräfte auf ungeheuere Schwierigkeiten. Dadurch Bestätigung von Feindmeldungen bis zu 4 und 5 Stunden verzögert. Es wird um Zuführung einiger PKW. und B-Kräder dringend gebeten.

3.) Eigene Sperrlinie verläuft: W a r t h e an Reichsstraße 1 ( 2,5 km südwestlich Paderborn) - Westrand W e w e r - Westrand N o r d b o r c h e n - K i r c h b o r c h e n - Südrand E t t e l n - Südrand E b b i n g h a u s e n - Südwestrand H o l t h e i m - H a r d e h a u s e n - Südrand S c h e r f e d e.

4.) Es sind eingesetzt:
Rechts: Rgt. M e y e r
Links : Rgt. H o l z e r
Trennungslinie: Ostrand A t t e l n - Westrand E b b i n g h a u s e n - Ostrand D a h l.
Schwere Panzer-Abteilung 507 ohne zwei Kompanieen im Wald südlich D a h l.
Eine Kompanie auf Zusammenarbeit mit Rgt. M e y e r angewiesen im Raume Nordostwärts N o r d b o r c h e n.
Eine Kompaie auf Zusammenarbeit mit Rgt. H o l z e r im Raume 2 km ostwärts L i c h t e n a u angewiesen.

5.) Bisher bekannte Erfolge: 3 Panzer, 1 Panzerspähwagen durch Panzerfaust vernichtet.

6.) Brigadegefechtsstand in Dörenhagen.

SS-Ostubaf. u.Brigade-Fhr.

*Dokument 4: Lagebericht der SS-Brigade Westfalen an das stellvertretende Generalkommando VI am 30. 3. 1945*

Ersatzbataillone in der Gegend von Altenbeken stehen und schwache Sicherungen in der Linie Bonenburg-Warburg. Die Aussprache mit ihm ergab, daß mit irgendeiner Hilfe oder tatkräftigen Unterstützung für Angriffszwecke von der zivilen Seite (Volkssturm) nicht zu rechnen war.[225]

Im Laufe des Tages kamen beim LXVI. Korps Funk- bzw. Fernsprüche von der Heeresgruppe B und dem Oberbefehlshaber West (Feldmarschall Kesselring) an, die immer wieder den Angriff des Korps in die Flanke der feindlichen Panzerspitzen forderten und mitteilten, daß eine Kampfgruppe der eingeschlossenen Heeresgruppe B Richtung Winterberg angetreten sei. Ein Generalstabsoffizier der Heeresgruppe B — über Paderborn zum Generalkommando LXVI und anschließend zum Oberbefehlshaber West entsandt — gab der Angriffsforderung der Heeresgruppe B besonders bewegten Ausdruck. Er machte genaue Angaben über die Lage der Heeresgruppe B, die nur noch durch einen schmalen Korridor bei Paderborn mit dem übrigen Deutschland in Verbindung stand, und über den Ausfallversuch der Kampfgruppe Bayerlein bei Winterberg.[226]

An der Kampffront verlief der Vormittag verhältnismäßig ruhig. Weder bei Dörenhagen noch bei Scherfede setzten die amerikanischen Kampfgruppen ihre Angriffe fort. Artilleriefeuer, das sich langsam verstärkte, lag jedoch auf den Ortschaften Lichtenau und Kleinenberg und den Wäldern des Eggegebirges. Die deutschen Truppen hatten daher am 31. März vormittags Gelegenheit gehabt, sich zu ordnen und umzugruppieren. Die eigene Aufklärung über die Absichten des Gegners und die einlaufenden Meldeergebnisse waren jedoch — aufgrund der nicht vorhandenen Nachrichtenmittel — unzureichend, lückenhaft und oft auch irreführend.[227]

Der 31. März bedeutete aber auch für die 3. US-Panzerdivision Umgruppierungen. Die Division, die durch den plötzlichen Tod ihres Kommandeurs am Abend zuvor führerlos geworden war, erhielt einen neuen Kommandeur. Beim ersten Tageslicht war Brigadegeneral Doyle O. Hickey, bisher Führer der Divisionskampfgruppe A, zum Divisionsgefechtsstand in die Nähe von Henglarn/Etteln gebracht worden. Sein Nachfolger wurde Oberst Doan, und Oberstleutnant Boles übernahm die Kampfgruppe des Oberst Doan. Die Kampfgruppen Boles und Kane rückten zur Verstärkung nach vorn, um die abgeschnittene Kampfgruppe Welborn zu befreien und zu unterstützen. Die festliegenden amerikanischen Kampfgruppen hatten die Nacht genutzt, um vor ihren Linien aufzuklären, um die deutschen Stellungen festzustellen. Die Aufklärung erbrachte, daß die deutschen Positionen gut eingegraben und von „Hunderten" von Panzerfaust-Gruppen besetzt waren. Sogar schwere Artillerie- und Granatwerferangriffe konnten sie nicht ausrotten. Die Kampfgruppe Richardson

---

225 Ebd., S. 12

226 Ebd., S. 12 und 13

227 Bei den kurzfristig zusammengestellten, improvisierten Verbänden war ein geschulter Beobachtungsdienst nicht vorhanden. Auch die Artillerie — sonst Hauptträger des Beobachtungsdienstes — fehlte vollkommen, ebenso auch die Luftaufklärung. Einige Ergebnisse brachte der Drahterkundungsdienst der Nachrichtentruppe auf dem Postnetz. Die deutschen Postämter, oft nur durch weibliches Personal besetzt, arbeiteten willig und zuvorkommend mit der deutschen Truppe zusammen bis zum Eintreffen der Amerikaner, ja oft noch tief im Rücken ihrer Kampffront. (Flörke, MS Nr. B-383)
Nach späteren Aussagen eines deutschen Kampfgruppenführers ist es öfter vorgekommen, daß Bürgermeister — bereits von amerikanischen Panzerspitzen besetzter Orte — angerufen haben mit dem Versuch, über die deutschen Linien und Gefechtsabsichten Auskünfte zu erhalten.

sah sich schließlich gezwungen, Flammenwerfer einzusetzen, um die letzten Widerstände zu brechen. Während des Tages konnte die Kampfgruppe Hogan Wewer und die Kampfgruppe Richardson Nordborchen endgültig besetzen. Das 83. Panzeraufklärungsbataillon erreichte die Dörfer Dörenhagen und Eggeringhausen. Bei Wrexen trafen die ersten Teile der 104. US-Infanteriedivision ein, wodurch die Kampfgruppe Lovelady abgelöst wurde, die durch Husen und Etteln marschierte, um vorn ein anderes Aufklärungsbataillon abzulösen.[228]

Ein Teil der deutschen Truppen, der die Kampfgruppe Welborn eingekreist hatte, setzte sich in der Nacht zum 1. April nach Norden und Osten ab, nachdem er viele amerikanische Fahrzeuge zerstört hatte, die zuvor erbeutet worden waren. Auch einige amerikanische Gefangene wurden dabei auf Panzern und Fahrzeugen mitgenommen. Ein anderer Teil der deutschen Kräfte verblieb noch in den alten Stellungen und leistete den Angreifern der Kampfgruppen Boles und Welborn weiterhin hartnäckigen Widerstand.

Bei Hamborn versuchte eine andere etwa 200 Mann starke deutsche Kampfgruppe, unterstützt von fünf Tigerpanzern, einen Gegenangriff, wurde dabei jedoch zurückgeschlagen. Bis zum Nachteinbruch hatten die Amerikaner das Gebiet aber soweit unter Kontrolle, um von dort aus einen koordinierten Angriff auf Paderborn starten zu können.[229]

Am Nachmittag des 31. März hatte der Kommandierende General des LXVI. Korps eine Besprechung in dem kleinen Dorf Dahl befohlen. Hierhin hatte inzwischen auch Obersturmbannführer Stern seinen Gefechtsstand verlegt. An dieser Besprechung nahm auch der von der Heeresgruppe B abgesandte Generalstabsoffizier teil, der die Forderung auf sofortigen Angriff lebhaft vertrat. Anwesend waren ferner Obersturmbannführer Stern, einige Abteilungskommandeure und der Kommandeur der Panzer-Abteilung 507. Zweck der Besprechung war, den Angriff für den 1. April, zu dem der Kommandierende General fest entschlossen war, im einzelnen zu besprechen und zu befehlen. Geplant war eine scharfe Zusammenfassung der SS-Brigade Westfalen im Raum Forst Hardehausen und Angriff von dort in Richtung Marsberg als erstes Angriffsziel. Für die Wahl dieses Versammlungs- bzw. Bereitstellungsraumes sprach

1. die Möglichkeit, die SS-Brigade Westfalen ohne weiteren Kampf — schnell und der Erdbeobachtung entzogen — vereinigen zu können;
2. seine günstige Lage im Hinblick auf das Angriffsziel Marsberg;
3. der Schutz, den das Waldgelände gegen Beobachtung und Angriffe aus der Luft bot;
4. schließlich, als wichtigstes, die Möglichkeit, die beiden Straßen Marsberg-Paderborn und Marsberg-Scherfede-Höxter, die der Amerikaner für seinen Vormarsch brauchte, sperren zu können.[230]

Der Angriff sollte in der Dunkelheit geführt werden, ebenfalls mit Rücksicht auf die feindliche Artillerie- und Luftüberlegenheit. Bei dieser Besprechung sah der Kommandierende General zum ersten Mal einen größeren Teil der Truppenführung des ihm unterstellten Verbandes und erfuhr Einzelheiten über seinen Zustand und die

---

228 Spearhead, a. a. O., S. 245
229 Ebd.
230 Flörke, a. a. O., MS Nr. B-383, S. 14

jetzige Lage.[231] Das Regiment Holzer meldete, daß der Feinddruck eine Reservebildung bisher unmöglich gemacht hatte. Das Regiment hatte viel Mühe gehabt, die angreifenden Amerikaner aufzuhalten. Als einzigen Ersatz hatte das Regiment einige Hitlerjungen ohne Waffen erhalten. Das Regiment Meyer hatte mit der beabsichtigten Verschiebung nach Süden noch nicht begonnen. Die Panzer der SS-Brigade waren noch nicht wieder einsatzbereit, da die Instandsetzungsdienste noch nicht zur Stelle waren. Fast ebenso sah es bei der Panzer-Abteilung 507 aus. Aus all diesen Erkenntnissen ergab sich, daß am 1. April nicht angegriffen werden konnte. Besonders das Regiment Meyer bereitete den Verantwortlichen große Sorgen. Nach fast völligem Versprengtsein am 30. März war bisher das Sammeln in der Gegend Dahl-Schwaney und die Neugliederung nur in den Anfängen gediehen. Es war unmöglich, daß das Regiment am 1. April früh angriffsbereit im Forst Hardehausen stehen konnte. Gegen diese geplante Versammlung brachten die Führer der Panzerverbände ihre Bedenken vor. Sie befürchteten Gelände- und Wegeschwierigkeiten.

General Flörke war sich darüber klar, daß jeder Aufschub des Angriffs seine Aussichten verschlechterte und die Lage der Heeresgruppe B verschlimmerte. Die Verhältnisse bei den unterstellten Verbänden machten eine Verschiebung des Angriffs vom 1. auf den 2. April notwendig. Während dieser Überlegungen traf vom Generalkommando des IX. Armeekorps der General der Artillerie, Petsch, mit seinem Stabschef und Ia, im Kraftwagen aus Kassel ein und teilte folgendes mit:

1. LXVI. Armeekorps und die Truppe, die bei Kassel zusammengezogen wurde, solle zur Befreiung der Heeresgruppe B zusammenwirken;
2. hierzu seien ihm LXVI. Armeekorps und die Kasseler Verbände unterstellt;
3. LXVI. Armeekorps habe so schnell wie möglich den Raum Marsberg zu gewinnen. Der 1. April sei ihm als Angriffstermin zu spät; er fordere sofortigen Angriff aus Scherfede heraus.[232]

Während General Petsch über die tatsächliche Lage, wie sie sich entwickelt hatte, orientiert wurde, griffen amerikanische Truppen aus der Gegend Dörenhagen-Eggeringhausen an. Artilleriefeuer schlug in Dahl ein. Die Truppe mußte alarmiert und ein Teil der Truppenführer von der Besprechung auf das Gefechtsfeld entlassen werden, während andere durch die Notwendigkeit, Gefechtsbefehle zu geben, stark abgelenkt wurden. Die Gefechtslage machte den Einsatz der Panzer-Abteilung 507 notwendig, wonach das Gefecht wieder abflaute und die Lage wiederhergestellt schien.

General Flörke war sich darüber im klaren, daß die Umgruppierungen, die dieses kleine Gefecht nötig gemacht hatte, eine weitere Verzögerung der Versammlung der Angriffsverbände verursachten. Die Erfolgsaussichten für einen Angriff auf Marsberg und weiter in Richtung Winterberg schmolzen immer mehr dahin. Er stellte daher die Überlegung an, den Angriff aufzugeben und die SS-Brigade Westfalen

---

231 Die Führer machten persönlich alle einen ausgezeichneten soldatischen Eindruck. Es waren alles bewährte alte Frontsoldaten, zum Teil mit hohen Auszeichnungen, einige durch noch nicht voll ausgeheilte Verwundungen behindert. Die Beschreibungen, die sie von ihren Truppen gaben, waren alles andere als erfreulich. Das Gesamtbild war: eine willige, ja zum Teil hervorragend einsatzfreudige Mannschaft, jedoch in Organisation, Ausrüstung und Bewaffnung völlig unfertig; die Stäbe nicht arbeitsfähig und ohne Überblick über das bunte Gemisch, das ihnen unterstand. Der Kommandierende General mußte erfahren, daß von den Vorausmaßnahmen, die als Voraussetzung für einen Angriff am 1. April von ihm befohlen und unerläßlich waren, praktisch so gut wie nichts ausgeführt war, nicht aus bösem Willen, sondern aus Unvermögen.

232 Flörke, a. a. O., MS Nr. B-383, S. 15 ff.

hinter die Weser zurückzunehmen, um sie so einzusetzen und zu gliedern, daß mit einiger Aussicht auf Erfolg der Weserabschnitt gehalten werden konnte. Dieser Gedanke, der Sorge um die Erhaltung bzw. Entfaltung der Kampfkraft der SS-Brigade entsprungen, wurde aber am Ende von ihm selbst abgelehnt. Er stand im Gegensatz zum Auftrag, an dem, solange noch eine Möglichkeit zu seiner Ausführung gegeben war, festgehalten werden mußte. Jetzt vom Auftrag abzuweichen, war mit der Gehorsamspflicht und der soldatischen Ehrauffassung unvereinbar und wäre grob unkameradschaftlich gegenüber den im „Ruhrkessel" befindlichen Kameraden gewesen. Diese Auffassung teilten alle Anwesenden. Die ernste Lage erforderte einen kühnen Entschluß. Alles kam darauf an, so schnell wie möglich zum Angriff bereitzustehen. General Petsch hatte noch keine Unterlagen, die ein Zusammenwirken des LXVI. Armeekorps mit den Truppen in und bei Kassel ermöglicht hätten. Er fuhr nach mehrstündiger Anwesenheit bei einbrechender Dunkelheit zu seinem neuen Stabsquartier nach Witzenhausen zurück, ohne daß die Besprechung ein Ergebnis gezeitigt hätte.[233]

Generalleutnant Flörke ordnete daraufhin alle Maßnahmen für eine möglichst frühzeitige Versammlung der SS-Brigade Westfalen im Raum Forst Hardehausen an.

Am Abend stellte sich heraus, daß es den Amerikanern in dem kurzen Gefecht am Nachmittag gelungen war, sich die Straße Dörenhagen-Paderborn freizukämpfen. Auch in Scherfede war wieder erbittert, aber erfolgreich gekämpft worden.

Das Generalkommando LXVI verbuchte den 31. März als schlechten und verlorenen Tag. Zwar hatte die unvermutete Untätigkeit der Amerikaner[234] der Truppe einige Möglichkeit zur Ordnung und Neugliederung geboten, zudem war die Verbindung mit dem stellvertretenden Generalkommando VI und IX. Armeekorps hergestellt, so daß das LXVI. Armeekorps nicht mehr im luftleeren Raum schwebte; aber das Generalkommando hatte nicht nur nicht angreifen und damit seinen Auftrag ausführen können, sondern es hatte sogar in der Vorbereitung dazu nur einen kleinen Schritt vorangetan.[235]

Die amerikanischen Verbände konnten diesen Tag aber trotzdem als Erfolg verbuchen. An der östlichen Flanke hatte die 104. US-Infanteriedivision bei Wrexen und Scherfede mit ersten Verbänden in die Kämpfe eingegriffen. Weiter östlich, im Bereich des V. US-Korps, stabilisierte die 9. US-Panzerdivision ihre Brückenköpfe über die Diemel. Im Verlauf des Tages besetzten verschiedene Kampfgruppen der Division Warburg, andere besetzten die Orte Wethen, Ossendorf, Rimbeck, Nörde und Menne. Bei Arolsen trafen sich Verbände des V. und VII. US-Korps. Andere Einheiten des V. Korps stießen von Fritzlar aus nördlich in Richtung Kassel vor. Vom Süden her tasteten sich Verbände des XX. Korps der 3. US-Armee bereits an Kassel heran. Deutsche Gegenstöße aus dieser Richtung waren daher auch kaum noch möglich.

Aber auch die bisher noch ungeschützte linke Flanke der 3. US-Panzerdivision wurde verstärkt und geschützt. Die noch im Raume Siegen operierende 1. US-Infanteriedivision erhielt Befehl, erste Verbände in den Raum nordwestlich von Brilon und südwestlich von Paderborn zu verlegen.[236]

---

233 Flörke, a. a. O., MS Nr. B-383, S. 16 ff.

234 Dem General Flörke war zu dieser Zeit sicherlich nicht bekannt, daß der Führer der 3. US-Panzerdivision, Generalmajor Rose, gefallen war und auch bei den Amerikanern Umgruppierungen durchgeführt werden mußten.

235 Flörke, a. a. O., MS Nr. B-383, S. 18

236 Williams, a. a. O., S. 464

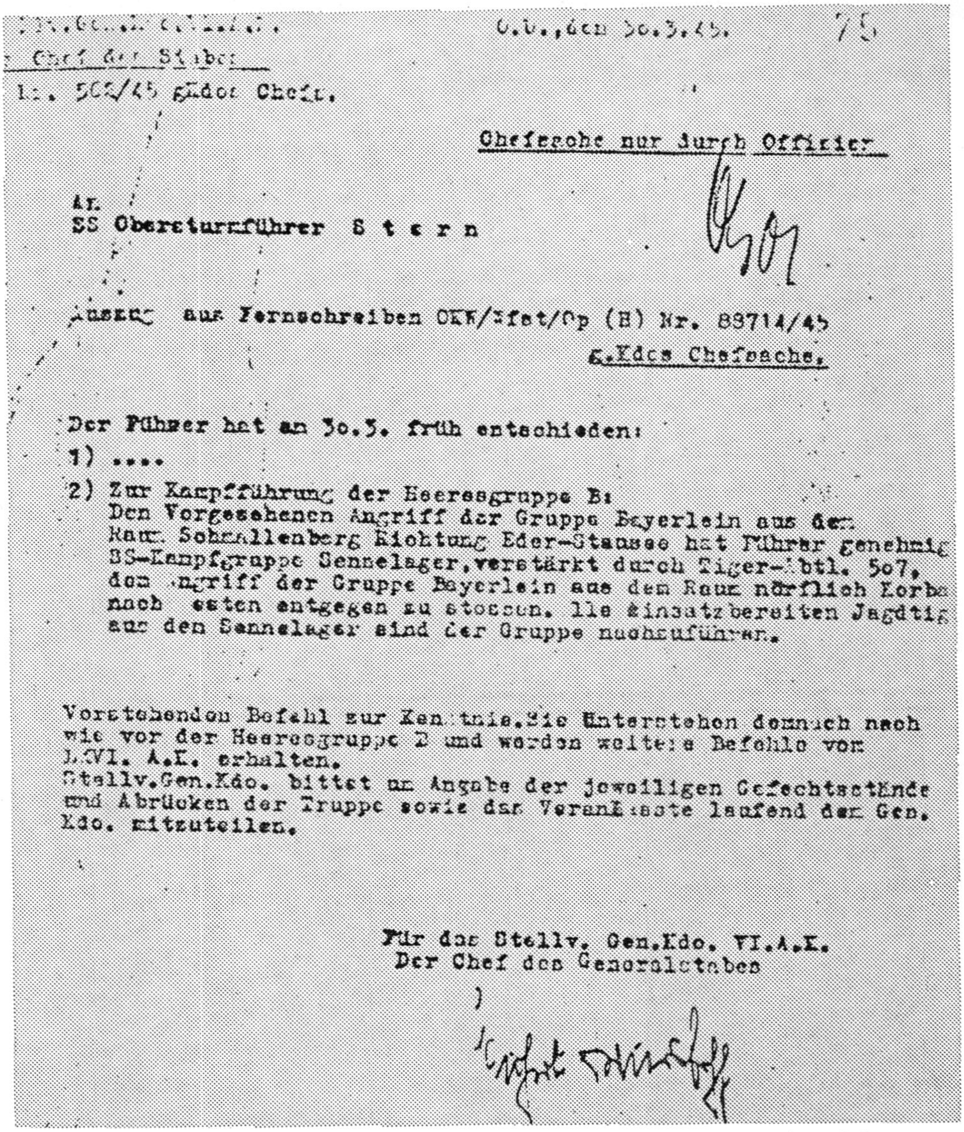

[illegible] O.U., den 30.3.45. 75

Chef des Stabes

Nr. 502/45 g.Kdos Chefs.

Chefsache nur durch Offizier

An
SS Obersturmführer S t e r n

Auszug aus Fernschreiben OKW/Wfst/Op (H) Nr. 88714/45
g.Kdos Chefsache.

Der Führer hat am 30.3. früh entschieden:

1) ....

2) Zur Kampfführung der Heeresgruppe B:
Den Vorgesehenen Angriff der Gruppe Bayerlein aus dem Raum Schmallenberg Richtung Eder-Stausee hat Führer genehmigt. SS-Kampfgruppe Sennelager, verstärkt durch Tiger-Abtl. 507, den Angriff der Gruppe Bayerlein aus dem Raum nördlich Korbach nach Westen entgegen zu stossen. Alle einsatzbereiten Jagdtiger aus den Sennelager sind der Gruppe nachzuführen.

Vorstehenden Befehl zur Kenntnis. Sie unterstehen demnach nach wie vor der Heeresgruppe B und werden weitere Befehle vom LXVI. A.K. erhalten.
Stellv.Gen.Kdo. bittet um Angabe der jeweiligen Gefechtsstände und Abrücken der Truppe sowie das Veranlasste laufend dem Gen. Kdo. mitzuteilen.

Für das Stellv. Gen.Kdo. VI.A.K.
Der Chef des Generalstabes

*Dokument 5: Fernschreiben des Wehrkreiskommandos VI an Obersturmbannführer Stern bezüglich des Einsatzes und der Unterstellung der SS-Brigade Westfalen*

Im damaligen Kreise Brilon wurden an diesem Tage die letzten Orte im Bereich des Diemelsees von US-Truppen besetzt. In Heddinghausen rückten am 31. März um 9.00 Uhr amerikanische Truppen ein, ohne auf Widerstand zu stoßen. Nach gründlicher Durchsuchung des Ortes rückten die Truppen am Abend in Richtung Niedermarsberg wieder ab. Am gleichen Tage fuhren die ersten amerikanischen Fahrzeuge auch durch das Dorf Kanstein. Die eigentliche Besetzung erfolgte hier aber erst am 4. April. An diesem Karsamstag zogen auch die ersten US-Panzer in Padberg ein, und am anderen Tage war der Ort vollgestopft mit amerikanischen Verbänden.

Aus Richtung Arolsen wurde an diesem Tage auch Udorf an der Ostgrenze des Kreises von US-Truppen besetzt. Auch hier kam es nicht mehr zu Kampfhandlungen, und das Dorf blieb von einer Besatzung frei. Aus Richtung Brilon kamen an diesem Tage auch die ersten US-Verbände bis in das Dorf Beringhausen, nördlich des Diemelsees. Auch hier kam es nicht mehr zu Kampfhandlungen und nur zu den üblichen Durchsuchungen nach Waffen und deutschen Soldaten.

Für die Bewohner des Dorfes Helminghausen unterhalb der Sperrmauer der Diemeltalsperre gab es dagegen noch einige aufregende Stunden. Beim Anmarsch der Amerikaner zog die Flak-Abteilung von der Sperrmauer ab. Eine SS-Einheit besetzte die umliegenden Höhen und Waldungen und bereitete die Sperrmauer zur Sprengung vor, was ohne Warnung der Bevölkerung geschehen sollte. Panzersperren sollten die aus Richtung Heringhausen anrückenden Amerikaner aufhalten. Beherzte Männer beseitigten heimlich die Panzersperren und trafen Vorsorge, ein etwaiges Kommando an der Sprengung zu hindern. Glücklicherweise weigerten sich der beauftragte Feldwebel und der Unteroffizier, den Befehl auszuführen. Die amerikanischen Panzerverbände erkannten die Gefahr des Weges über die Sperrmauer und stießen daher auf Umwegen über Giershagen vor. Da die SS-Soldaten inzwischen ihre Stellungen um den Stausee verlassen hatten, fanden beim Einmarsch der Amerikaner in Helminghausen — am 1. April — keine Kampfhandlungen statt.[237]

An diesem Tage wurde auch der westliche Teil des Kreises Büren weitgehend von amerikanischen Truppen besetzt und ebenfalls die Stadt Büren. In den Forsten um Ringelstein war ein großes Munitionslager der deutschen Luftwaffe. Dieses wurde am 30. März in mehreren Etappen in die Luft gesprengt. Gerüchte hierüber waren schon in den Tagen zuvor im Umlauf, und die betreffenden Orte: Harth, Barkhausen und Weiberg waren vorsorglich geräumt worden. Zu Beschädigungen kam es aber nicht. Am anderen Tage wurde auch die nordöstlich von Büren auf einem Bergkegel im Almetal gelegene Wewelsburg, eine SS-Schulungsburg, gesprengt. Das Dorf Wewelsburg, in dem die Bevölkerung nach dem Abzug der SS-Einheiten bange Stunden verlebt hatte, wurde erst in der Frühe des 2. April (Ostermontag) von amerikanischen Truppen besetzt. Wenig später besetzten die Amerikaner auch das in der Nähe liegende Konzentrationslager Niederhagen. Die amerikanischen Offiziere dieser Truppen waren völlig überrascht. Die Wewelsburg — mit allem was dazugehört — war ihnen nicht bekannt.[238]

## UM DIE KREISSTADT BÜREN

Der Raum um Büren war bereits am Vortag durch die schnellen Vorstöße der Kampfgruppen der 3. US-Panzerdivision von Brilon aus, links über den kleinen Hellweg an Büren vorbei und rechts über Wünnenberg-Haaren, ausmanöveriert worden und war dadurch schon weitgehend eingeschlossen gewesen.

»In der Kreisstadt Büren wurde stündlich mit dem Einmarsch der amerikanischen Truppen gerechnet. Da kamen noch am 30. März kleinere Gruppen deutscher Solda-

---

237 Cramer, a. a. O., S. 98

238 Die Wewelsburg war von der SS im Jahre 1933/34 erworben worden. Sie war dann anschließend mit einem Kostenaufwand von 12 Millionen Reichsmark zu einer Reichsführerschule SS ausgebaut worden. Am 31. März 1945 wurde sie von einem SS-Pionierkommando gesprengt und durch das dadurch ausgebrochene Feuer im Innern schwer zerstört.

ten und bezogen Stellungen am Kapellenberg und auf der Schanze am Barkhäuser Weg. Über der Stadt, die in einem Talkessel gelegen ist, zeigten sich Aufklärungsflugzeuge.

Glücklicherweise gelingt es einem auf Urlaub in seiner Heimatstadt weilenden höheren Offizier, die deutschen Truppen zum Abzug zu bewegen und dafür die Verantwortung zu übernehmen. Kaum sind die Truppen weg, sind auch schon amerikanische Bomber über der Stadt. Tief und langsam kreist etwa eine halbe Stunde lang ein ganzes Geschwader über der Stadt, da keine deutschen Truppen mehr gesichtet werden, drehen sie langsam ab. Aus der Ferne ist das Sprengen der Munititonsanstalt in Ringelstein zu vernehmen. Am Kirchturm und an vielen Häusern werden weiße Laken gehißt. Oben auf dem Kapellenberg und dem Kleinen Hellweg hört man die Geräusche der vorbeirollenden amerikanischen Panzer. Vier Panzer sind von der Stadt aus auf der Höhe zu sehen; sie halten so, daß sie die Stadt bestreichen können. Über dem Tal kreisen wieder amerikanische Aufklärer, aber nichts weiter geschieht; nur aus der Ferne sind Schüsse zu hören.[239]

Am Morgen des 31. März (Karsamstag) ist von den US-Panzern nichts mehr zu sehen, an den Häusern hängen weiterhin die weißen Fahnen. Die Bevölkerung rätselt, wer Büren wohl besetzen wird: Engländer, Amerikaner oder Franzosen? Am Vormittag gibt es plötzlich wieder neue Aufregungen: Versprengte SS-Soldaten haben sich auf dem Kapellenberg eingefunden und graben sich dort ein. Die Soldaten haben davon Kenntnis erhalten, daß sich im Bürener Parteigebäude ein Waffenlager befinden soll, und wollen sich nun mit diesen Waffen ausrüsten. Von allen Seiten wird auf sie eingeredet, die Stadt und sich selber nicht ins Unglück zu stürzen; aber sie wollen noch nicht aufgeben. Doch als nach langem Warten kein Feind eintrifft, ziehen die Soldaten weiter. Alle atmen auf. Dann gibt es plötzlich Feueralarm. Die Feuerwehr soll dafür sorgen, daß die zahlreichen Ausländer (Russen und Polen), die schon befreit sind, aus der Stadt geschafft werden. Es kommt in der Stadt zu ersten großen Plünderungen. Am frühen Nachmittag tauchen wieder sechs SS-Soldaten auf und verlangen von der Verwaltung die Schlüssel vom Waffenlager. Als auch der inzwischen erschienene Bürgermeister die Herausgabe der Schlüssel verweigert, verlassen die SS-Männer das Büro mit der Drohung, die Tür aufzubrechen. Kurz darauf steht auch der bereits verschwunden gewesene Kreisleiter mit seinem Adjutanten — beide schon in Zivil — im Bürgermeisteramt und fordert lautstark die Einziehung der weißen Fahnen und die Verteidigung der Stadt. Telefonisch fordert er Wehrmachts-Einheiten an, bevor er mit seinem Auto die Stadt verläßt. Telefonisch meldet er sich nochmals, wird aber dann nicht mehr gesehen. Zwischenzeitlich hat ein Feuerwehrmann die SS-Männer in Schach gehalten und am Aufbrechen der Tür zum Waffenlager gehindert. Gerade als der Bürgermeister sein Amt verlassen hat, kommt ein neuer Telefonanruf: „Hier Thieleke (Ortsgruppenleiter von Hegensdorf), Panzer fahren gerade an Hegensdorf vorbei in Richtung Büren."[240]

Bald darauf rücken die ersten amerikanischen Panzer, begleitet von Infanteristen, in Büren ein und besetzen die wichtigsten Straßen und Plätze. Auch hier immer wieder die Frage: „Wo SS? — Hier SS?" Auf dem Bürgermeisteramt werden die ersten Verordnungen für die Zivilbevölkerung erlassen und bekanntgegeben. Am anderen Morgen wird die Bevölkerung aufgefordert, sämtliche Waffen, Munition, Ferngläser,

239 Erlebnisbericht von Ilse Happe in „Stadtspiegel Büren", Nr. 21, vom 15. November 1980
240 Erlebnisbericht von Ilse Happe in „Stadtspiegel Büren", Nr. 21, vom 15. November 1980

# EXTRA-POST

Nr. 15 — **Das Neueste für die Truppe** — 1. April (1. Ostertag) 1945

# Der Befehl Nr. 2

## Sklavenkarawanen des 20. Jahrhunderts auf dem Marsch

**Deutsche Truppen eroberten bei örtlichen Vorstößen verschiedene Städte zurück. Sie fanden Plakate, in denen der Befehl Nr. 2 des sowjetischen Frontoberkommandos angeschlagen war**

Der Befehl fordert alle deutschen Männer zwischen 17 und 50 Jahren auf, in 48 Stunden mit Winterbekleidung und Schuhen, Unterwäsche, Bettzeug und Kochgeschirr bei einer Mobilmachungskommission zu erscheinen, um zum Arbeitseinsatz in die Sowjetunion abtransportiert zu werden. Marschverpflegung für 10 bis 15 Tage ist mitzubringen. Das läßt keinen Zweifel darüber, daß der Weg der Registrierten nach Sibirien führt. Bei Nichtbefolgung ist Kriegsgericht angedroht, d. h. also grausamer Tod durch NKWD.

Der polnische General Anders, der von der Londoner Polenregierung zum Oberkommandierenden aller auf alliierter Seite kämpfenden Polen ernannt wurde, erließ einen Tagesbefehl: Mit ruhmbedeckten Bannern stehen wir der größten Tragödie unserer Nation gegenüber.

Der britische Außenminister Eden erklärte: England hat drei Kriege geführt, damit Europa nicht einer einzigen Macht anheimfalle. Die englische Regierung sei entschlossen, sich dafür einzusetzen, daß Europa durch den freien Willen selbständiger Staaten geeint würde.

Da lachen wahrhaftig die Hühner, sofern sie inzwischen nicht in den Kochtopf gewandert sind, und da spricht doch wohl die schwedische Zeitung „Svenska Dagbladet" die richtige Sprache: Die Verschickung deutscher Soldaten als Zwangsarbeiter nach der Sowjetunion ist von Roosevelt auf der Krim-Konferenz grundsätzlich gebilligt worden. Außerdem wurde in einem weiteren Geheimabkommen, auch die Auslieferung der in England und Amerika befindlichen deutschen Kriegsgefangenen beschlossen.

Da die Engländer ihren polnischen Freunden, die immerhin für sie kämpfen und derentwillen sie, wie sie vorgeben, in den Krieg gingen, vor Stalins Zugriff nicht schützen, wie sollten sie uns davor bewahren?

Also lieber nicht Marschverpflegung für 10 bis 15 Tage einpacken. Soviel kriegt man auch kaum noch zusammen.

Wenn wir für jeden toten Deutschen — sein alliiertes Schicksal ist Verhungern, sein sowjetisches als Arbeitstier eingehen — ein Mehr an toten Feinden fordern, dann wird man die Millionenheere nicht aus dem Boden stampfen können, die notwendig wären, um uns den Garaus zu machen.

### Hitler bekommt allzuschnell recht

Überall begann das Spiel, schreibt die schwedische Zeitung „Dagsposten" zur Entwicklung in den von den Sowjets besetzten Ländern, mit einer mehr oder minder freiwilligen Unterwerfung der Spitzen der bürgerlichen Welt unter die Sowjetbedingungen. Bürgerlichkeit wurde in Faschismus umgetauft und die Sowjetisierung durchgedrückt. Der Untergang der europäischen Bourgoisie macht keinen imponierenden Eindruck. Hitler bekommt nur allzu schnell recht in seiner Voraussage von dem Verschwinden der bürgerlichen Regierungssysteme noch vor Kriegsende.

## Zum Ostertag 1945!

Trotz aller Frühlingsstürme treten wir mit starkem und unerschütterlichen Glauben an die Sendung und Zukunft unseres Volkes in die 6. Kriegsostern ein.

Noch fester schließen sich in völkischer Verbundenheit die Reihen von Front und Heimat.

Noch fanatischer muß Glaube und Wille aller, den feindlichen Gewalten zum Trotz, sich dafür einsetzen, daß die Sonne über unserem ungeschmälerten Vaterland wieder voll erstrahlt.

Die Parole heißt: Kein Soldat soll besser sein als wir großdeutschen Soldaten Adolf Hitlers!

gez. MODEL
Generalfeldmarschall.

## Zur Lage

Der aus dem Raum Marburg-Gießen nach Norden stoßende Feind steht mit seinen Spitzen nunmehr südlich Paderborn und Lippstadt, während er nach Nordosten den Raum Hersfeld erreichte.

Nach Nordwesten eindrehende Teile stießen auf Berlebug, Schwarzenau, Elsoff am Ostrand des Rothaargebirges.

Weitere Angriffe richteten sich gegen den Raum Siegen, wo der Feind südlich der Stadt aufgefangen wurde.

Es gelang den Amerikanern nicht, die Sieg an irgendeiner Stelle zu überschreiten.

### Unter uns

*Es ist keine Zeit für tiefe und langatmige Betrachtungen, in diesen Ostertagen 1945. Dazu erfordern die harten Notwendigkeiten des Kampfes gerade in diesem entscheidenden Augenblick viel zu sehr unsere ungeteilte Aufmerksamkeit.*

*Trotzdem ist es kein Fehler, kurz innere Einkehr zu halten, und sich neben der Größe unseres Kampfes auch über seinen tiefen, heiligen Sinn, die Erhaltung all der inneren Werte unseres Daseins, klar zu werden.*

*Dazu sind vielleicht, inmitten unseres verbissenen Widerstandes gerade die Ostertage geeignet. Der Herrgott hat unser Volk auf diese Erde gestellt mit all seinen hohen Fähigkeiten und Eigenschaften. Er hat es ausgerüstet mit der tiefsten Gläubigkeit, aber auch mit der größten Standhaftigkeit. Wenn es heute um seines Glaubens an die heiligen Werte willen im Kampf auf Tod und Leben mit den aus der östlichen Steppe anstürmenden Horden steht, so ist das ein heiliger, anständiger Kampf. Und wenn uns in beispielloser Verworfenheit Amerikaner und Engländer in den Rücken fallen, so ist es unsere heilige Pflicht, sie mit allen Mitteln zu bekämpfen.*

*Es wird uns nichts geschenkt. Aber auch wir schenken ihnen nichts, so ungerecht kann ja kein Gott und kein Schicksal sein, uns nach Jahren so gläubigen Einsatzes den Sieg zu versagen, wenn wir uns selbst treu bleiben.*

*Gott ist mit den Standhaften. Und das deutsche Volk ist nicht nur ein tapferes, sondern auch ein zutiefst gottgläubiges Volk.*

*Wir stehen zu dem Wort: „Und wenn die Welt voll Teufel wär' es wird uns doch gelingen!"*

### Der Beste führt

Der 17½jährige Gefreite Christian Schrey übernahm, nachdem der Zugführer ausgefallen war, den Befehl und unterstellte sich noch die MG.-Gruppe einer Nachbar-Kompanie. Er vertrieb die Sowjets von einer wichtigen Höhe.

**Titelseite einer deutschen Soldatenzeitung vom 1. April 1945**

Bilder vom Vormarsch der 3. US-Panzerdivision (von oben nach unten):

Deutsche Gefangene gehen zurück.
Ein zerstörter deutscher Jagdpanzer
US-Truppen im Gefecht
Ein leichter Panzer rollt an Ruinen vorbei.

Eine Gefangenensammelstelle
Weitere Gefangene werden abgeführt . . .
. . . auch eine Gruppe Hitlerjungen ist dabei.
Ein deutscher Soldatenfriedhof

Eine Gruppe Sherman-Panzer der 3. US-Panzerdivision

Bilder von oben nach unten:

Panzerartillerie im Gefecht

Ein zerstörter Jagdtiger bei Paderborn

Zerstörte deutsche Geschütze am Straßenrand

Zwei zerstörte deutsche Jagdpanzer
bei Oberpleis

Halbkettenfahrzeuge der »Spearhead-Division«

Einschläge amerikanischer Granaten auf dem
Bahnhof Paderborn

Deutsche Zivilisten bergen ihre Habe
aus den zerstörten Häusern in Paderborn.

Alle Fotos aus »Spearhead in the West«

Generalmajor Joseph L. Collins führte die Divisionen des VII. Korps der 1. US-Armee.

Fotos: US-Army und Spearhead in the West

Generalmajor Maurice Rose, Kommandeur der 3. US-Panzerdivision, fiel am 30. März 1945 an der Spitze seiner Division südlich von Paderborn.

Oberst John C. Welborn

Brigadegeneral Doyle O. Hickey übernahm später die Führung der 3. US-Panzerdivision.

Oberst L. Doan

Weitere Kampfgruppenführer der 3. US-Panzerdivision:

Oberstleutnant William B. Lovelady

Oberst Samuel Hogan

Oberstleutnant Matthew W. Kane

Oberstleutnant Walter B. Richardson

**Von der 3. US-Panzerdivision gefangene junge Soldaten der Waffen-SS**
Fotos: US-Army und Spearhead in the West

**Das letzte Aufgebot:**

**Gefangene deutsche Soldaten mit Bein-Prothesen**

**Von der 9. US-Infanteriedivision gefangene Hitlerjungen**

**Ein zusammengeschlagener deutscher Gefangener**

**Soldaten der 3. US-Panzerdivision fingen in Paderborn diese zerlumpten Hitlerjungen.**

**Generalleutnant Hermann Flörke führte die Verbände des LXVI. Armeekorps.**
Bundesarchiv Sign. 79/63/15

**Obersturmbannführer Hans Stern befehligte die improvisierten Verbände der SS-Brigade Westfalen.**

**Auf der Straße von Dörenhagen nach Kirchborchen wurde die Kampfgruppe Welborn von deutschen Truppen kurz eingekesselt.**



**Blick auf Schloß Hamborn – in dieser Gegend fiel Generalmajor Maurice Rose.**

Fotos: Verfasser

Am 7. April 1945 im Tal der Alme: Vor der Ruine der zerstörten Wewelsburg zieht ein Schäfer mit seiner Herde des Weges. Rechts das Dorf Wewelsburg, im Vordergrund zwei US-Soldaten



Am 2. April 1945 im Gebiet der Senne: Voller Freude heben befreite russische Gefangene einen Soldaten der 9. US-Armee auf ihre Schultern.

Fotos: US-Army

Während in der Senne noch gekämpft wird, haben die Panzerspitzen der 2. US-Panzerdivision die deutschen Stellungen an Teutoburger Wald bereits durchstoßen und rollen am 2. April 1945 in Lemgo ein.



Soldaten des 329. Infanterieregiments und des 736. Panzerbataillons der 83. US-Infanteriedivision auf dem Vormarsch in Teutoburger Wald vor Horn

Fotos: US-Arm

Fotoapparate und Sendegeräte abzugeben. Die abgegebenen Gegenstände — so wird versichert — sollen zu einem späteren Zeitpunkt den Eigentümern wieder zurückgegeben werden.

Ruhig war es an diesem 1. April in Büren aber noch nicht. Die Truppen, die der Kreisleiter am Vortage noch angefordert hatte, standen bei Brenken und Steinhausen. Amerikanische Verbände hielten auf dem Kapellenberg, bis Eickhoff hin. Es wurde teilweise noch hartnäckig gekämpft; in Steinhausen brannten zwei Bauernhöfe ab. Am Nachmittag war der Kampf zu Ende, und die Amerikaner besetzten Steinhausen.«[241]

Mit der Besetzung von Wewer, Nordborchen und der Unterbrechung der Straße nach Dörenhagen durch die Kampfgruppe der 3. US-Panzerdivision im Verlauf des 31. März war auch das Schicksal von Paderborn praktisch entschieden. Trotzdem gingen in der Stadt die Verteidigungsmaßnahmen weiter. Noch am 27. März hatte Paderborn einen schweren Luftangriff über sich ergehen lassen müssen, der große Teile der Altstadt in Schutt und Asche legte.[242] Als Verkehrsknotenpunkt im ostwestfälischen Raum, am Fuße des Teutoburger Waldes/Eggegebirge gelegen, war die Stadt in den Planungen der Alliierten ein wichtiger Punkt. Hier sollten sich bekanntlich die alliierten Armeen treffen, um den Kessel um das Ruhrgebiet zu schließen. Auch militärisch war Paderborn nicht unbedeutend. Neben einigen Garnisonen gab es im Süden der Stadt einen größeren Flugplatz und nördlich von Paderborn in der Senne den weithin bekannten Truppenübungsplatz Sennelager und die Garnison von Schloß Neuhaus.

Der schwere Luftangriff vom 27. März unterbrach im Großraum von Paderborn die letzten deutschen Nachschublinien zum Ruhrgebiet, das Eisenbahnnetz und die vielen Straßenverbindungen, die sternförmig auf Paderborn zulaufen. Aber auch hier riefen die Partei-Verantwortlichen zu letztem Widerstand auf, um die Stadt zu verteidigen. Längs der nach Paderborn führenden Straßen wurden Schanzlöcher angelegt, die beim Anrücken der Amerikaner von Volkssturmmännern und anderen mit Panzerfäusten und Handgranaten bewaffneten Soldaten besetzt werden sollten, deren Aufgabe es war, die feindlichen Panzer zu bekämpfen. Weiterhin wurden an vielen Straßen noch Panzersperren und andere Hindernisse gebaut. Eisenbahn- und Straßenbrücken wurden zur Sprengung vorbereitet. In der Stadt wurde die gesamte Polizei zur Unterstützung beim Bau der Panzersperren herangezogen.[243]

An kampfkräftigen Truppen gab es in und um Paderborn allerdings nicht mehr viel. Durch die Aufstellung der SS-Brigade Westfalen waren die besten Einheiten bereits vom Truppenübungsplatz Sennelager abgezogen worden. So blieb für die eigentliche Stadtverteidigung nur noch das, was an Ersatz- und Ausbildungs-Einhei-

---

241 Erlebnisbericht von Ilse Happe in „Stadtspiegel Büren", Nr. 22, vom 1. März 1981

242 Der Angriff dauerte von 17.27 bis 17.55 Uhr. Nach einer bereits am 28. März errechneten amtlichen Aufstellung gingen in diesen 28 Minuten auf die Stadt nieder: 2 500 bis 3 000 Sprengbomben, davon etwa 100 Blindgänger; 50 Minenbomben, davon 31 Blindgänger; 60 000 Stabbrandbomben; 15 000 Phosphorbrandbomben — ein Riesenausmaß von Vernichtungsmitteln. Nach dem 27. März waren von den 4 314 Gebäuden der Stadt nur noch 32,65 Prozent unbeschädigt oder leicht beschädigt, bis zu 25 Prozent beschädigt 3,95 Prozent; bis zu 50 Prozent beschädigt 3,95 Prozent; bis zu 75 Prozent beschädigt 4,80 Prozent und über 75 Prozent beschädigt bzw. total zerstört 56,40 Prozent.

243 Chronik der Stadt Paderborn, vom Verfasser eingesehen im Stadtarchiv Paderborn im Jahre 1981.

ten in den Kasernen war, sowie die Luftwaffensoldaten des Flugplatzes und was an Versprengten in und um Paderborn aufgegriffen werden konnte. An schweren Waffen war auch kaum etwas vorhanden, nur wenige beschädigte und teils bewegungsunfähige Panzer, die an besonderen Punkten eingegraben worden waren. Auf dem Gelände des Flugplatzes standen einige leichte Flakgeschütze. Kampfkommandant von Paderborn war Hauptmann Detmar, der in einem Bunker auf der Wilhelmshöhe im Süden der Stadt seinen Gefechtsstand hatte. Die Gefechtsstärken seiner Einheiten waren nicht besonders groß. Viele Offiziere und Mannschaften standen im fortgeschrittenen Alter, andere waren 17- bis 19jährige Rekruten. Die Ausbildung der meisten war zu kurz gewesen und darum mangelhaft. Es fehlte auch hier an Waffen, Munition und anderen Ausrüstungen. Die Ausrüstung mit Gewehren stammte aus vielen Ländern Europas. Besonders groß war der Mangel an Fahrzeugen aller Art.[244]

Die Nachricht von den Kämpfen am 30. und 31. März war bis in die Gefechtszentrale von Paderborn gedrungen, wenn man auch über den Ablauf der Dinge nicht genau orientiert war. Von Paderborn aus wurden in die verschiedensten Richtungen Aufklärungsvorstöße unternommen, um sich ein Bild über die Lage außerhalb der Stadt zu verschaffen. Oft waren die Meldungen schon überholt, wenn sie im Gefechtsstand eintrafen. Von den Kämpfen südlich von Paderborn bei Wewer und Nordborchen zogen sich Verwundete und versprengte Gruppen nach Paderborn zurück. Im Südwesten der Stadt waren die restlichen Einheiten des Flakregiments 46 in Stellung gegangen. Insgesamt zehn Offiziere, 47 Unteroffiziere, 260 Mann. Durch den amerikanischen Vorstoß auf Wewer und Nordborchen hatte diese Einheit bereits am 31. März Feindberührung und erste Verluste. Der Luftgau Münster ordnete die Zerstörung der Fliegerhorstanlagen an. Hier hielt sich noch eine kleine Besatzung mit Resten einer Kompanie junger SS-Männer und einigen Panzern in den Widerstandsnestern.[245]

Spannung und Nervosität in der Paderborner Befehlszentrale steigerten sich, und man erwartete stündlich den Angriff auf Paderborn. Aber es war noch nicht soweit; am 31. März hatten die Amerikaner nach erforderlichen Umgruppierungen nur die Ausgangsstellungen für den letzten Sturm auf Paderborn bezogen.

*

„Ostersonntag! Über das frühlingsahnende Land klangen die wenigen noch verbliebenen Glocken. In den Dorfstraßen gingen die Menschen im Feiertagsanzug, die kleinen Mädchen in weißen Kleidern, mit Schleier und Häubchen geschmückt, zur Kommunion. Sorgfältig streuten die Hausfrauen weißen Sand und Myrten, alter Sitte gemäß, vor die Hausfronten. Sonne und Regen wechselten mit frischem Wind. Dazwischen rollte und grollte nicht allzufern stoßweise heftiges Artilleriefeuer. Welche Gegensätze, diese Bilder eines frommen Friedens und des nahen, das Ende ankündigenden Krieges.

Die Bevölkerung stand treu zum deutschen Soldaten, zeigte volles Verständnis für seine schwere Pflicht. Überall wurde der Soldat, Offizier und Mann, Stab und Truppe willig aufgenommen und verpflegt, obwohl letzteres nicht notwendig gewesen wäre, denn der Nachschub an Verpflegung aus dem Depot im Sennelager war reichlich. Manche Hausfrau buk für ihren Soldaten Kuchen, mancher Hausvater

---

244 Ebd.
245 Ebd.

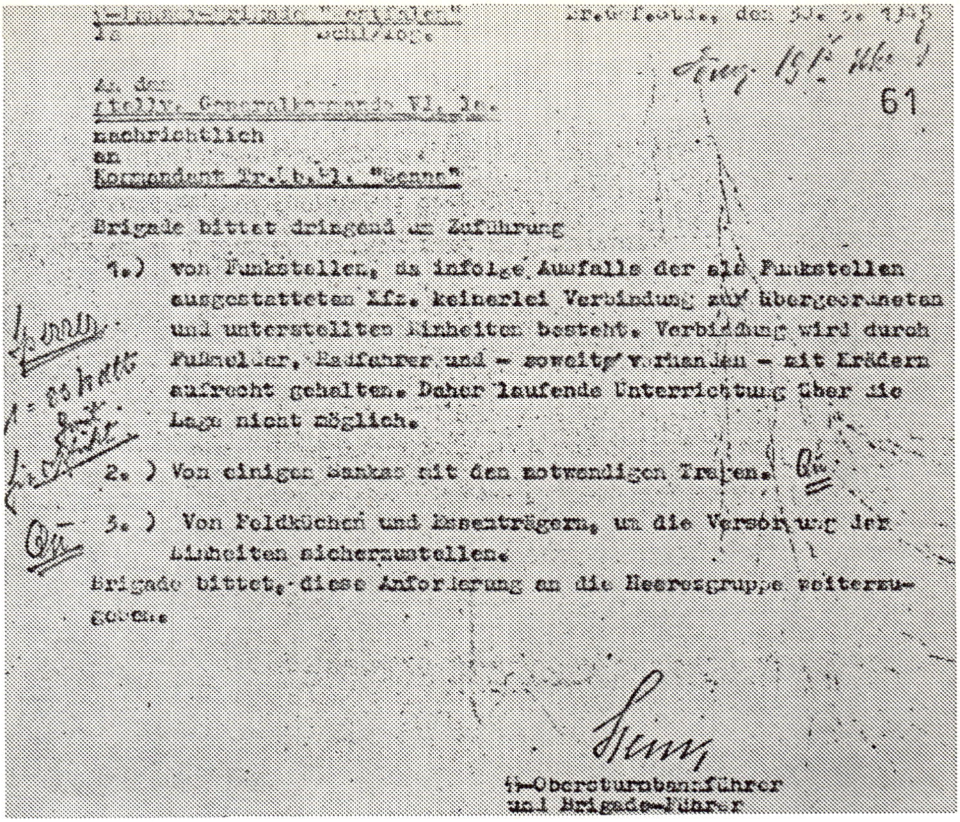

[illegible] Gr.Gef.Std., den 30. 3. 1945
Ia [illegible]

An das
stellv. Generalkommando VI, Ia.
nachrichtlich
an
Kommandant Tr.Üb.Pl. "Senne"

Brigade bittet dringend um Zuführung

1.) von Funkstellen, da infolge Ausfalls der als Funkstellen ausgestatteten Lfz. keinerlei Verbindung zu übergeordneten und unterstellten Einheiten besteht. Verbindung wird durch Fußmelder, Radfahrer und – soweit vorhanden – mit Krädern aufrecht gehalten. Daher laufende Unterrichtung über die Lage nicht möglich.

2.) Von einigen [illegible] mit den notwendigen [illegible].

3.) Von Feldküchen und Essenträgern, um die Versorgung der Einheiten sicherzustellen.

Brigade bittet, diese Anforderung an die Heeresgruppe weiterzugeben.

SS-Obersturmbannführer
und Brigade-Führer

*Dokument 6: Dringende Materialanforderung der SS-Brigade Westfalen an das stellvertretende Generalkommando VI vom 30. 3. 1945*

holte den letzten Schinken aus dem Rauchfang und die letzte Flasche aus dem Keller, um still einen schweren Abschied zu begehen, den vom ‚deutschen Soldaten'. Diese wehe Stimmung erfüllte wohl die Mehrzahl. Es war für den deutschen Menschen, ob Zivilist, ob Soldat, einfach unfaßbar, daß all die unendlichen Opfer, alle Hingabe und Bereitschaft der langen, schweren Kriegsjahre umsonst gewesen sein, nicht in die Freiheit sondern in die Knechtschaft führen sollten. Neben der Truppe mußte von den Dorfbewohnern die flüchtende Bevölkerung der unter Feuer liegenden Ortschaften aufgenommen werden. Auch das ging hilfsbereit und selbstverständlich vor sich. Nirgendwo waren Ablehnung oder gar Widerstand gegen die Maßnahmen der Führung zu verzeichnen. Die Behörden, die Zivilverwaltung, Post und sogar die Eisenbahn, die Industrie, soweit noch unzerstört, arbeiteten weiter. Eine Gemeinschaft tiefsten Leidens verband alle und alles.

Unbekümmert um Not und Feindschaft der Menschen, entwickelten sich die Natur und in ihr die Kinder gemäß den ihnen eigenen Gesetzen."[245a]

---

245a So beschrieb Generalleutnant Hermann Flörke, Kommandierender General des LXVI. deutschen Armeekorps im Raume südöstlich von Paderborn, in seinen Aufzeichnungen die Stimmung am Morgen des ersten Ostertages 1945 in seinem Befehlsbereich.

Die Nacht vom 31. März auf den 1. April war ruhig verlaufen. Die beim Stabe des LXVI. Armeekorps in Neuenheerse eingegangenen Meldungen ließen zum ersten Mal ein einigermaßen zusammenhängendes Feindbild erkennen. Die fleißig betriebene Drahtaufklärung über das Postnetz und die Aufklärung der Truppe durch Zivilkundschafter, Streifen zu Fuß, zu Fahrrad und zu Krad begannen die ersten Resultate zu bringen, die folgendes Bild ergaben:

Paderborn noch in eigener Hand und nicht angegriffen, verteidigt durch einen Kampfkommandanten mit örtlichen Kräften. — In den Ortschaften Kirchborchen und Dörenhagen Feind, meist Panzer, ihm gegenüber schwache oder auch gar keine eigenen Postierungen des SS-Regiments Meyer, nur als Aufklärung zu bewerten. — In der Gegend Ebbinghausen eine amerikanische Artilleriegruppe, die den Raum Dahl beherrscht. — Eine weitere feindliche Artilleriegruppe bei Husen, die stark in den Raum Lichtenau hineinwirkt, und eine dritte Artilleriegruppe um Wrexen mit Wirkung auf Scherfede.

Die Straßen Nordborchen-Paderborn und Dörenhagen-Paderborn hatten sich die Amerikaner am 31. März freigekämpft. Die amerikanische Kampfgruppe westlich von Lichtenau hatte nur geringe Aktivität, ja selbst kaum Aufklärungstätigkeit gezeigt. Bei Scherfede hatte der Amerikaner keinen Erfolg gehabt. Marsberg war stark belegt durch Stäbe und Truppen; Forst Hardehausen sowie der Raum Warburg-Volkmarsen-Hofgeismar waren feindfrei. Über Arolsen bestand keine Klarheit. Lebhafter Fahrzeug- und Kolonnenverkehr war im gesamten feindbesetzten Raum festzustellen gewesen, aber im einzelnen nicht deutbar, jedoch überall auf Verstärkungen und neue Truppen hinweisend. Angeblich rollten über Marsberg und Brilon ständig Truppen nach Norden. Die Auswertung der Meldung führte zu der Überlegung, daß eine amerikanische Panzerdivision am 30. März, von Süden kommend, versucht hatte, Paderborn zu nehmen, durch die SS-Brigade Westfalen jedoch hieran gehindert, am 31. März aufgeschlossen hatte, um am 1. April erneut angriffsbereit zu sein. Der 31. März war zugleich benutzt worden, sich eine günstige Ausgangslage für den Angriff gegen Paderborn zu verschaffen. Die Feindabteilung bei Scherfede mußte als Flankensicherung dieser Division angesehen werden. Auf der Linie Kirchborchen-Scherfede war also mit einer jetzt voll kampfbereiten amerikanischen Panzerdivision, mit starkem Schwerpunkt im Norden und nicht nur „mit durchgebrochenen Panzerspitzen", zu rechnen.[246]

Die SS-Brigade Westfalen etwa stand mit einem Bataillon des Regiments Meyer, dem einige Panzer beigegeben waren, in Linie Nordborchen-Eggeringhausen-Grundsteinheim. Drei Bataillone waren in Versammlung in und um Dahl-Schwaney, ein Teil, wohl ein Bataillon, hatte den Fußmarsch nach Süden angetreten. In die Schützenpanzerwagen-Einheiten des Regiments Meyer war noch keine rechte Ordnung wieder eingekehrt. Das Regiment Holzer stand mit zwei Bataillonen, die starke Reserven ausgeschieden hatten, in Linie Lichtenau-Scherfede, mit einem Bataillon im Walde nördlich Scherfede, Stab in einem kleinen Gehöft im Kleinhagener Wald. Das Regiment litt unter dem Artilleriefeuer auf Lichtenau und hatte erhebliche Verluste in Scherfede gehabt. Die Versorgung der SS-Brigade fußte noch auf den festen Nachschub-Einheiten der SS-Ersatz- und Ausbildungs-Einheiten im Sennelager, die

246 Flörke, a. a. O., MS Nr. B-383, S. 19–20. Anmerkung des Verfassers: Seit dem 31. 3. verstärkte das VII. US-Korps laufend seine Verbände auf den beiden Flügeln der Angriffsspitze. Vergleiche hierzu auch die Beschreibungen über die amerikanischen Truppenbewegungen.

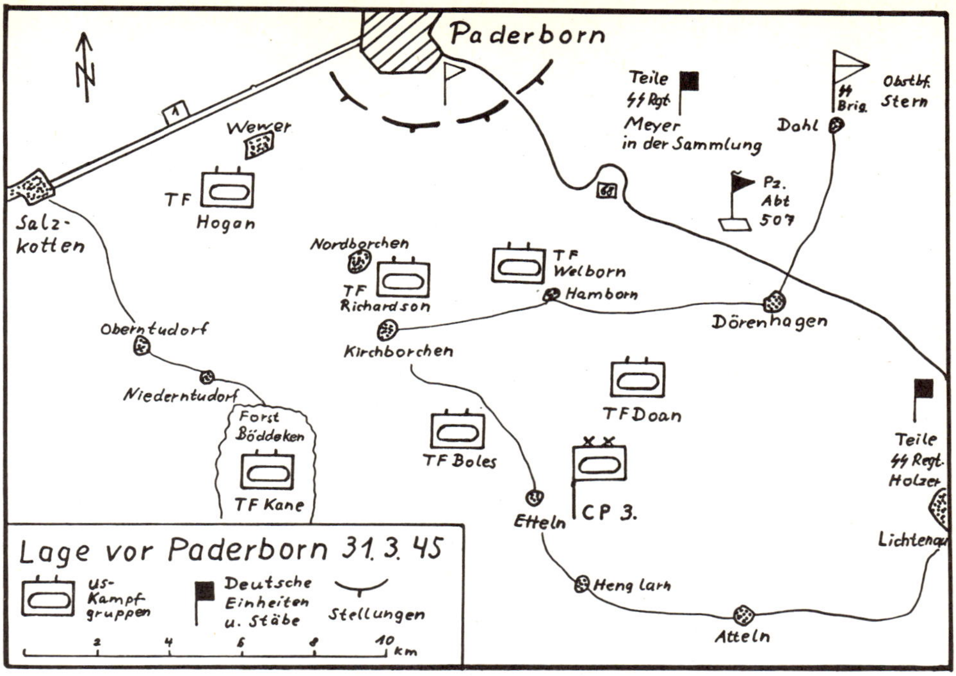


*Karte 7: Die Lage vor Paderborn am Abend des 31. März 1945*

nach und nach, so gut es ging, beweglich gemacht wurden. Munition und Verpflegung waren ausreichend, Betriebsstoff war allerdings weniger ausreichend vorhanden.

Die schwere Panzer-Abteilung 507 stand gefechtsbereit im Raume Dörenhagen-Dahl. Die Schwierigkeiten, die die noch nicht eingefahrenen Panzer bereiteten, waren infolge des Gefechtseinsatzes noch nicht behoben.

Erkundungsorgane aller Truppen für den Versammlungs- und Bereitstellungsraum im Hardehausener Forst befanden sich unterwegs. Der Kommandierende General plante, sich am 1. April nachmittags das Ergebnis der Erkundung im Bereitstellungsraum an Ort und Stelle melden zu lassen.

Über den Stand des Ausbruchsversuches des Korps Bayerlein bei Winterberg und über die Lage bei Kassel lagen keine neuen Nachrichten vor. Das war der Stand der Dinge beim Stab des LXVI. Armeekorps am Morgen des 1. April, während gleichzeitig der Angriff auf Paderborn begann.[247]

In der Frühe des ersten Ostertages (1. April) traten die amerikanischen Kampfgruppen von drei Seiten zum Sturm auf Paderborn an. Nach dem ursprünglichen Plan der 3. US-Panzerdivision sollten die beiden nachgerückten frischen Kampfgruppen Kane und Boles von der Divisionskampfgruppe A durch die bereits von den anderen Kampfgruppen genommenen Positionen von Wewer und Kirchborchen vorrücken und die Stadt Paderborn angreifen und besetzen. Gleichzeitig sollten die Teile, die Wewer besetzt hatten, vorrücken und die linke Flanke des Angriffs, den Raum Salzkotten, abdecken. Die rechte Angriffsflanke sollte durch einen Angriff der Kampfgruppe Lovelady auf Lichtenau gedeckt werden. Bevor dieser Plan jedoch zur

247 Flörke, a. a. O., MS Nr. B-383, S. 21 ff.

Ausführung kam, wurde er durch höheren Befehl geändert. Die Kampfgruppe Kane wurde aus dem Angriff auf Paderborn herausgezogen und mit einer besonderen Aufgabe betraut.[248]

Während die Kampfgruppen Hogan und Richardson den Raum um Salzkotten sicherten, begann um 5.15 Uhr von drei Seiten der Angriff auf Paderborn: von den Kampfgruppen Boles, Welborn und Lovelady. Allen voran stürmte das I. Bataillon des 36. Panzerinfanterieregiments unter Oberstleutnant William R. Orr im Rahmen der Kampfgruppe Welborn von Süden auf das Gelände des Paderborner Flugplatzes. Als erste erreichte die C-Company des Leutnant Robert J. Cook das Terrain des Flugplatzes. Sie erbeuteten hier, nachdem sie die letzten deutschen Verteidigungsstellen überrannt hatten, zwei 8,8-cm-Flakgeschütze und acht 2-cm-Flakgeschütze.[249] Andere Truppen waren bereits östlich des Zementwerkes Ilse an der Borchener Straße durchgebrochen und gruben sich unweit des Werkes in einem Wäldchen ein.[250]

Gegen 6.00 Uhr steigert sich das Feuer aus Geschützen, Panzerkanonen und Infanteriewaffen. Deutsche Truppen versuchen nochmals einen kleinen Gegenangriff, aber vergeblich. Tiefflieger greifen in die Erdkämpfe ein, wo sich noch deutscher Widerstand zeigt. So hatten sich in einigen Teilen im Süden der Stadt eingegrabene deutsche Tigerpanzer den angreifenden Amerikanern in den Weg gestellt.[251] Die Besatzung des Flugplatzes weicht, soweit sie nicht in Gefangenschaft geraten ist, in östliche Richtung auf die Warburger Straße aus. Bald rollen die ersten amerikanischen Panzer nach Paderborn herein. Die Bewohner der Stadt — ein Großteil ist nach dem letzten schweren Angriff in die Dörfer der Umgebung geflohen — suchen nochmals Schutz in Kellern und Bunkern und warten auf das Ende der Kämpfe. In der Krypta des Domes wird an diesem Ostermorgen noch eine Auferstehungsmesse gefeiert, während das Maschinengewehrfeuer bereits um die Mauern und Ruinen in unmittelbarer Nähe peitscht. Die Menschen flüchten in den Keller des Generalvikariates. In kleinen Gruppen ziehen sich die deutschen Verteidiger in nördlicher Richtung durch die Stadt zurück, gefolgt von den Panzern und Infanterie-Einheiten der Amerikaner. Bis Mittag haben die Amerikaner bereits große Teile der Stadt besetzt, wo kaum noch Widerstand geleistet wird. In den Häusern, die noch bewohnt sind, hängen weiße Tücher. In den Trümmern richten amerikanische Offiziere ihre ersten Befehlsstellen ein.[252]

Bis gegen Mittag ist die Befehlsstelle Wilhelmshöhe noch in deutschen Händen. Da das Gasthaus voller Waffen liegt, soll es auf Befehl des Adjutanten in die Luft gesprengt werden. Es gelingt den Wirtsleuten aber, dies zu verhindern und die Waffen fortzuschaffen. Der Kampfkommandant soll nach dem Bericht eines Augenzeugen mit einem Karabiner bewaffnet in einen Wagen gestiegen und in Richtung Neuhaus davongefahren sein. Die übrigen NS-Führer hatten sich bereits in den frühen Morgenstunden vor dem Angriff in Sicherheit gebracht.[253]

Von allen Seiten dringen nun die amerikanischen Kampftruppen in die schwer zerstörte, teils noch brennende Stadt ein. Am Nachmittag ist jeglicher deutsche Widerstand erloschen und die Stadt fest in der Hand der drei Kampfgruppen der

248 Spearhead, a. a. O., S. 145
249 Ebd.
250 Chronik der Stadt Paderborn . . ., a. a. O.
251 Spearhead, a. a. O., S. 145
252 Chronik der Stadt Paderborn . . ., a. a. O.
253 Ebd.

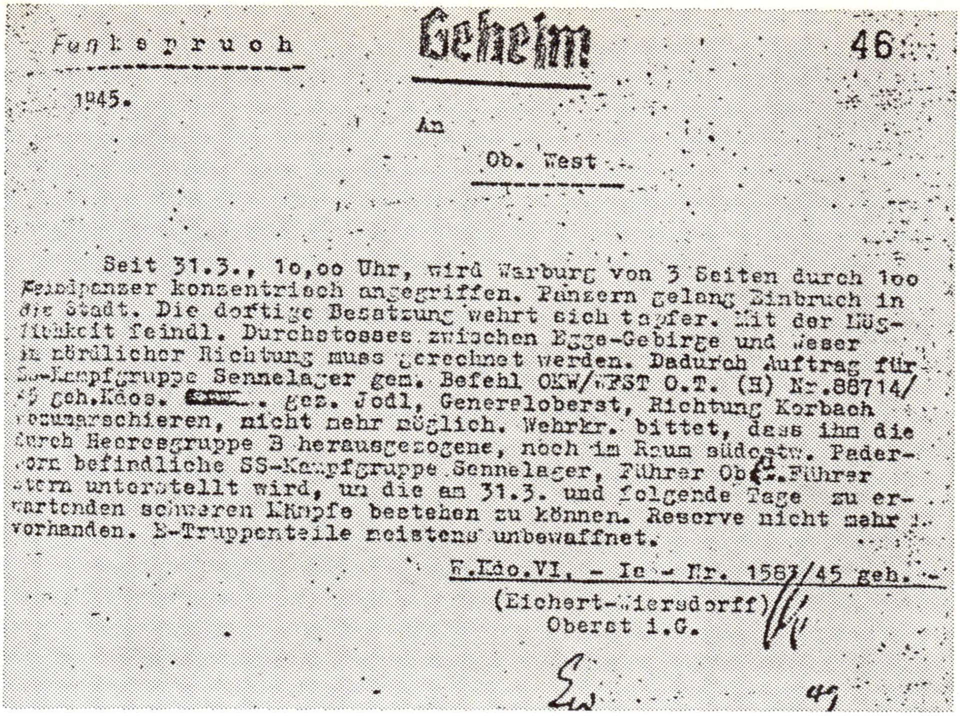

Funkspruch

Geheim

46

1945.

An

Ob. West

Seit 31.3., 10,00 Uhr, wird Warburg von 3 Seiten durch 100 Feindpanzer konzentrisch angegriffen. Panzern gelang Einbruch in die Stadt. Die dortige Besatzung wehrt sich tapfer. Mit der Möglichkeit feindl. Durchstosses zwischen Egge-Gebirge und Weser in nördlicher Richtung muss gerechnet werden. Dadurch Auftrag für SS-Kampfgruppe Sennelager gem. Befehl OKW/WFST O.T. (H) Nr.88714/45 geh.Kdos. [redacted]. gez. Jodl, Generaloberst, Richtung Korbach vorzumarschieren, nicht mehr möglich. Wehrkr. bittet, dass ihm die durch Heeresgruppe B herausgezogene, noch im Raum südostw. Paderborn befindliche SS-Kampfgruppe Sennelager, Führer Ob.Führer Stern unterstellt wird, um die am 31.3. und folgende Tage zu erwartenden schweren Kämpfe bestehen zu können. Reserve nicht mehr vorhanden. E-Truppenteile meistens unbewaffnet.

W.Kdo.VI. – Ic – Nr. 1583/45 geh. –

(Eichert-Wiersdorff)
Oberst i.G.

*Dokument 7: Funkspruch des Wehrkreiskommandos VI an den Oberbefehlshaber West über die Lage im Raum Paderborn-Warburg am 31. März 1945*

3. US-Panzerdivision.[254] Langsam wagt sich die Bevölkerung wieder aus den Kellern und Löchern und erblickte ihre „Befreier".

Für die Paderborner waren Krieg und NS-Terror zu Ende; für sie war dieser erste Ostertag in mehrfacher Hinsicht ein „Auferstehungstag".

Während im Stabe des LXVI. Korps immer noch ein deutscher Gegenangriff in Richtung Marsberg geplant wurde, erfuhr die Lage in und um Paderborn durch den Angriff der Amerikaner am frühen Morgen eine Veränderung. Bei Abwägung der Erfolgsaussichten dieses Angriffs ergab sich, daß das Kräfteverhältnis sehr ungünstig war. Etwa 20 000 US-Soldaten mit reichlich Artillerie-Panzer- und Luftunterstützung standen einigen tausend deutschen Soldaten ohne Artillerie- und Luftunterstützung gegenüber. Es schien zwar möglich, durch einen Überraschungsangriff Marsberg zu

254 Die US-Kampfgruppenführer waren vom schnellen Zusammenbrechen der deutschen Verteidigung in Paderborn überrascht; sie hatten mit stärkerem Widerstand gerechnet, nachdem der letzte Weg nach Paderborn nicht leicht war.
Die 3. US-Panzerdivision, die Spearhead-Division, hatte vom 25. März bis zum 1. April, also vom Ausbruch aus dem Brückenkopf bei Remagen bis zur Eroberung von Paderborn, 20 193 Gefangene gemacht und dem Gegner an materiellen Verlusten zugefügt: 35 Panzer, 31 Sturmgeschütze, 48 Kanonen, zwei Eisenbahnkanonen, 49 schwere Flak-Pak-Geschütze, 146 schwere Flakkanonen, 23 Stabswagen und Limousinen, 1 263 Lastwagen, 8 Flugzeuge auf dem Boden, 6 Züge und 15 Sturmboote. Die Division selbst hatte 125 Tote und 504 Verwundete zu beklagen. Ihre materiellen Verluste betrugen: 42 mittlere Panzer, 11 leichte Panzer, 19 Halbkettenfahrzeuge, 15 2½-Tonner, 5 Motorräder, 11 ¼-Tonner, 11 sonstige Fahrzeuge. (Spearhead, S. 246)

nehmen oder doch wenigstens dort die Straßen zu sperren. Wenn die Spitze der SS-Brigade Marsberg erreicht haben würde, so müßte es völlig an Kräften fehlen, um Rücken und Flanken zu decken. Wenn auch der Raum ostwärts der Straße Warburg-Arolsen noch feindfrei schien, so waren die Aufklärungsergebnisse doch nicht zuverlässig. Vielerlei Pläne über die Führung des Angriffes wurden durchdacht, insbesondere auch die Trennung der Panzer von der Infanterie erwogen. Doch schien es nicht ratsam, die Infanterie ihres letzten Haltes zu berauben. Abermals tauchte der Gedanke auf, die SS-Brigade Westfalen hinter die Weser zurückzunehmen, wurde aber aus den gleichen Gründen wie am Tage zuvor verworfen.[255]

Da lief am Vormittag die Meldung ein: Feind hat Paderborn nach kurzem Kampf, von Südwesten kommend, genommen. Feindliche Panzer im Angriff von Paderborn in Richtung Buke-Altenbeken. Bei Buke stand nur ein Ersatztruppenteil der 476. Infanteriedivision. Die 476. Infanteriedivision bat dringend um sofortige Unterstützung durch die Panzer des LXVI. Korps, um die Paßstraßen Buke-Driburg und Altenbeken-Langeland über das Eggegebirge halten zu können. Der Korpsstab lehnte eine solche Maßnahme ab. Sie stand ebensosehr dem Auftrage, den das LXVI. Korps hatte, entgegen wie der Verabredung, die mit General Mattenklott getroffen worden war. Als jedoch

a) die Lage bei Buke bedrohlich wurde,
b) von der 476. Division der Einsatz neuer Verstärkungen im Laufe des 1. April (die Rede war von einem Regiment) angezeigt wurde,
c) die Meldung der Panzer-Abteilung 507 einging, daß sie zum Einsatz bereitstände,

entschloß sich der Kommandierende General, der Panzer-Abteilung 507 zu befehlen, sich im Waldstück zwei Kilometer nordwestlich von Dahl so bereitzustellen, daß sie einen aus Paderborn nach Osten vorstoßenden Feind in der Flanke fassen könnte. Solch ein Angriff sollte aber nur erfolgen, wenn die Lage bei Buke bedrohlich würde oder der Flankenangriff Aussicht auf Erfolg böte, um damit die Gesamtlage zu entlasten. Diese Maßnahme entsprach der Überlegung, daß

a) die Panzer-Abteilung 507 selbst mit Masse noch nicht im Hardehausener Forst notwendig sei, sondern daß dort vorerst die erforderlichen Erkundungen durchgeführt werden müßten,
b) der Feind bei Überschreiten des Eggegebirges die SS-Brigade Westfalen im Rükken bedrohte und damit überhaupt jede Operation unmöglich machen könnte.

Um Einfluß auf die Dinge zu behalten, fuhr der Kommandierende General nach Dahl zum Stabe der SS-Brigade Westfalen. Zwischenzeitlich hatte die Panzer-Abteilung 507 die befohlenen Bewegungen begonnen. Die Amerikaner hatten diese Bewegungen, wahrscheinlich durch ihre gute Luftüberwachung, erkannt und legten heftiges Artilleriefeuer auf Dahl und das entsprechende Waldstück. Der Stab der SS-Brigade war daraufhin in ein Gehöft, etwa 1 Kilometer ostwärts von Dahl, umgezogen. Hier traf Generalleutnant Flörke dann auch auf den Stab. Die Panzer-Abteilung 507 hatte trotz starken Munitionseinsatzes der Amerikaner keine Ausfälle. Der Kommandeur der Panzer-Abteilung 507 meldete, er habe den Eindruck, als ob am 1. April mit weiteren amerikanischen Angriffen aus Paderborn nach Osten nicht zu rechnen sei.

Als Generalleutnant Flörke am Nachmittag in sein Quartier in Neuenheerse zurückkam, wurde er mit der Nachricht begrüßt: Meldung der 476. Division: Feind

---

[255] Flörke, a. a. O., MS Nr. B-383, S. 21 ff.

in Peckelsheim (zwölf Kilometer nördlich von Warburg); einige Stunden später: Feindliche Panzer in Willebadessen (sieben Kilometer südlich von Neuenheerse).[256]

Zwischen Willebadessen und Neuenheerse standen keine deutschen Truppen. Das Generalkommando LXVI hatte nicht einmal genügend Mannschaften, um eine Stabswache zu bilden. Eine angesetzte Offiziersaufklärung bestätigte die Meldung. Über den Verband des Feindes, der nur aus einigen Panzern bestand, wurde ständig berichtet. Wäre dieser weitergefahren, hätte er den ganzen Korpsstab überrumpeln, wenigstens aber zum schnellen Aufbruch unter Verlust der letzten Nachrichtengeräte zwingen können.[257]

Die 476. Division teilte mit, daß bei Höxter/Brakel ein Bataillon der 166. Division ausgeladen sei und bei Peckelsheim gegen den Feind eingesetzt werde. Das LXVI. Korps erhob Einspruch gegen diese Maßnahme, konnte jedoch unter den obwaltenden Umständen wenig daran ändern. Als Sicherung gegen den Feind in Willebadessen konnte das Korps eine Kompanie der Panzer-Abteilung 507, die immer noch im Walde nordwestlich von Dahl stand, abzweigen, die halbwegs zwischen Neuenheerse und Willebadessen eine Verteidigungsstellung bezog. In den Nachmittagsstunden wurde Scherfede erneut angegriffen, wobei schwer gekämpft wurde. Von dort wurden lange Marschkolonnen des Feindes auf der Straße Marsberg-Wrexen in Richtung Warburg gemeldet. Warburg war stark mit amerikanischen Truppen belegt, dagegen schienen die Orte im Raume Peckelsheim-Willebadessen-Warburg nur im Süden, sonst nur vereinzelt und schwach belegt zu sein. Das Korps deutete diese Kräfte nur als vorgeschobene Sicherung einer stärkeren Kolonne in Warburg.[258] Die Abendmeldungen der Truppen ergaben, daß beim Feind im Raume Dörenhagen — westlich von Lichtenau — überall starke Bewegungen stattgefunden hatten und daß überall die Feindtätigkeit sehr lebhaft gewesen war. Auch das Artilleriefeuer hatte sich verstärkt, und soweit es die Truppe beurteilen konnte, schienen neue Batterien aufgetreten zu sein.

Von der Heeresgruppe B waren wiederum Funksprüche eingegangen mit der Forderung: Angreifen und Korps Bayerlein die Hand reichen! Vom Oberbefehlshaber West waren fernmündliche Befehle über das stellvertretende Generalkommando IX. Armeekorps eingegangen mit der gleichen Forderung. In der Führung des stellvertretenden IX. Armeekorps wurde eine Änderung angekündigt (bzw. bestätigt). Schließlich traf ein jüngerer Generalstabsoffizier ein, von Feldmarschall Model über Generalkommando LXVI zum Oberbefehlshaber West und dem Führerhauptquartier entsandt, der sich durch die Linien durchgeschlagen hatte. Er schilderte die Verhältnisse im Ruhrkessel und brachte interessierende Einzelheiten über die Feindlage. Sein Auftrag war, das LXVI. Korps, das er bereits im Angriff glaubte, in seinem Angriffswillen zu stärken, wenn möglich, den Angriff zu beschleunigen.[259]

Der 1. April (Erster Ostertag) hatte eine weitere Verschlechterung der Lage im Bereich des LXVI. Korps gebracht. Die folgende Nacht war im Stabe ausgefüllt mit

---

256 Von Warburg aus waren Kampfgruppen der 9. US-Panzerdivision nach Norden vorgestoßen und hatten gegen nur geringen Widerstand Peckelsheim, Eissen und Borgentreich besetzt, wobei eine weitere Kampfgruppe bis Willebadessen gekommen war.

257 Daß die Amerikaner nicht zu einem weiteren Vorstoß antraten, deuteten die deutschen Führungsstellen staunend als die schon öfter bekannte vorsichtig zögernde amerikanische Kampfart.

258 Warburg war bereits am 31. März von Verbänden der 9. Panzerdivision des V. US-Korps besetzt worden.

259 Flörke, a. a. O., MS Nr. B-383, S. 26

sorgenvollen Überlegungen. Die Morgenmeldungen der Truppe brachten keine besonderen Ereignisse. Beim rechten Nachbarn schien sich westlich von Buke eine feindliche Bereitstellung abzuzeichnen. Lichtenau und die Wälder ostwärts waren mit mehreren starken Artilleriefeuerschlägen abgestreut worden, ohne daß nennenswerte Verluste eingetreten waren. Aus Scherfede, Willebadessen und Peckelsheim wurde keine Feindtätigkeit gemeldet. Die Auswertung der Lage ergab, daß wahrscheinlich drei amerikanische Divisionen vor der Front des Korps standen, darunter die 104. US-Infanteriedivision im Raume Lichtenau-Kleinenberg, von der Gefangene eingebracht worden waren.[260]

Die eigene Lage war unverändert, neue Verstärkungen, dringend erwartet, waren nicht eingetroffen. Immer dringender wurden die Befehle der vorgesetzten Dienststellen, anzugreifen und dem Korps Bayerlein, das aus der Gegend Winterberg Fortschritte seines Angriffs meldete, entgegenzukommen. Heeresgruppe B befahl: „Bereitstellung melden!" Oberbefehlshaber West befahl: „Angriffstermin melden!" Ein Blick auf die Lagekarte zeigte aber, daß das LXVI. Armeekorps selbst bereits zu Dreiviertel umfaßt war. Der Feind stand in einem Bogen von Buke-Lichtenau-Scherfede-Willebadessen rings um die SS-Brigade Westfalen herum. Er brauchte nur anzutreten, um die Brigade einzukesseln. In dieser Lage in Richtung Marsberg anzugreifen, bedeutete lediglich, tiefer in die feindliche Umfassung zu marschieren. Der Kommandierende General gab daraufhin den bisherigen Angriffsplan — Bereitstellung im Forst Hardehausen zum Stoß auf Marsberg — auf. Nach entsprechenden Überlegungen entschloß man sich, die SS-Brigade Westfalen im südlichen Eggegebirge bereitzustellen. Von da sollte in südöstlicher Richtung in der Nacht vom 2. zum 3. April der Raum östlich von Warburg gewonnen werden. Dort wollte man sich mit den Truppen im Kasseler Raum zu geeigneten Gegenmaßnahmen vereinen.[261]

Durch Schwierigkeiten bei der Betriebsstofftankung der Panzerbrigade 507 in Neuenheerse verzögerte sich der Angriffsbeginn.[262] Am Morgen des 3. April mußte auch dieser Angriff als gescheitert angesehen werden, da nach einigen Anfangserfolgen die Bataillone steckenblieben und nach Gegenstößen der Amerikaner in die Ausgangsstellungen zurückgenommen werden mußten.[263] Auch die Panzer-Abteilung 507 sah sich im Ortskampf um Willebadessen plötzlich allein und mußte trotz mehrfacher erfolgreicher Gegenstöße zurückgehen, wobei sie einige Panzer lassen mußte.

Die Absicht des LXVI. Korps, den Raum östlich von Warburg und damit Anschluß an die Kasseler Truppen zu gewinnen, war folglich gescheitert. Gleichzeitig wurde bekannt, daß die Amerikaner bei Buke und Altenbeken das Eggegebirge überschritten hatten und vor Bad Driburg standen. Das hier von der 476. Infanteriedivision eingesetzte Regiment hatte die Stellung nicht halten können.[264]

---

260 Die 104. US-Infanteriedivision hatte bereits am Vortage bei Scherfede-Wrexen Verbände der 3. US-Panzerdivision abgelöst.

261 Der vorgesehene Entlastungs-Angriff über Marsberg in Richtung Edersee — mittlerweile kaum noch durchführbar — war damit noch nicht restlos aufgegeben worden.

262 In Neuenheerse befand sich eine große Benzinfabrik, die in den letzten Wochen schwer bombardiert worden war. Zwar war sie arbeitsfähig geblieben, aber die technischen Einrichtungen waren schwer beschädigt worden, ebenso waren die Anmarschwege schwer zerstört worden.

263 Bei der SS-Brigade Westfalen fehlte es immer noch an schweren Waffen. Zudem hatte die Brigade keine einsatzbereiten Panzer. Die Einheiten waren kaum zu einem Angriff fähig. Nachrichtenmittel fehlten ebenfalls noch immer.

264 Hier hatten Teile der 3. US-Panzerdivision nach Osten aufgeklärt, bevor das Gros der Division den Vormarsch zur Weser antrat.

Das LXVI. Korps rechnete nunmehr damit, daß die bei Paderborn-Buke-Bad Driburg vermutete feindliche Division und ebenso die um Warburg versammelten Kräfte der Amerikaner am 3., spätestens am 4. April den Vormarsch nach Osten fortsetzen und damit die eigenen Truppen einschließen würden. Außerdem mußte mit Fliegerangriffen auf die Bereitstellungsräume der Brigade gerechnet werden. Bei dieser Entwicklung der Lage konnte es jetzt für das LXVI. Korps trotz der dringenden Befehle der vorgesetzten Dienststellen und trotz des aufrichtigen eigenen Wunsches, den im Ruhrkessel eingeschlossenen Kameraden zu helfen, nur den einen Entschluß geben, sich der drohenden Einschließung durch Absetzen zu entziehen. Das Generalkommando LXVI mußte diesen schweren Entschluß von sich aus fassen und selbst verantworten. Eine gewisse Entlastung war es, daß auch das stellvertretende VI. Armeekorps (General Mattenklott) zu dem gleichen Entschluß gekommen war.

Das Generalkommando beabsichtigte nunmehr, auf die Weser — je nach den Verteidigungsmöglichkeiten — zurückzugehen. Rechts sollte Anschluß an die 476. Infanteriedivision gehalten werden, links war nach Süden kein Anschluß vorhanden; lediglich das Diemeltal bot hier einen gewissen Flankenschutz. In diesem Sinne wurde an die SS-Brigade Westfalen das Absetzen für die Nacht vom 3./4. April befohlen. Das Generalkommando LXVI wurde ab 4. April der 11. Armee im Raume Kassel unterstellt. [265]

Damit war endgültig auch im nordöstlichen Teil des nunmehr bestehenden Ruhrkessels jeglicher Entsatz von außen unmöglich geworden.

---

265 Flörke, a. a. O., MS Nr. B-383, S. 31—32

Die Dokumente zu diesem Kapitel stellte das Bundesarchiv/Militärarchiv Freiburg zur Verfügung. Signatur RH 53-6/30. — Wertvolle Anregungen und Hinweise hierzu gab auch das Archiv Jost W. Schneider, Wuppertal.

Anmerkung des Verfassers: Bei den Einheiten der SS-Brigade handelt es sich um kurzfristig auf dem Truppenübungsplatz Sennelager aufgestellte Verbände der Ausbildungs- und Ersatzeinheiten der Waffen-SS und nicht der SS-Ordenstruppe. Die Mannschaften waren sehr jung und kampfunerfahren. Vergleiche hierzu die Beschreibungen von Generalleutnant Flörke.

7. Kapitel

# Schließung des Ruhrkessels in Lippstadt

Während sich die Spitzendivisionen der alliierten Armeen in den letzten Märztagen unaufhaltsam nach Osten und Norden vorwärts bewegten und somit die Verbände der Heeresgruppe B von der völligen Einkreisung bedroht waren, machte man sich im Stabe der Heeresgruppe B unter Feldmarschall Walter Model ernsthaft Sorgen um die weitere Entwicklung der Dinge.

Der Ausbruchsversuch des LIII. Korps in der Gegend von Winterberg war nach guten Anfangserfolgen ins Stocken gekommen und später von den dort operierenden US-Einheiten gestoppt worden, die ihrerseits zum Gegenangriff antraten.[266] Die aus dem Raume Kassel zum Entsatz antretenden deutschen Verbände waren erst gar nicht zum Angriff angetreten, da sie sich ebenfalls schnell vorgestoßenen US-Verbänden gegenübersahen. Auch der Gegenstoß der SS-Brigade Westfalen aus der Gegend Paderborn in Richtung Edersee war nicht zum Tragen gekommen. Alle diese Entsatzversuche waren dem Oberbefehlshaber der Heeresgruppe B vom Oberbefehlshaber West (Feldmarschall Kesselring) zugesagt worden.[267]

Die benachbarte Heeresgruppe G teilte das Überschreiten der Kinzig und Fulda durch den Gegner mit, der mit seinen Spitzen vor Eisenach und Würzburg stand. Beim nördlichen Nachbarn, der Heeresgruppe H, stießen die britisch-amerikanischen Divisionen bereits beidseitig von Münster vor. Die Entwicklung an der Nordflanke sollte aber noch unmittelbare Auswirkungen für die Heeresgruppe B haben. Durch die Kämpfe der letzten Tage und Wochen und durch die starre Befehlsführung der höchsten deutschen Führungsgremien — immer noch Festhalten an der Verteidigung der Rheinfront — war es der Heeresgruppe B nicht möglich gewesen, irgendwelche operativen Reserven zu bilden. Tatsache war nun, daß zwischen dem Teutoburger Wald und dem Sauerland, zwischen Paderborn und Dortmund kein beweglicher deutscher Kampfverband in Divisionsstärke stand, der sich der immer deutlicher sich abzeichnenden Kesselschließung in diesem Gebiet hätte entgegenstellen können.

Aber auch bei den alliierten Armeen waren die Dinge in den letzten Tagen nicht ganz so gelaufen, wie es die Planung vorsah. Die Schließung des Kessels durch Verbände der 1. und 9. US-Armee, die im Raum von Paderborn vorgesehen war, drohte durch den überraschenden deutschen Widerstand südlich von Paderborn in den letzten Märztagen nicht auf Anhieb zu gelingen. Außerdem waren die Verbände der 9. US-Armee auch noch nicht nahe genug an Paderborn herangekommen.

Im Hauptquartier des VII. US-Korps, zu dem auch die 3. Panzerdivision gehörte, machte sich der Korpskommandeur Generalmajor Joseph Collins am 31. März Sorgen um die weitere Entwicklung der Dinge. Er hatte noch nichts von dem Gegenstoß Models bei Winterberg erfahren, der am Mittag des 31. März fast dreizehn Kilometer tief in die Flanke der 3. Panzerdivision eingedrungen war, obwohl er von Gefangenenaussagen wußte, daß die Deutschen einen Schlag gegen seine linke Flanke vorhatten. Es war ihm auch noch nicht bekannt, daß die vordersten Kampfverbände der

---

266 Vergleiche hierzu die genaue Schilderung der Kämpfe um Winterberg im 4. Kapitel dieser Dokumentation.

267 Wagener, a. a. O., S. 554

3. Panzerdivision von den deutschen Truppen kurzfristig abgeschnitten worden waren. Er war vielmehr besorgt, weil er fürchtete, die Deutschen könnten aus der ihnen gestellten Falle noch entkommen, wo laut Plan die Vereinigung der Verbände der beiden US-Armeen erfolgen sollte. Doch die Aussicht auf eine deutsche Gegenoffensive erforderte ein schnelleres Vorrücken der 9. US-Armee nördlich der Lippe, um dieses Zusammentreffen zu schaffen. Collins fürchtete, daß Montgomerys langsamerer Vormarsch an der Nordflanke des Ruhrgebietes den Plan vereiteln würde.[268]

Aus diesen Gründen unternahm Generalmajor J. Collins einen höchst ungewöhnlichen Schritt: Am Nachmittag des 31. März rief er seinen alten Freund Simpson, den Kommandeur der 9. US-Armee, an und bat ihn um Hilfe. Eigentlich war es ein Verstoß gegen die militärische Etikette, daß ein Korpskommandant einer Armeegruppe einen General einer anderen Gruppe um Hilfe bat, doch als Collins von den verstärkten Aktivitäten im Gebiet der 3. Panzerdivision erfuhr, fühlte er sich nicht mehr an die Einhaltung der militärischen Formalitäten gebunden. Er berichtete Simpson, Montgomery rücke zu langsam vor, und er befürchte, die Deutschen könnten in Richtung Paderborn durchbrechen, wenn die Verbindung nicht bald zustande käme. Dann fügte er noch hinzu: „Bill, ich bin äußerst besorgt. Meine Leute sind zu weit auseinandergezogen." Er bat den groß gewachsenen, kahlköpfigen Kommandeur der 9. Armee, einen Kampfverband der 2. Panzerdivision in Richtung auf Paderborn in Bewegung zu setzen. Er würde ihnen seinerseits einen Kampfverband entgegenschicken. Generalleutnant Simpson stimmte diesem Vorschlag zu, ohne sich vorher mit Feldmarschall Montgomery, dem Befehlshaber der 21. Heeresgruppe, zu besprechen. Entsprechende Befehle ergingen an die Spitzenverbände der 2. Panzerdivision.[269]

Generalmajor Collins erließ seinerseits die nötigen Befehle zu der neuen Operation. Für diesen Sondereinsatz wurde von der 3. Panzerdivision die Kampfgruppe Kane ausersehen.[270] Gleichzeitig verstärkte Collins seine linke Flanke und beorderte eilends Teile der 1. US-Infanteriedivision in den Raum Brilon-Büren. Aus dem Raum Siegen wurden diese Einheiten in Eilmärschen nach Norden in die neuen Einsatzräume geführt. Dabei erreichten die vordersten Verbände bereits am 31. März den südöstlichen Teil des damaligen Kreises Lippstadt in der Gegend von Rüthen-Hemmern. Aufgabe dieser US-Verbände war es, alle wichtigen Straßen und Verkehrsknotenpunkte zu besetzen und zu sichern, eventuell deutsche Gegenangriffe und Ausbruchsversuche abzufangen, um damit die weiteren Operationen in Richtung Paderborn zu decken.

Das 16. Infanterieregiment der 1. US-Infanteriedivision hatte in einem motorisierten Marsch ohne Zwischenfälle den Raum um Büren erreicht, blockierte alle wichtigen Straßen nach Westen und Nordwesten und nahm auf der rechten Flanke Kontakt mit Einheiten der 3. US-Panzerdivision auf. Das I. Bataillon stieß dabei vor Steinhausen auf energischen deutschen Widerstand, der erst in den Nachmittagsstunden des 1. April gebrochen werden konnte. Das 16. Regiment erbeutete dabei zwanzig Lokomotiven und etwa hundert Eisenbahnwagen in der Umgebung von Steinhausen.[271]

268 Whiting, a. a. O., S. 74–76

269 Ebd.

270 Die Kampfgruppe Kane war im zweiten Treffen der 3. US-Panzerdivision für den Schlußangriff auf Paderborn vorgesehen und wurde für diesen neuen Auftrag zurückgehalten und vorbereitet. Sie stand am 31. März angriffsbereit im Forst Böddeken.

271 Danger Forward, The Story of the First Division, In World War II, United States Army

In den Raum um Rüthen war das 26. Infanterieregiment ohne ein motorisiertes Bataillon vorgedrungen. Das III. Bataillon drang am Morgen des 1. April in die Stadt Rüthen ein, und das II. Bataillon besetzte das Dorf Hemmern. Dahinter standen im Raum nordwestlich um Brilon die Bataillone des 18. Regiments, die hier alle wichtigen Straßenverbindungen sperrten und sicherten. Der Gefechtsstand des 18. Regiments befand sich in Leiberg; das I. Bataillon besetzte das Gebiet um Weiberg; das II. Bataillon stand um Hegensdorf; und das III. Bataillon bezog Stellungen bei Harth. Den schnellen motorisierten Infanterie-Einheiten folgten rasch die Divisionsartillerie-Einheiten des 5., 7., 32. und 33. Feldartilleriebataillons.[272] Damit war der letzte Vorstoß auf Paderborn auf der linken Flanke stark abgesichert, und alle etwaigen deutschen Gegenmaßnahmen in dieser Gegend konnten mit entsprechend starken Kräften abgewehrt werden.

Den starken amerikanischen Verbänden standen auf deutscher Seite in diesem Raum zwischen Lippe und Möhne fast keine deutschen Truppen gegenüber. Die 476. deutsche Infanteriedivision, die in den letzten Wochen hier zur Neuaufstellung und Ergänzung gelegen hatte, benennt für den 30. März noch einige kleine Stützpunkte in diesem Gebiet.[273]

Ob diese Verbände in den jeweiligen Orten noch zum Einsatz kamen, kann nicht genau geklärt werden. Der größte Teil der Division wurde zur Verteidigung des Teutoburger Waldes herangezogen, andere Teile in die Gegend zwischen Arnsberg und Menden verlegt.

☆

In dem Gebiet zwischen Lippe und Möhne verfolgte die Bevölkerung mit Spannung und Nervosität die Ereignisse der letzten Zeit. Schon seit Tagen war hier das schwere Artilleriefeuer im Zusammenhang mit dem alliierten Rheinübergang bei Wesel hörbar gewesen. Auch die Nachricht, daß am Gründonnerstagabend (29. März) amerikanische Panzerspitzen Brilon erreicht hätten, war mit Windeseile durch den Raum von Paderborn bis Soest, Lippstadt bis Warstein gegangen. Mit Sorge sah man in allen Städten und Dörfern der weiteren Entwicklung entgegen. Im Verlauf des Monats März waren in vielen größeren Orten bereits sogenannte Panzersperren aus Betonblöcken gebaut worden, die nun mit starken Baumstämmen geschlossen wurden und von Volkssturmmännern bewacht werden mußten.

In den letzten Tagen fluteten unablässig, aus Richtung Soest und Meschede kommend, deutsche Truppenverbände durch Erwitte, Geseke und Lippstadt, um sich der drohenden Kesselbildung zu entziehen. Besonders in den Nachtstunden, wenn die Tiefflieger, die entlang des Hellwegs und der Bahnlinien ihre Jagdstrecken eingerichtet hatten, nicht angriffen, bewegten sich die Kolonnen. Zu Fuß, mit Pferdewagen und auch vereinzelt motorisiert, versuchten diese Verbände aus dem Kessel zu entkommen. Gleichzeitig waren aber auch große Kolonnen alliierter Kriegsgefangener unterwegs: Russen, Polen, Franzosen, Briten und Amerikaner sowie Fremdarbeiter aus vielen europäischen Ländern, die in den Rüstungsfabriken des Ruhrgebietes gearbeitet hatten und ebenfalls vor den näherkommenden Frontlinien nach Osten verlegt wurden.

---

272 After-Action-Report des 18. Infanterieregiments der 1. US-Infanteriedivision für den Monat April 1945. (Mitgeteilt vom Archiv Jost W. Schneider, Wuppertal)

273 Eine Aufstellung der 476. Infanteriedivision vom 30. März nennt für den Raum zwischen Lippe und Möhne noch verschiedene Einheiten und Stärken. Eine genaue Aufstellung im Anhang, Anlage 4

In solch einer Marschkolonne zwischen Soest und Erwitte befand sich am Gründonnerstagnachmittag auch der Obergefreite Josef Güthoff aus Geseke. Mit der 5. Batterie des Flakregiments 892 (5-cm-Flakgeschütze) war er auf dem Marsch vom Sorpesee nach Geseke. Die gesamte Batterie sollte bei Geseke in Stellung gehen, um die Stadt zu verteidigen. Da man in Erwitte nicht durchkam (die Straße war verstopft), befahl der Zugführer: „Rechts ran!" Es gab zunächst eine kurze Lagebesprechung, bei der schon Gerüchte kursierten, daß die Amerikaner bereits in Geseke ständen.

Am Abend ging der 1. Zug mit drei Geschützen in Erwitte östlich des Zementwerkes Felsenfest mit Schußrichtung Osten in Stellung. In dieser Stellung blieb man zunächst bis zum Abend des Karsamstags. Am Freitag wollte Güthoff seine Heimatstadt besuchen und besorgte sich dazu ein Fahrrad. Er hat sein Vorhaben dann aber doch nicht ausgeführt, da man ihm dringend davon abriet.

In der Nacht vom 31. März zum 1. April verlegte dieser Zug nach Berenbrock. Dabei kurvte Güthoff mehrfach auf der Erwitter Hellwegkreuzung im Kreise und überlegte, ob er nicht doch einfach nach Hause fahren sollte. Auch diese Gedanken verwirklichte er nicht, und so befand er sich am Ostersonntagmorgen in Berenbrock und am Mittag bereits in Soest. Später ging es wieder weiter in Richtung Arnsberg und Iserlohn. Der 2. Zug der 5. Batterie verblieb in Erwitte, und dessen Geschütze wurden hier später in die Ortsverteidigung eingebaut.[274]

Die Westfälische Landes-Eisenbahn stellte am 30. März den Betrieb auf den Strecken Lippstadt-Warstein und Lippstadt-Neubeckum ein. Die letzten Züge gingen gegen 13.00 Uhr von Lippstadt in die genannten Richtungen ab. Vornehmlich die Züge, insbesondere auch auf der Strecke Soest-Lippstadt-Paderborn, waren in der Schlußphase die Ziele der alliierten Tiefflieger gewesen, um den deutschen Nachschub zu unterbrechen und um die Bevölkerung zu terrorisieren.[275]

☆

Während in der Frühe des ersten Ostertages (1. April) die Kampfgruppen der 3. US-Panzerdivision auf Paderborn vordrangen, machten sich gleichzeitig andere Verbände für die baldige Schließung des Kessels bereit. Schon in der Nacht vom 31. März zum 1. April war die Kampfgruppe Hogan in Richtung Salzkotten aufgebrochen. Gegen nur geringen Widerstand besetzten die ersten Einheiten der Kampfgruppe um 1.10 Uhr Salzkotten. Um 4.40 Uhr in der Frühe war die gesamte Stadt besetzt, und Panzer stießen weiter vor, um den Raum um Salzkotten zu sichern.[276]

In und um Salzkotten kam es zu keinen Kampfhandlungen, obwohl sich erst in den letzten Tagen noch deutsche Truppen eingefunden hatten. Am Abend des Gründonnerstags hatte ein deutscher Generalleutnant dem Bürgermeister Seidler erklärt, daß er mit eigenen Augen gegen 19.00 Uhr auf den Höhen jenseits Haaren amerikanische Voraustruppen beim Einmarsch in Wünnenberg und Fürstenberg beobachtet

---

274 Diese Angaben machte Josef Güthoff dem Verfasser bei einem Besuch in Geseke im November 1981. Nach Güthoffs weiteren Angaben hatte der 2. Zug später in Erwitte Feindberührung. Beide Züge trafen später im östlichen Ruhrkessel bei Hemer-Letmathe wieder zusammen, um geschlossen in Gefangenschaft zu gehen. Die schweren Waffen wurden in einen Steinbruch gefahren und gesprengt.

275 Bei einem Tieffliegerangriff am 28. März auf der Strecke Soest-Hamm auf einen Zug, der vorwiegend mit 16jährigen Hitlerjungen, die zur Ausbildung in die Senne fuhren, besetzt war, gab es über 40 Tote und Schwerverletzte. (Soester Chronik 1942–1948, S. 25)

276 After-action-Report des 36. Panzer-Regiments der 3. US-Panzerdivision vom April 1945

habe. Er wolle sofort versuchen, mit dem Kommandanten des Truppenübungsplatzes Sennelager Truppen zur Verteidigung der Höhen südlich von Niederntudorf heranzuschaffen. Tatsächlich erschienen dann auch am Morgen des Karfreitags deutsche Offiziere, die den Auftrag hatten, südlich von Niederntudorf die Straßenkreuzung nach Paderborn, den Alten Hellweg vor Wewelsburg sowie den Alten Hellweg vor dem Schloß Brenken zu sichern. Damit erwuchsen für Salzkotten erhebliche Gefahren. In der Stadt gab es zu der Zeit außer der Zivilbevölkerung etwa 500 Ordensschwestern, 1 200 evakuierte Frauen und Kinder und in einem Reservelazarett 900, größtenteils durch Amputationen bettlägerige verwundete Soldaten. In dieser Situation begab sich der Bürgermeister nach Oberntudorf und erklärte einem amerikanischen Offizier die Lage der Stadt und bat um Schonung. Salzkotten sollte als offene Stadt erklärt werden, zumal sich zu dieser Zeit keine deutschen Verbände in der Stadt befanden.[277]

Am Morgen des Karsamstags bezogen zwei deutsche Kompanien Stellungen an der Straße nach Oberntudorf in Höhe des Herrenhauses Bosenholz und an der Upsprunger Straße. Ein Teil der Bevölkerung verließ daraufhin in Angst und Sorge die Stadt und zog in die nähere Umgebung. Auch der Volkssturm sollte aufgeboten werden, nachdem der Kreisleiter der NSDAP des Kreises Büren dieses angeordnet hatte. Der Bürgermeister unterrichtete den Kreisleiter auch von seinem Gespräch mit dem amerikanischen Offizier und bat ihn ebenfalls, dafür zu sorgen, daß die 900 deutschen Verwundeten nicht durch Kampfhandlungen gefährdet würden. Der Kreisleiter erklärte sich schließlich bereit, zum Sennelager zu fahren, um einen entsprechenden Befehl sofort zu erwirken. Auch die deutschen Einheiten wurden entsprechend informiert; daraufhin setzte sich eine Einheit sofort aus Salzkotten ab. Im Laufe des Nachmittags drangen vier amerikanische Panzer von Oberntudorf gegen Salzkotten bis in die Höhe des Bosenholzer Weges vor. Es kam zu einem kurzen Gefecht, bei dem ein deutscher Soldat fiel. Da auch dem hier befehligenden deutschen Offizier die Absprache mit dem Kreisleiter mitgeteilt und er gebeten wurde, seine Einheiten zurückzuziehen, antwortete er, daß für ihn der General im Sennelager nicht zuständig sei. Seine Meldung an seinen Regimentsstab in Lippstadt wurde durch die Entsendung einer 8,8-cm-Flakbatterie zur Unterstützung beschieden mit dem Auftrag, Salzkotten bis zum letzten Mann zu verteidigen. Die Spannung stieg auf das höchste, als um 22.00 Uhr die Detonation einer Panzerfaust hörbar wurde und nach etwa zwanzig Minuten gemeldet wurde, daß amerikanische Panzer durchgestoßen seien und ein Panzer auf der Oberntudorfer Straße unmittelbar vor dem Stadtrand durch eine Panzerfaust abgeschossen worden sei. Auf nochmalige Bitte des Bürgermeisters gab Oberleutnant Günther nunmehr in eigener Verantwortung den Befehl zum sofortigen Rückzug seiner Züge nach Verne. Gleichzeitig wurde die angekündigte Flakbatterie im Anmarsch bei Thüle gemeldet. Es gelang, auch deren Weitermarsch zu stoppen und sie in Thüle festzuhalten, von wo sie am anderen Tage in Richtung Sennelager weiterfuhr. Die deutschen Einheiten am Bosenholzer Weg sowie an der Wewelsburger Straße waren bereits durch die amerikanischen Panzer abgeschnitten worden und gerieten in Gefangenschaft. Dem an der Upsprunger Straße liegenden Zug gelang der Rückzug nach Verne. Kurz vor 24.00 Uhr war Salzkotten damit von der deutschen Wehrmacht aufgegeben worden.

Bürgermeister Seidler hatte sich inzwischen mit dem Amtsbeigeordneten vor dem Rathaus getroffen, während aus der Ferne die amerikanischen Panzer heranrollten.

---

277 Heimatbuch „Stadt und Amt Salzkotten", Salzkotten 1970, S. 141–145

Um 0.10 Uhr erschien der erste Panzer, aus der Vielser Straße kommend, vor dem französischen Kriegsgefangenenlager im Hinterhaus des Amtskassengebäudes. Die französischen Kriegsgefangenen zerschlugen von innen die Türen und begrüßten die amerikanischen Soldaten. Vor dem Rathaus entstiegen die ersten amerikanischen Offiziere ihren Panzern. Der Bürgermeister und der Beigeordnete Dr. Reineke erklärten den Offizieren, daß kämpfende deutsche Soldaten sich nicht mehr im Stadtgebiet befänden und daß die Stadt somit als offene Stadt übergeben werde. Die amerikanischen Offiziere erklärten daraufhin, daß sie von ihrem höheren Führungsstab unterrichtet worden seien, daß sich in der Stadt Lazarette mit 900 Verwundeten befänden. Sie fügten hinzu, daß sie den Befehl gehabt hätten, nicht zu schießen, um die Stadt und die Verwundeten unversehrt zu erhalten. Auf die Frage, warum vor der Stadt dennoch auf sie geschossen worden sei, erklärten die Vertreter der Stadt, daß sie nicht eine Befehlsgewalt über deutsche Truppen gehabt hätten, sondern Vertreter der Zivilgewalt gewesen seien. Etwa 35 amerikanische Panzer besetzten daraufhin alle wichtigen Punkte im Stadtgebiet, u. a. die in den Vorwochen errichtete Panzersperre an der Hederbrücke. Im Laufe der Nacht wurde auf Verlangen der amerikanischen Offiziere durch den Bürgermeister eine Bekanntmachung abgefaßt, der zufolge alle Häuser weiße Flaggen zu setzen hatten bei gleichzeitiger Ablieferung aller Waffen seitens der Bewohner der Stadt. Die Bewohner der Stadt erhielten größtenteils erst Kenntnis von dem Einmarsch der amerikanischen Truppen, als sie in der Frühe des Ostersonntags den Gottesdienst in der Pfarrkirche besuchen wollten.[278]

Die Einheiten der Kampfgruppe Hogan[279] sicherten im Laufe des Tages alle wichtigen Punkte der Stadt, und Spähtrupps stellten östlich von Salzkotten Verbindung mit der Kampfgruppe Boles her. Der Kampfgruppengefechtsstand verlegte um 9.00 Uhr nach Nordborchen.[280]

In der Frühe des ersten Ostertages rüstete sich ebenfalls die Kampfgruppe Kane in ihrem Versammlungsraum im Forst Böddeken für den geplanten Vorstoß nach Nordwesten. Um 6.00 Uhr war die Kampfgruppe abmarschiert. Durch Niederntudorf rollten die Kolonnen in Richtung Geseke vor.[281]

In Geseke waren die Bewegungen der amerikanischen Truppen im Raume Büren-Brilon von der Verwaltung und auch von Privatleuten genau verfolgt worden. Der Ortsgruppenleiter hatte von der Kreisleitung in Lippstadt 75 Panzerfäuste für den Volkssturm erhalten. Diese waren aber vorsorglich von der Feuerwehr versteckt worden, so daß nicht Unbesonnene davon Gebrauch machen konnten. Am 31. März stellte auch hier die Bahn den Zugverkehr ein. Auf der Reichsstraße 1, an der Osternschledde, am Osttor und auf der Delbrücker Straße in Höhe der Hüsteder Mühle wurden Panzersperren aus vollgegossenen Betonrohren errichtet. Sie bildeten später keine ernsthaften Hindernisse für die amerikanischen Panzer. Auch hier wurden unaufhörlich Rückmärsche deutscher Truppenteile und einzelner Soldaten beobachtet. Von der Brenker Mark aus beobachteten Geseker Bürger, daß Panzerspähwagen

---

278 Ebd.

279 Die Kampfgruppe Hogan bestand zu diesem Zeitpunkt aus folgenden Einheiten: III. Bataillon v. 33. Panzerregiment, III. Bataillon v. 414. Infanterieregiment, 3. Zug der C-Kompanie des 23. Panzerpionierbataillons und 3. Zug der C-Kompanie des 703. Panzerjägerbataillons. Kampfgruppenführer war Oberst Sam Hogan.

280 After-Action-Report des 36. Panzerregiments der 3. US-Panzerdivision vom April 1945

281 After-Action-Report der Kampfgruppe Kane der 3. US-Panzerdivision vom April 1945

bereits auf dem Alten Hellweg zwischen Erpernburg und der Bürener Straße fuhren. Das Steintor wurde mit Baumstämmen versperrt, und später richtete sich dort ein Trupp SS-Soldaten zur Verteidigung ein. Am Karfreitag hatte hier bereits ein Bürger an der Stadtkirche eine weiße Fahne gehißt. Die Stadt war in fieberhafter Spannung: Waffen, Uniformen und nationalsozialistische Schriften wurden vergraben oder verbrannt, Lebensmittel wurden versteckt. Soldaten, die sich im Urlaub befanden oder sich bereits von ihrer Truppe abgesetzt hatten, verließen Geseke oder versteckten sich.[282]

Am Karsamstag wird bekannt, daß sich amerikanische Truppen Salzkotten nähern. Bewaffnete deutsche Soldaten ziehen in westlicher Richtung durch Geseke. Gegen 19.00 Uhr protestieren etwa 100 Bürger gegen die SS-Soldaten, die sich am Steintor zur Verteidigung eingerichtet haben. Der Protest nimmt bedrohliche Formen an. Es gelingt dem Ortsgruppenleiter schließlich, die SS zum Abzug zu bewegen. Um 23.00 Uhr erhält der Ortsgruppenleiter vom Kreisleiter Lücke in Lippstadt den letzten Anruf: den Befehl, Geseke zu verteidigen.[283]

Am anderen Morgen, dem ersten Ostertag (1. April), rollen zwischen 7.00 und 8.00 Uhr die ersten amerikanischen Panzer über den Tudorfer Weg auf Geseke zu. Weitere US-Truppen kommen über die Reichsstraße 1 und von Steinhausen.[284] Am Osttor stehen Frauen mit einer weißen Fahne bereit, um den Amerikanern entgegenzugehen. Es gelingt den Frauen im letzten Augenblick, ein mit deutschen Soldaten vollbesetztes Auto, das noch in Richtung Salzkotten fahren wollte, zu warnen und umzuleiten. Die Spitzen der amerikanischen Verbände sind nun bereits auf dem Kapellenweg. Die Frauen am Osttor gehen den Amerikanern mit weißen Laken entgegen, um damit anzuzeigen, daß Geseke nicht verteidigt wird. Als die ersten US-Soldaten bereits das Osttor passiert haben, schlägt unweit des Tores eine Granate ein. Die Soldaten nehmen in den Häusern kurz Deckung. Da kein weiterer Schuß fällt, geht kurz darauf der Vormarsch weiter.

Woher der Schuß kam, konnte nicht festgestellt werden. Die Granate schlug auf der Völmeder Straße, hinter der Bahn, in ein Haus, wobei nur Sachschaden entstand. Die US-Truppen besetzten zuerst die obere Stadt und sicherten das Westtor, indem sie einen Panzer auf dem Südwall und einen auf dem Westwall in Stellung brachten. Die Störmeder Straße wurde bis zum Lohberg besetzt, von wo aus die Truppen den Flugplatz Eringerfeld beschießen konnten.

Im Verlauf des Vormittags machten die Amerikaner ihre ersten Gefangenen in Geseke. Zuerst holten sie die Polizisten auf der Rosenstraße zusammen. Noch vor Mittag wurden auf der Dungstätte von Bauer Lappe auf der Lüdischen Straße/Ecke Kuhstraße alle Gefangenen gesammelt. Es waren dies Geseker Polizisten, Soldaten vom Flugplatz Eringerfeld und vom Nachtflughafen auf dem Hölterklee, Wehrmachtsangehörige und Wehrpflichtige, die man bei Hausdurchsuchungen entdeckt hatte oder die den Amerikanern gemeldet worden waren.

Leichter Widerstand wurde aber noch im Süden und Südwesten von Geseke geleistet. Beim Anrücken aus Richtung Büren wurde auf der Bürener Straße zwischen zwei Häusern ein amerikanischer Panzer abgeschossen. Der Panzer geriet in Brand,

---

282 Alfons Dunker, Geseker Album I, Geseke 1976, S. 86 und 87

283 Ebd.

284 Bei den aus Richtung Steinhausen anrückenden US-Truppen muß es sich um Einheiten des I. Bataillons 16. Infanterieregiment der 1. US-Infanteriedivision gehandelt haben.

und ein Mann der Besatzung kam zu Tode. Die Besatzung des deutschen Flakgeschützes, vier junge Soldaten von einer „fliegenden Flak-Abteilung", die auf einem Zementwerk ihr Quartier hatten, wurden von den Amerikanern erschossen. Ein deutscher Offizier, der in einem Militär-Pkw in Richtung Bönninghausen flüchten wollte, wurde von US-Posten erschossen. Das gleiche Schicksal ereilte einen österreichischen Luftwaffensoldaten am Tudorfer Weg. Er sollte bei Annäherung der Amerikaner die Besatzung eines 8,8-Flakgeschützes am Tudorfer Weg warnen, die sich dann kampflos absetzen wollte.[285]

Nach amerikanischer Darstellung war Geseke um 11.00 Uhr gesäubert, und die Marschkolonne zog weiter nach Störmede. Während das Dorf Störmede nicht von deutschen Truppen besetzt war, kam es südwestlich des Dorfes noch zu einem kleinen Gefecht.[286] Hier standen südlich der Reichsstraße 1 auf rund 500 Metern an der Kreisstraße Störmede-Eringerfeld zwei Flakgeschütze, die von Arbeitsdienstmännern bedient wurden. Diese wurden von dem Querweg Linde aus — zwischen Störmede und Geseke — durch amerikanische Panzer unter Feuer genommen und rasch außer Gefecht gesetzt. Bald waren die Panzer bis zur Kreuzung südwestlich von Störmede herangerückt. Amerikanische Infanteristen schwärmten aus und griffen die neben den Flakgeschützen liegenden rund 40 Mann vom Flugplatz Störmede-Eringerfeld an. Das kurze Gefecht forderte zwei Tote und einige Verwundete, der Rest wurde gefangengenommen. Unter den Gefangenen soll sich auch Freiherr Wilderich von Ketteler auf Schwarzenraben, der als Stabsgefreiter auf dem Flugplatz Dienst tat, befunden haben. Er wurde dort auf seinem eigenen Grund und Boden gefangengenommen.[287]

Während es im Dorfe selbst bei der Besetzung durch amerikanische Truppen nicht zu Beschädigungen kam, wurden an der Reichsstraße 1 ein Haus in Brand geschossen und zwei weitere Häuser leicht beschädigt. Von Störmede rückten amerikanische Panzer noch am gleichen Tage bis zum Flugplatz vor, der sich in der südlichen Feldflur an der Straße nach Östereiden befand. Zu Kampfhandlungen ist es hier nicht mehr gekommen, da die gesamte Flugplatzanlage bereits schwer zerstört und die Besatzung schon abgerückt war. Hier hatten bis in die letzten Märztage Teile der I. Gruppe des Jagdgeschwaders 27 sowie die III. Gruppe des Nachtjagd-Geschwaders 1 unter Major Drewes gelegen. Am 24. März war der Flugplatz schwer bombardiert worden.[288]

---

285 Dunker, Geseker Album I, S. 86 und 87

286 Der After-Action-Report der Kampfgruppe Kane berichtet über die Einnahme von Geseke: Als sich die Tanks einer Straßensperre am Südwestrand des Ortes näherten, erhielt man von dort Pakfeuer. Bei der Säuberungsaktion erbeutete man zwei 8,8-Flakgeschütze und vier Feldgeschütze. In der Stadt selbst kapitulierte ein etwa 300 Mann starkes ungarisches Flakbataillon, ohne einen Schuß abzugeben.

287 Nach den Tagebuchaufzeichnungen des verstorbenen Forstmeisters Heinrich Kneer, Eringerfeld. Veröffentlicht in der 14. Folge der Heimatblätter 1965, in: „Der Patriot", Heimatzeitung des Kreises Lippstadt

288 Im Zuge der Zerschlagung der deutschen Nachschublinien und Stützpunkte im Hinterland hatten am Samstag, dem 24. März, mehrere Wellen amerikanischer Bomber gegen 17.15 Uhr das Flugplatzgelände angegriffen. Dabei fielen rund 1800 Bomben, die das gesamte Rollfeld zerstörten und auch fast alle Bauten und Baracken. Da der Bunker standgehalten hatte, waren nur zwei Tote zu beklagen. Bei einem vorhergegangenen Luftkampf waren fünf deutsche Maschinen abgeschossen worden. (Eine Kurzgeschichte des Flugplatzes befindet sich im Anhang, Anlage 8.) Ein Teil der deutschen Flughafenbesatzung rückte in der Nacht vom 30. zum 31. März aus dem in der Nähe liegenden Dorf Ehringhausen ab.

Die Spitzenverbände der Kampfgruppe Kane setzten von Störmede aus ihren Vormarsch in westlicher Richtung fort und erreichten bald das Nachbardorf Langeneicke. Auch hier kam es im Ort zu keinen Kampfhandlungen mit deutschen Soldaten, nördlich des Dorfes kam es jedoch noch zu einem Zusammenstoß. Vom Nachbardorf Ehringhausen versuchten etwa zur gleichen Zeit einige deutsche Soldaten und einige Lastkraftwagen über Langeneicke in südlicher Richtung zum Sauerland hin zu entkommen. Dieses Unternehmen war jedoch von den vorrollenden Amerikanern entdeckt worden. Daraufhin rollten acht amerikanische Panzer zwischen Störmede und Ehringhausen quer über Wiesen und Felder heran und eröffneten auf die deutsche Kolonne das Feuer. Ein Teil der deutschen Soldaten flüchtete in das Gehöft des Bauern Anton Meilfes. Der Hof geriet dadurch ebenfalls unter Panzerbeschuß und wurde beschädigt. Die deutschen Soldaten, darunter mehrere Verwundete, hatten sich teilweise zu den Hofbewohnern in den Keller geflüchtet. Alle deutschen Soldaten gerieten hier in Gefangenschaft, die Lastkraftwagen wurden von den amerikanischen Truppen zerstört.[289]

Nachdem auch in Langeneicke eine kleine Sicherungstruppe zurückgelassen wurde, zog die Hauptmacht der Kampfgruppe Kane weiter in westlicher Richtung und erreichte das Dorf Bökenförde. Auch hier traf man auf keinen deutschen Widerstand. Die Kampfgruppe rollte daraufhin in nordwestlicher Richtung weiter auf Lippstadt zu.

An den wichtigsten Punkten des Dorfes Bökenförde hatten die Amerikaner ihre Posten aufgestellt (Panzer und leichte infanteristische Bedeckung). Bökenförde war zu der Zeit der westlichste Punkt, den die Kampfgruppe Kane erreicht hatte. Von dort drehte sie in nördlicher Richtung auf Lippstadt ein. Das Dorf wurde aber auch noch einem jungen Luftwaffenhelfer zum Verhängnis. Der 16jährige Flakhelfer Erich-Wilhelm Riekenbrauck aus dem benachbarten Westernkotten hatte wenige Tage zuvor den schweren amerikanischen Luftangriff auf den Flugplatz Eringerfeld bei Störmede erlebt. Beim Anrücken der Amerikaner war er, zusammen mit einigen anderen Kameraden, zunächst nach Osten, dann nach Norden und zuletzt nach Westen ausgewichen. Am späten Abend des ersten Ostertages wurde er auf der Giseler-Brücke am Westrand von Bökenförde von den amerikanischen Posten geschnappt — kaum 2000 Meter von seinem Elternhaus in Westernkotten entfernt. Er kam erst im Herbst 1945 aus Belgien und Frankreich aus amerikanischer Kriegsgefangenschaft zurück. Erich-Wilhelm Riekenbrauck erinnert sich daran wie folgt:

„Ich wurde am 1. April 1945, gegen 22.00 Uhr, in Bökenförde auf der Giseler-Brücke, unmittelbar vor dem Ortseingang, durch Panzersoldaten gefangengenommen. Ein Panzer stand unmittelbar hinter der Giseler-Brücke in Richtung Westernkotten. Die Zahl der Soldaten war nicht auszumachen. Es war stockfinstere Nacht und absolut still. Erst als wir auf der Brücke waren, gingen einige Lichter an. Wir wurden geblendet und konnten auch in und um Bökenförde keine weiteren Beobachtungen machen. Bei mir war ein junger Mann, dessen Name mir aber entfallen ist.

Von Bökenförde ging es mit einem Lastauto nach Lippstadt, wo wir in einem Keller zusammengepfercht wurden und bis zum 3. April 1945 blieben. Stadtteil und Name des Besitzers dieses Kellers sind mir unbekannt. Von Lippstadt ging es am 3. April, wiederum mit einem Lastauto amerikanischer Bauart und von schwarzen

---

289 Dem Verfasser mitgeteilt von einer ehemaligen Bewohnerin des Hofes in Langeneicke, die Zeuge dieser Ereignisse war.

US-Soldaten gefahren, über Paderborn nach Bredelar/Niedermarsberg, wo wir acht Tage blieben.

Ich entsinne mich noch, daß es dort in Strömen goß und die zum Teil kunstvoll ausgehobenen Höhlen — zum Schutz gegen die Feuchtigkeit — immer wieder einbrachen. Von dort ging es an Marburg vorbei nach Koblenz, Andernach und dann nach Remagen. Hier 14 Tage Aufenthalt in dem riesengroßen Lager in der Rheinniederung, wo wir Gefangenen auf Äckern und Wiesen zusammengetrieben worden waren. Das Ganze war mit Drahtverhauen umzäunt. Man sprach von mehr als 100 000 Gefangenen. Von dort kamen wir dann mit Eisenbahn-Waggons nach Namur/Belgien.

Am 1. Oktober 1945 war ich nach der Entlassung in Münster/Westfalen wieder in Westernkotten."[290]

Während die Kampfgruppe Kane der 3. US-Panzerdivision von frühmorgens bis zum Nachmittag den Weg nach Lippstadt fast zurückgelegt hatte, war aus dem südlichen Münsterland eine andere Kampfgruppe in Richtung Lippstadt unterwegs, um den Kessel zu schließen.

Aufgrund der telefonischen Unterredung mit seinem Freund Generalmajor Collins vom VII. Korps der 1. US-Armee hatte Generalleutnant Simpson, der Befehlshaber der 9. US-Armee, entsprechende Weisungen an die Spitzenverbände seiner Armee gegeben. Es war das Kampfkommando B der 2. US-Panzerdivision, das den Auftrag erhielt, einen schnellen Vorstoß in Richtung Lippstadt zu führen. Die meisten Verbände dieser Division befanden sich auf dem Vormarsch nach Osten im Raume nördlich und westlich von Hamm.

Durch die Ereignisse um Beckum[291] konnten die vorstoßenden US-Verbände in der Nacht zum 1. April diese wichtige Verkehrsspinne im südöstlichen Münsterland kampflos besetzen. In den frühen Morgenstunden durchrollten die Kampfgruppen des Kampfkommandos B die Stadt Beckum. An der Spitze das I. und II. Bataillon sowie eine Aufklärungskompanie des 67. US-Panzerregiments und Teile des 41. motorisierten US-Infanterieregiments der 2. Panzerdivision. Die Spitzengruppen des 67. US-Panzerregiments stießen beim Morgengrauen nach Diestedde hinein.

Vor den schnell vorrückenden amerikanischen Panzerspitzen hatten sich bis zuletzt kleinere deutsche Verbände und Restgruppen zurückgezogen. Am Tage zuvor war in der Bauernschaft Düllo noch ein Verband von etwa 600 SS-Soldaten aus Richtung Beckum eingetroffen. Am Abend dieses Tages war hier starkes Schießen aus nördlicher Richtung zu hören. Der Bevölkerung wurde mitgeteilt, weiße Fahnen bereitzuhalten und beim ersten Morgengrauen zu hissen. Gegen 6.00 Uhr in der Frühe kam es zu einem kurzen Feuergefecht. Wenig später wurde auf dem Kirchturm eine weiße Flagge gehißt. Gegen 6.40 Uhr schwiegen die Waffen. Die SS-Soldaten hatten ihre wenigen Panzer, die sie noch hatten, aus Benzinmangel stehenlassen. Die anrückenden US-Verbände, die am Tage zuvor mit den SS-Truppen vor Beckum noch Gefechtsberührung hatten und von dem Benzinmangel nichts wußten, hatten die Panzer unter Feuer genommen, da sie die SS-Truppen in den naheliegenden Gehöften und Wäldern vermuteten.

---

290 Brief des ehemaligen Flakhelfers Erich-Wilhelm Riekenbrauck an den Verfasser, Oktober 1982

291 Vergleiche hier die genauen Schilderungen der Ereignisse um Beckum am 31. 3. und 1.–4. 1945 in dem Kapitel „Angriff der Alliierten nördlich der Lippe".

Drei Häuser werden in Brand geschossen, da geht Heinrich Beermann, dessen Haus ebenfalls in Brand geschossen wurde, den Amerikanern mit einem großen weißen Tuch entgegen und verlangt einen Hauptmann zu sprechen. Es gelingt Beermann, diesem klarzumachen, daß im Dorf nur friedliche Bevölkerung sei, die nicht an Widerstand denke, und die SS-Soldaten bereits seit zwei Stunden abgezogen seien und die Panzer nur aus Spritmangel zurückgelassen hätten. Der Hauptmann entschuldigt sich: „Es tut mir leid, daß das Unglück gerade Sie treffen muß, aber wir wußten es nicht besser."

Das Feuer war inzwischen eingestellt worden. So hat Heinrich Beermann Altendiestedde und wahrscheinlich das ganze Dorf gerettet.[292] Wenig später verkündete ein Lautsprecher von einem Panzerwagen aus:

1. Die Bevölkerung soll nicht auf die Straßen gehen!
2. Sämtliche Schußwaffen sind abzuliefern!
3. Alle deutschen Soldaten sollen sich sofort stellen.[293]

Nach der Einnahme von Diestedde rollten die ersten Verbände des 67. Panzerregiments schnell weiter in Richtung Wadersloh. Auch hier trafen die Amerikaner kaum auf deutschen Widerstand. An der Straße Lippstadt-Wiedenbrück schnitten die vordersten Teile der US-Verbände eine große deutsche Fahrzeugkolonne und Fußtruppen. Die Amerikaner machten hier mehrere hundert Gefangene und zerstörten zahlreiche Fahrzeuge. Teile des 67. US-Panzerregiments schwenkten von der Kreuzung aus nach Süden und griffen die Stadt Lippstadt an.

Nach der Geschichte des 67. US-Panzerregiments überraschte Leutnant Glass von der D-Kompanie die Deutschen während einer Ruhepause im Schlaf. 103 Gefangene wurden gemacht, 30 Lkws erbeutet sowie drei Halbkettenfahrzeuge, acht Pkws, eine Menge Panzerfäuste und Gewehre. Nachdem man in die Stadt eingedrungen war, wurden sofort starke Straßensperren errichtet, um Aus- und Durchbruchsversuche des Feindes zu verhindern.

Eine andere Abteilung des 67. US-Panzerregiments, das II. Bataillon, rollte von Diestedde aus nach Liesborn, gefolgt vom I. Bataillon des 41. Panzer-Infanterieregiments. Der Vormarsch dieser Einheit gestaltete sich, nach eigenen Angaben, infolge schlechter Straßenverhältnisse etwas langsamer. Auch hier waren bis in die frühen Morgenstunden noch deutsche Kolonnen in östlicher Richtung durchgezogen, bevor etwa um 7.00 Uhr die ersten Amerikaner kamen. Um 9.00 Uhr erreichten die ersten Teile des I/41. Panzer-Infanterieregiments Liesborn und drehten auf Lippstadt ein, während das II. Bataillon des 67. Panzerregiments Straßensperren nach Süden errichtete. Das I. Bataillon des 41. Panzer-Infanterieregiments rückte weiter vor und zerstörte zwischen Liesborn und Cappel zwei deutsche Panzer. Der Vormarsch ging weiter, um eine solide Verteidigungslinie entlang der Lippe von Lippstadt bis Herzfeld herzustellen. Die Infanterie-Einheiten rückten nach Lippstadt hinein, besetzten die Stadt und errichteten Sperren, um die fünf nach Süden führenden Straßen der Stadt zu schließen. Um 16.09 Uhr kam man in Kontakt mit Truppen der 3. Panzerdivision, was bedeutete, daß der Ruhrkessel geschlossen war.[294]

---

292 Festschrift Diestedde – Aus der Geschichte eines münsterländischen Dorfes. Vom Verfasser eingesehen im Archiv des Kreises Warendorf in Liesborn.

293 Ebd.

294 Aus einem After-Action-Report der 2. US-Panzerdivision. Weitere Einzelheiten auch aus der Geschichte des 67. US-Panzerregiments, I. und II. Bataillon

In Lippstadt sah die Bevölkerung der Stadt den Ostertagen mit banger Sorge entgegen. Bisher war die Stadt von größeren Kriegszerstörungen verschont geblieben. Lediglich der Flugplatz war schwer bombardiert worden, und einige Bomben waren am 10. März 1945 in der Gegend südlich des Bahnhofs gefallen.[295]

Die Ereignisse der letzten Tage waren auch in Lippstadt nicht unbekannt geblieben: der große Luftangriff auf Paderborn, der Vorstoß der Amerikaner über Brilon bis vor Paderborn. Dazu hörte man seit Tagen von Westen das Rollen und Grollen der Kämpfe um den Rheinübergang bei Wesel und das Näherkommen der Kampfhandlungen aus dieser Richtung. Sollte die Stadt Lippstadt nun ein ähnliches Schicksal erleben wie die meisten vergleichbaren Städte in unmittelbarer Nachbarschaft und in Westfalen?

Die Stadt Lippstadt zählte zu Anfang des Jahres 1945, einschließlich der weit über 1000 Fremdarbeiter, rund 26 000 Einwohner. Die drei großen Industriebetriebe der Stadt: Westfälische Metall-Industrie, Westfälische Union und die Lippstädter Eisen- und Metallwerke (heute WMI-Nordwerk) waren wie alle anderen kriegswichtigen Betriebe weitgehend in den Rüstungsprozeß und die Kriegswirtschaft eingebunden.

In den letzten Wochen vor dem Kriegsende füllte sich die Stadt mehr und mehr mit Flüchtlingen aus Ost und West. Fast in jedem Haushalt mußten Menschen aufgenommen werden, die der Krieg heimatlos gemacht hatte.[296] Dazu kamen in den letzten Tagen die endlosen Züge von Gefangenen und Fremdarbeitern aller europäischen Nationalitäten, die vor den näherkommenden Frontlinien nach Osten transportiert wurden. Die älteren Mitbürger erinnern sich auch in Lippstadt noch an wahre Elendszüge in den Tagen vor Ostern 1945.

Auch militärisch hatte die alte Stadt „tor Lippe" ihren Beitrag zur Verteidigung des Vaterlandes geleistet oder sollte ihn auch jetzt noch leisten. 1936 war Lippstadt wieder Garnison geworden und hatte nördlich der Stadt einen eigenen Flugplatz erhalten.[296a] Jagd- und Kampfflieger verschiedener Geschwader waren dort stationiert gewesen. An der Südstraße entstand im gleichen Jahr ein zweites ausgedehntes Kasernengelände, in das eine Abteilung eines neuaufgestellten Flakregiments einzog. Im Verlauf des Krieges waren einige tausend Männer der Stadt zu den Waffen gerufen worden, wovon 1945 bereits viele gefallen waren. Als im Oktober 1944 der Führer die Aufstellung des Volkssturms befahl, wurden auch in Lippstadt die jüngsten und ältesten Männer zusammengerufen, um in die Kompanien des Volkssturmbataillons eingereiht zu werden. Es fehlte diesen Formationen aber vor allem an Waffen und anderen Ausrüstungen. Eine Armbinde mit dem Aufdruck „Volkssturm" war bei allen wohl das einzige einheitliche Ausrüstungsstück. Reguläre Verteidigungskräfte standen der Stadt aber nicht zur Verfügung.

Der Führer des Lippstädter Volkssturmbataillons, Infanteriehauptmann der Reserve Wilhelm Oberwinter, hatte es von vornherein darauf angelegt, seine Heimatstadt möglichst von Kampfhandlungen freizuhalten. Daß dieses unter den damaligen

---

295 Bei dem Angriff auf Lippstadt wurden im Bereich des südlichen Stadtteils an der Kampstraße und am Hasenfang mehrere Häuser zum Teil schwer beschädigt. Es gab dabei mehrere Verletzte und einen Toten.

296 Helmut Klockow, Stadt Lippe — Lippstadt. Aus der Geschichte einer Bürgerschaft, Lippstadt 1964, S. 292

296a Eine Kurzgeschichte des Flugplatzes Lippstadt befindet sich im Anhang, Anlage 9.

politischen und militärischen Verhältnissen nicht ungefährlich war, kann man heute wohl kaum noch ermessen.[297]

Daneben gab es in Lippstadt aber auch noch zwei Kompanien des Freikorps Sauerland (drei Schützenkompanien für den Kreis Lippstadt), kommandiert von den Hauptleuten Esleben, Wolfram und Schulz.[298]

Noch eine andere Verteidigungsmaßnahme war in der wasserreichen Stadt in Erwägung gezogen worden: die Sprengung der Lippebrücken. Etwa um den 20. März erhielt der aus Lippstadt stammende und im dortigen Lazarett liegende Hauptmann der Pioniere, Friedrich Gerke, vom NSDAP-Kreisleiter Lücke den Befehl, sich für die Verteidigung von Lippstadt bereitzuhalten. In einem Gespräch in der Kreisverwaltung lehnte Gerke dieses Ansinnen aber ab und meldete das Vorhaben seinem Vorgesetzten, dem Oberfeldarzt Dr. Schlaaff. Hauptmann Gerke wurde bald darauf zum Standortkommandanten, einem Oberstleutnant der Fallschirmjäger, in die Flakkaserne bestellt. Dieser erteilte ihm den Befehl, die Brücken der Lippe und der nördlichen Lippeumflut zur Sprengung vorzubereiten. Es handelte sich um die Brücken am Jahnplatz, am Cappeltor, am Lippertor, um die Rhedaer Eisenbahnbrücke und die Brücke in Lipperode. Als Sprengmaterial sollte die Flugplatzkommandantur entsprechende Fliegerbomben bereitstellen. Sprengmittel waren in der Flakkaserne vorhanden. Aus den Lazarettinsassen wurde eine Pionierabteilung zusammengestellt. Hauptmann Gerke und der Hauptmann der Pioniere, August Knoop, bezogen im Tivoli einen Gefechtsstand mit dem Auftrag, die Brücken zu verteidigen und zum geeigneten Zeitpunkt zu sprengen.[299]

Noch einen weiteren Gefechtsstand gab es in jenen Tagen in Lippstadt. Die NSDAP-Kreisleitung hatte in einer Holzbaracke in der Nähe des Wasserturms einen eigenen Kreisbefehlsstand, der Tag und Nacht von zwei Damen der Kreisverwaltung besetzt war. Aufgabe dieses Befehlsstandes war, bei einem feindlichen Luftangriff auf eine der benachbarten Städte Alarm auszulösen und Mitglieder der NSDAP und andere Mitbürger in diese Städte zu Aufräumungsarbeiten zu entsenden. Seit dem Jahre 1944 bestand eine direkte Funkverbindung zur obersten Kommandostelle der NSDAP-Gauleitung auf dem Harkortberg bei Hagen. In schwierigen Fällen war dadurch immer eine schnelle Unterrichtung und Befehlsübermittlung gegeben.[300]

Unmittelbar nach dem schweren Luftangriff auf Paderborn (27. März 1945) fand auch in Lippstadt in der Flakkaserne eine Lagebesprechung statt. An dieser Besprechung unter Führung eines Oberstleutnants der Fallschirmjäger nahmen neben eini-

---

297 Der ehemalige Hauptmann der Reserve Wilhelm Oberwinter hat seine Erinnerungen als Volkssturmführer in Lippstadt im Jahre 1965 in einem ausführlichen Bericht in den Heimatblättern, Folge 4/1965, niedergeschrieben. Der Verfasser gibt daraus die wichtigsten Passagen in einem besonderen Beitrag im Anhang, Anlage 10, wieder.

298 Willy Timm, Freikorps Sauerland, S. 14. — Inwieweit diese beiden Einheiten in jenen Tagen und Wochen zusammen gearbeitet haben, konnte der Verfasser trotz aller Nachforschungen nicht mehr klären.

299 Aus einem Gespräch, das der Verfasser im Dezember 1981 mit dem ehemaligen Hauptmann Friedrich Gerke in Lippstadt führen konnte. Herr Gerke erinnert sich auch daran, daß der Oberstleutnant der Fallschirmjäger am Karsamstagmorgen noch auf seinem Gefechtsstand war, zu einem späteren Zeitpunkt jedoch nicht mehr. Mit anderen Einheiten wie Volkssturm, Freikorps Sauerland usw. bestand keine Verbindung. Es kamen auch keine Anweisungen und Befehle von irgendeiner höheren Dienststelle.

300 Dem Verfasser mitgeteilt von dem ehemaligen SA-Obersturmführer Josef Menke im Dezember 1981.

gen anderen Flak- und Luftwaffenoffizieren nur der Bürgermeister Friedrich Fuhrmann und Oberfeldarzt Dr. Schlaaff teil, seltsamerweise keine Angehörige irgendwelcher NS-Verbände. In dieser Besprechung ging es um die vorgesehene Verteidigung der Stadt, wogegen sich der Bürgermeister aussprach, da sie unaufhaltsam die Zerstörung der Stadt nach sich gezogen hätte. Zum Abschluß der Besprechung drückte der Oberstleutnant dem Bürgermeister die Hand und betonte: „Nicht wahr, Herr Bürgermeister, wir werden unserem Führer die Stadt erhalten."[301] Wenige Tage später waren fast alle Offiziere verschwunden.

Als durch den amerikanischen Vorstoß auf Brilon am 29. März (Gründonnerstag) die Fernsprechverbindungen im südöstlichen Sauerland zum Teil unterbrochen worden waren, erhielt die Kreisbefehlsstelle der NSDAP in Lippstadt von der NSDAP-Gauleitung auf dem Harkortberg den Befehl, einen Aufklärungstrupp in Richtung Olsberg-Brilon anzusetzen, um die Lage zu erkunden und Bericht zu erstatten.[302]

Am anderen Morgen gegen 7.00 Uhr traf der Aufklärungstrupp wieder in Lippstadt ein und machte dem Kreisleiter entsprechende Meldungen über die Erkundung. Kreisleiter Lücke gab die empfangenen Meldungen umgehend weiter an die Gauleitung auf dem Harkortberg. Die Gefahr einer Einkreisung von Lippstadt war damit gegeben und auch den höchsten Parteidienststellen in Westfalen bekannt.[303]

In der Folgezeit bemühte sich der Kreisleiter bei der maßgebenden Dienststelle aufgrund der allgemeinen Lage, die Vorräte an Lebensmitteln an die Zivilbevölkerung zu verteilen. Es handelte sich hierbei um Vorräte aus der Zivilversorgung und Lagern der deutschen Wehrmacht. Der Kreisleiter hatte mit seinen Vorschlägen aber keinen Erfolg.

Die folgenden Tage wurden von den verantwortlichen Leuten in Lippstadt mit erhöhter Aufmerksamkeit verfolgt. In der Stadt selbst herrschte eine rege, teils hektische Betriebsamkeit. Die Volkssturmleute waren zusammengeholt worden, um an den Hauptausfallstraßen — vornehmlich im Norden — Panzersperren zu bauen. In die Bürgersteige der zur Sprengung vorgesehenen Brücken wurden Schächte für die Bomben gegraben und auf jedem Bürgersteig der Brücke mehrere Bomben eingebaut. Am Karfreitag wurden die Bomben von den Pionieren scharf gemacht. Durch die Stadt bewegten sich schon seit Tagen — teils mit Pferd und Wagen, teils aber auch motorisiert — viele deutsche Kolonnen, die sich der drohenden Kesselbildung entziehen wollten bzw. von ihren Divisionsstäben nach hinten verlegt worden waren.[304] Einen verantwortlichen Kampfkommandanten gab es in den letzten Stunden vor dem Einmarsch amerikanischer Truppen in Lippstadt nicht — oder nicht mehr — oder auch vielleicht noch nicht. Die militärische Lage deutscherseits war in den letzten Stunden

301 Dem Verfasser mitgeteilt von dem 84jährigen ehemaligen Bürgermeister Friedrich Fuhrmann im Dezember 1981.

302 Wie Anmerkung 300. — Ein ausführlicher Bericht über dieses Aufklärungsunternehmen befindet sich im Anhang, Anlage 11.

303 Auch diese Angaben sowie weitere Berichte, die sich auf die Kreisbefehlsstelle der NSDAP bzw. auf Kreisleiter Lücke beziehen, stammen aus dem Gespräch mit Herrn Josef Menke.

304 Eine Beschreibung des Marschweges zweier Trosse der 116. Panzerdivision befindet sich im Anhang, Anlage 12.

in und um Lippstadt mehr als unklar — vielleicht zum Glück für die gesamte Stadt und ihre Bewohner.[305]

Etwa zur gleichen Zeit stand der deutsche Kampfkommandant von Beckum, Major Dunker, in Soest vor dem Bezirkskampfkommandanten Oberst Stripp zum Rapport. Der Oberst hatte gerade ein wichtiges Telefongespräch erhalten. Major Dunker schreibt in seinen Erinnerungen hierüber:

„Nach Beendigung des Gesprächs erklärte der Oberst den umstehenden Offizieren, daß starke feindliche Panzerkräfte von Paderborn her im raschen Vorstoß auf Soest seien; die Ostfront von Soest sei unbesetzt und der Feind könne ungehindert einmarschieren. Sich an mich wendend, fragte er, wo sich meine Truppe befände. Als ich erwiderte, das wüßte ich nicht, ging ein erneutes Donnerwetter über mich her. Schließlich gelang es mir, einzuwerfen, daß meine Truppe um 11.00 Uhr im Raum hart südwestlich von Lippstadt versammelt sein würde.

Ganz unvermittelt befahl mich Oberst Stripp an seinen Kartentisch und erteilte mir den Auftrag, mit meinen Teilen im Zuge der Bahnlinie Rüthen-Erwitte-Lippstadt eine Verteidigungsstellung zu beziehen und diese bis zum letzten zu halten. Ich wurde mit den Worten entlassen, daß mir durch diesen Auftrag die Möglichkeit geboten würde, meine Scharte wenigstens etwas auszuwetzen, im übrigen würde der Division eine schriftliche Meldung über die Beckumer Ereignisse erstattet werden.

Als ich kurz vor 11.00 Uhr im Versammlungsraum eintraf, war die Truppe bis auf eine Kompanie versammelt. Wie ich später durch zwei entkommene Angehörige erfuhr, war diese Kompanie kurz vor Erreichen des Versammlungsraumes in Lippstadt mit dem Feind zusammengestoßen und aufgerieben worden.

Während meiner Abwesenheit waren von der Division verschiedene Funkanfragen eingetroffen: ‚Wie Lage Beckum?' und ‚Wo eigene Truppe?' und ‚Wo Feind?' und ‚Wo Gefechtsstand?' und andere mehr. Diese Rätsel sollten für einige Tage ungeklärt bleiben.

Ich funkte der Division die Lage und meinen neuen Auftrag. In der Antwort teilte sie mir mit, daß der neue Auftrag bestehen bliebe und ich ihr wieder unmittelbar unterstellt sei."[306]

Am 1. April (erster Ostertag) wurde in Lippstadt allgemeiner Alarm gegeben. Aus Richtung Cappel war die Annäherung feindlicher Truppen gemeldet worden, und erste Fahrgeräusche wurden wahrgenommen. Die Einheiten des Volkssturms und des Freikorps Sauerland befanden sich zum größten Teil außerhalb der Stadt in abwartender Stellung.

---

305 Der Verfasser konnte trotz aller Nachforschungen und zahlreicher Befragungen nicht klären, ob deutscherseits ernsthaft Bemühungen bestanden, die Stadt Lippstadt mit ihren noch intakten Lippebrücken zu verteidigen. In unmittelbarer Nähe stand keine größere deutsche Einheit. Auch das SS-Bataillon, das am Vortage noch in Diestedde einrückte, muß sich, soweit es nicht versprengt wurde, nördlich an Lippstadt vorbei in den Teutoburger Wald zurückgezogen haben.
Der Bereich nördlich der Lippe gehörte zum Befehlsbereich der 1. Fallschirmarmee (General Blumentritt). Auch in der Studie des Generals Blumentritt über die Kämpfe der 1. Fallschirmarmee fand sich kein Hinweis auf eine Verteidigung von Lippstadt. Wahrscheinlich haben die sich überstürzenden Ereignisse der letzten Märztage nach dem Ausbruch der Divisionen Montgomerys aus dem Brückenkopf von Wesel jede deutsche Planung unmöglich gemacht. Allgemeine Rückzugs- und Auffanglinie war der Teutoburger Wald. All diese Dinge mögen sich zum entscheidenden Vorteil für die Stadt Lippstadt ausgewirkt haben.

306 Wegmann, a. a. O., II., S. 152—153. — Soweit der Bericht von Major Dunker zu den Ereignissen im Raum von Lippstadt. Von weiteren Erlebnissen Dunkers wird noch zu berichten sein.

Der Kreisleiter Lücke begab sich mit seinem Auto in Richtung Cappel und stellte bald erste amerikanische Panzerspähwagen bei der Brennerei Ense in Cappel fest. Auf seinen Befehlsstand zurückgekehrt, erreichte ihn die Meldung, daß amerikanische Panzerkolonnen vor Geseke ständen. Kreisleiter Lücke meldete seine Erkenntnisse daraufhin umgehend dem Gauleiter Hoffmann auf dem Harkortberg und bat um entsprechende Weisungen. Die Antwort des Gauleiters war etwa so: Von ihm aus sei die Lage nicht zu beurteilen und er (Kreisleiter Lücke) solle nach Lage der Dinge handeln.

Darauf handelte Kreisleiter Lücke nach eigenem Ermessen und ließ als erstes die Volkssturmeinheiten durch Melder außerhalb der Stadt zum Rückzug auffordern. Von der Befehlsstelle am Wasserturm wurde die Entwicklung der Lage in der Stadt weiterhin genau beobachtet.

Etwa zwischen 6.00 und 7.00 Uhr war Hauptmann Friedrich Gerke auf seinem Befehlsstand von Hauptmann August Knoop abgelöst worden und begab sich zu seinem Wohnsitz. Auf diesem Befehlsstand rang man nun in den folgenden Stunden um Sinn und Zeitpunkt der vorgesehenen Brückensprengungen in Lippstadt, die dann auch im Verlauf des Morgens erfolgten.

Unterwegs mit seinem Fahrrad war zu diesem Zeitpunkt auch der Bürgermeister Fuhrmann, der einige wichtige Punkte der Stadt — insbesondere die zur Sprengung vorgesehenen Brücken — abfuhr und vor einer Verteidigung und sinnlosen Zerstörung warnte.

Währenddessen sah die Bevölkerung der Stadt den kommenden Ereignissen mit banger Sorge entgegen. Bis kurz vor dem Einrücken der Amerikaner wurde die Stadt noch von zahlreichen größeren und kleineren deutschen Kolonnen durchzogen, sah man noch Kolonnen von Gefangenen und Fremdarbeitern auf dem Durchzug. Der erste Ostertag sollte von nun an ein besonderes Datum in der Geschichte der Stadt Lippstadt werden.

In den Kirchen der Stadt fanden frühmorgens noch die ersten Ostergottesdienste statt, die aber zum Teil unterbrochen wurden, soweit die Priester Nachrichten vom unmittelbar bevorstehenden Einmarsch der amerikanischen Truppen erhielten.[307] „Aus Richtung Cappel war nun auch Gefechtslärm und das Rollen von Panzern zu hören. Über dem nördlichen Stadtteil wurde in den ersten Morgenstunden ein amerikanisches Aufklärungsflugzeug gesichtet, das sehr niedrig flog, so daß man den Piloten fast erkennen konnte. Von Cappel aus zog sich noch eine Abteilung deutscher Geschütze zurück. Auf der unteren Bastionstraße mitten vor der Friedrichschule ging noch ein Pakgeschütz mit Schußrichtung Cappeler Straße in Stellung. Aus dem nordwestlichen Stadtteil zog sich ein Trupp Volkssturmmänner bis zur großen Lippebrücke an der Friedrichstraße/Bückeburger Straße zurück. Damit war jedoch der Chefarzt des benachbarten Dreifaltigkeitshospitals nicht einverstanden. Er befürchtete durch die bewaffneten Volkssturmmänner eine Gefährdung des Hospitals und bat deshalb, das Haus in einem Umkreis von 300 Metern freizuhalten. Erst nach einem weiteren Ersuchen des Chefarztes zog sich die Gruppe der Volkssturmmänner zur

---

307 Die nachstehenden Schilderungen von der Besetzung der Stadt Lippstadt entstammen zum größten Teil einer Artikelserie aus der Heimatzeitung „Der Patriot" aus dem Monat April 1950. Sie wurden vom Verfasser in einer neuen Zeitfolge aus mehreren Fortsetzungen zusammengestellt. Neuere Erkenntnisse und andere wichtige Ereignisse wurden in den Ablauf der Darstellungen mit eingebaut.

Brücke an der südlichen Umflut an der Abzweigung Soesttor/Hellinghäuser Weg zurück."

Etwa zur gleichen Zeit lagen die westlichen Straßen und die Wiesen im Nord-Westen der Stadt bis an das Evangelische Krankenhaus heran ständig unter Beschuß. Die Einschläge in den Wiesen an der Barbarossastraße-Rüdenkuhle wurden vom Dach des Evangelischen Krankenhauses beobachtet. Das Lazarett selbst wurde nicht getroffen. Der Beschuß dauerte etwa von 8.00 Uhr bis 11.30 Uhr.

Langsam rückten nun die amerikanischen Panzerspitzen — wohl aus der Richtung von Cappel zuerst — in die Stadt ein. Auf der Cappeler Landstraße wurde von den vorrückenden Amerikanern noch ein deutscher Panzer abgeschossen, und bald standen die ersten amerikanischen Panzer vor einer Panzersperre. Von einigen beherzten Männern wurde die Sperre geöffnet, und schon rollten die Panzer durch. Kurz zuvor wurden noch die Brücken über die Lippe gesprengt: so an der Bückeburger Straße, am Cappeltor und am Nordbahnhof.

War es nun Zufall oder Schicksal oder rein militärische Zweckmäßigkeit, daß in dem ersten Sherman-Panzer, der an diesem denkwürdigen Ostertag 1945 morgens nach Lippstadt hineinrollte, ein ‚gebürtiger Lippstädter' saß? Sergeant Werner Ostheimer war der Kommandant des Spitzenpanzers des II. Bataillons des 67. US-Panzerregiments, das im Verband des Divisionskampfkommandos B der 2. US-Panzerdivision nach Lippstadt vorstieß. Am Abend oder in der Nacht vom 31. März zum 1. April war man irgendwo zwischen Ahlen und Beckum aufgebrochen, hatte in der Nacht Beckum und am frühen Morgen Diestedde durchfahren und war über Liesborn und Cappel bis nach Lippstadt gekommen. Da Ostheimer ‚ortskundig' war, war es fast eine Selbstverständlichkeit, daß er die Führung der Kolonne übernahm, die etwa aus einem halben Dutzend Panzern, Lastkraftwagen und mehreren Halbkettenfahrzeugen bestanden.

Zwischen Cappel und Lippstadt hatte man noch einen einsamen deutschen Panzer beschossen, der aber bereits von seiner Besatzung aufgegeben worden war. Etwa gegen 10.00 Uhr — meint Ostheimer sich zu erinnern — sei man in die Stadt eingerollt. — Es gab keinen Widerstand von deutscher Seite, und die ‚Stadt tor Lippe' lag als offene Stadt vor den amerikanischen Truppen. Panzersperren — soweit solche vorhanden waren — waren nicht geschlossen. Die Kolonne rollte über die Beckumer Straße, überwandt die nur halbgesprengte Brücke am Cappeltor, rollte über die Cappelstraße weiter bis zur Einmündung Marktstraße und hielt dort in der Nähe des Marktplatzes an. Deutsche zeigten sich kaum, und in der Stadt war es ruhig.[308]

Eine weitere Kolonne des 67. Panzerregiments muß den Spitzenverbänden nicht auf der gleichen Route in die Stadt gefolgt sein. Erste US-Panzer werden auch am Nordbahnhof gesichtet. Hauptmann Friedrich Gerke beobachtet vom Fenster seiner Wohnung an der Wiedenbrücker Straße, wie der erste US-Panzer, von der Lippestraße kommend, in Richtung Stadt einbiegt und vor der nur halbzerstörten Brücke am Nordbahnhof kurz anhält. Einer der Soldaten steigt aus, geht auf die Brücke zu und prüft durch mehrmaliges Hochspringen den Zustand der Brücke. Nach entspre-

---

[308] Der Verfasser konnte den ehemaligen Panzerkommandanten und heutigen Fleischkaufmann aus Detroit im September 1982 in seiner alten Heimatstadt Lippstadt befragen.
Ostheimer war 1937 nach den USA emigriert und 1943 zur US-Armee eingezogen worden. Nach verschiedenen Stationen in den USA kam er schließlich nach Frankreich. Aus einem Ersatz- und Ausbildungscamp kam er im Februar 1945 zum 67. US-Panzerregiment. Er wurde der C-Kompanie des II. Bataillons zugeteilt, dessen Chef Captain Hurst war.

chenden Okay-Rufen und Winken rollt nun hier der erste Panzer über die Brücke und weiter in die Stadt hinein zum Marktplatz. — Dieser Panzer wurde auch von einer Kolonne französischer Kriegsgefangener jubelnd begrüßt, die hier gerade die Reste einer Panzersperre wegräumten. Eine andere Kolonne US-Panzer bog später links ab und rollte in nördliche Richtung.[309]

Weiter westlich haben amerikanische Infanteristen bereits die nördliche Umflut überwunden und dringen über die Friedrichstraße und Cappelstraße weiter in die Stadt vor. Bald werden die ersten US-Soldaten am Katholischen Krankenhaus und in der Stadtmitte vor der Landeszentralbank gesichtet. Eine andere Kolonne rollt vom Nordbahnhof aus in die Stadt ein und nähert sich vorsichtig dem Marktplatz. Bürgermeister Fuhrmann, der während der letzten Stunden im Rathaus gewesen war, bemerkt die ersten US-Soldaten gegenüber dem Rathaus, hinter dem Hause Mock. Es gelingt ihm noch, die im Rathaus sich aufhaltenden Polizeibeamten aus Siegen[310] zu warnen und geht dann den Amerikanern mit einem weißen Handtuch entgegen. Über seinen Kopf zischt eine Salve, und er wirft sich auf den Boden. Anschließend zieht er sich ins Rathaus zurück, warnt nochmals die Polizeibeamten, keinen Widerstand zu leisten, und ist bald, wie auch die Polizisten, Gefangener der amerikanischen Truppen.[311]

Nach kurzer Pause auf dem Marktplatz war die Panzerkolonne, die von Werner Ostheimer geführt worden war, weitergerollt. Über die Lange Straße und den Bahnübergang ging es die Erwitter Straße hinunter. Man sollte und wollte in Lippstadt auf Einheiten der 1. US-Armee treffen. Ostheimer meint, auf der Erwitter Straße mit diesen Einheiten zusammengetroffen zu sein oder aber über Funk gehört zu haben, daß sich an anderer Stelle in der Stadt bereits die vordersten Einheiten der beiden Armeen getroffen hätten. Nach fast 38 Jahren konnte er sich wegen der Turbulenz dieses Tages an die Einzelheiten nicht mehr erinnern, zumal seine Einheit nur wenige Stunden in Lippstadt war. Jedenfalls rollte seine Einheit nicht weiter vor, sondern kehrte zum Marktplatz zurück. Hier traf man nun mit verschiedenen anderen US-Einheiten zusammen, darunter auch mit Verbänden der 3. US-Panzerdivision von der 1. US-Armee. Genau erinnert sich Ostheimer noch an die Einheiten des 41. US-Infanterieregiments, die den Panzern der 67. gefolgt waren. Ob und welche anderen Einheiten seines Regiments und ob auch aus nördlicher Richtung Einheiten in die Stadt eingerollt waren, konnte Ostheimer nicht mehr sagen. Man unterhielt sich mit den Soldaten der anderen Einheiten und freute sich, daß man um die Stadt nicht zu kämpfen brauchte. Daß zahlreiche Fotos von diesem Ereignis gemacht wurden, konnte Ostheimer allerdings bestätigen.

Der Volkssturmführer Wilhelm Oberwinter befand sich — nach eigenen Angaben — an diesem Morgen in der Nähe des Postgebäudes. Beim Herannahen der ersten amerikanischen Soldaten (zwei Mann mit MP, in Begleitung eines Lippstädter Bürgers vom Rathaus kommend) schwang er sich auf sein Fahrrad und fuhr zur Flakkaserne im Süden der Stadt zu seinem Bataillonszimmer. Hier erteilte er per Melder

---

309 Die Beobachtungen des Herrn Gerke entstammen einem gemeinsamen Gespräch, das der Verfasser zusammen mit den Herren Fuhrmann und Menke im März 1982 in der Wohnung des Herrn Gerke zu der gesamten Thematik um die Besetzung von Lippstadt führte.

310 Nach Auskunft des damaligen Bürgermeisters Fuhrmann befand sich in jenen Stunden im Lippstädter Rathaus eine etwa 80 Mann starke Polizei-Einheit aus Siegen, die mit Gewehren, Maschinenpistolen und Panzerfäusten bewaffnet war.

311 Dem Verfasser mitgeteilt vom damaligen Bürgermeister Fuhrmann.

die Befehle an die einzelnen Kompanien zum Rückzug und zur Auflösung. Es gelang ihm und auch den meisten Volkssturmmännern, unbehelligt ihre Wohnungen zu erreichen.

Wilhelm Oberwinter erinnert sich, auf dieser Fahrt bereits die ersten US-Panzer auf dem Eisenbahnübergang bei der Westfälischen Union gesehen zu haben, die wenig später über die Bahngleise in Richtung Hauptbahnhof rollten, um dort auf andere zu stoßen.

Gegen 11.50 Uhr wurde dem Chefarzt des Evangelischen Krankenhauses fernmündlich mitgeteilt, daß überall in der Stadt weiße Fahnen aus den Häusern gehängt würden. Um 11.55 Uhr meldete die Lazarett-Abteilung „Mattenklodtschule" drei Kompanien amerikanischer Truppen auf dem Marktplatz. Fünf Minuten später meldete die Abteilung Katholisches Krankenhaus, daß die Lazarett-Abteilung durch die Amerikaner besetzt sei. Um 12.40 Uhr fuhren drei große Panzer mit Maschinengewehren am Evangelischen Krankenhaus auf, sämtliche Geschützrohre auf den Park gerichtet. Während der Chefarzt den US-Offizieren das gesamte Haus übergab, verlangten die Amerikaner die Herausgabe sämtlicher Waffen, was auch geschah.

Der nördlich der Stadt liegende Flugplatz war in den letzten Tagen ebenfalls zur Sprengung vorbereitet worden. Vor den wichtigsten Gebäuden lagen 500-kg-Bomben, und ein Teil der Anlage war bereits zerstört, als sich die restliche Besatzung des Flugplatzes an der Westseite des Geländes zur Verteidigung einrichtete, um die anrollenden amerikanischen Panzer aufzuhalten. Als man aber endlich das Sinnlose dieses Widerstandes eingesehen hatte, zog sich diese kleine Kampfgruppe in Richtung Detmold zurück. Bald darauf rollten vorsichtig die ersten Panzer auf das Flughafengelände vor. Hier wurden von den Amerikanern noch zwei deutsche Soldaten gefangengenommen, die den Abzugsbefehl nicht beachtet hatten.

Damit waren die wichtigsten Punkte und die gesamte nördliche Hälfte der Stadt von den Spitzenverbänden der 2. US-Panzerdivision besetzt, ohne daß es hier zu Kampfhandlungen und sinnlosem Blutvergießen gekommen war. Noch war aber nicht die gesamte Stadt in amerikanischer Hand. Diese aus dem Norden und vor allem aus Nordwesten in Lippstadt eingedrungenen Verbände der 9. US-Armee sollten hier auf andere Verbände der 1. US-Armee treffen, um den Ruhrkessel zu schließen.

Im Süden der Stadt wurden bis in die ersten Mittagsstunden durchziehende Kolonnen beobachtet, die durch die Stadt und über die Lippeübergänge wollten. Gegen Mittag schwenkten diese Gruppen in eine andere Richtung. Vor der Flakkaserne wurden in den Vormittagsstunden noch zwei deutsche Panzer gesehen, die sich aber bald in östlicher Richtung davonmachten.[312] Die letzten Offiziere und Soldaten verließen das Kasernengelände — teils mit schnell requirierten Fahrrädern — und verschwanden ebenfalls in östlicher Richtung. Die reichen Vorratslager der Kaserne wurden bald darauf von zahlreichen Zivilisten und anderen Personen geplündert, denen eine Unmenge Versorgungsgüter, Wäsche, Uniformen usw., in die Hände fiel.

Ein Augenzeuge erinnert sich: „Die Leute schleppen Berge von Uniformen, Wäschestücken, Steppdecken, Strickwolle, Stiefeln und Schuhen sowie ganze Ballen Stoffe in ihre Häuser. Wenn die Lage nicht so ernst wäre, könnte man lachen: Die Not,

---

312 Nach Aussagen eines Augenzeugen sollen diese Panzer nur bis Lipperode bzw. Mettinghausen gekommen sein.

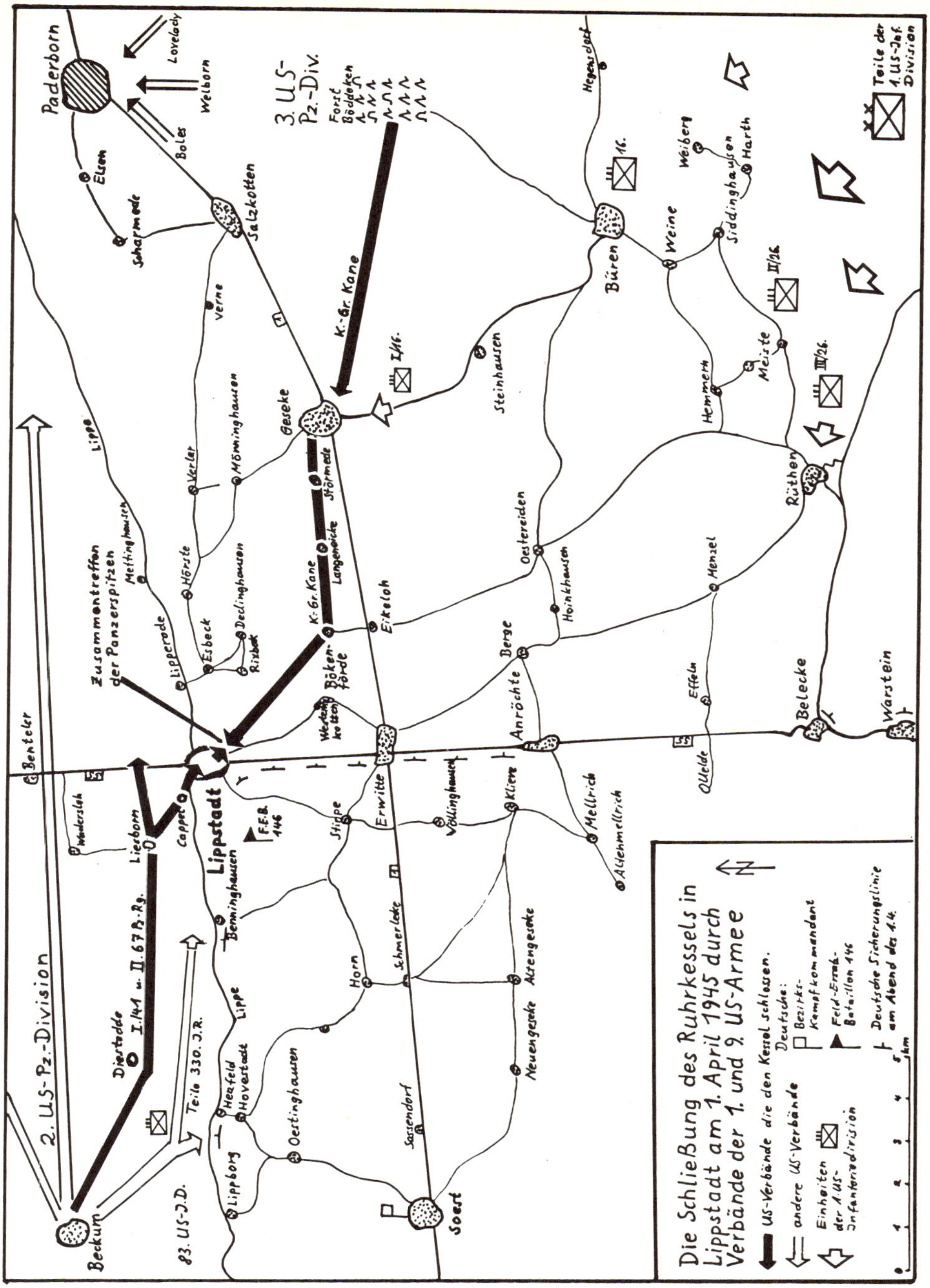


Karte 8: Schließung des Ruhrkessels in Lippstadt durch Verbände der 1. und 9. US-Armee

der Hunger, aber auch die Habgier sind am Werke."[313] Gegen 13.30 Uhr kommt ein Nachbar eilig aus der Stadt zurück. Im Vorbeilaufen ruft er mir zu: „Die amerikanischen Panzer erreichen im Augenblick die Erwitter/-Overhagener Straße. Auf der Overhagener Straße marschieren etwa 50 bis 80 deutsche Soldaten, ausgerüstet mit Maschinengewehren, Maschinenpistolen, Panzerfäusten und Karabinern."[314] In diesem Augenblick erscheint der erste amerikanische Panzerspähwagen an der genannten Ecke. Schon liegen die deutschen Soldaten im Straßengraben, und die Knallerei beginnt. Dabei wehen von einigen Häusern weiße Fahnen. Der Führer der deutschen Truppen, ein Oberleutnant, ruft: „Ihr Feiglinge, zieht die weißen Fahnen ein!" Die deutschen Soldaten schossen aus Häuserecken und vor allem vom Bahndamm der Westfälischen Landeseisenbahn in Richtung Erwitter Straße.

Jetzt wurde es für uns die höchste Zeit, den Keller aufzusuchen, denn wenn die Amerikaner das deutsche Feuer erwiderten, dann waren unsere Häuser „geliefert". Von unserm Keller beobachtete ich, wie ein deutscher Soldat, der diesseits des Bahndammes im Anschlag lag, plötzlich umkippte. Wahrscheinlich hatte ihn ein Geschoß seiner weiter zurückliegenden Kameraden getroffen. Nachbarn kamen mit weißen Taschentüchern am Stock und trugen den Schwerverwundeten in das erste Haus östlich der Landes-Eisenbahn.

Der Panzerspähwagen an der Ecke der Overhagener Straße hatte glücklicherweise das deutsche Feuer nicht erwidert, sondern war zurückgefahren, wahrscheinlich um Verstärkung zu holen. Inzwischen brachen die deutschen Soldaten hervor, um an der Gasanstalt vorbei zu entkommen. Das Verhalten des deutschen Oberleutnants war töricht. Gegen die großen Mengen anrollender Panzer konnten die wenigen Soldaten nichts ausrichten. Sie brachten nur die Häuser und ihre Bewohner in Gefahr.

Inzwischen rollen Panzer, Panzerspähwagen, Lastkraftwagen und wendige Flitzer über die Erwitter Straße in Richtung Erwitte. Jetzt biegt eine Kolonne gleicher Kampfwagen in die Overhagener Straße ein. Ein Lautsprecherwagen verkündet: „Achtung, Achtung! Lippstadt ist von einer großen Übermacht umstellt. Widerstand ist zwecklos. Wir schießen nicht. Wenn aber Widerstand erhoben wird, dann spricht die Royal Air Force!"

Etwa zur gleichen Zeit war aber auch eine andere amerikanische Kolonne dabei, von der Stadtmitte aus in den südlichen und südöstlichen Stadtteil zu rollen. Auf der Bökenförder Straße wurden ebenfalls Panzer aus der Richtung Stadtmitte gesehen. Von Bökenförde näherten sich wenig später die vordersten Panzerspitzen der Kampfgruppe Kane von der 3. US-Panzerdivision des VII. Korps der 1. US-Armee, die am frühen Morgen aus ihrer Bereitstellung im Forst Böddecken aufgebrochen war.

Die Schließung des Kessels um die deutsche Heeresgruppe B steht nun unmittelbar bevor. Über dem Stadtgebiet bzw. den vordersten Spitzen der amerikanischen Verbände fliegen langsam und niedrig amerikanische Aufklärungsflugzeuge, die in ständigem Funkkontakt mit den Bodenverbänden stehen und diese langsam aufeinander zuführen.

Ein authentischer deutscher Augenzeuge dieses historischen Ereignisses ist Major Dunker, der ehemalige Kampfkommandant von Beckum, der während der kritischen

[313] Nach dem Erlebnisbericht eines Augenzeugen. Veröffentlicht in Folge 17 der Heimatblätter 1969/70 in der Heimatzeitung „Der Patriot"

[314] Es muß sich hierbei um die Kompanie des Feldersatzbataillons 146 gehandelt haben, von der auch Major Dunker in seinem Bericht schreibt, daß diese Kompanie kurz vor Erreichen des Versammlungsraumes in Lippstadt mit dem Feind zusammengestoßen und aufgerieben worden sei.

Stunden im Süden von Lippstadt weilte[315] und in seinen Erinnerungen schreibt: „Nachdem ich die Einsatzbefehle erteilt hatte und die Truppe bereits im Abrücken war, erlebte ich — aus 500 Meter Entfernung —, wie die beiden feindlichen Panzerspitzen von Norden und Süden kurz nach 12.00 Uhr am Südausgang von Lippstadt sich vereinigten. Ein Schauer lief mir über den Rücken. Durch das Aufgeben von Beckum trug ich die Schuld daran, daß der Ruhrkessel sich so frühzeitig geschlossen hatte!

Mein Auftrag ließ mir keine Zeit, anderen Gedanken nachzuhängen. Nach wenigen Stunden stand die neue Verteidigungsfront und hielt trotz heftiger feindlicher Angriffe. — Erst am folgenden Tag wurde mir leichter, als mittags der Befehl der Division eintraf, daß der vorgesehene Ausbruch der Division aus dem Ruhrkessel unterbliebe."

An die Ereignisse im Süden von Lippstadt erinnert sich auch ein anderer Mitbürger aus Lippstadt. Fritz Moos, damals Wachtmeister im Stabe der leichten Flaksturm-Abteilung 98, hatte den Auftrag, aus dem Raum von Siegen nach Lippstadt und Gütersloh zu fahren, um Kraftstoff zu holen. Fritz Moos schildert seine Erinnerungen so: „Wir kamen über Meschede — die Stadt lag wie tot da — gegen 6.00 Uhr in Lippstadt an und suchten zunächst meine Familie auf. Gegen 7.30 Uhr begaben wir uns, zwei weitere Kameraden und ich, zur Flakkaserne. Da war alles in Auflösung begriffen. Kein Offizier vom Dienst und kein Unteroffizier vom Dienst war zu sprechen. Da kam plötzlich ein Soldat herein und sagte, es dürfe keiner mehr die Kaserne verlassen. Moos und sein Kommando fühlten sich aber an diese Worte nicht gebunden und begaben sich zunächst wieder zu seiner Wohnung zurück. Niemand wußte, was in Lippstadt eigentlich los war. Auf dem Wege dorthin kamen ihnen Leute aus der Josefskirche entgegen, die der Pastor nach Hause geschickt hatte mit den Worten, die Amerikaner seien bereits in Cappel, und der Einmarsch in Lippstadt stehe unmittelbar bevor."

Später begab sich Fritz Moos mit seinen Begleitern und seiner Familie zur Brauerei Weißenburg, um die dortigen Keller aufzusuchen. Unterwegs hatte er nochmals ein unvergeßliches Erlebnis: Ein junger Pimpf kam ihm entgegen und rief: „Der Feind ist abgedrängt und wird auch wohl nie wiederkommen!" Auf dem Gelände der Brauerei angekommen, kletterte Fritz Moos mit einem Begleiter auf den Turm, um Ausschau zu halten, während die anderen Personen den Keller aufsuchten. Zu diesem Zeitpunkt — es mag um Mittag gewesen sein — sahen sie bereits amerikanische Panzer im Süden der Stadt auf der Westernkötter Straße und auf der Bökenförder Straße, Richtung Wasserturm. Am Nachmittag begab man sich wieder zurück in die Wohnung an der Ecke Bökenförder-/Josefstraße. Fritz Moos erzählt: „Hier beobachteten wir dann später, wie amerikanische Fahrzeugkolonnen — Jeeps, Lastkraftwagen usw. — von Bökenförde aus langsam in die Stadt fuhren. Gleichzeitig wurden von Soldaten die ersten Häuser durchsucht. Bald erschienen auch Amerikaner in unserem Hause und fragten freundlich, ob wir Soldaten wären. Wir bejahten es und

---

315 Nach Befragung durch den Verfasser gab Major Dunker seinen damaligen Standort auf einer Karte an. Demnach hätte er an der Ecke Overhagener-/Erwitter Straße gestanden. (Anmerkung des Verfassers: Der Standtort kann nicht stimmen, denn hier hatte ja kurz zuvor das Gefecht zwischen den deutschen Soldaten und den aus der Stadtmitte vorrückenden Amerikanern stattgefunden. Das Gebiet war demnach schon von den Amerikanern besetzt; oder die Zeitangaben des Lippstädter Chronisten und auch die von Major Dunker stimmen nicht mit dem tatsächlichen Ablauf der Ereignisse überein.)

wurden aufgefordert, mitzukommen. Draußen vor der Tür bekamen wir zunächst einen mächtigen Tritt ins Gesäß und fielen fast zu Boden. Meinen beiden Kameraden flogen dabei ihre kleinen Taschen mit Proviant weit auf die Straße. An einer gegenüberliegenden Hauswand mußten wir uns mit erhobenen Händen aufstellen. Gegen Abend wurden wir abgeführt und in einem Fabriklager an der Ecke Erwitter Straße zusammen mit anderen Gefangenen eingesperrt. Hier trafen wir auch auf andere Uniformträger aus Lippstadt, darunter Bahn- und Postbeamte. Am anderen Tage — dem zweiten Ostertag — wurden wir auf schwere Sattelschlepper verladen und über Paderborn in verschiedenen Kreuz- und Querfahrten bis Niedermarsberg gebracht. Dort blieben wir mehrere Tage auf freiem Feld, ohne warmes Essen, bis wir später nach Frankreich transportiert wurden."[316]

Zu der Einnahme von Lippstadt hier noch einige weitere Augenzeugenberichte: Kurt Becker, damals als Volkssturmmann im Freikorps Sauerland, erinnert sich an die Besetzung von Lippstadt wie folgt: „Wir waren in der Frühe des ersten Ostertages an der Beckumer Straße (in einem Splittergraben) in Stellung gegangen, direkt hinter den Bahngleisen. Die Nacht hatten wir auf dem naheliegenden Sportplatz in einem Splittergraben verbracht. Über dem Stadtgebiet kreisten bereits langsam und niedrig die amerikanischen Aufklärungsflugzeuge. Bald hörte man aus Richtung Cappel das Geräusch fahrender Panzer. Ein in der Nähe stehender deutscher Panzer (an der Ecke Beckumer-/Graf-Adolf-Straße) stand bald darauf in hellen Flammen. Bevor jedoch der erste amerikanische Panzer sichtbar wurde, tauchten zwischen den Häusern die ersten US-Infanteristen auf. Ich legte meine Panzerfaust zur Seite und war bald darauf Gefangener. Ich wurde nach hinten verwiesen und befand mich bald an einer kleinen Sammelstelle an dem Hause Beckumer Straße 204 mit anderen Gefangenen.

Später ging es auf einem Munitionstransportwagen zusammen mit anderen Gefangenen weiter in die Stadt hinein bis zum Marktplatz. Vor dem Rathaus sah ich u. a. auch den Bürgermeister Friedrich Fuhrmann und wurde wenig später zusammen mit den anderen Gefangenen zunächst kräftig gefilzt. Danach wurden alle im Rathaus eingesperrt. Am Nachmittag konnte man hören und sehen, wie Deutsche und Ausländer in der Stadt plünderten. Am anderen Morgen wurden alle Gefangenen, nachdem sie vorher in Kolonne marschierend gefilmt worden waren, auf Lkws verladen und nach Ahlen gefahren. Hier wurden alle abermals gefilzt. Danach ging es weiter über Lüdinghausen in das berüchtigte Lager Rheinberg."[316a]

An den Einmarsch der Amerikaner erinnert sich der damalige verwundete Fallschirmjäger Bernd Kampert aus Beckum wie folgt: „Am Abend des Karsamstags war ich mit vier anderen Fallschirmjägern privat eingeladen, und wir sind erst in den frühen Morgenstunden über die Mauer ins Lazarett zurückgekommen. Gegen 10.00 Uhr am 1. Ostertag wurden wir von Stubenkameraden geweckt, die uns sagten, daß

---

316 Aus einem Gespräch, das der Verfasser im April 1982 mit Herrn Fritz Moos in Lippstadt führte.

316a Aus einem Gespräch des Verfassers mit Herrn Becker in Lippstadt am 16. Mai 1983: Herr Becker erinnert sich auch noch, daß sein Kompanieführer Hauptmann Esleben war und sein Zugführer der Studienrat Brockmann. Die Bewaffnung der Freikorpsmänner bestand zum Teil aus Panzerfäusten und zum Teil aus alten französischen Gewehren mit meist nicht dazu passender Munition. Die Uniform bestand aus einem Gemisch von grauen Wehrmachtskleidungsstücken und Zivilkleidung. Die einzige einheitliche Kennzeichnung war eine Armbinde mit der Beschriftung „Freikorps Sauerland"!

Kirchgänger, die zurückgeschickt waren, heraufgerufen hätten, die Amerikaner ständen im Süden von Lippstadt; die SS-Soldaten hätten sich schon davongemacht. Wir fünf Fallschirmjäger beratschlagten, ob wir uns ebenfalls der bevorstehenden Gefangenschaft entziehen sollten. Mein Bettnachbar und ich stimmten dafür, im Lazarett zu bleiben, aber drei sprachen sich für Rückzug aus, und da wir vorher abgemacht hatten, gemeinsam zu handeln, verließen wir das Lazarett. Wir wußten aber gar nicht, daß von Norden her die Amerikaner auch vor Lippstadt standen. Wir gingen die menschenleere Lange Straße nordwärts; doch ehe wir den Marktplatz erreicht hatten, rannten uns mit entsetzten Gesichtern deutsche Landser entgegen, die uns im Laufen zuschrien:

‚Zurück! Zurück! Panzer! Panzer!' Das muß ungefähr zwischen 11.00 Uhr und 11.30 Uhr, eher noch einige Minuten später, gewesen sein. Da wir nun auch in nicht weiter Entfernung Schüsse hörten und das mahlend-rasselnde Gedröhn fahrender Panzer zu vernehmen glaubten, kehrten wir um und sind ins Lazarett zurückgegangen. Kurze Zeit später, ich meine im Nachhinein keine zehn Minuten später, sahen wir amerikanische Soldaten an den Häusern der Fleischhauerstraße entlangstreifen, MP im Anschlag, es hingen auch erste weiße Fahnen aus den Fenstern, und dann kam auch schon der Oberarzt und erklärte uns, daß wir in Gefangenschaft seien, mahnte die Leute, sich ruhig zu verhalten ... Soweit wir es sehen konnten, hat nur ein Soldat das ganze Lazarett bewacht, er saß lässig auf einem Stuhl gegen die Hauswand gelehnt neben dem Eingang, und gegenüber — hinter den Gefängnisgittern — winkten die Sträflinge.

Ob noch am gleichen Tag oder am folgenden Ostermontag, das weiß ich nicht mehr genau — jedenfalls als wir hörten, daß Fremdarbeiter und Einheimische die Brennerei Kisker plünderten, fuhren einige Leute aus dem Lazarett im Sanka-Wagen auch dorthin und versorgten uns mit beträchtlichen Mengen Schnaps. Sie wurden in Mullbinden gehüllt und den Posten gesagt, die müßten zur Operation ins Hauptlazarett. Das muß häufiger wiederholt worden sein, denn in den nächsten Wochen wurde von den unteren Fenstern des Hintergebäudes aus mit den Besatzern Schnaps gegen Zigaretten getauscht.

Einmal hieß es, wir müßten das Lazarett verlassen, weil Fremdarbeiter eingeliefert würden, aber fast alle Schwestern wurden abgezogen. Als einzelne wiederkamen, berichteten sie voller Ekel, daß sie Russen und Polen hätten pflegen müssen, die — wohl weil sie reinen Alkohol getrunken hatten — an inneren Verbrennungen gestorben seien, massenweise, wie sie sagten.

Vorerst blieben alle im Lazarett, als wir aber nach einigen Wochen auf dem Hof Fußball spielten, drängten die Besatzer — ich glaube es waren schon die Engländer — darauf, daß die Ärzte Leute gesund schrieben. Eine schwere Entscheidung für die Ärzte, denn fast alle waren inzwischen genesen, aber keiner wollte weg — (Es gab ja gute Verpflegung, man konnte Besuch empfangen) —; denn keiner wußte, wohin es ging; man hörte von Rheinberg und Remagen. Übrigens kamen gelegentlich auch frühere Insassen in Räuberzivil ins Lazarett. In den Verstecken der Umgebung hatte es sich herumgesprochen, daß ein Assistenzarzt (er sprach Kölner Dialekt) bei SS-Leuten am Oberarm eine Operation vornahm, die einen Durchschuß vortäuschte.

Bis Ende Mai versuchten wir, die ‚Wunden offenzuhalten'. Von da an erschienen Entlassene nach zwei bis drei Tagen wieder vor dem Lazarett und gaben uns den Tip, als Beruf Bauer, Berg- oder Bauarbeiter anzugeben, dann würde man z. B. aus dem Sennelager sofort entlassen.

So war ich denn auch am 6. Juni 1945 wieder zu Hause und konnte — was man damals nie erwartet hätte — im Oktober 1945 mit dem Studium in Göttingen anfangen. Dort traf ich übrigens im Herbst 1948 einen Kameraden, der mit dem ersten Schwung aus dem Lazarett in Lippstadt entlassen worden war. Er hatte noch über drei Jahre in Frankreich als Kriegsgefangener hart arbeiten müssen."[316b]

An die dramatischen Tage vor der Besetzung Lippstadts erinnert sich auch Frau Erna Köhler geb. Wiegelmann, die damals im Stadtzentrum wohnte, in ihren Aufzeichnungen wie folgt: »In den letzten Märztagen 1945 zogen endlose Karawanen von Fremdarbeitern, Internierten, vermischt mit flüchtenden Zivilpersonen, durch die Straßen von Lippstadt. Eine ausgehungerte, verwegen gekleidete Schar, in Lagerdecken gehüllt, geordnet sich hinschleppend, in Dreier- oder Viererreihen. Sie kamen aus den Dörfern östlich von Lippstadt, von Lipperode kommend. Ich sah sie am Bahnhof, wo sie in die Lange Straße einbogen. Kein Aufbegehren war spürbar, nicht einmal Freude über ihre Befreiung. Waren sie zu elend dazu?

Karfreitag und Karsamstag: Wir wußten um das nahe Ende des Krieges. Angst und Hoffnung in eins in uns. In den Straßen bot sich immer das gleiche Bild. Hungernde DP (Displaced Persons), wie sie genannt wurden, zogen durch die Stadt. Wenn sie durch die Poststraße zogen, warfen wir ihnen Butterbrote in die aufgehaltenen Hände. Kein Haß auf uns, kein Drohen — sie waren zu elend und wahrscheinlich auch dankbar.

Ostersonntag, 1. April 1945: Eine fast österliche Stille lag über der Stadt in den frühen Morgenstunden. Ganz selten fiel draußen weit weg ein Schuß, wir hörten gelegentlich leichtere Detonationen; wir wußten nicht, ob es Schüsse von Tieffliegern waren, ein Rattern von näherrückenden Fahrzeugen, kreisende Flugzeuge in der Luft oder die Sprengung der Brücken am Cappeltor. In der Nicolaikirche wurde der Gottesdienst um 8.00 Uhr nicht mehr gehalten. Herr Dechant Steinbrück verkündete von der Kanzel: „Gehen Sie nach Hause, in die Luftschutzkeller. Die alliierten Truppen stehen vor den Toren der Stadt." Wir gingen in die Luftschutzkeller, warteten angstvoll: Würde Lippstadt, wie die Propaganda es verkündet hatte, bis zum letzten Mann verteidigt werden? Einmal machten wir die Holztür vom Luftschutzraum zur Poststraße einen Spalt auf: Totenstille und Totenleere auf der Straße! Ein andermal sahen wir voller Entsetzen einen auf leisen Sohlen heranschleichenden amerikanischen Soldaten auf der Poststraße, das Gewehr vor sich im Anschlag, alle Richtungen im Auge habend. Er hatte uns bemerkt, wir sprangen zurück: „Die Amis sind da!" — setzten uns zitternd zurück auf die Holzbank im Luftschutzkeller zu den vielen Frauen und Kindern.

Da — harte Schläge am Holztor: „Open, open!" Zwei Amis kamen herein, Taschenlampen blitzten auf, sie sahen jeden von uns eindringlich an, aber nur Frauen und kleine Kinder waren wir ja. (Zwei deutsche Soldaten, uns völlig unbekannt, hatten die Nacht über im Luftschutzkeller kampiert, Hals über Kopf von uns Zivilkleidung bekommen und waren dann untergetaucht.) Dann geschah lange nichts. Wir wagten mal wieder nach oben zu gehen, sahen durch einen Fensterspalt: immer mehr amerikanische Soldaten auf den Straßen! Wir holten ein Bettuch und hängten es draußen an die Fahnenstange vor unserm Wohnzimmerfenster. Es war die erste weiße Fahne an der Poststraße. Die Uhr zeigte die 11. Stunde. Am Abend wehten

316b Dem Verfasser übermittelt von dem heutigen Oberstudiendirektor Bernd Kampert aus Beckum.

SECRET

HEADQUARTERS 67TH ARMORED REGIMENT
APO 252

SECRET
AUTH: CG, CCB
INIT:
DATE: 2 May 45

2 May 1945

AFTER-ACTION REPORT 67TH ARMORED REGIMENT MONTH OF APRIL 1945.
MAP REFERENCE: P2; P3; P4; P5 and P5; 1/100,000.

Operations of the 67th Armored Regiment for the period 1 - 30 April 1945 are divided into the following phases:

a. 1 - 11 April: Advance from LIPPSTADT to SCHONEBECK, GERMANY, (continuing advance to East after crossing RHINE RIVER 28 March 1945).
b. 12 - 19 April: Defense of ELBE RIVER sector.
c. 20 - 30 April: Defense and clean-up of area NW of HALBERSTADT, GERMANY.

* * * * * * *

1 April: 67th Armored Regiment disposed as follows:
Hq & Hq Co 67th AR --AHLEN (B138524)
1st Bn (-"G" Co /"B" Co 41st AIR / Plat "D" Co 17th Engr Bn / Plat "C" Co 702 TD Bn)(Regt'l control)--AHLEN (B138524)
2d Bn 67th AR (CC"B" Control)--BECKUM (B177486)
3d Bn 67th AR (CC"R" Control)--WALSTEDDE (B032501)
Rcn Co 67th AR (CC"B" Control)--AHLEN (B110525)
Service Co 67th AR (CC"B" Control)--AHLEN (B088505)
Maintenance Co 67th AR (CC"B" Control)--AHLEN (B103518)

67th AR Task Force received orders from CC"B" to continue advance to East after 2300A 31 March 1945. The Task Force (as CC"B" Left Force) continued advance at midnight along axis AHLEN - BECKUM - DIESTEDDE - BEUTELEK. The march was made to BECKUM without incident. Tanks of 1st Bn 67th AR closed into NW edge of town while infantry from 3d Bn 41st AIR moved into town. Prior demands on the head of the civilian government by our troops caused him to surrender the town without a fight.

At 0520A the Regimental column continued on to the East. Road blocks were placed along right flank to stop any enemy attempt to escape to the North. Since the CC"B" right column was held up our Task Force proceeded South to LIPPSTADT with orders to seize and cut the five major roads running South out of town. Infantry attached to 1st Bn 67th AR cleared town and tank blocks were established. Contact was made with elements of 3d Armored Division at 1609A completing the closing of the RHUR POCKET.

2d Bn 67th AR operating under CC"B" control along the right axis of the Combat Command began movement at 0500A to the East towards LIESBORN (B363463). The battalion secured its objective by 0830A. At 0930A the battalion was ordered to advance to LIPPSTADT. The advance started at 1315A and proceeded until leading elements met dug-in infantry plus 2 Mark V tanks West of LIPPERODE (B442443). The battalion attacked these positions and cleared out the town by 1730A. Orders received at 2030A to regroup the battalion and continue the march through the night to secure a crossing of the TEUTERBERGER WALD. The battalion moved out at approximately midnight.

3d Bn 67th AR remained under CC"R" control in Division Reserve. March was made via BOCKUM and STROMBERG to vicinity B385578. The battalion acted as advance guard and marched from 0930A to 1645A.

Rcn Co 67th AR operating under CC"B" control held road blocks in AHLEN until 0900A at which time the company marched behind the 67th AR Task Force to LIESBORN. The company [illegible] at B445441, B465447, and B483458. [illegible] sion there company had an engagement with one enemy tank plus a [illegible] enemy infantry at B489479.

CLASSIFICATION CHANGED TO:
CANCELLED
[illegible] OF THE ADJUTANT GENERAL

*Dokument 8: Auszug aus einem After-Action-Report des 67. US-Panzerregiments vom 1. April 1945 (aus dem Stadtarchiv Lippstadt)*

viele weiße Tücher aus den Fenstern. Am 2. April wurde an der Fahnenstange die amerikanische Flagge gehißt. Unsere Wohnung lag neben Hotel Köppelmann, wo das amerikanische ‚Headquarters' das erste Quartier hatte.«[316c]

Wie die Einnahme von Lippstadt sich für die Amerikaner darstellte und wie die vordersten Spitzen der 2. US-Panzerdivision das Zusammentreffen mit ihren Kameraden von der 3. US-Panzerdivision erlebten, hat John Toland in seinem Buch „Das Finale" ebenfalls recht spannend geschildert, wenn er schreibt:

„Ohne sich vorher mit Montgomery zu besprechen, erklärte sich Simpson einverstanden, und bei Einbruch der Nacht raste seine 2. Panzerdivision nach Südosten. Vor der Spitze fuhr Oberleutnant William Dooley, Kompaniechef im 67. Panzerregiment. Er hatte keine Ahnung von der Bedeutung seines Auftrags; er wußte nicht einmal genau, wohin er fuhr. Er sollte nur, so schnell es ging, Lippstadt, 30 Kilometer westlich von Paderborn, erreichen. Es war stockfinster; gelegentlich hörte er in der Ferne das Rattern von Maschinenpistolen, aber erkennen konnte er nichts. Das zerrte an den Nerven. Von Süden her kam das dumpfe Rollen schwerster Detonationen; sie waren so stark, daß die Erschütterung selbst noch in den Panzern zu spüren war. Es war die Schlacht im Ruhrkessel, die da tobte.

Aber Dooleys Kompanie stieß nur vereinzelt auf Widerstand — hie und da Maschinengewehr- und Gewehrfeuer —, und am Ostermorgen um 6.00 Uhr erreichte sie nach einem Marsch von 80 Kilometern die Außenbezirke von Lippstadt. Taumelnd kletterten die Infanteristen von den Fahrzeugen, durchsuchten die ersten Häuser und drangen dann in die Stadt ein. Ein deutscher Panzer tauchte auf und feuerte auf den ersten amerikanischen Panzer, aber die Granate prallte von der rechten Seite des Turms ab. Der Deutsche ging zurück. Dann stießen die Amerikaner auf eine Sperre aus auf der Straße aufgeschichteten Betonblöcken; plötzlich erschienen Zivilisten und räumten die Blöcke beiseite.

Leutnant Donald E. Jacobson, Führer des ersten Zuges, bekam Befehl, in die Stadt einzurücken; ein Infanteriezug war in einem Krankenhaus abgeschnitten und brauchte Hilfe. Jacobson ließ seine Leute aufsitzen und fuhr los. In der Nähe des Krankenhauses kamen ihm drei Dutzend Deutsche mit erhobenen Händen entgegen; sie wurden ebenfalls auf die Panzer geholt. Dann rollte Jacobson, auf der Suche nach dem Gegner, weiter durch die Stadt. Am anderen Ende sah er, daß sich eine Gruppe von Panzern von Osten her näherte. Er ging in Feuerstellung; dann merkte er, daß es M 5 von der 3. Panzerdivision waren.

---

[316c] Dem Verfasser mitgeteilt von Frau Erna Köhler geb. Wiegelmann, Lippstadt.

*Zu nebenstehendem Bild: Der Verfasser hat sich jahrelang intensiv bemüht, von der unmittelbaren Kesselschließung entsprechende Fotos zu bekommen. Es scheint so, daß es vom direkten Zusammentreffen der amerikanischen Panzerspitzen keine Fotos gibt. Die ersten Fotos entstanden wahrscheinlich erst später auf dem Lippstädter Marktplatz.*
*Nach den zur Verfügung stehenden amerikanischen Unterlagen nach den damaligen Örtlichkeiten und Angaben des Verfassers hat der junge Lippstädter Kunststudent Peter Rinsche nebenstehende Zeichnung erstellt. Die Szene stellt den Augenblick dar, wo Leutnant Jacobson die Spitze der Kampfgruppe Kane von der 3. US-Panzerdivision erkennt. Die Panzer im Vordergrund sind die neuen M-26-Pershingpanzer, die — lt. Franklin M. Davis jr., „Die Entscheidung im Westen" — zum Panzerzug des Leutnants Jacobson gehörten. (Siehe hierzu auch die betreffenden Darstellungen des Ereignisses bei Toland und Franklin M. Davis jr. im laufenden Text dieser Dokumentation.)*

RR- 4/82

Die Uhren schlugen eins. Eben war Models Heeresgruppe, mehr als 300 000 Mann, in Deutschlands letztem Industrierevier eingekesselt worden, aber für die Amerikaner, die den Ring geschlossen hatten, war es ein Tag wie jeder andere. Sie schrien sich Witze zu: Sie waren froh, daß sie diese Stadt nicht hatten erobern müssen.

Die Bedeutung dessen, was geschehen war, erkannte Jacobson erst, als er in der Nähe einer Kirche von Fotografen und Korrespondenten umringt wurde."

Nach der Geschichte des 67. US-Panzerregiments waren es die A- und die D-Kompanie, die außerhalb der Stadt auf die Spitzen der 3. US-Panzerdivision trafen und erste Verbindungen aufnahmen.

Eine noch etwas abgewandelte Darstellung der Ereignisse um die Kesselschließung in Lippstadt gibt Franklin M. Davis jr. in seinem neuen Buch „Die Entscheidung im Westen" in der Reihe „Der Zweite Weltkrieg", Time-Life Bücher, Amsterdam, wenn er schreibt:

„Die Vorauseinheit der von der 2. Panzerdivision entsandten Truppen bestand aus einer Kompanie von neuen Pershing-Panzern und einem Detachment Infanterie unter dem Kommando von Oberleutnant William Dooley, der den Befehl hatte, seine Einheit so schnell wie möglich nach Lippstadt zu bringen. Das bedeutete für ihn einen 80 Kilometer weiten Vorstoß nach Südosten, der zum größten Teil bei Nacht bewältigt werden mußte.

In derselben Nacht handelte auch die 3. Panzerdivision gemäß den neuen Anweisungen und entsandte ein verstärktes Bataillon von Panzern und Infanterie unter dem Befehl von Oberstleutnant Matthew W. Kane. Kanes Fahrzeuge verließen den Stadtrand von Paderborn im Gänsemarsch, eine Panzerkompanie vorneweg und dahinter ein Schützenpanzer mit dem Bataillonsstab. Hauptmann Foster F. Flegeal stand aufrecht in dem Schützenpanzer, bereit, das 1,27-cm-Maschinengewehr zu bedienen. Er blickte angestrengt in die Nacht, um die abgedunkelten Lichter am Heck des vorausfahrenden Fahrzeugs nicht aus den Augen zu verlieren.

Kurz nach Tagesanbruch näherte sich Kanes Bataillon Lippstadt und stieß auf eine verteidigte Straßensperre. Die Kolonne hielt an. Als sich die Panzer an der Spitze daranmachten, das Hindernis beiseite zu räumen, preschte plötzlich eine Kolonne von etwa zehn deutschen Fahrzeugen und Panzern aus einer Seitenstraße hervor, offensichtlich in der Absicht, durch die amerikanische Kolonne zu brechen. Hauptmann Flegeal eröffnete mit seinem Maschinengewehr — wie auch alle anderen amerikanischen Maschinengewehrschützen — sofort das Feuer. Eine Flut von Leuchtspurgeschossen hagelte auf die deutsche Kolonne nieder; Panzergranaten explodierten mit grellem Blitz mitten unter den Soldaten. Eines nach dem anderen wurden die deutschen Fahrzeuge zum Halten gebracht, umgestürzt und in Brand geschossen. Die überlebenden Deutschen kletterten mit erhobenen Händen heraus und ergaben sich. Hauptmann Flegeal ordnete eine Gruppe von Sanitätern ab, um die Verwundeten zu versorgen, und machte sich dann wieder auf den Weg in Richtung Lippstadt.

Inzwischen hatte die Panzerkolonne der 2. Panzerdivision den nördlichen Stadtrand von Lippstadt erreicht, und Oberleutnant Dooley schickte einen Zug Panzer unter Leutnant Donald E. Jacobson in die Stadt, um sich dort umzusehen. Jacobsons Panzersoldaten stießen bis zum östlichen Stadtrand vor. Von dort aus sahen sie, allerdings noch weit entfernt, eine Panzerkolonne, die sich von Südosten näherte und eine lange Staubfahne hinter sich her zog. Jacobson befahl Feuerbereitschaft.

Die anrückenden Fahrzeuge waren Kanes Panzer von der 3. Division. Vorneweg fuhren die leichten M-5-Panzer. Als nun Kane die Panzer am Rande von Lippstadt

ausmachte, ließ er seine Kolonne sofort anhalten und zum Kampfeinsatz auffächern. Für Kane sahen die neuen Pershings mit ihrer unvertrauten Silhouette und den Mündungsfeuerbremsen auf den Geschützrohren wie deutsche Panzer aus. Eine ganze Weile herrschte auf beiden Seiten nervöse Spannung, während man sich musterte. Schließlich erkannten aber doch beide Gruppen, daß sie einer Panzerformation der eigenen Seite gegenüberstanden. Und damit war die große Umfassungsbewegung an der Ruhr zustande gekommen.

Man wechselte einige Worte miteinander, brachte Hochrufe aus und erzählte ein paar deftige Witze — vor allem aber war man sehr erleichtert, daß es um die Stadt nicht noch zu einem Kampf gekommen war."[317]

Über den genauen Zeitpunkt des Zusammentreffens gehen deutsche Zeugenaussagen wie auch die verschiedensten amerikanischen Darstellungen auseinander. Während Toland schreibt, daß sich Leutnant Jacobson um 13.00 Uhr von Fotografen umringt gesehen habe, gibt die Kampfgruppe Kane als Zeitpunkt ca. 16.00 Uhr an. Es heißt in einem After-Action-Report der Kampfgruppe: „Um 13.35 Uhr stieß man bei geringem Widerstand nach Lippstadt hinein, wo man Verbindung mit Teilen der 2. Panzerdivision gegen 16.00 Uhr herstellte. Gegen 19.00 Uhr befand sich die Stadt vollständig in unserer Hand. Die Verbindung wurde mit dem Aufklärungsflugzeug des Bataillons hergestellt. Der allererste Kontakt wurde bereits durch ein Verbindungsflugzeug hergestellt, und dies per Funkverkehr, als es rief: „Speerspitze an Kraftwerk!" Das Bataillon besetzte den südlichen Teil der Stadt. Dort verblieb die gesamte Kampfgruppe bis zur Alarmierung am 5. April, um den Vorstoß nach Osten anzutreten."[318]

Über den genauen Zeitpunkt der Schließung des Ruhrkessels gehen die deutschen und amerikanischen Angaben auseinander. Die Verbindung zwischen Teilen der 1. und 9. US-Armee war ursprünglich im Raum nördlich von Paderborn vorgesehen. Der unerwartete deutsche Widerstand südlich von Paderborn, der deutsche Ausbruchsversuch bei Winterberg wie auch das langsamere Herankommen der Verbände der 9. US-Armee hatten letztlich die Entscheidungen der US-Generale Simpson (9. Armee) und Collins (VII. Korps der 1. Armee) beeinflußt, eine schnellere Kesselschließung herbeizuführen. (Vergleiche hierzu die genauen Beschreibungen dieser Vereinbarungen zu Eingang dieses Kapitels.)

Die schnelle Verbindungsaufnahme mit Teilen der 9. US-Armee erhielt nunmehr Vorrang für die Einheiten der 3. US-Panzerdivision vor der Einnahme von Paderborn. Durch die Bemühungen der Herren Jost W. Schneider, Wuppertal, und Stuart Russell, Wewelsburg, die sich ebenfalls eingehend mit dieser Thematik befaßt haben, konnte der Verfasser einige wichtige Funkmeldungen der 3. US-Panzerdivision aus den entscheidenden Stunden des 1. April 1945 in seine Dokumentation einbauen, die die Absichten der 3. US-Panzerdivision eindeutig belegen.

---

317 Franklin M. Davis jr., „Die Entscheidung im Westen", Time-Life-Bücher, Amsterdam 1982, S. 136 und 137
Anmerkung des Verfassers zu den Beschreibungen von M. Davis jr.: Von einer Straßensperre beim Vorstoß auf Lippstadt durch die Kampfgruppe Kane ist dem Verfasser bei seinen Nachforschungen nichts bekanntgeworden. Die Schilderung ähnelt vielmehr der Darstellung der Ereignisse um Langeneicke, wo eine deutsche Kolonne durch die amerikanischen Truppen zusammengeschossen wurde.

318 After-Action-Report nach einer späteren Befragung der Kampfgruppe Kane durch einen Berichterstatter der 3. US-Panzerdivision. (Mitgeteilt vom Archiv Jost W. Schneider, Wuppertal.)

*1. APRIL:*

*1.40 Uhr:* *Vom VII. Korps. — Zuverlässige Quellen deuten darauf hin, daß die 116. Panzerdivision versuchen würde zu entkommen via Lippstadt und Geseke. Sie schicken eine Kampfgruppe sofort nach Lippstadt, um Verbindung mit der 2. Panzerdivision aufzunehmen, die sich in der Nähe befindet. Falls erforderlich, suspendieren sie die Operationen gegen Paderborn, bis Verbindung mit der 2. Panzerdivision besteht. Bestätigen an C/S und G2.*

010140 (Rcd 0300) Msg Fr VII Corps - Reliable source indicates 116 Pz Div may try escape via LIPPSTADT and GESEKE. One Inf Div is moving on GESEKE. You send task force at once to LIPPSTADT to make junction with our Two Armd Div now near there. If necessary suspend operation on PADERBORN until junction with Two Armd Div. Acknowledge. Given C/S and G-2.

*(Originaltext der Funkmeldung)*

*3.00 Uhr:* *Von C/S an Colonel Howze. — Informiert Colonel Howze über den Wechsel der Pläne. Hogan soll am jetzigen Auftrag bleiben. Richardson muß bereit sein, weiterzurücken (auf Divisionsbefehl): vom jetzigen Standort nach Nordwest, um Angriff auf Paderborn zu unterstützen. Colonel Brown, Divisions-Artilleriekommandeur, informiert über Planwechsel und daß eine direkte Unterstützung durch ein Artilleriebataillon die Kampfgruppe Kane begleiten soll. Kane würde Verbindung mit der 2. Panzerdivision aufnehmen.*
*Die Kampfgruppe Kane wird aus der Angriffsformation herausgezogen und rückt nach Westen auf jeder gangbaren Route. Widerstand ist zu umgehen bis zur Verbindungsaufnahme mit der 2. Panzerdivision in Lippstadt.*

010300 Phone TF "Kane" was pulled out of attack and will move West by any route selected, bypassing all resistance, to town of LIPPSTADT to effect junction with 2d Armd Div.

*(Originaltext der Funkmeldung)*

In den weiteren Stunden des 1. April wurden der Weg und die Positionen der Kampfgruppe Kane laufend überwacht und auch Verbindung mit der 2. Panzerdivision gesucht. Die nachstehenden Funkmeldungen belegen dieses:

*5.50 Uhr:* *An 2. Panzerdivision. — Geben Sie neueste Meldung an führende Einheiten. Wir haben eine Kampfgruppe unterwegs nach Lippstadt (4142) — um 6.00 Uhr.*

*6.10 Uhr:* *An CCA. — Wenn Sie ein Radio haben, versuchen Sie ins Netz der 2. Panzerdivision zu kommen.*

*7.55 Uhr:* *Von CCA. — Linke Einheit in Stadt 5438. 25 Gefangene, zwei Doppelzweck-Geschütze (8,8 cm Flak) mit Besatzung genommen. Stoßen auf etwas verringerten Widerstand. — (5438 = Geseke)*

*8.45 Uhr:* *Major Alexander hat die neueste Lage an Colonel Paul, VII. Korps, gegeben. Colonel Paul berichtet, daß die 2. Panzerdivision in 4060 und die Stadt geräumt ist. Dieses weitergeleitet an Major Bartlett, Divisionsartillerie. (4060 = Rheda-Wiedenbrück)*

*10.10 Uhr:* *Vom VII. Korps. — Colonel Dickey ruft an, und Major Alexander sagt ihm, daß CCA mit 2. Panzerdivision in Funkverbindung steht; aber 2. Panzerdivision würde keine Meldung beglaubigen. Neuestes an 2. Panzerdivision ist 2649. Major Alexander fragt Colonel Dickey, ob er sich mit Captain Adams in Verbindung setzen könne, um über die 1. und 104. Infanteriedivision die derzeitige Lage herauszufinden.*

*11.10 Uhr:* *Vom I. Bataillon/32. Panzerregiment — An CP 10 (510385). Kämpfe gegen zwei Doppelzweck-Geschütze (8,8 cm Flak) und Infanterie am Flugplatz südwest von Cp 10 5038. (Cp 10 und 5038 = Störmede)*

*11.12 Uhr:* *Von CCA. — Captain Bunch ruft an, um zu sagen: Kampfgruppe Kane war bei 535385 um 11.00 Uhr. (535385 = Geseke)*

*11.20 Uhr:* *Von CCA. — Captain Bunch ruft an und sagt: Kampfgruppe Kane war bei 510385. (510385 = Nordostrand Störmede)*

*12.25 Uhr:* *Von CCA. — Captain Bunch meldet, er habe keine neue Ortsangabe. Kane „arbeitet" an zwei Panzerabwehrgeschützen bei CP 11.*

*13.50 Uhr:* *Von CCA. — Major Hidalgo meldet, daß Kane zwei Doppelzweck-Geschütze (8,8 cm Flak) vernichtet hat. Er ist jetzt 1000 Yards südwestlich von CP 10. Er hat weitere 30 Gefangene gemacht.*

*14.09 Uhr:* *Von CCA. — Kane verläßt CP 10. Kane vorbei an CP 12 um 14.00 Uhr ... Major Hidalgo schlägt vor, daß die 3. Panzerdivision Verbindung aufnimmt mit der 2. Panzerdivision an Canal 19 mit Cub-Flugzeug. Major Fowler sagt, er werde das überprüfen. (CP 12 = Bökenförde?, Cub-Flugzeug = Aufklärer)*

*14.27 Uhr:* *An Korps. — Kampfgruppe Kane bei 469379 unterwegs ... (469379 = ca. 1 Kilometer östlich von Bökenförde)*

*14.42 Uhr:* *Von CCA. — ... Linke Kolonne 5 Kilometer vom Ziel — unterwegs. (Ziel = ca. 1 Kilometer südöstlich von Lippstadt)*

*14.50 Uhr:* *Von CCA. — Neuester Bericht von Kampfgruppe Kane, unterzeichnet 14.32 Uhr. 15 Pkws und Lkws vernichtet. 20 Gefangene bei CP 11. Wir sind jetzt bei CP 13. (CP = Bökenförde?)*

*15.05 Uhr:* *Von Korps. — Colonel Paul ruft an und sagt, daß Einheiten der 2. Panzerdivision in Lippstadt sind. CCA informiert.*

*15.24 Uhr:* *Von Divisionsartillerie. — Aufklärungsflugzeuge der 2. und 3. Panzerdivision haben Verbindung. Beide sichten Kolonnen. (Korps unterrichtet.)*

*15.40 Uhr:* *Von CCA. — Major Hidalgo meldet, er habe einen Bericht, daß Kampfgruppe Kane freundliche Panzer am Ziel bei Lippstadt gesichtet habe. Kane werde in 10 Minuten da sein. (Korps unterrichtet.)*

*15.43 Uhr:* *Von Divisionsartillerie. — Verbindung zwischen 2. Panzerdivision und Kampfgruppe Kane am Südrand von Lippstadt. (Korps unterrichtet.)*

*16.00 Uhr: Von Divisionsartillerie. — Uhrzeit der Verbindung 15.30 Uhr.*

*16.48 Uhr: Von CCA. — Major Hidalgo ruft an und meldet: Task Force „Y“ am Ziel. Hat Verbindung mit 2. Panzerdivision. (Task Force „Y“ = Kampfgruppe Kane)*

*17.00 Uhr: Major Hidalgo meldet: Task Force „Y“ hat ihr Ziel gesichert.*

In einem S-2 Periodic-Report der 3. US-Panzerdivision vom 31. März bis 1. April 1945 wird angegeben, daß die Verbindung mit der 2. Panzerdivision um 16.30 Uhr aufgenommen wurde. Die Division hielt anschließend eine Generallinie von Lippstadt—Geseke (1. Infanteriedivision) — Salzkotten—Paderborn—Dörenhagen—Eggeringhausen.

In der genauen Auflistung der Meldungen wird genannt, daß Radiokontakte um 15.10 Uhr, Luftbeobachtungskontakte um 15.30 Uhr bestanden. Ein Sergeant Snodgrass vom 67. Panzerregiment und Teile der Kampfgruppe Kane trafen sich um 16.30 Uhr bei 43184012. Es ist die bisher einzige achtstellige Koordinatenangabe in den dem Verfasser bekannten S-2-Reports und anderen US-Unterlagen.

(Anmerkung des Verfassers: Nach gemeinsamen Recherchen von Jost W. Schneider, Stuart Russell und dem Verfasser im Süden von Lippstadt müßte dieser Punkt zwischen der Bökenförder und Westernkötter Straße, also auf freiem Felde, liegen. — Oder war es wohl nur ein Spähwagen auf dem äußersten linken Flügel der Kampfgruppe Kane, der hier auf einen kleinen Posten des 67. Panzerregiments, der 2. US-Panzerdivision traf?) In einem After-Action-Report des 67. US-Panzerregiments vom Monat April 1945 ist vermerkt: Kontakt wurde gemacht mit Einheiten der 3. Panzerdivision um 16.09 Uhr, um den Ruhrkessel zu schließen. Das wäre ein Zeitunterschied von 21 Minuten. Für die offizielle Geschichtsschreibung hat man sich später auf 15.30 Uhr geeinigt.

Die Amerikaner unternahmen sofort alles, um diesen strategischen Erfolg vor deutschen Gegenmaßnahmen zu sichern, und verstärkten ihre anfangs schwache Position laufend. In Lippstadt lassen sich in den ersten Stunden nach der Kesselschließung wenigstens folgende Einheiten nachweisen: I. und II. Bataillon des 67. Panzerregiments und I. und II. Bataillon des 41. Infanterieregiments der 2. US- Panzerdivision, die von nordwestlicher bzw. nördlicher Richtung in die Stadt eindrangen. Hart westlich der Stadt sicherten sofort Verbände der 83. US-Infanteriedivision nördlich der Lippe. Den südlichen und südöstlichen Stadtteil sicherten die Verbände der Kampfgruppe Kane von der 3. US-Panzerdivision. In der Stadt selbst gingen Artilleriegeschütze in Stellung und ebenso bei Esbeck. Ein Teil der Panzerverbände der 2. US-Panzerdivision stieß bereits am gleichen Tage weiter längs der Lippe nach Osten und besetzte weitere Ortschaften in Richtung auf Paderborn. Die Kampfgruppen des 67. Panzerregiments übergaben bereits am 1. April um 23.35 Uhr die Straßensperren in Lippstadt an Einheiten der 83. Infanteriedivision, um in Richtung Teutoburger Wald weiterzurücken.[319]

Mit der Schließung des Kessels in Lippstadt war das Schicksal der deutschen Heeresgruppe B unter Feldmarschall Walter Model weitgehend besiegelt. Die Divisionen der 15. Armee, der 5. Panzerarmee und zwei Korps der 1. Fallschirmarmee

---

319 Geschichte des 67. US-Panzerregiments / After-Action-Report des 67. US-Panzerregiments

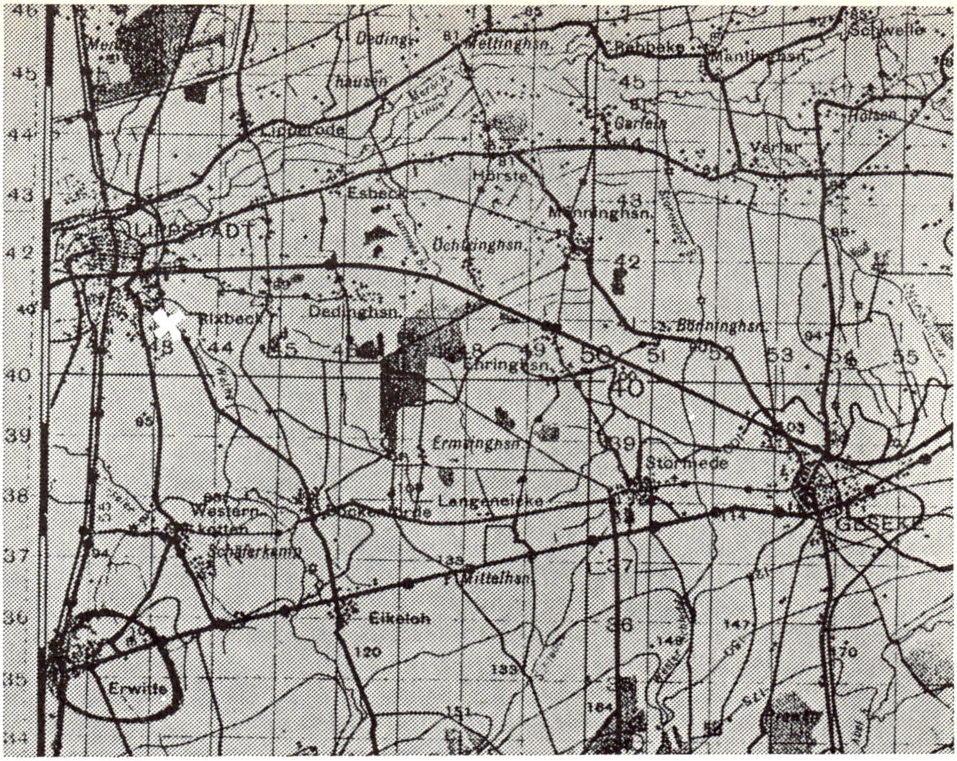


*Karte 8: Ausschnitt aus einer amerikanischen Koordinatenkarte mit vom Verfasser angekreuztem Punkt (X) des Zusammentreffens der Panzerspitzen im Südosten von Lippstadt*

sowie große Teile des Reichsflak-Kommandos und eine große Zahl selbständiger Artillerie-, Pionier-, Nachschub- und Ersatzeinheiten waren eingeschlossen. Die Stadt Lippstadt ist seit diesem Tage in die Geschichte des Zweiten Weltkrieges eingegangen und wird überall in der militärhistorischen Literatur erwähnt, wo von der Schließung des Ruhrkessels die Rede ist.

Die US-Armee-Zeitung „Stars and Stripes" berichtete in ihrer Ausgabe vom 2. April 1945:

„Die Ruhrfalle ist geschlossen — Erste und Neunte schließen Hitlers Arsenal ein. — Ein Stahlband amerikanischer Panzer wurde gestern um 15.30 Uhr um die Ruhr geschlossen, als sich die 2. Panzerdivision der 9. US-Armee mit Verbänden der 1. US-Armee in Lippstadt, 32 Kilometer südwestlich von Paderborn, vereinigten.

Der Einschluß des Ruhrgebietes wurde von Panzern aus Generalleutnant William H. Simpsons 9. Armee, die entlang der nördlichen Ausläufer des großen deutschen Industriegebietes nach Osten vorgestoßen waren, und den nach Norden vorstoßenden Truppen Generalleutnant H. Hodges 1. Armee geschafft.

Es bedeutet, daß Nazi-Deutschland sein letztes Industriezentrum, ein Gebiet von ca. 12 500 Quadratkilometern, verloren hat, von dem aus seine Kriegsmaschine in Schwung gehalten wurde. General Eisenhower weissagte am Anfang der Offensive, daß sich nach dem Verlust der Ruhr organisierter Widerstand nicht mehr lange im Reich halten könne.

UP-Kriegsberichterstatter berichten, daß der spektakulärste Ausbruch der letzten Woche sich an Feldmarschall Sir Bernard L. Montgomerys Frontabschnitt während der letzten 12 Stunden ereignete. Hunderte von Panzern strömten in östliche und nordöstliche Richtung und erreichten Positionen weit hinter irgendwelchen vorherigen. Der Vormarsch war durch eine Funkstille getarnt worden, aber die Anzeichen sind so gut, daß der Schleier bald wieder gelichtet werden kann.

Die alliierte Luftflotte hatte zur Isolation der Ruhr durch die Bombardierung der Brücken beigetragen; praktisch jede Eisenbahnverbindung nach Zentral-Deutschland war unterbrochen.

Durch die Verbindung der beiden US-Armeen wurden Tausende von deutschen Truppen eingeschlossen. Sie hatten gestern früh versucht, aus der sich schließenden Falle auszubrechen.

Das Ruhrgebiet, Heimat der großen Krupp-Kriegsindustrie, war das größte und leistungsfähigste von Hitlers Arsenalen. Die anderen wichtigen Industriegebiete waren die Saar und Schlesien."

Der alliierte Oberbefehlshaber, General Eisenhower, verkündete am 3. April in einem Tagesbefehl: „Die nunmehr vollendete Einkreisung des Ruhrgebietes ist eine große Waffentat und wird in der Kriegsgeschichte als ‚Die Schlacht um die Ruhr' weiterleben!"[320] Die 1. US-Armee gab später bekannt, daß der große Ruhrkessel zu Ehren des gefallenen Generals Maurice Rose als ‚Rose-Pocket' in die Kriegsgeschichte eingehen würde.[321]

Es ist nicht genau bekannt, wann die Führung der deutschen Heeresgruppe B zuerst die Meldung über die Einkesselung erhielt. Daß man damit rechnen mußte, hatte die allgemeine Lageentwicklung schon Tage vorher angezeigt. Einen anschaulichen Lagebericht aus jenen Tagen gibt der damalige Chef des Generalstabes der Heeresgruppe B, Carl Wagener, wenn er schreibt:

»Am 2. April war mit dem Zusammentreffen der Panzer der 9. und 1. US-Armeen westlich von Paderborn die Einschließung der Heeresgruppe vollzogen. Das Oberkommando der Heeresgruppe B hielt zwar noch an seinem Auftrag fest, die Stellungen zu halten und durch Angriff in Richtung Edertalsperre die Verbindung mit der Kräftegruppe von Kassel herzustellen, war sich aber im klaren, daß es möglicherweise bald vor eigene Entschlüsse gestellt würde, wollte es nicht die Truppe untätig im Ruhrkessel vernichten lassen. Der Gedanke des Ausbruchs mit der ganzen Heeresgruppe wurde daher von ihr immer wieder erwogen, auch von den Armeen immer wieder angeregt. Die Richtung des Ausbruchs war nach dem geringsten Feindwiderstand und der größten Nähe eines eigenen Frontabschnitts zu wählen. Der Feindwiderstand war am schwächsten im Süden anzunehmen; diese Richtung hätte jedoch dem Durchbruch kein nahes Ziel zu einer eigenen Front geboten. Ein Ausbruch nach Osten mußte auf den stärksten Feind treffen, die Entfernung zur eigenen Front war fraglich. Vielleicht hatte ein Durchbruch in verschiedenen Richtungen und in einzelnen Gruppen die größte Chance. Er würde Verluste kosten, die nicht mehr zu rechtfertigen waren, und kam überhaupt einer Auflösung der Heeresgruppe gleich. Es ist

---

320 Dwight D. Eisenhower, Von der Invasion zum Sieg. Veröffentlicht in der Schweiz, z. T. in „Rheinische Post", Düsseldorf vom 10. April 1948.

321 Spearhead, a. a. O., S. 145

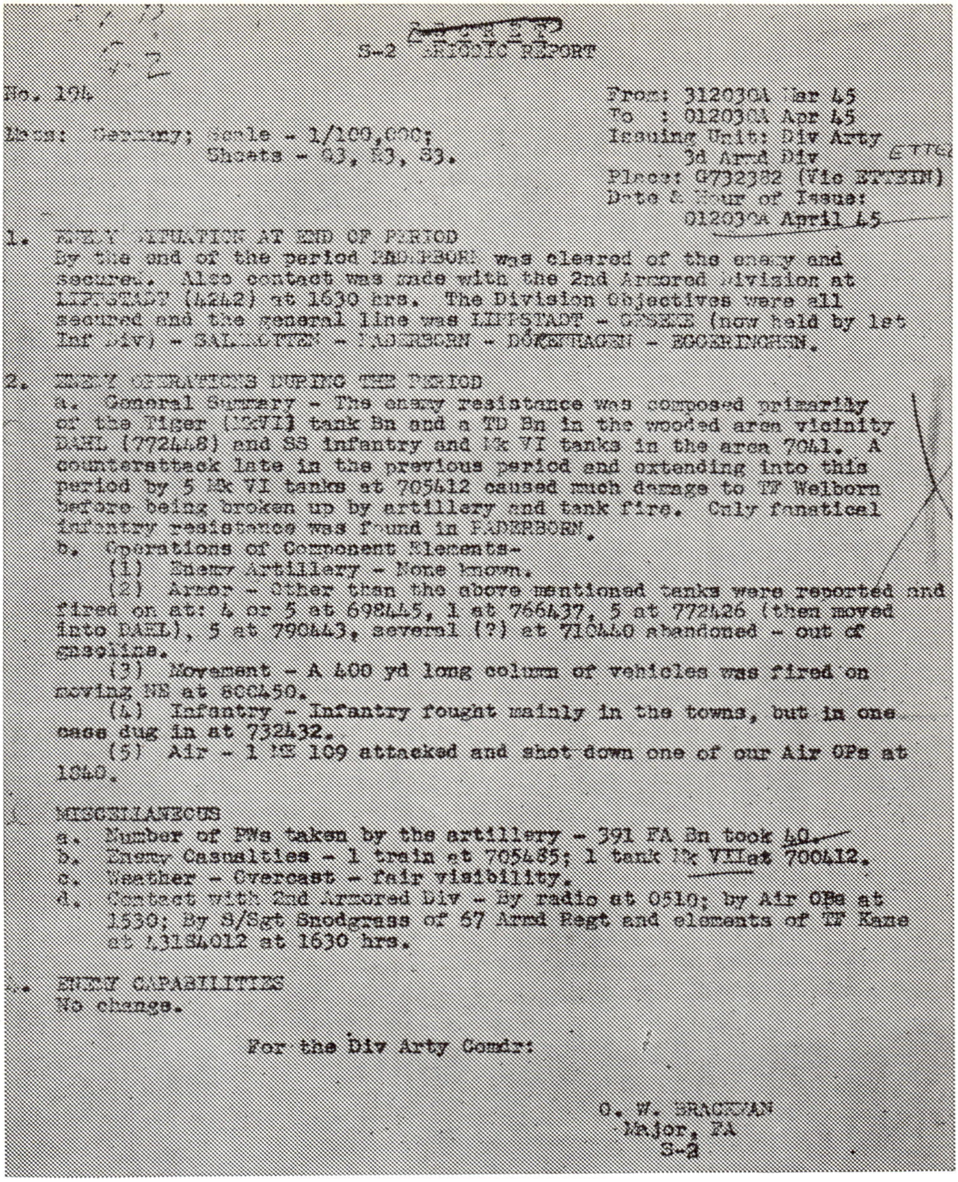

S-2 PERIODIC REPORT

No. 194

Maps: Germany; Scale - 1/100,000;
Sheets - Q3, R3, S3.

From: 312030A Mar 45
To : 012030A Apr 45
Issuing Unit: Div Arty
3d Armd Div
Place: G732382 (Vic ETTELN)
Date & Hour of Issue:
012030A April 45

1. ENEMY SITUATION AT END OF PERIOD
By the end of the period PADERBORN was cleared of the enemy and secured. Also contact was made with the 2nd Armored Division at LIPPSTADT (4242) at 1630 hrs. The Division Objectives were all secured and the general line was LIPPSTADT - GESEKE (now held by 1st Inf Div) - SALZKOTTEN - PADERBORN - DÖRENHAGEN - EGGERINGHSN.

2. ENEMY OPERATIONS DURING THE PERIOD
a. General Summary - The enemy resistance was composed primarily of the Tiger (MkVI) tank Bn and a TD Bn in the wooded area vicinity DAHL (772448) and SS infantry and Mk VI tanks in the area 7041. A counterattack late in the previous period and extending into this period by 5 Mk VI tanks at 705412 caused much damage to TF Welborn before being broken up by artillery and tank fire. Only fanatical infantry resistance was found in PADERBORN.
b. Operations of Component Elements-
(1) Enemy Artillery - None known.
(2) Armor - Other than the above mentioned tanks were reported and fired on at: 4 or 5 at 698445, 1 at 766437, 5 at 772426 (then moved into DAHL), 5 at 790443, several (?) at 710440 abandoned - out of gasoline.
(3) Movement - A 400 yd long column of vehicles was fired on moving NE at 800450.
(4) Infantry - Infantry fought mainly in the towns, but in one case dug in at 732432.
(5) Air - 1 ME 109 attacked and shot down one of our Air OPs at 1040.

3. MISCELLANEOUS
a. Number of PWs taken by the artillery - 391 FA Bn took 40.
b. Enemy Casualties - 1 train at 705485; 1 tank Mk VIIat 700412.
c. Weather - Overcast - fair visibility.
d. Contact with 2nd Armored Div - By radio at 0510; by Air OPs at 1530; By S/Sgt Snodgrass of 67 Armd Regt and elements of TF Kane at 4318012 at 1630 hrs.

4. ENEMY CAPABILITIES
No change.

For the Div Arty Comdr:

O. W. BRACKMAN
Major, FA
S-2

*Dokument 9: Auszug aus einem After-Action-Report der 3. US-Panzerdivision vom 1. April 1945*

in diesen Tagen zwischen dem Oberbefehlshaber und dem Chef der Heeresgruppe auch die Frage der Kapitulation besprochen worden. Der Entschluß hierzu sollte zu keinem Zeitpunkt der unteren Führung zugeschoben werden, die Heeresgruppe wollte die Verantwortung dafür zum gegebenen Termin auf jeden Fall selbst übernehmen. Noch schien dieser Zeitpunkt aber nicht gekommen, noch waren Möglichkeiten zur Fortsetzung des Kampfes vorhanden. Entsatz von außen war versprochen.

Durch Fesselung starker Feindkräfte, die dem Gegner zum Stoß nach Mitteldeutschland fehlten, erfüllte die Heeresgruppe noch einen Zweck im Rahmen des Ganzen, wenn auch der ihr aufgetragene Schutz des Ruhrgebietes imaginär war, da dieses ja mit der Heeresgruppe eingeschlossen und damit schon für Deutschland verloren war. In dieser Lage traf über den Oberbefehlshaber West ein Führerbefehl ein, daß alle Ausbruchsversuche einzustellen seien und die Heeresgruppe B das Ruhrgebiet als „Ruhrfestung" in unmittelbarer Unterstellung unter das Oberkommando der Wehrmacht zu verteidigen habe.

Das Gebiet, das den Namen „Ruhrfestung" erhielt, umschloß einen Kreis von etwa 120 Kilometer Durchmesser und umfaßte das eng besiedelte Industriegebiet nördlich und südlich der Ruhr, das Sauerland und Bergische Land. Es war mit seinem Mittelgebirgscharakter zur Verteidigung gut geeignet und durch Ruhr, Rhein und Sieg von drei Seiten natürlich geschützt. Geländemäßig mußte die Hauptbedrohung für die „Festung" von Osten kommen. Es war eine der wichtigsten Maßnahmen der Heeresgruppe, nach vollzogener Einschließung die Versorgungsgrundlagen dieses Gebietes genau klären zu lassen. Von draußen war nichts mehr zu erwarten. Luftversorgung wurde bis auf wenige Einzelflugzeuge mit Sondergut versagt. Verpflegung für Truppe und Bevölkerung war für drei bis vier Wochen vorhanden, darüber hinaus war sie abhängig von der Sicherstellung größerer Getreide- und Mehlvorräte nördlich der Ruhr. Die Verpflegungssätze der Truppe wurden gekürzt. An Munition verfügte die Heeresgruppe noch über zwei Ausstattungen; eine geringe Eigenfertigung bestimmter Munitionsarten sollte in einigen Tagen anlaufen. Die dazu erforderlichen Teile wurden durch Nachtflugzeuge in den Kessel eingeflogen. Auch die Munition konnte ohne Großkampf zwei bis drei Wochen reichen. An Betriebsstoff fanden sich im Industriegebiet größere Mengen Fliegerbenzin und Rohöl, die, teilweise gemischt, teilweise in Dieselfahrzeugen, rein verwendet werden konnten. Die Heeresgruppe fand bei allen Industriestellen Unterstützung. Auch deren Hauptanliegen, das Ruhrgebiet vor weiteren Zerstörungen und Kampfeinwirkungen zu bewahren, fand bei der Heeresgruppe bereitwillig Gehör, die auch die später eingehenden Befehle Hitlers zur „verbrannten Erde" nicht weitergab und selbst die Zerstörung taktisch wichtiger Brücken, z. B. an der Ruhr, wo sie konnte, verhinderte.«[322]

Für die mit der Heeresgruppe B eingeschlossenen deutschen Verbände konnte entscheidende Hilfe nur noch von außen kommen. Aber wie und woher? Ein Blick auf die große Lage am Abend des 1. April zeigt die Aussichtslosigkeit solcher Bemühungen. Nördlich von Münster standen die vordersten Verbände der 2. Britischen Armee bereits vor Rheine und Osnabrück. Im Bereich der 9. US-Armee stand das XIII. US-Korps mit der 5. Panzerdivision bereits vor Bielefeld. Münster war von Süden her von Einheiten der 17. US-Luftlandedivision eingeschlossen worden und wurde am anderen Tage von diesen Einheiten besetzt. Die 84. US-Infanteriedivision machte sich nach ihrem Rheinübergang für den weiteren Vorstoß nach Osten bereit. Im Bereich von Hamm und Drensteinfurt bereitete sich die 30. US-Infanteriedivision für den weiteren Vormarsch vor. Nördlich von Lippstadt sicherten bereits Einheiten der 83. US-Infanteriedivision, während andere ebenfalls nach Osten vorstießen. Die Spitzen der 2. US-Panzerdivision standen am Abend bereits vor Oerlinghausen am Teutoburger Wald. Weiter südlich zogen auch bereits die ersten Einheiten der 8. US-Panzerdivision in Richtung Paderborn und Senne vor. Weitere Divisionen des XVI.

---

322 Wagener, a. a. O., S. 554–556

inzelnummer 10 Pfennig

rscheint täglich mit Aus-
ahme der Sonn- und Feier-
age. — Bezugspreis: Boten-
ezugspreis 2.— RM (ein-
chließlich Botengeld). Selbst-
bholer 1,75 RM., Post-
ezugspreis 2,06 RM. ein-
chließt 54 Pfg. Postgebühren.
eschäftsstelle und Schrift-
itung: Lippstadt, Horst-
Wessel-Str. 5—9, Fernsprech-
ammel-Nr. 3051. Geschäfts-
ellen: in Büren, Fernruf
6, Brilon, Fernruf 406.

# Der Patriot

Lippstädter Tageblatt / Bürener Zeitung / Sauerländer Zeitung

Gegründet 1848 **Die führende Heimatzeitung** Gegründet 1848

Beil. Der Illustr. Sonntag

Anzeigenpreise: für 1 Milli-
meter Höhe und 46 Milli-
meter Breite 10 Pfennig.
Nachlaß-Staffel A. Bei Kon-
kurs und Zwangsvergleich
erlischt jeder Anspruch auf
Nachlaß. Für Erfüllung von
Platzwünschen wird keine Ge-
währ übernommen. Anzeigen-
schluß nachmittags 17 Uhr.
Die Behinderung der Liefe-
rung rechtfertigt keinen An-
spruch auf Rückzahlung oder
Minderung des Bezugspreises

r. 76 — Lippstadt, Ostern 1945 — 97. Jahrgang

## ür ein deutsches Ostern

Rr. Wie ein von Bomben geschändeter Dom t weit klaffenden Löchern, Rissen und Sprün- n im kunstvoll gefügten Mauer- und Maß- rk steht das Osterfest 1945 im kampferfüllten schehen der Gegenwart. Was zahllose Ge- chlechterreihen hindurch den edlen Menschengeist wegte und zu den Idealen der Menschheit porlenkte, ist brüchige Fassade geworden, eine innerung nur, umlärmt von dröhnenden ifen der Zerstörung. Die Glocken der öster- chen Freude sind verstummt.

Front und Heimat? Wo ziehen sich die enzen zwischen beiden Bezirken? Not und d dort wie hier. Darum aber auch das stets che Bewußtsein vom gemeinsamen Schicksal. at bindet, und der Opfertod fügt eine unlös- e Kameradschaft. In ihr stehen die Kämpfer und unter dem feindlichen Ansturm, zurück- agend und angreifend, ertragend und schaffend nn um Mann, Kampffront und Heimatfront, dem Rücken zueinander. So beherrscht der mpf einen Tag wie den anderen und manche nde der Nacht.

Nun steht Ostern bevor. Nicht einmal in m Hause ist ein Kalender, der das Fest an- gt. Der vorfestliche Gedanke als Herold des nes Tages pocht nur zag an die Herzen. Selbst Freude der Kinder in sonst unbekümmerter partung der Ostereier äußert sich sehr ge- pft in der Bescheidenheit des Wunsches nach l und Farbe. Und doch: Ostern kommt. Auferstehungssang tönt in der Natur in n Akkorden der urgewaltigen Erneuerungs- Siegeskraft. Da, selbst zwischen Schutt und mmern drängt sich Blauveilchen ins helle nenlicht, und über dem Bombenkrater auf Acker schwingt sich die Lerche jubilierend in Strahlenhelle der weitgespannten Himmels- el. Nach dem Vergehen im Winter neues rden im heraufblühenden Lenz. Die öde che des Feldes belebt sich mit bunten Farben; in den dunklen Monaten so stille Luft füllt mit köstlichen Liedern der Vögel. Schaut horcht für eine kleine Weile! Ihr spürt: alle Sinne dringt die unter dem Licht der enden Sonne wieder erwachte Natur ein. fühlen uns in die geheimnisvollen Mächte Lebens einbezogen, in die göttliche Ordnung ewigen Schöpfers, welcher der Sonne ihre n zuweist, die Früchte des Feldes wachsen und auch die Zier in der Vielfalt lieblicher men zu beglückender Pracht hervorzaubert. t und Gemüt des Menschen empfinden den lichen Funken, an dem sich alles Leben ent- det. Kommt auch dir nicht neuer Mut zu Ziele deines Seins? Entknotet sich nicht die Wirrnis, hüllt sich nicht die Dunkelheit s lastenden Schicksals auf, fühlst du nicht die t zu neuer Bewährung?

Ostern ist das Fest neuen Lebens im Kreis- des Jahres. Zur Schöpfung des Allmäch- gehört auch unser Volk. Seine „Jahres- n" sind nicht nach den Monaten zu be- n. Aber auch ihm folgt auf die Dunkelheit euendes Licht, dem Kampf ums Leben der mph des Sieges. Wenn es wahr ist — wer e daran zweifeln —, daß Gott dem hilft, sich selbst hilft, dann ist unser Volk nicht assen. Denn seine Anstrengungen, fernab untätiger Resignation, begründen die Hoff- auf den Lohn des beharrlichen Strebens. h Nacht zum Licht! Das ist die Parole der ersicht. Durch Kampf zum Sieg! So klingt m Osterfeste aus der Sinfonie der Allnatur. Ziele in unserem Volk vernehmen die Bot- des Lebens nur mit Wehmut. Zu tief und erzlich hat das Geschehen des Krieges in ihr in gegriffen. Wem das ganze irdische Glück slagen wurde, der ist nicht sehr empfänglich die andrängende Schönheit der Natur. Wer Gatten, Vater oder Mutter, Bruder oder ester, Sohn oder Tochter, oder gar mehrere r Lieben verloren hat, der trägt schwer an Bürde des Leides. Aber der Auferstehungs- ke hält auch für ihn einen starken Trost t der den Schmerz lindert und das schwere tragen hilft. Der Bedrückte richtet sich auf r Ueberzeugung, daß der Tod des Einzelnen das Ende des Lebens ist. Das letzte Lied ch ein Trauermarsch, der herb über Gräbern sondern der Klang der Auferstehung zu m Leben.

er Auferstehungsglaube ist im deutschen n tief verwurzelt. Darum haben sich in em Vaterlande nie totenstarre Stein- niden über konservierten Mumien auf- mt sondern lebende Blumen schmücken Gräber als liebevolle Zeichen der Hoffnung die ewige Ueberwindung des Todes. So der Glaube an das Leben den Schein der änglichkeit entgegen. Dieses Lebensbekennt- erstreckt sich auch auf den Fortbestand des s. Wer als Angehöriger der Volksfamilie ihre Selbstbehauptung das Leben opfert weiter in der Kraft, die dem Volke bei n erhält. Das Saatkorn muß sterben, um Keim neuen Werdens zu nähren. Der für Vaterland Gefallene ist ein Teil der Saat, ls Nährkraft dem Volke dient. Dafür er- dieser die Pflicht, die aus dem Blute der wachsende Frucht treu zu hüten und sich jenes Opfertodes würdig zu zeigen.

(Schluß nächste Seite)

# „Die Deutschen sind fanatische Kämpfer"

### Anglo-amerikanische Stimmen zu der zähen Widerstandskraft unserer Soldaten

**Stockholm, 30. März.** Der zähe Widerstandswille und die fanatische Kampfentschlossenheit der deutschen Truppen an der Westfront findet in der englischen Presse immer wieder allerstärkste Beachtung. So gibt die Londoner Zeitung „Daily Herald" das Urteil der 51. britischen Hochlanddivision wieder, die im Brückenkopf der 2. Armee bei Rees den deutschen Truppen gegenüberstand und die deutschen Soldaten als „fanatische Kämpfer" charakterisiert. Diese Deutschen sind, so berichtet der Kriegskorrespondent des „Daily Herald", die beste Auslese. Sie kämpfen einzeln oder in kleinen Gruppen. Sie springen aus der Deckung und versuchen, durch die Schlitze der Panzer zu schießen. Sie halten in ihren Bunkern stand, bis der Feind unmittelbar vor ihnen ist und stürzen sich dann auf ihn, um ihm die Handgranate entgegenzuschleudern, ungeachtet der Möglichkeit, daß sie in den nächsten Sekunden im feindlichen Feuer fallen. Junge und alte Soldaten sind in gleicher Weise die wildesten Kämpfer, die man jemals gestoßen ist.

#### Entschlossene Einzelkämpfer

**Berlin, 30. März.** Das Beispiel entschlossener Einzelkämpfer und kleinster Kampfgruppen zeigt immer wieder, daß durch Mut und Kühnheit der Ansturm auch starker feindlicher Kräftegruppen gebrochen werden kann. Als die Sowjets beispielsweise bei den schweren Kämpfen in Pommern an einer wichtigen Stelle durchzubrechen versuchten, warf sich Feldwebel Neher aus Ottersweier mit fünf Kameraden den überlegenen bolschewistischen Truppen entgegen. Mit Handgranaten und Maschinenpistolen ging die kleine Schar beherzter Männer vor und schloß die Einbruchsstelle, so daß der feindliche Durchbruch mißlang. Der Feldwebel vernichtete dabei allein drei Maschinengewehre und setzte zahlreiche Bolschewisten außer Gefecht.

An einer anderen Stelle war die Zündleitung zu einer wichtigen, zur Sprengung vorbereiteten Brücke an der Dievenow durch Beschuß ausgefallen. Der Flußübergang drohte den Bolschewisten, unversehrt in die Hände zu fallen. Obwohl die Sowjets jede Bewegung im Umkreis der Brücke unter Feuer nahmen, arbeitete sich der 23jährige Pionier Andreas Meyer aus Gebweiler an die schadhafte Zündleitung heran, beseitigte die Störung und ermöglichte damit, daß die Brücke im entscheidenden Augenblick dort gesprengt werden konnte.

Bei den Abwehrkämpfen östlich Dievenow stürmte der 41jährige Hauptmann Willi Wolf aus Halberstadt, Führer einer Fahnenjunker-Kompanie, an der Spitze seiner Männer, nachdem er mit der Panzerfaust einen sowjetischen Kampfwagen vernichtet hatte, gegen einen wichtigen Ort vor, den die Bolschewisten hartnäckig verteidigten, brachte ihm empfindliche Verluste bei und erbeutete vier Pak und mehrere Maschinengewehre.

Nach dem Durchbruch sowjetischer Panzer in einem anderen Abschnitt klärte der 41jährige Hauptmann Eggert aus Stettin zunächst die völlig undurchsichtige Lage vor seiner Stellung. Mit einem Geschütz, einem Flakzug und mit schnell zusammengerafften Kräften baute er dann eine neue Sperre auf. Zwei Tage später fesselte er mit dem Flakzug und einigen Männern die auf eine nahe Ortschaft vorstoßenden Bolschewisten und hielt sie am Ostrand lange auf, bis nach Verschuß der letzten Munition Verstärkung eintraf. Damit hatte er ein weiteres Vordringen des Feindes vereitelt und den Aufbau einer neuen Widerstandslinie ermöglicht.

Der Kommandeur eines rheinisch-westfälischen Grenadier-Regiments, Oberstleutnant Ebke aus Lüdenscheidt, hat im Raum von Schwarzwasser mit einer Handvoll Männer seinen Gefechtsstand über 24 Stunden lang im Nahkampf verteidigt und die Bolschewisten solange aufgehalten, bis von beiden Seiten her wieder eine durchlaufende Hauptkampflinie aufgebaut werden konnte.

Ebenso tapfer und ausdauernd hielten sich die Männer eines Bataillonsgefechtsstandes, die in einem eingeschlossenen Gut den immer wieder mit Panzern angreifenden Sowjets über zwölf Stunden den Zugang zu einer wichtigen Straßenkreuzung sperrten, ihnen schwerste Verluste zufügten und den Aufbau einer neuen Riegelstellung hinter dem Gut ermöglichten.

#### Deutsche Grenadiere — zäh und eisern

**Berlin, 29. März.** Schon zwei Wochen verteidigt sich eine kleine deutsche Besatzung in dem Dörfchen Klessin, mitten zwischen Frankfurt und Küstrin dicht an der Oder gelegen, gegen einen überlegenen dauernd angreifenden Feind. Groß ist die selbstverständliche Pflichterfüllung der Grenadiere in Klessin, da sie schwere Angriffe immer wieder vor ihren Löchern und Stellungen zerschlagen, Panzer abschießen, und zäh und eisern aushalten, bis wieder ein Versorgungsgeleit mit dringend notwendiger Munition und Verpflegung sich zu ihnen durchschlagen kann. Als die Sowjets mit stärksten Kräften gegen unsere Stellungen beiderseits Küstrin antraten, verdoppelten sie ihre Anstrengungen, um auch das kleine Bollwerk in ihrem Rücken zu zerbrechen. Aber die Besatzung von Klessin behauptet sich nach wie vor.

# Die ungeheuren Verluste der Sowjets

**Schwere Kämpfe an der ungarischen Reichsgrenze — Heldenmütiger Widerstand unserer Küstriner Besatzung — Gotenhafen und Danzig fielen in die Hand des Gegners — Geringer feindlicher Bodengewinn östlich von Dorsten und Gladbeck — Verstärkter Feinddruck südlich Siegen — Amerikanische Panzerspitzen bei Bad Wildungen und Brilon**

**Aus dem Führerhauptquartier, 30. März. Das Oberkommando der Wehrmacht gibt bekannt:**

**Südlich des Plattensees wurde der Feind, der seine Angriffe wieder aufnahm, im Raum von Nagybajom aufgefangen. Während unsere Verbände die Bolschewisten zwischen dem Plattensee und der Raab nach mehreren Kilometern Bodengewinn auffingen, konnten die Sowjets mit stärkeren Kräften den Fluß bei Sarvar überschreiten und unsere Truppen über Stein-am-Anger und Guens auf die Reichsgrenze zurückdrücken. Nördlich der Donau wurden Einbrüche zwischen Neuhäusl und Neutra abgeriegelt.**

**Beiderseits Loslau und im Raum südlich Leobschütz, wo der Feind seine Angriffe mit unverminderter Stärke fortsetzte, verhinderten unsere Truppen durch zahlreiche Gegenangriffe größeren Geländegewinn der Bolschewisten. Südlich Neiße und am Südring der Festung Glogau scheiterten wiederholte Angriffe.**

**Die tapfere Besatzung von Küstrin leistet den mit überlegenen Kräften angreifenden Sowjets heldenmütigen Widerstand. Im Gegenangriff vernichteten sie nördlich des Bahnhofs Altstadt eine feindliche Kampfgruppe.**

**Im Bereich der Danziger Bucht dauern auf der Westerplatte und in der Weichselniederung die harten Kämpfe an. Nach erbitterten Häuserkämpfen und gründlicher Zerstörung der Hafenanlagen fielen Gotenhafen und Danzig in die Hand des Gegners.**

**In Ostpreußen hat die 4. Armee unter dem Oberbefehl des Generals der Infanterie Friedrich Müller über zehn Wochen lang dem ununterbrochenen Ansturm der feindlichen Uebermacht standgehalten und starke Kräfte des Gegners gebunden. Truppenteile aller Waffengattungen, Versorgungstruppen und Stäbe schlugen sich in vorderster Linie unter ihren vorbildlich kämpfenden Offizieren mit beispielhafter Tapferkeit. Diesem entschlossenen Kampfgeist ist es zu danken, daß die Front der Armee an keiner Stelle durchbrochen wurde und der Feind jeden Meter ostpreußischen Bodens nur unter schwersten Verlusten an Material und Menschen erkämpfen konnte. Die Bolschewisten verloren durch den zähen Widerstand der Armee in der Zeit vom 12. Januar bis 28. März 2557 Panzer, 2734 Geschütze aller Art, 304 Granatwerfer, 82 Flugzeuge, 1172 Maschinengewehre und mehrere Tausend Gefangene.**

**Unsere Kurlandkämpfer schlugen nordwestlich Doblen stärkere Angriffe der Sowjets ab und vernichteten in mehrtägigen Kämpfen die Masse einer östlich der Windau eingebrochenen Kräftegruppe.**

Am Niederrhein verhinderten unsere Truppen im Abschnitt von Emmerich feindliche Umfassungsversuche und die Ausweitung des Rhein-Brückenkopfes nach Westen unter Abschuß von zahlreichen Panzern. Oestlich der Straße Borken—Dorsten gelang es dem Gegner, seinen Angriffskeil bis Stadtlohn und über Dülmen vorzutreiben. Am Nordrand des Industriegebietes östlich Dorsten und Gladbeck konnte der Feind geringfügig Boden gewinnen. Auch hier wurde eine größere Anzahl amerikanischer Panzer vernichtet.

Zwischen Ruhr, Rhein und Sieg hat sich die Lage nicht verändert. Ueberkesuche zwischen Düsseldorf und Leverkusen scheiterten. Auch örtliche Versuche der Amerikaner, die mittlere Sieg nach Norden zu überschreiten, wurden zerschlagen. **Südlich Siegen und an den Ostausläufern des Rothaargebirges hat sich der feindliche Druck verstärkt.**

**Aus dem Raum Marburg sind amerikanische Panzerabteilungen weit nach Norden und Nordosten vorgestoßen und haben mit ihren Spitzen Bad Wildungen und Brilon im Sauerland erreicht. Beiderseits des Vogelsbergs drückt der Feind nach Osten. Im unteren Kinzigtal fingen unsere Sperrverbände den Gegner westlich Gelnhausen auf. Auch hier wurden zahlreiche Panzer vernichtet.**

**Bei Seligenstadt konnten die Amerikaner ihren Main-Brückenkopf geringfügig erweitern, wurden jedoch südöstlich Aschaffenburg im Gegenangriff auf den Fluß zurückgeworfen. Im Odenwald wird vor allem östlich der Straße Michelstadt—Eberbach und am unteren Neckar gekämpft.**

**In Westkroatien hat die Heftigkeit der Kämpfe um Bihac nachgelassen.**

**Ein schwächerer britischer Bomberverband griff gestern einige Orte im mitteldeutschen Raum an. Auch in der Nacht war die Feindtätigkeit über dem Reichsgebiet gering.**

# Erfolgreicher Gegenangriff in Ungarn

### Der OKW.-Bericht vom Donnerstag

Aus dem Führerhauptquartier, 29. März. Das Oberkommando der Wehrmacht gibt bekannt:

In Nordwestungarn wurden die auf breiter Front fortgesetzten Angriffe der Bolschewisten an der Zala und Raab aufgefangen. Nördlich der Donau leisten unsere Truppen dem Feind westlich des Gran an der Neutra Widerstand. Unsere bei Neusohl zum Gegenangriff angesetzten Kampfgruppen gewannen Spania-Dolina zurück und rieben ein rumänisches Regiment auf, die Vernichtung eines weiteren Regiments ist im Gange. An den Nordausläufern der Hohen Tatra wurde angreifender Feind im Gegenangriff abgeriegelt. Beiderseits Loslau und südlich Leobschütz scheiterten die unter hohem Materialaufwand geführten Durchbruchsversuche der Bolschewisten wiederum an der hartnäckigen Gegenwehr unserer Truppen, die erneut 73 Panzer abschossen. Schwächere sowjetische Angriffe südlich Neiße bei Strehlen und Breslau hatten keinen Erfolg.

Die tapferen Verteidiger von Küstrin stehen in der Altstadt in schweren aufopferungsvollen Häuserkämpfen. Um die Oderbrückenköpfe Zehden und Langenberg wird weiter heftig gekämpft.

In der Weichselniederung halten unsere Grenadiere heftigen Angriff stand. Am Kahlbolzer Horn lösten sich unsere Nachtruppen nach Bergung sämtlicher Verwundeter vom Gegner und setzten zur Frischen Nehrung über.

In Kurland wurden östlich Libau, nordöstlich Frauenburg und nordwestlich Doblen stärkere Angriffe abgeschlagen; um einen Einbruch nordwestlich Doblen wird noch gekämpft.

Sprengboote der Kriegsmarine versenkten auf der Donau bei Neusatz vier Floßschiffe und sprengten Fähr- und Verladeeinrichtungen sowie Materiallager der Sowjets in die Luft.

Am Niederrhein ist es den Engländern und Amerikanern erst nach sechstägigen Anstrengungen und nach verlustreichem Einsatz von zwei Luftlandedivisionen im Rücken unserer Front gelungen, ihren Brückenkopf bis Bocholt, Borken und Dorsten zu erweitern und in Hamborn einzudringen. Die schweren Kämpfe gegen den Feind, der seine Angriffe an der gesamten Front von Emmerich bis zur unteren Ruhr fortsetzt, dauern an.

An der Sieg und nördlich des hohen Westerwaldes haben unsere Truppen eine nach Süden gerichtete Sicherungsfront aufgebaut.

Schnelle feindliche Verbände sind in schmalen Abschnitten über Wetzlar bis in den Raum von Gießen—Marburg und aus einem Einbruch bei Hanau bis in die Gegend von Grünberg in Hessen vorgestoßen. Im Rücken dieser Kräfte halten unsere Stützpunkte an der Lahn, im Taunus-Gebiet und an dem unteren Main ihre Stellungen gegen den nachfolgenden Feind.

Unsere Truppen warfen den aus einem örtlichen Main-Brückenkopf bei Seligenstadt bis Alzenau vorgestoßenen Gegner wieder zurück. Die über Aschaffenburg bis in den Raum Gemünden—Hammelburg vorgestoßenen Spitzen der 4. amerikanischen Panzerdivision wurden durch eigene Gegenangriffe aufgerieben, zwanzig Panzer vernichtet, neun schwere, drei leichte Panzer und 21 Panzerspähwagen erbeutet und 250 Gefangene eingebracht. Die entstandene Frontlücke wurde bei Aschaffenburg wieder geschlossen.

Im nördlichen Odenwald nahm der Feind Michelstadt und an der Bergstraße nach Süden vorstoßend Weinheim. Oestlich Mannheim gewannen Angriffe des Gegners nur unwesentlich Boden.

Terrorangriffe anglo-amerikanischer Kampfflugzeuge richteten sich gestern gegen Hannover und Berlin. Durch Bombenwurf eines schwächeren Verbandes entstanden außerdem Schäden in den Wohngegenden der Stadt Minden.

**Genf.** Generalmajor Lucius Clay wurde zum Stellvertreter General Eisenhowers für Zivilangelegenheiten in den besetzten Gebieten ernannt.

1. April 1945: Soldaten der 2. und 3. US-Panzerdivision von der 1. und 9. US-Armee auf dem Marktplatz in Lippstadt. Sie habe[n] soeben den Ruhrkessel geschlossen und freuen sich, daß sie um diese Stadt nicht zu kämpfen brauchten.



Vorderseite: Titelseite der letzten Ausgabe »Der Patriot«, Heimatzeitung für den Kreis Lippstadt, 31. März 1945

# Yanks Invade Ryukyus

**Man Spricht Deutsch**
*Blacklist of Nazi Organizations*
**KDF—Kraft Durch Freude.**
**Nazi Recreation Organization.**

PARIS EDITION
**THE STARS AND STRIPES**
Daily Newspaper of U.S. Armed Forces in the European Theater of Operations

***Ici On Parle Français***
**Joyeux anniversaire.**
**Zjwy-uh anniversair.**
**Happy birthday.**

**Vol. 1—No. 249** 1 Fr. 1 Fr. **Monday, April 2, 1945**

# Ruhr Trap Is Closed

## Biggest Pacific Landing

**GUAM, April 1 (ANS).—he new U.S. Tenth Army anded today on Okinawa sland, in the Ryukyu chain, 25 miles southwest of the apanese homeland, in the argest amphibious operation f the Pacific war.**

Adm. Chester W. Nimitz, ommander in chief of the acific Fleet, personally read he communique announcing he invasion by the U.S. 24th rmy Corps and the Marine hird Amphibious Corps, hich together form the enth Army

**Land in Great Strength**

The soldiers and marines went shore in great strength on the est coast of Okinawa. They hit e beaches at 8 A.M., Tokyo time, nd went swiftly inland. By 11, they ad captured the Yontan and Kana airports, with light losses.

More than 1,400 ships are taking rt in the Okinawa operations. S. battleships, cruisers and light- units softened up the enemy and vered the landing with heavy e

Planes operating from U.S. carers were providing close support r the invading troops. Land-based mbers, including Superfortresses the 20th Air Force gave stategic pport.

The American landing on Okiwa is the closest approach thus to the Japanese homeland. he island is 325 miles from yushu, southernmost island of pan, and 600 miles from Tokyo. efore the landing the U.S. conerors of Iwo were closest to Japan. Nimitz said that the capture of kinawa would give the U.S. bases r greatly intensified attacks "from r fleet and air forces against Jap-

(Continued on Page 3)

### kinawa Viewed as Base or Invasion of Japan

WASHINGTON, April 1 (Reuter).— U.S. naval officials today regard the invasion of Okinawa as preminary to greater things, suggestg that the possession of the island ould pave the way for invasion the Japanese homeland and the ina coast.

One naval authority said that out one-third of Okinawa is used for military and naval forces. he southern part of the island ntains five airfields and has a od railway and highway along e west coast

### Toward Tokyo

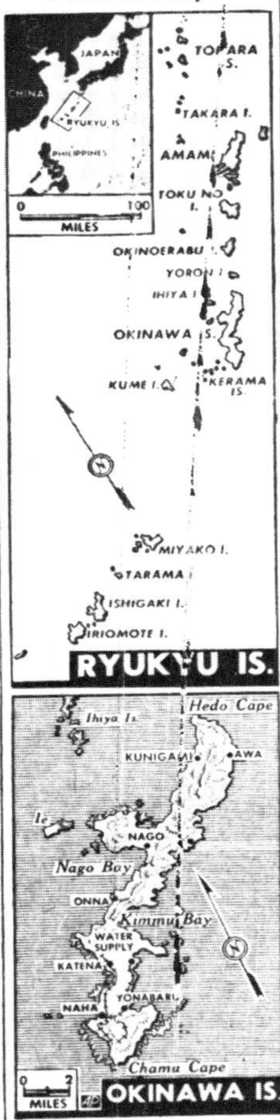


**In a move that puts American troops only 325 miles away from the Japanese home islands, the U.S. Tenth Army has landed on Okinawa, in the Ryukyus.**

### Edward Flynn in Paris

Edward J. Flynn, personal envoy of President Roosevelt, arrived in Paris yesterday, en route home after conferences at Moscow and the Vatican City. A spokesman denied he was here to see General De Gaulle.

## *Soviets Seize Sopron, 33 Mi. From Vienna*

Red Army forces rolling forward in Hungary yesterday captured the German stronghold of Sopron, 33 miles southeast of Vienna and 19 miles from the Austrian city of Wiener-Neustadt, an important German aircraft production center.

Marshal Stalin announced the fall of Sopron to the northern forces of Marshal Feodor Tolbukhin's Third Ukrainian Army, some of which already have invaded Austria. Other forces of the Third, driving for the Austrian communications center of Graz, last were reported at the Austro-Hungarian border

**Three Towns Taken**

Marshal Rodion Malinovsky's Second Ukrainian Army, advancing toward Vienna from the east, captured the Slovakian town of Szenc, about 15 miles from Bratislava and 47 from Vienna, Stalin announced. The Second also took Trnava and Hlohovec.

The Soviet forces at Sopron were three miles from the Austrian border. Their operations, and those inside Austria were supported by U.S. heavy bombers of the 15th AF, which flew from Italy to attack the Maribor rail bridge in Yugoslavia, about 35 miles below Graz, and the St Polten rail yards, 35 miles west of Vienna.

Marshal Stalin also announced last night that troops of Marshal

(Continued on Page 8)

## Lewis Accepts WLB's Order

WASHINGTON, April 1 (ANS). —Soft-coal operators and John L. Lewis, United Mine Workers president, today accepted the War Labor Board's order to continue producing coal under the present contract, but Lewis demanded written assurance of retroactive pay from the operators

The WLB order, issued before last night's expiration of the old contract, provided that whenever a new pact is signed, pay changes shall be retroactive to April 1.

Lewis, whose union last week voted him authority to call a strike, said the miners were willing to "accede to the order of the WLB."

Hard-coal operators and the UMW will meet Wednesday to begin negotiations for a new contract covering 65.0.0 Pennsylvania miners. As in the case of the soft-coal negotiations, Lewis has filed notice with the WLB of a labor dispute, and a strike vote will probably be taken.

### Superforts Pound Tokyo Targets Anew

WASHINGTON, April 1 (Reuter). —Military targets in Tokyo have been raided again by large forces of Superfortresses, it was announced today by Hq. 20th Air Force Bomber Command. The raid was made by Marianas-based bombers.

## First, Ninth Seal Hitler's Arsenal

**A steel band of American armor was riveted around the Ruhr at 1530 yesterday when the U.S. Ninth Army's Second Armd. Div. linked up with the U.S. First Army at Lippstadt, 20 miles southwest of Paderborn.**

**The Ruhr encirclement was completed by Lt. Gen. William H. Simpson's Ninth Army tanks driving east along the northern fringes of the great industrial area of Germany and forces of Lt. Gen. Courtney H. Hodges' First Army pushing north.**

It meant that Nazi Germany had lost the last industrial center, an area of 4,800 square miles, from which her war machine could be fed. Gen. Eisenhower had predicted at the outset of the offensive that organized resistance could not long continue in the Reich once the Ruhr was lost.

***Montgomery's Troops Reported In Breakthrough***

UP frontline reports said the most sensational breakout within the last seven days occurred during the last 12 hours on Field Marshal Sir Bernard L. Montgomery's front, with hundreds of tanks streaming eastward and northeastward far beyond any previous positions reached. The advance was masked by a security silence, but indications were that the veil would be lifted shortly.

Allied air power had virtually completed isolation of the Ruhr in a program of bridge-busting which had cut virtually every rail bridge leading into Central Germany.

Trapped by the link-up of the two U.S. armies were thousands of German troops. They had been reported on the move earlier yesterday in an apparent effort to escape the closing trap.

The Ruhr, home of the great Krupp war industries, was the

(Continued on Page 8)

Stars and Stripes Map by Baird

**The Ruhr trap closes, encircling 4,800 square miles of Germany and thousands of troops, as Allies spear deeper into Germany.**

Die US-Armeezeitung »Stars and Stripes« berichtete ausführlich über die Schließung des Ruhrkessels am 1. April 1945.

Über diese Brücke, die noch gesprengt wurde, rollten die ersten amerikanischen Panzer nach Lippstadt heinein.

Ein leichter M5-Panzer der 3. US-Panzerdivision
Fotos: US-Army und privat

Eine aus Pfosten und Baumstämmen errichtete Panzersperre am Österntor in Rüthen

Ein Zug der neuen schweren Pershing-Panzer mit 90-mm-Kanone
Fotos: US-Army



Sie waren die ersten US-Soldaten in Lippstadt:

Oberleutnant William Dooley
67. US-Panzerregiment

Der ehemalige Sergant
Werner Ostheimer
(in Lippstadt im Jahre 1982)

Oberstleutnant Matthew W. Kane
3. US-Panzerdivision

Major F. S. Bagley, S-3-Offizier
67. US-Panzerregiment auf seinem
Comand-Post in Lippstadt

Major James F. Hollingsworth, Kommandeur
des II. Bataillons 67. US-Panzerregiment, wird von
Generalmajor Isaac D. White mit dem Silver Star
ausgezeichnet.

**Befreite Fremdarbeiter verschiedener Nationalitäten und deutsche Zivilisten plündern in Lippstadt am Nachmittag des 1. April 1 die Brennerei Kisker in der Rathausstra**

Fotos: US-Army

efreite Fremdarbeiter ziehen in Lippstadt am 1. April 1945 nach ihrer Befreiung durch die Rathausstraße.



efreite Franzosen, Belgier, Niederländer, Polen und andere Europäer am 2. April 1945 auf dem Marktplatz in Lippstadt.
echts vor der Marienkirche ist die Figur Kaiser Wilhelm I. vom Sockel gestürzt worden.

Fotos: US-Army

**Panzer der 8. US-Panzerdivision sind in eine westfälische Kleinstadt eingerückt. Deutsche Gefangene werden zurückgebracht.**

Fotos: US-Army und privat

**Amerikanische Truppen rollen am 1. April 1945 in Wiedenbrück ein.**

**Unten rechts: Wo noch gekämpft wurde, barg sich die deutsche Bevölkerung in den Kellern.**

**Dieser Schützenpanzer mit 7,5-cm-Pak (116. Panzerdivision) stand nach dem Kriege noch jahrelang in Berge bei Anröchte. Bevor er selbst getroffen wurde, hatte er noch zwei US-Panzer abgeschossen.**

Korps der 9. US-Armee setzten über den Rhein und sammelten auf der Ostseite des Flusses.

Im Bereich der 1. US-Armee hielten die Divisionen des VII. US-Korps nach erfolgreicher Kesselschließung eine Linie von Geseke über Paderborn und Warburg bis vor Kassel zusammen mit Divisionen des V. US-Korps. Vor Kassel und Fulda standen bereits die vordersten Einheiten der 3. US-Armee. An der Südfront des Ruhrkessels versammelte das XVIII. US-Luftlandekorps (Korpsgefechtsstand in Dillenburg) weitere Einheiten. Das III. US-Korps führte von Süden her und aus dem Brückenkopf von Remagen ebenfalls weitere Divisionen heran.[323]

## DIE EREIGNISSE IN LIPPSTADTS NÄCHSTER NACHBARSCHAFT

Am östlichen Stadtrand von Lippstadt wurden die ersten amerikanischen Panzer am frühen Nachmittag gesichtet. Ein jüngerer Augenzeuge, der auf der Esbecker Straße wohnt, erinnert sich: „Etwa um 14.00 Uhr rollten die ersten Panzer aus Richtung Lippstadt an und hielten. Einige Frauen aus unserer Nachbarschaft brachten Kuchen an die Panzer, der von den Panzersoldaten auch angenommen wurde. Später fuhren die Panzer wieder weiter; ein Teil schwenkte in Richtung Rixbeck rechts ab. Der größte Teil rollte aber in Richtung Esbeck-Hörste weiter; die meisten blieben dort jedoch nur bis zum nächsten Tage, bevor sie nach Osten weiterfuhren."

In der Stadt gingen später Gerüchte um, wonach deutsche SS-Verbände bei Erwitte einen Gegenangriff vorbereiteten.[324] Die amerikanischen Einheiten sicherten die Stadt gegen etwaige deutsche Gegenangriffe und richteten an allen Ausfallstraßen starke Straßensperren durch Panzer und Infanteriegruppen ein. Im Süden der Stadt und entlang der Bahnlinie gingen schwere Artilleriegeschütze mit südlicher Schußrichtung in Stellung.

In der Stadt selbst kam es nach der Besetzung, besonders am Nachmittag des ersten Ostertages, zu schweren Plünderungen durch Fremdarbeiter und Deutsche, ohne daß die amerikanischen Truppen es verhinderten.

In den nördlichen Bereichen der Stadt erinnerten sich Augenzeugen noch an einen starken Fahrzeugverkehr am Nachmittag des ersten Ostertages. Hier rollten zahlreiche amerikanische Kolonnen mit Panzern, Fahrzeugen und Geschützen durch, um weiter nach Osten vorzustoßen.

Freikorpsführer Hauptmann Wolfram, der seinen Gefechtsstand im Finanzamt hatte, hielt hier noch Verbindung zu seiner eingesetzten Kompanie, flüchtete aber bald nach Feindbeschuß.

SA-Obersturmführer Josef Menke befand sich währenddessen auf der Kreisbefehlsstelle der NSDAP am Wasserturm und beobachtete vom Wasserturm aus, was

---

323 Williams, a. a. O., S. 466 ff.

324 Die Reichsschulungsburg war in Erwitte im Jahre 1935 als eine der ersten Schulungsburgen des Dritten Reiches im ehemaligen von Landsberg'schen Schloß und Renteigebäude sowie anderen neuerrichteten Bauten eingeweiht worden. Obwohl bereits am Anfang des Krieges als Lazarett mitbenutzt, fanden hier noch bis gegen Ende des Krieges politische Lehrgänge und Kurse statt, daneben in den letzten Monaten auch Ausbildungskurse und Kurzlehrgänge für den neu aufgestellten Volkssturm und die Einheiten des Freikorps Sauerland.
Der Verfasser konnte trotz intensiver Nachforschungen und Befragungen nicht klären, wer hier zuletzt noch die Befehlsgewalt hatte und was hier letztlich für die Verteidigung im Raume Erwitte-Lippstadt geplant war.

DER WEHRMACHTSBERICHT MELDET:

*1. April 1945 „... Auf der Südflanke der Heeresgruppe H gelang dem Gegner der operative Durchbruch; amerikanische oder englische Kräfte im Vorgehen auf den Raum von Bielefeld. Auf der Autobahn feindlicher Vorstoß nach Lippstadt von Soest aus. Damit ist die Umzingelung der Heeresgruppe B vollzogen. Der Gegner kam bis Hamm und bog nach Süden — anscheinend mit 150 Panzern — ab. Das eine Pivot bei Haltern hielt noch ...“*[324a]

in der Stadt — die ruhig vor ihm lag — an diesem Morgen geschah. Dabei beobachtete er über Lipperode eine starke Explosion. Gegen 12.00 Uhr wurde ihm gemeldet, daß sich die Amerikaner bereits in der Südstraße befänden.

Was in Lippstadt an deutschen Truppen und anderen Einheiten nicht in amerikanische Gefangenschaft geraten war, zog sich über Westernkotten nach Erwitte zurück. Besonders die Reichsschulungsburg in Erwitte war in jenen Tagen und Stunden Anlaufpunkt für zahlreiche Versprengte und alle führerlosen Einheiten. Nachdem man auf der Kreisbefehlsstelle der NSDAP am Wasserturm in Lippstadt die wichtigsten Berichte und Akten verbrannt und die Funkgeräte zerstört hatte, flüchtete eine kleine Gruppe (etwa sechs Mann stark) unter Führung des Kreisleiters Lücke durch das Bökenförder Feld in Richtung Erwitte. Diese Gruppe hätte eigentlich den Anmarsch der Kampfgruppe Kane von Bökenförde aus sehen müssen, was aber nicht der Fall war.[325]

Einige Angehörige des Freikorps „Sauerland“ setzten sich weisungsgemäß, nachdem der Nord-Westen Lippstadts von US-Truppenteilen besetzt war, unter teilweisem Beschuß über die Rhedaer Bahnbrücke bis zum Wehrmachts- und NSDAP-Kreisbefehlsstellenbunker am Lippstädter Wasserturm ab, um sich dort zu melden und weitere Befehle entgegenzunehmen. — Führungslose Versprengte, Reichsarbeitsdienst-Angehörige sowie einige Soldaten des Wehrmeldeamtes schlossen sich an.

An der Befehlsstelle angekommen, meldeten sich die Versprengten. In der Hektik der allgemeinen Lage und widersprüchlichen Meldungen wußte der Wehrmachts- und Parteiführungsstab mit den Versprengten nichts anzufangen und erteilte die Order, sich zur Reichsschulungsburg Erwitte zurückzuziehen und sich dort zwecks weiterer Verwendung beim Kommandanten zu melden.

Unter mehrfachem Fliegerbeschuß befolgte die Gruppe den Weitermarsch nach Erwitte, und weitere einzelne Versprengte schlossen sich an.

In der Reichsschulungsburg angekommen, herrschte dort ein nervöses und hektisches Treiben. Angehörige der Wehrmacht und des Volkssturms waren führungs- und mutlos, und niemand wußte so recht, was nun geschehen solle. Da sich der Lippstädter Gruppe unterwegs ein Pferdegespann mit gefüllten Wehrmachts-Essen-Kanistern angeschlossen hatte und diesen bis zur Burg mitführte, waren alle Soldaten froh, endlich wieder einmal etwas Warmes essen zu können. Im Nu war alles verteilt, und Zufriedenheit trat ein.

Bedauerlicherweise war trotz eifrigen Suchens eines zur Gruppe gehörenden Freikorpsangehörigen von einem dort zuständigen Burgkommandanten nichts zu finden, was bei dem herrschenden Trubel verständlich war.

---

[324a] Anmerkung des Verfassers: Die Angaben im Wehrmachtsbericht stimmen zum Teil nicht mit dem tatsächlichen Ablauf überein.

[325] Die weiteren Erlebnisse von Josef Menke sind im Anhang, Anlage 13, ausführlich geschildert.

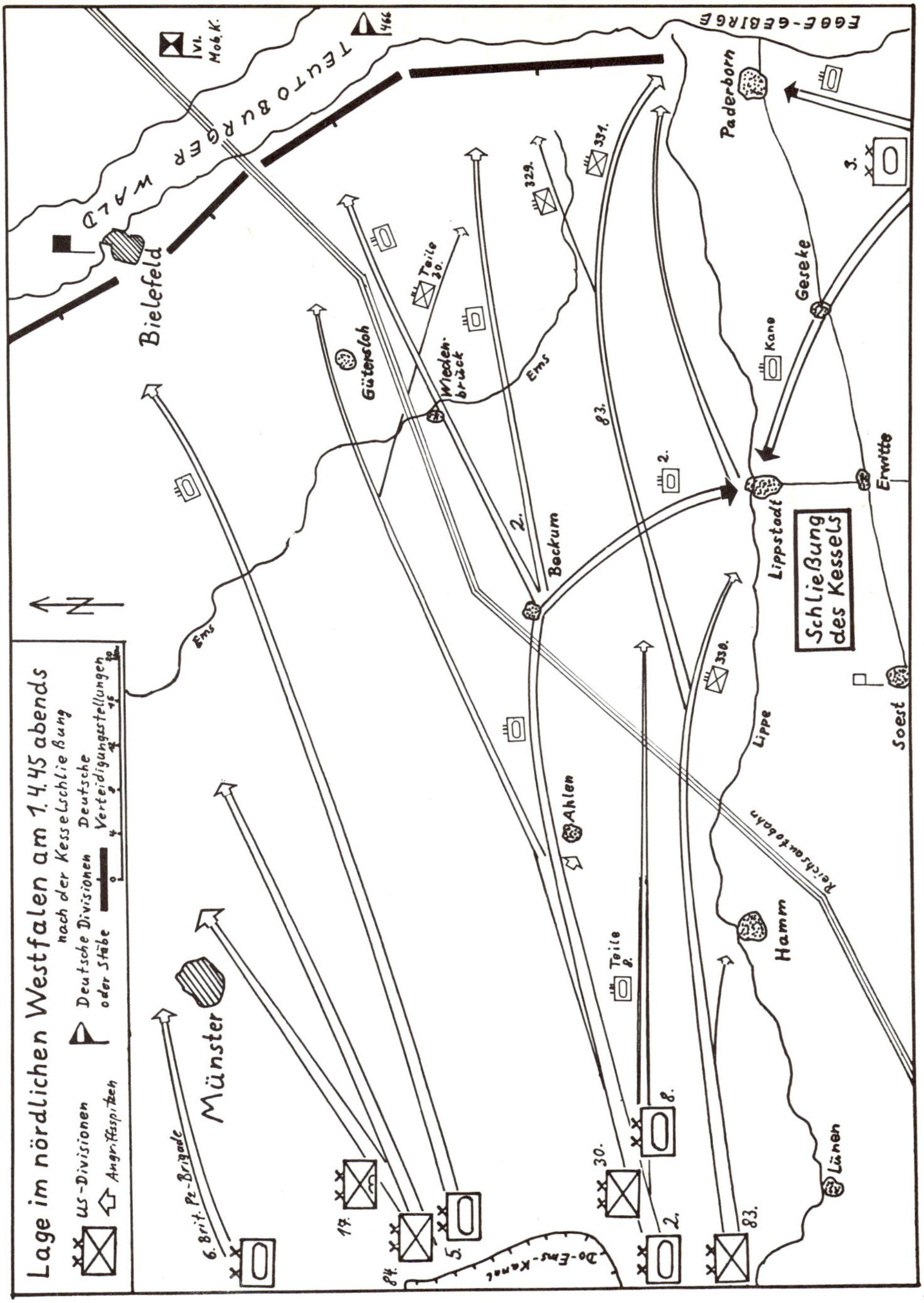


Karte 9: Die Lage am nördlichen Kesselrand am Abend des 1. April 1945

Der Freikorpsangehörige, selbst über das Durcheinander deprimiert, ging zwecks weiterer Suche zum Burgausgang und wurde unerwartet von einem am Wegrand für Disziplin sorgenden Major barsch mit den Worten angefahren: „Können Sie auch nicht mehr grüßen?"

Auch wollte der Major wissen, zu welcher Einheit er gehöre und welche Tätigkeit er ausübe.

Da kein weiterer Einsatzbefehl für den Freikorpsangehörigen vorlag, erklärte der Major kurz die unhaltbare und disziplinlose Lage und wies darauf hin, daß sich in den letzten Tagen geflüchtete sowjetische Kriegsgefangene aus den von Landesschützen bewachten Transporten, trotz Kenntnis über die Konsequenzen einer Flucht, plündernd und mordend einzeln stehender Gehöfte und Häuser bemächtigt hätten.

Laut jüngstem Führerbefehl (weitergegeben über die Gaubefehlsstelle Harkortberg) sei schon allein nach Ergreifen der nicht im Transport Verbliebenen wegen des Verdachtsmoments, an eventuellen Plünderungen teilgenommen zu haben, sofort mit dem Tode zu ahnden, um hier weiteren Ausschreitungen vorzubeugen. Dies sei allen bewachten Marschkolonnen täglich vor Beginn des Marsches mitgeteilt worden. Über Plünderungen und ähnlich gelagerte Fälle wurde im Radio und in Tageszeitungen berichtet; vielerorts waren die Betroffenen schutzlos und erwarteten energische Hilfsmaßnahmen.

Kurz entschlossen erteilte der Major Befehl, die Kreuzung am Hellweg aufzusuchen, bewaffnete Angehörige der Wehrmacht, die planlos umherirrten, sowie sonstige Waffenträger zu sammeln, um diese für einen weiteren Einsatz zur Verfügung zu haben.

Ferner befahl er, unter Berufung auf den Führerbefehl, geflüchtete sowjetische Gefangene festzunehmen, diese als Plünderer anzusehen und an Ort und Stelle — als warnendes Beispiel — sofort zu liquidieren, damit künftig die Gefangenentransporte zusammenblieben und persönliche Ausschreitungen unterblieben. Ein weiterer Wehrmachtsangehöriger, der auch herbeigerufen wurde, erhielt gleichfalls die Order.

Manche Waffenträger wurden nun an der Hellwegkreuzung gesammelt und in einzelnen Trupps zur Burg beordert, um sich bei dem erwähnten Major zu melden. Dabei kam es vor, daß einige ratsuchend zurückkamen, da sie sich in dem allgemein herrschenden Chaos nicht zurechtfanden.

Zwei Flakunteroffiziere, die in der Nähe Glasmerhof ihre Stellung hatten, führten fünf geflüchtete sowjetische Gefangene zur Kreuzung und gaben den dort Stehenden zu erkennen, daß diese, abseits der Straße, in der Feldflur von ihnen — nach allerlei Eskapaden — aufgegriffen wurden; sie seien der Auffassung, daß es sich hier um Plünderer handle, da diese auch deutsche Handgranatensprengkapseln mit sich führten, die vorgeführt wurden.

Bei der Durchsuchung kamen noch mehrere Sprengsätze mit provisorisch gefertigten Lunten und einige Messer zutage. Auf die Frage, was dies zu bedeuten habe, reagierten die Durchsuchten achselzuckend.

Der Tatbestand, insbesondere im Kampfgebiet, war eindeutig und stand im Einklang mit dem erhaltenen Befehl des Majors, so daß eine Liquidation erfolgte und kurze Zeit danach, wobei die Voraussetzungen die gleichen waren, mit drei weiteren genauso verfahren wurde.

Inzwischen kamen immer mehr Wehrmachtsangehörige, die zuvor zur Burg geschickt waren, zurück, da sie sich bei der herrschenden Unordnung in der Burg nicht

zurechtfanden. Der Freikorpsangehörige verließ daraufhin seinen Posten, um seinem befehlsgebendem Major Bericht zu erstatten, während ein oder zwei weitere Wehrmachtsangehörige als Posten weiterhin auf der Kreuzung zurückblieben.

Trotz eifrigen Suchens bei all dem Durcheinander im Burggelände wurde der befehlsgebende Major nicht mehr gesehen. Lediglich ein Standartenführer wurde im Schloß angetroffen, der in Eile war und sich von seinen Angehörigen verabschiedete, um ins Sauerland zu flüchten. Ein weiterer Befehl wurde nicht erteilt.

Der geplante Kesselausbruch in Richtung Paderborn, so war zu hören, war abgeblasen und hinhaltender Widerstand neu geplant. Mit weiteren Angehörigen der Wehrmacht erfolgte bald die Gefangennahme und für den Freikorpsmann nach Auslieferung eine hohe Verurteilung durch ein sowjetisches Militärtribunal.[326]

Im Bereich Erwitte staute sich an jenem Tage alles, was an deutschen Truppen noch aus dem Kessel herauswollte. Dazu kamen Kolonnen von Fremdarbeitern und auch Flüchtlinge aus den Städten an der Ruhr, deren Heimat Frontgebiet geworden war und die man nach Osten in Marsch gesetzt hatte. Die Reichsschulungsburg war in jenen Stunden — wie bereits beschrieben — der Sammelpunkt für alle versprengten und führerlosen Truppenteile. Wer hier an diesem ersten Ostertage die Befehlsgewalt hatte und die Verteidigungsmaßnahmen leitete, konnte nicht geklärt werden. Es ist möglich, daß Major Dunker auch hier die ersten Maßnahmen zum Aufbau einer Verteidigungslinie einleitete, da er ja am Morgen des Tages in Soest von Oberst Stripp den Auftrag erhalten hatte, „entlang der Bahnlinie Rüthen-Erwitte-Lippstadt eine neue Verteidigungsstellung zu beziehen und diese bis zum letzten zu halten".[327]

In Erwitte gingen derweil die wildesten Gerüchte um über vorgesehene Verteidigungsmaßnahmen. Die Erschießungen von Fremdarbeitern auf der Hellwegkreuzung und an anderer Stelle sorgten zudem für weitere Unruhe unter der Bevölkerung.[328]

In Erwitte war in den letzten Monaten vor dem Kriegsende auch der Volkssturm aufgerufen worden. In drei Kompanien aufgeteilt, hatte man einmal in einem Steinbruch MG-Schießen geübt. Später wurde der Volkssturm zum Bau von Panzersperren eingesetzt. In den letzten Tagen vor Ostern erhielt er den Befehl, an der Anröchter Straße und auf dem alten Tummelplatz die großen Ulmen zu fällen und in neun Meter lange Stämme zu zerschneiden. Damit sollten die Betonblöcke der Panzersperren geschlossen werden. Die Aktion wurde am Karfreitag 1945 in Erwitte abgeschlossen.

Der heute 88jährige damalige Volkssturmmann Josef Frede erinnert sich daran: „Ick saggte no, datt is ja alles Unsinn; de oiste amerikanische Panzer nimmet se op de Höern un schmitt se inne Lakenkiule."

---

326 Dem Verfasser mitgeteilt von einem ehemaligen Angehörigen des Freikorps Sauerland.

327 Vergleiche hierzu die Schilderungen des Majors Dunker bei der Besetzung von Lippstadt.

328 Die Ereignisse auf der Hellwegkreuzung wurden bereits auf den vorhergehenden Seiten beschrieben. Es muß aber auch an anderer Stelle noch zu Erschießungen an jenem Tage gekommen sein. Der Gedenkstein des Sammelgrabes auf dem Erwitter Friedhof trägt die Namen von 19 Russen. Eine Frau, die in der Nähe des Schützenplatzes wohnt, erinnert sich daran, daß deutsche Soldaten an jenem Ostertage gefangene Fremdarbeiter hinter einem Wagen mit sich führten. Wenig später hörte man aus Richtung Hellweghalle mehrere Schüsse. Nach dem Einmarsch der Amerikaner wurden hier mehrere, nur notdürftig bestattete Leichen ausgegraben und später auf dem Erwitter Friedhof in einem Sammelgrab beigesetzt.

Einzelne Volkssturmmänner wurden noch zur Bewachung der Sperren eingesetzt. Es waren nur einige alte 71er Gewehre und ein wenig Munition vorhanden. Nachdem Lippstadt am ersten Ostertag besetzt worden war, wurde am Abend des ersten Ostertages der Volkssturm in Erwitte aufgelöst. Zum Kampfeinsatz kam niemand mehr.[328a]

Mit banger Sorge sah man auch hier, wie an vielen anderen Orten, der weiteren Entwicklung der Dinge entgegen, zumal es in der Nacht vom ersten zum zweiten Ostertag gegen Mitternacht den ersten Beschuß gab. In diesen Stunden machte sich auch der damalige Amtsbürgermeister Heinrich Maurer auf den Weg zur Burg, um den dortigen deutschen Verteidigungskräften von Kampfmaßnahmen in der Stadt abzuraten. Maurer hatte zuvor in der Stadtverwaltung für Ordnung gesorgt, um die Stadt in einem geordneten Zustand an die Amerikaner übergeben zu können.[329]

Während sich in Lippstadt an diesem Tag die Schließung des Ruhrkessels anbahnte, versuchten bis zuletzt — auch an anderen Stellen — deutsche Einheiten der Kesselschließung zu entkommen. Auf der Kreuzung in Eikeloh (Reichsstraße 1 und Kreisstraße Lippstadt-Rüthen) tauchte zur Mittagszeit, aus Richtung Erwitte kommend, ein Panzerspähwagen auf. Als dieser die aus Richtung Langeneicke auf Bökenförde vorrollenden US-Verbände bemerkte, drehte er um und fuhr in Richtung Erwitte zurück.[330] In den Morgenstunden versuchte die Kolonne eines hohen deutschen Stabes ebenfalls, von Erwitte aus in Richtung Lippstadt zu entkommen.[331]

Im Hellwegdorf Eikeloh hatte in den Tagen vor Ostern eine deutsche RAD-Flak-Einheit gelegen. In Erwartung eines Angriffs aus Richtung Brilon hatte diese eine Stellung am südlichen Dorfrand von der Kreisstraße bis zum Pöppelschetal bezogen. Ein 8,8-cm- und fünf 3,7-cm-Flakgeschütze standen dort in Stellung. Am ersten Ostertag war diese Einheit aber bereits abgezogen, so daß Eikeloh zu diesem Zeitpunkt für die Amerikaner „feindfrei" war. Das Vorgehen der US-Truppen von Langeneicke auf das benachbarte Dorf Bökenförde wurde von einigen Leuten aus Eikeloh beobachtet. Einige allzu vorwitzige Beobachter erhielten dabei Beschuß durch amerikanische Panzer-MG und mußten schleunigst in Deckung gehen.

Während ein Bauer in der Nacht vom ersten zum zweiten Ostertag das Dorf Eikeloh den Amerikanern im benachbarten Bökenförde als „feindfrei" meldete, muß sich in der folgenden Nacht aber nochmals kurzfristig eine kleine deutsche Einheit bis Eikeloh vorgewagt haben. Der damals 16jährige Hubert Bürger erinnert sich daran, daß in seinem Elternhaus einige deutsche Soldaten waren und daß dort plötzlich ein Melder in Panzeruniform erschien, der meldete, daß sich der Bataillonsgefechtsstand in Westernkotten befände. Später erhielt das Dorf leichten Artilleriebeschuß aus Richtung Lippstadt.[332]

---

328a Aus einem Gespräch des Verfassers mit dem heute 88jährigen Josef Frede in Erwitte im Juni 1983.

329 Dem Verfasser mitgeteilt von der ältesten Tochter des damaligen Bürgermeisters Heinrich Maurer, Frau Erika Seibel, die ihren Vater auf diesem Gang begleitete. Frau Seibel kann sich an einige Soldaten auf der Burg erinnern sowie auch an einige Fahrzeuge (Panzerfahrzeuge oder Spähwagen?) vor der westlichen Burgeinfahrt.

330 Aus einem Gespräch zwischen dem Verfasser und Hubert Bürger in Eikeloh im April 1982.

331 Aus einer Studie aus dem Archiv von Jost W. Schneider, Wuppertal

332 Wie Anmerkung 330. — Bei dem von Bürger erwähnten Bataillonsgefechtsstand könnte es sich um Einheiten des Feldersatzbataillons der 116. Panzerdivision gehandelt haben, die noch bis Erwitte/Westernkotten gekommen sind.

Im benachbarten Dorf Westernkotten gab es am ersten Ostertag ebenfalls Einquartierung durch deutsche Soldaten, die aus Richtung Lippstadt-Beckum einrückten. Auf verschiedenen Bauernhöfen wurde Quartier bezogen. Der Kirchturm wurde als Beobachtungsstelle eingerichtet (angeblich von Soldaten der Windhund-Division). Als einige beherzte Mitbürger am Gradierwerk eine weiße Fahne hissen wollten — nachdem die Besetzung von Lippstadt bekanntgeworden war —, wurde dies von einem SS-Mann (?) unter Todesandrohung verhindert. Einige andere Mitbürger beobachteten vom Westernkötter Bruch aus die amerikanischen Panzer und Fahrzeuge, die auf der Straße von Bökenförde nach Lippstadt rollten (Einheiten der Kampfgruppe Kane oder weitere Verstärkungen).

Ein anderes deutsches Kommando wollte auch die Brücke über die Gieseler am nördlichen Dorfausgang bei dem Hofe Hoppe-Klosebaum sprengen. Dies wurde aber dadurch verhindert, daß plötzlich eine amerikanische Patrouille gegen das Dorf vorstieß, einige der deutschen Soldaten schnappte, kurz durch das Dorf rollte und in Richtung Westernkötter Bahnhof nach Westen verschwand. Die Sprengung wurde nicht mehr ausgeführt.[333]

Auch die Orte unmittelbar um Lippstadt wurden bereits am 1. April, dem ersten Ostertag, von amerikanischen Truppen besetzt oder erhielten zumindest den ersten Artilleriebeschuß, soweit sie noch von deutschen Restgruppen verteidigt wurden.

Die amerikanischen Truppen in Lippstadt sicherten nicht nur die Stadt gegen eventuelle deutsche Gegenangriffe, sondern unternahmen auch gleichzeitig erste Erkundungsvorstöße in südlicher Richtung auf Erwitte-Weckinghausen vor. Auf dem Gut Warte (etwa 1,5 Kilometer südwestlich von Lippstadt, an der Kreisstraße Lippstadt-Stirpe) traf am Nachmittag des 1. April ein Panzerspähwagen mit einigen amerikanischen Soldaten ein. Diese fragten und suchten nach deutschen Soldaten, zogen sich bald aber wieder in Richtung Lippstadt zurück.[334]

Im weiter südlich gelegenen Weckinghausen beobachteten am gleichen Nachmittag einige ältere Männer den Vorstoß von drei US-Panzerspähwagen auf der Kreisstraße in Richtung Weckinghausen. Die drei Bürger gingen den Amerikanern mit weißen Fahnen entgegen, wurden von ihnen aber nicht beachtet. In Höhe von „Rickerts Kreuzung" (Einmündung der verlängerten Dorfstraße in die Kreisstraße) drehten die US-Fahrzeuge nach Osten ab, fuhren über Felder und Wiesen, überwanden auch mühelos den Glasebach und rollten weiter auf die Reichsstraße 55 zu, um wieder nach Lippstadt zurückzukehren.

In Weckinghausen befand sich in den letzten Tagen vor dem Kriegsende eine Werkstattkompanie mit Ersatzteillager und einem kleinen Munitionslager. Am Karsamstag rückte diese Truppe plötzlich ab. Am ersten Ostertag erfolgte der bereits beschriebene Spähtruppvorstoß auf Weckinghausen. Nachdem die Bürger weiße Fahnen ausgehängt hatten, drohte Major Finke (Standortkommandant von Lippstadt, der auf dem Schulten-Hof in Weckinghausen wohnte) den Bürgern Erschießung an, wenn nicht sofort die weißen Fahnen eingezogen würden.

Am zweiten Ostertag morgens zogen deutsche Soldaten in das Dorf ein und richteten sich zur Verteidigung ein. Einmannlöcher wurden ausgehoben, und eine Batte-

333 Dem Verfasser mitgeteilt von dem 84jährigen Bauern Franz Rieke, Bad Westernkotten, bei einer Befragung im September 1982. Daß es sich bei den deutschen Soldaten um „Windhunde" gehandelt haben soll, wurde — so Franz Rieke — damals von den Leuten erzählt.

334 Aussage von Frau Benesch, Stirpe, die damals auf Gut Warte wohnte, nach einer Befragung durch den Verfasser im April 1982

rie 3,7-cm-Flakgeschütze wurde in Stellung gebracht. Ab Mittag erhielt Weckinghausen den ersten Beschuß, der aber am Abend wieder nachließ. Gegen Abend des 3. April stießen von Gut Warte und Richtung Lippstadt aus die ersten amerikanischen Infanterie-Einheiten gegen Weckinghausen vor und setzten sich auf den Höfen Büker und Könighaus am Nordostrand des Dorfes fest. Die Bewohner der Höfe wurden in einen Raum gesperrt. Äußerste Ruhe wurde ihnen auferlegt. Das gesamte restliche Dorf befand sich noch in den Händen der deutschen Truppen.[335]

In Esbeck zogen am gleichen Morgen des ersten Ostertages noch Volkssturm-Einheiten in östlicher Richtung durch das Dorf. Sonst herrschte sonntägliche Stille. Von den Kirchtürmen der umliegenden Orte wehten bereits weiße Fahnen. Einige Familien hängten ebenfalls weiße Tücher aus den Giebeln ihrer Häuser. Von einer Gruppe durchziehender SS-Leute wurde deshalb ein 70jähriger Mann erschossen.

Unterdessen gingen die Kampfhandlungen weiter. In Rixbeck war es am Morgen des 1. April ebenfalls unruhig geworden, als die in der Schule liegenden deutschen Soldaten plötzlich unter Zurücklassung des größten Teiles ihres Gepäcks in Richtung Esbeck abrückten. Während des ganzen Vormittags zogen flüchtende Zivilisten und versprengte Soldaten aus der Richtung Bökenförde-Westernkotten durch den Ort. Die Bevölkerung vergrub Wäsche, Kleider, Vorräte und Wertsachen. Gegen Mittag ebbte der Strom der Durchziehenden plötzlich ab; eine unheimliche Ruhe trat ein. Es hieß, daß die Amerikaner bereits in Lippstadt seien. Oberhalb des Dorfes, an Schulten Busch, standen schwere Panzer. Am Nachmittag fuhr dann der erste amerikanische Panzerspähwagen durch das Dorf.[336]

In Dedinghausen zogen in der Frühe des ersten Ostertages ebenfalls noch einige deutsche Wehrmachts-Einheiten in geschlossener Ordnung durch das Dorf, um bei Delbrück den Ruhrkessel zu verlassen. Dann blieb der Ort einige Tage unberührt und verlassen liegen, von jeder Nachricht abgeschnitten.

In Benninghausen wurde am 1. April ebenfalls gekämpft. Amerikanische Truppen waren gegen Mittag auf dem nördlichen Lippeufer angekommen und bei Göttingen mit Geschützen in Stellung gegangen. Benninghausen sollte von deutschen Truppen gehalten werden, von einer Gruppe, die aus einem Hauptmann und zwölf Mann bestand. In der Nacht zum 1. April flog die erst 1940 erbaute neue Lippebrücke in die Luft. Sie war gesprengt worden. Die Gastwirtschaft Becker und das Haus Marx wurden dabei schwer beschädigt, auch die Kirche erlitt durch Beschuß ernste Schäden, ebenfalls mehrere Häuser in der Nähe der Kirche.

Die Amerikaner schossen mit Brandgranaten ins Dorf, wodurch der Hof des Bauern Müser und die Scheune vom Osthof in Flammen aufgingen. Die Verteidiger gaben aber noch nicht auf. Daraufhin gaben die Amerikaner bekannt, daß Bomber angefordert würden, falls die Übergabe nicht bis zum Abend des zweiten Ostertages erfolge. Viele Einwohner zogen daraufhin nach Eickelborn, das wegen seiner Lazarette nach langen Verhandlungen als neutrales Gebiet erklärt worden war. Im Dorf Benninghausen herrschten Unruhe und Angst. Ein langer Zug von Verschleppten

---

335 Aus einem Gesprächskreis mit den Weckinghauser Bürgern Werner Rickert, Josef Bertelsmeier und Heinrich Büker in Stirpe beim Ortsvorsteher Franz Wördehoff, zusammen mit Ferdinand Möllers, im April 1982

336 Willi Mues, Der Kreis Lippstadt als Kampfgebiet, Folge 18—20 der Heimatblätter, in: „Der Patriot“, Jahrgang 1969/70, im April 1970. Anmerkung des Verfassers: Bei den Panzer-Einheiten im Süden von Rixbeck an Schulten-Busch könnte es sich um Einheiten der Kampfgruppe Kane gehandelt haben, die den südlichen Teil von Lippstadt besetzt hielten.

zog ziellos hin und her, sie wußten nicht ein noch aus. Mehrere fielen noch der Beschießung zum Opfer, während die Wachmannschaften bereits geflohen waren.

Die angedrohte Bombardierung Benninghausens trat zum Glück nicht ein, da einsichtige Leute endlich den Amerikanern entgegengegangen waren und die Übergabe des Ortes vollzogen hatten. Später rückten andere amerikanische Abteilungen, von Overhagen kommend, in Benninghausen ein.

Auch Overhagen lag bereits am 1. April unter amerikanischem Beschuß, da deutsche Soldaten und einige SS-Leute das Dorf verteidigen wollten. Volkssturm und einige Panzer waren ebenfalls in Stellung gegangen. Große Trecks an Gefangenen und Fremdarbeitern bewegten sich auch hier in den letzten Tagen in östlicher Richtung durch das Dorf.[337]

Im nördlich von Lippstadt gelegenen Bad Waldliesborn waren im Verlauf des ersten Ostertages ebenfalls amerikanische Truppen eingerückt. Die Höfe Hollenhorst, Nölke und Schnitker wurden von US-Soldaten belegt. Die Schule wurde von etwa 80 Soldaten besetzt, die dort eine Hauptfunkstelle einrichteten. Die Truppen gehörten zu einer Artillerie-Einheit, die von dort aus die noch von deutschen Verbänden gehaltene Burg Erwitte beschossen.[338]

Das nördlich benachbarte Wadersloh hatte in den letzten Tagen ebenfalls zahlreiche Truppendurchzüge gesehen. Als am ersten Ostertag frühmorgens die ersten Kirchgänger zur Frühmesse eilten, hörte man schon in nicht allzu großer Entfernung das Rollen von Panzern. Die Messe wurde später abgebrochen, und die Menschen eilten nach Hause. Zwischenzeitlich hatte man an vielen Häusern und am Kirchturm weiße Fahnen ausgehängt. Die letzten deutschen Soldaten zogen sich fluchtartig in Richtung Langenberg zurück. Gegen 7.00 Uhr erschienen auf Jeeps die ersten amerikanischen Soldaten, denen bald Panzer und andere Fahrzeuge folgten. Kein Schuß war gefallen und alles reibungslos verlaufen. Nach kurzem Aufenthalt rückten die ersten Panzer weiter in Richtung Langenberg-Wiedenbrück, wo auch kein Widerstand geleistet wurde. Amerikanische Artillerie ging später an verschiedenen Stellen des Dorfes in Stellung, und auf dem Amt wurde ein amerikanischer Gefechtsstand eingerichtet. In den nächsten zwei Tagen rollte ununterbrochen ein starker Nachschubverkehr an Panzern und anderen Fahrzeugen durch das sonst so stille Dorf. Das Verhalten der Amerikaner wurde als durchweg korrekt bezeichnet, wenn sie auch reichlich Jagd auf Schnaps machten, der in fast allen Häusern vorhanden war.[338a]

An jenem ersten Ostertag 1945 wurden längs der Lippe auch noch weitere Ortschaften von den aus Westen vorstoßenden amerikanischen Verbänden besetzt, ging es den Amerikanern doch darum, eventuellen deutschen Truppen jegliche Fluchtwege abzuschneiden. Das trifft besonders für die Dörfer östlich von Lippstadt zu.

Eine der ersten Ortschaften war Lipperode. Der Ort hatte bereits bei der Bombardierung des nahegelegenen Lippstädter Flugplatzes beträchtlichen Schaden erlitten. Die letzten Tage vor dem Ende des Krieges waren mit banger Sorge und den Durchmärschen zahlreicher Kolonnen und Fahrzeuge vergangen. Die Ereignisse westlich von Lippstadt waren auch hier nicht unbekannt geblieben, und so hatte der

---

337 Wie Anmerkung 336. Auch Zeitungsberichte aus „Der Patriot" (Westfalenpost) Nr. 42 und 43 von 1949

338 Festschrift: 50 Jahre Katholische Pfarrei St. Josef, Bad Waldliesborn, 1980, S. 37

338a Siegfried Schmieder, Wadersloh, Geschichte einer Gemeinde im Münsterland, Wadersloh 1982, S. 228–229

damalige Bürgermeister noch kurz vor dem Einmarsch der ersten amerikanischen Verbände den Befehl gegeben, den Ort zu verteidigen. Zu diesem Zweck war auch die Lippebrücke gesprengt worden. Einige Gruppen deutscher Soldaten hatten sich, unterstützt durch einen Panzer, auf Lipperode zurückgezogen. Am Nachmittag dieses Tages wurde Lipperode von der B-Kompanie des I. Bataillons des 67. US-Panzerregiments sowie von Granatwerfergruppen und Panzerjägern angegriffen, und um 17.30 Uhr hatten die Amerikaner das Dorf fest in ihrer Hand. Der deutsche Panzer wurde dabei in der Kurve der Landstraße abgeschossen und stand noch längere Zeit dort als Wrack. In Lipperode trafen die amerikanischen Truppen auf eine große Zahl von russischen, polnischen und französischen Gefangenen, die ihnen halfen, deutsche Gefangene einzubringen. Nach Eintreffen von Verstärkungen und einigen Umgruppierungen wurde eine andere amerikanische Kampfgruppe noch in der folgenden Nacht zu einem weiteren schnellen Vorstoß nach Osten in Richtung Teutoburger Wald entsandt. Bei der Besetzung von Lipperode kamen keine Bürger zu Tode, und es gab auch keine großen Schäden. Selbst von Plünderungen durch freigewordene Fremdarbeiter blieb Lipperode weitgehend verschont.[339]

Über die Ereignisse in Lipperode fand der Verfasser in einer Artikel-Serie der Heimatzeitung „Der Patriot" aus dem Jahre 1955 folgende Tagebuchaufzeichnung eines Bürgers aus Lipperode in jenen Tagen:

»Die Nacht zum Sonntag hat wohl kein Mensch im Dorfe geschlafen. Immer wieder waren aus der Ferne Detonationen zu hören: Sprengungen. Morgens gegen 10.00 Uhr vernahm man die Explosion der Brückensprengungen in Lippstadt. Kurz vor Mittag wurde völlig sinnlos auch die Brücke im „Mersch", Verbindung zwischen Lipperode und Esbeck, in die Luft gesprengt. Ein steil hochschießender Rauchpilz, der sich oben fächerte, ein donnerndes Krachen — und wieder war ein Zeichen friedlicher Arbeit zerstört.

Junge Arbeitsmänner drohen im Dorf mit Panzerfäusten den Leuten. Beherzt geht ein Herr auf sie zu: „Wenn ihr noch mehr Elend anrichten wollt, so schießt. Denkt an eure Eltern, auch meine Jungen sind Soldaten!" Verlegen drücken sich die jungen Burschen beiseite. Volkssturmangehörigen wird angedroht, wenn sie bei der Verteidigung nicht mithelfen würden, sei ihr Leben verwirkt, ihre Häuser würden verbrannt. Sie gehen nicht, sie sind den Unsinn leid. Ein Mitbürger kommt dazu. Er hat die ersten Amerikaner im Delbrücker Weg gesehen und angesprochen. Nun ist kein Halten mehr. An der Straße nach Mettinghausen steht bei dem Gehöft V. ein Panzer. Der Kommandant droht einem unserer Nachbarn, er solle die weiße Fahne einziehen. Wir bitten ihn wegzugehen, damit nutzloser Widerstand nicht unser Dörflein zerstört. Er sieht uns an, sagt nichts und fährt weg.

Ein Flieger kreist niedrig umher. Gerüchte erreichen uns, Lippstadt sei schon besetzt. Da beginnt der Panzer doch zu schießen! Doch nach wenigen Minuten erhält er selbst einen Volltreffer, und er brennt aus. Lautsprecher fordern die Zivilisten auf, in die Keller zu gehen. Der Versuch eines beherzten Einwohners, den Ort zu überge-

---

[339] Aus der Geschichte des 67. US-Panzerregiments, Kapitel I. Bataillon. Siehe auch Festschrift „100 Jahre Lipperoder Schützenverein 1877 e. V.", S. 206.
An den Durchmarsch durch Lipperode erinnert sich auch Sergeant Werner Ostheimer, der mit seiner Einheit, nach nur wenigen Stunden Aufenhalt in Lippstadt, gleich in Richtung Teutoburger Wald und Senne aufbrechen mußte. Der Weg führte etwa über Lipperode, Westenholz und Delbrück.

ben und so eine Beschießung zu verhindern, schlägt fehl, weil er keine Amtsperson ist. Und da schlägt auch schon die erste Salve ein. Überall suchen die Leute Schutz, bergen ihre Kinder vor dem heranheulenden Tod, verfluchen Hitler und beten zu Gott. Immer wieder Granaten, mit widerlich kreischendem Ton berstend, Dächer zerschlagend, Häuserwände zerstörend, Erde aufreißend. Dann Stille.

Es hatte Schaden genug gegeben: Der Turm der evangelischen Kirche war beschädigt, die Sonderschule, verschiedene Privathäuser in der Friedhofstraße, das Geschäftshaus Tack und andere hatten etwas abbekommen. Auch bei uns hat es eingeschlagen. Ein mächtiges Loch ist in der Hauswand, von den kleineren Schäden abgesehen.

Die ersten Feindpanzer rollen an. Ein eigenartiges Gefühl bedrückt uns: Gewiß, der Krieg scheint für uns beendet, aber seit über 120 Jahren ziehen zum ersten Male wieder fremde Soldaten als Sieger durch unser Heimatland. Warum mußte es soweit kommen?

Ein Panzer biegt zu uns ein, das Haus wird durchsucht, und aus einem Zimmer werden die letzten Schüsse im Dorf auf einige deutsche Soldaten abgegeben, die sich auf dem Gelände der alten Burg aufhalten.

Die ersten französischen Gefangenen fluten zurück. Franzosen, die sich mit dem ganzen Temperament ihres Volkes der Freude hingeben. Die Flut wird später zum Strom.«

Gefährlich wurde es an diesem Ostertag des Jahres 1945 auch für das kleine Dorf Mettinghausen an der Lippe (fünf Kilometer östlich von Lippstadt). Auch dieses Dorf hatte in den letzten Tagen zahlreiche Kolonnen durchziehender, halbverhungerter Gefangener und Fremdarbeiter gesehen. Am 27. März hatte sich hier eine kleinere Gruppe deutscher Soldaten festgesetzt, wozu auch vier Panzer gehörten. Zu kurzen Kampfhandlungen kam es hier, als am frühen Nachmittag des 1. April aus Richtung Lipperode die ersten Amerikaner vorfühlten. Dabei kam es nördlich und westlich des Dorfes zu einem kurzen Panzergefecht, in dessen Verlauf drei deutsche Panzer wegen Spritmangel aufgegeben werden mußten. Die deutschen Soldaten — soweit sie nicht von den Amerikanern gefangengenommen wurden — zogen sich in östlicher Richtung zurück. Bei den Kampfhandlungen war die Scheune des Bauern Haselhorst in Brand geraten und zerstört worden. Von den Amerikanern wurden für einige Tage mehrere Häuser belegt; auch eine Ausgangssperre wurde verhängt. Das Verhalten der amerikanischen Truppen war hier nicht überall gut.[340]

Im benachbarten Mantinghausen waren am ersten Ostertag die letzten deutschen Nachhuten gegen 10.00 Uhr durch das Dorf gezogen. Etwa um 11.30 Uhr fuhr eine Pakbatterie auf, die an drei Stellen des Dorfes in Stellung ging, um die vorrückenden Amerikaner aufzuhalten. Der Führer der deutschen Nachhutpanzer hatte die Marschroute Lippstadt-Mantinghausen-Boke/Neuhaus erhalten. An der Straßengabelung Mettinghausen hatte er sich geirrt und die Richtung Westenholz-Delbrück eingeschla-

---

340 Dem Verfasser mitgeteilt vom Ortsvorsteher Franz Hoppe, Mettinghausen, anläßlich einer Befragungsaktion im September 1981. Franz Hoppe war der einzige von 16 Ortsvorstehern der Stadt Lippstadt, der dem Verfasser zu seinen Fragen ausführliche und brauchbare Angaben machen konnte.

Zu der Besetzung durch amerikanische Truppen schreibt Hoppe weiter, daß die amerikanischen Soldaten aus einigen besetzten Häusern Uhren und Wertgegenstände mitgenommen hätten. Auch Vergewaltigungen an deutschen Frauen seien vorgekommen.

gen. So war die Verteidigung des Dorfes Mantinghausen gegenstandslos geworden. Die Einwohner der Gemeinde waren ins Bruch geflohen, wo sie eine größere Sicherheit erwarteten. Unversehens gerieten sie aber gerade dort in die Kampfhandlungen, da das für Mantinghausen geplante Gefecht an der Grenze von Mettinghausen und Westenholz stattfand. Um 17.30 Uhr besetzten die ersten amerikanischen Panzer das Dorf, nachdem die deutsche Pak vor drei Stunden in Richtung Boke abgerückt war. Kampfhandlungen gab es nicht mehr. Nur der Spitzenpanzer streute mit seinem Maschinengewehr das Gelände ab, wobei jedoch niemand zu Schaden kam. Am Dorfeingang hatten Kriegsgefangene zuvor eine weiße Fahne gehißt.[341]

Von weiteren Kämpfen längs der Lippe zwischen Lippstadt und Paderborn im sogenannten „Entenschnabel“ (nordwestlicher Teil des ehemaligen Kreises Büren) ist nichts weiter bekannt. Die anderen Dörfer im Amt Boke wurden fast ausschließlich kampflos von den amerikanischen Truppen besetzt. Die Geschichte des 67. US-Panzerregiments erwähnt lediglich, daß bei dem weiteren Vorstoß in Richtung Teutoburger Wald zahlreiche kleinere Dörfer längs der Lippe besetzt wurden, ohne allerdings nähere Einzelheiten und die Namen der Dörfer zu nennen.

Lediglich im Dorf Scharmede gab es noch einen geringen deutschen Widerstand, bedingt dadurch auch leider etliche Zerstörungen. Nach Dr. Josef Tönsmeyer: „Das Lippeamt Boke“ soll hier die Vereinigung von zwei amerikanischen Armeen stattgefunden haben. Es heißt dazu:

„Es war ein unglücklicher Zufall, daß gerade im Raume Scharmede sich die südliche amerikanische Armee von Borchen und Wewer aus mit der rasch heranrückenden nördlichen Umfassungsarmee zu vereinigen suchte. So geriet das Dorf, das schwache deutsche Streitkräfte zu halten suchten, von zwei Seiten in die Frontlinie. Die Vereinigung der beiden Heere gelang östlich des Bahnhofs von Scharmede. Der sinnlose Widerstand mußte die Katastrophe des Dorfes heraufbeschwören. Geben wir der objektiven Berichterstatterin Sophie Lange das Wort!

‚Es war am 1. April, dem Oster- und gleichzeitig Erstkommuniontag des Jahres 1945. In nur geringer Entfernung vom Dorfe zog sich die amerikanische Frontlinie hin. Die hehre Stille des Gotteshauses wurde bereits unterbrochen durch den Donner der Front, der die weltfernen Beter in die grausame Wirklichkeit zurückrief und an die Schrecken des Krieges erinnerte, die unser Dorf noch am selben Tage erfahren sollte. Gegen 6.30 Uhr abends gingen sieben (!) unserer größten Bauernhöfe, darunter auch der alte Schultenhof, durch Artilleriegeschosse getroffen, in Flammen auf. Kurz darauf rückten die ersten amerikanischen Panzerspitzen in unser Dorf ein. Die wenigen Soldaten, die, kaum mit Munition ausgerüstet, dennoch auf Befehl des Leutnants das Dorf zu verteidigen suchten, mußten den Kampf gegen die feindliche Übermacht bald aufgeben und gerieten sämtlich in Gefangenschaft. Durch ununterbrochene Arbeit, die bis in den nächsten Morgen hinein andauerte, gelang es den Bewohnern des Dorfes, aus den brennenden Häusern zu retten, was zu retten war, und die anliegenden Höfe vor dem Übergreifen der Flammen zu schützen. In den kommenden Tagen wurde Scharmede von den stetig durchrollenden amerikanischen Kampftruppen zeitweilig belegt, während die eigentliche Besatzungstruppe erst einige Wochen später einrückte.‘

Die sechs in Brand geschossenen Bauernhöfe waren: Schulte-Alpmann, Nölleke, Fecke, Koch, Eikel und Werning. In den folgenden Wochen und Monaten wurden

---

341 Dr. Josef Tönsmeier, Das Lippeamt Boke, Salzkotten-Boke 1968, S. 332

dann auch die Einwohner von Scharmede durch den Terror der Polen in ständiger Angst gehalten. Räubereien und Gewaltakte waren an der Tagesordnung."[342]

*Anmerkung des Verfassers zur „Verteidigung Lippstadts"*

*In Lippstadt ist heute noch — 39 Jahre nach dem Kriege — der über 90 Jahre alte ehemalige Volkssturmführer Wilhelm Oberwinter der Meinung, daß er der Retter Lippstadts vor der Zerstörung sei. Er ist immer noch darüber verärgert, daß ihn die damaligen Behörden im „Nachkriegs-Lippstadt" mit einem Berufsverbot und einer Geldbuße belegten, da man ihm „nazistische Aktivitäten" bei der Organisation des Volkssturms zur Verteidigung der Stadt unterstellt hatte. Dieses bedarf einer Richtigstellung!*

*Lippstadt spielte in den strategischen Planungen der alliierten Befehlshaber bis zum 31. März 1945 keine Rolle. Die Schließung des Ruhrkessels war irgendwo nördlich von Paderborn in der Senne vorgesehen. (Vgl. hierzu die einschlägigen Beschreibungen des Verfassers.)*

*Erst der unerwartete deutsche Widerstand vor Paderborn am 30. März veranlaßte den Kommandeur des VII. US-Korps (Generalmajor J. Collins) dazu, sich mit dem Befehlshaber der 9. US-Armee, seinem Freund Generalleutnant Simpson, in Verbindung zu setzen, um eine schnellere Kesselschließung herbeizuführen. (Vgl. auch hierzu die einschlägigen Beschreibungen des Verfassers.) Erst durch die Vereinbarung dieser beiden amerikanischen Generale wurde die Stadt Lippstadt als Treffpunkt beider Panzerspitzen ausersehen, was dann auch geschah.*

*Auch in den deutschen Verteidigungsmaßnahmen war Lippstadt nicht vorgesehen. Allgemeine Rückzugs- und Auffanglinie für alle deutschen Truppen nördlich der Lippe war der Teutoburger Wald. Auch südlich der Lippe gab es keinen größeren deutschen Verband, der sich zur Verteidigung der Stadt und der Lippeübergänge geeignet hätte. Lippstadts Glück in den entscheidenden Stunden vor der Kesselschließung war, daß sich in der Stadt kein energischer Kampfkommandant und auch keine deutschen Kampftruppen befanden. Der einzige deutsche Kampfgruppenführer, der nördlich der Lippe den Befehl hatte, sich der sich abzeichnenden Kesselschließung entgegenzustellen, war Major Dunker, der Verteidiger von Beckum. (Vgl. hierzu den Auftrag der 116. Panzerdivision an Major Dunker vom 30. März 1945.)*

*So kamen in und um Lippstadt mehrere „glückliche oder unglückliche" Umstände zusammen, die den amerikanischen Truppen eine heile und offene Stadt präsentierten.*

*Das schmälert aber nicht die Verdienste von Wilhelm Oberwinter, in den entscheidenden Stunden des 1. April 1945 seine Volkssturm-Einheiten aus der Stadt herausgehalten zu haben. Seine damalige Entscheidung war richtig; sie hätte ihn — unter anderen Umständen — Kopf und Kragen kosten können. Wenn dem so ist, wie er in seinen Aufzeichnungen schreibt, „daß er bei seinem Räumungsplan*

---

342 Ebd., S. 389. Anmerkung des Verfassers zu den Schilderungen von Tönsmeier: Ob sich hier wirklich verschiedene amerikanische Einheiten getroffen haben, konnte der Verfasser nicht klären. Die ihm zur Verfügung stehenden US-Unterlagen sagen darüber nichts aus. Zumindest wurde hier nicht der Ruhrkessel geschlossen. Bei anderen Zusammentreffen verschiedener US-Einheiten ist es jedoch niemals zu Kampfhandlungen gekommen, da man rechtzeitig Funk- und Sichtkontakte hatte.

*kriegerische Maßnahmen vortäuschte", hätte ihn jeder kleine Kampfgruppenführer, der diese Absicht durchschaut hätte, sofort zur Rechenschaft ziehen können. Es gab dafür einschlägige Befehle.*

*Wilhelm Oberwinter ist nicht der alleinige Retter Lippstadts. Jedoch hat er sich durch seine damalige Handlungsweise um seine Vaterstadt verdient gemacht. Die Bürger sind ihm zu Dank verpflichtet.*

*Dank und Anerkennung sollten aber auch dem damaligen Bürgermeister Friedrich Fuhrmann gelten. Er war in den entscheidenden Stunden in der Stadt und hat — wie vom Verfasser beschrieben — an verschiedenen Stellen vor sinnlosem Widerstand gewarnt. Was sonst vielleicht aus Lippstadt geworden wäre, hat der amerikanische Major O'Donnell eindeutig zum Ausdruck gebracht. (Vgl. hierzu die Beschreibungen des Verfassers auf S. 225, Fußnote 388.)*

Nachtrag

Ein Augenzeuge der Schließung des Ruhrkessels in Lippstadt ist der Lippstädter Bürger Hubert Menne. Menne – zu jener Zeit als Verwundeter in Lippstadt – befand sich auf der Westernkötter Straße in der Nähe einer amerikanischen Einheit. Von seinem Standpunkt aus beobachtete er, wie aus Richtung Südost (Bökenförder Straße) eine andere amerikanische Einheit über die heutige Reichenbacher Straße in Richtung Westernkötter Straße heranrollte. Von der Westernkötter Straße fuhren die dort haltenden amerikanischen Truppen auf die Entgegenkommenden zu, teilweise quer über die Felder. Im Bereich der Reichenbacher Straße ist es nach Meinung von Hubert Menne dann zum Zusammentreffen der beiden Panzerspitzen – und so zur Schließung des Ruhrkessels – gekommen.

8. Kapitel

# Nach der Kesselschließung

Die Schließung des Ruhrkessels durch Verbände der 1. und 9. US-Armee in Lippstadt war zweifellos das militärische Tagesereignis der westlichen Alliierten am 1. April 1945. Unabhängig davon gingen aber am gleichen Tage alle militärischen Operationen weiter.

Während große Teile der Kampfgruppe B der 2. US-Panzerdivision an der unmittelbaren Kesselschließung beteiligt waren, rollten die Kampfverbände der Divisionskampfgruppe A weiter nach Osten und bewegten sich in drei Marschsäulen auf den Teutoburger Wald zu.[343] In der Nacht zum 1. April besetzten Einheiten dieser Kampfgruppe die Stadt Wiedenbrück, die auch nur schwach verteidigt wurde. Am Abend des ersten Ostertages standen die Spitzen der Division vor Oerlinghausen, Lipperreihe, Augustdorf, Pivitsheide und Stukenbrock. Hier gab es seit dem Rheinübergang nochmals geschlossenen deutschen Widerstand der schnell organisierten Kampfgruppen des Wehrbereichs VI: den Kampfgruppen der 466. und 476. deutschen Infanteriedivision.[344]

Hinter diesen Spitzenverbänden der 2. US-Panzerdivision sammelte die Divisionskampfgruppe R im Raume Wiedenbrück und säuberte das rückwärtige Gebiet der vordersten Kampfgruppen. Das 82. Panzer-Aufklärungsbataillon übernahm hierbei den nördlichen und südlichen Flankenschutz. Die A-Kompanie dieser Einheit, die im südlichen Divisionsgebiet eingesetzt war, patroullierte entlang dem nördlichen Lippeufer, überquerte den Fluß östlich von Lippstadt und stieß in Richtung Paderborn vor. Die B-Kompanie des gleichen Bataillons stieß weiter über die Autobahn vor und unterbrach die Straßenverbindungen zwischen der Autobahn und der Stadt Bielefeld. Die C-Kompanie des Bataillons operierte im Gebiet nördlich Delbrück und stieß dort auf erheblichen Widerstand während der Säuberungsaktion. Die 2. US-Panzerdivision verlegte am Abend dieses Tages ihren Divisionsgefechtsstand von Walstedde nach Stromberg.[345]

Während das Kampfkommando B der 2. US-Panzerdivision den Auftrag erhielt, in Richtung Lippstadt vorzustoßen, rollte das Kampfkommando A weiter in östlicher Richtung. Dabei rückten die vordersten Einheiten des Kampfkommandos A in der Nacht vom 31. März zum 1. April kampflos in Oelde ein und stießen auch gleichzeitig gegen Rheda/Wiedenbrück vor. Auf der Autobahn hielt die Panzerspitze der amerikanischen Kampfgruppe zunächst an, nachdem sie eine intakte Autobahnbrücke über die Ems passiert hatte. Offenbar wartete man auf eine andere Kolonne, die aus südlicher Richtung sich der Stadt Wiedenbrück nähern sollte. In der Nähe des Bahnhofs an der Ems traf eine andere amerikanische Kolonne auf eine besetzte deutsche Panzersperre. Gleichzeitig kamen drei deutsche Lastkraftwagen aus Richtung Lippstadt.

---

343 Diesen Einheiten der 2. US-Panzerdivision war auch das 377. Infanterieregiment der 95. US-Infanteriedivision zur Unterstützung beigegeben.

344 Hier waren alle im nord- und ostwestfälischen Raum vorhandenen Truppenteile zusammengezogen sowie zurückflutende Verbände aufgehalten worden, um eine letzte Verteidigungsstellung vor der Weser zu bilden.

345 After-Action-Report der 2. US-Panzerdivision

Da die amerikanischen Panzer von der Panzersperre aus unter Feuer genommen wurden, erwiderten diese das Feuer und schossen die drei Lastwagen in Brand. Auf den deutschen Fahrzeugen vermutete man später Treibstoff, denn es gab einen großen Brand. 18 Menschen sind dabei ums Leben gekommen. Die verkohlten Leichen konnten erst am Ostermontag geborgen werden. Der Giebel eines Fachwerkhauses wurde dabei auch in Brand gesetzt.[346] (Siehe hierzu auch Anlage 22 im Anhang)

Die US-Panzerkolonne auf der Autobahn hatte ihre Rohre auf die Stadt gerichtet, griff aber nicht in die Kämpfe ein. Der Bürger Heinrich Kleibaumhüter verhinderte unter Einsatz seines Lebens die Schließung der Panzersperren an den Stadttoren, die hier aus Baumstämmen und Sand vorbereitet worden waren und mit Volkssturmmännern besetzt werden sollten.[347]

Nach der Besetzung der Stadt rückten die Panzerverbände bald in östlicher Richtung weiter. In der Höhe des Stadtholzes wurden einige Schüsse in Richtung der „Dicken Linde" abgegeben, da angeblich ein Maschinengewehr von dort aus auf die Panzer geschossen habe.[348]

Während das I. und II. Bataillon des 67. US-Panzerregiments im Rahmen des Kampfkommandos B der 2. US-Panzerdivision im Laufe des 1. April nach Lippstadt hineingestoßen waren, hatte das III. Bataillon den Auftrag, im Rahmen der Divisionskampfgruppe A, weiter nach Osten vorzustoßen. Nach Überwindung des Dortmund-Ems-Kanals war das Bataillon aus der Gegend von Selm zum Vormarsch nach Osten angetreten. Während des Vormarsches wurden einige Straßensperren nach Süden eingerichtet. Dabei gab es auch einige Verluste durch gezieltes deutsches Artilleriefeuer. Am Abend des 31. März war man nördlich von Hamm und empfing eine Nachricht, daß ein deutscher Zug aus Hamm zu fliehen versuche. Der Zug wurde nach Hamm zurückgetrieben. Am Morgen des 1. April, Ostersonntag, wurde der Vormarsch nach Osten fortgesetzt. Er führte durch Beckum und Stromberg. Die einzelnen Einheiten trafen auf wenig Widerstand, aber auf Hunderte von deutschen Kriegsgefangenen. Von einem organisierten deutschen Widerstand war nichts mehr zu merken.[349]

Am Morgen des 2. April ging der Vormarsch in Richtung Teutoburger Wald weiter. Die zur Unterstützung des Bataillons beigegebenen Einheiten der 95. US-Infanteriedivision wurden abgelöst und durch ein Bataillon der 30. US-Infanteriedivision ersetzt. Die Verbände stießen gemeinsam nach Nordosten vor, um einen Paß im Teutoburger Wald zu besetzen. Wieder einmal war es die Infanterie, die den Weg ebnen mußte, unterstützt von Steilfeuer- und Sturmgeschützen. Der Flugplatz einer Segelfliegerschule wurde besetzt, und eine Anzahl gut gepflegter Segelflugzeuge fiel in die Hände der Amerikaner. Auch das III. Bataillon traf hier auf einen fanatischen Widerstand der deutschen Fallschirmjäger und Volkssturmmänner, die sich mit Gewehren und Panzerfäusten zur Wehr setzten.[350]

---

346 Tätigkeitsbericht der 2. US-Panzerdivision, April 1945. Übersetzte Informationskopie aus dem Archiv Jost W. Schneider, Wuppertal. Auch Bericht von August Wiese, Wiedenbrück, an das Archiv Jost W. Schneider

347 Mitteilungen des Stadtarchivs Rheda-Wiedenbrück aus der Stadtchronik (S. 134) an den Verfasser anläßlich einer Anfrage im Oktober 1981

348 Wie Anmerkung 347

349 Geschichte des 67. US-Panzerregiments, S. 49 ff.

350 Wie Anmerkung 349. Bei der hier erwähnten Segelfliegerschule dürfte es sich um Oerlinghausen gehandelt haben.

Das II. Bataillon des 67. US-Panzerregiments hatte bei seinem raschen Vorstoß auf den Teutoburger Wald noch einen besonderen Zusammenstoß mit deutschen Truppen im Bereich des Truppenübungsplatzes Sennelager. Cornelius Ryan berichtet darüber in seinem Buch „Der letzte Kampf" u. a.:

„In der Nähe des Teutoburger Waldes stellte Major James F. Hollingsworth, der die Vorhut der 2. Panzer anführte, plötzlich fest, daß er von deutschen Panzern umzingelt war. Seine Kolonne war mitten in ein Panzerübungsgelände geraten. Glücklicherweise handelte es sich um ausrangierte Panzer, deren Motoren ausgebaut waren. Doch sie waren zur Ausbildung von Rekruten mit Geschützen bestückt, und die Deutschen eröffneten rasch das Feuer. Staff Sergeant Clyde W. Cooley, Hollingsworths Kanonier, schwenkte schnell seinen Turm und schoß einen der deutschen Panzer auf eine Entfernung von fünfzehnhundert Meter ab. Dann schwenkte er zurück und nahm einen anderen, der etwa hundert Meter weit weg stand, unter Beschuß. ‚Die Hölle brach los. Sämtliche deutsche Panzer eröffneten auf uns das Feuer', berichtet Hollingsworth. Als alle deutschen Panzer erledigt waren, rollte plötzlich auf der Straße ein mit Soldaten besetzter deutscher Lastwagen auf die amerikanische Panzerkolonne zu. Hollingsworth befahl seinen Männern zu warten, bis er sich in Schußweite befände. Als der Lastwagen bis auf fünfundsiebzig Meter heran war, ließ der Major das Feuer eröffnen. Von MG-Geschossen durchsiebt, explodierte der Laster und überschlug sich. Die uniformierten Insassen wurden auf die Straße geschleudert. Die meisten waren schon tot, bevor sie auf der Erde aufschlugen, doch einige lebten noch und schrien entsetzlich. Erst als Hollingsworth sich die zerfetzten und von Kugeln durchlöcherten Leichen ansah, merkte er, daß es Frauen waren — deutsche Wehrmachtshelferinnen."[351] (Siehe auch Anlage 22 im Anhang)

Den Panzerspitzen der amerikanischen Divisionen folgten unmittelbar motorisierte Infanteriedivisionen. So folgte der 2. US-Panzerdivision etwas südlich gestaffelt die 30. US-Infanteriedivision, die in das Gebiet der Senne vorstieß. Weiter nördlich operierte die 102. US-Infanteriedivision.

Der 2. US-Panzerdivision folgte unmittelbar auch die 83. US-Infanteriedivision hart nördlich der Lippe. Ihre Aufgabe war es, die kleinen Kessel und Stützpunkte zu nehmen und das Hinterland zu bereinigen: all das, was die 2. US-Panzerdivision auf ihrem schnellen Vorstoß hatte liegen lassen. Die 83. US-Infanteriedivision erhielt am 1. April vom XIX. US-Korps die Instruktionen, die rechte Flanke des Korps zwischen Dortmund-Ems-Kanal und Lippstadt zu schützen und allen Widerstand nördlich der Lippe zu brechen. Gleichzeitig sollte sie die 95. US-Infanteriedivision, die um Hamm stand, unterstützen und der 8. US-Panzerdivision den Durchmarsch durch dieses Gebiet vorbereiten. Während dieses Tages verlegte die Division ihren Gefechtsstand von Lüdinghausen über Walstedde nach Beckum.

---

351 Cornelius Ryan, Der letzte Kampf, Lizenzausgabe des Deutschen Bücherbundes, S. 225 und 226. Siehe auch Charles Whiting, Die Schlacht um den Ruhrkessel, Molden-Taschenbuch, S. 107.

Anmerkung des Verfassers: Die Geschichte des 67. US-Panzerregiments nennt dieses unrühmliche Ereignis nicht. Lediglich daß man auf dem raschen Vormarsch nach Osten zahlreiche Gefangene machte, die nicht mehr kämpfen wollten, und vier Wagen vernichtete. Die Kolonne stieß weiter in ein Panzertrainingslager. Hier befanden sich fünf Panther-, ein Tiger-Panzer und ein Panzer IV. Nur zwei davon feuerten und wurden schnell von anderen Teilen der Kampfgruppe erledigt. Die anderen fünf wurden rasch eingenommen, nachdem die Besatzungen flüchteten. Es stellte sich heraus, daß keiner von den Panzern fahrbereit war.

Das zur 83. US-Division gehörende 329. Infanterieregiment bewegte sich aus der Gegend südlich von Dülmen entlang der Bahnlinie über Nordkirchen in die Umgebung von Beckum. Das II. Bataillon bewegte sich südlich, um die kleinen deutschen Widerstandsnester an der Autobahn zu beseitigen, und besetzte anschließend eine Linie nördlich der Lippe, westlich von Lippborg bis westlich von Herzfeld.[352]

Das 330. Infanterieregiment verlegte etwa zur gleichen Zeit aus der Gegend westlich Ascheberg in das Gebiet zwischen Ahlen und Beckum. Auf eine Bitte der 2. US-Panzerdivision stellte das Regiment ein Bataillon zur Bewachung und Betreuung der rund 3000 Verwundeten in den Lazaretten in Ahlen. Andere Teile dieses Regiments wurden in die Nähe von Lippstadt und Liesborn verlegt, um so die unmittelbare Kesselschließung zu verstärken, und erreichten spät abends an einigen Stellen die Lippe. Das III. Bataillon besetzte Positionen an der Lippe in der Linie von Herzfeld bis Lippstadt. (Der Regimentsgefechtsstand befand sich in Wadersloh.)

Das ebenfalls zur 83. US-Infanteriedivision gehörende 331. Infanterieregiment war zur Unterstützung verschiedener Positionen am Dortmund-Ems-Kanal eingesetzt. Das Regiment begann aus diesen Stellungen eine Periode von Angriffen nach Süden, mit der Aufgabe, diese Region bis zur Lippe zu klären. Der Widerstand war anfangs nur gering, verstärkte sich aber später um Dolberg und an der Lippe.[353]

Ebenfalls weit nach Osten stieß an diesem Tage die 8. US-Panzerdivision. Laut Befehl des XIX. US-Korps hatte sie die Aufgabe, sich am 1. April um 17.00 Uhr in die Umgebung von Lippstadt zu bewegen. Von dort aus sollte ebenfalls Paderborn besetzt werden und anschließend im Raum Paderborn-Klausheide, Delbrück-Thüle gesammelt werden für den weiteren gepanzerten Vorstoß nach Osten. Der Divisionskommandeur, Generalmajor Devine, zog seine Einheiten zusammen und befahl der 88. gepanzerten Aufklärungsschwadron, die Aufklärung vor dem Abschnitt der Division zu übernehmen. Das Divisionskampfkommando B bekam den Auftrag, Paderborn zu nehmen und zog hinter der Aufklärungs-Abteilung vorbei. Das Kampfkommando A erhielt den Auftrag, den Raum um Delbrück zu nehmen. Das Kampfkommando R verblieb zunächst noch als Divisionsreserve im Raum um Selm.[354]

Damit hatte die 9. US-Armee die nördliche Seite des Ruhrkessels, etwa entlang der Lippe, westlich von Hamm bis Paderborn, stark geschützt und gleichzeitig die rechte Flanke der nach Osten vorstoßenden Division abgedeckt. Für eventuell ausbrechende kleinere deutsche Kampfgruppen war es fast unmöglich, diese Abwehrfront zu durchbrechen; ein Entkommen aus dem großen Kessel war daher am Abend des 1. April 1945 nicht mehr gegeben.[355]

Noch war aber der deutsche Widerstand innerhalb des sich nun gebildeten Kessels nicht gebrochen, er sollte sich sogar an der nordöstlichen Kesselfront im Raume Erwitte-Lippstadt nochmals kurzzeitig verstärken.

---

352 After-Action-Report der 83. US-Infanteriedivision, Informationskopie aus dem Archiv Jost W. Schneider

353 After-Action-Report der 83. US-Infanteriedivision

354 Captain Charles R. Leach, In Tornados Wake. Geschichte der 8. US-Panzerdivision, Chicago 1956. Bei weiterer Nennung nur noch: Geschichte der 8. US-Panzerdivision

355 Im Raum nordwestlich Paderborn – etwa bei Schloß Neuhaus bzw. in und um Schloß Neuhaus – muß bis zum Abend des 1. April noch eine kleine Lücke in der Einschließungsfront bestanden haben, bevor auch hier die von Westen vorstoßenden US-Verbände alle Fluchtwege abriegelten.

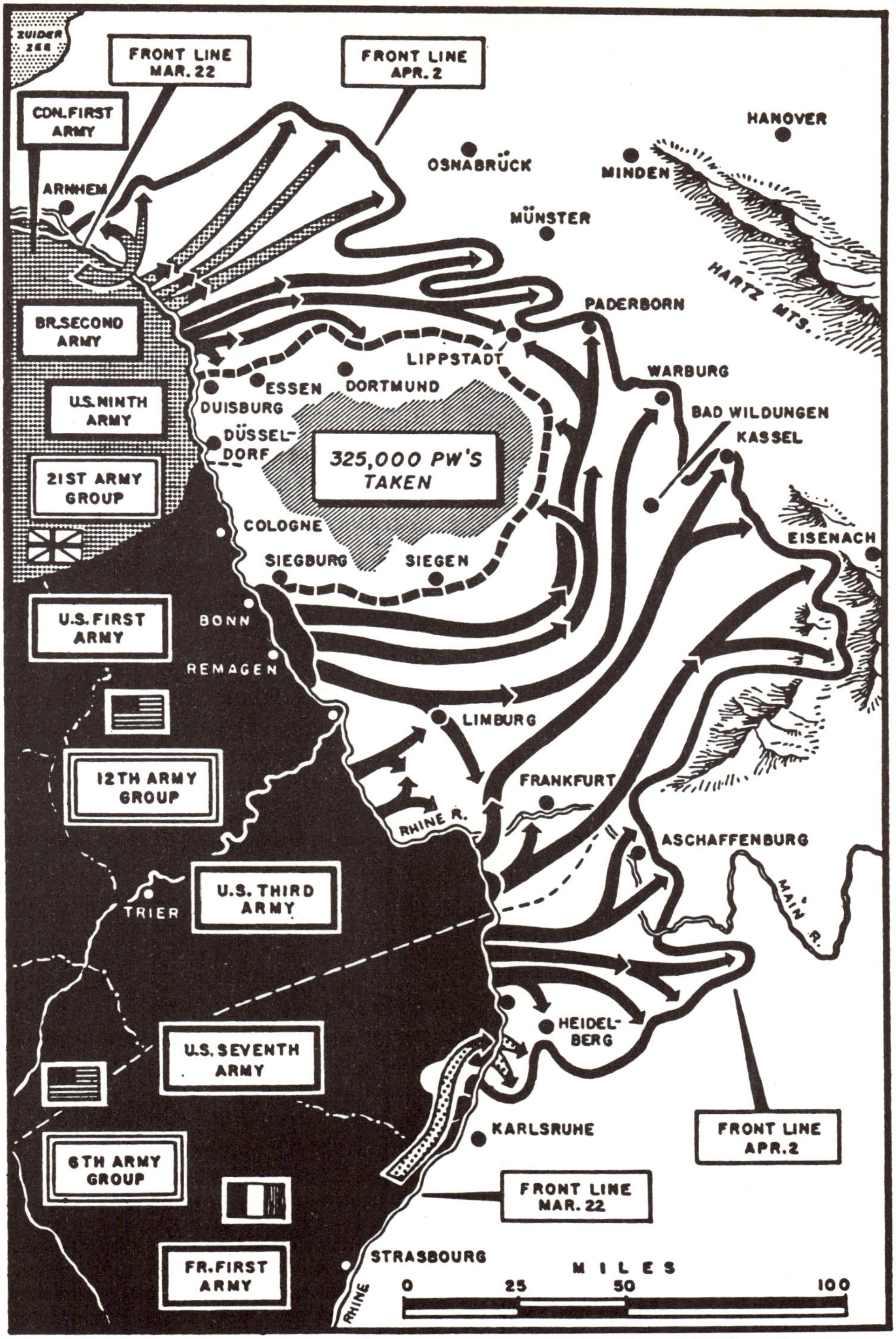


*Karte 10: Die große Lage am 2. April 1945 (nach Omar N. Bradley, A Soldiers Story)*

Im Bereich des XXXXVII. deutschen Panzerkorps hatte — wie bereits beschrieben — die 116. Panzerdivision am 30. März von sich aus die Herausziehung aus der Front und die Verlegung nach Osten beantragt.[356]

Am Morgen des 1. April hatte das Korps von der 1. Fallschirm-Armee folgenden Funkbefehl erhalten: „Sofort mit allen verfügbaren Kräften aus dem Raum Werne-Hamm nach Norden, Richtung Münster, zum Angriff antreten. Ausweichen hinter den Dortmund-Ems-Kanal wird genehmigt!"

Das Korps faßte daraufhin den Entschluß, die 116. Panzerdivision noch im Laufe des Tages aus der Front herauszuziehen und sie im Laufe der Nacht im Raume südlich von Hamm zu versammeln, um sie von hier aus, je nach Aufklärungs- und Erkundungsergebnissen, zum befohlenen Angriff nach Norden anzusetzen. Die 180. und die 190. Infanteriedivision erhielten den Befehl, vor Feinddruck auch am Tage hinter den Emscher-Kanal auszuweichen und dabei die Teile der 116. Panzerdivision herauszulösen.[357]

Die Führung der 116. Panzerdivision erhielt die entsprechenden Befehle am Morgen des 1. April: Herauslösung aus der Front, Verlegung in den Raum südlich von Beckum und Bereitstellung zum Angriff Richtung Münster. Das Herauslösen aus der Front wurde auf Vorschlag der Division bei Tage durchgeführt. Durch das diesige Wetter begünstigt, und da die Amerikaner nicht nachstießen, gelang dies ziemlich reibungslos. Die 180. und die 190. Infanteriedivision übernahmen den Abschnitt der Division unter gleichzeitigem Ausweichen hinter den Emscher-Kanal und Dortmund-Ems-Kanal. Die beiden Divisionen waren am Abend auf die Linie Flaesheim-Erkenschwick-Suderwich zurückgegangen.

Nachdem die Einheiten der 116. Panzerdivision bereits im Marsch auf der Autobahn und Straße Unna-Werl-Soest waren, erfuhr das Bild der Lage eine wesentliche Veränderung.[358] Die Aufklärung der Division meldete: „Feind ostwärts Lippstadt und bei Beckum, Feind nördlich der Lippe gegenüber Hamm, Werne, Lünen. Bei Hamm noch ein kleiner eigener Brückenkopf auf dem Nordufer!" Das Feldersatzbataillon meldete: „Beckum verloren, Kampf um Lippstadt!" Das Korps teilte mit: „Alle Brücken über die Lippe zwischen Hamm und Lippstadt zerstört!"

Aufgrund dieser Erkenntnisse sah sich das XXXXVII. Panzerkorps gezwungen, den Auftrag der 116. Panzerdivision zu ändern. Unter Meldung an die 1. Fallschirm-Armee erhielt die Division den Befehl, den Angriff aus dem Raum nördlich von Soest über Beckum nach Norden zu führen, wobei der Kampf der Teile bei Beckum ausgenutzt werden sollte, um die Bereitstellung der Division südlich von Beckum zu decken. Die Division erhielt den Befehl, sich bis zum 2. April früh im Raume Soest zu versammeln, um ab 2. April abends über Beckum anzugreifen. Im Laufe der Nacht traf beim Korps die Meldung ein, daß der Gegner Beckum genommen habe und vor den gesprengten Brücken von Lippborg um Uentrop stehe. Auch die Brücke in Herzfeld war vor dem Druck der vorrückenden Amerikaner gesprengt worden.[359]

---

356 Vergleiche auch hier die Schilderungen unter dem Kapitel „Der alliierte Vorstoß nördlich der Lippe", speziell die Vorgänge bei der 116. Panzerdivision.

357 von Lüttwitz, a. a. O., S. 10

358 von Lüttwitz, a. a. O., S. 10 und 11

359 In dieser Zeit trafen sich die Spitzen der 1. und 9. US-Armee in Lippstadt und schlossen den Ruhrkessel. Beckum war bereits seit den Nachtstunden verloren. All diese Dinge waren den deutschen Führungsstellen und Kampfverbänden südlich der Lippe aber noch nicht bekannt.

Damit wurde — da das Korps keinerlei Brückengerät besaß, um einen Übergang nach Norden zu schaffen — ein Angriff aus dem Raum Soest nach Norden unmöglich. Das Korps entschloß sich daher, die 116. Panzerdivision nunmehr am 2. April abends zum Angriff über Erwitte auf Paderborn anzusetzen. Das Korps beabsichtigte mit diesem Stoß folgendes zu erreichen:

1. die Schließung des Kessels zumindest zu verzögern;
2. in Zusammenwirken mit weiter südlich angreifenden Teilen der Heeresgruppe B das Vorgehen des Gegners nach Osten zu verzögern;
3. den einzigen noch kampfkräftigen beweglichen Verband nicht einschließen zu lassen, sondern ihm die Möglichkeit weiterer Verwendung außerhalb des Ruhrkessels zu geben.[360]

Die Wirklichkeit der Ereignisse hatte aber bis dahin schon alle diese Pläne längst überholt. Die Lage veränderte sich an diesem Tage schneller, als sie den deutschen Führungsstellen bekannt wurde.

Die 116. Panzerdivision war währenddessen dabei, ihre neuen Versammlungsräume zu erreichen. Der Divisionsgefechtsstand war am Nachmittag nach Nateln (10 Kilometer nordwärts von Soest) verlegt worden. Dorthin waren auch alle Einheitsführer vorausbestellt worden, so daß trotz Funkstille das Abdrehen der Division in den Raum ostwärts von Soest reibungslos durchgeführt werden konnte. Am Abend des ersten Ostertages (1. April) erreichten die Truppenteile die befohlenen Räume: Panzeraufklärungs-Abteilung südostwärts von Soest; Kampfgruppe Panzergrenadierregiment 60 und Panzerregiment 16 westlich von Erwitte; Panzergrenadierregiment 156 nordostwärts von Soest. Aufklärungs- und Sicherungsgruppen wurden vorgeschoben, und mit dem Feldersatzbataillon wurde Verbindung aufgenommen. Selbiges stand im Kampf ostwärts von Erwitte und südlich von Lippstadt und wurde später dem Panzergrenadierregiment 60 unterstellt.[361]

Im Raume zwischen Lippstadt und Soest standen auch die östlichen Einheiten des Panzergrenadierregiments 156; um Soest und bis Hamm standen die anderen Einheiten dieses Regiments sowie andere unterstellte kleinere Verbände. Das Regiment hatte im Rahmen der Verlegung der 116. Panzerdivision aus dem nördlichen Ruhrgebiet, unbehelligt vom Feind, über die Autobahn in den neuen Einsatzraum verlegen können. Die Bataillone des Regiments zählten noch fünf Kompanien und waren voll motorisiert. Dazu gab es noch eine 13. Geschützkompanie und eine 14. Pionierkompanie. Die gesamte Kampfstärke dürfte allerdings nicht größer als beim Panzergrenadierregiment 60 gewesen sein. Der Regimentskommandeur, Oberstleutnant Heinrich Grollmann, hatte seinen Kompanieführern bei der Verlegung untersagt, Volkssturmleute auf den Fahrzeugen mitzunehmen, da diese mehr Belastung als Entlastung für seine Verbände waren.[361a]

Im Raume zwischen Lippstadt-Erwitte-Soest lassen sich noch einige Orte genauer belegen: Die Panzer-Abteilung des Regiments 16 unter Major Tebbe rückte in der Nacht zum 2. April in das Dorf Schmerlecke ein. Die Panzer — nach dem Bericht eines Augenzeugen etwa acht bis neun — rückten weiter in den Raum Weckinghausen-Stirpe-Erwitte und bezogen dort taktische Positionen zur Unterstützung der Infanterie-Einheiten. Teile des zur Division gehörenden Artillerieregiments 146 kamen

---

360 von Lüttwitz, a. a. O., S. 13
361 Guderian, a. a. O., S. 9

am späten Abend des ersten Ostertages bis nach Berenbrock. Sie griffen dort nicht in die Kämpfe ein, da sie schon am folgenden Tag in die Gegend von Hamm verlegt wurden. Bis nach Norddorf gelangte die 9. Kompanie (eine schwere Infanteriekompanie) des Panzergrenadierregiments 156. Sie wurde am anderen Morgen bis nach Berwicke bei Soest zurückverlegt.[362]

Da die Stadt Soest nicht in die Verteidigungslinie der 116. Panzerdivision direkt einbezogen war, blieben auch deren Einheiten außerhalb der bereits schwer zerstörten alten Stadt. So bezog auch die 13. (Geschützkompanie) des Panzergrenadierregiments 156 eine Stellung in der Nähe von Soest.[363]

Auf dem Gut Brockhof (nordwestlich von Stirpe) befand sich kurzzeitig der Gefechtsstand des II. Bataillons des Panzergrenadierregiments 156 unter Hauptmann Gerling.

Am Abend des ersten Ostertages traf eine gepanzerte Vorausabteilung des Panzergrenadierregiments 60 unter Führung des Oberstleutnants Stephan in Erwitte ein mit dem Auftrag, schnellstens eine Sicherungslinie ostwärts der Straße Erwitte-Belecke zu beziehen. Oberstleutnant Eberhard Stephan erinnert sich hieran: „Ich begab mich in die NS-Schulungsburg und fand eine etwas kopflose, jedoch fanatische Kampfgruppe vor. Die NS-Kampfgruppe unterstellte sich freiwillig dem Regiment, und der Sicherungs- sowie der Verteidigungsplan von Erwitte wurden festgelegt. Im Rahmen von zwei Kompanien des Regiments, die nordostwärts und südostwärts von Erwitte eingesetzt wurden, bezog die NS-Kampfgruppe ostwärts des Friedhofs eine Verteidigungsstellung. Außer einer kleinen NS-Flakgruppe und Panzerfäusten gab es keine panzerbrechenden Waffen. Die Verteidigungsgruppe Erwitte hatte Befehl, bei starkem Feinddruck auf Völlinghausen zurückzugehen. Es war schwer, den Führer der NS-Kampfgruppe von der Sinnlosigkeit eines starken Widerstandes mit eintretenden hohen Verlusten zu überzeugen. Die Panzer der Division waren dem Regiment nicht unterstellt. Das II. Bataillon des Regiments sicherte ostwärts der Straße Anröchte-Belecke. Die Bataillone des Regiments hatten Anweisung, bei starkem Feinddruck hinhaltend kämpfend auf die Linie Ostrand Soest-Müllingsen-Echtrop zurückzugehen."[364]

---

361a Der Verfasser konnte Herrn Grollmann am 18. November 1982 in der Kurklinik in Bad Waldliesborn zu diesem Thema befragen. Leider kann sich Herr Grollmann an Einzelheiten aus jenen Tagen nicht mehr erinnern. Er hatte das Regiment im September 1944 übernommen und seit dieser Zeit allein sechs Bataillonsführer verloren. Die Namen von Kompaniechefs sind ihm ebenfalls nicht mehr in der Erinnerung, auch nicht die Orte seiner Gefechtsstände in den letzten Kampftagen. Er glaubt, daß sein erster Gefechtsstand in jenen Tagen etwa nordöstlich von Soest in der Gegend von Weslarn gewesen sein muß. Die einzelnen Kompanien seines Regiments hatten seiner Schätzung nach noch eine Stärke von etwa 30 bis 40 Mann, die Infanteriegeschützkompanie noch zwei oder drei Geschütze. Oberstleutnant Grollmann ist der Meinung, daß die gesamte 116. Panzerdivision in jenen Tagen nur noch aus Trümmern bestand und daher nicht mehr kämpfen konnte.
Vor der Kapitulation befand sich sein letzter Gefechtsstand für einige Tage auf einem Bauernhof in Sümmern, nördlich von Iserlohn.

362 Aus einem Gesprächskreis mit mehreren Angehörigen der ehemaligen 116. Panzerdivision im April 1981 in der Wohnung des Verfassers. Mitgeteilt von dem ehemaligen Wachtmeister Hans Mohr aus Lippstadt († August 1982), der damals der 9. Kompanie angehörte.

363 Dem Verfasser mitgeteilt von dem ehemaligen Kompanieangehörigen Rolf Heckmann aus Lippstadt.

364 Brief des ehemaligen Oberstleutnants Eberhard Stephan, Kommandeur des Panzergrenadierregiments 60, an den Verfasser anläßlich einer Befragungsaktion im Jahre 1980

Am Abend des ersten Ostertages erhielt Erwitte — etwa zu Mitternacht — den ersten schweren Beschuß aus amerikanischen Artilleriegeschützen, der bis in die frühen Morgenstunden dauerte. Im Gegensatz zum Vortage fanden am zweiten Ostertag in Erwitte keine Gottesdienste mehr statt. Einige Bauern verließen an diesem Tag den Ort, um mit ihren Familien draußen in Feldscheunen oder auswärts bei Verwandten Schutz zu suchen. Die Bevölkerung verbarg sich in den Hauskellern.[365]

Am Nordrand von Erwitte war an diesem zweiten Ostertag Leutnant Herbert Rose mit drei Panzern IV von der Panzer-Abteilung der 116. Panzerdivision an der Reichsstraße 55 in Stellung gegangen. Der Auftrag war ihm vom Stadtkommandanten in Lippstadt erteilt worden, um den Volkssturm in Erwitte zu unterstützen. Von Lippstadt aus fühlten die Amerikaner an diesem Tage erstmals mit einigen Panzern in Richtung Erwitte vor. Leutnant Rose erinnert sich: „Plötzlich erschienen in nordwestlicher Richtung zwischen kleinen Waldstückchen amerikanische Panzer. Ich informierte den Führer der Volkssturmkompanie, daß ich mich näher an die Feindpanzer heranmachen würde, um auf Schußweite heranzukommen. Wir eröffneten das Feuer und erzielten einen Treffer. Bald sahen wir, daß die Feindpanzer, wahrscheinlich ein Erkundungstrupp, sich zurückzogen. So begaben auch wir uns wieder zur Ausgangsstellung an den Stadtrand zurück. Dort angekommen, fanden wir niemanden von unseren Volkssturmkameraden vor. Alle waren eben nach Hause gegangen oder wollten sich den Ostergottesdienst nicht entgehen lassen. — Ich konnte es ihnen wirklich nicht verdenken, waren es doch alles alte Männer, und außerdem standen sie nicht unter meinem Kommando."[366]

Oberstleutnant Stephan verlegte an diesem Tage seinen Regimentsgefechtsstand nach Anröchte in das dortige Amtshaus an der Hauptstraße und organisierte auch hier die notwendigsten Verteidigungsmaßnahmen. Eine Kompanie ging bei dem Dorf Berge in Stellung, eine weitere bei Weickede. Das II. Bataillon des Regiments war im Abschnitt Belecke-Menzel eingesetzt und sicherte dort gegen die bereits von amerikanischen Truppen besetzte Stadt Rüthen und Umgebung.[367]

Die 116. Panzerdivision beabsichtigte, in der Nacht vom 2. auf den 3. April südlich von Paderborn auf die Weser durchzubrechen. Hierzu wurde befohlen: Sicherung der Bereitstellung in Linie Belecke-Erwitte - südlich von Lippstadt - Lippe bis zur Autobahnbrücke Uentrop und Aufklärung nach Südosten auf Brilon-Rüthen-Winterberg. Das Feldersatzbataillon wurde in das Regiment 60 eingegliedert. Hinter dieser Sicherungslinie sollte sich die Masse der Division im Laufe des 2. April sammeln und bereitstellen. Am Mittag des 2. April wurde der Division der Angriff nach Osten verboten und befohlen, unter Belassung einer Kampfgruppe bei Erwitte über die Lippe nach Norden anzugreifen, um dem südlich von Münster nach Osten hin vordringenden Feind in Flanke und Rücken zu stoßen.[368]

---

365 Willi Mues, Der Kreis Lippstadt als Kampfgebiet, Folge 18—20 der Heimatblätter „Der Patriot", Jahrgang 1969/70, im April 1970

366 Brief des ehemaligen Leutnants Rose aus Vancouver/Canada anläßlich einer Befragungsaktion im Jahre 1980. Anmerkung des Verfassers: Rose schreibt, daß dieses Gefecht am ersten Ostertag, dem 1. April, war. Das kann jedoch nicht sein, da die Division an diesem Tage ja erst aus dem Raum Recklinghausen verlegte, oder die Abteilung war schon vorher zurückverlegt worden, da ja der von Rose erwähnte Stadtkommandant von Lippstadt an jenem Ostermorgen kaum noch in Lippstadt gewesen sein dürfte. Leider kann Rose sich auch nicht mehr an seine weiteren Einsätze im Ruhrkessel erinnern.

367 Wie Anmerkung 364

368 Guderian, a. a. O., S. 10

Eine amerikanische Darstellung aus Lippstadt sagt folgendes dazu aus: Auskünfte von Kriegsgefangenen an den beiden ersten Tagen deuteten eine Bereitstellung wie auch einen möglichen Durchbruchsversuch aus dem Kessel an. Um Mitternacht des 2. April erfuhr man, daß fünf Panzer und 200 Mann Infanterie von Erwitte aus angreifen würden. Um 24.00, 0.10 und 0.20 Uhr legte man Artilleriefeuer auf den Ort, und durch spätere Gefangenenaussagen erfuhr man, daß das Artilleriefeuer die Bereitstellung zerschlagen hatte, als man im Begriff war, auszubrechen. Dies war wohl die letzte Bedrohung der Stellung, bevor die Kampfgruppe die Stadt (Lippstadt) verließ.[368a]

Die Führung der 116. Panzerdivision war dagegen der Ansicht, daß für einen Ausbruch aus dem Kessel die Kräfte der Division viel zu schwach waren und zum anderen kein Übergang über die Lippe mehr vorhanden oder mit eigenen Mitteln wiederherzustellen war und daher die einzige Ansatzmöglichkeit nach Osten verblieb. Trotzdem bestand das XXXXVII. Panzerkorps auf dem Befehl. Der Division wurde gesagt, daß die nach Osten stoßenden feindlichen Kräfte noch schwach wären und ein Durchbruch durch ihre rückwärtigen Teile im Zusammenwirken mit einem zugesagten Angriff aus dem Raum von Münster sehr wohl möglich wäre. So wurde der Division befohlen, die Autobahnbrücke Uentrop in Besitz zu nehmen und instandzusetzen, um von dort nach Norden einzugreifen. Als die Division hierzu einen Stoßtrupp des Pionierbataillons ansetzte und dieser feststellte, daß die Brücke mit Divisionsmitteln nicht zu reparieren war, wurde befohlen aus dem Brückenkopf Hamm nach Norden anzugreifen. Auch dieser Befehl ergab sich als undurchführbar, da inzwischen der Feind den Brückenkopf Hamm eingedrückt, die Eisenbahnbrücke Hamm unversehrt in Besitz genommen und seinerseits dort einen Brückenkopf über die Lippe gebildet hatte. Nunmehr wurde der Division am Abend befohlen, den feindlichen Brückenkopf Hamm zu beseitigen und die Brücke zu zerstören. Die Division befahl darauf, daß das verstärkte Panzergrenadierregiment 60 die Front zwischen Belecke und der Lippe, das Panzergrenadierregiment 156 (ohne I. Bataillon) die Überwachung der Lippe bis zur Brücke Uentrop übernahm. Für den Kampf in Hamm wurde eine Kampfgruppe aus dem Pionierbataillon, der Panzeraufklärungs-Abteilung und dem I. Bataillon/Panzergrenadierregiment 156 sowie der Masse der Artillerie der Division gebildet. Diese Kampfgruppe wurde in der Nacht vom 2. auf den 3. April nach Hamm-Süd verlegt.

Damit war die letzte Möglichkeit eines Ausbruchs aus dem Kessel vertan. Zwei Wochen schwerer Abwehrkämpfe sollten damit für die 116. Panzerdivision im Ruhrkessel beginnen.[369]

☆

Auch südlich der Möhne wurde noch in den ersten Apriltagen versucht, aus den wenigen vorhandenen Truppenverbänden und sonstigen Ersatzkräften eine dünne Verteidigungslinie zu bilden, zumal es in den ersten Tagen nach dem überraschenden Vorstoß auf Brilon keine deutschen Verteidigungskräfte in jenem Raume gab, andererseits die amerikanischen Einheiten in den ersten Apriltagen bereits zu leichten Vorstößen aus Brilon heraus nach Westen antraten.

---

368a After-Action-Report nach einer späteren Befragung der Kampfgruppe Kane. Sonst wie Anmerkung 318

369 Guderian, a. a. O., S. 9–11

An der Nordfront der 15. Armee hatte Generalleutnant Wirtz am 1. April das Kommando über alle deutschen Verbände übernommen, die in der Linie Wiemeringhausen (12 Kilometer südlich von Brilon), Brilon-Rüthen-Möhnetalsperre-Neheim-Fröndenberg-Schwerte standen. Neben den dort eingesetzten Truppen waren ihm Reichsarbeitsdienst und Volkssturm unterstellt. Weitere Verstärkungen waren ihm von Generalfeldmarschall Model bei Einweisung in die Lage und Erläuterung des Kampfauftrages zugesagt worden.[370]

Nach seinem Eintreffen in Meschede bildete Generalleutnant Wirtz drei Abschnitte:

1. Kampfgruppe Oberstleutnant von Lersner; sie befehligte alle in der allgemeinen Linie Wiemeringhausen-Olsberg-Esshoff kämpfenden Verbände. Auftrag: Verteidigung. Gefechtsstand in Bestwig.
2. Kampfgruppe Oberst Scherzer; sie befehligte alle in der allgemeinen Linie Kallenhardt-Rüthen-Möhneabschnitt bis Neheim einschließlich stehenden Verbände. Auftrag: Verteidigung des Möhneabschnittes, dessen Übergänge zunächst für die 116. Panzerdivision offenzuhalten sind. Für eine spätere in Aussicht genommene hinhaltende Kampfführung sind Sperrmaßnahmen im Arnsberger Wald vorzubereiten. Wichtig die von Warstein und Hirschberg auf Meschede und Arnsberg zuführenden Straßen. (Gefechtsstand der Kampfgruppe in Wallen, westlich von Meschede.)
3. Kampfgruppe Menden: Offenhalten der Ruhrübergänge in der Linie Neheim (Ort ausschließlich) - Schwerte für nördlich der Ruhr im Kampf stehende Verbände. Kampfgruppengefechtsstand in Menden.)

Generalleutnant Wirtz beurteilte seine Verbände und die ihm übertragene Aufgabe wie folgt:

An der Nordfront standen an den zur Zerstörung vorbereiteten Brücken ein Landespionierbataillon, dazu Flak-Einheiten, Reichsarbeitsdienst und einige Einheiten des Volkssturms. Abgesehen von dem Raum um Rüthen hatte es hier noch keine Feindberührung gegeben. An der Ostfront standen in der allgemeinen Linie Wiemeringhausen - Höhen westlich von Brilon Einheiten des Reichsarbeitsdienstes und ein Bataillon des Freikorps Sauerland. Westlich von Brilon stand ein zusammengesetztes verstärktes Infanteriebataillon unter Führung von Oberstleutnant von Lersner im Kampf mit verstärkter feindlicher Aufklärung.

Der Gefechtsstand des Sperrverbandes Wirtz war zunächst in Meschede, dann in Kalle. Den Kampfwert seiner Verbände beurteilte Generalleutnant Wirtz wie folgt:

Verstärktes Infanteriebataillon: wurde gerade erst aus aufgelösten Verbänden neu zusammengestellt. Ausstattung mit Maschinengewehren und schweren Waffen: Mangelhaft; hat aber einen sehr energischen Führer, der die Truppe zusammenhält. — Flak-Einheiten: Zumeist unbeweglich. Gutes Menschenmaterial und kampfwillig, jedoch für den Erdkampf ungenügend geschult. — Reichsarbeitsdienst: Trotz nicht beendeter Ausbildung einsatzbereit und tapfer; hat unter seinen Führern die Kampfprobe bestanden. — Freikorps Sauerland: Meist alte Weltkriegssoldaten. Trotz bestem Einsatzwillen infolge mangelhafter Ausbildung, Führung, Waffenausstattung, Bekleidung und Versorgung keine große Kampfkraft. Der Bataillonsführer versagte völlig. — Auch die Volkssturm-Einheiten versagten meistens.

---

370 Generalleutnant Wirtz, Der Sperrverband Wirtz, 1. 4. 1945 bis 12. 4. 1945, Bundesarchiv-Miltärarchiv, MS Nr. B-714, S. 1–2

Generalleutnant Wirtz beurteilte auch die Lage in seinem Einsatzraum realistisch und kam zu folgendem Urteil: Alle Flüsse und Waldzonen verlaufen im allgemeinen in der Ost-West-Richtung. Ein Angriff von Norden nach Süden steht immer wieder vor neuen, teilweise schwer zu überwindenden Geländeabschnitten. Hingegen verläuft eine breite Talsenke von Brilon auf Meschede und von dort aus ein günstiges Angriffsgelände in westlicher Richtung auf Neuenrade, in südlicher Richtung in den Rücken des eigenen Angriffskeiles.

Auch die verstärkte Aufklärungstätigkeit westlich von Brilon ließ auf eine baldige Fortsetzung der Angriffstätigkeit schließen.

Es kam also darauf an, vor allen Dingen die Kampfgruppe von Lersner zu verstärken. So wurde die Kampfgruppe auf Zusammenarbeit mit dem neu zugeführten Artillerieregiment (3 Abteilungen) angewiesen. Die schwächste Abteilung wurde der Kampfgruppe Scherzer für den Kampf im Raume Warstein unterstellt.

Weiter wurden der Kampfgruppe von Lersner in den ersten Apriltagen zugeführt und unterstellt: eine russische 12-cm-Batterie für die Panzerbekämpfung, eine 2-cm-Flakbatterie mit vier bis fünf Geschützen, drei Sturmgeschütze und eine Infanteriekompanie.

Nach den mehrfach in Erscheinung getretenen feindlichen Panzern im Raume Brilon und bei Berücksichtigung der Geländeverhältnisse wurde der Einsatz einer Panzerdivision im Raume Brilon erwartet, während im Raum Rüthen-Belecke in erster Linie mit einer Infanteriedivision oder Teilen einer Division gerechnet wurde.

Der Kampfgruppe Scherzer sollten in erster Linie die von der Heeresgruppe B in Aussicht gestellten Pionier-Kräfte zugeführt werden, damit sie die befohlenen Sperraufgaben durchführen konnte.

Der Abschnitt Neheim-Fröndenberg-Schwerte wurde in den ersten Apriltagen dem XXXXVII. Panzerkorps des Generals von Lüttwitz unterstellt. Dadurch wurde die Führung wesentlich erleichtert.

Als Stützpunkte in der Tiefe wurden Meschede, Arnsberg und Neheim-Hüsten zu Ortsstützpunkten erklärt und ausgebaut. Eine besondere Rolle spielte Arnsberg, an einem der wichtigsten Straßenknotenpunkte gelegen. Die Stadt hatte die Aufgabe, einen zwar nicht erwarteten, aber bei der Schwäche der eigenen Kräfte immerhin möglichen Feindvorstoß durch den Arnsberger Wald abzubremsen. Arnsberg hat diese Aufgabe schließlich auch erfüllt.

Zur Herstellung der notwendigen Verbindungen und zur Abschaltung des Ortsnetzes je nach Lage war dem Sperrverband eine Heeresnachrichtenkompanie unterstellt worden. Sie hat später im ersten Kampfabschnitt alle wichtigen Verbindungen auf dem permanenten Leitungsnetz und durch Draht hergestellt, vom Gefechtsstand Stemel aus infolge Materialmangel in der Hauptsache nur noch durch Funkverbindungen.[371]

Im Rahmen der weiteren Operationen des VII. US-Korps wurde auch der Bereich um Brilon in den ersten Apriltagen weiter gesichert. Die 4. Cavalry-Gruppe wurde am 1. April um 16.00 Uhr der 104. US-Infanteriedivision, deren größter Teil östlich von Brilon operierte, unterstellt. Die Gruppe operierte daraufhin in einer Zone acht Kilometer weit durch Brilon und schlug dann einen weiten Bogen westlich um die Stadt herum. Die Einheiten der 4. Cavalry-Gruppe drangen dabei auf Rixen, Schar-

371 Ebd. Ein Teil der Einheiten des Sperrverbandes Wirtz gehörte zuvor zur 476. Infanteriedivision.

fenberg, Altenbüren und Wülfte vor. In den einzelnen Orten gab es verschiedentlich heftigen Widerstand durch Infanterie-, Granatwerfer- und Panzerfeuer der dortigen deutschen Einheiten.[372]

Die Vorstöße dieser US-Einheiten waren jedoch begrenzt, da die Eroberung des Großraumes westlich von Brilon im Rahmen der weiteren Gesamtoperationen der 1. US-Armee vorgesehen war. Trotzdem kam es in den einzelnen Dörfern — besonders in Altenbüren — zu schweren Kampfhandlungen. Als Einleitung zu diesen amerikanischen Vorstößen wurde von Brilon aus der Raum Altenbüren-Olsberg-Bigge mit leichter und schwerer Artillerie unter Feuer genommen.

In Alme bei Brilon hatten sich kurz vor dem Ende der Kampfhandlungen noch kleinere Gruppen deutscher Soldaten festgesetzt. Es gelang aber einigen Bewohnern, sie zum Abzug zu bewegen. Am 30. März rückte die Spitze einer amerikanischen Panzer-Einheit durch Alme hindurch weiter (wahrscheinlich eine Kampfgruppe der 3. US-Panzerdivision). Ein amerikanischer Panzer wurde nach Verlassen des Ortes angeschossen; einige Amerikaner wurden dabei verwundet. Die eigentliche Besetzung von Alme erfolgte erst am ersten Ostertag, dem 1. April. Es gab einige unruhige Tage und Wochen; größere Schäden konnten jedoch vom Dorf abgewehrt werden.[373]

Zu einem kleinen Heerlager war in der letzten Märzwoche auch das kleine Dorf Rixen, wenige Kilometer westlich von Brilon, geworden. Teile eines Front-Einsatzregimentes der Organisation Todt hatten hier Quartier genommen, mit Verwaltung, Regimentsstab und technischen Einrichtungen. Nach dem Einmarsch der Amerikaner in Brilon verlegten diese Einheiten in Richtung Rüthen-Lippstadt. Am Morgen des 30. März trafen hier noch Einheiten des Volkssturms vom Freikorps Sauerland von Neheim-Arnsberg ein. Eine Kompanie sollte Rixen, eine andere Scharfenberg verteidigen. Das stille Dorf belebte sich durch Soldaten, Ausländer, Evakuierte und andere Umherirrende. Am ersten Ostertag fühlten zwei amerikanische Motorradpatrouillen bis Rixen vor, und am zweiten Ostertag erhielten das Dorf und die nähere Umgebung leichtes Artilleriefeuer. Auf den umliegenden Höhen postierten sich amerikanische Panzerspähwagen. Nachmittags, gegen 15.00 Uhr, zog der deutsche Volkssturm ab, und um 15.30 Uhr rückten amerikanische Truppen und mehrere schwere Panzer gegen das Dorf vor. Es entwickelte sich ein kurzes Gefecht mit deutschen Soldaten, die sich mit MG-Feuer und Panzerfäusten wehrten. Nach etwa einer Stunde zogen sich die Deutschen in das Grennetal zurück, mehrere gerieten noch in Gefangenschaft. Nach Aussagen amerikanischer Soldaten hatten sie auch einige Gefallene zu beklagen. In der folgenden Nacht legten die Amerikaner Feuer auf den Wald, da man dort noch deutsche Soldaten vermutete. Aus diesem Grunde lag der Wald auch noch an den folgenden Tagen unter Beschuß und wurde erst am 8. April von einer größeren Gruppe mit 15 bis 20 Panzern durchkämmt, wobei noch einige Gefangennahmen der Amerikaner erfolgten.[374]

Auch das Dorf Scharfenberg erhielt bereits am Ostersonntag, dem 1. April, von Brilon her Beschuß, als die Amerikaner begannen, sich in Richtung Altenbüren und Olsberg einzuschießen. Am zweiten Ostertag drangen die Amerikaner über die Aamühlen und Wülfte, Möhneburg und Scharfenberger Bahnhof nach Scharfenberg vor. Im Ort waren in den letzten Stunden etwa 150 bewaffnete Arbeitsdienstmänner

---

372 Williams, a. a. O., S. 466
373 Cramer, a. a. O., S. 59–60
374 Cramer, a. a. O., S. 61 ff.

und 150 Soldaten unter Führung eines 23jährigen einarmigen Leutnants angekommen. Außerdem hatte die NSDAP-Gauleitung einen gewissen Dr. Krüger aus Bochum als politischen Kommissar hergeschickt. Dieser versammelte im Laufe des Vormittags alle Volkssturmmänner des Dorfes im Alter von 18 bis 60 Jahren, etwa 60 bis 70 Mann, und ließ sie an den wichtigsten Straßen Sperren anlegen, die aber nicht vollendet wurden. Um 11.30 Uhr begann der eigentliche Kampf um das Dorf, als die Amerikaner von verschiedenen Seiten über die Höhen vordrangen und sich unter ständigem Beschuß an das Dorf vorarbeiteten. Die deutschen Soldaten und Arbeitsdienstmänner konnten mit ihren leichten Waffen nur geringen Widerstand leisten. Als ein amerikanischer Panzerschütze tödlich verwundet wurde, feuerten die Amerikaner stärker, auch mit Brandgranaten. Nachdem zwei Häuser in Flammen standen, zogen sich die deutschen Soldaten in nördlicher Richtung nach Rixen und in die Wälder zurück. Gegen 15.30 Uhr rückten die Amerikaner in das Dorf ein. Zwei deutsche Soldaten fielen bei den Kämpfen um das Dorf, das an diesem Tage gerade das Fest der „Ewigen Anbetung“ feierte, weshalb die Bewohner bei Beginn des Angriffs zum größten Teil in der Kirche weilten.[375]

Auch in Wülfte bei Brilon sah man dem Kriegsende mit Sorgen entgegen, da das Dorf bisher verschont geblieben war. Man hatte hier beobachtet, wie von Brilon her amerikanische Panzerkolonnen nach Nehden und Thülen und andere durch das Möhnetal in Richtung Belecke/Rüthen gezogen waren. Am Ostermontag, dem 2. April, rückten die Amerikaner von Brilon aus in Wülfte ein, während die meisten Bewohner gerade einen Gottesdienst besuchten. Da die Amerikaner deshalb die Häuser verschlossen und leer fanden, vermuteten sie einen Überfall und schossen aus ihren Maschinenpistolen, während sie mit ihren Panzern das Oberdorf besetzten. Ein großer Teil der Gläubigen verließ daraufhin die Kapelle und begab sich nach Hause, wo man auf die fremden Soldaten traf. In der Schule wurde ein Gefechtsstand aufgeschlagen, und die Besatzung blieb hier zehn Tage. Das Dorf erlebte starken Verkehr durch Panzer und Fahrzeuge aller Art. Am Nachmittag vor dem Weißen Sonntag (7. April) erschien hier ein starker Panzerverband und verlangte bis abends 18.00 Uhr die vollständige Räumung einzelner Häuser, auch im Unterdorf. Darüber herrschte große Bestürzung, namentlich bei den Familien, deren Kinder am folgenden Tage zur ersten heiligen Kommunion gehen sollten. Im letzten Augenblick bekam jedoch dieser Verband den Befehl, sofort wieder abzurücken. Die Erstkommunionfeier fand dann bei strahlendem Wetter statt. Eine Reihe katholischer amerikanischer Soldaten nahm andächtig an der Feier teil.[376]

## KAMPF UM ALTENBÜREN

Mit Beginn des Jahres 1945 war das Dorf an der damaligen „Reichsstraße 7“ in immer stärkerem Maße von den Tieffliegern angegriffen worden, besonders auch die Eisenbahnlinie. In den letzten Tagen des Krieges, kurz vor dem überraschenden Einrücken der Amerikaner in Brilon, war die Reichsstraße 7 mit zahlreichen deutschen Kolonnen und versprengten Einheiten, Stäben, Sanitätskolonnen und Nachschub-Einheiten sowie freigewordenen Kriegsgefangenen überfüllt. Das hörte erst auf, als

---

375 Cramer, a. a. O., S. 64
376 Cramer, a. a. O., S. 65–66

Brilon besetzt war und die Fahrzeuge und Kolonnen versuchten, über die Möhnestraße durch Rixen und Scharfenberg auszuweichen.

In der Nacht zum Karfreitag, dem 30. März, traf der Leiter der Reichsschulungsburg Erwitte, der Abgesandte des Gauleiters, hier ein, um die Bevölkerung zum Widerstand zu zwingen und Altenbüren zur Verteidigung einzurichten. Ein Ritterkreuzträger holte mit zwei SS-Leuten Soldaten, die keine Dienstausweise hatten, von den Wehrmachtswagen herunter, um sie zusammen mit den aus Brilon ausgewichenen Reichsarbeitsdienstleuten und dem aus dem Ruhrtal herangeführten Volkssturm zum Kampf einzusetzen. Alle männlichen Bewohner des Ortes von 17 bis 70 Jahren wurden morgens um 3.00 Uhr geweckt und unter Androhung der Todesstrafe zum Bau von Panzersperren eingesetzt. An die Arbeitsdienstmänner, eine Kompanie Soldaten und an die Volkssturmmänner des „Freikorps Sauerland" aus dem Kreise Arnsberg wurden Panzerfäuste verteilt. Eine weitmaschige Kampflinie wurde um das Dorf herum angelegt.[377]

An den beiden Kartagen sandten um das Dorf besorgte Männer Botschaften an den amerikanischen Kommandanten in Brilon mit der Bitte um Besetzung des Dorfes. Weiße Fahnen wurden gehißt, die aber auf Befehl des Ritterkreuzträgers sofort wieder eingezogen werden mußten. Während der erste Ostertag ruhig verlief, erhielt das Dorf am Morgen des zweiten Ostertages den ersten leichten Beschuß, der zwei Häuser in Brand setzte und in der Kirche drei Personen verletzte, wobei eine große Panik entstand. Zwei leichte deutsche Geschütze erwiderten das Feuer, und in der nun einsetzenden Feuerpause flüchtete ein Großteil der Bevölkerung aus dem Dorfe. Gegen 15.00 Uhr näherten sich amerikanische Panzer und Infanterie-Einheiten über die Reichsstraße 7 und über die anderen Straßen dem Dorfe. Gleichzeitig setzte von Brilon aus Artilleriebeschuß ein. Als den anrollenden Panzern Granatwerferfeuer und Maschinengewehrfeuer entgegenschlug, antworteten diese mit Brandgranaten, die dann weitere 25 Häuser in Brand setzten. Das ganze Dorf war in Rauch und Flammen gehüllt, und der Westwind trieb die Schwaden bis nach Brilon. In den Ställen brüllte das zurückgelassene Vieh in seiner Todesnot. Um 17.00 Uhr war das Dorf von den Amerikanern genommen.

Nach der Einnahme des Dorfes wurde der Bürgermeister Dierks von einem amerikanischen Korporal erschossen.[378] Am anderen Tage, dem Osterdienstag, ließen die Amerikaner die Gefallenen von den Männern des Dorfes begraben, wobei insgesamt 38 deutsche Soldaten bestattet wurden. Der Volkssturm aus Sundern und Neheim hatte 18 Tote. Die Männer des Belecker Volkssturms, die nach hier beordert worden waren, hatten sich in der Osternacht unbemerkt durch die Wälder nach Hause begeben. Auch die Amerikaner hatten Verluste.[379]

Die Bewohner kehrten langsam in ihre Häuser zurück, die, soweit sie nicht zerstört waren, alle aufgebrochen, durchsucht und ausgeplündert worden waren. Am

---

377 Cramer, a. a. O., S. 66–67

378 Cramer berichtet auch über dieses traurige Ereignis in seinem Buch recht ausführlich. Der genaue Hergang wie auch zwei andere tragische Ereignisse sind im Anhang, Anlage 14, genau beschrieben.

379 Ein Feldwebel Bender aus Paderborn, der in Altenbüren in Gefangenschaft geriet und später das Dorf besuchte, sagte aus, daß er mit anderen gefangenen Kameraden auf der Sanitätsstelle im Sudfeld 70 gefallene Amerikaner habe aufladen helfen. (Cramer, S. 69)
Über zwei andere tragische Ereignisse in jenen Tagen berichtet das Buch von Hugo Cramer ebenfalls. Siehe Anlage 14.

Donnerstag, dem 5. April, mußten mehrere Häuser für nachrückende amerikanische Truppen geräumt werden, auch die Schule. Während dieser Tage beschossen die amerikanischen Truppen mit Artillerie, Panzern und schweren Maschinengewehren die umliegenden Wälder vom Dorfe aus, in die deutsche Soldaten zurückgewichen waren und sich versteckt hielten. Auch Flugzeuge waren zur Beobachtung der Waldstücke eingesetzt. Die amerikanische Infanterie wagte sich nicht in die Waldungen vor. Am 6. April rückten die amerikanischen Truppen in westlicher Richtung weiter. Die Bewohner des Dorfes gingen daran, ihr schwer zerstörtes Dorf wieder herzurichten, aufzuräumen und die Schäden zu reparieren. Waffen und Munition und anderes herumliegendes Wehrmachtsgut wurde eingesammelt und abgeliefert. Bei den Säuberungsarbeiten wurden 4 Pferde, 82 Stück Rindvieh und über 200 Schweine verscharrt, danach ging man daran, die ersten Schäden an den Häusern zu reparieren.[380]

Auch das kleine Dorf Esshoff sollte an diesem Tage in den amerikanischen Besatzungsbereich fallen. Noch kurz zuvor hatten sich etwa hundert deutsche Soldaten, die von Antfeld und Nuttlar gekommen waren, in und um Esshoff eingegraben. Von Rixen aus vorfühlende amerikanische Panzerwagen wurden von den Deutschen mit Maschinengewehrfeuer bestrichen, worauf die US-Panzer zunächst abdrehten. Es folgte daraufhin zunächst Artillerie- und Panzerbeschuß, und dann traten die US-Panzer zum Sturm auf das Dorf an, das gegen Abend eingenommen wurde. Die schwachen deutschen Truppen mußten sich ergeben und kamen in Gefangenschaft. Ihre Gewehre wurden zusammengeworfen, mit Panzern überfahren und so unbrauchbar gemacht.[381]

Im südlichen Gebiet des damaligen Kreises Lippstadt stießen im Verlauf des 2. Ostertages (2. April) Einheiten des 26. Infanterieregiments der 1. US-Infanteriedivision nach Norden vor und besetzten weitere Ortschaften. Von Rüthen aus drangen die US-Truppen in den Raum westlich von Büren ein, verstärkten auch hier die errungenen Positionen und besetzten dabei die Dörfer Heddinghausen, Langenstraße, Eringerfeld und Eickhoff. Eine andere Kolonne rollte über Kellinghausen nach Östereiden. Das Dorf Östereiden wurde von Bürgermeister Löper am Kriegerdenkmal den amerikanischen Truppen übergeben. Zu Kampfhandlungen kam es in den einzelnen Ortschaften nicht, und von den US-Truppen wurden nur wenige Gefangene eingebracht. Ein Bataillon des 16. US-Infanterieregiments rückte am gleichen Tage in Geseke ein und übernahm hier weitere Besatzungsaufgaben.[382]

Aber auch in den Raum westlich von Rüthen waren bereits am 2. April Aufklärungseinheiten vorgestoßen. Mit Panzerspähwagen drangen diese Truppen bis Altenrüthen und Drewer vor.

Auch diese Vorstöße der Amerikaner sind im Rahmen der Flankensicherung zu sehen, einmal, um die weiteren Operationen der 3. US-Panzerdivision im Raume Paderborn abzusichern, zum anderen, um die Front in unmittelbarer Nähe von Lippstadt — am Rande des gerade geschlossenen Kessels — zu verstärken, um eventuelle deutsche Ausbruchsversuche zu vereiteln.

Am 3. April drangen von Rüthen aus andere Gruppen des 26. US-Infanterieregiments in das Dorf Menzel ein. Von dort aus versuchte eine kleine Gruppe mit

---

380 Cramer, a. a. O., S. 68 ff.

381 Cramer, a. a. O., S. 74 und 75

382 Aus der Geschichte der 1. US-Infanteriedivision. Übersetzte Kopie aus dem Archiv Jost. W. Schneider, Wuppertal

einem Jeep über Nettelstädt auf Weickede vorzudringen. Ein einzelner deutscher Soldat beschoß von der Kreuzung Weickede-Nettelstädt diese Patrouille mit seinem Maschinengewehr und zwang sie zum Abdrehen. In der Nacht zuvor waren bereits einzelne US-Panzer von Kellinghausen aus auf das benachbarte Hoinkhausen vorgestoßen. Im Verlauf des Tages bezogen siebzehn amerikanische Panzer eine Stellung von Nettelstädt quer vor Hoinkhausen her und schossen von dort aus in Richtung Berge. Drei US-Panzer standen am Nachmittag in Flammen.[383]

In den bereits besetzten Städten und Dörfern trafen die US-Truppen die ersten Vorkehrungen für die Einrichtung einer Militärverwaltung. In Paderborn setzten die Einheiten der 3. US-Panzerdivision erste Maßnahmen fest, obwohl im benachbarten Neuhaus und auf dem anschließenden Truppenübungsplatz Sennelager noch gekämpft wurde. In der Gegend von Neuhaus geriet das Quartiermacherkommando des Kampfkommandos B der 8. US-Panzerdivision in einen Hinterhalt der Deutschen. Dieses Kommando, unter Führung des S-2-Offiziers Major Elting, war vom Zug D der 88. US-Kavallerie-Aufklärungs-Schwadron, die den Vorstoß abschirmte, getrennt worden.[384]

In der Stadt Geseke wurde am Ostermontag, dem 2. April, auf Anordnung der Kommandantur von den Kanzeln der Kirchen eine Verordnung verlesen, daß sich alle wehrpflichtigen Männer zu melden hätten und alle Waffen, Radiogeräte und Fotoapparate abzugeben seien.

Die Nichtbefolgung wurde mit hohen Strafen bedroht. Die abgegebenen Waffen wurden von den amerikanischen Truppen meist als Souveniers mitgenommen. Abgegebene Radiogeräte und Fotoapparate konnten später zum größten Teil wieder abgeholt werden. Viele Bürger hatten ihre Waffen und Munition schon vor dem Einmarsch der US-Truppen vergraben oder in den Teich geworfen.

Alle Wehrpflichtigen, die sich meldeten oder gefaßt wurden, brachte man auf den Dachboden des Haushaltungsgeschäftes Konrad Maas, Bachstraße, zum späteren Abtransport. Über kurze Zwischenstationen war das Endziel das Zuchthaus in Rheinbach. Nach verschiedenen anderen Lageraufenthalten endete für viele die Gefangenschaft erst im August 1946, einige kamen erst 1947 zurück. Mehrere Bürger sind während dieser Gefangenschaft gestorben. In den folgenden Tagen erfolgten noch weitere Gefangennahmen.[385]

In der Kreisstadt Brilon mußte in den ersten Tagen nach der Besetzung das Kreishaus vollständig geräumt werden. Die Kreisverwaltung richtete sich in zwei Räumen der ehemaligen Kreisbauernschaft am Pelsenberge behelfsmäßig ein. Die Stadtverwaltung konnte notdürftig im Rathaus weiterarbeiten. Die Diensträume des amerikanischen und später englischen Stadtkommandanten befanden sich im Finanzamt, wo die Vertreter des Kreises und der Stadt täglich erscheinen mußten, um Befehle entgegenzunehmen.

Die Polizeigewalt wurde in Brilon auf Anordnung der Amerikaner von Serben ausgeübt. Diese führten sich gut und human auf. Den Serben wurden später zwanzig Deutsche als Hilfspolizisten beigegeben.

---

383 Aus einem kleinen Gesprächskreis im Hause des Küsters Alex d'Alquen im November 1981 in Hoinkhausen. Der einzelne Soldat war der Unteroffizier Max Reng.

384 Geschichte der 8. US-Panzerdivision, S. 154

385 Dunker, Geseker Album I, S. 88

Schwierig gestaltete sich in Brilon die Verpflegung von etwa 6000 bis 7000 Fremdarbeitern, die in Schulen, Betrieben und in anderen großen Räumen untergebracht waren. Auf Anordnung der Amerikaner mußte die Stadt Brilon hierfür täglich 12 Zentner Fleisch, 500 Brote und 30 Zentner Kartoffeln liefern. Dazu kam die große Sorge um die Versorgung der Zivilbevölkerung.[386]

Den ersten Tag in Büren nach der Besetzung durch die amerikanischen Truppen beschreibt Ilse Happe in ihrem Erlebnisbericht so:

„Am frühen Morgen werde ich gleich wieder zum Büro beordert, ebenso die ganze Belegschaft des Bürgermeisteramtes, die in Büren überhaupt erreichbar ist.

Die Amerikaner haben in der Nacht wie die Vandalen im Amt gehaust: in sämtlichen Büros sind Schränke und Schreibtische aufgebrochen worden, der Inhalt ist wild in den Zimmern verstreut. Es ist wohl nach belastendem Material gesucht worden.

Aber daß die Amis dann auch noch ihre Notdurft in die Ecken gesetzt haben, ist doch wohl ein bißchen zu stark!

Auf meinem Schreibtisch liegt sogar eine Eierhandgranate, die ich selbst aber als solche nicht erkannt und in den Schrank gelegt habe. Erst als Polizeimeister Kröning zwei Tage später ein Formular aus dem Schrank holen will, geht er vor Schreck gleich rückwärts — und ich auch!

Im Parteibüro gegenüber herrschte der gleiche Zustand wie im Bürgermeisteramt. Aber das alles haben wir nur ‚besichtigt'. Über ein großes Bild von Adolf Hitler mußten wir buchstäblich hinwegsteigen. Es lag mitten im Raum, die Glasscherben zersplittert, und im Herzen des ‚Führers' steckte ein Dolch, rundherum rote Tinte vergossen, so wie Blut . . .

Bis Mittag setzte nun ein Putzen und Scheuern ein wie beim größten Hausputz, noch schlimmer; denn Akten und Formulare müssen ja auch wieder einsortiert werden.

Auch am Nachmittag geht es wieder zum Büro, das heißt, gearbeitet wird nicht, aber wir müssen eben da sein.

Ein Anruf kommt: Die Urlauber und überhaupt alle Soldaten, die in Büren weilen, müssen sich am Nachmittag stellen. Viele kommen nicht wieder — wohl die meisten. Sie treten den Weg in die Gefangenschaft an.

Trotz allem muß gesagt werden, daß der amerikanische Kommandant äußerst anständig und human mit den Soldaten verfährt, er erfüllt ja auch nur seine Pflicht. Auch die amerikanischen Soldaten, die überall in Büren einquartiert sind, geben — mit einzelnen Ausnahmen — keinen Anlaß zum Klagen.

Die Bürener Bevölkerung staunt nur über die Verpflegung der Amerikaner: die besten Dosen-Delikatessen, Spirituosen, Tabakwaren, Süßigkeiten, eben alles, was man sich nur denken (und wünschen!) kann. Aus unserer Sicht ist das direkt ein ‚Prassen'.

Nun, wir sind in dieser Hinsicht ja schon jahrelang nicht mehr verwöhnt worden, alles ist rationalisiert und nur auf Lebensmittel- oder sonstigen Bezugsscheinkarten zu bekommen. Wer da keine Beziehungen hatte . . .!

Am Nachmittag wird die Wewelsburg von der SS gesprengt. Unermeßliche Werte gehen damit verloren. Natürlich sind die Herren der Burg mit ihren Familien schon ausgerückt, wie es heißt: nach Bayern.

---

386 Cramer, a. a. O., S. 49 ff.

In näherer oder weiterer Entfernung hört man noch den Kampf toben, aber für uns ist es schon ruhiger geworden. Dieses Osterfest werde ich in meinem ganzen Leben nicht vergessen, ich hatte es mir bestimmt anders vorgestellt!"[387]

In Lippstadt waren gleich nach der Besetzung der Stadt auch Teile des 330. Infanterieregiments der 83. US-Infanteriedivision eingerückt, um hier erste Besatzungsaufgaben zu übernehmen bzw. die Zivilverwaltung wieder in Gang zu bringen. Major O'Donnell vom Military Gouvernement war hier der Chef eines „Command Post" der 83. US-Infanteriedivision. Er stellte für den amtierenden Bürgermeister Friedrich Fuhrmann einen besonderen, handgeschriebenen Ausweis aus und behielt ihn weiterhin im Amt, wenn auch nur mit geringen Vollmachten.[388]

Gleich nach ihrem Einrücken hatten die Amerikaner beide Krankenhäuser beschlagnahmt und Ärzte und Pflegepersonal als Gefangene darin interniert. Zunächst lief der Betrieb in der gewohnten Weise weiter, aber bereits nach wenigen Tagen wünschten die Amerikaner, daß eines der beiden Häuser nur Soldaten, das andere dagegen nur Zivilisten aufnehmen und pflegen solle. Aber erst Ende April kam diese Maßnahme zur Durchführung, wobei das Evangelische Krankenhaus für kranke und verletzte Ausländer geräumt werden mußte.

Am Ostermontag rückten amerikanische Soldaten auch in das Postamt ein und gaben entsprechende Räumungsbefehle. Das Postamt sollte noch am Abend vor dem Einrücken der Amerikaner gesprengt werden. Dazu kam es jedoch nicht mehr, da sich die Ereignisse in Lippstadt schnell überstürzt hatten. Das Postamt sollte nun in 30 Minuten geräumt und alles versiegelt werden. Bald darauf wurde aber auch das Postgebäude von plündernden Ausländern und freigewordenen deutschen Zuchthäuslern schwer geplündert. Die Geldschränke wurden von mitgeführten Schneidbrennern und Sauerstoffgebläsen angeschweißt, konnten aber nicht geöffnet werden. Lediglich kleinere Geldbeträge fielen den Räubern in die Hände. Dafür stahlen oder zerschlugen sie alles, was ihnen in die Hände fiel. Selbst Fenster und Glastüren blieben nicht verschont. Erst nachdem der Postamtmann Becker bei dem amerikanischen Stadtkommandanten vorstellig geworden war, befahl dieser: „Schmeißen Sie sie mit Unterstützung Ihrer Leute sofort raus!", ohne jedoch militärische Hilfe zu gewähren. Später wurden im Postamt etwa achtzig amerikanische Soldaten untergebracht.[389]

Auch das Amtsgericht in Lippstadt war beim Einmarsch der amerikanischen Kampftruppen sogleich besetzt und für deren Zwecke in Anspruch genommen worden. Der geschäftsleitende Beamte wurde vom Kommandanten aufgefordert, mit allen Beamten und Angestellten das Amtsgerichtsgebäude zu verlassen und nicht wieder zu betreten, bevor nicht eine besondere Erlaubnis dazu erteilt worden sei. Der

---

387 Erlebnisbericht von Ilse Happe im Bürener Stadtspiegel Nr. 22 vom 1. März 1981

388 Bürgermeister i. R. Friedrich Fuhrmann ist heute noch im Besitze dieses alten vergilbten Papiers, das damals sein Ausweis war. Er erinnert sich auch noch daran, daß er in der ersten Nacht kurz gefangen wurde und dabei auf dem Gelände des heutigen Werkes „Rothe Erde" mit dem Tode bedroht wurde. Major O'Donnell sagte auch zu ihm: „Bürgermeister, Sie haben einen guten Gott angebetet bei ihrem Verhalten; denn das Geschwader zur Bombardierung der Stadt stand schon bereit, wenn die Stadt verteidigt worden wäre." Friedrich Fuhrmann erinnert sich noch daran, daß er später vornehmlich für die Brotversorgung in der Stadt zuständig war und auch Beschlagnahmungen durchführen mußte.

389 Aus einer Fortsetzungsserie der Heimatzeitung „Der Patriot" vom April 1950, Folge V

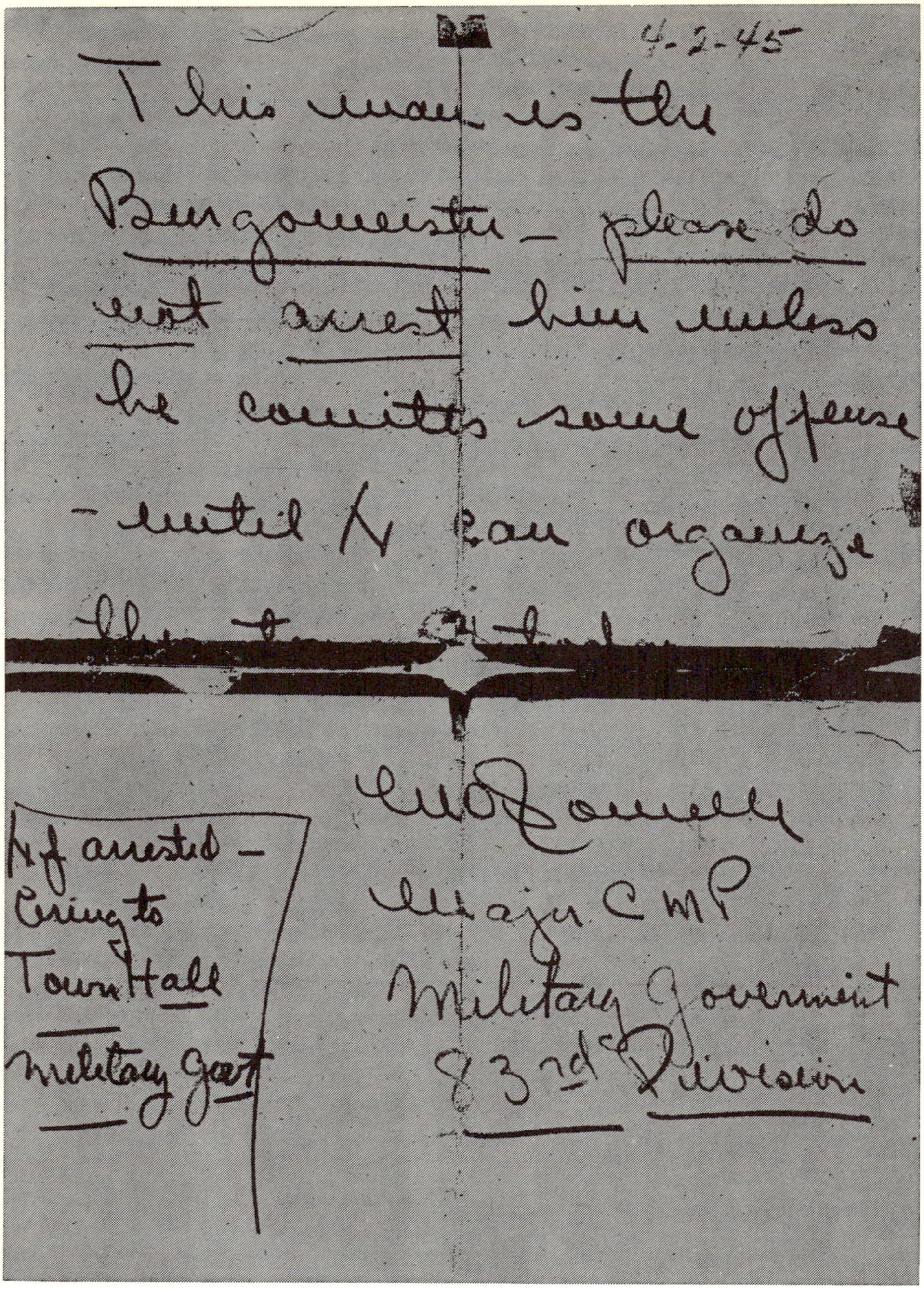

4-2-45

This man is the Burgomeister – please do not arrest him unless he commits some offense – until I can organize [redacted]

E M O'Donnell
Major CMP
Military Government
83rd Division

If arrested – bring to Town Hall – Military Govt

*Dokument 10: Provisorischer Ausweis für den Bürgermeister Friedrich Fuhrmann in Lippstadt. Ausgestellt von Major O'Donnell, CP/83. US-Infanteriedivision*

aufsichtsführende Richter und der geschäftsleitende Beamte erhielten aber bald wieder diese Erlaubnis. Dem amerikanischen Kommandanten im Amtsgericht war sehr daran gelegen, die wichtigen Grundbücher und Grundakten sicherzustellen und überließ deshalb dem Aufsichtsrichter die Akten des Grundbuchamtes zur freien Benutzung und anderweitigen Aufbewahrung. Die Räume des Grundbuchamtes wurden sodann verschlossen. Der Justizwachtmeister und der Kastellan durften im Gebäude wohnen bleiben. Die Amerikaner erteilten zudem Anweisungen, die Betreuung der Gefangenen zu übernehmen, die von ihnen festgesetzt worden waren. Eine amerikanische Wache wurde ebenfalls im Gefängnis untergebracht. Die vordem von den Deutschen inhaftierten Personen waren freigelassen worden.[390]

## ZUM LANDRAT BERUFEN

Nach dem Einmarsch der Amerikaner bemühte sich der Kreiskommandant alsbald, einen Landrat einzusetzen, zu dem die gesamte Bürgerschaft Vertrauen haben konnte. Der damals bereits 70jährige Amtsgerichtsrat i. R. Schulte-Steinberg wurde von verschiedenen Stellen dazu empfohlen und dann auch berufen. Nach verständlichem Zögern entschloß er sich zur Übernahme des verantwortlichen Amtes, mit dem ihm die ganze Verwaltung unterstellt war. Er erklärte dabei allerdings gleich von vornherein, daß er auf Sachbearbeiter nicht verzichten könne, auch wenn sie sich zum Nationalsozialismus bekannt hätten und unfreiwillig Mitläufer geworden seien. Er verbürge sich übrigens für die von ihm zugelassenen Mitarbeiter.

Es stellte sich alsbald heraus, daß der neue Kreiskommandant Deutschamerikaner war, dessen Vater aus Mecklenburg stammte, und daß er selbst den Beruf eines Rechtsanwaltes in Texas ausübte. Er kam sehr bald zu einer Übereinstimmung mit Landrat Schulte-Steinberg, der nun mancherlei zu Gunsten der Lippstädter Bevölkerung durchsetzen konnte. Viele Beschränkungen konnten verhindert werden, doch entstand eine große Schwierigkeit dadurch, daß nunmehr, auf Anordnung der Besatzung, der Hellweg den Kreis Lippstadt in zwei Teile trennte, wobei der südliche Teil zuerst noch Kampfgebiet war.

Unter anderem war es dem Landrat auch möglich, sechs Festgenommene aus Lippstadts Umgebung vor einem bitteren Schicksal zu bewahren. Sie hatten eine schwere Schuld auf sich geladen, die allerdings moralisch als eine Handlung von Notwehr beurteilt werden konnte. Dieser Auffassung des Landrats stimmte der ebenfalls sehr rechtlich denkende Kreiskommandant zu, so daß die sechs niedergedrückten Männer in gleicher Stunde noch entlassen wurden. Einige Tage vorher, als der Landrat um Schutz zur Verhütung der fortdauernden Überfälle und Räubereien durch Russen und Polen gebeten hatte, erklärte der amerikanische Kommandant ganz freimütig sinngemäß, daß man sich ja selbst die zwölf Millionen Ausländer herbeigeholt habe als versklavte Zwangsarbeiter, die meist schlecht behandelt worden seien und die sich nun rächten. „Die Russen" sagte er, „gelten nun als unsere Freunde, obgleich es noch dahin gestellt bleibt, wie wir uns später mit Stalin auseinandersetzen werden."

Bald wurde nun dem verantwortlichen Landrat aufgegeben, sich zu äußern, ob er dafür sorgen werde, daß 16500 Russen und 2500 Polen sechs Monate lang, ohne arbeiten zu müssen, hier verpflegt werden könnten.

---

390 Wie Anmerkung 389, Folge VII

Diese freigewordenen Ausländer waren in den Baracken der „Flakkaserne" und in anderen Räumlichkeiten untergebracht. Da nun der Lippstädter Kreis von jeher Versorgungsgebiet auch für andere Bezirke war, sicherte Landrat Schulte-Steinberg nach erfolgter sorgsamer Beratung und Verständigung mit dazu bereiten Sachbearbeitern die Verpflegung mit Fleisch, Kartoffeln und Mehl zu. Kolonialwaren könnten jedoch nicht beschafft werden, wurde dem Kreiskommandanten offenbart.

Nach erheblichem Bemühen gelang es dann, auch die Erlaubnis und den Treibstoff für sieben Lastkraftwagen zu erhalten, so daß unter anderem auch die Stadt Bochum von hier aus wieder mit Milch versorgt werden konnte.[391]

Aus einer Fortsetzungsreihe über die Kriegsereignisse im Jahre 1945 stammt folgender Augenzeugenbericht aus der Heimatzeitung „Der Patriot" aus dem Jahre 1957, Monat April, Folge 2:

2. APRIL 1945:

Der Ausgang für uns Deutsche ist auf vormittags 9.00 bis 12.00 Uhr beschränkt. In dieser Zeit können bei dem großen Andrang und dem üblichen Schlangestehen kaum die notwendigsten Einkäufe erledigt werden. Morgens gegen 11.00 Uhr fahre ich mit meinem Fahrrad in die Stadt.

Überall sieht man Panzer, Lastwagen und Soldaten. Viele Schaufenster sind zertrümmert und Läden geplündert, so das Konfektionshaus Lönne, Schuhhaus Rustige, Schuhhaus Zahn, Tabakbörse Pieper und die Brennerei Kisker. Der Marktplatz wimmelt von ausländischen Kriegsgefangenen und Zivilarbeitern. Zu Hause stelle ich fest, daß wir kein Licht und kein Gas mehr haben. Auch das Wasser bleibt kurze Zeit aus. Unsere Einquartierung hat Ruhetag. Die Soldaten essen, schlafen, rauchen, lesen ihre Zeitungen und schreiben Briefe. In der Nacht hören wir in Richtung Hellweg eine wüste Knallerei. Ebenso vernimmt man Abschüsse und Einschläge in Richtung Bielefeld.

3. APRIL 1945:

Eine lange Kette von Panzern und anderen Kampfwagen rollt in Richtung Overhagen. Bald darauf hört man von Westen her Geschütz- und Maschinengewehrfeuer. Deutsche Gefangene werden eingebracht. Mit erhobenen Händen kommen sie im Laufschritt an, eskortiert von Amerikanern, die sie immer wieder zum Laufen antreiben.

In den Häusern Ignaz Schütte und Franz Schütte ist die Gefangenensammelstelle eingerichtet. Die deutschen Kriegsgefangenen werden in Reih und Glied aufgestellt, müssen ihr Gepäck ablegen, sämtliche Taschen entleeren und den Inhalt vor sich auf den Boden legen. Uhren und Taschenmesser werden eingesammelt, das übrige durchwühlt, um etwa Verdächtiges zu entfernen. Der Rest darf wieder eingesteckt werden, nachdem der ganze Körper nach Waffen abgetastet ist. Während dieser Prozedur gehen vor der Front amerikanische Soldaten mit Maschinenpistolen im Anschlag auf und ab. Bilder wie in einem Wildwestfilm.

Nun beginnt die Vernehmung der Gefangenen. Wehrpässe werden vorgezeigt. Dann erfolgt eine Aufteilung in zwei Gruppen. Nach welchen Gesichtspunkten diese Aufteilung erfolgt, kann ich nicht feststellen. Schließlich führt man die Gefangenen auf den Hof. In geraumen Zeitabständen kommt ein Lastwagen, der die Kriegsgefangenen zu einer zentralen Sammelstelle weiterfährt.

---

391 Wie Anmerkung 389, Folge IX

Als am Nachmittag eine deutsche Granate in der Nähe der Gasanstalt einschlägt, rennt alles in die Keller, auch die Amerikaner in unserem Hause. Auf dem Acker östlich meines Hauses wirft man gegen Abend tiefe Löcher aus, baut Granatwerfer ein und beschießt in der Nacht die Dörfer westlich von Lippstadt. Die Knallerei ist so wüst, daß wir nicht schlafen können. Deutsche Einschläge hört man nicht mehr."[392]

In Lippstadt trat an diesem Tage erstmals die Curfew, die Sperrzeit, in Kraft. Nur vom Morgen bis zur Mittagsstunde war der Bevölkerung der Ausgang erlaubt. In Erwitte fanden am Ostermontag keine Gottesdienste mehr statt. Einige Bauern verließen mit ihren Familien die Stadt, um draußen in ihren Feldscheunen oder auswärts bei Verwandten Schutz zu suchen. Nachmittags gegen 3.00 Uhr setzte für kurze Zeit wieder die Beschießung ein. Am späten Abend begann die Beschießung erneut, stärker als zuvor. War in der ersten Nacht das Feuer von deutschen Truppen erwidert worden, besonders aus westlicher Richtung, so war es in der zweiten Nacht nur noch schwach zu hören. Auch diese Nacht verbrachte die Erwitter Bevölkerung schlaflos, wachend und sicher viel betend in ihren Kellern, bis zum Dienstagmorgen.

Auch das Dorf Overhagen lag an diesem Tage und in der Nacht wieder unter amerikanischem Artilleriefeuer. Ebenso schossen die Amerikaner, die bereits nördlich der Lippe standen, nach Benninghausen hinein.

Westernkotten erhielt am zweiten Ostertag auch erstmals Beschuß, der die Nacht über andauerte. Am späten Abend des ersten Ostertages waren hier bereits einige amerikanische Panzer von Osten nach Westen durchgefahren. Zurückgehende deutsche Truppen aus Richtung Lippstadt sammelten sich in Westernkotten in der Absicht, das Dorf zu verteidigen. Am Gradierwerk hatten einige beherzte Bürger bereits eine weiße Fahne gehißt, als ein SS-Offizier unter Androhung schärfster Strafen die Einziehung der Fahne veranlaßte. Das Feuer leichter deutscher Waffen aus Westernkotten zog dann das amerikanische Artillerie- und Panzerfeuer auf sich.[393]

---

392 Zeitungsbericht aus „Der Patriot" Nr. 94, April 1957.

393 Willi Mues, Der Kreis Lippstadt als Kampfgebiet, Folge 18–20 der Heimatblätter „Der Patriot", Jahrgang 1969/70, im April 1970

## II. Teil:

# Von der Lippe zu Ruhr und Lenne

1. Kapitel

# Erste Kämpfe an der nordöstlichen Kesselfront

Nach der Schließung des Ruhrkessels begannen bei den alliierten Stäben sogleich die Vorbereitungen für die Einengung und Zerschlagung des Ruhrkessels. Die US-Armee stellte hierfür insgesamt 18 Divisionen ab, ohne ihren weiteren Vormarsch nach Mitteldeutschland schwächen zu müssen. Auf dem linken Rheinufer stand eine neugebildete 15. Armee nur für spätere Besatzungsaufgaben bereit, die sechs Divisionen umfaßte.[1]

Am 2. April kamen Stabsoffiziere der 1. und 9. US-Armee zusammen, um über die weiteren Operationen bei der Zerschlagung des Ruhrkessels zu beraten. Bei ihren Besprechungen einigten sich die Offiziere auf den Verlauf der Ruhr von etwa Nuttlar, im Kreise Brilon, bis Duisburg, wo die Ruhr in den Rhein mündet, als Trennungslinie zwischen den beiden Armeen. Diese Linie sollte von Truppen in der Stärke von vier Korps in einer sternförmig zusammenlaufenden Bewegung angegriffen werden. Das Operationsgebiet der 9. Armee im Norden der Ruhr war das kleinere von beiden, aber es war ein dicht verbautes Industriegebiet, in dem eine Stadt in die andere überging. In Städten wie Essen, Dortmund und Duisburg würde sich die 9. Armee wahrscheinlich von Haus zu Haus durch die zerbombten Straßen kämpfen müssen, wenn die deutsche Verteidigung nicht plötzlich zusammenbrach.[2]

Eingeleitet wurden diese Kämpfe mit den Angriffen aus der nordöstlichen Ecke des Kessels bei Paderborn, soweit die nähere Umgebung noch nicht von den amerikanischen Verbänden besetzt war. Laut Korpsbefehl hatte die 8. US-Panzerdivision den Auftrag, bis nach Paderborn vorzustoßen und nördlich von Paderborn zu sammeln. Als Teile der Division — vornehmlich die Aufklärungs-Abteilung — die Außenbezirke von Schloß Neuhaus erreicht hatten, wurden sie dort am 2. April von deutschen Einheiten angegriffen, die sich zur Verteidigung eingerichtet hatten. Die Kampfgruppe Roseborough — die Führungsspitze der Divisionskampfgruppe B — erhielt ebenfalls schweres deutsches Pak- und Infanteriefeuer, als sie zur Unterstützung der vordersten Verbände vorrückte. Sie zog sich daraufhin zunächst zurück, um konzentriertes Artilleriefeuer auf die Stadt zu legen. Die Kampfgruppe van Houten wurde vorgezogen, um die Einnahme von Neuhaus zu unterstützen. Nach entsprechendem Beschuß durch das 399. Feldartillerie-Bataillon stieß die Kampfgruppe Roseborough wieder auf Neuhaus vor.[3]

Die deutschen Verteidiger in Schloß Neuhaus bestanden hauptsächlich aus Ersatzeinheiten sowie einer Genesendeneinheit. Nach amerikanischen Aufklärungsergebnissen sollten sich auch 20 Königstiger in der Stadt befinden. Die Kampfgruppe Roseborough mit der A-Kompanie auf dem linken und der C-Kompanie (beide vom 49. Panzerinfanteriebataillon) auf dem rechten Flügel setzte ihren Angriff in der

---

1 Charles Whiting, Die Schlacht um den Ruhrkessel, Molden-Taschenbuch-Verlag, Wien-München, S. 80

2 Ebd., S. 114

3 Captain Charles R. Leach, In Tornados Wake, A History of the 8th US-Armoreddivision, Chicago 1956, Kapitel Back and Fort thrug the Ruhr, S. 154. — Bei weiterer Nennung nur noch Geschichte der 8. US-Panzerdivision

Nacht des 2. April fort. Am 3. April, gegen 2.00 Uhr setzte ein deutscher Gegenangriff aus dem Sennelager ein. Zwei SS-Infanteriekompanien und eine Kompanie des Genesenden-Bataillons, unterstützt von Panzern, drückten die A-Kompanie aus ihren vordersten Stellungen zurück. Die B-Kompanie des 36. US-Panzerbataillons rückte daraufhin zur Unterstützung vor, während die Infanteristen Artillerieunterstützung anforderten. Nach Beendigung des Artilleriefeuers traten die US-Kampfgruppen wieder zum Gegenstoß an. Bis 5.00 Uhr früh dauerten die Gegenangriffe, wobei die deutschen Truppen wieder zurückgeworfen wurden. Während der Gegenangriffe hatte Oberst Kimball weitere Infanterieunterstützung angefordert, und Generalmajor Devine (Kommandeur der 8. US-Panzerdivision) beorderte die Reserve-Kampfgruppe zur Unterstützung der Kampfgruppe B nach vorn. Zur gleichen Zeit wurde die Kampfgruppe A angesetzt, um die deutschen Widerstandsnester im Sennelager zu brechen.[4]

Um 8.30 Uhr setzte die Divisionskampfgruppe B unter Oberst Kimball mit den Kampfgruppen Roseborough und Van Houten nebeneinander geschlossen zum Angriff an. Die Spitze der B-Kompanie des 49. Infanterieregiments war aber kaum 200 Meter nach Neuhaus hineingerückt, als sie heftiges Maschinengewehr- und Handwaffenfeuer erhielt. Daraufhin wurde ein konzentrierter Artilleriebeschuß auf den Ort gelegt. An der linken Flanke machte die C-Kompanie des 49. Infanterieregiments einen weiten Umweg um Neuhaus und drang in Verbindung mit einem erneuten Angriff der B-Kompanie in den Ort ein.

Am 3. April, um 19.00 Uhr wurde die Divisionskampfgruppe B durch Einheiten des 329. Infanterieregiments der 83. Infanteriedivision abgelöst und ging für die Nacht in die Divisionsreserve.[5]

Nördlich des Operationsgebietes der Kampfgruppe B der 8. US-Panzerdivision waren zu dieser Zeit aber auch noch Teile der 2. US-Panzerdivision im Einsatz, um das Gebiet des Truppenübungsplatzes Sennelager zu besetzen bzw. durch das weite Gelände in Richtung Teutoburger Wald weiter vorzustoßen.

Auf dem Truppenübungsplatz Sennelager waren in den letzten Märztagen nur noch verschiedene Ersatztruppenteile stationiert gewesen. Die Gesamtstärke kann auf 5 000 bis 6 000 Mann geschätzt werden. Der Kampfwert dieser Verbände war allerdings äußerst gering, da die Verbände nur wenig schwere Waffen hatten und nur eine Übungsausrüstung. Die Einheiten waren nicht gefechtsmäßig gegliedert, hatten nur geringe Nachrichtenmittel, keine Nachschub- und Sanitätseinrichtungen. Zur Abwehr war diese Truppe auch nur bedingt brauchbar, zumal die kampfkräftigsten Einheiten zur Aufstellung der SS-Brigade Westfalen mit fast allen Panzern vorher herausgezogen worden war. Führer der Restverbände auf dem Truppenübungsplatz war Generalmajor Goerbig. Am Morgen des 1. April erhielt dieser den Befehl vom Wehrmachtskommandanten Bielefeld, Generalmajor Becher, mit allen Ersatztruppen des Sennelagers den Teutoburger Wald im Abschnitt Oerlinghausen, zehn Kilometer südostwärts von Bielefeld, bis Horn, acht Kilometer südostwärts von Detmold, zu verteidigen. In der Nacht vom 1. zum 2. April begann die Absetzbewegung dieser Verbände in die befohlene Verteidigungsfront, wo die Verbände in bereits vorhandene Sicherungen eingegliedert wurden.[6]

---

4 Ebd., S. 155
5 Ebd., S. 155–156
6 Günter Wegmann, Das Kriegsende zwischen Niederrhein, Emsland und Teutoburger Wald im März/April 1945, II. Teil, in: Osnabrücker Mitteilungen, 84. Band, 1978, S. 161 ff.

Im Zusammenhang mit den Kampfhandlungen um Neuhaus und Sennelager wurde auch Elsen besetzt. Hier hatte man in den letzten Tagen die Ereignisse um Paderborn ebenfalls mit regem Interesse und gespannter Aufmerksamkeit verfolgt. Viele Bewohner Paderborns hatten sich nach der schweren Bombardierung von Paderborn hierhergeflüchtet. Die letzten deutschen Truppen hatten den Ort bereits am ersten Ostertag verlassen, und kurz darauf wehten im Ort die ersten weißen Fahnen. Der Ortspfarrer Mentrup und der Bürgermeister Timmerberg waren sich zusammen mit dem Ingenieur Schröder einig, den Ort an die Amerikaner zu übergeben. Sie gingen mit einer weißen Fahne den Amerikanern auf einer Landstraße entgegen, trafen aber nicht auf amerikanische Truppen. Im Verlauf des Ostermontags würde Elsen dann, ohne daß ein Schuß fiel, von amerikanischen Truppen besetzt. Während des Nachmittags nahmen im östlichen Teil des Ortes an die 100 Panzer und Kampfwagen Aufstellung, und weitere rollten noch laufend heran.

Der Bereich in und um Elsen wurde in jenen Stunden Aufmarschgebiet für die Kampfgruppen der 8. US-Panzerdivision mit dem Ziel der Angriffe auf Neuhaus und Sennelager. Hierfür mußten zahlreiche Häuser für die amerikanischen Truppen geräumt werden. Einigen Bewohnern wurden dabei Schmucksachen, Radio- und Fotoapparate entführt.[6a]

Ein besonderes Erlebnis hatte in jenen Tagen der Pfarrvikar Hermann Bieker, der in der benachbarten Bauerschaft Gesseln noch am Morgen einen Ostergottesdienst gehalten hatte, währenddessen die amerikanischen Panzertruppen einrückten.

„Und nun zur Einnahme selber: Wir mußten damit rechnen, daß am nächsten Tage auch Elsen vom Feinde besetzt sei. Der Herr Pastor beauftragte mich, das heilige Meßopfer in den nächsten Tagen in Gesseln zu feiern, damit den dortigen Bewohnern der Weg nach Elsen erspart bliebe. So richteten wir in dem Hofe Güllenstern auf der Tenne einen Altar her und gaben die Meldung von Haus zu Haus, daß am Osterdienstag früh Gottesdienst auf der Tenne sei. Schnell füllte sich in der Morgenfrühe die Tenne. Jungen aus Paderborn übernahmen die liturgische Gestaltung des Gottesdienstes als Lektoren, und entschlossen klang es aus jungen Kehlen: „Preiset den Herrn, ruft an seinen Namen; macht kund seine Werke unter den Heiden, alleluja." Auch die Männer und Frauen wagten es, das Osteralleluja zu singen. Ich dachte indes an das „Nolite expavescere" des Ostermorgens. Die Tennentüren waren wegen der Kälte geschlossen, nur die kleine Eingangstür war geöffnet. Da geschah es, daß plötzlich das Opferungslied in den Kehlen verstummte, und instinktiv drängte alles zum Altar. Von der Straße hörte man das Motorengeräusch vorbeihuschender Panzerspähwagen und ausländische Worte. — Nolite expavescere. — Frauen kamen, klopften nervös auf den Altar: „Herr Vikar, sie kommen! Sie sind schon da!" Ich wandte mich um und sagte: „Wir machen weiter." „Sursum corda." „Habemus ad Dominum", antworteten die Jungen und die Gemeinde. „Gratias agamus Domine Deo nostro." Doch in die Präfation hinein drängte sich das überwältigende, erschütternde Geräusch der anrückenden Panzer, von denen der erste sich knirschend und krachend auf der Straße vor dem Hause drehte und auf unsere Tenne zulief, als wolle er uns alle überrennen. Schon drang das Kanonenrohr durch die Öffnung der Türe herein. Die Ketten des Panzers krachten gegen die Tür. — Nolite expavescere. — Das war ein eigenarti-

6a Kriegschronik von Paderborn und Umgebung, Stadtarchiv Paderborn. Nach der Geschichte der 8. US-Panzerdivision wurde Elsen von der Kampfgruppe Walker am Morgen des 3. April kampflos besetzt.

ges Sanktus. Kommandostimmen wurden hörbar. Der Panzer setzte zurück. Die Tür wurde geöffnet. Zur Wandlung war alles still. Nur die vorbeiziehenden Panzer kündeten vom Ernst der Lage. Als ich mich zum „Ecce Agnus Dei" umwenden durfte, sah ich folgendes Bild: Der Panzer mächtig im Tenneneingang stehend, das Rohr auf den Altar gerichtet, die kniende Gemeinde und unter ihnen mit entblößtem Haupt die Besatzung des amerikanischen Panzers, kniend vor dem Gott der Sieger und der Besiegten.

Durch dieses für Gesseln und Umgebung einzigartige Meß-Erlebnis war jede Furcht vor den Amerikanern gewichen. Man begann das Fluchtgepäck zu lösen und das Versteckte auszugraben."[6b]

Mit der Einnahme von Neuhaus hatte die 8. US-Panzerdivision zunächst ihr östlichstes Angriffsziel erreicht. Nach kurzer Sammlung in diesem Gebiet erhielt die Division von der 9. US-Armee den Befehl, eine Schwenkung von 180 Grad zu vollziehen und von Osten her in den Ruhrkessel vorzustoßen. Die Aufklärung der Division hatte Nachrichten bekommen, wonach die im Ruhrkessel eingeschlossenen 20 deutschen Divisionen sich bei Soest zu einem Ausbruchsangriff sammeln sollten.[7]

Generalmajor Devine, Kommandeur der 8. US-Panzerdivision, ordnete seine Verbände und stellte fest, daß er auf 45 Kilometer Frontbreite möglichst viele Angriffsverbände benötigte. Er beauftragte die Aufklärungs-Schwadron unter Oberstleutnant Tracy B. Harrington, auf dem rechten Flügel der Division an der Spitze aufzuklären und schützend vorzugehen.

Mit Befehl Nr. 135 vom 3. April 1945, 11.30 Uhr erhielt die Division folgende Weisung: „Verstärkte 8. Panzerdivision mit 194. Lastenseglerregiment greift südlich Z an, um die Ruhrlinie (R) zu sichern. Verbindung mit Teilen der 1. Armee herstellen und Sicherung auf der linken Flanke!"

Der General befahl daraufhin die Marschbereitschaft für 15.00 Uhr, um die Ruhrlinie zu sichern, Brücken zu nehmen. Die Divisionskampfgruppen A und R rollten als erste in die neuen Angriffsräume. Die Kampfgruppe Poinier an der Spitze der Divisionskampfgruppe A führte die Verbände durch Salzkotten und Geseke bis nach Eikeloh und weiter bis vor Erwitte. Die Divisionskampfgruppe R sammelte zunächst im Raum südlich und südöstlich von Lippstadt. Die Spitzenkampfgruppe des Majors Artmann fühlte am Abend des 3. April von Lippstadt aus bereits bis Weckinghausen vor. Sie stießen hier aber auf energischen deutschen Widerstand und mußte ihre vordersten Einheiten wieder zurücknehmen.

Die vor Erwitte eingetroffenen Einheiten der Divisionskampfgruppe A trafen östlich von Erwitte auf erheblichen Widerstand. Sie mußten anhalten und gruben sich für die Nacht in ihren erreichten Stellungen ein.[8]

Die Bevölkerung von Erwitte hatte auch die Nacht vom Ostermontag zum Dienstag, schlaflos, wachend und viel betend, in den Kellern zugebracht. Bereits am Nachmittag des Ostermontags hatte es für kurze Zeit Beschuß gegeben, der am Abend wieder einsetzte und sich in der Nacht noch verstärkte. In der ersten Nacht war das

---

6b Hermann Bieker, Die brennende Stadt, Verlag Ferdinand Schöningh, Paderborn 1948, S. 20–21

7 Geschichte der 8. US-Panzerdivision, S. 156. – Die G-2-Abteilung der 8. US-Panzerdivision hatte einen Funkspruch an den Kommandeur der 116. Panzerdivision aufgefangen, der besagte, daß die 116. Panzerdivision in den Raum um Beckum vorstoßen sollte, um die amerikanischen Vormarschlinien zu unterbrechen.

8 Geschichte der 8. US-Panzerdivision, S. 158

Feuer von deutschen Truppen erwidert worden, in der zweiten Nacht war es nur noch schwach zu hören.

Die in den letzten Februar- und in den Märzwochen an den vier Reichsstraßen in Erwitte erbauten Panzersperren waren schon am 30. März mit je drei dicken Bäumen geschlossen worden. Volkssturmmänner mit alten Beutegewehren bewachten die Sperren. An der Straße nach Berge war am 30. März ein 8,8-cm-Flakgeschütz in Stellung gegangen, am 31. März aber bereits wieder abgezogen worden. Kleinere Infanterie-Einheiten zogen hier durch und vereinzelt auch deutsche Panzer.

Die deutschen Truppen in Erwitte — vornehmlich die NS-Kampfgruppe — richteten sich auf eine Verteidigung ein. Der an der Ostseite des Ortes gelegene Friedhof mit seinem Baumbestand und Hecken war einer der Hauptpunkte. Hier standen zwei 3,7-cm-Flakgeschütze und in einer benachbarten Weide ein 8,8-cm-Flakgeschütz. Vom Friedhof aus zog sich — anlehnend an die Reichsstraße 1 — eine Anzahl Einmann-Löcher bogenförmig zu den Hohlwegen in der südlichen Feldflur. Eine kleine deutsche Stellung befand sich auch am Südrand des kleinen Wäldchens an der Straße nach Berge. Die deutsche Verteidigung bestand außer der NS-Kampfgruppe aus zwei Kompanien des Panzergrenadierregiments 60 und aus einigen Gruppen des Feldersatzbataillons 146 der 116. Panzerdivision. Eine Vielzahl von kleinen führerlosen Einheiten, teils schlecht oder kaum bewaffnet, die alle in die Verteidigung mit einbezogen wurden, muß sich hier in unmittelbarer Nähe der Kesselfront gestaut haben.[9]

Ein eindrucksvolles Bild der Verhältnisse in den damaligen Tagen im Kampfraum des Panzergrenadierregiments 60 schildert Oberstleutnant Stephan, wenn er schreibt: „Im Sicherungsabschnitt des Raumes Erwitte-Belecke wimmelte es von führerlosen Einheiten aller Waffengattungen und Volkssturm-Einheiten, die mehr oder weniger keinen Kampfwert hatten. Sie wurden zwar auf die Bataillone des Regiments aufgeteilt, waren aber mehr Be- als Entlastung. Viele Volkssturmmänner waren in den umliegenden Dörfern daheim. Wer konnte es ihnen verdenken, wenn sie nachts das Weite suchten. In den Straßengräben lagen unzählige Panzerfäuste und sonstige Waffen und Munition: überall Auflösungserscheinungen. Nur hier und da gab es junge fanatische Offiziere und Mannschaften, die getreu der NS-Propaganda das Vaterland vom nahestehenden Untergang retten wollten, leider einige mit dem Einsatz ihres Lebens."[10]

Wie ein deutscher Truppenführer von der 116. Panzerdivision die ersten Tage im Ruhrkessel erlebte, geht recht eindrucksvoll aus den Aufzeichnungen des ehemaligen Hauptmanns Hans-Joachim Tzschentke hervor, der sich in jenen Tagen im Raume westlich von Erwitte aufhielt:

»Am ersten Ostertag brachte ich Teile des Panzergrenadierregiments 60, die bei Gladbeck nach Westen eingesetzt waren, über Dortmund-Unna-Werl nach Bad Sassendorf, wo wahrscheinlich der Regimentsstab lag. Da bekannt wurde, daß das Loch

---

9 Dem Verfasser wurde von einem Trupp junger, schlecht bewaffneter Soldaten in einem Hohlweg berichtet, der seit Tagen nicht verpflegt worden war. Diese Soldaten sind von Erwitter Familien in jenen Tagen mit einer warmen Mahlzeit versorgt worden. — Eine Frau, die damals in der Nähe des Friedhofes wohnte, berichtete von einer Gruppe Soldaten unter Führung eines Unteroffiziers, ohne Gewehre, aber mit dem Auftrag zur Verteidigung.
Vergleiche hierzu auch die verschiedensten Schilderungen ehemaliger Truppenführer der 116. Panzerdivision im Raum Erwitte-Soest.

10 Brief des ehemaligen Oberstleutnants Eberhard Stephan an den Verfasser im Jahre 1980 im Rahmen einer Befragungsaktion

im Osten bei Lippstadt und Paderborn durch die Amerikaner bereits geschlossen sei, wurde von einem Durchbruch gesprochen; welche Kräfte daran teilnehmen sollten, war zunächst nicht bekannt.

Am 2. April suchte ich das II. Bataillon des Panzergrenadierregiments 60 (Bataillonsführer Hauptmann Bröker) in Robringhausen auf. Mein Eindruck bezüglich der Bevölkerung war, daß diese stark gegen uns eingestellt war. Am Nachmittag dieses Tages übergab ich eine Volkssturmkompanie Lüdecke an Oberleutnant Wilms. Meine Kompanie (9. Granatwerferkompanie, Panzergrenadierregiment 60) übergab ich an Leutnant Behnke. Grund der Übergabe war, daß ich an diesem Tage von meiner Beförderung zum Hauptmann erfuhr und deshalb auch eine andere Verwendung finden sollte. Ich begab mich daraufhin nach Stirpe, denn dort befand sich der Stab des Feldersatzbataillons unter Hauptmann Inboden. Was sich sonst noch an militärischen Einsatzkräften in Stirpe befand, kann ich nicht sagen, auch nichts über deutsche Truppen in Weckinghausen, Westernkotten und Erwitte. In der Nacht führte ich noch ein Telefongespräch mit Major Dunker und begab mich dann mit einer Volkssturmkompanie nach Gut Brockhof. Dort erhielt ich von Hauptmann Gerling (Kommandeur des II. Bataillons des Panzergrenadierregiments 156) Anweisung, diese Volkssturmkompanie (Bergleute aus Marl — vielleicht die bereits genannte Kompanie Lüdecke?) in Overhagen zum Einsatz zu bringen, was auch geschah. Über den Verbleib dieser Einheit erfuhren wir nichts. Nach Einweisung begab ich mich am 3. April morgens gegen 4.00 Uhr zum Bataillon zurück. Etwas später traf Oberstleutnant Stephan (Führer des Panzergrenadierregiments 60) auf dem Gefechtsstand ein. Auf dem Gut Brockhof oder in dessen Nähe lag auch die Divisions-Kampfschule unter Hauptmann Rudolph, bei der ich mich auf Anweisung von Oberstleutnant Stephan zur besonderen Verfügung halten sollte. Dieser Stab löste später den Bataillonsstab des Hauptmanns Gerling ab, der einen anderen Auftrag erhielt. Nach meinen Aufzeichnungen rückten die Teile des Regiments 156 ab, um sich nach Osten, wie man sagte, durchzuschlagen.

In der Nacht vom 3. zum 4. April wechselten wir unseren Gefechtsstand nach Norddorf. Morgens — es könnte schon im Laufe des Vormittags gewesen sein, denn es war hell und vermutlich sogar sonnig — standen die feindlichen Panzer „direkt vor unserer Tür". Wir waren sehr überrascht, zumal wir unsere Kompanie in Overhagen in Stellung wußten. Nach meiner Erinnerung bewegten sich die Panzer und die Lkw-Kolonnen „wie im Manöver" auf Norddorf-Süd zu. Wir beobachteten den Vormarsch aus den Fenstern einer Siedlung. An deutsche Panzer in diesem Bereich kann ich mich nicht erinnern. Von Norddorf aus wichen wir nach Westen zurück, erreichten um Mittag Böckum, später Horn-Millinghausen und gegen Abend Wiggeringhausen. Unser Gefechtsstand wurde im Schloß eingerichtet. Die Häuser waren überall stark mit Zivilisten belegt.«[10a]

Die Einheiten der Divisionskampfgruppe A der 8. US-Panzerdivision, die am 3. April östlich von Erwitte eingetroffen waren, bezogen zunächst Positionen in und um Eikeloh und Bökenförde. In der Nähe von Eikeloh gingen die Geschütze des 398. US-Feldartilleriebataillons in Stellung. Die US-Kampfgruppen schoben später eine Beobachtungs-Abteilung bis zum Hofe Schulte-Berendwilm vor und klärten von dort nach Erwitte und Westernkotten auf.

Das Vorgehen der Einheiten der 8. US-Panzerdivision in Richtung Erwitte wurde von dem damals 16jährigen Hubert Bürger vom Turm der Kapelle des Dorfes Eikeloh aus beobachtet. Er erinnert sich: „Am Nachmittag des 3. April rollten von Geseke aus

lange Kolonnen von Panzern und Fahrzeugen heran. Als die ersten amerikanischen Panzer westlich von Eikeloh die Pöppelsche-Brücke passiert hatten, erhielten sie deutsches Maschinengewehrfeuer aus Richtung Erwitte. Einige Panzer drehten daraufhin rechts ab und rollten über Feldwege und Felder auf Westernkotten zu, wahrscheinlich, um geeignete Schußpositionen zu suchen. Wenig später beschossen die amerikanischen Panzer die einzeln liegenden Gehöfte Diesmeier und Schulte-Berendwilm. Hier standen bald darauf die Stallungen in Flammen. Von Erwitte schoß nun auch die deutsche Flak, und einige Granaten schlugen auch in Eikeloh ein."

Für Bürger wurde es nun Zeit, seinen luftigen Beobachtungsplatz zu verlassen, da andere amerikanische Verbände gleichzeitig das Dorf Eikeloh besetzten. Es gelang ihm, unbehelligt durch die amerikanischen Soldaten, zu seinem Elternhaus zu gelangen. Er sah noch, wie zum Hause Caspar Köchling viele Strippen verlegt wurden, und dachte sich, daß hier wohl ein hoher amerikanischer Stab oder ein Gefechtsstand einziehen würde. Später bemerkte er, wie auch einige andere Jugendliche des Dorfes, wie eine starke amerikanische Panzer-Einheit östlich des Dorfes hinter einer Hecke in Stellung ging. Diese Panzer schossen am anderen Morgen in Richtung Erwitte.[11]

Der damalige Lehrer Heinrich Petermann gibt in seiner Dorfchronik folgende Schilderung über den Ablauf der Ereignisse in Eikeloh: „Am 1. April 1945, es war der erste Ostertag, stießen die Panzerspitzen von Geseke über Langeneicke, Schwarzenraben, Bökenförde ohne Widerstand auf Lippstadt zu. Die Bevölkerung unseres Dorfes verbrachte den ersten Ostertag zum größten Teil im Keller. An deutschen Verteidigungskräften lagen im Dorfe noch kleine Abteilungen Arbeitsdienst mit Geschützen und Maschinengewehren. Zum Glück zogen sich diese im Laufe des ersten Ostertages in Richtung Berge zurück. Auf dem Kirchturm und aus den Häusern wurden verschiedentlich weiße Flaggen gehißt, mußten aber auf Druck der noch ab und zu auftauchenden Verteidigung immer wieder eingezogen werden. Die feindlichen Panzer gingen an der Straße Langeneicke-Bökenförde in Stellung und beschossen am 2. und 3. Ostertag das Dorf mit leichter Artillerie. Menschenopfer waren zum Glück nicht zu beklagen. Sachschäden entstanden hauptsächlich an dem Hause Ferdinand Nr. 74 und an den Restgebäuden auf dem Ziegeleigelände. Im Dorf selbst gab es nur kleinere Schäden.

Am Nachmittag des 3. April wagte sich zum ersten Mal ein Panzerspähwagen des Feindes ins Dorf hinein. Die Übergabe erfolgte um 16.15 Uhr in vollkommener

---

10a Mitteilungen des ehemaligen Hauptmanns Hans-Joachim Tzschentke an den Verfasser aufgrund eines Berichtes des Verfassers im Mitteilungsblatt „Der Windhund", Nr. 3/1982, aus dem Raum Erwitte

Hauptmann Tzschentke schreibt weiter: Diese beiden mehrfach erwähnten Volkssturm-Kompanien hatten wir (Oberleutnant Wilms und ich) am 31. März 1945 in Anwesenheit von Major Sandkuhl (IIa der 116.) und Hauptmann Bröker (Kdr. II./60) in einer Ziegelei bei Lewringhausen (bei Waltrop) übernommen. In einem Barackenlager der O. T. kampierten wir, bis wir uns am 1. April nach Bad Sassendorf in Marsch setzten (Lkw und 1 Schützenpanzerwagen). Vor dem Abrücken hatten wir — die zur Verfügung stehenden Führer und Unterführer — gerade noch Zeit, das mangelhafte Gerät der Kompanie zu überprüfen und die Leute notdürftigst in den Gebrauch ihrer Waffe einzuweisen. Es handelte sich um museumsreife Gewehre (Maschinengewehre?) verschiedener Nationalität — Munition nicht ausreichend und nicht austauschbar. Die Bergleute (meiner Kompanie aus Marl), die der Krieg bisher verschont hatte und die a. D. waren, „pfiffen" regelrecht „aus dem letzten Loch".

11 Aus einem Gespräch zwischen dem Verfasser und Hubert Bürger im April 1982. Bürger hatte richtig vermutet: Am Abend des 3. April bezog das Divisionskampfkommando A der 8. US-Panzerdivision in Eikeloh seinen Gefechtsstand.

Ruhe. Einige wenige Soldaten wurden gefangengenommen und nach Lippstadt gebracht. In der Weide hinter Kerstings Hof fuhr Artillerie auf und beschoß von dort aus in den nächsten Tagen Erwitte und Westernkotten. Die deutsche Artillerie erwiderte das Feuer nur schwach. Eikeloh erhielt nun für einige Tage Besatzung durch die Amerikaner."[11a]

Etwa gleichzeitig zog eine andere Kampfgruppe der 8. US-Panzerdivision von Geseke aus gegen Hoinkhausen-Berge vor. (Der Verfasser konnte durch Befragungen nicht klären, welchen Weg diese Einheiten nahmen, und auch die Divisionsgeschichte sagt nichts über die Marschroute aus.)

Diese Einheiten kamen — nach Darstellung der Divisionsgeschichte — vor Berge unter schweres deutsches Abwehrfeuer von den Höhen südlich und westlich des Dorfes. Kampfgruppenführer Oberstleutnant Goodrich befahl daraufhin einen Nachtangriff auf Berge. Er wurde durchgeführt von der B-Kompanie des 36. Panzerbataillons und der A-Kompanie des 7. Panzerinfanteriebataillons. Kurz nach Tagesanbruch konnte der Ort von diesen Kompanien eingenommen werden. (Soweit die Divisionsgeschichte der 8. US-Panzerdivision.)

Während die Einheiten der Divisionskampfgruppe B der 8. US-Panzerdivision in der Nähe von Neuhaus in die Divisionsreserve gegangen waren, erhielten die Kampfverbände der Divisionskampfgruppe R unter Oberst Wallace den Befehl, durch Neuhaus nach Elsen zu rücken und später in der Gegend südlich und südöstlich von Lippstadt zu sammeln. In Elsen hatte man schon am 31. März und am 1. April mit dem Einmarsch der Amerikaner aus Richtung Paderborn gerechnet; nun aber kamen die US-Truppen aus einer ganz anderen Richtung. Um 9.15 Uhr rückten die ersten Einheiten in Elsen ein, ohne auf Widerstand zu stoßen, und rollten gleich weiter in westlicher Richtung.[12]

An diesem 3. April erhielten auch mehrere Dörfer im Nahbereich von Lippstadt eine kurze amerikanische Besatzung. Hörste, Mönninghausen, Ehringhausen und Dedinghausen wurden von US-Kolonnen durchrollt oder wurden Sammelplätze für die Einheiten der Divisionskampfgruppe R der 8. US-Panzerdivision. Zwischen Lippstadt und Esbeck und ebenfalls im benachbarten Rixbeck gingen an diesem Abend schwere amerikanische Panzerartillerie-Einheiten in Stellung, die während der ganzen folgenden Nacht in Richtung Erwitte-Weckinghausen-Overhagen feuerten.[13]

Oberst Wallace vom Kampfkommando R der 8. US-Panzerdivision setzte noch am Abend des 3. April eine besondere Kampfgruppe unter Major Artmann zum Aufklärungsvorstoß von Lippstadt nach Weckinghausen an.[14]

In Mönninghausen waren in den Tagen vor Ostern ebenfalls Panzersperren gebaut worden, die für eine Nacht auch geschlossen wurden. Im Dorf lag eine deutsche Reparatur-Einheit, die zum Flugplatz Eringerfeld gehörte, sowie ein Teil eines flämischen Transportregiments. Die Störmeder Schützenhalle wurde als Fahrzeugdepot benutzt. Am Karfreitag rückten aber die meisten Soldaten ab, und am ersten Ostertag zogen nur noch einzelne Versprengte und Volkssturmmänner durch das Dorf. Von den Ereignissen um Lippstadt im Rahmen der Kesselschließung blieb das

---

11a Dem Verfasser mitgeteilt von Frau Hildegard Schmitz, geb. Petermann, Eikeloh

12 Geschichte der 8. US-Panzerdivision, S. 156

13 Die Konzentration starker Panzer-Artilleriekräfte in den einzelnen Orten wurde dem Verfasser bei Gesprächen in den Ortschaften mehrfach bestätigt.

14 Mary H. Williams, US-Army in World War II. Special Studies, Chronology, 1941–1945, Washington, D. C. 1960, S. 470. Erste Aufklärungsmeldungen im Anhang, Anlage 15

Dorf zunächst unberührt. Es kann jedoch nicht ausgeschlossen werden, daß das Dorf von US-Spähtrupps von Geseke aus beobachtet wurde.

Im Rahmen des Vorstoßes der 8. US-Panzerdivision nach Westen rückten am Nachmittag und Abend des 3. April die ersten US-Verbände (Panzer, Fahrzeuge, Artillerie) teils in das Dorf ein, teils durchfuhren sie den Ort. Einige Panzer gingen am Dorfrand in Stellung. Als diese Einheiten weiterrückten, rollte in den folgenden Tagen ein starker amerikanischer Nachschubverkehr durch das Dorf. Das Verhalten der US-Truppen gegenüber der Bevölkerung war unterschiedlich. Erst Tage später wurden von den Amerikanern Waffen eingesammelt.

Bereits am Dienstagabend (3. April) wurde beobachtet, wie die Amerikaner den Ortsgruppenleiter Schulte-Döinghaus von Ehringhausen in einem Jeep abholten und in Mönninghausen unterbrachten. Zwischen Mönninghausen und Hörste wurden in der Nacht zwei Häuser in Brand geschossen. Auf der Straße Salzkotten-Verlar-Hörste-Lippstadt konnte von Mönninghausen aus ebenfalls starker amerikanischer Verkehr beobachtet werden.[14a]

Am Abend des 4. April verlegte die 8. US-Panzerdivision ihren Divisionsgefechtsstand von Delbrück nach Mönninghausen. Im Raume zwischen Lippstadt und Geseke trafen gleichzeitig weitere Einheiten der Divisionskampfgruppen A und R ein, die sich für die weiteren Angriffe im Raume Erwitte-Anröchte vorbereiteten.

Aber auch an anderen Orten fühlten die Amerikaner vor und tasteten die deutschen Linien ab. Es kam zu Infanteriekämpfen zwischen Westernkotten, Weckinghausen, Stirpe und Lippstadt. Besonders umkämpft wurde an diesem Tage das Gut Warte südwestlich von Lippstadt. Dieses Gut war in jenen Tagen sicherlich die am weitesten vorgeschobene Position des Panzergrenadierregiments 156 der 116. Panzerdivision, unmittelbar vor den Toren Lippstadts. Bei den Kämpfen mit der hier von Lippstadt vorstoßenden Kampfgruppe Artmann am Abend des 3. April sind vier deutsche Soldaten gefallen. Die restlichen deutschen Truppen zogen sich südlich auf Weckinghausen zurück. Beschossen wurden an diesem Tage auch die Dörfer Overhagen und Herringhausen. In Overhagen brannte ein Haus ab, mehrere Gehöfte wurden schwer, andere leicht beschädigt. In Herringhausen, Ortsteil Huntebusch, gingen drei Wohnhäuser in Flammen auf, wobei eine Frau um ihr Leben kam. Beschossen wurde auch Benninghausen, bevor es anschließend von den amerikanischen Verbänden, die bereits nördlich der Lippe standen, eingenommen wurde.

Zu den Ereignissen auf Gut Warte, südwestlich von Lippstadt, konnte der Verfasser eine Frau befragen, die in jenen Tagen auf dem Gut wohnte. Nach ihren Aussagen sind die Dinge etwa so verlaufen:

In der Frühe des zweiten Ostertages, am 2. April, wurden die Bewohner plötzlich von einer Gruppe deutscher Soldaten geweckt, die aus Richtung Stirpe-Weckinghausen kam. Ein junger Offizier sagte: „Wir sprengen den Ring." Seine Frage nach den Amerikanern wurde damit beantwortet, daß diese hart am südlichen Stadtrand von Lippstadt seien. Ein Teil zog daraufhin weiter in Richtung Overhagen, die anderen blieben in der Nähe des Gutes und richteten sich zur Verteidigung ein. Dabei wurden längs der Gieseler (kleiner Fluß südlich des Gutes) Schützenlöcher ausgehoben. Schwere Waffen besaßen diese deutschen Truppen angeblich nicht.

---

14a Aus einem Gesprächskreis mit den Mönninghauser Bürgern Heinz Hunold, Franz Jakob und Josef Ludwigt am 14. November 1982 in der Wohnung des Verfassers

Am Abend des 3. April setzte aus Richtung Lippstadt Beschuß auf Gut Warte und dessen nähere Umgebung ein. Gleichzeitig stießen die Amerikaner mit Panzern und Infanterie gegen den Bereich des Gutshofes vor. Bei dem Beschuß wurden mehrere Häuser beschädigt, und der Kuhstall brannte ab. Ein deutscher Soldat rief plötzlich: „Die Führung ist abgehauen!" Obwohl aus den oberen Gebäudeteilen noch deutsche Soldaten schossen, setzten einige Bewohner des Gutshofes weiße Fahnen. Ein deutscher Soldat versteckte sich im Keller und äußerte sich: „Was soll das noch, es hat doch keinen Zweck mehr, ich habe Frau und Kinder."

Panzer mit begleitender Infanterie besetzten nunmehr den Bereich des Gutshofes und durchsuchten ihn. Dabei wurden einige Gefangene eingebracht. Vier deutsche Soldaten sind dabei auf dem Gelände des Gutshofes gefallen. Ein Gedenkstein am Eingang erinnert noch heute daran.

In Erwitte war dieser Tag zunächst ruhig verlaufen, bis nachmittags gegen 4.00 Uhr plötzlich wieder Artilleriefeuer einsetzte. Gegen Abend trat eine Pause ein. Infolge der Beschießung — das Pfarrhaus der katholischen Pfarrgemeinde hatte einen Treffer erhalten — erlag der Pfarrer Eberhard Klausenberg am Abend einem Herzschlag. Am Abend setzte erneut aber noch schwereres Artilleriefeuer auf Erwitte ein, das die ganze Nacht anhielt und sich in Intervallen steigerte. Es dauerte bis zum nächsten Vormittag. Die Bevölkerung von Erwitte verbrachte auch die Nacht bis zum Mittwochnachmittag in den Kellern der Häuser.[15]

Beschossen wurde auch das benachbarte Dorf Westernkotten. Hierhin hatten sich am 1. April von Lippstadt aus kleinere Gruppen deutscher Soldaten zurückgezogen. Aus Westernkotten schlug den bis nach Eikeloh vorgedrungenen Kampfgruppen der 8. US-Panzerdivision heftiges Abwehrfeuer entgegen, besonders auch Panzerabwehr. Der Kommandant des Divisionskampfkommandos A forderte daher eine „sofortige Aktion" gegen Westernkotten.[16]

Der Richtschütze in einem Panther-Panzer der 2. Kompanie des Panzerregiments 16 der 116. Panzerdivision, Karl Tecen aus Dortmund, erinnert sich an seinen Einsatz im östlichen Ruhrkessel wie folgt: »Wir kamen mit unserer Kampfstaffel (etwa 12 bis 15 Panzer, die meisten davon Panther) nach Ostern bis in den Raum Erwitte. Am östlichen Ortsrand von Erwitte hielten wir an. Hier war eine Flakstellung. Ein Wachtmeister der Flak sagte zu mir: „Da kommt ihr nie durch — schau dir das mal an!" Er ließ mich durch sein Scherenfernrohr sehen, und ich erkannte in der Entfernung von einigen Kilometern eine Menge Panzer und Fahrzeuge, die etwa quer zu uns fuhren. Nach entsprechender Beratung zogen wir uns zur Verteidigung zurück. Wo wir dann alle noch zum Einsatz gekommen sind, kann ich allerdings nach so langer Zeit nicht mehr sagen.«[16a]

Auch der ehemalige Funkunteroffizier Werner Antkowiak, damals im gleichen Panther-Panzer wie Karl Tecen, erinnert sich an seinen kurzen Einsatz im Raume

---

15 Willi Mues, Der Kreis Lippstadt als Kampfgebiet, in: Heimatblätter Nr. 18–20, „Der Patriot" 1970

16 G-3-Journal der 8. US-Panzerdivision vom 3. April 1945, Nr. 88

16a Aus einem Gespräch, das der Verfasser mit Karl Tecen anläßlich des 18. Divisionstreffens der ehemaligen 116. Panzerdivision am 30. April 1983 in Willingen/Sauerland führen konnte. Anmerkung des Verfassers: Da Tecen das genaue Datum nicht mehr sagen konnte, müßte er den Aufmarsch des Kampfkommandos A der 8. US-Panzerdivision am 3. April 1945 von Geseke aus bis Eikeloh-Östereiden gesehen haben. Ein Teil dieser Einheiten zog in den Raum von Hoinkhausen, um später Berge anzugreifen.

Erwitte. Nach den Erinnerungen von Antkowiak verblieben etwa vier Panther-Panzer der ehemaligen I./Panzerregiment 16 für eine Nacht am östlichen Ortsausgang von Erwitte, darunter der Kampfwagen 212. Ohne Feindberührung gehabt zu haben, verließ man am anderen Morgen die Stellung und rollte einzeln über Schmerlecke — dort nochmals auftanken — in Richtung Möhnesee zurück.[16b]

4. APRIL 1945:

In den Morgenstunden des 4. April gab der Gefechtsstand des Kampfgruppenkommandos A in Eikeloh telefonisch an das Divisionshauptquartier in Delbrück durch: „Die Lage ist wenig verändert! Poinier ist noch mit der Stadt (Erwitte) beschäftigt. In der Stadt befinden sich einige gegnerische Kräfte, jedoch keine Division, sowie leichte Panzerabwehr. Alles ist ein wenig schwierig." Für die Amerikaner liefen also die Dinge nicht so, wie von ihnen geplant war.[17]

Um 7.30 Uhr forderte der Kommandant des Kampfkommandos A erneut, daß Westernkotten von Einheiten des Kampfkommandos R nicht umgangen, sondern „gesäubert" werden müsse, andernfalls sei das weitere Vorgehen vom Kampfkommando A gefährdet. Weitere Meldungen an das Divisionshauptquartier im Laufe des Morgens besagten, daß die Lage östlich und südlich von Erwitte sich nicht wesentlich geändert habe.[18]

Vor dem eigentlichen Angriff hatten die US-Einheiten eine rege Aufklärungstätigkeit in Richtung Erwitte entfaltet. In verschiedenen zuverlässigen Meldungen wurde über die „Feindstärke in Erwitte und einem Schloß berichtet, in dem sich hohe Nazi-Beschäftigte aufhielten".[19]

Am Morgen des 4. April traten von mehreren Seiten die amerikanischen Verbände zum Angriff auf Erwitte an. Die Geschichte der 8. US-Panzerdivision: A. History of the 8th Armored Division, v. Captain Charles R. Leach, Chicago 1956, nennt als einzige größere Kampfhandlung die Kämpfe um Erwitte. Nachstehend die Originalübersetzung:

In der Frühe des 4. April, gegen 7.30 Uhr, so sagt die amerikanische Darstellung, „kam ein Befehl von Oberstleutnant Poinier an die Companie C des 7. Panzerinfan-

---

16b Aus Mitteilungen des heutigen Schutzpolizeidirektors Werner Antkowiak, Wesel, an den Verfasser. Eine ausführliche Darstellung der Erinnerungen von Werner Antkowiak über den Einsatz der Kampfstaffel des Panzerregiments 16 findet sich im Anhang, Anlage 16.

17 G-3-Journal der 8. US-Panzerdivision vom 4. April 1945, Nr. 4

18 G-3-Journal der 8. US-Panzerdivision vom 4. April 1945, Nr. 14
Siehe auch Dr. Josef Henke, Nationalarchiv in Washington: Kampfgruppe P. nahm Erwitte, in: Heimatblätter Nr. 13, „Der Patriot" 1979

19 Eine G-2-Meldung vom 3. April, 18.45 Uhr besagt, daß drei Panzer und eine unbekannte Zahl Infanterie sich in Overhagen aufhalten. Freundliche Einheiten berichteten über eine unbekannte feindliche Division südwestlich von Eikeloh und einem Haus in der Stadt mit Nazifunktionären.
Eine weitere Meldung um 19.15 Uhr besagt, daß die 116. Panzerdivision sich östlich der Straße Soest-Geseke bewege. Um 21.55 Uhr wurde dem Divisionsgefechtsstand gemeldet, daß heute nacht ein Angriff nördlich der Zone um Lippstadt vom Feind gemacht wird. Drei Divisionen sind aufmarschiert.
Um 22.50 Uhr wird gemeldet, daß ein Kriegsgefangener berichtet, daß ein Ausbruchsversuch unternommen wird: 116. Panzerdivision in Erwitte, 3 Panzer, 2 Paks und Panzerfäuste in der Stadt. 1 Batterie 7,5 cm-Artilleriegeschütze bei Erwitte. Um 23.00 Uhr wird gemeldet, daß man identifiziert hat: 8. Kompanie Panzer-Feldersatzbataillon 146, 116. Panzerdivision, Festungs-Stammkompanie 106, Feldersatz-Ausbildungsbataillon 106, Scheinwerfer-Bataillon 885, 3. Kompanie Sechenkertz Bataillon 1076

teriebataillons, durch die Companie B vorzugehen und die Stadt anzugreifen. Die deutschen Verteidiger (zwei Infanterie-Companien der 116. Panzerdivision, unterstützt von Panzern) leisteten starken Widerstand. Erwitte war ein Zentrum der Nazilehre, und die SS-Truppen waren dazu bestimmt, die „Thunderings-Herds"-Offensive zu stoppen. 20 mm- und 50 mm-Flak, auf der Erde fest montiert, wurde gegen die angreifenden Infanteristen der Kampfgruppe Poinier eingesetzt. Leutnant Cecil Lane, Companie C, 7. Panzerinfanteriebataillon, wurde schwer verwundet, als er die Truppen zur Besetzung der Stadt anführte."

„Tödliches Gegenpanzerfeuer hielt die Panzer der D-Companie des 18. Panzerbataillons, die zur Kampfunterstützung des Angriffs angesetzt waren, von der Vorwärtsbewegung ab. Daher gab Oberstleutnant Poinier den Befehl an den Sturmgeschützzug des 7. Panzerinfanteriebataillons, die deutschen Panzerabwehrgeschütze in den Wäldern nördlich der Stadt (hier kann nur der Friedhof gemeint sein, Redaktion) außer Gefecht zu setzen. Gleichzeitig wurde Panzerunterstützung von der Kampfgruppe Goodrich angefordert. Der Sturmgeschützzug trat in Aktion, und eine Panzer-Abteilung der Kampfgruppe Goodrich setzte sich auf Erwitte in Bewegung. Technischer Sergeant Wesley E. Easley von der Stabscompanie des 7. Panzerinfanteriebataillons leitete zwei der Sturmgeschütze zu dem befohlenen Gebiet und gab Feuer zu den feindlichen Panzerabwehrwaffen. Direktes 105 mm-Haubitzen-Feuer brachte die feindlichen Waffen zum Schweigen. Die Infanteriecompanie C des 7. Panzerinfanteriebataillons, unterstützt von den sich nach vorn bewegenden Panzern, eröffnete das Feuer auf das feindliche Feuer und brachte es zum Schweigen. Sie besetzte die Stadt um 14.30 Uhr, und um 15.30 Uhr war jeglicher Widerstand gebrochen. Die D-Companie des 18. Panzerbataillons verlor zwei Panzer."[20]

Der Angriff auf Erwitte konnte von Eikeloh aus beobachtet werden. Die Panzer am Ostrand des Dorfes schossen unentwegt über das Dorf hinweg in Richtung Erwitte. Später sah man auch auf Erwitte vorrollende Panzer, während zu beiden Seiten des Hellwegs (damals Reichsstraße 1, noch nicht so breit wie heute, beidseitig von Obstbäumen bestanden und an der Südseite eine 1,50 Meter hohe Hecke als Abgrenzung zu einem separaten Radfahrweg) Infanterie in Schützenlinie vorging.

Aus dem benachbarten Westernkotten hatten sich einige Familien auf den Domhof (Gutshof etwa vier Kilometer südöstlich von Erwitte, am Pöppelschetal gelegen) geflüchtet. Als der Angriff auf Erwitte rollte, setzten die Bewohner eine weiße Fahne auf die Gebäude. Daraufhin erhielt der Hof Beschuß von deutschen Geschützen aus der Stellung am Friedhof in Erwitte. Auch der Hof Schulte-Berendwilm, in dem sich eine amerikanische Artillerie-Beobachtungsstelle befand, wurde von deutschen Geschützen aus Erwitte beschossen.[21]

Während des Angriffs auf Erwitte lag der Ort selbst noch unter schwerstem Beschuß durch amerikanische Artillerie, und auch die angreifenden Panzer schossen

---

20 Geschichte der 8. US-Panzerdivision, S. 159. – Über weitere Verluste der amerikanischen Truppen beim Angriff auf Erwitte gibt die Divisionsgeschichte keine Auskunft.

Eine Meldung zur Lage vor Erwitte:

4. April, CCA an G-2, 13.30 Uhr, Nr. 63:

2 Sturmgeschütze und 3 Panzer widersetzen sich dem Einzug in Erwitte (4235). 1 Sturmgeschütz bekanntlich vernichtet. Zweifelhafte zivile Quelle berichtet: 25 Panzer in Langeneicke (4838) und 8 Sturmgeschütze mit unbekannter Zahl von Panzern in Horn (8364). Diese werden nach Bericht einen Ausbruch nach Hannover versuchen.

21 Dem Verfasser mitgeteilt bei verschiedenen Befragungsaktionen.

nach Erwitte hinein. Über dem Ort kreisten während des Angriffs US-Aufklärungsflugzeuge, die das Feuer ihrer Artillerie leiteten und auch etwaige Bewegungen der deutschen Truppen beobachteten. Es gab am Vormittag eine kurze Feuerpause, und dann setzte die Beschießung abermals ein, bis gegen 14.30 Uhr eine plötzliche Stille eintrat. Im Schutze ihrer Panzer drangen die Infanteristen der Kampfgruppe Poinier der 8. US-Panzerdivision in Erwitte ein, vornehmlich aus östlicher Richtung über den Hellweg (die damalige Reichsstraße 1). Aber auch aus südlicher Richtung rückten am frühen Nachmittag von der Berger Straße aus Panzer und Halbkettenfahrzeuge in Erwitte ein.[22]

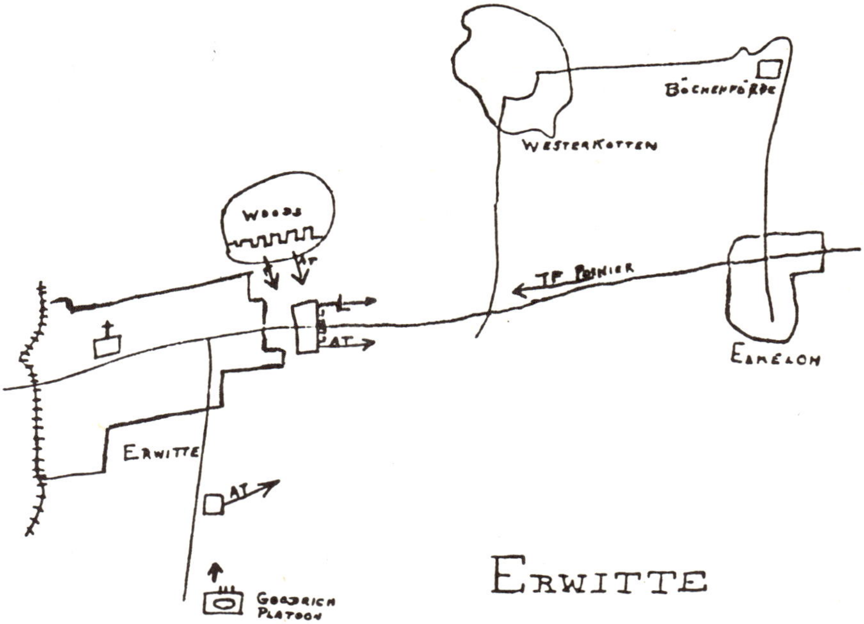


*Skizze 2: Der Angriff auf Erwitte (Aus der Geschichte der 8. US-Panzerdivision)*

Ein anderer Augenzeuge für den Angriff auf Erwitte ist der damalige Hauptmann Wolfgang Koenigsbeck, Chef der 9. Batterie des Artillerieregiments 146 in der 116. Panzerdivision. Er erinnert sich daran wie folgt:

„Nach der Verlegung in den Raum Soest-Erwitte Anfang April 1945 herrschte zunächst einmal über die eigene und die Feindlage absolute Unklarheit. Die Einheiten wurden aus für uns nicht ersichtlichen Gründen hin- und hergeschoben, so daß ich nicht mehr sagen kann, wo sich die Feuerstellung der Batterie in diesen Tagen befand. Im übrigen war das ja auch nicht mehr so wichtig, da der Munitionsmangel dazu zwang, Granaten nur bei Angriff auf die Feuerstellung direkt zu verschießen.

---

22 Die am gleichen Morgen das benachbarte Berge angreifende Kampfgruppe Goodrich mußte der Kampfgruppe Poinier beim Angriff auf Erwitte Unterstützung leisten. (Siehe auch die Beschreibung des Angriffs auf Erwitte in der Geschichte der 8. US-Panzerdivision.)

Die Haupttätigkeit bestand in der Beobachtung und Meldung dessen an die Abteilung, soweit die Nachrichtenverbindungen dieses zuließen. Hier ergaben sich jedoch groteske Situationen. Am 3./4. April 1945 hatten wir unsere Beobachtungsstelle in dem Zementwerk an der B 55 südlich von Erwitte in Richtung Anröchte bezogen. Von da konnte man teilweise den Angriff der Amerikaner auf Erwitte beobachten. Die deutsche Abwehrlinie befand sich am Friedhof an der B 1 am ostwärtigen Ortsausgang Erwitte. Wir konnten beobachten, daß der Amerikaner bei dem ersten Widerstand sich sofort zurückzog und ein heftiges Artillerie- und Panzerfeuer auf diese Gegend legte. Erst danach konnte er in den Ort ohne wesentlichen Widerstand eindringen.

Nun zum Grotesken der Situation: Die Telefonleitung der Deutschen Reichspost funktionierte. Wir konnten mit der bereits vom Amerikaner eingenommenen Stadt Lippstadt telefonieren und erhielten von da über diese Leitung Auskünfte über Stärke und Bewaffnung der eingedrungenen Amerikaner. Nach der Einnahme von Erwitte durch die Amerikaner zogen wir uns entlang des Haarstranges in Richtung Westen zurück, teilweise unter heftigem Beschuß von freigewordenen russischen und anderen Kriegsgefangenen, die sich mit deutschen Karabinern und Pistolen bewaffnet hatten. Die Batterie konnte jedoch Verluste vermeiden."[22a]

Für die Erwitter Bevölkerung war damit — nach dreitägiger teils schwerer Beschießung — der Zweite Weltkrieg zu Ende. Die erste Handlung, nachdem man die Keller und Schutzräume verlassen hatte, war die Hissung eines weißen Lakens zum Zeichen der Kapitulation. Die US-Soldaten kontrollierten sogleich Straßen und Häuser und brachten noch die letzten Gefangenen ein, deren Waffen sie meistens sofort zerstörten. Zur gleichen Zeit wurden von schweren Räumpanzern auf den Hauptstraßen die Panzersperren zerstört und beseitigt, worauf sich ein starker Fahrzeugstrom nach und durch Erwitte ergoß. Die Nebenstraßen des Ortes waren von Panzern und Fahrzeugen völlig verstopft.[23] Kurzfristig mußten die besten Häuser geräumt werden und dienten den amerikanischen Soldaten als Unterkünfte. Die Bewohner mußten, nur mit dem Nötigsten versehen, in den Nachbarhäusern unterkommen.

Die Kämpfe um Erwitte müssen für die deutsche und auch für die alliierte Seite nicht unbedeutend gewesen sein. Der Großdeutsche Rundfunk wie auch Radio London berichteten darüber.[24]

---

22a Brief des ehemaligen Hauptmanns und heutigen Zahnarztes Dr. Wolfgang Koenigsbeck an den Verfasser, vom 29. Mai 1983. Nach den weiteren Schilderungen sprach Hauptmann Koenigsbeck damals mit einem Herrn in Lippstadt, und das Gespräch verlief etwa so: „Vor unserem Gebäude sind etliche amerikanische Sherman-Panzer aufgefahren. In der Stadt sind eine Menge Amerikaner. Ich muß jetzt auflegen, der amerikanische Offizier kommt jeden Moment hier herein."

23 Der Verfasser erlebte das Einrücken der US-Panzerverbände am 4. April 1945 am späten Nachmittag in Erwitte in der König-Heinrich-Straße (eine Straße, die von der „Reichsstraße" 55, parallel zum Hellweg, zum Marktplatz in Erwitte führt (knapp 200 Meter lang). Hier standen am Abend 7 Panzer vom Typ M 24 sowie mehrere Halftracks (= Halbkettenfahrzeuge) und Jeeps. Über den 50 Meter entfernten Hellweg rollte etwa zur gleichen Zeit pausenlos starker Verkehr.

24 Verwandte des Verfassers im Kreise Büren, deren Orte am 30. März von den US-Kampfgruppen der 3. Panzerdivision besetzt worden waren, hörten in jenen Tagen mehrfach von schweren Kämpfen im Raume Erwitte im Deutschen Rundfunk.
Am Mittag des 4. April wurden von den Höhen bei Büren starke Rauchwolken in Richtung Erwitte gesichtet. Gleichzeitig hörte man aus dieser Richtung starkes Geschützfeuer und Detonationen. (Ilse Happe, Bürener Stadtspiegel, Heft Nr. 23) (Forts. S. 247)

Die deutschen Truppen — soweit ihre Kämpfer nicht gefallen[25] oder in Gefangenschaft geraten waren — zogen sich in südwestlicher Richtung auf Anröchte-Klieve-Waltringhausen zurück.

Nachdem Erwitte erobert worden war, zog die gesamte Macht der Divisionskampfgruppe A südlich gegen Anröchte und weiter zur Haar hinauf. Die Kampfgruppe des Oberstleutnants Poinier marschierte in Richtung Anröchte. Gesprengte Brücken, das deutsche Feuer aus Anröchte und der Transport der eigenen schweren und leichten Waffen verlangsamten den Vormarsch der Kampfgruppe. Die Gruppe Poinier machte vor Anröchte halt und erkundete das Gelände zunächst durch Spähtrupps. Zur Sicherung der eigenen Stellungen wurden Vorposten ausgestellt.[26]

Während des Angriffs auf Erwitte hatte, wenige Kilometer südlich von Erwitte, die Kampfgruppe des Oberstleutnants Goodrich ihren Angriff auf das Dorf Berge und den kleinen Ortsteil Weickede begonnen. Aus der Richtung von Hoinkhausen stießen die Amerikaner hier vor.

In Berge lag in den Tagen vor Ostern 1945 eine deutsche Instandsetzungs-Einheit, die aber noch rechtzeitig abzog. Am Osterdienstag kam nach Berge-Weickede eine deutsche Infanteriekompanie mit leichten Waffen in Stärke von etwa 120 Mann. Ihr Führer war ein junger, großer, blonder Leutnant, der am Südostrand des Dorfes im Hause Mendelin, in unmittelbarer Nähe des Pöppelschetales, seinen Gefechtsstand eröffnete. Zum Hause hin wurden auch Fernsprechleitungen verlegt. Die Soldaten richteten sich in und um Berge zur Verteidigung ein und hoben halbkreisförmig um das Haus ihre Stellungen aus, vor allem Einmannlöcher. Seltsamerweise wurde der

---

Der 17jährige Flaksoldat Josef Stakemeier aus Erwitte lag in jenen Tagen mit seiner Einheit irgendwo in Mitteldeutschland in der Nähe der Elbe. In der Nacht auf Wache — an den Tag genau kann er sich nicht mehr erinnern —, schaltete er das Radio ein und hatte Radio London auf der Welle. In den neuesten Nachrichten des Tages kommt auch die Meldung, „daß nun auch die Nazifestung Erwitte nach schweren Kämpfen gefallen sei". Seine schweren Gedanken um das Schicksal seiner Heimatstadt in jener Nacht sollten sich später jedoch nicht bestätigen.

25 Bei den Kämpfen um Erwitte sind mehrere Soldaten und Volkssturmmänner gefallen. Ihre Gräber befinden sich auf dem Soldatenfriedhof in Erwitte. Soweit feststellbar, gehörten sie wenigstens vier verschiedenen Einheiten an.

26 Geschichte der 8. US-Panzerdivision, S. 159

Einige Aufklärungsmeldungen zur Lage um Berge und Anröchte:

4. April, CCA an G-2, 13.32 Uhr, Nr. 66:
4 DPs von Berge (4430) berichten, 100 Truppen plus 2077 Panzerfäuste und einige Handfeuerwaffen in Berge. Mehrere Truppen 3 Kilometer zum Westen in Anröchte (4129). Geschütze mittlerer Kaliber bei 427304.

4. April, 88th an G-2, 14.50 Uhr, Nr. 73:
Freundliche Patrouille meldet 4 Tiger-Panzer und 100 SS-Truppen im Gebiet westlich von Nettelstädt (455278). Auch zwei Panzerabwehrgeschütze.

4. April, CCB an G-2, 14.58 Uhr, Nr. 76:
IPW von 4. Kompanie, 14. Panzergrenadierbataillon, 116. Panzerdivision, genommen östlich von Berge, berichtet, daß Berge verteidigt ist von einer Kompanie von 100 Mann und im Osten von einem 7 cm-Panzerabwehrgeschütz. Die müssen halten — egal was es kostet —, um der 116. Panzerdivision zu ermöglichen, sich westlich von Berge zu organisieren. Es wurde ihm erzählt, daß 100 Panzer im Wald westlich der Stadt waren, aber er hat keine gesehen.

Anmerkung des Verfassers: Die Meldung von 100 Panzern ist reichlich übertrieben, oder es handelt sich um einen Schreibfehler in den US-Aufzeichnungen. Auch andere Ungereimtheiten finden sich in den verschiedensten Meldungen.

gesamte Bereich des Pöppelschetales östlich von Berge nicht in die Verteidigungsmaßnahmen der deutschen Truppen miteinbezogen.

Am andern Morgen, dem 4. April, begann der Angriff von Verbänden der US-Kampfgruppe Goodrich von der 8. US-Panzerdivision von Richtung Hoinkhausen-Nettelstädt her auf Berge und Weickede. Dabei schoß der Unteroffizier Max Reng mit einer Panzerfaust an der Kreuzung Weickede-Hoinkhausen-Nettelstädt einen amerikanischen Panzer ab. Durch das Maschinengewehr eines anderen Panzers wurde Reng wenig später dort getötet. Seine drei Begleiter gerieten in Gefangenschaft. Währenddessen lag der Bereich von Berge und Weickede unter amerikanischem Beschuß, wobei vor allem die Kirche in Berge einige Treffer erhielt, da hier ein deutscher Beobachtungsstand war. Von den deutschen Verteidigern hatte sich bereits ein großer Teil abgesetzt, bevor der amerikanische Angriff begann. Widerstand geleistet wurde aber noch von einem deutschen Panzerspähwagen, der am südlichen Dorfrand hinter einer Bruchsteinmauer vor einer Scheune stand. Der Panzerspähwagen soll noch zwei US-Panzer abgeschossen haben, bevor er selbst getroffen wurde. Er wurde daraufhin von seiner Besatzung verlassen und in Brand gesetzt. Die dahinter stehende Scheune wurde durch den Beschuß ebenfalls beschädigt. Sonstige größere Gebäudeschäden sind nicht entstanden.

Die deutschen Verteidiger wehrten sich nur kurz mit ihren leichten Infanteriewaffen und ergaben sich dann den amerikanischen Panzer-Einheiten. Dabei erhielt das Haus Mendelin etwa 25 MG-Einschüsse. Die ersten Gefangenen wurden auf die Panzer gesetzt und rollten dann nach Berge hinein. Etwa um 9.10 Uhr war das Dorf bereits fest in den Händen der amerikanischen Truppen, die bei der Einnahme keine Verluste gehabt haben sollen. Etwa 30 Gefangene wurden in Berge von den US-Truppen eingebracht. Sie wurden später in Richtung Weickede abtransportiert.

Nachdem etwa 15 Panzer mit begleitender Infanterie in Berge eingerückt waren, folgte am Nachmittag auch eine US-Artillerie-Einheit. Dabei gingen östlich des Dorfes etwa ein Dutzend schwere Geschütze in Stellung mit Schußrichtung nach Nordwesten. Eine Einheit der Kampfgruppe Goodrich wurde am späten Vormittag auch zur Kampfunterstützung nach Erwitte entsandt.

Am anderen Morgen, dem 5. April, eröffnete die US-Artillerie-Einheit kurz das Feuer und rückte daraufhin ab. Auch die Panzerverbände rückten weiter in Richtung Anröchte. In Berge verblieb noch kurz eine kleine Besatzung.

Bereits am Nachmittag des 4. April waren Einheiten der US-Kampfgruppe Goodrich auch in das benachbarte Westereiden eingerückt. Der Einmarsch erfolgte ebenfalls aus Richtung Weickede. Zu Kampfhandlungen ist es dabei nicht gekommen.

In den folgenden Tagen wurden das Dorf Berge und die nähere Umgebung mehrfach von Russen schwer geplündert. Am 14. April kam es auf dem Hofe Albersmeier zu einem Zusammenstoß zwischen einer Gruppe von Berger Bürgern und einer Gruppe Russen, die ein Motorrad mit Maschinengewehr mitführten. Infolge unglücklicher Umstände wurde der Bauer Heinrich Albersmeier dabei von den Russen erschossen.[27] Ein anderer Bürger wurde verletzt.

Der Großteil der Kampfgruppe Goodrich zog weiter nach Süden, in Richtung auf die Möhne zu. Ohne auf deutschen Widerstand zu stoßen, wurden dabei die Orte

---

27 Aus einer Gesprächsrunde mit mehreren Berger Bürgern im Haus des Ortsvorstehers Willi Coppius in Berge im Juli 1982

Menzel, Drewer und Altenrüthen besetzt. Die Divisionskampfgruppe A hielt am Abend des 4. April eine Linie von Erwitte-Berge bis zur Möhne besetzt. Das Hauptquartier des Kampfkommandos befand sich in Eikeloh.[28]

Etwa zur gleichen Zeit als Erwitte besetzt wurde, griff aus dem Raum um Lippstadt die 88. Cavalry-Aufklärungsschwadron das Dorf Westernkotten an. Die deutschen Verteidiger zogen sich von hier auf Erwitte zurück und gerieten dadurch teilweise in doppelte Bedrängnis durch die angreifenden Amerikaner. Nur kleinere Gruppen konnten sich an Erwitte vorbei in südwestlicher Richtung durchschlagen.[29]

In Westernkotten schrieb eine Einwohnerin später über diese Tage in ihr Tagebuch: „2. April: In der Nacht schweres Artilleriefeuer auf Westernkotten. Bei uns lag ein Treffer hinter der Grotte im Garten. Fensterscheiben sind fast keine mehr da. 4. April: Seit zwei Tagen haben wir Tag und Nacht im Keller gesessen. 3.00 Uhr rollten die ersten amerikanischen Panzer hier ein."

Am Morgen des 4. April trat auch die Kampfgruppe des Majors Artmann von Lippstadt aus zum Angriff auf Weckinghausen und Stirpe an. In diesem Raum standen die östlichen Teile der Kompanien des Panzergrenadierregiments 156 der 116. Panzerdivision sowie andere kleinere Gruppen. Auch die letzten Panzer der Division waren vornehmlich in diesem Gebiet konzentriert worden.[30]

---

28 Führer des Kampfkommandos A der 8. US-Panzerdivision war Brigadegeneral Charles F. Colson. Zu dieser großen Einheit gehörten die Kampfgruppen der Oberstleutnante Arthur D. Poinier und Guinn B. Goodrich. Die beiden amerikanischen Kampfgruppen waren gegliedert: 1. in die Kampfgruppe Poinier; sie umfaßte die Stabskompanie, die C-Kompanie und B-Kompanie, alle vom 7. Panzerinfanteriebataillon, sowie die D-Kompanie des 18. Panzerbataillons. 2. Zur Gruppe Goodrich gehörten das 18. Panzerbataillon, ohne die A-Kompanie, die A- und C-Kompanie des 7. Panzerinfanteriebataillons, A-Kompanie des 53. Panzeringenieurbataillons, A-Trupp der 88. Cavalry-Aufklärungsschwadron und das 36. Panzerbataillon.

Um 17.16 Uhr am 4. April empfing der Divisionsgefechtsstand in Delbrück eine Meldung, daß die Kampfgruppe Poinier Erwitte genommen habe, sich reorganisiere und Patrouillen nach Süden aussende. (G-3-Journal, 8. US- Panzerdivision vom 4. April 1945, Nr. 48)

29 Die 88. Cavalry-Aufklärungsschwadron klärte an den beiden Flanken der 8. US-Panzerdivision auf und hielt hier die Verbindung mit den Nachbareinheiten.

Eine Meldung der 88th Cavalry-Aufklärungsschwadron an G-2, 17.15 Uhr, Nr. 90:
Vorposten in Westernkotten. Unsere Kommandostelle (o. Gefechtsstand) 2 km östlich von Westernkotten. Einheiten immer noch 6 km und 4 km westlich von Lippstadt.

4. April, 88th an G-2, 18.25 Uhr, Nr. 93:
Landkarte Lagerhaus in Westernkotten genommen. Gefangener berichtet, er habe 6 Tiger-Panzer gestern in Uelde gesehen, 6 in Waldhausen und 2 in Anröchte. Er war informiert, daß diese mit mehreren Tigern zu insgesamt 98 verstärkt wurden.

Eine Abschlußmeldung zur Lage im Raum Erwitte-Anröchte am 4. April, abends. CCB an G-2, 23.30 Uhr, Nr. 122:
3 Gefangene (siehe Meldung vor Identifikation) berichten, SS Truppen seien in Erwitte. Gestern Tigerpanzer in Anröchte. Panzersoldat erzählt ihnen, daß alle Panzer in der Stadt kein Benzin mehr haben und gesprengt werden. Die einzigen organisierten Truppen in dieser Umgebung sind in Overhagen und Benninghausen. Gefangener berichtet: Panzerdivision unter Befehl Guderian im Kessel.

Anmerkung des Verfassers: Die Meldung paßt eigentlich besser zum 3. April, findet sich aber unter den vorstehend genannten Zeitangaben am 4. April im G-2-Journal der 8. US-Panzerdivision.

30 Es kann angenommen werden, daß die Führung der 116. Panzerdivision hier aus der Richtung Lippstadt, das ja bereits am 1. April besetzt worden war, den ersten und größten Stoß der US-Angriffsverbände erwartete.

Von Lippstadt aus trafen die Amerikaner zunächst in Weckinghausen auf deutschen Widerstand. Während der Nordrand des kleinen Dorfes bereits am Vorabend von den Spitzen der Amerikaner besetzt wurde, hielten sich am Südrand noch deutsche Soldaten und Volkssturmmänner.

An diesem Morgen verstärkte sich der Druck der Amerikaner, die nun auch mit Panzern über die Kreisstraße heranrollten, auf das Dorf. Infanteriegruppen durchkämmten den Ort, und die Deutschen zogen sich, noch ein wenig Widerstand leistend, auf Erwitte und Stirpe zurück. Etwa ein Dutzend US-Panzer hatten um das Dorf herum Position bezogen und schossen von dort auf Stirpe und Erwitte. Von Stirpe aus erwiderten die Deutschen das Feuer und setzten dabei den Hof Rickert-Schulte (Schultenhof) in Brand; er brannte bis auf das Wohnhaus ab. Mehrere andere Gebäude hatten durch die voraufgehende Beschießung Schäden erlitten. Bei den Kämpfen um Weckinghausen gab es einige Tote und Verwundete, und etwa 20 Gefangene konnten von den Amerikanern hier eingebracht werden.

Am anderen Tage mußte die gesamte Bevölkerung auf Anordnung der amerikanischen Besatzungstruppen das Dorf verlassen. Die Einwohner zogen mit ihrer Habe über den Feldweg zum Bahnhof Westernkotten, von dort weiter bis zur alten Saline und zum Hof Jakoby. Das Dorf wurde in der Folgezeit von Polen und Russen mehrfach schwer geplündert.[31]

Von Weckinghausen griffen die Verbände der Kampfgruppe Artmann in Richtung Stirpe an. In Stirpe standen zwei deutsche Panzer, je einer am Nord- und Südausgang des Dorfes, die auf die anrückenden Amerikaner feuerten. Amerikanische Panzer nahmen daraufhin das Dorf Stirpe unter direkten Beschuß. Durch diese Beschießung gingen die Häuser Vogel und Schnick in Flammen auf. Eine Anzahl weiterer Häuser wurde mehr oder weniger schwer beschädigt. In Stirpe waren noch am Morgen des 4. April Volkssturmmänner aus Recklinghausen eingetroffen, die nördlich des Dorfes zwischen der Kreisstraße und dem Mühlenbach eine Stellung bezogen hatten. Von Weckinghausen längs des Mühlenbaches vorgehende amerikanische Infanterie wurde zunächst von den Deutschen durch MG- und Gewehrfeuer abgewiesen. In Stirpe führte Leutnant Julius Detering eine Einheit des Ersatzbataillons der 116. Panzerdivision.

Leutnant Julius Detering beobachtete aus dem oberen Stockwerk eines Hauses den Angriff der amerikanischen Truppen auf Stirpe. Er wurde aber bald entdeckt, und das Haus wurde mit einigen Granaten beschossen. Durch einen Schuß in die Giebelwand des Hauses wurde Detering schwer verwundet. Es gelang ihm noch, sich aus dem Hause und ein Stück weiter zu schleppen, bis er zusammenbrach. Er wurde später auf dem amerikanischen Verbandsplatz auf dem Hofe Wördehoff operiert, erlag dann aber seinen schweren Verletzungen.

Bald hatten die Truppen des Majors Artmann aber auch Stirpe eingenommen und stießen bereits weiter vor. Etwa 25 deutsche Soldaten sollen in Stirpe in Gefangenschaft geraten sein. Dabei wurde auch die Einheit des Volkssturms aus Recklinghausen fast vollständig aufgerieben. Die in Stirpe gefallenen deutschen Soldaten wurden zunächst provisorisch vor der Kapelle beigesetzt. Später erfolgte eine Umbettung auf den Soldatenfriedhof in Erwitte. Dort befindet sich auch das Grab des Leutnants

---

[31] Aus einem Gesprächskreis in Stirpe beim Ortsvorsteher Franz Wördehoff, an dem auch die Weckinghauser Bürger Werner Rickert, Heinrich Büker und Josef Bertelsmeier sowie Ferdi Möllers aus Stirpe teilnahmen

Julius Detering. Die restlichen deutschen Truppen sollen sich durch den Brockbusch in Richtung Schmerlecke zurückgezogen haben.[32]
Die amerikanischen Truppen rückten nach der Einnahme von Stirpe gleich weiter vor. Über die Kreisstraße erreichten sie bald den Hellweg. Ein Teil wandte sich gegen Berenbrock, die anderen stießen weiter nach Süden auf das Dorf Völlinghausen. Damit war der Bereich der Stadt Erwitte fast in einem Dreiviertelkreis von amerikanischen Truppen umschlossen. Nur noch in Richtung Anröchte-Klieve bestanden am Nachmittag des 4. April Rückzugsmöglichkeiten für die deutschen Truppen.

Das Vorgehen amerikanischer Truppen auf Völlinghausen war von zwei Bürgern des Dorfes vom Turm der Kapelle aus beobachtet worden. Gegen Mittag hatte eine kleine Gruppe junger deutscher Soldaten mit leichten Infanteriewaffen am Kirchweg nach Erwitte eine Verteidigungsstellung bezogen.[33] Gegen 12.30 Uhr schlug die erste Granate in Völlinghausen ein. Als daraufhin einige Bürger eine weiße Fahne hißten, wurde diesen durch SS-Leute[34] gedroht, die Häuser zusammenzuschießen. Die kleine Gruppe der Deutschen am Kirchweg, nordöstlich des Dorfes, hatte auf die vorrückenden amerikanischen Truppen geschossen. Auf dem Hellweg fuhren daher mehrere amerikanische Panzer auf und nahmen das Dorf unter direkten Beschuß. Währenddessen kreiste ein US-Aufklärer niedrig über Völlinghausen und beobachtete das Dorf. Die Völlinghauser hißten abermals weiße Fahnen, worauf die amerikanischen Kampftruppen langsam in das Dorf einrückten. Die deutschen Truppen hatten sich westlich in Richtung Altengeseke abgesetzt.

Durch die kurze Beschießung waren die Häuser Unkrüer, Mintert und Menke sowie die Scheune Pilk in Flammen aufgegangen. Menschen wurden nicht getötet, aber drei Bewohner erlitten Verletzungen. Nach der Besetzung kamen auch hier wie in Stirpe und allen anderen Orten die Bewohner aus den Kellern hervor, wo man Schutz vor der Beschießung gesucht hatte. Die amerikanischen Soldaten durchsuchten zunächst alle Häuser nach versprengten deutschen Soldaten und versteckten Waffen. Am Abend wurde eine Ausgangssperre verhängt; niemand durfte bei Dunkelheit die Häuser verlassen. Amerikanische Panzer gingen am Abend am Dorfrand von Völlinghausen in Gärten und Weiden in Stellung und schossen in Richtung Altengeseke.[35]

Eine andere Abteilung der Kampfgruppe Artmann rückte gleichzeitig südwestlich gegen Berenbrock und Ebbinghausen vor. Von Stirpe aus wurden beide Orte kurz unter Panzerfeuer genommen, bevor die Einheiten in diese Dörfer einrückten. Im Raume Berenbrock-Ebbinghausen standen einige deutsche Panzer.

In Berenbrock hatte man in den letzten Tagen an den Dorfeingängen ebenfalls noch schnell Panzersperren errichtet. Volkssturmmänner mit Gewehren und Panzerfäusten waren auch hier zur Bewachung eingesetzt. In Berenbrock lag in jenen Tagen auch eine Instandsetzungs-Einheit der Organisation Todt, deren Gerät beim Einrücken der Amerikaner nicht mehr abtransportiert werden konnte. Durch den Beschuß

---

32 Wie Anmerkung 31

33 Nach den Mitteilungen einer Augenzeugin, die mit den jungen Soldaten ein kurzes Gespräch führte, gehörten diese zur 116. Panzerdivision. Über den Verbleib dieser Truppen war weiter nichts zu erfahren.

34 Auf dem „Schultenhof" in Völlinghausen lag damals in den letzten Kriegstagen eine Strafkompanie unter Bewachung einiger SS-Leute. Über den Verbleib dieser Kompanie und deren Bewachung war auch weiter nichts zu erfahren.

35 Dr. Manfred Wolf, Willi Mues, Heimatbuch 1000 Jahre Völlinghausen, S. 169 ff.

wurden ein paar Häuser sowie die Kapelle leicht beschädigt. Personen kamen nicht zu Schaden. In der Weide eines Bauern wurden zwei Pferde getötet. Einige Angehörige der Organisation Todt gerieten in Gefangenschaft. Auch hier und in Ebbinghausen erfolgten nach der Besetzung die gleichen Handlungen und Durchsuchungen wie an allen eingenommenen Orten.[36]

Ein Augenzeuge aus jenen Tagen im Kampfraum der 116. Panzerdivision ist auch der ehemalige Obergefreite Max Brückner, damals in der 8. Batterie des Artillerieregiments 146. Max Brückner erinnert sich:

„2. April: Wir stecken im Kessel. Der Amerikaner hat die letzte Lücke geschlossen. Die 116. Panzerdivision soll durchbrechen. Über Soest erreichen wir Völlinghausen. Hier geht unsere Batterie mit zwei 10,5 cm-Feldhaubitzen in Stellung: der Rest einer einmal stolzen 8. Batterie mit ihren drei 15 cm-Feldhaubitzen. Heute nacht soll die Division durchbrechen, um aus dem Kessel zu entkommen.

3. April: Aus dem Durchbruch ist nichts geworden. Wir machen Stellungswechsel nach Berenbrock und liegen hier in einem Obstgarten. Es regnet etwas. Am Abend kommt zum ersten Mal ein Feuerkommando. In der Nacht schießen wir ohne Hast weiter. Bei jedem Abschuß ist alles hellerleuchtet.

4. April: Am Vormittag ist es an der Front ruhig; dagegen wird die Bevölkerung unruhig. Da greifen aus einem Waldstück heraus mehrere Sherman-Panzer an. Zwei eigene Panzer, die 500 Meter links von uns als Sicherung stehen, werden von ihnen geknackt. Aus den Häusern hinter uns werden weiße Fahnen gehißt. Einige von uns sorgen dafür, daß diese wieder verschwinden. Sollten wir bei einem Feuerkommando schießen und die weißen Fahnen hängen noch aus dem Fenster, dann Gnade uns Gott, wenn wir dem Ami in die Hände fallen. Befehl zum Stellungswechsel! Zuerst geht es zurück bis zu einem Sägewerk, dann weiter zurück bis nach Bad Sassendorf. Keine neue Stellung gefunden! Erst in Lohne sind wir am Ziel. Neun Mann von uns sind verschwunden — nach Hause gegangen? Am Abend macht unsere kleine Batterie einen neuen Stellungswechsel."[36a]

Während der Angriffe der Kampfgruppe Artmann nach Süden hatten sich am gleichen Tage andere Einheiten der Divisionskampfgruppe R der 8. US-Panzerdivision aus ihrem Versammlungsraum südlich von Lippstadt nach Westen und Südwesten gewandt, um hier die deutschen Verteidiger zurückzudrängen.

---

36 Festbuch: 150 Jahre Schützenverein Berenbrock, 1978

36a Mitteilungen des heute 73jährigen Rentners Max Brückner aus Berlin aufgrund eines kleinen Berichtes des Verfassers im Mitteilungsblatt „Der Windhund" Nr. 3/1982. Max Brückner schreibt in seinen Einleitungen noch folgendes über die Gesamtsituation:

„Es war ein völliges Durcheinander, ein Chaos. Die Bevölkerung des Ruhrgebietes floh vor dem Ami nach dem Osten. Die Front löste sich langsam auf. Soldaten, die in dieser Gegend wohnten, gingen nach Hause. Eine zusammenhängende Front gab es nicht mehr. Schwere Waffen waren nicht mehr vorhanden oder schrottreif. Wo noch kämpfende Einheiten eingesetzt wurden, hatten die Ortschaften schon weiße Fahnen gehißt. Bei Angriffen der Amerikaner wären sie standrechtlich erschossen worden. Ehemalige Kriegsgefangene und Fremdarbeiter liefen schon frei umher. Damit hatte der Rest der deutschen Truppen gleichzeitig mehrere ‚Gegner' vor sich. Zuerst den Ami, die Kriegsgefangenen, die geflüchteten KZ-Insassen und auch die deutsche Zivilbevölkerung, die oft völlig kopflos war. Sie sah uns lieber gehen statt kommen.

Ich habe den Zweiten Weltkrieg nur im Fronteinsatz kennengelernt. Er bleibt für mich als eine schreckliche Erinnerung zurück. Dabei denke ich nur an die Leiden, die die Zivilbevölkerung in allen Ländern durchmachen mußte. Ich wünsche mir keinen Krieg mehr. Ein neuer Krieg mit Atomwaffen — wäre das Ende der Menschheit!"

Eine Kampfgruppe rückte von Lippstadt aus gegen Overhagen vor. Hier wehrte sich bis zuletzt eine Gruppe deutscher Soldaten unter Führung eines Feldwebels. Es gelang aber einigen Bürgern, den Führer schließlich zum Aufgeben zu bewegen, worauf die Gruppe in westlicher Richtung abzog. In den kleinen Wäldern südwestlich von Overhagen (besonders im Brockbusch) müssen die Amerikaner auf ziemlich harten Widerstand gestoßen sein. Die Divisionsgeschichte der 8. US-Panzerdivision berichtet darüber wie folgt:

Um 6.30 Uhr am 4. April setzte die Kampfgruppe Artmann den Angriff gegen leichtes Panzerabwehrfeuer fort. Beim Angriff auf die Wälder nordwestlich von Stirpe und Norddorf schlossen sich zwei Kampfgruppen zusammen, um das Hindernis in Rekordzeit zu nehmen. Bei Norddorf wurde am jenseitigen Ufer der Ruhr (Hier muß wohl die Lippe gemeint sein. Der Verfasser.) 17 Tiger in Verteidigungsstellung ausgemacht. Die Deutschen hatten gehofft, mit dieser gepanzerten Macht und einigen leichten Panzern als Köder eine Falle erstellen zu können.[37]

---

DER WEHRMACHTSBERICHT MELDET:

*3. April 1945 „... Heeresgruppe B: Aus Versorgungsgründen ist der Nordteil des abgeriegelten Schlachtgebietes noch der Heeresgruppe H belassen worden. Das führte zu Befehlsfriktionen, da die Heeresgruppe B die 116. Panzerdivision in ostwärtiger Richtung ansetzte, wo sie nach 4 Kilometer liegenblieb. An der Rhein-Front Ruhe, an der Sieg-Front gleiche Lage. In Kassel drang der Feind ein; von da Vorstöße gegen den nach Südosten verlaufenden Riegel, wobei der Gegner bis 2 Kilometer an Eisenach herankam ...“*

---

Aus Richtung Overhagen stieß eine andere US-Kampfgruppe über die Kreisstraße auf Norddorf vor. Dieser Ortsbereich — eine kleine Streusiedlung — hatte zuvor von 9.00 Uhr bis zum Nachmittag unter schwerem Artillerie- und Panzerfeuer gelegen. Die Häuser Oel, Laux, Kettelhake und ein Heuerlingshaus auf dem Hof Hense-Sengeling waren dabei in Flammen aufgegangen. Die anderen Häuser waren mehr oder weniger schwer beschädigt worden.[38]

Unmittelbar südlich von Norddorf liegt im Kreuzungsbereich von vier Kreisstraßen der Hof Schulte-Wördehoff (Besitzer: Fritz du Mont). Hier traf am Morgen des 4. April eine etwa 15 bis 20 Mann starke deutsche Kampfgruppe ein sowie vier deutsche Panzer, die sich im Bereich der Kreuzung postierten und das Feuer der

---

[37] Der Verfasser konnte die hier geschilderte Panzerfalle bisher nicht bestätigen. — Es muß sich hierbei um einen Fehler in der Divisionsgeschichte handeln. Nach einer G-2-Meldung vom 4. April, um 10.15 Uhr vom Kampfkommando R, Nr. 35 werden diese 17 Tigerpanzer in Lendringsen an der Ruhr erwähnt, wo sie einen Brückenkopf bilden sollten. Die Meldung Nr. 38 der 88. Cavalry-Aufklärungsschwadron vom gleichen Tage berichtet von einigen eingegrabenen Feinden bei Benninghausen. Freundliche Einheiten berichten von drei Panzern, die in der Nähe von Norddorf aufziehen. Zivilisten berichten von 17 schweren Panzern in Lendringsen.
Auch Befragungen durch den Verfasser im Raume Norddorf brachten nur die Bestätigung der vier deutschen Panzer im Bereich des Gehöftes du Mont. Eine Nachfrage bei Herrn Major a. D. Tebbe, dem damaligen Führer des Panzerregiments der 116. Panzerdivision, brachte für die angebliche Panzerfalle ebenfalls keine Bestätigung. — Die Beschreibung der angeblichen deutschen Panzerfalle muß demnach ein Irrtum sein.

[38] Dem Verfasser mitgeteilt vom Ortsvorsteher Clemens Laux anläßlich einer Befragungsaktion im Sommer 1982.

Amerikaner auch erwiderten. Dabei geriet der Hof du Mont auch unter Beschuß und erhielt insgesamt 17 Treffer. Der in nächster Nähe des Hofes stehende vorderste deutsche Panzer, der häufig seine Stellung wechselte, um bessere Deckung und besseres Schußfeld zu haben, stand plötzlich in hellen Flammen. Die Besatzung konnte aber noch aussteigen und zog sich später zu Fuß in Richtung Horn zurück. Der zweite deutsche Panzer fuhr sich wenig später in der an der Straße nach Ebbinghausen befindlichen kleinen feuchten Niederung fest und wurde von der Besatzung ebenfalls verlassen, nachdem man die Kanone durch einen Rohrkrepierer gesprengt hatte. Der dritte deutsche Panzer stand später etwa 200 Meter weiter südwestlich auf der anderen Straßenseite und war ebenfalls von der Besatzung aufgegeben worden, nachdem man keinen Treibstoff und keine Munition mehr hatte. Auch dieser Kampfwagen wurde durch einen Rohrkrepierer unbrauchbar gemacht. Der vierte deutsche Panzer konnte sich unbeschädigt zurückziehen.

Zwei abgeschossene amerikanische Panzer wurden auf der Kreisstraße von Overhagen nach Horn an der Abzweigung nach Finken und an der Abzweigung nach Ostnorddorf festgestellt.

Bei der Besetzung von Norddorf gab es auf deutscher Seite keine Gefallenen und auch keine Gefangenen. Panzer und Infanterie-Einheiten rückten hier ein, verblieben aber nicht lange und zogen in Richtung Horn weiter, nachdem man zunächst alle Häuser durchsucht hatte. Auf dem Hof du Mont standen einige Panzer, deren Besatzung ebenfalls die Gebäude durchsuchten. Auf dem Hof waren nur der Besitzer, sein alter Vater und zwölf Fremdarbeiter (Polen und Russen). Die US-Panzersoldaten nahmen zehn Schinken mit und hängten sie außen an ihre Panzer, bevor sie abrückten. „Später wurden wir von Polen und Russen so ausgeplündert, daß wir am 20. April, an Hitlers Geburtstag, nichts mehr zu essen hatten und in Erwitte bei Verwandten und Bekannten unterkommen mußten", erinnert sich der heute 77jährige Fritz du Mont in einem Gespräch mit dem Verfasser. „Auf dem Hof gab es kein Stück Vieh mehr; einen Bullen und vier Kühe fanden wir später in Stirpe wieder."

Am Spätnachmittag des gleichen Tages ging auf dem „Krähenbrink", einem nahegelegenen Feld südlich des Hofes, eine amerikanische Artillerie-Einheit mit etwa 15 Geschützen in Stellung mit Schußrichtung auf Horn-Schmerlecke.[39]

Lehrer Fromme berichtet nach den Schilderungen des Bauern Heinrich Tochtrop folgendes in seiner Dorfchronik über Ebbinghausen:

„1. April: Um 10.00 Uhr geht deutsche Artillerie am östlichen Dorfrand von Ebbinghausen mit vier 10,5 cm-Geschützen in Stellung, Schußrichtung: Stirpe-Brockbusch. Die vier Geschütze befinden sich im Garten, ein Funktrupp auf der Tenne des Gehöftes Tochtrop. Am Abend wird in Richtung Erwitte-Lippstadt gefeuert.

3. April: Um 5.00 Uhr rücken die deutschen Soldaten ab und werden (in den Raum Hamm?) verlegt. Etwa gegen 7.00 Uhr, kurz nach dem Abrücken der Deutschen, schießen die Amerikaner mit heftigem Granatfeuer genau in die verlassenen deutschen Stellungen. In der Nacht vom 3. zum 4. April wird das Dorf von amerikanischer Artillerie beschossen.

---

39 Die Ereignisse in der Nähe des Hofes du Mont teilte der 77jährige Bauer Fritz du Mont dem Verfasser in einem Gespräch im Sommer 1982 mit. Bei den zurückgelassenen deutschen Panzern handelte es sich um die Kampfwagen (P IV) 814, 815 und 816 der 8./Panzerregiment 16 der 116. Panzerdivision.

4. April: Am Morgen rücken abermals deutsche Truppen ein (eine Panzer-Einheit und Volkssturm aus dem Ruhrgebiet). Sie stoßen bis in den Ostteil von Norddorf vor. Die Amerikaner greifen mit Panzerunterstützung aus Richtung Norddorf-Stirpe an. Drei deutsche Panzer bleiben an der Kreisstraße liegen. Ebbinghausen liegt nun unter schwerem Granatfeuer; Wohnhäuser und eine Scheune brennen ab. Mehrere Häuser werden zum Teil schwer beschädigt. Die Übermacht der Amerikaner drängt schließlich die Deutschen zurück, die sich in Richtung Schmerlecke absetzen. Um 15.30 Uhr wird das Dorf im Sturmangriff genommen. Ein Volkssturmmann fällt am Dorfrand, viele andere werden gefangengenommen. Obwohl die einrückenden Amerikaner in die Häuser schießen und die Bewohner in der Dorfmitte zusammentreiben, werden keine Zivilpersonen getötet oder verwundet. Am Abend geht amerikanische Artillerie am östlichen Dorfrand in Stellung und schießt in der folgenden Nacht in Richtung Soest. Im „Brinkweiden", westlich des Dorfes, werden später etwa 200 Granateinschläge gezählt.

6. April: Die amerikanischen Panzer- und Infanterie-Einheiten rücken weiter nach Westen vor. Auch die Amerikaner nehmen einen Teil der Lebensmittelvorräte der Bevölkerung mit. Schinken werden außen an die Panzer gehängt. In den folgenden Tagen ziehen Horden von plündernden Polen und Russen durch das Dorf. Schweine und Rinder werden abgeschlachtet und mitgenommen."[39a]

Die Divisionsgeschichte der 8. US-Panzerdivision weiß noch über diesen Tag zu berichten: Ein MG-Duell entspann sich, nachdem die A- und die B-Kompanie des 58. Panzerinfanteriebataillons um 15.50 Uhr vorgerückt waren. Die D-Kompanie des 80. Panzerbataillons setzte zwei deutsche Panzerbekämpfungstrupps außer Gefecht. Beide Kampfgruppen rollten durch Overhagen, Ebbinghausen und Völlinghausen und hielten während der Nacht vor Horn.

Die Kampfgruppe Walker war den ganzen Tag über auf schweres Panzerabwehrfeuer gestoßen und hatte zahlreiche Verluste erlitten. Die B-Kompanie des 80. Panzerbataillons verlor sechs Panzer, die A-Kompanie des 58. Panzerinfanteriebataillons verlor zwei Halftracks (Halbkettenfahrzeuge).

Es gab an diesem Tage aber auch noch ein Ereignis, das für den gesamten Horner Raum beinahe noch ein gefährliches Nachspiel gehabt hätte. Auch hierüber berichtet nur die Divisionsgeschichte der 8. US-Panzerdivision: Etwa um 18.30 Uhr am 4. April befand sich Oberst Wallace und sein Fahrer, Gefreiter Robert J. Buss, auf einer Querfeldeinfahrt, um Verbindung mit dem vor Horn führenden Offizier der Kampfgruppe aufzunehmen. Oberst Wallace hatte wohl angenommen, daß sich der Ort Horn bereits in Händen der Kampfgruppe Walker befände. Als er sich dem Ort näherte, geriet sein Jeep in schweres deutsches Abwehrfeuer von den vor Horn eingegrabenen deutschen Truppen. Als Wallace begriff, daß er in eine Falle geraten war, warf er wichtige Unterlagen in die Büsche, bevor er und sein Fahrer gefangengenommen wurden.[40]

Als Oberst Wallace später nicht auf dem Gefechtsstand von Major Artmann erschien, schickte man Suchtrupps nach ihm aus. Eine dieser Patrouillen schnappte zufällig einen jungen deutschen Soldaten. Dieser gab bei seiner Vernehmung eine derartig genaue Beschreibung des Oberst und seines Fahrers, daß der Divisionskommandeur, Generalmajor Devine, überzeugt war, daß beide in deutsche Gefangen-

---

39a Dem Verfasser vermittelt durch Herrn Ulrich Sommer, Anröchte (früher Ebbinghausen).

40 Geschichte der 8. US-Panzerdivision, S. 157

schaft geraten waren. Daraufhin ordnete General Devine an, daß Oberst Yarrow D. Vessely die Führung der Reservekampfgruppe R (Task Force R) übernehmen sollte. Als General Devine den neuen Oberst in seine Aufgaben einwies, stellte sich heraus, daß Vessely sich sofort in die Lage einfand.[41]

Oberst Wallace und sein Fahrer waren zwischen Horn und Böckum in die Hände von Soldaten der 116. Panzerdivision geraten — wahrscheinlich sogar von Panzertruppen. Sie wurden zunächst nach Schmerlecke zum Gefechtsstand der Panzer-Abteilung des Majors Tebbe gebracht.[42]

Für das Dorf Horn wurde die Lage insofern gefährlich, als nach der Hissung von weißen Fahnen hier noch Schüsse fielen. Amerikanische Panzer-Einheiten — so weiß es die Lokalüberlieferung zu berichten — planten daraufhin Vergeltungsmaßnahmen. Zunächst wurde der Horner Kirchturm beschossen und stark beschädigt. Am anderen Tage sollte das Dorf in einen Trümmerhaufen verwandelt werden.

In dieser Notlage machten sich die Horner Bürger Wilhelm Becker, Josef Kleegraf und Eduard Kerker am 4. April auf den Weg nach Lippstadt. Dort stellten sie sich dem amerikanischen Stadtkommandanten freiwillig als Geiseln zur Verfügung. Der Kommandant war bereits zu Bett gegangen, doch hörte er den Vertreter der Gemeinde Horn-Millinghausen, den Kaufmann Wilhelm Becker, noch an und sagte am Schluß der Unterredung: „Ist gut! Sie bleiben hier. Fällt in Horn-Millinghausen in dieser Nacht auch nur ein Schuß, werden Sie erschossen!"

Auf Stühlen im Flur der Wohnung des Stadtkommandanten, im Hause Severin, verbrachten die drei Männer die längste Nacht ihres Lebens. Sie bangten um ihr Leben, um ihre Familien und um ihre Gemeinde. Aber Horn-Millinghausen wurde gerettet. Am andern Morgen sagte der Offizier zu einem Horner, der als Gefangener vor ihm stand: „Sie haben einen guten Bürgermeister. Wenn er nicht in dieser Nacht an meinem Bette gewesen wäre, stände Horn jetzt nicht mehr."[43]

In Horn erinnert sich noch heute Frau Anna Sommer an diese Tage und weiß zu berichten: „Am Mittwochabend kamen bereits amerikanische Truppen zu Fuß aus Richtung Ebbinghausen und Berenbrock und drangen von Osten her in Horn ein. Sie besetzten die ersten Häuser und durchsuchten sie nach deutschen Soldaten. Dabei stachen sie mit ihren aufgepflanzten Bajonetten in Betten, Koffer, Säcke und auf den Hausböden in Heu und Stroh. Etliche Häuser mußten für die Truppen geräumt werden, und die Bewohner mußten bei Verwandten und anderen Leuten unterkommen. Am anderen Morgen durften die Bewohner ihre Häuser noch nicht wieder aufsuchen und auch nicht das Vieh versorgen. An diesem Morgen rückten viele Panzer und Fahrzeuge in Horn ein, vornehmlich auf den Hauptstraßen. Alle alten Männer des Dorfes — es waren wohl die Volkssturmmänner — wurden auf dem Marktplatz zusammengetrieben; einige wurden später als Gefangene mitgenommen, die anderen wieder entlassen. Am anderen Tage zogen die meisten amerikanischen Kampftruppen weiter; es folgten nun Horden von plündernden Polen und Russen. Dabei wurde viel

41 Ebd., S. 157

42 Im Dorfe Schmerlecke, in der Kornbrennerei Siedhoff, befand sich in jenen Tagen der Gefechtsstand der Panzer-Abteilung der 116. Panzerdivision. Hierher wurde der gefangene US-Oberst zunächst gebracht. Ein Augenzeuge erinnert sich daran, daß der Oberst sich weigerte, eine deutsche Jacke anzuziehen — seine eigene hatte er verloren —, um nicht als Spion zu gelten.

43 Paul Heitkemper, Geschichte des Kirchspiels Horn, 1962, S. 125—126
Dem Kaufmann Wilhelm Becker wurde für diese Tat und andere Verdienste am 5. April 1960 das Ehrenbürgerrecht verliehen.

geraubt und zerstört. Schinken und Würste wurden auf den Mist geworfen, die Zimmerwände mit Rübenkraut beschmiert. Es sah oft schlimm aus. Wenn es besonders gefährlich wurde, läutete man die Glocke. Dann versammelten sich die alten Männer, mit Knüppeln bewaffnet, auf dem Marktplatz. Auch eine amerikanische Patrouille kam öfter in das Dorf und versuchte Ordnung zu schaffen. Bei solchen Zusammenstößen gab es oftmals Verletzte. Es war schwierig, die Verletzten in ärztliche Behandlung zu bringen, aber auch hierbei halfen die amerikanischen Patrouillen."[43a]

Ein interessanter Augenzeuge für die Ereignisse im Raume westlich von Erwitte ist auch der damalige Oberleutnant Josef Blome, seinerzeit Chef der 8. Batterie des Artillerieregiments 146 der 116. Panzerdivision. Seine Erinnerungen sind wie folgt:

„Ostern (1. April) wurden wir in Richtung Soest in Marsch gesetzt. Wir übernachteten im Raum Werl. Am nächsten Morgen fuhren wir auf der damaligen Reichsstraße 1 über Soest und stellten uns südlich des Hellwegs im Raum Altengeseke-Neuengeseke bereit für einen Panzerangriff, der gegen 24.00 Uhr erfolgen sollte. Ziel war, südlich des Hellwegs, an Paderborn vorbei, Bad Lippspringe, das angeblich noch feindfrei war, zu erreichen. Da aber aus dem Raum Warburg stärkere amerikanische Panzerverbände in Richtung Paderborn zogen, wurde im Morgengrauen dieses Vorhaben abgeblasen.

Ich bekam von meinem Kommandeur den Auftrag, die Feindkräfte im Raum Erwitte zu beobachten und eventuell Störfeuer anzufordern. Ich suchte nach einer guten Beobachtungsstelle. Südöstlich von Schmerlecke entdeckte ich die Ruine einer alten Windmühle (südlich des Hellwegs). Da ich von dieser Stelle Feindbewegungen nicht feststellen konnte und diese Stelle ungeschützt und vom Feind gut einzusehen war, zog ich mich mit meinen Leuten (ein Leutnant und zwei Funker) auf Schmerlecke zurück. Ich fand eine bessere Beobachtungsstelle in einem Gebäudeturm einer Brennerei. Durch ein Fenster im oberen Gebäudeteil hatten wir einen guten Ausblick nach Nordosten bis Südosten. Es muß in den ersten Tagen nach Ostern gewesen sein (4. April). In Erinnerung habe ich noch den Beschuß eines Kirchturms in nordöstlicher Richtung durch die Amerikaner, der dann schließlich auch in Brand geriet. (Anmerkung des Verfassers: Das war der Kirchturm von Horn.)

Gegen Abend wurde ich durch Funk zum Gefechtsstand nach Bad Sassendorf (?) zurückgerufen. In der Dunkelheit des Abends wurden wir in den Raum südlich des Hellwegs zwischen Soest und dem Möhnesee verlegt. In diesen Dörfern waren sehr viele Evakuierte aus dem Ruhrgebiet untergebracht, so daß wir kaum noch einen Platz zum Schlafen finden konnten."[44]

Der Panzerkommandant Willi Kleine von der 2. Kompanie des Panzerregiments 16 befand sich in jenen Tagen ebenfalls im Kampfraum westlich von Erwitte. — Nach seiner Erinnerung fuhr er in der Gegend von Horn mit seinem schweren Jagdpanther, der von zwei Panzern IV und einem Panther-Panzer begleitet wurde, einen Gegenangriff. Dabei wurden drei Sherman-Panzer abgeschossen. Kurz darauf erwischte es aber auch die beiden Panzer IV. An weitere Einsätze und Einzelheiten kann er sich nicht mehr erinnern.[44a]

---

43a Aus einem Gespräch des Verfassers mit Frau Anna Sommer im April 1982 in Horn

44 Aus einem Brief des ehemaligen Oberleutnants Josef Blome an den Verfasser im Juni 1983

44a Aus einem Gespräch, das der Verfasser mit Willi Kleine anläßlich des 18. Divisionstreffens der ehemaligen 116. Panzerdivision am 30. April 1983 — zusammen mit Karl Tecen — in Willingen/Sauerland führen konnte.

Für die deutschen Verbände an der nordöstlichen Kesselfront zwischen Lippe und Möhne waren die ersten vier Apriltage alles andere als erfolgreich verlaufen. Während an den ersten beiden Tagen die Lage noch ruhig war, herrschte am dritten Tage vor der Ostfront der 116. Panzerdivision eine lebhafte amerikanische Aufklärungstätigkeit, die sich bis nordwärts der Lippe fortsetzte. Man rechnete beim Divisionsstab der 116. Panzerdivision mit unmittelbar bevorstehenden größeren amerikanischen Angriffen. Die gleiche Lagebeurteilung gab auch der Stab des XXXXVII. Panzerkorps.

Am 4. April war die 8. US-Panzerdivision zum Angriff nach Westen angetreten und hatte die Ostfront der 116. Panzerdivision an verschiedenen Stellen eingedrückt. Die Division mußte ihre Verbände am Abend dieses Tages auf die Linie Altenmellrich-Altengeseke-Schmerlecke-Horn-Lippe zurücknehmen. Die gesamte Frontlinie von Hamm bis Belecke (über 60 Kilometer) wurde der Division unterstellt: eine schier unlösbare Aufgabe.[45]

Beim XXXXVII. Panzerkorps ging an diesem Tage ein Befehl ein, der verlangte, daß das Ruhrgebiet so lange zu halten sei, bis eine angeblich in Aufstellung befindliche neue Armee die Verbindung mit dem Ruhrkessel wiederherstellen würde. An diese Möglichkeit wollte aber beim Korpsstab niemand mehr glauben.[46]

Von einer durchlaufenden Front konnte bei den deutschen Verbänden schon lange keine Rede mehr sein. Die Einheiten der 116. Panzerdivision wurden fast ausschließlich stützpunktmäßig und in kleinen Kampfgruppen eingesetzt. Oftmals bestand solch eine Kampfgruppe aus einem Panzer und einigen beigegebenen Panzergrenadieren oder aus einem Geschütz mit einer kleinen infanteristischen Bedeckung. Aufgabe dieser Kampfgruppen war es, Ortschaften und wichtige Straßenkreuzungen und andere taktisch wichtige Punkte zu sichern und hinhaltenden Widerstand zu leisten, bei starkem Feinddruck aber zurückzugehen.[47]

5. APRIL:

Am Morgen dieses Tages sammelten sich die Einheiten der Kampfgruppe Poinier für den Angriff auf Anröchte. Die deutschen Verteidiger — einschließlich des Gefechtsstandes des Panzergrenadierregiments 60 — hatten sich weitgehend aus Anröchte zurückgezogen. Hier gab es ebenfalls Versprengte zahlreicher Einheiten, darunter einige Marineoffiziere. Auch zwei deutsche Panzer wurden gesehen.[48] Ein Augenzeuge erinnert sich an einen jungen deutschen Leutnant, der mit einer kleinen Gruppe Soldaten, die einige Panzerfäuste hatten, Anröchte noch verteidigen wollte. Auf die

---

45 Oberstleutnant H. G. Guderian, Die Kämpfe der 116. Panzerdivision in der Zeit vom 24. 3.–16. 4. 1945, BA-MA MS Nr. B-713, S. 11 ff. — Die Division hatte in jenen Tagen noch eine Stärke von höchstens 5 000 Mann. Das Panzergrenadierregiment 60, das die Linie von Erwitte bis Belecke zu halten hatte, 14 Kilometer Frontlänge, war in jenen Tagen noch etwa 550 Mann stark. Das Regiment hatte seit den Kämpfen um den Brückenkopf bei Wesel keinen Ersatz mehr erhalten. (Dem Verfasser mitgeteilt von Oberstleutnant Stephan, dem ehemaligen Regimentskommandeur.)

46 von Lüttwitz, a. a. O., S. 16–17. — Der Korpsgefechtsstand befand sich seit dem 3. April in Dortmund-Sölde. Der Gefechtsstand der 116. Panzerdivision war in Osterbönen bei Hamm.

47 Guderian, a. a. O., S. 11

48 Nach Mitteilung des Kommandeurs des Panzergrenadierregiments 60 waren dem Regiment keine Panzer zur Unterstützung zugeteilt. Nach einem Zeitungsbericht (Westfalenpost Nr. 42/1949) wird für Anröchte eine SS-Panzer-Einheit mit drei bis vier Panzern genannt. Noch lebende jüngere Augenzeugen haben in Anröchte wenigstens zwei Panzer gesehen.

Sinnlosigkeit dieses Unternehmens hingewiesen, antwortete ihm der Leutnant: „Meine ostpreußische Heimat ist in Flammen aufgegangen, da kann auch Anröchte in Flammen aufgehen."[49]

Aus der Richtung Berge ging eine amerikanische Abteilung unter Captain Mc Gaffrey auf Anröchte vor und besetzte zunächst den Ostteil des Ortes. Die deutschen Panzer sollen dabei eine Stellung am Steinbruch Berghoff bezogen und die angreifenden Amerikaner beschossen haben, die sich daraufhin zurückzogen. Auf dem Anröchter Kirchturm saß ein deutscher Beobachtungsposten, wodurch der Turm von amerikanischer Artillerie beschossen wurde. Abprallende Splitter einer Granate töteten eine aus Wanne-Eickel stammende Frau. Etwa gleichzeitig griffen von Norden auch die anderen Einheiten der Kampfgruppe Poinier an, insbesondere gingen durch das Gelände der Steinbrüche und längs der Bahnlinie Schützenlinien der Amerikaner langsam gegen Anröchte vor. Das Zentrum des Dorfes erreichten aber zuerst die Amerikaner, die aus Richtung Berge angriffen. Vor dem Amtshaus machten sie halt. Alle Beamten wurden nach Hause geschickt bis auf drei, die sich als Verbindungspersonen den Amerikanern zur Verfügung halten mußten. Eine Ausgehsperre wurde verhängt; und alle Wehrmachtsurlauber sowie andere Angehörige des deutschen Heeres mußten sich bei den Amerikanern melden, die sie gefangennahmen. Auch hier wurden die Häuser nach Waffen und Versprengten durchsucht. Später setzten die Amerikaner eine deutsche Hilfspolizei ein.[50]

Nach kurzer Sammlung und Reorganisierung griffen die Verbände der Kampfgruppe Poinier von Anröchte aus in westlicher Richtung wieder an. Das nächste Ziel westlich von Anröchte waren die kleinen Ortschaften Waltringhausen und Robringhausen. In Waltringhausen waren erst in den Nachmittags- und Abendstunden des 4. April deutsche Soldaten aus Richtung Erwitte angekommen. Auf dem Hof Schulte-Minter am nördlichen Dorfausgang hatte sich ein kleiner Stab mit einem höheren Offizier eingerichtet. Von Mitternacht bis 5.00 Uhr früh lagen der Hof und die nähere Umgebung unter schwerem Beschuß aus Richtung Erwitte. Kein Fenster blieb dabei heil, und das Wohnhaus — damals von 14 Personen bewohnt — hatte kein Dach mehr. Seit den frühen Morgenstunden wurde über Waltringhausen ein langsamfliegendes amerikanisches Aufklärungsflugzeug gesichtet. Etwa zwischen 10.00 und 11.00 Uhr wurden von Anröchte aus vorrückende amerikanische Panzer gesehen. Die US-Truppen rückten kurz darauf in Waltringhausen ein und bezogen im unmittelbar westlich des Dorfes vorbeiführenden Kormeketal eine Stellung gegen das Dorf Robringhausen. Auf dem Hof Schulte-Minter richtete sich nach wenigen Stunden abermals ein Stab ein — diesmal ein Stab der US-Kampfgruppe Poinier der 8. US-Panzerdivision. Später wurden der Hof und das Dorf Waltringhausen mehrfach von Russen geplündert.[51]

Im nur einige hundert Meter westlich gelegenen Dorf Robringhausen waren ebenfalls erst am Abend des 4. April deutsche Soldaten eingerückt. Sie kamen aus der Richtung Erwitte-Anröchte und richteten sich im Grund (einem hohlwegähnlichen kleinen Tal) an der Ostseite des Ortes ein. In der Nacht zum 5. April lag vereinzelter Beschuß auf dem Dorf, wobei eine Scheune und ein Haus abbrannten. Beim Heran-

49 Dem Verfasser von Herrn Karl Schmidtmann in Anröchte mitgeteilt im Jahre 1981.
50 Nach einem Zeitungsbericht (Westfalenpost Nr. 42/1949)
51 Dem Verfasser im Juli 1981 mitgeteilt von der 80jährigen Frau Schulte-Minter in Waltringhausen, die sich an die Ereignisse in ihrem Hause noch genau erinnerte.

nahen der amerikanischen Verbände aus Richtung Anröchte-Waltringhausen zogen sich die deutschen Truppen schleunigst durch das Kormeketal in Richtung Altenmellrich zurück. Der damalige Bürgermeister des Dorfes, Bauer Buschkühl, ging den amerikanischen Truppen in Richtung Waltringhausen mit einer weißen Fahne entgegen. Da er die Frage nach deutschen Soldaten nicht eindeutig genug beantworten konnte, wurde er kurzerhand auf den ersten amerikanischen Panzer gesetzt. Mit begleitender Infanterie rückte diese Kolonne daraufhin in Robringhausen ein. Auf der Straße nach Altenmellrich wurde noch ein deutscher Soldat erschossen, der sich nicht sofort den vorrückenden Amerikanern ergab. Von Robringhausen rückten diese amerikanischen Verbände bald weiter in Richtung Altengeseke. Bei späteren Plünderungen im Dorfe kamen ein Pole und ein Russe zu Tode.[52]

Die Amerikaner schildern diese Ereignisse so: Die Kampfgruppe formierte sich und rückte auf Waltringhausen vor, mit der B-Kompanie und dem Aufklärungszug des 7. Panzerinfanteriebataillons an der Spitze. Heftiges Feuer aus Waltringhausen hielt die Kampfgruppe nur vorübergehend auf. Bei Robringhausen wurde ein mit Selbstfahrartillerie unterstützter deutscher Gegenangriff zurückgeschlagen. Nachdem die Kampfgruppe auch noch Altengeseke eingenommen hatte, machte sie halt für die Nacht.[53]

Im Dorf Klieve lag bereits seit dem Jahre 1943 der Kraftfahrzeug-Instandsetzungspark 617/Ost unter Hauptmann Studt. Hier wurden Kraftfahrzeuge aller Art, einschließlich leichter Kettenfahrzeuge, instandgesetzt und in einem nahegelegenen Steinbruch, entsprechend getarnt, abgestellt. Diese Tätigkeit war aber auch den alliierten Tieffliegern nicht verborgen geblieben, und so waren das Dorf und die nähere Umgebung, besonders in den letzten Wochen des Krieges, von den Fliegern angegriffen worden. Zahlreiche Kraftfahrzeuge aller Art wurden dabei zerstört. Am Tage vor der eigentlichen Besetzung wurde auch noch die Kapelle durch zwei Fliegerbomben schwer beschädigt.

Während die Kraftfahrzeug-Instandsetzungs-Einheit bis auf eine kleine Nachhut rechtzeitig abgezogen war, kam am 2. April noch eine 50—60 Mann starke Einheit der 116. Panzerdivision in das Dorf. Diese führte einige Maschinengewehre, vier Granatwerfer und eine Vierlingsflak mit sich. Unter Führung eines jungen energischen Leutnants wurden Stellungen bezogen, um das Dorf zu verteidigen. Östlich des Dorfes sollen auch noch zwei halb eingegrabene Geschütze gestanden haben. In der Nacht vom 4. zum 5. April drang von Völlinghausen aus ein amerikanischer Spähtrupp gegen Klieve vor, nahm einige Bürger gefangen und führte diese als Geiseln nach Lippstadt. Bei dieser Aktion wurden in der Scheune von Graskemper zwei deutsche Soldaten von den Amerikanern erschossen. Später erfolgte auch leichter Artilleriebeschuß. Die Bevölkerung verbarg sich weitgehend in den Kellern und unter Straßenbrücken. Es war einigen Männern gelungen, die deutschen Verteidiger zum Aufgeben zu bewegen, sie zogen sich dann in Richtung Mellrich zurück.

In den Vormittagsstunden wurde von einigen Jungen beobachtet, wie eine lange Kolonne amerikanischer Panzer und Fahrzeuge von Völlinghausen nach Klieve rollte. Über dem gesamten Gebiet kreisten zahlreiche Flugzeuge, u. a. auch ein deutscher Fieseler Storch. Plötzlich erhielt diese Kolonne Beschuß aus Richtung Altengeseke und kam ins Stocken. Es gab aber keine Verluste bei den Amerikanern, und sie hatten

---

52 Dem Verfasser im Juli 1981 mitgeteilt von dem 84jährigen Dorfältesten Josef Böckmann.

53 Geschichte der 8. US-Panzerdivision, S. 159

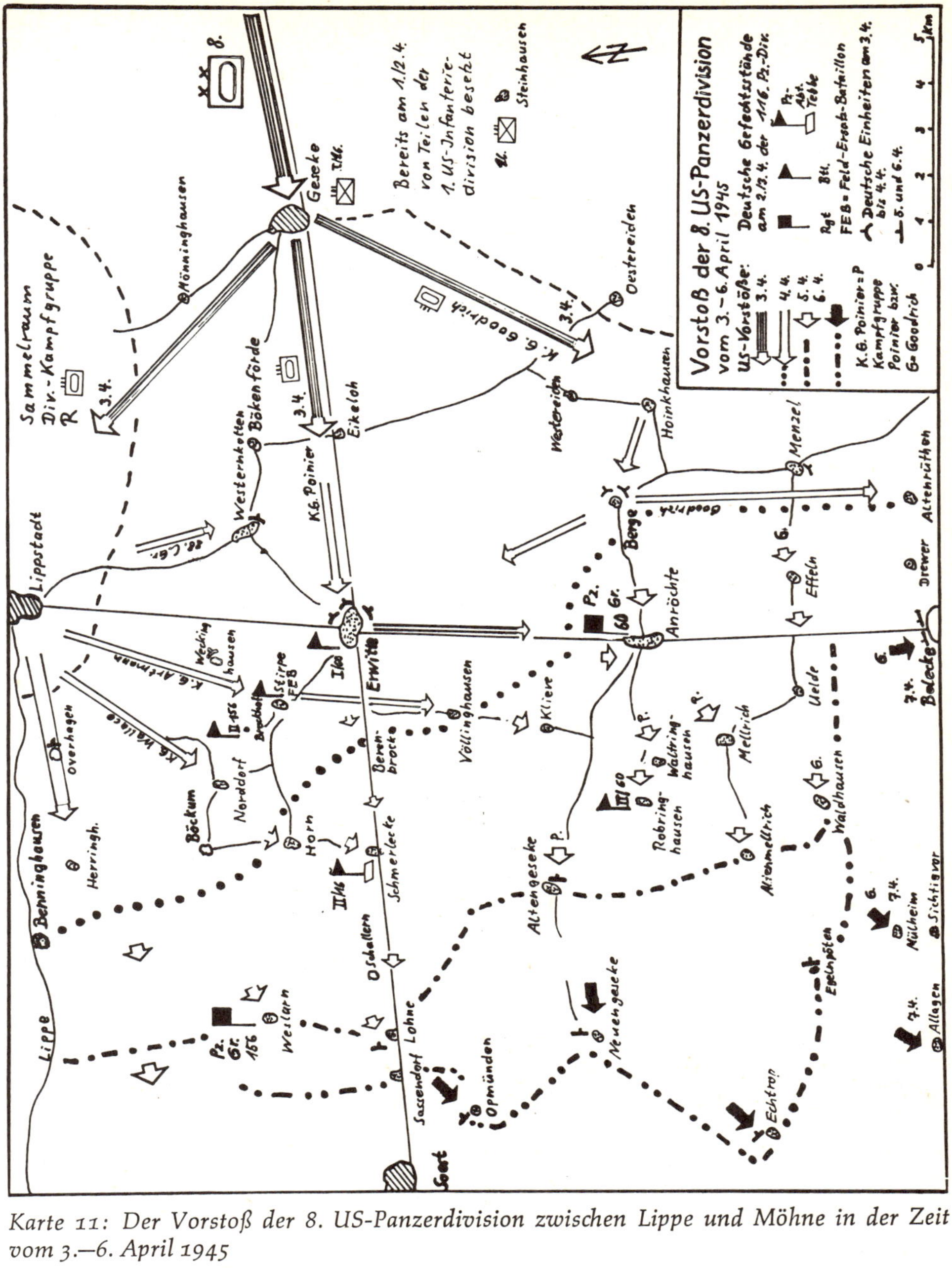


*Karte 11: Der Vorstoß der 8. US-Panzerdivision zwischen Lippe und Möhne in der Zeit vom 3.–6. April 1945*

bald das gesamte Dorf besetzt. Zwei in Richtung Waltringhausen fahrende deutsche Spähwagen wurden noch von den ersten US-Panzern zusammengeschossen.

Nach der Besetzung machten die Amerikaner zehn bis zwölf Gefangene und beschlagnahmten mehrere Häuser, die von den Bewohnern innerhalb zehn Minuten geräumt werden mußten. Etwa eine Woche blieben die Häuser besetzt. Während

Klieve kampflos besetzt worden war, zeigte sich weiter westlich und auch im Süden noch stärkerer deutscher Widerstand. Mehr als 20 US-Panzer standen am frühen Nachmittag am höheren westlichen Dorfrand und schossen in Richtung Altengeseke. Später gab es auch hier schwere Plünderungen durch Polen und Russen. Man erinnert sich in Klieve noch heute daran, daß dort in jenen Tagen ein Pole namens Wazek eine recht zwielichtige Rolle spielte und auch die amerikanische Patrouille in das Dorf führte.[53a]

Zu schweren Kämpfen kam es an diesem Tage noch bei und um Altengeseke. Die deutschen Truppen aus dem Bereich Erwitte-Anröchte hatten sich hier nochmals festgesetzt. Es waren vornehmlich Einheiten des Panzergrenadierregiments 60 der 116. Panzerdivision und unterstellte andere Verbände. Dr. Hans Grusemann schreibt darüber in seinem neuen Heimatbuch „Altengeseke 833—1983" u. a.:

„Ein von Clemens Brinkhoff vorgetragenes Angebot, die weiße Fahne zu hissen, wurde vom Offizier der deutschen Einheit mit der schärfsten Androhung erwidert: ein derartiger Versuch würde mit Erschießen auf der Stelle geahndet werden. Von den zwei Panzern nahm einer unten im Dorf, der andere im Oberdorf Stellung. Gewehr- und MG-Nester wurden an Brinkhoffs Linde und am Heckerweg zum Rosenkranzkämpchen mit Schußrichtung auf den Anröchter Weg aufgebaut. Gewarnt durch den Widerstand in Waltringhausen und Robringhausen brachten die Amerikaner ihre Artillerie bei Robringhausen in Stellung, und da keine Zeichen von Übergabebereitschaft zu sehen waren, eröffneten sie mit Brandgranaten das Feuer auf Altengeseke. Vornehmliche Ziele waren der Kirchturm, in dem sie zu Recht einen Beobachtungsposten vermuteten, außerdem die Schule als dem Hauptquartier der deutschen Einheit, wovon sie möglicherweise Kenntnis erhalten hatten.

Die auf die Schule gezielten Geschosse richteten dort keinen nennenswerten Schaden an. Einige dieser Geschosse trafen zwar das Wohnhaus des Lehrers Grusemann, durchschlugen Dach und Wände, ohne aber einen Brand auszulösen. Eine in seinem Garten landende Sprenggranate hinterließ einen Krater von neun Meter Durchmesser. Durch den Druck der Detonation wurden sämtliche Fensterscheiben des Hauses zertrümmert und in den Zimmern erhebliche Schäden angerichtet. Ein im Nachbargarten mit Wurst- und Fleischvorräten vergrabener schwerer Eisenbottich der Familie Bußmann wurde in einer Entfernung von 125 Metern am Transformatorhäuschen in der Küstergasse wiedergefunden.

Völlig ausgebrannt ist nach einem Volltreffer die Gastwirtschaft Sommer, gt. Steffens. Ebenso wurden durch Feuer infolge Beschusses Brinkhoffs Viehhaus eingeäschert, desgleichen die Scheune von Deimel, gt. Potmann, und das Viehhaus von Deimel, gt. Bastert. Am Ortsausgang nach Soest gerieten Dach und Obergeschoß des Wohnhauses Remmert in Brand. Auf dem Hof Wilhelm Jaspert wurden durch mehrere Einschüsse Wohnung und Viehhaus beschädigt. Im Keller von Brune-Kirsch wurde ein Russe durch einen Granatvolltreffer getötet und der 27 Jahre alte Franz Kirsch von unzähligen Splittern an der linken Kopf- und Körperseite so schwer getroffen, daß er bald danach seinen Verletzungen erlag. Adam Ramm wurde im Stall durch den Einsturz der Decke infolge eines Artillerietreffers erdrückt.

Die deutschen Soldaten setzten sich allmählich ab und zogen sich in Richtung Herringsen zurück. Einer von ihnen, ein Kradfahrer, bezog in der Trift, kurz ober-

---

[53a] Aus einem Gesprächskreis mit den Kliever Bürgern Theo Henneböhl, Heinz Blumenröhr und Ernst Wienecke in dessen Wohnung im Juni 1983

halb des Dorfes, Stellung; als die Amerikaner auf der Dorfstraße bei Sander-Engeln sichtbar wurden, eröffnete er das Feuer aus seiner Maschinenpistole, und sieben der Amerikaner blieben tot auf der Straße liegen. Dies sind nicht die einzigen Toten, die man nachher auf Straßen und in Gräben fand: Deutsche sowohl wie Amerikaner. Die Reste dieser Truppen sind nach wenigen Tagen in der Ostheide aufgerieben worden."[53b]

Auch die Kampfgruppe Goodrich, die am 4. April bereits bis zur Möhne vorgestoßen war, setzte an diesem Tage ebenfalls ihren Vormarsch nach Westen fort und operierte unmittelbar südlich der Kampfgruppe Poinier. Bereits um 6.30 Uhr setzten sich die C-Kompanie des 18. Panzerbataillons und die A-Kompanie des 7. Panzerinfanteriebataillons in Bewegung. Beide Kompanien vereinigten sich später zum gemeinsamen Angriff auf das Dorf Uelde, das um 12.00 Uhr eingenommen wurde. Eine größere Anzahl Gefangener wurde hier von den Amerikanern eingebracht. Als die Kampfgruppe durch Altenmellrich rollte, schlug ihr heftiges Panzerfeuer entgegen.

In Uelde hatte man bereits am Vortage, dem 4. April, bemerkt, wie amerikanische Panzer von Nettelstädt aus gegen Menzel vorrückten. In unmittelbarer Nähe des Dorfes machten sie halt. Als sich nach und nach weiße Fahnen an den Häusern zeigten, rückten sie in das Dorf ein.

Am Morgen des 5. April wurde das benachbarte Effeln auf die gleiche Weise von Menzel aus besetzt. Es kam auch hier nicht zu Kampfhandlungen, und bald rollten die ersten Panzer gegen Uelde vor. Der Hof Dicke wurde zuerst besetzt. Hier gingen Panzer und Artilleriegeschütze in Stellung, die später in westliche Richtung schossen.

Nachdem die letzten deutschen Soldaten Uelde verlassen hatten, berieten einige Einwohner, was nun zu tun sei. Inzwischen zeigten sich die ersten amerikanischen Truppen bereits auf dem Bahnhof und beobachteten das Dorf genau. Schließlich entschlossen sich zwei Männer, der Kapellenküster Farke und der Landwirt Loer, auf dem Turm der Kapelle eine weiße Fahne zu hissen. Doch dies schien den Amerikanern nicht genug. Vom Bahnhof schickten sie Theodor Budde als Boten und ließen durch ihn bekanntmachen, daß alle Häuser die weiße Fahne zeigen sollten. Ob alle dieser Aufforderung nachkamen, konnte nicht festgestellt werden.

Bei der späteren Besetzung des Dorfes wurden etwa 40 französische Kriegsgefangene befreit sowie einige Hundert Zivilgefangene aus dem Ruhrgebiet, die in verschiedenen Scheunen lagerten. Die deutschen Wachmannschaften gingen in Gefangenschaft. Drei US-Panzer schossen später aus einer gedeckten Stellung über die Haarhöhe in Richtung Arnsberger Wald.[54]

Anschließend wandte sich ein Teil der Kampfgruppe Goodrich gegen das benachbarte Dorf Altenmellrich. Hier schlug den Amerikanern kurzzeitig heftiges deutsches Abwehrfeuer entgegen, bevor sich die deutschen Truppen weiter zurückzogen. Die Scharfschützen der C-Kompanie schossen dabei einen deutschen Panther-Panzer ab, der sich nicht rechtzeitig zurückziehen konnte.[55]

Während die amerikanischen Truppen bereits gegen Altenmellrich vorstießen, erhielt das Dorf noch Beschuß aus nördlicher Richtung (wahrscheinlich von deutschen Truppen). Dabei brannte auf dem Hof Hötte eine Scheune ab.

---

53b Dr. Hans Grusemann, Altengeseke 833–1983, Altengeseke 1983, S. 204–205

54 Carl Wasmuth, 910 Jahre Uelde, 1072–1982, S. 135 f.

55 Geschichte der 8. US-Panzerdivision, S. 159

Von Anröchte aus war am gleichen Tage auch eine andere Einheit der Kampfgruppe Poinier auf Mellrich vorgestoßen und hatte das Dorf gegen leichten deutschen Widerstand besetzt. Auch bis Altenmellrich stießen die Spitzen der Kampfgruppe Poinier vor. Im Mellricher Wald war zuvor an den Ostertagen ein größeres Munitionsdepot von deutschen Truppen gesprengt worden.

Von Uelde aus rückten Einheiten der Kampfgruppe Goodrich am gleichen Tage auch gegen Waldhausen vor, das kampflos besetzt wurde. Der damalige Bürgermeister Hötte, unterstützt von einer Lehrerin als Dolmetscher, war den Amerikanern mit einer weißen Fahne entgegengegangen. In Egelnpöten, einem Ortsteil von Waldhausen, verteidigten sich deutsche Tigerpanzer[56] hartnäckig. Der stellvertretende Bürgermeister Jäger hatte am Kapellenturm eine weiße Fahne hissen lassen. Ein SS-Panzer[57] schoß auf die amerikanischen Verbände, die in Waldhausen einrückten. Vom Haardorn aus schossen die Amerikaner dann in Richtung Egelnpöten, wo mehrere Häuser schwer und leichter beschädigt wurden. Bei der Beschießung soll eine Anzahl Russen getöten worden sein, die später von den Amerikanern sofort abtransportiert wurden. Eine Panzerbesatzung sprengte ihren „Tiger", ehe sie sich in Gefangenschaft begab.[58]

Auch im nordwestlichen Teil des damaligen Kreises Lippstadt gingen an diesem Tage die Vorwärtsbewegungen der amerikanischen Truppen weiter. General Devine zog die Divisionskampfgruppe B aus der Reserve, befahl ihr, vorzustoßen, um die Kampfgruppe Walker zu unterstützen und abzulösen. Eine dieser Kolonnen nahm dabei das „Große Holz", ein nordwestlich von Overhagen gelegenes Waldstück, 60 Minuten lang unter Maschinengewehr- und Panzerkanonenfeuer. Die Amerikaner vermuteten hier noch stärkere deutsche Truppen, brachten aber nur einige Gefangene ein, die Tage zuvor den durchziehenden Gefangenen-Trecks entsprungen waren. Die hier in westlicher Richtung längs der Lippe vorstoßenden Verbände der 8. US-Panzerdivision trafen nur noch auf geringen Widerstand.[59]

Bei den weiteren Vorstößen der Einheiten von der Divisionskampfgruppe B der 8. US-Panzerdivision nach Westen wurde der Raum um Eickelborn von Kampfhandlungen freigehalten. Auch deutsche Truppen hatten sich hier nicht zur Verteidigung festgesetzt. Den amerikanischen Einheiten war bekannt, daß der gesamte Bereich mit Kranken und Verwundeten belegt war.[60]

Das benachbarte Dorf Bettinghausen wurde ebenfalls nicht beschossen. Hier lag eine große deutsche Sanitäts-Einheit, die sich noch rechtzeitig vor dem Einmarsch der

---

56 Fritz Schumacher, Heimat unter Bomben. Der Kreis Arnsberg im Zweiten Weltkrieg, S. 106 und 107. Anmerkung des Verfassers: Ob es sich hier wirklich um Tigerpanzer gehandelt hat, bleibt fraglich.

57 Ebd.

58 Ebd.

59 Willi Mues, „Der Kreis Lippstadt als Kampfgebiet", Heimatblätter Nr. 18—20, „Der Patriot" 1970

60 In einer S-2-Meldung vom 3. April, Nr. 14, um 15.20 Uhr und in einer G-2-Meldung vom 3. April, Nr. 51, um 15.45 Uhr wird dem Gefechtsstand der 8. US-Panzerdivision in Delbrück berichtet: Eickelborn (3 339) ist Hospitalstadt mit 1 500 Geisteskranken. Nur wenn es unbedingt nötig ist, schießen!
In der G-2-Meldung heißt es weiter: 6. med. Ersatzbataillon hält die Front längs der Lippe östlich von Benninghausen (3540) und Overhagen (4040). Dort sind drei Kompanien des Volkssturmes. Kriegsgefangener berichtet von SS-Truppen und H/Ts in Soest in der Nacht vom 1. April. Straßenbrücke bei 427417 gesprengt.

US-Truppen in Richtung Soest zurückziehen konnte. Ohne daß ein Schuß gefallen war, wurde das Dorf von den US-Truppen besetzt.[61]

Einige Kilometer südlich davon sicherte Leutnant Max Diether von Elterlein als Kommandant eines schweren Jagdpanthers im Rahmen einer kleinen Kampfgruppe einige wichtige Punkte an der nordöstlichen Front der 116. Panzerdivision im Raum Merklinghausen-Wiggeringhausen und Schallern. Später hieß es auch für diese Kampfgruppe: Rückzug! An Soest vorbei ging es dann in Richtung Möhnesee ins Sauerland.[62]

Auch aus Horn und Schmerlecke hatten sich die deutschen Truppen bereits zurückgezogen, als die Verbände der Divisionskampfgruppe B am Morgen des 5. April gegen diese Orte vorrückten. Zunächst drangen die Amerikaner von Böckum und Ebbinghausen aus in Horn ein und kämmten diesen Ort durch. Von Horn aus rückte am Vormittag eine Kolonne bald weiter gegen Schmerlecke. Auch von Berenbrock fühlten die Amerikaner über den Hellweg gegen Schmerlecke vor: zunächst mit drei Jeeps. Später rollte eine lange Panzerkolonne über den Hellweg von Berenbrock und Erwitte heran. Die Panzersperren östlich des Dorfes am Hellweg an der Ahe und am Trotzbach konnten nicht mehr rechtzeitig geschlossen werden.[63]

In Schmerlecke befand sich — wie bereits an anderer Stelle beschrieben — in der Brennerei Siedhoff der Gefechtsstand des Panzerregiments 16 der 116. Panzerdivision unter Major Tebbe. Im benachbarten Gehöft Pehle hatte der Funkunteroffizier Herbert Schepp eine Funkstelle aufgebaut. Es bestand eine Telefonleitung zum Gefechtsstand von Major Tebbe, und zu einigen Panzern der 8. Kompanie wurde Funkverbindung gehalten wie auch zum Divisionsgefechtsstand in Bad Sassendorf. In der Nacht zum 5. April brachen alle Funkverbindungen zusammen. Es war nicht möglich, das Funknetz wieder aufzubauen, und am anderen Morgen erfuhr man, daß die eigene Einheit sich zurückgezogen hatte. Bei Tagesanbruch zog sich die Funkstelle in einem Schützenpanzerwagen zurück.[64]

Auf dem Hof Schulte-Silberkuhl (heute: Claas) an der heutigen Bundesstraße 1 (damals Reichsstraße 1) soll sich der Gefechtsstand des Panzergrenadierregiments 156 der 116. Panzerdivision befunden haben. In der Nähe dieses Hofes lag zudem noch eine leichte Flak-Einheit, die nicht zur Division gehörte. Beim Anrücken der amerikanischen Panzerverbände zogen sich die deutschen Einheiten in Richtung Soest zurück.[64a]

Nachdem Schmerlecke von den US-Truppen besetzt worden war, erhielt das Dorf kurzzeitig Beschuß aus deutschen Geschützen, die westlich — bei Schallern und Lohne — standen. Zwei deutsche Soldaten gerieten hier in Gefangenschaft, weitere Verluste waren nicht zu beklagen. Mehrere Häuser mußten kurzfristig amerikani-

61 Mitgeteilt von dem Bauern Rickert aus Bettinghausen. Der Verfasser konnte nicht klären, ob es sich bei der Sanitäts-Einheit um eine Einheit der 116. Panzerdivision handelte.

62 Brief des ehemaligen Leutnants Max Diether von Elterlein an den Verfasser anläßlich einer Befragungsaktion

63 Dem Verfasser bei einer Befragungsaktion in Schmerlecke mitgeteilt im Sommer 1981.

64 Brief des ehemaligen Unteroffiziers Herbert Schepp an den Verfasser anläßlich einer Befragungsaktion im Jahre 1981

64a Daß auf dem Hofe Schulte-Silberkuhl der Regimentsstab des Panzergrenadierregiments 156 gelegen haben soll, wurde dem Verfasser von Rudolf Fischer, Anröchte (ehem. Angehöriger der Nachrichtenkompanie 225/116. Panzerdivision), mitgeteilt. — Der Regimentskommandeur, Oberstleutnant Heinrich Grollmann, konnte dies jedoch nicht bestätigen. — Ob es sich um einen Bataillonsstab gehandelt hat?

sche Truppen aufnehmen. Die Tage, die dann folgten, werden in dem Büchlein „Russen am Hellweg", das bereits 1950 erschien, geschildert.[65]

Von Schmerlecke aus rückten am gleichen Tage noch US-Truppen südlich gegen das benachbarte Seringhausen vor und besetzten auch diesen Ort. Eine andere Kampfgruppe unter dem Kommando des Oberstleutnants Van Houten mit der C-Kompanie des 36. Panzerbataillons rückte am gleichen Morgen zu einem kombinierten Angriff auf Schallern vor. Hier hatten sich die deutschen Truppen nochmals festgesetzt und empfingen die angreifenden amerikanischen Verbände mit gezieltem Feuer aus 8,8 cm-Flakgeschützen. Das Feuer konnte die US-Panzer zwar zunächst aufhalten, nicht aber den Angriff abwehren. Nach erneutem Ansturm konnten die vorrückenden Panzer-Einheiten gegen 15.00 Uhr das Dorf besetzen.[66]

In Schallern soll nur ein einzelner deutscher Panzer Widerstand geleistet haben. Nachdem dieser sich zurückgezogen hatte, rückten amerikanische Panzerkolonnen in langer Reihe aus der Richtung von Merklinghausen-Wiggeringhausen gegen Schallern vor und aus Richtung Horn hauptsächlich.

Nach kurzer Sammlung bezogen die Verbände der Kampfgruppe eine neue Ausgangsstellung für den Angriff auf das Nachbardorf Lohne. Hier wandte man den gleichen Angriffsplan an: Die Panzer und Haubitzen der C-Kompanie gaben Feuerschutz, während die Infanteristen der C-Kompanie des 49. Panzerinfanteriebataillons um 17.00 Uhr zum Angriff auf Lohne antraten. Trotz schweren Dauerfeuers der deutschen Verteidiger hatte man den Ort um 20.00 Uhr „feindfrei" und fest in der Hand. Die Kampfgruppe Van Houten verbrachte dort die Nacht.[67]

Im Dorfe Lohne am Hellweg vermerkte eine Augenzeugin damals über diese Tage in ihrem Tagebuch unter anderem:

„Wenige Tage vor dem Einrücken der Alliierten mußten wir auf zwar höflichen, aber recht nachdrücklichen Wunsch einer deutschen Panzer-Einheit mit hochdekorierten Offizieren ein großes Zimmer räumen. Sie breiteten große Generalstabskarten aus und besprachen die Lage; sie meinten die Amerikaner noch aufhalten und sich über das Sauerland südlich durchschlagen zu können. Sie ließen zwar auch bei uns verlauten, nicht mehr genügend Treibstoff zu haben, aber als gut ausgebildete Truppe hofften sie, doch noch manches erreichen zu können. Wie wir später erfuhren, wurde die kleine deutsche Panzertruppe gänzlich aufgerieben."[68]

Andere Einheiten der Divisionskampfgruppe B stießen ebenfalls weiter westlich in Richtung Soest vor und gewannen den Raum um Ostinghausen und Bettinghausen gegen leichten deutschen Widerstand. Die hier verteidigenden Einheiten des Panzergrenadierregiments 156 der 116. Panzerdivision sowie andere unterstellte Einheiten hatten sich rechtzeitig abgesetzt und waren auf Soest zurückgewichen.

Am Abend des 5. April war damit die Besetzung bzw. die Eroberung des damaligen Kreises Lippstadt durch die Kampfgruppen der 8. US-Panzerdivision weitgehend abgeschlossen.[69]

---

65 In Schmerlecke konnte der Verfasser an einem Gesprächsabend im Juli 1981 die Erinnerungen mehrerer Bürger sowie die Angaben über die beiden Gefechtsstände aufzeichnen.

66 Geschichte der 8. US-Panzerdivision, S. 160

67 Ebd.

68 Dem Verfasser mitgeteilt vom Ortsheimatpfleger Ernst H. Wulfert anläßlich einer Befragungsaktion.

69 Der Divisionsgefechtsstand befand sich am 3. April in Delbrück, ab Abend des 4. April in Mönninghausen und wurde am 6. April mittags nach Erwitte verlegt (G-3-Journal der 8. US-Panzerdivision).

Der nächste Tag, der 6. April, sah die Kampfgruppen der 8. US-Panzerdivision, zusammen mit den Regimentern der 95. US-Infanteriedivision zu einem koordinierten Angriff auf den Raum um Soest vereinigt.

Im Verlauf des 5. April hatte die 116. Panzerdivision ihre Ostfront — vor starken angreifenden amerikanischen Verbänden — abermals zurücknehmen müssen. Sie verlief am Abend etwa in einer Linie von Ostteil Möhnetalsperre-Bad Sassendorf-Soest Nord bis in Richtung Hamm. Überall standen die schwachen Kräfte der Division, unterstützt von den wenigen einsatzbereiten Panzern, in schwerem Abwehrkampf. Die infanteristische Kampfkraft der Division war ausgeblutet. Die Eingliederung von Flaksoldaten und Volkssturmmännern füllte sie zwar zahlenmäßig auf, jedoch war deren Kampfwert gleich Null. Die meisten der Division zur Verfügung gestellten Volkssturmleute wurden von ihr sofort wieder nach Hause entlassen.[70]

Unklarheit besteht nach wie vor über die tatsächliche Stärke der deutschen Panzerwaffe im Raum zwischen Erwitte und Soest. Der damalige Führer der II. Abteilung des Panzerregiments 16, Hauptmann Werner Adam, schreibt darüber:

„Durch Aufnahme verschiedener kleiner Panzer-Einheiten hatten wir Anfang März in unserer Panzer-Abteilung noch ca. 12 Panzer V, 14 Panzer IV, 3 Panzer VI (Tiger) und einige Sturmgeschütze und Panzerjäger verschiedener Bauart. Als die Einkesselung des Ruhrgebietes sich abzeichnete, wurde befohlen, daß unsere Troß-Einheiten und Panzerwerkstätten mit Schadpanzern in den Harz verlegt werden sollten. Wir waren zu diesem Zeitpunkt im Raum Hamm im Einsatz, um den Verschiebebahnhof und das große Viadukt zu schützen.

Um den Kessel nach Osten wieder zu öffnen, wurden wir aus dem Abwehrkampf nach Norden herausgezogen, um mit allen kampfbereiten Panzern entlang der damaligen Reichsstraße 1 über Soest—Erwitte nach Osten auf Paderborn durchzustoßen. Zu diesem Zeitpunkt waren noch etwa 25 Panzer verschiedener Typen einsatzfähig, die mir unterstellt wurden. Trotz großer Schwierigkeiten bei der Versorgung (Benzin und Munition) traten wir zum Angriff an. Wir trafen zwischen Erwitte und Geseke auf starken Panzerfeind und mußten den Angriff abbrechen.

Damit begannen die einzelnen Abwehrgefechte im Raum Erwitte. Diese Einsätze verlangsamten sich allmählich nach Südwesten in den Raum Arnsberg-Neheim-Menden. Bei den Kämpfen im Raum Erwitte hatten wir insgesamt noch eine Stärke von etwa 15 Panzern, die aber nur in kleinen Zügen eingesetzt waren. Es wurden meines Wissens in dieser Zeit etwa 30 Feindpanzer abgeschossen. Es war mir während dieser Zeit nicht möglich, einen Gefechtsstand einzurichten. Alle Einsätze der Panzer wurden vom Befehlswagen aus dirigiert und befohlen."[70a]

6. APRIL:

Von Altengeseke aus griff am Morgen des 6. April die Kampfgruppe Poinier das benachbarte Dorf Neuengeseke an. Die amerikanischen Verbände trafen hier auf deutsches Pak- und Infanteriefeuer.[71] Nach kurzer Umgruppierung zog die Kampfgruppe in einer nordsüdlichen Richtung weiter und stieß noch bis zu dem kleinen Ort Enkesen im Klei vor. Hier hielt die Kampfgruppe auch für die Nacht.

---

70 Guderian, a. a. O., S. 12

70a Brief des ehemaligen Hauptmanns Werner Adam an den Verfasser vom 17. Juni 1983. Nach einem folgenden Telefongespräch bestätigte Adam auch noch die drei Tigerpanzer im Raum Erwitte. — Das wäre dann identisch mit den entsprechenden Aufklärungsmeldungen der 8. US-Panzerdivision in den damaligen Tagen.

Zur gleichen Zeit griff südlich dieses Kampfgebietes das Gros der Divisionskampfgruppe A beiderseits der Haarhöhe in Richtung Westen an. Dabei nahm die Kampfgruppe Goodrich die Dörfer Wamel, Brüllingsen, Ellingsen und Westendorf. In der Nähe von Westendorf erwiderte die Kampfgruppe erfolgreich deutsches Feuer durch eingegrabene Infanterie. Die hier vorstoßenden US-Verbände zählten an diesem Tage 120 Gefangene.[72]

Der ehemalige Hauptmann Tzschentke gilt wiederum als verläßlicher deutscher Augenzeuge, wenn er über die Geschehnisse in diesem Gebiet berichtet:

„Gegen 2.00 Uhr am 5. April geht es weiter zurück über Bettinghausen-Bad Sassendorf-Lohne-Enkesen im Klei, um den Gegner vielleicht dort auf seinem Vormarsch nach Süden aufzuhalten. Die Hauptstraße liegt stark unter Beschuß. In Enkesen beziehen wir Unterkunft in einem französischen Gefangenenlager. Gegen Mittag erhalten wir einen weiteren Absetzbefehl: neue Stellungen in Linie Neuengeseke-Opmünden. Am 6. April rücken die ersten US-Panzer in den Nordteil des Ortes ein. Unser Widerstand ist gering, trotzdem gehen die Panzer nur sehr langsam und vorsichtig vor. Von den eigenen Leuten (darunter natürlich sehr viele Versprengte, die sich gegenseitig nicht kennen) laufen viele über, weil ja auch ein Schutz durch schwere Waffen ganz fehlt. Unter dem Druck der feindlichen Panzer setzen wir uns nach Rückzugsgefechten nach Elfsen ab. Weitere feindliche Panzerkolonnen sind inzwischen laufend den ganzen Tag südlich (am Haarstrang) nach Westen gerollt, also an uns vorbei. Aus einem sich bildenden Kessel entweichen die motorisierten Teile über Ruploh-Ostönnen nach Werl, von dort am 7. April nach Wimbern, südlich der Ruhr, und bilden in Wickede einen Meldekopf für versprengte Teile."[72a]

---

71 Im Raume nördlich Enkesen bis zur damaligen Reichsstraße 1 hatten die deutschen Verteidiger (wahrscheinlich Artillerie-Einheiten der 116. Panzerdivision und andere unterstellte Flakartillerie-Einheiten) eine Verteidigungsstellung bezogen, um die von Osten vorrückenden Panzerkolonnen der 8. US-Panzerdivision zu bekämpfen. (Mitgeteilt von Otto Varnholt, damals Chef der 1. Kompanie des Panzerpionierbataillons 675 der 116. Panzerdivision.) Varnholt, der an jenem Morgen zu einem Blitzbesuch in seinem Heimatort Enkesen weilte, beobachtete auch das Vorrücken der amerikanischen Panzerkolonnen auf dem Hellweg (Reichsstraße 1) auf Schallern und Lohne in Richtung Soest. Varnholt gelangte in südwestlicher Richtung über die Haarhöhen wieder zu seiner bei Flerke/Scheidingen stehenden Kompanie. Auf diesem Wege traf er auch kurz den Oberstleutnant Stephan vom Panzergrenadierregiment 60. Den genauen Ort konnte er leider nicht mehr angeben.

72 Geschichte der 8. US-Panzerdivision, S. 161

72a Mitteilungen des ehemaligen Hauptmanns Hans-Joachim Tzschentke an den Verfasser im Jahre 1982. Hauptmann Tzschentke schreibt weiter: „Auf die von Ihnen erwähnten deutschen Panzer bei Norddorf kann ich mich heute nicht mehr besinnen. Jedenfalls waren in der Nacht vom 5. zum 6. April noch ein oder zwei Panzer (von Einheit Tebbe?) mit uns an der Straßenkreuzung Opmünden, die wir dann allerdings im Laufe des Nachmittags (6. April) räumen mußten.
Die Häuser waren überall stark mit Zivilisten belegt, auch sonst mit ostpreußischen Flüchtlingen z. B. in Opmünden; man war natürlich allenthalben ungehalten, wenn noch Kampfhandlungen stattfanden, was von uns in dieser doch schon recht aussichtslosen Lage – ich möchte sagen, mehr unbewußt als bewußt – respektiert wurde. Gerade an diesem 6. April mußte ich an meine Frau und an meine Mutter denken, die an diesem Tage daheim ihren Geburtstag begingen in der Hoffnung, daß ihr Angehöriger noch am Leben sei.
Unser Rückzug ging unter hinhaltendem Widerstand und unter Feinddruck vor sich, wie es befohlen war. Laufend wurden wir von unseren Feldküchen und auch gelegentlich mit Marketender-Waren versorgt, so daß wir nicht auf Hilfe aus der Bevölkerung angewiesen waren. Im Gegenteil! Noch ein kleines Geschehen am Rande: Am 6. April erschienen in Elfsen zwei Flakhelferinnen, die der Amerikaner entlassen hatte; allerdings gaben die beiden Mädchen an, daß sie vom ‚Tommy' kämen, was wir ihnen glauben mußten: unsere Feindaufklärung war ja gleich Null."

Die Schilderungen von Hauptmann Tzschentke wurde dem Verfasser auch nochmals von Oberstleutnant Stephan bestätigt, der schrieb: „Die Schilderung des Durchbruchs ‚Am Haarstrang' ist mir gut in Erinnerung. Um einer Einschließung zu entgehen, sind wir angesichts des Feindes, was die Motoren hergeben konnten, Richtung Werl durchgebrochen. Obwohl die Amerikaner aus allen Rohren auf uns schossen, sind wir ohne Verluste durchgekommen. Hier hat sich gezeigt, daß Schnelligkeit und Beweglichkeit auf dem Gefechtsfeld der beste Schutz gegen Feindeinwirkung sind."[72b]

Mit Befehl des XIX. US-Korps vom 5. April war der Divisionskampfgruppe A auch das 194. Luftlanderegiment der 17. Luftlandedivision unterstellt worden, um das Gebiet zwischen Möhne und Ruhr feindfrei zu machen. Voraussetzung dafür war, daß die Kampfgruppen der 8. US-Panzerdivision das Gebiet nördlich der Möhne und östlich einer Soest durchlaufenden Nord-Südlinie gesichert hatten. Das XIX. Korps wollte das Regiment in Reserve halten, falls die deutschen Truppen in diesem Gebiet einen Ausbruchsangriff versuchen sollten.[73]

Am 6. April waren diese Voraussetzungen soweit erfüllt, und das 194. Luftlanderegiment mit angeschlossenem Zug der 88. Cavalry-Aufklärungs-Schwadron wurde beauftragt, das bergige Waldgebiet südlich und südöstlich der Möhnetalsperre zu durchkämmen. Nach Überquerung der Möhne mit zwei Bataillonen besetzte das 194. Regiment als erstes das Dorf Kallenhardt.

Die Geschichte der 88. Cavalry-Aufklärungs-Schwadron berichtet hierüber: Am 4. April wurde im Sektor des Kampfkommandos A Aufklärung bis zur Möhne betrieben. Am folgenden Tage wurde das Stabsquartier nach Rüthen verlegt und wurde hier Zeuge des Angriffs des 194. Luftlanderegiments auf Arnsberg. Rüthen lag auf der gegenüberliegenden Seite des Talkessels, und der gesamte Angriff konnte so beobachtet werden. Für alle war es ein klassisches Schauspiel, als die Infanterie mit Artillerie und Fliegerunterstützung in enger Zusammenarbeit angriffen.

## IN KALLENHARDT

Als letzter Ort im Kreise Lippstadt wurde am Nachmittag des 6. April Kallenhardt von amerikanischen Kampftruppen besetzt.

Unter dem Befehl eines 19jährigen Infanterie-Leutnants hatte sich hier eine buntgemischte deutsche Streitmacht eingefunden. „Kallenhardt ist strategisch wichtig! Es muß verteidigt werden!" hatte der junge Offizier dem Gemeindevorsteher erklärt. Feldgraue Grenadiere, Luftwaffensoldaten und einige Matrosen sowie Hitlerjungen und Volkssturmmänner bildeten die etwa 100 Mann starke deutsche Verteidigung. Ihre Ausrüstung: ein Tiger-Panzer, ein paar Granatwerfer, Maschinengewehre, Handgranaten und tschechische Karabiner.

An der Straße Nuttlar-Rüthen wurden Panzersperren gebaut. Auf dieser Straße tasteten sich am Dienstag nach Ostern von Nuttlar aus die Amerikaner vor, vier Sherman-Panzer und Infanterie. Nach kurzem Feuerwechsel zogen sich die Amerikaner, die stärkere deutsche Kräfte im Hinterhalt vermuteten, zurück. Der deutsche Tiger-Panzer, der mit seinem letzten Treibstoff eine Anhöhe erreichte und von dort die US-Panzer beschoß, wurde niedergekämpft. Die Kallenhardter Bürger, die dieses Gefecht von ihren höher gelegenen Häusern beobachtet haben, waren schockiert. Bald wehten hier weiße Fahnen. Die „Amis" sollten wissen, daß die Bevölkerung die alte Titularstadt übergeben wollte.

---

[72b] Bestätigt durch Brief von Oberstleutnant Eberhard Stephan vom 28. 11. 1982.

[73] Geschichte der 8. US-Panzerdivision, S. 161

Der junge deutsche Kampfkommandant aber forderte: „Die weißen Fahnen sind sofort einzuholen. Wer zuwiderhandelt, wird auf der Stelle erschossen. Es wird nicht kapituliert!" Zur Bekräftigung seines Befehls ließ der Leutnant einige weiße Laken mit Gewehrsalven durchlöchern.

Zwei Tage blieben die Amerikaner in den Wäldern verschwunden. Nur ein Aufklärungsflugzeug zog ruhig seine Kreise über Kallenhardt. Unter der Bevölkerung grassierten die wildesten Gerüchte von einer geplanten Bombardierung. In bangem Warten vergingen Tage und Nächte.

Am Freitagnachmittag war die Ruhe plötzlich vorbei. Ein gewaltiger Feuerschlag aus Geschützen und Granatwerfern ließ Menschen und Gebäude erzittern. Im Schutz von künstlichem Nebel traten die Amerikaner von drei Seiten zum Sturmangriff auf das Dorf an. Zwei Amerikanern gelang es, zum Kirchturm vorzudringen. Von den Schallöchern des Glockenstuhles aus dirigierten sie mit Megaphonen ihre vorstürmenden Kameraden. Aus dieser Höhe konnten sie die im Dorf versteckten deutschen MG-Nester und Schützenlöcher genauer ausmachen. Von der zehnfachen amerikanischen Übermacht wurde der deutsche Widerstand rasch gebrochen.

Sieben deutsche Soldaten verloren ihr Leben in diesem Kampf, darunter ein 47jähriger Flak-Kanonier aus Freienohl. Ihm, dem Vater von vier Kindern, war der Heimweg über Kallenhardt zum Schicksal geworden.

Mehr als 50 deutsche Soldaten, viele von ihnen verwundet, ergaben sich. Nur wenige konnten sich in Richtung Suttrop retten. Unter den Toten war auch der 19jährige Leutnant. Er hatte sich mit der letzten Patrone seines Revolvers erschossen.

An den Kämpfen um Kallenhardt waren ebenfalls Truppen der Kampfgruppe A der 8. US-Panzerdivision sowie des 194. Glider-Infanterieregiments der 17. US-Luftlandedivision beteiligt.[74]

Währenddessen waren auch im Raume Soest die Operationen der US-Truppen weitergegangen, um den Kessel einzuengen.

Am 6. April demonstrierten die Panzer der 8. US-Panzerdivision ihre Überlegenheit in einem 40-Kilometer-Marsch. Dabei stießen die Panzer der Kampfgruppe des Majors Van Houten nördlich an Soest vorbei und stoppten erst weit hinter Soest, ohne auf nennenswerten Widerstand zu treffen.

Das XIX. Korps der 9. US-Armee hatte von Norden aus die 95. US-Infanteriedivision auf Soest in Marsch gesetzt. Die 8. US-Panzerdivision wurde von ihrem Kommandeur, Generalmajor Devine, persönlich für den Angriff auf Soest geleitet. Die im Raum Soest-Lippstadt kämpfende deutsche 116. Panzerdivision wurde dadurch noch weiter zurückgedrängt. Sie verlor damit gänzlich ihre Basis, aus dem Ruhrkessel auszubrechen.

Auf dem Vormarsch nach Soest wurde Bad Sassendorf um 12.30 Uhr von Teilen der Kampfgruppe Van Houten besetzt. Die Abteilung kam erst tief im feindlichen Hinterland — bei Ostönnen — zum Stehen.[75]

Mit der Einnahme von Lohne durch Verbände der 8. US-Panzerdivision am 5. April waren die amerikanischen Truppen sehr nahe an Soest und Bad Sassendorf herangekommen. In der Nacht vom 5. zum 6. April war der Kurort, der weitgehend auch Lazarettstadt war, unter Beschuß genommen worden. Dabei mußten besonders die Bezirke der Kaiser- und der Wilhelmstraße leiden. Am Freitag, dem 6. April,

---

[74] Willi Mues, „Der Kreis Lippstadt als Kampfgebiet", in: Heimatblätter Nr. 18-20, „Der Patriot" 1970
[75] Geschichte der 8. US-Panzerdivision, S. 160–161

wurde das Fahrgeräusch von Panzern aus der Richtung von Thöningsen und Lühringsen immer lauter, und bald wurden die ersten Panzer am Ortsrand gesichtet. Erste weiße Fahnen wurden bereits gehißt, gleichzeitig versuchte man aber noch mit dem deutschen Standortältesten von Soest, welcher in Bad Sassendorf im Lazarett lag, zu verhandeln. Bürgermeister Schröer und Rendant Heimann waren in ihren Ämtern geblieben und versicherten den ersten Amerikanern, daß sich keine deutschen Truppen mehr in Bad Sassendorf befänden. Erst danach rückten weitere amerikanische Einheiten in den Ort ein. Der Bürgermeister wurde als politischer Gefangener verhaftet und abgeführt. In der Nähe von Delbrück ist er durch die Amerikaner „tödlich verunglückt". Rendant Heimann wurde von den Amerikanern als Polizeikommandant eingesetzt. Er hatte später einen Bezirk von 20 umliegenden Gemeinden zu betreuen und wurde hierbei von einer kleinen Gruppe älterer Männer unterstützt.[76]

Ein Augenzeuge aus jenen Tagen ist auch der damals 18jährige Julius Balks, der, von einem ROB-Lehrgang in Detmold in Marsch gesetzt, sein Heimatdorf Kutmecke erreichen konnte.[76a]

Aus nordöstlicher Richtung war gleichzeitig der 3. Zug der 88. US-Cavalry-Aufklärungsschwadron im Anmarsch auf Soest. Der Zug war am Tage zuvor durch Eickelborn marschiert und war von Herzfeld aus auf Hovestadt vorgedrungen. Aufgabe dieser Einheit war es weiter, die Verbindung auf den Flanken der 8. US-Panzerdivision südlich der Lippe und dem linken Flügelregiment der 95. US-Infanteriedivision nordwestlich davon zu halten. Der Zug brachte in Bad Sassendorf 37 Gefangene ein und stellte Posten aus in den benachbarten Orten Heppen und Weslarn.[77]

Währenddessen stieß die Kampfgruppe Goodrich längs der Haarhöhen weiter westlich vor und besetzte Neuengeseke, Enkesen, Brüllingsen, Ellingsen. Eine ge-

---

76 Dem Verfasser mitgeteilt vom Ortsheimatpfleger Ernst H. Wulfert anläßlich einer Befragungsaktion.

76a Aus dem Tagebuch von Julius Balks: 2. 4./2. Ostertag: Im Morgengrauen erreichten wir die Lippe. Da alle Brücken gesprengt waren, gingen wir am Fluß entlang nach Osten. Schließlich gelangten wir an der nicht ganz zerstörten Schleusenanlage von Kesseler über die aus dem Wasser ragenden Betonblöcke trocken ans andere Ufer. Alles war sehr ruhig, weder Amis noch Deutsche da.
Am südlichen Ortsausgang von Oestinghausen trafen wir auf eine Panzersperre, die von einigen Volkssturmmännern bewacht wurde. Ein Major (wahrscheinlich Freiherr Max von Heereman) stand dabei und ließ sich über die Lage aus unserer Sicht informieren. Ein Volkssturmmann fragte: „Wo müssen die sich denn jetzt melden?" Ich antwortete: „Wir können uns jetzt noch gar nicht melden, weil wir total erschöpft sind." Wir gingen weiter, östlich an Thöningsen vorbei querfeldein und waren gegen 8 Uhr zu Hause. Hier standen mehrere deutsche Panzer unter den Bäumen. Die Besatzungen lagen schlafend in unserem Hause, die Offiziere in der Wohnstube, die Mannschaften in der Küche. Hans Voß und ich begrüßten kurz meine Eltern und meinen Bruder Martin, flitzten schnell die Treppe rauf und fielen in die Betten. Als wir uns gegen Mittag herunter wagten, waren die deutschen Truppen verschwunden; wir zogen uns kurze Hosen an.
5./6. 4.: Abends und nachts Artilleriefeuer auf Soest, einige Einschläge in Schlickmanns Obsthof.
6. 4.: Wir hingen ein weißes Bettlaken aus dem Fenster. Gegen Mittag besetzten die Amis, von Thöningsen kommend, Kutmecke. Die deutschen Offiziere (Max von Heereman, Standartenführer Brückmann u. a.) ergaben sich bei Schlickmanns. Die Waffen wurden mit einem Lkw abtransportiert; Martin half beim Aufladen. Hans und ich hielten uns zurück und blieben im Obergeschoß unseres Hauses. Manchmal linsten wir aber doch durchs Fenster. Auf unserem Hof standen fünf leichte Panzer oder Jeeps. Die Amis brutzelten sich ihr Essen, schliefen in unserer Küche und Wohnstube auf dem Fußboden und fuhren am nächsten Morgen, nachdem sie sich in aller Ruhe rasiert hatten, in Richtung Heppen weiter.
Schlickmanns waren der Ansicht, diese faire Behandlung durch die Amerikaner hätten wir unseren Franzosen und Polen zu verdanken, die günstig für uns ausgesagt hätten.

mischte Einheit aus Verbänden von Goodrich und Van Houten besetzte um 15.30 Uhr gegen deutschen Widerstand Echtrop. Eine Gruppe leichter Panzer (M 24) von der D-Kompanie des 36. Panzerbataillons zerstörte einen deutschen Panzer, einen Panzerwagen und ein anderes Halbkettenfahrzeug und machte 30 Gefangene. Als die Aufklärungs-Abteilung und Teile der Kampfgruppe Van Houten Berlingsen passierten, rollten drei deutsche Tigerpanzer aus der Deckung eines Waldstückes und nahmen die nachfolgenden Nachschubkolonnen unter Feuer. Ein Halbkettenfahrzeug der B-Kompanie des 53. Panzeringenieurbataillons stand gleich in Flammen. Die Ingenieure und Infanteristen der Abteilung wehrten sich mit ihren leichten Waffen gegen die deutschen Panzer, bis nachfolgende eigene Panzer die Deutschen zurückschlugen.[78]

7. APRIL:

Am Morgen dieses Tages traten die Kampfgruppen der 8. US-Panzerdivision zu erneuten Vorstößen in den Ruhrkessel an. Die Kampfgruppe Goodrich rückte über Stockum-Völlinghausen/Möhne-Allagen-Oberbergheim nach Westendorf vor. In Allagen waren sämtliche Brücken über die Möhne gesprengt worden. Vor dem Einmarsch der US-Truppen wurden hier heftige Panzergefechte auf der Haar beobachtet.

Die Kampfgruppe Poinier rückte an diesem Morgen in Mülheim/Möhne ein und rollte mit den Spitzenverbänden weiter auf Belecke zu. Durch eine Straßensperre aufgehalten, bediente sich Oberstleutnant Poinier eines Kriegsgefangenen, um die Übergabe von Belecke einzuleiten. Der Kriegsgefangene wurde nach Belecke gesandt, um mit dem Bürgermeister Verbindung aufzunehmen, dem sehr daran gelegen war, seine Stadt vor der Zerstörung zu bewahren.

Wie die Ereignisse dieses Tages in den Dörfern westlich von Belecke im unteren Möhnetal abliefen, schildert das Heimatbuch „Die Geschichte der Gemeinden Sichtigvor, Mülheim, Waldhausen" u. a.:

»Am nächsten Morgen, Samstag, war es dann soweit. Im Mülheimer Felde, nördlich des „Berges", gab es mehrere Einschläge. In Belecke wurde an diesem Morgen das Gehöft Kroll-Schlüter in Brand geschossen.

Gegen 11.30 Uhr rückten von mehreren nördlichen Ausfallpunkten die Feindkräfte in Sichtigvor/Mülheim ein. In der Umgebung Mühle/Krick/Schöne gingen allein sieben schwere Panzer in Bereitstellung mit Schußrichtung auf den Wald. Die Besatzungen überschwemmten die anliegenden Häuser, zunächst in Vorkommandos. — „Have you pistols?" — „Yes!" — acht Salutgewehre der Kriegerkameradschaft wurden abgegeben und am Mühlenteich zerschlagen. Die Hausbewohner wurden großenteils auf einem Zimmer zusammengedrängt, in den übrigen Räumen hausten die Soldaten, wie eben Fronttruppen hausen. Federvieh wurde geräubert, doch im allgemeinen war die Disziplin recht gut. In Brüllingsen wurde der Bauer Schulte-Böhmer infolge eines Mißverständnisses erschossen. In Belecke gab es mehrere Tote und Verwundete.

Inzwischen hatten die Amis am nördlichen Walde bei Sichtigvor noch deutsche Truppen gesichtet. Eine Razzia zur Auskämmung des Waldes wurde eingeleitet. Die Feinde benahmen sich dabei völlig unkorrekt, indem sie deutsche Bürger, wie sie gerade standen, als Kugelfang vor sich her schoben. Am Löermond vor der Kapelle waren noch zwei besetzte MG-Stände. Georg Strop und Heinrich Cramer am Walde mußten den Amerikanern den Berg hinan vorausgehen. Die MG-Leute waren ver-

---

[78] Geschichte der 8. US-Panzerdivision, S. 160 und 161

General der Panzertruppen Heinrich Freiherr von Lüttwitz befehligte das XXXXVII. Panzerkorps, zuletzt die Armeeabteilung von Lüttwitz.
Bundesarchiv
Sign. 72/31/44

Generalmajor Siegfried von Waldenburg führte die 116. Panzerdivision.
Foto: Privat

Generalleutnant Ernst Hammer führte Befehl über die 190. Infanteriedivision.
Bundesarchiv
Sign.83/13/24

Generalmajor Bernhard Klosterkemper befehligte die Einheiten der 180. Infanteriedivision.
Bundesarchiv
Sign. 83/13/22

Generalleutnant Walter Lackner führte im Ruhrgebiet die Verbände der 2. Fallschirmjägerdivision.
Bundesarchiv
Sign. 83/2/2

General der Infanterie Erich Abraham führte die Divisionen des LXIII. Armeekorps im Ruhrkessel.

Oberstleutnant
Heinz G. Guderian
Ia der
116. Panzerdivision

Major Gerhard Tebbe
führte zuletzt das
Panzerregiment 16
der 116. Panzer-
division.

Oberstleutnant
Heinrich Grollmann
(vor seinem Gefechts-
stand bei Aachen,
Oktober 1944) führte
das Panzergrenadier-
regiment 156.

Oberstleutnant
Eberhard Stephan
führte bis zum Ende
das Panzergrenadier-
regiment 60 der
116. Panzerdivision.
Fotos: privat

38 Jahre später, beim
18. Divisionstreffen der
ehemaligen 116. Panzer-
division in Willingen/
Sauerland.
Von links nach rechts:
Gerhard Tebbe, Eberhard
Stephan, Heinz G.
Guderian, Heinrich Groll-
mann und der Verfasser
Willi Mues

Brigadegeneral der Bundeswehr Fritz Vogelsang führte als Major das Artillerieregiment 146 der 116. Panzerdivision.

Der heutige Zahnarzt Dr. Wolfgang Koenigsbeck führte als Hauptmann die 9. Batterie des Artillerieregiments 146 und beobachtete den Angriff auf Erwitte.

Hauptmann Hans-Joachim Tzschentke führte die 9. Kompanie des Panzergrenadierregiments 60 im Ruhrkessel.

Oberleutnant Josef Blome führte im Raume Erwitte die 8. Batterie des Artillerieregiments 146.

Oberleutnant Otto Varnholt führte die 1. Kompanie des Panzerpionierbataillons 675 der 116. Panzerdivision.

Leutnant Herbert Rose (Foto Krim 1944, als Oberfeldwebel), 5./Panzerregiment 16, ging mit drei Panzern IV am Nordrand von Erwitte in Stellung.

Fotos: privat

**Ein Teil der Eisenbahnbrücke im Bahnhof Hamm**

**Gefangene deutsche Soldaten im Bahnhof Hamm**

**Soldaten des 378. Infanterieregiments der 95. US-Infanteriedivision im Bahnhof Hamm**

Fotos aus der Geschichte der 95. US-Infanteriedivision

**Das US-Luftbild zeigt die Zerstörungen in der Stadt Hamm, insbesondere auch im Bereich des großen Bahnhofsgeländes.**

Foto: US-Army

Patrouillen des 377. Regiments der 95. US-Infanteriedivision in der Thomästraße in Soest, 7. April 1945



Offizielle Befreiungsfeier im französischen Offiziersgefangenenlager in Soest. Die Trikolore und das Sternenbanner werden gehißt. Generalmajor Twaddle (95. US-Infanteriedivision) und Oberst Meuníer (Grenoble) nehmen die Parade ab. Fotos: US-Army

Eine Gruppe deutscher Gefangener vor einer Kaserne in Soest nach der Besetzung der Stadt

Französische Offiziere des Kriegsgefangenenlagers in Soest haben sich um ein in das Lager geschmuggeltes Radio versammelt und hören Nachrichten.

Fotos: US-Army

Oberst Stern, Kommandant des französischen Offizierslagers in Soest, geht in Gefangenschaft, gegrüßt von einem französischen und einem amerikanischen Offizier.

Befreite französische Offiziere schauen zu, als in Soest deutsche Kriegsgefangene auf amerikanische Lastwagen gebracht werden (7. April 1945).
Fotos: US-Army

nünftig, ohne Führung und schossen nicht. Sie gingen in Gefangenschaft. An anderen Stellen war es ähnlich.

Gegen Abend wurde die feindliche Truppe weiter verstärkt. Wegen der Fülle der Quartiere wurde die Besatzung ungemütlicher. Alkohol tat dazu ein weiteres, das Bettzeug wurde verdreckt, Wertsachen wurden gestohlen usw. Vor jedem Quartier stand ein Posten.

Am folgenden Weißen Sonntag wurde die Besatzung weiter verstärkt. Panzer nach Panzer rollte über die Möhnestraße in Richtung Niederbergheim und Körbecke, wo noch gekämpft wurde.

Die Mühlenwohnung wurde vorübergehend als Truppenverbandsplatz eingerichtet. Der Wald wurde weiter ausgekämmt, Gefangene wurden gemacht und bei der Mühle gesammelt. In den Abendstunden fuhr bei der Kirche/Mühle eine feindliche Batterie auf und beschoß Hirschberg. Gefechtsstand: Dachboden der Mühlenwohnung. Gegen 9.00 Uhr abends herrscht große Betriebsamkeit: Die Amis ziehen ab, nachdem sie meist ‚Sauställe' zurückgelassen hatten, wie das eben bei Kampftruppen nicht anders ist.«[79]

Im Raum um Belecke verteidigte ein Major Hass mit einer zusammengewürfelten Kampfgruppe die deutschen Stellungen im Möhnetal. Mehrere Bürger hatten den Major bereits aufgefordert, die Stadt zu übergeben, um sie zu erhalten. Der Major berief sich aber auf seinen Kampfauftrag, die Stadt Belecke zu verteidigen. Die Sprengung der Möhnebrücke und der Brücke bei Drewerheide waren aber die letzten Akte dieser Verteidigung.[80]

Etwa zur gleichen Zeit, als von Westen und Norden her die Kampfgruppe Poinier auf Belecke vorrückte, hatte das Divisionskampfkommando A der 8. US-Panzerdivision auf den Höhen der Haar, nördlich von Belecke, starke Panzerkräfte zusammengezogen. Diese Panzer beschossen Belecke, wobei rund 50 Häuser beschädigt wurden; ein Haus wurde total zerstört, und zwei Personen fanden den Tod bei der Beschießung. Währenddessen liefen Verhandlungen zwischen dem deutschen Kriegsgefangenen und dem Bürgermeister von Belecke, die schließlich zur Kapitulation führten. Etwa gegen 11.00 Uhr rückten die ersten US-Panzer in Belecke ein, und um 13.45 Uhr hatten die Verbände der Kampfgruppe Poinier die gesamte Stadt unter Kontrolle. Die deutsche Besatzung, soweit sie sich nicht zurückgezogen hatte, ergab sich den amerikanischen Truppen. Bei Belecke überspannten Soldaten der A-Kompanie des 53. US-Pionierbataillons die Möhne mit einer „Tread-Brücke" (Fußgängerbrücke, die aber auch stark genug war, Panzer zu tragen). Nach den Aktionen dieses Tages ging das gesamte Divisionskampfkommando A in die Divisionsreserve.[81]

Die Einheiten der Kampfgruppe Poinier hielten am Abend dieses Tages etwa eine Linie von östlich Mülheim/Möhne bis zur Straßenkreuzung Möhnestraße, südlich von

---

79 Heinrich Schoppmeier – Kaspar Süggeler, Die Geschichte der Gemeinden Sichtigvor, Mülheim, Waldhausen, 1968, S. 195

80 Fritz Schumacher, „Heimat unter Bomben", Der Kreis Arnsberg im Zweiten Weltkrieg, S. 105
Anmerkung des Verfassers: Belecke war in jenen Tagen eine Nahtstelle der deutschen Front bzw. der deutschen Verteidigung. Bis Belecke reichte von der Lippe her die Front der dem XXXXVII. deutschen Panzerkorps unterstellten 116. Panzerdivision. Von Belecke aus südwärts schlossen Verbände des Sperrverbandes Wirtz an, die dem Befehlsbereich der 15. deutschen Armee (General von Zangen) unterstanden. Major Hass unterstand hier mit seinen Kräften der Kampfgruppe des Oberst Scherzer, der mit seinen Kräften den Raum von Kallenhardt bis zum Möhnesee einschließlich zu halten hatte. (MGFA Studie B-714)

81 Geschichte der 8. US-Panzerdivision, S. 162

Altenrüthen. Die vordersten Spitzen standen vor oder in Warstein und hatten Kontakt mit Verbänden des 194. Luftlanderegiments.[82]

An diesem Tage sollten auch Suttrop und Warstein noch von den Amerikanern besetzt werden. Die Einheiten des 194. Luftlanderegiments, die am Vortage bereits Kallenhardt eingenommen hatten, waren gleich weitergerückt gegen Suttrop. Hier stellte sich den Amerikanern eine deutsche Kampfgruppe unter Major Haß in den Weg und hinderte die Luftlande-Soldaten zunächst an einem weiteren Vordringen. Die Amerikaner reorganisierten sich in der Nacht und bereiteten den Angriff für den kommenden Tag vor. Gleichzeitig erhielten sie weitere Unterstützung, darunter das 681. Gleitsegler-Feldartilleriebataillon,[83] das in die Beschießung der Angriffsobjekte eingriff. Am Morgen des 7. April nahmen die Verbände des 194. US-Luftlanderegiments ihre Angriffsoperationen wieder auf und besetzten zunächst Suttrop. Von dort aus drangen die Spitzenverbände gleich weiter vor gegen Warstein.

Die Stadt Warstein war in den letzten Tagen durch die zuständigen Parteistellen ebenfalls in Verteidigungszustand gesetzt worden. An fast allen Ortseingängen waren Baumsperren und sonstige Panzersperren durch den Volkssturm errichtet worden. Die Einwohnerschaft, die bei einer energischen Verteidigung der Stadt die Vernichtung ihrer Häuser voraussah, wehrte sich gegen diese Verteidigungsmaßnahmen. Es kam zu Verhandlungen mit dem deutschen Kampfkommandanten Major Haß, der schließlich mit einer Öffnung der Panzersperren einverstanden war. In der darauffolgenden Nacht griffen die Warsteiner Bürger zur Selbsthilfe und beseitigten die Panzersperren zum größten Teil. Der Verteidigungswert dieser Sperren war damit weitgehend illusorisch geworden.[84]

Bereits am Nachmittag des 6. April, zwischen 16.00 und 17.00 Uhr waren die ersten amerikanischen Granaten am Hillenberg eingeschlagen. Wenige hundert Meter südlich davon war eine deutsche Batterie aufgefahren. Eine weitere deutsche Batterie stand bei Haus Widey. Von diesen beiden Stellungen aus wurden die vorrückenden amerikanischen Verbände beschossen. Am gleichen Tage war eine weitere deutsche Kampfgruppe in Warstein eingerückt, und ein anderer Major übernahm den Befehl über die deutschen Truppen und die Verteidigung der Stadt. Er proklamierte die „Verteidigung Warsteins bis zum letzten Blutstropfen". Auf seinen Befehl wurden die Panzersperren wieder errichtet und von besonderen Wachen aus Feuerwehr und Polizeikräften kontrolliert. Am Abend dieses Tages erschien in Warstein der stellvertretende Bürgermeister von Kallenhardt, Cramer, als Beauftragter der amerikanischen Kampftruppen mit dem Ersuchen um kampflose Übergabe der Stadt. Der neue deutsche Kampfkommandant lehnte eine Übergabe jedoch ab.[85]

In der Nacht vom 6. zum 7. April wurde Warstein durch amerikanische Artillerie beschossen.[86] Die Bürger der Stadt suchten Schutz in ihren Hauskellern und in den vorhandenen Felsenbunkern. In gewissen Zeitabständen schlugen die Granaten in ziemlich festliegender Richtung ein. Besonders getroffen wurden die Bilsteinstraße,

---

82 Ebd.

83 After-Action-Report des Kampfkommandos A der 8. US-Panzerdivision. Der Kampfgruppen-Gefechtsstand befand sich in jenen Tagen in Hoinkhausen.

84 Nach einem Zeitungsbericht „Der Patriot" Nr. 84 aus dem Jahre 1955

85 Wie Anmerkung 84

86 Nach deutschen Beobachtungen standen die amerikanischen Geschütze bei Kallenhardt und bei Drewer-Heide.

die Wilhelmstraße, die letzten Häuser der Hospitalstraße sowie der Bereich um den Marktplatz mit der Pfarrkirche, die zwei Volltreffer erhielt. Einzelne Granaten trafen auch andere Stadtteile und den Friedhof. Besonders getroffen wurde auch die Brauerei Gebr. Cramer, die mehrere Volltreffer erhielt. Die Beschießung forderte neben vielerlei größeren und kleineren Gebäudeschäden einen Toten und zwei Schwerverletzte. Bereits bei den ersten Granateinschlägen waren die Lichtleitungen und zwei Umschalträume getroffen worden, so daß die Stadt ohne elektrisches Licht war. Auch die Pumpstationen der Wasserversorgung waren dadurch ausgefallen, so daß die von der neuen Wasserversorgung abhängigen Stadtteile ohne Wasser waren. Dieser Zustand dauerte etwa eine Woche an.[87]

Da die Ablehnung der Kapitulationsaufforderung eine noch schwerere Beschießung erwarten ließ, verließ ein Teil der Bürger die Stadt. Über 100 Personen suchten und fanden Unterschlupf in der naheliegenden Tropfsteinhöhle, andere Personengruppen verbargen sich in den Wäldern oder in anderen Verstecken. Der Aufenhalt in den Hauskellern schützte jedoch die meisten Einwohner, da die Amerikaner bei der um 7.30 Uhr beginnenden neuerlichen Beschießung keine schwere Artillerie einsetzten. Etwa gleichzeitig mit dieser Beschießung entwickelten sich Kämpfe in der Linie Suttrop-Kallenhardt auf Warstein zu. Die schwachen deutschen Kräfte zogen sich unter beträchtlichen Verlusten auf Warstein zurück. Ab 9.00 Uhr waren Truppenbewegungen am Oberhang östlich des Wäldchens zu erkennen. In kleinen und größeren Gruppen kamen deutsche Soldaten dort an, verteidigten kurze Zeit die Höhe, um sich von da aus über Warstein nach dem Stimm-Stamm und zur Tropfsteinhöhle zurückzuziehen. Deutsche Artillerie belegte die nun auch vorrückenden amerikanischen Infanterie-Einheiten mit Feuer, ohne ihnen jedoch wesentliche Verluste beizubringen.[88]

Härtere Kämpfe entwickelten sich im Lager der Flakstellung auf der Lied. Die Verteidiger behaupteten trotz ihrer Unterlegenheit so hartnäckig ihre Stellung, daß dreimaliges amerikanisches Artilleriefeuer erforderlich wurde, bevor diese aufgaben. Gegen 11.00 Uhr tauchten am Oberhagen östlich des Wäldchens drei amerikanische Panzer auf, die sich an der Beschießung der zurückflutenden deutschen Truppen beteiligten und auch in die Stadt schossen. Etwa eine Stunde später erschienen hier die ersten amerikanischen Infanteristen in Schützenreihen vom Oberhagen und von der Lied aus und bewegten sich auf Warstein zu. Nochmaliger leichter deutscher Beschuß konnte das Vorgehen der Amerikaner nicht mehr aufhalten, die etwa um 13.00 Uhr die Stadt erreichten und die ersten Straßen und Häuser nach versprengten deutschen Soldaten absuchten. Etwa zur gleichen Zeit erschien eine größere Zahl amerikanischer Panzer, die auf dem gleichen Wege in die Stadt einrollten. Ohne nennenswerte Kämpfe in der Stadt selbst wurde Warstein besetzt.[89]

Die Kampfhandlungen verlagerten sich am Nachmittag in die Nähe der Tropfsteinhöhle und auf den Stimm-Stamm. Hier wurden nochmals heftige Gefechte ausgetragen, die auf beiden Seiten Verluste kosteten. Amerikanische Geschütze waren gleich nach Einnahme der Stadt in der Nähe der alten Kirche in Stellung gegangen und beschossen von dort aus die Stellungen der deutschen Truppen bei der Tropfsteinhöhle und an der Hirschberger Straße.

---

87 Wie Anmerkung 84

88 Wie Anmerkung 84

89 Fortsetzungsbericht „Der Patriot" Nr. 85 aus dem Jahre 1955

„Die Stadt selbst" — so der damalige Chronist — „bot nun ein Bild wie aus ‚Wallensteins Lager'." Panzer aller Typen, Panzerspähwagen, Lastkraftwagen und eine gewaltige Menge sonstiger Kraftfahrzeuge säumten die Straßen und stauten sich am Marktplatz.[90]

Für die Bewohner der Stadt brachten die nächsten Stunden wenig Erfreuliches. Sämtliche Einwohner mußten ihre Häuser verlassen und an der Ostseite der Hauptstraße, gegenüber dem Marktplatz, Aufstellung nehmen. Nach etwa eineinhalb Stunden Wartezeit durften Frauen und Kinder wieder ihre Wohnung aufsuchen, alle Männer dagegen wurden zur Volksschule beordert, wo sie bis gegen 5.30 Uhr unter Bewachung festgehalten wurden.[91]

Mit der Einnahme von Suttrop und Warstein endete das Unterstellungsverhältnis des 194. Luftlanderegiments unter die Kampfgruppe A der 8. US-Panzerdivision. Das 194. Regiment trat am anderen Tage unter das Kommando von Brigadegeneral Don C. Faith (stellvertretender Kommandeur der 95. US-Infanteriedivision). Mit anderen Verbänden wurde hier die Kampfgruppe Faith für eine besondere Aufgabe im Raum südlich der Möhne gebildet.[92]

Für die Verbände der 8. US-Panzerdivision war der Raum um Belecke-Warstein der südlichste Punkt bei ihren Operationen zur Einengung des Ruhrkessels im nordöstlichen Kesselbereich. Weiter südlich durch das Ruhrtal stießen zur gleichen Zeit bereits Verbände des III. Korps der 1. US-Armee nach Westen über Meschede in den Ruhrkessel vor.

Am Abend des 7. April bestand bei der Führung der 15. deutschen Armee Unklarheit darüber, ob der Raum um Warstein noch in deutscher Hand war. Der Sperrverband Wirtz war bemüht, südlich von Warstein in Richtung Hirschberg und Niederbergheim eine neue Front aufzubauen.[93]

*Anmerkung des Verfassers zu vorstehendem Kapitel:*

*Nicht klären konnte der Verfasser trotz intensiver Nachforschungen die Zahl und Stärke der deutschen Panzerwaffe im Raum Lippstadt-Erwitte-Soest. Die bereits erwähnte Panzerfalle im Raum Stirpe-Norddorf mit 17 schweren Panzern (Geschichte der 8. US-Panzerdivision) muß ein Irrtum sein. Im Raum westlich von Erwitte standen lediglich einige Panzer der ehemaligen I. und II. Abteilung des Panzerregiments 16 der 116. Panzerdivision unter Major Tebbe, die zu einer Kampfstaffel zusammengefaßt waren.*

*Der damalige Ia der 116. Panzerdivision, Oberstleutnant i. G. H. G. Guderian, schrieb dem Verfasser auf Anfrage:*

*„An Panzern hatten wir beim Panzerregiment 16 Panzer IV und Panther. Tiger besaßen wir nicht, und ich halte es auch für ausgeschlossen, daß andere in unserem Gefechtsstreifen kämpften, es sei denn, daß von der Tiger-Ersatz-Abteilung in Paderborn einige in Richtung Westen ausgewichen waren, von denen wir nichts wußten*

---

90 Wie Anmerkung 89
91 Wie Anmerkung 89
92 Geschichte der 8. US-Panzerdivision, S. 162
93 General Gustav Zangen, 15. Armee, Kampf im Ruhrkessel, BA-MA MS Nr. B-849, S. 20

*und die auch nie bei uns aufgetaucht sind. Die Masse unserer Panzerjäger-Abteilung befand sich außerhalb des Kessels, folglich besaßen wir kaum Sturmgeschütze oder Panzerjäger."*

*Major Tebbe dagegen will nicht ganz ausschließen, daß doch einzelne Tigerpanzer im Bereich der Kesselfront gewesen sein könnten. Die deutschen Quellen in diesem Bereich — meistens Ortschroniken — berichten auch von Tigerpanzern. Auch die Aufklärungsmeldungen der 8. US-Panzerdivision berichten fast ausschließlich von Tigerpanzern. Der Tigerpanzer ähnelte zwar sehr dem Panzer IV in seinen äußeren Aufbauten, war jedoch größer und schwerer und hatte eine längere und stärkere Kanone. Die Aufklärungs-Einheiten der Amerikaner hätten sie aber unterscheiden müssen.*

*Hauptmann Werner Adam, damals Führer der I. Abteilung Panzerregiment 16, glaubt, daß seine Kampfstaffel im Raume Erwitte immerhin noch 15 Panzer umfaßte. Er ist der Meinung, daß dazu auch noch drei Tigerpanzer gehört hätten.*

*Auch Jost W. Schneider will aufgrund seiner Forschungen im Raum Paderborn nicht ausschließen, daß einzelne Tigerpanzer aus dem Kampfgebiet Paderborn nach Westen ausgewichen sein könnten.*

*Major Tebbe schrieb dem Verfasser auf abermalige Anfrage, daß er Ende März 1945 im Raume Gelsenkirchen „als letzten Nachschub" nochmals alles, was noch greifbar war, bekommen habe, darunter auch Flakpanzer und Schützenpanzerwagen.*

*Major Tebbe erinnert sich auch an eine Kompanie Hetzer-Panzer, die ihm unterstellt war. In Verkennung der Feindlage fuhren die Kampfwagen parallel zu den amerikanischen Verbänden und wurden von denen zusammengeschossen, wobei der Kompanieführer, ein junger Leutnant, fiel. An Ort und Zeitpunkt kann sich Herr Tebbe nicht mehr erinnern. Die Divisionsgeschichte der 8. US-Panzerdivision erwähnt diesen Vorfall nicht, lediglich einen Gegenangriff der Deutschen mit Self-Propelled-Artillery (Geschütze auf Selbstfahrlafetten) bei Robringhausen. Auch dieser Fall konnte vom Verfasser bisher nicht geklärt werden.*

*Eine Befragung auf dem 18. Divisionstreffen in Willingen im April 1983 brachte auch keine weitere Aufklärung. Das Panzerregiment 16 wurde seinerzeit in Thüringen aufgestellt. Viele Angehörige des Regiments leben entweder in der DDR oder als Flüchtlinge überall in der Bundesrepublik Deutschland verstreut.*

2. Kapitel

# Besetzung von Hamm und Soest

Die Stadt Hamm war seit Jahrzehnten für Westfalen, das Münsterland und vor allem für das Ruhrgebiet eine wichtige Drehscheibe des Straßen- und Schienenverkehrs. Sie war daher bereits schwer zerstört, als sie in den letzten Märztagen 1945 — zunächst locker — von den rasch nach Osten vorstoßenden Divisionen der 9. US-Armee von Norden her eingeschlossen wurde.

Am Abend des 1. April 1945 war die Lage der Alliierten am Nordrand des Ruhrkessels etwa so: Westlich von Hamm standen die Verbände des XVI. US-Korps (Generalmajor Anderson) zum Teil noch im großen Brückenkopf von Wesel bzw. in der Bereitstellung für weitere Angriffe nach Osten bzw. Südosten. An der Nordseite des Ruhrkessels, zwischen Hamm und Paderborn, sicherten die Divisionen des XIX. US-Korps (Generalmajor Mc Lain) die Einschließungsfront, um etwaigen deutschen Ausbruchsversuchen zu begegnen. Nördlich davon standen die Divisionen des XIII. US-Korps (Generalmajor Gillun jr.) bei Münster bzw. im weiteren Vorstoß in Richtung Teutoburger Wald. Durch den raschen Vorstoß dieser beiden US-Korps auf Paderborn und Münster war die 1. deutsche Fallschirmarmee in der Mitte aufgespalten worden. Die Reste wichen auf den Teutoburger Wald zurück, soweit sie nicht von den rasch vorrückenden alliierten Divisionen überrollt und gefangen wurden.[94]

Die Außenbezirke von Hamm wurden am 31. März zunächst von Teilen der 83. US-Infanteriedivision erreicht, die sich vorsichtig weiter vortasteten.[95] Bereits am Vortage (Karfreitag) lag die Nordenvorstadt, insbesondere der Vorbahnhof Heessen, schon unter Artilleriebeschuß; einige Granaten schlugen auch schon in der Nähe des Hammer Hauptbahnhofs ein. Gegen 20.00 Uhr am 31. März setzte eine starke Beschießung durch Artillerie- und Granatwerferfeuer auf die ganze Stadt ein. In der Nacht zum 1. April (Ostersonntag) stießen die amerikanischen Panzerspitzen in die Nordenvorstadt vor. Kurz nach 2.00 Uhr wurden die Straßenbrücken über die Lippe im Zuge der Münsterstraße-Nordstraße und Fährstraße von zurückgehenden deutschen Truppen gesprengt.[96]

Auch die Stadt Hamm war in den letzten Tagen in Verteidigungszustand gesetzt worden. An den Ausfallstraßen hatte man in aller Eile Panzersperren gebaut. Aus dem westlichen Münsterland zurückgehende kleinere deutsche Resteinheiten hatten sich auf Hamm zurückgezogen und richteten sich zur Verteidigung ein. An die Bevölkerung war die Aufforderung ergangen, sich mit Lebensmitteln zu versorgen und für mehrere Tage die Bunker aufzusuchen. Als dann später ein Befehl erlassen wurde, wonach alle Frauen und Kinder sofort die Stadt zu verlassen hätten, weil Hamm verteidigt werden sollte, entstand unter der Zivilbevölkerung große Unruhe. Dieser Befehl wurde von der Bevölkerung mißachtet, und die Menschen blieben fast acht

---

94 Charles Whiting, Die Schlacht um den Ruhrkessel, Molden-Taschenbuch-Verlag, Wien-München, 1978, S. 80

95 After-Action-Report der 83. US-Infanteriedivision. Es waren vor allem Teile des 331. US-Infanterieregiments.

96 Willy Schuster, Festschrift 25 Jahre Gewerkschaft der Polizei, Kreisgruppe Hamm. Hamm 1971, Mitteilungen des Stadtarchivs Hamm

Tage lang, bis zum Ende der Kampfhandlungen, in den Bunkern an den verschiedensten Stellen der Stadt.[97]

Der Hammer Oberbürgermeister Deter widersetzte sich den vorgesehenen Verteidigungsmaßnahmen und wollte verhindern, daß die Stadt in sinnlose Straßenkämpfe verwickelt wurde. Seine Verhandlungen mit deutschen Militärs, Hamm zur offenen Stadt zu erklären, veranlaßten die Gauleitung, Deter von einem Rollkommando der SS zum Harkortberg bringen zu lassen, wo er zur Verantwortung gezogen und liquidiert werden sollte. Der anwesende Reichsverteidigungskommissar verfügte dagegen, daß der Hammer Oberbürgermeister zur kämpfenden Truppe abzustellen sei.[98]

Im Laufe der Nacht des 1. April fühlten die amerikanischen Truppen von der Nordenvorstadt aus auf dem Bahnkörper nach Süden zum Bahnhof behutsam vor. Etwa gleichzeitig wurde auch der Süden der Stadt heftig beschossen. Die Menschen in den Bunkern konnten diese nun nicht mehr verlassen. In der Stadt kam es mit den langsam von Norden vordringenden Amerikanern zu ersten Straßen- und Häuserkämpfen. Die deutschen Einheiten, darunter auch einige kleinere Gruppen der Waffen-SS, hatten Verluste.[99]

Unerschrocken verwehrte Dr. Böckelmann sen. als Verantwortlicher im Feidikbunker einem SS-Major das Recht, auf der Bunkerkrone einen Befehlsstand einzurichten. Derweil trug man Verwundete und Sterbende in die Bunker, wo sie notdürftig versorgt wurden. Der Sprengung der Brücken, dem Befehl der „verbrannten Erde" entsprechend, war die Eisenbahnbrücke als einzige entgangen. So konnten die Amerikaner ungehindert das Bahngelände und die Westener Industrieanlagen besetzen und von hier aus einen vorsichtig taktierenden Endkampf um die Hammer Innenstadt einleiten.[100]

Die 83. US-Infanteriedivision hatte das Kampfkommando B der 2. US-Panzerdivision abgelöst und mit dem III. Bataillon ihres 331. Infanterieregiments die Sprengung der Hammer Eisenbahnbrücke verhindert. Im Raum Hamm versuchte der dortige deutsche Kampfkommandant (Schutzbezirksältester) Oberst Damisch, ein Vordringen der Amerikaner nach Süden zu verhindern. Er mußte dem stellvertretenden Generalkommando VI am 1. April um 23.07 Uhr melden, daß der Feind seit den frühen Morgenstunden den eigenen Brückenkopf Hamm-Nord entlang der Eisenbahnlinie Ahlen-Hamm und den Straßen Drensteinfurt und Herbern-Bockum-Hövel-Hamm angegriffen habe. Das Sicherungsbataillon 323 wurde zu zwei Drittel aufgerieben. Oberst Damisch mußte auch am 2. April den Lippe-Seitenkanal in Nordverteidigung halten. Hier lag ein ausdrücklicher Befehl des Generalobersten Hollidt vor, der als Vertreter und militärischer Berater der Gauleiter des Ruhrgebietes fungierte. Eine Ortsstützpunktverteidigung Hamms wurde abgelehnt.[101]

Auf deutscher Seite hatte am 1. April — wie bereits beschrieben[102] — das XXXXVII. Panzerkorps von der 1. Fallschirmarmee den Befehl erhalten, mit allen verfügbaren Kräften aus dem Raum Werne-Hamm nach Norden, Richtung Münster, anzugreifen.

---

97 Ilsemarie von Scheven: Hamm – so wie es war. Bildband Teil 2, Düsseldorf 1977, Mitteilungen des Stadtarchivs Hamm

98 Wie Anmerkung 97

99 Wie Anmerkung 97

100 Wie Anmerkung 97

101 Wegmann, a. a. O., II., S. 157

102 Vergleiche hier die Beschreibung der Absetzbewegung der 116. Panzerdivision aus dem Ruhrgebiet am 1. April 1945 in Kapitel 5/I: „Angriff der Alliierten nördlich der Lippe".

Gleichzeitig wurde dem Korps das Ausweichen hinter den Dortmund-Ems-Kanal genehmigt. Das Korps faßte daraufhin den Entschluß, die 116. Panzerdivision noch im Laufe des Tages aus der Front herauszuziehen und sie im Laufe der Nacht im Raum südlich von Hamm zu versammeln. Da die Lageentwicklung aber schneller verlief, als deutscherseits angenommen wurde, mußten diese Pläne entsprechend geändert werden. Die 116. Panzerdivision wurde in Abänderung der ursprünglichen Maßnahmen in die Gegend nördlich und nordwestlich von Soest verlegt. Im Zuge dieser Bewegung gelangten Teile des Panzergrenadierregiments 156 in den Raum nördlich von Soest, vor allem das zur Division gehörende Panzerpionierbataillon 675, das vornehmlich zur Kampfunterstützung des Panzergrenadierregiments 156 eingesetzt war. Die 1. Kompanie des Panzerpionierbataillons 675 war nach Nateln, zwischen Soest und Hamm, verlegt worden mit dem Auftrag: Sprengung sämtlicher Autobahnbrücken zwischen Hamm und Wiedenbrück! Dieser Auftrag wurde jedoch, entgegen dem gegebenen Befehl, nicht durchgeführt.[103]

Am anderen Tage verlegte das Panzerpionierbataillon 675 nach Hamm-Ost. Andere Einheiten der 116. Panzerdivision sowie fast die gesamte Divisionsartillerie wurden hier zu einer besonderen Kampfgruppe zusammengefaßt.

In der Zwischenzeit war es den Amerikanern gelungen, gegenüber der Kampfgruppe Hamm (ein Ersatzbataillon und zwei Flak-Abteilungen) über die Eisenbahnbrücke in den Bahnhof Hamm einzudringen und Teile desselben zu besetzen. Der vorgesehene Angriff der 116. Panzerdivision mußte daher zunächst den Bahnhof und die Eisenbahnbrücke wiedergewinnen. Danach sollte nördlich von Hamm ein Brückenkopf gebildet werden, woraus später zum Angriff nach Norden angetreten werden sollte. Im Verlauf des 2. April bereiteten sich die Verbände der 116. Panzerdivision auf diesen Angriff vor.

In Hamm hatte währenddessen das Regiment Feldherrnhalle, bestehend aus 16-18jährigen Hitlerjungen, vergeblich versucht, mit Panzerfäusten und Handfeuerwaffen das Bahnhofsgebäude zurückzuerobern. Die jungen Kämpfer wurden unter schweren Verlusten abgewiesen. Daraufhin wurden Teile der 116. Panzerdivision zum Angriff auf den Bahnhof eingesetzt. Das Panzerpionierbataillon 675 bekam im Zuge dieses Angriffs den Auftrag, die große Eisenbahnbrücke zu sprengen. Der deutsche Angriff auf die Brücke begann am 3. April, um 23.00 Uhr mit einer starken Artillerievorbereitung, vor allem auf den Raum nördlich der Brücke. Die Kampfführung war äußerst erschwert durch die durch Schutt fast unpassierbaren Straßen und durch die Unklarheit über die Lage in der Stadt beim Kampfkommandanten.[104]

Unter dem Eindruck und dem Schutz dieser Feuervorbereitung sollte eine Kampfgruppe mit mehreren mit Sprengstoff beladenen Lkws bis zur Brücke durchstoßen, um sie unter der Brücke zu zünden. Dies war die einzige Möglichkeit, die 11-gleisige Eisenbahnbrücke, die in der Hand der Amerikaner war, mit den beschränkten Mitteln der Division zu unterbrechen. Auf die Detonation hin sollten die beiden Sturmbataillone (Panzeraufklärungs-Abteilung und I. Bataillon/Panzergrenadierregiment 156) zum Angriff antreten. Aber der Angriff führte nicht zu dem gewünschten Erfolg.[105]

---

103 Aufzeichnungen des ehemaligen Chefs der 1. Kompanie des Panzerpionierbataillons 675, Oberleutnant Otto Varnholt; dem Verfasser freundlicherweise zur Verfügung gestellt.

104 Guderian, a. a. O., S. 11–12

105 Ebd.

Während die deutschen Einheiten sich auf den Angriff auf die Eisenbahnbrücke vorbereiteten, wurden auf der Gegenseite die amerikanischen Truppen abgelöst und durch frische Verbände ersetzt. Da die 83. US-Infanteriedivision für den weiteren Vormarsch nach Osten vorgesehen war, wurde sie von der 95. US-Infanteriedivision in ihren Stellungen entlang der Lippe abgelöst. Mit Armeebefehl Nr. 6 der 9. US-Armee wurden die Einzelheiten dieser Ablösung geregelt.[106] Die 95. Division sollte aus dem Raum nördlich der Lippe nach Süden angreifen, die Städte Hamm und Soest einnehmen und in weiteren Vorstößen den Kessel eindrücken. Einzelheiten des Befehls besagten weiter, daß die 1. US-Armee von Süden und Osten in Richtung auf die Ruhr angreifen würde und die 9. US-Armee von Norden und Westen auf die Ruhr vorstoßen werde.

Das XVI. Korps der 9. US-Armee sollte südlich der Lippe und nördlich der Ruhr ostwärts angreifen. Gleichzeitig sollte das XIX. Korps mit der 95. Infanteriedivision auf der rechten (westlichen) Seite und der 8. Panzerdivision zur linken südwärts vorstoßen, um zunächst in seiner Kampfzone das Gebiet nördlich von Ruhr und Möhne feindfrei zu machen.

Die „Victory-Division"[107] wurde angewiesen, die 83. Infanteriedivision nördlich der Lippe und in Hamm abzulösen. Am 3. April, um 18.00 Uhr ging das Kommando in diesem Befehlsbereich an Generalmajor Twaddle, den Kommandeur der 95. Infanteriedivision, über. Rechts der 95. stand die 75. Infanteriedivision vom XVI. Korps in einer Linie entlang des Rhein-Herne-Kanals. An der linken Divisionsflanke war am Abend des 3. April die 8. Panzerdivision bei Eikeloh (vier Kilometer ostwärts Erwitte) vorgestoßen und stellte sich bereit für weitere Angriffe nach Süden und Westen.

Die amerikanischen Truppen um Hamm erwarteten auch einen deutschen Gegenangriff auf die Stadt Hamm bzw. die Eisenbahnbrücke und waren darauf vorbereitet, obwohl die Truppenteile gerade in der Ablösung waren.[108] Die Ablösung des 331. Infanterieregiments der 83. US-Infanteriedivision war um 0.35 Uhr am 4. April abgeschlossen, und die Bataillone und Kompanien des 378. Regiments der 95. US-Infanteriedivision formierten sich für ihre neue Aufgabe. Als das Regiment den Angriff vorbereitete, hielt das I. Bataillon auf der rechten (westlichen) Flanke den engen Brückenkopf über die Lippe und den Kanal in der Stadt Hamm besetzt, das III. Bataillon war auf der linken Flanke, und das II. Bataillon war in Reserve, hielt aber die Flußlinie zwischen dem I. und III. Bataillon besetzt. Das von dem I. Bataillon besetzte Gebiet des Brückenkopfes umfaßte eine Eisenbahnbrücke (Viadukt) und das Hammer

---

106 Die 95. US-Infanteriedivision war am Spätabend des 1. April im Raume Neuß durch die 97. US-Infanteriedivision abgelöst und zugleich aus dem Kampfverband des XXII. Armeekorps entlassen worden und zu ihrem alten XIX. Korps zurückgekehrt. Eine besondere Kampfgruppe 7, die bereits mit der 2. Panzerdivision weit nach Osten vorgestoßen war, wurde ebenfalls wieder unter das Kommando der Division gestellt. Es sammelte bei Langenberg/Wiedenbrück.

107 Spitzname für die 95. Infanteriedivision

108 George M. Fuermann und F. Edward Cranz, Geschichte der 95. Infanteriedivision 1918–1946, Atlanta. G. A., Kapitel: Die Reduzierung des Ruhrkessels bzw. Die Schlacht um Hamm. Bei weiterer Nennung nur noch: Geschichte der 95. US-Infanteriedivision
Das XIX. US-Korps hatte eine Radiodurchsage abgefangen, worin der beabsichtigte Gegenangriff zur Zurückgewinnung eines Bahnhofs in einer nicht genannten Ortschaft angeregt wurde. In der Annahme, daß es sich um Hamm handele, wurde sowohl die 95. wie auch die 83. Infanteriedivision von dem bevorstehenden Angriff in Kenntnis gesetzt. Einheiten der 95. Division, die bereits in dem betreffenden Gebiet eingetroffen waren, unterstützten die Teile der 83. Division erfolgreich beim Zurückwerfen der deutschen Kräfte.

Eisenbahndepot. Anfänglich war es Aufgabe des Bataillons, Stärke zu zeigen, während der Rest des Regiments südlich von Hamm nach Osten vorstieß und hinter der Stadt aufkam. Das III. Bataillon, in der Nähe von Dolberg, hielt die Front entlang der Lippe. Anfänglich war es sein Auftrag, nach Süden zu stoßen, um dann südwestlich abzudrehen, um Hamm von hinten abzuschneiden. Das II. Bataillon hielt die Flußlinie entlang der Lippe in der Nähe von Heessen bis nach Dolberg besetzt. Der Kommandeur des II. Bataillons übertrug diese Aufgabe der F-Kompanie, und der Rest des Bataillons blieb in Reserve zwei Meilen südlich von Ahlen.[109]

Während der dunklen Morgenstunden des 4. April beorderte der Kommandeur des I. Bataillons, Oberstleutnant Ewel E. Eubank, die B-Kompanie über den Lippefluß und den Lippekanal und hatte so sein gesamtes Bataillon vor Tageslicht in dem Brückenkopfbereich. Kurz nach 6.00 Uhr wurde ein Zusammenziehen der feindlichen Truppen als Vorbereitung für einen Angriff beobachtet, und die Deutschen feuerten konzentriert Panzerfaust-, Mörser- und Artilleriegeschosse in den amerikanisch besetzten Teil des Brückenkopfes. Zur selben Zeit stießen die Deutschen von Osten her mit einem Lastwagen, beladen mit Munition und zwei bewaffneten Kettenfahrzeugen mit Infanteristen, gegen den Abschnitt des I. Bataillons vor. Der deutsche Angriff wurde unterstützt von einem Panzer, der vom östlichen Stadtrand feuerte. Die Absicht des Gegenangriffs war offensichtlich, den Zuweg des 378. Infanterieregiments in den Brückenkopf zu zerstören. Der Zuweg war ein langer Tunnel unterhalb mehrerer Eisenbahngleise und wurde verteidigt von einem Zug der E-Kompanie. (Ein Zug befand sich innerhalb des Tunnels und der Rest in Fuchshöhlen auf beiden Seiten zur Bewachung der Zugänge.)[110]

(So sahen also die amerikanischen Truppen in Hamm den Beginn des deutschen Gegenangriffs auf die Eisenbahnbrücke).

Wie es auf der deutschen Seite aussah, schildert der ehemalige Oberleutnant Otto Varnholt, damals Chef der 1. Kompanie des Panzerpionierbataillons 675, in seinen Erinnerungen:

„Für die Sprengung waren ca. neun Tonnen Donarith-Sprengmasse vorgesehen, die auf 3 Lkws der 1. Kompanie verlastet wurden, um im Morgengrauen des 4. April unter Ausnutzung stärksten Feuerschutzes durch Flak-Artillerie und Panzer über die Kanalseitenstraße unter die Brücke zu fahren. Zu diesem Unternehmen, wozu sämtliche Erkundungen vom Chef der 1. Kompanie durchgeführt wurden, hatten sich Pioniere unter Führung von Leutnant Fütterer freiwillig gemeldet. Es war vorgesehen, daß die drei Munitions-Lkws noch im Schutze der Dämmerung unter die Brücke fahren sollten und die Besatzung nach dem Auslösen der Sprengungen teilweise durch den Kanal zurückschwimmen bzw. auf dem Land durch die Trümmer sich zurückziehen sollten.

Nach einer sehr starken Feuerunterstützung durch sämtliche schweren Waffen wurde gegen 5.30 Uhr das Unternehmen gestartet. Etwa fünf Meter vor der Brücke bildete ein Bombentrichter auf der Kanalstraße plötzlich ein unvorhergesehenes Hindernis, und das ganze Unternehmen schien in Frage gestellt zu sein. Trotzdem versuchte nunmehr, nachdem der erste Lkw mit Leutnant Fütterer auf eigene Minen fuhr, der zweite Wagen, trotz starken feindlichen Feuers, vorbeizufahren. Es gelang aber nicht mehr, und sämtliche Besatzungen stiegen aus und versuchten, so gut es

---

109 Wie Anmerkung 108. Bei der Meile handelt es sich um die englische Meile.

110 Wie Anmerkung 108, Kapitel „Die Schlacht um Hamm"

ging, zum Ausgangspunkt zurückzugelangen. Der als Begleitschutz mitfahrende Panzer (P IV) eröffnete sodann das Feuer auf die zusammengefahrenen Munitions-Lkws. Nach einigen Schüssen detonierten sie und flogen in die Luft, ohne daß die Brücke, das eigentliche Sprengobjekt, beschädigt wurde. Die Besatzungen konnten sich alle in Sicherheit bringen, waren jedoch restlos verwundet. Die meisten hatten Druckschäden und Blutungen an Ohren und Nasen, da die Trommelfelle geplatzt waren. Als einziger kam von diesem Unternehmen Leutnant Fütterer nicht zurück. Ein Schützenpanzerwagen der 3. Kompanie, der ebenfalls als Begleitfahrzeug mitgefahren war, wurde von feindlichen Panzern zusammengeschossen. Die Besatzung konnte sich retten; alle Soldaten waren jedoch verwundet. Fahrer dieses Schützenpanzerwagens war der Obergefreite Schierl. Oberfeldwebel Franke suchte nach Bekanntgabe des unglücklichen Ausganges mit einem Sanitäter die Unglücksstelle nach Leutnant Fütterer ab. Hierzu entledigte er sich seiner Waffen und bediente sich des „Roten Kreuzes". Aber leider konnte auch er trotz dieser uneigennützigen Tat keine Spur von Leutnant Fütterer finden."[111]

Und so beschreibt die Geschichte der 95. US-Infanteriedivision den Angriff:

„Es herrschte beträchtlicher Nebel und zu der Stunde wenig Tageslicht, und demgemäß stießen die Deutschen bis auf ungefähr 100 Meter an den Zuweg vor, ehe sie entdeckt wurden. Als die Divisionstruppen das Feuer auf die Angreifer eröffneten, begann der deutsche Panzer den Zugang des Tunnels direkt zu beschießen und verwundete die meisten Soldaten der Gruppe im Innern des Tunnels. Trotz des schweren Panzerbeschusses hielt die Kompanie-Abteilung die Stellung und erwiderte das Feuer mit einer großen Anzahl von Kleinwaffen. Soldat George A. Hyatt feuerte mit seiner Bazooka auf das führende Munitionsfahrzeug, ungefähr zur selben Zeit, als dieses Fahrzeug auf eine Mine fuhr, die den Zugang zum Tunnel sichern sollte. Der Lastwagen explodierte mit ungeheurer Wucht, zerstörte die beiden Kettenfahrzeuge und tötete alle Deutschen in diesen Fahrzeugen. Die Macht der Explosion war so groß, daß die Truppen des I. Bataillons einige Verluste erlitten. Die gesamte Kampfhandlung dauerte ungefähr eine halbe Stunde, und die Kompanie erlitt 22 Verluste beim Zurückwerfen des Gegenangriffs."

In der Annahme, daß die Deutschen andere Truppen zusammenziehen würden, um die erwartete Zerstörung durchzuführen, forderte Oberstleutnant Eubank Artilleriebeschuß auf deutsche Stellungen an, welcher zeitweilig jede weitere Offensivhandlung ausschaltete.[112]

Und noch einmal Oberleutnant Varnholt:

„Während dieses Unternehmens hatte der Rest der 1. Kompanie die zweite Bahnüberführung südlich des Hauptbahnhofs zu sichern und stand als Angriffsreserve auf dem Hauptbahnhof bereit. Das Aufklärungsbataillon 116 hatte nach kurzer Zeit den gesamten Bahnhof und auch den Teil der großen Brücke in eigene Hände bekommen, mußte jedoch auf Befehl den Bahnhof wieder räumen, da mittlerweile der Feind an anderen Stellen über die Lippe und den Kanal übergetreten war."[113]

---

111 Wie Anmerkung 103

112 Wie Anmerkung 108, Kapitel „Die Schlacht um Hamm"

113 Oberleutnant Varnholt befand sich während des Angriffs auf die Eisenbahnbrücke etwa 500 Meter vom Explosionsherd entfernt. Daß amerikanische Truppen zu der Zeit bereits im Tunnel waren, wurde von den Deutschen nicht vermutet, wohl aber, daß der Tunnel vermint sei. (Erklärung von Varnholt in einem erneuten Gespräch mit dem Verfasser nach Erläuterung der amerikanischen Darstellung im September 1982)

Am Morgen des 4. April wurde klar, daß der Angriff auf die Eisenbahnbrücke Hamm gescheitert war. Gleichzeitig traten die Amerikaner an der Ostfront von Soest und aus ihrem Lippebrückenkopf nordwestlich von Soest zum Angriff an. Das XXXXVII. Panzerkorps genehmigte die Einstellung des Angriffs, was außerdem im Interesse der Bevölkerung der Stadt Hamm war, die schon sehr viel erlitten hatte.[114]

Trotz des deutschen Gegenangriffs auf die Eisenbahnbrücke in Hamm und Umgebung stand die 95. US-Infanteriedivision bereit, den ihr erteilten Auftrag auszuführen. Innerhalb der Division wurden die Kampfaufträge wie folgt verteilt:

378. Infanterieregiment mit angeschlossener Kompanie B des 709. Panzerbataillons und einer Kompanie des 320. Sanitätsbataillons sollte den Übergang über die Lippe und den Lippe-Seitenkanal erzwingen und den bedeutenden Eisenbahnknotenpunkt Hamm erobern und die Regimentszone gänzlich vom Feind befreien.

379. Infanterieregiment mit angeschlossener Kompanie C des 709. Panzerbataillons und Kompanie C des 320. Sanitätsbataillons stößt links (östlich) des 378. vor, erzwingt einen Übergang über die Lippe (der Lippe-Seitenkanal reichte nur ein kurzes Stück in die Regimentszone hinein und konnte umgangen werden) und befreit seine Zone vom Feind.

377. Infanterieregiment bleibt zunächst in Divisionsreserve, sammelt am 4. April im Raum südlich von Beckum und hält sich bereit, auf Divisionsbefehl vorzustoßen.[115]

Während so die 95. US-Infanteriedivision von Norden her in den Kessel hineinstieß, begann zur gleichen Zeit weiter östlich der Angriff der 8. US-Panzerdivision in Richtung Westen und Süden.[116]

## DIE ENDKÄMPFE UM HAMM

Wenig später nach dem fehlgeschlagenen deutschen Angriff auf die Eisenbahnbrücke in Hamm sammelte sich das I. Bataillon des 378. US-Infanterieregiments und trat seinerseits zum Angriff auf die Stadt an. Die B-Kompanie griff um 8.00 Uhr an und hatte beträchtliche Schwierigkeiten, aus der feindlichen Umklammerung rund um den Brückenkopf auszubrechen. Fünf Männer der Kompanie B wurden getötet und etliche verwundet bei dem Versuch, aus dem Depot vorzustoßen. Aber nach einem Vorstoß von ungefähr 350 Meter gegen äußerst hartnäckigen Widerstand schien die Kompanie den Verteidigungsring durchbrochen zu haben, und die Deutschen waren verwirrt.

Gleichzeitig mit dem Angriff der B-Kompanie lief ein Angriff von der C-Kompanie in paralleler Front auf der linken Seite der B-Kompanie. Anfänglich standen die Straßen, auf denen die C-Kompanie vorrücken wollte, unter schwerem deutschen Maschinengewehrfeuer. Soldat Carroll M. Johnson verließ das Gebäude, in dem er Schutz gesucht hatte, und zerschlug die Mannschaft eines deutschen Maschinengewehres, die in Position gehen wollte. Dadurch konnte die Kompanie ein paar Gebäude weiter vorrücken, bis ein ausgezeichneter Artillerie-Beobachtungsposten gefunden wurde. Artillerie wurde sofort herangebracht, um auf jeden möglichen deutschen Stützpunkt einzuwirken. Fliehende Deutsche wurden durch Maschinengewehr-

---

114 Guderian, a. a. O., S. 11
115 Geschichte der 95. US-Infanteriedivision, Kapitel „Die Schlacht um Hamm"
116 Vergl. die Beschreibung der Kämpfe an der nordöstlichen Kesselfront in der Zeit vom 4. bis 6. April 1945.

feuer getötet. Der Widerstand brach zusammen, und die Kompanie konnte drei Blöcke vorrücken und sich drei Blöcke seitwärts ausdehnen. Hier bezog die Kompanie zunächst Verteidigungsstellungen. Während des Angriffs wurden mehr als 200 Gefangene gemacht, wogegen die C-Kompanie nur sechs Mann Verluste erlitt, davon zwei Tote. Zur Mittagszeit war die Offensive beendet, und die B- und C-Kompanien begannen, Kampfpatrouillen auszuschicken, um weitere Gefangene zu machen.

Während des ganzen Tages hielt die A-Kompanie die Westseite des Gebäudes, das den Brückenkopf vor dem Angriff von Kompanie B und C gebildet hatte. Am frühen Nachmittag erklärte sich ein gefangener Polizist bereit, eine Gruppe zum zivilen Polizei-Hauptquartier zu führen, um die Polizei zur Aufgabe zu bewegen. Demgemäß bahnte sich eine Gruppe den Weg durch Scharfschützenfeuer zum Polizei-

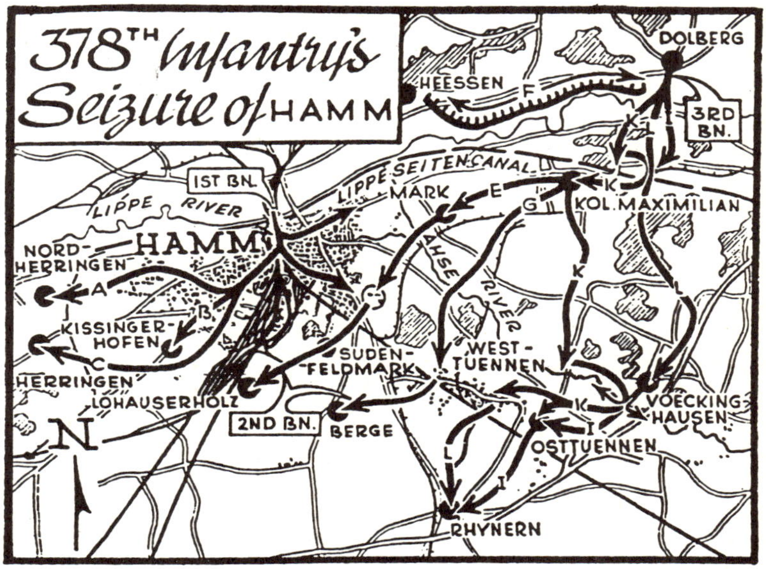


*Karte 12: Der Kampf um Hamm durch das 378. Regiment der 95. US-Infanteriedivision (Aus der Geschichte der 95. US-Infanteriedivision)*

hauptquartier. Der Befehlshaber, ein Oberstleutnant der SS, war bereit, sich zu ergeben. Er tat es dann doch nicht, weil die Gruppe nicht genügend Stärke hatte — und um seine „Ehre" zu schützen.

Am Ende des 4. April, dem ersten Tag der sogenannten „Ruhrkampagne", hatte das I. Bataillon des 378. Infanterieregiments den Hammer Brückenkopf gut erweitert. Beim Vorstoß in den riesigen Raum des Hammer Verschiebungsbahnhofs hatte das Bataillon fast 1000 Kastenwagen, gefüllt mit Nahrungsmitteln, Versorgungsgütern und Munition erbeutet.[117]

117 Geschichte der 95. US-Infanteriedivision, 378. Infanterieregiment. — Hierzu einige Schilderungen aus dem Zivilbereich der Stadt. Oberleutnant Varnholt erinnert sich: „Am 3. April 1945 versorgte die 1. Kompanie auf Befehl des Kommandeurs Hauptmann Hossenfelder die Zivilisten in dem Luftschutzbunker Feldhausen mit einem Lkw Verpflegung. Dieser Bunker war seit mehreren Tagen vollgepfercht von den Anwohnern und wurde von jenseits der Lippe hin und wieder durch feindliche Panzer beschossen. Aufgrund einer Anordnung des Kreisleiters der Stadt Hamm hatten die Zivilisten den Bunker für die Wehrmacht zu räumen und sollten auf die Dörfer abtransportiert werden. Dieses verhinderte Oberleutnant Varnholt, indem er die Anwohner wieder in den Bunker zurückverwies."

In der Zwischenzeit, während das I. Bataillon erfolgreich Hamm einnahm, stieß das III. Bataillon in südwestlicher Richtung weiter vor, um die Stadt von hinten abzuschneiden. Während der Dunkelheit, am 3. April, entsetzte das Bataillon Einheiten des 331. Infanterieregiments der 83. Division in der Nähe von Dolberg. Dolberg, 10 Kilometer nordöstlich von Hamm, war weniger als 1 Kilometer nördlich der Lippe gelegen und an der linken Flanke des Regiments. Im Schutz der Dunkelheit, in der Nacht des 3. April, erstellte das Bataillon einen Übergang über die Lippe. Der erste Zug der I-Kompanie überquerte die Lippe an diesem Punkt und stieß auf keinerlei Gegenwehr. Der 2. und 3. Zug folgten und griffen nebeneinander an bis in die Wälder hinein und bis zu ein paar Gebäuden zwischen dem Fluß und dem Lippe-Seiten-Kanal südlich. Die Kompanie hatte den Auftrag, das Dorf Haaren einzunehmen und weiter anzugreifen zwecks Einnahme der unmittelbar südlich von Haaren befindlichen Eisenbahnbrücke über den Lippe-Seiten-Kanal. Haaren fiel ohne Gegenwehr, aber der Vormarsch wurde gestoppt, als sich die Patrouillen der Kanalbrücke näherten. Sie wurde so gut verteidigt, daß die Kompanie gezwungen wurde, sich zurückzuziehen. In der Zwischenzeit folgte die K-Kompanie der I-Kompanie über die Lippebrücke und bewegte sich in westlicher und südlicher Richtung, um die Bataillonszone auf der rechten Flanke zu sichern.

Kurz nach 5.00 Uhr am 4. April überquerte die L-Kompanie, die in Reserve gehalten war, den Fluß und bezog Stellungen zwischen den I- und K-Kompanien. Vorher hatten die I- und K-Kompanien angegriffen und das Kanalufer erreicht. So sicherten sie das Nordufer des Kanals innerhalb der Bataillonszone. Drei gut verteidigte Brükken lagen in der Bataillonszone: die Eisenbahnbrücke sowie eine Straßenbrücke vor der I-Kompanie und eine Straßenbrücke vor der K-Kompanie.

Alle Brücken wurden durch Soldaten mit Panzerfäusten und automatischen Waffen verteidigt. Man entschloß sich, einen Versuch zu machen, die beiden Brücken vor der I-Kompanie zu besetzen, und dementsprechend griff das Bataillon am frühen Nachmittag an. Die L-Kompanie griff durch die I-Kompanie an, um die Eisenbahnbrücke zu nehmen. Eine Anzahl von etwa 75 Deutschen hielt den südlichen Zugang zur Brücke und war gut eingegraben. Eine Sturmgruppe von eineinhalb Zügen sollte die Brücke erstürmen, hinter sich den Rest der L-Kompanie, der fächerförmig zu beiden Seiten folgen sollte. Aber der Sturmgruppe begegnete äußerst schweres Feuer aus Panzerfäusten, Kleinwaffen und automatischen Waffen, und sie wurde gezwungen, sich zurückzuziehen. Panzerzerstörer- und Mörserfeuer wurde dann auf die Deutschen gerichtet, und ein ganzer Zug stürmte die Brücke erneut. Der Übergang glückte. Dieses änderte nun die Lage, und die Deutschen ergaben sich bereitwillig. 78 wurden in ein paar Minuten gefangengenommen. Die L-Kompanie erlitt beim Angriff sechs Mann Verluste, zwei Tote eingeschlossen. Die Kompanie zog dann zu ihrem Operationsziel, einem Hochwaldgebiet östlich von Kolonie Maximilian. Das Gebiet wurde ohne Gegenwehr erobert, und die notwendigen Verteidigungspositionen waren um 18.30 Uhr eingerichtet.[118]

Die Straßenbrücke, die genommen werden sollte, lag in geringer Entfernung östlich der Eisenbahnbrücke, die die L-Kompanie erobert hatte, und bildete das Operationsziel der I-Kompanie. Die Kompanie überquerte die Brücke bei vergleichsweise leichter Gegenwehr und bei wenigen eigenen Verlusten und nahm einen Offizier und

---

118 Wie Anmerkung 117

68 „Freiwillige" in einem kleinen Wäldchen unmittelbar südlich der eingenommenen Straßenbrücke gefangen. Hier blieb die Kompanie während der Nacht.

Obwohl kein Versuch unternommen wurde, die Brücke vor der Stellung der K-Kompanie (rechts von der Bataillonszone) zu nehmen, spielte diese eine Rolle in den Kampfhandlungen des Tages. Um 14.00 Uhr überquerte eine feindliche Gruppe, nach Schätzungen etwa 50 Soldaten, den Kanal westlich der K-Kompanie in der Lücke zwischen der Kompanie und dem I. Bataillon. Die deutsche Gruppe ging vor in Richtung auf das Gebiet der K-Kompanie und hatte offensichtlich die Absicht, den nördlichen Zugang zu der Straßenbrücke zu sichern.

„Der Feind versuchte listig zu handeln", sagte Hauptmann James R. Showers, der Kompaniechef, bei der Beschreibung der Kampfhandlung. „Er schickte eine Patrouille von acht Soldaten zur Brücke hinunter, wo diese auf unsere Kompanie stieß. Vier Soldaten wurden gefangengenommen und die restlichen vier verwundet. Wir schickten sofort einen Zug von Infanteristen, unterstützt von zwei Panzerzerstörern, aus, mit dem Auftrag, die feindliche Truppe, die den Kanal überquert hatte, auszumachen und sie zu töten oder gefangenzunehmen. Die Feinde wurden erspäht, waren aber schon im Begriff, sich zurückzuziehen. Unser Zug verfolgte sie bis zur ‚Bataillonsgrenze', und dann eröffneten unsere Panzerzerstörer aus ihren 90 mm-Kanonen und 50-Kaliber-Maschinengewehren das Feuer. Ungefähr die Hälfte der Feindmacht wurde getötet oder verwundet, der Rest flüchtete über den Kanal."

Somit hielt das Bataillon am Ende der Kampfhandlungen des Tages einen kleinen Brückenkopf über den Lippe-Seiten-Kanal und zwei von den drei Brücken in der Bataillonszone.

Während der Vorstöße des I. und III. Bataillons des 378. Infanterieregiments blieb das II. Bataillon des Regiments in der Nähe von Dolberg zunächst in der Regimentsreserve. Lediglich die F-Kompanie wurde später eingesetzt, um die Linie Heessen-Dolberg an der Lippe zu sichern.[119]

5. APRIL:

Während des 5. April hielt das I. Bataillon den Brückenkopf, machte keine offensiven Vorstöße, aber die Kampfpatrouille des Bataillons drang in vier oder fünf Blöcke innerhalb des feindlich besetzten Teils der Stadt ein und wurde nur von leichten Kleinwaffen beschossen. Im Gegensatz zu der bitteren Gegenwehr am Vortage zeigten die Deutschen nunmehr Bereitschaft, sich diesen Patrouillen zu ergeben, und es war augenscheinlich, daß der Feind seine Truppen aus der Stadt zurückzog.[120]

Auch das III. Bataillon setzte an diesem Tage seine weiteren Vorstöße in das Gebiet südöstlich von Hamm fort. In der Frühe des 5. April griff das Bataillon mit der K-Kompanie an, indem diese die Eisenbahnbrücke überquerte, die tags zuvor von der L-Kompanie gesichert worden war. Jenseits des Kanals drehte die Kompanie nach rechts und bewegte sich weiter nach Westen am Kanal entlang in der Absicht, Kolonie Maximilian einzunehmen. Dem Angriff ging ein 15minütiger Artilleriebeschuß von zwei Feldartillerie-Bataillonen voraus. Der Angriff begann um 5.45 Uhr, und der Ort wurde wenig später ohne Gegenwehr eingenommen dank der ausgezeichneten

---

119 Wie Anmerkung 117

120 Nach dem fehlgeschlagenen Angriff auf die Eisenbahnbrücke, besonders aber durch den gleichzeitigen Angriff der anderen US-Regimenter nördlich von Soest, sah sich die 116. Panzerdivision gezwungen, ihre Kampftruppen aus Hamm abzuziehen.

Vorbereitung durch das Artilleriefeuer. Die Kompanie sammelte sich in dem Ort und zog um 10.00 Uhr an der rechten Bataillonszone gegen nachlassenden Widerstand weiter. Mehr als 40 Gefangene wurden aus kleinen Widerstandsnestern während des Vormarsches gemacht. Der Vormarsch der Kompanie war schnell, denn mehr als fünf Kilometer wurden innerhalb von fünf Stunden in südlicher Richtung zurückgelegt. Die Kompanie stoppte ihren Vormarsch am nördlichen Ufer der Ahse (direkt nördlich von Osttünnen), wo sie Verteidigungsstellungen organisierte.

Aus ihrer Stellung östlich von Kolonie Maximilian griff die L-Kompanie ebenfalls um 7.00 Uhr nach Süden an. Der Vormarsch der L-Kompanie war ebenfalls schnell, und um 13.00 Uhr hatte sie das Feindgebiet bis südöstlich der Autobahn, welche die linke Grenze der Kompaniezone markierte, gegen geringen Widerstand gesäubert. Der Vormarsch ging weiter in südlicher Richtung, nachdem Vöckinghausen ohne Kampf eingenommen war. Hier blieb die Kompanie vorübergehend, während der zweite Zug und eine Maschinengewehr-Abteilung bis zum Nordufer der Ahse vorrückten, um ein „Sammelfeuer" aufzubauen. Deutsche Schützen waren nämlich am Südufer des Flusses beobachtet worden. Eine Gruppe watete und schwamm durch den Fluß, welcher ungefähr 9 Meter breit und 1,20 Meter tief war, während der Rest des Zuges den Feind durch schweres Maschinengewehrfeuer und Feuer aus automatischen Kleinwaffen niederhielt. Die Reaktion des Feindes war die gleiche wie die, die er seit dem Morgen des 4. April gezeigt hatte. Sobald die Abteilung auftauchte, ergaben sich die Deutschen, oder sie flohen.[121] Der Rest des Zuges setzte sofort über, und ein Brückenkopf war um 18.00 Uhr eingerichtet. Da das ganze Bataillon diesen Kreuzungspunkt später benutzen sollte, war es nötig, irgendwie eine kleine Brücke zu bauen. So fand man einen Wagen auf einem Feld in der Nähe, und dieser bildete den Mittelpunkt der Fußbrücke. Vier Fässer und ein paar Scheunentore vervollständigten die Brücke, die von allen Fußtruppen des Bataillons später begangen wurde. Vor Mitternacht löste der dritte Zug den zweiten am Brückenkopf ab, und der Rest der Kompanie blieb in Vöckinghausen.

6. APRIL:

Das I. Bataillon eröffnete die Offensive wieder am 6. April, um 6.00 Uhr, als die A-Kompanie angriff, um ein Wohngebäude im östlichen Außenbezirk von Hamm einzunehmen. Dieses Gebäude und ein weiteres wurden leicht eingenommen, nachdem Artilleriefeuer auf die Gebäude gelegt worden war. Mehr als 200 Gefangene wurden in den beiden Gebäuden gemacht. Einer Gruppe der C-Kompanie gelang es, um 10.30 Uhr Kontakt herzustellen zu dem Regimentsspähtrupp des 378. Infanterieregiments im südöstlichen Außenbezirk von Hamm. Zur Mittagszeit war die östliche Hälfte der Stadt durch die Patrouillen vom Feinde gesäubert, und in der Mitte des Nachmittags hatte das Bataillon die östliche Hälfte der Stadt vollständig besetzt. Einige Panzerfaustgeschosse kamen dazu aus der westlichen Stadthälfte herüber, aber die deutsche Artillerie schien für den Augenblick zum Schweigen gebracht worden zu sein.

Am Morgen des 6. April griff auch das III. Bataillon an, um Osttünnen zu erobern. Hier stieß das Bataillon auf einen so starken Widerstand, wie er seit dem

---

121 Die deutschen Einheiten im Raum südöstlich von Hamm konnte der Verfasser nicht identifizieren. Es könnte sich um führerlose Resteinheiten gehandelt haben, die den einzelnen Kampfgruppen der 116. Panzerdivision unterstellt waren.

4. April nicht mehr erlebt worden war. Die L-Kompanie sollte den Brückenkopf am Ahsefluß halten, während die I- und K-Kompanien durch den Brückenkopf angriffen, um Osttünnen von Osten her zu besetzen und den Ort einzukreisen. Die K-Kompanie begann den Sturmangriff um 5.45 Uhr mit dem 1. und 2. Zug in Schlachtlinie und bildete die rechte Schere der koordinierten Maßnahme. Sofort nach Beginn des Unternehmens stieß die Kompanie auf heftige Gegenwehr, deren Zentrum in einem Bauernhaus auf der Vormarschstraße lag.

Ein schweres Feuer aus Kleinwaffen und automatischen Waffen brachte den Vormarsch vorübergehend zum Stillstand. Demgemäß wurde ein Angriff durch „marschierendes Feuer" angeordnet. Der Sturm dauerte zehn Minuten, und der Angriff durch das „marschierende Feuer" resultierte in der Aufstellung von genügend starkem Beschuß, um das Bauernhaus zu erstürmen. Sieben Verluste forderte der Angriff auf das Bauernhaus, aber 75 Gefangene wurden gemacht, und schätzungsweise zehn Deutsche wurden getötet. Die Kompanie sammelte sich und setzte um 9.30 Uhr den Angriff fort, wieder mit „marschierendem Feuer". Kleinwaffenfeuer belästigte die Kompanie, bis ein Stützpunkt in Osttünnen gewonnen war. Dann aber brach der Widerstand des Feindes, und der Rest der Stadt wurde durchkämmt, ohne einen einzigen Schuß abzugeben. Die K-Kompanie machte bei der abschließenden Säuberung der Stadt mehr als 50 Gefangene.

Die I-Kompanie, die den linken Arm des Angriffs bildete, begann den Angriff bei Tageslicht aus der Stellung südlich von Vöckinghausen heraus. Ein deutscher Offizier und 64 „Freiwillige" übergaben ohne Kampf eine kleine Gruppe von Gebäuden auf halbem Wege nach Osttünnen. Die Kompanie rückte ohne Widerstand in Osttünnen ein. Am Mittag des 6. April war Osttünnen feindfrei, und das III. Bataillon wurde angewiesen, nicht weiter vorzurücken als bis zur Eisenbahnlinie Hamm-Soest.

An diesem Tage sollte aber auch das II. Bataillon des 378. Infanterieregiments, das bisher in der Regimentsreserve verblieben war, wieder zum Einsatz kommen. Am Nachmittag des 3. April hatte die F-Kompanie Einheiten des 331. Infanterieregiments abgelöst, und zwar entlang dem Nordufer der Lippe von Heessen im Westen bis in die Nähe von Dolberg im Osten. Der Rest des Bataillons befand sich in einem Sammelgebiet zwei Meilen südlich von Ahlen. Am 4. April blieb das Bataillon in Regimentsreserve, da die F-Kompanie die Flußlinie Heessen-Dolberg hielt. Die G-Kompanie jedoch rückte vor zum Brückenkopf über die Lippe südlich von Dolberg, um das Gebiet vor einem möglichen Gegenangriff zu schützen. Immer noch in Reserve, wurde das II. Bataillon angewiesen, am Morgen des 5. April nach Kolonie Maximilian vorzurücken und sich dort am frühen Nachmittag zu sammeln. Wegen des beträchtlichen Vormarsches des III. Bataillons war es zu dieser Zeit weder nötig, daß die F-Kompanie die Lippelinie hielt, noch daß die G-Kompanie den Brückenkopf bei Dolberg bewachte. Am Morgen des 6. April kehrte das II. Bataillon zur Offensive zurück und übernahm den nördlichen Abschnitt der Zone des III. Battaillons, während dieses Bataillon nach Süden angriff. Das II. Bataillon sollte west-südwestlich vorgehen auf die südlichen Außenbezirke von Hamm, wo das I. Bataillon kämpfte.

Das Bataillon griff mit der E-Kompanie auf der rechten Seite (Norden) und der G-Kompanie auf der linken Seite um 8.30 Uhr an. Das Operationsgebiet für die G-Kompanie war die westliche Hälfte von Westtünnen (die östliche Hälfte war in der Zone des III. Bataillons). Beim Vormarsch auf den Ort stieß die Kompanie auf Widerstand, der aus zwei Häusergruppen, etwa 1 Kilometer nördlich von Westtünnen,

kam. Unterstützt durch eine Abteilung von Panzerzerstörern, wurden die Häuser gegen hartnäckigen Widerstand genommen. Die Kompanie stürmte vor Mittag weiter zum Ortsanfang von Westtünnen, und die westliche Hälfte des Ortes war kurz danach gesäubert. Die G-Kompanie machte 89 Gefangene in Westtünnen und erlitt nur zwei Verluste, nachdem der Ort betreten war. Zwei kleine Gegenangriffe erfolgten in Westtünnen. Um 15.00 Uhr eroberte ein Zug von deutschen Infanteristen eine Reihe von Häusern am Westrand der Stadt zurück, offensichtlich in der Absicht, die Außenposten der Kompanie abzuschneiden. Zehn Männer des 2. Zuges säuberten diese Häuser in wenig mehr als einer Stunde. In der Dämmerung kamen die Deutschen wieder zurück. Diesmal wurden die Panzerzerstörer gerufen, um jedes der Häuser zu beschießen, die jetzt von Deutschen besetzt waren; und dadurch zog sich der Feind zurück.

Die E-Kompanie machte in der Zwischenzeit 32 Gefangene, kurz bevor der Angriff begann. Das Dorf Mark, drei Kilometer westlich von Kolonie Maximilian, wurde um 9.45 Uhr von der E-Kompanie eingenommen. Kurz danach wurde Kontakt hergestellt zu den Spähern des Regiments, welche die rechte, offene Flanke des II. Bataillons sicherten. Die Kompanie erreichte ihr Operationsgebiet, eine kleine Gemeinde nördlich der Eisenbahnlinie Hamm-Soest, am südöstlichen Stadtrand von Hamm, gegen Mittag. Die F-Kompanie schickte Patrouillen zum Westen der Eisenbahn aus und erhielt Panzerfaustfeuer aus Südenfeldmark, einer Gemeinde am südlichen Stadtrand von Hamm.

Am 6. April rückte das Bataillon nicht weiter vor, sondern griff am frühen Morgen des 7. April an und drehte schnell nach Westen, wodurch Berge und Lohauserholz eingenommen wurden. Stellenweise gab es während des ganzen Tages Widerstand, doch das Bataillon stieß weit genug in westlicher Richtung vor, um in Linie mit dem I. Bataillon auf der rechten Seite zu kommen.[122]

7. APRIL:

Das I. Bataillon griff am 7. April, um 7.30 Uhr mit den A- und C-Kompanien wieder an und stieß westwärts, um diesen Abschnitt von Hamm zu säubern. Die Stadt war um 11.00 Uhr vollständig vom Feinde gesäubert, und das Bataillon stand vor Mittag etwa ein Kilometer westlich von Hamm.

Die B-Kompanie durchkämmte zu dieser Zeit alle Bezirke innerhalb der Stadt, die umgangen worden waren, und um 18.00 Uhr griff das Bataillon im Westen wieder an: die A-Kompanie auf dem rechten Flügel, die B-Kompanie in der Mitte und die C-Kompanie auf der linken Seite. Kein Widerstand erfolgte, als die B-Kompanie Kissingerhofen eroberte, die A-Kompanie Nord-Herringen einnahm und die C-Kompanie Herringen besetzte: sämtlich kleine Orte westlich von Hamm.

Die Stadt Rhynern, drei Kilometer südwestlich von Osttünnen, war Ziel des III. Bataillons am 7. April. Während der Nacht vom 6. auf den 7. April wurde zwei-

---

122 Wie Anmerkung 117. Anmerkung des Verfassers: Die Zahl und Stärke der deutschen Einheiten kann nicht mehr genau nachgewiesen werden. In den ersten Tagen waren es das Sicherungsbataillon 323, zwei Flak-Abteilungen und sicherlich eine Anzahl kleinerer Einheiten, die sich bei dem schnellen Rückzug aus dem westlichen Münsterland auf Hamm zurückgezogen hatten. Dazu die örtlichen Flakkräfte, Volkssturm und Polizei-Einheiten sowie einige Einheiten der Waffen-SS aus der Garnison Unna und Teile des 8. Freikorps-Bataillons Kreis Hellweg (lt. Timm: Garnisonstadt Unna). Am 3. und 4. April dann die Spezial-Kampfgruppe der 116. Panzerdivision und vielleicht noch andere kleine unbedeutende Einheiten sowie das Hitlerjugend-Bataillon Feldherrnhalle.

mal einstündiger Artilleriebeschuß auf die Stadt gerichtet. Die I-Kompanie sollte von links angreifen, die L-Kompanie von rechts. Die L-Kompanie rückte um 4.00 Uhr von Westtünnen (einige Ortsteile waren am Abend vorher geräumt worden) aus vor und überraschte 20 Deutsche, die in Hütten auf einem Feld südwestlich von Westtünnen schliefen. Auf dem Feld waren 14 8,8 cm-Geschütze, mehrere Doppellauf-2-cm-Gewehre, mehrere Maschinengewehre und eine Radar-Einheit vorhanden, die alle erobert wurden. Die Kompanie rückte weiter auf Rhynern vor, ohne auf Widerstand zu stoßen, bis sie ein kleines Wäldchen am Nordrand der Stadt erreichte, wo sie hartnäckige Gegenwehr von schätzungsweise 25 fanatischen Angehörigen der Hitlerjugend erwartete. Mehr als zehn dieser Jugendlichen wurden getötet und acht in dem folgenden Feuergefecht gefangengenommen, während der Rest der Verteidiger sich südwärts zurückzog.[123]

Das bewaldete Gebiet war um 10.00 Uhr eingenommen, aber die L-Kompanie hatte zwei Tote und sechs Verwundete zu beklagen. Zur Vorbereitung auf die Einnahme von Rhynern sammelte die Kompanie und setzte eine Deckungsgruppe an den Südrand des Wäldchens, während ein Zug sich einen Weg über ein offenes Feld in die Stadt bahnte. Währenddessen war der Angriff von der I-Kompanie auf der linken Seite weniger ereignisreich verlaufen. Viele Gefangene wurden gemacht auf dem Weg der Kompanie in Richtung Rhynern. Die beiden Kompanien säuberten die Stadt am frühen Nachmittag gegen vergleichsweise leichten Widerstand in der Stadt selbst. Nach der Eroberung von Rhynern griff das Bataillon weiter in südwestlicher Richtung an und stieß nur auf leichten vereinzelten Widerstand. Nach dem Vormarsch bis etwa einen Kilometer westlich von Rhynern blieb das Bataillon während der Nacht in Stellung.

Damit hatte das 378. Infanterieregiment — mit unterstellten Panzer-Einheiten — der 95. US-Infanteriedivision den ersten Teil seines Kampfauftrages erfüllt. Der wichtige Eisenbahnknotenpunkt Hamm (große Drehscheibe für den Schienenverkehr vom und zum Industriegebiet) war in der Hand der Amerikaner. Auch die Vororte waren besetzt worden und die nähere Umgebung gesichert, so daß jeder deutsche Gegenangriff sinnlos geworden war.[124]

---

123 Es könnte sich hierbei um einen Rest des Hitlerjugend-Bataillons Feldherrnhalle gehandelt haben. Die Endkämpfe um die Stadt Hamm wurden vom Verfasser fast ausschließlich nach den übersetzten Teilen der Divisionsgeschichte der 95. US-Infanteriedivision geschildert, da deutscherseits außer den Angaben bei der 116. Panzerdivision und den Erinnerungen des Oberleutnants Varnholt keine exakten Unterlagen zur Verfügung standen. Wie gut dagegen die Amerikaner über die deutschen Truppen unterrichtet waren, geht daraus hervor, daß das I. Bataillon des 378. Regiments bereits am 4. April früh, also wenige Stunden nach Eintreffen in dem Kampfraum, wußte, wer seine Gegner waren. Es heißt in der Divisionsgeschichte direkt nach Beendigung des deutschen Angriffs auf die Eisenbahnbrücke:
„Es wurde bekannt, daß die meisten der deutschen Gegner Angehörige der 116. Panzerdivision waren, daß sie zu den gutausgebildeten, disziplinierten Einheiten zählten, deren Moral noch vergleichsweise hoch war. Ebenfalls in Hamm waren: ein Bataillon von mehr als 220 SS-Männern (bis auf vier wurden alle durch die 378. Infanterie am 7. April getötet, da die SS-Männer es vorzogen, eher zu kämpfen bis zum Tode, als sich zu ergeben), einige Volkssturmmänner, die Hammer Polizeitruppe, bestehend aus 150 gut bewaffneten Männern, und ein Bataillon junger Deutscher. Die letzteren waren besonders ausgebildet zur Durchführung von Gegenangriffen, zur Rückeroberung des Hammer Brückenkopfes, und, wenn möglich, einen Fluchtweg für die Deutschen offenzuhalten."

124 Das Regiment hielt am Ende dieser Kampfhandlungen eine Linie von Nordherringen im Norden bis etwa kurz vor Rhynern.

Die Bevölkerung von Hamm — soweit die Stadt überhaupt noch bevölkert war — konnte aufatmen und die Keller und Bunker verlassen. Der Krieg war für sie nach fünf schweren Jahren zu Ende.

Das 378. Infanterieregiment trat an diesem Tage im Rahmen der 95. US-Infanteriedivision zum Großkampfverband Twaddle und stieß in den folgenden Tagen in Richtung Dortmund weiter vor. Die deutschen Soldaten, die im Kampfraum Hamm in Gefangenschaft geraten waren, wurden über die Lippe gebracht und kamen in ein amerikanisches Sammellager in den Raum Heessen-Ahlen.

## DIE KÄMPFE IM RAUM SOEST

Soest, die mittelalterliche Hansestadt, war nur ein einziger großer Trümmerhaufen, von den Bewohnern weitgehend verlassen. Die alte westfälische Garnisonstadt[125] war in jenen Tagen u. a. Sitz eines deutschen Bezirkskampfkommandos. Auch hier war bereits im November 1944 der Volkssturm aufgestellt und ausgebildet worden, der zunächst aus Freiwilligen bestand und die Bezeichnung „Freikorps Sauerland" erhielt. Da die Zahl der Freiwilligen nicht ausreichte, wurde im Januar 1945 die Aushebung zum Volkssturm angeordnet und die Tätigkeit in ihm als militärischer Dienst bezeichnet. Je eine Gruppe des Volkssturms wurde später nach Rüthen und an die Lippe geschickt und den dortigen Wehrmachtsverbänden unterstellt. In Kämpfe sind sie nirgendwo eingesetzt worden. Ein Teil geriet später in amerikanische Kriegsgefangenschaft.

Über die damalige Lage und Stimmung in und um Soest gibt es mehrere authentische Berichte:

„Lippstadt hatte sich, wie in Soest behauptet wurde, wegen seiner Lazarette zur offenen Stadt erklärt. Es wurde ohne nennenswerte Kampfhandlungen besetzt. Soest stand ein anderes Schicksal bevor. Auch hier war die Erklärung zur offenen Stadt geplant, zumal sich in Soest noch mehr Lazarette als in Lippstadt befanden. Mit dem Anrücken der Reste der 116. Panzerdivision („Windhund") wurde dieser Plan jedoch zunichte. Das noch bewegliche Hauptkontingent der im Raum Soest vorhandenen Kräfte unter der Führung von Oberst Siegl versuchte nach Osten auszubrechen. Als diese Versuche endgültig scheiterten, wurden die Panzer und gepanzerten Fahrzeuge nach den Kämpfen an der Möhne schließlich auf den Höhen der Haar gesprengt. Nach der Ablösung des Standortältesten Oberstleutnant Schuster übernahm Oberst Siegl den Befehl über alle vorhandenen Kräfte."[126]

Zur Verfügung standen Landesschützen, die Veterinär-Ersatz-Abteilung, Alarm-Einheiten der Kasernen und alle eilig aus den Lazaretten entlassenen „Gehfähigen", Volkssturm mit uralten Gewehren und wenigen Schuß Munition und — unter dem Befehl der Flakgruppe am Bismarckturm — die ortsfest eingesetzten Heimatflakbatterien mit schweren (8,8 cm- und 10,5 cm-) und leichten Batterien (2 cm- und 2 cm-

---

125 In Soest waren auch noch während der Kriegsjahre zahlreiche neue Truppenteile aufgestellt worden. Es gab hier ein Wehrbezirkskommando und ein Wehrmeldeamt, die Heeres-Standortverwaltung und das Heeres-Gerätelager. Allein die Heeres-Standortverwaltung beschäftigte rund 700 im Dienste der Wehrmacht stehende Zivilisten. Am Kriegsende waren noch folgende Einheiten in Soest kaserniert: die Veterinär-Ersatz-Abteilung 6, die Sanitäts-Ersatz-Abteilung 6, die Fahr-Ersatz-Abteilung 6 und ein Landesschützen-Bataillon.

126 Dr. Wolf-Herbert Deus, Soester Chronik 1942—1948, S. 256. Bei weiterer Nennung nur: Soester Chronik

Vierlinge). Ein Vierlingszug wurde beweglich gemacht. Die schweren Batterien bei Lohne, Katrop, Müllingsen, Ampen — häufig angegriffen von Jabos — griffen noch artilleristisch in die Erdkämpfe ein. Ein Teil von ihnen stand unter Führung von Arbeitsdienst-Führern. Ihr Mannschaftsbestand setzte sich zusammen aus einer Handvoll gedienter Soldaten, zum größten Teil aus Flakhelfern, Nachrichtenhelferinnen und einigen russischen Hilfswilligen.

Von Osten schob sich nun der Ring um Soest ebenso schnell heran wie aus den von Volkssturmleuten „verteidigten" Lippebrückenköpfen. Am ersten Ostertag (1. April 1945) war auf Befehl des damaligen Polizeihauptmanns Böken die Räumung der Stadt von Frauen und Kindern wegen der in Aussicht genommenen Verteidigung der Stadt angeordnet worden.

Der damalige Standortälteste von Soest, Oberstleutnant Kurt Schuster, schreibt: „Wenn man schon dem Angriff aus der Luft machtlos gegenüberstand, so war es unverständlich und unverantwortlich, daß man Soest zur Verteidigung vorbereitete und sich dadurch einer Beschießung vom Boden aus und der Gefahr, durch Artillerie dem Erdboden gleichgemacht zu werden, aussetzte. Es gab wohl einen Befehl von Hitler, daß jede Stadt, jedes Dorf, ja jedes Haus als Festung eingerichtet und bis zum letzten verteidigt werden sollte. Ein solcher Befehl hat jedoch nur Gültigkeit und Sinn, wenn auch die entsprechenden Mittel vorhanden sind, die eine gewisse Aussicht auf Erfolg geben. Dies war aber bei der Stadt Soest ganz und gar nicht der Fall. Soest zu verteidigen war taktisch sinn- und zwecklos, da es in keiner Weise den Vormarsch des Feindes aufhalten konnte. Wenn man sich die Lage von Soest ansieht, so wird jeder, der nur das geringste taktische Verständnis hat, feststellen, daß es für den Angreifer eine Kleinigkeit ist, es zu umgehen. Oder man hätte von der Lippe bis zur Möhne einen doppelten Riegel mit gut ausgebildeten und ausgerüsteten Truppen und genügend schweren Waffen legen müssen, was aber bei den zur Verfügung stehenden geringen, mangelhaft ausgerüsteten und meist nicht kampffähigen Truppen ohne jede schwere Waffe nicht möglich war. Dazu kam aber noch, daß in Soest, Sassendorf und Eickelborn etwa achttausend Kranke und Verwundete lagen, derentwegen allein man schon eine Verteidigung ablehnen mußte.[127]

Bei einer Besprechung am 2. oder 3. April, die der Kreisleiter mit seinem Stabe, Vertretern des Volkssturmes, des Landkreises und der Stadt hatte einberufen lassen, waren auch der Standortälteste und der Schutzbezirksälteste anwesend. Der Standortälteste hatte dabei klar und eindeutig zum Ausdruck gebracht, daß Soest aus diesen Gründen nicht verteidigt werden könne. Hierauf antwortete Kreisleiter Ernst, er verteidige Soest bis zum letzten Mann, worauf er von den Offizieren energisch und deutlich darauf aufmerksam gemacht wurde, daß nicht er das zu bestimmen habe, sondern lediglich die Kommandeure der Wehrmacht. Fast sämtliche Anwesenden teilten diesen Standpunkt. Kurz nach der Besprechung versuchte Gauleiter Hoffmann fernmündlich vom Harkortberg her dem Standortältesten die Verteidigung von Soest zu befehlen. Dieser erklärte ihm, daß das aus den oben geschilderten Gründen nicht möglich sei und daß er es ablehnen müsse, vom Gauleiter taktische Befehle entgegenzunehmen. Dies hatte zur Folge, daß kurze Zeit danach Generaloberst Hollidt fernmündlich die Verteidigung von Soest befahl und jeden Widerspruch dagegen als Gehorsamsverweigerung bezeichnete. Der Standortälteste beharrte trotzdem auf seinem Standpunkt.

---

127 Ebd., S. 258

Auch der Standortarzt sprach auf Veranlassung des Standortältesten mit dem Gauleiter und wies ihn auf die Gefahr für die vielen Kranken und Verwundeten hin. Der Gauleiter nahm diesen Einwand nicht schwer auf, sondern erwiderte nur, der Angriff rausche ja ohnehin in kurzer Zeit über Soest hinweg. Mit solcher Anschauung ist aber wohl jede Verteidigung illusorisch. Trotzdem übte der Gauleiter weiteren Druck aus, um die Verteidigung zu erzwingen, und schickte den Kreisleiter mit zwei Volkssturmführern nochmals zum Standortältesten. Aber auch dadurch ließ dieser sich nicht von seinem Entschluß abbringen."[128]

Das 379. Infanterieregiment der 95. US-Infanteriedivision unter dem Kommando von Oberst Robert L. Bacon hatte am 4. April nachmittags in dem Gebiet von Dolberg bei Hamm bis zu einem Punkt etwa drei Kilometer südöstlich von Lippborg die Ablösung von Einheiten der 83. Division abgeschlossen. Die vorgesehenen Operationen sollten mit zunächst zwei Bataillonen durchgeführt werden. Das III. Bataillon sollte rechts, westlich bis über die Autobahn, welche die Angriffszone des Regiments durchschnitt, und das I. Bataillon an der linken Flanke vorstoßen, während das II. Bataillon zunächst in Reserve bleiben sollte.[129]

Vor dem eigentlichen Angriffsbeginn und während der Nacht sandten die Bataillone Patrouillen über die Lippe mit dem Auftrag, Gefangene zu machen, weil die Informationen über die deutschen Kräfte äußerst dürftig waren. Eine solche Patrouille stieß bei Heintrop auf einige Soldaten, die eine Panzersperre bewachten. Bei dem erfolgenden Schußwechsel wurden zwei deutsche Soldaten getötet, während zwei gefangengenommen und zum Regimentsgefechtsstand gebracht wurden. Von diesen Gefangenen erhielt die Regimentsführung erste Kenntnisse über den Gegner.[130] Eine andere Patrouille machte drei Gefangene, von denen man Auskünfte über einige deutsche Artilleriestellungen erhielt.

Da es in der Angriffszone des 379. Regiments keine heile Lippebrücke mehr gab, mußte die Lippe in Sturmbooten überquert werden. Der erste Vorstoß begann um 3.00 Uhr früh, als Teile der A-Kompanie und Spähtrupps die Lippe bei Lippborg überquerten, um einen Brückenkopf zu bilden. Die Amerikaner stießen nur auf geringen Widerstand und konnten gleich damit beginnen, eine Fußgängerbrücke für Infanteristen über den Fluß zu schlagen. Etwa um 4.45 Uhr beschoß deutsche Flakartillerie die Übergangsstelle erfolglos mit 8,8 cm-Granaten. Um 5.30 Uhr zog die B-Kompanie des I. Bataillons über die Brücke und wenig später die C-Kompanie. Gegen 8.00 Uhr befanden sich die A-Kompanie und die meisten Panzerabwehrgeschütze des Regiments, viele Fahrzeuge, der Stab des I. Bataillons und die Sanitätsstation bereits auf dem Südufer der Lippe.

Etwa gleichzeitig überquerten weiter westlich die Truppen des III. Bataillons den Fluß, die Infanteristen in Sturmbooten, während die Fahrzeuge über die Brücke im Bereich des I. Bataillons geleitet wurden. Hier war inzwischen auch eine stärkere Brücke gebaut worden, die um 15.00 Uhr fertig war. Der Rest der Fahrzeuge des Regiments sowie zwei Züge Panzerjäger waren gerade auf dem Südufer angekom-

---

128 Ebd.

129 Geschichte der 95. US-Infanteriedivision, 377. Infanterieregiment im Ruhrkessel

130 Die Geschichte der 95. US-Infanteriedivision berichtet hierüber, daß in Heintrop und Hultrop etwa 70 deutsche Soldaten festgestellt wurden, von denen die meisten noch wenig Erfahrung und alle kein Verlangen nach einem Kampf hatten.

men, als die Brücke von Hultrop her durch deutsche Artillerie zerschossen wurde. Etwa zwei Stunden später konnten die Fahrzeuge des III. Bataillons und die C-Kompanie des 709. Panzerbataillons die inzwischen wieder reparierte Brücke passieren und den angreifenden ersten Verbänden nachrücken. Gegen Abend hatten die Kompanien des I. Bataillons ihr Tagesziel, die Bahnlinie Hamm-Soest, gegen kurzen Widerstand in Welver besetzt.[131]

Die Kompanien des I. Bataillons besetzten bei ihrem Vorstoß über die Lippe die Dörfer Heintrop, Hultrop, Bünninghausen, Vellinghausen, Nateln, Recklingsen, Berwicke und Borgeln. Gegner der US-Soldaten des 379. Regiments der 95. Infanteriedivision waren in diesem Kampfraum vornehmlich Verbände des Panzergrenadierregiments 156 der 116. Panzerdivision sowie auch andere deutsche Splittergruppen. In Borgeln war am 4. April noch ein Zug der Veterinär-Ersatz-Abteilung 6 aus Soest sowie eine Gruppe Versprengter aus den Soester Kasernen eingerückt. Führer dieser Kampfgruppe war der Ritterkreuzträger Oberleutnant Biggemann. Er fiel im Kampf vor dem Dorf Berwicke.[132]

Das III. Bataillon des 379. US-Infanterieregiments war etwa zur gleichen Zeit einige Kilometer ostwärts über die Lippe gegangen und anfänglich nicht so rasch vorwärts gekommen. Hier und da zeigte sich noch deutscher Widerstand. Bei Uentrop hielt ein Hagel von leichten und schweren Flakgeschossen den Vormarsch etwa zwei Stunden lang auf. Die K-Kompanie wurde bei dem Dorf Eilmsen etwa acht Stunden lang durch hartnäckiges deutsches MG- und Gewehrfeuer aufgehalten, bevor sie den Ort nehmen konnte. Vor dem Dorf Norddinker kam es sogar zu einem kleinen Panzerduell: Vier der inzwischen nachgerückten Panzer mit aufgesessener Infanterie, die vorgerückt waren, um Norddinker zu nehmen, wurden von einem wohlversteckten deutschen Tigerpanzer überrumpelt. Drei der amerikanischen Panzer waren vorbeigefahren, bevor der Tiger schoß und den vierten Panzer mit einem Schuß außer Gefecht setzte. Dann wandte sich der Tiger gegen den dritten Panzer, der ebenfalls erledigt wurde. Der Panzer an der Spitze war der einzige, der eine breite Lauffläche hatte. Er drehte schnell um und zog sich nach Dinker zurück. Der zweite Panzer blieb beim Umdrehen stecken und wurde von der Besatzung verlassen.

Das III. Bataillon war am 4. April zunächst nur bis Dinker vorgestoßen. Bei Uentrop hatte es ein Feuergefecht mit deutschen Soldaten gegeben, die über die Lippe vorgedrungen waren, dabei aber zurückgetrieben wurden. Mehr als 50 Gefangene wurden dabei gemacht. Zwei Züge der L-Kompanie errichteten an der Autobahn-Überführung eine Panzersperre, während die anderen Züge nach Dinker weiterrückten, das bereits von der K-Kompanie genommen war, um am Morgen des 5. April Süddinker anzugreifen. Das Dorf war von den Amerikanern vorsorglich nochmals mit Artilleriefeuer belegt worden. Etwa um 9.15 Uhr griffen zudem noch Kampfbomber den kleinen Ort an. Die dann angreifenden US-Soldaten fanden keinen Widerstand mehr und machten mehr als 30 Gefangene. Diese waren in einem einzigen Keller versammelt und warteten nur darauf, gefangengenommen zu werden.

Danach begannen die zwei Züge einen Angriff auf das Dorf Am Hagen, das südwestlich von Süddinker liegt. Hier trafen die Züge abermals auf starkes deutsches Abwehrfeuer aus Gewehren, MG's und Panzerkanonen von einer Bahnunterführung,

---

131 Wie Anmerkung 129

132 Mitgeteilt vom Heimatforscher Heinrich Varnholt anläßlich einer Befragungsaktion.

so daß die Züge sich auf Süddinker zurückziehen mußten, wo die gesamte Kompanie sammelte.[133]

Inzwischen hielten zwei Züge der I-Kompanie das benachbarte Dorf Korte besetzt (eineinhalb Kilometer südöstlich von Süddinker gelegen). Kurz nach Mittag unternahmen die Deutschen einen Gegenangriff auf das Dorf Korte und die nähere Umgebung.[134] Etwa eine Kompanie Infanterie, unterstützt durch acht Panzer, drei Halbkettenfahrzeuge und einen gepanzerten Lkw mit aufmontiertem Flakgeschütz, donnerte durch eine Bahnunterführung südlich von Korte und stürmte mit gewaltig sich steigerndem Feuer aus allen Rohren auf die kleine Ortschaft zu. Bis auf eines machten die Deutschen alle Gebäude dem Erdboden gleich. Sie verließen daraufhin den Ort in westlicher Richtung, beschossen Süddinker, kehrten dann nach Korte zurück und stürmten etwa 800 Meter weiter nach Norden vor. Hier stellten sich ihnen Panzer der C-Kompanie des 709. Panzerbataillons entgegen, die den Angriff zum Stehen brachten. Die Deutschen zogen sich daraufhin über die Bahnlinie südwärts auf Illingen zurück. Das Gewicht des deutschen Angriffs hatte die beiden Züge der I-Kompanie zum Ausweichen gezwungen. Sie wehrten sich mit Granatwerfer- und Panzerfaustfeuer mit geringer Wirkung. Drei Stunden nach Beginn des deutschen Angriffs war die I-Kompanie wieder in Korte. Die deutschen Truppen machten keine Anstrengung mehr, den kleinen Ort wiedereinzunehmen.

Auch das II. Bataillon des 379. Regiments war am 4. April am frühen Nachmittag auf entsprechenden Befehl bis Lippborg vorgerückt und machte sich bereit, dem I. Bataillon Rückendeckung bzw. Flankenschutz zu geben. Um 17.15 Uhr erhielt die G-Kompanie den Auftrag, Hultrop anzugreifen und einzunehmen. (Morgens um 10.00 Uhr hatte bereits ein Zug der A-Kompanie, der als Brückenwache zurückgelassen war, einen Angriff auf Hultrop wegen zu starken Abwehrfeuers abbrechen müssen.) Nach vorbereitendem Feuer durch das 359. Feldartilleriebataillon begann der Angriff um 17.40 Uhr. Eine Stunde später war das Dorf gegen geringen Widerstand eingenommen, wobei über 50 deutsche Soldaten in Gefangenschaft gerieten. Um 19.00 Uhr besetzte die E-Kompanie das benachbarte Dorf Heintrop gegen geringen Widerstand. Nachdem das Bataillon einen Zug Panzerabwehrgeschütze zur Unterstützung erhalten hatte, wurden um den gesamten Bataillonsbereich, der nun Lippborg, Hultrop und Heintrop umfaßte, Wachtposten zur Sicherung aufgestellt.

Am 5. und 6. April hielt das Regiment seine Frontlinie, die Bahnstrecke Soest-Hamm, zwischen Borgeln und Welver, die es am Abend des 4. April erreicht hatte. Einzelne Einheiten waren dabei, nach verstreuten deutschen Widerstandsnestern zu suchen und diese auszuschalten, teilweise noch gegen heftige deutsche Abwehr. Nur im Bereich des III. Bataillons kam es noch zu einem weiteren kleinen Vorstoß am Morgen des 6. April.[135]

Schwer bestückt mit Panzern, Panzerjägern und Maschinengewehren, rückte die L-Kompanie gegen das kleine Dorf Am Hagen vor, aus dem den Amerikanern am Tage zuvor so heftiges Abwehrfeuer entgegengeschlagen war. Aber die deutschen Truppen hatten sich auch hier bereits abgesetzt, und die Kompanie fand hier keinen Widerstand. Lediglich aus einem kleinen Gehölz jenseits der Bahnstrecke kam ab

---

133 Wie Anmerkung 129

134 Die Geschichte der 95. US-Infanteriedivision gibt dazu weiter an, daß der deutsche Angriff mit „einer der stärksten Kampfgruppen erfolgte, denen die Division während ihrer ganzen Ruhrkampagne begegnete.

135 Geschichte der 95. US-Infanteriedivision

und zu Artilleriefeuer. Die Kompanie erhielt daraufhin Befehle, das Gehölz zu erobern und auch das nahe gelegene Autobahn-Kleeblatt zu besetzen. In dem Gehölz gab es wenig Widerstand, und auch das Kleeblatt wurde in einem Überraschungsangriff genommen, wobei 17 Deutsche, die dort eine Panzersperre bewachten, in Gefangenschaft gerieten.

Das 377. Infanterieregiment der 95. US-Infanteriedivision hatte am 3. April mit Divisions- und Armeebefehl den Auftrag erhalten, am 4. April im Raum südlich von Beckum zu sammeln und sich vorzubereiten für einen Angriff durch das 379. Regiment hindurch. Es sollte den östlichen Teil der Divisionszone bis hin zur Möhne klären. Mit Befehl des XIX. US-Korps vom 4. April wurde dem Regiment zusätzlich

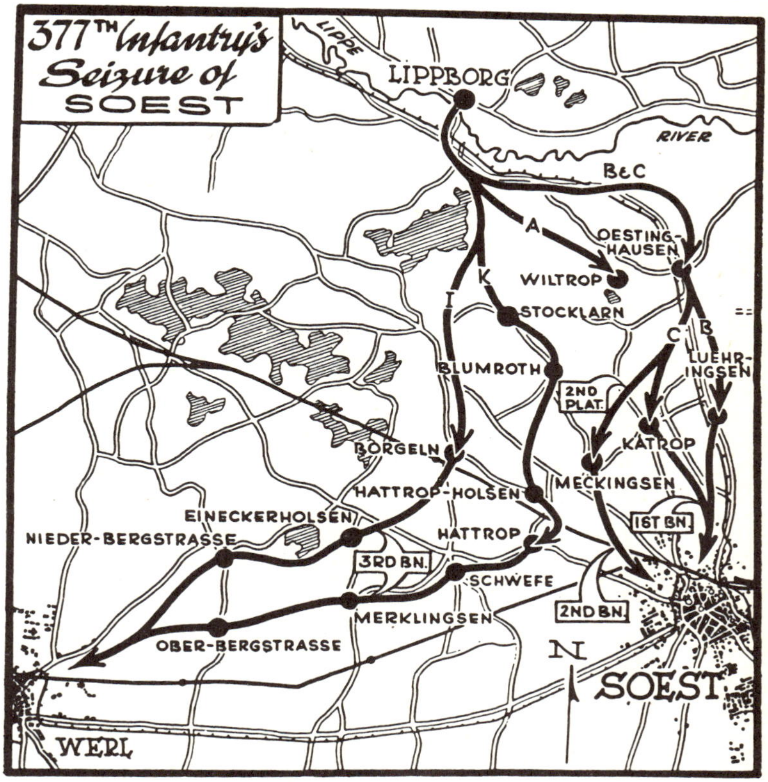


*Karte 13: Der Angriff des 377. Regiments von der Lippe auf Soest (Aus der Geschichte der 95. US-Infanterie-division)*

die Aufgabe erteilt, Soest zu nehmen und zu sichern. Gleichzeitig hatte das Regiment Verbindung aufzunehmen mit den von Osten vorstoßenden Teilen der 8. US-Panzerdivision, die bis zur westlichen Korpsgrenze vorstoßen sollten. Von Soest aus sollte das Regiment mit nur zwei Bataillonen weiter vordringen, um seine Zone feindfrei zu machen, während das andere Bataillon in Reserve gehalten wurde. Das Regiment erhielt zur Erfüllung seiner Aufgaben stärkste Feuerunterstützung durch die Divisions-Artillerie sowie durch andere Einheiten.

Am 4. April, um 21.15 Uhr wies der Divisionskommandeur, Generalmajor Twaddle, Oberst Gaillard an, sein Regiment am Morgen des 5. April in ein Sammelgebiet nordöstlich von Lippborg zu verlegen. Um 14.15 Uhr überquerte das I. Bataillon bei Lippborg die Lippe und rückte bei Hultrop durch Einheiten des II. Bataillons

des 379. Regiments hindurch weiter vor. Während die A-Kompanie rechts vorrückte, stießen die B- und C-Kompanien links gestaffelt weiter vor. Der Bataillonskommandeur, Oberstleutnant Joseph F. Decker, wies seine Kompanien an, sich nicht auf Hauptverkehrsstraßen zu bewegen. „Die Deutschen wußten, daß das im allgemeinen beim Vormarsch der Amerikaner üblich war", sagte Decker später. „So gelang es uns für gewöhnlich, den Feind durch Flankenangriff zu überraschen." Das Bataillon rückte gegen geringen deutschen Widerstand rasch vor, die A-Kompanie südöstlich, um Wiltrop zu nehmen, die B- und C-Kompanien nach Osten und dann nach Süden, um das Dorf Oestinghausen zu nehmen. Bis 18.00 Uhr waren beide Orte besetzt, und Wachtposten wurden eingeteilt, da das Bataillon hier Nachtquartier nahm. Das II. und III. Bataillon des 377. Regiments blieben währenddessen in der Nähe von Lippborg in Bereitschaft, um am Morgen des 6. April ebenfalls vorzurücken.

Generalmajor Twaddle hatte angeordnet, daß die Luftwaffe am vordringlichsten Soest angreifen solle, und so warfen Kampfbomber am 5. April, um 10.50 Uhr sechzehn 500-Pfund-Bomben über Soest ab, um so den Angriff des 377. Regiments vorzubereiten.[136]

Ein Soester erinnert sich an diese Tage wie folgt:

4. April: „Den ganzen Tag schießt der Feind mit leichter Artillerie in die Stadt, auch schießen Jagdbomber auf alle Fahrzeuge. Die Panzerspitzen müssen wohl näher gekommen sein, aber in der Stadt sind sie noch nicht.

5. April: In der Nacht lag Streufeuer der Artillerie über Soest, so daß der Schlaf ziemlich unruhig war. Einschlagstellen sind zahlreich vorhanden, auch zwei am Stadtkrankenhaus. Um 11.00 Uhr fiel auf der Nordseite unseres Hauses eine Luftmine und richtete in unserer Wohnung schweren Schaden an . . ."[137]

Die deutschen Verbände zwischen Soest und Hamm waren durch die Angriffe der 95. US-Infanteriedivision von Norden und der 8. US-Panzerdivision in schwere Bedrängnis geraten. Es waren hier vornehmlich die Einheiten der 116. Panzerdivision, die die Hauptlast der Abwehrkämpfe zu tragen hatten. Der damalige erste Generalstabsoffizier der Division, Oberstleutnant H. G. Guderian, schreibt in seinen Erinnerungen über den 4. April: „Nordwestlich von Soest stand das Panzergrenadierregiment 156 bei Borgeln im Kampf. Bei Uentrop gelang es dem Feind, die Lippe zu überschreiten. Um überhaupt wieder Kräfte für die gedehnte Front verfügbar zu machen, mußten die in Hamm kämpfenden Teile der Division herausgezogen werden. Sie wurden dem Panzergrenadierregiment 156 unterstellt und diesem befohlen, im Anschluß an das Panzergrenadierregiment 60 den Abschnitt nördlich von Soest bis zur Autobahn zu übernehmen. Daran schlossen sich die Verbände des Kampfkommandanten Hamm an. Der Kampfkommandant von Soest wurde ebenfalls der Division unterstellt. Beide Kampfkommandanten verfügten nur über schwache, kampfungewohnte Kräfte, meist Ersatz- und Alarm-Einheiten, und hatten vor allen Dingen keine Führungsmittel und schweren Waffen. Daher war es ihnen unmöglich gewesen, die ihnen übertragene Verteidigung der Lippefront durchzuführen; sie konnten nicht einmal angeben, wie die Lage dort war. Daraus war zu erklären, daß der Feind die Lippe überschreiten konnte, ohne daß die Division davon zunächst überhaupt etwas erfuhr."[138]

---

136 Wie Anmerkung 135
137 Soester Chronik, S. 23
138 Guderian, a. a. O., S. 12

6. APRIL:

Um 8.30 Uhr an diesem Tage setzten die Bataillone des 377. US-Infanterieregiments ihren Angriff auf Soest fort. Rechts das III. und links das I. Bataillon, ging der Vormarsch zügig voran und brachte das I. Bataillon bis zum frühen Vormittag auf eine Linie von Lühringsen im Osten, Katrop in der Mitte und Meckingsen im Westen. Alle drei Orte waren nur noch schwach von deutschen Truppen verteidigt worden und konnten dadurch ohne große Mühen durch die Kompanien des I. Bataillons genommen werden. In dieser Stellung, etwa drei Kilometer vom Kampfziel entfernt, hielt das Regiment zunächst bis 17.00 Uhr an, zum Zeitpunkt, da der Angriff auf Soest wieder aufgenommen wurde. Inzwischen war auch das III. Bataillon mit der gleichen Schnelligkeit vorgestoßen wie das I. Bataillon. Mit Kompanieangriffen waren die Dörfer Stocklarn, Blumroth, Borgeln, Hattrop-Holsen und Hattrop gegen schwachen deutschen Widerstand genommen worden.

Nach ursprünglichem Plan sollte Soest erst am frühen Morgen des 7. April angegriffen werden, aber Generalmajor Twaddle, der fast den ganzen Tag auf dem Regimentsgefechtsstand des 377. Regiments verbracht hatte, entschied, den Angriff voranzutreiben und befahl Oberst Gaillard, die Stadt um 17.00 Uhr anzugreifen.[139]

Am gleichen Tage waren bereits mehrere Kampfgruppen der 8. US-Panzerdivision an Soest vorbeigestoßen und hatten von Osten aus fast alle Fluchtwege aus der Stadt abgeschnitten.[140] Die Kampfgruppe Van Houten, die auf Ostönnen zurollte,[141] wurde von deutschem Streufeuer empfangen. Die Einheiten der Kampfgruppe drangen gegen 20.00 Uhr in Ostönnen ein und hatten den Ort um 20.30 Uhr völlig unter Kontrolle. Die Kampfgruppe hatte dabei zahlreiche Gefangene gemacht und eine beträchtliche Menge an Material erbeutet.[142]

Die Kampfgruppe Roseborough der 8. US-Panzerdivision, die etwas später abrückte als die Kampfgruppe Van Houten, hatte den Auftrag, Ampen zu nehmen. Auf ihrer Vormarschstrecke vorrückend, besetzten die Einheiten dieser Kampfgruppe das Dorf Opmünden und übernachteten dort. Beide Kampfgruppen gehörten zum Divisionskampfkommando B der 8. US-Panzerdivision, das damit Soest von Osten, Süden und Südwesten bereits eingeschlossen hatte.

Während das Divisionskampfkommando A entlang der Haarhöhen operierte, stießen die Einheiten des Kampfkommandos R, die im Raume Lippstadt gesammelt hatten, ebenfalls auf Soest vor. Einheiten der Kampfgruppe Artmann kontrollierten am 6. April alle Straßen nördlich und östlich von Soest mit Wachtposten, um den Angriff der 95. US-Infanteriedivision auf Soest zu erleichtern.[143]

---

139 Geschichte der 95. US-Infanteriedivision

140 Vergleiche hierzu auch die Beschreibungen des Vormarsches der 8. US-Panzerdivision am 5. und 6. April unter dem Kapitel „Erste Kämpfe an der nordöstlichen Kesselfront".

141 Die Kampfgruppe war aus Bad Sassendorf-Lohne aufgebrochen und hatte über Seringhausen, Altengeseke, Herringsen, Brüllingsen, Eilmsen, Echtrop und Berlingsen in weitem Bogen Soest umfahren. Die einzelnen Kampfhandlungen wurden bereits beim Vorstoß auf Soest beschrieben (s. voriges Kapitel). (Siehe Skizze auf S. 303.)

142 Die Geschichte der 8. US-Panzerdivision gibt an, daß die Kampfgruppe Van Houten bei ihrem Vorstoß auf Ostönnen drei Panzer, vier Mannschaftstransportwagen, vier Panzerabwehrgeschütze, zehn Munitionslastwagen, einen mit Munition beladenen Eisenbahnzug und eine Sanitätskolonne von vier Transportwagen erbeutete. Im Laufe des Tages hatte die Kampfgruppe mehr als 500 Gefangene gemacht, davon 350 in der Nähe von Ostönnen.

143 Geschichte der 8. US-Panzerdivision, S. 163

Damit war die alte Hansestadt auf mehr als drei Seiten von den amerikanischen Truppen eingekreist, und die Bataillone des 377. Regiments der 95. Division hatten keine allzu große Mühe mehr, in die Stadt einzudringen.

Oberst Gaillard ließ das II. Bataillon rechts und das I. Bataillon links aufmarschieren, und so begann der eigentliche Angriff zur Besetzung der Stadt. Von deutscher Seite wurde diesem Vorstoß kaum noch Widerstand entgegengesetzt. Bald rollten die ersten amerikanischen Panzer auf der Hammer Straße von Meckingsen her an die Stadt heran. Sie überwanden leicht die letzten deutschen Widerstandsnester an dieser Straße. Hier fielen auch die letzten deutschen Soldaten. In der Höhe der Zuckerfabrik schwenkte zwischen 17.00 und 18.00 Uhr der Müller Neise aus Hattrop eine weiße Fahne und führte den amerikanischen Oberst Decker, der wohl diesen Akt als Übergabe ansah, in die Stadt.[144]

Keines der angreifenden Bataillone traf auf nennenswerten Widerstand.[145] So hatten die Truppen des 377. Infanterieregiments bis Mitternacht die Stadt zur Hälfte besetzt und gesichert; und Patrouillen hatten bereits die gesamte Stadt kontrolliert.

Am anderen Morgen, dem 7. April, konnten die beiden Bataillone die Einnahme von Soest abschließen. Innerhalb von drei Stunden waren die restlichen Teile der Stadt besetzt worden, ohne daß sich noch deutscher Widerstand gezeigt hätte. Dabei wurde gegen 8.30 Uhr als letzte Maßnahme die Metzer-Kaserne von gefechtsmäßig vorgehender amerikanischer Infanterie besetzt, und die deutschen Soldaten wurden entwaffnet. Oberst Siegl, dessen Befehlsstand in der Bleidorn-Kaserne lag, hatte sich abgesetzt. Am Südwestrand der Stadt befreiten dabei die Amerikaner ein großes Lager mit französischen Kriegsgefangenen. Von der Existenz des Lagers hatten die Amerikaner bereits am Vortage Kenntnis erhalten.[146] Es handelte sich um 4500 fran-

---

144 Soester Chronik, S. 248

145 Die Geschichte der 95. US-Infanteriedivision berichtet darüber u. a.: „Die Deutschen zeigten wenig Kampfbereitschaft und schienen sehr willig zu sein, sich zu ergeben." Sie führt dieses auf das starke Artilleriefeuer und den Bombenangriff zurück. Um diese Situation zu verdeutlichen, wird der Vormarsch der C-Kompanie beschrieben: „Um 8.30 Uhr rückte die Kompanie mit zwei Zügen ohne Zwischenfall südwärts bis Katrop vor. Dort fand man einen geschlossenen Verband vor – mit gestreckten Waffen."
Die Deutschen hatten sich in Kolonnen aufgestellt und warteten darauf, sich den ersten Amerikanern zu ergeben, die in den Ort kamen. Drei Offiziere, 82 Soldaten, vierzehn 10,5 cm-Geschütze, eine 2 cm-Flakbatterie und ein großer Vorrat an Munition fielen der C-Kompanie ohne einen einzigen Schuß in die Hände. Einer der Späher der Kompanie ging in ein Wäldchen westlich von Katrop und machte zwei weitere freiwillige Gefangene – und ehe er mit diesen nach Katrop zurückkehrte, kamen 200 „Nazi-Soldaten" (so die Divisionsgeschichte) zum Vorschein und ergaben sich dem einen Amerikaner.
(Anmerkung des Verfassers: Nazi-Soldaten ist wohl nicht der richtige Begriff. Wenn sie wirklich Nazi-Soldaten gewesen wären, hätten sie sich verteidigt bis zum letzten. Sie hatten wohl – vielleicht ohne Führung und ohne Verbindung nach rechts und links – den unsinnigen und ungleichen Kampf eingesehen und wollten einfach nicht mehr.)

146 Die auf Soest vorstoßenden Verbände des 377. Regiments erhielten am 6. April um 18.45 Uhr eine entsprechende Nachricht vom XIX. US-Korps. Danach hatte die 12. US-Armee-Gruppe aus einem französischen Kriegsgefangenenlager in Soest über ihre Nachrichtenzentrale eine Radiobotschaft aufgefangen. In der Radio-Nachricht wurde mitgeteilt, daß das Lager mit annähernd 5000 französischen Offizieren belegt sei und am südwestlichen Rand der Stadt liege. Es wurde darin weiter darum gebeten, kein amerikanisches Artilleriefeuer auf dieses Lager zu legen, nachdem am 5. April schon einiger Schaden durch amerikanischen Artilleriebeschuß angerichtet worden sei. Wie die Gefangenen an einen Sendeapparat gekommen waren und ihn – bei vermutlich strenger deutscher Bewachung – insgeheim benutzen konnten, war nicht bekannt. Aufgrund dieser Nachricht wurde aber das bezeichnete Gebiet nicht mehr unter Beschuß genommen.

zösische Offiziere und 600 ranglose Soldaten. Sie wurden angewiesen, vorläufig im Lager zu bleiben. Die Verpflegung der Befreiten wurde aus Reservebeständen der Division sichergestellt. Viele der Gefangenen lebten schon seit dem Zusammenbruch Frankreichs in dem Lager. Die meisten befanden sich in relativ guter Verfassung.[147]

Die Einheiten des 377. Regiments, die Soest eingenommen hatten, waren nur auf geringfügigen Widerstand gestoßen. Dagegen kam es an anderen Stellen noch zu hartnäckigen Kämpfen, obwohl von einem organisierten deutschen Widerstand um Soest keine Rede sein kann. Besonders an der Straße Westönnen-Ostönnen wurde

---

DER WEHRMACHTSBERICHT MELDET:

*8. April 1945 „. . . Bei der Heeresgruppe B gelangte der Gegner bis zum Möhnetal. Im Südwesten wurde er abgewiesen. Die Munition reicht noch für 14 Tage. Es wird versucht, in dem gehaltenen Raum die Produktion anlaufen zu lassen . . .“*

---

hart gekämpft und auch südlich der Möhne. Vor Westönnen lagen noch monatelang später ausgebrannte Fahrzeuge. Verbissen war auch der Kampf bei Sieveringen. Bei Müllingsen kämpfte eine deutsche 10,5 cm-Flakbatterie bis zum letzten Schuß.[148]

Militärisch gesehen war Soest also am 7. April, 8.30 Uhr gefallen. In der Stadt befanden sich noch rund siebentausend Einwohner, die das Ende in Kellern und Luftschutzbunkern überstanden. Etwa zweihundert Opfer sollen die Beschießung und der letzte Kampf gefordert haben.

Als Soest vom I. und II. Bataillon des 377. Infanterieregiments eingenommen worden war, sollte die Stadt von Teilen der 8. US-Panzerdivision besetzt werden. So verließen die beiden Infanteriebataillone die Stadt und sammelten am frühen Nachmittag in der Gegend von Hattrop und Eineckerholsen.

Das III. Bataillon des 377. Regiments war währenddessen in Reserve gehalten worden und rückte nunmehr befehlsgemäß westwärts vor, um den Rest der Regimentszone zu sichern. Um 5.30 Uhr am 7. April rückte das Bataillon von Positionen auf der Linie Borgeln-Hattrop ab in Richtung Werl. Bis zum Mittag besetzten die einzelnen Kompanien des Bataillons dabei die Orte Eineckerholsen, Merklingsen, Schwefe, Oberbergstraße und Niederbergstraße. Auf stärkeren Widerstand trafen die Einheiten nur bei Niederbergstraße, wo zwei deutsche Panzer eine Stellung zeitweilig behaupteten, sich aber doch bald zurückzogen. In dem Ort wurden 400 Gefangene gemacht. Das III. Bataillon setzte seinen Vormarsch fort bis zum nordöstlichen Vorgelände von Werl. Hier wurde die Regimentszone links durch Einheiten der 8. US-Panzerdivision begrenzt und rechts durch Einheiten des 379. Regiments der 95. US-Infanteriedivision.[149]

Die schwachen deutschen Kräfte — vornehmlich die Einheiten der 116. Panzerdivision — hatten auch am 5. April in schweren Abwehrkämpfen gestanden. Im Morgengrauen waren die amerikanischen Verbände auf der gesamten Frontlinie zwischen der Möhne und Hamm zum Angriff angetreten, an der Ostfront unterstützt von

---

147 Geschichte der 95. US-Infanteriedivision

148 Soester Chronik, S. 258

149 Wie Anmerkung 147. Am 7. April begann gleichzeitig eine Neueinteilung der angreifenden Verbände der 95. US-Infanteriedivision und der 8. US-Panzerdivision für die weitere Einengung des Ruhrkessels. Es wurde die Großkampfgruppe Twaddle gebildet.

starken Panzerkräften.[150] Überall standen die schwachen Einheiten der Division, unterstützt von den wenigen einsatzbereiten Panzern, in schwerem Abwehrkampf. Die Ostfront war am Abend auf die Linie Möhnetalsperre - Bad Sassendorf - Soest-Nord, die Nordostfront auf — an einigen Stellen über — die Bahn Soest-Hamm zurückgeworfen worden. Der Kampfkommandant Hamm hatte fast ganz Hamm und Westtünnen verloren. Der Divisionsgefechtsstand befand sich am Abend in Hüningen.[151]

Im westlichen Befehlsbereich des XXXXVII. Panzerkorps war die Lage an diesem Tage ziemlich ruhig. Im Raum der 180. und 190. Infanteriedivision fanden keine wesentlichen Kampfhandlungen statt. Der Gegner schien sich hier umzugruppieren. Es heißt über diesen Tag weiter in den Aufzeichnungen des Korps: Das Kampfgeschehen allein dieses Tages zeigt, daß ernsthafter Widerstand von jetzt ab nicht mehr geleistet wird — auch von seiten des Korps nicht mehr gefordert wird —, so daß täglich zahlreiche Ortschaften aufgegeben werden. Der Ruhrkessel neigt sich seinem Ende zu.[152]

Über den 6. April notiert H. G. Guderian in seinen Aufzeichnungen: „Wieder schwere Abwehrkämpfe auf der ganzen Front. Einbrüche südlich und nordwestlich von Soest, bei Klotingen, Scheidingen, Westönnen. Hamm ging endgültig verloren."

Am Nachmittag besuchte der Oberbefehlshaber der Heeresgruppe B, Feldmarschall Model, die Division. Er sprach von der Bedeutung des Haltens des Ruhrkessels, seinem geplanten Entsatz durch eine neue 12. Armee von Osten her und über die Mobilisierung von Menschen und Material im Kessel. Nach Kenntnis der großen Lage glaubte bei der Division niemand an die Möglichkeit eines Entsatzes und nach den mit Volkssturm und Ausgekämmten gemachten Erfahrungen auch niemand den Versprechungen über personellen und materiellen Einsatz. Wir waren uns klar, daß wir, auf uns gestellt, bis zu einem ehrenvollen Ende durchhalten mußten. Der Divisionskommandeur überbrachte dem Feldmarschall Mitteilungen über die ernste Lage der Division, über den mangelhaften Wert zugeführten Ersatzes und die materiellen Schwierigkeiten.[153]

Beim XXXXVII. Panzerkorps vermerkte man über diesen Tag: Dem Feind gelingt es zunächst, mit je einer starken Panzergruppe nördlich und südlich um Soest ausholend, diese Stadt von drei Seiten einzuschließen. Im Raum Hamm geht Hamm endgültig verloren, zumal die restlichen Teile der 116. Panzerdivision in den Raum Soest verlagert werden mußten, um einen schnellen Durchstoß des Gegners entlang der Autobahn Soest-Unna-Dortmund zu verhindern. Im Abschnitt der 180. und 190. Infanteriedivision kann der Gegner, in den Mittagsstunden antretend, schnell Boden gewinnen. Schwieringhausen, Brüninghausen und Haus Bodelschwingh gingen verloren.

Das XXXXVII. Panzerkorps wurde an diesem Tag der Heeresgruppe B unterstellt. Gleichzeitig erhielt das Korps die gesamte Nordfront des Ruhrkessels, einschließlich des noch am Rhein-Herne-Kanal stehenden LXIII. Armeekorps, unterstellt. In diesem Abschnitt war die Lage bisher noch ruhig.[154]

---

150 Vergleiche auch hier die Beschreibungen im Kapitel 1/II: „Erste Kämpfe an der nordöstlichen Kesselfront".
151 Guderian, a. a. O., S. 12
152 von Lüttwitz, a. a. O., S. 16
153 Wie Anmerkung 151
154 Wie Anmerkung 152

Wie sich die Ereignisse auf der deutschen Seite entwickelten und abliefen, zeigen die Aufzeichnungen eines deutschen Abschnittskommandeurs im Raum nördlich von Soest in jenen ersten Apriltagen 1945.

Freiherr Max Heeremann v. Zuydtwyck, damals Major beim Stabe der Fahr-Ersatz- und Ausbildungs-Abteilung 6 in Soest und Kommandant des Lippe-Abschnittes, berichtet: »Am Karfreitag, dem 30. März, befand ich mich auf Urlaub in meiner Heimat Riesenbeck (Kreis Tecklenburg), als ich am Rundfunk hörte, daß die Amerikaner bereits in Richtung Brilon vorstießen und daß die Engländer vor Burgsteinfurt und Rheine ständen. Ich hielt es daher für meine Pflicht, sofort zur Truppe zurückzukehren, und fuhr per Rad nach Herzfeld. Die Amerikaner befanden sich teilweise bereits in den benachbarten Ortschaften, so daß ich mich sehr beeilen mußte; ich traf unterwegs kaum mehr deutsches Militär an. Am Karsamstag war ich gegen 18.00 Uhr in Hovestadt, wo ich auf der Lippebrücke Soldaten und Volkssturmleute damit beschäftigt fand, riesige Fliegerbomben an der Brücke zu verankern und zur Sprengung

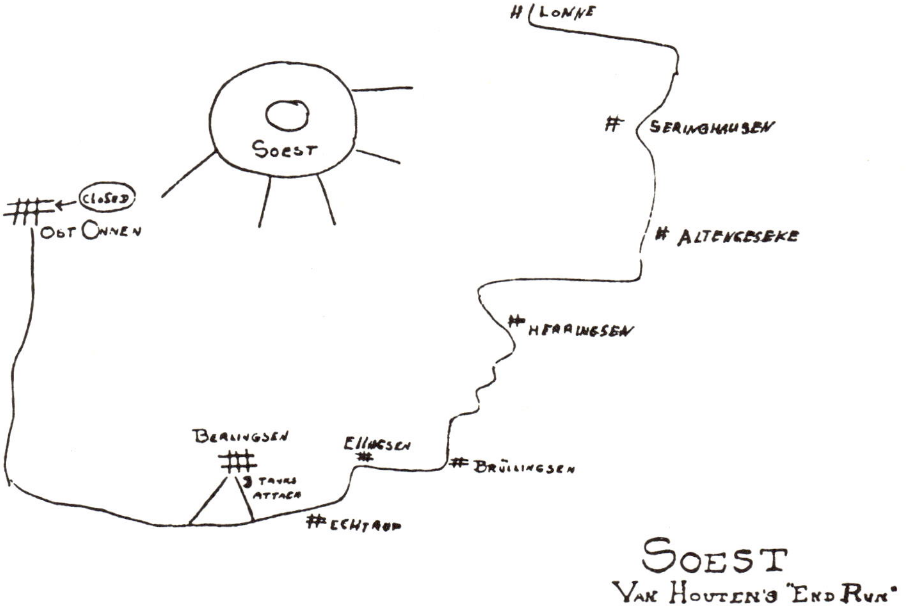


*Skizze 3: Die Einkreisung von Soest (Aus der Geschichte der 8. US-Panzerdivision)*

vorzubereiten. Ich fuhr sofort weiter zum Gasthof Korff in Oestinghausen, wo sich mein Gefechtsstand befinden sollte. Hier traf ich einen Hauptmann von einem Landsturmbataillon, der mich vertreten hatte. Ich hatte gleich den Eindruck, daß alles überstürzt und unvollständig vorbereitet war.

Gegen 20.00 Uhr wurden jenseits der Lippe die ersten feindlichen Panzergeräusche gehört, allerdings noch vereinzelt und in größerer Entfernung. Gegen 21.00 Uhr erhielt ich erstmalig vom Standort Soest telefonisch den Befehl, die Sprengung der drei Brücken in Benninghausen, Hovestadt und Lippborg zu veranlassen. Ich versuchte, den Befehl noch hinauszuzögern, da ich nicht wußte, ob noch einige Truppen nördlich der Lippe standen und da durch die Sprengung mein gesamtes Telefonnetz zerstört worden wäre, das dem Amt Herzfeld angeschlossen war. Als die Befehle im

Laufe des Abends anscheinend auf höhere Veranlassung immer energischer und dringlicher wurden, gab ich gegen Mitternacht den Befehl an die unterstellten Einheiten weiter. Die genaue Zeit, wann nun die einzelnen Brücken gesprengt wurden, ist mir nicht mehr bekannt.

Am Ostersonntag, dem 1. April, verstärkte sich der Druck auf die einzelnen Brückenköpfe. In Hovestadt wurde die weiße Fahne gehißt, und das Landsturmbataillon überließ den Brückenkopf an die Amerikaner, die aber nur vorsichtig vorfühlten und sich immer wieder über die Lippe zurückzogen. Am 2. und 3. April war der Druck auf Heintrop und Lippborg stärker, wohin der Amerikaner von Hamm aus vorstieß. Hier kämpften Teile der Veterinär-Ersatz-Abteilung 6 aus Soest sehr tapfer. Mit meinen vorgesetzten Dienststellen hatte ich in den letzten Tagen nur noch unvollständige Verbindung: Besonders über die allgemeine Lage konnte mir keiner genaue Nachricht geben. Zwei Panzerspähwagen der Panzerdivision „Windhund" fuhren durch die Gegend und versuchten anscheinend, ein Loch in dem Ring um Soest zu finden. Sie hatten aber wenig Sprit und Munition. An Artillerieunterstützung hatte ich nur eine leichte Flakbatterie in der Gegend von Ellingsen-Stocklarn, die sehr schneidig und genau schoß, wenn sie Sperrfeuer vor die Brücken legte.

Am Dienstag, dem 3. April nachmittags, verlegte ich meinen Gefechtsstand in das Gehöft am Südausgang von Oestinghausen. Hier sammelten sich nach und nach die wenigen Truppen, die sich von der Lippe abgesetzt hatten und mir noch übriggeblieben waren. Benninghausen/Eickelborn war zur Lazarettstadt erklärt worden und bildete dadurch ein großes Loch in der Verteidigungslinie.

Am Mittwoch, dem 4. April, erhielten wir erstmalig Artilleriefeuer in der Gegend von Oestinghausen. Gegen Nachmittag bekam ich den Befehl, mich abzusetzen, und wir marschierten in Richtung Lühringsen-Thöningsen-Brockhausen-Kutmecke-Soest. Hier wurden wir von einer Alarmgruppe der Sanitäts-Ersatz-Abteilung 6 aus Soest aufgefangen, und ich verlegte am Donnerstagvormittag meinen Gefechtsstand in die Ziegelei Schwanebrügge. Vormittags fuhr ich erstmalig wieder nach Soest, um mich in der Bleidorn-Kaserne zu orientieren. Dort traf ich außer dem stellvertretenden Standortältesten von Soest auch den Kommandeur der Panzerdivision „Windhund". Da der Standortälteste erkrankt war, hatte Oberst Siegl die Verteidigung von Soest übernommen. Er orientierte mich kurz über die Lage, die aber mittlerweile bereits wieder überholt war, und sagte mir lediglich, ich möchte mich sofort wieder auf meinen Gefechtsstand begeben. Zu den Truppen rechts und links von mir hatte ich keinerlei Verbindung. Am Donnerstag, dem 5. April abends und während der ganzen Nacht, lag heftiges Artilleriefeuer auf Soest, Thöningsen, Kutmecke und Schwanebrügge. Die feindlichen Batterien standen bei Lippborg und Schloß Assen.

Am Freitag, dem 6. April vormittags, wurde das amerikanische Panzergeräusch immer intensiver und kam näher. Bei meinem Stab befand sich ein Feldwebel Bernhard Bender, ein schneidiger Krieger, der sich freiwillig bei uns eingefunden hatte. Dieser erbat sich gegen 11.00 Uhr mein besonders gutes Fernglas und ging mit dem Obergefreiten Richard Kaiser, Obergefreiten Martin Schuster, Gefreiten Karl Knöll und Reiter Alois Hüsker in Richtung Thöningsen, um festzustellen, wo sich die feindlichen Spitzen befänden. Sie kamen nicht zurück. Ich sah sie nach meiner Gefangennahme sämtlich tot kurz vor Thöningsen auf der Straße liegen, sie waren durch Panzergranaten gefallen und wurden auf dem Friedhof Rottlinde beerdigt. Gegen 11.00 Uhr mittags zogen sich die einzelnen Gruppen, die sich noch im Vorgelände befanden, auf den Hof Schlinkert zurück. Gegen 13.15 Uhr erschien der erste amerikanische

Panzer vor dem Gehöft; die weiße Fahne wurde gehißt, und der Krieg war für uns beendet.

Wir wurden anständig behandelt; uns wurden Zigaretten angeboten. Ich wurde in einem Jeep zum amerikanischen Stab nach Oestinghausen gebracht und dort verhört. Bereits unterwegs meldete der Jeep durch Funk unter dem Deckwort „Hallo, Hallo, Tree dogs!" unsere Gefangennahme, und ich wurde bei unserer Ankunft auf meinem alten Gefechtsstand in Oestinghausen vom amerikanischen Offizier mit den Worten empfangen: „Sind Sie Major v. Heeremann? Warum waren Sie nicht mehr

---

DER WEHRMACHTSBERICHT MELDET:

*10. April 1945 „. . . Heeresgruppe B: Weiterer starker Druck auf die Nord- und Ostfront. Soest ging verloren. Ein Übersetzversuch bei Leverkusen wurde abgewiesen. An der Südfront nichts Besonderes . . ."*

---

auf Schwanebrügge?" Dann wurde ich aufgefordert, als Parlamentär mit nach Soest hineinzufahren. Ich bat um kurze Bedenkzeit, da mir bekannt war, daß der Standortälteste, zu dem ich ohne Bedenken gefahren wäre, nicht mehr in Soest weilte, sondern im Lazarett Herringsen lag, und da ich seinen Vertreter persönlich nicht näher kannte. Kurz darauf kam der Offizier wieder zu mir und sagte, die Fahrt sei nicht mehr erforderlich, da Soest bereits gefallen sei. Der betreffende Offizier sagte mir noch, die amerikanische Artillerie habe in der Nacht vom 5. bis 6. April etwa achttausend Schuß auf Soest und Umgebung geschossen.«[155]

An die letzten Tage seines Einsatzes im Raum südlich von Soest erinnert sich auch der Obergefreite Max Brückner. Er schreibt:

„5. April: Wir liegen in dem kleinen Ort Niederbauer — es regnet. Mit unserer ganzen Abteilung werden ab und an Feuerüberfälle geschossen. Zwei Mann sind wieder abgehauen.

6. April: Stellungswechsel. Neue Feuerstellung in Ellingsen. Laufend Feuerkommando — der Gegner kommt immer näher. Plötzlich nochmals Stellungswechsel; neue Feuerstellung in einem großen Gutshof. Nun werden wir auch beschossen. Eine Granate schlägt durch das Dach des Hauses. Draußen auf einer Höhe sollen zwölf Ami-Panzer stehen. Auf dem Hofe flüchtet alles — dann ist es plötzlich wieder ruhig. Wir stellen fest, daß der Stab unserer Batterie mit Leutnant uns im Stich gelassen hat. Mit 20 Mann sind wir noch übriggeblieben: 1 Wachtmeister, 4 Unteroffiziere und 15 Mann. Außerdem die beiden Geschütze, der Funkwagen, der B-Wagen und ein Personenkraftwagen. Die Ami-Panzer sind weitergefahren. Im Gutshaus brate ich in einer großen Pfanne für uns alle Eier. Fräulein Marie, die Tochter des Hauses, kocht uns noch einen Kessel Erbsensuppe. Wir erzählen bis in die Nacht hinein und verteilen unsere letzte Habe, da wir doch nichts mehr gebrauchen.

7. April: Wir hatten einen Beobachtungsposten ausgestellt und in der Nacht gut geschlafen. An verschiedenen Häusern werden weiße Fahnen gehißt. Wir sammeln unsere Karabiner ein und verschließen sie in einem Raum. — Mittags ertönt der Ruf: Panzer! Wachtmeister Wokowiak schwenkt vom Balkon aus unsere weiße Fahne zur Übergabe. Mit der weißen Fahne geht er und unser Sanitätsunteroffizier Zaremba den Amerikanern entgegen, deren Fahrzeuge halten an.

---

155 Soester Chronik, S. 260—261

Wir — 20 Mann und noch 30 Mann einer Veterinärkompanie, alles alte Herren — treten an und marschieren geschlossen los. Die Frauen und Mädchen auf dem Hof weinen. Auch wir gehen mit gemischten Gefühlen in die Gefangenschaft. Ungern geben wir unsere Freiheit auf. Lange genug haben ja alle gebraucht, um uns, die von der ‚Windhund'-Division, zu bekommen."[155a]

Ein Augenzeuge für die Verhältnisse im Raum südlich von Soest ist in diesen Tagen nochmals der Oberleutnant Josef Blome. Er schreibt darüber am 6. April 1945:

„Zur Feinderkundung fuhr ich am nächsten Morgen von Ellingsen in Richtung Möhnesee. Ich kam bis zu den Haarhöfen und hörte aus Richtung Belecke Schießerei. Als ich zu meinem Wagen zurücklief, stieß ich in einem Wäldchen in Nähe der Haarhöfe auf eine Ansammlung russischer Kriegsgefangener, die mich ganz verstört anstierten und mich überwältigen wollten. Durch Drohung mit meiner Pistole konnte ich ihnen entkommen. Als ich zu meiner Batterie (8. III./146) zurückkam, lag ein Befehl zum Stellungswechsel vor. Meine Batterie sollte bei Stüttinghoff, ein Kilometer südostwärts von Bittingen, in Stellung gehen. Ich selbst bekam den Auftrag, nach Körbecke an die Möhne zu fahren und den Standpunkt der amerikanischen Panzer festzustellen. Als ich auf der Straße, die von Soest nach Süden zum Möhnesee führt, den Bismarckturm erreicht hatte, hörte ich aus Richtung Möhnesee Gewehr- und Panzerfeuer. Der Feind mußte bereits Delecke erreicht haben. So fuhr ich mit meinem Wagen auf einer nicht so gut ausgebauten Straße, die vom Bismarckturm über die Haarhöhe nach Westen verläuft, um mit meiner Batterie, die bei Bittingen in Stellung gegangen war, Verbindung aufzunehmen. In der Nähe von Bittingen kam mir jedoch eine Geschützbedienung mit einem Geschütz und der Nachrichtenstaffel entgegen. Man berichtete mir, daß feindliche Panzer in die Feuerstellung eingedrungen seien. Dieses eine Geschütz habe man noch herausziehen können, da die Zugmaschine ein Raupenfahrzeug war. In dem Raum Ruhne-Oberense sammelte ich mein Resthäuflein (etwa 60—80 Mann). Der Werkstattzug war bereits vor Ostern in den Raum Lippstadt abgezogen worden; zu ihm hatte ich keine Verbindung mehr. Wie ich nach dem Krieg erfahren habe, haben sich die Leute dieser I-Staffel früh genug nach Osten abgesetzt und konnten den Harz noch erreichen. Fast alle haben sich von dort als Bauern verkleidet nach Hause durchschlagen können. Ein Werkmeister hat sich in Lügde auf meinem elterlichen Hof einige Tage versteckt gehalten und wurde dann durch meinen Vater auf einem Ackerwagen weiter in Richtung Westen gebracht.

Auch meine Troßteile hatten sich bereits Ostern in Richtung Wickede abgesetzt. Wo sie im Augenblick steckten, wußte ich jedoch nicht. In dem o. a. Raum Ruhne-Oberense stand ich nun mit meinem Rest. Da mein Wagen auf dem Haarweg in der Nähe von Bittingen durch einen ‚Platten' ausfiel und wir auch keine Möglichkeit zum Reifenwechsel hatten, gingen wir zu Fuß weiter, bis uns der Rest meiner zurückflutenden Batterie mitnahm.

Von unserem Sammelplatz aus, es war ein einzelnliegendes Gehöft, hatten wir einen weiten Blick in den Raum bis Werl und Soest. Von hier aus konnte ich beobachten, daß ringsherum Feindpanzer fuhren. Da ich keine Verbindung zu meinem Kommandeur mehr hatte — angeblich sollte der Stab sich nach Werl zurückgezogen haben —, mußte ich schnell eine Entscheidung treffen. Um kein Menschenleben mehr zu opfern, entschloß ich mich, hier gesammelt in Gefangenschaft zu gehen. Als ich

---

[155a] Mitteilungen des ehemaligen Obergefreiten Max Brückner an den Verfasser im Jahre 1982

meinen Entschluß meinen Männern mitteilte, sah mich ein junger Leutnant ganz entsetzt an. Am liebsten hätte er mich als Feigling auf der Stelle erschossen. Ich überdachte noch einmal die Lage und fand noch eine letzte Möglichkeit eines Ausbruchs nach Bremen zur jetzigen Bundesstraße 479 und dann in Richtung Süden auf Neheim-Hüsten zu. Ich hoffte, in diesem Raum meinen Troß zu erreichen. Meine Leute wurden auf wenige Fahrzeuge verladen, und mit Karacho fuhren wir blindlings Neheim-Hüsten zu. Hier fanden wir die ersten Hinweisschilder unseres Trosses, der im Raum Lendringsen-Menden untergebracht war.

Ein oder zwei Tage später tauchte auch unser Abteilungsstab hier auf. Die restlichen uns noch verbliebenen Geschütze wurden zu einer Batterie zusammengestellt. Inzwischen war durch die Feindmächte der Ruhr-Sauerland-Kessel geschlossen. Aufgrund des Mangels an Waffen, Benzin und Munition bestand keine Möglichkeit mehr, einen Ausbruch zu wagen. Als ich mich in Hemer-Westig einquartiert hatte, wurde ich zu einer geheimen Besprechung in einen nahegelegenen Wald beordert. Die Besprechungsstelle wurde hermetisch durch Posten abgeriegelt. Es ging um die Aktion ‚Werwolf'. Waffen, Munition und Proviant sollten in einem Wald eingegraben werden. Wir sollten uns Zivilkleidung besorgen und uns unter die Zivilbevölkerung verteilen. Ein Hauptmann von uns sollte als Schrankenwärter in einem verlassenen Bahnwärterhäuschen Auskunftsmann sein. Ohne Kommentar ging diese Besprechung zu Ende. Jeder hatte seine eigenen Gedanken über diesen Auftrag. Wir sollten, wenn der Feind das Land besetzt hatte, Nachschubkolonnen angreifen und vernichten. Die Folge dieses sinnlosen Auftrages war, daß stündlich immer mehr Soldaten und auch Offiziere zum Feind überliefen."[155b]

---

155b Aus Mitteilungen des ehemaligen Oberleutnants Josef Blome an den Verfasser. Blome war gleichzeitig Batteriechef der 8. Batterie und damit auch Vorgesetzter von Max Brückner. Nach Meinung von Blome irrt Brückner auch in der Datumsangabe: Nicht am 7., sondern am 6. April ging ein Teil der Batterie auf dem Stüttingshof bei Bittingen in amerikanische Gefangenschaft.

3. Kapitel

# Mit der Großkampfgruppe Twaddle von der Lippe zur Ruhr

In der Zeit vom 7. bis 13. April operierte die 95. US-Infanteriedivision als Bestandteil der Kampfgruppe Twaddle, zusammen mit der 8. US-Panzerdivision. Mit rund 35000 Mann hatte diese Streitmacht fast Korpsstärke. Diese Maßnahme war notwendig geworden, da das XIX. US-Korps in jenen Tagen in zwei Richtungen zugleich kämpfte. Im Rahmen der 9. US-Armee waren die 2. US-Panzer- und die 30. und 83. US-Infanteriedivision zum Vorstoß nach Osten angetreten, während die anderen Divisionen zur Zerschlagung des Ruhrkessels weiter vordrangen. Das Korps kämpfte damit in zwei Richtungen, und am 7. April waren die beiden Fronten des Korps schon so weit auseinandergezogen, daß die Operationen kaum noch zu kontrollieren waren. Darum wurde die Kampfgruppe Twaddle aufgestellt und ihr die einheitliche Kampfführung im Ruhrkessel übertragen. Durch Korpsbefehl Nr. 139 war die Aufstellung befohlen und gleichzeitig die 8. US-Panzerdivision mit den ihr beigegebenen Einheiten angeschlossen worden.[156]

Südlich der Zone der Kampfgruppe Twaddle operierte das III. Korps der 1. US-Armee, um in den Kessel von Osten und Südosten her entlang der Ruhr vorzustoßen. Etwa 25 Kilometer westlich der Zone operierte das XVI. US-Korps der 9. US-Armee. Die 75. US-Infanteriedivision hatte hier, rechtwinklig zur Kampfzone Twaddle, den Vormarsch von Norden her bis zur Ruhr durchzuführen. Der Kampfgruppe Twaddle waren fünf Aufträge erteilt worden:

1. den Feind innerhalb der Korpszone westlich von Geseke bis zu einer Nord-Südlinie Hamm-Westhilbeck-Wickede zu vernichten (Diese Linie war die Korpsgrenze oder Sicherheitslinie des Korps.);
2. die Kampfsituation im Raum Hamm je nach Bedarf zu verbessern und nach Einnahme des Möhne-Ruhr-Dreiecks westwärts vorzustoßen, um engen Kontakt mit dem XVI. Korps aufzunehmen (Dieser Teil der Aufgabe wurde am 8. April abgeändert zu dem Auftrag, gleichzeitig mit der Operation im Möhne-Ruhr-Dreieck nach Westen vorzustoßen.);
3. den Angriff im Ruhrkessel gemeinsam mit dem XVI. Korps fortzusetzen;
4. links Kontakt mit dem III. Korps aufzunehmen und beizubehalten, sobald das Korps die gemeinsame Grenzlinie (Ruhr) erreicht;
5. die linke (südliche) Flanke der Kampfgruppe Twaddle vom Dortmund-Ems-Kanal im Westen bis nach Rüthen im Osten zu schützen. In der Südostecke der Kampfzone lag östlich von Neheim ein dichtbewaldetes bergiges Gebiet. Um dieses zu erobern, organisierte General Twaddle die Kampfgruppe Faith (kommandiert von

[156] Der Kampfgruppe waren zusätzlich unterstellt: das 709. Panzerbataillon, das 802. Panzerjägerbataillon, das 547. Flakbataillon, die 15. Cavalry-Gruppe, das 70. und das 351. Feldartilleriebataillon, das 92. Chemical-Mörser-Bataillon. Zur Unterstützung der 8. Panzerdivision waren eingesetzt: das 809. Panzerjägerbataillon, das 473. Flakbataillon, die 10. Panzergruppe und die 3454. und 3658. Quartier-Transportkompanie. Die der Kampfgruppe Faith beigeordneten zusätzlichen Einheiten wurden bei dieser Einheit genannt.

Brigadegeneral Don C. Faith), die am 7. April, um 21.30 Uhr mit ihren Operationen begann.[157]

Mit dem ersten Befehl der neuen Kampfgruppe wurde die 8. US-Panzerdivision angewiesen, in ihrer Kampfzone weiter nach Westen vorzustoßen bis zu einer Nord-Südlinie Budberg- (drei Kilometer westlich von Werl) Wickede. Zusätzlich sollte die 8. US-Panzerdivision südlich Kontakt mit der Kampfgruppe Faith halten und wenn ihr eigener Vormarsch die Spitze der Kampfgruppe Faith überholte, die linke Flanke der Kampfgruppe Twaddle schützen.

Das 378. und das 379. Infanterieregiment der 95. Division wurden angewiesen, ihren Vormarsch bis an die Westgrenze der Divisionszone fortzusetzen, die sie bei Beginn der Neuformierung fast schon erreicht hatten. Sie verlief von Herringen-Nord am Datteln-Hamm-Kanal (viereinhalb Kilometer westlich von Hamm gelegen) bis Wickede.[158]

## MIT DER KAMPFGRUPPE FAITH DURCH DEN ARNSBERGER WALD

Innerhalb dieses neuen Großkampfverbandes war als besondere Kampfgruppe die „Task-Force Faith" (Kampfgruppe Faith) unter dem Kommando des Brigadegenerals Don C. Faith (Stellvertretender Kommandeur der 95. Division) zusammengestellt worden. Dieser Kampfgruppe sollte die besondere Aufgabe zufallen, das dichtbewaldete Gebiet zwischen Möhne und Ruhr, etwa von Warstein-Meschede bis nach Neheim-Hüsten, von deutschen Truppen zu säubern.[159]

Für diesen Kampfauftrag wurden dem Kampfgruppenstab Faith unterstellt: das 194. Luftlanderegiment der 17. Luftlandedivision (bis zum 7. April unter dem Kommando der 8. Panzerdivision) sowie das 377. Infanterieregiment der 95. Division, das soeben Soest eingenommen hatte, und eine Anzahl kleinerer Einheiten.[160]

Die Kampfgruppe Faith hatte neben dem ihr gestellten Kampfauftrag im Möhne-Ruhr-Dreieck enge Verbindung zu halten mit allen Nachbar-Einheiten. Bei Erreichen der Ruhr in der südlichen Kampfzone sollte Kontakt aufgenommen werden mit den hier vorstoßenden Einheiten des III. Korps der 1. US-Armee. Ebenfalls hatte die Kampfgruppe die Südflanke der Kampfgruppe Twaddle zu schützen. Auf der Nordflanke war die Verbindung mit der westlich vorstoßenden 8. Panzerdivision zu halten, und in ihrem Rücken operierte die 4. Cavalry-Einheit der 1. US-Armee.

Über die Stärke der deutschen Truppen im Operationsbereich der Kampfgruppe war vor Angriffsbeginn wenig Genaues bekannt. Die Nachrichten-Abteilung der 95. Division nahm an, daß die Mehrzahl der deutschen Truppen aus Rest-Einheiten bestehen würde, die sich vor den Angriffen der 95. Infanteriedivision und der 8. Panzerdivision hierher zurückgezogen hatten. Mitteilungen aus der Zivilbevölkerung,

---

157 Geschichte der 95. US-Infanteriedivision, Kapitel: Task-Force Twaddle

158 Wie Anmerkung 157

159 Wie Anmerkung 157

160 Zu Anfang gehörten zur Kampfgruppe Faith noch das 920. Feldartilleriebataillon und die ihm angeschlossene A-Kompanie des 92. Chemical-Mörserbataillons, die A-Kompanie des 320. Pionierbataillons, die A-Kompanie des 802. Panzerjägerbataillons, der B-Zug der 88. Aufklärungsschwadron der 8. Panzerdivision, die A-Kompanie des 320. Sanitätsbataillons und zwei Züge des 547. Flakbataillons. Nach Anlaufen der Operationen wurden noch angeschlossen: das 275. Panzer-Feldartilleriebataillon am 8. April und das 360. Feldartilleriebataillon und die 17. Cavalry-Schwadron am 11. April.

die im wesentlichen später bestätigt wurden, deuteten auf stärkere deutsche Gruppen im Raum Arnsberg-Neheim-Hüsten hin. Das Terrain der Kampfzone war ein dicht bewaldetes, unwegsames Mittelgebirgsgebiet, ähnlich der Bergregion von West-Virginia, wo die 95. Division im Frühjahr 1944 ein Manöver durchgeführt hatte.[161]

Die Kampfgruppe Faith war am 7. April, um 11.30 Uhr einsatzbereit. Zu dieser Zeit hatte das 194. Luftlanderegiment, das am frühen Morgen die Möhne überquert hatte, einen etwa fünf Kilometer weiten Vorstoß unternommen. Das 377. Regiment, das am Morgen des 7. April die Absicherung von Soest abgeschlossen hatte, rückte nicht vor Mittag des 8. April in die Kampfzone ein. Das Regiment nahm aber am Vorstoß des 194. Luftlanderegiments um 14.00 Uhr auf der rechten Flanke teil. Beide Regimenter hatten am Ende des Tages eine Zone östlich der Linie Allagen/Möhne-Hirschberg-Meschede gesichert und besetzt. Der deutsche Widerstand war nur gering und nicht zusammengefaßt gewesen. Die einzige planmäßig geführte Einheit war hier die Kampfgruppe Haas, welche die Aufgabe hatte, dieses Gebiet zu verteidigen. Sie bestand aus vier Kompanien zu etwa 150 bis 200 Mann Infanterie und war aus vielen Nachzüglern und Versprengten zusammengesetzt, die man überall aufgegriffen hatte.[162]

Im Verlauf des 8. April wurde als erste größere Ortschaft auf dem Vormarsch der Amerikaner Hirschberg besetzt. Hier hatten Volkssturmleute in den letzten Tagen noch schnell Panzersperren gebaut, die sie später auch bewachen sollten mit dem Auftrag, diese hinhaltend zu verteidigen. Als sich die amerikanischen Truppen aus der Richtung Warstein näherten, setzte ein beherzter Bürger auf den Kirchturm eine weiße Fahne. Das veranlaßte deutsche Artillerie — andere Gruppen befanden sich nicht mehr in der alten Bergfeste —, den Ort kurz zu beschießen. Anschließend legten auch die Amerikaner noch einige Granaten auf den Ort, bevor die ersten, ein Panzer an der Spitze, von Warstein aus langsam in den Ort einrückten.

Durch die Beschießung wurden zwei Frauen und fünf Kinder getötet. Ein Haus brannte nieder.[163]

Auch in Breitenbruch — mitten im Arnsberger Wald gelegen — waren die Amerikaner am 8. April eingezogen, ohne daß es zu Kampfhandlungen kam. Die Bewohner des Dorfes mußten für fünf Tage und Nächte ihre Häuser räumen und zogen in die umliegenden Wälder. Das Dorf hatte in den folgenden Tagen noch sehr unter den Plünderungen von Fremdarbeitern zu leiden, so daß die Amerikaner zu Hilfe gerufen werden mußten.[164]

Am 8. April, um 15.50 Uhr hatte das 194. Luftlanderegiment Kontakt mit Teilen der 9. Infanteriedivision des III. US-Korps am Südufer der Ruhr bei Meschede aufgenommen. Am anderen Tage — der Vormarsch war um 8.00 Uhr wieder aufgenommen worden — stellte man gegen Mittag Verbindung mit Teilen der 5. Infanteriedivision her, welche die 9. Division abgelöst hatte. Gegen geringen deutschen Widerstand hatte das Regiment am Abend etwa zehn Kilometer Terrain nach Westen gewonnen. Der Vormarsch des 377. Regiments im Nordteil der Angriffszone verzögerte sich oft-

---

161 Geschichte der 95. US-Infanteriedivision, Kapitel: Task-Force Twaddle

162 Wie Anmerkung 161. Anmerkung des Verfassers: Die deutschen Truppen der Kampfgruppe Haas waren die Restverbände, die sich am 6./7. April aus dem Raum Belecke/Warstein zurückgezogen hatten und unter dem Namen Sperrverband Wirtz die nördliche Flanke der 15. deutschen Armee deckten.

163 Schumacher, a. a. O., S. 109

164 Schumacher, a. a. O., S. 63

mals durch Straßensperren, von denen viele vermint und als Fallen angelegt waren. Immer hatten die Deutschen einige Soldaten zurückgelassen, um diese Sperren zu verteidigen. Das II. Bataillon traf auf Straßensperren, von denen eine aus mehr als hundert gefällten Bäumen auf einer Strecke von kaum 140 Metern bestand. Man stellte fest, daß es frischgeschlagene Bäume waren, und nahm an, daß die deutschen Pioniere dem Bataillon nicht weit voraus waren. Schnell stießen Teile des Bataillons vor und trafen nach wenigen Minuten auf deutsche Gruppen, die in fieberhafter Eile an weiteren Sperren bauten. Der Kampf war schnell entschieden: elf Deutsche waren tot, und weitere 50 ergaben sich. Das Bataillon fand daraufhin keine weiteren Straßensperren mehr vor.

Ein einzelner Zug der C-Kompanie des II. Bataillons besetzte das Schloß Wilhelmsruh, südlich des Möhnesees, gegen geringen Widerstand. Die Besatzung des

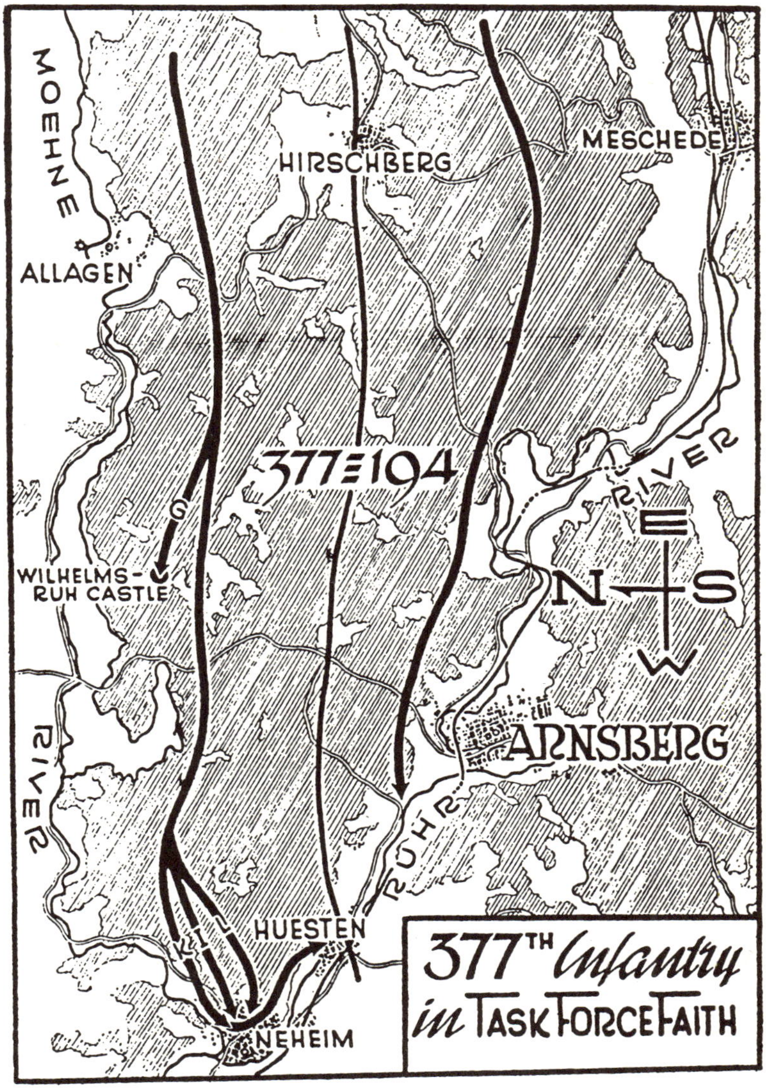


*Karte 14: Der Vorstoß des 377. Regiments innerhalb der Kampfgruppe Faith durch den Arnsberger Wald (Aus der Geschichte der 95. US-Infanteriedivision)*

Schlosses wurde dabei völlig überrumpelt und auch ein deutscher Major, der gerade ein Bad nahm. Den Amerikanern fielen außerdem über 30 Fahrzeuge in die Hände und auch eine Anzahl Prostituierter, die in Wohnwagen auf dem Gelände lebten.[165]

Am frühen Morgen des 10. April setzten die Bataillone beider Regimenter den Vormarsch fort und hatten am Abend fast den gesamten Raum ihres Angriffsgebietes besetzt, bis auf die beiden Städte Arnsberg und Neheim-Hüsten. Den einzigen bemerkenswerten Widerstand gab es an der südlichen Flanke entlang der Ruhr. Das III. Bataillon des 194. Luftlanderegiments machte an diesem Tage noch einen prominenten Gefangenen: den 65jährigen ehemaligen Diplomaten und Vizekanzler Hitlers, Baron Franz von Papen. In der Nähe von Stockhausen bei Hirschberg hatte er sich — zuerst auf dem Gutshof seines Schwiegersohns Max von Stockhausen — in einer Jagdhütte verborgen, wo er von einer Patrouille der Amerikaner aufgespürt wurde.[166]

An diesem Tage stieß eine Kampfgruppe der Amerikaner, aus Richtung Möhnesee kommend, bis nach Niedereimer vor, unmittelbar nördlich von Arnsberg. In einem Wohnhaus quartierte sich hier ein amerikanischer Stab ein, der am 11. April den Ortsgeistlichen Pater Linus Kötter als Parlamentär nach Arnsberg schickte und später auch Pater Jünnemann.[167]

In der Morgendämmerung des 11. April rückte das III. Bataillon des 377. US-Infanterieregiments vor, um Neheim zu erobern. Gegen 9.00 Uhr hatten die ersten amerikanischen Verbände die Anhöhe am Nordrand der Stadt erreicht und stießen von dort später weiter vor.[168]

Bereits am 8. April hatten die beiden Stadtteile Neheim und Hüsten den ersten amerikanischen Beschuß erhalten, der teilweise starke Zerstörungen verursachte. Die Frage, ob der Stadtteil Hüsten noch verteidigt werden sollte, wurde durch einige be-

---

165 Wie Anmerkung 161, gleiches Kapitel

166 Das Haus von Stockhausen war kurz zuvor von anderen Gruppen der Kampfgruppe Faith besetzt worden. Dabei waren der Schwiegersohn Max von Stockhausen und auch sein Sohn Franz (seinerzeit Hauptmann in der 5. Panzerdivision und als Genesender auf Stockhausen weilend). Alle drei trafen später in Rüthen zusammen und wurden von dort nach Werl gebracht. Werl war die Geburtsstadt von Franz von Papen. In Werl befand sich in jenen Tagen der Gefechtsstand des Generalmajors Twaddle von der 95. Infanteriedivision. Hier fand eine erste Vernehmung statt. Auf die Frage, ob er kein Verlangen gehabt habe, in die „National-Redoute" — gemeint ist hier die damals propagierte Alpenfestung — zu fliehen, antwortete er, daß er nichts auf dem Gewissen habe und daß der „Redout" für Nazis mit schlechtem Gewissen sei.
Im weiteren Verlauf der Vernehmung ergab sich, daß die Division schon einmal sehr nahe mit von Papen zusammengetroffen war. Während ihres Vorstoßes durch das Saarland hatte das 377. Regiment der 95. Division sein Gut Wallerfangen überrannt. Auf seine Frage nach der Zerstörung des Gutes wurde ihm mitgeteilt, daß vieles an der Zerstörung der deutschen Artillerie anzulasten sei. Darauf erwiderte von Papen, daß er Wallerfangen nur wenige Tage vor der Ankunft der Amerikaner verlassen habe. Generalmajor Twaddle teilt von Papen mit, daß er an eine höhere Kommandostelle gebracht würde. Zuvor wurde er aber noch von der Küche des Divisionsquartiers versorgt, da er Stockhausen beschleunigt verlassen hatte, ohne zu essen. Anschließend brachte man Franz von Papen nach Haltern ins Hauptquartier der 9. US-Armee zu Generalleutnant William H. Simpson.
Im Jahre 1946 wurde Franz von Papen zusammen mit anderen ehemaligen Größen des Dritten Reiches vor das Internationale Militärgericht in Nürnberg gestellt. Sein Verteidiger war sein Sohn, der einige Jahre vor dem Kriege an der George town University in Washington D C ein Jahr lang Jura studiert hatte. Von der Anklage, ein Kriegsverbrecher zu sein, wurde Franz von Papen später freigesprochen.

167 Schumacher. a. a. O., S. 50

168 Geschichte der 95. US-Infanteriedivision

herzte Bürger entschieden, die bereits an vielen Stellen weiße Fahnen gehißt hatten. Auch hier gab es, wie an vielen anderen Orten, die wildesten Gerüchte (angeblich hatte man schon am 1. April bei Soest amerikanische Panzer gesehen). Die Brücken wurden zur Sprengung vorbereitet, und am 6. April wurde die Möhnebrücke bei Niederense gesprengt. Am 7. April beschossen Tiefflieger das Bahnhofsgelände, warfen Bomben und beschossen deutsche Panzer und Soldaten.[169]

Bevor der letzte Angriff auf Neheim-Hüsten begann, hatten sich einige beherzte Bürger auf den Weg gemacht, um die Amerikaner von einer weiteren Beschießung abzuhalten. Eine Befehlsstelle der Amerikaner befand sich in Niederense. Hierhin begaben sich drei Bürger aus Neheim. Ihre Bitte, die Beschießung einzustellen und die Stadt zu besetzen, wurde zunächst mit einiger Skepsis angehört und vorerst abgelehnt. Solange aus Neheim geschossen würde, werde die Beschießung fortgesetzt, notfalls werde man Bombenflugzeuge einsetzen. Als den Amerikanern bald darauf mitgeteilt wurde, daß in der Stadt kaum noch ein deutscher Soldat sei, wurde die Beschießung eingestellt. Am nächsten Morgen rückten die ersten Amerikaner von Niederense aus in die Stadt ein.[170]

Bis zum Mittag dieses Tages hatte das III. Bataillon des 377. Regiments die Stadt gegen unerheblichen Widerstand besetzt. Ein deutscher Offizier bedrohte noch zwei Männer mit der Erschießung, die auf der St.-Johannes-Kirche eine weiße Fahne gehißt hatten. Anschließend entfachte dieser Offizier mit einigen Soldaten eine wilde Schießerei, bei der noch ein deutscher Soldat auf der Möhnestraße fiel. Als die Amerikaner von Bergheim noch Feuer erhielten, zogen sie sich zurück und schossen auf Bergheim, wobei es noch mehrere Tote unter der Zivilbevölkerung gab. Bergheim wurde erst am 14. April besetzt. Die K-Kompanie hatte am gleichen Tage auch den Stadtteil Hüsten ohne Widerstand besetzt.[171]

Gleich nach der Besetzung wurden in der Stadt 290 Häuser beschlagnahmt. Am unteren Totenberg gingen amerikanische Geschütze in Stellung, die in Richtung Arnsberg, Menden und Holzen feuerten. Am Tage der Besetzung schoß auch noch deutsche Flak aus Richtung Voßwinkel und Oelinghausen in die Stadt hinein und am Nachmittag schwere deutsche Artillerie aus Richtung Dreihausen/Bergheim. Die Kampfhandlungen um Neheim-Hüsten forderten 30 Todesopfer. Bei Beginn des deutschen Beschusses hatten sich die Amerikaner zum Teil wieder zurückgezogen und die Bevölkerung aufgefordert, die Kellerräume aufzusuchen.[172]

Nach Abschluß der Kämpfe hatte das 377. Regiment im Raum Neheim-Hüsten 500 Gefangene gemacht. Der Vorstoß auf Neheim-Hüsten hatte gleichzeitig auch die Einschließung der Stadt Arnsberg auf der Nordseite zur Folge. Hier war das 194. Luftlanderegiment noch im Vormarsch begriffen. Durch eine Grenzverschiebung in diesem Bereich wurde Arnsberg aber dann in den Befehlsbereich der 5. Infanteriedivision vom III. Korps der 1. US-Armee einbezogen.[173]

Die Kampfgruppe Faith hatte damit den ihr gestellten Kampfauftrag erfüllt und begann kurz darauf damit, die ersten ihr unterstellten kleineren Verbände zu entlassen, die zu ihren Stammeinheiten zurückkehrten. Am 12. April blieb für die Kampf-

---

169 Schumacher, a. a. O., S. 56 ff.
170 Wie Anmerkung 169
171 Wie Anmerkung 168
172 Wie Anmerkung 169
173 Wie Anmerkung 168

gruppe nicht mehr viel zu tun. Arnsberg wurde von Norden umfaßt, während sich die 5. Infanteriedivision anschickte, die Stadt von Süden zu erobern. Andere Einheiten der Kampfgruppe waren noch damit beschäftigt, die wenigen isolierten Widerstandsnester, die im Gebiet zwischen Ruhr und Möhne noch übriggeblieben waren, zu beseitigen. Am Mittag des 13. April wurde die Kampfgruppe Faith, nachdem sie ihren Auftrag erfüllt hatte, aufgelöst.[174]

## VORSTOSS AUF WERL UND UNNA

Während die Kampfgruppe Faith durch den Arnsberger Wald nach Westen vorgestoßen war, waren die beiden anderen Divisionen der Großkampfgruppe Twaddle zu ihren weiteren Operationen im Ruhrkessel angetreten.

Der erste gemeinsame Angriff von Teilen der 8. US-Panzerdivision und der 95. US-Infanteriedivision im Rahmen der Kampfgruppe Twaddle galt der Stadt Werl und ihrer Umgebung. Der ursprüngliche Plan der Divisionskampfgruppe B der 8. US-Panzerdivision zur Einnahme von Werl sah vor, daß die Kampfgruppe Van Houten westwärts auf die Stadt vorstoßen, während die Kampfgruppe Roseborough Werl links herum umgehen und von Süden her angreifen sollte. Nachdem die Kampfgruppe Roseborough am 7. April, um 12.45 Uhr Ampen genommen hatte, sammelte sie in dem Gebiet unmittelbar östlich von der Kampfgruppe Van Houten, die zu der Zeit in Ostönnen hielt. Aus der Gegend von Ampen und Ostönnen stießen die Kampfgruppen Van Houten und Roseborough am 7. April, um 15.15 Uhr auf Werl vor. Beide Einheiten trafen sogleich auf heftigen deutschen Widerstand. Der erste Zug der A-Kompanie vom 49. Panzerinfanteriebataillon der Kampfgruppe Roseborough traf auf eine besonders stark verteidigte Stellung und verlor fünf Halbkettenfahrzeuge und einen M4-Sherman-Panzer. Erst ein amerikanischer Stoßtrupp, der trotz schwerem deutschen Artilleriefeuer mit Panzerfäusten vorging und die drei deutschen Panzer beschoß, zwang diese dann zum Rückzug. Die Kampfgruppe stieß auch bei ihrem weiteren Vormarsch mehrfach auf hartnäckig verteidigte deutsche Widerstandsnester und wurde von Artillerie- und Panzerabwehrfeuer eingedeckt. Etwa eineinhalb Kilometer westlich von Gerlingen machte die Spitze der Kampfgruppe Roseborough Halt für die Nacht.[175]

Die Kampfgruppe Van Houten hatte Befehl erhalten, Mawicke und Westönnen zu nehmen. Begleitet vom Bürgermeister von Ostönnen, führte der US-Hauptmann William A. Hessel ein Gespräch mit dem Bürgermeister von Mawicke, der einwilligte, den Ort um 15.00 Uhr zu übergeben. Die Kampfgruppe erreichte Westönnen um 19.00 Uhr. Nachdem sie im Ort allen Widerstand gebrochen hatte, blieb sie dort für die Nacht.

Mit der Absicht, den ursprünglichen Angriffsplan durchzuführen, stieß die Kampfgruppe Roseborough am anderen Tage (8. April) um 7.00 Uhr weiter vor. Bei dem Dorf Blumenthal traf sie abermals auf massiven deutschen Widerstand, und der Angriff blieb stecken. Um 10.30 Uhr befahl Oberst Kimball, das Feuergefecht abzubrechen und durch die Kampfgruppe Van Houten hindurch sich nach Westönnen zurückzuziehen. Die Kampfgruppe Van Houten mußte anhalten und Feuerschutz geben,

---

174 Wie Anmerkung 168
175 Geschichte der 8. US-Panzerdivision, S. 164

da die Infanterie-Abteilungen der Kampfgruppe Roseborough in ein heftiges Gefecht verwickelt waren. Dadurch zog sich der Abbruch des Kampfes ziemlich in die Länge.[176]

Um 14.00 Uhr am gleichen Tage erhielt die Kampfgruppe Van Houten den Befehl, die Stadt Werl zu nehmen. Gegen massives deutsches Feuer aus Mörsern und Schnellfeuerwaffen griff die Kampfgruppe an. Die A-Kompanie des 36. Panzerbataillons gab dazu aus zwei Kilometer westlich von Werl entfernten Stellungen Feuerunterstützung. Nach vorhergegangenem Artilleriebeschuß durch das 399. Feldartilleriebataillon [177] stieg die C-Kompanie des 47. Panzerinfanteriebataillons aus und folgte den Panzern der C-Kompanie des 36. Panzerbataillons um 18.00 Uhr in die Stadt.

Werl wurde in jenen Tagen von einer Kampfgruppe der 116. Panzerdivision verteidigt, deren Führer Major Dunker (ehemaliger Kampfkommandant von Beckum) war. Dunker hatte Befehl, sich mit seiner Kampfgruppe in Werl einschließen zu lassen. Die Stadt — am Schnittpunkt der damaligen Reichsstraßen 1 und 63 gelegen — war als Verkehrsknotenpunkt ebenfalls von Bedeutung und sollte gehalten werden. Zudem gab es in Werl einen Flugplatz, und in einem Fabrikgebäude am Ostrand der Stadt lagerten größere Mengen an Munition, Treibstoff und anderen wichtigen Versorgungsgütern. An den Ausgängen der Stadt hatte man Panzersperren gebaut. Für die Verteidigung dieser Sperren sollte der Volkssturm eingesetzt werden. Bürgermeister Riedel war als Bataillonskommandeur dafür verantwortlich. Seine Männer hatten zwar in einem Steinbruch mit den zur Verfügung gestellten Panzerfäusten geübt, die restlichen aber kurz vor dem Einmarsch der Amerikaner in die Löschteiche geworfen. Der Volkssturm löste sich noch rechtzeitig auf.[178]

Während die Kampfgruppen der 8. US-Panzerdivision von Osten her auf Werl zurollten, drang von Norden her die G-Kompanie des 379. Infanterieregiments der 95. US-Infanteriedivision auf die Stadt vor. Der Angriff begann am 7. April, um 18.45 Uhr, und etwa zwei Stunden später hatte die Kompanie nach starkem Widerstand die Hälfte des Teils von Werl besetzt, der in der Zone der 95. Division lag. Ein großer Militärflugplatz und eine große Haftanstalt für politische Gefangene wurden in Werl besetzt.

Mit der Einnahme dieses Gefängnisses trafen die Männer der „Victory-Division" auf eine Seite des totalen Krieges, die ihnen bis dahin unbekannt geblieben war. Es war noch nicht gänzlich dunkel, als die G-Kompanie ihren Bereich im Norden der Stadt besetzt hatte. Eine Kommandostelle wurde eingerichtet, und gegen einen möglichen deutschen Gegenangriff wurden Wachen aufgestellt. Die Mannschaften hatten sich für die Nacht eingerichtet, bevor sich der Zwischenfall mit dem politischen Gefängnis ereignete.[179]

Oberleutnant William F. Eberle (Exekutive-Officer der Kompanie) hatte für die Kommandostelle eines der besseren Häuser in einem Wohnblock ausgesucht, der unmittelbar an ein großes Gefängnis anschloß. Auf der Karte, welche die Kompanie

---

176 Ebd.

177 Das 399. US-Feldartilleriebataillon war etwa drei Kilometer westlich von Werl in Stellung gegangen zur direkten Unterstützung der Kampfgruppe Van Houten. Sie befanden sich hier in einer heiklen Situation, da sie Feuer von vorn, von beiden Seiten und manchmal auch von hinten bekamen. Sie stellten sich die Frage: „Wer ist denn nun eigentlich eingekesselt?" (Geschichte der 8. US-Panzerdivision)

178 Helmuth Euler, Die Entscheidungsschlacht an Rhein und Ruhr, S. 221

179 Geschichte der 95. US-Infanteriedivision

benutzt hatte, war das Gefängnis ausgewiesen, es schien jedoch leer zu sein. Aber Hauptmann Alfred P. Ricci entschied, daß das riesige Gebäude untersucht werden solle, bevor die Kompanie sich zur Ruhe begab. An einer hohen Ziegelmauer entlanggehend, suchten Soldaten des 3. Zuges und der Kommandostelle nach einem Eingang und entdeckten schließlich eine Tür, so groß wie ein Scheunentor. Von innen kam kein Laut. Vorsichtig drückten die Männer gegen das Tor, und mit schwachem Knarren wich es nach innen. Ricci, Eberle und die Männer traten ein, die Gewehre schußbereit. Das Gebäude wirkte verlassen. Dann ging weit zur Linken eine Tür auf, und eine wirre Menge von Zivilpersonen drängte heraus und kam zögernd auf die Infanteristen zu. Erst blieben sie stumm, und sie sahen aus, als ob sie am liebsten weggelaufen wären. Dann gingen noch andere Türen auf, und noch mehr Menschen kamen auf den dunklen Hof hinaus. Es waren auch einige Frauen darunter. Schließlich schien der Bann gebrochen, und sie rannten in wildem Durcheinander nach allen Richtungen aus den Türen heraus. „Englisch? Englisch? Englisch?" riefen sie mit brüchigen Stimmen.

Einer der Männer der G-Kompanie rief laut: „Nein, wir sind Amerikaner!" Da gab es einen gewaltigen Tumult. Die einen schüttelten sich endlos die Hände und küßten sich, andere standen einfach da und weinten. So bald wie möglich wurde Ordnung geschaffen, und es wurde festgestellt, daß es über tausend Zivilgefangene gab. Aber schon aus dem Tumult heraus war hier und da in gebrochenem Englisch Auskunft gegeben worden. Es waren Russen, Polen, Franzosen und Deutsche. Ihr Verbrechen: Sie waren anderer Meinung als „der Führer" gewesen. Inzwischen hatten einige Männer der G-Kompanie angefangen, den Gefängnisbau gründlich zu durchsuchen, und bald wurden mehr als hundert Nazi-Gefängniswärter in protzigen Uniformen und blankgewichsten Stiefeln aus einer Seitentür nach draußen befördert.

Als die nun befreite Menge ihre Wächter sah, konnte nichts sie zurückhalten. All der aufgestaute Haß, das Elend der monatelangen Haft und des Erleidens von Mißhandlungen brach sich Bahn. Mit einer wilden Flut von Verwünschungen, mit Nägeln und Fäusten drangen sie auf das verängstigte Wachpersonal ein. „Uns war nach Hochrufen zumute", sagte Hauptmann Ricci später, „aber unsere Aufgabe war, Ordnung zu schaffen, und nach ein paar Schüssen in die Luft gelang uns das auch."[180]

Das deutsche Aufsichtspersonal wurde von den Amerikanern zusammengeholt. Wie das vonstatten ging, schildert ein zeitgenössischer Bericht:

„Der Offizier befiehlt, daß sämtliche Männer, auch die diensthabenden Beamten in den drei Zellenhäusern, sofort antreten sollen. Aus den benachbarten Beamtenhäusern holen Soldaten die dienstfreien Männer. Mit erhobenen Händen, manche ohne Rock oder in Pantoffeln — so kommen sie in den Vorhof.

Einschließlich einiger aufgegriffener deutscher Landser stehen über 200 Mann versammelt. Versammelt für eine Zeremonie besonderer Art: Schlüsselübergabe! Jeder Bedienstete muß seine Zellenschlüssel auf einen großen Haufen werfen. Im selben Augenblick kommen auch die Gefangenen angestürmt. Mit fürchterlichem Freudengeheul begrüßen sie die Amerikaner als ihre Befreier. Einige Häftlinge stürzen zu den Schlüsselhaufen, andere fallen über Beamte her, die sich die Mißhandlungen gefallen lassen müssen.

Der ganze Spuk dauert etwa anderthalb Stunden. Während ein Teil der Amis sich um die Häftlinge kümmert, führt der Rest die gefangenen Beamten vorbei an zwei

180 Wie Anmerkung 179

Sherman-Panzern aus dem Zuchthausgelände. Den Deutschen schwant nichts Gutes; denn ihre Bewacher reden dauernd von „Gestapo" und „Ihr SS"! Auf der Tenne eines Bauernhofes in Scheidingen wird das provisorische Gefangenenlager eingerichtet. Hier gelingt es schließlich dem Direktor, einen amerikanischen Offizier davon zu überzeugen, daß die Bediensteten der Sicherungsanstalt nichts mit Gestapo oder SS zu tun haben.

Am nächsten Mittag geht es zurück in die Anstalt, wo das erste Lehrstück demokratischer Umerziehung beginnt. Die Amis teilen mit, daß die Häftlinge bestimmen sollen, welche Beamten weiterhin im Dienst bleiben können. Von der amerikanischen Anstaltsleitung werden die Sicherungsverwahrten freigelassen. Einer davon ist ein paar Tage später Stellvertreter des neuen Direktors.

Ebenso werden die Posten der Inspektoren durch Sicherungsverwahrte besetzt. Häftlinge dieser Kategorie versehen nun auch den Aufsichtsdienst in der Anstalt. Sie sperren mehrere Beamte, die ihnen vor dem Einmarsch der Amis nicht angenehm waren, kurzerhand in die Zellen. Erst im Juni/Juli 1945 gibt es keine Sicherungsverwahrten als Aufsichtsbeamte mehr. Inzwischen haben die Engländer die Anstalt in Werl übernommen und zum Alliierten-Gefängnis gemacht, in dem auch viele deutsche Kriegsverbrecher sitzen."[181]

Die deutsche Befehlsstelle in Werl befand sich in einem Keller des Ursulinenklosters. Hier hielten sich der Stadtkommandant Major Dunker, Bürgermeister Riedel, Polizeichef Hochstuhl und der Polizeiarzt Dr. Leimgardt auf, als am Sonntag, dem 8. April, gegen Mittag das Telefon schellte. Am anderen Ende der Leitung meldeten sich zwei amerikanische Offiziere, die von der Gastwirtschaft Stewen, Westönnen anriefen. Die Verbindung war über das Werler Postamt zustande gekommen. Die amerikanischen Offiziere forderten die Übergabe der Stadt. Hierzu war Bürgermeister Riedel sofort bereit, der Kampfkommandant anscheinend noch nicht. Die Verhandlungen führte mit Duldung des Polizeichefs Dr. Leimgardt, der die Amerikaner um Schonung der Stadt bat. Die Amerikaner lehnten seine Bitte aber mit der Bemerkung ab, daß sie nur mit militärischen Personen über die Kapitulation einer Stadt verhandeln könnten.

Gegen 15.00 Uhr belegten die Amerikaner die Stadt erneut mit Artilleriefeuer. Dies dauerte bis etwa 17.00 Uhr und forderte noch über 30 Menschenleben. Zur gleichen Zeit näherten sich die ersten amerikanischen Panzer aus Richtung Westönnen, und auch vom Gelände des Flughafens aus rollten die ersten Panzer in die Stadt. Noch einmal rief ein amerikanischer Offizier in der Befehlszentrale in Werl an und fragte, ob die Werler nun genug hätten. In der Zwischenzeit hatte sich der Kampfkommandant Major Dunker mit seinen Soldaten in den Werler Stadtwald abgesetzt, und so konnte sich der Polizeichef Hochstuhl für die Kapitulation der Stadt verbürgen.

Nunmehr hielten auch die Werler Bürger die Zeit der Kapitulation für gekommen. Schreinermeister Andreas Sprenger und Heinrich Vielhaber hißten am Turm der Propsteikirche eine weiße Fahne. Bald flatterte diese auf der von Granaten aufgerissenen Ostseite des Turmes im Winde.

Die Panzerspitzen der 8. US-Panzerdivision umfuhren auf Nebenwegen die Panzersperren. Dabei wurden noch zwei Sherman-Panzer durch deutsche Panzerfaustschützen abgeschossen.[182]

---

181 Karl Peukert, Die Amis kommen, Hagen 1965, S. 26

182 Wie Anmerkung 178

Am Abend des 8. April war Werl fest in der Hand der amerikanischen Truppen. Der Stadtteil nördlich der Eisenbahnlinie gehörte zum Bereich der 95. US-Infanteriedivision, der südliche Teil war von den Kampfgruppen der 8. US-Panzerdivision besetzt worden. Dem deutschen Kampfkommandanten, Major Dunker, war es gelungen, sich mit etwa 50 Mann durch den amerikanischen Einschließungsring durchzuschlagen. In der Nacht erreichten sie die weiter westlich zurückgedrängten deutschen Linien.[183]

Im Rahmen der Kampfgruppe Twaddle nahm auch das 379. Regiment der 95. US-Infanteriedivision am Morgen des 8. April seine Angriffsoperationen aus der Linie Rhynern-Sönnern wieder auf. An der rechten Flanke des Regiments operierte das 378. Regiment der gleichen Division in südwestlicher Richtung, und an der linken Flanke rollten die Kampfgruppen der 8. US-Panzerdivision nach Westen. Das Regiment trat an mit dem III. Bataillon auf der rechten Flanke und dem I. Bataillon auf der linken Flanke, während das II. Bataillon zunächst in Reserve verblieb. Die G-Kompanie des II. Bataillons war zu diesem Zeitpunkt noch im nördlichen Teil von Werl gebunden.

Von Rhynern, Nordallen und Unterallen griffen die L-, K- und I-Kompanien des III. Bataillons nach Südwesten an und trafen nur auf leichten deutschen Widerstand. Die Kompanien des I. Bataillons griffen auf der linken Seite der Regimentskampfzone an und trafen dabei auf gleichmäßigen leichten deutschen Widerstand. Die A-Kompanie griff mit allen drei Zügen im Marschfeuer Hilbeck an und besetzte das Dorf bereits um 8.00 Uhr. Ein deutsches Sanitätsdetachment mit 50 Mann wurde hier gefangengenommen. Wenig später rückte die Kompanie auf Westhilbeck vor. An der linken Seite des Bataillons griff die C-Kompanie gegen leichten deutschen Widerstand das Dorf Budberg an und hatte es bereits um 8.00 Uhr geklärt.[184]

Daß es in Budberg zu einer schweren Verletzung der Genfer Konvention durch die amerikanischen Truppen kam, erwähnt die Divisionsgeschichte der 95. US-Infanteriedivision mit keinem Wort. Helmuth Euler hat dieses Vorkommnis in seinem Buch „Die Entscheidungsschlacht an Rhein und Ruhr“ wie folgt beschrieben:

„Am 7. April hatten versprengte deutsche Soldaten der 116. Panzerdivision, der sogenannten Windhund-Division, den Ort Budberg bei Werl erreicht. Die Soldaten waren ausgemergelt und trugen zerschlissene Uniformen. Bei den Bauern von Budberg fanden sie ein Unterkommen, zehn von ihnen beim Bürgermeister des Dorfes, Becker. Am Morgen des 8. April begann plötzlich aus offensichtlich vier Geschützen heftiger Beschuß. Einige Häuser erhielten Volltreffer. Mehrere in den Kellern sitzende Menschen fanden den Tod. Kaum war der letzte Schuß gefallen, standen auch schon die amerikanischen Soldaten im Dorf und nahmen die deutschen Soldaten ohne Widerstand fest. Zwei, die zu entkommen versuchten, wurden von den Amerikanern erschossen.

Die Amerikaner waren mit ihren deutschen Gefangenen nach Haus Borg am Rande des Ortes gezogen. Hier kam es zu einem plötzlichen Feuergefecht mit deutschen Soldaten, die sich verborgen hielten. Einige Amerikaner fielen. Jetzt wurden die deutschen Gefangenen unter äußerst strenger Bewachung festgehalten und am Abend

---

183 Den Leser wird sicherlich das weitere Schicksal des Majors Dunker interessieren, der ja durch die selbständige Aufgabe der Stadt Beckum in eine besonders heikle Situation geraten war. Seine weiteren Aufzeichnungen sind im Anhang, Anlage 17, zu lesen.

184 Geschichte der 95. US-Infanteriedivision

im Dorf auf der Straße erschossen. Dieses Massaker unter den Gefangenen hatte aber Überlebende, von denen einer, der damals siebzehnjährige Friedrich Schmidthausen, in einem Brief an den Suchdienst der 116. Panzerdivision am 28. Januar 1954 folgendes mitteilte:

»,In den frühen Morgenstunden des 8. April 1945 gerieten wir bei einem überraschenden amerikanischen Angriff in Gefangenschaft. Außer mir waren es sieben Angehörige der 116. Panzerdivision, unter anderem der bereits schwer verwundete Hauptmann Gerling. Einige Minuten nach unserer Gefangennahme brachten die nachrückenden amerikanischen Soldaten weitere sechs Gefangene von einer Straße unweit Haus Borg mit. Kurz nach dem Eintreffen dieser Gruppe mußten wir uns mit

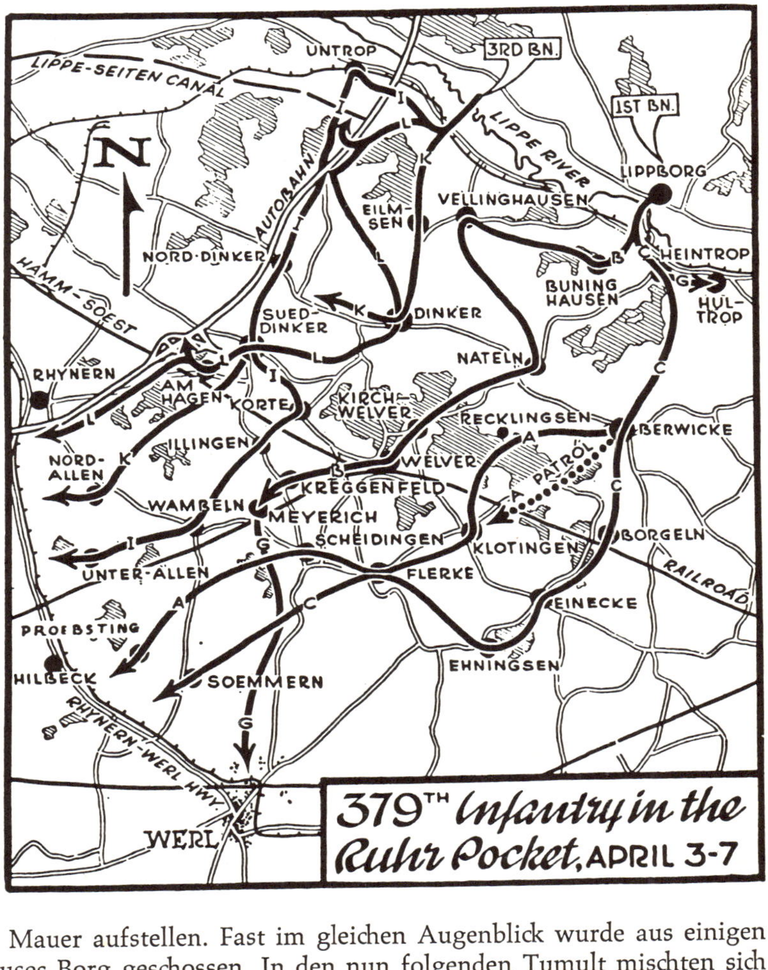


*Karte 15: Der Vormarsch des 379. Regiments vom Lippeübergang in den Raum um Werl (Aus der Geschichte der 95. US-Infanteriedivision)*

dem Gesicht zur Mauer aufstellen. Fast im gleichen Augenblick wurde aus einigen Fenstern des Hauses Borg geschossen. In den nun folgenden Tumult mischten sich Schüsse der Amerikaner und Geschrei von Frauen und Kindern. Den genauen Vorgang konnte ich jedoch nicht beobachten, da wir hieran durch die Maschinenpistolen der Amerikaner gehindert wurden. Nachdem das Feuergefecht vorüber war, wurden wir ins Haus geführt und unter starker Bewachung gehalten. Inzwischen hatte man die bei dem am Morgen stattgefundenen Gefecht gefallenen amerikanischen Soldaten

unter unser Fenster gelegt. Hiernach wurden wir gezwungen, uns die Gefallenen anzusehen. Nachdem einer unserer Gruppe, ein Infanterie-Leutnant, einem Verhör unterzogen worden war, teilte man uns um 10.30 Uhr mit, daß wir abends gegen 18.30 Uhr erschossen würden.' ‚Im Laufe des Nachmittags wurden die sieben Jüngsten von uns ausgesucht, die vorweg erschossen werden sollten. Dieses Vorhaben wurde aber durch das Betreiben des Infanterie-Leutnants und auf unseren Protest hin wieder fallengelassen. Gegen 18.00 Uhr wurden wir durch die Amerikaner zu deren Gefechtsstand geführt. Den schwer verwundeten Hauptmann Gerling trugen wir auf einer ausgehängten Tür mit. Am Gefechtsstand wurden wir nochmals von einigen amerikanischen Offizieren über die Geschehnisse ausgefragt. Die richtige Beantwortung der Fragen jedoch war uns teilweise unmöglich, da wir dieselben nicht verstanden. Beim Marsch durch Budberg gab der befehligende Offizier den Befehl zum Aufstellen und Feuer.'

‚Von uns 14 Personen kamen drei verwundet mit dem Leben davon. Es waren dies ein älterer Volkssturmmann, ein Fahnenjunker und ich. Bemerken möchte ich noch, daß die Amerikaner bei der Exekution Explosivgeschosse verwandten. Zwei in eine naheliegende Scheune geflüchtete Kameraden wurden am darauffolgenden Tag wieder festgenommen. Über den weiteren Verbleib kann ich keine Auskunft geben. In der Dämmerung wurden die gefallenen Kameraden noch am selben Tag mit einem Lastkraftwagen fortgefahren. Ich selbst wurde siebenmal getroffen und kam durch die Hilfsbereitschaft eines Russen und eines deutschen Mädels am Nachmittag des 10. April in ein Lazarett.'

Über den Verbleib der Toten konnte zunächst keine Sicherheit erzielt werden, doch wurde 1946 im Werler Stadtwald ein Massengrab geöffnet, in dem sich elf Leichen befanden. Auch in Budberg hatte es elf Tote gegeben. Aber die Toten von Werl wurden als ausländische Arbeiter identifiziert.

Es gibt gewisse Vermutungen, daß es sich bei den in Budberg tätig gewordenen Amerikanern um Einheiten handelte, die sich aus Polen und Tschechen zusammensetzten. Die Morde von Budberg fanden keine Sühne.

Am 12. Mai 1952 hatten Unbekannte am Ort der Bluttat in Budberg ein primitives Holzkreuz aufgestellt. Auf einer rohen Holztafel stand mit ungelenker Schrift geschrieben: ‚Im stillen Gedenken an die hier von Amerikanern am 8. 4. 1945 ermordeten deutschen Soldaten.' Auf der Rückseite des Kreuzes stand: ‚Wo sind die Gräber und die Namen der deutschen Soldaten und das Gewissen der gerechten Völker?' Das Mahnkreuz wurde damals sofort entfernt. Friedrich Schmidthausen, der sich bei der Bluttat in Budberg tot stellte und so überlebte, erfuhr erst viele Jahre später, daß seine Kameraden auf dem Friedhof von Voerde bei Dinslaken begraben liegen.«[185]

Während des Angriffs auf Werl gelang einer anderen kleinen Einheit der 8. US-Panzerdivision ein besonderer Handstreich. Eine Patrouille des A-Zuges der 88. Cavalry-Aufklärungsschwadron näherte sich am 7. April der Möhnetalsperre. Gedeckt durch Haubitzenfeuer des E-Zuges, ging die Patrouille unter Führung der Sergeanten Roman H. Woods und Emil Dragosita die Sperrmauer an. Um an Mauer und Überlauf entlang voranzukommen, mußten die Männer der „Achtundachtzigsten" sozusagen zu menschlichen Fliegen werden, um die deutschen Wachen zu überwältigen. Über Stahlträger, Planken und Bretterverschalungen, die dort zum Schutz vor von der Talseite her abgeworfenen Bomben aufgerichtet worden waren, kletterten sie seitlich zum Damm herab. Das letzte Stück bis zum Fuß der Mauer hangelten sie

akrobatisch an einem Stahlseil acht Meter tief herunter, übersprangen einen zwei Meter breiten Graben und konnten dann endlich die Dammwachen überwältigen. Bei dieser Aktion wurde der Stoßtrupp nur einmal kurz beschossen.[186]

Mit der Besetzung der Sperrmauer durchkreuzten die Amerikaner den Plan der Deutschen, das Möhnetal zu überfluten. Diese „ounce of prevention" verhinderte, daß die für die Durchführung des Unternehmens Ruhrkessel nötige Zeit um Wochen verlängert wurde.[187]

Nördlich des Möhnesees gingen am Morgen des 8. April andere Einheiten der 8. US-Panzerdivision nach Westen vor. Die Kampfgruppen Walker und Artmann machten sich bereit, die Straße Werl-Wickede zu sichern. Um 10.45 Uhr rückte die Kampfgruppe Artmann gegen Niederense und Höingen vor. Die Kampfgruppe Walker rollte derweil, durch schwaches deutsches Handwaffen- und Artilleriefeuer hindurch, zur Einnahme nach Bremen und Parsit vor.[188]

Auch die Einheiten der Divisionskampfgruppe R rückten an diesem Morgen in der ihnen zugewiesenen Kampfzone weiter nach Westen vor. Auf ihrer linken Flanke

---

185 Euler, a. a. O., S. 198–199. – Der Verfasser konnte bereits im Jahre 1970 die Originalakten zu diesem bedauerlichen Vorfall beim Familienverband der 116. Panzerdivision entleihen und einsehen. Eine besondere Nachfrage zu diesem Vorkommnis in Budberg bei dem zuständigen Ortsheimatpfleger Johannes Schlinkert durch den Verfasser im Sommer 1982 ergab folgende Bestätigung:
„Ich muß Ihnen die damaligen Ereignisse bestätigen. Leider gibt es über die Erschießung aus Budberg keine Augenzeugen, es gibt lediglich einen Bericht der Bildzeitung vom 25. Juni – wahrscheinlich 1954 – der Reporter mußte aus Soest sein –, den Sie beiliegend erhalten. Ich wäre jedoch für baldige Rückgabe dankbar, da dies mein einziges Exemplar ist.
Daß die deutschen Soldaten zwischen sich den schwerverwundeten Hauptmann auf einem Gestell trugen, kann ich persönlich bestätigen, denn ich sah am Abend des 8. April 1945 die Soldaten unter starker Bewachung von Haus Borg, etwa 800–1 000 Meter vom Ort Budberg entfernt liegend, zum Dorf Budberg gehen. Die Erschießung fand auf der gegenüberliegenden Seite des Dorfes am Ortsausgang statt.
Der Bericht im Buch von Helmuth Euler ist soweit richtig, bis auf den Verbleib der elf Toten. Ob diese Toten nun in Werl oder Dinslaken liegen, kann ich nicht überprüfen, wahrscheinlich muß dies aber Herr Euler seinerzeit getan haben."

186 Geschichte der 8. US-Panzerdivision, S. 163. Dieser Coup wird auch in der Geschichte der 88. Cavalry-Aufklärungsschwadron eingehend geschildert.

187 Soweit die Geschichte der 8. US-Panzerdivision. Anmerkung des Verfassers: Es ist nicht bekannt, ob deutscherseits Pläne bestanden, die Sperrmauer zu sprengen. Militärisch wäre diese Maßnahme nicht von Bedeutung gewesen und hätte höchstens noch zahlreiche Ziviltote gefordert durch erneute Überschwemmungen.
Nach Euler, „Die Entscheidungsschlacht an Rhein und Ruhr", Seite 161, hatten die Amerikaner angeblich von deutschen Kriegsgefangenen gehört, die Sprengung der Mauer sei vorbereitet und die Auffahrt zur Dammkrone vermint.
Der Verfasser hat zu diesem Thema auch nochmals den ehemaligen Oberleutnant Varnholt befragt, der am 6. April 1945 mit seiner Pionierkompanie nach Niedereimer verlegt hatte und dem die Sicherung der Sperrmauer und der Delecker Brücke des Möhnesees anvertraut war. Nach den Aussagen Varnholts war von einer vorgesehenen Sprengung der Möhne-Sperrmauer nichts bekannt. Außer den Pionieren der 1. Kompanie des Panzerpionierbataillons 675 der 116. Panzerdivision gab es auch in der näheren Umgebung keine weiteren deutschen Verbände mehr.
Die Delecker Brücke wies bei Eintreffen der Kompanie bereits zwei gesprengte Bogen auf. Oberfeldwebel Kremer sprengte mit seiner Gruppe einen weiteren Bogen heraus, auf den schon amerikanische Soldaten vorgedrungen waren und die Pioniere aufforderten, sich zu ergeben. Mehrere Amerikaner müssen mit dieser Sprengung in die Luft geflogen sein. Eigene Verluste: ein Toter, mehrere Verwundete. (Aus den Aufzeichnungen des ehem. Oberleutnants Varnholt)

188 Geschichte der 8. US-Panzerdivision, S. 163

wurden sie dabei fortwährend von gezieltem deutschen Feuer jenseits der Möhne eingedeckt.

Bei der Kampfgruppe Walker fiel gegen 11.00 Uhr der Führer, Major Walker, durch Verwundung aus.[189] Major Phillip J. Connell, Stabsoffizier des 80. Panzerbataillons, mußte das Kommando über die Kampfgruppe übernehmen. Durch Artillerie-, Mörser- und Handwaffenfeuer vorrückend, wurde später das Dorf Waltringen erobert. Die Kampfgruppe Artmann traf bei ihrem Vorstoß auf Vierhausen, Schlükkingen und Wiehagen ebenfalls auf beträchtlichen Widerstand.[190]

Am 8. April hatte auch das Divisionskampfkommando A der 8. US-Panzerdivision den Befehl erhalten, in der Nähe von Bilme (6 Kilometer südlich von Ostönnen) zu sammeln, den Winkel zwischen Möhne und Ruhr westlich der Möhnetalsperre feindfrei zu machen und sich bereitzuhalten, durch das Divisionskampfkommando B hindurch vorzurücken.

Die Kampfgruppe Goodrich hatte den Möhne-Ruhrwinkel am 9. April bis 17.00 Uhr gesichert, während die Kampfgruppe Poinier in Reserve geblieben war.[191]

Die deutschen Truppen zwischen Möhne und nördlich von Werl — immer noch die Reste der 116. Panzerdivision — und andere unterstellte Einheiten hatten sich am 7. und 8. April abermals zurückziehen müssen. Soest war verlorengegangen, der deutsche Kampfkommandant hatte sich mit Genehmigung der 116. Panzerdivision zu ihr durchschlagen können. Nördlich und nordwestlich von Werl hatten die Amerikaner tiefe Einbrüche auf Sönnern, Oster-Flierich und Osterbönen erzielt, ebenso südwestlich von Hamm.

Am Abend hatten die Amerikaner überraschend mit Panzern auf dem Höhenzug nördlich der Möhnetalsperre angegriffen und waren bis in die Gegend von Oberense durchgebrochen. Die gesamte Front westlich von Soest war dadurch zum Einsturz gekommen. Nur mit Mühe konnten im Schutze der Nacht die dort kämpfenden Teile der Division (vornehmlich Kampfgruppen des Panzergrenadierregiments 60) aufgefangen werden. Bis zum Morgen des 8. April wurde eine neue Linie von Neheim über Höingen-Bremen-Werl-Budberg-Westhillbeck-Pelkum aufgebaut. Die Division hatte ihren Gefechtsstand am Vormittag des 7. April nach Hohenheide (sechs Kilometer nördlich von Menden) verlegt.

Am Morgen des 8. April hatten die Amerikaner mit schwächeren Kräften den rechten Flügel der Division und mit stärkeren Werl von Osten und Norden angegriffen. Höingen, Bremen, Werl — nach fast völliger Einschließung und Kampf im Nordteil der Stadt — sowie Budberg gingen verloren. In der Nacht mußte die Front abermals zurückgenommen werden, und zwar der rechte Flügel hinter die Ruhr von Neheim bis westlich Waltringen, dann Ost-Büderich. Der Abschnitt des Kampfkommandanten von Hamm am linken Flügel der Division war inzwischen der linken Nachbardivision unterstellt worden.[192]

---

189 Durch einen Acht-Acht-Volltreffer auf seinen Panzer wurde Major Walker schwer verwundet und mußte unter ständigem deutschen Artilleriefeuer ins Feldlazarett gebracht werden. Auch der Führungspanzer der B-Kompanie des 80. Panzerbataillons wurde außer Gefecht gesetzt, als er in Stellung fuhr, um den Schuß zu erwidern, der Major Walkers Panzer getroffen hatte. (Geschichte der 8. US-Panzerdivision, S. 164)

190 Am Abend des Tages hatten die Einheiten der Divisionskampfgruppe R trotz heftigen deutschen Widerstandes 238 Gefangene gemacht, einen Tigerpanzer zerstört, drei 8,8 cm-Flakgeschütze und drei Munitionslager erbeutet. (Geschichte der 8. US-Panzerdivision, S. 164)

191 Geschichte der 8. US-Panzerdivision, S. 164

192 Guderian, a. a. O., S. 13

In Bremen bei Wickede konnte Oberstleutnant Eberhard Stephan den Bürgermeister vor dem Tode durch Erschießen retten. Unbesonnene hatten hier zuvor schon weiße Fahnen gehißt.

An diese Tage erinnert sich wiederum der Hauptmann Hans-Joachim Tzschentke und schreibt:

„In Wickede wurde am 7. April ein Meldekopf gebildet, der alle ankommenden Kampfteile sammelte. (Führer des Meldekopfes war Hauptmann Rudolph.) Es folgten ein Stellungswechsel nach Ewingen (9. April), schließlich nach Dünnebrett, nördlich von Lüdenscheid. Da die Amerikaner nach den damaligen Beobachtungen Lüdenscheid bereits am 11. April — wohl von Süden kommend — erreicht hatten und bereits in der Nacht zum 12. April Dünnebrett mit Artillerie beharkten, wird für uns Stellungswechsel über Altena nach Bredenbruch, südlich Hemer, befohlen (12. April). Dort wird wieder ein Meldekopf für unsere Division (Hauptmann Inboden) eingerichtet, der aber am folgenden Tage mittags aufgelöst wird. Abrücken aller Teile unserer Divisionen nach Iserlohn zur Winkelmann-Kaserne. Dort wurde allen Resteinheiten freigestellt, sich zu ergeben oder sich durchzuschlagen."[192a]

9. APRIL:

Am Morgen dieses Tages herrschte dichter Nebel über dem gesamten Frontgebiet. Unter diesem Schutz traten die amerikanischen Kampfgruppen auf der ganzen Front nördlich der Ruhr mit starken Kräften zum Angriff gegen die schwachen Linien der 116. Panzerdivision an. Die deutschen Einheiten hatten in der Nacht kaum Zeit gefunden, sich zu ordnen und in den neuen Stellungen einzurichten. Beim Panzergrenadierregiment 60 gelang den Amerikanern ein Einbruch in den Wald nordwestlich von Waltringen, der erst am Westrand abgeriegelt werden konnte. Der Schwerpunkt aller Angriffe der Amerikaner lag westlich von Werl. Hier wurde vor allem das Panzergrenadierregiment 156 von Osten und Nordosten angegriffen. Die amerikanischen Kampfgruppen traten hier mit einer erheblichen Zahl Panzer, die überraschend aus dem Nebel vorbrachen, auf. Die eigene Artillerie war blind und dadurch ausgeschaltet, die eigenen wenigen Panzer ebenfalls. Es dauerte lange, bis die Divisionsführung ein klares Bild der Lage gewinnen konnte. Im Laufe des Tages gingen Ost- und Westbüderich verloren, ebenso auch Holtum. Bei Steinen und Hemmerde blieb die Lage für die deutschen Führungsstellen weiterhin unklar.

Durch den vorbildlichen Einsatz der wenigen noch lebenden Offiziere, vor allem der Bataillons- und Regimentskommandeure, sowie der wenigen Panzer konnten einige Stützpunkte gebildet und gehalten werden. Nach dem Verschwinden des Nebels war es der Artillerie, die zusammen mit den Panzern den Abwehrkampf allein führen konnte, wieder möglich, einzugreifen, so daß ein tiefer Durchbruch verhindert werden konnte. Im Verlauf des Tages wiederholte der Amerikaner seine Angriffe und konnte am rechten Flügel Wiehagen, am linken Flügel Stockum nehmen.[193]

Nachdem Werl gefallen war, gab es auch für die amerikanischen Einheiten keine Pause, sich auszuruhen oder neu zu formieren. Die Kampfgruppe Van Houten erhielt den Befehl, gleich weiterzurücken, um das engbenachbarte Dorf Büderich zu nehmen. Gegen schwachen deutschen Widerstand rückte die Kampfgruppe vor und hatte gegen 20.00 Uhr bereits am 8. April den Ort besetzt. Die Einheiten bezogen Quartier für die

---

192a Mitteilungen des ehemaligen Hauptmanns Hans-Joachim Tzschentke an den Verfasser im Jahre 1982

193 Guderian, a. a. O., S. 13—14

Nacht. Am gleichen Tage hatten Einheiten der 8. US-Panzerdivision entlang der Ruhr bereits Kontakt mit Einheiten des III. Korps der 1. US-Armee hergestellt.

Am Morgen des 9. April rückten die Einheiten des Kampfkommandos B der 8. US-Panzerdivision weiter vor in Richtung auf die Stadt Unna (etwa 16 Kilometer westlich von Werl). Durch die Aufklärungs-Einheit an der Spitze hindurch stieß die Kampfgruppe Van Houten auf Holtum vor und hatte dieses Dorf bereits um 8.30 Uhr genommen. Der Vorstoß ging sogleich weiter auf Hemmerde. Als die Spitze der Kampfgruppe (die C-Kompanie des 36. Panzerbataillons) sich dem Dorf näherte, wurde der führende Panzer außer Gefecht gesetzt. Gedeckt durch massives Artilleriefeuer, nahmen die Zwillingskompanien (36. Panzer- und 49. Infanteriebataillon) den Ort gegen 14.00 Uhr. Der Widerstand im westlichen Hemmerde wurde beiseite gefegt, und gegen 18.00 Uhr erreichten die Einheiten der Kampfgruppe Stockum, wo sie sich für die Nacht einrichteten und dort verblieben.[194]

Auf heimatlichem Boden befand sich in jenen Apriltagen der Gefreite Ernst Hellmich, als Teile der 2. Kompanie (Funkkompanie) der Panzer-Nachrichten-Abteilung 228 nach erneutem Stellungswechsel für drei Tage und drei Nächte auf seinen elterlichen Hof in Hemmerde-Dreihausen verlegten. Im Rahmen der 116. Panzerdivision war auch die Nachrichten-Abteilung aus dem östlichen Ruhrgebiet in den Raum um Soest verlegt worden. Funktruppführer Hellmich befand sich mit seiner Funktruppe bei einer Werkstatt- und Ersatzkompanie (Oberleutnant Bultmann) der 116. Panzerdivision und war zunächst in Berwicke gewesen. Vor den von allen Seiten anrückenden amerikanischen Kampfverbänden zog sich diese Kompanie (die Funkzentrale hatte in einem benachbarten Walde gelegen) weiter über Wickede-Ruhr nach Lendringsen zurück. Hier blieb sie zwei bis drei Nächte und hörte bereits schweres Artilleriefeuer von der Ruhr her. Von Lendringsen ging es nachts weiter nach Iserlohn und später in Richtung Altena weiter nach Ihmert, da Iserlohn bereits unter Artilleriefeuer gelegen hatte.[194a]

Auftragsgemäß stießen gleichzeitig auch die Bataillone des 379. Regiments in ihrer Angriffszone weiter südwestlich vor. Ein besonderes Tagesziel war dem Regiment für diesen Tag nicht gegeben worden, und so rückte das III. Bataillon auf der rechten Flanke fast nach Belieben vor. Dabei erreichte im Laufe des Tages auf dem rechten Flügel die L-Kompanie die Orte Osterbönen, Westerbönen und Borgholz. Die K-Kompanie stieß gleichzeitig durch Bönen ohne Widerstand auf Altenbögge vor. Die I-Kompanie an der linken Bataillonsflanke nahm bis zum Nachmittag die Orte Peddinghausen, Flierich und Lütgenbögge. Das III. Bataillon hatte im Laufe des Tages wieder zahlreiche Gefangene gemacht. Im Verlauf des Abends wurde das III. Bataillon aus seiner Angriffszone verdrängt, da das II. Bataillon von hinten aufschloß, das um 14.00 Uhr wieder unter das Kommando des Regiments kam.[195]

---

194 Geschichte der 8. US-Panzerdivision, S. 166

194a Aus einem Gespräch, das der Verfasser mit dem heutigen Amtsgerichtsdirektor im September 1982 in Erwitte führen konnte. Herr Hellmich erinnert sich auch daran, daß in den Tagen bei Soest noch ein „Befehl zum Ausbruch" bestand. Nach seinem Wissen und seinen Beobachtungen müßte die Division in jenen Tagen noch etwa 25 Panzer und etwa ebensoviel Sturmgeschütze gehabt haben. Bei der Artillerie gab es zudem noch etliche Selbstfahrgeschütze des Typs Hummel und Wespe.

195 Geschichte der 95. US-Infanteriedivision. Die Geschichte vermerkt dazu noch, daß sich die deutschen Soldaten gerne ergaben. Es zeigten sich demnach hier deutlich weitere Auflösungserscheinungen bei den deutschen Verbänden. Das 379. Regiment hatte zur weiteren Unterstützung des Angriffs zwei zusätzliche Kompanien des 709. Panzerbataillons erhalten.

S E C R E T

Annex No 1 to [illegible]
Periodic Report No 132. 07[illegible] April 1945

HQ 95TH INF DIV
IPW REPORT NO 105

The following is interrogation report of prisoners of war which were processed during the period 1800 6 April to 1800 7 April 1945:

| FPN | UNIT | NO OF PWS | PLACE OF CAPTURE |
|---|---|---|---|
| ------- | Gren E & A Bn 473, zbV Co | 48 | HAMM |
| ------- | Gren E & A Bn 473, Unter F & Genes Co | 154 | " |
| ------- | " " " " ", Ausb Co | 93 | " |
| ------- | Stab S Arty E & A Abt 52 (MOT) | 5 | ", BERGE |
| ------- | 1st Btry " " " " " " " | 39 | " " |
| ------- | 3rd Btry " " " " " " " | 29 | ", [illegible] |
| ------- | 4th Btry " " " " " " " | 69 | ", BERGE |
| ------- | 5th Btry " " " " " " " | 54 | " |
| ------- | Alarm Co " " " " " " " | 104 | BERGE |
| ------- | Stab, Arty E & A Bn II/169 | 1 | HAMM |
| ------- | 2 Btry " " " " " " | 3 | OSTTUENNEN |
| ------- | 3 Btry " " " " " " | 14 | HAMM, S DINKER |
| ------- | 4 Btry " " " " " " | 15 | " " " |
| ------- | Stab, Heeres Flak E & A Bn 276 | 2 | [illegible] |
| ------- | 1 Can Co " " " " " " " | 31 | HAMM, " |
| ------- | 3 Btry " " " " " " " | 13 | " " |
| ------- | zbV Co " " " " " " " | 12 | [illegible] |
| ------- | 2 Inspection ROB Lehrgang 6 | 3 | HAMM, [illegible] |
| ------- | 6 Inspection ROB Lehrgang 6 | 4 | SOEST |
| ------- | 2 Co 4 Bn Feldherrnhalle | 35 | BERGE |
| ------- | 3 Co " " " | 12 | " |
| ------- | 5 Co " " " | 49 | ", [illegible] |
| 06975 | Div Nachschub (116 PD) | 4 | [illegible] |
| 02747 | 2 Co, Auskl Abt 116 | 11 | [illegible] |
| 16534 | 4 Co, " " " | 9 | " |
| 02205 | Stabs Co " " " | 4 | " |
| ------- | Stabs Co, 16 Pz Regt | 6 | [illegible] |
| 24786 | Stabs Co, 156 Pz Gren Regt | 1 | [illegible] |
| 21469-A | Stab, 1st Bn 156 Pz Gren Regt | 1 | [illegible] |
| 21469-G | 1st Co " " " " | 7 | [illegible] |
| 21469-C | 2nd Co " " " " | 37 | [illegible] |
| 21469-D | 3rd Co " " " " | 10 | [illegible] |
| 25297-B | 6th Co " " " " | 45 | [illegible] |
| 25297-D | 8th Co " " " " | 6 | [illegible] |
| ------- | 10th Co " " " | 35 | [illegible] |
| 08053-D | 6 Btry [illegible] Regt | 1 | SOEST |
| 20788-D | 9 Btry, " " " | 1 | SOEST |
| ------- | 1st Co, 675 Pz Pio Bn | 1 | [illegible] |
| ------- | 3rd Co, " " " " | 3 | SOEST |
| 42383-D | 2 Co, 1/6 [illegible] | 7 | [illegible] |
| ------- | Volkssturm [illegible] | 42 | ", [illegible] |
| ------- | [illegible] | 257 | SOEST |
| ------- | [illegible] | 25 | [illegible] |
| ------- | Veterinaer E & A Abt 6 | 471 | SOEST, [illegible] |

\- 1 -

S E C R E T

*Dokument 11: After-Action-Report der 95. US-Infanteriedivision mit der Auflistung von Gefangenen im Raum Unna (Stadtarchiv Lippstadt, 3. Band, Zeitgeschichtliche Sammlung)*

Das I. Bataillon hatte es in seiner Vormarschzone nicht ganz so leicht. Die A-Kompanie nahm am Nachmittag das Dorf Lenningsen ein und machte dabei rund 50 „freiwillige Gefangene", nachdem man bereits am Vormittag durch das Dorf Horst gestoßen war. Während die C-Kompanie zunächst in die Bataillonsreserve ging, stieß die B-Kompanie in Richtung der Dörfer Vöhde und Klei vor (westlich von Budberg). Die A-Kompanie war bei ihrem Vorstoß auf direktes deutsches Flakfeuer getroffen und wurde auch von leichten Infanteriewaffen beschossen. Die B-Kompanie traf bei ihrem Vormarsch ebenfalls auf steifen deutschen Widerstand durch Infanteriefeuer und halbautomatische Waffen. Aber gegen 10.00 Uhr hatte die B-Kompanie die Orte Vöhde und Klei besetzt. Die A-Kompanie stieß durch Lenningsen weiter und erreichte am Nachmittag einen „Punkt 72" an der Bahnlinie Hamm-Unna. Dies war gleichzeitig die rechte Grenze des I. Bataillons. Dem Bataillon war eine Abteilung Panzer beigegeben, und so bestieg der 3. Zug der A-Kompanie die Panzer, um die Bahnlinie und den „Punkt 72" südlich zu umgehen. In der Nähe der Bahnlinie kam es zu einem kurzen Gefecht, als aus einer Häusergruppe den Panzern deutsches Abwehrfeuer aus Panzerfäusten und Gewehren entgegenschlug. Mit Unterstützung des 2. Zuges konnte die Häusergruppe genommen werden, während der 1. Zug weiter nördlich die Position sicherte. Gegen 17.00 Uhr war die Lage geklärt, und die Kompanie stellte entsprechende Wachtposten auf.[196]

In der gleichen Zeit war die B-Kompanie weiter nach Westen vorgestoßen, um den Ort Lünernholz zu nehmen und dann weiter südwärts Nordlünern zu erobern. Die Kompanie traf zunächst nicht auf Widerstand, bis sie direkt nördlich vor Lünernholz war. Hier stieß sie dann auf starkes deutsches Abwehrfeuer, aber nach einem heftigen Gefecht wurde das Dorf genommen. Die B-Kompanie setzte danach den Vormarsch auf Nordlünern fort und traf dort nochmals auf harten deutschen Widerstand. Nachdem sich die Kompanie in den Ort hineingekämpft hatte, machten die deutschen Verteidiger gegen 17.00 Uhr in Stärke von rund 100 Mann einen Gegenangriff. Etwa um 17.45 hatte die Kompanie den Gegenangriff niedergeschlagen; die Deutschen waren entweder tot oder gefangen. Der Widerstand, auf den das I. Bataillon an diesem 9. April gestoßen war, blieb der stärkste bis zum Ende der Kämpfe im Ruhrkessel.[197]

Während das II. Bataillon aus der zuvor vom III. Bataillon besetzten Zone zum weiteren Vorstoß nach Südwesten antrat, begegnete ihm kein starker Widerstand. Auf der rechten Flanke konnte die F-Kompanie nach ihrem Vorrücken aus Flierich ohne Widerstand bis Werve vorstoßen. Die E-Kompanie, die ebenfalls von Flierich aus vorstieß, besetzte zunächst das Dorf Brüggen, bevor der Vormarsch auf Bramey weiterging. Etwa 800 Meter östlich von Bramey erhielt die Kompanie heftiges Handwaffen- und Maschinengewehrfeuer aus gut verschanzten deutschen Stellungen. Während der 3. Zug der E-Kompanie die Deutschen durch Frontalangriffe ablenkte, umging der 2. Zug die Stellungen nach Süden und griff den Ort mit Marschfeuer im Sturm an. Mehr als 75 Deutsche gerieten hier in Gefangenschaft, etwa 20 waren bei den Kämpfen gefallen. Ansonsten traf das II. Bataillon (die G-Kompanie befand sich in der Reserve) nur auf geringen Widerstand während des ganzen Tages. In Heeren befreite die E-Kompanie ein Kriegsgefangenenlager mit rund 1500 Russen.[198]

---

196 Geschichte der 95. US-Infanteriedivision, Kapitel: Task-Force Twaddle
197 Wie Anmerkung 196
198 Wie Anmerkung 196

Auch das 378. Regiment der 95. US-Infanteriedivision, das sich nach der Einnahme von Hamm wieder gesammelt hatte, griff an diesem Tage ebenfalls wieder an. Um 5.45 Uhr begann der Vormarsch mit dem I. Bataillon auf der rechten Flanke und dem II. Bataillon links davon. Das II. Bataillon griff mit allen drei Schützenkompanien an: Die A-Kompanie rechts, die B-Kompanie in der Mitte und die C-Kompanie links, ging der Vorstoß entlang der Lippe westwärts.[199] Sie kamen relativ schnell voran, bis sie in zwei Orten auf deutschen Widerstand trafen. Etwa zwei Kilometer südwestlich von Nordherringen schlug der A-Kompanie schweres Maschinengewehrfeuer und Feuer aus anderen Waffen aus einigen Bauernhäusern entgegen. Die links davon operierende B-Kompanie gab der A-Kompanie Feuerunterstützung, und gemeinsam wurde dieses deutsche Widerstandsnest niedergekämpft. Die beiden Kompanien gingen daraufhin weiter vor und hielten um etwa 12.00 Uhr eine Stellung südlich von Werne. Währenddessen griff die C-Kompanie aus einer Position östlich von Herringen an in Richtung Pelkum. Am Stadtrand von Herringen trafen die Spitzen der Kompanie auf eine verminte Straßensperre. Einige Panzerzerstörer, die zur Unterstützung der Kompanie eingesetzt waren, zerstörten die Minen und beseitigten die Blockade. Die Kompanie rückte daraufhin weiter vor. Von einem deutschen Gefangenen erhielt man die Auskunft, daß die Stadt von etwa 75 SS-Männern verteidigt würde. Der Kompanieführer, Captain Joseph J. Ruggiere, forderte daraufhin sofort Artilleriefeuer auf die Stadt, um sie sturmreif zu schießen. Währenddessen drangen die Gruppen der Kompanie langsam in Pelkum ein. Sie trafen dabei aber auf keinen deutschen Widerstand und keine SS-Leute, lediglich zwölf Gefangene wurden gemacht. Die Kompanie setzte daraufhin ihren Vormarsch beschleunigt fort und hatte bereits um 12.00 Uhr die Autobahn bei Werne-Kamen erreicht. Sie hielt hier eine Position neben der A- und B-Kompanie, nachdem sie keinem weiteren deutschen Widerstand begegnet war.[200]

Das II. Bataillon griff auf der linken Flanke des Regiments an und kam zunächst ebenfalls rasch voran, gelegentlich gegen leichten deutschen Widerstand. Die E-Kompanie drang bereits um 6.00 Uhr früh in das kleine Dorf Selmigerheide ein und besetzte eine Stunde später gegen geringen Widerstand das zwei Kilometer westlich gelegene Kirchsmel. Die Kompanie bewegte sich weiter südwestlich, traf auf keinen deutschen Widerstand und hielt ebenfalls an der Autobahn Werne-Kamen an. Die F-Kompanie, die von Rhynern aufgebrochen war, traf zunächst auch auf keinen Widerstand und nahm als ersten Ort Nordbögge. Der Vorstoß ging weiter südwestlich, und auch das Dorf Rottum wurde ohne deutsche Gegenwehr eingenommen. Um 15.00 Uhr hatte die Kompanie ihr Tagesziel, die Autobahn Werne-Kamen, erreicht und traf dort auf deutschen Widerstand. Die Autobahn war hier gleichzeitig die Kampfgrenze zum 379. Regiment. Südlich der Autobahn lagen Hügel, auf denen die Deutschen einige Selbstfahrlafetten und Panzerabwehrkanonen in günstige Stellungen gebracht hatten. Die deutschen Verteidiger konnten hier einen Panzerzerstörer und drei Panzer, die der F-Kompanie zur Unterstützung beigegeben waren, vernichten. Die G-Kompanie wurde zur Unterstützung der F-Kompanie herangezogen, und

199 Wie Anmerkung 196. – Seitlich der A-Kompanie klärte die 17. Schwadron der 15. Cavalry-Aufklärungsgruppe entlang der Lippe zum rechten Nachbarn, der 75. US-Infanteriedivision, auf und hielt Verbindung.

200 Wie Anmerkung 196

nach einem schweren Gefecht wurden die Hügel von den Deutschen gesäubert und von den Amerikanern besetzt.[201]

Seit dem 9. April bestand für die Kampfgruppe des Großverbandes Twaddle keine Gefahr mehr, daß die schwer angeschlagenen deutschen Verbände zwischen Ruhr und Lippe noch ausbrechen könnten. Gleichzeitig war das dem Kampfverband Twaddle zugewiesene Kampfgebiet bereits bis über die Hälfte besetzt und abgesichert. Da aber auch die Distanz zwischen den beiden Fronten des XIX. US-Korps noch größer geworden war, bestimmte der Befehl Nr. 141 vom Hauptquartier des XIX. US-Korps vom 9. April 1945, daß die Kampfgruppe Twaddle sich ab 9. April, 12.00 Uhr dem Befehl des XVI. US-Korps unterstellen sollte. Trotz dieses Kommandowechsels blieb auch der Auftrag der 8. US-Panzerdivision und ihrer Kampfgruppen bestehen: nach Westen bis an die Grenze der Divisionszone vorzustoßen.[202]

Aber auch bei den deutschen Truppen in diesem Kampfraum sollte es nochmals einen Wechsel in der höheren Führung geben. Bereits am 8. April hatte sich der Kommandierende General des LIII. Korps, Generalleutnant Fritz Bayerlein, auf dem Gefechtsstand des XXXXVII. Korps eingefunden. Generalleutnant Bayerlein sollte mit dem Stab des LIII. Korps ab 10. April die Führung der 116. Panzerdivision und der 180. und 190. Infanteriedivision übernehmen. Der Stab des XXXXVII. Panzerkorps sollte am 10. April früh die gesamte Führung der Nordfront mit dem unterstellten LIII. und dem LXIII. Armeekorps übernehmen. In einer sehr ernsten Aussprache wurde die Hoffnungslosigkeit der Lage besprochen und in allen Punkten Übereinstimmigkeit erzielt. Es wurde festgelegt, daß — wie bisher — keine unnötigen Verluste mehr durch unsinnigen Widerstand entstehen sollten. Besonders wurde auf die Vermeidung der Sprengung der Ruhrbrücken hingewiesen, da dadurch die Wasserversorgung des Ruhrgebietes unmöglich gemacht würde. In mehreren Besprechungen, die bereits am 4. April das erste Mal stattfanden, wurde mit dem Vertreter der Industrie, Roland, besprochen, daß kein Werk ernstlich zerstört werden solle. Es wurden nur einzelne Werke gelähmt.[203]

Am Nachmittag des 9. April besuchte Generalleutnant Bayerlein den Gefechtsstand der 116. Panzerdivision. Während der Divisionskommandeur, Generalmajor von Waldenburg, gerade beim Panzergrenadierregiment 156 war, trug ihm der Ia der Division, Oberstleutnant H. G. Guderian, über die Lage vor. Generalleutnant Bayerlein billigte die Auffassung der Divisionsführung, daß der einzig bleibende Weg ein Durchstehen bis zu einem ehrenvollen Ende unter Vermeidung jedes irgendwie unnötigen Opfers an Menschen und Werten wäre. Am Abend wurde der Divisionsgefechtsstand in die Häusergruppe ein Kilometer südlich von Niederbarge verlegt.[204]

10. APRIL:

Während der Nacht ging die 116. Panzerdivision auf folgende Linie zurück: Ruhrabschnitt von Neheim bis westlich Wickede-Bausenhagen-Lünern. Ein bei Wimbern in der Front der Division liegendes Krankenhaus wurde noch in der Nacht mit Krankenkraftwagen der Division geräumt und der Raum um das Krankenhaus von der kämpfenden Truppe ausgespart.

---

201 Wie Anmerkung 196
202 Geschichte der 8. US-Panzerdivision, S. 166
203 von Lüttwitz, a. a. O., S. 19. – Siehe Führerbefehl vom 19. 3. 1945, im Anhang, Anlage 18.
204 Guderian, a. a. O., S. 14

Der Tag begann mit direktem Beschuß durch amerikanische Panzer auf den Divisionsgefechtsstand von den Höhen bei Wiehagen. Während am Ruhrabschnitt Ruhe herrschte, griff der Amerikaner nördlich des Flusses weiter an und nahm im Laufe des Tages gegen den immer schwächer werdenden Widerstand der eigenen Truppe, die von der Artillerie aus Munitionsmangel nur noch schwach unterstützt werden konnte, Bausenhagen, Ost-Büren und Lünern. Am Abend drang der Feind auch in Frömmern ein. Vom Süden des Kessels kamen Nachrichten über einen tiefen Einbruch. Der Divisionsgefechtsstand wurde am Nachmittag nach Lürbke verlegt.[205]

Mit Beginn des 10. April erreichten die Vorstöße der Kampfgruppen der in der Kampfgruppe Twaddle vereinigten Verbände der beiden US-Divisionen den Kampfraum um Unna. Hier sollte es nochmal zu einem zusammengefaßten deutschen Widerstand kommen.

Bereits in den ersten Apriltagen hatte man auch hier von Norden her das dumpfe Grollen der näherrückenden Front an der Lippe immer deutlicher vernommen. Gerüchte hatten verschiedentlich schon das Auftauchen amerikanischer Panzerspitzen gemeldet. Die Stadt, bereits des öfteren in den Luftkrieg einbezogen, rüstete sich nun auf den Endkampf. Die letzten Lebensmittel wurden eingekauft und die Luftschutzkeller hergerichtet. Oberschüler mußten unter Anleitung von SS-Soldaten Deckungslöcher zur Panzernahbekämpfung graben. Auch hier waren die Angehörigen des Volkssturms dabei, an den Ausfallstraßen große Baumsperren anzulegen. Zurückflutende Truppen, motorisiert, mit Pferdewagen und auch zu Fuß, durchzogen die Stadt. Viele von ihnen wurden von der Aktion „Heldenklau" aufgegriffen und zur Kaserne geschafft.[206]

Über weitere Verteidigungsmaßnahmen in der Stadt Unna berichtet Willy Timm u. a.:

„Anderntags, Sonntag, den 8. April, formierte sich die Verteidigung Unnas, obwohl der Kommandant im Grunde eine solche nicht beabsichtigte. Zwar richtete er im Keller der Mädchenoberschule an der Bornekampstraße (heute Herderschule) seinen Befehlsstand ein, ließ entgegen einem Führerbefehl jedoch nicht die Kasernenanlage sprengen, auch keine Aufrufe zur Verteidigung der Stadt plakatieren.

Die ihm unterstehenden Soldaten der SS-Nachrichten-Ausbildungsabteilung 2, insgesamt drei Kompanien mit etwa 1 200 Mann, sowie ihm neu unterstellte Wehrmachtsverbände, vor allem Landesschützen des Bataillons 477, ferner einzelne versprengte Soldaten wurden in drei Kampfabschnitte, Wilhelmshöhe, Königsborn-Massen und Hemmerde, eingeteilt. Den Abschnitt Wilhelmshöhe befehligte SS-Hauptsturmführer Erwin Prüß, den Abschnitt Hemmerde Hauptsturmführer Hartwig, während der Bereich Königsborn-Massen mit Schwerpunkt Büddenberg Untersturmführer Kurt Fröb unterstand. Hauptsturmführer Karl Schermuly blieb als Vertreter beim Kampfkommandanten. Von der Partei wurde der Deutsche Volkssturm aufgeboten; die militärische Führung schickte den größten Teil der zumeist älteren Männer jedoch wieder nach Haus. Der Rest wurde dem Militär beigegeben, griff aber kaum aktiv in den Kampf ein.

Zu diesen Verteidigern kamen bald weitere Kräfte, die sich von dem Gegner hierher abgesetzt hatten, unter anderem Teile der motorisierten Heeresartilleriebrigade 401 und eine Flak-Einheit.

---

205 Wie Anmerkung 204

206 Willy Timm, Garnisonstadt Unna, Schriftenreihe der Stadt Unna, Heft 1, 1976, S. 34

Am Montagmorgen, dem 9. April, klebten an den mit Brettern vernagelten Schaufenstern — die Scheiben hatte der Luftkrieg zersprengt —, an Zäunen und Mauern knallrote Plakate. Der Kreisleiter der NSDAP, der seinen Dienstsitz inzwischen vom alten Rathaus am Markt in einen Bunker neben der Gastwirtschaft zur Wilhelmshöhe verlegt hatte, forderte die Bevölkerung auf, die Stadt zu räumen und in Iserlohn Zuflucht zu suchen. Doch nur wenige, meist Flüchtlinge aus dem Ruhrgebiet, folgten seiner Aufforderung.

An diesem Vormittag schlugen die ersten amerikanischen Geschosse in der Stadt ein, der Unterricht in den Schulen wurde abgebrochen, um erst ein Jahr später wieder aufgenommen zu werden. Deutsche Geschütze erwiderten das Feuer der Amerikaner. Gegen Nachmittag verstärkte sich der Beschuß; die Bevölkerung suchte die Luftschutzbunker auf. Auch während der Nacht dauerte das Artilleriefeuer an."[206a]

Im Bereich der Divisionskampfgruppe B der 8. US-Panzerdivision rückte an diesem 10. April die Kampfgruppe Roseborough durch die Kampfgruppe Van Houten hindurch, um 8.00 Uhr auf Lünern vor. Um 11.50 Uhr war die Kampfgruppe Zeuge eines zehnminütigen Bombenangriffs auf Unna, um den deutschen Widerstand zu brechen. Die Kampfgruppe Roseborough wurde währenddessen bei Mühlhausen durch intensives deutsches Artillerie- und Handwaffenfeuer festgehalten. Die Kampfgruppe blieb stecken, bis ihr durch benachbarte Einheiten des 379. Infanterieregiments Hilfe geleistet werden konnte. Die Kampfgruppe Roseborough blieb, wo sie war, während die Einheiten von Van Houten durch sie hindurch vorrückten, um den Vorstoß auf Unna fortzusetzen. Die A-Kompanie des 36. Panzerbataillons, die von Norden auf Kessebühren vorrückte, hatte einen deutschen Kommandoposten überrascht. Hauptmann Robert W. Shaw meldete, daß seine Kompanie annähernd 50 Deutsche getötet und zwei Panzerspähwagen zerstört habe. Die Kampfgruppe rollte weiter bis Ostbüren und verbrachte dort die Nacht.[207]

Die Kampfgruppe Roseborough machte sich bereit, den Vorstoß fortzusetzen, als sie vorläufig durch einen Angriff von zwei Kompanien aufgehalten wurde, mit denen es Resten der 116. Panzerdivision gelang, sich nach Süden abzusetzen.

Während sich die vordersten Spitzen der Divisionskampfgruppe B der 8. US-Panzerdivision der Stadt Unna näherten, bewegte sich die Divisionskampfgruppe R in ihrer Vormarschzone mit ungedeckter Flanke entlang von Möhne und Ruhr weiter westwärts. Die Abmarschlinie um 5.45 Uhr am 10. April kreuzend, rückte die Kampfgruppe Connel gegen starkes Artillerie- und Flakfeuer vor, um Stentrop zu nehmen. Im Verlauf des Vormarsches wurden fünf deutsche Panzer außer Gefecht gesetzt. Die Kampfgruppe Artmann legte in breiter Front über 7000 yards (etwa sechseinhalb Kilometer) zurück, um Bausenhagen, Bentrop, Wemen und Frömern zu nehmen. Am Abend wurde die Divisionskampfgruppe B abgelöst und in die Reserve verlegt. Die Kampfgruppe A, die bisher in Reserve gewesen war, sollte den letzten Angriff auf Unna führen.[208]

---

206a Timm, a. a. O., S. 35–36

207 Geschichte der 8. US-Panzerdivision, S. 166

208 Geschichte der 8. US-Panzerdivision, S. 167
Für die Divisionskampfgruppe B waren die ersten zehn Tage des April schwer gewesen. Die Verluste waren groß, das 49. Panzerinfanteriebataillon hatte 95 Mann verloren, das 36. Panzerbataillon hatte 52 Mann verloren. Die Verluste vom Zug B der 88. Aufklärungsschwadron, der B-Kompanie des 53. Pionierbataillons und des 399. Feldartilleriebataillons betrugen zusammen 44 Mann.

Auch die Bataillone des 379. Infanterieregiments traten an diesem Morgen aus den am Tage zuvor gewonnenen Stellungen nordöstlich von Unna zum weiteren Vormarsch an. Das II. Bataillon, jetzt auf der rechten Flanke, stieß um 5.45 Uhr zum Angriff auf Kamen vor. Um 6.30 Uhr rückte das III. Bataillon durch dessen Nachhut vor und griff um 8.00 Uhr in westlicher und südwestlicher Richtung an. Das I. Bataillon ging um 8.00 Uhr zur Eroberung der Orte Mühlhausen und Lünern vor.

Das II. Bataillon rückte mit den F- und E-Kompanien gegen Kamen vor. Die F-Kompanie hatte keine Schwierigkeiten, aber die E-Kompanie stieß auf ernsthaften Widerstand. Unter dem Schutz eines dichten Nebels durchkämmte sie westlich von Heeren ein Waldgebiet gegen hier und da sich zeigenden Widerstand. Als die Kompanie nordwestwärts gegen Kamen vorstieß, hob sich der Nebel, und die Deutschen begannen sogleich aus Schützenlöchern entlang einer unvollendeten Autobahn östlich von Kamen mit Handfeuerwaffen und Maschinengewehren auf die anrückenden Amerikaner zu schießen. Wenige Minuten später verstärkten die deutschen Truppen das Feuer durch 8,8 cm- und 2 cm-Flakgeschütze vom Stadtrand von Kamen aus.[209]

„Der Artilleriebeobachter konnte die Richtzentrale nicht durch Radio erreichen", erinnerte sich Captain Lawrence G. Matthews, der Kompanieführer, später, „und so konnten wir die Artillerie nicht verständigen. Die uns zugeteilten Panzer konnten wegen des gezielten Feuers nicht vorrücken, um uns zu helfen. Die ganze Kompanie steckte 30 Minuten lang fest. Während dieser 30 Minuten ist mehr Munition gegen mich abgefeuert worden als bei jedem vorhergegangenen Unternehmen. Ich kam zu dem Schluß, daß es nur eines gab, was wir tun konnten: aufstehen und vorgehen, weil wir in Bewegung wahrscheinlich nicht mehr Verluste haben würden, als wenn wir weiter auf dem Boden lägen." Das darauf erfolgende Marschfeuer der Kompanie war höchst erfolgreich, weil der Feind für diese Kampfmethode nichts übrig hatte und sich deshalb in Schützenlöcher oder was es sonst an Verstecken gab, zurückzuziehen pflegte. Das massierte Feuer nagelte die sich verteidigenden Deutschen fest, und kurz danach wurden sie aus ihren Stellungen geworfen. Die Verteidiger gerieten in Gefangenschaft, soweit sie nicht gefallen waren. Die Kompanie erbeutete außerdem eine Batterie 8,8 cm-Flakgeschütze, ein 2 cm-Flakgeschütz und mehrere Maschinengewehre. Der Angriff war um 9.00 Uhr beendet, und die Kompanie formierte sich erneut für den weiteren Vormarsch, den sie auf einer Landstraße fortsetzte, die von Unna nach Kamen führte. Am Südrand von Kamen wurde der Vorstoß der E-Kompanie nochmals gestoppt. Aus dem Stadtinnern schlug den Amerikanern heftiges Feuer aus Panzerfäusten und Geschützen entgegen. Mit Hilfe der Panzer sprengte sich die Kompanie buchstäblich in die Stadt hinein und erbeutete dabei 22 Artilleriegeschütze und mehrere Maschinengewehre. Bereits am frühen Morgen war die G-Kompanie auf Ersuchen von Oberstleutnant Jason L. Richmond, dem Bataillonskommandeur aus der Reserve, unter das Kommando des Bataillons zurückgekehrt. Ab 10.00 Uhr hatte die G-Kompanie zusammen mit der E- und der F-Kompanie am Sturm auf Kamen teilgenommen. Die Deutschen verteidigten Kamen hartnäckig, und obwohl Teile des II. Bataillons bereits um 9.45 Uhr den Stadtrand erreicht hatten, dauerte es bis zum Nachmittag, bis die Stadt genommen war.[210]

---

209 Geschichte der 95. US-Infanteriedivision

210 Wie Anmerkung 209. – Die Divisionsgeschichte erwähnt noch, daß Kamen eine der größten Städte war, die auf dem Wege der Division und der Kampfgruppe Twaddle lagen. Nur Dortmund, Hamm und Soest waren in der Divisionszone die einzigen Städte, die Kamen an Größe übertrafen.

Das III. Bataillon rückte am gleichen Tage um 6.30 Uhr von Heeren aus durch die Nachhut des II. Bataillons hindurch nach Südwesten vor, um den Teil von Unna anzugreifen, der in der Divisionszone lag. Wie Werl, so war auch Unna durch eine Bahnlinie aufgeteilt — der südliche Teil lag in der Angriffszone der 8. Panzerdivision. Das Bataillon griff um 8.00 Uhr an: die K-Kompanie rechts, die I-Kompanie in der Mitte und die L-Kompanie auf der linken Flanke des Bataillons. Die drei Kompanien kamen zunächst rasch voran, bis etwa zweieinhalb Kilometer vor dem Ziel massives deutsches Artilleriefeuer den Angriff verlangsamte. Das Bataillon forderte daraufhin die Divisionsartillerie zum Beschuß der deutschen Stellungen auf. Zur gleichen Zeit warfen Kampfbomber 36 „500-Pound-Bomben" über Unna und Umgebung ab. (Bereits am 7. und 9. April hatten Kampfbomber Unna angegriffen.) Um 15.30 Uhr hörten Luftangriffe und Artilleriebeschuß auf, und das Bataillon rückte bis etwa auf 1,5 Kilometer an den Stadtrand heran. Hier hielten die Kompanien an und bereiteten sich darauf vor, den Nordteil der Stadt am Morgen des 11. April zu erobern.[211]

Das I. Bataillon setzte seinen Vormarsch am 10. April ebenfalls schon gegen 8.00 Uhr fort. Die C-Kompanie erhielt den Auftrag, Lünern und Mühlhausen zu nehmen, während die A-Kompanie eine Bahnunterführung, etwa zwei Kilometer nördlich von Mühlhausen, besetzen sollte. Die A-Kompanie sollte von der Bahnunterführung aus südwärts vorstoßen und Ülzen nehmen. Die Kompanie erreichte rasch die Unterführung, benötigte danach aber rund vier Stunden, um Ülzen zu nehmen, da sie hier von heftigem deutschen Infanterie- und Maschinengewehrfeuer empfangen wurde. Nachdem Lünern von massivem Artilleriefeuer getroffen worden war, konnte die C-Kompanie den Ort leicht besetzen, und um 11.30 Uhr rückte sie bereits weiter vor gegen Mühlhausen. Beim Angriff auf Mühlhausen traf die Kompanie ebenfalls auf heftiges deutsches Flak- und Infanteriefeuer. Erst gegen 18.00 Uhr konnte der Ort besetzt werden, und südlich davon nahm die Kompanie Kontakt auf mit Einheiten der 8. US-Panzerdivision.[212]

Im Kampfbereich nördlich von Kamen drang auch das 378. Infanterieregiment mit seinen Bataillonen weiter nach Südwesten vor. Um 5.45 Uhr begann bereits der Vormarsch, die Cavalry-Aufklärungsschwadron rechts, das I. Bataillon im Zentrum und das II. Bataillon auf der linken Flanke. Die einzelnen Kompanien kamen rasch voran, da die deutschen Truppen kaum noch Widerstand leisteten oder sich rasch zurückzogen. Um 18.00 Uhr kreuzten die A-, B- und C-Kompanien eine Eisenbahnbrücke über den Lippe-Seiten-Kanal und drangen dann nach Lünen vor. Das I. Bataillon war fast sieben Stunden vormarschiert, ohne auf deutschen Widerstand zu treffen. Die rechte Flanke des Bataillons bewegte sich an der äußersten Grenze der Angriffszone, und die Stadt Lünen war bereits von Teilen der benachbarten 75. US-Infanteriedivision besetzt worden. Der Angriff des II. Bataillons auf der linken Flanke kam nicht so schnell voran wie der des I. Bataillons. Zudem mußte das II. Bataillon entlang der Autobahn, die eine stille Grenze bildete zwischen dem 378. und dem 379. Regiment, Fühlung halten mit den rechten Teilen des Nachbarregiments, die ebenfalls nicht so schnell vorankamen. Im Laufe des Vormarsches besetzten die Kompanien

---

211 Wie Anmerkung 210

212 Wie Anmerkung 210. Die Geschichte der 95. US-Infanteriedivision vermerkt nicht, daß die C-Kompanie des II. Bataillons des 379. Infanterieregiments der Kampfgruppe Roseborough von der 8. Panzerdivision bei Mühlhausen helfen mußte, als diese dort im deutschen Abwehrfeuer festlag. Vergleiche hierzu auch die Schilderungen bei der Kampfgruppe Roseborough am 10. April.

des Bataillons die Orte Weddinghofen, Oberaden, Niederaden und die Kolonie Horstmann. Widerstand begegnete dem Bataillon nur in der Gegend von Niederaden, wo den vorrückenden Truppen Gewehr- und Maschinengewehrfeuer aus einem Terrain südlich der Autobahn entgegenschlugen. Sonst verzeichnete das Bataillon auf dem gesamten Vormarsch am 10. April keinen ernsten Widerstand.[213]

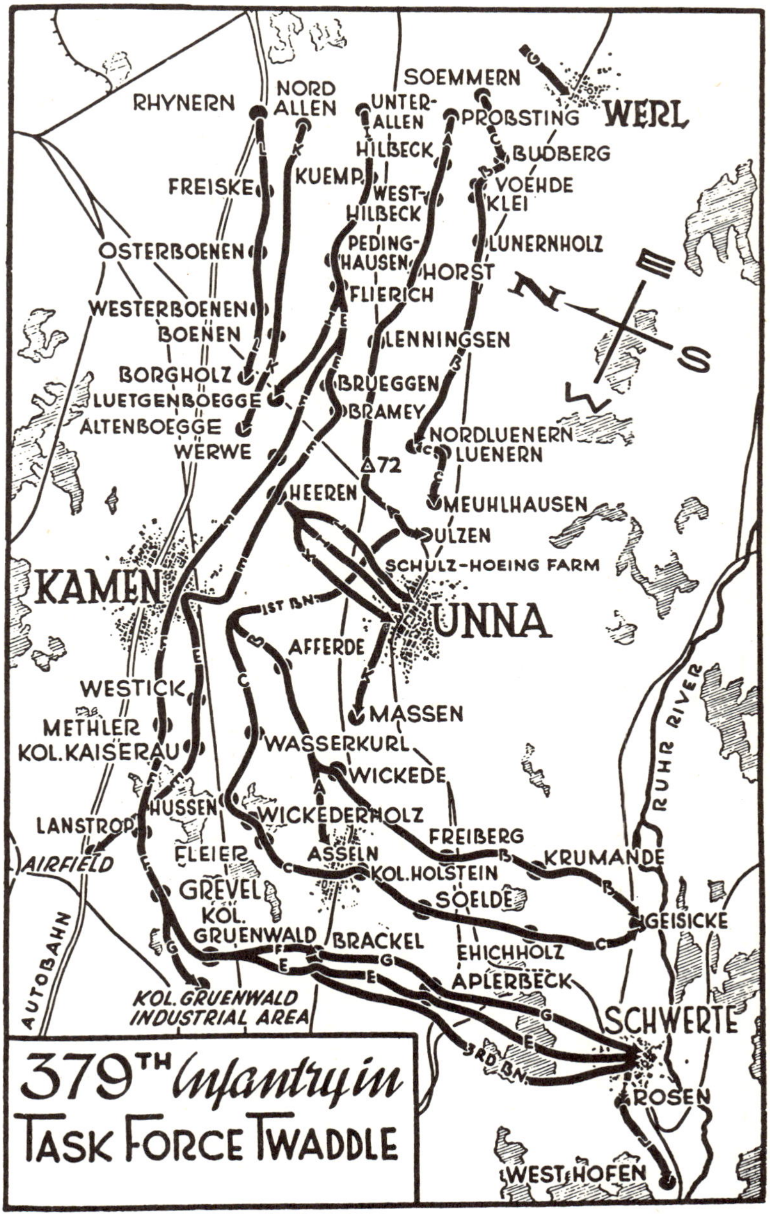


*Karte 16: Der Angriff des 379. Regiments auf Unna und der weitere Vorstoß bis zur Ruhr nach Schwerte. (Aus der Geschichte der 95. US-Infanteriedivision)*

---

213 Geschichte der 95. US-Infanteriedivision

11. APRIL:

Am Morgen des 11. April traten die Verbände der beiden amerikanischen Divisionen innerhalb der Großkampfgruppe Twaddle zum entscheidenden Angriff auf Unna an.

Nach viertelstündigem vorbereitenden Feuer auf Unna durch fünf Artilleriebataillone griff die Divisionskampfgruppe A der 8. US-Panzerdivision unter Führung von Brigadegeneral Charles F. Colson durch die Einheiten des Kampfkommandos B um 6.30 Uhr an. Die Kampfgruppe Goodrich rollte von Süden her und die Kampfgruppe Poinier von Südosten aus auf Unna vor. Beide Einheiten erhielten Feuerunterstützung von den Kampfgruppen Van Houten und Roseborough vom Kampfkommando B, das in Reserve verblieb.[214]

Die östliche Hauptzufahrtsstraße nach Unna durchlief fast ebenes Gelände, das nach Süden hin anstieg und einen Höhenzug bildete, dessen höchste Kammlinie annähernd zwei Kilometer von der Stadt entfernt verlief. Dieser Höhenzug beherrschte die Straße und mußte genommen werden, bevor jegliche Panzer-Einheiten sicher nach Unna gelangen konnten. Um 7.40 Uhr nahmen leichte Panzer und Panzerabwehrgeschütze der Kampfgruppe Poinier diese wichtige Höhe.[215]

Inzwischen hatten die B- und C-Kompanien des 7. Panzerinfanteriebataillons der Kampfgruppe Poinier um 7.40 Uhr den Stadtrand von Unna nebeneinander erreicht und trafen auf starkes deutsches Abwehrfeuer. Aus einem Friedhof, aus Obstgärten und verschiedenen Gebäuden heraus setzten sich die deutschen Verteidiger zur Wehr. Die einzige Möglichkeit für die Amerikaner, die deutschen Gruppen aus ihren Verteidigungsstellungen hinauszuwerfen, war ein Kampf von Haus zu Haus. Um 10.15 Uhr erfolgte ein deutscher Gegenangriff auf die B-Kompanie der Kampfgruppe Poinier. Dieser Gegenstoß wurde aber von den Männern der Kompanie aufgefangen. Hierbei zeichnete sich besonders der Gefreite Joe Kaplet jr. aus. Einer großen Anzahl deutscher Truppen entgegengehend, setzte er sich deren Feuer völlig aus, um Gewehrgranaten und Bazookageschosse abzufeuern. Seine Tat brachte Verwirrung in die Reihen der Deutschen und verhinderte so einen Erfolg des deutschen Gegenstoßes. Nachdem dieser Gegenangriff abgeschlagen war, gab es vor der Front der Kampfgruppe Poinier keinen wirksamen Widerstand mehr.[216]

Über die deutschen Verteidiger in Unna schreibt Willy Timm unter dem 10. und 11. April wie folgt:

„Gegen 10.00 Uhr vormittags griffen amerikanische Jagdbomber erneut den Stadtkern an. Sie zerstörten oder beschädigten Häuser am unteren Nordring, in der Bahnhof-, Schäfer-, Gerhart-Hauptmann- und Klosterstraße. Fünfzehn Zivilpersonen wurden dabei getötet. Auch weiterhin lag die Stadt unter amerikanischem Artilleriebeschuß.

Gegen Abend gelang es einem amerikanischen Panzer, die deutschen Stellungen im Osten zu durchbrechen und über den Kessebürener Weg Unnaer Gebiet zu erreichen. Beschuß von schwerer Flak, die an der Kreuzung Reichsstraße 1/Kessebürener Weg Stellung bezogen hatte, und leichter Vierlingsflak, die an der Südostecke des Südfriedhofs lag, hemmten seine Weiterfahrt. Stunden später befahl der Kampfkommandant entgegen erhaltenen Weisungen, keinen hinhaltenden Widerstand zu

214 Geschichte der 8. US-Panzerdivision, S. 167

215 Wie Anmerkung 214

216 Wie Anmerkung 214, S. 168

leisten und die Stadt zu räumen. Vor seinem Stabe begründete er diesen Schritt, Unna entscheide nicht den Kriegsverlauf; deshalb sei es nicht zu vereinbaren, sinnlos unzählige Zivilisten in den Tod zu schicken und die Stadt in einen Trümmerhaufen verwandeln zu lassen. Wegen der schon gestörten Verbindungen wird dieser Absetzungsbefehl nicht mehr alle Gruppen erreicht haben. Auch über Nacht dauerte der Artilleriebeschuß an. Erst um 3.00 Uhr früh des 11. April stellten die amerikanischen Batterien das Feuer ein, um es zwei Stunden später mit noch größerer Härte wieder zu eröffnen. Gleichzeitig rückten nun amerikanische Panzer- und Infanterieverbände des Kampfkommandos A mit voller Wucht von Nordosten und Osten gegen die Stadt vor und drangen in die Stadt ein. Von deutscher Seite, vermutlich von durchziehenden Pionieren, wurde die Bornekampbrücke der Reichsstraße 1 ohne Wissen des Kampfkommandanten gesprengt, doch den amerikanischen Panzern boten die Trümmer kaum ein Hindernis. Wenige Tage später schon schlugen amerikanische Pioniere über die Schuttmassen der alten eine aus Fertigteilen zusammengesetzte ‚Bailey-Brücke'.

Das Gros der Verteidiger, die SS-Nachrichtenausbildungsabteilung 2, setzte sich unter ihrem Kommandeur in südwestlicher Richtung zur Ruhr hin ab. Von einigen schnell nachstoßenden amerikanischen Sherman-Panzern wurde auf der Reichsstraße 1, östlich der Iserlohner Straße, einer durch Panzerfaust zerstört."[216a]

Bei ihrem Angriff von Süden her wurde die A-Kompanie des 7. Panzer-Infanteriebataillons der Kampfgruppe Goodrich durch Beschuß aus Kasernen und einem Gehölz zunächst festgenagelt. Um 7.30 Uhr befahl Oberstleutnant Goodrich einer Panzer-Abteilung, auf etwa 275 Meter an die Kaserne heranzurücken und ein gezieltes Feuer zu eröffnen. Das deutsche Infanteriefeuer wurde dadurch bald zum Schweigen gebracht, und die Kampfgruppe stieß weiter auf Unna vor. Bei diesem Vorstoß wurde die Kampfgruppe von der Höhe nördlich von Billmerich durch deutsches Schnellfeuer beschossen. Oberstleutnant Goodrich forderte daher die eigene Artillerie auf, diese Höhe unter Feuer zu nehmen. Die Artillerieverbindungspiloten in ihren Aufklärungsflugzeugen machten eine Anzahl deutscher Panzer auf dieser Höhe aus und forderten einen Luftangriff auf diese Höhe an.

Um das Feindgebiet für diesen Angriff zu kennzeichnen, wurde die B-Batterie des 399. Feldartilleriebataillons angewiesen, violetten Nebel über die Anhöhe südwestlich von Unna zu legen. Eine der Granaten, die dazu abgefeuert wurden, leckte oder krepierte zu früh und strömte dadurch violetten Nebel über dem gesamten Bereich der Batterie aus. Die Luftwaffe wurde schnell informiert, welches Gebiet bombardiert werden sollte. Aber inzwischen war die Mannschaft schon dabei, sich immer tiefer einzugraben. Zum Glück fand die Luftwaffe das richtige Gebiet und bombardierte es. Die Meldung der Luftwaffe über diese Aktion beruft sich auf elf Panzer und acht Motortransporter (auf diesen wurden die schwersten Panzer zu ihren Einsatzpunkten gebracht), die auf dieser Anhöhe vernichtet worden seien.[217]

---

216a Timm, a. a. O., S. 37–38. – Anmerkung des Verfassers: Timm schreibt, daß auch vom Norden her Einheiten des Kampfkommandos A der 8. US-Panzerdivision Unna angriffen. In Wirklichkeit stieß vom Norden her das III. Bataillon des 379. Infanterieregiments der 95. US-Infanteriedivision auf Unna vor. (Siehe die weiteren Kampfbeschreibungen wie auch die entsprechende Karte dazu.)

217 Geschichte der 8. US-Panzerdivision, S. 168. (Vergleiche hierzu auch die Angaben bei der 116. Panzerdivision vom 11. April.)

In ausgezeichneter Zusammenarbeit zwischen Panzern und Infanterie setzte die Kampfgruppe Goodrich den Angriff fort. Von Süden drangen die Einheiten in die Stadt ein und durch sie hindurch bis zur Bahnlinie.[218]

Auch die Einheiten der Divisionskampfgruppe R der 8. US-Panzerdivision rückten an diesem Morgen weiter westwärts vor, um ihren Beitrag zur Besetzung des Großraumes Unna zu leisten. Um 7.00 Uhr rückte das 80. Panzerbataillon unter Führung von Oberstleutnant Crittenden gegen Hohenheide und Fröndenberg vor. Ein Luftangriff auf Fröndenberg hatte hier vier deutsche Panzer aus der Stadt getrieben. Diese brachten es trotzdem fertig, den Angriff der Kampfgruppe Crittenden zu verlangsamen, indem sie sich von Position zu Position zurückzogen. Die Kampfgruppe Artmann dagegen traf bei ihrem Vormarsch nach Billmerich nur auf Infanteriefeuer. Von Billmerich aus besetzte die Kampfgruppe die Straße Unna-Langschede. Um 23.00 Uhr wurde das II. Bataillon des 194. Luftlanderegiments der Divisionskampfgruppe R unterstellt.[219]

Nördlich von Unna hatte sich am Morgen des 11. April das III. Bataillon des 379. Regiments der 95. US-Infanteriedivision zum letzten Angriff auf Unna bereitgestellt. Um 6.45 Uhr rückten die einzelnen Kompanien auf die Stadt vor und trafen dabei auf hartnäckigen deutschen Widerstand. Die L-Kompanie rückte gegen den Hof Schulze-Höing vor, knapp 800 Meter nördlich von Unna gelegen. Die Aufklärung hatte ergeben, daß er ein deutscher Stützpunkt war. Einer der Sergeanten der Kompanie, der Deutsch sprach, ging zu dem Hof, um die deutschen Truppen zum Aufgeben zu überreden. Er teilte dem deutschen Befehlshaber mit, daß der Hof von amerikanischen Truppen umstellt sei und daß die Gebäude durch Artilleriefeuer zerstört werden würden, wenn die Verteidiger sich nicht ergäben. Der deutsche Offizier antwortete dem Amerikaner, daß er verpflichtet sei zu kämpfen, bis er zum Rückzug gezwungen werde. Der Sergeant kehrte zu seiner Kompanie zurück, überbrachte die Antwort des deutschen Befehlshabers und und meldete, daß etwa 100 Mann den Hof verteidigten.[220]

Darauf wurden die der L-Kompanie angeschlossenen Panzer und Panzerzerstörer in Linie gebracht und alle verfügbare Feuerkraft auf den Hof konzentriert. Bald standen sämtliche Gebäude des Hofes in Flammen. Als die deutschen Verteidiger aus den brennenden Gebäuden herausliefen, wurden sie beschossen und die meisten getötet, nur wenige konnten in Richtung Unna entkommen. Um 7.30 Uhr besetzte die L-Kompanie den zerstörten Hof. Die Kompanie rückte anschließend weiter auf Unna vor, ohne auf größeren Widerstand zu stoßen; nur gelegentlich erhielt sie Feuer von versteckten deutschen Scharfschützen.

---

218 Wie Anmerkung 217. Die Geschichte der 8. US-Panzerdivision vermerkt noch, daß Unna um 12.15 Uhr kapitulierte. Außer den durch den Luftangriff südlich von Unna erlittenen Verlusten hatten die deutschen Verteidiger der Stadt zwei Panzer, eine Batterie 8,8 cm-Flakgeschütze und fünf 40 mm-Doppelzweckgeschütze eingebüßt. In der Stadt waren zudem 160 Gefangene gemacht worden.
Ihre eigenen Verluste gibt die Divisionskampfgruppe A an mit 2 M 4-Panzern, einem Halbkettenfahrzeug und einem Jeep. Ein Halbkettenfahrzeug mit zwei Soldaten vom 18. Panzerbataillon war von den Deutschen erbeutet und auf dem Rückzug mitgenommen worden. Diese beiden Soldaten machten sich nützlich, indem sie den Resten der 116. Panzerdivision zuredeten, sich den Amerikanern zu ergeben.

219 Das 194. Luftlanderegiment war nach Entlassung aus der Kampfgruppe Faith im Arnsberger Wald wieder frei geworden für andere Aufgaben.

220 Geschichte der 95. US-Infanteriedivision

Die Sperrmauer der Möhnetalsperre nach der Besetzung durch Truppen der 8. US-Panzerdivision am 12. April 1945

Die Westseite der Sperrmauer mit ausgespannten Netzen zum Schutz gegen Fliegerbomben

Fotos: US-Army

Im Gefängnis von Werl warten politische und kriminelle Häftlinge auf ihre Registrierung durch die Militärpolizei der 8. US-Panzerdivision.



Auf Befehl werfen die deutschen Gefängniswärter im Hof des Gefängnisses in Werl ihre Schlüssel auf einen Haufen.

Fotos: US-Arm

Generalmajor Harry E. Twaddle, Kommandeur der 95. US-Infanteriedivision vernimmt Baron Franz von Papen, links von Papen's Sohn.

Fotos: US-Army



Das Geburtshaus des ehemaligen Reichskanzlers Franz von Papen in Werl: Hier hatte kurzfristig Major Tebbe (116. Panzerdivision) seinen Gefechtsstand und danach Generalmajor Twaddle (95. US-Infanteriedivision).

Bei Unna bestaunen zwei Soldaten der 8. US-Panzerdivision ein Auto, das durch die Wucht einer Explosion auf ein Stalldach geschleudert wurde.

Menschlichkeit auch im Kriege: Eine deutsche Rote-Kreuz-Schwester und ein Sanitäter der 8. US-Panzerdivision versorgen in Unna einen verwundeten deutschen Soldaten.

Gefangene deutsche Soldaten werden von Infanteristen der 8. US-Panzerdivision nach der Einnahme einer deutschen Stadt zurückgebracht.

Soldaten der 79. US-Infanteriedivision überschreiten den Rhein-Herne-Kanal.

Ein Granatwerfertrupp des III. Bataillons des 378. Regiments der 95. US-Infanteriedivision unter einem Straßentunnel in Dortmund

Blick in die zerstörte Dortmunder City. Aufgenommen von einem Kameramann der 95. US-Infanteriedivision.

Fotos: US-Army

Soldaten der 79. US-Infanteriedivision im Straßen- und Häuserkampf in den Vororten von Duisburg am 31. März 1945

Soldaten der
79. Infanteriedivision
in den Vororten
von Essen
am 7. April 1945
Fotos: US-Army

Rechte Seite:
Eine der letzten
Zeitungsausgaben
im Ruhrgebiet

Generalmajor Matthew B. Ridgway (der spätere Nato-Oberbefehlshaber) stieß mit den Divisionen des XVIII. US-Luftlandekorps von Süden her in den Ruhrkessel bis in den Raum von Duisburg. Er forderte Feldmarschall Model zur Kapitulation auf.

# Tremonia

Dortmund, Sonnabend, Sonntag, 7., 8. April 1945 — Ausgabe A

Bezugspreise: [illegible]

ummer 77
. Jahrgang

Anzeigenpreise: 14 Pfg. je mm der Kleinspalte und 75 Pfg. für die ...ige Werbemillimeterzeile (Rand-Anzeige) in der Gesamtauflage. Für die Lokalausgaben bestehen besondere Preislisten. Gültige Anzeigenpreisliste Nr. 11. — Anzeigen-Annahme täglich bis 15 Uhr. — Eine Gewähr für die Aufnahme von Anzeigen an bestimmten Tagen oder Plätzen kann nicht übernommen werden. Notwendige Änderungen der Anzeigentexte behält sich der Verlag vor.

## Westdeutsche Volkszeitung


n aufschlußreicher Brief Eisenhowers an den Präsidenten Roosevelt:

# „Sie werden nie kapitulieren"

## lles gegen die Feinde — Neue Gewitterwolken über San Franzisco

twv. Das englische Nachrichtenbüro Reuter hat die ndiskretion begangen, einen Brief zu veröffentlichen, n Eisenhower an Roosevelt schrieb. Der anglo-amerikanische Oberbefehlshaber schildert darin dem USA-räsidenten vor allem seine Erfahrungen an der Westont dahingehend, daß immer wieder die gleichen Feststellungen zu treffen seien, nämlich daß auch vorübergehend von ihren Verbindungen abgeschnittene deutsche mpfgruppen zäh und verbissen weiterkämpften und natischen Widerstand leisteten. Als Schlußfolgerung ibt es dann: Ich habe die Erkenntnis gewonnen, daß Deutschen niemals kapitulieren werden. Die Ansicht, die Anglo-Amerikaner durch einen inneren deutschen sammenbruch siegen könnten, ist ein Hirngespinst!"

Das ist eine offizielle Bestätigung der Ansichten, in Kriegsberichten englischer und amerikanischer Zeitungen täglich ihren wenn auch nicht immer klar ausgesprochenen Ausdruck finden. So ließ sich erst gestern der die „News Chronicle" über die Kämpfe um einen in-Brückenkopf berichten, daß die Tommies und nkees dort in ein „richtiges deutsches Hornissennest" aten seien. Gemeinsam mit den deutschen Truppen nden Jungen, Frauen und Mädchen überall abwehreit und es stellten sich den alliierten Verbänden ch die entschlossene Haltung der gesamten Bevölkeng ungeahnte Schwierigkeiten in den Weg. Auch ane feindliche Blätter unterstreichen den wachsenden tschen Widerstand und den ungebrochenen Kampf, der den in die deutschen Gaue vordringenden merikanischen Verbänden in zunehmendem Maße den g verlegt.

Für den Herrn des Weißen Hauses sind solche Bebte, und insbesondere die Worte Eisenhowers sehr ter. Ihre Veröffentlichung dürfte durchaus nicht im ne Washingtons und Londons liegen. Denn nur Hoffnung auf einen schnellen Sieg haben die plutotischen Imperialisten noch als Mittel in der Hand, die Kriegsmoral ihrer Soldaten und Rüstungseiter einigermaßen aufrechtzuerhalten. Nur eine bale Niederwerfung Deutschlands rettet jedem schließlich die von ihren Regierungen verführten Wehte vor dem umstürzenden Prestigeverlust, dessen witterwolken bereits über San Franzisco hängen. britische „Spectator" hat diese Tatsache erkannt, nn er eröffnet, England habe seine Bedeutung jetzt eits zum größten Teil verspielt. Das Vertrauen Welt zu Großbritannien sei dahin, seitdem sich Aln benehme „wie ein Balkanstaat". Mit solcher Forlierung spielt das Londoner Blatt ebenso geschmacksonisch wie offen auf die Sklavenrolle an, in die osteuropäischen Länder geraten sind, die Churchills Roosevelts Garantien vertrauten, dann jedoch raten und dem chaotischen Mordregiment des Kreml geliefert wurden.

Es ist kaum anzunehmen, daß derartige vergleichen-Perspektiven den Leuten an der Themse wie Musik den Ohren klingen. Sie sind aber ein bezeichnender weis mehr auf die verpestete Atmosphäre zwischen Alliierten, die mit jeder Stunde unerträglicher zu rden scheint. So versicherten nach „Associated Preß" Vereinigten Staaten mit einer Verbeugung gegen lin in aller Form auf drei Stimmen bei der Konnz von San Franzisco. Stalin aber, so verlautet ter, habe diese großzügige Geste des Verständigungswillens vollkommen ignoriert und bestehe konsent auf einer Sowjetvertretung mit drei Stimmen darüberhinaus weiterhin auf der Zulassung der lin-Polen. Dadurch würde Moskau praktisch mit Stimmberechtigten am Konferenztisch erscheinen durch diese Majorität von vornherein die erste ge spielen. Unter diesen Umständen hebt selbst der Weißen Haus aus- und eingehende Journalist Lipn schwarz. Er erklärte, die Konferenz sei zu einem bar ungünstigen Zeitpunkt anberaumt worden. Vor ihrem Beginn hätten die Hauptbeteiligten ihre größten Gegensätze bereinigen müssen anstatt mit ihrer drückenden Belastung die Verhandlungen aufzunehmen. Lipmann macht dann den Vorschlag, man solle in San Franzisco überhaupt nur einen Uebergangsbeschluß suchen, da eine konstruktive Lösung sich doch nicht möglich machen lasse. Niemand kann bezweifeln, daß dieser Vorschlag auf eine Inspiration Roosevelts zurückgeht, der in höchster Not nach einem Kompromiß-Strohhalm greifen möchte.

Während also die gesamtpolitische und damit naturgemäß auch, wie eine zunehmende Streikwelle in England und Amerika zeigt, die innenpolitische Lage beim Gegner ständig heikler wird, müssen sich der USA.-Präsident und der britische Premier an die Illusion eines blitzartigen militärischen Erfolges über Deutschland klammern. Eisenhower hat diese Illusion mit seinen Feststellungen empfindlich ins Wanken gebracht. Das deutsche Volk wird sie ganz zerschlagen. Es denkt nicht daran, den gleichen Fehler zu begehen wie 1918, wo auch weiterer Widerstand das Schicksal (nach englischen Eingeständnissen) hätte wenden können. Denn das deutsche Volk weiß, worum es geht. Es weiß, daß es um seine Freiheit aber auch um seine nackte Existenz kämpft. Es weiß, daß all die Opfer, die es jetzt bringt nichts sind gegen das Furchtbare, das im Fall einer Niederlage über die Nation hereinbrechen würde.

Das deutsche Volk will lieber vorübergehend den Riemen enger schnallen, als unter Feindregiment dem sicheren Hungertod ausgeliefert zu werden, will lieber unter den härtesten Belastungen ringen und arbeiten, als geknechtet in den kärglichen Sold des Gegners zu geraten, mit dem es bestenfalls die Daseinsansprüche eines Kulis befriedigen könnte. Die deutschen Männer und Frauen wollen lieber ihre eigenen Städte wieder aufbauen, als in Sibirien bis zum Umfallen Frondienste zu leisten. Die nationalsozialistische Volksgemeinschaft weiß, wer ihr gegenübersteht. Und weil sie das weiß, wird sie nicht schwach werden, sondern standhaft und treu gegen sich selbst, gegen Vergangenheit und Zukunft des Reiches ihre Pflicht erfüllen, die zum Sieg führt.

## Schörner zum Generalfelmarschall beförde

Aus dem Führerhauptquartier, 6. April.

Der Führer beförderte den Generaloberst Schö ner, der sich als hervorragender Truppenführer u Feldherr vor allem in den schweren Abwehrkämpfen der Ostfront hervorragend bewährt hat, in Würdigu seiner besonderen Verdienste zum Generalfeldmarsch

# Versteifung des Widerstandes im Westen

## Gegenangriffe aus dem Raum von Rheine und an der Ostfront.

Aus dem Führerhauptquartier, 6. April.

Das Oberkommando der Wehrmacht gibt bekannt: Im Süden der Ostfront wurden an der Mur, nordwestlich Steinamanger sowie im Raum südwestlich und östlich Wien heftige Angriffe der Bolschewisten abgewiesen. An der oberen Raab gewannen unsere Verbände Feldbach und Fehring im Gegenangriff zurück und säuberten weiteres Gelände vom Feind. Preßburg ging nach harten Häuserkämpfen verloren. Oestlich der March stehen unsere Truppen im schweren Abwehrkampf gegen die in westlicher und nordwestlicher Richtung angreifenden Sowjets.

Zwischen den Westbeskiden und dem Stettiner Haff fanden keine größeren Kampfhandlungen statt. Nur gegen die Westfront von Breslau setzte der Gegner seine starken Angriffe fort. Er wurde bis auf einige inzwischen abgeriegelte Einbrüche von der tapferen Besatzung abgewiesen. Ein Festungsregiment unter Führung von Major Mohr hat sich in den harten Abwehrkämpfen um Breslau durch unerschütterliche Standfestigkeit und entschlossene Gegenstöße besonders hervorgetan.

Nördlich Gotenhafen lösten sich unsere nur noch auf schmalem Küstenstreifen kämpfenden Verbände vom Feind und setzten zur Putziger Nehrung über. Durch ihr zähes Ausharren haben sie starke Kräfte des Gegners längere Zeit gebunden und die Einfahrt zum Hafen gesperrt.

Gegen den Westrand der Weichsel-Niederung und die Festungsfront Königsberg führten die Bolschewisten zahlreiche Angriffe, die abgewiesen wurden. Jagdflieger wehrten vor der westnorwegischen Küste Angriffe eines britischen Kampfverbandes gegen ein eigenes Geleit ab und brachten in heftigen Luftkämpfen 5 Flugzeuge zum Absturz.

Im Westen hat sich die Lage an der Eifel-Front nicht wesentlich verändert. Nordöstlich davon dauern die beweglich geführten Abwehrkämpfe an. Aus dem Raum von Lingen warfen unsere Truppen die Engländer zurück, schnitten ihre rückwärtigen Verbindungen ab und stellten die alte Hauptkampflinie westlich Rheine wieder her. Angriffe auf die westfälische Pforte, auf Rinteln und Hameln an der Weser sowie gegen unsere Sicherungen im Raum nördlich Warburg scheiterten.

An der Nordfront des Ruhrgebietes, wo sich der feindliche Druck verstärkte, brachten unsere Truppen starke Angriffe östlich Recklinghausen zum Stehen. Im Südteil von Hamm wurde der Gegner abgewiesen, über die Lippe vorgedrungene Kräfte zurückgeworfen. Auch im Raum von Winterberg und beiderseits Siegen verhinderten unsere Verbände durch harten Widerstand und Gegenangriffe größeren Bodengewinn der auf breiter Front nach Westen und Nordwesten angreifenden Amerikaner.

In der Schlacht um Thüringen ist es gelungen, zahlreiche Stützpunkte zu behaupten, dadurch den Gegner zu binden und sein weiteres Vordringen nach Osten zunächst aufzuhalten. Neben den Besatzungen von Eisenach und Meiningen hielten sich auch die von Mühlhausen und Gotha gegen feindliche Angriffe.

Zwischen Fulda und dem Main-Dreieck südöstlich Würzburg erwehren sich unsere Truppen zäh des überall vordrängenden Feindes.

Besonders stark war der Druck gestern zwisch Heilbronn und Karlsruhe. Unsere Truppen f gen die angreifenden feindlichen Divisionen wenige lometer südlich ihrer Ausgangsstellungen wieder auf.

Insgesamt verloren die Engländer und Amerika gestern an der Westfront 62 Panzer und Panzerfa zeuge.

Gaullistische Angriffe am Kleinen St. Bernhard und Mont Cenis brachen in unserem wehrfeuer zusammen. An der ligurischen Kü führte der Feind gestern südlich Massa stärkere griffe. Er wurde, nachdem er zwei geringfügige örtli Einbrüche erzwungen hatte, abgewiesen. Banden, gleichzeitig vom Rücken her in den Kampf einzugre fen versuchten, wurden zerschlagen.

An der dalmatinischen Küste westlich u südwestlich Bihac dauern die Abwehrkämpfe ge neuzugeführte feindliche Kräfte an.

Terrorangriffe amerikanischer Bomberverbände ri teten besonders in Nürnberg, Plauen und In golstadt schwere Schäden an.

Im Monat März wurden durch Jäger und Fl artillerie der Luftwaffe 1233, durch Verbände d Kriegsmarine weitere 128 anglo-amerikanische Flu zeuge abgeschossen.

Ergänzend zum Wehrmachtbericht wird gemeldet: I den Kämpfen in Kurland hat der mehrfach bewähr Rittmeister Bruno Richter, Kommandeur des F silier-Bataillons 27, mit nur 6 Mann seines Batai lons einen breiteren feindlichen Einbruch durch en schlossenen Gegenstoß bereinigt und dadurch den bea sichtigten Durchbruch der Bolschewisten verhindert.

# Am Wegkreuz der Weltgeschichte

## Frevel, die zu rächen Deutschland berufen ist / Von Eitel Kaper

Neue Epochen werden nur von dem gegründet, der über ein reiches Rüstzeug verfügt, der tragende Ideen von mitreißendem Schwung ins Treffen führt und der entschlossen ist, für die Verwirklichung dieser Ideen alles, und auch das Letzte, zu opfern. Tapferkeit, soldatischer Einsatz und ein reiches Waffenarsenal mögen gute Dinge sein, aber hinter ihnen muß die Hand des Mannes spürbar sein, der die innere Größe aufbringt und den gewaltigen Geistesreichtum, auf viele tausend Fragen eine Antwort endgültig und bestimmend zu geben.

Wir durchleben Tage und Wochen, in denen mit letzter Klarheit zutage tritt, daß die Menschheit wieder einmal an einer Weglkreuzung der Weltgeschichte steht. Mancher mag sich gerade nach den Erscheinungen und Ereignissen der letzten Zeit besorgt fragen, was aus einer Welt würde, die völlig nach dem Gesetz zu leben hätte, das heute im Feindlager der Bolschewismus aufstellt.

Bemühen wir uns ganz klar, das zu kennzeichnen, was man als das Kriegsziel der Bolschewisten und ihrer verbrecherischen Komplizen bezeichnen kann, so ist es von amtlicher sowjetischer Seite mit den Worten ausgesprochen: Deutschland muß restlos vernichtet werden. Die sich im anderen Lager rühmen, ein neues Weltzeitalter heraufzubeschwören, genieren sich keineswegs mehr, an den Anfang ihres Weges die totale Ausmordung eines 80-Millionen-Volkes zu stellen. Schon die viehische Behandlung, die unsere Volksgenossen im Osten und die bisher von den Sowjets unterworfenen Völker Europas erfahren haben, ist selbst für die weltfremdesten Philister neutraler Länder Anschauungsmaterial genug, welcher Leistungen auf diesem Gebiet die losgelassenen Horden der Steppe unter Judas Befehl fähig sind.

Die Anglo-Amerikaner, die diese Wünsche der Sowjets bedingungslos akzeptieren, verspüren dabei nicht die geringste Regung des von ihnen so oft strapazierten „Weltgewissens". Da man in ihren Ländern jedoch noch nicht mit dem Zynismus reden kann wie in den wohlabgezirkelten Sklavenpferch der Sowjets, so pflegen sie ihre Vernichtungswünsche mit kühnen Hinweisen auf angebliche geschichtliche Beispiele auszuschmücken.

Es ist wahr: der strenge Römer Cato hat mit aller Entschiedenheit einst die Vernichtung Karthagos gefordert und ist so zum Autor des vielzitierten Wortes „Carthaginem esse delendam" geworden. Ist Deutschland ein Karthago oder nicht? Die Briten und Nordamerikaner haben allen Anlaß, auf den näheren Zustand jenes schmarotzenden Handelsstaates nicht einzugehen, den man geradezu als den Urahnen der verjudeten USA bezeichnen kann. Karthago war ein Regime reichgewordener, semitischer Bankiers, die keine anderen Ziele im Auge hatten, als die totale Botmäßigkeit des damaligen Weltkreises vor ihrer Börse. Karthago war die ungesunde Schmarotzerpflanze, die mächtige Völker wie die Bäume umschloß und ihnen das Lebensmark aussog. Demgegenüber war Rom wie Deutschland ein Land, das vom eigenen Fleiß, von einer blühenden Landwirtschaft und von der Kraft und Tapferkeit seiner Männer, von der sittlichen Größe seiner Frauen lebte.

Karthago war imstande, seinen gewiß bedeutenden Feldherrn mit den Goldschätzen seiner Tresore ein starkes Söldnerheer zu werben. Hannibal gewann viele Schlachten, ja, er gewann sogar ein Cannae. Warum unterlag er am Ende trotzdem? Es mangelte seinem Staat und seinem Volke die große Idee, und es mangelte an sittlicher Größe in dem Augenblick der Entscheidung, die nicht bei Cannae, sondern bei Zama erfolgte. Cannae war ein furchtbarer Schlag für die Römer, und es bedurfte einer jahrelangen opfervollen Bemühung des ganzen römischen Volkes, um neue Kräfte zu sammeln. In der richtigen Stunde aber standen die römischen Legionen stark und wohlgerüste am entscheidenden Punkt, und in der richtigen Stund war auch ein Scipio als Feldherr zur Stelle.

Wir stehen am Wegkreuz der Weltgeschichte, un wir sagten es bereits: Die Geschichte geht mit groß Härte und eiserner Konsequenz ihren Weg. Völker schicksale können sich oft mit einer atembeklemmende Grausamkeit vollziehen, aber sinnlos war die Geschich noch nie und wird sie nie sein können. Es liegt in de Hand hemmungsloser Nordamerikaner und Briten etwa das jedem Kulturmenschen heilige Haus eine Goethe und Schiller zu verwüsten, es kann geschehe daß die Westmächte Neger und Juden in den erobe ten deutschen Städten auf deutsche Menschen loslassen und es kann geschehen, daß sich die entfesselte Mord und Blutgier der Steppenhorden an Unschuldigen aus tobt, aber es ist noch nicht aller Tage Abend, und am Ende hat gerade die Geschichte den Frevler in eine Weise aufs Haupt geschlagen, die klügere Leute nach denklich machen müßte.

Wo sind die mordbrennenden Horden eines Sparta kus, wo die feilschenden Händler Karthagos, wo d blutgierigen Rotten eines Bar Kochba geblieben? De Sturm hat sie gepackt und ihre Spur ausgelöscht. W zweifeln nicht im mindesten an der hundertprozentige Zerstörungs- und Vernichtungswut unserer Gegner, die zugleich die Widersacher der gesamten Kulturwelt sind

Mit einem Verbrechen ohne Beispiel möchten si drüben ein neues Weltzeitalter beginnen. Sie ahnen und spüren wohl, daß sie im Grunde doch drei Wölfe sind, die im gemeinsamen Anspringen schon wissen, da sie in der nächsten Minute über den eigenen Artgenossen herfallen und ihn zerfleischen werden. Schon sprechen sie ganz offen von einem dritten, von einem vierten Weltkrieg.

So stehen die Dinge und nicht anders. Wir aber wissen, daß es dagegen nur eines gibt: das Alleräußerste an Kräften aufzubieten, um zum Werkzeug des rächenden Schicksals an diesen Frevlern zu werden. Wir wissen, daß es die harte und gigantische Sendung Deutschlands ist, alles zu retten, was es an Wertvollem auf diesem Erdball gibt.

# Kriegsgeschrei ohne tiefere Bedeutung

## Japanfeindliche Auslassungen der Sowjetpresse — Die ostasiatische Politik Stalins

W. Kopenhagen, im April 1945.

Am 6. November 1944 nannte Stalin zum ersten le in seiner Rede Japan eine Aggressornation. Seit r Zeit bringt die sowjetrussische Presse laufend ikel, deren Inhalt japanfeindlich ist. In den bei hochamtlichen Organen der Sowjetrepublik: der amda" und „Krieg — und Arbeiterklasse" kritisiert nicht gerade in freundschaftlichen Auslassungen bemte Gegebenheiten der japanischen Lage. Die alli Presse nimmt diese offensichtlich japanfeindliche tung Stalins begeistert zur Kenntnis und in ihren lten werden Informationen verzeichnet, deren zu Roosevelt und Churchill dem Kreml die südliche fte von Sachalin angeboten haben für den Fall, sich die Bolschewisten zu einer Teilnahme am ege gegen Japan entschließen.

Die Zeitung „Philadelphia Inquirer" glaubt diesen s bereits voraussagen zu können.

Der von Matsuoka abgeschlossene japanisch-sowjeti Nichtangriffspakt müßte — in diesem Monat gedigt werden. Trotz der Hetze z. B. des kanadischen ders Ottawa, der einen Umschwung Stalins vorauszusagen glaubt, macht weder Tokio noch der Kreml alten zu einer Kündigung.

Im Falle eines siegreichen Krieges gegen Deutsch hat die Sowjetunion mit einer Auseinanderng mit den anglo-amerikanischen Mächten zu rechnen, deren Anzeichen sich jetzt vor allem im Hinblick auf Konferenz von San Franzisco, schon anzeigen, ob die Westmächte und die Sowjets doch Bundesgeen sein wollen. In keiner Frage, die Nachkriegsungen betrifft, wird zwischen Moskau einerseits London und Washington andererseits jemals eine gung zustande kommen, da ihre politischen Gegen von Natur aus unüberbrückbar sind. Die Sounion kann aus diesem Grunde kein Interesse hasich einen neuen, starken Gegner im Rücken wäh dieses gigantischen Krieges gegen Europa auflen. Stalin wünscht sich auch keinesfalls eine erlage der Japaner und einen Sieg der Anglorikaner, denn dann wären die USA unmittelbar barn der Sowjetunion, die Beherrscher Ostasiens und somit automatisch eine gewaltige Vormacht auf dem chinesischen Festlande. Hierdurch wäre eine weitere amerikanisch-sowjetische Reibungsfläche geschaffen, wie sie etwa schon im Iran vorhanden ist.

Die japanische Nachbarschaft in Ostasien ist eine bekannte, die amerikanische eine unbekannte Größe für den Kreml. Da die USA wahrscheinlich das größte Kriegspotential der Erde haben, würde eine amerikanisch-bolschewistische Nachbarschaft mit Sicherheit zu einem Kriege um die ostasiatischen Machtansprüche führen. Japan hat im Gegensatz zu Amerika keine Weltbeherrschungspläne und kein Interesse daran, seine Inselkräfte in den menschenfressenden Weiten Chinas zu opfern.

Die Auslassungen der Sowjetpresse tragen zwar eine antijapanische Tendenz, aber sie haben trotzdem keine antijapanische Bedeutung. Sie müssen vielmehr ausschließlich unter dem sowjetisch-amerikanischen Gesichtswinkel betrachtet werden. Der Kreml braucht vorläufig zumindest das Wohlwollen Roosevelts, um seine Europapläne durchzusetzen. Mit England kann und wird es niemals zur Einigung kommen, da sich der sowjetische und britische Imperialismus überall begegnen und eine Alleinherrschaft anstreben. Europa und Indien als riesige Kontinentalkraftfelder liegen im Schein werferlicht sowohl der englischen als auch der sowjetischen Politik. Wenn London und Moskau heute friedliche Bundesgenossen spielen, dann machen sie nur aus der Not eine Tugend und versuchen krampfhaft, die Lösung dieser außerordentlich brennenden Machtprobleme „bis nach dem Krieg" zu verschieben.

Es ist daher vorauszusehen, daß Stalin auch weiterhin in das amerikanische Horn gegen Japan kräftig blasen wird. Wenn dafür die amerikanische Sanktion der sowjetischen Politik in Finnland, den baltischen Staaten, in Polen, auf dem Balkan und selbst in Westeuropa eingehandelt werden kann, dann ist dies der billigste politische Kuhhandel, den der Kreml bisher gemacht hat. Deutschland und der Führer aber werden der Welt beweisen, daß sowohl die amerikanische als auch sowjetische Rechnung nicht aufgehen wird.

### Bildung des Volkssturms in Japan

Tokio, 6. April. Der Stellvertreter des Kriegsministers, Shibayama, gab im Reichstag die Bildung des Volkssturms zur Verteidigung des Landes im Falle einer feindlichen Invasion bekannt. Ihm werden nicht nur die Reservisten aller Waffen, sondern auch alle nationalen Verbände, die Polizei usw. angehören, die einheitlich unter Führung hoher Reserveoffiziere zusammengefaßt werden.

In Tokio ist man sich darüber klar, daß mit dem Fall der zwar kleinen, aber strategisch wichtigen Schwefelinsel Iwojima, eine neue Phase des Krieges im Pazifik begonnen hat. Es wird immer offensichtlicher, daß jetzt das Schwergewicht des feindlichen Druckes gegen das Mutterland direkt gerichtet ist, das nach Auffassung hiesiger militärischer und Regierungskreise in absehbarer Zeit und erstmalig seit dem Einfall der Mongolen wieder Schlachtfeld werden dürfte.

---

Der Staatssekretär im Reichsfinanzministerium Fritz Reinhardt wurde am 3. April 50 Jahre alt. Er nimmt sein verantwortungsvolles Amt im Reichsfinanzministerium seit dem 4. April 1933 wahr. Die vielen von ihm zum Aufbau und zur Sicherung des Reiches in der Reichsfinanzverwaltung getroffenen Maßnahmen werden immer mit seinem Namen verbunden bleiben.

In Rom verurteilte ein Kriegsgericht zwei amerikanische Soldaten der Heerespolizei als Banditen zum Tode durch den Strang. Sie waren die Häuptlinge einer aus 22 Mann bestehenden Gangsterbande, die die Bevölkerung ganz Süditaliens terrorisierte.

Eine Gruppe von deutschen Gefangenen, die von Soldaten der 8. US-Panzerdivision gemacht wurden

Irgendwo im Ruhrkessel: Eine Kolonne deutscher Soldaten zieht in die Gefangenschaft.

Eine Gefangenensammelstelle: Deutsche Soldaten warten auf ihren Abtransport in ein größeres Lager.

Fotos: US-Army

Über die letzten Kämpfe in Unna schreibt Willy Timm u. a.:

„In der Stadtmitte lieferten sich versprengte Trupps, denen der Räumungsbefehl nicht bekanntgeworden war oder die der Unnaer Kampfleitung nicht unterstanden, noch verlustreiche Gefechte mit den Amerikanern. Eine Gruppe von etwa zehn deutschen Soldaten beschoß vom Kirchplatz Amerikaner, die im Hofe einer Wirtschaft lagerten; vor der Herderschule (heute Teil des Pestalozzigymnasiums an der Herderstraße) fand eine Geschützbedienung durch Volltreffer den Tod. Der Schulhausmeister begrub die beiden Soldaten nach Abschluß der Kampfhandlungen auf dem Schulhof und setzte ihnen ein schlichtes Holzkreuz mit einem Stahlhelm darauf. Später wurden sie auf den Südfriedhof umgebettet. In den Gärten hinter dem Ostring entdeckte man Tage später noch die Leichen von zehn deutschen Soldaten. Im Garten der Burg, an der alten Stadtmauer, versuchten ebenfalls in den Vormittagsstunden des 11. April einige deutsche Soldaten, einen Verteidigungsstand einzurichten, ließen aber bald von ihrem Vorhaben ab und zogen fort. Der anhaltende hartnäckige Widerstand einzelner Gruppen in der Stadt sollte schließlich durch einen vernichtenden Bombenangriff gebrochen werden. Doch während die Bomberverbände im Anflug waren, wurde die Stadt fest eingenommen. Durch große, grellfarbige Signaltücher, die auf den Feldern des katholischen Krankenhauses, hinter dem alten Westfriedhof, ausgelegt wurden, erhielten die Flugzeuge Kunde von der Eroberung Unnas und konnten, ohne ihre Bombenlast abgeladen zu haben, wieder abdrehen. So entging an diesem sonnigen Frühlingstag die Stadt Unna einer endgültigen Zerstörung."[220a]

Etwa gleichzeitig waren die beiden Nachbarkompanien I und K langsam, aber stetig auf Unna vorgestoßen. Auch sie erhielten zunächst noch Feuer aus deutschen Handwaffen und Maschinengewehren. Etwa um 10.00 Uhr drangen die beiden Kompanien in die Stadt ein und trafen hier auf heftigen Widerstand von deutschen SS-Gruppen. Da diese Verteidiger sich nicht ergeben wollten und es vorzogen, bis zum Tode zu kämpfen, handelten die Amerikaner entsprechend. Etwa um 14.30 Uhr konnten die Kompanien ihrem Bataillon melden, daß der von ihnen zu besetzende Teil von Unna feindfrei sei. Währenddessen war die K-Kompanie südwestlich auf Massen vorgestoßen und hatte diesen Ort gegen geringen Widerstand eingenommen.

Das III. Bataillon wurde anschließend aus seiner Kampfzone abgezogen und durch das I. Bataillon ersetzt. Das III. Bataillon sammelte später in der Nähe von Hussen, um sich für eine neue Aufgabe vorzubereiten. Auf der linken Flanke des 379. Regiments hatte das I. Bataillon Unna nördlich umgangen und rückte gegen geringen deutschen Widerstand nach Südwesten vor. Die B-Kompanie besetzte um 13.00 Uhr nach einem leichten Gefecht das Dorf Afferde, während die C-Kompanie gegen geringen Widerstand das Dorf Wasserkurl einnehmen konnte. Dabei wurde Verbindung mit dem II. Bataillon auf der rechten Flanke aufgenommen. Die C-Kompanie setzte ihren Weg nach Südwesten fort und besetzte das Dorf Hussen, und weiter ging der Vormarsch auf Wickederholz und Fleier. Die Kompanie fand auf ihrer gesamten Vormarschstrecke nur leichten Widerstand. Währenddessen stieß die B-Kompanie auf das Dorf Wickede, westlich von Unna. Auf dem Wege hierher nahm die Kompanie eine gesamte deutsche Kompanie Infanteristen gefangen, von denen viele betrunken waren. In dem Dorf Wickede traf die B-Kompanie auf starken deutschen Widerstand, und erst nach Kämpfen von Haus zu Haus konnte der Ort gegen 16.00 Uhr als besetzt angesehen werden. Etwa zum gleichen Zeitpunkt wurde die A-Kompanie beauf-

---

220a Timm, a. a. O., S. 38–39

tragt, den Ort Asseln einzunehmen. Die Kompanie traf aber ebenfalls auf unerwartet harten deutschen Widerstand und hatte daher bei Anbruch der Dunkelheit erst die Hälfte des Ortes genommen. Die Kompanie blieb dort zur Sicherung, und erst als sie weitere Verstärkung erhielt, wurde der gesamte Ort Asseln besetzt.[221]

Das II. Bataillon auf der rechten Flanke des 379. Regiments nahm am 11. April, um 8.00 Uhr seinen Vorstoß wieder auf. Die Kämpfe um Kamen am Vortage hatten anscheinend den deutschen Kampfwillen gebrochen, denn den ganzen Tag über traf das Bataillon nur auf geringen deutschen Widerstand, der meist schnell überwunden wurde. Die F-Kompanie bewegte sich auf der rechten Flanke des Bataillons von Kamen aus auf Methler zu. Bevor die Kompanie zum Angriff ansetzte, hatte die Divisionsartillerie den Ort mit Granaten eingedeckt. Dieser Beschuß veranlaßte die Deutschen, einen ungeordneten Rückzug in Richtung Dortmund anzutreten. Um 11.00 Uhr hatte die Kompanie den Ort besetzt. Die F-Kompanie setzte daraufhin den Vormarsch über Lanstrop auf Grevel fort, das nach kurzem Gefecht von der Kompanie besetzt wurde. Die E-Kompanie auf der linken Flanke des Bataillons bewegte sich ebenfalls südwestlich und klärte als erstes das Dorf Westick und dessen nähere Umgebung gegen geringen Widerstand. Bei ihrem weiteren Vorstoß auf Kaiserau traf die Kompanie auf den gewichenen deutschen Gegner. Mit der Unterstützung von Panzern und Panzerzerstörern gingen die Schützen der E-Kompanie mit Marschfeuer auf Kaiserau vor. Zwei deutsche Panzer wurden dabei südlich des Ortes außer Gefecht gesetzt, und um 15.00 Uhr hatten die Amerikaner den Ort besetzt und unter Kontrolle. Bei Anbruch der Dunkelheit hatte die Kompanie außerhalb von Kaiserau in der Nähe der Autobahn einen Flugplatz erreicht. Die E-Kompanie sammelte hier und stellte Wachen aus. Anschließend wurde der Flugplatz und dessen Umgebung nach Deutschen abgesucht. Mehr als 150 Deutsche wurden hier eingebracht und während der Nacht in einem Keller eingesperrt.[222]

Auch das 378. Infanterieregiment nahm am 11. April, um 8.30 Uhr seine Angriffsoperationen wieder auf. Die Bataillone des Regiments trafen an diesem Tage auf keinen geschlossenen deutschen Widerstand mehr, und so konnten sie fast unbehindert vorrücken. Das I. Bataillon auf der rechten Seite nahm westlich von Lünen Verbindung mit Teilen der benachbarten 75. US-Infanteriedivision auf. Um 16.00 Uhr wurde das I. Bataillon in seiner Vormarschzone durch das II. Bataillon abgelöst und ging in die Regimentsreserve. Auf dem weiteren Vormarsch des II. Bataillons wurde der Ort Gahmen, südwestlich von Lünen, durch die F-Kompanie besetzt. Um 18.30 Uhr trafen die Spitzen der F-Kompanie ebenfalls auf Einheiten der 75. Division. Nach einem Vormarsch von etwa fünf Kilometer hielt das Bataillon vorerst an.

Das III. Bataillon hatte währenddessen um 14.00 Uhr die Autobahn südlich von Weddinghofen überquert und war ebenfalls im Vorgehen in südwestlicher Richtung. Die L-Kompanie besetzte dabei auf ihrem Vormarsch Lanstrop und griff nach drei Kilometern das Dorf Ostfeld an. Die J-Kompanie, die gleichzeitig mit aufgebrochen war, nahm zunächst das Dorf Kolonie Horstmann, überquerte dann ebenfalls die Autobahn in südlicher Richtung und hielt dann zunächst an.[223]

Mit „Operations-Instruction No. 2" vom 11. April bekam das 378. Regiment von der Kampfgruppe Twaddle den direkten Befehl, die Stadt Dortmund anzugreifen; es

---

221 Wie Anmerkung 220
222 Wie Anmerkung 220
223 Wie Anmerkung 220

war die zweitgrößte Stadt im gesamten Ruhrgebiet und die größte Stadt im Bereich der gesamten Angriffszone der 95. US-Infanteriedivision. Der Aufklärungsdienst des Regiments war daher nicht sicher, ob diese große Stadt ohne schweren Kampf einzunehmen wäre. Da die deutschen Truppen vor der Angriffszone des Regiments seit dem 7. April kaum noch Widerstand geleistet hatten, nahm man an, daß sie sich auf Dortmund zurückgezogen hatten, um die Stadt mit allen Mitteln zu verteidigen. Oberst Metcalf meinte, daß er die Stadt von Süden angreifen werde und dann von Osten eindringen wolle. Am 12. April morgens standen seine Verbände nur elf Kilometer nördlich von Dortmund.[224]

Nur mit Mühe hatten sich die Resttruppenteile aus Unna zurückziehen können. Deutsche Truppenteile, die sich auf der Iserlohner Straße nach Süden absetzten, hatten auf dem Wege zur Wilhelmshöhe noch hohe Verluste. Es handelte sich vor allem um

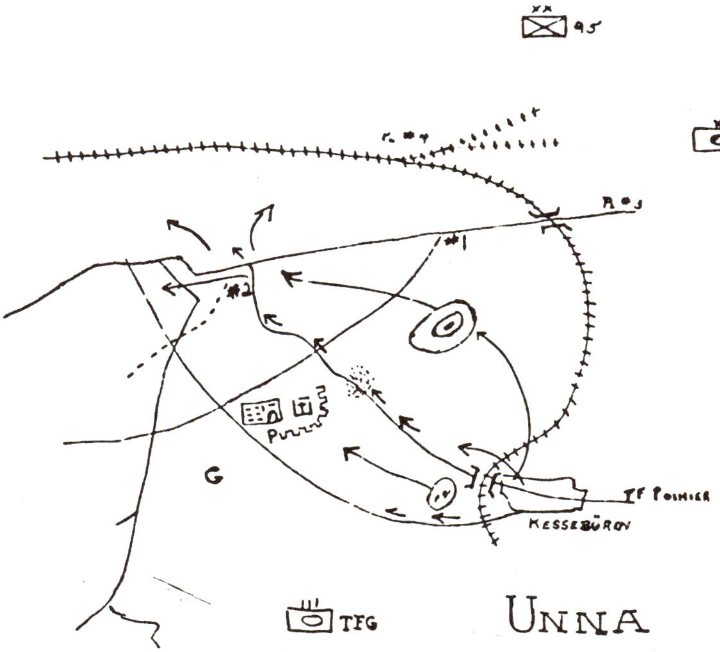


*Skizze 4: Die Kämpfe um Unna (Aus der Geschichte der 8. US-Panzerdivision) 24.–28. März 1945*

in Hemer kasernierte Soldaten der SA-Panzergrenadierdivision „Feldherrnhalle" und um Angehörige vom Lüdenscheider Bataillon 23 des dem Deutschen Volkssturm eingegliederten Freikorps Sauerland.[225]

Auch für die Reste der 116. Panzerdivision war dieser Tag wieder sehr schwer gewesen. In der Nacht war die Division auf das Südufer der Ruhr bis Fröndenberg zurückgegangen. Nur eine Kampfgruppe des Panzergrenadierregiments 156 blieb nördlich des Flusses in Linie Fröndenberg—westlich Frömern. Der Division war eine

224 Wie Anmerkung 220. – Im Raume nördlich von Dortmund standen aber auch bereits Teile der 75. US-Infanteriedivision des XVI. US-Korps.

225 Willy Timm, Garnisonstadt Unna, S. 39

Abteilung der schweren Jagdtiger-Abteilung 512 (Bestand: vier Jagdtiger) unterstellt worden. Diese Abteilung wurde im Raum der Kampfgruppe bei Frömern eingesetzt und war auf Zusammenarbeit mit ihr angewiesen, da man hier den Schwerpunkt des amerikanischen Angriffs erwartete. Die Ruhrbrücken wurden nicht zerstört, sondern nur gesperrt, um die Versorgung der Bevölkerung mit Gas und Wasser zu erhalten. Die zur Ruhrverteidigung von den territorialen Dienststellen eingesetzt gewesenen Ersatz- und Alarm-Einheiten wurden der Division zur Eingliederung unterstellt. Dies war die letzte Zuführung von Ersatz für die Panzergrenadiere; ihr Kampfwert war aber äußerst schwach.

Am Morgen hatte der erwartete Angriff bei Frömern begonnen.[226] Mit Unterstützung der Jagdtiger-Abteilung konnte der Durchbruch verhindert werden. Die Jagdtiger wurden jedoch erkannt und pausenlos von Jagdbombern angegriffen, bis gegen Mittag drei außer Gefecht gesetzt waren. Beim linken Nachbarn ging Unna verloren, und der Gegner brach nach Südwesten bis Holzwickede durch. Im Kampfabschnitt der Division war der Gegner nördlich der Ruhr in Fröndenberg eingedrungen. Die Kampfgruppe der Division kam dadurch in Gefahr, nördlich der Ruhr abgeschnitten zu werden. Sie wurde daher der nördlich des Flusses führenden 190. Infanteriedivision unterstellt und sollte herausgezogen werden, um der Division auf das Südufer nachzufolgen. Das geschah jedoch erst in der Nacht zum 13. April.[227]

In diesen Tagen und in dieser Gegend erfolgte auch der letzte größere Einsatz der schweren Jagdtiger-Abteilung 512, eines neuen deutschen Panzerverbandes, der erst kurz vorher aufgestellt worden war.[227a]

Als die Stadt Unna am 11. April gefallen war, erhielt der Führer der bei Bührenbruch-Ergste stehenden Kompanie der Jagdtiger-Abteilung 512, Hauptmann Albert Ernst, den Befehl, mit seiner Kampfgruppe nach Norden vorzustoßen, um den Umklammerungsring bei Unna aufzubrechen.

Am anderen Morgen ließ Hauptmann Ernst seine Kampfgruppe antreten und über die Reichsstraße 233 nach Norden vorstoßen. Der Kampfgruppe Ernst folgten einige Bataillone Grenadiere und Panzergrenadiere. Bei Langschede überschritten diese Verbände die Ruhr und rollten langsam weiter vor.

Als der vorausfahrende Panzerspähwagen die Höhe des Bismarckturmes erreicht hatte, sah er nach Süden vorrückende starke US-Fahrzeugkolonnen und meldete dieses dem Kampfgruppenführer. Hauptmann Ernst fuhr in seinem Befehlswagen

---

226 Vergleiche hierzu die Angriffsbeschreibungen bei der 8. US-Panzerdivision vom 11. April.

227 Guderian, a. a. O., S. 15
Nach den Kampfbeschreibungen des Tages wird in der Geschichte der 8. US-Panzerdivision am 11. April die 116. Panzerdivision respektvoll erwähnt:
„Die Eroberung von Unna besiegelte den Untergang der 116. Panzerdivision, einer der ältesten und stolzesten deutschen Panzerdivisionen. Die 8. Panzerdivision hatte ihr oft genug zugesetzt, um zu bewirken, daß sie ihre Schlagkraft nicht mehr ausbalancieren, sich nicht neu formieren konnte und nicht zum Ausbruch aus dem Kessel kam. Die 116. Panzerdivision wurde laufend zu Gegenangriffen eingesetzt, zur Abwehr im kleinen. Sie pflegte für ein paar Tage in Aktion zu treten, um anderen Einheiten einen Rückzug zu ermöglichen. Beim Versuch, den schnellen Vormarsch der „donnernden Herde" (Spitzname für die 8. Panzerdivision) abzudämmen, setzte die Division deshalb ihre Panzer sozusagen stückweise ein, um kleine Verzögerungsaktionen durchzuführen, und verlor dadurch die Möglichkeit, einen bedrohlichen Gegenangriff in Bewegung zu setzen."

227a Eine Kurzgeschichte der Jagdtiger-Abteilung 512 befindet sich im Anhang, Anlage 19.
Nach den vorstehenden Schilderungen von H. G. Guderian war die Jagdtiger-Abteilung 512 der 116. Panzerdivision unterstellt worden.

bis zum Bismarckturm vor und sah durch sein Fernglas eine lange Fahrzeugschlange, die sich über die Reichsstraße 1 in Richtung Dortmund bewegte. Ein Teil davon war nach Süden eingeschwenkt und fuhr auf der Reichsstraße 233 genau der Kampfgruppe Ernst entgegen. — Hauptmann Ernst befahl seinen Einheiten: „Alles auf der Höhe in Stellung gehen!" Die Jagdtiger, Sturmgeschütze und Panzer rollten in die befohlenen Positionen und entwickelten sich auf dem Kamm in halber Hinterhangstellung in der Breite. Vier Jagdtiger, vier Sturmgeschütze und drei Panzer IV standen Hauptmann Ernst zur Verfügung. Dazu kamen noch vier 3,7 cm-Vierlingsflakgeschütze.

Als der Gegner auf Schußentfernung herangekommen war, gab der Kampfgruppenführer den Feuerbefehl. Die elf Panzerfahrzeuge schossen fast gleichzeitig. Zwei an der Spitze fahrende Panzerfahrzeuge wurden beim ersten Feuerschlag vernichtet. Die ersten Lastwagen brannten, andere explodierten. Die langsamer schießenden Jagdtiger nahmen die am weitesten entfernt stehenden Feindpanzer unter Feuer. Es gelang ihnen, noch auf vier Kilometer Distanz mit ihren schweren und überlangen Kanonen tödliche Schüsse anzubringen.

Der amerikanische Vorstoß nach Süden, mitten in das Herz des Ruhrkessels, kam damit vorerst zum Erliegen. 50 Fahrzeuge, darunter elf Shermanpanzer, blieben vernichtet auf dem Gefechtsfelde zurück. Die übrigen Kampfwagen der Amerikaner zogen sich zunächst außer Schußweite zurück.

Die Amerikaner setzten daraufhin erst einmal ihre Jagdbomber ein. Sie konnten, nachdem die Flakgeschütze ihre Munition verschossen hatten, diese durch ihre Bomben ausschalten. Es war zuvor aber auch den Flakgeschützen noch gelungen, einige Jagdbomber abzuschießen. Bei diesen Kämpfen wurde auch ein Jagdtiger beschädigt, und der Tiger des Leutnants Kubelka, der vier Sherman-Panzer abgeschossen hatte, erhielt einen Raketenbombentreffer auf das Turmluk. Alle sechs Männer starben in ihrem Panzer.

„Langsam absetzen!" befahl Hauptmann Ernst seiner Kampfgruppe. Schrittweise zog sich die Kampfgruppe zurück. Der Gegner war vorerst nicht in der Lage zu folgen. Dieses Gefecht hatte sich am 12. April 1945 ereignet. Am nächsten Morgen erhielt Hauptmann Ernst vom LIII. Korps die Weisung, den Flugplatz bei Deilinghofen noch 24 Stunden zu halten. Im Hause Hemer richtete Hauptmann Ernst seinen Kampfgruppengefechtsstand ein. Seine Panzer und Jagdpanzer hatten die wichtigsten Punkte um den Platz besetzt.[227b]

Die Kompanie von Oberleutnant Carius wurde, nachdem sie in Unna eingerückt war, dem dortigen Stadtkommandanten und seinen wenig einsatzfreudigen Offizieren unterstellt. Angesichts solcher Führungsverhältnisse merkte Carius, daß er auf sich allein gestellt war und entsprechend handeln mußte, was dann auch geschah.

In mehreren kleineren Scharmützeln mit von Osten vorstoßenden US-Panzern, die bereits nördlich an Unna vorbeigestoßen waren, kam es noch zu geringen Erfolgen und auch zu Verlusten. Als im weiteren Verlauf der Kampfhandlungen US-Verbände an Unna vorbeistießen und auf Dortmund zurollten, wurden sie von den Jagdtigern der Kompanie Carius noch einmal gestoppt.

---

227b Aus Unterlagen, die Hauptmann a. D. Albert Ernst dem Verfasser zur Verfügung stellte. Weiter ergänzt durch ein Gespräch mit Hauptmann a. D. Ernst im Juni 1983 in Iserlohn. Bereits abgedruckt in Karl Alman, Panzer vor, S. 145–146, und Egon Kleine/Volkmar Kühn, Tiger – Die Geschichte einer legendären Waffe 1942–45, Motorbuch Verlag, Stuttgart 1981, S. 314

In der folgenden Nacht setzte sich die Kompanie Carius befehlsgemäß nach Süden ab und rollte später bis in den Raum Ergste. Einige Tage später kam dann hier das Ende.[227c]

In diesen Tagen fuhr auch Leutnant Herbert Rose vom Panzerregiment 16 der 116. Panzerdivision seinen letzten Einsatz. In einem Brief an den Verfasser erinnert er sich wie folgt:

„In der Zeit von Ostern bis zum 17. April, dem Tag, an dem wir in Gefangenschaft gingen, habe ich noch einen Einsatz in Erinnerung, weiß aber nicht mehr Ort und Datum.

Ich bekam von Major Tebbe den Auftrag, mit einem zusammengestellten Zug Panzer IV und Tiger zusammen mit unseren Grenadieren den Vormarsch der amerikanischen Panzer aufzuhalten. Die amerikanischen Panzer kamen in einer scheinbar endlosen Kolonne auf der Straße an. Aus unseren bezogenen Stellungen schossen wir vier bis fünf Feindpanzer in Flammen. Einer unserer Panzer wurde abgeschossen. Artillerie-Flieger lenkten Feuersalven zu uns herüber. Im Schutze einer künstlichen Nebelwand näherte sich amerikanische Infanterie. Wir nutzten die Gelegenheit, mit unseren Grenadieren rückwärtige Stellungen zu beziehen. Wieder ließen wir die Panzerkolonne auf Schußweite herankommen, und wir konnten abermals drei bis vier Feindpanzer abschießen. Einer unserer Panzer fuhr rückwärts in ein tiefes Loch und war kampfunfähig. Abermals schossen die Amerikaner Nebelgranaten, und wir zogen uns nochmals zurück in neue Stellungen. Wiederum gelangen uns einige Panzerabschüsse.

Plötzlich versuchte einer unserer Grenadiere, mich auf einen nahen Feindpanzer aufmerksam zu machen. Doch bevor ich diesen erkannte, knallte es schon, und mein Panzer brannte. Benzin lief aus, und die ganze Straße stand in Flammen. ‚Turm 12.00 Uhr' und alles raus; die ganze Besatzung war unverletzt. Ein eigener Panzer war noch fahrbereit, die Kanone aber außer Gefecht. Ich funkte zurück, daß die Front offen und ohne jede Verteidigung sei, daß ich alle Verwundeten auflade und zurückkäme. Einem Kameraden, dem ich gerade das verwundete Bein verbinden wollte, wurde unter meinen Händen die ganze Seite durch Granatsplitter aufgerissen.

Der vorgeschobene Verbandsplatz, zu dem ich die Verwundeten bringen wollte, war nicht mehr da. Hauptmann Kühne kam mir dann entgegen. Er hatte alle Kampfhandlungen am Funk verfolgt. Als ich meinen Bericht erstattete, war mir nicht ganz wohl zumute. Die materielle Übermacht der Amerikaner war erdrückend. Mit meinem Panzer war auch mein Deutsches Kreuz in Gold verbrannt. Das war mein letzter Einsatz."[227d]

Nach dem Fall von Unna konnte von einer einheitlichen deutschen Kampfführung im Raum Unna-Kamen-Dortmund keine Rede mehr sein. Während die Einheiten der 116. Panzerdivision sich auf die Ruhr zurückzogen — auch noch einige Resteinheiten, die aus Unna entkommen konnten —, wichen die anderen deutschen Einheiten auf den Raum von Dortmund aus.

Es handelte sich hierbei vor allem um Einheiten der 190. Infanteriedivision sowie um andere unterstellte Verbände, die vor den schnell nach Westen und Südwesten vorstoßenden amerikanischen Infanterie- und Panzer-Einheiten auswichen. Vom XXXXVII. Panzerkorps hatte die 190. Infanteriedivision am 10. April den Befehl

---

[227c] Egon Kleine/Volkmar Kühn, Tiger – Die Geschichte einer legendären Waffe 1942–45, Motorbuch Verlag, Stuttgart 1981, S. 314

erhalten, den Kampfabschnitt zwischen Stadinghausen und Wedlingshofen zu übernehmen und mit den Truppen dieses Abschnittes ein Vordringen des Feindes nach Westen und Süden zu verhindern. Die Truppen dieses neuen Kampfabschnittes setzten sich zusammen aus: Kampfgruppe Hamm, bestehend aus einem Sicherungsbataillon und einer Abteilung Reichsarbeitsdienst; Kampfgruppe Unna, bestehend aus einem Bataillon der Waffen-SS samt schweren Waffen und Volkssturmkompanie, einem Sicherungsregiment zu zwei Bataillonen; Artillerie, bestehend aus einer Abteilung leichter Feldhaubitzen, einer Abteilung russischer Feldhaubitzen und einer Abteilung schwerer Flakgeschütze. — Panzerabwehrgeschütze hatte nur die Kampfgruppe Unna.[228]

Örtlich vorhandene Flak-Einheiten wurden wahrscheinlich kurzfristig in die jeweilige örtliche Verteidigung eingebaut, soweit sie nicht in einer größeren Kampfgruppe benötigt wurden.

12. APRIL:

Noch am Abend des 11. April hatte die Divisionskampfgruppe A der 8. US-Panzerdivision Aufklärungs-Einheiten der Kampfgruppe Poinier nach Holzwickede, Massen und Obermassen vorrücken lassen, um Vorposten aufzustellen. Am 12. April, um 1.30 Uhr übernahm das 194. Luftlanderegiment die Verantwortung für die Absicherung des Raumes Unna. Die Pläne wurden bald wieder geändert, und um 15.00 Uhr übernahm das Kampfkommando A nochmals den Raum Unna und führte den Patrouillen- und Wachdienst weiter bis zum 13. April, um 17.00 Uhr. Da erhielt die Divisionskampfgruppe A den Befehl, von Unna ostwärts über die Weser in den Raum von Wolfenbüttel zu rücken.[229]

Auch das Kampfkommando R setzte am 12. April mit den ihm unterstellten Kampfgruppen Van Houten und Roseborough nochmals den Marsch nach Westen weiter fort und drang bis in die Nähe von Opherdicke vor. Von jenseits der Ruhr erhielten die amerikanischen Kampfgruppen auch an diesem Tage das „übliche Störfeuer". Die Orte Hengsen, Ottendorf und Delwig wurden genommen. Um 11.00 Uhr

---

227d Brief des ehemaligen Leutnants Rose aus Vancouver/Canada an den Verfasser. Vom Verfasser angestellte Recherchen brachten leider auch nicht mehr Klarheit. Major Tebbe kann den genauen Tag und Einsatzzeitraum nicht mehr nennen, Hauptmann Albert Ernst kann sich an Leutnant Rose nicht erinnern, hält es aber durchaus für möglich, daß er dabei gewesen sein könnte oder auch im Kampfraum der Kompanie Carius. Der ehemalige Oberleutnant Carius kann sich ebenfalls nicht an Rose erinnern. Die Darstellungen von Rose passen einerseits aber auch zu den Ereignissen bei der Kompanie Ernst, zum Teil auch zu den Schilderungen der 8. US-Panzerdivision im voraufgegangenen Text. Ebenso ist geschildert, daß der Kompanie Ernst ein Zug Sturmgeschütze, einige Panzer IV und auch ein 3,7 cm-Vierlingsflakzug unterstellt waren. Siehe auch die Schilderungen von H. G. Guderian, dem Ia. der 116. Panzerdivision.
Seltsamerweise findet sich über diesen doch immerhin nicht unerheblichen Gegenstoß des deutschen Panzerverbandes kein Hinweis in der Divisionsgeschichte der 8. US-Panzerdivision aus jenen Tagen. In einer G2-Meldung von CCR um 16.59 Uhr vom 11. April an den Comand Post in Werl wird lediglich von schwerem Granatwerferfeuer und schwerem Antitankfeuer südlich der Ruhr berichtet.

228 Generalleutnant Ernst Hammer, Bericht über die 190. Infanteriedivision, 20. 9. 1944—16. 4. 1945, BA-MA MS Nr. B-195, S. 27 ff.

229 Geschichte der 8. US-Panzerdivision. Mit Geheimbefehl Nr. 22 vom 12. April hatte die 9. US-Armee die Division in die Armee-Reserve berufen. Außer einem Kampfkommando, welches beim XIX. Korps verblieb. Auftrag: In der Nähe von Braunschweig sammeln: bereithalten, XIII. Korps oder XIX. Korps zu verstärken und XVI. Korps zu unterstützen bei seinem Auftrag, das Etappengebiet abzusichern.

kreuzte das II. Bataillon des 194. Luftlanderegiments die Aufbruchslinie, wurde angehalten, zurückgezogen und vom Kampfkommando R getrennt. Am 13. April wurde das Kampfkommando R durch Einheiten des 377. Regiments der 95. US-Infanteriedivision abgelöst und in eiliger Bewegung in die Nähe Denstorf/Niedersachsen verlegt. Auf ihrem mehrtägigen Vorstoß nach Westen hatte die Kampfgruppe noch einige Verluste erlitten.[230]

Mit dem 12. April endete praktisch der Vorstoß der 8. US-Panzerdivision in den Ruhrkessel, in den sie von Paderborn bis westlich Unna in der Zeit vom 3. bis zum 12. April vorgestoßen war.[231] Mit Armeebefehl wurde sie in die Nähe von Wolfenbüttel verlegt, zum Schutz der rechten Flanke des XIX. US-Korps, das durch den schnellen Vorstoß der 2. US-Panzerdivision ohne Reserve-Einheiten geblieben war.

Das 379. Regiment der 95. US-Infanteriedivision, das am 11. April seinen westlichsten Vormarschpunkt erreicht hatte, setzte nunmehr seinen weiteren Vormarsch in Richtung Süden auf die Ruhr fort. Ab 5.45 Uhr rückten die Bataillone mit ihren Kompanien in gewohnter Weise fort, hier und da mit Marschfeuer. Irgendwo wurden 95 unfreiwillige Gefangene gemacht. Am Nachmittag gab es einen Gegenangriff im Bereich der E-Kompanie durch etwa 80 Infanteristen, unterstützt durch einen Panzer und vier 8,8 cm-Selbstladegeschütze. Der Angriff wurde aber bald zurückgeschlagen, und um 20.00 Uhr hatte die Kompanie Aplerbeck genommen. Die F-Kompanie hatte gleichzeitig — von Grevel aus vorstoßend — um 10.00 Uhr die Kolonie Grünwald genommen. Der Vormarsch führte weiter über Brackel, wo zunächst noch deutscher Widerstand geleistet wurde. Gemeinsam mit Teilen der E-Kompanie wurde der Gegner geworfen; 35 Gefangene wurden gemacht. Brackel war um 16.00 Uhr von beiden Kompanien geklärt worden.[232]

Um 18.50 Uhr hatte der Kommandeur des Korps angeordnet, daß die Kampfgruppe Twaddle ihren Vormarsch in der Nacht vom 12. auf den 13. April fortsetzen und unerbittlich vorwärtstreiben sollte, bis die Ruhr erreicht sei. Das II. Bataillon erhielt diesen Befehl am 12. April, um 21.00 Uhr, und am 13. April, um 1.00 Uhr setzte das Bataillon den Vormarsch mit der E- und G-Kompanie fort, während die F-Kompanie in Aplerbeck als Reserve zurückblieb. Der Vormarsch fand ohne Panzerunterstützung statt, um die deutschen Truppen möglichst zu überraschen. Gegen geringen Widerstand hatten die beiden Kompanien um 4.15 Uhr Schwerte erreicht. Im Laufe des 13. April wurden die wenigen deutschen Widerstandsnester in der Umgebung von Schwerte beseitigt, Vorposten aufgestellt und entlang der Ruhr Beobachtungsposten eingerichtet. Im Laufe des Tages überquerten mehr als 300 deutsche Soldaten die Ruhr, um sich den Truppen des II. Bataillons zu ergeben.[233]

---

230 Die Geschichte der 8. US-Panzerdivision vermerkt dazu: Elf M 4-Panzer wurden außer Gefecht gesetzt, drei Jeeps und neun Halbkettenfahrzeuge zerstört. Auch die Mannschaftsverluste waren entsprechend: Das 58. Infanteriebataillon hatte 137 Tote und Verwundete, das 80. Panzerbataillon hatte 66 Verwundete. Die Kampfgruppe hatte in der gleichen Zeit sechs deutsche Panzer zerstört, vier 2 cm-Flakgeschütze, ein großkalibriges Eisenbahngeschütz und über drei Tonnen verschiedene Handfeuerwaffen erbeutet.

231 Lt. Divisionsgeschichte hatten die Einheiten der Division aufgrund der schnellen Vorstöße und der langen Nachschubwege einige Nachschubschwierigkeiten an Treibstoffen und Munition trotz drei Versorgungsstaffeln.

232 Geschichte der 95. US-Infanteriedivision

233 Wie Anmerkung 232. — Es zeigten sich auch hier die seit Tagen zu beobachtenden Auflösungserscheinungen bei einigen deutschen Einheiten.

Während dieser Zeit waren auch die beiden anderen Bataillone vorgerückt. Das I. Bataillon hatte eine Linie von Fleier bis Asseln gehalten und rückte nun mit seinen Kompanien aus dieser Stellung weiter vor.

Während die A-Kompanie nach den schweren Kämpfen am Vortage in die Bataillonsreserve ging, klärte die C-Kompanie den Restteil von Asseln bis 8.00 Uhr am Morgen des 12. April. Die Kompanie setzte anschließend ihren Vormarsch in südlicher Richtung fort und besetzte die Kolonie Holstein gegen leichten deutschen Widerstand. Die B-Kompanie griff währenddessen von dem Dorf Wickede aus nach Süden an und besetzte gegen leichten deutschen Widerstand die Gemeinde Freiberg. Die C-Kompanie bewegte sich bereits weiter nach Süden und traf nordöstlich von Soelde plötzlich auf starken Widerstand. Die Deutschen griffen hier, unterstützt durch zwei Panzer und ein selbstfahrendes Geschütz, die C-Kompanie an. Die C-Kompanie setzte ihre Panzer und Panzerzerstörer ein, um die deutschen Panzer außer Gefecht zu setzen und um den Gegenstoß zurückzuwerfen. Anschließend konnte Soelde von der C-Kompanie genommen werden. [234]

Um 19.15 Uhr erhielten die B- und die C-Kompanie den Befehl, ihren Angriff auch die Nacht hindurch fortzusetzen, um möglichst schnell die Ruhr zu erreichen. Die C-Kompanie rechts und die B-Kompanie links, setzte das I. Bataillon seinen Vormarsch zur Ruhr um 21.00 Uhr fort. Um 22.00 Uhr hatte die C-Kompanie gegen geringen deutschen Widerstand das Dorf Eichholz genommen. Etwa eine Stunde später hatte die B-Kompanie auf ihrer Vormarschzone das Dorf Krumende gesichert, das etwa auf halbem Wege zur Ruhr lag. Die beiden Kompanie stellten fest, daß sie noch bis zum frühen Morgen weitermarschieren müßten, um die gesteckten Ziele zu erreichen. Die B-Kompanie erreichte den östlichen Teil von Geisecke um 6.00 Uhr, und die C-Kompanie konnte bis 9.00 Uhr den westlichen Bereich von Geisecke besetzen. Damit hatten auch Teile des I. Bataillons des 379. Regiments die Ruhr erreicht. Das Bataillon stellte ebenfalls Wachtposten und Beobachtungsposten aus und bereitete sich auf weitere Aufgaben vor. Am 14. April, um 16.00 Uhr wurde Kontakt aufgenommen mit Teilen der 7. Panzerdivision der 1. US-Armee, die in diesem Bereich das Südufer der Ruhr erreicht hatten.[235]

Das III. Bataillon des 379. Regiments der 95. Infanteriedivision war am Vortage (11. April) vom I. Bataillon in seiner Angriffszone abgelöst worden und befand sich in der Regimentsreserve. Es sammelte am Morgen des 12. April in der Umgebung von Kolonie Grünwald und wartete auf weitere Order. Im Laufe des Tages kam die Anweisung möglichst rasch auf der westlichen Flanke der Regimentszone, ebenfalls bald die Ruhr zu erreichen. Um 19.00 Uhr hatte das Bataillon seine Reorganisation beendet, und um 22.00 Uhr bewegten sich die Einheiten in einer Marschsäule nach Süden. Mit der K-Kompanie und einer Gruppe Panzer an der Spitze ging es durch Brackel und westlich an Aplerbeck vorbei. Ohne auf Widerstand zu treffen, erreichte das Bataillon am 13. April, um 4.20 Uhr die Westhälfte von Schwerte. (Der Ostteil war bereits von Teilen des II. Bataillons besetzt worden.) Bis 14.00 Uhr hatten die Einheiten des Bataillons alle ihre Positionen im Bereich von Schwerte bezogen.[236]

Anschließend sollte das Bataillon zum letzten Angriff im gesamten Regimentsbereich angesetzt werden, um Westhofen einzunehmen. Der Angriff begann um

---

234 Wie Anmerkung 232

235 Der Vorstoß der 1. US-Armee durch das östliche Sauerland wird an anderer Stelle beschrieben.

236 Geschichte der 95. US-Infanteriedivision

16.00 Uhr mit der I-Kompanie an der Spitze sowie der L- und der K-Kompanie direkt dahinter. Kurz nach Angriffsbeginn setzte heftiges deutsches Abwehrfeuer ein und veranlaßte die Kompanie zum Halten. Das Bataillon mußte den Vorstoß abbrechen, und die einzelnen Kompanien bezogen Verteidigungspositionen westlich von Schwerte. Die Divisionsartillerie wurde herangeholt, um die deutschen Stellungen sturmreif zu schießen, was während der folgenden Nacht hindurch geschah. Am Morgen des 14. April sollte der Angriff wieder aufgenommen werden, aber die Truppen waren so erschöpft, daß der Bataillonskommandeur um Verschiebung des Angriffs bis zum frühen Nachmittag ersuchte. Die L-Kompanie zog durch die I-Kompanie fort und nahm am Nachmittag den Vorstoß auf Westhofen wieder auf. Ohne auf deutschen Widerstand zu stoßen, drang das Bataillon in Westhofen ein, dessen westlicher Teil bereits von Teilen des 378. Regiments besetzt worden war. Damit endete auch hier der Angriff des 379. Regiments im Ruhrkessel.[237]

Auf der äußersten rechten Flanke der Großkampfgruppe Twaddle setzte am Morgen des 12. April auch das 378. Infanterieregiment der 95. US-Infanteriedivision seinen Vormarsch weiter fort, um die Operationen im Rahmen der Gesamtaufgabe zu beenden. Um 7.00 Uhr begann der weitere Vorstoß mit dem II. Bataillon auf der linken Flanke, während das III. Bataillon rechts vorstieß. Das I. Bataillon blieb zunächst in der Regimentsreserve. Während des Vormarsches am Morgen begegneten die einzelnen Einheiten deutschem Widerstand an mehreren Straßensperren, die beseitigt oder umgangen wurden. Um 10.00 Uhr hatte die F-Kompanie des II. Bataillons Kirchderne besetzt, während die E-Kompanie in den Ort Hostedderbaum einrückte. Die vordersten Einheiten waren damit bis auf fünf Kilometer an das Stadtzentrum von Dortmund vorgerückt. Während dieses Vormarsches bekam das II. Bataillon auf seiner rechten Flanke Kontakt mit Einheiten des 320. Infanterieregiments der 35. US-Infanteriedivision. Dieses Regiment war zur Unterstützung der 75. US-Infanteriedivision dort eingesetzt worden.[238]

Das III. Bataillon kam anfänglich auch sehr gut voran, und die I-Kompanie klärte als erstes den Ort Hostedde gegen geringen deutschen Widerstand und stieß weiter nach Süden vor: Die L-Kompanie rückte währenddessen auf Grevel vor. Im Norden von Grevel überraschte die Kompanie etwa 100 Deutsche, die dachten, daß die Amerikaner von einer ganz anderen Seite kommen würden. Bis Mittag kam auch diese Kompanie bis an den nördlichen Stadtrand von Dortmund heran. Hier trafen die Amerikaner aber auf sich versteifenden deutschen Widerstand.[239]

Von der 95. Division wurde dem Bataillon mitgeteilt, daß die 75. Division das 320. Regiment zurückziehen würde, so daß das 378. Regiment den weiteren Vormarsch allein durchzuführen habe. Daraufhin bildete das Regiment die besondere Kampfgruppe „Sylvester" mit Pionier- und Panzerabwehrkräften sowie Aufklärungs- und anderen Einheiten für den Einsatz auf der rechten Flanke des Regiments. Das II. Bataillon wurde dafür aus dem Einsatz gezogen und sammelte sich in der Umgebung von Wambel.[240]

---

237 Wie Anmerkung 236

238 Die 35. und 75. US-Infanteriedivision gehörten zum XVI. US-Korps, das direkt von Norden in das Ruhrgebiet und den Ruhrkessel vorstieß.

239 Im Raume Dortmund führte bis zuletzt die 180. Infanteriedivision die deutschen Truppen und alles, was sich an Resteinheiten hier gesammelt hatte.

240 Geschichte der 95. US-Infanteriedivision

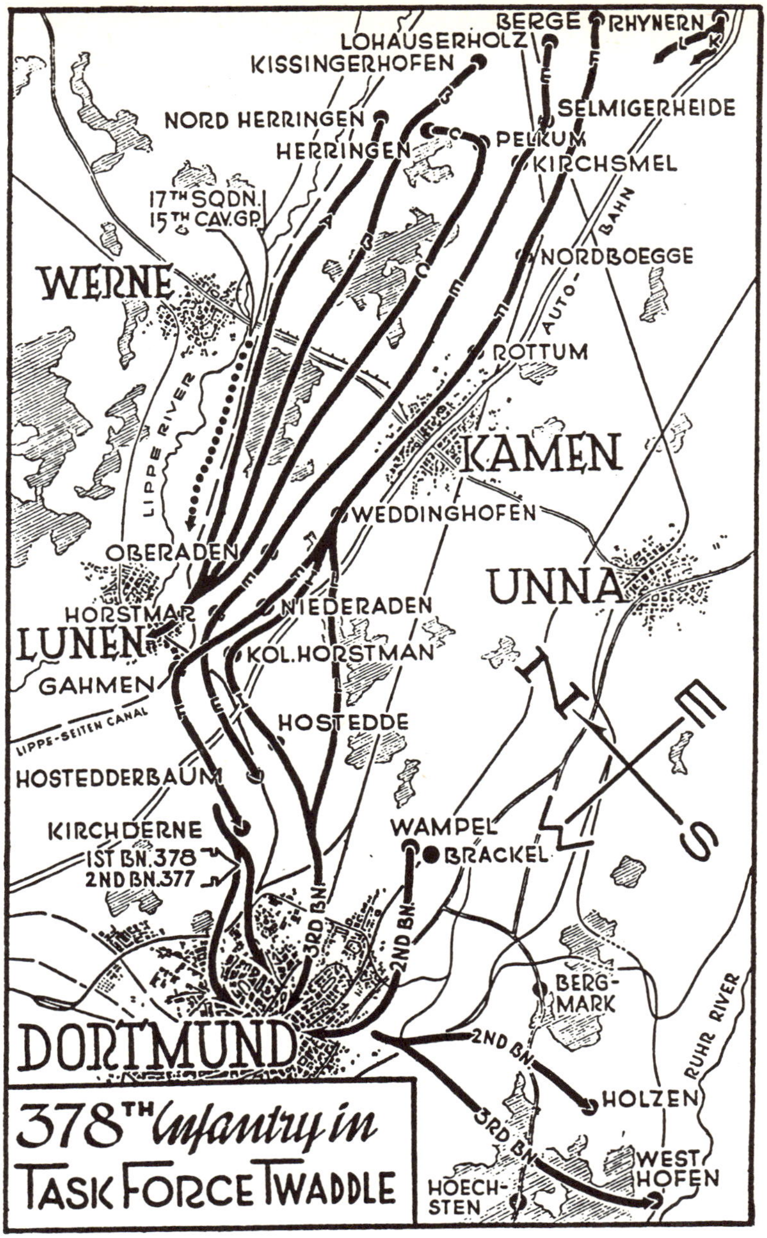


*Karte 17: Der Vorstoß des 378. Regiments in den Großraum Dortmund (Aus der Geschichte der 95. US-Infanteriedivision)*

Das III. Bataillon war mitlerweile bereits weit in Dortmund eingedrungen und traf auf laufend sich versteifenden Widerstand. Der Vormarsch der einzelnen Kompanien wurde dadurch stark verlangsamt. Das XVI. Korps gab daher Befehle, den weiteren Vormarsch zunächst zu stoppen, damit alle anderen Verbände des Regiments und auch der Nachbardivision zunächst aufschließen konnten zu einer gemeinsamen Linie.

Um 18.00 Uhr kam der Befehl durch, daß alle Einheiten der Kampfgruppe Twaddle schnellstmöglich die Ruhr erreichen sollten. Generalmajor Twaddle verfügte darauf-

hin, daß das II. Bataillon des 377. Regiments aus der Divisions-Reserve heraus dem 378. Regiment für die Endkämpfe um Dortmund unterstellt wurde. Oberst Metcalf hatte zunächst geplant, Straßensperren zu errichten, um die Deutschen damit einzukreisen. Hierzu benötigte er aber zuviel Männer, und das hätte die weiteren Operationen gefährdet. Nachdem auch das II. Bataillon aus der Reserve geholt worden war, begannen das II. und III. Bataillon um 20.00 Uhr mit der Fortsetzung ihres Angriffs. Bei den weiteren Vorstößen wurde klar, daß der deutsche Widerstand schon am Nachmittag gebrochen worden war, da man kaum noch auf deutsche Truppen traf. Die E-Kompanie vom II. und die I- und K-Kompanie vom III. Bataillon drangen während der Nacht vom 12. auf den 13. April weiter in Dortmund vor und trafen nur noch auf geringen Widerstand deutscher Truppen. Am Morgen des 13. April erhielten das I. Bataillon und das II. Bataillon des 377. Regiments den Auftrag, den Norden von Dortmund vollends zu klären und aufzuräumen. Das II. und III. Bataillon wurden mit den gleichen Ordern in das Zentrum und den Süden der Stadt gesandt. Bis auf einige deutsche Scharfschützen in den Ruinen trafen die amerikanischen Einheiten auf keinen deutschen Widerstand, und sie hatten mehr Mühe mit den gefangenen deutschen Soldaten als mit kämpfenden.[241]

Offiziell fiel Dortmund am 13. April, um 16.30 Uhr in die Hand der Amerikaner. Es war die fünftgrößte Stadt, die bis dahin von den alliierten Truppen eingenommen worden war.

Eine Dortmunderin schildert ihre Erlebnisse und Eindrücke bei der Befreiung durch die Amerikaner so:

„Als wir uns morgens waschen, höre ich einen Mann vor dem Fenster laut beten. Es ist ein rumänischer Gendarmerie-Wachtmeister. Er fragt mich, wie lange der Krieg wohl noch dauern möge. Wir gehen in die Saarlandstraße. Da sehen wir drei amerikanische Soldaten. Ich schäme mich nicht, es zu sagen: Mir steigen die Tränen in die Augen. Endlich sind wir erlöst aus furchtbarer Qual!

Die Ausländer umjubeln die Amerikaner. Wir werden überhaupt nicht beachtet. Wenn auch! Alles ist gleichgültig! Der schreckliche Druck weicht von uns. Wir haben den Krieg überstanden. Zum ersten Male laufen wir wieder durch die Straßen mit der Gewißheit, daß keine Bomben fallen.

Es ist ein wundervoller Frühlingsmorgen. Aber wie trostlos schaut alles aus! Auch die Bäume. Zerrissen und zersplittert. Zwischen den Trümmern kriechen mit grauen Gesichtern Menschen umher. Sie suchen, ob noch etwas Brauchbares zu finden ist. Gruppen von entwaffneten deutschen Soldaten ziehen an uns vorbei. Vorn und hinten Amis mit Gewehren. Über uns brummen zwar die Flieger am strahlend blauen Himmel, aber sie tun uns nichts mehr.

Wir gehen wieder zum Bunker. Das letzte Mal! Unsere wenigen Habseligkeiten sind schnell zusammengesucht. Wie arm sind wir geworden! Aber nur weg! Endlich raus aus diesem elenden Loch! Und doch überfällt uns eine leichte Wehmut, als wir abziehen. Wäre dieses Loch nicht gewesen, wo wären wir heute? In der kommenden Nacht schlafen wir nach Wochen und Monaten endlich wieder einmal in einem richtigen Bett."[241a]

Mit der Einnahme von Dortmund waren die Operationen des 378. Regiments aber noch nicht beendet. Das Regiment sollte mit einem Teil seiner Einheiten eben-

241 Wie Anmerkung 240
241a Peukert, Die Amis kommen, S. 50–51

falls bis zur Ruhrlinie vordringen. Während das I. Bataillon in Dortmund blieb, um Besatzungsaufgaben zu erfüllen, stießen das II. und III. Bataillon weiter nach Süden vor. Am Abend erreichten die Bataillone das Gebiet der Hoechsten Bergmark im Südosten von Dortmund. Am Morgen des 14. April nahmen die beiden Bataillone ihren Vormarsch wieder auf und begegneten dabei kaum noch irgendwelchem Widerstand von deutscher Seite. Das II. Battaillon stieß zur Ruhr südlich von Holzen und nahm an der linken Flanke Verbindung auf mit Gruppen des 379. Regiments. Das III. Bataillon hatte die Ruhr bei Westhofen gegen 6.00 Uhr abends erreicht. Um 19.00 Uhr konnte das 378. Regiment an die 95. Division melden, daß das Ziel erreicht sei. Während das I. Bataillon weiterhin in Dortmund zu Besatzungsaufgaben verblieb, sammelten das II. und III. Bataillon in der Umgebung von Brackel und formierten sich für neue Aufgaben.[242]

Mit der Meldung vom 378. Regiment am 14. April, um 19.00 Uhr waren die Kampfhandlungen der Großkampfgruppe Twaddle und auch der 95. US-Infanteriedivision praktisch beendet. Der Großverband wurde aufgelöst, und alle unterstellten Einheiten kehrten wieder zu ihren Stammeinheiten zurück. Nach einigen Tagen der Ruhe und Reorganisation sollte die 95. Division nochmals für spezielle Besatzungsaufgaben Verwendung finden.

Die deutschen Truppen gegenüber den Verbänden der Großkampfgruppe Twaddle konnten seit Tagen keinen geschlossenen und entschlossenen Widerstand mehr leisten. Sie waren weder material- noch personalmäßig dazu in der Lage. Am 12. April war die 116. Panzerdivision mit dem größten Teil der noch vorhandenen Kräfte bereits hinter der Ruhr. Lediglich die Kampfgruppe des Panzergrenadierregiments 156 befand sich noch nördlich der Ruhr unter dem Befehlsbereich der 190. Infanteriedivision. Besondere Sorge machte der Führung der 116. Panzerdivision ihre rechte Flanke.

Von der rechts benachbarten „Gruppe Wirtz" war wenig bekannt, und so wurde zunächst nach Osten aufgeklärt, um Verbindung zu den dort stehenden deutschen Verbänden zu schaffen. Nördlich der Ruhr fühlte der Amerikaner vorerst nicht weiter gegen die Division vor. Dafür wurde die Division aber nun auch von Osten und Süden bedrängt.[243]

Die 190. Infanteriedivision, die seit dem 11. April unter dem Kommando des LIII. Korps stand, erhielt am Nachmittag des 12. April den Befehl, mit allen Einheiten in der Nacht zum 13. April hinter die Ruhr zu verlegen. Schwerte sollte als Brückenkopf besetzt bleiben.

Nach Ausgabe der Rückzugsbefehle an die Truppen setzte der Rückmarsch mit Einbruch der Dunkelheit ein. Während der rechte Flügel und die Mitte der Divisionsfront

---

242 Geschichte der 95. US-Infanteriedivision. Die Divisionsgeschichte vermerkt noch u. a., daß die 95. Division während ihrer „Ruhrkampagne" 432 Quadratmeilen = 1119 qkm Land mit 256 Ortschaften eroberte, die meisten davon waren sehr kleine Orte.

1034 Deutsche wurden getötet, 1365 verwundet und 12836 bis zum Ende der Ruhrkampagne gefangengenommen. Die eigenen Verluste werden für die Zeit vom 3. bis 14. April angegeben mit: 55 Offiziere und Mannschaften tot, 352 Verwundete und 12 Vermißte.

„Die wirksame Unterstützung durch Kampfbomber und die Treffsicherheit der vier Artilleriebataillone der Division während der gesamten Kampagne waren bemerkenswert. Die Gefangennahme des Barons Franz von Papen hatte Prämienwert, aber das Entkommen des sechsundfünfzig Jahre alten Generalfeldmarschalls Walter Model aus Dortmund war eine vorauszusehende Enttäuschung. Model, hochberühmt wegen seiner Führerschaft an der russischen Front, hat, wie vermerkt wurde, Dortmund in der Nacht des 12./13. April im Flugzeug verlassen."

243 Guderian, a. a. O., S. 15–16

sich ungestört vom Feinde absetzen konnten, wurde der linke Flügel noch in soeben einsetzende Nachtangriffe verwickelt. Hierbei gelang es dem Gegner, in Schwerte einzudringen und mit Panzern alle Straßenkreuzungen zu sichern. Da ein Gegenangriff auf Schwerte aussichtslos erschien und nur zu blutigen Verlusten führen konnte, wurde auch der linke Flügel auf das Südufer der Ruhr zurückgenommen. Das Korps hat diese Maßnahme nachträglich gebilligt.

Am 13. und 14. April herrschte Ruhe an der Front der 190. Infanteriedivision. Sie wurde zum Ausbau der Stellungen benutzt.[244] Die Kämpfe sollten auch hier bald zu Ende sein.

Annex to G-2 Periodic
No. 65

SECRET

PW Interrogation Report 12 Apr 45

| EM | NCO | O | UNIT | DIV |
|---|---|---|---|---|
| 66 | 7 | | 2nd SS Sig Bn | |
| 14 | | | 675 Eng Bn | |
| 24 | 13 | | Various AA Units | 116 |
| 6 | 1 | 2 | Replacement Units | |
| 7 | | | | Pz Gren FELDHERRN-HALLE |
| 2 | | | Organization Todt | |
| 4 | | | Volkssturm | |
| 3 | | | 401 Arty Corps | |
| 8 | 1 | | 477 Landesschuetzen | |
| 8 | 1 | | Hospital Unit Unna | |
| 59 | | 1 | Miscellaneous, stragglers, etc. | |
| 2 | | | BB Feldherrnhalle | |
| 2 | | | 675 Armd Engr Bn | |
| 3 | | | 1/76 Arty Repl Bn | |
| 10 | 2 | 1 | Miscellaneous | |
| 218 | 25 | 4 | Total: 247 PWs. | |

Most of the PWs processed today came from UNNA and its surroundings. The information obtained from them was of little or no tactical value, due to the fact that most of them had either withdrawn in the path of our adv or had been stationed in the area for some time. Generally, the picture remains unchanged: numerous small units, inexperienced in ground combat, hastily thrown together, with little or no organic arty support. Their mission was simply to hold or to withdraw as best as they could and to evacuate as much as possible of their remaining few arty or AA pieces. No organized plan of withdrawl seems to be in effect, although it seems likely that the enemy should attempt to reform in a concentration area such as ISERLOHN if only for thepurpose of reestablishing contact with some higher echelon.

Miscellaneous: CP of 8/146 AA S/L btry at 925207. 100 men of this bn at 896214 on 111200 April. Ration dump at 925207. Orders that UNNA be defended to the last came from a General whose code name is "KK". Units of 2 Para Div are reported moving E & SE in the past few days.

WHITE
G-2

*Dokument 12: Letzter After-Action-Report der 8. US-Panzerdivision mit der Auflistung von Gefangenen im Raum Unna (Stadtarchiv Lippstadt, 6. Band, Zeitgeschichtliche Sammlung)*

244 Hammer, a. a. O., S. 28–29

4. Kapitel

# Endkampf um das Ruhrgebiet

Das Ruhrgebiet hatte bei den Kriegszielen der westlichen Alliierten schon seit Jahren eine besondere Rolle gespielt. Es war daher eines der ersten großen Angriffsziele der alliierten Luftoffensive gegen das Deutsche Reich gewesen. Noch im Frühjahr 1945, als große Teile dieses Gesamtgebietes durch die jahrelangen schweren Bombardierungen bereits zerstört waren, galt das Ruhrgebiet bei den Alliierten immer noch als die „Waffenschmiede des Reiches".

Die Eroberung dieses größten zusammenhängenden Industriegebietes in Westeuropa bereitete daher auch den alliierten Stäben keine geringen Sorgen. Trotz der schweren Zerstörungen der großen Städte, der Industrieanlagen und der Verkehrsverbindungen wußte man nicht, wie stark der Verteidigungswille und die Verteidigungsmöglichkeiten in diesem Raume waren.

## DIE VORBEREITUNGEN DER ALLIIERTEN

Um den Landstreitkräften den Weg zur Eroberung dieses Gebietes zu erleichtern, flog die alliierte Luftwaffe im Frühjahr 1945 mehrere schwere Angriffe gegen besondere Ziele im Ruhrrevier. Als Teil der „Operation Clairon" wurden am 22. Februar die großen Bahnknotenpunkte angegriffen mit dem Ergebnis, daß von den 17 vorhandenen Bahnknotenpunkten nur acht intakt blieben. Am 11. März warfen 1000 Flugzeuge 4 662 Tonnen Bomben auf Essen und am 12. März 1 100 Flugzeuge 4 800 Tonnen auf Dortmund. Außerdem begannen die alliierten Bomberverbände systematisch Punktangriffe, indem sie Brücken und Viadukte und sonstige wichtige Verkehrsverbindungen zerstörten. Am 24. März — am Beginn des Rheinübergangs bei Wesel — war das Ruhrgebiet von allen wichtigen Verkehrsverbindungen abgeschnitten.[245]

Nach dem erfolgreichen Übergang der alliierten Armeen am Niederrhein war die Mehrzahl der anglo-amerikanischen Divisionen zum Vormarsch in die Ebene Norddeutschlands angetreten. In einer großen Zangenbewegung wurden das gesamte Ruhrgebiet und große Teile von Südwestfalen eingeschlossen. Einige Divisionen der 9. US-Armee waren bis zum 1. April bereits südlich der Lippe vorgestoßen und hatten damit die nördlichen Außenbezirke des Ruhrgebietes erreicht. Die Schließung des Ruhrkessels am 1. April in Lippstadt und die damit verbundenen weiteren Vorstöße nach Osten ließen das Ruhrgebiet zunächst für einige Tage zum Nebenkriegsschauplatz werden. Andererseits hatte die 9. US-Armee am 1. April auch noch nicht alle Divisionen auf der rechten Rheinseite, so daß sie noch nicht zum Angriff auf das Ruhrgebiet antreten konnte.[246]

Durch den raschen Vorstoß der alliierten Divisionen nach Osten waren zwei deutsche Korps (das XXXXVII. Panzerkorps und das LXIII. Armeekorps) mit ihren Divisionen von der 1. Fallschirmjägerarmee abgeschnitten worden und befanden sich

---

[245] Whiting, a. a. O., S. 38–40

[246] Das XVI. US-Korps hatte an diesem Tage nur erst die 35., 75. und 79. Infanteriedivision mit allen Einheiten rechts des Rheins, die anderen Divisionen befanden sich zum Teil in der Versammlung, zum Teil bei der Übersetzung über den Rhein.

südlich der Lippe. Am 31. März, um 18.50 Uhr hatte die Heeresgruppe B die Unterstellung dieser beiden Korps zum Einsatz an Lippe und Ruhr zum Schutz der Nordflanke der Heeresgruppe B beantragt.[247]

Am Morgen des 1. April verlief die deutsche Front am Nordrand des Ruhrgebietes etwa in folgender Linie: nördlich von Sterkrade über Herten, Recklinghausen bis Waltrop-Lünen. Durch Befehl des XXXXVII. Panzerkorps war hier am Morgen des 1. April die 116. Panzerdivision aus der Front herausgezogen und nach Osten in Marsch gesetzt worden. Die Lücke mußte durch die verbliebenen Teile der 180. und 190. Infanteriedivision geschlossen werden, die gleichzeitig hinter den Emscher-Kanal zurückgingen.[248]

Westlich davon standen die beiden Divisionen des LXIII. Armeekorps, die 2. Fallschirmjägerdivision und auf dem westlichen Flügel die Verbände der Division Hamburg, die ebenfalls den Gegner in weiteren Angriffen von Norden erwarteten.

Am 2. April herrschte an der Front nördlich des Ruhrgebietes weitgehend Ruhe. Die deutschen Einheiten nutzten die Zeit zum Ausbau ihrer Stellungen und gaben den Truppen eine wohlverdiente Ruhepause. Im Bereich der 180. Infanteriedivision wurden Lünen und Werne geräumt. Vor den deutschen Stellungen herrschte zum Teil eine rege feindliche Spähtrupptätigkeit.[249]

Die Front der 2. Fallschirmjägerdivision verlief — nachdem sie am 1. April hinter den Rhein-Herne-Kanal zurückgenommen worden war — vom Nordrand von Essen bis etwa nördlich von Bochum. Der linke Flügel hatte Anschluß an die Division Hamburg, während der rechte Flügel Anschluß an die 190. Infanteriedivision suchen sollte. Letzteres gelang zeitweise nicht, so daß hier eine Lücke entstand. In dieser Stellung lag die Division bis zum 7. April.[250]

Auch im Bereich der Division Hamburg blieb die Front am Rhein-Herne-Kanal in der Zeit vom 1. bis 7. April unverändert. Stärkere feindliche Aufklärungsvorstöße über den Kanal wurden abgewiesen. Dabei kam es im Nordteil Oberhausens zu heftigeren Kämpfen. Die Lage konnte jedoch überall wiederhergestellt werden. Das Fallschirmjägerregiment 2 wurde herausgezogen und der 2. Fallschirmjägerdivision wiederzugeführt. Das Fallschirmjägerregiment 23 (ohne ein Bataillon) verblieb bei der Division Hamburg. Die zahlreichen Flakbatterien, die teilweise ortsfest eingebaut waren, standen für den Erdkampf zur Verfügung.[251]

Am 3. April hatten sich die Divisionen des XVI. US-Korps unter Generalmajor Anderson um das kurz zuvor eroberte Recklinghausen gesammelt, um sich für den Angriff auf das Ruhrkanalsystem vorzubereiten. Anderson wollte mit drei Divisionen auf einer Frontlänge von etwa 60 Kilometer längs des Rhein-Herne-Kanals zwi-

---

247 BA-MA RH-53-6/44 (St. Gk. VI). Unterstellungszeit lt. Wagener, S. 554: 1. April 1945. Ein vom XXXXVII. Panzerkorps entsandter Generalstabsoffizier bat an diesem Tage die Heeresgruppe B um Aufträge für die weitere Kampfführung. Die Heeresgruppe B befahl den beiden Korps, kämpfend hinter die Lippe auszuweichen. Dieser Einsatzauftrag wurde nachträglich vom Oberbefehlshaber West gebilligt, und beide Korps wurden der Heeresgruppe B unterstellt.

248 Vergleiche hierzu die Schilderungen im Kapitel „Schließung des Ruhrkessels in Lippstadt" mit der Beschreibung der Verlegung der 116. Panzerdivision am 1. April 1945.

249 von Lüttwitz, a. a. O., S. 12–13

250 Generalleutnant Lackner, Kämpfe der 2. Fallschirmjägerdivision ostwärts des Rheins (Ruhrkessel), BA-MA MS Nr. B-508, S. 2–3

251 Generalleutnant Steinmüller, Infanteriedivision „Hamburg", März–April 1945, BA-MA MS Nr. B-314, S. 7–8

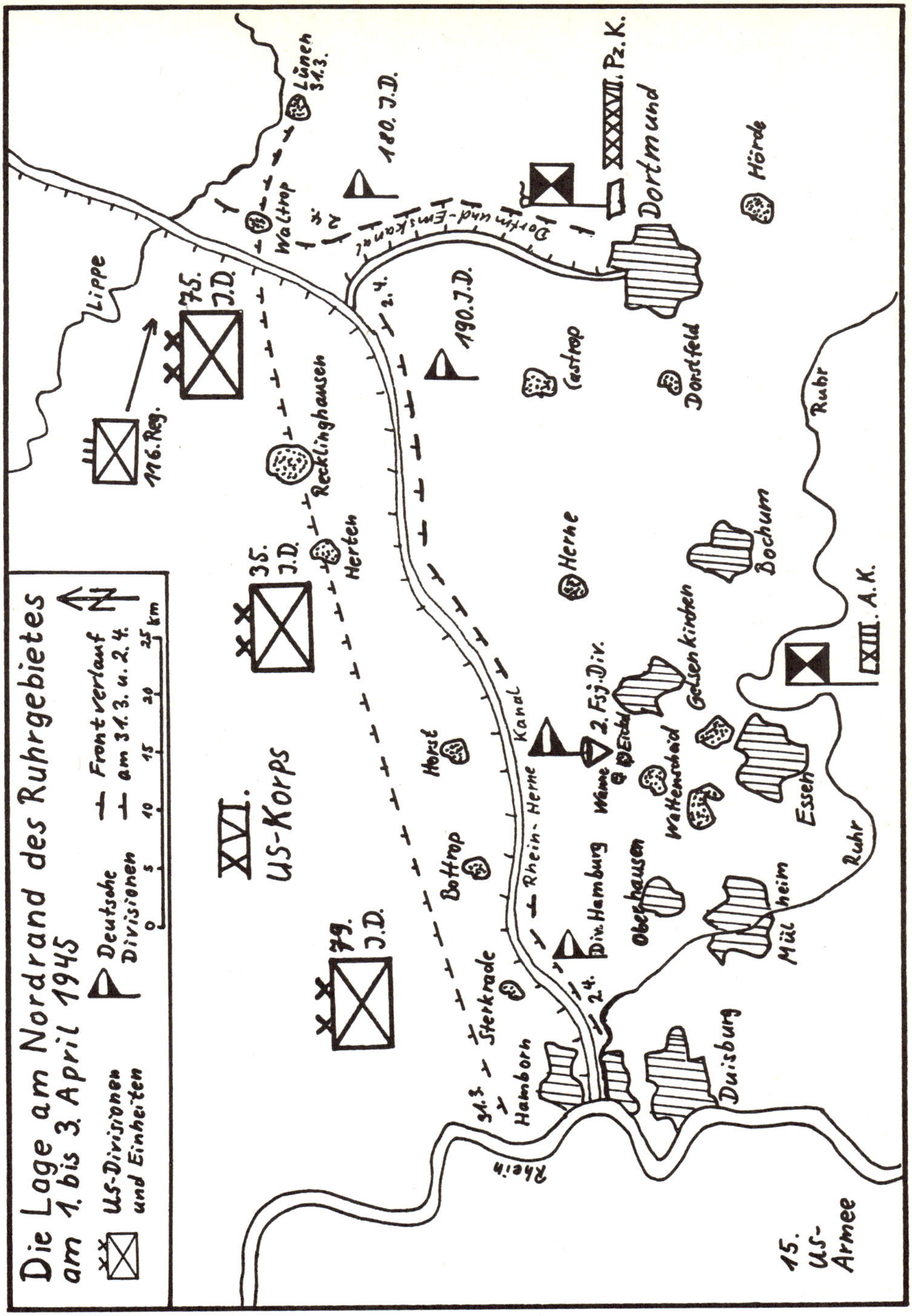


*Karte 18: Die große Lage am Nordrand des Ruhrgebietes am 1.–3. April 1945*

schen dem Rhein im Süden und der Lippe im Norden den Kessel einengen. Die drei Divisionen waren die 79. im Süden, die 35. im Zentrum und die 75., verstärkt durch das 116. Regiment der 29. Division, im Norden. Der Angriffsplan sah vor, an der Front der 75. Division mehrere Kanäle zu überqueren, darunter auch den Dortmund-Ems-Kanal.[252]

Das vom Generalstab in 16 Sektoren aufgeteilte Kanalsystem wurde von der nur noch rund 4000 Mann zählenden 2. deutschen Fallschirmjägerdivision verteidigt. In der Umgebung des Zweigkanals stand die 190. Infanteriedivision mit ihren Resten und links davon die 180. Infanteriedivision. Am 3. April hatte die 75. US-Infanteriedivision erste Einsatzkommandos über den Dortmund-Ems-Kanal gesandt, um die Stärke des Gegners zu erkunden. Es gelang den Kommandos sogar, einen kleinen Brückenkopf an der linken Flanke der Division zu bilden und Gefangene zu machen.

Der eigentliche Angriff begann am 4. April, um 1.00 Uhr früh. Drei Regimenter der 75. US-Infanteriedivision und das 116. Regiment der 29. US-Infanteriedivision überschritten nebeneinander auf einer Strecke von elf Kilometer den Dortmund-Ems-Kanal. Das 116. Regiment wurde zunächst an beiden Flanken durch zwei kleinere Kanäle gehindert und mußte unter heftigem deutschen Abwehrfeuer den Kanal überwinden. Am anderen Ufer geriet das Vordringen auch ein wenig langsamer, da Munition nachgeholt werden mußte. Trotz heftiger deutscher Abwehr drangen die Einheiten des 116. Regiments weiter vor. Ein Aufklärungskommando fand noch eine intakte Brücke östlich des Lippe-Kanals, der an ihrer linken Flanke verlief. Oberst Bingham, der Regimentskommandeur, befahl daraufhin, sofort den Übergang über die Lippe zu versuchen. Pioniere der 75. Division kamen den 116ern hierbei zur Hilfe. An anderer Stelle hatten die Pioniere bereits versucht, den Kanal zuzuschütten, indem sie die Wände sprengten und mit Bulldozern den schlammigen Untergrund aufwühlen wollten. Ihre Anstrengungen waren allerdings vergeblich gewesen, da es sich um Stahlbeton handelte. Im Bereich des 116. Regiments gelang dieses Vorhaben jedoch; die Wände des Kanals wurden eingedrückt, und die Infanterie konnte den Kanal überqueren. Am Abend dieses Tages hatte das Regiment Waltrop überrannt und grub sich sechs Kilometer jenseits des Kanals in Stellungen ein. In der Dämmerung überquerten auch die ersten Panzer die Brücke und den Lippe-Kanal, dort, wo ihn die Pioniere zugeschüttet hatten.[253]

In der gleichen Zeit war auch die 75. Division erfolgreich gewesen. Sie hatte mit drei Regimentern, die in einer Linie nebeneinander vorgingen, angegriffen. Das 291. Regiment war im Nordabschnitt der Front auf relativ geringen Widerstand gestoßen. Nur im Süden war das 289. Regiment heftigem Beschuß ausgesetzt. Es gelang aber, in die Vororte von Ickern einzudringen, und am Abend des gleichen Tages hatte das 289. Regiment die Stadt unter Kontrolle gebracht. Gleichzeitig fiel auch der 75. Division und dem ihr angeschlossenen 116. Regiment auf der gesamten Front von elf Kilometer ein acht Kilometer breiter Streifen jenseits des Kanals in die Hand.

Zur gleichen Zeit stellten sich die anderen Divisionen des XVI. US-Korps, die 79. und 35. Infanteriedivision, weiter westlich entlang des Rhein-Herne-Kanals auf, um dieses Hindernis zu überwinden und ihrerseits zum letzten Angriff auf den Ruhrkessel anzutreten. Jetzt lagen auch die großen Ruhrstädte vor den amerikanischen Divisionen. Die einst blühenden Städte waren nun fast alle schwer zerstört und weit-

---

252 Whiting, a. a. O., S. 116
253 Ebd.

gehend von ihren Bewohnern verlassen worden. Sie warteten nunmehr auf den letzten Angriff und das Ende des Kampfes.[254]

Die deutsche Heeresgruppe B mußte diesen amerikanischen Angriffsoperationen so gut wie tatenlos zusehen. Außer den unmittelbaren Frontverbänden, die alle seit Tagen und Wochen in schweren Abwehrkämpfen standen, hatte sie keine taktischen und operativen Reserven mehr, die sie an besonders bedrohten Frontabschnitten hätte einsetzen können. Zumal nun auch der Gegner an allen anderen Seiten der Front, im Osten wie im Süden, zum Angriff übergegangen war.

Am Abend des 4. April mußte das XXXXVII. Panzerkorps den Verlust der Städte Waltrop und Ickern hinnehmen. Besonders im Bereich der 180. Infanteriedivision waren die Amerikaner weit in die deutschen Stellungen eingedrungen und hatten auch Brambauer genommen. Nur mit Mühe hatten die beiden deutschen Divisionen (180. und 190.), die in den letzten Wochen schwere Kämpfe zu bestehen hatten, den Durchbruch der amerikanischen Einheiten verhindern können. Gleichzeitig wurde die rechte Flanke dieser Front durch einen feindlichen Angriff über die Lippe zwischen Hamm und Lünen bedroht, wo nur ein Volkssturmbataillon auf breiter Front stand. Diese Situation machte die Abgabe eines Regimentsstabes und eines Bataillons der 180. Infanteriedivision in den Raum südlich von Lünen erforderlich.[255]

5. APRIL:

Im Bereich des XVI. US-Korps bereinigte die 75. Infanteriedivision mit ihren Regimentern den linken Bereich ihres Brückenkopfes über den Lippe-Kanal. In Brambauer wurden gleichzeitig die letzten deutschen Widerstandsnester niedergekämpft. Die anderen Divisionen sammelten sich am Rhein-Herne-Kanal und bereiteten sich hier für den Vorstoß über dieses Hindernis nach Süden vor.[256]

Vor den Fronten der 180. und der 190. Infanteriedivision war es an diesem Tag auch weitgehend ruhig, bis auf kleinere örtliche Vorstöße der Amerikaner an verschiedenen Stellen. Im Bereich der 2. Fallschirmjägerdivision kam es zu Kämpfen im Nordteil von Castrop-Rauxel, besonders an der Zechenbahn. Am Abend war der gesamte Nordteil von Castrop-Rauxel in den Händen der 75. US-Infanteriedivision. Vor der Front der Division Hamburg blieb es ebenfalls verhältnismäßig ruhig.

6. APRIL:

Die 75. Infanteriedivision des XVI. US-Korps begann nun mit ihrem weiteren Vorstoß nach Süden gegen die Ruhr. Der Vorstoß zielte hart westlich an Dortmund vorbei, mit dem Versuch, die Verbindungslinien der eingeschlossenen Deutschen zu unterbrechen und alle Bewegungen von Dortmund aus nach Westen zu unterbinden. Die Division erhielt hierzu das 320. Regiment der 35. US-Infanteriedivision zur Unterstützung.

Die 17. US-Luftlandedivision, ohne das 194. Luftlanderegiment, wurde dem Korps zugeführt und löste die 79. Infanteriedivision aus ihren Verteidigungsstellungen entlang des Rhein-Herne-Kanals nordostwärts des Rheins auf der rechten Flanke des Korps ab. Die 79. Division stellte sich mit ihren Einheiten für den Angriff südostwärts auf die Ruhr im Raume westlich von Gelsenkirchen bereit. Dabei löste die

---

254 Ebd., S. 120
255 von Lüttwitz, a. a. O., S. 15–16
256 Williams, a. a. O., S. 474

Division Teile des Infanterieregiments 320 der 35. US-Infanteriedivision entlang des Rhein-Herne-Kanals ab. Die 29. US-Infanteriedivision verlegte in den Raum Sendenhorst-Ahlen, südlich von Münster, und ging zunächst in die Reserve der 9. US-Armee.[257]

Der Angriff der 75. US-Infanteriedivision traf mit voller Wucht die Stellungen der 190. Infanteriedivision. Nach starker Artillerievorbereitung begann der Angriff um 9.00 Uhr auf der gesamten Divisionsfront vom Dortmund-Ems-Kanal bis Castrop-Rauxel. Unter dem Schutz ihrer Panzer drang die amerikanische Infanterie vor. Bei Mengen und Mengethen blieb der Angriff zunächst in deutschem Artilleriefeuer stecken, dagegen gelang den Amerikanern ein Einbruch bei den Einheiten des Freikorps Sauerland. Die vordersten Truppen stießen bis Dingen vor, wo sie von der Regimentsreserve des Grenadierregiments 1226 gestoppt wurden. Um die Lage wiederherzustellen, mußte das LXIII. Korps, dem die Division kurz zuvor unterstellt worden war, seine einzige Reserve zur Verfügung stellen. Diese Reserve[258] traf gegen 14.00 Uhr ein und wurde sofort zum Gegenangriff aus dem Raum Bodelschwingh-Dingen in Richtung Ickern angesetzt. Der deutsche Gegenangriff startete nach Artillerievorbereitung um 16.00 Uhr. Vorwärts Brüninghaus lief sich der rechte Angriffsflügel fest, während die aus Dingen vorbrechenden Panzer flott vorwärts kamen. Diese wurden jedoch südlich von Ickern von einem Gegenstoß überlegener feindlicher Panzerkräfte gefaßt und auf Brüninghaus gedrückt; dort unterstützten sie den eigenen Angriff. Der Gegenangriff hatte sonach keinen durchschlagenden Erfolg, es wurde aber eine Stabilisierung der Front erzielt. Die Verbände konnten geordnet und zu einer festeren Front geschlossen werden.[259]

In schwere Kämpfe wurden in Castrop-Rauxel ebenfalls wieder die Einheiten der 2. Fallschirmjägerdivision verwickelt. In diesen Abschnitt zielte der Angriff des rechten Flügels der 75. US-Infanteriedivision. Vorderste Spitzen der 75. Division erreichten den Raum südöstlich von Castrop-Rauxel, besetzten die Orte Deininghausen und Dingen und gewannen damit günstige Ausgangspunkte für die weiteren Vorstöße der Division. Im Bereich der Nachbardivision blieb es dagegen noch verhältnismäßig ruhig.

7. APRIL:

An diesem Tage setzte die 75. US-Infanteriedivision ihren Vorstoß zur Ruhr fort und stieß ins Zentrum des Ruhrgebietes weiter vor. Das 290. Infanterieregiment drang mit seinen Kompanien in Kirchlinde und Frohlinde ein. Die Einheiten des 291. Infanterieregiments drangen gegen Castrop-Rauxel vor und besetzten einen Großteil dieses Gebietes gegen energischen deutschen Widerstand. Die linke Flanke wurde weiter ausgedehnt in Richtung Lippe, und das 320. Infanterieregiment übernahm diesen Sektor. Das 116. Infanterieregiment der 29. Division kehrte wieder in die Reserve der Division zurück.[260]

Die 79. US-Infanteriedivision begann an diesem Tage um 3.00 Uhr — nach Überquerung der Emscher und des Rhein-Herne-Kanals — ihren Angriff nach Süden.

---

257 Ebd., S. 476

258 Die Korps-Reserve bestand aus einer Panzerkompanie, einer MG-Kompanie und einer Kompanie schwerer Waffen.

259 Hammer, a. a. O., S. 25–26

260 Williams, a. a. O., S. 476

Beiderseits von Gelsenkirchen und Essen, mit dem 313. Infanterieregiment auf der linken und dem 315. Infanterieregiment auf der rechten Flanke, drangen die Bataillone vorwärts, die vordersten Einheiten bis Katernberg. Die 35. US-Infanteriedivision baute währenddessen ihre Positionen entlang des Rhein-Herne-Kanals aus und bereitete sich ebenfalls für einen baldigen Angriff vor. Die 17. Luftlandedivision, die in den ersten Tagen zur Armeereserve gehört hatte, hielt ihre Stellungen längs der rechten Flanke der Korps-Zone.[261]

Auf der deutschen Seite hatte auch an diesem Tage die 190. Infanteriedivision die Hauptlast der Abwehrkämpfe zu tragen. Bereits um 9.00 Uhr stieß eine schwächere amerikanische Panzergruppe zwischen dem Dortmund-Ems-Kanal und dem Emscher-Kanal nach Süden vor. Die dort befindlichen deutschen Kräfte wichen, hinhaltenden Widerstand leistend, zurück und stoppten an einer gesprengten Brücke nördlich von Ellinghausen das weitere Vordringen. Zur gleichen Zeit traf ein starker feindlicher Angriff mit Panzern die eigene Front bei Ostrich-Brüninghausen. Nur langsam kam er infolge der zähen Gegenwehr des I. Bataillons/Grenadierregiment 1225 und des I. Bataillons/Grenadierregiment 1226 vorwärts. Am linken Flügel griff der Gegner seit dem frühen Morgen wiederholt Dingen an. Der Ort wurde von einer Kompanie der Panzer-Abteilung und von Teilen des II. Bataillons/Grenadierregiment 1226 zäh verteidigt. Erst am Abend gelang es den Amerikanern, nach beiderseitigen schweren Verlusten, den Ort zu nehmen.[262]

Im Raume Castrop-Rauxel verteidigten die Fallschirmjäger zäh ihre Stellungen gegen die überlegenen amerikanischen Truppen. Besonders umkämpft waren an diesem Tage die Emschertalbahn und die ländlichen Ortsteile Deininghausen, Dingen, Schwerin und Frohlinde. Mit Panzern, Sturmgeschützen und Granatwerfern nahmen die Amerikaner jedes sich zeigende deutsche Widerstandsnest unter schweren Beschuß. Dazu kamen Tiefflieger und Artilleriebeschuß, je nach Lage der Kampfentwicklung.

Der Druck der amerikanischen Verbände war hier so stark, daß die Verbindung zur linken Nachbardivision verlorenging. Die 2. Fallschirmjägerdivision führte im Laufe des Tages einige Kräfte an die besonders gefährdeten Stellen und konnte dadurch das entstandene Loch wieder schließen. Diese Kräfte reichten jedoch nicht aus, um den Gegner wieder hinter den Rhein-Herne-Kanal zurückzuwerfen. Das Fehlen eigener Panzer machte sich hierbei besonders bemerkbar. Der rechte Flügel der 2. Fallschirmjägerdivision hing an diesem Tage wieder in der Luft, da der Anschluß an die 190. Infanteriedivision verlorengegangen war.[263]

Im Abschnitt der Division Hamburg, auf der westlichen Flanke des LXIII. Korps, war es auch an diesem Tage noch verhältnismäßig ruhig geblieben. Lediglich an der Ostflanke der Division stießen die amerikanischen Einheiten, die den Emscher- und Rhein-Herne-Kanal nordwestlich von Gelsenkirchen überschritten hatten, weiter nach Süden vor und durchbrachen die dort eingesetzten schwachen deutschen Sicherungen. Schwache Teile dieser Sicherungen, die der 2. Fallschirmjägerdivision unterstanden, suchten bei der Infanteriedivision Hamburg Anschluß. Die zwischen beiden Divisionen entstandene Lücke konnte auch erst nach Abzug von Kräften aus anderen Frontteilen von der Division Hamburg mit geschlossen werden.

---

261 Ebd.
262 Ebd.
263 Lackner, a. a. O., S. 3

Wider Erwarten stießen die Amerikaner nicht nach, so daß es gelang, mit schnell herausgezogenen Teilen des Fallschirmjägerregiments 7, Essen gegen die Einbruchstelle abzuriegeln. Auf höheren Befehl mußte die Division Hamburg ihre Front verlängern und die Hauptkampflinie bis südlich Gelsenkirchen übernehmen. Aber auch ihr fehlten die Kräfte, um die Lücke zu schließen und den Anschluß an die 2. Fallschirmjägerdivision wiederherstellen zu können.[264]

8. APRIL:

Die bereits am Vortage eingeleiteten Angriffe der amerikanischen Divisionen wurden auch an diesem Tage wieder fortgesetzt. Die 75. Infanteriedivision griff mit starker Artillerie- und Luftwaffenunterstützung die Umgebung von Castrop-Rauxel an und besetzte den Rest der Stadt bis zum Abend. Die vordersten Spitzen der Division wurden bis Lütgendortmund vorgeschoben. Die 79. Infanteriedivision dehnte ihren Brückenkopf über den Rhein-Herne-Kanal weiter aus bis nach Schonnebeck. Die 17. Luftlandedivision zog weitere Einheiten, darunter das 507. Fallschirmjägerregiment, über den Kanal und verstärkte damit die rechte Flanke der 79. Infanteriedivision am Rhein-Herne-Kanal.[265]

Die deutsche Frontlinie verlief am Morgen des 8. April etwa in folgender Linie: Duisburg Nordrand — Rhein-Herne-Kanal — Hegemannshof — Vogelheim — Gelsenkirchen Nordrand — Castrop-Rauxel Nordrand — Ausgang Rauxel Südrand — Marten Südwest — Holthausen Nordrand — Bergkamen Kolonie — Pelkum — Richtung Werl.

Im Verlauf des Tages gelang den Amerikanern ein Einbruch in Richtung Dortmund, der aber unter Heranziehung der Besatzung von Dortmund abgeriegelt werden konnte. Südlich von Merklinde stieß der Gegner bis über Lütgendortmund hinaus nach Süden durch. Hier zeichnete sich der Versuch einer Teilung der Nordfront des Korps ab. Das XXXXVII. Panzerkorps übergab daher den Befehl in diesem Abschnitt bis Westrand Dortmund über alle dort eingesetzten Teile dem LXIII. Armeekorps, um eine einheitliche Führung an der Einbruchstelle zu erreichen. Das LXIII. Armeekorps verlagerte den Schwerpunkt seiner Verteidigungsmaßnahmen auf diese Stelle, und der Stab der 2. Fallschirmjägerdivision übernahm die Führung der Einheiten an diesem Frontabschnitt mit dem Gefechtsstand in Witten.[266]

Der Stab der 190. Infanteriedivision mit der Nachrichten-Abteilung 1190 und dem Stab des Grenadierregiments 1226 wurden aus der Front der 190. Infanteriedivision herausgezogen und erhielten vom LXIII. Armeekorps den Auftrag, die Ruhrverteidigung im Abschnitt Westhofen-Witten zu organisieren. Die übrigen Teile der Division wurden unter dem Befehl des Kommandeurs des Grenadierregiments 1225 der 2. Fallschirmjägerdivision unterstellt.[267]

Der Abschnitt der 2. Fallschirmjägerdivision wurde an diesem Tage nur von weiter vorfühlenden US-Einheiten angegriffen. Da es der Division aber an Kräften wie auch an Munition für schwere Waffen fehlte, mußten ihre Einheiten langsam nach Süden auf die Ruhr zurückweichen.[268]

---

264 Steinmüller, a. a. O., S. 7—8
265 Williams, a. a. O., S. 480
266 von Lüttwitz, a. a. O., S. 17
267 Hammer, a. a. O., S. 26
268 Lackner, a. a. O., S. 3

Auch gegen die Stellungen der Infanteriedivision Hamburg am westlichen Flügel des LXIII. deutschen Armeekorps fühlten die amerikanischen Spitzenverbände nur vorsichtig vor.

Auf dem Gefechtsstand des XXXXVII. Panzerkorps traf an diesem Tage der Kommandierende General des LIII. Korps, Generalleutnant Bayerlein, ein, der die Führung der 116. Panzerdivision und der 180. und 190. Infanteriedivision übernehmen sollte.[269] In einer ersten Besprechung der beiden Generale von Lüttwitz und Bayerlein wurde die Lage an der Nordfront erläutert und ein geplanter Ausbruch aus dem Kessel besprochen.[270]

9. APRIL:

An diesem Tage wurden alle Einheiten der 9. US-Armee, die an der Einschließung des Ruhrkessels beteiligt waren, dem XVI. US-Korps unterstellt. Dadurch hatte Generalmajor John Anderson nun insgesamt eine Panzer-, fünf Infanterie- und eine Luftlandedivision (die 17.) unter seinem Kommando. Das XIX. US-Korps des Generalmajors McLains hatte mit seinen Divisionen endlich freie Hand für den weiteren Vorstoß nach Osten. Generalmajor Anderson schloß seine Verbände, die im Verlauf kleinerer und größerer Gefechte beim Vordringen auf die großen Städte im Ruhrgebiet weit auseinandergezogen worden waren, zunächst enger zusammen. Dann warf er sie in einer letzten großen Anstrengung nach vorn, um die Reste der deutschen Divisionen nördlich der Ruhr zu zerschlagen.[271]

Auf der äußersten rechten Flanke der Korpszone verstärkte die 17. Luftlandedivision ihre Positionen weiter, und das 507. Fallschirmjägerregiment verstärkte besonders die rechte Flanke der 79. Infanteriedivision. Mit ihren drei Regimentern: dem 313., 314. und 315. Infanterieregiment, stieß die 79. Division durch Essen-Kray, Frillendorf und Steele. Die Spitzen der 79. Division erreichten an einigen Stellen die Ruhr. Damit war das deutsche LXIII. Armeekorps in zwei Teile geteilt. Die 35. US-Infanteriedivision griff um 6.30 Uhr über den Rhein-Herne-Kanal nach Süden an und eroberte sofort gegen nur vereinzelten schwachen Widerstand zwei Brückenköpfe von etwas mehr als drei Kilometer Tiefe entlang einer fast 13 Kilometer langen Front. Das 134. Infanterieregiment faßte mit seinen Bataillonen Gelsenkirchen bei den östlichen Vororten in der Flanke und drang dann in die Stadt ein. Um Dortmund drangen die Verbände der 75. US-Infanteriedivision ebenfalls weiter nach Süden vor. Unterstützt von Einheiten der Luftwaffe und der Artillerie, besetzte das 290. Infanterieregiment den Bereich um Dortmund-Dorstfeld. Das 289. Infanterieregiment ließ seine Kompanien ausschwärmen, um den restlichen Bereich von Lütgendortmund

---

269 Vergleiche hierzu auch die Schilderungen über die neue Kommandoübergabe im vorhergehenden Kapitel.

270 Nach den Erinnerungen des Generalleutnants Bayerlein in der MGFA-Studie B-836, gab es in jenen Tagen bei der Heeresgruppe B noch die Absicht, nach Nordosten aus dem Kessel auszubrechen, um sich mit der von Osten herankommenden Armee des Generals Wenk zu vereinigen. Bayerlein wurde dabei ein Fernschreiben des Oberkommandos der Wehrmacht vorgelegt, in dem die „Aufstellung" der 12. Armee befohlen war.
General Bayerlein schreibt weiter: „General von Lüttwitz war sehr skeptisch über das Gelingen eines solchen Unternehmens. Ich teilte diese Auffassung. General von Lüttwitz erläuterte mir seine Pläne über eine eventuelle Kapitulation seines Korps bzw. seiner Armeegruppe, ohne Wissen von Model. Auf seine Anfrage hin gab ich meine Bereitwilligkeit für die Teilnahme des Korps an einer Kapitulation unter Ehrenwort und Zusicherung strengster Verschwiegenheit."

271 Whiting, a. a. O., S. 139

durchzukämmen und zu besetzen. Währenddessen waren die Einheiten des 291. Infanterieregiments dabei, die rechte Flanke der Division abzusichern, Straßensperren zu errichten, um etwaigen deutschen Gegenangriffen zu begegnen. Gleichzeitig wurden hinter den erreichten Linien die letzten deutschen Widerstandsnester ausgehoben.[272]

Die deutschen Verbände hatten an diesem Tage auf ihrer gesamten Front nördlich der Ruhr einen Großangriff der amerikanischen Truppen erlebt. Von Osten stieß der Gegner beiderseits von Unna vor. Kamen konnte noch von Teilen der Kampfgruppe Unna gehalten werden, nördlich davon ging Pelkum verloren. Bei Dortmund erreichten die vordersten amerikanischen Verbände der 75. Division den Nordwesten und den Westausgang von Dortmund.

Die Verbände der 2. Fallschirmjägerdivision waren bis an die Ruhr zurückgedrängt worden. Durch den überraschenden Angriff auf Essen wurden die angegriffenen Verbände der Division Hamburg nach Südwesten zurückgeworfen. Einige vom XXXXVII. Panzerkorps angesetzte Gegenstöße brachten nur Teilerfolge bei Steele, konnten die Lage im Großen aber nicht ändern. Der deutschen Führung war es aus Mangel an Kräften nicht möglich, nennenswerten Widerstand zu organisieren, obwohl der linke Divisionsabschnitt der Infanteriedivision Hamburg rücksichtslos geschwächt wurde.[273]

Das Abziehen von Kräften aus der Kanalfront war den Amerikanern anscheinend nicht verborgen geblieben. Am 9. April gelang es den bei Bottrop vorstoßenden Einheiten der 17. US-Luftlandedivision, am Südufer des Kanals Fuß zu fassen. Aus Rücksicht auf die Bevölkerung waren die Kanalbrücken südlich Bottrop nur teilweise unpassierbar gemacht worden, und so war es den vordersten amerikanischen Verbänden leicht gelungen, erste Truppen über den Kanal zu schieben.

Bei Herne stand, entlang dem Kanal an der Westseite der Stadt, ein deutsches Ersatzbataillon, an das sich nach Osten Gruppen von Wehrmachtsurlaubern, Reichsarbeitsdienst und Polizei anschlossen, sodann das Fallschirmjägerregiment Nr. 2. Insgesamt waren es nur rund 300 Mann, von denen lediglich das Ersatzbataillon und die Fallschirmjäger noch eine einigermaßen ausreichende Ausrüstung hatten. Schwere Waffen waren nicht vorhanden. Südlich dieser Verbände standen einige Einheiten des „Freikorps Sauerland“ in Stärke von 600 Mann, aufgeteilt in vier Kompanien, davon drei aus Hernern und eine aus Castrop-Rauxelern. Ihr Kampfwert war aber gering, da sie nur mit 50 französischen Gewehren und einigen Maschinengewehren ausgerüstet waren.[274]

Bei Herne, nördlich von Wanne-Eickel und bei Dellwig hatten die amerikanischen Divisionen den Rhein-Herne-Kanal überschritten, und Herne mußte von den deutschen Truppen aufgegeben werden. Die Front des LXIII. Armeekorps war in mehrere Teile aufgespalten worden.[275]

Die Führung der deutschen Heeresgruppe B erhielt am Abend dieses Tages Hiobsbotschaften von allen Frontteilen, nicht nur von der Nordfront der Armee-Abteilung Lüttwitz. An der Ostfront der Heeresgruppe wie auch im Süden griff die 1. US-Armee

---

272 Williams, a. a. O., S. 482; auch Whiting, S. 140
273 von Lüttwitz, a. a. O., S. 17–18
274 Willi Timm, Freikorps Sauerland, S. 24. Auch Hans Spethmann, Die Eroberung des Ruhrgebietes im Frühjahr 1945, S. 37
275 Wie Anmerkung 273

mit allen Divisionen an, um den Kessel einzudrücken. Auf der Nahtstelle zur 5. Panzerarmee (XII. SS-Armeekorps) war es den Amerikanern gelungen, über Duisburg nach Süden durchzustoßen und die Flußschleife südlich von Duisburg zu nehmen.

Durch die Großangriffe der US-Divisionen auf die Front der Gruppe von Lüttwitz waren die deutschen Linien bis auf die wenigen Brückenköpfe bei Dortmund, Witten und Kettwig hinter die Ruhr zurückgeworfen worden. Die Heeresgruppe versprach sich hier zunächst eine Atempause an der Nordfront, wenn sie auch der Erhaltung der Ruhrbrücke zugestimmt hatte. Sie wurden im Interesse der Wirtschaft zum größten Teil nicht zerstört. Aufgrund der allgemeinen Entwicklung der Lage gab die Heeresgruppe ihre Zustimmung, daß die Städte Bochum, Gelsenkirchen und Essen kampflos geräumt wurden. Nicht nur, weil die Truppe zahlenmäßig zu ihrer Verteidigung gar nicht in der Lage gewesen wäre, sondern auch, um der Bevölkerung die Kampfeinwirkungen zu ersparen.[276]

10. APRIL:

Am Morgen dieses Tages übernahm das LIII. Korps unter Generalleutnant Bayerlein die Führung im Abschnitt Neheim-Dortmund einschließlich. Ihm wurden die 116. Panzerdivision und die 180. und 190. Infanteriedivision sowie die neue Jagdtiger-Abteilung 512 an diesem Frontabschnitt direkt unterstellt. Der Kommandeur der 190. Infanteriedivision, Generalleutnant Hammer, übernahm mit seinem Stab die Führung aller deutschen Verbände beiderseits von Unna [277] über alle deutschen Einheiten. Der 180. Infanteriedivision unter Generalmajor Klosterkemper wurden alle deutschen Einheiten um Dortmund unterstellt.[278]

Am frühen Nachmittag erhielt General Bayerlein wiederum Besuch durch General von Lüttwitz. Dieser betonte noch einmal seine Absicht, im geeigneten Augenblick mit der Armeegruppe zu kapitulieren. Kurz darauf kam Feldmarschall Model. Er stellte die baldige Zuführung der Panzerlehrdivision in Aussicht, die schnell aufgefrischt werden sollte. Den Plan zur Auffrischung brachte er mit und erläuterte seine Absicht, aus dem Raum von Unna nach Nordosten auszubrechen. Hierzu sollten alle beweglichen Kräfte der Heeresgruppe dem LIII. Korps zugeführt werden.[279]

Währenddessen griffen die Divisionen des XVI. US-Korps überall die Stellungen der deutschen Truppen an und schlugen sie weiter zurück. Westlich von Dortmund drangen Teile der 75. US-Infanteriedivision über Oespel und Kley, Westerfilde, Nette und Huckarde bis nach Witten vor, wodurch das LXIII. deutsche Korps noch-

---

276 Carl Wagener, Kampf und Ende der Heeresgruppe B im Ruhrkessel 1945, in: Wehrwissenschaftliche Rundschau, Heft 10, 1957, S. 561

277 Vergleiche hierzu die Beschreibung der Ereignisse bei der Kampfgruppe Twaddle in jenen Tagen und die genaue Aufführung aller Einheiten.

278 Generalleutnant Bayerlein, LIII. Korps Ruhrkessel/Nordostfront, BA-MA MS Nr. B-836, S. 3 ff.

279 Wie Anmerkung 278
Der Gefechtsstand des LIII. Korps befand sich in jenen Tagen in Refflingsen bei Iserlohn. Generalleutnant Bayerlein erfuhr in diesem Zusammenhang auch, daß sein Chef des Stabes, Oberstleutnant v. Siebert, als Ia zur Heeresgruppe versetzt werden sollte. Generalleutnant Bayerlein bedauerte die Versetzung sehr, weil er mit seinem Ia der gleichen Ansicht über die Beendigung der Kampfhandlungen und die Art einer Kapitulation war. Der Nachfolger von Siebert, Oberst Neckelmann, war völlig anderer Auffassung und lehnte jede Kapitulation von vornherein ab. Mit dem Weggang des altvertrauten Chefs trat eine Dissonanz im Stabe zwischen Kommandeur und neuem Chef ein. (General Bayerlein in seinen Erinnerungen über das Gespräch)

mals geteilt wurde. Auch aus Lünen griffen amerikanische Einheiten weiter nach Süden an. Die 35. US-Infanteriedivision schirmte mit einem Teil ihrer Einheiten die rechte Flanke der 75. Division, mit anderen Teilen klärte sie rechts im Bereich von Gelsenkirchen und verschiedenen Vorstädten. Die 79. Infanteriedivision bewegte sich entlang der Ruhr östlich und zerschlug dabei den sich zeigenden Widerstand. Mit dem 313. Infanterieregiment auf der linken und dem 314. Infanterieregiment auf der rechten Flanke klärte die Division Teile der Stadt Bochum. Aus Richtung Wanne-Eickel drangen die ersten amerikanischen Panzerspitzen in Bochum ein und gelangten über Riemke zunächst bis zum Ruhrschnellweg. Am 10. April besetzten die US-Verbände fast die gesamte Stadt und sogleich im Osten den Stadtteil Harpen, ohne daß es zu Kämpfen kam. Sie gewannen zugleich gute Ausgangspositionen für ihre weiteren Vorstöße auf die Ruhr.[280]

Die 17. Luftlandedivision und besonders das 507. Fallschirmjägerregiment drangen gegen leichten Widerstand in die noch nicht besetzten Teile der Stadt Essen ein. Bereits in den Tagen zuvor hatten verschiedene amerikanische Einheiten die Vorstädte und Außenbezirke von Essen erreicht. Über Stoppenberg und Schonnebeck waren sie weiter vorgedrungen und gelangten bis Kray. Von hier aus zog am Morgen des 10. April eine andere Gruppe in Wattenscheid ein und bewegte sich fast ohne Aufenthalt weiter bis Bochum. Am Nachmittag des gleichen Tages zogen andere US-Einheiten, die von Gelsenkirchen kamen, durch Wattenscheid, ebenfalls in Richtung Bochum. Weitere Verbände rückten von Gelsenkirchen aus durch Kray vor und erreichten das Ruhrtal bei Steele und Recklinghausen. Damit war die Stadt Essen im Norden, Osten und teilweise auch im Süden umgangen worden.[281]

Dabei durchstreiften die US-Fallschirmjäger auch die schwerzerstörten Fabrikanlagen der Kruppwerke.

Im Abschnitt des LXIII. deutschen Armeekorps gelang es den Amerikanern, Bochum, Gelsenkirchen und Essen zu nehmen. Die deutschen Truppen wurden hier auf enge Ruhr-Brückenköpfe zwischen Witten und Steele und zwischen Steele und Oberhausen zurückgeworfen. In diesen Abschnitten war der Kampf für die ausgelaugten und abgekämpften deutschen Truppen besonders schwierig. Die wenig geschulten und schlecht bewaffneten Infanteristen waren nicht in der Lage, eine aussichtsreiche Verteidigung im Häuserkampf zu führen.[282]

Im Bereich der 2. Fallschirmjägerdivision wurden die schwer angeschlagenen deutschen Verbände auf Befehl des LXIII. Korps in der folgenden Nacht auf eine Stellung südlich der Ruhr zurückgenommen.

Die Division Hamburg hatte an diesem Tage den Nordteil von Essen aufgegeben. Durch den Vorstoß der Amerikaner bis Steele waren die beiden deutschen Divisionen nördlich der Ruhr getrennt worden. Die stark geschwächten Regimenter der Divisionen, die mit Flak-Soldaten und Volkssturm nur mangelhaft aufgefüllt werden konnten, waren nicht mehr in der Lage, eine genügend starke Sicherheitsbesatzung an der Ruhr auszuscheiden. Andere Kräfte standen der Division hierfür nicht zur Verfügung. Auf Antrag der Division wurde auch hier die Genehmigung erteilt, das Gebiet nördlich der Ruhr zu räumen.[283]

---

280 Spethmann, a. a. O., S. 30–31
281 Wie Anmerkung 280. Auch Mary H. Williams, US-Armee, S. 482 und 484
282 von Lüttwitz, a. a. O., S. 18
283 Steinmüller, a. a. O., S. 9

Nördlich von Essen war den amerikanischen Spitzenverbänden in der Nacht vom 5. zum 6. April die Überschreitung des Rhein-Herne-Kanals gelungen. Sie rückten in Katernberg, Altenessen, Vogelheim und Dellwig ein. Die vordersten Verbände stießen bis zur Köln-Mindener Bahnlinie vor und hielten dort zunächst an. Die Verbindungsstraße zwischen Katernberg über Stoppenberg nach Essen lag unter ständigem amerikanischen Artilleriefeuer. Es war ein dramatischer Höhepunkt, da niemand wußte, was kommen sollte. Die Gerüchte um den Einsatz starker Luftgeschwader oder noch unbekannter neuer Waffen und um eine geplante Verteidigung der Stadt Essen hielten die Gemüter weiter in Aufregung.

Die Nacht zum Sonntag, dem 8. April, brachte die Entscheidung. Während die Mitte und der Südteil der Stadt stillagen und in Ungewißheit schwebten über alles, was geschah, war in den nördlichen Stadtteilen die Hölle los. Im Laufe des Vormittags verstärkte sich das feindliche Artilleriefeuer zu höchster Wucht, dann ließ es in den ersten Nachmittagsstunden merklich nach; es wurde auffallend ruhig. Gegen 15.00 Uhr rückten die ersten amerikanischen Soldaten über die Köln-Mindener Bahnlinie in Richtung Schonnebeck und darüber hinaus vor. Nach dem Willen einiger Parteivertreter sollte die Schachtanlage der Zeche Zollverein in die Luft gesprengt werden. Der tatkräftigen Umsicht der Direktion und einer größeren Zahl beherzter Bergleute ist es zu verdanken, daß die Schachtanlage unversehrt blieb. Ebenso verhinderten in Altenessen entschlossene Männer die Zerstörung ihrer Arbeitsgrundlage, und auch in den anderen Stadtteilen waren die Bergwerksangehörigen auf der Hut und in Abwehrstellung gegen die Unentwegten.

Ungestört vollzog sich der Einmarsch der amerikanischen Truppen in Altenessen und Stoppenberg. Er wurde von der Bevölkerung aus den Fenstern und auf der Straße mit dem Gefühl der Erleichterung und mit starkem Interesse verfolgt. Besonders die langen motorisierten Fahrzeugkolonnen erregten Aufsehen und lehrten anschaulich die materielle Überlegenheit des Gegners.

In Kray rückten die US-Truppen von Gelsenkirchen her kommend ein. Im Rathaus verhafteten sie alle männlichen Personen. Nachdem man ihnen die goldenen Uhren und Eheringe abgenommen hatte, wurden sie mit erhobenen Händen zu einem Sammellager nach Schonnebeck abgeführt und dort bis zum nächsten Nachmittag festgesetzt. Dann wurden die Zivilpersonen entlassen und die verhafteten Polizeibeamten weitertransportiert. Von Kray her rückten die Amerikaner noch am gleichen Tage in Steele ein. Die Bevölkerung verhielt sich auch hier ruhig und hißte an manchen Häusern weiße Fahnen. Die an den Eisenbahnunterführungen errichteten Barrikaden wurden von den amerikanischen Panzern mühelos durchstoßen. Die deutsche Funkstation in der Humann-Oberschule wurde besetzt, die Besatzung gefangengenommen.

Am anderen Tag, dem 10. April, rückten amerikanische Panzer, von Steele her, über die Frankenstraße in Rellinghausen ein. Das Rathaus und das danebenstehende Gebäude des Polizeireviers der staatlichen Polizei wurden besetzt, am anderen Tage vor Dienstbeginn jedoch wieder freigegeben. Während das Rathaus keine Schäden hatte, befand sich das Polizeirevier in größter Unordnung: Pulte und Schränke waren aufgebrochen worden und Akten auf den Boden verstreut. Die Polizeibeamten wurden abgeführt und in ein Lager nach Frankreich gebracht, von wo sie erst im Jahre 1946 entlassen wurden.

# An die Zivilbevölkerung des eingekesselten Ruhrgebiets!

**Das Ruhrgebiet und weite Nachbargebiete sind jetzt abgeschnitten. Die Überreste der Heeresgruppe B und Teile der Heeresgruppe H befinden sich im Kessel.**

Die nationalsozialistische Führung beabsichtigt, diese Gebiete bis zum Letzten verteidigen zu lassen, gleichgültig was die Folgen für Euch sind und für die Zukunft Eurer Heimat. Die nationalsozialistischen Führer werden den Krieg nicht überleben, folglich ist ihnen die Vernichtung der Lebensmöglichkeiten von Millionen nach dem Krieg gänzlich gleichgültig. Wenn ihre Befehle zur Ausführung gelangen, so werden die noch unzerstörten Anlagen Eurer Bergwerke und Industrien, sowie sämtliche noch unzerstörten Wohnhäuser Eurer Gebiete wahrscheinlich gänzlich zertrümmert werden. Denn jetzt kommt

## die Vernichtungsschlacht!

Der alliierte Oberbefehlshaber hat Euch am 20. März ausdrücklich gewarnt und zum sofortigen Verlassen des Ruhrgebiets aufgefordert. Diese Warnung erfolgte, weil er das Schicksal voraussah, das die nationalsozialistische Führung der Zivilbevölke-

WG51

*Dokument 13: Alliiertes Flugblatt aus den Endkämpfen um das Ruhrgebiet (Original im Besitz des Verfassers)*

rung zugedacht hatte. Er wollte Euch durch die Evakuierung vor den Schrecken der Vernichtungsschlacht bewahren.

**Jetzt aber ist es zum Evakuieren zu spät. In der kommenden Vernichtungsschlacht muss jeder dazusehen, wie er durchkommt. Und durchkommen könnt Ihr nur durch genaue Befolgung der folgenden Anweisungen:**

**1.** Wartet nicht untätig das Ende ab. Tragt dazu bei, den Kampf abzukürzen.

**2.** Kommt Ihr mit Soldaten in Berührung, dann fordert sie dazu auf, den Kampf einzustellen. Erklärt ihnen, dass jeder weitere Widerstand ein Verbrechen darstellt.

**3.** Versteckt Soldaten, die bei Euch Unterschlupf suchen. Gebt ihnen wenn möglich Zivilkleider. Meldet ihre Anwesenheit sofort nach Eintreffen der Alliierten den Offizieren der Militärregierung.

**4.** Nehmt Euch der Fremdarbeiter und Kriegsgefangenen an. Sie sind jetzt auf Eure Hilfe angewiesen. Später können sie Euch behilflich sein.

**5.** Beobachtet und prägt Euch alle Vorbereitungen für Zerstörungen ein. Merkt Euch wo Minen und Hinterhälte gelegt sind. Meldet sie den Alliierten sofort nach ihrem Eintreffen.

**6.** Falls man versuchen sollte, Euer Haus oder Euren Zufluchtsort zu einem Widerstandsnest auszubauen, so setzt Euch mit allen Euch zur Verfügung stehenden Mitteln zur Wehr.

**7.** Vermeidet, dass Ihr zum Schanzen oder zum Volkssturm eingezogen werdet. Am Besten tut Ihr das indem Ihr tagsüber in Euren Unterständen und Verstecken bleibt.

**8.** Da die Schlacht einige Zeit dauern kann, ist es wichtig, mit Euren Vorräten an Nahrungsmitteln sorgfältig zu sparen. Spart auch mit Wasser. Die Wasserversorgung vieler Gebiete ist ausser Betrieb.

**Einwohner des Ruhrgebiets! In der genauen Befolgung dieser Anweisungen liegt Eure einzige Hoffnung!**

An diesem Tage kam es in der Innenstadt von Essen auch zu ersten Unruhen unter den Fremdarbeitern und zu erheblichen Plünderungen, wobei auch ein großer Weinkeller ausgeräumt wurde. Die Folgen waren eine allgemeine Betrunkenheit und damit verbundene wüste Szenen, worunter die deutsche Bevölkerung besonders zu leiden hatte. Gegen Abend drangen die ersten Voraustruppen der Amerikaner bis in die Innenstadt vor und besetzten das Rathaus. Auch hier wurden später alle Zimmer und Schränke aufgebrochen vorgefunden.

Der Oberbürgermeister Just Dillgardt und sein Stellvertreter Dr. Russel befanden sich an diesem Morgen im Rathaus zu Bredeney. Etwa um 10.00 Uhr morgens wurden sie dort von einem amerikanischen Auto abgeholt und zum Rathaus gebracht. Dort wurden beide zu einem US-General geführt, der sich zunächst in sehr sachlicher Weise über die Zustände in der Stadt, insbesondere über die Lebensmittel- und Wasserversorgung, unterrichten ließ. Danach wurden beide vom Intelligence-Corps vernommen. Der Oberbürgermeister wurde verhaftet, sein Stellvertreter Dr. Russel wurde nach entsprechender Befragung als Oberbürgermeister eingesetzt und bekleidete das Amt später sieben Wochen.[283a]

Inmitten von Kriegsgreueln und Elend, Not und Tod gab es aber auch manche tapfere und oft vielleicht auch komische Situationen. Eine solche aus jenen Tagen in Essen hat Karl Peukert in seiner Broschüre „Die Amis kommen" beschrieben:

„Frau Maria Gensty aus Essen-Rellinghausen hatte beim Einmarsch der Amerikaner ein Erlebnis, das so in ihrem Gedächtnis haften blieb, als sei es gerade gestern erst geschehen:

Jeder fühlte, daß das Ende der kriegerischen Handlungen vor der Tür stand. Zugleich aber verspürte man eine lähmende Ungewißheit und Sorge über die Frage ‚Und danach?' Die Amis ließen auf sich warten, zwei oder drei Tage lang. Unruhe und nervliche Belastungen stiegen bis aufs äußerste. Dann hieß es schließlich doch: Die Amis kommen! Eine Wirtin an der Frankenstraße hatte die weiße Fahne gehißt. Wir zitterten vor Erregung. Endlich Erlösung nach zwölf Jahren Unterdrückung — so die einen! Was wird jetzt mit uns? — die anderen.

Dann kamen die Amis wirklich aus Richtung Steele die Frankenstraße herauf. An beiden Seiten der Fahrbahn die Infanteristen, in Gefechtsreihe, das Gewehr schußbereit, in jedes Kellerloch und Fenster spähend. Dazwischen Panzer und vollbesetzte Panzerspähwagen. Wir Frauen standen in sicherer Deckung an den Seiten der Fenster, lugten vorsichtig hinaus. Die Kolonne kam uns unendlich lang vor; es schien, als wolle sie nie aufhören.

Plötzlich tauchte in unserem Blickfeld ein unfaßbares Bild auf. Wir hielten erschrocken den Atem an. Bei dieser Situation traute sich doch keiner auf die Straße. Und doch: Wir sahen kein Trugbild! Mitten über die Frankenstraße radelte unsere Dorfschwester Bona Gratia, zu beiden Seiten flankiert von marschierenden Amerikanern! Zu einer Kranken gerufen, gab es für sie keinen Aufschub, keine Bedenken und keine Angst. Auf ihrer Tagesordnung stand nicht das Kriegselend für Essen, sondern Caritas, Nächstenliebe, Dienst am Mitmenschen.

Und die Amis? Sie waren so verblüfft, daß sie die tapfere Nonne weiterradeln ließen. Unvergeßlich bleibt mir der Kontrast zwischen der kleinen radfahrenden Nonne und der Unzahl marschierender Soldaten und rasselnder Panzer."[284]

---

283a Chronik der Stadt Essen, zusammengestellt von Archivrat Jahn. Dem Verfasser mitgeteilt aufgrund einer Anfrage vom 5. 11. 1982.

284 Peukert, a. a. O., S. 42

11. APRIL:

Der 11. April sollte zum großen Tag der amerikanischen Streitkräfte nördlich der Ruhr werden. Die 75. US-Infanteriedivision dirigierte ihre drei Infanterieregimenter und das 320. Regiment der 35. Division weiterhin zur Ruhr und den Fluß entlang. Dabei besetzten die Einheiten Witten und eroberten zwei intakte Brücken über den Fluß. Weiterhin besetzten die Einheiten dieser Division Witten-Annen, Eichlinghofen und Brechten. Die 35. Division schloß mit ihren Regimentern längs der Ruhr von Westen auf zwischen der 75. und 79. Division. Die 79. Division drehte ihre Angriffsrichtung und erreichte mit dem 313. und 315. Infanterieregiment die Ruhr südwestlich von Essen. Hier gelang es ihr, bei Kettwig einen kleinen Brückenkopf über die Ruhr zu erobern und diesen auch zu festigen und gegen etwaige deutsche Angriffe zu sichern.[285] Die Stadt Essen war am Vormittag des 11. April restlos von amerikanischen Truppen besetzt worden. Gleichzeitig räumte der deutsche Kampfkommandant Generalmajor Werner von Raesfeld mit seinem Stabe die Stadt, da sich keine deutschen Verteidigungskräfte mehr in Essen befanden. Lediglich in Essen-Werden hielt sich noch eine kleine deutsche Besatzung, die aber durch amerikanischen Artilleriebeschuß bald niedergekämpft wurde. Von Essen aus drangen amerikanische Truppen in drei Marschsäulen gleich weiter nach Südwesten vor und standen bald vor Mülheim. Nach einem kurzen Halt rollten die Spitzenverbände auch hier in die Stadt ein und hatten bald alle wichtigen Punkte der Stadt besetzt.

---

DER WEHRMACHTSBERICHT MELDET:

*11. April 1945 „. . . Heeresgruppe B: An der Nordostfront örtliche Verluste. Im Ruhrgebiet schwere Einbrüche zwischen Essen und Dortmund. In Bochum Häuserkämpfe. An der Südfront keine besondere Änderung, jedoch an der Südostecke an der Armeenaht ein 15 Kilometer tiefer Einbruch des Feindes nach Nordosten bei Olpe. Da die eigenen Kräfte hier schwach sind, ist dies als ernst zu betrachten . . .“*

---

Bereits am 10. April hatten amerikanische Truppen bei Oberhausen die Emscher überschritten, Alt-Oberhausen besetzt und bedrohten Duisburg nun auch von Osten. Hier wurden nun noch rasch einige Brücken über Eisenbahnlinien und an der Reichsautobahn gesprengt. Die dort stehenden schwachen deutschen Kräfte zogen sich auf Ratingen zurück. Am Nachmittag des 11. April versuchte ein amerikanischer Offizier von Mülheim aus zweimal den Oberbürgermeister zu sprechen, um ihn zur Aufgabe des Widerstandes aufzufordern.[286]

Nach Südwesten drängten an diesem Tage auch das 507. und 313. Fallschirmjägerregiment der 17. US-Luftlandedivision. Vor Mülheim und Duisburg zerstreuten sie dabei leichten deutschen Widerstand, der hier noch geleistet wurde. Dem 507. Regiment gelang es, hier auch einen Brückenkopf bei Mülheim über die Ruhr zu bilden und Verbindung mit Teilen der 79. Division aufzunehmen. Am Abend hatten die US-Truppen an den Ufern der Ruhr auf einer Strecke von etwa 67 Kilometer Stellungen an der Ruhr bezogen.[287] Die Städte Mülheim, Oberhausen, Bochum, der Rest von

---

285 Williams, a. a. O., S. 487
286 Spethmann, a. a. O., S. 39–40
287 Williams, a. a. O., S. 487. Auch Whiting, a. a. O., S. 146

Essen und Unna waren an diesem Tage in die Hände der Amerikaner geraten. Für die Amerikaner wirklich ein erfolgreicher Tag.[288]

Bei den deutschen Divisionen — soweit man nach den schweren Kämpfen der letzten Tage und Wochen überhaupt noch von Divisionen sprechen konnte — war nur der Bereich der 180. Infanteriedivision um Dortmund ziemlich ruhig geblieben. Die benachbarte 190. Infanteriedivision hatte in ihrem neuen Abschnittsbereich den kommenden Großangriff erkannt und ging mit ihren Einheiten laufend zurück. Nördlich der Ruhr waren nur noch wenige deutsche Truppenteile. In der Nacht zum 12. April wurde die Masse des LXIII. Korps hinter die Ruhr zurückgenommen. Es bestanden nur noch drei Brückenköpfe: nördlich von Kettwig, zwischen Witten und Steele und der Brückenkopf Dortmund.[289]

In der Nacht vom 11. zum 12. April gingen auch die Reste der Division Hamburg auf das Südufer der Ruhr zurück. Nur nördlich von Hattingen blieb ein Bataillon in einem kleinen Brückenkopf auf dem Nordufer der Ruhr zurück.[290]

Im Bereich der 2. Fallschirmjägerdivision waren die Einheiten ebenfalls auf das Südufer der Ruhr zurückgegangen und standen mit ihrem linken Flügel südlich von Steele und mit ihrem rechten Flügel südlich von Witten.[291]

Das LIII. Korps erteilte Weisungen, die Räumung der Stadt Dortmund vorzubereiten, um die durch die vorangegangenen Luftangriffe schwer beschädigte Stadt vor der völligen Vernichtung zu bewahren. Am Abend verlangte Feldmarschall Model, daß Generalmajor von Waldenburg (Kommandeur der 116. Panzerdivision) anstelle von Generalleutnant Hammer (Kommandeur der 190. Infanteriedivision) mit der Führung des Kampfes nördlich der Ruhr beauftragt würde, da alle beweglichen Kräfte der Heeresgruppe ihm nach und nach unterstellt werden sollten zu dem geplanten Angriff nach Nordosten.[292]

12. APRIL:

Die Kämpfe nördlich der Ruhr gingen auch auf der amerikanischen Seite langsam zu Ende. Die 75. US-Infanteriedivision setzte ihre Vorstöße fort, um ihre Positionen nördlich der Ruhr zwischen Witten und Westhofen zu klären. Das 289. Infanterieregiment unterstützte das 137. Regiment der 35. Division in deren Bereich. Das 134. Regiment der gleichen Division verstärkte seine Position entlang der Ruhr. Die vordersten Verbände der US-Regimenter erreichten an diesem Tage auch den Harkortberg bei Wetter, den bisherigen Befehlsstand des NSDAP-Gauleiters von West-

---

[288] Von Osten her drang seit Tagen die Großkampfgruppe Twaddle nach Westen und Südwesten vor. Sie hatte am 11. April Unna genommen und stieß weiter vor auf den Raum von Dortmund. Vergleiche hierzu die Beschreibungen in den entsprechenden Kapiteln.

[289] von Lüttwitz, a. a. O., S. 21

[290] Steinmüller, a. a. O., S. 9

[291] Lackner, a. a. O., S. 3–4

[292] Bayerlein, a. a. O., S. 5. — Der Korpsstab versuchte, Model von dieser Idee abzubringen. Der Feldmarschall wurde ständig auf dem Gefechtsstand des LIII. Korps erwartet. Es war geplant, ihn dort festzuhalten und dann den Kessel zusammen mit ihm an die Amerikaner zu übergeben. Aber Model kam nicht mehr. Der Besuch am 10. April war der letzte gewesen.
Die Stadt Dortmund war fast gänzlich von Truppen entblößt worden, als die Amerikaner einrückten; lediglich auf dem Westfalendamm marschierte am Nachmittag dieses Tages noch eine kleine Abteilung des „Freikorps Sauerland" unter Führung von zwei Offizieren, um eine Panzersperre zu besetzen. Es war ein Widerstand ohne Sinn und Verstand. Die 25–30 Mann machten einen müden und abgekämpften Eindruck. (Timm, Freikorps Sauerland, S. 24)

falen-Süd, Hoffmann. Dieser war aber mit seinem Stab noch rechtzeitig abgerückt, nachdem er im unmittelbaren Bereich noch zahlreiche Brücken sprengen ließ. Die Maßnahme führte nicht nur zu Verkehrsstauungen auf Straßen und Bahnen, sondern es lief auch ein Teil der dortigen Stauseen aus.[293]

Das 30. Regiment nahm an der linken Flanke der 75. Division Verbindung mit den vordersten Teilen der 95. US-Infanteriedivision auf. Die 17. Luftlandedivision begann nördlich der Ruhr Teile der benachbarten 79. Division zu unterstützen. Das 507. Fallschirmjägerregiment schickte Patrouillen in die Stadt Duisburg, um die Übergabe der Stadt einzuleiten. Die Altstadt wurde kampflos von den Amerikanern besetzt. Die 79. Division versammelte einen Teil ihrer Verbände für Besatzungsaufgaben in den eroberten Gebieten nördlich der Ruhr. Ihren kleinen Brückenkopf über die Ruhr löste die Division wieder auf.[294]

Seit den frühen Morgenstunden dieses Tages erlebten die deutschen Truppen im Brückenkopf von Dortmund den Angriff der amerikanischen Verbände. Südlich Opherdicke und südostwärts von Witten gewannen diese langsam an Boden und engten den Brückenkopf ein. Ebenso wurden die anderen beiden deutschen Brückenköpfe nördlich der Ruhr von den US-Divisionen eingeengt. Im Laufe der Nacht zum 13. April wurden diese hinter die Ruhr zurückgenommen.[295]

Das LIII. Korps hatte am Nachmittag dieses Tages die 190. Infanteriedivision angewiesen, in der Nacht zum 13. April hinter die Ruhr zu verlegen. Schwerte sollte jedoch als Brückenkopf besetzt bleiben. Auch die Stadt Dortmund wurde, in Erwartung des bevorstehenden Angriffs, von den deutschen Truppen geräumt. Die Aufgabe von Dortmund wurde der Heeresgruppe später als im Kampf verloren gemeldet. Der Befehl der Heeresgruppe, die Stadt im Gegenangriff wieder in Besitz zu nehmen, wurde nicht durchgeführt. Dem Korps wurde die 25. Flakdivision unterstellt. Diese erhielt den Auftrag, eine neue Abwehrlinie an dem Waldgebirge zwischen Schwerte und Witten aufzubauen, da die 180. Infanteriedivision kaum noch in der Lage war, die wichtigen Ruhrübergänge Schwerte, Westhofen, Syburg, Wetter und Witten zu verteidigen. Der Befehl der Heeresgruppe B, die Ruhrbrücken zur Zerstörung vorzubereiten, wurde vom Korps im Einvernehmen mit der Armeegruppe von Lüttwitz nicht durchgeführt. Die lebenswichtige Versorgung der Ruhrbevölkerung mit Wasser, Strom und Gas wäre mit der Zerstörung der Brücken unterbrochen worden. Im gesamten Abschnitt des Korps wurden entgegen allen höheren Befehlen überhaupt keine Zerstörungen durch das Korps durchgeführt.[296]

Die Heeresgruppe B hatte den bisherigen Inspekteur der Wehrersatz-Inspektion Dortmund, General Büchs, zum Kampfkommandanten von Iserlohn ernannt. Er unterstand dem LIII. Korps unmittelbar und hatte den Auftrag der Heeresgruppe, die Stadt in Verteidigungszustand zu versetzen und sie bis zum letzten zu verteidigen.

In den Mittagsstunden dieses Tages besuchte Generalleutnant Bayerlein den General von Lüttwitz auf dessen neuem Gefechtsstand bei Hohenlimburg. In dem anschließenden Gespräch, das die beiden Generäle führten, waren sie sich darüber klar, daß der Kessel nicht mehr lange zu halten sei und daß jegliche Ausbruchsversuche unmöglich durchzuführen wären. Bezüglich einer Kapitulation hatte General von

---

293 Spethmann, a. a. O., S. 33
294 Williams, a. a. O., S. 489
295 von Lüttwitz, a. a. O., S. 21–22
296 Bayerlein, a. a. O., S. 9–10

Lüttwitz nunmehr Bedenken unter Hinweis auf den gerade bekanntgewordenen Bericht des Oberkommandos der Wehrmacht, wonach General Lasch, der Verteidiger von Königsberg, zum Tode durch den Strang verurteilt worden war, weil er mit seiner Truppe in Königsberg kapituliert hatte. Dies war das letzte Zusammentreffen mit General von Lüttwitz.[297]

13. APRIL:

Im Bereich des XVI. US-Korps flauten die Kämpfe fast gänzlich ab. Die 75. US-Infanteriedivision bereinigte die letzten Widerstandsnester im Bereich ihrer Angriffszone zwischen Westhofen und Witten und stieß mit einer Spitzengruppe noch bis Herdecke vor. Die 79. Division begann mit der Besetzung eines neuen Sektors und löste Teile der 75. und 35. Division ab. Die 17. Luftlandedivision richtete sich in den zuvor besetzten Gebieten ein und organisierte erste Verwaltungsaufgaben in diesem Bereich auf der westlichen Flanke des Korps. Die Regimenter der 95. US-Infanteriedivision kämmten an diesem Tage die Stadt Dortmund durch und schlossen anschließend ebenfalls bis zur Ruhr auf.[298] Die eigentlichen Kampfhandlungen zwischen Ruhr und Lippe waren damit — zumindest im Bereich des Ruhrgebietes — zu Ende gegangen.

Am 13. April hatte eine andere amerikanische Einheit bei Uerdingen den Rhein überschritten und besetzte die östliche Rheinschleife in der Linie Hüttenheim — Serm, ohne weiter vorzugehen. Das hier befehlende XII. SS-Korps erhielt darüber erst sehr verspätet und unklar Meldung. Da am gleichen Tage die anderen US-Verbände durch Mülheim weiter in Richtung Duisburg stießen, sandte das XII. SS-Korps die Gruppe Witte durch entsprechenden Befehl in den sogenannten Kettwiger Riegel zurück. Die Ruhrbrücken bei Mülheim, die lebenswichtig für die Wasserversorgung der Zivilbevölkerung waren, wurden nicht gesprengt, sondern nur durch Steinbarrikaden für die sofortige Benutzung unbrauchbar gemacht.

Die Bewegungen verliefen planmäßig und ohne Feinddruck. Am 14. April früh stand der rechte Flügel des XII. SS-Korps mit Anschluß an Sicherungen des LXIII. Armeekorps entlang der Ruhr bei Kettwig. Die im Duisburger Rhein-Ruhr-Dreieck verbliebene Aufklärung meldete, daß weder bei Duisburg noch bei Mülheim amerikanische Truppen über die Ruhr nachdrängten.[299]

In der Nacht vom 12. zum 13. April war die deutsche Front im gesamten Korpsabschnitt von Hüsten bis Langschede hinter die Ruhr zurückgenommen worden. Vor der Front der 190. Infanteriedivision herrschte Ruhe; sie wurde genutzt zum Ausbau der eigenen Stellungen. Im Bereich des Brückenkopfes Schwerte wurden die schwachen Verbände der 180. Infanteriedivision zurückgedrängt, als diese von den Spitzen der 95. US-Infanteriedivision angegriffen wurden. Bei Witten wurde die 25. Flakdivision überraschend von den Amerikanern angegriffen, als hier die neue Verteidigungsfront entlang des Waldgebirges noch nicht stand. Von diesem Tage an hatte das LIII. Korps keine direkte Verbindung mehr mit den vorgesetzten Dienststellen der Armeegruppe von Lüttwitz und der Heeresgruppe B. Die Kämpfe neigten sich auch hier dem Ende zu.[300]

---

297 Ebd.
298 Williams, a. a. O., S. 491
299 Ulrich Ulms / Karl Reuther, Das XII. SS-Armeekorps an der Rheinfront und im Ruhrkessel, 3. 3.–16. 4. 1945, BA-MA MS Nr. B-709, S. 78 f.
300 Bayerlein, a. a. O., S. 9

## AUS DEN CHRONIKEN ZWEIER RUHRGEBIETSSTÄDTE

### - DUISBURG -

In der Nacht zum 7. April setzte eine so starke Artilleriebeschießung ein, als hätte die angedrohte Vernichtung begonnen. Wer sich aus dem Keller wagte, konnte feststellen, daß die Einschläge im Hafengebiet lagen. Gewehr- und Maschinengewehrfeuer aus der Gegend von Kanal und Ruhr mischte sich dazwischen. Rote und weiße Leuchtkugeln stiegen auf, Leuchtspurmunition fuhr über den Himmel. Man hatte den Eindruck, an der bisher so ruhigen Nordfront sei ein entscheidendes Unternehmen in Gang gesetzt worden. Tatsächlich handelte es sich aber nur um ein ziemlich planloses Hin- und Herschießen. Deutsche Posten hatten feindliche Schlauchboote zu bemerken geglaubt, und so war das „Gefecht" zustande gekommen. Ungefähr gleichzeitig wurde in Wanheimerort mit wesentlich geringerem Aufwand ein amerikanischer Spähtrupp vernichtet.

Am 7. April verließ Hauptmann Wolf mit seiner Truppe die Stadt in Richtung Mülheim. Angeblich sollte die Volksgrenadierdivision Warlemann an einem neuen „Schwerpunkt" bei Siegen eingesetzt werden. Dem Volkssturm fiel jetzt die Aufgabe zu, die ganze Front zu übernehmen, lediglich unterstützt von zwei Polizeikompanien, die abwechselnd den Abschnitt 100 Meter westlich der Aakerfähre bezogen. Auf dem Schlackenberg im Wedaugelände stand noch deutsche Artillerie. Die militärische Leitung übernahm ein Offizier im Range eines Obersten.

Am Abend des 9. April wurde es durch britische Rundfunknachrichten offenbar, daß die Entscheidung unmittelbar vor der Türe stand. Man erfuhr, daß Essen genommen sei. Damit hatte der Feind den Rhein-Herne-Kanal überwunden und war nach Süden vorgestoßen. In Oberhausen machte er am 10. April Fortschritte. In Mülheim wurden die Ruhrübergänge zerstört. Die Sprengung der Schloßbrücke konnte in letzter Minute verhindert werden.

Da der weitere amerikanische Vormarsch auf Duisburg aus dieser Richtung zu erwarten war, wurde am Morgen des 11. April die Straßenbrücke zwischen Kaiserberg und Monning gesprengt. Hätte man sich klar gemacht, mit wie einfachen Mitteln und wie schnell die amerikanischen Pioniere solcher Hindernisse Herr wurden, wäre all das nutzlose Zerstören wohl unterblieben. In diesen letzten Stunden herrschte bei manchen Leuten der reinste Rauschzustand. So wurden in der Nacht zum 12. April auch noch die 4000 Kilogramm Sprengstoff, die auf den beiden Schwanentorbrücken lagen, zur Entladung gebracht, obwohl von Ruhrort her kein Feind zu erwarten war. Es geschah gegen die ausdrückliche Weisung des Oberbürgermeisters Freytag. Die schlecht vorbereitete Sprengung machte übrigens die Brücke nicht unpassierbar. Auch die naheliegenden Speichergebäude und das Rathaus wurden nicht ernstlich beschädigt.

Am Morgen des 11. April standen amerikanische Panzer vor dem Mülheimer Rathaus. Ein Duisburger Beamter begegnete vormittags am Speldorfer Bahnhof einer Patrouille, die ihn unbehelligt ließ. Die schwachen Polizeisicherungen, die östlich der Monning an beiden Seiten der nach Mülheim führenden Straße Stellungen bezogen hatten, rückten in Richtung Ratingen ab, bevor der Feind in Sicht kam. Elf Lastzüge mit den wertvollen Lebensmittelreserven der Duisburger NSV gingen zur Versorgung der Truppe nach Velbert. Der Absetzbefehl für Militär, Polizei und Volkssturm lag grundsätzlich vor, wenn er auch noch nicht allgemein ausgesprochen war.

So waren die Rhein- und Ruhrfront der Stadt noch besetzt, und der Volkssturm hatte Befehl, die Straßensperren mit Panzerfäusten zu verteidigen. Dennoch zweifelte kaum jemand mehr daran, daß die Besetzung der Stadt kampflos vor sich gehen würde.

Die Nacht zum 12. April brachte wenig kriegerischen Lärm. Die Schüsse, die man hörte, galten wohl den über Wedau zurückgehenden deutschen Abteilungen. Der Amerikaner stand frühmorgens auf der Reichsautobahn in der Gegend der Frauen- und Kinderklinik und weiter südlich. Die Besetzung der Stadt Duisburg war offenbar nicht so eilig wie die Verfolgung der letzten militärischen Kräfte.

Die Bevölkerung hatte die Nachtstunden in erwartungsvoller Spannung verbracht. Als es hell wurde, sah man Männer und Frauen ihr Bettzeug aus den Bunkern wieder nach Hause schaffen. Die Angst vor Luftangriffen und Granaten war offensichtlich überwunden. Auch mochte es nützlich scheinen, die nächste Nacht in der eigenen Wohnung zu verbringen, rechnete man doch vielfach mit Plünderungen, die die wenigen Polizeibeamten, die nicht der kämpfenden Truppe zugeführt worden waren, gar nicht hätten verhindern können. Weiße Fahnen wurden im engeren Stadtbezirk nicht herausgehängt.

Am Morgen des 12. April erschienen die ersten Amerikaner vor dem im Bunker an der Fuldastraße untergebrachten Polizeipräsidium. Sie hatten auf ihrem Weg die Sperren unbesetzt gefunden und waren, ohne auf Widerstand zu stoßen, bis zur Stadtmitte vorgedrungen. Sie entwaffneten die im Bunker anwesenden Polizisten.

Gegen 1.00 Uhr mittags kam eine Offizierspatrouille zum Rathaus, wartete aber das Herbeiholen des gerade abwesenden stellvertretenden Oberbürgermeisters nicht ab.

Etwa gleichzeitig war eine Gruppe von vier Mann, die einer Luftlande-Einheit angehörten, im „Duisburger Hof" und ließ sich hier von dem Ratsherrn Kind und dem Direktor Frauendorf die Luftschutzräume zeigen, die der letzte deutsche Kampfkommandant benutzt hatte. Dann gingen alle mit Herrn Frauendorf ins Rathaus zum Stadtkämmerer Zweigert, mit dem sie über die für den nächsten Tag bevorstehende Besetzung verhandelten. Der die Patrouille führende Offizier sprach ein gutes Deutsch; sein Verhalten war freimütig und höflich. Anordnungen irgendwelcher Art traf er noch nicht. Lediglich der „Duisburger Hof" hatte 80 Betten bereitzustellen.

Inzwischen war eine dritte Gruppe von sechs Mann, die eine weiße Fahne mitführten, im Rathaus eingetroffen. Sie hatten sich von der linken Rheinseite zum Neuenkamp übersetzten lassen. Mit ihren im Rathaus bereits anwesenden Landsleuten verständigten sie sich über das Ergebnis der Besprechung, fügten aber die Frage hinzu, ob die Stadtwerke in Betrieb seien. Da es gelungen war, die jüngeren Arbeiter hier zu halten, war die notdürftige Fortführung der so wichtigen Versorgungsbetriebe gesichert.

In aller Frühe des 13. April brachten die Amerikaner an mehreren Stellen des Stadtgebietes schwere Geschütze in Stellung. Im Wasserviertel machte das inzwischen eingerückte Militär (unter Oberst Bratten) selbständig Quartier, wie üblich mit einhalbstündiger Räumungsfrist. Im Hause Fuldastraße 28 wurde eine Kommandantur (612. Dep. Mil. Gov.) eingerichtet.[300a]

---

300a Aus Averdunk-Ring, Geschichte der Stadt Duisburg. Dem Verfasser mitgeteilt vom Stadtarchiv Duisburg aufgrund einer Anfrage vom Oktober 1982.

6. April: Die Nacht ging mit einem Artillerieduell weiter, aber mäßig. Abends platzten einige Granaten in unserer Nähe. Auf der Brücke vor dem Hause hielten sich zwei Mann vom Werkschutz auf, um nachzusehen, ob keine Sprengladung an die Brücke gelegt war. Sie trugen Gewehre. Der Beobachter aus dem Flugzeug sah sie; sofort fielen drei Schüsse hinter dem jenseitigen Damm der Bahn. Die zwei Mann liefen davon. Eine Detonation, als fiele der Bau um!

7. April: Die letzte Nacht zwischen drei und vier Uhr setzte eine der heftigsten Kanonaden der „Amis" hier ein. Sie schossen von Horst und Erle und vom Wanner Hafen aus nach Bismarck mit verschiedenen Kalibern. Äcker, Wiesen und Straßen sind schwer getroffen, aber wenige Häuser wurden beschädigt. Vor uns auf der Straße platzte eine Granate, zertrümmerte mir fünf große Scheiben und beschädigte die Blendläden. Leute aus den Häusern sind in ihrer Not wie wahnsinnig herumgelaufen. Um fünf Uhr schossen nur noch die Ferngeschütze über uns hinweg; wir sind das ja in den anderthalb Jahren gewohnt.

Heute mittag zog der sogenannte Volkssturm ab. Es war ein trauriges Bild. Man kann sagen: vier Mann ein Gewehr; das soll es schaffen! Nur einzelne waren gut bewaffnet; sehr wenige Züge hatten Handgranaten und Panzerfäuste. 1918 kamen die Soldaten aber stolzer zurück. Hier war keine Ordnung. Die meisten Männer waren Fußkranke in allen möglichen Kleidungen. Einige Soldaten hatte man am Kanal zurückgelassen. Nachmittags noch etwas Artillerieduell; jetzt ist es verstummt.

8. April: Immer das monotone Ferngeschützfeuer! Nachts von drei bis vier Uhr war eine heftige Kanonade im Gange. Um 18.30 Uhr, als ich in der Küche war, gab es heftiges Geschützfeuer über der zerstörten Kirche und auf der Bismarckstraße. Wir zuckten zusammen. Von unseren Kämpfern war nicht viel zu sehen. Der Beobachter sah die Leute auf der Straße und lenkte das Feuer, so daß fast jeder Schuß die Straße traf. Bei der Apotheke platzten zwei Granaten. Die Straße war mit Geröll besät. Abends ließ es nach. Um 19.00 Uhr steigerte sich das Feuer wieder; es ließ die Nähe der Amerikaner erkennen. Wir mußten in den Keller. Am Bahndamm platzten die Maschinengewehre aufeinander los. Ein Geschoß schlug eine Scheibe des Balkons durch. Es war nicht mehr möglich, in die Küche zu gehen. Um 23.30 Uhr sagte H. zu mir: „Das ist ein Amerikaner!" Gleich darauf kamen sie einzeln und in großen Scharen und suchten die Häuser ab. Alle steckten weiße Tücher heraus. Am Morgen waren noch zwei deutsche Soldaten unter unserem Fenster und gingen in den Mittelbau, wo sie bald verschwanden. Um 1.00 Uhr kamen viele Amerikaner in unsere Häuser, um zu ruhen. Es waren einige darunter, die deutsch sprachen. Auf dem Küchensofa lag einer von 20 Jahren. Wir unterhielten uns gut in Eichsfelder Platt. Er ist aus San Francisco. Im ganzen sind sie anständig. Noch ist zum Haverkamp hin Kampf. Einen Panzer haben sie in das Gebüsch zum Haverkamp hin gefahren. Die Besatzung sind Hünen von Schwarzen. So hat das „Tausendjährige Reich" hier sein Ende erreicht! Und die Nazis wollen bei diesen stämmigen Menschen mit guter Ausrüstung noch siegen!

Die dringendste, aber auch schwierigste Aufgabe der Verwaltung bestand darin, den Plünderungen der Lebensmittellager Einhalt zu tun und die vorhandenen Bestände zur Versorgung der Bevölkerung zu retten. Bereits am Freitag und Samstag vor Ostern war es zu den ersten Plünderungen gekommen. Am Freitag stürmte man am Bahnhof Bismarck Waggons mit Lebensmitteln. Mancher schleppte zwei Säcke mit sich fort; andere rollten Fässer mit Marmelade über die Straßen. Am Stadthafen

versuchte man am Samstag, die Kühlhäuser zu stürmen. Während das große Kühlhaus Kalthoff mit Fleischreserven und Butter unter dem Granatwerferbeschuß der amerikanischen Truppen lag, versuchten Zwangsverschleppte, auf mitgebrachten Karren Fleisch und Butter für sich zu hamstern. Dabei flogen Fässer von oben auf die Untenstehenden und erschlugen sie. Zwischen den Schweinehälften lagen männliche Leichen, die durch das Granatwerferfeuer getötet worden waren. Da die Polizeikräfte zur Räumung des Kühlhauses von Plünderern nicht ausreichten, wandte sich die Stadtverwaltung mit der Bitte um Hilfe an den Kommandeur des Fallschirmjägerregiments, Oberst Vorwerck. Dieser konnte dem ganzen unheimlichen Spuk schnell ein Ende bereiten, indem er eine seiner Kompanien gegen die Plünderer einsetzte. Durch dieses energische Eingreifen konnten ohne Blutvergießen große Vorräte an Fett und Fleisch für die Versorgung der Bevölkerung gerettet werden.

Oberst Vorwerck setzte sich aber auch darüber hinaus für die Unterbindung sinnloser Zerstörungen ein. Er erhielt einen schriftlichen Führerbefehl, die Zechen „Unser Fritz" und „Wilhelmine Victoria" sowie die Anlagen der Gutehoffnungshütte „für alle Zeiten unbrauchbar zu machen". Kurze Zeit darauf erschien Reichsverteidigungskommissar Gauleiter Dr. Meyer mit großem Stab im Gefechtsstand des Fallschirmjägerregiments, um sich nach der Durchführung der Zerstörungsarbeiten zu erkundigen, wobei er ausdrücklich darauf hinwies, daß bei Nichtausführung oder unzureichender Zerstörung „mit schwersten Strafen gegen den verantwortlichen Führer zu rechnen" sei; der Führer habe persönlich Bericht über die Durchführung der Zerstörungen von ihm verlangt. Die Antwort von Oberst Vorwerck bestand darin, daß er ihm sagte, in diesem Abschnitt führe nur einer, und der führe den Kampf gegen den Feind. Den Reichsverteidigungskommissar forderte er auf, den Gefechtsstand sofort zu verlassen, weil er sonst durch den Eingreifzug des Regiments (Fallschirmjäger mit Springerabzeichen und Gedenkbändern) hinausgeworfen würde. Oberst Vorwerck verbot ihm auch den Aufenthalt im Gefechtsgebiet des Regiments.

Oberst Vorwerck tat nunmehr alles, um die Sprengung einer sogenannten Rohrbrücke, die mehrere Zechen verband, zu verhindern, da sie das Absaufen dieser Zechen zur Folge gehabt haben würde. Den Zerstörungsbefehl umging er dadurch, daß er mit den Volkssturmführern der einzelnen Zechen übereinkam, wichtige Teile der Betriebe auszubauen, um die Anlagen unbrauchbar zu machen, diese Teile aber in der näheren Umgebung der Zechen zu lagern, so daß sie später wieder eingebaut werden könnten.

Für die Erhaltung aller dieser Industrieanlagen und der Lebensmittelvorräte ist die Stadt Gelsenkirchen diesem mutigen Mann, der als Kommandeur seiner Truppe sich bei Gefahr des eigenen Lebens der Ausführung unsinniger Befehle widersetzte, zu tiefstem Dank verpflichtet. Er wußte, daß auf Nichtausführung eines Führerbefehls die Todesstrafe stand. Er war aber nicht nur Soldat, sondern auch Mensch, dem das Überlebenkönnen der Zivilbevölkerung der Stadt Gelsenkirchen so sehr am Herzen lag, daß er mit Mut und Entschlossenheit sich zu diesem Standpunkt durchrang. Gerade diese menschlichen Charaktereigenschaften sind es, die zu hoher Achtung vor der Haltung dieses Truppenkommandeurs zwingen und ihm ein bleibendes dankbares Gedenken der Stadt sichern. Es darf spätere Generationen mit Genugtuung erfüllen, zu wissen, daß Oberst Vorwerck als aktiver Oberst in die Bundeswehr übernommen worden ist.

Er stand indessen in den schweren Tagen des Zusammenbruchs der deutschen Front nicht allein, er fand bei allen seinen schwerwiegenden Entschlüssen die volle

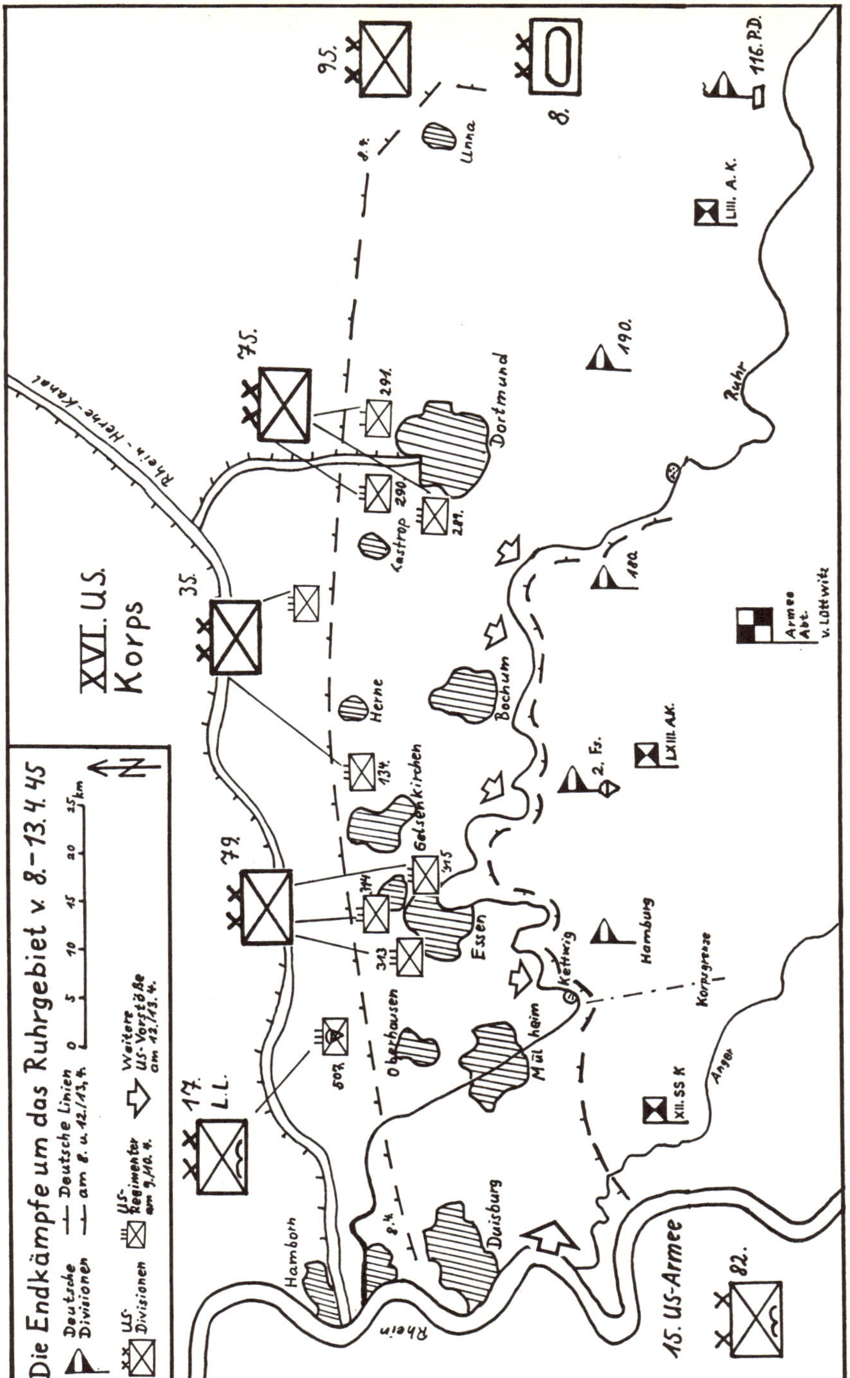


*Karte 19: Die Endkämpfe im Ruhrgebiet in der Zeit vom 8. bis 13. April 1945*

Zustimmung und Unterstützung seines Regimentsadjutanten Meyer-Wüstenberg, der aus dem gleichen Holz geschnitzt war wie er.

Bei den letzten Kämpfen um Alt-Gelsenkirchen befand sich der Regimentsgefechtsstand auf der Zeche Wilhelmine Victoria. Da die Amerikaner daraufhin diese Zeche mit pausenlosem Artilleriefeuer belegten, entschloß sich Oberst Vorwerck, um die Zechenanlagen nicht unnötig zerstören zu lassen, das Regiment nach Gerthe zu verlegen.

Während dieser Tage befand sich die Zivilbevölkerung der Stadt zum großen Teil in den Luftschutzbunkern, in denen sie in mustergültiger Disziplin und ohne daß es zu irgendwelchen ausgesprochenen Paniksituationen gekommen wäre, aushielten, bis das militärische Kampfgeschehen über die Stadt hinweggerollt war. Viele aber kamen bei dem starken Artilleriebeschuß der Stadt durch Granatsplitter noch in den letzten Kriegstagen ums Leben.[300b]

---

[300b] Mitteilungen des Stadtarchivs Gelsenkirchen an den Verfasser aufgrund einer Anfrage vom Oktober 1982

5. Kapitel

# Beginn der Kämpfe um Sauer- und Siegerland

## EINLEITUNG

Durch den raschen Vorstoß der Divisionen des VII. US-Korps am 29. und 30. März von Marburg aus nach Norden, der letztlich zur Schließung des Ruhrkessels führte, war das Gebiet des Sauer- und Siegerlandes von den übrigen Landesteilen abgeschnitten worden. Da es weder an der Süd- noch an der Ostfront des nun gebildeten Ruhrkessels irgendwelche deutsche Verteidigungsmaßnahmen gab, mußten sie aus den in diesen Raum abgedrängten Truppenteilen erst gebildet werden. Den Auftrag hierzu erhielt von der Heeresgruppe B der Stab der 15. Armee (General von Zangen).[301] Zuvor hatte Generalleutnant Thoholte (Höherer Artilleriekommandeur der Heeresgruppe B) stellvertretend die Reste der 15. Armee geführt und die ersten Maßnahmen zum Aufbau einer neuen Front eingeleitet.

Gleichzeitig hatte der Oberbefehlshaber der Heeresgruppe B, Feldmarschall Model, den Kommandierenden General des LIII. Korps, Generalleutnant Bayerlein, beauftragt, mit seinem Korps über den Raum Hallenberg-Medebach einen Ausbruchsversuch zu führen, um die Einschließungsfront zu sprengen und sich mit Truppen aus dem Raum Kassel, südlich des Edersees, zu treffen. Nach einigen Anfangserfolgen war dieser Versuch aber gescheitert. Die amerikanischen Divisionen waren ihrerseits zum Gegenangriff angetreten und bis zum 4. April bis über Winterberg hinausgestoßen.[302]

General von Zangen sah sich mit seinem Stab vor eine schier unlösbare Aufgabe gestellt, zumal es ihm an allem mangelte. Die Verbände waren in den voraufgegangenen Kämpfen in der Front des Remagener Brückenkopfes und bei den nachherigen schnellen Vorstößen der amerikanischen Divisionen weitgehend zerschlagen und auseinandergerissen worden. Ein Teil der ehemals der 15. Armee unterstellten Divisionen befand sich auch außerhalb der Kesselfront und fiel somit von vornherein aus. Eine durchgehende, gleichmäßig besetzte Frontlinie konnte mit den wenigen vorhandenen Verbänden nicht aufgebaut werden; man mußte sich vielmehr mit stützpunktartigen Riegeln begnügen.[303]

## DIE DEUTSCHEN KRÄFTE

Die Grenzlinie der zu verteidigenden Front verlief etwa von Rüthen/Möhne, westlich von Brilon über Küstelberg, Winterberg, westlich Wunderthausen, Berleburg, Weidenhausen. Daran schloß die 5. Panzerarmee mit Verbänden des LXXIV. Armeekorps an, das den Raum südlich von Erndtebrück sicherte. Der gesamte Frontabschnitt der 15. Armee war in drei Abschnitte eingeteilt.

---

301 General von Zangen galt mit seinem Stab seit dem 29. März als vermißt, konnte sich aber durch die amerikanischen Linien durchringen und hatte sich am 30. März aus Altenhundem gemeldet.

302 Vergleiche hierzu die genauen Beschreibungen im Kapitel „Deutscher Ausbruchsversuch bei Winterberg".

303 General von Zangen, 15. Armee, Kampf im Ruhrkessel, 31. 3.–15. 4. 1945, BA-MA MS Nr. B-849, S. 4 ff.

Auf der rechten Flanke der Front befand sich der Sperrverband von Ahlfen, bestehend aus Pionier-Einheiten, Teilen der Ersatztruppe und Volkssturm-Einheiten. Führer dieses Verbandes war Generalmajor von Ahlfen.

Die Mitte wurde gebildet durch das LIII. Korps (Generalleutnant Bayerlein), das zur Zeit gerade in der Aufstellung zum Ausbruchsversuch war.[304]

Die linke Flanke bildete der Sperrverband Wirtz, bestehend aus zuerst drei, dann zwei Kampfgruppen (einem verstärkten Infanterie-Bataillon, Flak-Einheiten, Einheiten des Freikorps Sauerland, Einheiten des Reichsarbeitsdienstes und Einheiten des Volkssturms). Führer dieses Sperrverbandes war Generalleutnant Wirtz (Höherer Pionierkommandeur der Heeresgruppe B). Der Verband Wirtz hatte links Anschluß an das XXXXVII. Panzerkorps, wo die 116. Panzerdivision die Front von der Lippe bis zur Haar hielt.[305]

Die Artilleriekräfte der 15. Armee sind nicht mehr genau zu belegen. Neben schwacher divisionseigener Artillerie, die sich an den folgenden Tagen aus der Bewegung vom Rhein her noch ergänzte, waren es Reste von zwei Volksartillerie-Korps und einer Volkswerferbrigade. Gewisse Munitionsbestände waren im Kessel vorhanden; die Artillerie mußte aber von Anfang an sehr sparsam wirtschaften. Teilweise wurden die artilleristischen Aufgaben durch Flak-Einheiten mit wahrgenommen, es gab jedoch nur einen geringen Bestand an 8,8 cm-Flakgeschützen.

Der Kampfwert all dieser Verbände war sehr unterschiedlich. Am besten ausgestattet, personell wie materiell, waren die Verbände des LIII. Korps, die zum Teil erst im Anmarsch zu ihrem neuen Einsatzgebiet waren. Sie stellten noch einen beachtlichen Kampffaktor dar, sowohl in der Abwehr als auch — begrenzt — für Angriffsaufgaben.

Beim Sperrverband Ahlfen hatten die zahlenmäßig geringen Pionierkräfte einen gewissen Wert für die Abwehrkämpfe. Sie bildeten das Gerippe und den Rückhalt für den zähen Kampf im Rothaargebirge.

Nachschubdienste für diesen Verband mußten zum größten Teil erst geschaffen werden oder wurden notfalls von der Bevölkerung übernommen. Es gelang der Führung dieses Verbandes aber, eine zunächst haltbare Verteidigungslinie aufzubauen. Die getroffenen Sperr- und Täuschungsmanöver bewirkten später offensichtlich, daß der Angreifer sich nur sehr vorsichtig durch das schluchtenreiche Waldgelände vortastete.

Im übrigen war aber nicht zweifelhaft, daß die diesem Verband unterstellten Teile zwar für Sperraufgaben und für jägermäßige Verwendung in kleinen Gruppen verwendbar waren, nicht aber für geschlossene Kampfmaßnahmen.[306]

Der Sperrverband Wirtz trat erst in den ersten Apriltagen zusammen und war sehr zusammengewürfelt und äußerst ungleich zu bewerten. Die stärkste Einheit war hier das verstärkte Infanteriebataillon westlich von Brilon, das aus gerade aufgelösten Einheiten entstanden war. Es hatte eine geringe Ausstattung mit Maschinengewehren und schweren Infanteriewaffen und einen guten Führer.[307]

Die Flak-Einheiten (2. Flakdivision) waren meist unbeweglich und für den Erdkampf noch nicht geschult; sie verfügten über gute Kräfte und guten Kampfwillen.

---

304 Die Verbände des Korps Bayerlein wurden bereits in dem eigenen Kapitel genau beschrieben.

305 Allerdings erst ab 2. April, da die Division erst am 1. April aus dem Raum Recklinghausen nach Osten verlegte. Auch der Kampfverband Wirtz organisierte sich erst in den ersten Apriltagen.

306 Generalleutnant Wirtz, Sperrverband Wirtz, 1. 4.–12. 4. 1945, BA-MA MS Nr. B-714, S. 1 ff.

Das Freikorps Sauerland (durchweg Soldaten des Ersten Weltkrieges), schlecht ausgerüstet und schlecht geführt, besaß keine Kampfkraft. Die Einheiten des Reichsarbeitsdienstes waren teilweise mit der Waffe ausgebildet, sehr einsatzbereit und tapfer. Sie erwiesen sich später aktiver als die sogenannte „Truppe".

Der Volkssturm war ohne Bedeutung und versagte bei jedem Auftrag.

Dem Sperrverband waren folgende Einheiten zugesagt, die Anfang April eintrafen: 1 schweres Artillerieregiment, 1 Pionier-Regimentsstab, 3 Sturmgeschütze, eine Heeresnachrichten-Kompanie[308]

Der Gefechtsstand der 15. Armee befand sich ab 30. März abends in Nieder-Berndorf (sechs Kilometer nordwestlich von Schmallenberg). Die Gefechtsstände der einzelnen Abschnittskommandeure waren: Gefechtsstand von Ahlfen: Berleburg (bis 1. April), Gefechtsstand Bayerlein: Altastenberg (bis 2. April), Gefechtsstand Wirtz: Calle (westlich von Meschede bis 9. April). Die Armeeführung hatte am 31. März noch kein restlos geklärtes Feindbild gewinnen können. Der Vorstoß der 3. US-Panzerdivision nach Norden dürfte bekannt gewesen sein. Dahinter wurde die 7. US-Panzerdivision und die 9. US-Infanteriedivision festgestellt. Im Raum von Berleburg war die 99. US-Infanteriedivision erkannt worden, im Raum westlich Rüthen, von Norden angreifend, die 8. US-Panzerdivision.[309]

Die feindliche Nordschwenkung auf Paderborn mit dem Ziel der Kesselschließung hatte die Armeeführung erkannt. Da diese Kräfte von den Amerikanern erst noch verstärkt werden mußten, rechnete die Armeeführung noch nicht mit einer direkten Bedrohung ihrer östlichen Frontseite. Es wurden lediglich kleinere Aufklärungsvorstöße des Gegners festgestellt. Einer dieser Vorstöße führte am 30. März zur Wegnahme von Küstelberg.

Daß dieses Verhalten des Gegners sich in das Gegenteil verkehren würde, sobald der Raum Kassel-Korbach-Paderborn fest in feindlicher Hand war, unterlag keinem Zweifel. Von diesem Augenblick an war mit erheblichen Angriffen zu rechnen.[310]

Aus dieser Einschätzung der Feindabsichten folgerten die eigenen Überlegungen und Maßnahmen. Wenn überhaupt, dann war es jetzt noch möglich, die Einkesse-

---

307 Wie Anmerkung 306. Feldmarschall Model hatte Generalleutnant Wirtz auf die Bedeutung seines Frontabschnittes hingewiesen, dem als Flankenschutz für den vorgesehenen Ausbruch des LIII. Korps eine besonders wichtige Aufgabe zukam. An Verstärkungen wurden ihm zugesagt: ein Artillerieregiment, der Pionierregimentsstab Scherzer, drei Sturmgeschütze sowie eine Heeresnachrichtenkompanie für die notwendigen Verbindungen.
Mit der nördlich benachbarten 116. Panzerdivision sollte Kontakt gehalten werden. Dazu sollten die zur Sprengung vorbereiteten Übergänge über Möhne und Ruhr zunächst offengehalten werden. Es war beabsichtigt, diese Division oder andere neu herangeführte Kräfte in der Möhne-Ruhr-Front einzusetzen.

308 Wie Anmerkung 306. – Über die Stimmung der Truppen schreibt General von Zangen: Die Stimmung in den Verbänden war im allgemeinen trotz der erlebten Rückschläge und trotz Kenntnis der Schwäche der Abwehr auffallend gut. Allgemeine Hoffnung auf das Gelingen des Ausbruchs nach Osten, danach mit einer nicht zu zerstörenden Zuversicht auf den Entsatz von außen her. Erst in den letzten Tagen des Ruhrkampfes nahm allgemeine Resignation überhand, aber auch sie führte nicht zu Disziplinlosigkeiten. Große Teile waren, als der Kampf völlig aussichtslos geworden und seitens der Armee freigegeben war, entschlossen, sich in ihre Heimatgebiete durchzuschlagen.

309 Anmerkung des Verfassers: Die Meldung der 8. US-Panzerdivision im Raume Rüthen mußte eine Fehlinformation sein. Diese Division stand am 31. März noch bei Haltern und trat erst am 1. April zum Vorstoß nach Osten an.

310 von Zangen, a. a. O., S. 7–9

lung, die über kurz oder lang zur Vernichtung der Heeresgruppe B führen mußte, nach Osten zu durchstoßen und Anschluß an den Raum Kassel zu gewinnen. Hätte man die Kräfte des Korps Bayerlein am 29. März bereits in Winterberg versammeln können, so wäre zweifellos der Durchstoß zur Edertalsperre und die Herstellung der Verbindung zur 11. Armee gelungen. Ob sie dem Druck der von Süden auf breiter Front vorgehenden Feindkolonnen lange standgehalten hätte, bleibt dahingestellt.

Jetzt aber war die Lage so, daß die Verbände, die den Stoß nach Osten führen sollten, noch auf dem Marsch waren und „tropfenweise" eintreffen konnten. Die entscheidende Frage war die, ob ihnen noch genügend Kraft innewohnte, um den bereits auf Korbach durchlaufenden Feindvormarsch zu durchstoßen und das dann gewonnene Gelände zu behaupten.

Wagte man den von der Heeresgruppe sofort geforderten Stoß zunächst nur mit einem Teil der neuen Kräfte, so konnten Mißerfolg und empfindlicher Rückschlag die Folgen sein. Wartete man aber das vollzählige, sich vielleicht noch auf Tage erstrekkende Herankommen der Verbände ab, konnte es überhaupt zu spät sein.

Ein bedenkliches Dilemma, dessen Lösung für den Befehlshaber der 15. Armee dadurch hinfällig wurde, daß der von Generalfeldmarschall Model persönlich befohlene Angriff mit Teilen der Panzerlehr- und der 3. Panzergrenadierdivision bereits in der Nacht vom 30. zum 31. März begonnen hatte.[311]

Auch im Bereich der westlich anschließenden 5. Panzerarmee waren die Verhältnisse nicht besser. Die hier noch vorhandenen Reste der deutschen Divisionen waren auf zwei Anmeekorps aufgeteilt: das LXXIV. Armeekorps in der Mitte und nach Westen anschließend das LVIII. Panzerkorps.

Hans-Martin Flender beschreibt die ersten Tage an der Südfront des späteren Kessels in seinem Buch „Der Raum Siegen im Zweiten Weltkrieg" wie folgt:

„Am 29. März 1945 befand sich der Korpsgefechtsstand des LXXIV. Armeekorps in Mandeln, etwa 20 Kilometer nördlich von Herborn. Er wurde dort von amerikanischen Truppen, die von Dillenburg über Eibelshausen auf Laasphe vorgingen, überholt. Ein Teil des über Laasphe abgeschobenen Gefechtstrosses des LXXIV. Armeekorps fiel damals in die Hände der Amerikaner. Nach vorübergehendem Aufenthalt in Straßebersbach erfolgte am 29. März abends die Verlegung des Korpsgefechtsstandes nach Afholderbach, 12 Kilometer nordostwärts Siegen. Verbindung zur 15. Armee bestand nicht mehr, sie war inzwischen bei Biedenkopf durch nach Norden vorgehende amerikanische Truppen abgeschnitten worden und konnte weder einen Verbindungsoffizier entsenden noch aus taktischen Gründen funken.

Am 30. März 1945 erfolgte die Unterstellung des LXXIV. Armeekorps unter die 5. Panzerarmee (Generaloberst Harpe), deren Gefechtsstand sich in Ründeroth befand.

Von wem diese neue Unterstellung dem LXXIV. Armeekorps befohlen worden war, weiß ich nicht mehr. Möglich und wahrscheinlich ist, daß der Befehl hierzu von der Heeresgruppe B (Feldmarschall Model) unmittelbar ergangen ist. Das LXXIV. Armeekorps verfügte am 30. März immer noch über die Kampfgruppen der 9. Panzerdivision und der 272. Volksgrenadierdivision (General König). Von den Resten der 340. Division hatten sich keine wesentlichen Teile mehr eingefunden. Diese Kampfgruppen standen am 30. März abends ungefähr in Linie Hainchen, etwa 14 Kilometer ostsüdostwärts Siegen — ostwärts Erndtebrück mit der Front nach Osten. Nun hatte

---

311 Wie Anmerkung 310

das Korps zum ersten Mal seit dem 25. März wieder Anschluß nach beiden Seiten. Nach Westen schloß sich der Abschnitt des Kampfkommandanten von Siegen (Generalleutnant Lange) an, der taktisch zum LVIII. Panzerkorps (Generalleutnant Botsch) gehörte. Gefechtsstand des LVIII. Panzerkorps war in Harbach. Nach Osten bzw. Norden schloß sich der Sperrverband von Ahlfen an, der aus der Heeresgruppenkampfschule und Heeresgruppenpionierschule der Heeresgruppe B bestand. Dieser Anschluß war jedoch nur lose und wurde durch Spähtrupps der im Raum von Erndtebrück befindlichen Flakbatterien, die dem LXXIV. Korps unterstellt wurden, und durch motorisierte Spähtrupps des Sperrverbandes von Ahlfen aufrechterhalten."[311a]

Über die Ereignisse beim LVIII. Panzerkorps berichtet Hans-Martin Flender über die ersten Tage wie folgt:

„Am 29. März 1945 abends wurde dem Korps noch der Kampfkommandant Siegen unterstellt, so daß die Front des Korps nunmehr von Eitorf bis vorwärts Siegen ging, also Luftlinie 50 Kilometer, Frontlinie wesentlich mehr. Bei der mangelnden Ausstattung mit Nachrichtenmitteln und den nicht sehr günstigen Straßenverbindungen war dieser Abschnitt viel zu groß. Auch die Abschnitte der Division überstiegen bei weitem das, was diese Division entsprechend ihrer mangelhaften Ausbildung und Ausstattung leisten konnte.

Der Kampfkommandant Siegen, der am 29. März 1945 mit seinen vorgeschobenen Teilen schon in Feindberührung stand, verfügte nur über ein Ausbildungsbataillon, ein sogenanntes Alarmbataillon (Schreiber, Fahrer und dergleichen) und drei Volkssturm-Bataillone. Die Kampfkraft dieser ‚Truppe' muß gleich Null angesprochen werden. Artilleristisch konnten die dort kämpfenden Teile vom Volks-Artilleriekorps unterstützt werden. Es war gut, daß der Feind nur zögernd an die Sieg heranfühlte; er hatte ja auch weitergesteckte Ziele und stand mit seinen Spitzen zu dieser Zeit schon im Raum um Marburg.

Der Korps-Gefechtsstand wurde am 29. März 1945 nach Harbach verlegt, also auf das Nordufer der Sieg.

In den Tagen um die Monatswende März/April wurde der linke Flügel des Korps vom Südufer der Sieg auf das Nordufer zurückgeworfen. Die Verluste bei diesen Kämpfen waren zum Teil recht schwer. Dies trifft vor allem bei den improvisierten Verbänden des Kampfkommandanten Siegen zu. In diesen Tagen tritt nun auch der Feind, der schon einige Zeit untätig an der Sieg lag, zum Angriff über die Sieg nach Norden an. Der Angriff erfolgt an mehreren Stellen und gelingt fast überall, wo er versucht wird. Besonders gefährlich wird der Feindangriff, der bei Betzdorf-Kirchen über die Sieg geführt wird; er zwingt das Generalkommando, den Gefechtsstand am 1. April 1945 von Harbach nach Römershagen zu verlegen.

Am 2. April 1945 geht Siegen nach ganz kurzem Kampf verloren; damit steht der Feind an der ganzen Front an der Sieg; an einzelnen Stellen westlich von Siegen hat er — besonders im Abschnitt der 59. Division — die Sieg schon weit nach Norden überschritten.

In diese Tage fällt die Einschließung aller im Ruhrgebiet stehenden deutschen Truppen durch die Amerikaner. Der sogenannte ‚Ruhrkessel' wird von höchster Stelle aus zur ‚Festung' erklärt."[311b]

---

311a Hans-Martin Flender, Der Raum Siegen im Zweiten Weltkrieg, S. 69

311b Ebd., S. 67

Wesentlich anders lagen die Dinge bei den Amerikanern. Sie hatten keine großen Probleme mit den sich schnell ausdehnenden Frontlinien. Natürlich mußten weitere Verbände nachgeführt werden, und auch die Nachschublinien wurden länger, je weiter die Spitzendivisionen vorstießen. Aber an Menschen und Material mangelte es ihnen nicht — im Gegensatz zu den deutschen Truppen.

Bereits am 2. April waren die Stabsoffiziere der 1. und 9. US-Armee zusammengekommen, um über die weiteren Operationen bei der Zerschlagung des Ruhrkessels zu beraten. Dabei war vereinbart worden, daß die 9. US-Armee das Gebiet zwischen Ruhr und Lippe mit dem Industrierevier mit zwei Korps angreifen und besetzen sollte, die 1. US-Armee sollte das Gebiet zwischen Sieg und Ruhr ebenfalls mit zwei Korps angreifen und besetzen. Als Trennungslinie zwischen den beiden Armeen war die Ruhr zwischen Nuttlar im Sauerland bis zur Mündung in den Rhein bei Duisburg vereinbart worden.

Während das Operationsgebiet der 9. US-Armee das kleinere war, aber das dichtverbaute Industriegebiet umschloß, war das Gebiet, das die 1. US-Armee besetzen sollte, fast dreimal so groß. Neben den großen Industriestädten Düsseldorf und Wuppertal und den östlichen Vorstädten von Köln bestand dieses Gebiet aus dem hügeligen, abgeschlossenen Sauer- und Siegerland. Mit seinen dichten Wäldern, engen, gewundenen Tälern, tiefen und schnell strömenden Flüssen war das Sauerland ideal für Verzögerungs- und Verteidigungsaktionen auch kleinerer Truppenteile. Allen diesen Problemen zum Trotz kamen die Stabsoffiziere beider Armeen überein, ihre Aufgabe zu erfüllen.[312]

Nachdem die 9. US-Armee bereits am 3. April die ersten Angriffsoperationen begann, sollte die 1. US-Armee am 5. April gleichfalls angreifen, um über die Sieg vorzustoßen. Daraufhin sollten die beiden Korps der 1. US-Armee auf breiter Front auf die Ruhr vorrücken, wo sie mit der 9. US-Armee zusammentreffen sollten.

In der Zwischenzeit hatte die 15. US-Armee des Generalleutnants Gerow, die das Westufer des Rheins zwischen Bonn und Duisburg mit drei Divisionen besetzt hielt, dafür zu sorgen, daß die deutschen Verteidiger am gegenüberliegenden Ufer keine Fallschirmspringer oder Kommando-Einheiten einsetzten, um den Nachschub und die Nachrichtenlinien der Alliierten zu stören.

Nach der Schließung des Ruhrkessels hatte die 1. US-Armee ihre Verbände zu teilen. Während ein Teil der Armee den weiteren Vorstoß nach Osten und Mitteldeutschland fortsetzen sollte, wurde der andere Teil der Divisionen benötigt, um von Osten und Süden den Ruhrkessel einzudrücken. Generalleutnant Courtney Hodges bestimmte dazu, daß die Divisionen des V. und VII. US-Korps nach Osten angreifen sollten, während die Divisionen des III. Korps und des XVIII. Luftlandekorps am Ruhrkessel verbleiben sollten. Ein Teil der Verbände des III. Korps war bereits schon in Kämpfe mit den deutschen Truppen verwickelt, die an der Ostseite aus dem Kessel ausbrechen wollten.[313]

Entlang der südlichen und südöstlichen Kesselfront standen die Divisionen der 1. US-Armee in den ersten Apriltagen etwa in folgender Linie: von Altenkirchen südwestlich Siegen, südlich Berleburg, östlich von Hallenberg über Brilon bis Pader-

[312] Whiting, a. a. O., S. 114

[313] Die Vorbereitungen und Einzelheiten dieses Angriffs wurden bereits im Kapitel „Deutscher Ausbruchsversuch bei Winterberg" eingehend geschildert.

born. Von Süden nach Norden waren dies die 8. und 78. US-Infanteriedivision, die 1. und 9. Infanteriedivision, die 7. und 3. Panzerdivision und auf der nordöstlichen Flanke die 104. Infanteriedivision. Die anderen Divisionen befanden sich zum Teil noch im Anmarsch aus dem Gebiet des Brückenkopfes von Remagen. Nach der Umgruppierung und Einteilung in eine östliche und eine westliche Angriffsgruppe standen etwa ab 4./5. April im Rahmen der 1. US-Armee bereit für den Angriff auf den Ruhrkessel: XVIII. US-Luftlandekorps (Generalmajor Matthew. B. Ridgway) mit der 8., 78., 86. und 97. US-Infanteriedivision und das III. US-Korps (Generalmajor Van Fleet) an der Ostfront des Kessels mit der 7. US-Panzerdivision und der 9., 28. und 99. US-Infanteriedivision.

Zumindest eine Division verblieb bei jedem Korps in der Reserve, beim III. Korps die 5. Infanteriedivision, beim XVIII. Luftlandekorps zunächst die 13. Panzerdivision.[314]

Den voll ausgerüsteten amerikanischen Divisionen an der südlichen Kesselfront standen hier die abgekämpften und schwer angeschlagenen Divisionen der 5. deutschen Panzerarmee unter Generaloberst Harpe in zwei Korps gegenüber. Es waren die 3. Fallschirmjägerdivision nordwestlich von Siegburg, daran anschließend nach Osten das LVIII. Panzerkorps mit der 353., 62., 363., 59. und 12. Infanteriedivision und der 9. Panzerdivision. Daran schloß das LXXIV. Armeekorps mit der 340. und 272. Infanteriedivision an. Weiter östlich standen die Einheiten des Sperrverbandes von Ahlfen, die zur 15. Armee gehörten.[315]

Während es an der südlichen Kesselfront zunächst noch verhältnismäßig ruhig blieb, begannen an anderen Teilen der Front bereits die ersten Vorstöße der amerikanischen Divisionen, so im Raume Winterberg-Küstelberg[316] und wenig später auch bei Brilon.

Die Tage nach der Kesselschließung hatten die Amerikaner zunächst dazu genutzt, ihre erreichten Positionen zu halten und zu festigen. Im Raum Brilon-Büren wurde die 1. US-Infanteriedivision abgelöst und teilweise durch die 104. US-Infanterie- und die 7. US-Panzerdivision ersetzt. Das 415. Infanterieregiment der 104. US-Infanteriedivision durchkämmte gründlich den großen Briloner Stadtforst nach versprengten deutschen Truppen. Andere Einheiten der Division klärten die Waldungen in östlicher Richtung. Während sich die Divisionen des VII. US-Korps für den befohlenen Vormarsch nach Osten vorbereiteten, rüsteten die Divisionen des III. US-Korps für den Stoß in den Ruhrkessel.[317]

Im Rahmen der 9. US-Infanteriedivision wurde am 4. April die Kampfgruppe Birks gebildet. Aus der Divisionskampfgruppe A der 7. Panzerdivision und dem 47. Infanterieregiment der 9. Division wurde unter der Führung des Brigadegenerals Hammond Birks (stellvertretender Kommandeur der 9. Infanteriedivision) dieser Verband an der rechten Flanke des III. Korps, die gleichzeitig auch die Armeegrenze war, eingesetzt.[318]

---

314 First United States Army, Report of Operations 23. February – 8. May 1945, Commanding General First U. S.-Army and Headquarters Staff Section USA, 1946. (Informationskopie aus dem Archiv Jost W. Schneider, Wuppertal)

315 Diesem Stand entsprach die Lage der deutschen Divisionen etwa am 7./8. April; es gab aber auch ständig Änderungen und Verschiebungen.

316 Siehe Kapitel „Deutscher Ausbruchsversuch bei Winterberg".

317 Wie Anmerkung 314

318 Whiting, a. a. O., S. 124

Im Zuge der Gegenangriffe, um den deutschen Ausbruchsversuch bei Winterberg zu stoppen, waren die Amerikaner ihrerseits bis in den Raum von Winterberg vorgedrungen. Während die 9. US-Infanteriedivision über Züschen bis Winterberg vorgedrungen war, stieß die 7. US-Panzerdivision bis zum 3. April von Medebach aus über Küstelberg bis Hildfeld-Grönebach vor. Links von Winterberg hatten Teile der 9. US-Infanteriedivision Berleburg und Berghausen besetzt. Auf der linken Flanke der Angriffszone hatten die Verbände der Division Girkhausen und Neuastenberg besetzt. Dabei war auch die Straßenkreuzung am Albrechtplatz von amerikanischen Truppen besetzt und die Straßenverbindung Winterberg-Schmallenberg unterbrochen worden.[319]

Aus solchen Positionen heraus begannen in diesem Raum die weiteren Operationen am 4. April gegen die deutschen Verbände des LIII. Korps. Altastenberg — der höchstgelegenste Ort Westdeutschlands — wurde am 4. April Schauplatz erbitterter Kämpfe zwischen Teilen der deutschen Panzerlehrdivision und den Bataillonen des 60. Infanterieregiments der 9. US-Infanteriedivision.

Nachdem das Dorf bereits am 2. Ostertag leichten Beschuß erhalten hatte, erfolgte der eigentliche Sturm auf den Ort am Mittwoch, dem 4. April. Schon in der Nacht hatte das Dorf Artilleriefeuer aus Richtung Neuastenberg erhalten, und auch der Astenturm war bereits am Vortag in Feindeshand. In Astenberg selbst befanden sich an verschiedenen Stellen noch einige schwere deutsche Panzer und Sturmgeschütze sowie einige Infanterie-Einheiten in Stärke von etwa 400 Mann. Bei neblig-diesigem Wetter erhielt das Dorf am Morgen zunächst Artilleriefeuer aus Richtung Winterberg. Als sich gegen Mittag die ersten amerikanischen Gruppen gegen den Ort vortasteten, begegneten die Deutschen diesen mit Granatwerferfeuer. Daraufhin schoß die amerikanische Artillerie abermals in das Dorf hinein, bevor gegen 13.00 Uhr ein weiterer Infanterieangriff erfolgte, der von den deutschen Truppen wiederum abgeschlagen wurde. Die deutschen Panzer griffen ebenfalls in die Kämpfe ein, und durch den hin- und herwogenden Beschuß gerieten noch mehrere Häuser in Brand. Nach etwa sechsstündigem Kampf brach der deutsche Widerstand zusammen, und die Amerikaner drangen in Astenberg vor. Die letzten Kampfhandlungen verlagerten sich dabei nach außerhalb des Ortes. In der Nacht zum 5. April erhielt das Dorf nochmals Beschuß aus deutschen Geschützen aus der Richtung von Siedlinghausen, wobei weitere Häuser beschädigt wurden.[320]

Silbach hatte bereits am ersten Ostertag den ersten leichten Beschuß erhalten. Bei stärker werdendem Beschuß hatten sich die Bewohner in alte Schieferstollen in der näheren Umgebung geflüchtet. Im Dorf standen einige Funkwagen und auf den Westhängen einige Sturmgeschütze der deutschen Truppen, die das Feuer der amerikanischen Artillerie auf sich zogen. In den folgenden Tagen setzten sich die deutschen Einheiten, insbesondere die mit schweren Geschützen, in Richtung Bödefeld zurück. Der Volkssturm wurde aufgeboten, kam aber nicht mehr zum Einsatz. In der Nacht zum 4. April rückten von Grönebach aus die ersten amerikanischen Panzer in Silbach ein. Im Dorf kam es zu kurzen Straßen- und Häuserkämpfen, bevor die deutschen Truppen sich zurückzogen und zum Teil auch in die alten Stollen der Umgebung

---

319 Williams, a. a. O., S. 470

320 Hugo Cramer, Der Kreis Brilon im Zweiten Weltkrieg, S. 117 ff.

flüchteten, wo sie von den Amerikanern gefangengenommen wurden. Später einsetzender deutscher Beschuß traf den Ortskern nicht mehr, sondern nur noch die nähere Umgebung. Die Deutschen ließen drei Sturmgeschütze und fünf Panzerspähwagen im Ortsbereich zurück, die erst nach Jahren fortgeschafft wurden. Das Dorf erhielt mehrere Tage eine amerikanische Besatzung.[321]

Der Schwerpunkt der amerikanischen Angriffe hatte an diesem Tage besonders im Raume Winterberg-Küstelberg gelegen. Die hier kämpfenden Teile der 3. Panzergrenadierdivision waren über Silbach zurückgedrängt worden und hielten am Abend des 4. April etwa eine Linie südlich von Siedlinghausen. Die links davon stehenden Einheiten der 176. Infanteriedivision, die eine Linie von Niedersfeld über Bruchhausen bis vor Olsberg hielten, waren an diesem Tage nicht angegriffen worden. Jedoch stießen gegen Abend die Verbände der Kampfgruppe A der 7. US-Panzerdivision gegen Niedersfeld vor, während gleichzeitig der Ort schweren Beschuß erhielt. Im Laufe dieses Tages hatte das 39. Infanterieregiment der 9. US-Infanteriedivision die beherrschenden Höhen zwischen Grönebach und Winterberg besetzt, während das 47. Regiment der gleichen Division die Südflanke der Division verteidigte und heftige deutsche Gegenangriffe gegen Oberkirchen abwies.[322]

Stellvertretend für viele Dörfer des Hochsauerlandes soll hier das Schicksal von Niedersfeld in jenen Tagen geschildert werden. Hugo Cramer berichtet:

»Ostermontag, 2. April: Über Nacht haben die deutschen Soldaten Verstärkung bekommen. Auf allen Wegen und Hauptplätzen stehen Geschütze, Munitionswagen und Maschinengewehre. Die Leitung des Kampfes hat General Denkert. Er wollte am Osterdienstag die Kampfhandlungen abbrechen, wurde aber durch das Eintreffen des Generalfeldmarschalls Model daran gehindert. Abends um 6.00 Uhr erscheinen feindliche Flieger und greifen Winterberg und Silbach an, da besonders in dem letzteren Ort viel deutsches Militär liegt. Um 10.00 Uhr abends hört man den ersten Geschützdonner aus der Richtung Winterberg. Die Nacht ist von dem Mündungsfeuer der feuernden Batterien und den Bränden der südlichen Dörfer taghell erleuchtet.

3. April: Der auswärtige Volkssturm ist wieder abgezogen. In den Wäldern und im gesamten Gelände um das Dorf werden deutsche Geschütze in Stellung gebracht. Der heimische Volkssturm arbeitet unter militärischer Aufsicht weiter an den Panzersperren und an Deckungsgräben. Abends um 9.15 Uhr schlägt die erste feindliche Granate in das Dorf ein, und zwar vor Krämers Haus an der Grönebacher Straße, und beschädigt das Haus schwer. Es gibt Tote und Verwundete unter den Soldaten. Das Heulen der Granaten, das Krepieren der Geschosse, das grausige Echo erfüllen Berg und Tal. Die deutschen Kanonen antworten und schießen in der Richtung Grönebach. Die feindlichen Geschütze schießen alle zwei Minuten, stets eine halbe Stunde lang. Deutsche Geschütze stehen bis zum Friedhof und zum Bermbach bis hoch in die Burbeck hinauf.

Der 4. April ist ein regnerischer Tag. Überall an den Berghängen sieht man Soldaten, Geschütze, Maschinengewehre, Munitionsfahrzeuge und in den Straßen Rote-Kreuz-Fahrzeuge. Die Nachrichtentruppen legen Fernsprechleitungen. Etwa 60 Geschütze schießen nach Winterberg und Grönebach. Morgens um 8.30 Uhr setzt ein Feuer aus allen Rohren ein. Fensterscheiben zerspringen. Die Ziegel fallen von den

---

321 Cramer, S. 121
322 Williams, a. a. O., S. 472

Dächern. Die Soldaten sagen, daß selbst beim Übergang über den Rhein der Artilleriekampf nicht so stark gewesen sei. Die deutschen Geschütze legen dann und wann eine Feuerpause ein. Die Munition wird knapp. Nun antwortet die feindliche Artillerie mit einem gewaltigen Feuerschlag. Ein höllisches Orgeln, Sausen und Pfeifen und gewaltige Detonationen erfüllen die Luft. Verängstigt sitzt die Bevölkerung in den Kellern. Das feindliche Feuer wird durch einen Beobachtungsposten auf dem Jagdhochsitz oberhalb des Rimbergkreuzes gelenkt.

Das Dorf hat die ersten Toten. Die Einschläge in die Häuser mehren sich. Häuser beginnen zu brennen. Überall an den Hängen steigen die Erdfontänen der Einschläge hoch. Die deutschen Soldaten gehen in den Kellern in Deckung. Dann tritt Ruhe ein, bis einzelne deutsche Geschütze wieder zu feuern beginnen. Mehrere Batterien sind in der Richtung Siedlinghausen abgezogen worden. Man hat den Plan aufgegeben, die Amerikaner in Niedersfeld aufzuhalten, die nur noch zwei bis drei Kilometer vor dem Dorf stehen. Nun setzt Gewehr- und Maschinengewehrfeuer ein. Infanteriegeschosse pfeifen durch die Straßen. Am Nachmittag ist der größte Teil der deutschen Geschütze zurückgezogen. Nur noch ein Geschütz schießt vom Ellenberg. Es ist 6.30 Uhr abends geworden. Der Kampf kommt immer näher. Man hört das Dröhnen und Heulen der Panzermotoren, die dumpfen Abschüsse der Kanonen. Dazwischen bellen die Pakgeschütze. Die feindlichen Panzer sind im Dorf. Die ersten amerikanischen Soldaten dringen in die Häuser ein, suchen nach deutschen Soldaten und führen sie in die Gefangenschaft ab. Die Nachhut der deutschen Truppen beschießt das Dorf von der Stammerke aus mit Maschinengewehrfeuer. Ihre Leuchtspurmunition setzt in der Abenddämmerung auf der Knippe Neubeckers und Jöstes Haus in Brand. Der Kampfeslärm entfernt sich allmählich. Über dem Dorf stehen die Rauchsäulen brennender Häuser. Um 10.00 Uhr abends beginnt die deutsche Artillerie von Siedlinghausen her das Dorf zu beschießen. Die Bevölkerung flüchtet erneut in die Keller.

Am 5. April rollen seit dem frühen Morgen amerikanische Panzer von Winterberg und Grönebach her durch das Dorf. Lastwagenkolonnen und Fahrzeuge mit Soldaten folgen. Amerikanische Geschütze fahren in den Wiesen im Oberdorf (Hütte) auf und eröffnen das Feuer. Der Artilleriekampf beginnt von neuem. Man beschießt Siedlinghausen und Bödefeld. Überall im Dorf und in den Feldern stehen die feindlichen Batterien. Der amerikanische Kommandant hat den Befehl über das Dorf. Am Abend wird bekannt, daß auch die Dörfer Wiemeringhausen, Assinghausen und Siedlinghausen von den Amerikanern besetzt sind. Der Schaden im Dorf ist groß. Die Zivilbevölkerung beklagt außer der schon erwähnten Frau Wibbelhaus noch einen Toten. Karl Schmidt aus Junkers Hause, der die Hebamme holen wollte, wird von einem amerikanischen Soldaten angeschossen und stirbt an einem Bauchschuß in Marburg.

6. April: Viele Häuser müssen für die amerikanischen Truppen geräumt werden. Die Einschläge der deutschen Geschütze sind seltener geworden. Sie liegen auch in ziemlicher Entfernung vom Dorf. Die amerikanische Artillerie schießt noch immer. Um 4.00 Uhr nachmittags fällt die letzte Granate. Nun stellen auch die Amerikaner ihr Feuer ein. Sie fahren ab; aber bald kommt neue Besatzung ins Dorf. Um 6.00 Uhr abends setzt plötzlich wieder gewaltiges Artilleriefeuer ein. Von allen Hängen blitzen die Mündungsfeuer. Das Artillerieduell ist noch stärker als am Vortage. In Bödefeld hat sich der deutsche Widerstand versteift. Auch von Wiemeringhausen und Assinghausen wird in der Richtung auf Bödefeld geschossen. Es hallen die Bergtäler wider von dem höllischen Donner der Geschütze bis zum Morgen.

7. April. Herrliches Frühlingswetter. Das Feuer hält an. In und um das Dorf beginnen aber schon die Aufräumungsarbeiten. Fenster und Türen werden notdürftig ausgebessert oder zugenagelt. Die toten Pferde werden in den Granattrichtern verscharrt. Das ganze Dorf ist mit fremden Truppen besetzt. Die Bevölkerung haust auf den Heuböden und in den Kellern. Amerikanische Soldaten streifen überall durch das Gelände, farbige und weiße. Hilfspolizisten sind aus der Bevölkerung ernannt. Sie tragen weiße Armbinden mit großen Buchstaben MP. Die Kommandantur in Junkern Haus ernannte Franz Joch, Schoppengehanns, zum Bürgermeister.

Weißer Sonntag, 8. April. Die Artillerie feuert weiter. Die Erste hl. Kommunion der Kinder ist auf Christi Himmelfahrt verlegt. Auf den Straßen rollen Wagen auf Wagen mit deutschen Kriegsgefangenen. Die Front ist nun viele Kilometer entfernt. Auch Soldaten aus dem Dorf sind unter den Gefangenen.

Nach amtlichen Meldungen sollen an deutschen und amerikanischen Soldaten gefallen sein: Deutsche in Niedersfeld 20 bis 25, Amerikaner 7 bis 10; Deutsche in Grönebach 72, Amerikaner 23. Die Verluste an Verwundeten auf beiden Seiten sind nicht bekannt geworden. In Niedersfeld fielen den Siegern mehrere Geschütze und viel Kriegsmaterial in die Hände.

Das Gefangenensammellager war erst auf Handes Hof, später auf Wulwes Hof bei Iskes, wo sich Soldaten und Zivilgefangene unter freiem Himmel Tag und Nacht aufhalten mußten. Festgenommene von Hallenberg bis Bestwig waren hierher gebracht worden. Kopf an Kopf standen die Menschen. Die Wiese hatte keine Grasnarbe mehr und war ein Morast. Ein grausiges Kriegsbild! Im Hintergrund die brennenden und schwelenden Häuser Jostes und Neubeckers. Nach amerikanischer Aussage sollen in den ersten drei Tagen mehr als 120 000 deutsche Kriegsgefangene aus den beiden Camps von Niedersfeld mit Lastwagen abtransportiert worden sein. Im Garten über der Wiese die Toten. Amerikaner im Kakhi — die Deutschen in weißen Säcken.«[323]

## SCHWERE KÄMPFE UM OBERKIRCHEN

In der Nacht zum 3. April hatte das Dorf Oberkirchen bereits Artilleriefeuer erhalten, nachdem sich deutsche Truppen aus Richtung Albrechtsplatz hierher zurückgezogen hatten. Am Morgen des 3. April rückten erste amerikanische Infanteristen aus Richtung Albrechtsplatz vorsichtig gegen den Ort vor und besetzten Markeshagen, Vorwald und Westfeld. Die Ortsausgänge dieser kleinen Dörfer wurden gegen Oberkirchen durch amerikanische Panzer abgeriegelt und gesichert. Weitere Gruppen drängen gegen Oberkirchen vor. Aus Richtung Winkhausen dringen gleichzeitig gepanzerte deutsche Spähtrupps gegen Oberkirchen vor. Am Spätnachmittag erfolgt ein Vorstoß der schweren Panzergruppe des Majors Hudel auf Oberkirchen, da der Ort unbedingt zu halten ist. Von den drei deutschen Spitzenpanzern werden die beiden hintersten abgeschossen, so daß auch der erste nicht zurückkann. Auch drei vom Albrechtsplatz her eingedrungene amerikanische Panzer werden abgeschossen. Die Amerikaner fordern darauf Luftunterstützung an, und bald darauf wird Oberkirchen mit Bomben und Bordwaffen angegriffen, wodurch große Zerstörungen ent-

323 Cramer, a. a. O., S. 123 ff. Die Zahl von 120 000 Kriegsgefangenen ist zwar bei Cramer so angegeben, kann jedoch in keiner Weise stimmen. So viele Gefangene gab es zu dem Zeitpunkt noch nicht.

stehen und auch die amerikanischen Truppen gefährdet werden. Gegen 18.00 Uhr ist Oberkirchen in der Hand von Einheiten des 47. US-Infanterieregiments, die das Dorf gegen Westen sofort mit schweren Panzern absichern.

Gegen 22.00 Uhr erfolgt ein neuer deutscher Vorstoß gegen Oberkirchen. Unter Führung der Panzergruppe Hudel versucht eine deutsche Kampfgruppe, den Ort zurückzugewinnen. Der amerikanische Panzer am Westausgang des Dorfes wurde von den Deutschen außer Gefecht gesetzt, und es gelingt den vordringenden Deutschen, die Mitte des Ortes zu erreichen und einige Häuser zu besetzen. Über den weiteren Verlauf der schweren Kämpfe berichtet Professor Huyskens u. a.:[324]

»Den Deutschen gelang es, die Häuser westlich der Kirche wieder in ihren Besitz zu bringen. Der Erfolg war aber nur von kurzem Bestand. Ein amerikanischer Gegenangriff gegen 1.00 Uhr nachts warf die Deutschen wieder heraus. Gegen 3.00 Uhr wurde dieser Westteil von Oberkirchen von den Deutschen zurückerobert. Gegen 5.00 Uhr schweigt das deutsche Feuer, weil die Deutschen jetzt versuchen, in einem neuen Panzerangriff von Winkhausen her weiter in Oberkirchen vorzudringen, sie stoßen aber schon bei dem Hause Kersting mit amerikanischen Panzern zusammen. Es entwickelt sich jetzt ein erbitterter Straßen- und Häuserkampf. Panzer kämpft gegen Panzer, Mann gegen Mann. Das Pastorat und das Haus Föster-Siepe sind in amerikanischer, das Lehrerhaus und Kerstings Haus in deutscher Hand. Pfützen von Blut stehen auf den Wegen, Verwundete und Sterbende werden in Keller gebracht, Tote liegen auf der Straße, und Panzer rollen darüber hinweg. Kurze Gefechtspausen benutzen die noch im Dorf sich aufhaltenden Einwohner, in die Schiefergrube in der Lüttmecke zu flüchten, wo auch die französischen Kriegsgefangenen aus der abgebrannten Schützenhalle Zuflucht gesucht haben. Sowohl hier wie in den beiden mit je 200 Menschen überfüllten Felsenkellern im Dorf ist die Luft zum Ersticken. Von dem losgebundenen Vieh im Dorf wird viel getötet, 4 Pferde, etwa 30 Stück Rindvieh und etwa 10 Schweine, bei Schauerte-Wulff durch einen Volltreffer im Stall allein 7 Kühe. Frühmorgens brennt das Lehrerhaus ab, ihm folgen im Laufe des Tages noch weitere acht Besitzungen. Oberkirchen ist in Rauch und Flammen gehüllt. Hin und her wogt der Kampf. Gegen 11.00 Uhr ergeben sich die Deutschen. Im Schutz von Nebelgranaten wird dann von Winkhausen noch ein Ansatz gemacht, der aber ohne Erfolg ist und wohl mehr zur Deckung des Rückzuges diente. Oberkirchen ist endgültig verloren. Es war der 4. April. Gegen Mittag dieses Tages leitete Major Hudel noch die deutsche Abwehr von seinem Gefechtsstand im Hofe Voß in Winkhausen. Er gab auf die Mitteilung, daß die Einwohner von Winkhausen beabsichtigten, Frauen und Kinder in die Grube Schellhorn bei Niedersorpe zu bringen — was sie übrigens nachmittags ausführten —, und auf die Frage, wieviel Zeit dafür noch bleibe, die kurze Antwort: „Wir halten die Position". Nachmittags griff das amerikanische Artilleriefeuer auf Winkhausen und die Straße durch das Sorpetal über. Als sich am Abend des 6. April Major Hudel mit den Resten seiner abgekämpften Panzer-Abteilung bei dem Stabe der 3. Panzergrenadierdivision in Altenilpe meldete, war es sicher keine erfreuliche Meldung, die er erstatten konnte. Der Kampf um Oberkirchen war wohl einer der härtesten im Sauerland gewesen.[324a]

---

324 Professor Albert Huyskens, Der Kreis Meschede unter der Feuerwalze des II. Weltkrieges, S. 43 ff.

324a Auch die Geschichte der 9. US-Infanteriedivision berichtet von schweren Kämpfen um Oberkirchen und nennt auch Zahlen über die deutschen Angreifer. Am 3. April: 200 Infanteristen und 6 Panzer, am 4. April 200 Infanteristen und 5 Panzer, 78 Gefangene, davon viele verwundet.

Im Zusammenhang mit den Kämpfen um Oberkirchen stand die Bekämpfung der zur Verteidigung Oberkirchens eingreifenden deutschen Batterien um Fleckenberg, welche für mehrere Orte einen früheren Artilleriebeschuß und Angriffe aus der Luft brachten. So wurden schon am 3. April die deutschen Flakstellungen im Latroptal von Tieffliegern mit Bomben und Bordwaffen angegriffen. Ein Tiefflieger wurde durch das Abwehrfeuer abgeschossen und stürzte bei Lenne ab. Ein anderer wurde getroffen und mußte abdrehen. In der Nacht zum 4. April eröffnete amerikanische Artillerie ein von der deutschen Artillerie erwidertes Artillerieduell, das sich bis zum 5. April fortsetzte und in dem schließlich auch schwere Kaliber bis zu 28 cm eingesetzt wurden. Schwere Gebäudeschäden, besonders in Oberfleckenberg, waren die Folge. Auch als die deutschen Batterien sich am 5. April zurückzogen, dauerte der Artilleriebeschuß fort, um die Besetzung Fleckenbergs vorzubereiten.«[324b]

An dem gleichen 4. April, da Oberkirchen endgültig genommen wurde, rückten amerikanische Verbände auch bei Westfeld auf das Nesselbachtal vor. Sie besetzten Ohlenbach bei Nordenau. Für das schon seit dem 2. April unter Beschuß liegende Dorf Nordenau wurde die Lage für die deutschen Truppen dort nunmehr auch unhaltbar. Südlich von Oberkirchen legten die US-Einheiten Artilleriefeuer auf die Orte Schanze, Latrop, auf Jagdhaus Fleckenberg und Grafschaft.

Am gleichen Tage wurde auch das Dorf Almert, zwischen Oberkirchen und Grafschaft gelegen, von amerikanischer Artillerie beschossen und am anderen Morgen von den Amerikanern besetzt, die von Oberkirchen aus vorfühlten. Am 6. April erfolgte nochmals ein überraschender Vorstoß der deutschen Truppen gegen Almert aus Richtung Schanze, der die US-Truppen auf Winkhausen zurückwarf. Dieser Erfolg war aber nur von kurzer Dauer. Später postierten sich in Almert starke amerikanische Artillerie-Einheiten, vornehmlich auch Steilfeuergeschütze, die das gesamte deutsche Hinterland unter starkes Feuer nahmen.[325] Von Almert aus drangen die amerikanischen Truppen in den Bereich von Grafschaft vor.

Während an der östlichen Kesselfront — besonders im Raume Winterberg-Hallenberg — aus kurzer Defensive heraus die amerikanischen Divisionen gleich zum Gegenangriff angetreten waren, blieb es an der südlichen Kesselfront zunächst noch ziemlich ruhig. Hier waren alle Divisionen des XVIII. US-Luftlandekorps noch nicht voll einsatzbereit. Am 2. April stand hier die 78. US-Infanteriedivision auf der Südseite der Sieg zunächst in abwartender Stellung und hatte leichte Verteidigungspositionen bezogen, um die linke Flanke des Korps zu decken. Rechts davon bereitete sich die 8. US-Infanteriedivision darauf vor, über die Sieg nach Norden vorzustoßen und Siegen und Netphen anzugreifen.[326]

Am 3. April bewegte sich die 97. US-Infanteriedivision nordwärts, um den Abschnitt der 78. US-Infanteriedivision zu übernehmen. Die 8. US-Infanteriedivision setzte ihre Vorstöße in nordwestlicher Richtung entlang der Sieg fort. Das 13. US-Infanterieregiment überwand dabei einigen organisierten deutschen Widerstand im Bereich von Siegen. Das 121. US-Infanterieregiment war in der Gegend von Netphen zunächst auf starken deutschen Widerstand gestoßen und kam daher nur an der rech-

---

324b Huyskens, a. a. O., S. 44
325 Huyskens, a. a. O., S. 45
326 Williams, a. a. O., S. 468

ten Flanke östlich von Netphen weiter voran. Das XVIII. US-Korps hatte zu diesem Zeitpunkt auch noch an anderen Stellen der gesamten Frontlinie der 1. US-Armee verschiedene Einheiten stehen, die noch nicht in den unmittelbaren Korpsbereich zurückgekommen waren.

Am 4. April begann in diesem Kampfgebiet die 97. US-Infanteriedivision, die 78. US-Infanteriedivision entlang dem Südufer der Sieg auf der linken Flanke des Korps herauszulösen; das 387. Infanterieregiment der 97. kam dabei unter das Kommando der 78. Division. Die 8. US-Infanteriedivision hatte an diesem Tag harte deutsche Gegenangriffe gegen Siegen abzuwehren, ebenso auch gegen Netphen. An anderen Stellen konnte die Division begrenzte Fortschritte erzielen.[327]

## FÜHRUNGSWECHSEL

Auf Befehl der Heeresgruppe B hatte Generalleutnant Bayerlein die Führung der dem LIII. Korps unterstellten Verbände im Sauerland aufgeben müssen. Er hatte an der Nordostfront des Kessels eine neue Aufgabe übernommen. (Vergleiche hierzu die Beschreibungen in den einschlägigen Kapiteln.) Mit der weiteren Führung der deutschen Divisionen an der östlichen Kesselfront war das LXXXI. Armeekorps des Generals der Infanterie Friedrich Köchling beauftragt worden. Dieses Generalkommando war aus der Rheinfront herausgelöst und ohne neue Truppen an die Ostfront des Kessels verlegt worden. In der Nacht vom 4. zum 5. April verlegte der Stab aus dem Rheinland nach Altenhellefeld, südlich von Arnsberg.

Der Auftrag war General Köchling zunächst nur fernmündlich mitgeteilt worden und wurde später in einem Fernschreiben kurz formuliert. Unter Ablösung des Stabes LIII. Armeekorps und unter Übernahme seiner Einheiten sollte der Abschnitt zwischen Winterberg und Brilon (Möhneabschnitt) übernommen, die Stabilisierung der Front durchgeführt und der bei Übernahme vorgefundene Stellungsverlauf verteidigt werden. Von Nord nach Süd waren dies: die Einheiten des Sperrverbandes Wirtz, die 176. Infanteriedivision und die 3. Panzergrenadierdivision. Die rechts anschließende Panzerlehrdivision war unter das Kommando des LXXIV. Armeekorps (General Püchler) gekommen.

Das Generalkommando LXXXI. Armeekorps kam am Abend des 5. April zu folgender Lagebeurteilung:

Der Amerikaner greift mit Schwerpunkt aus Osten und Nordosten die eingeschlossene Heeresgruppe B an. Die etwa 30 Kilometer breite Korpsfront, rechter Flügel etwa drei Kilometer nordwestlich von Altastenberg — Silbach — Niedersfeld — Altenbüren — Rüthen (linker Flügel), wird von etwa drei amerikanischen Divisionen angegriffen. Die 7. US-Panzerdivision und die 99. US-Infanteriedivision waren erkannt worden. Unterstützt von einer sehr starken Luftwaffe sind sie den mitgenommenen und schlecht zusammengesetzten Einheiten des LXXXI. Armeekorps stark überlegen. Die Verhältnisse bei den benachbarten Einheiten, der Panzerlehrdivision rechts und der 116. Panzerdivision links, sind die gleichen wie bei den eigenen Divisionen. Eine sichere Anlehnung ist nach keiner Seite hin vorhanden.

Das Gelände bietet dem Verteidiger ausgesprochene Vorteile und ist für den Angreifer sehr schwierig. Die durch tiefe Einschnitte von Süd nach Nord verlau-

---

327 Williams, a. a. O., S. 470 und 472

fenden Flußtäler bilden mit den in gleicher Richtung verlaufenden steilen und schwer passierbaren Waldungen sehr starke Verteidigungsabschnitte. In gleicher Richtung verlaufen die Straßen in diesen Flußtälern. Die Querverbindungen in der amerikanischen Angriffsrichtung von Ost nach West sind äußerst gering und schwierig und besonders für motorisierte Einheiten ein großes Hindernis. Nur in der Mitte des Korpsabschnittes ist die Straße Brilon — Arnsberg gefährlich, ebenso der gesamte linke Flügel des Korps durch die überall aus der Richtung Paderborn, Geseke und Lippstadt auf den Möhneabschnitt führenden Straßen.

Für eine Verteidigung dieses Abschnittes wären unter normalen Verhältnissen drei Divisionen erforderlich gewesen. Bei der Verfassung der eigenen drei Divisionen, besonders des linken Sperrverbandes, kann jedoch schon bei den bisherigen Erfahrungen keine Gewähr für das Halten der vorderen Linie gewährleistet werden. Im Gegenteil ist damit zu rechnen, daß die Verteidigung unter erheblichen Einbußen an Menschen und Material in einen hinhaltenden Widerstand von Abschnitt zu Abschnitt übergleitet.

Besonders beachtenswert ist der innere Zustand der Truppe, bei der nirgends Zerfallerscheinungen auftreten, die jedoch den Kampf nur noch als eine Art Notwehr durchführt und hierbei dem Selbsterhaltungsgedanken starken Ausdruck verleiht. Das gilt für Führer wie für den Mann.

Dazu kommt die brenzlige Munitionsfrage und die besonders schwierigen Verhältnisse beim Kampfverband Wirtz, der allerdings durch das große Waldgelände begünstigt wird und wo ein Vorgehen des Amerikaners nicht zu erwarten ist. Unter den gegebenen Verhältnissen ist eine Umgruppierung und Schwerpunktverlagerung zugunsten des Sperrverbandes Wirtz insofern nicht möglich; das Generalkommando wird jedoch anstreben, dieselbe sobald als möglich derart durchzuführen, daß der Abschnitt dieser Division verkleinert und der Schwerpunkt der Verteidigung am linken Korpsflügel, ferner beiderseits der großen Straße Brilon — Meschede und schließlich am rechten Korpsflügel wegen des dort fehlenden Anschlusses zum LXXIV. Armeekorps gebildet wird.

Als Resultat dieser Erwägungen glaubt das Korps, daß eine nachhaltige Verteidigung, so wie sie verlangt ist, nicht durchführbar sein wird, sondern daß bei dem offensichtlich scharfen Angriff der Amerikaner das Korps einer ungewissen Zukunft zugetrieben wird, von deren Ausgang die krisenhafte Gesamtlage auch nicht den geringsten Vorteil gewinnen kann.[327a]

5. APRIL:

Am Morgen des 5. April begann an allen Fronten des Ruhrkessels der Vormarsch der amerikanischen Divisionen, vornehmlich auch an der östlichen Kesselfront. Das III. US-Korps begann den Angriff auf den Ruhrkessel mit dem Einsatz der 9. US-Infanteriedivision im Norden, der 7. US-Panzerdivision in der Mitte und der 99. US-Infanteriedivision im Süden der Angriffszone.[328]

An der Flanke der 9. US-Infanteriedivision griff die Kampfgruppe Birks die Dörfer Wiemeringhausen, Brunskappel, Assinghausen, Bruchhausen, Wulmeringhausen und Elleringhausen an. Das 39. Infanterieregiment der 9. US-Infanteriedivi-

327a General der Infanterie Friedrich Köchling, Kämpfe zwischen Roer und Rhein, an Rhein, Sieg und im Rhein-Ruhr-Sieg-Kessel, BA-MA MS Nr. B-614, S. 17—20

328 Williams, a. a. O., S. 474

sion stieß gleichzeitig gegen Silbach vor und nahm den Ort ein, während die Bataillone des 60. Infanterieregiments der gleichen Division in die Wälder nordöstlich von Oberkirchen eindrangen,[329] diese durchkämmten und die Straße Nordenau-Oberkirchen unterbrachen. Dabei wurden die Dörfer Lengenbeck und Inderlenne besetzt.

Wiemeringhausen. Zahlreiche Truppen waren in den letzten Tagen auch durch Wiemeringhausen gezogen, bevor deutsche Soldaten mit Artillerie- und Flakgeschützen in der Umgebung des Dorfes in Stellung gingen. Am Nachmittag des 4. April begann die amerikanische Artillerie sich von Niedersfeld her auf das Dorf einzuschießen. Am Morgen des 5. April begann der Beschuß erneut, und gleichzeitig begannen die deutschen Soldaten damit, das Dorf einzunebeln. Amerikanische Panzer näherten sich der Dorfgrenze von Niedersfeld aus. Gegen 11.00 Uhr begann amerikanische Infanterie in Schützenlinie gegen das Dorf vorzurücken. Die deutschen Truppen beschossen die vordringenden Amerikaner mit Flakgeschützen und Infanteriewaffen. Daraufhin schoß amerikanische Artillerie erneut in das Dorf hinein, wobei noch zahlreiche Häuser beschädigt wurden. Gegen 12.00 Uhr erreichten die ersten amerikanischen Soldaten das Dorf und wenig später auch die ersten Panzer, denen eine lange Kolonne Panzer und motorisierte Infanterie folgten. Vereinzelt fielen noch Schüsse der deutschen Truppen, die sich durch die Wälder in nördlicher Richtung zurückzogen. Amerikanische Panzer- und Artillerie-Einheiten nahmen daraufhin die Wälder unter Beschuß. In der folgenden Nacht dauerte auch das Artilleriefeuer noch an, da deutsche Geschütze nun aus Richtung Brunskappel zurückschossen.[330]

Assinghausen. Einem Heerlager glich in jenen Tagen auch das Dorf Assinghausen. Seit Tagen hörte man ringsumher den Kanonendonner von den Kämpfen in unmittelbarer Nähe. Am Morgen des 5. April wurden hier die Volkssturmmänner zum Einsatz befohlen; es kam aber nicht mehr dazu, da man bald mit dem Einmarsch der Amerikaner rechnete. Aus Richtung Niedersfeld-Wiemeringhausen erhielt das Dorf zunächst Artilleriebeschuß, wodurch erste Schäden entstanden. Die letzten deutschen Truppen verließen um die Mittagszeit den Ort. Gegen 15.00 Uhr erreichten die Spähtrupps der Amerikaner das Dorf, und wenig später rollten die ersten Panzer aus Richtung Wiemeringhausen heran, denen zahlreiche andere folgten. Am späten Nachmittag gingen am Rande des Dorfes in Wiesen und Feldern zahlreiche amerikanische Panzerartillerie- und andere Artillerie-Einheiten in Stellung und schossen in Richtung Bödefeld. Das Feuer wurde etwa zwei Tage von deutschen Geschützen aus westlicher Richtung erwidert. Für amerikanische Aufklärungsflugzeuge wurde ein kleiner Feldflugplatz eingerichtet.[331]

Bruchhausen. Viel Unruhe durch Einquartierungen und Durchmärsche hatte es in den Wochen und Monaten vor dem Kriegsende auch in Bruchhausen gegeben. In den letzten Tagen vor dem Kriegsende wurde hier ebenfalls der Volkssturm aufgeboten, um Straßen- und Baumsperren anzulegen. Ein Polizeikommando aus Recklinghausen übernahm im Ort und der näheren Umgebung Wachaufgaben. Am Abend des 1. April erschien ein deutscher Hauptmann, um die Leitung der Verteidigung zu übernehmen. Am 2. April vernahm man den Kanonendonner aus Richtung Brilon-

329 Wie Anmerkung 328
330 Cramer, a. a. O., S. 129 ff.
331 Cramer, a. a. O., S. 134 ff.

Altenbüren, und in der folgenden Nacht wurde die Straße nach Elleringhausen beschossen. Am 4. April war aus dem Raume Winterberg und dem oberen Ruhrtal Kanonendonner zu hören, und in der Nacht sah man den Feuerschein der benachbarten brennenden Dörfer. Während in den Nachbardörfern noch schwere Kämpfe tob-

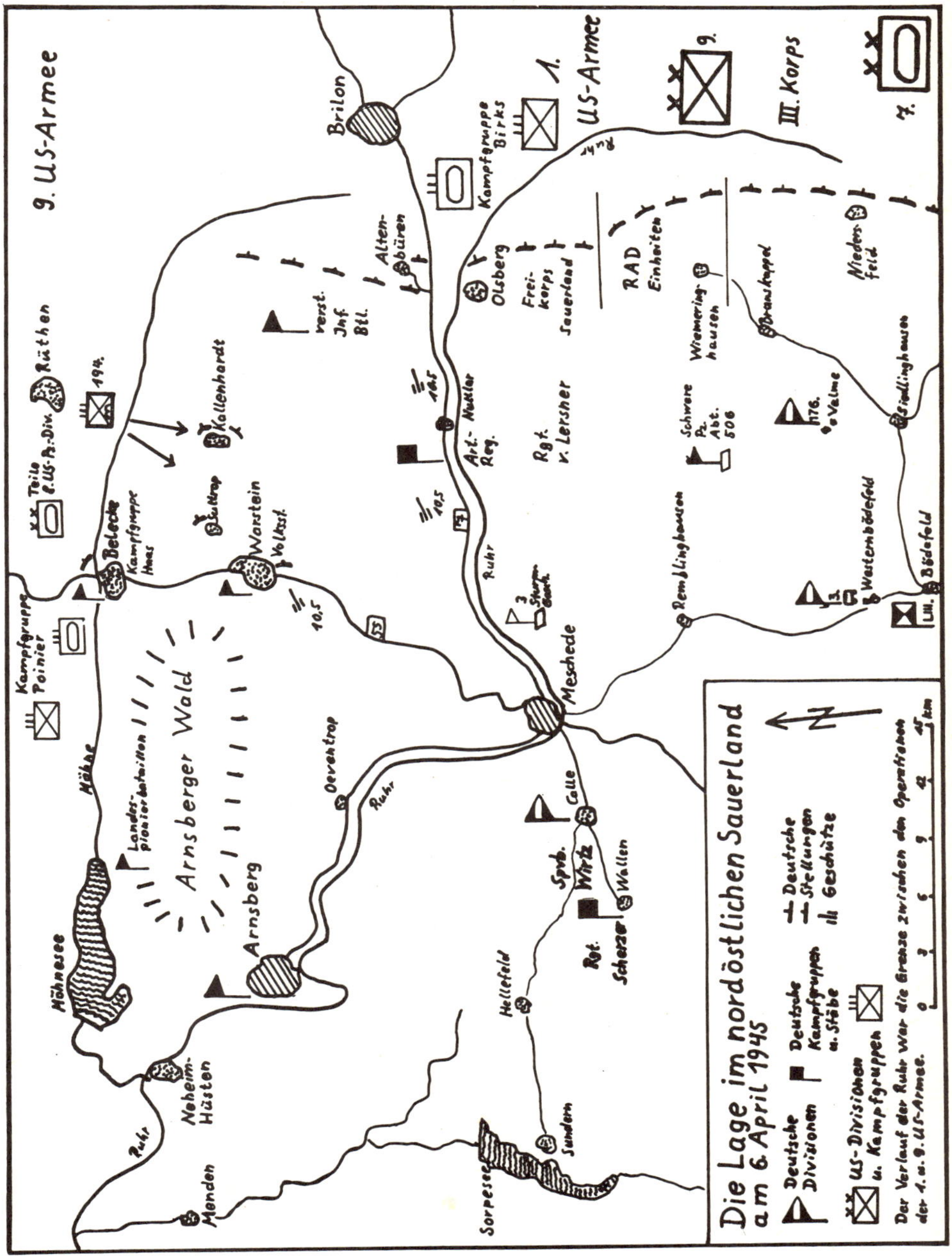


*Karte 20: Die Lage im nordöstlichen Sauerland am 6. April 1945*

ten, blieb das Dorf zunächst von Kampfhandlungen verschont. Gegen 16.00 Uhr rückten amerikanische Infanterie-Einheiten in den Ort ein und durchsuchten die Häuser; später rückten auch einige Panzer ein. Deutsche Gefangene wurden abgeführt, und am Abend ging hier amerikanische Artillerie in Stellung. Auch hier wurde eine Ausgangssperre verhängt. Größere Schäden gab es nicht.[332]

Elleringhausen. Bereits am Karfreitag waren schlecht bewaffnete deutsche Soldaten, Volkssturm und Arbeitsdienstmänner in das Dorf eingezogen, um Verteidigungsstellungen zu beziehen. Alle arbeitsfähigen Männer wurden aufgeboten, um Bäume zu fällen und Panzersperren zu bauen. Am 1. Ostertag rückte eine weitere Infanteriekompanie heran, die später angeschlagen aus Richtung Brilon zurückkam. Am 2. und 3. April gab es jedesmal gegen Abend Artilleriebeschuß; der 4. April verlief ruhig. Am Morgen des 5. April näherte sich dem Dorf von den Höhen herab Infanteriefeuer. Die deutschen Truppen zogen sich zurück, gefolgt von amerikanischen Infanterietrupps. US-Panzer nahmen den Ort kurz unter Beschuß. Gegen Nachmittag hatten sich die deutschen Soldaten auf den Kern des Dorfes zurückgezogen und suchten Schutz in den Kellern. Weitere US-Panzer waren von Bruchhausen aus auf das Dorf zugerollt und in Schußposition gefahren. Nach der Hissung von weißen Fahnen rückten nunmehr die US-Truppen in das Dorf ein. Bei den Kämpfen waren acht deutsche Soldaten gefallen.[333]

Wulmeringhausen. Unruhige Tage hatte auch dieser Ort bereits erlebt, bevor er unmittelbar in die Kriegsereignisse hineingezogen wurde. Granaten heulten über das Dorf hinweg, und in der Ferne sah man das Dorf Altenbüren brennen. Am Morgen des 5. April kam der letzte Befehl der Kreisleitung in Olsberg: Alle männlichen Bewohner von 16 bis 60 Jahren sammeln sich um 8.00 Uhr an der Schule zum Schanzen! Einige Männer traten an, aber es kam niemand mehr, um sie abzuholen, denn zwischenzeitlich steigerte sich das Artilleriefeuer in der ganzen Umgebung. Deutsche Gruppen zogen sich aus der Umgebung von Wulmeringhausen in Richtung Elpe zurück. Feindliche Panzer wurden von Wiemeringhausen aus gemeldet. Gegen 18.30 Uhr schlugen zwei Salven von je sechs Panzergranaten in den Ort ein, ohne großen Schaden anzurichten. Um 19.30 Uhr rückten — nach kurzer Beobachtung — die ersten Panzer in das Dorf ein. Deutsche Soldaten zeigten sich nicht mehr, und nach und nach rollten etwa 25 bis 30 Panzer durch das Dorf. Da man mit deutscher Beschießung rechnete, blieb die Bevölkerung während der Nacht in den Kellern. Die Nacht verlief ruhig, und am anderen Morgen zogen die Panzer gegen Olsberg weiter. Am Nachmittag rückte eine Infanterie-Einheit ein. Artilleriegeschütze gingen in Stellung, und die Höhen wurden von amerikanischen Flakstellungen und MG-Stellungen besetzt.[334]

Brunskappel. Eine Einheit der Organisation Todt hatte schon monatelang im Ort gelegen, bevor in den Ostertagen eine Sanitätskolonne einzog. Hier lagen u. a. eine 80 Mann starke Gruppe Soldaten und der Stab sowie in den Wäldern einige Soldaten der Standarte „Feldherrnhalle". In der Nacht vom 4. zum 5. April kam der Geschützdonner näher, und einige Bergeshöhen wurden vermint. Man erwartete den Feind von Winterberg her, doch er kam aus Richtung Wiemeringhausen. Am Morgen

332 Cramer, a. a. O., S. 138 ff.
333 Cramer, a. a. O., S. 141
334 Cramer, a. a. O., S. 144 ff.

des 5. April begann leichter Beschuß, der sich bis zum Nachmittag und Abend enorm steigerte. Von 19.00 bis 20.00 Uhr trat eine Feuerpause ein, und dann steigerte sich die Beschießung abermals. Um 22.45 Uhr trat die amerikanische Infanterie zum Sturm auf das Dorf an und konnte es besetzen. Die Bewohner waren während der Beschießung größtenteils in den naheliegenden Wald geflüchtet und in alte Stollen. Die Hartnäckigkeit, mit der Brunskappel verteidigt wurde, hätte auch noch die Bombardierung durch Flugzeuge verursacht, wenn nicht Regen und Dunkelheit den Einsatz verhindert hätten. Durch die Beschießung waren sieben Häuser in Flammen aufgegangen. Von den 49 Wohnhäusern des Dorfes wurden weitere 21 sowie die Kirche und die Schule schwer beschädigt. Alle übrigen Häuser hatten Dach- und Fensterschäden. Auch der Friedhof hatte schwer gelitten. Die deutschen Soldaten sollen sich kaum zur Wehr gesetzt haben und über Elpe-Heinrichsdorf nach Westen abgezogen sein. Auch die deutsche Artillerie soll nicht mehr als 20 Schuß abgefeuert haben. In der Brunskappeler Flur wurden später über 900 10,5-cm-Kartuschen gesammelt. Bei den Kämpfen um das Dorf kam ein Einwohner zu Tode. Mehrere Personen wurden verletzt, und mehr als 100 deutsche Soldaten sollen gefallen sein.

Im Haus Wildenbruch war ein Lazarett eingerichtet worden, und vom Turm wehte die Rot-Kreuz-Flagge. Trotzdem soll aus diesem Haus mit einem Maschinengewehr geschossen worden sein. Diese Völkerrechtsverletzung hätte bald für das Dorf ein böses Nachspiel gehabt. Der amerikanische Kommandant plante schon Vergeltungsmaßnahmen durch Erschießungen; doch unterblieben sie. Das Dorf erhielt nach der Einnahme eine Besatzung von weißen und schwarzen Amerikanern.[335]

Im südlichen Bereich des III. US-Korps waren die Bataillone des 60. US-Infanterieregiments an diesem Tage dabei, die Wälder nordöstlich von Oberkirchen zu durchkämmen. Dabei stießen die ersten US-Gruppen auch gegen Nordenau vor, das aber noch nicht von den Amerikanern besetzt wurde, da man in der Nähe noch stärkere deutsche Truppen vermutete. Die vordersten Angriffsspitzen erreichten Wingeshausen. Die Divisions-Kampfgruppe B der 7. US-Panzerdivision griff durch die Verbände der 9. Infanteriedivision westwärts an und erreichte Winkhausen und einige Positionen in der Nähe von Grafschaft. Die 32. Squadron der 14. Cavalry-Aufklärungsgruppe stieß in den Raum um Willingen vor und sicherte damit die rechte Flanke der 9. US-Infanteriedivision.[336]

Weiter südwestlich stießen die Verbände des 393. und 394. Infanterieregiments der 99. US-Infanteriedivision in den Bereich östlich von Grafschaft und besetzten die Orte Schanze, Latrop, Aue, Müsse und Jagdhaus, Fleckenberg. Die Angriffsbereiche waren tags zuvor schon mit vorbereitendem Artilleriefeuer belegt worden.

Vor den amerikanischen Angriffen im Laufe des 5. April hatten sich die deutschen Divisionen — wenn es noch Divisionen waren — weiter westlich zurückgezogen. Die gemischten Verbände des Sperrverbandes Wirtz standen etwa in einer Linie von Kallenhardt-Olsberg bis nördlich Siedlinghausen. Zwischen Niedersfeld und Siedlinghausen standen die Reste der 176. Infanteriedivision. Daran schloß etwa die 3. Panzergrenadierdivision an, die südlich Siedlinghausen bis südlich Silbach stand. Rechts davon standen Teile der Panzerlehrdivision, etwa von Försterei Siedlinghausen vorwärts des Sorpe-Tales und südlich einer Linie Rehsiepen-Niedersorpe. Der Raum um

---

335 Cramer, a. a. O., S. 146 ff. Anmerkung des Verfassers: In Brunskappel lag eine Einheit der Panzerbrigade 106, Feldherrnhalle, nicht Standarte Feldherrnhalle.

336 Williams, a. a. O., S. 474

Oberkirchen war für die Panzerlehrdivision — trotz mehrfacher Gegenangriffe — an diesem Tage endgültig verlorengegangen.[337]

Im Abschnitt Winkhausen-Grafschaft schlossen die ersten Einheiten des Sperrverbandes von Ahlfen an. Hier waren auch bereits erste Teile der neueingetroffenen 338. Infanteriedivision eingesetzt, die aus dem Raum um Düsseldorf noch im Antransport war.[338]

Während an der östlichen Kesselfront die Divisionen des III. US-Korps schon zu einem kräftigen Vorstoß angetreten waren, war es an der Südfront bei den Divisionen der 5. Panzerarmee immer noch verhältnismäßig ruhig geblieben.

Das XVIII. US-Luftlandekorps wurde für den planmäßigen Angriff auf den Ruhrkessel umgegliedert. Die 86. Infanteriedivision begann damit, ihre Einheiten in dem vorgesehenen Kampfraum in Stellung zu bringen. Die Division gab das 341. Infanterieregiment zur Unterstützung der 97. US-Infanteriedivision ab. Im Raum um Siegen stieß die 8. US-Infanteriedivision auf hartnäckigen deutschen Widerstand, als sie weiter nach Norden vordringen wollte. Sie konnte ihre Stellungen im Raum Siegen gegen deutsche Gegenangriffe behaupten und dabei den Bereich um Netphen besetzen. Nordöstlich von Siegen stellte sich die 99. US-Infanteriedivision zum Angriff bereit.[339] (Diese Division wurde auch von der deutschen Aufklärung hier neu festgestellt.)

6. APRIL:

Am Morgen dieses Tages setzten die Divisionen der 1. US-Armee von Osten und von Süden zum Generalangriff auf die deutschen Verbände im Ruhrkessel an. In der Kampfzone des III. US-Korps griff der Kampfverband Birks der 9. US-Infanteriedivision weiter nach Norden und Westen an und überrannte mehrere kleine Orte und Dörfer. Das 39. Infanterieregiment der 9. US-Infanteriedivision griff am gleichen Tage den Bereich um Siedlinghausen an und besetzte den Ort.[340]

Bigge-Olsberg. Der Ortsteil Gierskopp wurde hier als erster von amerikanischen Truppen besetzt. Am Abend des 2. April hatten sich noch rund 170 deutsche Soldaten, die mit Gewehren und Panzerfäusten ausgerüstet waren, einquartiert. In der Frühe des 5. April zogen sie sich aber in Richtung Elleringhausen zurück. Um 9.00 Uhr rückten die ersten schweren amerikanischen Panzer ein, die noch auf die letzten Soldaten und Volkssturmmänner das Feuer eröffneten. Am Abend unternahmen von Gierskopp aus die Amerikaner einen ersten Vorstoß nach Olsberg.[341]

Olsberg war in jenen Tagen Sitz der NSDAP-Kreisleitung des Kreises Meschede, die hier die Bevölkerung zum Widerstand aufrief, Panzersperren bauen und die Brücken zur Sprengung vorbereiten ließ. Am Ostermontag erhielt der Ort gegen

---

337 Major Hudel, Einsatz und Kämpfe der Panzerlehrdivision im Ruhrkessel vom 23. März bis 15. April 1945, BA-MA MS Nr. B-850, S. 10 f.

338 Die Heeresgruppe B hatte diese Division zur Verstärkung der Ostfront der 15. Armee zur Verfügung gestellt und aus dem Raume Düsseldorf in den Raum Schmallenberg beordert. Der Divisionsstab war bereits am 4. April in Altenilpe eingetroffen und hatte sich beim Armeeoberkommando 15 gemeldet. Die Divisionsführung nahm sogleich Verbindung mit den Nachbareinheiten auf: dem Sperrverband von Ahlfen, der Panzerlehrdivision und der 3. Panzergrenadierdivision.

339 Williams, a. a. O., S. 474

340 Williams, a. a. O., S. 476

341 Cramer, a. a. O., S. 142

Abend den ersten Artilleriebeschuß aus den amerikanischen Stellungen zwischen Brilon und Altenbüren. Gleichzeitig gingen verschiedentlich Gruppen deutscher Soldaten zurück, die von feindlichen Fliegern beobachtet und beschossen wurden. Auch die Zivilbevölkerung hatte durch diese Beschießung erste Opfer zu beklagen. Der Beschuß wurde auch am Dienstag (3. April) — nach kurzer Pause — fortgesetzt. Einige Häuser wurden dabei mehr oder weniger schwer beschädigt. Am Donnerstag, dem 5. April, rollten gegen 10.00 Uhr die ersten amerikanischen Panzer von Gierskopp her in Olsberg ein und besetzten einen Teil des Ortes. Etwa um 17.00 Uhr erschienen Tiefflieger und warfen schwere Bomben ab, ohne daß größerer Schaden entstand. Da in Olsberg immer noch Widerstand geleistet wurde, zogen sich die Amerikaner nochmals zurück. Daraufhin setzte wiederum heftiges Artilleriefeuer ein, das bis zum Freitagmorgen dauerte. Anschließend setzten die amerikanischen Kampfgruppen, Panzer mit begleitender Infanterie, nochmals zum Angriff an. In hartnäckigen Straßenkämpfen wurden die deutschen Verteidiger langsam aus dem Ort herausgedrängt. Sie zogen sich über Bigge und Helmeringhausen zurück. Am Samstag, dem 7. April, war Olsberg endgültig von den Amerikanern besetzt und gesichert. Bei den Kämpfen um Olsberg sollen 120 Soldaten und Volkssturmmänner gefallen sein.[342]

Ein ähnliches Schicksal erlitt der benachbarte Ortsteil Bigge. Die Stabsärzte der örtlichen Lazarette hatten sich für eine kampflose Übergabe eingesetzt, jedoch ohne Erfolg. Die Verteidigung wurde beschlossen, und deutsches Militär der verschiedensten Formationen zog Tag und Nacht durch den Ort. Am Abend des 2. April gab es auch hier den ersten Artilleriebeschuß, so daß die Bevölkerung in die Keller flüchtete, zum Teil auch in die Wälder. Auch am Osterdienstag hielt der Beschuß mit wenigen Unterbrechungen an, wobei insbesondere der Bereich um die Pfarrkirche getroffen wurde. Mehrere Menschen waren schon der Beschießung zum Opfer gefallen. Der schwere Artilleriebeschuß dauerte bis zum Freitagmorgen. Dann setzte von Olsberg her Maschinengewehr- und Gewehrfeuer ein, und die deutschen Truppen zogen sich langsam zurück. Bald rollten die ersten US-Panzer in den Ort ein, während an seinem Ausgang, in der Nähe des Schlosses, noch immer gekämpft wurde.[343]

Im benachbarten Helmeringhausen hatte man die Ereignisse um Bigge-Olsberg ebenfalls mit Spannung und großer Sorge beobachtet. Am Donnerstag, dem 5. April, erhielt das kleine Dorf erstmals Artilleriebeschuß, besonders die Rückzugswege der deutschen Truppen wurden dabei beschossen. Am frühen Freitagnachmittag rückten 37 amerikanische Panzer nach nochmaligem kurzen Beschuß in das Dorf ein, wobei zwei Häuser in Flammen aufgingen. Es folgten bald weitere US-Truppen, die im Dorfe Quartier nahmen, insbesondere nachfolgende Infanterie-Einheiten.[344]

Im kleinen Dorfe Antfeld bei Altenbüren waren die Kriegsereignisse der nächsten Nachbardörfer auch nicht unbemerkt geblieben. Am Karsamstag war bereits deutsches Militär durch das Dorf in Richtung Altenbüren gezogen. Am Ostersonntag gingen weitere Verstärkungen in Richtung Osten. Das Schulzimmer wurde mit einer Genesendenkompanie des Infanterieregiments 39 belegt. Am Abend streute die amerikanische Artillerie erstmals die nähere Umgebung ab. Am Ostermontag, (2. April) setzte eine heftige Beschießung des Nachbardorfes Altenbüren ein. Die Einwohner versuchten nun, ihre Habe in Sicherheit zu bringen. Weitere deutsche Ein-

342 Cramer, a. a. O., S. 152 ff.
343 Cramer, a. a. O., S. 154 ff.
344 Cramer, a. a. O., S. 157

heiten rückten in das Dorf ein. Das Kommando in Antfeld hatte ein Major von der Heidt. Auch Einheiten des Freikorps Sauerland marschierten durch den Ort. Am Nachmittag traf eine Abteilung des Reichsarbeitsdienstes, die aus 16- bis 17jährigen Jungen bestand, von Winkhausen bei Schmallenberg ein. Sie rückte noch am Abend aus. In der Schule wurde am gleichen Abend ein Verbandsplatz eingerichtet, auf dem bald die ersten Verwundeten eintrafen.

Am Osterdienstag verließen viele Bewohner das Dorf und suchten Unterschlupf in einem ausgebauten Schieferstollen. Hier wurde später auch eine heilige Messe gefeiert. Am Donnerstag, dem 5. April, gegen 18.00 Uhr erhielt das Dorf den stärksten Beschuß. Das gesamte Dorf war in eine Rauch- und Staubwolke gehüllt. Zum Glück fanden nicht alle Granaten ihr Ziel, sondern viele gingen in Hausgärten und Wiesen nieder, ohne größeren Schaden anzurichten. Trotzdem brannten einige Gebäude ab, während die meisten mehr oder weniger schwer zerstört wurden. Im Laufe des Tages wurde die Eisenbahnunterführung nach Bigge gesprengt und am Morgen des anderen Tages die Eiserne Brücke. Am Nachmittag des 6. April rückten gegen 4.00 Uhr rund 100 amerikanische Infanteristen aus Richtung Bigge kampflos in das Dorf ein. Die meisten deutschen Soldaten hatten sich noch rechtzeitig nach Westen absetzen können; trotzdem gerieten noch etwa 100 in Gefangenschaft. Gegen 6.00 Uhr abends rollten aus Richtung Altenbüren etwa 30 Panzer in das Dorf ein. Für die Bewohner des Ortes wurde zunächst eine zwölfstündige Ausgangssperre verhängt.[345]

Auch im Dorf Siedlinghausen hatten sich in den Tagen vor Ostern zahlreiche deutsche Einheiten eingefunden, die in eine Verteidigungslinie mit einbezogen werden sollten. Für die Truppen wurde ein eigener Standortältester ernannt, und auch der Gauverteidigungskommissar Bertram tauchte hier plötzlich auf und erklärte sich zum Ortskommandanten. Das Standrecht wurde verhängt, der Volkssturm aufgerufen und Panzersperren wurden gebaut und bewacht.

Als dann vom 1. bis 3. April von Winterberg her Artilleriefeuer zu hören war, stieg die Besorgnis der Bewohner aufs äußerste. In der Nacht vom 5. zum 6. April war der Beschuß so stark, daß Teilnehmer des ersten Weltkrieges sich wieder an die Front versetzt fühlten. Dabei wurden ein Haus und eine Feldscheune in Brand geschossen. Es war ein Gegenangriff in Richtung Niedersfeld geplant. Infanterie hatte den Bahndamm besetzt. Panzer waren aufgefahren. Der Plan kam jedoch nicht zur Ausführung.

Am frühen Morgen des 6. April rückten amerikanische Truppen in das Dorf ein. Sie kamen nicht — wie erwartet — von Silbach, sondern von Niedersfeld her, umstellten das Haus des Norbert Leiße und nahmen dort den Abschnittskommandeur Hauptmann Ebers mit seinem ganzen Stab gefangen. Im Ort selbst wurde kaum gekämpft. Es fielen nur einige Schüsse. Die deutschen Gruppen hatten mit dem späteren Angriff gerechnet. Etwa 250 Gefangene fielen in amerikanische Hand. Sie wurden zunächst nach Winterberg und dann in größere Gefangenenlager gebracht. Die deutsche Artillerie hatte sich bereits am 5. April zurückgezogen. Der letzte deutsche Königstiger fuhr kurz vor dem Einmarsch der Amerikaner aus dem Dorf und nahm am Steinklev Stellung, von wo er den Ort unter Feuer nahm. Ein Haus geriet in Brand und wurde völlig zerstört. Nunmehr rückte die amerikanische Artillerie heran und fuhr im Dorf auf. Sie brachte zunächst den Panzer zum Schweigen und beschoß dann Elpe und

345 Cramer, a. a. O., S. 158 ff.

Altenfeld, immer durch Aufklärungsflieger unterstützt. Während dieser und der voraufgehenden Kämpfe blieb kein Haus ohne Beschädigungen.[346]

Die beiderseits Siedlinghausen fechtenden Einheiten der 3. Panzergrenadierdivision zogen sich in westlicher Richtung zurück und bezogen erst auf den Höhen von Altenfeld neue Abwehrstellungen. Auch die benachbarte 176. Infanteriedivision, deren schwer geschlagene Verbände Niedersfeld, Wiemeringhausen und Brunskappel verloren hatten, kamen erst auf den Höhen zwischen Brunskappel und Elpe zum Stehen. Nur mit dem Einsatz von Teilen der Panzer-Abteilung 506 konnte das Nachstoßen der Kampfverbände der 9. US-Infanteriedivision aufgefangen werden.[347]

Über den 6. April hat der Kommandierende General des LXXXI. Armeekorps, General Köchling, folgendes notiert:

Am 6. April, um 7.00 Uhr übernahm das Generalkommando vom Gefechtsstand Altenhellefeld (9 Kilometer südlich von Arnsberg) die Gefechtsführung.

Die 3. Panzergrenadierdivision verteidigte sich etwa in folgender Linie: Höhe 740 (3 Kilometer nordwestlich von Altastenberg) bis zu den Höhen ostwärts Siedlinghausen; anschließend die 176. Infanteriedivision bis dicht westlich von Assinghausen; auf der dann anschließenden fast 20 Kilometer langen Front über Olsberg — Altenbüren — Rixen — Kallenhard — Rüthen sicherte und sperrte die Division Wirtz.

Diese unzweckmäßige und der augenblicklichen Lage nicht mehr angepaßte Gliederung hatte ihre Gründe in der ursprünglichen Angriffsaufgabe der 3. Panzergrenadierdivision und der 176. Infanteriedivision und in der Annahme, daß ein stärkerer amerikanischer Vorstoß auf den Abschnitt der Division Wirtz hauptsächlich wegen des großen Waldgeländes nicht erfolgen würde.

Seitens des Generalkommandos wäre es notwendig gewesen, eine Verschmälerung der Division Wirtz durchzuführen. Jedoch kam es infolge Ausbleibens von Verstärkungen, infolge der ebenfalls sehr angespannten Lage bei den beiden anderen Divisionen und durch den Abzug der 3. Panzergrenadierdivision am 8. April nicht hierzu. Im Gegenteil glückte es den in vollem Siegeszug vorwärtsstürmenden amerikanischen Divisionen (gekoppelte 7. Panzerdivision mit der 99. Division) sowie zwei anderen Divisionen noch im Laufe des 6. April, den linken Flügel der 3. Panzergrenadierdivision auf Altenfeld, die 176. Infanteriedivision auf das Höhengelände ostwärts von Elpe im Zuge der Höhen 600 — 676 — 640 zurückzudrücken. Weit vorwärts gestaffelt hielten sich die südlichen Teile der Kampfgruppe von Lersner der Division Wirtz auf den Höhen dicht ostwärts von Assinghausen und ostwärts des Ruhrabschnittes; nördlich anschließend wurde das verlorengegangene Olsberg durch das Freikorps Sauerland zurückgewonnen. Vor dem starken Druck beiderseits der großen Straße Brilon-Arnsberg mußten sich die hier kämpfenden Teile auf die Linie Antfeld-Esshoff zurückziehen. Besonders schwere Rückschläge traten am Nordflügel ein, wo Kallenhardt und Suttrop verlorengingen und die Verbindung zu der nördlich anschließenden Kampfgruppe Scherzer unterbrochen wurde. Bekannt war lediglich, daß durch diese Kampfgruppe eine sehr dünne Sicherungslinie aus allen möglichen Formationen, bestehend an der Möhne, der Möhnetalsperre und weiter bis Neheim, aufgebaut war. Ob der dort herzustellende Anschluß zur 116. Panzerdivision (XXXXVII. Panzerkorps) vorhanden war, war nicht festzustellen.

---

346 Cramer, a. a. O., S. 149 ff.
347 von Zangen, a. a. O., S. 18 f.

Am Abend des 6. April ist das Generalkommando der Auffassung, daß trotz des sehr günstigen Verteidigungsgeländes und des für die Verwendung motorisierter Verbände sehr schwierigen Terrains (mit Ausnahme des Ruhrabschnittes) angesichts der personellen, materiellen und moralischen Überlegenheit (Siegesgefühl) des Amerikaners nur ein geordnetes abschnittweises Zurückkämpfen entgegen dem Befehl der strikten Verteidigung durchgeführt werden konnte. Alle organisatorischen und taktischen Aushilfen bedeuteten angesichts dieser Lage nur einen Tropfen auf einen heißen Stein. Befohlene Gegenstöße wurden nur noch in Form von Erkundungs- oder höchstens Stoßtruppunternehmungen nach Übereinkommen mit den Divisionskommandeuren durchgeführt. Das Generalkommando gab zwar die von oben befohlene Verteidigung der am Abend erreichten Linie weiter, drückte seinerseits jedoch lediglich auf Aufklärung und Anlehnung bei den Divisionen und diese wiederum auf die Anlehnung innerhalb ihrer eigenen Kampfgruppen. Das Generalkommando gab sogar den Divisionen eine gewisse Freiheit, bei zu starker Vorwärts- oder Rückwärtsstaffelung eines Nachbarverbandes selbständig entsprechende Befehle zu erteilen. Mehr aus Schonung gegenüber der in den Dörfern dichtgedrängten Bevölkerung als aus taktischen Notwendigkeiten verbot das Generalkommando die Verteidigung in Anlehnung an die Ortschaften mit Ausnahme der größeren Städte, deren vorübergehende Verteidigung nicht zu umgehen war.

Außerdem war der Ausbau der Ortsverteidigung im Gegensatz zu den Dörfern westlich des Rheins, abgesehen von den zahlreichen Panzersperren, durchaus ungenügend.

Da dem Generalkommando Reserven nicht zur Verfügung standen und Korpsartillerie nicht vorhanden war, hatte es auf die unmittelbare Gefechtsführung nur noch ganz geringen Einfluß.[347a]

Wie die Ereignisse bei der 3. Panzergrenadierdivision abliefen, hat Gerhard Dieckhoff in der Divisionsgeschichte wie folgt beschrieben:

„Am Nachmittag des 5. April greift der Gegner mit drei Divisionen die Ostfront des Kessels an und drückt sie zurück. So dringt er in Grönebach und Hildfeld ein. Südlich von Grönebach kann er in dem waldreichen und bewegten Gelände die weit auseinandergezogenen und nur dünn besetzten Sicherungslinien durchstoßen und die 5./Panzergrenadierregiment 8 (Oberleutnant Noack) gefangennehmen. Abends nimmt die Division ihre Kräfte zurück auf die Linie: Höhe 740 (5 Kilometer nordwestlich von Altastenberg) — ostwärts Silbach (Panzergrenadierregiment 8) — Höhen ostwärts Siedlinghausen (Panzerartillerie-Abteilung 103). Damit hat der Gegner die Straße Winterberg-Niedersfeld-Brilon gewonnen, auf der bald ein lebhafter Verkehr zu beobachten ist.

In dieser Linie wird dieser Teil der Ostfront dem LXXXI. Armeekorps (General Köchling) unterstellt, während das LIII. Armeekorps einen Abschnitt an der Nordfront des Kessels übernimmt. Die Front verläuft westlich von Brilon nach Süden über Olsberg und Wiemeringhausen bis ostwärts Silbach. Hier bricht sie nach Westen auf Schmallenberg ab. Die Division ist die rechte Division des LXXXI. Armeekorps, links an die 176. Infanteriedivision angelehnt, deren Versorgung von uns übernommen wird. Rechts schließt sich die Panzerlehrdivision an (LXXIV. Armeekorps).

---

[347a] Köchling, a. a. O., S. 20–22

Der Vormittag des 6. April verläuft ruhig, während südlich von uns der Gegner Holthausen (2 Kilometer ostwärts von Fredeburg) besetzt. Der Divisionsgefechtsstand befindet sich in Altenilpe, in der Nähe der Artillerie-Stellungen, das Feldlazarett in Beisinghausen (8 Kilometer nordwestlich von Fredeburg). Am Abend erhält Hauptmann Ewers den Befehl, Siedlinghausen bis zur letzten Patrone zu halten; sein Pionierbataillon zählt noch 4 Offiziere, 1 Arzt, 4 Unteroffiziere und 50 Mannschaften. Die Kompanie des Oberleutnants Zapp wird nördlich des Ortes, die Kompanie des Oberleutnants Munk ostwärts eingesetzt. Fernmündlich meldet sich Hauptmann Ewers bei der Division ab. Nachdem in der Nacht die beiden letzten Sturmgeschütze der Panzer-Abteilung nach Westen abgerollt sind, wird in der Frühe des folgenden Tages das Bataillon vom Amerikaner vereinnahmt. Eine neue Sicherungslinie wird am 6. April in der Linie Altenfeld bis ostwärts Elpe (176. Infanteriedivision) bezogen, von wo die Front weiter nach Norden auf Bigge verläuft."[347b]

Weiter südlich drangen die Einheiten des 60. US-Infanterieregiments in den Bereich nordöstlich von Oberkirchen vor. In den Raum um Oberkirchen rollten an diesem Tage auch die Einheiten der Reservekampfgruppe der 7. US-Panzerdivision. Die einzelnen Kampfgruppen der Divisionskampfgruppe B der 7. US-Panzerdivision drangen bereits in den Raum von Gleidorf vor.[348]

Eine der ersten Besetzungen der Amerikaner an diesem Tage war das Dorf Nordenau. Bereits am Vortage hatten sich hier Vortrupps gezeigt, und auch die Artillerie hatte Nordenau kurz beschossen. Am Morgen des 6. April gegen 7.00 Uhr drangen US-Infanteristen nun endlich in den Ort ein und besetzten die wichtigsten Punkte. Wenig später rollten Panzer und lange Lastwagenkolonnen durch den Ort in Richtung Altastenberg.

Weiter westlich besetzten die amerikanischen Einheiten das Dorf Niedersorpe und trieben einen kleinen Keil in Richtung Fredeburg vor. Gegen Mittag drangen die Amerikaner in Winkhausen, am Rande des Sorpetals, ein, nachdem sich hier am Tage zuvor noch deutsche Panzer den vordringenden US-Panzern entgegengestellt hatten. Damit waren für die deutschen Truppen die Stellungen in und um Grafschaft auch nicht mehr zu halten und mußten aufgegeben werden.

Im Bereich um Grafschaft hatten sich die Deutschen vornehmlich um den die gesamte Gegend beherrschenden Wilzenberg festgesetzt. Bereits in der Nacht vom 2. zum 3. April war diese Gegend von amerikanischer Artillerie mit ihren weittragenden Geschützen bestrichen worden. Nach der Einnahme von Almert (5. April) hatten die Amerikaner eine günstige Ausgangsposition für den Angriff auf Grafschaft gewonnen.[349]

Am Nachmittag des 5. April waren die deutschen Verbände nochmals um ein Bataillon, das Füsilierbataillon 338 unter Hauptmann Heidenreich, von der 338. Infanteriedivision verstärkt worden, das in der Nacht zuvor in Schmallenberg eingetroffen war.[350]

Während eine Kompanie im Dorfe Grafschaft blieb, bezogen die anderen entsprechende Stellungen am Wilzenberg. Die deutschen Artillerie-Einheiten verlegten

---

347b Gerhard Dieckhoff, 3. Infanteriedivision / 3. Infanteriedivision (mot.) / 3. Panzergrenadierdivision, Göttingen 1960, S. 404–405

348 Williams, a. a. O., S. 474

349 Huyskens, a. a. O., S. 47

gleichzeitig weiter nach hinten. In der Nacht zum 6. April überschütteten die Amerikaner das Dorf Grafschaft und den Wilzenberg nochmals mit schwerem Artilleriefeuer. Frühmorgens verließen die letzten deutschen Panzer ihre Stellungen und rückten ab. Bald darauf drangen die ersten Gruppen der amerikanischen Infanterie von Süden vorsichtig in das Dorf ein.

Vom Wilzenberg setzte nun ein deutscher Gegenangriff ein, zu dessen Unterstützung deutsche Artillerie Feuer auf Grafschaft legte. Um den Wilzenberg entbrannten harte Kämpfe. Amerikanische Truppen, die den Berg besetzt hatten, wurden am Nachmittag in einem sofortigen deutschen Gegenstoß wieder zurückgeworfen. Nach einer gewaltigen Feuervorbereitung eroberten amerikanische Infanterie-Einheiten den Berg anschließend wieder zurück. Die deutschen Verteidiger zogen sich, durch das Artilleriefeuer gewaltig geschwächt — von 122 Mann waren nur noch etwa 30 übriggeblieben —, auf die vom Kamm des Aberges zurückverlegte Hauptkampflinie des Bataillons zurück. Der linke Flügel des Bataillons reichte fast bis zum Ortsausgang von Gleidorf. Auch der Westhang des Wilzenberges wurde von einer kleinen Gruppe deutscher Soldaten (es sollen Düsseldorfer Volkssturmmänner gewesen sein) unter schwersten Verlusten noch bis zum Morgen des 6. April gehalten.[351]

Der Wilzenberg — eine alte Kult- und Wallfahrtsstätte des Sauerlandes — wurde durch diese Kämpfe schwer beschädigt, besonders auch die Waldbestände und die kleine Kapelle auf dem Gipfel. Vom Wilzenberg aus drangen die Amerikaner am anderen Tage gegen Gleidorf vor.

Weiter südwestlich drangen zur gleichen Zeit an der südlichen Grenze des III. US-Korps die Kampfgruppen der 99. US-Infanteriedivision gegen den Bereich von Fleckenberg vor und besetzten hier die wichtigsten Höhen in der näheren Umgebung. Am Abend waren Fleckenberg und Wingeshausen von den vordersten Einheiten der 99. US-Infanteriedivision besetzt worden.[352]

An der südlichen Front des Ruhrkessels rückte nunmehr auch das XVIII. US-Luftlandekorps mit seinen Divisionen planmäßig nach Norden und Nordwesten in Richtung auf die Ruhr vor. Die schwachen Divisionen der 5. deutschen Panzerarmee wurden nun auch hier laufend weiter zurückgedrückt und verloren Ortschaft um Ortschaft.

Im Bereich nordöstlich von Siegen griff die 8. US-Infanteriedivision nach halbstündiger Artillerievorbereitung nach Nordwesten an. Das 121. Infanterieregiment nahm dabei im Sturm die Orte Eschenbach und Lutzel. Das 13. Infanterieregiment besetzte die Seelbach-Kaserne hart westlich von Siegen und Weidenau. Das 28. Infanterieregiment erreichte mit seinen vordersten Einheiten Erndtebrück.

---

350 Ein Bataillon der 338. Infanteriedivision war bereits am 5. April direkt nach dem Eintreffen durch Armeebefehl der Panzerlehrdivision unterstellt und zum Gegenangriff auf Holthausen eingesetzt worden. Der Angriff erreichte unter schwersten Verlusten für das Bataillon sein Ziel.
Am Morgen des 6. April wurde das Bataillon unter hohen Verlusten von weit überlegenem Feind wiederum geworfen. Das Bataillon war damit so gut wie aufgerieben. Am 6. April wurde auch ein weiteres gerade eingetroffenes Bataillon auf Armeebefehl der Panzerlehrdivision unterstellt und zum Gegenangriff ostwärts Gleidorf eingesetzt. Trotz schwerer Verluste wurde das Angriffsziel nicht erreicht und das Bataillon fast völlig aufgerieben.
Der 338. Infanteriedivision wurde an diesem Tage ein Luftwaffen-Feldbataillon unterstellt mit dem Auftrag, Schmallenberg und Fleckenberg zu verteidigen. Gleidorf ging verloren. (MGFA-Studie B-817, Generalmajor Wolf Ewert, Kampf der 338. Infanteriedivision, S. 16)

351 Huyskens, a. a. O., S. 47

352 Williams, a. a. O., S. 476

Die 78. US-Infanteriedivision, die noch auf dem Südufer der Sieg zwischen Dattenfeld und Brachbach stand, griff an diesem Tage ebenfalls nach Norden an. Bereits um 5.00 Uhr drangen die ersten Einheiten über den Fluß und errichteten einen kleinen Brückenkopf. Das 309. Infanterieregiment links und das 310. Infanterieregiment rechts drangen fast gleichzeitig über den Fluß nach Norden vor und hatten später einen Brückenkopf von etwa fünf Kilometer Tiefe errichtet.

Auf der linken Flanke des Korps beendete die 97. US-Infanteriedivision die Ablösung der 78. US-Infanteriedivision und übernahm später das Kommando über das Gebiet entlang dem Südufer der Sieg.[353]

7. APRIL:

Der Vorstoß der US-Divisionen des III. Korps nahm auch an diesem Tage seinen Fortgang, ohne daß die deutschen Divisionen der 15. Armee sie lange aufhalten konnten. An der nördlichen Flanke stieß vor allem die 9. US-Infanteriedivision mit ihren Einheiten weiter durch das Ruhrtal vor. Die Kampfgruppe Birks besetzte mit ihren Einheiten die Orte Gevelinghausen, Esshof, Nuttlar, Ostwig, Bestwig und Heringhausen. Die Bataillone des 39. Infanterieregiments besetzten Altenfeld, Elpe und Heinrichsdorf. Weiter südlich drangen die Einheiten des 60. US-Infanterieregiments in dem großen Waldgebiet nördlich von Oberkirchen weiter vor und nahmen Rehsiepen, Obersorpe und Mittelsorpe.[354]

Im oberen Ruhrtal versuchten nochmals die Verbände der deutschen Kampfgruppe von Lersner (Infanterie, Teile eines Artillerieregiments, Männer vom Freikorps Sauerland und Reichsarbeitsdienstmänner), die angreifenden US-Panzer und motorisierten Infanterieverbände aufzuhalten. Der Stoß der Amerikaner auf Meschede zeichnete sich hier deutlich ab.

Der Bereich um Nuttlar hatte auch schon tagelang unter amerikanischem Artilleriefeuer gelegen, bevor die eigentliche Besetzung erfolgte. Einige deutsche Geschütze hatten von hier aus in die deutschen Verteidigungsmaßnahmen eingegriffen und somit das gegnerische Artilleriefeuer auf sich gezogen. Am Nachmittag des 6. April hatte sich noch eine Gruppe deutscher Soldaten in Gevelinghausen festgesetzt. Die Bewegungen dieser Gruppen wurden von amerikanischen Spähtrupps aus der Richtung Bigge beobachtet, die dann verstärktes Artilleriefeuer auf das Dorf forderten, was auch erfolgte. Am anderen Morgen (7. April) ging amerikanische Infanterie vorsichtig auf das Dorf vor. Vom Schloß aus konnten sich noch zwei kleine Gruppen deutscher Soldaten rechtzeitig absetzen, bevor das gesamte Dorf von den amerikanischen Truppen besetzt war.[355]

Die Nachbargemeinde Ostwig lag auch bereits seit dem 2. April unter Beschuß, der sich in den folgenden Tagen steigerte, bevor er in der Nacht vom 6. zum 7. April seinen Höhepunkt erreichte. Wegen seiner geschützten Lage erlitt das Dorf glücklicherweise keine größeren Schäden. An deutschen Truppen waren hier nur eine Abteilung des Freikorps Sauerland vorhanden sowie 150 junge Arbeitsdienstmänner im Alter von 16 bis 17 Jahren. Diese bauten Panzersperren und schaufelten an den Waldrändern Einmannlöcher. Schlecht bewaffnet, unerfahren und unausgebildet, wurden sie aber auch noch in den Kampf geworfen. Eingesetzt wurde hier auch noch

---

353 Wie Anmerkung 352
354 Williams, a. a. O., S. 478
355 Huyskens, a. a. O., S. 53 ff.

ein 60 Mann starker Lehrgang von Reserve-Offiziers-Bewerbern aus dem Wehrkreis VI (Münster).[356]

Diese Kräfte, die außer vier Maschinengewehren und einigen Panzerfäusten nur 60 Gewehre zur Verfügung hatten, wurden zur Verteidigung des Ortes und der nächsten Umgebung eingewiesen. Die gesamte Gegend von Nuttlar über Bestwig bis Heringhausen wurde in der folgenden Nacht von der amerikanischen Artillerie bestrichen, ohne daß deutsche Geschütze einmal antworteten. Aus der Richtung von Bigge stießen gleichzeitig die ersten amerikanischen Panzer vor und beschossen einen Teil von Nuttlar. Am Morgen des 7. April stieß ein deutscher Spähtrupp bei der Gevelinghauser Mühle auf eine starke US-Kampfgruppe und mußte sich unter Verlusten zurückziehen. Während das Artilleriefeuer in die Gegend um Bestwig-Velmede vorverlegt wurde, setzten sich die amerikanischen Angriffsspitzen in Bewegung. Die Deutschen konnten noch schnell die Ruhrbrücke sprengen, während US-Infanteristen bereits von mehreren Seiten auf das Dorf vordrangen und die jungen Arbeitsdienstmänner die Flucht ergriffen. Der deutsche Ortskommandant gab trotz der unzulänglichen Verteidigungsmöglichkeiten keinen Rückzugsbefehl, sondern forderte: „Durchhalten bis zum letzten Mann!" Während auf der Elpetalstraße amerikanische Panzer anrollten, legte die Infanterie schweres Granatwerfer- und Artilleriefeuer auf die deutschen Stellungen. Zu Kämpfen kam es kaum mehr, da die Amerikaner bald von mehreren Seiten in den Ort einsickerten. Zwei Häuser wurden von den US-Panzern noch in Brand geschossen. Zwei deutsche und mehrere amerikanische Soldaten sind bei den voraufgegangenen Kampfhandlungen gefallen.[357]

Nachdem auch Nuttlar tagelang bereits mit schwerem Artilleriefeuer belegt worden war, rückten Panzer und Infanterieverbände der Kampfgruppe Birks am Abend des 7. April in Nuttlar ein. Bis in die frühen Morgenstunden dauerte der Einmarsch aller nachfolgenden Verbände. Hier hatten bis zuletzt Einheiten des Freikorps Sauerland die Grenzen der Gemeinde verteidigt. Vierzehn deutsche Soldaten sind im Bereich um Nuttlar gefallen. Der Artilleriebeschuß forderte zahlreiche Beschädigungen an Wohn- und Wirtschaftsgebäuden sowie an der Kirche und deren Turm.

Am gleichen Abend rückten die amerikanischen Panzerspitzen auch in Bestwig ein, das ebenfalls schon seit Tagen beschossen worden war. Bei der Beschießung hatten zwei Zivilpersonen ihr Leben verloren. Der Vormarsch der amerikanischen Panzer kam erst zum Stocken, als bei dem Hause „Port Arthur" ein Panzer abgeschossen wurde. Während der folgenden Nacht lag das Dorf Velmede unter starkem Artilleriefeuer.[358]

Für die Verbände der Kampfgruppe Lersner wurde die Lage im Ruhrtal nunmehr kritisch. Gleichzeitig mit dem kräftigen Vorstoß aus Richtung Brilon griffen auch die US-Kampfgruppen der 8. US-Panzerdivision von der 9. US-Armee nördlich der Möhne an diesem Tage den Bereich Suttrop-Warstein-Hirschberg an.[358a] Die schwachen deutschen Kräfte konnten sich auch hier gegen die übermächtigen US-Einheiten

---

356 Die Lehrgangsteilnehmer waren am 2. April von Arnsberg aus in Ostwig eingetroffen. Ihr Auftrag lautete, über Brilon aus dem Kessel auszubrechen in Richtung Mitteldeutschland. Da der Ausbruch jedoch nicht mehr möglich war, wurde der Lehrgang vom deutschen Kommandanten in Velmede in die Verteidigung mit einbezogen.

357 Wie Anmerkung 355

358 Wie Anmerkung 355

358a Vergleiche die Beschreibungen bei der Kampfgruppe Faith, die durch den Arnsberger Wald nach Westen stieß.

nicht mehr zur Wehr setzen. Auch bei der Kampfgruppe Scherzer entlang der Möhnelinie erzielte der Gegner laufend Einbrüche und drückte die schwachen deutschen Sicherungen über die Möhne in den Arnsberger Wald zurück. Von dieser Seite zeichnete sich auch ein Stoß auf Meschede ab.

Die Führung des Sperrverbandes Wirtz hatte am Abend dieses Tages keine Klarheit über die Lage im Raum Warstein. Sie sah aber den Stoß aus östlicher Richtung auf Meschede als den gefährlicheren an und konnte infolgedessen hier auch keine Verbände abziehen, um den ebenfalls schwerbedrängten Kampfgruppen an der Möhne Verstärkungen zuzuführen. Die Verteidigung in der bisherigen Linie: Höhen südlich von Kallenhardt und Suttrop-Warstein-Belecke-Möhnesee war mit den geringen Kräften kaum mehr durchführbar.[359]

Außer einer motorisierten Kompanie des Pionierbataillons 73, die die Ruhrbrücken zwischen Freienohl und Rumbeck zur Sprengung vorbereitete, verfügte der Sperrverband Wirtz über keine Reserven mehr. Generalleutnant Wirtz kam daher zu folgendem Entschluß:

Auftrag für Regiment Lersner wie bisher Verteidigung des Ruhrtales ostwärts Meschede. Starke Sicherung der Südflanke. Neue Linienführung für Regiments-Verband Scherzer: Waldränder südlich von Warstein-Hirschberg-Niederbergheim-Möhnesee. Diese Linie ist zu halten. Masse motorisierte Pionierkompanie 73 unter Beibehalt des bisherigen Unterstellungsverhältnisses unter Sperrverband Wirtz und Belassung von Sprengtrupps an den Ruhrbrücken, sofortiges Besetzen und Halten von Hirschberg bis zur Ablösung durch Kräfte des Regiments Scherzer; dann aber verhindern, daß Feind unter Umgehung von Hirschberg auf Oeventrop vorgeht. Späterer Auftrag für Pionierkompanie Verteidigung des Ruhrabschnitts Freienohl-Rumbeck.[360]

Einige Kilometer weiter südlich wurden an diesem Tage die letzten Orte des damaligen Kreises Brilon von amerikanischen Truppen besetzt: Elpe und Heinrichsdorf. In den letzten Märztagen hatte auch das kleine Dorf Elpe eine ansehnliche „deutsche Besatzung" erhalten. Am 4. April soll auch Feldmarschall Model in dem Dorf gewesen sein, um die deutschen Truppen zu inspizieren. Am anderen Tage wurde der Volkssturm aufgerufen, und gleichzeitig erhielt das Dorf erstmals Artilleriefeuer. Die Bevölkerung flüchtete auch hier in Keller und Stollen. Etwa 1600 Geschosse gingen in der Nähe des Dorfes nieder, davon 180 im Dorf selbst, wodurch zahlreiche Häuser beschädigt wurden. Die deutschen Truppen brachten die an den Straßenbäumen angelegten Minen zur Explosion, um den Amerikanern den Weg zu sperren und rückten ab.[361]

Am 6. April rechneten alle Bewohner mit dem Einzug der Amerikaner, da am Tage vorher Brunskappel gefallen war. Bis zum Mittag war es im Dorf ruhig. Gegen 14.00 Uhr setzten die Deutschen von hier zum Gegenstoß Richtung Brunskappel an. Sie wurden zurückgeschlagen und kehrten ins Dorf zurück. Anschließend bezogen sie die Stellungen auf dem Gipfel des Braberges. Die beiden „Königstiger" (deutsche Panzer), die eine dauernde Bedrohung des Dorfes bildeten, rückten

---

359 Vergleiche die Beschreibung der Kämpfe nördlich der Möhne in Kapitel 1/II: „Erste Kämpfe an der nordöstlichen Kesselfront". Der Raum Belecke-Warstein war in jenen Tagen Trennungslinie zwischen der 15. Armee und dem XXXXVII. Panzerkorps.

360 Wirtz, a. a. O., S. 7

361 Cramer, a. a. O., S. 163 ff.

am Spätnachmittag ab. Am Abend setzte wieder ein starkes Artilleriefeuer ein, das bis zum nächsten Morgen andauerte.

Am Samstag, dem 7. April, zogen die Amerikaner, vom Braberg herunterkommend, in den Abendstunden in Elpe ein, während Heinrichsdorf noch unter schwerem Artilleriefeuer lag. Die Elper Bevölkerung mußte in der Nacht von Samstag auf Sonntag noch in den Stollen bleiben, weil die Amerikaner einen Gegenangriff befürchteten, der aber nicht erfolgte.[362]

Auch über das benachbarte Heinrichsdorf weiß Cramer anschaulich zu berichten, wenn er schreibt:

»Am gleichen Tage, dem 4. April, zogen deutsche Verbände von Brunskappel über Elpe, Heinrichsdorf nach Ramsbeck. Der Rückzug der deutschen Truppen wurde schneller und planloser. Er ging über die neue Straße Elpe-Heinrichsdorf, die 1934 gebaut worden war. Der Feind schien diesen Weg nicht zu kennen. Sein Störungsfeuer lag auf dem alten Weg auf der Brei. So entstanden bei unseren Truppen kaum Verluste. Der Weg war von Schnee und Regen aufgeweicht. Tief im Schlamm mahlten die Räder der Fahrzeuge. Mühsam nur arbeiteten sich die Gespanne vorwärts. Die Heinrichsdorfer flüchteten mit Kind und Kegel in den Erzstollen am Ries. Männer und Frauen richteten ihn schnell notdürftig her. Betten, Öfen und Geschirr wurden hineingeschleppt.

Am 5. April ging das Gerücht um: Die SS holt die Männer zum Volkssturm. Um sich in Sicherheit zu bringen, irrten die Männer im Gelände umher. Den durchziehenden Truppen folgten SS-Verbände der Division Feldherrnhalle. Inzwischen fiel Brunskappel. Der Feuerschein aus dem Negertal war weithin sichtbar. In der Elper Vikarie war der Gefechtsstand aufgeschlagen. Die vordere Linie verlief auf den Höhen zwischen Neger- und Elpetal. Etwa 60 Arbeitsdienstmänner der Gruppe 206 Fröndenberg bildeten die Front auf den Höhen zwischen Wulmeringhausen-Siedlinghausen: junge Männer im Alter von 16 bis 17 Jahren. Von ihnen fielen 12 Mann; sie wurden später auf dem Friedhof in Elpe beigesetzt.

Am Freitag, dem 6. April, erfolgte der Rückzug über Heinrichsdorf ins Valmetal. Die Amerikaner erschienen am Brunskappeler Weg in der Nähe des Heiligenhäuschens. Sie wurden aus den Widerstandsnestern heraus beschossen. Darauf zogen sie sich zunächst zurück. Kurz darauf lag der Ort unter starkem Artilleriefeuer. Soldaten richteten das Dorf zur Verteidigung ein. Feldkabel wurden gelegt. In den Bergen hallte das Echo der Kanonenschüsse wider. Die deutschen Geschütze antworteten. Als das Feuer aufhörte, schlichen sich einige mutige Männer ins Dorf. Viele Wohnungen waren zerstört, die Felder mit Granattrichtern übersät, Bäume lagen zerfetzt am Boden. Die Schule hatte zwei Treffer bekommen.

Am 7. April gegen 22.00 Uhr rückte dann der Amerikaner in unser Dorf ein. Jedes Haus wurde nach deutschen Soldaten durchsucht. Von der Bevölkerung leistete niemand Widerstand. Am 8. April konnten die Geflüchteten den Stollen verlassen. Die Frauen weinten, als sie das Dorf wiedersahen. Die Russen hatten die Wohnungen durchsucht. Viel Hausrat war verschwunden, Schubläden und Schränke durchwühlt. Die feindlichen Truppen hatten die Häuser aufgebrochen. Bestecke, Bettwäsche und Schmucksachen fehlten. Manche Wohnung hatte der Beschuß zerstört.«[363]

---

362 Wie Anmerkung 361
363 Wie Anmerkung 361

Am gleichen Tage drangen andere Teile des 39. US-Infanterieregiments von Siedlinghausen her gegen Altenfeld vor. Damit zogen sich die Kampflinien in den Bereich der „Freiheit Bödefeld" hinein, wo sich die Reste der deutschen Einheiten nochmals zur Verteidigung festsetzten.[364]

Bereits am 7. April wurde der gesamte Bereich von Ramsbeck bis Osterwald von amerikanischer Artillerie beschossen. Im Aufstieg von Siedlinghausen, der den Amerikanern — besonders durch deutsche Werfergeschosse — schwere Verluste gekostet haben soll, nahmen die Amerikaner im Sturm gegen Mittag Altenfeld, das erst kurz vor dem letzten Angriff von deutschen Truppen geräumt worden war. Nachmittags wurde gegen 3.00 Uhr auch der kleine Ort Walbeck besetzt. Um den deutschen Widerstand vor der Hauptkampflinie zu brechen, setzten die Amerikaner am Nachmittag des 7. April Jagdbomber ein, die in mehreren Wellen Bödefeld, Westernbödefeld und gleichzeitig auch Fredeburg überflogen und mit Bomben und Bordwaffen Zerstörung, Brand und Schrecken verbreiteten. Die Dörfer des Bödefelder Landes wurden schwer getroffen, und es gab Tote und Verwundete sowie schwere Zerstörungen an Straßen und Häusern. Zwischen brennenden Häusern standen stumme Menschen, lag totes Vieh, lagen gestürzte Masten, Trümmer von zerschossenen Häusern.

Am Spätnachmittag fühlten erste Spähtrupps und Panzerspähwagen der Amerikaner gegen Bödefeld vor. Gegen Abend wurde das kleine Dorf Obervalme von US-Truppen besetzt. Westlich dieses Dorfes gegen Brabecke hin verlief am Abend die Hauptkampflinie. Hier hatten die Amerikaner den am weitesten westlichen Punkt in diesem Frontabschnitt erreicht. In den ersten Morgenstunden des 8. April stießen amerikanische Spähtrupps bis in das nahegelegene Dorf Untervalme vor.[365]

Beiderseits Bödefeld verteidigten die Reste der 176. Infanteriedivision die Höhen der Hunau und versuchten hier den vordringenden amerikanischen Infanterieverbänden den Übergang zu verwehren. Nach Norden schlossen die Verbände des Oberstleutnant von Lersner vom Sperrverband Wirtz an. Der südliche Abschnitt wurde von Teilen der 3. Panzergrenadierdivision verteidigt, daran schlossen die Verbände der neu eingetroffenen 338. Infanteriedivision an, die im harten Ringen um Schmallenberg standen. Den westlichsten Flügel der 15. deutschen Armee bildeten die Einheiten des Sperrverbandes von Ahlfen.[366]

Der Kommandierende General des LXXXI. deutschen Armeekorps, Friedrich Köchling, schreibt über diesen Tag:

„An diesem Tage (7. April) kam die Aktivität der amerikanischen Truppen dadurch zum Ausdruck, daß sie in einem Nachtangriff Elpe im Bereich der 176. Infanteriedivision einnahmen. Auch scheute der Amerikaner sich nicht, die abseits der wenigen Straßen verteidigenden Widerstandsnester in dem schwierigen Berggelände infanteristisch anzugreifen und durch geschickte Umgehung und flankierende Angriffe auszuheben oder zum Ausweichen zu zwingen. So setzte bereits am

---

364 Die Reste der 176. Infanteriedivision, unterstützt von Volkssturm-Einheiten, hatten sich hier festgesetzt. Rückgrat der deutschen Verteidigung waren vor allem die Artillerie-Einheiten, die bereits am 5. April das Artilleriefeuer der amerikanischen Batterien erwiderten. Die Höhen um Bödefeld waren dazu von Natur aus zur Verteidigung geeignet.

365 Huyskens, a. a. O., S. 62 ff. — Anmerkung des Verfassers: In Heinrichsdorf gab es keine SS-Verbände der Division Feldherrnhalle. Es handelt sich auch hierbei um Einheiten der Panzerbrigade 106, Feldherrnhalle.

366 von Zangen, a. a. O., S. 19 ff.

Morgen des 7. April die mit der 7. amerikanischen Panzerdivision gekoppelte 99. amerikanische Infanteriedivision der 3. Panzergrenadierdivision und 176. Division hart zu. Trotz Einsatzes der sonst guten Sturmgeschützbrigade 341 bei der 3. Panzergrenadierdivision und einer Abteilung Reichsarbeitsdienst bei der 176. Division war im Laufe des 7. April eine Zurücknahme der Front auf die Linie Bödefeld — Höhengelände westlich der Elpe unausweichlich.

Bei dem amerikanischen Angriff über das Ruhrtal nach Westen stieß eine abgezweigte Angriffsgruppe über Assinghausen in Richtung Olsberg vor und säuberte diese Ortschaft von Teilen der südlichen Kampfgruppe der Division Wirtz. Gleichfalls stieß eine stärkere amerikanische Kräftegruppe im Zuge der großen Straße von Brilon nach Arnsberg aus dem Raum westlich von Altenbüren vor und warf die auf den Höhen ostwärts Nuttlar verteidigenden Teile der Kampfgruppe Lersner auf Nuttlar zurück. Ungeklärt blieb nördlich davon die Lage in dem ausgedehnten Waldgelände südostwärts Warstein. Auch die Lage um das beherrschende Warstein blieb zweifelhaft. Die nördliche Kampfgruppe Scherzer meldete die Besetzung der Höhen nördlich der Möhnetalsperre durch den Amerikaner sowie den Verlust von Allagen, wo der Amerikaner auf dem Südufer der Möhne einen Brückenkopf bilden konnte.

Die Mittel der Divisionen und des Korps reichten nicht aus, diesen Brückenkopf noch säubern zu können."[366a]

Südlich des Bödefelder Landes drangen an diesem Tage die Kompanien des 60. US-Infanterieregiments von Nordenau aus gegen Rehsiepen vor. Bereits am Tage zuvor waren sie in einem überraschenden Vorstoß gegen 11.00 Uhr in Holthausen eingedrungen. Ein deutscher Gegenstoß warf sie jedoch bald wieder hinaus. Darauf setzte ein schweres Trommelfeuer auf das Dorf ein. Die Bevölkerung floh in die ehemaligen Schieferstollen. Es folgten nun in Holthausen erbitterte Kämpfe um jede Straße und jedes Haus, bei denen 30 deutsche Soldaten ihr Leben ließen. Fünf Häuser gingen in Flammen auf, fast alle wurden mehr oder weniger schwer beschädigt. Erst am 7. April konnten die Amerikaner Holthausen endgültig besetzen.[367]

Am gleichen Tage wurden die Nachbarorte besetzt, Rehsiepen gegen 16.00 Uhr und kurze Zeit später Mittelsorpe und Obersorpe. Alle drei Dörfer waren zuvor von

---

366a Köchling, a. a. O., S. 22—23 — General Köchling schreibt weiter über den Tag:
„Wie von höherer Stelle angegeben, wurde bereits in der Nacht vom 7./8. die Masse der 3. Panzergrenadierdivision zwecks Verwendung beim LIII. Armeekorps herausgezogen und an deren Stelle die 338. Division unter dem LXXIV. Armeekorps verlängernd eingeschoben.
Seit dieser Zeit war zum rechten Nachbarkorps lediglich nur noch eine vorübergehende Anlehnung vorhanden, die größtenteils durch Aussendung von Spähtrupps zur Verbindungsaufnahme erreicht wurde. Sogar innerhalb der Division wurde der Zusammenschluß durch das ständige Abbröckeln der Gefechtsstärken schwierig. Die Kampfgruppen der Divisionen kämpften mehr oder weniger für sich, von der Artillerie nur schwach oder teilweise — wie bei der Division Wirtz — überhaupt nicht mehr unterstützt. Die Divisionsführung hatte Mühe, bei den immer unsicherer werdenden Verbindungen und den immer spärlicheren Meldungen den Überblick über die Gefechtslage zu bekommen und ordnungsgemäß zu führen.
Das Generalkommando legte jeweils am Abend, um den Zusammenhang innerhalb des Korps sicherzustellen, den Verlauf der vorderen Linie, die Abschnittsgrenzen und teilweise die Divisionsgefechtsstände fest und schloß mit der immer wiederkehrenden von der Armee befohlenen Forderung, nunmehr diese erreichte Linie zu halten, obwohl es innerlich von der Unmöglichkeit dieser Forderung überzeugt war."

367 Wie Anmerkung 365

amerikanischer Artillerie beschossen worden. In der Nacht vom 5. zum 6. April waren in Obersorpe noch deutsche Panzer eingetroffen. Die deutschen Truppen hatten sich kurz vor dem Einrücken der Amerikaner rechtzeitig zurückgezogen. Mit der Besetzung des Sorpetales war auch das Schicksal von Fredeburg praktisch besiegelt.

An der südlichen Front des III. US-Korps stieß an diesem Tage die Kampfgruppe B der 7. US-Panzerdivision gegen Gleidorf und Schmallenberg vor. Die beiden anderen Divisionskampfgruppen flankierten diesen Vorstoß seitlich. Teile der Kampfgruppe R besetzten dabei das Dorf Holthausen.[368]

Bereits am Vortage waren die Spitzen der 7. US-Panzerdivision bis nahe an Gleidorf herangekommen. Am Morgen des 7. April wurde dieser Ort endgültig von den amerikanischen Truppen besetzt und gesichert. Damit war die Front im Süden des damaligen Kreises Meschede bis unmittelbar an Schmallenberg und Fredeburg herangerückt. Um diese Städte kam es noch einmal zu schweren Kämpfen, da ihre Behauptung oder ihr Verlust auch über das Schicksal der deutschen Stellungen an der Ostfront des Kreises entschied.

Bereits in der Nacht zum 7. April hatte die 338. Infanteriedivision von Fredeburg aus mit einem Bataillon und vier bis fünf Panzern einen Angriff in Richtung Gleidorf angesetzt. Der Angriff erreichte das gesetzte Ziel, das wichtige Straßenkreuz bei Gleidorf, nicht. Die Kampfgruppe hatte starke Verluste und mußte wieder in die Ausgangsstellungen zurück.[369]

Schmallenberg mit der näheren Umgebung war bereits seit Anfang des Krieges als Lazarettstadt ausgewiesen und bis zum Frühjahr 1945 weitgehend von Kriegsereignissen verschont geblieben. Noch im März war eine Offizier-Genesungskompanie der Heeresgruppe B (Führerreserve) nach Schmallenberg verlegt worden. Anfang April folgte noch ein Feldlazarett mit 7 Ärzten, 30 Schwestern und etwa 40 Sanitätern. Gleichzeitig waren die Stadt und die nähere Umgebung seit den letzten Märztagen mit Truppen und Kriegsgerät aller Art belegt worden. Über Schmallenberg liefen in jenen Tagen die Nachschubverbindungen für den Ausbruchsversuch des LIII. Korps über Winterberg und für große Teile der südöstlichen deutschen Kesselfront.

Während die ersten beiden Apriltage in Schmallenberg ruhig verlaufen waren, wurden die folgenden Tage unruhiger. Von Osten und Südosten näherten sich die Kampffronten. In der Nacht zum 5. April, in den frühen Morgenstunden, erhielt Schmallenberg erstmals Artilleriebeschuß. Währenddessen wurden auf dem Bahnhof Teile der 338. Infanteriedivision ausgeladen, die ostwärts der Stadt in Richtung Grafschaft und Fleckenberg Stellungen bezogen. Der Beschuß hielt den ganzen Tag an und steigerte sich noch, als am Nachmittag die Kämpfe um Grafschaft und den Wilzenberg entbrannten. Die Situation wurde besonders bedrohlich, als zur gleichen Zeit eine deutsche Panzerjäger-Abteilung mit ihren Jagdpanzern zwischen den Häusern in Stellung ging. Stadtverwaltung und Lazarettleitung protestierten vergeblich gegen diese Maßnahme. Als am 6. April Grafschaft besetzt wurde, näherten sich die Kampfhandlungen auch dem Ortsbereich von Schmallenberg. Einzelne amerikanische Spähtrupps drangen bereits über den Aberg vor. Am Spätnachmittag traf auf deutscher Seite nochmals eine Flak-Abteilung zur Verstärkung ein. Sie

368 Williams, a. a. O., S. 478
369 Generalmajor Wolf Ewert, Die Kämpfe der 338. Infanteriedivision im südlichen Ruhrkessel, MS Nr. B-8, S. 17

wurde auf den Abschnitt des Bataillons Heidenreich verteilt und dem Major Bauch unterstellt, der mit dem 4. April als Kampfkommandant von Schmallenberg eingesetzt war. Der Beschuß hatte den ganzen Tag über angehalten, und deutsche Einheiten waren an mehreren Stellen auf die Stadt zurückgegangen und hatten sich zwischen den Häusern zur Verteidigung eingerichtet. In den höheren Teilen der Stadt hatten sich etwa zehn deutsche Panzer in günstige Schußpositionen postiert.[370]

Hierdurch waren nun alle Lazarette, die bereits zudem seit Tagen überfüllt waren, äußerst gefährdet. Es gelang den verantwortlichen Ärzten und einigen anderen Bürgern nicht, den Kampfkommandanten von der Sinnlosigkeit der Verteidigung zu überzeugen. Er berief sich immer wieder auf höhere Befehle, obwohl er zu seinen vorgesetzten Dienststellen bereits keine Verbindung mehr hatte. Ein Teil der am gefährdetsten scheinenden Lazarette wurde noch rechtzeitig geräumt, während gleichzeitig die Beschießung andauerte. Auch in der Nacht zum 7. April hielt der Beschuß an und steigerte sich noch in den Morgenstunden. Nunmehr schossen die Amerikaner auch mit Phosphorgranaten. Überall flammten Brände auf, die nicht gelöscht werden konnten, da viele Häuser von den Bewohnern verlassen worden waren. Außer in Kellern und Schutzräumen hatte sich die Bevölkerung in verschiedenen alten Stollen der näheren Umgebung verborgen. Gleichzeitig griffen die Amerikaner mit Panzern und Infanterieverbänden die deutschen Verteidigungsstellen rund um Schmallenberg, besonders am Aberg, an. Die deutschen Einheiten wichen langsam zurück, während einzelne Stützpunkte, die von Geschützen und Panzern gesichert waren, sich noch hielten. Eine durchgehende Verteidigungslinie bestand allerdings schon nicht mehr. Über die letzten Kämpfe und die Besetzung der Stadt schreibt Professor Huyskens in seinem Buch „Der Kreis Meschede unter der Feuerwalze des Zweiten Weltkrieges“:

»Hauptverteidigungspunkte waren an der Försterei am Ostausgang der Grafschafter Straße, im Aberg und auf der Höhe der Einheit an der Straße nach Gleidorf. Letzte Reste des Bataillons Heidenreich unter Führung des Kommandeurs kämpften heldenhaft im Aberg, bis sie sich noch einmal auf dem Nordufer der Lenne unterhalb der Straßen Auf der Mauer und Selbend festsetzten. Der Amerikaner legte am Morgen für kurze Zeit sein Feuer vom Grafschafter Weg und von den an der unteren Höhe stehenden Panzern aus auf die untere Stadt, wobei auch die Jugendherberge in Flammen aufging. Gegen 11.00 Uhr nahm er die ersten Häuser am Grafschafter Weg in Besitz. Mit vorgehaltenem Gewehr wurde jedes Haus nach Soldaten durchsucht. Dabei wurde der als Invalide in der Heimat weilende Heinrich Vogt wohl durch ein Mißverständnis erschossen. Langsam rückten die Amerikaner zum Sägewerk Bette über die Lennebrücke vor und nahmen den Werth bis zum Amtshaus in Besitz. Die Bewohner der Häuser wurden nach Mittag zu ihrer Sicherheit zur Höhe geschafft. Die feindlichen Panzer hatten diese schon verlassen und rückten in den Straßen von Schmallenberg langsam vor. Die aus der Volksschule am Tage vorher in das Pastorat und umliegende Häuser geschafften Verwundeten wurden nach Besetzung der Unterstadt noch einmal umgelagert und in das Haus Wilhelm Köster, Oststraße 77, gebracht, wo sie nach Einnahme der Stadt sogleich von einem amerikanischen Arzt betreut wurden. Die Artilleriestellung an der Ka-

---

370 Die 15. Armee hatte bereits am 6. April der Panzerlehrdivision befohlen, Teile der Division aus ihrer eigenen Front zu ziehen, um sie für einen möglichen Einsatz im Bereich der 338. Infanteriedivision im Raume Schmallenberg-Fredeburg bereitzuhalten.

pelle des Alten Friedhofs hatte sich bis jetzt wacker gehalten, sie mußte aber nach der Einnahme des Unteren Werths geräumt werden, ob schon vor oder nach Erteilung des allgemeinen Rückzugsbefehls, ist nicht mehr festzustellen. Wir wissen auch nicht, ob dieser auch den Abbau der Hauptverteidigung auf der ganzen Ostseite, besonders bei der Kirche und entlang der Straße Auf der Mauer, enthielt. Diese hatte bisher die Amerikaner gehindert, in breiter Front vom Aberg heruntersteigend, das Lennetal zu überschreiten und die Ostseite der Stadt unmittelbar an-

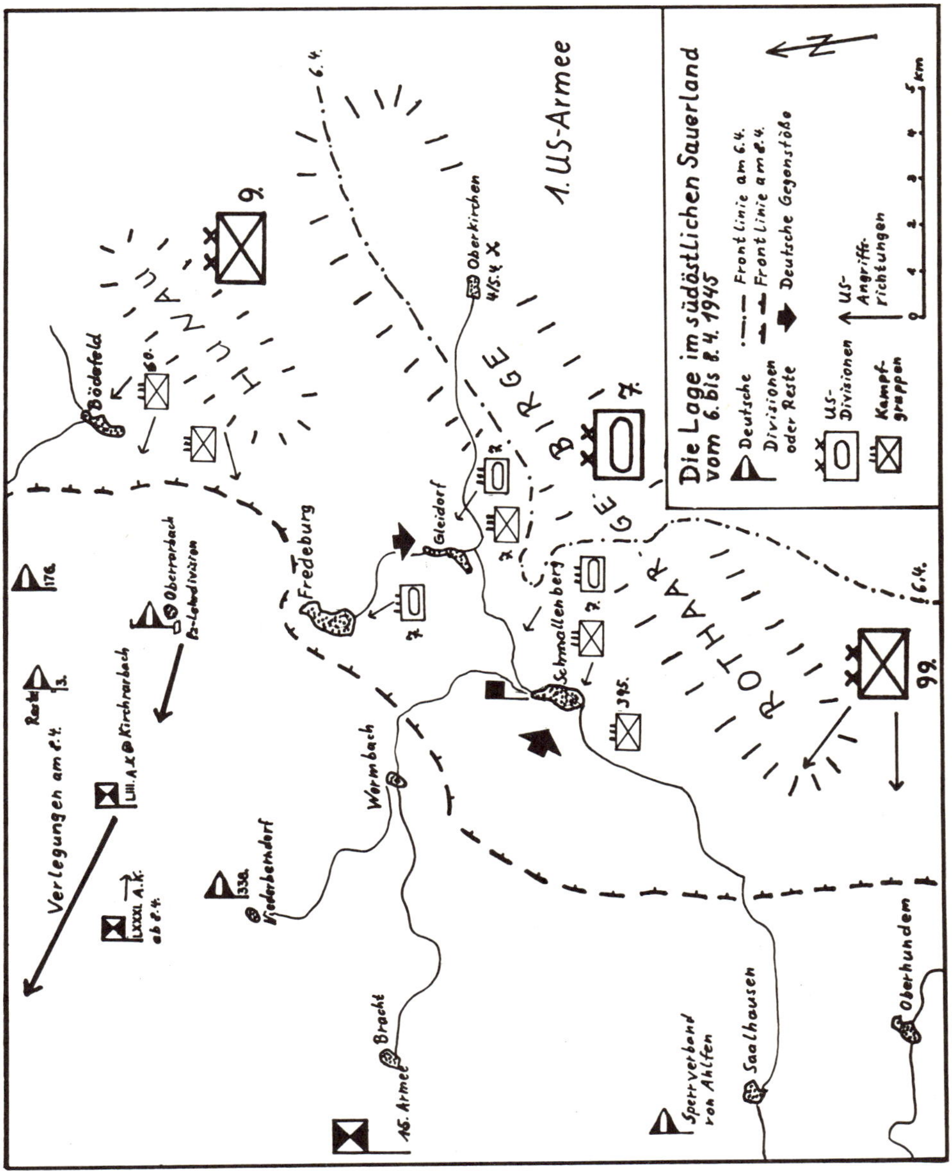


*Karte 21: Die Lage im südöstlichen Sauerland in der Zeit vom 6.–8. April 1945*

zugreifen, und hatte ihnen außerdem bei ihren Bewegungen vom Aberg und von Grafschaft her zur Unterstadt großen Schaden zugefügt. Es ist daher erklärlich, daß sie starkes Feuer auf diese Hauptverteidigungspunkte legten und viele Häuser, besonders um die Kirche, in Brand schossen. Auch die Kirche selbst erhielt viele Treffer. Wahrscheinlich hat der Kampfkommandant unter dem Eindruck dieser Beschießung und der Schäden und in der Besorgnis, abgeschnitten zu werden, endlich das Hoffnungslose seiner Lage eingesehen und den Rückzugsbefehl erteilt. Seine Durchführung traf zusammen mit dem Einsatz der amerikanischen Luftwaffe. Die Amerikaner sahen gegen Mittag, daß trotz aller Fortschritte ihr Angriff festgefahren war. Über das Amtshaus hinaus konnten sie nicht zur Oberstadt vordringen, weil hier immer noch deutsche Sturmgeschütze und Panzer ihnen Halt boten, und das Lennetal vom Aberg aus in breiter Front zu überschreiten und die hochgelegene Ostseite der Stadt im Sturm anzugreifen, würde aller ihrer bei den Kämpfen im Sauerland beobachteten Vorsicht und ihrer Verluste vermeidenden Taktik widersprochen haben. So taten sie, was sie in derartigen Fällen immer beobachteten, sie forderten die Unterstützung ihrer Luftwaffe an zur Niederkämpfung der ihrem weiteren Vormarsch sich noch entgegenstellenden Widerstandsnester. Gegen 13.00 Uhr erschienen über Schmallenberg Jagdbomber, die in immer wiederholten Anflügen eineinhalb Stunden lang die noch nicht besetzten Teile der Stadt mit Bordwaffen und einer Anzahl Bomben — 16 wurden gezählt — in Furcht und Schrecken versetzten und weitere große Zerstörungen und Brände hervorriefen. Nach Willeke handelte es sich um vier, nach Haumann um acht Jagdbomber. Als sie erschienen, feuerten auf deutscher Seite immer noch einige Geschütze und Panzer, die wohl den Auftrag hatten, den Rückzug zu decken. Ein einzelnes Sturmgeschütz stand dicht bei dem Lazarett Internat und sperrte mit seinem Feuer die Weststraße gegen Infanterie und vordringende feindliche Panzer.

Gleichzeitig mit dem Eingreifen ihrer Flugzeuge setzten die Amerikaner ihren Vormarsch fort. Vom Aberg heruntersteigend, erreichten sie gegen 13.00 Uhr die Schiefergrube und ersuchten die Insassen des Bunkers, vorläufig dort zu bleiben und sich ruhig zu verhalten. Dann rückten sie über die Lennebrücke und erkletterten, während gleichzeitig ihre Artillerie die Stadt unter Feuer hielt, über die Laake ausschwärmend, den ganzen Osthang der Stadt von der Mühle bis zum Judenfriedhof und drangen dann in die Weststraße und ihre Nebenstraßen ein. Auch vom Amtshaus aus stießen sie allmählich weiter vor. Die Bewohner der durchkämmten Häuser wurden vorläufig mit erhobenen Händen in die Kirche getrieben, wo sie zu ihrer Überraschung bemerkten, daß vor dem Beichtstuhl Kotthoff amerikanische Soldaten bereits ein Feuer angelegt hatten und gemütlich ihren guten Kaffee kochten. Der deutsche Rückzug ging zum Beerenberg, nach Werpe und Wormbach hin. Gegen 13.30 Uhr wurden Ansammlungen deutscher Soldaten und deutschen Kriegsgeräts aller Art in der oberen Weststraße und im Hohlen Wege von den Jagdbombern bemerkt und mit einem Hagel von Geschossen und mit Bomben angegriffen. Bei diesem Angriff wurden in dieser Gegend, in der Umgebung der Schützenhalle und in der Nähe der Post und des Bahnhofs noch zahlreiche Häuser zerstört oder in Brand geschossen, als letzte die beiden Häuser gegenüber dem Bahnhof an der Gleidorfer Straße.

Der Zeitpunkt der restlosen Besetzung der Stadt wird verschieden angegeben, von Falke um 14.00 Uhr, von Haumann um 16.00 Uhr; er wird wohl mit dem Abflug der Jagdbomber gegen 14.30 Uhr anzunehmen sein. Haumann schreibt, daß es

ihm und einigen weiteren beherzten Leuten gelungen sei, durch Schwenken weißer Tücher die Flieger vom Werfen weiterer Bomben abzuhalten. Der Kampfkommandant verließ als einer der letzten auf einem Panzer die brennende Stadt. Einige äußere Teile der Stadt wurden am späten Nachmittag ohne Kampf besetzt, die Meisenburg gegen 19.00 Uhr. Eine nennenswerte deutsche Beschießung von Schmallenberg nach dem Abzug der deutschen Truppen ist nicht erfolgt, doch sollen am 8. April morgens noch einige Geschosse gefallen sein. Die noch unter dem Eindruck der schweren Kämpfe stehende Bevölkerung verbrachte aber die Nacht nach der Besetzung auch noch in den Kellern oder in den Wäldern vor der Höhe und am Leninghof, weil sie sich hier am sichersten fühlte. Durch ihre wohl höheren Befehlen folgende heroische und verlustreiche Verteidigung hatte die deutsche Wehrmacht den feindlichen Vormarsch kaum nennenswert verlangsamen können, dafür aber große Schäden für die Stadt herbeigeführt. Der Rückzug erfolgte in Ordnung und ohne wesentliche Verluste an Gefangenen und Kriegsmaterial.«[371]

Der weitere Vorstoß der amerikanischen Verbände im Raume Grafschaft-Schmallenberg-Gleidorf konnte nur gestoppt werden durch den Einsatz einer kleinen Kampfgruppe der Panzerlehrdivision. Diese wurde beiderseits Gleidorf eingesetzt und brachte somit das weitere Vordringen der US-Verbände zunächst zum Stehen.[372]

Die bei den Kämpfen um Schmallenberg eingesetzten Teile der 338. Infanteriedivision wurden nunmehr auch dem LXXXI. Armeekorps unterstellt. Das Luftwaffen-Feldbataillon, das schlecht ausgebildet und ohne Panzerabwehrwaffen in den Kampf geschickt worden war, konnte sich in Fleckenberg und Schmallenberg nur kurze Zeit halten. Nachdem diese Orte verlorengingen, wurden auch die Reste des Bataillons hier gefangengenommen.[373]

Die Kampfgruppen der 7. US-Panzerdivision stießen an diesem 7. April südlich an Schmallenberg vorbei weiter nach Westen. Unterstützt wurden sie hierbei vom III. Bataillon des 395. Infanterieregiments der 99. US-Infanteriedivision. Bei diesem Vorstoß wurden die Orte Ober- und Niederfleckenberg besetzt, die ebenfalls zuvor bereits von amerikanischer Artillerie beschossen worden waren.[374]

Am gleichen Tage wurde auch das Dorf Harbecke westlich von Schmallenberg besetzt, nachdem die Amerikaner seit dem Vorabend den Bereich des Dorfes ebenfalls mit Artilleriefeuer belegt hatten. Von Fleckenberg aus über die Lenne rückten amerikanische Truppen gegen Mittag in das Dorf ein, ohne auf deutschen Widerstand zu treffen. Westlich des Dorfes erreichten die US-Verbände an diesem Tage ihre weitesten Vormarschpunkte nach Westen.

Westlich davon war am 7. April die 99. US-Infanteriedivision auf der linken Flanke des III. US-Korps mit ihren Regimentern über rauhes Gebirge gegen leichten deutschen Widerstand einige Kilometer nach Norden vorgerückt und stand mit den vordersten Spitzen bereits vor Oberhundem.[375]

Im Südabschnitt der Angriffszone der 1. US-Armee waren die Divisionen des XVIII. US-Luftlandekorps zum gleichen Zeitpunkt ebenfalls im weiteren Vordringen nach Norden und Nordwesten begriffen. Nordwestlich von Siegen warfen die Bataillone der 8. US-Infanteriedivisionen mehrere deutsche Gegenangriffe zurück

371 Huyskens, a. a. O., S. 70 ff.
372 Hudel, a. a. O., S. 11
373 Wolf Ewert, a. a. O., S. 17
374 Williams, a. a. O., S. 478. Siehe auch Anmerkung 314.
375 Wie Anmerkung 374

und rückten gegen steifen deutschen Widerstand einige Kilometer vor. Dabei erreichten die linken Teile der Division Selbach, während auf der rechten Flanke die vordersten Einheiten Erndtebrück und Schonsede erreichten. Die benachbarte 78. US-Infanteriedivision setzte ihren Vormarsch nördlich der Sieg ebenfalls fort. Auf der linken Angriffszone erreichten die Spitzen eine Linie von Dattenfeld bis Waldbröl. Das Regiment im Zentrum der Division besetzte Waldbröl und stieß bis Wissen vor. Das Regiment auf der rechten Divisionsflanke rückte bis Morsbach vor und besetzte die Höhenzüge östlich des Ortes. Auf der linken Seite des Korps griff die 97. US-Infanteriedivision, unterstützt vom 341. Infanterieregiment der 86. Division, an. Das 386. Infanterieregiment überquerte nach Artillerievorbereitung die Sieg in Sturmbooten, rückte gegen leichten Widerstand einige Kilometer vor und machte auf der rechten Seite Kontakt mit Einheiten der 78. Infanteriedivision.[376]

Im Bereich der 97. US-Infanteriedivision im Rhein-Sieg-Bereich setzte die 3. Fallschirmjägerdivision den vordringenden amerikanischen Einheiten noch hartnäckigen Widerstand entgegen. Dagegen waren die anderen nach Osten anschließenden Divisionen des LVIII. Panzerkorps kaum noch in der Lage, den schlagkräftigen amerikanischen Divisionen ernsthaften Widerstand entgegenzusetzen.[377]

Während die Verbände der 15. deutschen Armee am 7. April an der gesamten Ostfront in schweren Abwehrkämpfen standen, gab es in der Führung der Einheiten am Abend dieses Tages nochmals eine Veränderung. Die Heeresgruppe B hatte befohlen, daß General Bayerlein den Abschnitt seines LIII. Korps abzugeben hatte. Er war mit seinem Stab für eine neue Angriffsaufgabe an der Nordfront des Kessels vorgesehen und sollte sich im Laufe des 8. April zur Einweisung in seinen neuen Abschnitt Dortmund-Werl zum Stabe des XXXXVII. Panzerkorps begeben.[378]

Den Nordteil des bisherigen LIII. Korps übernahm das LXXXI. Armeekorps (General der Infanterie Köchling), das ohne Truppen von der Rheinfront herangeführt worden war. Den südlichen Teil mit der 3. Panzergrenadierdivision und der Panzerlehrdivision übernahm das LXXIV. Armeekorps (General Püchler). Die Befehlsübergabe erfolgte am 8. April um 12.00 Uhr. Das Korps Püchler übernahm am 8. April auch den Abschnitt des Sperrverbandes von Ahlfen (Führer jetzt General von Kortzfleisch) mit der 338. Infanteriedivision und der Panzerlehrdivision. Als Trennungslinie zwischen den beiden deutschen Korps wurde vereinbart: nördlich Fredeburg, Dorlar, Schliprüthen, Affeln, nördlich Neuenrade. Die 15. Armee verlegte ihren Armeegefechtsstand nach Ober-Salwey.[379]

8. APRIL:

Dieser Tag — es war ein Sonntag — sollte zum entscheidenden Tag für die Kämpfe im östlichen Sauerland werden. Es war der Tag, an dem die deutschen Verbände letztmalig in einer einigermaßen zusammenhängenden Linie vom Ruhrtal bei Nuttlar bis zum Lennetal westlich von Schmallenberg den vordringenden amerikanischen Divisionen Widerstand leisteten. Nochmals hallten die Täler des „Landes der tausend Berge" wider vom Bersten der Artilleriegeschosse, vom harten Knall

---

376 Wie Anmerkung 374

377 Ulms / Reuther, a. a. O., S. 65 f.

378 Bayerlein, a. a. O., S. 3 f.: LIII. Korps Ruhrkessel, Ostfront. Vergleiche hierzu auch die Beschreibung der Kämpfe im Bereich zwischen Ruhr und Lippe, zwischen dem 8. und 14. April im Kapitel: „Mit der Großkampfgruppe Twaddle . . ."

379 von Zangen, a. a. O., S. 19

der Panzerkanonen, vom Dröhnen der Flieger und Krachen ihrer Bomben und vom Rattern der Maschinengewehre und sonstiger Handfeuerwaffen.

An der Nordfront des III. US-Korps stieß die Kampfgruppe Birks durch das Ruhrtal weiter nach Westen vor, überrannte die Dörfer Velmede, Halbeswig und Wehrstapel und stand am Abend vor der Kreisstadt Meschede. Am Morgen dieses Tages hatte Generalleutnant Wirtz noch Kontakt mit dem Führer der deutschen Verbände im Ruhrtal, Oberstleutnant von Lersner. Die Lage vor seinem Abschnitt war am Morgen noch ruhig. Die Einheiten des verstärkten Infanteriebataillons waren noch kampfkräftig und wurden durch Reichsarbeitsdienst verstärkt. Keine Verbindung bestand mit den südlich anschließenden Arbeitsdienst-Einheiten. Es erging ein Befehl, daß diese Gruppen in der Gegend von Heringhausen den Schutz der Südflanke der Gruppe von Lersner übernehmen sollten. Die Artillerie-Einheiten der Gruppe hatten ohne Verluste neue Stellungen im Raum Velmede-Wehrstapel beziehen können. Von den drei Sturmgeschützen war allerdings eines ausgefallen. Als neuer Gefechtsstand der Kampfgruppe von Lersner wurde Wehrstapel befohlen.[380]

In der Nacht vom 7. zum 8. April hatte starkes amerikanisches Artilleriefeuer auf Velmede gelegen. Von den Ruhrbrücken war die Brücke zwischen Bestwig und Nuttlar gesprengt worden, während die Brücken in Bestwig, Velmede und Wehrstapel erhalten geblieben waren. In Velmede hatte man die Sprengung dadurch verhindert, daß man dem Pionierfeldwebel, der die Sprengung durchführen sollte, soviel Branntwein verabreichte, daß er die Sprengung vergaß.[381]

Über die Kämpfe im Raume Meschede berichtet Professor Albert Huyskens in seinem Buch „Der Kreis Meschede unter der Feuerwalze des Zweiten Weltkrieges" u. a.:

»Zwei höhere deutsche Offiziere hatten den Auftrag, Velmede zu verteidigen und verfügten dazu über etwa 100 bis 150 Soldaten bzw. Arbeitsdienstmänner, haben aber damit den Vormarsch keinen Augenblick aufhalten können und nur die Wirkung erzielt, daß sechs Soldaten ihr Leben lassen mußten. Am Westausgang des Dorfes hatte dann ein Hauptmann mit 20 Mann noch eine Verteidigungsstellung besetzt. Als am Nachmittag des 8. April nach der am Vormittag des gleichen Tages erfolgten Einnahme die Bewohner des Westteils von Velmede in ihre Häuser zurückkehrten, sahen sie da drei tote Soldaten liegen, darunter den Hauptmann Voigt aus Lübeck, und mehrere Verwundete, die anderen Verteidiger waren in Gefangenschaft geraten. Die Schützenhalle, ein großer Holzbau, ging beim Einmarsch in Flammen auf. Auch mehrere Häuser waren dem Feuer zum Opfer gefallen, als gegen 11.00 Uhr vormittags die Kampfhandlungen in Velmede beendet waren. Das Lager des Reichsarbeitsdienstes in Velmede wurde geplündert. Dabei wurden Mäntel, Stiefel, Uniformen nach dem Bericht eines Gewährsmannes aus Heringhausen in einem Ausmaß entwendet, das mit Not nicht entschuldigt werden konnte.

Gegen Mittag des 8. April wurde auch die Stadt Eversberg kampflos besetzt, nachdem sie seit dem Vorabend unter Beschuß gelegen hatte. Bei der Beschießung, welche an 15 Häusern zum Teil schwere Schäden verursachte, wurde eine Frau tödlich verwundet. Als die amerikanische Panzertruppe gegen 14.00 Uhr die Stadt besetzte, wurde sie mit weißen Tüchern von der Bevölkerung, die bis dahin in den abgestützten Kellern gehockt hatte, „geradezu bewillkommnet". Kurz nachher wurde aber Fritz Schroer bei einem Spaziergang vor der Stadt durch Kopfschuß getötet.

---

380 Wirtz, a. a. O., S. 6 ff.

381 Huyskens, a. a. O., S. 57

Die Amerikaner stießen an diesem 8. April in westlicher Richtung bis Meschede vor. Gegen 14.00 Uhr zogen sie ohne jeglichen Widerstand in Wehrstapel ein. Bei der vorausgegangenen kurzen Beschießung hatten der Kirchturm und einige Häuser Treffer erhalten. Neben einem Arbeitsdienstmann und einem Feldwebel wurde nachher auch ein Zivilist, Wilhelm Schäfer, tot aufgefunden. Schlimmer ging es in Heinrichstal zu. Vom Stinneskopf her versuchte der hier eingesetzte Arnsberger Volkssturm mit seinem Feuer die Amerikaner aufzuhalten, worauf diese Bomben warfen und eine Anzahl Häuser in Brand schossen. Dabei sind zwei Frauen in den Häusern buchstäblich verbrannt, eine dritte Frau wurde tödlich verletzt.

Am Abend des 8. April von 21.00 Uhr ab nahmen die Amerikaner die Kreisstadt Meschede in Besitz, nachdem sie vom 7. April ab beschossen worden war, mit Einschlägen hauptsächlich in der Ruhrstraße und im Hotel zur Post. In Erwartung des Einmarsches hatte man am Nachmittag des 8. April noch sinnloserweise sämtliche Brücken der Stadt, auch die Hennebrücke und die Hängebrücke bei Schloß Laer, gesprengt und im Postamt alle wichtigen Einrichtungen des Verstärkeramts durch Sprengung zerstört. Bei dem hellweißen Schein des seit dem letzten Bombenangriff vom 23. März brennenden Elektrowerkes der Firma Honsel suchten die Amerikaner von Haus zu Haus Keller und Bunker der durch die schweren Bombenangriffe zu einem Trümmerfeld gewordenen Stadt nach versprengten Soldaten und Waffen ab. Das deutsche Militär hatte sich vorher aus der Stadt zurückgezogen. Über dem Lager von Laer bis zum Waldschlößchen stand am Mittag des 8. April eine künstliche Nebelwand, die wohl zur Deckung der Räumung geschossen worden war. Die Amerikaner drangen gleichzeitig von Norden und Osten her in die Stadt ein.«[382]

Über die Tage vor dem Einmarsch der Amerikaner in Meschede berichtet Professor Huyskens in seinem Buch ebenfalls interessante Einzelheiten:

»Am 31. März trat im Straßenverkehr Ruhe ein. Das Militär verschwand aus der Stadt. Man erzählte, es sei teils nach dem Stimmstamm, teils in Richtung Remblinghausen abgezogen. An diesem Tage flog auch ein deutscher Düsenjäger, eine seltene Erscheinung, über Meschede hin und her. Vom 1. April ab und auch schon in der Nacht vorher waren stärkere Militärtransporte, auch von Artillerie, in Richtung Brilon zu beobachten. Am 2. April hörte man aus nordwestlicher Richtung fernes Artilleriefeuer. Auch am 4. April war von Norden her hinter dem Arnsberger Wald Geschützdonner zu vernehmen. Tiefflieger waren an mehreren Tagen um Meschede tätig. Am 3. April schossen sie in Richtung Laer und Heinrichstal, am 5. April kreisten sie mit ihren Bordwaffen feuernd über dem Krankenhaus. Vom 5. April ab wurde auch starkes Artilleriefeuer von Südosten her vernehmbar. Die Fensterscheiben klirrten, und die Türen zitterten. Es handelte sich um Abschüsse einer deutschen Batterie, die aus der Stellung bei Schederberge-Vogelsang nach Osten feuerte. Bereits am 6. April hatte ein feindliches Flugzeug Flugblätter über Meschede abgeworfen, in denen zur Aufgabe des Widerstandes aufgefordert wurde. Ob auch sonst über dem Ruhrkessel Flugblätter abgeworfen wurden? Wir wissen es nicht, auch nichts Näheres über ihren Inhalt. Auch von Arnsberg her war am 7. April Gefechtslärm zu hören. Ebenfalls am 7. April wurde die deutsche Artilleriestellung am Vogelsang von Fliegern angegriffen, aber nicht zum Schweigen gebracht. Auch Meschede wurde an diesem Tage von Tieffliegern beschossen. Am 7. April wurde Meschede selbst in das Kampfgeschehen einbezogen, nachdem an

---

382 Huyskens, a. a. O., S. 57 ff.

Nr. 354, Donnerstag, 5. April 1945

NACHRICHTEN FÜR DIE TRUPPE

# Alliierte marschieren auf Weimar und Leipzig

**ALLIIERTE Fallschirmjäger landeten gestern im Zentrum des Reichs zu beiden Seiten von Erfurt und besetzten Strassenkreuzungen und Brücken, während Hunderte von Transportflugzeugen und riesige Lastensegler die alliierten Panzerspitzen mit Betriebsstoff und Munition versorgten, die jetzt im Vormarsch quer durch das Reich gegen Weimar und in Richtung Leipzig vorstossen.**

**Nicht ein einziger Jäger der Luftwaffe wurde eingesetzt, um die Verbände der alliierten Transportflugzeuge anzugreifen.**

Die amerikanischen Panzer setzten den Vormarsch fort, nachdem sie aufgetankt hatten, und werden bereits dicht vor Weimar gemeldet.

Dicht hinter den Panzerspitzen folgen jetzt bereits starke Verbände motorisierter Infanterie und besetzen die überrannten Gebiete.

Die Besatzung in Gotha hat den Kampf eingestellt. Südlich Erfurt, wo noch einige Widerstandsnester aushalten, ist Arnstadt gefallen. Zella-Mehlis ist in der Hand der Amerikaner.

Während die Amerikaner in Thüringen weitermarschierten, ohne auf Widerstand zu stossen, werden vom Norden und Süden neue Vorstösse tiefer ins Reichsgebiet gemeldet.

Im Norden haben starke alliierte Verbände im Vorstoss nach Bremen gestern den Weser-Ems-Kanal überschritten, ohne einen Schuss zu feuern.

Die zersprengten deutschen Einheiten weichen, so schnell sie können, auf Bremen zurück, dicht gefolgt von den alliierten Panzerspitzen, die jetzt 70 Kilometer von Bremen gemeldet werden und bei dem jetzigen Vormarschtempo täglich weitere 30 Kilometer vorrücken.

### *An der Weser*

Inzwischen haben andere alliierte Panzerverbände die Weser zwischen Minden und Beverungen auf breiter Front erreicht und treffen jetzt Vorbereitungen, um den Fluss zu

(Fortsetzung Seite 4)

## Gebietsverlust verschlimmert Waffenkrise

Eine katastrophenhafte Verschlimmerung in der Versorgung mit Infanteriewaffen ist jetzt durch den Verlust der grossen Hand- und Maschinenwaffen - Fabriken in Zella-Mehlis und Suhl eingetreten. In Suhl gingen die Werke von Hänel und von Sauer und Sohn verloren, in Zella-Mehlis die Karl-Walther-Waffenfabrik und die Rheinmetall AG.

Die Krise in der Produktion von Hand- und Maschinenwaffen hatte den BdE und Chef der Heeresrüstung schon Anfang März zu einem Befehl veranlasst, der eine Neuverteilung der noch vorhandenen Waffen vorsah und die Ausstattung der Einheiten drastisch beschränkte.

„Zur Gewinnung von Hand- und Maschinenwaffen", heisst es in dem Befehl des BdE, „wird die Waffenausstattung sämtlicher Verbände und Einheiten aller Wehrmachteile und der Waffen-SS mit sofortiger Wirkung bei Gewehren und Pistolen auf 55 Prozent, bei Maschinenpistolen auf 13 Prozent und bei Maschinengewehren auf 25 Prozent der Ausstattung herabgesetzt.

„In der Truppe befindliche Beutewaffen jeder Art sind den Waffen deutscher Fertigung gleichzusetzen."

## Sowjets erreichen Wien Pressburg ist gefallen

**In der unmittelbaren Verteidigungszone Wien toben seit gestern Nacht Kämpfe mit sowjetischen Stosskolonnen, die innerhalb von 24 Stunden die letzten Bollwerke der Abwehr vor Wien überrannt haben.**

Im Osten Wiens wurde Pressburg, das zu einer starken Festung ausgebaut worden war, nach kurzen Strassenkämpfen von den Sowjets genommen.

Die Verteidigung von Pressburg sollte die Anmarschwege im Donautal decken, hat aber nicht verhindert, dass Sowjettruppen schon am Dienstag zu beiden Seiten an Pressburg vorbei näher an Wien herangerückt waren.

Mit Pressburg ist nun auch die Hauptstadt des letzten europäischen Verbündeten des Reichs in gegnerischer Hand. Nördlich von Pressburg haben Sowjettruppen die Passhöhen der kleinen Karpaten genommen und stehen vor dem Einbruch in das Marchtal.

Dem Wiener Verteidigungsgürtel am nächsten sind jedoch Sowjettruppen, die von Süden aus Baden und Traiskirchen genommen haben und jetzt über Mödling auf die südlichen Aussenbezirke Wiens vordringen. Zugleich suchen die Sowjets durch das obere Schwechat-Tal den Wiener Wald zu erreichen, um die Eisenbahnlinie nach St. Pölten und Linz zu durchschneiden.

### *Verteidigung zu schwach*

So rasch hat sich die Bedrohung der Stadt Wien selbst entwickelt, dass SS-Obersgruppenführer Sepp Dietrich die wenigen Verstärkungen, die ihm zur Verteidigung der ostmärkischen Hauptstadt zugesagt waren, noch nicht heranbringen konnte.

Nur Reste seiner 6. SS-Panzerarmee, die bei den Kämpfen in Ungarn fast aufgerieben wurde, und Landesschützen, Volkssturm und andere Behelfseinheiten stehen jetzt zur Verteidigung Wiens zur Verfügung. Vor allem fehlt es an Panzern und Geschützen. Nicht einmal ausreichend Flak ist vorhanden, um die wichtigsten Viertel von Wien vor den Tiefangriffen der Jabos und Schlachtflieger zu schützen.

Weit über 2½ Millionen Einwohner, Fremdarbeiter, Flüchtlige aus Südost-Europa und fast 100 000 verwundete Wehrmachtangehörige, die nicht fortgebracht werden konnten, kauern in den Kellern und warten, dass der Sturm schnell vorübergeht.

Nach Meldungen aus der Slowakei gehen jetzt die deutschen Divisionen, die

(Fortsetzung Seite 4)

## Drohungen sollen Fahndung ersetzen

Der Zusammenbruch des gesamten Fahndungswesens nach Wehrmacht- und Arbeitsflüchtlingen veranlasst jetzt die Behörden, fast täglich durch papierene Drohungen und Bekanntmachungen Versprengte und andere Flüchtlinge zur freiwilligen Meldung zu verlassen.

Die heutigen Zeitungen bringen wieder zwei derartige Bekanntmachungen, und zwar:

1. Die alte amtliche Mitteilung über Meldepflicht von allen, die entweder ihren Arbeitsplatz oder ihre Wehrmachteinheit verlassen und im Innern des Reichs Unterschlupf gefunden haben.

Diese Mitteilung wird heute bereits zum fünften Mal wiederholt mit der leeren Drohung, dass nicht nur jeder, der sich der Wehr- und Arbeitspflicht entzieht, sondern auch derjenige, der ihm dabei Vorschub leistet, bestraft werden soll.

2. Eine Verordnung, wonach alle Selbstschutzpflichtigen den Weisungen der Führungskräfte im Selbstschutz Folge leisten müssen.

## Berlin-Offensive steht bevor

**Die Grossoffensive der Sowjets gegen die Reichshauptstadt wird im OKW bereits in den nächsten Tagen erwartet. Diese Mitteilung machte gestern der militärische Sprecher der Wilhelmstrasse.**

**Die Sowjetarmeen, die jetzt an der Oder und der Lausitzer Neisse massiert sind, um den Krieg im Osten mit einem Schlag zu beenden, sind rund 300 km von den amerikanischen Verbänden entfernt, die im Vormarsch quer durch das Reich bis in den Raum von Erfurt vorgestossen sind.**

Alliiertes Flugblatt, das am 5./6. April 1945 über verschiedenen Gebieten des Ruhrkessels abgeworfen wurde.

# So wild ist keiner mehr . . .

## EIN KAMERAD ZUR LAGE

JETZT wo der Anglo-Amerikaner im Eiltempo auf die Nordseehäfen losmarschiert, fragen sich die Kameraden von der KM mit Recht : „Was wird nun mit uns ?“

Irgendetwas muss ja geschehen. Ganz schlaue Köpfe sagen : Womöglich schickt man uns noch nach Norwegen zum Weitermachen, wenn die deutschen Stützpunkte weg sind.

Aber sowas fällt schon wegen der Nachschubfrage aus. Wenn die deutschen Häfen erst für die Anglo-Amerikaner arbeiten, kann ja nichts mehr nach Norwegen raufgeschickt werden.

Wesentlich besser unterrichtet sind schon die Kameraden im Bernau-Stab. Seit vier Tagen und vier Nächten ist da dicke Luft. Onkel Karl hat sich im Lagezimmer „Koralle“ eingenebelt, Gott sieht ihm wie üblich über die Schulter, und da schieben die beiden zum letzten mal die kleinen Bleiboote auf dem Operationstisch herum. Und zwar gleich gruppenweise.

★ ★ ★

Was der Löwe vorhat, das wird ja allen aufgehen, wenn er jetzt in ein paar Tagen plötzlich schreit : „FT-Sprüche raus !“ — Nämlich genau dasselbe, was die Führung 1918 bei Toresschluss auch vorgehabt hat.

Es soll noch einmal alles zum letzten grossen Vorstoss rausgejagt werden : U-Boote, S-Boote und die ganze restliche Flotte. „SX“ und „SN“, die beiden Veteranen von 1918, sollen den Reigen führen — und dann: auf den Feind mit Gebrüll und kämpfend untergehen.

Damit Dönitz nachher sagen kann : „Meine Waffe ist mit einem gewaltigen letzten Paukenschlag in die Geschichte eingegangen. Meine Männer haben bis zur letzten Minute gekämpft und liegen nunmehr mit ihren Schiffen glorreich auf dem Meeresboden.“ — Und Dönitz wird

***„SX“ (Linienschiff „Schleswig-Holstein“). Sie soll den Todesreigen führen, damit Dönitz sagen kann: „Meine Waffe ist mit einem Paukenschlag in die Geschichte eingegangen“.***

ja dann auch noch am Leben sein um das sagen zu können.

Bis auf ein paar Über-Seekühe, die für die Japanfahrer von der Führung reserviert bleiben, soll alles in den grossen Paukenschlag mit reingeschmettert werden : Jedes Kriegsfahrzeug das schwimmt.

Kleine technische Bedenken wie, dass nicht mehr genug Brennstoff dafür da ist, fallen bei diesem Einsatz weg. Es soll ja nur noch rausgefahren werden und nicht mehr zurück. Und für den Anmarsch und 5 Tage Op-Gebiet reicht es noch grade.

★ ★ ★

Nun haben sich ja viele Kameraden sowas ähnliches schon vorgestellt, und in den Stützpunkten hat sich auch schon eine ziemlich klare Ansicht darüber gebildet.

Die allgemeine Ansicht ist : Untergehen müssen ja die Pötte, das ist in Ordnung. Dem Feind will man sie nicht in die Hände fallen lassen, denn das geht einem alten Seemann nun mal gegen den Kurs.

Aber warum die Kameraden, die eigentlich den Krieg schon überlebt haben, sich schnell noch mitversenken sollen, nur damit der Name „Dönitz“ in die deutschen Lesebücher eingeht — das sieht keiner ein.

Dazu liegt ja auch garkein Anlass vor. Wenn die Schiffe alle versenkt werden sollen — bitte schön : Der Kasten geht raus — die Besatzung steigt in die Rettungsboote oder Schlauchboote, je nachdem — der L.I. macht die Bodenvertile auf — und der Pott fällt garantiert keinem Feind mehr in die Hände. Und für die Kameraden ist der Krieg zuende — ohne feuchtes Heldengrab.

★ ★ ★

Das ist jedenfalls die volkstümliche Methode. — Man könnte das Versenken zwar auch direkt im Stützpunkt besorgen, aber da kann es einem hinterher passieren, dass man in letzter Stunde noch mal an Land betätigt wird. So wie jetzt in Hamburg, wo 1 500 Kameraden vom U-Boot-Stammpersonal grade frontfertig gemacht werden : 100 mit Gewehren — die übrigen zum Faustkampf.

Da fährt man also lieber ein Stückchen raus und besorgt das Versenken draussen. Wer von den U-Bootskameraden keine Lust hat, lange im Schlauchboot rumzupaddeln, der macht das unter der irischen oder schwedischen Küste ab. Oder er macht es wie U-Gebauer — die sind gleich in England vorgefahren. Lange brauchen sie ja sowieso nicht mehr drüben im Lager zu bleiben.

★ ★ ★

Das wäre so ein richtiger Dönitz : 42 000 geschulte Kameraden hat er schon auf seinen U-Booten verloren, und 23 000 auf der übrigen Flotte. Da kommt es ihm garnicht darauf an, wenn er die letzten 6 000 erfahrenen Kumpels der KM auf einem Haufen auch noch hinterherjagt.

Dann kann er wenigstens als letzten Funkspruch absetzen: „FR FR — Aufgabe erfüllt. Meine Flotte in glorreichem Heldenkampf erlegen.“

So stellt der Löwe sich das vor. Aber so wild ist keiner mehr aufs Sterben. Es sind ja schliesslich schon genug von der KM gefallen. Die noch am Leben sind, haben ihren Teil geleistet und sich dabei ihren Rheumatismus für den Führer weggeholt. — Und das langt.

*Oblt. J.v.Ö.*

## Granatsplitter

Zur Frühjahrsbestellung entlassen wurden jetzt viele Männer der 84. bei Dorsten eingekesselten Infanterie Division. Die 84. besteht grossenteils aus Westfalen. In Kriegsgefangenschaft geraten, wurden die meisten von ihnen gleich auf die westfälischen Höfe verteilt.

### *Vom Lager ins Lager*

Genlt. zV. Graf Winfred von der Schulenburg, der als Kommandeur der Kriegsgefangenenlager in Norddeutschland über das Schicksal tausender gefangener Anglo-Amerikaner zu bestimmen hatte, ist jetzt im Westen selbst gefangen worden.

### *200 Horste bereits verloren*

Mehr als 200 Horste, Luftparks und Reichs-Verteidigungsplätze sind seit der Rheinüberquerung den Alliierten in die Hände gefallen. Darunter sind auch die meisten Spezialplätze für die Me 262 und Arado 234 Düsenjäger. Für die Düsenjäger mussten die Startbahnen bis zu 3 km verlängert werden. 13 von den 20 Düsenjägerplätzen sind schon futsch.

### *Kolberg-Film kam nicht an*

Der erste vom Reichs-Propaganda - Ministerium befohlene Feindflug wurde vom früheren Lufthansa-Käpitän, jetzt Hptm. Pliefke vom Kg 30 unternommen. Er hatte mit seiner He 111 den Durchhaltefilm „Kolberg“ nach La Rochelle zu bringen, wo er gleichzeitig mit der Uraufführung im Reiche gezeigt werden sollte. Hptm. Pliefke kam aber nicht durch und befindet sich jetzt mit dem Film in Kriegsgefangenschaft.

## DIE LETZTEN 21 TAGE

**13. März:** 19. Tag der Westoffensive : USA-Panzer auf Autobahn Köln-Frankfurt. — 55. Tag der russischen Offensive ; Sowjet-Panzer überrennen Gebiet westl. Linie Gotenhafen-Danzig.

**15. März:** Alliierte überschreiten Mosel und Saar.

**19. März:** In Ungarn überrennen Sowjets in 24 Stunden den ganzen, in 13tägiger Führeroffensive gemachten Bodengewinn.

**22. März:** USA-Schwimmpanzer überqueren Rhein bei Oppenheim.

**23. März:** Engländer überqueren Niederrhein beiderseits Wesel.

**25. März:** Wesel und Darmstadt gefallen.

**26. März:** Deutsche Rhein-Abwehr von Emmerich bis Karlsruhe in Auflösung. Panzerspitzen in Bayern.

**27. März:** Wiesbaden gefallen. — Russe stürmt Raab.

**28. März:** Hanau, Hamborn, Gemünden gefallen. — Sowjets nehmen Gotenhafen : 9 000 Überlebende geben sich gefangen.

**29. März:** Frankfurt a.M., Duisburg, Mannheim, Emmerich und Marburg gefallen.

**30. März:** Heidelberg kapituliert ; Anholt, Bad Wildungen, Fritzlar gefallen. — Sowjets nehmen Danzig ; 45 U-Boote fallen in Russenhände ; 10 000 Überlebende ergeben sich. — Über 1 000 Bomber greifen Bremen, Hamburg, Wilhelmshaven an, 50 U-Boote vernichtet.

**31. März:** Paderborn, Hersfeld gefallen ; Ring um Ruhr geschlossen. Franzosen-Einfall über Rhein nach Baden. — Ratibor gefallen. Russenpanzer 45 km von Pressburg.

**1. April:** Bei Eisenach überqueren Alliierte die Werra. — Sowjets 12 km von Wr. Neustadt, 50 km von Wien. Ödenburg, Mattersburg ergeben sich. Glogau gefallen. Obst. Graf Eulenburg ergibt sich mit 8 000 Überlebenden.

**2. April:** Kassel, Rheine, Enschede gefallen. Alliierte Panzer umgehen Bielefeld und Osnabrück, rollen ostwärts weiter. Anglo-Amerikaner 50 km hinter Fulda. Würzburg umgangen. — Sowjets vor Wr. Neustadt, sowie an der Leitha, 25 km von Wien. Österreich. Freischärler vereinigen sich mit Sowjet-Fallschirmjägern und tschech. Partisanen.

**3. April:** Anglo-Amerikaner an der Weser ; vor Heilbronn und Gotha, 240 km von Berlin, 320 km vom Russen in Sagan a.N. Münster, Recklinghausen und in Holland Nordhorn und Hengelo gefallen. — Sowjets überrollen Wr. Neustadt, Eisenstadt, Neunkirchen und Gloggnitz a.Semmering. Strassenkämpfe in Baden bei Wien und in Pressburg ; Kremnitz gefallen. — 1 000 alliierte Bomber greifen Kiel an, letzten KM-Zufluchthafen in Ostsee ; 19 U-Boote zerstört. Eisenbahnanlagen in Nordhausen gebombt. 39. Luftangriff auf Berlin in 42 Nächten.

### Führerwort

„Das Schicksal oder die Vorsehung werden denen den Sieg geben, die ihn am meisten verdienen.“

*Hitler, in München, 8.11.42*

# 5 000 KZ-Häftlinge brechen aus

## Buchenwald-SS-Wache flieht vor anrollenden USA-Panzern

**DER bisher grösste Ausbruch aus einem KZ fand am Dienstag im Lager V in Buchenwald statt, wo es rund 5 000 Häftlingen gelang, zu entkommen.**

Die meisten der entsprungenen Häftlinge waren Strafgefangene, die in Buchenwald zu einer Bewährungseinheit zusammengestellt werden sollten.

Die KZ-Häftlinge, die von dem Anmarsch amerikanischer Panzer auf Erfurt Kunde erhalten hatten und sahen, dass die SS-Wachen durch Feldgendarmen verstärkt wurden, befürchteten Massenerschiessungen in letzter Minute vor ihrer Befreiung.

In dicht geschlossenen Reihen stürmten sie gegen die Umzäunung und brachen durch.

Zwei Umstände begünstigten ihren Ausbruch:

1. Der Lagerelektriker, SS-Unterscharführer Wacholt, der gleichfalls verschwunden ist, hatte die Hochspannungsdrähte der Stacheldrahtumzäunung durch Kurzschluss entschärft.
2. Zahlreiche SS-Führer der Lagerwache waren mit Absetzungsvorbereitungen beschäftigt.

### *KZ brechen zusammen*

Bisher ist es Polizei und Feldgendarmerie nicht gelungen, die entsprungenen Häftlinge wieder festzunehmen.

Dieser neue Massenausbruch ist nur das letzte Glied in einer langen Kette von Zerfallserscheinungen des KZ-Wesens. Auch die schärfsten Befehle des Reichssicherheitshauptamtes haben diesen Verfall nicht aufhalten können.

Viele SS-Ärzte der KZ weigern sich, jetzt noch weitere Sterbeeintragungen der liquidierten Häftlinge mit ihren Namen zu zeichnen.

Um sich von dem Verdacht rein zu waschen, dass sie an dem KZ-Terror beteiligt waren, weigern sich auch immer mehr Betriebsführer unter den fadenscheinigsten Begründungen, KZ-Häftlinge in ihren Werken weiter zu beschäftigen.

## Wirrwar in der Wilhelmstrasse

Das Durcheinander in der Reichsverwaltung hat bereits ein derartiges Ausmass erreicht, dass hohe Beamte nicht mehr wissen, wo sich wichtige Abteilungen ihrer Ministerien befinden.

So hat Gesandter Braun von Stumm auf der vorgestrigen Pressekonferenz in der Wilhelmstrasse ausdrücklich erklärt, dass sich nicht eine einzige Abteilung des Auswärtigen Amtes am Bodensee befindet, zum grössten Erstaunen neutraler Diplomaten, die erst in den letzten Tagen mit der Protokollabteilung und anderen Abteilungen des Auswärtigen Amtes in Konstanz am Bodensee amtlich verhandelt haben.

Wie dem Auswärtigen Amt geht es jetzt auch einer Anzahl von anderen Reichsministerien, in denen die leitenden Beamten oft keine Ahnung haben, wo im noch unbesetzten Reichsgebiet sich Abteilungen befinden, die durch das Vorrollen der Fronten von Osten nach Westen und wieder zurückgejagt werden.

So ist die ganze Abteilung des Reichspropagandaministeriums, die vor Monaten nach Bad Oeynhausen im Teutoburgerwald evakuiert worden war, verloren gegangen.

Das letzte, was man im Reichspropagandaministerium in Berlin von der Abteilung in Bad Oeynhausen gehört hat, war eine Mitteilung vor mehr als einer Woche, dass die Abteilung im Begriff war, sich nach Bayern abzusetzen.

Wo sie inzwischen eingetroffen ist, weiss man aber im Reichspropagandaministerium noch nicht.

## Mutter des Helden Planetta verhaftet

Wegen parteifeindlicher Äusserungen wurde in Wien Frau Emma Planetta verhaftet, die Mutter des nationalsozialistischen Helden der Ostmark, der 1934 als Mörder des Bundeskanzlers Dollfus zum Tode verurteilt und erhängt wurde.

Frau Planetta wurde verhaftet, als sie am Dienstag auf der Strasse erklärte: „Für diese Nazis und für diese Zustände ist mein Sohn nicht gestorben".

## Eichenlaub

Das Eichenlaub zum Ritterkreuz des Eisernen Kreuzes erhielt Oberst Fritz Fullriede, Festungskommandant von Kolberg.

## Mussolinis Sohn gründet neue Zeitschrift

Unter persönlicher Leitung von Vittorio Mussolini, dem Sohn des Duce, ist soeben mit Genehmigung der Parteikanzlei die neue faschistische Zeitschrift „Nuova Europa" gegründet worden.

Die neue Zeitschrift soll alle vierzehn Tage in der Hauptstadt der Bewegung erscheinen und sich mit den weltanschaulichen Grundlagen der nationalsozialistisch-faschistischen Neuordnung Europas befassen.

Sechsundsiebzig uk-gestellte Propaganda - Sachverständige vom Reichsministerium für Volksaufklärung und Propaganda sind Vittorio Mussolini deutscherseits zur Verfügung gestellt worden.

## *Auf Freundfahrt*

*Die wahre Hausfrau ist nicht totzukriegen,*
*Sie schrubbt und bohnert, dass die Lappen fliegen.*
*Sie scheuert intensiv nach allen Regeln,*
*Bis jeder Winkel vorschriftsmässig blitzt:*
*Sie tut es, wenn sie auf dem Trocknen sitzt.*
*Sie tut es ebenso beim Segeln.*

## Sowjets geben Namens-Listen der KLV-Kinder

**Viele tausend Eltern, deren Kinder in den von den Russen überrannten KLV-Lagern der Ostgaue abgeschnitten wurden, dürfen jetzt damit rechnen, bald von ihren Kindern Nachricht zu erhalten.**

Das Kinderhilfswerk des Schwedischen Roten Kreuzes, das die versprengten Kinder sofort nach Kriegsende mit ihren Eltern vereinigen will, stellt bereits in Zusammenarbeit mit den russischen Behörden Namenslisten der Kinder auf, die in den überrannten KLV-Lagern vorgefunden wurden.

Es handelt sich hauptsächlich um Kinder aus dem Ruhrgebiet und dem Rheinland, sowie aus Hamburg und Berlin.

Auch die Millionen Frauen, deren Männer und Söhne in russischer Kriegsgefangenschaft sind, werden bei Kriegsende von ihren Angehörigen Nachricht bekommen.

Das Schwedische Rote Kreuz hat bereits Post der in russischer Kriegsgefangenschaft befindlichen Wehrmachtangehörigen übernommen, deren Beförderung bisher von den nationalsozialistischen Reichsbehörden aus weltanschaulichen Gründen abgelehnt wurde.

## Der Avus-Mord wird immer rätselhafter

**Gerüchte, dass Reichsleiter Martin Bormann und Generalfeldmarschall Keitel die Opfer des Avusbahnmordes sind, laufen seit zwei Tagen in Berlin um.**

Diese Gerüchte besagen ferner, dass der Mord auf der Avus von der Abteilung IV des Reichssicherheitshauptamtes angelegt worden sei, um in dem Machtkampf zwischen SS und Partei den wichtigsten Mann der Parteiorganisation aus dem Wege zu räumen.

Die Parteikanzlei erklärte gestern, dass diese Gerüchte jeder Grundlage entbehren. Reichsleiter Bormann lebt und hat, wie die Parteikanzlei feststellt, seit Anfang März seine Villa „Haus Sonnenschein" in Pullach nur verlassen, um sich ins Führerhauptquartier zu begeben.

Inzwischen hat die „Mordkommission Avus" in der Birkenstrasse 13/14 Hunderte von anonymen Mitteilungen und Telefonanrufen erhalten, ohne dass bisher auch nur eine Spur der drei Täter in Wehrmachtuniform entdeckt werden konnte, die am Sonnabend nachmittag zwei höhere Parteiführer und deren Fahrer in einer sechssitzigen Limousine auf der Avus anhielten und erschossen.

Die Reichskriminalpolizei erwägt, die ausgesetzte Belohnung von 100 000 RM in Gold anzubieten, wie sie zum ersten Mal auf den Kopf von Marschall Tito ausgesetzt wurde.

## Brenner-Nachschub jetzt mit Eseln

Der Transportverkehr über den Brenner wird jetzt durch Esel und Maultiere bewerkstelligt.

Da die Eisenbahnlinien abgeschnitten sind und nur wenig Treibstoff für Lkw.s vorhanden ist, hat die Wehrmacht alle Esel und Maultiere im Innsbrucker Bezirk beschlagnahmt, um noch Transporte über den Brenner aufrechtzuerhalten.

## SPORT

### Im Oster-Fussball triumphierte HSV

Im Oster-Fussballturnier in Hamburg für Siebener-Mannschaften gewann der Hamburger Sport-Verein.

Die HSV - Mannschaft stand: Warning, Knüppel 1, Been, Melkonian, Seeler, Knüppel 2, Zeidler.

Der HSV schlug in der Vorrunde Bergedorf erst nach Verlängerung 1:0, siegte aber im Endspiel über Wandsbeck-Eilbeck 3:0.

In Kiel schlug der VfB die Borussia 1:0 und ist damit auf den zweiten Platz im Fussballgau gerückt mit 15:9 Punkten hinter Holstein-Kiel, 19:4 P.

In Leipzig gewannen die Sportfreunde Markranstädt das „Turnier des Westens" 3:0 gegen Wacker.

In seinem eigenen Turnier konnte VfB Leipzig nur dritter werden. Ins Endspiel, gelangten Fortuna und Hasagdie 1:1 spielten.

* * *

Amerikas bester Schispringer, Torger Tokle, ist bei der Erstürmung des Monte Torfccia gefallen.

Tokle kam nach Amerika nach der Besetzung von Norwegen und gewann bis 1944 von 41 Schisprungbewerben 36. Mit 88 m gelang ihm 1942, ein Rekordsprung.

In den Appenninen führte Tokle eine USA Schi-abteilung.

*Gladiator*

# Wiener machen nicht mehr mit

## Freiheitsbewegung schürt Widerstand gegen den Krieg

WÄHREND Sowjetpanzer vom Osten und Südosten gegen die Vorstädte von Wien vorrollen und Hunderttausende von Personen im Wienerwald und den Donau-Auen vor den kommenden Strassenkämpfen Zuflucht suchen, hat der organisierte Widerstand der österreichischen Freiheitsbewegung in der ostmärkischen Hauptstadt bereits eingesetzt.

Eisenbahner und Strassenbahner kommen nicht zur Arbeit und legen dadurch den Nachschub an die Front lahm.

Im Ost-, West- und Südbahnhof stauen sich Züge mit Kriegsmaterial, die nicht abgefertigt werden können.

In den Betrieben fehlt mehr als die Hälfte der Gefolgschaftsmitglieder. Aufgeboten zum Volkssturm wird nicht Folge geleistet.

In den Arbeitervierteln Simmering, Favoriten und Maidling, die den vom Süden vordringenden Sowjetarmeen am nächsten liegen, patrouillieren Streifen der Waffen-SS durch die Strassen.

*Klebezettel und Flugblätter*

Klebezettel und Flugblätter des illegalen Schutzbundes, der aufgelösten sozialdemokratischen Kampforganisation, werden jeden Morgen von zahlreichen Mauern durch HJ und SS entfernt, aber in der Nacht darauf sind die Mauern wieder damit bedeckt.

Alle Fahndungen nach geheimen Waffenlagern, die von der Arbeiterschaft lange vor dem Anschluss versteckt worden waren, und nach verschwundenen Volkssturmwaffen sind ergebnislos geblieben.

Wie stark selbst die Gestapo mit Angehörigen der österreichischen Widerstandsbewegung durchsetzt ist, geht aus einer ganzen Reihe von Haftbefehlen hervor, die in den letzten Tagen vom Reichssicherheitshauptamt gegen flüchtige Beamte der Gestapostellen in den Donau-Alpengauen erlassen worden sind.

Unter den Gestapobeamten, die jetzt steckbrieflich gesucht werden, befindet sich SS-Hauptsturmführer Nikolaus von Maasburg von der Gestapoleitstelle Wien, der einem Befehl zur Berichterstattung in Berlin nicht Folge geleistet hat und mit seiner Familie verschwunden ist.

## Parteiführer fliehen aus Stuttgart

Ungeachtet des Aufrufs der Parteikanzlei an alle politischen Führer, in den bedrohten Gauen und Städten auszuharren, machen sich jetzt immer mehr Stuttgarter Parteiführer aus dem Staube, seit die Nachricht eingetroffen ist, dass Amerikaner und Franzosen nach der Rheinüberquerung in Karlsruhe und ins Neckartal eingedrungen sind und Stuttgart bereits vom Westen und Norden bedrohen.

Zu den prominentesten Parteiführern, die ihren Posten im Stich gelassen haben, gehören: Der Landesbauernführer von Württemberg-Hohenzollern, SS-Brigadeführer Alfred Arnold, SA - Gruppenführer Mergenthaler und der Stabsführer der NSKK - Motorgruppe Südwest, NSKK-Brigadeführer Günther Secker.

Besonders eilig hatte es NSKK-Brigadeführer Secker, der sich mit seiner Familie in zwei Dienstwagen des NSKK von Stuttgart nach Salzburg absetzte, sobald die Amerikaner in Heidelberg gemeldet wurden.

FORTSETZUNG von S.1

## Ostfront

durch den Sowjetvorstoss Donau-aufwärts schon fast 300 km überflügelt sind, unter dem Druck der nachdrängenden Sowjets zurück. Es wird bezweifelt, dass sich noch grössere Einheiten mit ihrem Material schnell genug durch die slowakischen Berge absetzen und das Reich erreichen können.

Aus Niederschlesien und aus der Mark Brandenburg werden weiterhin Vorbereitungen der Sowjets für den Grossangriff auf Berlin und das Reichsinnere gemeldet.

## In zwei Richtungen . . .

*Auf den Grünstreifen der Reichsautobahn Giessen-Kass... ziehen lange Kolonnen deutscher Kriegsgefangener d... Sammellagern zu, während Panzer und Nachschubfah... zeuge der amerikanischen Armeen auf beiden Fahrbahn... weiter nach Osten rollen.*

## Horste und U-Bootwerften gebombt

**Drei der grössten Reichsverteidigungshorste zwischen Hamburg und Berlin wurden gestern von Hunderten alliierter Bomber zerstört. U-Bootwerften in Kiel und Hamburg, sowie Truppenansammlungen in Nordhausen wurden ebenfalls angegriffen.**

Auf den Reichsverteidigungshorsten Wesendorf, Fassberg und Perleberg sind nach den gestrigen Angriffen die Rollbahnen in Trichterfelder verwandelt, Unterkünfte und Werften abgebrannt und über 100 Maschinen zerstört. In Fassberg ist der Schaden besonders gross. Einen Volltreffer erhielt auch das dortige Kasino, das prächtigste der Luftwaffe. Kleinere Verbände griffen die Flugplätze Parchim und Hoya an.

Während der Angriffe mussten die Besatzungen auf den Horsten tatenlos zusehen, wie ihre Maschinen zusammengeschmissen wurden. Wegen Spritmangels durften sie nicht einmal zur Verteidigung ihrer eigenen Horste aufsteigen.

Gleichzeitig mit der Grossoffensive gegen die deutsche Jagdwaffe in Norddeutschland setzten die Alliierten mit über 600 Bombern ihre Angriffe auf die U-Bootwerften fort. Neue umfangreiche Zerstörungen werden von den Deutschen-Werken in Kiel und von Blohm & Voss in Hamburg gemeldet.

*Tiefflieger über Wien*

Im Südosten des Reichs war das Gebiet von Wien bei Tag und Nacht ständig den Angriffen alliierter Bomber und Tiefflieger schutzlos ausgeliefert. Fliegeralarm wird schon meist überhaupt nicht mehr gegeben.

Die Bevölkerung in Wien bleibt wegen der ständigen Fliegergefahr in ihren Kellern und kein Mensch geht mehr zur Arbeit.

## Alliierte bedrohen Weimar

FORTSETZUNG von S.1

überschreiten für einen Vorstoss gegen Hannover und weiter durch die Norddeutsche Tiefebene, bis zur Elbe.

In Minden und Detmold halten noch einige Widerstandsnester aus. Bad Öynhausen ist in der Hand der Alliierten.

Während die alliierten Panzerarmeen vom Thüringer Wald bis in den Raum von Bremen fast kampflos immer weitere Teile des Reichs besetzen, sind die deutschen Truppen in Holland jetzt fast völlig abgeschnitten.

Der letzte Rückzugskorridor wurde gestern weiter eingeengt durch einen britischen Vorstoss von Nordhorn zur Ems nördlich Lingen.

*Richtung Emden*

Nach den letzten Meldungen marschieren die Alliierten stromabwärts in Richtung Emden vor.

Weiter westlich sind kanadische Truppen bis Deventer durchgebrochen und nähern sich im schnellen Vorstoss der Zuider-See. Das ganze Gebiet zwischen Nimwegen und Arnheim ist überrannt, und alliierte Truppen stehen am Südufer des Leck vor Arnheim.

Über die Lage der 60 000 Mann im Kessel zwischen Rhein, Ruhr und Sieg liegen nur unvollständige Meldungen vor. Viele deutsche Einheiten antworten nicht mehr auf Funkanruf. Im Hauptquartier des Ob. West weiss man nicht, welche Einheiten noch kämpfen und welche bereits die Waffen gestreckt haben.

Besonders im Ruhrgebiet befolgen jetzt immer mehr Einheitsführer die Anweisungen des alliierten Oberkommandos, schicken Unterhändler mit weissen Fahnen zu den alliierten Linien und ergeben sich mit ihren Einheiten, um dem Blutvergiess... ein Ende zu bereiten und d... Hunderttausenden von Frau... und Kindern, die noch in d... halbzerstörten Industriestä... ten zurückgeblieben sind, d... Schrecken der Strassenkämp... zu ersparen.

*Über die Sieg*

Auch im Süden des Kesse... stellen jetzt immer me... Wehrmachtangehörige d... Kampf ein, nachdem d... Amerikaner auf breiter Fro... die Sieg überschritten habe... und mit zahlreichen Panze... spitzen in den Kessel vo... stossen.

Das gleiche Bild ein... immer schnelleren Zusan... menbruchs geben auch d... Meldungen aus Baden, Wür... temberg und Bayern.

Karlsruhe ist gefalle... Alliierte Panzer stossen a... der Enz gegen Stuttgart vo... und sind in Heilbronn einge... drungen.

Im Vormarsch auf Nürn... berg haben die Amerikane... Uffenheim genommen un... werden nur noch 45 Kilomete... von der Stadt der Parteitag... gemeldet.

## 1 352 002 Mann machten Schluss

**Am 3. April haben wieder 76 017 Wehrmachtangehörige im Westen Schluss gemacht. Damit haben sich seit Beginn der alliierten Offensive am 23. Februar 441 219 Mann den Anglo-Amerikanern ergeben.**

**Seit Beginn der Invasion haben 1 352 002 Wehrmachtangehörige im Westen den Kampf eingestellt und sich gefangengegeben.**

**Das entspricht dem Mannschaftsbestand von mehr als 135 kampfstarken Divisionen.**

diesem Tage schon dauernder starker Gefechtslärm von Artillerie-, Maschinengewehr- und Gewehrfeuer aus dem östlichen Ruhrtal zu hören gewesen war. Es fiel auch auf, daß gegen Abend noch einmal ein Zug aus dieser Richtung einlief. Bald nach dessen Ankunft blitzte feindliches Artilleriefeuer bei Bestwig auf, und sofort danach erfolgten Einschläge in Meschede. Damit begann der Beschuß für Meschede. Am 8. April steigerte sich der letzte Artilleriekampf. Deutsche Artillerie feuerte von der Ittmecke nach Osten, amerikanische Geschütze beschossen von Heinrichstal her den deutschen Gefechtsstand beim Kloster in Meschede. Auf dem Rückzuge nahmen deutsche Soldaten in der Nacht zum 8. April und am folgenden Morgen in Meschede Quartier, darunter solche, die betrübt darüber waren, daß in Velmede ihr Hauptmann durch die Kugel eines amerikanischen Scharfschützen gefallen war. Aus Richtung Heinrichstal ratterten den ganzen Nachmittag deutsche und amerikanische Maschinengewehre, die man an ihrer Feuergeschwindigkeit unterscheiden konnte. Man sah deutsche Schützen am evangelischen Friedhof und am oberen Ittmecketal, auf dem feindliches Artilleriefeuer lag. Auch die deutsche Feuerstellung beim Kloster lag unter Beschuß. Vom Schultenkamp schoß die deutsche Flak. Auf dem Brennrodt lag deutsche Infanterie, anscheinend gemischt mit Volkssturm. Auf der Briloner Straße hinter dem evangelischen Friedhof in der Gegend der Walze finden die anrückenden amerikanischen Panzer noch einen letzten Widerstand. Es steigen zweimal schwarze Rauchwolken von getroffenen amerikanischen Panzern auf. Auch aus den Russenbaracken hinter dem Friedhof steigt Feuer auf. Auf dem Schultenkamp tauchen wiederholt deutsche Kampfwagen und Flakgeschütze auf, schießen auf die Amerikaner und verschwinden. Am Abend geht dieser letzte Kampf zu Ende. Die deutsche Wehrmacht zieht sich aus Meschede zurück. Die letzte Einquartierung hatte sich schon am frühen Abend verabschiedet. Gegen 21.30 Uhr klopften die ersten Amerikaner bei unserem Mitarbeiter an die Haustür. Andere Amerikaner quartierten sich bei ihm ein, und als er in der Morgenfrühe in die Küche kam, saß dort ein volles Dutzend bei Kerzenlicht am Frühstückstisch. „Sie brieten meine gesamten Eier aus dem Keller und tranken meinen Wein, den ich für die Rückkehr meiner drei Söhne aus dem Kriege im Keller aufbewahrt hatte.“ So ist der Krieg! Der Krieg und das Leben gingen weiter. Bereits am 9. April donnerten amerikanische Geschütze von der Ittmecke und vom Langeloh gegen Westen, amerikanische Flieger landeten und starteten auf der großen Ruhrwiese von Schultenkämper, an der Friedensstraße war ein Gefangenenlager eingerichtet, das sich schnell mit deutschen Soldaten und Zivilpersonen füllte. Die gesprengte Hennebrücke war bereits am 10. April durch eine Eisenbrücke ersetzt, während die Ruhrbrücke im Wasser lag und man über eine Leiter ins Ruhrbett hinunterstieg und dann über die Trümmer turnte. In den Geschäften hatten die Amerikaner, wohl zur Vermeidung von Plünderungen, alles Vorhandene an Lebensmitteln, Stoffen usw. ausgeben lassen. Unter Aufsicht der Amerikaner wurden am 14. April die Weinvorräte bei Hoffs, besonders von Ausländern, in Gefäßen aller Art fortgeschleppt und vergeudet, so daß das Wasser des Mühlgrabens sich rot färbte und nach Wein duftete.

Der Bericht über die Kampftage von Meschede darf nicht geschlossen werden, ohne der gewaltigen hingebenden Liebestätigkeit in dem Lazarett des Walburga-Krankenhauses zu gedenken. Durch die Kämpfe im Sauerland war das Lazarett in ein reines Feldlazarett umgewandelt worden. 250 Verwundete lagen sozusagen in jeder Ecke auf Stroh, die Operationsräume waren des Beschusses wegen auf den Flur verlegt worden. Die anfallende Arbeit war kaum zu bewältigen. Oberstabsarzt

Dr. Dreesen erlitt einen Schlaganfall und starb kurz darauf. Selbst der robusten Schwester Brixia versagten die Nerven, und sie war unfähig, weiterzuarbeiten. Die Sterbeziffer stieg unheimlich. Am 9. April, abends 9.00 Uhr erschienen die Amerikaner und übernahmen am folgenden Tage mit ihren Ärzten das Haus.«[383]

Am Abend des 8. April mußte Generalleutnant Wirtz zur Kenntnis nehmen, daß die amerikanischen Einheiten vor Meschede standen bzw. die Stadt schon zum Teil besetzt hatten. Mit Oberstleutnant von Lersner bestand keine Verbindung mehr. Es war nicht bekannt, ob er gefallen oder in Gefangenschaft geraten war. Von dem Infanteriebataillon waren nur noch Teile in Stärke einer Kompanie vorhanden, die dem Kampfkommandanten von Meschede unterstellt wurden. Die Masse der Artillerie konnte Stellungen westlich von Meschede beziehen. Auch der Führer der Arbeitsdienstgruppe Wulmeringhausen hatte in Meschede den Auftrag erhalten, sich in allgemeiner Linie Enkhausen-Berg zur Verteidigung einzurichten.[384]

Mit Sorge sah Generalleutnant Wirtz auch auf seine Nordflanke. Eine am 8. April früh eintreffende Radfahrkompanie wurde als Reserve des Sperrverbandes Wirtz in der Gegend des Forsthauses Stimmstamm (sechs Kilometer nördlich von Meschede) bereitgestellt. Die motorisierte Kompanie des Pionierbataillons 73 war noch in der Nacht zum 8. April nach Hirschberg vorgezogen worden mit dem Auftrag, am 8. April durch hinhaltende Kampfführung etwaige Angriffe vorgehender Feindkräfte über Hirschberg auf Öventrop zu verzögern und den Ruhrabschnitt Freienohl-Rumbeck zu halten.[385]

Am gleichen Tage drangen die US-Verbände auch aus Warstein weiter nach Süden vor und besetzten die südlich gelegenen Waldgebiete. Über die Vorgänge im Möhneabschnitt lagen keine Meldungen vor, da nach dem Verlust von Hirschberg das Postnetz unterbrochen war. Gegen Mittag wurde die Radfahrkompanie der Kampfgruppe Scherzer unterstellt. Über den Verlauf der Kämpfe in dieser Gegend konnte keine Klarheit gewonnen werden. Als am Abend drei Geschütze, Teile der Radfahrkompanie, der Pionierkompanie im Abschnitt Freienohl-Öventrop eintrafen, mußte auch die Kampfgruppe Scherzer als erledigt angesehen werden.[386]

Über die weiteren Ereignisse berichtet Professor Huyskens u. a.:

„Gleichzeitig mit dem Vormarsch im Ruhrtal trugen die Amerikaner auch an der ganzen noch verteidigten Ostgrenze des damaligen Kreises Meschede von der Ruhr bis zur Hunau aus dem Elpe- und Negertal ihren Angriff auf breiter Front vor. Am stärksten war ihr Druck auf den an das Ruhrtal sich anlehnenden Nordflügel. Hier hatten Heringhausen und gleichzeitig Andreasberg von amerikanischen Batterien aus dem Elpetal bereits am 6. April die ersten Geschosse und Schäden empfangen.

Gegen 14.00 Uhr erschien in Heringhausen der Abschnittskommandant von Velmede und beorderte die in Heringhausen in Bereitschaft liegenden Offiziersbewerber zum Einsatz nach Ostwig. Als das Militär durch das Buchholz abgerückt war, gingen zwei französische Kriegsgefangene mit einer weißen Fahne von dem Stollen im Frettler zu den auf dem Kreuzberg stehenden Amerikanern und versicherten

383 Wie Anmerkung 382
384 Wirtz, a. a. O., S. 7 f.
385 Vergleiche hierzu auch die Beschreibungen der US-Kampfgruppe Faith, die etwa gleichzeitig durch den Arnsberger Wald nach Westen vorstieß.
386 Wie Anmerkung 384

ihnen, daß der Ort von deutschem Militär frei sei und nicht verteidigt werde. Gegen 23.00 Uhr rückten darauf amerikanische Panzer ein und besetzten den Ort. Am folgenden Tag versuchte ein Leutnant mit 20 Mann von Berlar aus noch einmal einen Vorstoß auf Heringhausen. Dabei wurde ein Haus durch eine Granate schwer beschädigt, und der Leutnant geriet in Gefangenschaft.

In Ramsbeck war eine deutsche Batterie in Stellung gegangen und hatte am 5. April in den Kampf eingegriffen, was alsbald den Ort unter feindliches Feuer brachte. Ramsbeck war wie ausgestorben. Die meisten Einwohner hatten in den zahlreichen Bergwerksstollen der Stolberger Zink A. G. Schutz gesucht. Der Artilleriebeschuß richtete große Schäden in den Wäldern der Umgebung und auch im Ort an.

Die deutschen Truppen, die von Siedlinghausen her ihren bei Brunskappel gefallenen Regimentskommandeur von Poschinger und seinen Adjutanten mitgebracht und am 5. April auf dem Friedhof in Ramsbeck beigesetzt hatten, traten den Rückzug in Richtung Berlar-Remblinghausen an. Ergreifend war der Abschied eines Abwicklungskommandos (ein Unteroffizier und zwei Mann): ‚Wir werden wohl die letzten deutschen Soldaten sein, die Sie jemals wieder zu Gesicht bekommen werden.' So sagte einer der Soldaten, als wir uns mit einem kräftigen Händedruck und guten Wünschen von ihnen verabschiedeten. ‚Morgen werden die Amerikaner hier sein', war sein letztes Wort. Wir haben lange darüber nachgedacht. Um die Mittagszeit des 8. April rückten beiderseits des Valmetals zwei Kolonnen amerikanischer Infanterie in den südlichen Ortsteil Werdern ein, die eine von Heinrichsdorf her über Eismecke, die andere vom Faulenberg her. Fast zur gleichen Zeit kamen auch Amerikaner aus Richtung Brabecke.

Inzwischen waren auch von Bestwig her Panzer und Lastkraftwagen auf Ramsbeck vorgestoßen, andere von Heinrichsdorf her über den Stollen und die Erzaufbereitung Willibald. Als willkommene Beute fiel den Amerikanern in der Schützenhalle ein riesiges Autoreifenlager von 18 Waggonladungen im Werte von ca. dreieinhalb Millionen Mark in die Hände.

Auch südlich von Ramsbeck hatte der feindliche Vormarsch am 8. April durchweg das Valmetal erreicht, ja im Laufe des Tages den größten Teil des zäh verteidigten und für eine Verteidigung besonders günstigen Bödefelder Landes in feindlichen Besitz gebracht. Die östlichen Orte der beiden Gemeinden Freiheit Bödefeld und Bödefeld-Land lagen schon am 5. April, nachmittags, unter Beschuß, so Altenfeld, Valme und Osterwald gegen 17.00 Uhr, Freiheit Bödefeld gegen 19.00 Uhr und Westernbödefeld und Brabecke sogar schon seit dem Vormittag. In Gellinghausen setzte der Beschuß erst am 7. April ein. An den vorhergehenden Tagen waren die Straßen wiederholt unter Fliegerbeschuß genommen worden. In den umgebenden Waldgebieten entwickelten sich schwere Infanteriekämpfe, die sich jedoch, wie fast überall im Kreise, der Beobachtung der Zivilbevölkerung entzogen.

In Osterwald waren die Amerikaner bis zum 8. April an dem Waldrand oberhalb des Dorfes angelangt. Das Tal der Mechterkuse muß spätestens in der Nacht zum 8. April besetzt worden sein. Auf der Spitze des Kreuzberges lag noch am Abend des 7. April eine deutsche Truppe, und die unteren Teile waren noch bis zum Morgen in deutscher Hand. Unterhalb der Häusergruppe Lanfert wurden schon am Abend des 7. April amerikanische Spähtrupps gesichtet. Gegen 3.30 Uhr früh am 8. April verließen die letzten deutschen Truppen die Häuser, die dann gegen 8.30 Uhr von der Hiege aus besetzt wurden. Die Eroberung des Bödefelder Landes stand vor ihrem Abschluß, sie stieß nirgends mehr auf ernstlichen Widerstand seitens der deutschen

Truppen. Die deutsche Front war mürbe geschossen. Durchweg zogen sich die deutschen Truppen kurz vor der Ankunft der amerikanischen Infanterie zurück. Einige deutsche Gruppen, die ausgeharrt hatten, gerieten kampflos in Gefangenschaft. Auf einzelne flüchtende Soldaten wurde geschossen.' Genauer gesagt befand sich die deutsche Wehrmacht bereits auf dem Rückzug, und der Amerikaner folgte ihr auf dem Fuße, aber immerhin so vorsichtig, daß größere Zusammenstöße vermieden wurden. Die deutschen Truppen hatten noch am 7. April früh Verstärkung erhalten. Volkssturm aus Köln war dabei. Auch am Morgen des 8. April sollen noch neue Mannschaften gekommen sein, aber wahrscheinlich war es nur Ersatz aus Volkssturmleuten, wie er ohne Unterlaß an die Front gesandt wurde. Es fehlte eigentlich, soweit man in Bödefeld beobachten konnte, außer an alten kampferfahrenen Mannschaften nichts Wesentliches. Die Feldküchen hatten genügend Vorräte und kochten gut. Munition mag bei einzelnen Batterien nicht genügend vorhanden gewesen sein. Es ist aber auch noch viel liegengeblieben, auch an Handgranaten, Panzerfäusten und Gewehrmunition, während sonst außer zerschossenen Fahrzeugen und Panzern kein deutsches Heeresgerät von Bedeutung den Amerikanern in die Hände gefallen ist. Mit Treibstoff mußte anscheinend sehr gespart werden.

Der 8. April war der Tag der völligen Eroberung des Bödefelder Landes. Am Vormittag erkundeten die Amerikaner vorsichtig durch Spähtrupps die Verteidigung von Bödefeld, aus dem die deutschen Truppen sich bereits unter Zurücklassung einiger Deckungstrupps zurückgezogen hatten. Von Lanfert her kam ein Spähtrupp zum Schlot, wo er vom Haus Droste aus vorsichtig mit Fernglas das Gelände absuchte.

Einzelne Feuerüberfälle gingen der Besetzung voraus, für die gegen Mittag eine Vernebelung des Dorfes durchgeführt wurde. Amerikanische Panzer trafen kurz vor Mittag bei den Häusern in der Lanfert ein und stellten sich dort bereit. Kurz nach Mittag rückten die Amerikaner dann den Kreuzweg herab und dann über den bewaldeten Abhang zum Hause Knipschild in den Ort ein und verteilten sich schnell über die Dorfstraßen. Widerstand wurde nicht mehr geleistet. Auf einzelne flüchtende deutsche Soldaten wurde geschossen; manche wurden auch getroffen. In Gefangenschaft gerieten nur wenige. Am Nachmittag setzte deutsches Artilleriefeuer auf Bödefeld ein, an dem nach vorliegenden Nachrichten auch Mörser beteiligt waren. Am 9. April früh hörte diese Beschießung auf. Die Waldgebiete an der Hunau sind bereits in der Nacht zum 8. April geräumt worden. Amerikanische Panzer fuhren die Hunau ab und fanden dort kaum noch Arbeit.

Fast gleichzeitig mit Freiheit Bödefeld wurden auch Osterwald und Brabecke besetzt. In Osterwald hatte man schon am Vorabend amerikanische Spähtrupps am Waldrand gesichtet. In Osterwald lag noch ein Deckungskommando von 38 Mann mit einem Leutnant. Als die Amerikaner zum Angriff antraten, schossen sie daher noch fünf Häuser und eine Scheune in Brand und feuerten auch mit Handwaffen in die Häuser. Auch in die Kapelle drangen Gewehrschüsse. Die deutsche Deckung geriet in Gefangenschaft. Brabecke wurde von Valme aus kampflos durch Amerikaner in der Stärke eines Bataillons besetzt, die über den Faulenberg durch den Wald einrückten. Hier in Brabecke teilte sich die Truppe. Eine Kompanie rückte auf Westernbödefeld vor, die beiden anderen setzten ihren Vormarsch in Richtung auf Remblinghausen fort. Diese letzte Abteilung marschierte mit der Hälfte durch den Winkel auf Gut Frielinghausen zu, grub sich aber zunächst auf dem Schlaut ein. Die andere Hälfte ging die Hamecke hinauf zum Neheim und dann zum Kernebrockskopf. Hier hatte ein deutsches Regiment, das aber nur noch 23 Mann zählte, unter dem Ritterkreuz-

träger Major Schmidt Stellung bezogen. Weil aber das ihm zugesagte Bataillon Verstärkung ausblieb, gab er den Befehl zum Rückzug. Bei dem Abzug von der Jagdhütte auf dem Kernebrockskopf kam es nur zu einer kurzen Schießerei, als die Amerikaner einen einzelnen deutschen Soldaten fliehen sahen. Gegen 19.00 Uhr besetzten die Amerikaner auch die Jagdhütte. Major Schmidt ging selbst mit einem Häuflein Getreuer nach Mosebolle.

Die Besetzung des arg zerschossenen und ausgebrannten Dorfes Westernbödefeld von Brabecke her — auch von Bödefeld sollen einige Amerikaner gekommen sein — erfolgte ohne Kampf gegen 16.00 Uhr. Die letzten deutschen Truppen hatten sich in Richtung Remblinghausen oder Dornheim zurückgezogen. Ein deutscher Kradfahrer, der nach der Besetzung ahnungslos noch von Gellinghausen her ins Dorf fuhr, wurde aus einem Haus heraus erschossen. Westernbödefeld sah übel aus: sechs Häuser verbrannt, zwei weitere Häuser durch Bomben in Trümmer gelegt, vier Scheunen zerstört, die anderen Häuser mit acht Ausnahmen, wo nur leichtere Beschädigungen festgestellt wurden, erheblich und sogar schwer beschädigt. Um 18.00 Uhr wurde dann auch Gellinghausen besetzt, das dank seiner geschützten Lage weniger unter dem Beschuß gelitten hatte, der auch erst am Nachmittag des 7. April eintrat. Die Amerikaner rückten durch den Wald im Kohlhagen kampflos ins Dorf. Hier hatte die Befehlsstelle eines höheren Stabes gelegen, in der auch Generalfeldmarschall Model zweimal erschienen war. Die deutsche Besatzung war rechtzeitig in Richtung Dornheim abgerückt, als letzter ein deutscher Offizier, der in schwerem Artilleriefeuer mit seinem Auto den steilen Berg nach Dornheim hinabfuhr. Mehrere Soldaten gerieten in Gefangenschaft und erklärten, keinen Befehl zum Rückzug gehabt zu haben. Eine kleine Truppe, die nach der Besetzung oben ins Dorf kam und nach dem Weg nach Dornheim fragte, merkte noch früh genug, daß die Amerikaner schon da seien, und zog sich schleunigst in den Wald zurück.

Die drei Häuser auf dem Rimberg wurden erst am 9. April nachträglich besetzt. Die Aufgabe des Bödefelder Landes durch die deutsche Heeresleitung, die sich vielleicht noch einige Tage hätte hinausschieben lassen, wurde beschleunigt durch die inzwischen eingetretenen Erfolge der Amerikaner an der Südfront des Kreises in den Kämpfen um Schmallenberg und Fredeburg, welche die Kämpfer von Bödefeld mit dem Abschneiden ihrer rückwärtigen Verbindungslinien bedrohten."[387]

Über diesen Großkampftag hat der Kommandierende General des LXXXI. Armeekorps über seine unterstellten Verbände folgendes vermerkt:

„Das Generalkommando sah sich keineswegs überrascht, daß trotz des befohlenen Haltens der Linie am 7. April abends, am Morgen des 8. April eine weit westlich gelegenere vordere Linie von den Divisionen gemeldet wurde. Dies war eine Linie, die etwa auf den Höhen westlich des Gellinghauser Baches und des Valme-Abschnittes verlief. Nuttlar befand sich noch in eigener Hand, während die Verhältnisse nördlich davon, insbesondere um Warstein, noch ungeklärt blieben. Die nördliche Kampfgruppe an der Möhne hatte ihre Stellung halten können, ohne jedoch den amerikanischen Brückenkopf bei Allagen auch nur irgendwie beseitigen zu können.

Um die Riesenfront (etwa 35 Kilometer) der ‚Division' Wirtz etwas zu verschmälern, hatte das Generalkommando die Nordgrenze der 176. Division bis zum Nordrand von Dörnberg — Südrand Heringhausen — Mitte Hennetalsperre be-

---

387 Huyskens, a. a. O., S. 60 ff.

fohlen. Jedoch hinderte dies keineswegs, daß sich bereits an diesem Tage der bevorstehende Zusammenbruch des LXXXI. Armeekorps abzeichnete. Auf der gesamten Korpsfront griff der Amerikaner schwerpunktmäßig im Zuge aller auf die Front führenden Straßen an, ohne es jedoch zu unterlassen, auch infanteristisch gegen die abseits der Ortschaften verteidigenden deutschen Widerstandsgruppen anzutreten. Überall mußte er Erfolg haben. So griff er aus dem Raum der 338. Division, wohin weder Anschluß bestand noch die Verhältnisse geklärt waren, in die Flanke der 176. Division bei Westernbödefeld an, wo durch Einsatz des Pionierbataillons die Höhen bei Bonacker und Frielinghausen zunächst mit Mühe noch gehalten werden konnten. Auch am linken Flügel der 176. Division konnte zunächst noch das bereits verlorengegangene Heringhausen durch ein zusammengestelltes Bataillon der 176. Division und durch eine Abteilung des Reichsarbeitsdienstes von der Division Wirtz gehalten werden. Bereits in den Mittagsstunden durchbrach jedoch der Amerikaner, besonders scharf auf den Flügeln vorgehend, die gesamte Front der 176. Division und warf sie auf das Höhengelände westlich des Nierbaches und nordwestlich von Frielinghausen zurück. Am Abend des 8. April verteidigten sich die Trümmer der beiden Divisionskampfgruppen (Regiment 1218 und 1219) auf den Höhen südlich von Meschede bis südlich von Remblinghausen. Unter dem Druck der zurückgehenden 176. Division und bei dem starken frontalen Angriff der Amerikaner kämpfte sich die Masse der Kampfgruppe Lersner auf Meschede zurück, wo der dortige Kampfkommandant der Division Wirtz unterstellt wurde, nachdem in den vorhergehenden Kämpfen um den Gefechtsstand Wehrstapel der Oberstleutnant von Lersner vermißt wurde.

Vom nördlichen Abschnitt wurde bekannt, daß Warstein am 7. April abends gefallen und daß die Lage um Hirschberg ungeklärt sei. Gegen Mittag wurde eine Kompanie des Pionierbataillons 73 auf der Straße Meschede-Warstein-Hirschberg vorgeschoben, während der Rest des Bataillons in der Linie Freienohl-Rumbeck sicherte.

Der inzwischen eingetroffenen, der Division Wirtz unterstellten Panzerlehrbrigade wurde befohlen, im Zusammenwirken mit dem Kampfkommandanten von Meschede, wo die Lage ungeklärt war, dieses fest in die Hand zu nehmen und zu verteidigen. Hierzu kam es jedoch aus nicht ganz geklärten Gründen nicht mehr. (Wahrscheinlich aus der Unmöglichkeit dieser Aufgabe, aus dem Zustand dieser Truppe und einer möglichen Feindbesetzung.) Daher wurde von der Panzerlehrbrigade eine Verteidigungsstellung auf den Höhen westlich von Meschede eingenommen; die Aufklärungs-Abteilung dieser Brigade verteidigte hierbei die Höhen nördlich der Ruhr zwischen Meschede und Enste.

Am Abend des 8. April sicherte (von einer Verteidigung, geschweige denn von einer nachhaltigen Verteidigung konnte keine Rede mehr sein) das Korps in der Linie Erflinghausen — Enkhausen — Hennetalsperre — Höhen westlich Meschede — Ruhrabschnitt.

Arnsberg an der Ruhr wurde als fester Platz unter einem besonderen Kampfkommandanten ernannt und von der Heeresgruppe B als besonderes Widerstandszentrum festgelegt, ebenso das am linken Korpsflügel gelegene Hüsten. Nach Überprüfung der Verhältnisse in Arnsberg stellte ich in Anbetracht der dort befindlichen zahlreichen Lazarette, einer zahlreichen Zivilbevölkerung usw. die Unmöglichkeit einer Verteidigung der Stadt fest und befahl dem Kommandanten, aus Gründen der Schonung gegenüber den kampfunfähigen Soldaten, der Bevölkerung und

ihrer lebensnotwendigen Einrichtungen die Verteidigung außerhalb der Stadt zu führen. Bei den wenigen dem Kommandanten zur Verfügung stehenden Kräften (hauptsächlich Volkssturm) war sowieso nur eine stützpunktartige Verteidigung an den wenigen Ausfallstraßen vorgesehen."[387a]

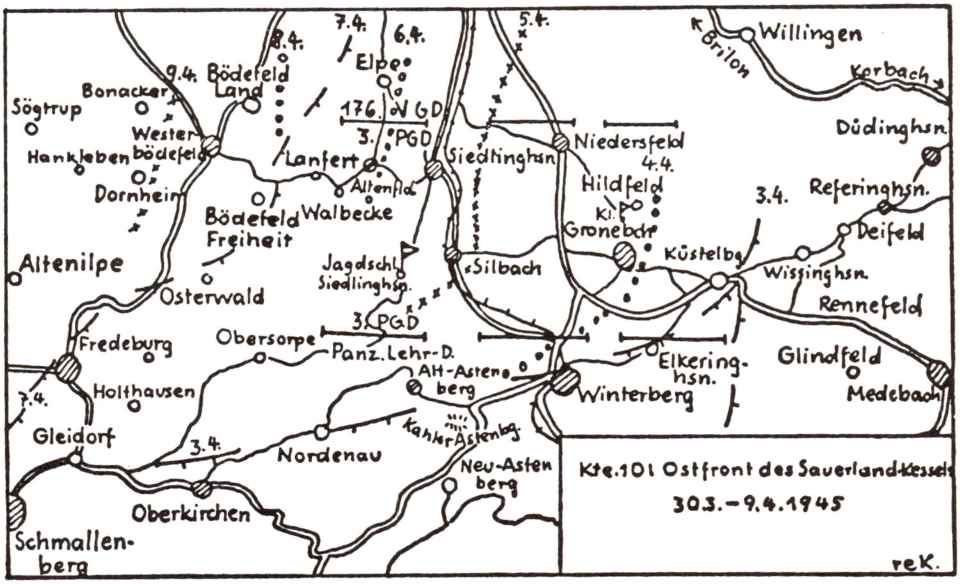


*Karte 22: Lagekarte aus der Geschichte der 3. Panzergrenadierdivision zu den Kämpfen im Sauerland*

Über die Kämpfe im Bödefelder Land schreibt Gerhard Dieckhoff in der Geschichte der 3. Panzergrenadierdivision über diese Tage:

„Wie in den bisherigen Tagen wird auch am 7. April unsere Division im Korpsabschnitt den Hauptdruck des Feindes auszuhalten haben, der 99. US-Infanteriedivision und der 7. US-Panzerdivision. Deshalb wird ihr die Sturmgeschützbrigade 341 unterstellt. In der Frühe nimmt sie unter starkem Feinddruck ihre Front auf die Linie Freiheit Bödefeld-Höhen westlich von Elpe (176. Infanteriedivision) zurück. Die Feuerstellungen der Artillerie werden nach Landenbeck (8 Kilometer nordwestlich von Fredeburg) verlegt. Der Gegner greift mit Panzern entlang der Straßen an und auf den Höhen und in den Wäldern mit Infanterie, die mit ihrer Überzahl unsere Widerstandsnester leicht umgehen und vereinnahmen kann.

Der Gegner greift nun den Ruhrkessel von allen Seiten, außer von der Rheinseite, an. Im Süden drückt er unsere Front über die Sieg auf die Linie Waldbröl-Freudenberg-Hilchenbach zurück, im Osten auf die Linie Hilchenbach — westlich von Schmallenberg — ostwärts Meschede. Da er südlich von uns Schmallenberg, Fredeburg und Wormbach nimmt, sitzt er weiter in unserer rechten Flanke.

---

387a Köchling, a. a. O., S. 24-27. Anmerkung des Verfassers: Bei der von General Köchling genannten Panzerlehrbrigade handelt es sich um die Reste der Panzerbrigade 106 Feldherrnhalle unter Hauptmann Richard Pohl.

Am 8. April greift der Gegner wieder an und trifft links auf das Bataillon Littmann (Panzergrenadierregiment 8) und rechts auf das Bataillon Schütze (Panzergrenadierregiment 8). Beide werden zurückgedrückt. Eine Kompanie des Regiments 8 besetzt den Kapellenberg (ostwärts Bödefeld). Auf Bödefeld geht ein heftiger Fliegerangriff, bei dem neben vielen Häusern die Kirche zerstört wird."[387b]

Südlich des Bödefelder Landes war nun auch der Bereich um Fredeburg in die Kampfzone geraten. Schon Tage zuvor war die nähere Umgebung von amerikanischer Artillerie bestrichen worden; Jagdbomber hatten die deutschen Stellungen und Truppenbewegungen angegriffen. Die Bevölkerung floh vor der Beschießung in Keller, Schutzräume und alte Bergstollen. Im Verlauf des 7. April hatten sich die Erdkämpfe bis nahe an die Ortsgrenze herangeschoben. Gegen 11.00 Uhr erschien eine amerikanische Panzerspitze aus dem bereits besetzten benachbarten Gleidorf. Diese wurde aber unmittelbar darauf von einer deutschen Kampfgruppe bis nach Gleidorf zurückgeworfen. Am Nachmittag drangen die Amerikaner erneut bis über die Ortsgrenze von Gleidorf vor. Gleichzeitig wurde Fredeburg von acht Jagdbombern angegriffen, die starke Zerstörungen im Ort verursachten.[388]

Einige beherzte Mitbürger versuchten währenddessen auch den deutschen Kampfkommandanten, einen Major Wahle, zu einer Waffenruhe zu bewegen. Er lehnte dieses Ansinnen jedoch strikt ab mit den Worten: „Der Krieg ist hart, es geht bis zum Letzten. Auch uns geht es nahe, daß das Vaterland zerstört wird." Nach dem Fliegerangriff wurde dem Kampfkommandanten ein zweites Mal der Antrag auf eine Waffenruhe von vier bis fünf Stunden unterbreitet zur Bergung der Verwundeten aus der von den Fliegern in Brand geschossenen Aufbauschule, und zwar durch den Leiter des Reservelazaretts, Oberstabsarzt Dr. Dienemann. Das abermalige Ersuchen wurde damit begründet, daß die Erfüllung des Antrages von der Genehmigung durch die Division abhängig sei. Aber auch die neue durch Melder mitgeteilte Antwort lautete: „Es wird keine Kampfpause gewährt. Sehen Sie zu, wie Sie Ihre Verwundeten bergen." Das geschah ohnehin bereits durch Schwestern, Sanitäter und andere Helfer, die zur Verfügung standen. Alle griffen beherzt zu, schafften die hilflosen Verwundeten einstweilen ins Freie und betteten sie dort. Später wurden sie auf verschiedene andere Unterkünfte verteilt.[389]

Die Eroberung Fredeburgs wurde am frühen Morgen des 8. April mit einem ungewöhnlich starken Artilleriebeschuß eingeleitet. Die Verteidigung von Fredeburg sah sich veranlaßt, jetzt — gegen 6.00 Uhr — die für die Sprengung vorbereiteten Brücken über die Eisenbahn im Apentrop, an der Wehrscheid und am Eikhagen in die Luft fliegen zu lassen. Nur die Brücke am Eikhagen wurde aber völlig auseinandergerissen, die beiden anderen blieben noch benutzbar.

»Der erste Vorstoß auf Fredeburg ging von dem kleinen nördlich von Holthausen gelegenen Orte Huxel aus. In der Nacht vom 4. zum 5. April war dieser Ort zum ersten Mal beschossen worden, und die Bevölkerung war daraufhin am 5. April fast ganz in einen nordöstlich des Dorfes gelegenen Stollen geflüchtet. Aber erst am 7. April näherten sich amerikanische Truppen von Süden her über Holthausen, von Osten her über Ober- und Mittelsorpe und von Norden her über die Hunau. Die südlich des Dorfes in dem Wäldchen zwischen Holthausen und Huxel liegenden deut-

387b Dieckhoff, a. a. O., S. 405
388 Huyskens, a. a. O., S. 79
389 Huyskens, a. a. O., S. 80

schen Truppen zogen sich am 7. April abends bei Einbruch der Dunkelheit auf die Höhe nördlich des Dorfes zurück. Die Besetzung von Huxel erfolgte dann kampflos noch in der Nacht zum 8. April. Bei den Kämpfen um Huxel fielen vier deutsche Soldaten. Die durch den Beschuß eingetretenen Schäden waren verhältnismäßig gering. Um 8.00 Uhr am Morgen des 8. April setzte sich die amerikanische Infanterie von Huxel aus gegen Fredeburg in Bewegung, gedeckt durch das Geschützfeuer eines bei dem Gasthof Föster in Holthausen aufgefahrenen Panzers. Sie bemächtigte sich des Woltenberges, durchkämmte das der Stadt vorgelagerte Gelände und hatte gegen 11.00 Uhr den Waldrand an der Westseite des Hömberges bei der Sprungschanze erreicht. Eine andere amerikanische Infanterie-Einheit stieß unter Deckung durch vier Panzer von der Holthausener Mühle vor. Infanterie und Panzer zogen sich aber zurück, als ihnen ein am Eikhagen aufgestelltes deutsches Maschinengewehr Verluste durch Tote und Verwundete brachte. Während die Infanterie sich bei der Mühle eingrub, erwiderte einer der Panzer das Feuer und brachte das Maschinengewehr bald zum Schweigen. Während die aus Richtung Holthausen jetzt in größerer Zahl sich sammelnden Panzer sich zunächst noch zurückhielten, stieß die inzwischen verstärkte Infanterie von dort aus über die Feldlage Weißenstein zum Hömberg vor, andere zum Gelände der Wehrscheid. Letztere wurde aber, als sie schon bis oberhalb des Wohnhauses Kleinsorge vorgedrungen war, durch deutsche Abwehr, die sich hauptsächlich auf zwei am Bahnhof aufgestellte Maschinengewehre und ein dort stehendes Pakgeschütz stützte, wieder bis auf die Höhe zurückgedrängt. Diese Gruppe, inzwischen verstärkt, wandte sich gegen 14.30 Uhr zum Alten Bahnhof und bemächtigte sich von hier aus der Häuserreihen an der Wehrscheid. Bald darauf wurde der Straßenzug an der Wehrscheid von Panzern befahren, die an der Bahnhofstraße in Ausrichtung auf die Stadt Aufstellung nahmen. Inzwischen waren auch von Gleidorf her neue Panzerkräfte auf dem Kampffeld erschienen. Sie hatten sehr schnell die geschlossene, aber nicht verteidigte Panzersperre am Gleierbach beseitigt und damit den folgenden zahlreichen Fahrzeugen die Durchfahrt frei gemacht. Nach dem Aufmarsch der Panzer an der Bahnhofstraße rückte auch die am Hömberg in Bereitschaft liegende Infanterie wieder vor. Gegen 14.30 Uhr erschien sie am Bunker am Apentroper Weg, den Pater Esser von der Herz-Jesu-Genossenschaft/Hiltrup und Vikar Graefenstein übergaben.

Die anderen Bunker wurden später übergeben, der Bierkeller Wulbert gegen 17.00 Uhr, das Schieferbergwerk Hemmeske gegen 18.00 Uhr, die Bierkeller Ritter und Altstadt erst in der folgenden Nacht gegen 3.00 bzw. 6.00 Uhr und das Schieferbergwerk am Alten Bahnhof erst am Vormittag des 9. April gegen 10.00 Uhr.

Nach 15.00 Uhr setzten sich Panzer und Infanterie in Bewegung, um von der Straßenkreuzung Gartenstraße/Aschebergstraße und Im Ohle in die Stadt einzudringen und Haus um Haus einzunehmen und zu durchsuchen. Während an diesem Vorgehen in den beiden erstgenannten Straßen nur die Infanterie beteiligt war, wirkten Im Ohle die Panzer mit der Infanterie zusammen. Hier entwickelten sich erbitterte Straßenkämpfe, die mit weiteren Zerstörungen verbunden waren. Erst gegen 19.00 Uhr erreichten die Amerikaner den Kirchplatz. In diese Kämpfe griff auch die deutsche Artillerie, von dem Kampfkommandanten angefordert, ein. Es sind von Zivilisten mehrere Funksprüche des Kommandanten bezeugt, so: ‚Feind in den Südteil der Stadt eingedrungen. Erbitte Feuer auf Südteil der Stadt!', weiter: ‚Feind hat den Mittelpunkt der Stadt erreicht. Erbitte Artilleriefeuer auf Südteil und Mittelpunkt der Stadt!' Ein anderer, wohl zu dem Beginn der Kämpfe in Beziehung stehen-

der Funkspruch ist in der Form überliefert: ‚Feind versucht die Stadt von Süden her zu umgehen.' In anderen Funksprüchen fordert der Kommandant Verstärkungen an Truppen und Munition. Munition kam, aber Truppen waren wohl nicht mehr verfügbar. Ein einzelner feindlicher Panzer, der nach Erreichen des Kirchplatzes schon bis zur Bödefelder Straße durchgestoßen war, konnte noch einmal bis zum Kirchplatz zurückgetrieben werden. Bei Eintritt der Dunkelheit, gegen 21.00 Uhr deutscher Sommerzeit, war fast das ganze Stadtgebiet in amerikanischer Hand. Die letzten in der St.-Georg-Straße noch kämpfenden deutschen Truppen zogen sich in der Richtung auf den Kreuzweg am Buchhagen zurück, andere über die Bödefelder Straße, wurden aber am gleichen Abend noch in der Henne gefangengenommen. Der letzte wohl noch zur Deckung des Rückzuges gehaltene deutsche Stützpunkt, bei dem auch noch ein Pakgeschütz stand, befand sich am Friedhof. Der Kampfkommandant, der in der Villa Schmitz neben der Kapelle seinen Gefechtsstand und sein Quartier hatte, zog sich in der Nacht zum 9. April nach 2.00 Uhr wahrscheinlich über den Friedhof in Richtung Altenilpe zurück, die letzten in der Kommandantur noch anwesenden deutschen Soldaten räumten diese gegen 5.00 Uhr morgens. Das Reservelazarett wurde gegen 6.30 Uhr den Amerikanern übergeben. Damit war die Eroberung von Fredeburg abgeschlossen. Die Division meldete dem Oberkommando: ‚Fredeburg von Südosten angegriffen und nach schwerem erbitterten Ringen gefallen!' Die deutsche Artillerie hörte am Abend des 9. April auf, Fredeburg zu beschießen. Einzelne Einschläge fielen noch am 10. April nachmittags am Ebbinghofer Weg. Bei den Kämpfen um Fredeburg waren Teile der 338. Volksgrenadierdivision und eine von Düsseldorf herangeholte Panzerjäger-Abteilung eingesetzt. Genaueres ist darüber nicht bekannt.«[390]

Auch im Raume westlich von Schmallenberg drangen Teile der 99. US-Infanteriedivision und der 7. US-Panzerdivision an diesem Tage weiter nach Westen vor. Der erste Vorstoß an diesem Tage galt dem Dorfe Worpe, westlich von Schmallenberg und am Abhang des Beerenberges gelegen. Der Ort stand ebenfalls bereits seit dem Abend des 6. April unter — zeitweise schwerem — Artilleriefeuer und wurde von einer kleinen fanatischen SS-Gruppe verteidigt. Diese mußte jedoch — nachdem alle Aufforderungen zur Aufgabe der sinnlosen Verteidigung abgeschlagen wurden — der feindlichen Übermacht an Infanterie weichen, zumal von Harbecke auch eine Panzerkolonne auf das Dorf zurollte. Nach der Besetzung ging hier gleich amerikanische Artillerie in Stellung, die in der folgenden Nacht in Richtung Berghausen und Bracht schoß.

Von Werpe aus wandten sich die gemischten US-Verbände gleich weiter und besetzten Felbecke und Selkentrop und östlich auch Wormbach. Felbecke war Aufmarschgebiet der deutschen Verteidigungskräfte gewesen und wurde von einer kleinen Infanteriegruppe verteidigt. In den vergangenen Tagen hatte es hier ebenfalls Artilleriebeschuß gegeben, besonders in den letzten beiden Nächten. Nach einem kurzen, aber kräftigen Feuerüberfall am Nachmittag und nachfolgendem Maschinengewehr- und Gewehrfeuer drangen amerikanische Infanteristen in das Dorf ein, denen wenig später auch Panzer folgten.

Auch Selkentrop, das am gleichen Tage besetzt wurde, hatte vor den eigentlichen Kampftagen viele deutsche Nachschubtruppen beherbergt, die sich aber noch rechtzeitig absetzen konnten. Hier hatte es ebenfalls Artilleriebeschuß gegeben, der am

---

390 Huyskens, a. a. O., S. 81 ff.

Nachmittag des 8. April aufhörte. Gegen 20.00 Uhr erschienen von Felbecke her amerikanische Panzer mit aufgesessener Infanterie und weiteren nachfolgenden Infanterie-Einheiten. Eine deutsche Nachrichtentruppe, die das Dorf noch beobachtet hatte, verlor beim Rückzug fünf Mann.[391]

Der westlichste Punkt des amerikanischen Vorstoßes war an diesem Tage das kleine Dorf Werntrop. Auch hier hatte es in den letzten Tagen zahlreiche deutsche Einheiten gegeben, die kurz Quartier nahmen oder durchzogen, zuletzt auch mehrmals schwere Artillerie. Diese wurde, als sie sich aus dem Dorf zurückzog, von amerikanischen Batterien beschossen. Am Morgen des 8. April hatte sich von Wormbach aus eine Stabskompanie eines Grenadierregiments der 338. Infanteriedivision auf Werntrop zurückgezogen. Dazu zählte auch eine Abteilung Volkssturmmänner aus Düsseldorf.[392] Die deutschen Soldaten richteten sich zur Verteidigung ein, konnten aber durch den Ortsvorsteher weitgehend davon abgehalten werden. Gegen 17.45 Uhr rückten amerikanische Infanterie- und Panzer-Einheiten in das Dorf ein und nahmen die meisten der deutschen Soldaten gefangen. Am Abend gingen hier Panzer und Artillerie in Stellung und schossen in westlicher Richtung.[393]

Wormbach — uraltes religiöses Zentrum — im südlichen Sauerland war in den letzten Tagen und Wochen ebenfalls in ein deutsches Heerlager verwandelt worden. Ein Pionieroberst mit seinem Stab lag hier, und nach dessen Abrücken kam der Stab eines Infanterieregiments noch am 5. April in das Dorf, nachdem gerade der Stab einer Werferbrigade abgerückt war. Auch Volkssturmmänner aus Düsseldorf kamen hierher und am 6. April noch eine Gruppe Hitlerjugend aus dem Rheinland. Granatwerfer und Geschütze wurden in und vor dem Dorfe eingebaut. Am 6. April, abends 11.00 Uhr setzte der erste Beschuß ein, der auch am 7. April den ganzen Tag anhielt. Die deutsche Artillerie rückte in westlicher Richtung ab. Nach einer ruhigen Nacht begann der Angriff auf Wormbach von Schmallenberg und von Werpe her. Der Angriff von Schmallenberg wurde am jenseitigen Abhang des Wormbacher Berges abgeschlagen. Danach griffen die Amerikaner mit Panzern von Werpe aus an, aber auch hier wurden sie von deutschem MG- und Granatwerferfeuer aufgehalten. Ein dritter Angriff aus dem Grund zwischen Werpe und Felbecke führte dann über die Hardt und den Kreuzberg nach Wormbach hinein. Ein kleiner deutscher Infanterietrupp, der sich auf dem Kreuzberg eingegraben hatte, mußte sich zurückziehen. Beim Einmarsch der US-Truppen wurden noch mehrere Gebäude in Brand geschossen. Gegen 3.00 Uhr war das Dorf fest in der Hand der Amerikaner, die sich gleich zur Verteidigung einrichteten, da man mit einem deutschen Gegenangriff rechnete. Am anderen Morgen schossen deutsche Geschütze einige Salven in das Dorf, wobei zwei US-Soldaten getötet wurden.[394]

---

391 Huyskens, a. a. O., S. 73

392 Die Volkssturmmänner waren am 3. April aus ihren Betrieben in und bei Düsseldorf herausgeholt worden und waren ohne Uniform, ohne Waffen und Munition. Sie waren zusammen mit der Stabskompanie in Düsseldorf verladen worden, kamen mit der Eisenbahn aber nicht mehr, wie vorgesehen, bis Schmallenberg, sondern nur bis Saalhausen. Von dort zog man über Lenne-Harbecke nach Wormbach, blieb aber mit den Fahrzeugen vor der Höhe stecken und mußte durch Gespanne des Volkssturms Werpe über den Berg gebracht werden. Die Volkssturmmänner weigerten sich, ohne Uniform Waffen anzunehmen. Die hauptsächliche Waffe waren Panzerfäuste. (Huyskens, S. 74)

393 Huyskens, a. a. O., S. 74

394 Huyskens, a. a. O., S. 77

Das unmittelbar benachbarte Dorf Obringhausen wurde am gleichen Tage ebenfalls von den Amerikanern besetzt. Hier hatten sich in den letzten Tagen noch einige deutsche Einheiten — darunter auch Artillerie — eingerichtet. Als diese das Feuer eröffneten und in die Verteidigungskämpfe der Bodentruppen eingriffen, wurden sie bald von US-Batterien aus Richtung Grafschaft eingedeckt. Auch in den folgenden Tagen hielt das Artilleriefeuer an, und in der Nacht zum 8. April schossen die Amerikaner mit Phosphorgranaten in das Dorf. Am Morgen schwieg das Feuer zunächst, lebte gegen Mittag aber wieder auf. Die deutschen Verteidiger erwiderten das Feuer der Amerikaner, als diese sich unter dem Schutz einer künstlichen Nebelwand dem Dorf näherten.

Südwestlich von Fredeburg fiel auch das kleine Dörfchen Ebbinghof an diesem Tage in amerikanische Hand. Zahlreiche deutsche Einheiten wurden auch hier festgestellt, bevor die Amerikaner kamen. In der Nacht vom 5. zum 6. April gab es den ersten Beschuß. Am 7. April traf ein US-Spähtrupp bereits auf deutsche Soldaten, die dabei sechs Mann verloren. In der folgenden Nacht fielen Phosphorgranaten ins Dorf und dessen nähere Umgebung. Am Abend des 8. April erhielt der Ort nochmals schweres Artillerie- und rasendes Maschinengewehrfeuer, bevor die US-Truppen in das Dorf eindrangen. Gegen 20.00 Uhr war alles zu Ende. Drei deutsche Soldaten und ein siebenjähriger Junge fanden den Tod.[395]

Auch im Bereich der 5. Panzerarmee griffen die Divisionen des XVIII. US-Luftlandekorps die schwachen deutschen Divisionen an der Südfront des Ruhrkessels an diesem Tage wieder an und drängten sie weiter zurück. Auf der rechten Flanke des Korps griffen die Regimenter der 8. US-Infanteriedivision in nordwestlicher Richtung an, wobei das 28. Infanterieregiment auf der rechten Flanke nach einem Vorstoß von 10 Kilometern Heinsberg und Hofolpe besetzte. In der Mitte der Divisionsfront griff das 121. Infanterieregiment ebenfalls in nordwestlicher Richtung an und besetzte die Orte Hilchenbach, Kredenbach, Dahlbruch und Allenbach.

Das 13. Infanterieregiment rückte gegen steifen deutschen Widerstand mit seinen Bataillonen nur etwa 3 Kilometer nordwestlich vor und hielt eine Linie westlich und nördlich von Siegen. Im Angriffsbereich der 78. US- Infanteriedivision klärte das 309. Infanterieregiment den weiteren Bereich um Waldbröl. Obwohl das Zentrum des Regiments in dem gebirgigen Gelände nicht leicht vorankam, erreichte man auf der rechten Flanke Lichtenberg. Das 310. Infanterieregiment an der rechten Angriffsfront der Division marschierte auch etwas vor und hielt am Abend eine Linie von den Hügeln östlich von Morsbach bis einschließlich Freudenberg. Auf der linken Angriffsfront des XVIII. US-Luftlandekorps stieß an diesem Tage die 97. US-Infanteriedivision ebenfalls weiter nach Norden vor. Das 386. Infanterieregiment erreichte nach Überwindung der Höhenzüge und Täler nördlich der Sieg am Abend eine Linie von Winterscheid bis hinter Ruppichteroth. Links davon überquerte das 387. Infanterieregiment, aus der Reserve herausgeholt, die Sieg beiderseits Hennefs und Blankenbergs.[396]

Damit waren auch die Stellungen der deutschen Divisionen des LVIII. Panzerkorps entlang der Sieg weitgehend durchbrochen worden. Am linken Flügel des LVIII. Panzerkorps hatten die amerikanischen Einheiten Einbrüche von zehn bis

---

395 Huyskens, a. a. O., S. 77 ff.

396 Williams, a. a. O., S. 480. Auch First United States Army, Report of Operations 23. February — 8. May 1945, Commanding General First U. S. Army and Headquarters Staff Sections (USA 1946)

fünfzehn Kilometer Tiefe, am rechten Flügel bis etwa zehn Kilometer Tiefe erzielt. Das XII. SS-Armeekorps hatte bereits am Abend des 6. April zusätzlich Siegburg mit seinem Kampfkommandanten und die aus Teilen der 353. Infanteriedivision und anderen Verbänden bestehende Kampfbesatzung übernehmen müssen. Die linke Korpsgrenze war damit bis Wolfsdorf einschließlich verschoben worden.

Zum Zwecke einer einheitlichen Kampfführung bei dem in Kürze auch gegen die Siegfront des eigenen Korps zu erwartenden Feindangriff war das Korps gezwungen, den Kampfkommandanten Siegburg auch der 3. Fallschirmjägerdivision zu unterstellen. Diese hatte damit an ihren Flügeln die Kampfgruppe der 59. Infanteriedivision und den Kampfkommandanten Siegburg, in ihrer Mitte die eigenen Verbände mit Schwerpunkt links, stehen.

Während die schwachen deutschen Verbände kaum noch Nachschub und Ersatz zugeführt bekamen, wurde der Gegner noch laufend stärker. Im Bereich des XVIII. US-Luftlandekorps machte sich auf der rechten Korpsflanke die 86. US-Infanteriedivision und auf der linken Flanke die 13. US-Panzerdivision für die Angriffsoperationen auf den Ruhrkessel bereit.[397]

Im ganzen Befehlsbereich der 15. Armee mußten die Kämpfe am 8. April ebenfalls als schwer bezeichnet werden. Durch den Vorstoß der Amerikaner an beiden Flanken, im Norden auf Meschede, im Süden über Schmallenberg hinaus, bestand für das gesamte Zentrum der Armeefront die Gefahr, abgeschnitten zu werden. Die deutschen Stellungen in der Frontmitte waren dadurch einfach unhaltbar geworden. Schwer angeschlagen mußten sich die deutschen Einheiten zurückziehen.

Im Bereich des Sperrverbandes von Ahlfen gingen die Einheiten zurück auf eine Linie Bracht-Meggen. Hier gab es nochmals eine leichte Verstärkung durch Teile der 1. Flakdivision, die längs der Straße Bilstein-Olpe ihre Stellungen bezogen.[398]

Die Panzerlehrdivision übergab im Laufe des Tages ihren Abschnitt an die 338. Infanteriedivision. Die Ablösung geschah unplanmäßig. Die Heranführung der Teile der 338. Division dauerte lange. Es war bezeichnend für den Gesamtzustand der Truppe, daß die Führer nur von ganz geringen Teilen nach der Ablösung wußten, wo sie eigentlich standen. Die Teile der Panzerlehrdivision rückten in den Raum westlich von Fredeburg.[399]

Im Rahmen der Panzerlehrdivision (Gefechtsstärke etwa ein Bataillon) nahmen auch Teile des Grenadierregiments 757 (Major Putzmann) von der 338. Infanteriedivision an einigen Gegenangriffen teil. Ziel dieser Angriffe aus Richtung Wormbach war es, die Höhen westlich von Schmallenberg zu gewinnen und zu halten. Der Angriff blieb südlich von Obringhausen liegen. Das Grenadierregiment 757 hatte nur noch eine Gefechtsstärke von 80 bis 90 Mann.

Zuvor hatten Teile des Grenadierregiments 759 Fredeburg verteidigt — zuletzt nur noch etwa 50 Mann. Obringhausen und Wormbach wurden vor stark nachstoßendem Gegner aufgegeben. Die 338. Infanteriedivision verlegte ihren Gefechtsstand nach Nieder-Berndorf. Die infanteristische Kampfkraft der Division bestand nur noch aus zwei schwachen Bataillonen. Es wurden zwei „Regimentsgruppen" aus allen Infanterie- und sonstigen Kräften der Division gebildet. Die Führung dieser Gruppen

397 Wie Anmerkung 396
398 von Zangen, a. a. O., S. 21 ff.
399 Hudel, a. a. O., S. 11

hatten Major Putzmann und Major Geiger; die Gefechtsstärken betrugen etwa 150 bis 200 Mann ohne nennenswerte schwere Waffen.[400]

Die 3. Panzergrenadierdivision hatte im Verlauf des Tages Fredeburg aufgeben müssen. Links davon waren die Resteinheiten der 176. Infanteriedivision nach Aufgabe des Bödefelder Landes westlich und nordwestlich zurückgegangen.[401]

Die 15. Armee kam am Abend des 8. April zu folgender Lagebeurteilung: „Es bleibt nur ein Absetzen auf die Linie Grevenbrück—Eslohe—Wenne-Abschnitt, letzterer mit Korpsstellung an der Straße Eslohe—Meschede; im Norden auf die Ruhr. Die Möhne und Möhnetalsperre sind mit den Kräften der Gruppe Wirtz nicht mehr zu halten. Das feindliche Vorgehen durch den Arnsberger Wald kann nur noch durch Sperrmaßnahmen verzögert werden mit Schwerpunkt an den von Körbecke-Hirschberg auf Arnsberg und Oeventrop führenden Straßen."[402]

Nachtrag zu den Ereignissen in Ostwig.
(Aus den Erinnerungen des ehem. Leutnants Gisbert Vorderwülbecke, Ostwig.)

„Während meines Genesungsurlaubs näherten sich die amerikanischen Truppen meinem Heimatort Ostwig. Da es mir nicht mehr möglich war, meinen Ersatztruppenteil in Rheine zu erreichen, stellte ich mich dem Kompaniechef der Truppe in Ostwig zur Verfügung. Der Hauptmann hieß „von der Heide" oder ähnlich.

Der Kompaniegefechtsstand befand sich in der Schützenhalle Ostwig. Dort waren auch einige Familien, die ausgebombt waren, in Notunterkünften untergebracht. Im übrigen war die Schützenhalle mit Luftwaffengerät und sehr vielen Sperrholzplatten vollgepackt. Der Führer von ca. 60 Reserveoffiziersbewerbern war Leutnant Kammender, auch ein gebürtiger Ostwiger. Einen Oberfeldwebel und einen Feldwebel dieser Truppe kannte ich noch aus Rheine. Im Laufe des Tages kam die Besitzerin der Gaststätte „Nieder" zu mir und bat mich, dafür zu sorgen, daß die Panzerfäuste, die massenweise bei ihr in der Kegelbahn lägen, abtransportiert würden. Ich fragte daraufhin die beiden Feldwebel des ROB-Lehrgangs, ob sie genügend Panzerfäuste hätten. Als das verneint wurde, teilte ich ihnen mit, daß auf der Kegelbahn jede Menge Panzerfäuste lägen und sie geräumt werden sollte. Es stimmt also nicht, daß nur wenige Panzerfäuste zur Verfügung standen. Am Abend erklärte mir Hauptmann v. d. Heide, er wolle, wenn der Amerikaner auf Ostwig vorrücke, die Schützenhalle sprengen lassen. Das paßte mir natürlich gar nicht, zumal mein Vater jahrelang Vorsitzender des Schützenvereins Ostwig war. Die Bewohner der Notunterkünfte in der Halle bestürmten mich, die Sprengung zu verhindern. Ich brachte den Hauptman soweit, daß er die Halle unter der Bedingung nicht sprengen ließ, wenn bis 8.00 Uhr die Halle vollkommen leer sei. Ich gab darauf einigen Soldaten den Befehl, die Männer aus Ostwig zusammen zu trommeln und auf den Schützenhof zu beordern. Den Männern erklärte ich, um was es ginge. Die Halle war pünktlich geräumt. Die Spanplatten verteilte ich noch auf die drei Schreinereien in Ostwig, damit sie die zerbrochenen Fensterscheiben notdürftig reparieren konnten. Die Ostwiger Männer konnten sich dann von dem Material holen, was sie gebrauchen konnten, der Rest wurde verbrannt.

Gegen 10.00 Uhr am 7. April bat ich den Hauptmann, mir zwei Melder zu geben, um in Richtung Gevelinghausen eine persönliche Aufklärung durchführen zu können. Mit den beiden Soldaten bin ich dann erst noch zu meiner Mutter gegangen, um dort zu frühstücken. Anschließend machten wir drei uns auf in Richtung Gevelinghausen. Die HKL war nur sehr dünn besetzt. Wir schlichen vor bis etwa in Höhe der Gevelinghauser Mühle, so weit, daß ich die Straße nach Heringhausen beobachten konnte. Gegen 12.00 Uhr sah ich amerikanische Infanterie auf dieser Straße in Richtung Heringhausen. Einen der Melder schickte ich mit der Beobachtung zum Kompaniechef."

Bei dieser Aufklärung am 7. April wurde Leutnant Vorderwülbecke abermals verwundet. Er konnte sich noch bis zum Hauptgefechtsstand zurückschlagen und einem General Meldung machen. Dieser gab dann in seinem Beisein den Befehl, Ostwig und Nuttlar zu räumen.

---

400 Wolf Ewert, a. a. O., S. 17
401 Wie Anmerkung 398
402 Wie Anmerkung 398

6. Kapitel

# Endkämpfe um das Sauerland

9. APRIL:

Auch an diesem Tage gelang den angreifenden US-Divisionen ein weiteres Vordringen nach Westen und damit erneut ein großer Geländegewinn. Die 15. Armee war nicht mehr in der Lage, mit ihren schwachen Verbänden entscheidenden Widerstand zu leisten. Der Rückzug der deutschen Truppen war unaufhaltsam.

An der Nordfront des Sauerlandes trat auf dem linken Flügel erstmals die 5. US-Infanteriedivision neu auf.[403] Sie war über Brilon und durch das Ruhrtal nach Westen vorgestoßen und löste im Raum um Meschede Teile der 9. US-Infanteriedivision ab. Das 10. Infanterieregiment der 5. US-Infanteriedivision rückte durch die Stellungen des 47. Infanterieregiments der Kampfgruppe Birks weiter nach Westen vor und besetzte Calle.[404]

Aufgrund der Lageentwicklung hatte Generalleutnant Wirtz als Führer des nach ihm benannten Sperrverbandes sich bereits am Abend des 8. April entschlossen, eine neue Verteidigungsstellung auf den Höhen westlich von Meschede zu beziehen. Am Ostrand von Meschede hatte er nur schwache Sicherungen belassen. Die Arbeitsdienst-Einheiten wurden hinter die Hennetalsperre-Höhen ostwärts zurückgenommen, um dort einen Schwerpunkt zu bilden. Der Kampfkommandant von Meschede mit den Resten des Infanteriebataillons (Gesamtstärke noch etwa 100 Mann) schloß von dort bis zur Ruhr an. Die Aufklärungs-Abteilung erhielt den Auftrag: Schutz der linken Flanke und Verhinderung eines feindlichen Durchbruchs nördlich der Ruhr![405]

Im Verlauf der Kämpfe am 9. April kam gegen 10.00 Uhr die Meldung, daß der Feind Meschede durchschritten hatte und gegen die Linie Berge-Laer vorging. Infanterie-Einheiten der neu herangeführten 5. US-Infanteriedivision stiegen über den Heimberg herunter und näherten sich auch von der Klause her über die Birkenallee. Der erste Vorstoß der Amerikaner blieb allerdings im deutschen Abwehrfeuer liegen. Gegen Mittag setzte die Verbindung zwischen Kampfgruppengefechtsstand Wirtz und dem Artilleriegefechtsstand in Mülsborn aus. Die deutsche Artillerie nahm staffelweise Stellungswechsel vor. Derweil lag bereits amerikanisches Artilleriefeuer im Raum um Calle. In Laer brannte dadurch ein Vierfamilienhaus ab, ein Toter war zu beklagen. Gleichzeitig wurden weitere Ruhrbrücken zur Sprengung vorbereitet.[406]

Um 15.00 Uhr wurden die ersten US-Panzer etwa eineinhalb Kilometer ostwärts Calle gesichtet. Der vorgeschobene Gefechtsstand des Sperrverbandes Wirtz in Calle wurde befehlsgemäß aufgegeben. Neuer Gefechtsstand wurde Visbeck. Gleichzeitig traf ein Korpsbefehl ein: Sperrverband Wirtz wird Korps Köchling unterstellt — bis zum Abend hinter den Wennebach-Abschnitt zurückzugehen! Dieser Abschnitt war am Abend besetzt worden: Reichsarbeitsdienst rechte Grenze zwei Kilometer südlich von Ober-Berge, Altenhellefeld einschließlich. Die linke Grenze verlief über Nieder-

---

403 Die 5. US-Infanteriedivision war von der 1. US-Armee zunächst in Reserve gehalten worden und hatte in jenen Tagen zuvor im Raume nordwestlich von Marburg gesammelt.

404 Williams, a. a. O., S. 483

405 Wirtz, a. a. O., S. 8 f.

406 Am Abend wurde die Ruhrbrücke westlich von Calle gesprengt. (Huyskens, S. 90)

Berge, die Höhen nördlich von Visbeck. Hier sicherten anschließend die Aufklärungs-Abteilung bis Rumbeck-Wald, dann schlossen Teile des Pionierbataillons 73 an. Noch zurückgenommene Teile des Kampfkommandanten Meschede wurden in Arbeitsdienst-Einheiten eingegliedert. Zwei 2 cm-Flakbatterien wurden dem Sperrverband durch die Flakdivision zugeführt, die auf Zusammenarbeit mit den Einheiten des Arbeitsdienstes angewiesen waren. Die Führung der Artillerie hatte ein Abteilungskommandeur übernehmen müssen, da der Regimentskommandeur anscheinend in Gefangenschaft geraten war.[407]

Während auf der deutschen Seite diese Maßnahmen liefen, drangen die frischen Kampfgruppen der 5. US-Infanteriedivisionen gegen die schwachen deutschen Stellungen vor. Den Vorstößen ging Artilleriebeschuß aus Richtung Meschede voraus, der deutscherseits nur schwach aus der Gegend von Berge-Mülsborn erwidert wurde. Der amerikanische Beschuß lag nun auf Laer, Calle, Wallen, Berge, Olpe und Wennemen. Derweil stießen motorisierte Infanterie-Einheiten auf Calle vor. Die von Laer in Richtung Calle und Mülsborn-Schüren vorrückenden Panzer nahmen am Abend des 9. April Calle ein. Hier hatten schwache deutsche Infanteriekräfte und Artilleristen vergeblich versucht, sie mit Panzerfäusten aufzuhalten. In der anderen Richtung gelangten sie bis oberhalb von Mülsborn, wo ein deutscher Panzer sich ihnen zum Kampf stellte und sie in kurzem Feuergefecht abwies. Die verhältnismäßig starke deutsche Verteidigung des Schürenbachtals trat an diesem Tage nicht mehr in Tätigkeit.[408]

Südlich des Ruhrtales stießen gleichzeitig seit den Morgenstunden die Bataillone des 39. Infanterieregiments der 9. US-Infanteriedivision weiter vor und besetzten als ersten Ort Berlar, wobei drei deutsche Soldaten fielen. Von hier aus war am Vortage noch ein deutscher Vorstoß auf Heringhausen unternommen worden. Die amerikanischen Verbände drangen von zwei Seiten in diesen Raum vor: einmal aus Richtung Ramsbeck und dann von Südosten aus der Richtung Brabecke. Dabei wurden die kleineren Orte Kolonie Alexander, Blüggelscheidt, Frielinghausen Bonacker sowie Höringhausen, Mosebolle und Heggen-Löttmaringhausen besetzt. Deutschen Widerstand gab es nur noch in Höringhausen und an der Beringhauser Klause, wobei es auch Schäden gab. Der Vormarsch der amerikanischen Truppen kam erst kurz vor Remblinghausen zum Stehen. Von einem Südhang bei Remblinghausen aus belegte eine deutsche Batterie die Vormarschstraße der US-Truppen mit ihrem Feuer. Als am Abend des 9. April die letzten deutschen Truppen aus Remblinghausen abzogen, wurde auch hier die weiße Fahne gehißt.[409]

Weiter südlich griff gleichzeitig das 60. Infanterieregiment der 9. US-Infanteriedivision in westlicher Richtung an und hatte am Abend eine Linie von Altenilpe im Süden bis etwa Kirchrarbach im Norden erreicht. Die größeren Orte in dieser Gegend hatten teilweise schon Tage vorher Artilleriebeschuß erhalten, der sich jeweils kurz vor der Besetzung noch steigerte. Im Verlauf des Nachmittags wurden die Orte Oberrarbach, Föckinghausen, Dornheim, Ober- und Niederhenneborn, Sellmecke, Hanxleden, Kirchrarbach, Mönekind und Sögtrop besetzt. Bei Dornheim fielen fünf deutsche Soldaten, bei Sögtrop drei. Hier befand sich vom 4. April ab auch eine deutsche Mörserbatterie, die vorher in Lanfert stand und nun von Sögtrop erst Altenfeld, dann

407 Wie Anmerkung 405
408 Huyskens, a. a. O., S. 90
409 Huyskens, a. a. O., S. 89

**Gegner im Sauerland:**

**General der Infanterie Friedrich Köchling führte die Divisionen des LXXXI. Armeekorps im nördlichen Sauerland.**

Foto: Bundesarchiv
Sign. 75/53/71

**Generalmajor Van Fleet führte die Divisionen des III. US-Korps im Ruhrkessel.**

**Generalleutnant Richard Wirtz führte im nördlichen Sauerland die gemischten Verbände des Sperrverbandes Wirtz.**

**Generalmajor Craig war mit seiner 9. US-Infanteriedivision bis zum 9. April sein Gegenspieler.**

**Generalmajor Wolf Ewert führte die Einheiten der 338. Infanteriedivision.**

**Generalmajor Red Irwin stieß mit seiner 5. US-Infanteriedivision in den Kreis Arnsberg und weiter vor.**

Fotos: US-Army und privat

Ein schwerer Sherman-Panzer der 7. US-Panzerdivision sichert den Ortsrand von Oberkirchen am 5. April 1945, davor ein toter deutscher Soldat.

Soldaten der 8. US-Infanterie-division dringen am 8. April 1945 in das Dorf Würdinghausen bei Kirchhundem ein.

Soldaten der 5. US-Infanterie-division gehen am 11. April 1945 auf Grevenstein vor.
Fotos: US-Army

Oberstleutnant Ritter von Poschinger (Kommandeur/Pz.-Gren.-Rgt. 902, der Panzerlehrdivision) fiel in den Kämpfen bei Brunskappel am 5. April 194[illegible]

Schmallenberg unter dem Feuer der 7. US-Panzerdivision am 8. April 1945

Soldaten des 394. Regiments der 99. US-Infanterie-division ziehen durch das brennende Oedingen am 10. April 1945.

Einheiten der 9. US-Infanterie-division marschieren durch Bestwig im Ruhrtal.

Fotos: US-Army

Einheiten der 5. US-Infanterie-division am 10. April 1945 vor Meschede

Soldaten der 7. US-Panzerdivision an einem deutschen Königstiger am 11. April 1945 vor Mathmeke

Infanteristen des 395. Regiments der 99. US-Infanterie-division gehen am 9. April 1945 vor Saalhausen in Deckung.

Fotos: US-Army

Ein zerstörtes 8,8-cm-Flakgeschütz bei Arnsberg, das von Truppen der 5. US-Infanteriedivision besetzt wurde

Ein Sherman-Panzer der 7. US-Panzerdivision bekämpft deutsche Widerstandsnester im westlichen Sauerland.

Ein Bild, das typisch für viele Sauerlanddörfer war: Wo sich Widerstand zeigte, wurde der Ort mit Panzer- und Artilleriefeuer eingedeckt, bevor man weiterrückte.

Fotos: US-Army

## Bilder aus dem Einsatz de

von oben nach unten:

Brigadeführer Hauptmann Pohl und sein Fahrer Obergefreiter Brust

Der Kommandeurspanther im Rothaargebirge in Tarnstellung

Abgeschossener Panther der Brigade

Abgeschossener Jagdpanther bei Wennemen/ Meschede

Ein getarnter Schützenpanzerwagen der Brigade im Einsatz

Abgeschossener Tigerpanzer der Brigade

Abgeschossener Jagdpanther in einem Dorf bei Meschede

anzerbrigade 106 im Sauerland:

Festgefahrener Tigerpanzer bei Brunskappel

Festgefahrener Panzerjäger IV an der Ruhr
Rechts oben: abgeschossener Pantherpanzer

Zerstörter Jagdpanther bei Meschede

Abgeschossenes Sturmgeschütz bei Meschede

Die beiden unteren Bilder zeigen zerstörte deutsche Geschütze in einem Bahnhofsgelände bei Meschede.
Fotos: Privat

Im Lennetal bei Oberbrügge zerschlug deutsches Abwehrfeuer einen amerikanischen Panzerspähwagen und einen Jeep.

Einheiten der 8. US-Infanteriedivision rücken in Lütringhausen bei Olpe ein.

General Omar N. Bradley und der alliierte Oberbefehlshaber General Dwight D. Eisenhower bei ihrem Besuch in Olpe am 13. April 1945

Fotos: US-Army

Bödefeld und zuletzt Bonacker mit Sperrfeuer belegte, bevor sie nach Plettenberg zurückgezogen wurde. Die Batterie hatte in Westernbödefeld durch Tiefflieger fünf Mann verloren. Stärkeren Widerstand erhielten die Amerikaner nochmals in Mönekind, wo acht Deutsche fielen und fünfzehn verwundet wurden. Die Amerikaner hatten bei Oberhenneborn zehn Tote.[410]

Die Resteinheiten der 176. Infanteriedivision und die rechts anschließenden Teile der 3. Panzergrenadierdivision mußten sich abermals zurückziehen und bezogen eine neue Auffanglinie entlang des Wernebachtales, die im Norden an den Sperrverband Wirtz anschloß und im Süden etwa bis Cobbenrode reichte.[411]

Aus dem Raum Schmallenberg-Fredeburg stießen an diesem Tage die Divisionskampfgruppen B und R der 7. US-Panzerdivision mit ihren Panzerkolonnen durch das Lennetal nach Westen und Nordwesten und besetzten zahlreiche Ortschaften im südlichen Sauerland. Einer der ersten Orte war an diesem Tage Altenilpe.

Seit den letzten Märztagen hatte sich hier der Stab der 3. Panzergrenadierdivision einquartiert und brachte große Unruhe in das Dorf. Am 4. April verstärkte sich dieser Eindruck noch, als weitere Einheiten im Dorf und in der Umgebung in Stellung gingen. Schützenlöcher wurden ausgehoben und Panzersperren gebaut sowie Nachschub- und Munitionslager angelegt. In den folgenden Tagen erhielt der Bereich des Dorfes erstmals Artilleriefeuer und wurde in die Kämpfe um Fredeburg mit einbezogen. In den Wäldern und auf den umliegenden Höhen gingen deutsche Infanterie-Einheiten in Stellung. Der Artilleriebeschuß wurde stärker, und Tiefflieger griffen in die Kämpfe ein. Deutsche Artillerie griff von Altenilpe aus in die Kämpfe um Fredeburg ein. Am Abend des 8. April zogen sich von dort deutsche Truppen zurück und brachten die Nachricht mit, daß die Amerikaner in Fredeburg eingerückt seien. Gleichzeitig wurde der Beschuß auf Altenilpe stärker, die Bewohner flüchteten in die alten Stollen. Am anderen Vormittag schwoll der Beschuß erneut an, gleichzeitig zogen sich die ersten deutschen Einheiten zurück. Als die Amerikaner das Artilleriefeuer vorverlegten, kam es in unmittelbarer Nähe des Dorfes zu heftigen Infanteriekämpfen. Später griffen US-Panzer in die Kämpfe ein und schossen einige Häuser in Brand. Aus Süden und Osten drangen die amerikanischen Kampfgruppen nun in das Dorf ein. Mehrere Häuser wurden von den Amerikanern in Brand gesetzt. Man vermutete: aus Wut über den starken deutschen Widerstand. Aus Furcht vor deutschem Beschuß und Gegenangriffen verbrachten die US-Kampftruppen die Nacht in den Kellern der Häuser. Am anderen Morgen zogen die Panzer-Einheiten mit ihren schweren und leichten Panzern weiter in Richtung Nierentrop. Die Bevölkerung verließ daraufhin die Schiefergruben und zog in ihr schwer zerstörtes Dorf zurück.[412]

Südwestlich von Altenilpe war das Dorf Berghausen nun auch ein Eckpfeiler der Front geworden. Das Dorf hatte bereits am 5. April erstes Artilleriefeuer erhalten, das sich bis zum 7. merklich steigerte. Am Morgen des 8. April wurde das Dorf auch von Jagdbombern angegriffen, die etwa 15 Bomben warfen und mehrere Häuser durch Bordwaffen in Brand schossen. Auch die Orte Herschede, Kückelheim, Arpe, Ober- und Niederberndorf lagen teils schon seit dem 5. April unter Beschuß der amerikanischen Artillerie. Die Schäden in den einzelnen Dörfern waren unterschiedlich. Die Bevölkerung barg sich auch hier in Kellern und alten Bergstollen.

---

410 Huyskens, a. a. O., S. 89
411 von Zangen, a. a. O., S. 22
412 Huyskens, a. a. O., S. 87 ff.

Aus der Gegend von Kückelheim-Arpe stießen die vordersten Einheiten der 7. US-Panzerdivision an diesem Tage bis Cobbenrode vor. Seit dem 7. April hatte auch dieses Dorf unter leichtem Artilleriefeuer gelegen. Die an der Reichsstraße 55 angelegten Panzersperren waren weder geschlossen noch verteidigt worden. Nach einem kurzen Feuerüberfall von wenigen Minuten rückten die Amerikaner von Osten her in das Dorf ein. Sechs deutsche Soldaten wurden hier später bestattet; einige Häuser waren zerstört.[413]

Die Verbände der 7. US-Panzerdivision hatten am Abend eine Generallinie von Mailor-Ober Landenbeck bis Cobbenrode erreicht.[414]

General Köchling hat für den Bereich des LXXXI. Armeekorps über diesen Tag folgendes notiert:

„Vom 9. April ab beginnen dann die Verhältnisse sich lawinenartig abzurollen. Die nur noch sehr schwache Kampfgruppe der 176. Division, von der ein Regimentskommandeur vermißt wurde, wird im Laufe dieses Tages durch das scharfe Zupacken der Amerikaner auseinandergesprengt, wobei das Korps lediglich noch aus Gründen des Zusammenhangs die Verteidigung am Henne-Abschnitt befiehlt. Außerordentlich hoch sind die Verluste bei allen Divisionen an diesem Tage.

Bei der Division Wirtz ist Meschede verlorengegangen. Von Arnsberg liegen keine Nachrichten vor. Bei Hüsten an der Ruhr bildet der Amerikaner einen Brükkenkopf. Anschluß zu den Nachbarkorps ist nicht mehr vorhanden; lediglich zu der Armee besteht noch Funkverbindung. — Bei meinem Besuch auf dem Gefechtsstand Calle (etwa 15.00 Uhr) drangen die feindlichen Panzerspitzen bereits gegen die Ortschaften vor. Ich wiederholte den Befehl, keinen Gefechtsstandwechsel durchzuführen.

Im Laufe dieses Tages erhielt der Kommandierende General von seiten des Reichsverteidigungskommissars ein Schreiben, wonach ‚zwecks besserer Verbindung' ein Kreisleiter dem Generalkommando zugeteilt werden sollte. Bei der seit Aachen bestehenden gespannten Lage zwischen Gauleitung und Generalkommando war sich letzteres bewußt, daß dies lediglich aus Gründen der Überwachung für den Endkampf erfolgte. Die sich überstürzende Gefechtslage ließ es dann zum Eintreffen des ‚Überwachungsorganes' nicht mehr kommen.

An diesem Tage wechselte das Korps rückwärts und richtete einen Gefechtsstand dicht südostwärts Linnepe ein."[414a]

In der Geschichte der 3. Panzergrenadierdivision hat Gerhard Dieckhoff über diesen Tag folgendes vermerkt:

„Nun wird deutlich, daß ein Hauptstoß des Gegners auf das Lennetal zielt, nach Nordwesten, in Richtung Hagen, wodurch der Kessel gespalten würde. Deswegen wird unsere Division aus der Ostfront herausgezogen, um beim LIII. Armeekorps an der Nordfront eingesetzt zu werden, die auf die Ruhr zurückgedrückt worden ist. Unsere Stellungen übernimmt die 338. Infanteriedivision. Am 9. April greift der Gegner auf Bödefeld an und vereinnahmt die Kompanie auf dem Kapellenberg. Die Reste des Regiments 8 setzen sich auf Dornheim (8 Kilometer nördlich von Fredeburg) ab."[414b]

---

413 Wie Anmerkung 412

414 Williams, a. a. O., S. 483

414a Köchling, a. a. O., S. 27–28

414b Dieckhoff, a. a. O., S. 405–406

An der Südfront der 15. Armee kam es an diesem Tage nochmals zu besonders schweren Kämpfen im Lennetal. Hier stießen von Süden und Osten die Regimenter der 99. US-Infanteriedivision auf das Lennetal und entlang der Lenne vor. Dabei geriet auch Saalhausen zwischen die Fronten der deutschen Verteidiger und der amerikanischen Angreifer. Restgruppen der 338. Infanteriedivision verteidigten hier einige Stunden ihre Stellungen im Lennetal gegen die vordringenden amerikanischen Infanteristen. Nach erneutem Beschuß und darauf folgenden Infanteriekämpfen konnten die stark nachdrängenden US-Verbände die schwachen deutschen Verteidiger verdrängen.[415]

Zu schweren Kämpfen kam es dabei auch noch um Bracht. Hier hatten sich in den letzten Tagen und Wochen verschiedene deutsche Einheiten eingefunden. Am 6. April setzte Artilleriebeschuß ein. Verteidigt wurde das Dorf von einer Kompanie der SA-Brigade Feldherrnhalle. Am Morgen des 9. April rückten die deutschen Truppen — in Erkennung der großen feindlichen Übermacht — zunächst ab. Gegen Mittag kamen sie zurück, und es kam zu kleinen Gefechten mit den vorfühlenden Amerikanern. Daraufhin setzten die Amerikaner 16 Jagdbomber ein, die das Dorf und die deutschen Truppen angriffen. Zwei Häuser wurden durch Bomben zerstört. Durch Bordwaffenbeschuß gerieten weitere 19 Gebäude in Brand, wobei eine große Menge an Großvieh in den Flammen umkam. Auch zwei Personen fanden den Tod. Obwohl das Dorf bereits in Flammen gehüllt war, griffen die Amerikaner erst nach der Errichtung einer zusätzlichen Nebelwand an. Daraufhin nahm deutsche Artillerie das Dorf auch noch unter Feuer, wodurch weitere Schäden verursacht wurden. Nach der Einnahme des Dorfes folgte der US-Infanterie eine Unmenge an Fahrzeugen und Geschützen.[416] Die Geschütze gingen sofort in Stellung — 38 allein in einer Weide — und eröffneten das Feuer in Richtung Marpe. Am Abend wurde durch das Feuer auch noch die Kirche zerstört. Wenige Orte im Sauerland haben so schwer gelitten wie das Dorf Bracht.[417]

Das 395. Infanterieregiment der 99. US-Infanteriedivision hielt am Abend dieses Tages zusammen mit dem 394. Infanterieregiment eine Grenzlinie von Kickenbach (drei Kilometer östlich von Altenhundem) bis in die Gegend von Brenschede. Daran schlossen Einheiten der 7. Panzerdivision an, die man im Laufe des Tages beim Vorstoß nach Norden gekreuzt hatte.[418]

Die deutschen Verbände in diesem Raum waren mit viel Mühe in rückwärtige Stellungen zurückgegangen. Die Reste der Panzerlehrdivision hatten sich in nordwestlicher Richtung abgesetzt. Durch ununterbrochene feindliche Lufttätigkeit wurden die Einheiten der Division sehr zerrissen. Zu schweren Kämpfen kam es nicht.[419]

Die Stellungen der 338. Infanteriedivision waren am Abend dieses Tages nicht genau bekannt. Die Führung der 15. Armee vermutete sie um Cobbenrode—Ödingen—Oberelspe. Weiter westlich im Raume Grevenbrück-Attendorn vermutete man die 2. Flakdivision, die hier die Front der 5. Panzerarmee verstärkte.[420]

---

415 Wie Anmerkung 414

416 In Bracht trafen sich die Panzerkolonnen der 7. US-Panzerdivision, die aus dem Osten anrollten mit den motorisierten Verbänden der 99. US-Infanteriedivision, die aus südlicher Richtung in dieses Gebiet vorstießen. Bei den deutschen Einheiten handelte es sich auch hier um eine Kompanie der Panzerbrigade 106, Feldherrnhalle, nicht SA-Brigade Feldherrnhalle.

417 Huyskens, a. a. O., S. 84 f.

418 Wie Anmerkung 414

419 Hudel, a. a. O., S. 11

420 von Zangen, a. a. O., S. 22 f.

Tatsächlich befand sich der Divisionsgefechtsstand der 338. Infanteriedivision an diesem Tage in einem Gehöft zwischen Nieder-Landenbeck und Cobbenrode. Der Aufbau einer eigenen Widerstandslinie ostwärts von Nieder-Berndorf war nicht gelungen. Einige eigene Sturmgeschütze kämpften erfolgreich bei und süstostwärts Meilar, mußten aber, ohne infanteristische Bedeckung, zurückweichen. Der Division wurden am Nachmittag feindliche Panzerspitzen in Cobbenrode gemeldet. Die Division verlegte daraufhin ihren Gefechtsstand nach Serkenrode. Die vom Korps befohlene Widerstandslinie nordwestlich, westlich und südwestlich konnte nur noch durch schwache Postierungen besetzt werden.

Von nun ab fanden im Abschnitt der Division eigentlich keine Kämpfe mehr statt. Infanteriekräfte waren nicht mehr vorhanden, die Artillerie verfügte nur noch über wenige Schuß Munition, die wenigen Sturmgeschütze hatten keinen Treibstoff mehr.[421]

Im Abschnitt der 5. Panzerarmee an der südlichen Kesselfront gewannen die angreifenden US-Divisionen an diesem Tage ebenfalls wieder größere Geländeteile bei ihren Vorstößen nach Norden und Nordwesten. Auf der rechten Flanke des XVIII. US-Luftlandekorps drang die neu herangeführte 86. US-Infanteriedivision durch die Stellungen der 8. US-Infanteriedivision etwa 6 bis 8 Kilometer nördlich voran. Ihre Regimenter hielten am Abend eine Linie von Hofolpe bis Altenhundem. Links davon drangen die Regimenter der 8. US-Infanteriedivision ungestüm vorwärts. Das 13. und 121. Infanterieregiment stießen über Krombach und Littfeld nordwärts und hatten am Abend des Tages nach einem Vormarsch von 14 Kilometer eine Linie südlich von Olpe bis Rahrbach erreicht. In der Mitte des Korps griff die 78. US-Infanteriedivision mit ihren Regimentern ebenfalls an. Dabei erreichte das 309. Infanterieregiment auf der linken Flanke Numbrecht und kreuzte die Höhen bei Winterborn. Das 311. Infanterieregiment erreichte in der Mitte etwa eine Linie von beiderseits Erdingen. Das 310. Infanterieregiment stieß rechts davon in gleicher Höhe etwa auf Freudenberg und Büschergrund. Auf der linken Korpsflanke griff die 97. US-Infanteriedivision mit ihren Einheiten ebenfalls weiter nach Norden an und erweiterte ihren Brückenkopf. Das 303. Infanterieregiment drang über die Sieg nach Norden und besetzte dabei Siegburg bis zur Hälfte. Das 386. und 387. Infanterieregiment drangen mit ihren Einheiten auf der rechten Angriffszone der Division weiter vor. Am Ende des Tages hielten die Regimenter eine Linie von Siegburg bis in die Nähe von Neunkirchen und von da weiter bis nach Herscheid und westlich von Waldbröl. Der 97. US-Infanteriedivision war hier die 13. US-Panzerdivision nachgeführt worden. Diese sollte links von der 97. Division einen kräftigen Stoß nach Norden führen, um die deutsche Front zu durchbrechen.[422]

Beiderseits von Siegburg hatte an diesem Tage die 3. Fallschirmjägerdivision den Angriffen der 97. US-Infanteriedivision standhalten müssen. Nach kurzer und hefti-

---

421 Wolf Ewert, a. a. O., S. 17: Aus der Studie geht u. a. hervor, daß der 338. Infanteriedivision vom 7. bis 11. April auch eine Tiger-Abteilung (Nummer nicht mehr festzustellen) unterstellt war. Sie hatte sich nicht bewährt. Die Panzer waren meist in Reparatur und die Besatzungen schlecht ausgebildet. So waren sie nur Ballast und hinderten durch das Versperren der Straßen den reibungslosen Verkehr. (Soweit die Studie B-817) Anmerkung des Verfassers: Es müßte sich hierbei um die schwere Panzer-Abteilung 506 unter Hauptmann Jobst Christoph von Römer gehandelt haben.

422 Williams, a. a. O., S. 483. Auch First United States Army Report (wie Anmerkung 314)

ger Artillerievorbereitung waren die amerikanischen Einheiten zum Angriff angetreten, der neben den Fallschirmjägern auch noch den benachbarten rechten Flügel des LVIII. Panzerkorps traf. Während die Amerikaner die Teile der dort fechtenden 353. Infanteriedivision schon am Vormittag zurückwarfen und mehrere Kilometer tief in dem wald- und schluchtenreichen Gelände nach Norden vorstießen, hielt der linke Flügel der 3. Fallschirmjägerdivision hart ostwärts von Siegburg. In harten Kämpfen wurde die Stadt selbst behauptet, und nur bei Wolsdorf gelang dem Gegner das Festsetzen in einem etwa ein Kilometer tiefen Brückenkopf an der Naht zum Nachbarkorps. Am Abend des 9. April wurde hier dem XII. SS-Korps völlig überraschend und ohne weitere Begründung auch die 353. Infanteriedivision zusätzlich unterstellt. Über die nach links anschließenden Verbände des LVIII. Panzerkorps war weiter nichts bekannt.[423]

10. APRIL:

Aus den am Tage zuvor gewonnenen Positionen, vornehmlich westlich von Meschede und um Cobbenrode herum, stießen die US-Divisionen weiter vor. Durch die weiteren Vorstöße auf den Flanken war besonders die Mitte der deutschen Front zwischen Cobbenrode und Remblinghausen sehr gefährdet. Den hier noch stehenden deutschen Teilen drohte der Abschnitt sämtlicher Rückwärtsverbindungen und Rückzugspositionen. Die nun noch stattfindenden Kämpfe waren reine Rückzugsgefechte vor einem übermächtigen Gegner, der die Initiative zu allen Tageszeiten und an allen Stellen besaß.

Westlich von Meschede traten an diesem Tag die Einheiten der 5. und 9. US-Infanteriedivision zu neuen Vorstößen auf die Stellungen der schwachen Einheiten des Sperrverbandes Wirtz an. Die vordersten Spitzen des 2. und 10. Infanterieregiments der 5. US-Infanteriedivision bewegten sich schnell vorwärts, überwanden rasch die Wenne bei Oberberge und drangen weiter in Richtung Hellefeld vor.[424] Dabei wurde am Morgen das Dorf Wallen, das schon am Tage zuvor unter starkem Artilleriefeuer gelegen hatte, kampflos besetzt. Dieser Beschuß hatte verhältnismäßig große Opfer von dem Militär und der Zivilbevölkerung gefordert. Die Gebäudeschäden waren geringer. Die deutschen Einheiten hatten sich bereits am 9. April abends in den Bereich Hellefeld zurückgezogen.

„In Berge hatte der Beschuß am 9. April keine Menschenverluste gefordert, dagegen brannte ein Bauernhof vollständig nieder, mehrere andere Häuser wurden beschädigt. Auf dem Lunsenberg ging durch Brandgranaten ein guter Fichtenbestand von etwa fünf Morgen in Flammen auf. Gegen 9.00 Uhr morgens erreichten die Amerikaner am 10. April Berge, fanden hier aber in Oberberge noch einmal unerwarteten Widerstand. Zwei Vierlingsgeschütze und schwache Kräfte des Reichsarbeitsdienstes hielten sie bis gegen 14.00 Uhr in Oberberge im Straßenkampf auf. Dabei fielen noch zwei Angehörige der Flak und zwei des Arbeitsdienstes, unter ihnen der Oberfeldmeister Morg. Auch eine Volkssturm-Einheit aus Gevelsberg befand sich noch am Morgen des 10. April in Berge, zog sich aber, nachdem ihre Sicherungen einige Schüsse mit den Amerikanern gewechselt hatten und dabei ein Volkssturmmann gefallen war, zurück. Es läßt sich auch hier wie in vielen anderen Fällen

---

423 Ulms / Reuther, a. a. O., S. 68 f.
424 Williams, a. a. O., S. 485

beobachten, daß die Volkssturm-Einheiten nur in einem losen Zusammenhang mit der Wehrmacht standen und daher vielfach offenbar aus Mangel an Nachrichten und Befehlen auf verlorenem Posten ausharrten, den die Wehrmacht schon geräumt hatte. Die Kämpfe in Oberberge setzten sich bis zur Burg und zum Berger Hammer in Richtung auf Wenholthausen fort. Nach der Eroberung von Oberberge wurden Mittel- und Niederberge ohne Kampf besetzt."[425]

Südlich der Ruhr griffen das 39. und 60. Infanterieregiment der 9. US-Infanteriedivision aus ihren am Vortage erreichten Positionen wieder an und besetzten mehrere Ortschaften. Eines der ersten größeren Dörfer in diesem Gebiet war Remblinghausen, das an diesem Tage von US-Truppen, die aus Richtung Ramsbeck kamen, besetzt wurde.

In Remblinghausen hatte im Schloß Laer seit September 1944 ein höherer Stab gelegen, der zum Einsatz der V-Waffen gehört haben soll. In der Karwoche hatte es allerdings mehr Unruhe durch Durchzüge von Truppen und Einquartierungen gegeben. Auch Tieffliegerangriffe hatte man in den folgenden Tagen erlebt, und vom 7. April an gab es erstmals Artilleriebeschuß. Die Feuerwalze der US-Artillerie ging auch über dieses Gebiet hinweg und veranlaßte dadurch die Rückzugsbewegungen der noch verbliebenen deutschen Truppenteile. Bereits am 9. April zog auch die Batterie ab, die zunächst noch den Vormarsch der Amerikaner gestoppt hatte.[426]

Auf dem Kirchturm wurde eine weiße Fahne gehißt. In der Frühe des 10. April zeigten sich die ersten amerikanischen Spähtrupps im Dorf, denen später größere Einheiten folgten. Durch den Beschuß waren große Schäden an den Häusern entstanden; 23 wurden total vernichtet. Auch mehrere Personen kamen bei der Beschießung zu Tode.[427]

Von Remblinghausen drangen die Amerikaner weiter über Enkhausen nach Schüren vor, das sie am 10. April gegen 20.30 Uhr ohne Kampf besetzten. Da die deutsche Wehrmacht nach dem angetretenen Rückzug vom 10. April an nur noch mit motorisierten Kräften im Nordteil des Kreises einen hinhaltenden Widerstand leistete, so rückten auch die Amerikaner bei ihrem weiteren Vormarsch hier ihre Panzerkräfte in den Vordergrund. Die ihnen noch im Wege stehenden deutschen Panzer und Sturmgeschütze bekämpften sie immer häufiger durch die Bomben ihrer Flugzeuge. Gleichzeitig tritt der Zerfall der deutschen Wehrmacht darin in Erscheinung, daß nicht nur einzelne versprengte oder zurückgebliebene Wehrmachtsangehörige in Gefangenschaft gerieten, wie es bei den bisherigen Kämpfen der Fall gewesen war, sondern daß jetzt auch ganze Einheiten und größere Trupps, an dem Sinn des Hetzens von Ort zu Ort verzweifelnd, dem Rückzugsbefehl nicht mehr Folge leisteten und sich freiwillig in Gefangenschaft begaben. In Schüren waren am 8. April die ersten Granaten, ohne Schaden anzurichten, in die Wälder zwischen Mülsborn und Schüren gefallen. Ein deutscher General, dessen Name nicht zu ermitteln war, angeblich ein Korpskommandeur, soll auf der Straße Schüren-Remblinghausen in seinem Kraftwagen bei dem Beschuß tödlich getroffen worden sein. Auch sonst hatte die Wehrmacht bei dem weiteren Beschuß in Schüren Verluste: Tote und Verwundete. Die erste Granate, die in Schüren im Dorf einschlug, traf eine Gruppe von fünf russi-

425 Huyskens, a. a. O., S. 107

426 Vergleiche hierzu die Beschreibungen des amerikanischen Vormarsches in diesem Gebiet am Tage zuvor.

427 Huyskens, a. a. O., S. 104 und 105

schen Fremdarbeitern, die an einem Unterstand arbeiteten. In Schüren hatte der Stab des Generals Landau längere Zeit auf dem Hofe Peitz in Quartier gelegen, und hier verbrachte der Oberbefehlshaber Generalfeldmarschall Model noch die Nacht vom 9. zum 10. April, nachdem er die Nacht vorher in Berge zugebracht hatte.[428]

Im weiteren Vordringen von Schüren aus besetzten die amerikanischen Kampftruppen an diesem Tage noch die Dörfer Büenfeld und Büemke. Beide Orte erhielten zwar ebenfalls Artilleriebeschuß, und deutscher Widerstand wurde durch Tiefflieger niedergekämpft. Die deutschen Truppen zogen von hier aus auf Wenholthausen zurück.[429]

Die Nordwestecke des Kreises Meschede stand schon unter der Einwirkung von amerikanischen Streitkräften, die vom Arnsberger Wald und von Arnsberg her vorrückten. Wennemen lag am 9. April und in der folgenden Nacht unter Artilleriebeschuß, der außer dem Pastorat auch noch mehrere andere Häuser beschädigte. Am Morgen des 10. April wurde Wennemen vom Arnsberger Wald her durch eine amerikanische Panzer-Einheit ohne Kampf besetzt. In den Orten südlich der Ruhr, deren Brücken am 9. April gesprengt worden waren, wurde am 9. in Riedbüsche ein Zivilist durch den Beschuß getötet. In Olpe fanden die von Arnsberg über Oeventrop vordringenden amerikanischen Panzerkräfte, die diese Orte am 10. April besetzten, noch geringen nutzlosen Widerstand, den sie in einem kurzen Häuserkampf brachen.[430]

Als letzter Ort im Nordteil des Kreises Meschede fiel am 10. April Wenholthausen, das für den Rückzug der Wehrmacht von besonderer Bedeutung gewesen war. Bereits am 8. und 9. April waren hier in Ruhe liegende, in den Kämpfen um Winterberg abgekämpfte Panzertruppen in Richtung Lüdenscheid zurückgezogen worden. Den in der Nacht vom 9. zum 10. April zurückflutenden Fußtruppen schloß sich auch Düsseldorfer Volkssturm an, der nach einer kaum glaubhaften Meldung hier noch einmal eingesetzt werden sollte. Wenholthausen hatte bereits am 7. April nachmittags die ersten feindlichen Granaten erhalten, die mehrere Soldaten töteten und durch eine herabfallende Dachrinne den Hauptlehrer Hermes tödlich verwundeten, als er gerade einem verletzten Offizier beistehen wollte. Durch einen bei dem Beschuß in Brand geratenen Tankwagen brannte auch das Gasthaus Wennetal mit großen Vorräten an Schuhen und Kleidung der Reichsbahndirektion Wuppertal und den Akten der Krankenkasse völlig nieder. In den Nächten vom 7. zum 8. und vom 8. zum 9. April lag der Ort unter Beschuß, während über Tag nur einzelne Granaten fielen. Am Morgen des 10. April griffen Tiefflieger in die Rückzugsbewegungen ein, denen nicht nur Soldaten zum Opfer fielen, sondern auch viele Häuser zum Teil schwere Schäden davontrugen. Erst gegen Mittag trat völlige Ruhe ein. Gegen 14.00 Uhr rückten amerikanische Truppen, die aus der Richtung Oesterberge, Büenfeld kamen, in Wenholthausen, das von deutschen Truppen frei war, ohne Kampf ein. Am Abend

---

428 Huyskens, a. a. O., S. 105 und 106. Anmerkung des Verfassers: In der vorstehenden Darstellung von Professor Huyskens handelt es sich um Generalleutnant Köchling, den Kommandierenden General des LXXXI. Armeekorps, der dort mit seinem Stab in Gefangenschaft geriet, aber nicht tödlich getroffen wurde.

429 Huyskens, a. a. O., S. 106

430 Huyskens, a. a. O., S. 108. Anmerkung des Verfassers: Bei den aus dem Arnsberger Wald vorstoßenden US-Truppen handelte es sich um Einheiten der 95. US-Infanteriedivision vom XIX. Korps der 9. US-Armee bzw. des 194. Luftlanderegiments der Kampfgruppe Faith. Vergleiche hierzu die genauen Schilderungen unter dem einschlägigen Kapitel.

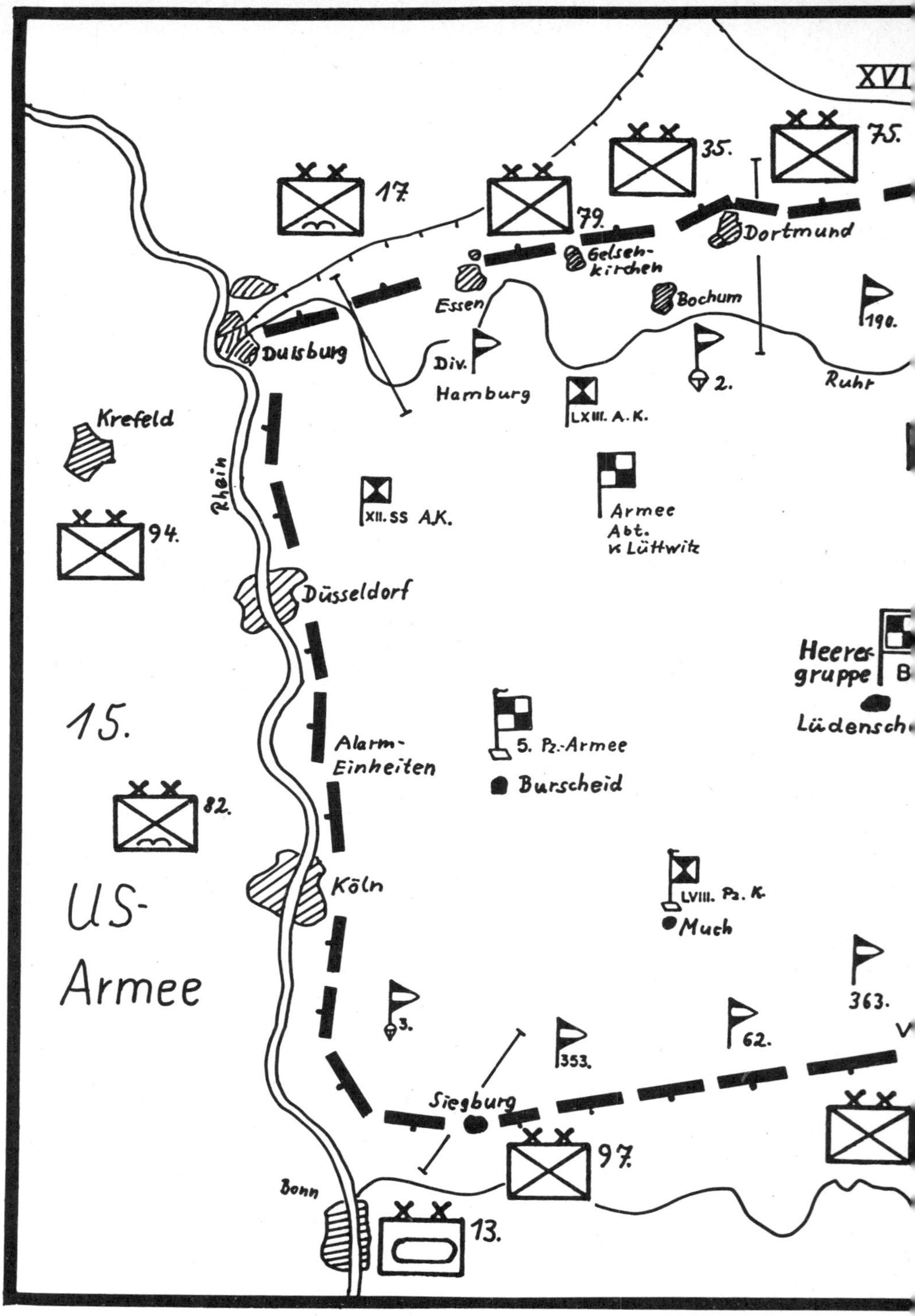

XVI
17.
79.
35.
75.
Dortmund
Gelsen-
kirchen
Essen
Bochum
190.
Duisburg
Div.
Hamburg
2.
Ruhr
LXIII. A.K.
Krefeld
Rhein
XII. SS A.K.
Armee
Abt.
v. Lüttwitz
94.
Düsseldorf
Heeres-
gruppe
B
Lüdensch
15.
Alarm-
Einheiten
5. Pz.-Armee
Burscheid
82.
Köln
LVIII. Pz. K.
Much
US-
Armee
363.
3.
353.
62.
Siegburg
97.
Bonn
13.

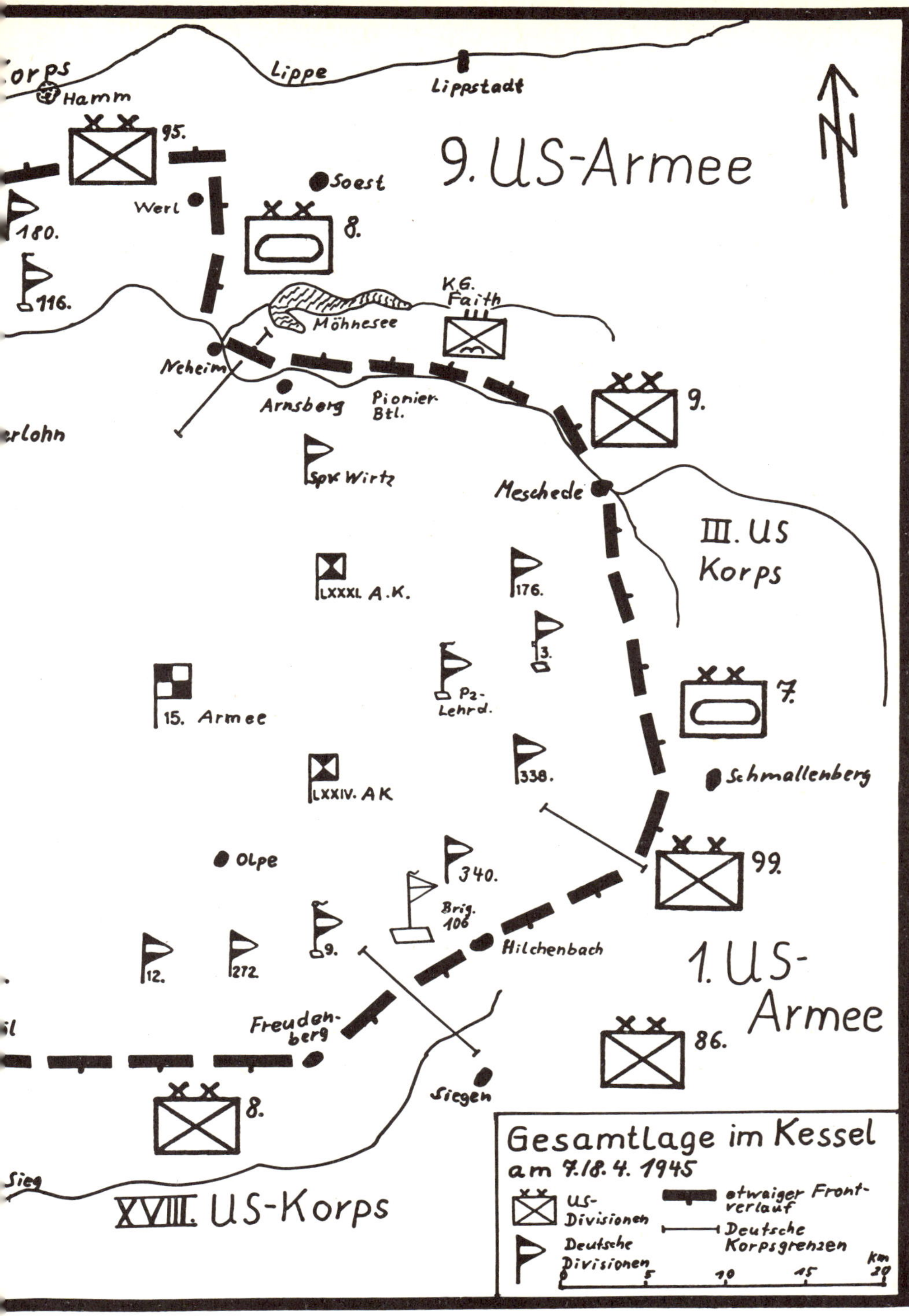

Korps
Hamm
Lippe
Lippstadt
9. US-Armee
95.
Soest
Werl
180.
8.
116.
K.G. Faith
Möhnesee
Neheim
Arnsberg
Pionier Btl.
9.
erlohn
Spr. Wirtz
Meschede
III. US Korps
LXXXI. A.K.
176.
3.
Pz-Lehrd.
15. Armee
7.
338.
Schmallenberg
LXXIV. AK
Olpe
340.
99.
Brig. 106
9.
Hilchenbach
12.
272.
1. US-Armee
Freudenberg
86.
Siegen
8.
Sieg
XVIII. US-Korps
Gesamtlage im Kessel am 7./8. 4. 1945
US-Divisionen
etwaiger Frontverlauf
Deutsche Korpsgrenzen
Deutsche Divisionen
km
0
5
10
15
20

*Zu vorstehender Karte: Die dicke unterbrochene Linie soll den ungefähren Frontverlauf wiedergeben; sie ist nicht identisch mit der Stärke der deutschen Stellungen. Auch die Fähnchen sollen nur den Standort der deutschen Stäbe und Einheiten darstellen und sind nicht maßgebend für die wirkliche Kampfkraft und Stärke der deutschen Divisionen und Verbände. Lediglich die amerikanischen Divisionen hatten an der dargestellten Kesselfront eine durchgehende Kampflinie, die die deutschen Verbände voll einschloß.*

sandte deutsche Artillerie noch einige Schüsse auf den Ort, durch die ein Einheimischer verwundet und ein belgischer Fremdarbeiter getötet wurden.[431]

Die Einheiten des Sperrverbandes Wirtz hatten sich am Abend des 10. April nach Abwehr der verschiedensten amerikanischen Vorstöße auf eine Linie Altenhellefeld-Hellefeld zurückgezogen, die gehalten wurde. Besonders tapfer hatte sich die verstärkte Gruppe des Reichsarbeitsdienstes gehalten, gegen die der Hauptstoß der Amerikaner erfolgt war. Die Reste des Pionierbataillons 73 wurden abends auf den Höhen des Arnsberger Stadtwaldes (drei Kilometer südlich von Arnsberg) mit dem Auftrag, die Straßen von Arnsberg auf Sundern und Hellefeld zu sperren, eingesetzt. Aus Arnsberg wurden dem Generalleutnant Wirtz feindliche Angriffe gemeldet; dann bestand dorthin keine Verbindung mehr. Neuer Gefechtsstand des Sperrverbandes Wirtz wurde Stemel.[432]

Südöstlich von Wenholthausen drangen am gleichen Tage die US-Verbände auch in den Bereich um Reiste ein. Die aus der östlichen Richtung vordringenden Amerikaner stießen zuerst bis Landenbeck vor. Tage zuvor waren hier die deutschen Einheiten schon mehrfach durch Tiefflieger angegriffen worden. Am 7. April gingen schwere deutsche Mörser in Stellung, und am 8. April verfügten die Deutschen, einschließlich der Vierlingsflak, über insgesamt 30 Rohre. Angesichts dieser starken Abwehr mußten auch die angreifenden Jagdbomber wieder abdrehen. Am Abend des 8. April setzte amerikanisches Artilleriefeuer ein, das hauptsächlich auf den wichtigsten Straßenverbindungen lag. Die erste Granate schlug in eine Kolonne ein; es gab Tote und Verwundete. Eine andere schlug später in einen Munitionswagen und tötete dadurch mehrere Soldaten. Am Morgen des 9. April hörte der Beschuß auf. Jetzt antwortete aber die deutsche Artillerie, solange sie noch Munition hatte, um den Vormarsch der US-Verbände aufzuhalten. Nach und nach rückten die deutschen Geschütze ab, soweit sie keine Munition mehr hatten. Die Flak hatte derweil auch die Tiefflieger auf Distanz gehalten.

In der folgenden Nacht gab es wiederum schweren Beschuß durch die amerikanische Artillerie, und auch Flugzeuge griffen den Ort nochmals an und warfen zehn Bomben. Morgens gegen 10.00 Uhr kamen noch vereinzelte deutsche Soldaten durch das Dorf und auch ein einzelner Panzer aus Richtung Oberhenneborn. Diesem folgten bald zwei US-Panzer, und von allen Seiten drangen die US- Infanterie-Einheiten in Stärke von 300 bis 400 Mann auf das Dorf ein. Bei den Kämpfen fielen zwölf deutsche Soldaten, und weitere zwölf wurden verwundet.[433]

Am gleichen Tage wurde das benachbarte Dorf Beisinghausen besetzt. Am Abend des 7. April gab es auch hier den ersten Artilleriebeschuß, der die ganze Nacht an-

---

431 Huyskens, a. a. O., S. 108
432 Wirtz, a. a. O., S. 10
433 Huyskens, a. a. O., S. 101 ff.

dauerte. Auch in den folgenden Nächten hielt der Beschuß an. Die in der Nähe liegenden deutschen Einheiten rückten am Abend des 9. April ab. In der nächsten Nacht wurde das Dorf nochmals beschossen und am anderen Morgen stundenlang von US-Artillerieaufklärungsflugzeugen beobachtet. Gegen Mittag fielen dann abermals Bomben, und anschließend gab es wiederum einen Artillerieüberfall. Gegen 14.00 Uhr stiegen US-Infanteristen von den umliegenden Höhen herab und bezogen anschließend Stellungen mit Pak und Maschinengewehren auf den gegenüberliegenden Höhen gegen Reiste.[434]

Eine Stunde später rückten die US-Verbände auch in das an der damaligen Reichsstraße 55 gelegene Reiste ein. Dieser Ort hatte in den letzten Wochen bereits sehr viel Kriegsvolk auf seinen Straßen gesehen. Am 7. April war hier kurzzeitig eine deutsche Flakbatterie in Stellung gegangen, die bald darauf von der US-Artillerie beschossen wurde. Die deutschen Truppen, die auf den benachbarten Höhen in Stellung gingen, ließen eine befürchtete Verteidigung vermuten. Am Morgen des 9. April erhielt das Dorf den ersten Beschuß, wobei die erste Granate gleich einen Zivilisten tötete. In der folgenden Nacht und am Morgen des 10. April hielt der Beschuß an. Dabei wurden besonders die Häuser der sogenannten Vorstadt und am Morgen der Bereich um die Kirche beschädigt. Auf die Beschießung erfolgte gegen 11.00 Uhr noch eine Bombardierung, wobei neun Jagdbomber neun Bomben warfen, besonders auf die Reichsstraße. Den amerikanischen Beobachtern war sicherlich nicht entgangen, daß am Morgen dieses Tages noch drei deutsche Panzer in Reiste standen. Zwei dieser Panzer waren aber kurz vor der Bombardierung abgefahren, nachdem man den dritten, der nicht mehr fahrbereit war, kurzerhand gesprengt hatte. Dabei geriet das angrenzende Fabrikgebäude Mues in Brand. Gegen 15.00 Uhr rückten von allen Seiten US-Infanteristen kampflos in den Ort ein. Bei der Durchsuchung der Häuser wurden noch 18 Gefangene gemacht. Der Beschuß wurde auf das benachbarte Bremke vorverlegt.[435]

Durch einen anderen weiter nördlich im Rarbachtal vorrückenden Stoßkeil der US-Verbände von Sögtrop aus wurden am gleichen Tage auch die Orte Herhagen, Nichtinghausen und Erflinghausen besetzt. Alle drei Dörfer waren bis zum Frühjahr 1945 weitgehend verschont geblieben und hatten erst kurz vor dem Einmarsch der US-Truppen Beschuß erhalten, der aber keine größeren Schäden verursachte. In Herhagen rückten die Amerikaner gegen 10.00 Uhr ein und eine halbe Stunde später in Nichtinghausen. Von hier aus drangen die US-Truppen über die Höhen gegen Erflinghausen vor und besetzten dieses Dorf am Nachmittag gegen 17.00 Uhr.

Etwa in der Mitte der Angriffsfront des III. US-Korps stießen neben den Verbänden der 9. US-Infanteriedivision auch die drei großen Kampfkommandos der 7. US-Panzerdivision weiter in das Zentrum des Kreises Meschede vor und besetzten mehrere größere Ortschaften. Am Abend hielten diese Verbände eine Linie von Dormecke bis Eslohe.[436]

Beim LXXXI. deutschen Armeekorps waren die Ereignisse des Tages etwa wie folgt verlaufen:

---

434 Wie Anmerkung 433

435 Huyskens, a. a. O., S. 103. Bei dieser Beschießung erhielt das Dorf Reiste eine Salve aus Brenke, worüber die Bewohner und neuen Besatzer sehr überrascht waren. Wie die Amerikaner vermuteten, handelte es sich hierbei um Einschläge, die auf einen falschen Funkbericht ihres Artilleriebeobachters zurückgingen. Ähnliches wurde auch aus dem Dorfe Beisinghausen gemeldet.

436 Williams, a. a. O., S. 485

Am 10. April wurde durch die Stärke des Wenneabschnittes und den hervorragenden Verteidigungskampf des Reichsarbeitsdienstes dieser Abschnitt gehalten.

Erst am Abend gelang es dem Amerikaner, bei der Division Wirtz die Front in die Linie Altenhellefeld-Hellefeld zurückzudrücken. Die Verhältnisse an der Ruhr und besonders im Raum um Arnsberg blieben völlig ungeklärt. Die dort neuerdings unterstellte Kampfgruppe von Oberst Deichmann verlor sich in den Waldungen und kämpfte vielleicht noch in unzusammenhängenden Gruppen, die hauptsächlich aus kleinen Flak-Kampftrupps bestanden.

Am Abend des 10. April erschien der bereits einige Tage vermißt gewesene Oberbefehlshaber der 15. Armee, orientierte in großen Zügen über die Lage und gab die Forderung der Heeresgruppe B bezüglich der nachhaltigen Verteidigung weiter. Kurz vorher erfolgte der letzte Anruf des Feldmarschalls Model mit der Forderung, unbedingt auf dem linken Korpsflügel den Anschluß an das XXXXVII. Panzerkorps bei Neheim-Hüsten zu nehmen; eine Angelegenheit, die bereits durch die Ereignisse überholt war.[436a]

Aus Richtung Fredeburg waren die US-Einheiten zunächst auch bis Mailar gestoßen, und von dort erfolgte der Angriff auf Dorlar. Auch dieser Ort hatte eine zahlreiche Besatzung in den Vortagen erlebt. Seit dem 8. April lag amerikanisches Artilleriefeuer auf dem Ort, das sich am 9. April noch verstärkte. Ein deutscher Panzer und ein einzelnes Geschütz erwiderten das Feuer. Bis in die Frühe des 10. April dauerte das Artilleriefeuer, dann rollten aus Mailar die ersten Panzer heran. Gleichzeitig drangen von anderen Seiten auch Infanterie-Einheiten gegen das Dorf vor. Am anderen Tage gingen hier schwerste amerikanische Artilleriegeschütze in Stellung, die einige Male in nordwestliche Richtung feuerten.

Auch das benachbarte Dorf Sellinghausen wurde am 10. April besetzt. Hier hatte es in den letzten Tagen ebenfalls Artilleriebeschuß gegeben, der aber von einer deutschen Batterie erwidert wurde. Deutsche Infanterie-Einheiten zogen sich am Abend des 9. April kämpfend über das Dorf zurück. Am Morgen des 10. April folgten vorsichtig die ersten US-Infanteristen, später auch Panzerspähwagen und von Mailar her auch Panzer. In der nächsten Nachbarschaft wurde wenig später auch das kleine Dörfchen Nierentrop besetzt. Zuvor hatte es hier den vorbereitenden Artilleriebeschuß gegeben, und deutsche Soldaten hatten um die Straßenkreuzung noch Minen ausgelegt. Bald darauf waren aber die ersten US-Panzer schon im Dorf.[437]

Auch aus Kirchilpe hatten sich die letzten deutschen Truppen bereits am Abend des 9. April zurückgezogen. Zeitweise hatten zwei deutsche Generäle hier ihr Quartier gehabt. In den letzten zwei Tagen hatte der Ort schon Beschuß erhalten, der aber keinen großen Schaden anrichtete. Am Morgen des 10. April kamen die ersten Amerikaner vorsichtig aus Richtung Nierentrop; später folgten weitere Truppen und Panzer.

Das kleine Dörfchen Twismecke wurde an diesem Tage ebenfalls von den Amerikanern besetzt. Auch hier hatte es in den Tagen vorher sehr viel Unruhe gegeben. Am 5. April war mit über 90 Fahrzeugen der Stab der Panzerlehrdivision hier eingetroffen. Auf Wald- und Feldwegen hatten sich diese Kolonnen aus Richtung Osterwald hierher zurückgezogen. Der sich daraus ergebende starke Fahrzeugverkehr wurde von den US-Jagdbombern entdeckt, und so kam es hier zu Duellen zwischen deut-

---

436a Köchling, a. a. O., S. 28–29

437 Huyskens, a. a. O., S. 97

schen Flak-Einheiten und den Jagdbombern. Als die deutschen Panzer-Einheiten am 7. April abrückten, folgten eine Sanitäts-Einheit und Artillerie. Das Dorf selbst erhielt kein Artilleriefeuer. Am Abend des 9. April zog nochmals abgekämpfte deutsche Infanterie durch das Dorf, bevor in der Frühe des 10. April die ersten US-Panzer einrücken.[438]

Südlich dieses Bereiches waren am gleichen Tage die amerikanischen Panzer-Einheiten von Nieder-Berndorf aus gegen das Dorf Menkhausen vorgedrungen. Das Dorf hatte bereits seit dem 5. April unter Beschuß gelegen und schwer gelitten. Am 7. April waren von Twismecke aus deutsche Panzertruppen hier eingetroffen und hatten die beherrschenden Höhen um das Dorf herum besetzt.

Weiter nördlich liegt im gleichen Tal das kleine Dorf Grimminghausen. Hier hatte am 2. April der Stab einer Division Quartier genommen. Am Nachmittag des 8. April setzte Beschuß ein. Später rückten vier deutsche Panzer in den Ort ein sowie ein schweres Geschütz. Während der Beschuß anhielt bzw. sich noch steigerte, rückten die deutschen Verteidiger ab, so daß der Ort frei war, als am 10. April die ersten US-Panzer in das Dorf rollten. Nach einstündigem Aufenthalt zogen diese weiter in Richtung Frielinghausen-Bremke.[439]

In dem kleinen Dorf Frielinghausen hatten zuvor Volkssturmleute aus Dorlar noch eine Panzersperre an der Straße nach Dorlar angelegt. Zudem waren Vorbereitungen getroffen worden, die große Eisenbahnbrücke und die Wennebrücke zu sprengen. Dazu kam es aber nicht mehr, wohl zu einer starken Einquartierung. Am 8. April begann der Beschuß durch die US-Artillerie, wobei einige Häuser beschädigt und vier deutsche Soldaten verwundet wurden. Die Zivilbevölkerung verbarg sich in Kellern und in einer großen Schlucht westlich des Dorfes. Am 10. April gegen Mittag hörte der Beschuß auf. Gewehrfeuer kündigte das Nahen der amerikanischen Infanterie an, die gegen 15.00 Uhr das Dorf besetzte. Hier wurde anschließend ein kleines Sammellager für deutsche Kriegsgefangene eingerichtet.[440]

Von Frielinghausen rückten die amerikanischen Panzer-Einheiten weiter vor gegen Bremke. Das Dorf, das an einer wichtigen Straßenkreuzung lag, hatte bereits seit dem 8. April Artilleriebeschuß erhalten, um den deutschen Nachschubverkehr und die Truppenbewegungen zu stören. Am 9. April wurde die über die Dorfstraße führende Eisenbahnbrücke zur Sprengung vorbereitet und am anderen Morgen — als man schon mit dem Einmarsch amerikanischer Truppen rechnete — in die Luft gesprengt. Etliche Häuser in der näheren Umgebung erlitten dabei mehr oder weniger schwere Beschädigungen. Den vorrückenden US-Panzern stellte sich am Dorfausgang nach Frielinghausen ein deutsches Sturmgeschütz entgegen. Erst durch den Einsatz eines Jagdbombers konnte es zum Rückzug gezwungen werden. Die Bevölkerung hatte sich derweil bis ins Oberdorf geflüchtet und erhielt auch dort noch Beschuß. Dabei brannte ein Haus ab, und auch das Hauptrohr der Wasserleitung wurde zerstört. Erst am Nachmittag gegen 16.00 Uhr rückten die Amerikaner in Bremke ein. Diese Kampftruppen blieben dort über Nacht und rückten erst am anderen Tage weiter vor.[441]

Von Cobbenrode aus stießen die US-Panzerspitzen an diesem Tage in zwei Richtungen weiter vor, wobei der Hauptstoß nach Norden in Richtung Eslohe zielte. Bei

438 Huyskens, a. a. O., S. 99
439 Huyskens, a. a. O., S. 98
440 Huyskens, a. a. O., S. 95
441 Huyskens, a. a. O., S. 95

diesem Vorstoß wurden zuerst die kleinen Orte Bockheim und Isingheim besetzt. Weiter östlich waren bereits morgens um 6.00 Uhr die Orte Ober- und Niederlandenbeck besetzt worden. Auch hier hatte es in den Tagen zuvor Artilleriebeschuß gegeben, und auch Tiefflieger hatten das Dorf angegriffen. Im Bereich des Ortes wurden später sechs gefallene deutsche Soldaten gefunden und beerdigt.[442]

Aus dem weiter nordöstlich davon gelegenen Hengsbeck waren die letzten deutschen Truppen am Nachmittag des 9. April abgezogen. Nachdem man hier am anderen Morgen eine weiße Fahne gehißt hatte, rückten gegen 11.00 Uhr die ersten US-Infanteristen in ruhigem Marschtempo, ohne einen Schuß abzugeben, ein. Dann folgten stundenlang Panzer auf Panzer, Kanonen auf Kanonen, Fahrzeuge mit Mannschaften und Munition. Am Nachmittag war der Ort mit Truppen und Panzern besetzt. Wegen der Hissung der weißen Fahne wurde durch den Kommandanten eine gute Behandlung der Bevölkerung durch die Truppe angeordnet.[443]

Von Hengsbeck ging der amerikanische Vorstoß weiter auf Bremscheid. Auch hier hatte es am Tage vorher den ersten Beschuß gegeben. Ein einzelner deutscher Panzerjäger hatte die Anmarschstraße der Amerikaner unter Beschuß gehalten, bevor diese am Nachmittag gegen 17.00 Uhr unter dem Schutz zahlreicher Panzer einrückten.

Von Bremscheid aus wurde dann am Abend gegen 20.00 Uhr auch Eslohe besetzt. Die amerikanischen Panzerspitzen hielten schon vorher längere Zeit beobachtend vor dem Ort. Als sie eine Gruppe von etwa 20 deutschen Soldaten bemerkten, eröffneten sie auf die Häusergruppe, aus der sie kamen, ein Feuer mit Phosphormunition, das mehrere Häuser in Brand setzte. Bei der Durchsuchung der Häuser nach dem Einrücken der Amerikaner gerieten nur wenige deutsche Soldaten in Gefangenschaft. Noch am Abend ging amerikanische Artillerie bei der Rochuskapelle in Stellung und nahm Obersalwey unter Beschuß, der von deutscher Seite nur schwach erwidert wurde.[444]

Die andere Vormarschrichtung von Cobbenrode aus zielte westwärts auf Obermarpe und die nähere Umgebung. Auch dieser Bereich hatte bereits seit dem Vortage unter dem Feuer der amerikanischen Artillerie gelegen, wobei es mehr oder weniger schwere Zerstörungen gab. In Niedermarpe und Kückelheim waren Vorbereitungen zur Verteidigung getroffen worden. Zwischen Kückelheim und dem Bahnhof hatte man eine Minensperre angelegt und an anderen Stellen Panzersperren und Schützenlöcher vorbereitet. In der näheren Umgebung bis in das Tal der Dormecke waren vier Flakgeschütze in Stellung gegangen, und der Eingang von Niedermarpe wurde durch zwei Panzer gesichert. Zwischen den deutschen Verteidigern sah man auch zahlreiche Volkssturmmänner, die — in Zivil und nur mit einer Armbinde gekennzeichnet — keinen sehr energischen und kriegerischen Eindruck machten. Dementsprechend war auch die deutsche Verteidigung in den Orten. Auf beiden Seiten griffen aber Panzer in die Kämpfe ein, und es gab auf deutscher Seite sieben Gefallene und drei tote Zivilpersonen. Durch Panzerbeschuß mit Phosphorgranaten wurden mehrere Wohn- und Wirtschaftsgebäude zerstört. Die deutschen Flakgeschütze traten nicht mehr in Aktion, da, wie berichtet wurde, die Offiziere ihre Einheiten verlassen hatten: ein Zeichen der fortschreitenden Auflösung. Die Besetzung der beiden Orte erfolgte zwischen 16.00 und 21.00 Uhr.[445]

---

442 Huyskens, a. a. O., S. 93
443 Huyskens, a. a. O., S. 93
444 Huyskens, a. a. O., S. 94
445 Huyskens, a. a. O., S. 92

Der zugleich westlichste Vormarschpunkt in diesem Bereich wurde an diesem Tage durch die Panzerspitzen der 7. US-Panzerdivision in dem kleinen Dorf Dormecke erreicht. Der Ort hatte zwar erst am 10. April Artilleriebeschuß erhalten, trotzdem fand man hier später mehr als 700 Granattrichter. Größere Kämpfe fanden hier nicht mehr statt, man sah nur einzelne flüchtende Soldaten. Gegen 17.00 Uhr drangen die ersten amerikanischen Truppen in das Dorf ein. Die in den Häusern noch weilenden deutschen Soldaten wurden gefangengenommen und in der Kapelle zusammengetrieben. Dabei gab es noch einen traurigen Zwischenfall.[446]

An der südlichen Angriffsfront des III. US-Korps stieß aus dem Lennetal die 99. US-Infanteriedivision mit ihren drei Regimentern an diesem Tage weiter nach Norden und Nordwesten vor. Das 394. Infanterieregiment drang mit seinen Bataillonen in Ödingen und Oberelspe ein. Die Spitzen des Regiments stießen noch bis Obervalmert und Schöndelt vor. In Obervalmert fielen drei deutsche und fünf amerikanische Soldaten, in Ödingen sieben deutsche. Auch die Ortsteile Leckmart und Schwartmecke wurden an diesem Tage besetzt. Einheiten des 393. Infanterieregiments besetzten am gleichen Tage den Bereich um Halberbracht, ohne noch auf großen Widerstand zu stoßen. Weiter links davon stießen die Bataillone des 395. Infanterieregiments gegen Kickenbach und Meggen vor und klärten diesen Bereich. Auf der äußersten linken Flanke dieser Division nahmen die Einheiten des 395. Regiments Fühlung mit den benachbarten Einheiten der 86. US-Infanteriedivision des XVIII. US-Luftlandekorps, die hier etwa in der gleichen Richtung nach Nordwesten in den Kessel hineinstießen.[447]

Das benachbarte XVIII. US-Luftlandekorps konnte an diesem Tage ebenfalls wieder beachtliche Fortschritte im Angriffsbereich seiner eingesetzten Divisionen verzeichnen. Der auf der rechten Flanke des Korps operierende Großverband war hier die neuherangeführte 86. US-Infanteriedivision. Auf der äußersten rechten Flanke der Division stieß das 342. Infanterieregiment nach Nordwesten, nahm Verbindung mit den benachbarten Teilen der 99. US-Infanteriedivision auf und besetzte das Dorf Bonzel. Vorderste Spitzen der Division drangen bis in den Bereich von Attendorn vor. Die weiter westlich stehende 8. US-Infanteriedivision drang in den Bereich um Olpe ein und besetzte die Stadt. Einzelne Einheiten rückten bereits weiter in nördlicher und nordwestlicher Richtung vor.[448]

Wie die Ereignisse um Olpe abliefen, hat Manfred Schöne in seinem Buch: „Passion einer Stadt"[449] fast minutiös festgehalten. Die wichtigsten Ereignisse waren:

„Montag, 9. April 1945:

Gestern hat — laut Wehrmachtsbericht — die Schlacht am Nordrand des Ruhrgebietes, an der Siegfront und im Rothaargebirge an Heftigkeit zugenommen. ‚Unsere Division verhinderten überall den vom Feind erstrebten Durchbruch.'

Wie während der Nacht, so grollt auch heute der Geschützdonner bedrohlich nahe Sind es Abschüsse oder Einschläge? Man tut gut daran, die Durchgangsstraßen zu meiden. Nur zurückflutende Militärverbände beherrschen das Stadtbild. Sie ziehen

---

446 Huyskens, a. a. O., S. 92. — Als hier ein deutscher Kriegsgefangener bei der Durchsuchung wegen der Rückgabe seiner Brieftasche bzw. seiner Papiere mit einem amerikanischen Soldaten in Streit geriet, wurde er kurzerhand erschossen. Er wurde neben der Kapelle des Dorfes beigesetzt.

447 Williams, a. a. O., S. 485

448 Wie Anmerkung 447

449 Manfred Schöne, Passion einer Stadt. Olpe im Zweiten Weltkrieg 1939—1945, Olpe 1965

seit 13.00 Uhr durch. Eine deutsche Kampfgruppe, die von Kreuztal durch die Günse gekommen ist, marschiert in Richtung Drolshagen, um sich dort festzusetzen.

15.00 Uhr: Bagagekolonnen ziehen in Richtung Attendorn. Deutliches Maschinengewehrfeuer läßt die nahende Front ahnen. Gerüchte kursieren: Rings um Olpe sollen Stellungen ausgebaut, an den Ortseingängen Panzersperren angelegt werden. Das Allheilmittel Panzerfaust lagert in ausreichender Menge im Schützenzelt auf dem Imberg.

16.15 Uhr: Über Olpe kreisen Aufklärer. Offenbar beobachten sie die Truppenbewegungen und geben Positionsmeldungen an ihre im südöstlichen Teil des Kreises stehenden Batterien. Denn nun beginnt der direkte Angriff auf Olpe. Im Gegensatz zu den Einzelgranaten an den Vortagen setzt jetzt ein andauerndes Artilleriefeuer auf die Stadt ein. Mitglieder der Technischen Nothilfe, die am Hohen Stein Lichtleitungen flicken, können von ihrem erhöhten Standort aus den Abschuß der Granaten wahrnehmen, hören die Geschosse über ihre Köpfe hinwegpfeifen und sehen im Gebiet Imberg-Hatzenberg die Explosionswolken aufsteigen. Wie sie beobachten, besteht mindestens die Hälfte der niedergehenden Granaten aus Blindgängern. Über der Ortschaft Rhonard steigen Rauchsäulen einer größeren Brandstätte auf. Hier und da rattern und tacken Maschinengewehr-Salven.

17.30 Uhr: Das Schießen verstummt. Genau 75 Minuten hat die Kanonade gedauert. In einer Schußfolgezeit von weniger als einer Minute haben rund 100 Granaten das nordöstliche Stadtgebiet getroffen. Das Ganze war ein schlecht geleitetes Streufeuer. Daher sind die Schäden verhältnismäßig gering. Am Imberg haben Granaten eine Säule am Gebäude des Wehrmeldeamtes zerstört, andere explodierten auf dem Friedhof. Häuser in der Imbergstraße, Schützenstraße, Seminarstraße, in der oberen Westfälischen Straße, Kortemicke und Rochusstraße sind getroffen, doch meist nur leicht beschädigt worden. Während des Artilleriebeschusses sind Soldaten — mangelhaft bewaffnet — durchgezogen. Diese Truppen waren vorgestern von Eslohe nach Olpe gekommen, um weiter nach Müsen zu gelangen. Nun mußten sie umkehren und sich nach Drolshagen zurückziehen. Ihnen sind Kolonnen ausländischer Arbeiter, die bei Rhonard noch geschanzt haben sollen, gefolgt.

Nach 17.00 Uhr: Der zuständige Divisionskommandeur, Generalmajor Gerhard Engel, verläßt die Front um Olpe.[449a]

Gegen 18.00 Uhr: Zurückflutende Truppen melden, daß Altenkleusheim schon besetzt sei und die amerikanische Panzerspitze in etwa einer Stunde in Olpe eintreffen werde. Zur gleichen Zeit rast der letzte Meldefahrer zum ‚Gefechtsabschnitt Rhonard', kommt aber schnell zurück. Seine Meldung konnte er nicht mehr anbringen. Die Dinge scheinen sich nun zu überstürzen.

18.30 Uhr: Ein kurzer Artillerie-Beschuß fordert bei der Stadtmühle einige Verwundete. Weitere Granaten treffen das Bahngelände und die Bahnhofstraße. Hier auf der Kreuzung beim Kölner Hof, wo der große Bombenkrater vom Karfreitag einen Engpaß geschaffen hat, bemühen sich Wachtmeister der Hilfspolizei Albrecht Haas und Landwehrmann Heinrich Reperich, den Rückzugsverkehr durchzuschleusen.

19.00 Uhr: Fronttruppen flüchten durch die Stadt und setzen sich in der Gegend Kimicker Berg / Bruchstraße fest.

---

[449a] Anmerkung des Verfassers: Generalmajor Gerhard Engel wurde abberufen und übernahm im Rahmen der neugebildeten 12. Armee die neuaufgestellte Division Ullrich von Hutten. Sein Nachfolger wurde Generalmajor König.

19.30 Uhr: Ein fliehender deutscher Panzer dringt in die Günse vor, kommt bis zum Steinbruch, wo er sich mit der amerikanischen Vorhut in ein kleines Gefecht einläßt. Nach höchstens fünf Schüssen gibt es einen toten Amerikaner und mehrere Verletzte auf beiden Seiten. Der von einem Ritterkreuzträger geführte Panzer dreht ab zur Fohrt und weiter zur Kortemicke. Dort macht ihn die Besatzung gefechtsunfähig. Ein anderer Panzer wird in der Martinstraße in der Nähe des Kaiserhofs gesprengt. Er war in einen Bombentrichter gefahren und steckengeblieben.

20.15 Uhr: Zu beiden Seiten der Baumreihen der Günsestraße nahen amerikanische Fußtruppen, die zweimal von der Fohrt aus beschossen werden. Die Amerikaner halten an und setzen sich in der Günsestraße vorerst fest. Inzwischen sind deutsche Truppen über die Martinstraße, Bahnhofstraße am Kölner Hof vorbei durch die Franziskanerstraße zur „Wüste" in Richtung Drolshagen abgezogen. Nachhut-Truppen räumen ihre Stellung am Hohen Stein. Gelegentliche Stöße aus Maschinengewehren begleiten ihr Rückzugsmanöver.

21.00 Uhr: Nebelgranaten fliegen in die Kölner Straße und auf den Imberg und hüllen ganze Stadtteile in milchig-dichte Nebelschleier.

21.15 Uhr: Amerikanische Vorausabteilungen besetzen einzelne Häuser der Kolpingstraße, um hier den Morgen abzuwarten. Stoßtrupps schieben sich in Richtung Eichhardt und Kimicker Berg vor.

22.00 Uhr: Für Wachtmeister Haas ist der Ordnungsdienst am Kölner Hof vorbei. Die Straßen werden ruhig. Haas geht zum Rathaus und stellt fest, daß die Kollegen von der Polizei auf und davon sind. Er beschließt, über Nacht dort im Keller zu bleiben.

Dienstag, 10. April 1945:

0.00 Uhr: Wachtmeister Haas verläßt das Rathaus. Gegenüber im Hotel zum Schwanen findet er den Stadtkommandanten. Hauptmann Rody sitzt allein und ohne Beschäftigung. Haas bittet ihn, mit herüber in den Rathauskeller zu kommen. Er teilt ihm mit, daß feindliche Truppen bereits am südöstlichen Stadtrand stehen. Daraufhin meint Rody resigniert: ‚Dann hat mein Auftrag kaum noch eine Bedeutung. Ich gehe jetzt nach Hause und lege mich schlafen. Der Gefangenschaft werde ich ohnehin nicht entrinnen können.' Haas will jedoch bleiben, um Schußwaffen samt Munition zu bewachen, die in größerer Zahl umherliegen.

Im Südosten der Stadt bereitet sich das 2. Bataillon des 13. Regiments vor, Olpe einzuschließen. Es kann eine Tagesleistung von rund 16 Kilometer und die Gefangennahme einer deutschen Infanteriekompanie kurz vor Olpe verbuchen. Das 13. Regiment gehört zur 8. amerikanischen Infanteriedivision, die den Beinamen „Goldpfeil" trägt.

1.10 Uhr: Major Cochrane von der 8. Division nimmt einen Funkspruch des 13. Regiments auf: ‚Das 2. Bataillon ist in der Stadt Olpe . . .'

1.45 Uhr: Cochrane läßt an Captain McQuade vom Korps funken, daß Olpe erobert wurde und die Truppen den Widerstand leichter Waffen brechen mußten.

2.00 Uhr: Wachtmeister Haas erhält über die noch intakte Telefonleitung aus Lüdenscheid einen Anruf. Dort will Kreisleiter Joest Näheres über die Lage im Raum Olpe wissen. Haas berichtet ihm in wenigen Worten. — Inzwischen haben amerikanische Soldaten über den Hohen Stein/Kimicker Berg die Bruchstraße erreicht. Hier erwarten sie Truppen, die aus Richtung Gerlingen nachstoßen wollen.

Zwischen 5.00 und 5.30 Uhr: Ein deutscher Spähtrupp, dessen Gefechtsstand in Büren bei Drolshagen liegt — ein Offizier und 15 Mann —, stößt bis zum Hexenturm

vor. Die im Schutz der Morgendämmerung mit vorgehaltenen Maschinenpistolen und in aller Stille sich vortastenden Soldaten müssen feststellen, daß die untere Felmicke und die Martinstraße schon in Feindeshand sind. Ohne Feindberührung verlassen sie in Richtung Imberg-Hardt als letzte Nachhut der fechtenden Truppe die Stadt.

6.00 Uhr: Spähtrupps dringen aus der Felmicke über die Frankfurter Straße zur Agatha- und Winterbergstraße vor. Nirgends kommt es zu Kampfhandlungen. Die Stadt ist ja frei von deutschen Kampftruppen. Im Bunker der hinteren Seminarstraße haben inzwischen Bürgermeister Wurm, Stadtoberinspektor Habbel und Kreisoberinspektor August Zimmermann einen Entschluß gefaßt. Sie wollen den Amerikanern entgegengehen. Schon in der Schützenstraße beim Haus Scherer (Nr. 10) stoßen sie auf einen Vorposten, dem sie sich mit einem weißen Tuch nähern. Nach den Worten: ‚Ich bin der Bürgermeister. Führen Sie mich zum Kommandanten! Ich will die Stadt übergeben', wird Wurm aufgefordert, einen Jeep zu besteigen, während seine Begleiter zurückbleiben müssen. In rasender Fahrt geht es dann zur Kolpingstraße 52, zum Haus Wolf, in dem sich der amerikanische Stab einquartiert hat. Im Wohnzimmer des Erdgeschosses unten rechts sind ein Major mit Dolmetscher und vier weitere Offiziere anwesend. Nach einem kurzen Frage-und-Antwort-Spiel kann sich Wurm an den Wohnzimmertisch setzen. Der Dolmetscher übersetzt ein in Englisch verfaßtes Schriftstück mit ungefähr folgendem Wortlaut: ‚Als Bürgermeister übergebe ich die Stadt Olpe, Kreis Olpe, der amerikanischen Armee. Ich versichere, daß sich meines Wissens nach keine deutschen Kampftruppen im Stadtbezirk aufhalten. Allen Anordnungen der Besatzungsarmee werde ich mich fügen und ihre Befehle, so gut wie eben möglich, ausführen. Olpe, Westfalen, 10. April 1945.'

6.30 Uhr: Bürgermeister Wurm unterzeichnet das ihm vorgelegte Dokument. Dann gibt man ihm gedruckte Aufrufe und Bekanntmachungen, die er anschlagen lassen soll. Der nüchtern-ernste Kapitulationsakt ist vorbei. Vorüber ist nun auch für Olpe der Schrecken des Zweiten Weltkrieges. Vor dem Haus wartet der Jeep, der den Bürgermeister zurückbringt.

7.00 Uhr: Der amerikanische Kampfkommandant richtet seine Befehlsstelle im Haus Dreseler, Bruchstraße 16, ein. Einer von seinen Offizieren und ein Schwarzer fahren zum Haus Habbel, Seminarstraße 22, wo sie Bürgermeister Wurm, Stadtoberinspektor Habbel und Kreisoberinspektor Zimmermann antreffen. Nach dem förmlichen Kapitulationsakt findet nun die eigentliche Übergabeverhandlung statt. Ein anfängliches Wechselgespräch geht jäh zur Befehlsausgabe über. Im Magisterton stellt der Offizier Prognosen für Deutschlands nahe Zukunft: Nie wieder würden Deutsche Uniformen tragen, weder Post- noch Bahnbeamte.

8.00 Uhr: Nun ist Olpe wohl offiziell übergeben, und die Geschütze müßten eigentlich schweigen. Aber einige endsiegfanatische Störenfriede beginnen hinter dem Bahnhof eine Schießerei mit Kleinwaffen. Es sind Volkssturmmänner aus Düsseldorf. Mit Unterstützung der Anwohner werden sie gezwungen, sich nach Berlinghausen zurückzuziehen. Dort wollen sie sich verschanzen.

9.15 Uhr: Nach Rüblinghausen rollen Panzer durch den Nebel. Einer der Panzer bestreut mit einigen MG-Garben die Häuser der Biggestraße. Grete Hahn wird vor der Haustür ihres Elternhauses (Nr. 32) in den Leib getroffen. Zwei Stunden darauf ist sie tot. Man vermutet, daß ein angetrunkener Panzersoldat diese so sinnlose Schießerei eröffnet hat.

10.00 Uhr: Hinter der Bahnlinie sind die Volkssturmleute wieder aufgetaucht, um ihren Privatkrieg fortzusetzen. Vom Bratzkopf aus bestreichen sie die Innenstadt

mit einem wilden Störfeuer. Aus der Kolpingstraße schicken amerikanische 8,8 cm-Geschütze ihre Granaten zur Tannenbergstraße. Hier, wo die meisten Häuser schon mit weißen Tisch- und Bettüchern beflaggt sind, erhält Haus Klein (Nr. 14) drei bis vier Treffer, darunter Brandgeschosse. Das Haus brennt aus. Die Nachbarhäuser Hesse (Nr. 19) und Huckestein (Nr. 20) werden schwer beschädigt. Zur gleichen Zeit überraschen in der Frankfurter Straße zwei harte Detonationen eine Gruppe amerikanischer Soldaten, die erschrocken im Café Gastreich Deckung suchen. Im Turmhelm des Hexenturms und an der Südwestwand des Turms der evangelischen Kirche sind Granaten explodiert, die offensichtlich aus deutschen Stellungen bei Drolshagen abgefeuert wurden. Der Schaden ist mittelschwer. Gottdank bleiben das die einzigen deutschen Granaten, die Olpe treffen. — Inzwischen klirren und rasseln Panzer und endlose Fahrzeugkolonnen durch die Stadt in Richtung „Wüste". Wegen der zerbombten Olpebach-Brücke in der Kölner Straße wird der Verkehr — wie an den Vortagen — durch die Franziskanerstraße geleitet. Zum Schutz gegen die eigenen Flieger sind alle Wagen mit grellroten Tüchern bedeckt. Ihre Ketten und Räder mahlen durch Berge englisch geschriebener Flugzettel, die Stunden vorher aus deutschen Autos fortgeworfen wurden.

12.00 Uhr: Auf einem Abstellgleis im Bahngelände brennt ein Munitionszug. Schon in der Nacht seit 1.00 Uhr waren hier Vorräte gesprengt worden. — Mittlerweile haben amerikanische Soldaten die Vorräte hiesiger Schnapsbrennereien und Spirituosenläger aufgespürt. Zusammen mit befreiten Ausländern und deutschem Pöbel schleppen sie Tausende von Flaschen weg oder betrinken sich an Ort und Stelle. Scheußliche Exzesse sind die Folge, einige Frauen und Mädchen müssen Fürchterliches über sich ergehen lassen.

Offiziere des CIC beschlagnahmen im Postamt 400 Sack Päckchen- und Briefpost. — In Rosenthal werden auf den Wiesen bei der Wirtschaft Theile Zelte aufgeschlagen und in ihnen eine behelfsmäßige Verwundetensammelstelle untergebracht.

Abends: Sechs Langrohrgeschütze schießen in der Günse beim Mühlenteich die Ortschaften westlich von Drolshagen sturmreif. Um ein freies Schußfeld zu bekommen, mußten mehrere hohe Fichten gefällt werden. Viele Menschen werden durch die Abschüsse beunruhigt, sie gehen noch einmal in den Keller. — Der deutsche Wehrmachtsbericht behauptet, daß unsere Divisionen nördlich der Sieg dem pausenlos angreifenden Gegner standhielten. Wie die Wirklichkeit aussieht, haben die vergangenen 24 Stunden allzu deutlich gezeigt!"[450]

Der Bereich um Olpe hatte etwa seit dem 23. März das Hauptquartier der Heeresgruppe B beherbergt. Ab dem 20. März war die Schule in Neuenkleusheim dazu besetzt worden, um eine Kartenstelle und eine Fernsprechvermittlung dort einzurichten. Der Ort wurde von der Feldgendarmerie streng bewacht. In Olpe stand der Heeresgruppe ein noch völlig intaktes Fernmeldeamt zur Verfügung, was für die schnelle Nachrichtenübermittlung unerläßlich war.

Am Mittwoch, dem 4. April, wurde der Gefechtsstand von Neuenkleusheim in den Nachbarort Rhode verlegt, und am 6. April hieß es für den gesamten Stab abermals aufzubrechen, denn die Front der 1. US-Armee rückte in diesem Bereich unaufhaltsam nach Norden. Bald sollte sich ein anderer Stab in Olpe niederlassen.

---

450 Anmerkung des Verfassers: Die hier geschilderten Vorgänge beim Einmarsch in Olpe sind auch in anderen Orten zum Teil ebenso verlaufen.

Nach der Besetzung von Olpe durch die Truppen der 8. US-Infanteriedivision hatte schon bald darauf Generalmajor Matthew B. Ridgway (der spätere Nato-Oberbefehlshaber) als Kommandeur des XVIII. US-Luftlandekorps im Gebäude der ehemaligen NSDAP-Kreisleitung in der oberen Westfälischen Straße sein Hauptquartier aufgeschlagen. Am 13. April gab es hier noch höheren Besuch: Die Bevölkerung in dieser Straße erhielt Ausgehverbot, und die Umgebung des Gebäudes wurde von US-Soldaten abgeriegelt. In Begleitung mehrerer höherer Offiziere, darunter General Omar N. Bradley, traf der alliierte Oberkommandierende General Dwight D. Eisenhower hier ein. Er war auf einer Inspektionsreise an der Front und nahm danach an einem Mittagessen im Hauptquartier des XVIII. US-Luftlandekorps teil.[450a]

Im Zentrum des XVIII. US-Korps rückte die 78. US-Infanteriedivision mit ihren Regimentern gegen leichten deutschen Widerstand ebenfalls weiter nach Norden vor. Ihre Verbände hatten am Abend eine Linie erreicht, die im Westen von Oberwiehl-Numbrecht und im Osten bis Eckenhagen-Hillmicke reichte. Links davon operierte die 97. US-Infanteriedivision mit ihren drei Regimentern. Das 387. Infanterieregiment bewegte sich nordöstlich von Siegburg, nachdem dieser Bereich besetzt und geklärt war, in Richtung Gummersbach und besetzte mehrere wichtige Punkte. Das 386. Regiment unterstützte den Vormarsch des Schwesterregiments, gab den notwendigen Flankenschutz und hatte dabei rauhes Gelände zu überwinden, um das Tagesziel zu erreichen. Das 303. Infanterieregiment hatte während des Tages die Besetzung der restlichen Teile von Siegburg abgeschlossen und rückte mit einigen Teilen ebenfalls weiter vor. Die hier neu eingesetzte 13. US-Panzerdivision setzte mit den ersten Teilen bei und in Siegburg über die Sieg und stieß mit einer starken Kampfgruppe nach Norden vor. Die Spitzen dieser Kampfgruppe erreichten den Bereich um Breidt. Eine andere Kampfgruppe stieß östlich der Autobahn nach Norden, überwandt die Agger und errichtete einen kleinen Brückenkopf, der von zwei Schützenkompanien gesichert wurde.[451]

Auf der deutschen Seite war hier die 3. Fallschirmjägerdivision in arge Bedrängnis geraten. Durch den sich ständig verstärkenden Feinddruck bei Siegburg war sie gezwungen worden, immer mehr Reserven unter Entblößung der anderen Abschnitte an ihren bedrohten linken Flügel zu werfen. Durch den zähen Widerstand seiner Besatzung konnte sich Siegburg bis zum Abend des 10. April halten, obwohl die Stadt bereits von überlegenen Panzerkräften umgangen und abgeschnitten worden war.[452]

Links von den deutschen Fallschirmjägern kamen die Amerikaner vor der Front der 353. Infanteriedivision — bedingt durch das bergige Gelände — nicht ganz so rasch voran. Auch die Reste der anderen Divisionen im Befehlsbereich der 5. Panzerarmee hatten sich an diesem Tage nach Norden und Nordwesten abgesetzt.

Im Kampfbereich der 15. Armee war der 10. April ausschließlich mit Rückzugsbewegungen und kleinen Nachhutgefechten ausgefüllt. Die Restverbände der hier eingesetzten Divisionen zogen sich auf neue Auffanglinien zurück, während der überall nachstoßende Gegner durch kleinere Gruppen hinhaltend bekämpft wurde, um das Absetzen der Masse zu gewährleisten. Der Widerstandswille der sehr geschwächten deutschen Verbände hatte merklich nachgelassen. Es fehlte überall an Mu-

---

450a Euler, a. a. O., S. 185 und 187. Auch Peukert, a. a. O., S. 36 und 37
451 Wie Anmerkung 447
452 Ulms/Reuther, a. a. O., S. 70 f.

nition, Brennstoff und anderen wichtigen Nachschubgütern, von der personellen Stärke der Einheiten ganz zu schweigen.

Von den Resten des Sperrverbandes Ahlfen sind von diesem Tage ab keine genauen Linien mehr bekannt. Die Reste der Panzerlehrdivision waren auf dem Rückzug aus dem unmittelbaren Fronteinsatz und sollten südlich von Werdohl eingesetzt werden. Die 338. Infanteriedivision stand abends beiderseits der Straße Werdohl — Gegend Grevenbrück südostwärts Rönkhausen; vordere Teile standen noch bei Schönholthausen und nördlich von Fretter. Beiderseits waren Lücken entstanden, besonders gefährlich südlich von Plettenberg. Die 176. Infanteriedivision stand mit ihren Restbeständen auf den Höhen westlich von Eslohe — nördlich von Kückelheim. Die 15. Armee befahl das Herausziehen der 3. Panzergrenadierdivision aus ihrem bisherigen Abschnitt und ihren neuen Einsatz südlich von Plettenberg. Das Herausziehen gelang auch.[453]

11. APRIL:

Im Verlauf des 10. April war der Großteil des damaligen Kreises Meschede von den Truppen des III. US-Korps der 1. US-Armee besetzt worden. Im Nordwesten waren die vordersten Spitzen der 5. US-Infanteriedivision bereits über die Kreisgrenzen hinaus und in den benachbarten Kreis Arnsberg vorgestoßen.

Am 10. April war Freienohl von US-Truppen besetzt worden, die aus dem Arnsberger Wald durch das Tal der Giesmecke kamen.[454] Von hier aus wurde der Ort zunächst unter Beschuß genommen. Die Granaten schlugen im Zentrum der Gemeinde ein und setzten mehrere Häuser in Brand oder beschädigten sie. Ein Bürger kam dabei zu Tode. Auf Anregung ging der Ortsgruppenleiter den Amerikanern entgegen, um die Übergabe des Ortes anzubieten. Der Kommandeur dieser US-Truppen wollte aber die Bestätigung haben, daß der Ortsgruppenleiter sich immer anständig und menschlich verhalten habe. Nach dieser Nachricht machten sich weitere Bürger mit weißen Fahnen auf den Weg, um das zu bestätigen. Die Amerikaner hielten die Zeugen aber fest und schickten nur einen zurück, um feststellen zu lassen, ob noch deutsche Soldaten im Ort seien. Das war zwar der Fall, es waren jedoch nur ein Leutnant, ein Feldwebel und zwei Soldaten. Diese wollten den Ort noch verteidigen und auch den Parlamentär an die Wand stellen. Der konnte ihnen aber aufgrund der besseren Ortskenntnisse entwischen und gab die Parole aus, weiße Fahnen auszuhängen, was auch geschah. Die vier deutschen Verteidiger setzten sich daraufhin ab. Am anderen Morgen überbrachte der Pfarrer den US-Truppen im Tal der Giesmecke diese Nachricht, worauf die Amerikaner dann in Freienohl einrückten. Alle Ruhrbrücken waren bereits am Tage zuvor gesprengt worden.[455]

„In deutscher Hand blieben am 10. April vom ganzen Kreisgebiet des Kreises Meschede nur noch die am Abhang des Homertgebirges gelegenen Dörfer des Amtes Eslohe und der an diesem Tage noch nicht eroberte größere Teil des Amtes Serkenrode. Hier gab es fortan nur eine Front, die der von Süden- und Nordosten aus dem Kreisgebiet heranrückenden amerikanischen Truppen, bis diesen ein anderer, das Lennetal von Grevenbrück her abwärts vordringender Angriffskeil, sich anschloß.

---

453 von Zangen, a. a. O., S. 23 f.

454 Es muß sich auch hierbei um Verbände der Kampfgruppe Faith von der 95. US-Infanteriedivision gehandelt haben. Siehe die Beschreibung der Operationen dieser Einheiten im einschlägigen Kapitel.

455 Fritz Schumacher, Heimat unter Bomben, S. 68 und 69

Die erhebliche Verkürzung der Front gestattete es den Amerikanern, ihren Kampftruppen in den zuletzt erreichten Orten eine Ruhepause von mehreren Tagen zu gönnen und andererseits starke Kräfte einer anderen Front zuzuführen. So wurde von Sallinghausen am Morgen des 11. April beobachtet, daß etwa 400 Panzer und Nachschubwagen auf Raupenketten über den Windknochen in Richtung Wenholthausen-Grevenstein-Arnsberg geleitet wurden. Am 11. April gelang es den Amerikanern, fast das ganze Salweytal bis zum Kamm des Homertgebirges und bis zum Paßübergang bei Kuckuck-Röhrenspring zu besetzen und südlich davon das ganze Gebiet von Schliprüthen, Fehrenbracht, Ramscheid, Serkenrode bis einschließlich Fretter in ihre Hand zu bringen, während weiter südlich der Vormarsch an diesem Tage keine nennenswerten Fortschritte machte."[456]

Im Verlauf des 11. April besetzten Einheiten der neu herangeführten 5. US-Infanteriedivision den Bereich östlich und südlich der Stadt Arnsberg. Der Cavalry-Aufklärungstrupp und eine starke Regimentskampfgruppe des 10. Infanterieregiments der 5. Division durchkämmten und klärten den Forst Rumbeck bis zu einer Generallinie Rumbeck-Hellefeld.[457] Von Norden her waren schon am Vortage Einheiten des 194. US-Luftlanderegiments der Kampfgruppe Faith bis an die Außenbezirke von Arnsberg herangekommen.[458] Die Bataillone des 2. Infanterieregiments der 5. US-Infanteriedivision stießen am gleichen Tage weiter westwärts vor und besetzten die Orte Westerfeld, Wenninghausen, Linnepe und Grevenstein.[459]

Zunächst war aber noch am 10. April östlich von Arnsberg der Bereich um Oeventrop besetzt worden. Hier hatte man in den Ostertagen bereits Panzersperren an den wichtigen Punkten gebaut und mit Volkssturmleuten besetzt. Auf den Straßen herrschte reger Betrieb. Die Brücken über die Ruhr wurden zur Sprengung vorbereitet. Am 9. April traf die Bevölkerung die ersten Vorbereitungen, sich mit Lebensmitteln zu versorgen. Um 15.00 Uhr wurde eine Brücke gesprengt; die Soldaten, die diese gesprengt hatten, wateten durch die Ruhr und ergaben sich den vordersten Spitzen der US-Verbände, die bereits nah heran waren. Gegen 16.30 Uhr waren US-Panzer und andere Verbände auf dem Plackweg zu sehen, und um 18.00 Uhr wurden die ersten im „Siepen" gesichtet. In der hereinbrechenden Nacht gab es Artilleriefeuer. Am Morgen des 10. April wurde gegen 6.00 Uhr die Dinscheder Brücke gesprengt. US-Truppen drangen vom Plackweg aus in Glösingen ein. Die Einwohner wurden wegen bevorstehender Kampfhandlungen aufgefordert, in den Wald zu gehen. Ein Resttrupp deutscher Soldaten, die auf dem Lattenberg Feindberührung hatten und teilweise gefangengenommen worden waren, bezog noch einmal Stellung an der Egge, oberhalb der Kirche.[460]

„Um 9.30 Uhr begann ein Angriff auf Oeventrop. Einschläge von Schrapnells lagen mitten im Dorf. 15 Minuten später gab es eine Detonation: der letzte Bogen der Oeventroper Brücke war gesprengt.

Während Glösingen, wo nur ein Haus durch Artillerie-Beschuß abgebrannt war, und Dinschede von den Kampfhandlungen nicht berührt worden waren, war Oeventrop doch arg mitgenommen. An der Kirche waren das Dach und mehrere Fenster

---

456 Huyskens, a. a. O., S. 108
457 Williams, a. a. O., S. 487
458 Siehe auch hier die Beschreibung der Operationen der Kampfgruppe Faith.
459 Wie Anmerkung 457
460 Schumacher, a. a. O., S. 64

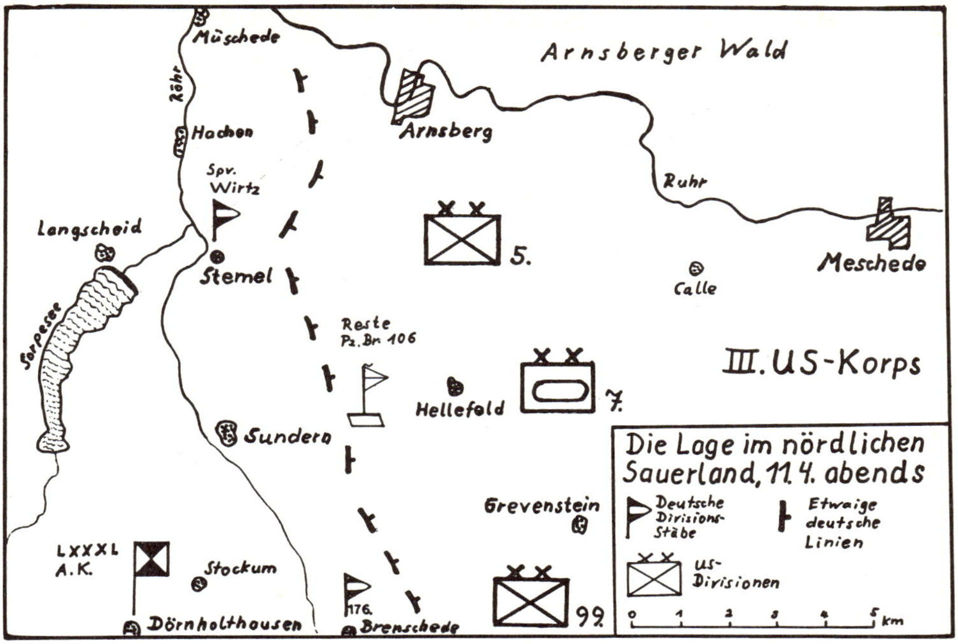


*Karte 24: Die Lage im nördlichen Sauerland am 11. April 1945*

beschädigt; auch das Klosterlazarett hatte zwei Treffer erhalten, ein Amerikaner war verwundet worden, ein Evakuierter durch einen Splitter getötet. Bei der Säuberung des Geländes an der ‚Egge' wurde ein Maschinengewehr den Abhang hinuntergeworfen, wobei ein 16jähriger Junge von einem Geschoß getroffen wurde und am selben Tag starb.

Daß die Dinscheder Brücke bei der Sprengung nur sehr wenig beschädigt wurde, ist einem ‚Abkommen' des Kampfkommandanten mit einem Pionierunteroffizier zu danken. Der ‚Kampfkommandant' hatte den Auftrag, mit 14 Männern, die teilweise noch nie geschossen hatten, die Ruhrdörfer zu verteidigen, was aus naheliegenden Gründen unterblieb.

Oeventrop wurde übrigens noch nach der Besetzung am Mittwoch, dem 11. April, mit Granatwerfern beschossen, weil die Amerikaner wohl eine Rückeroberung befürchteten."[461]

Als einer der ersten Orte im Nahbereich von Arnsberg wurde an diesem Tage auch Rumbeck eingenommen. Das Dorf war im April bereits leicht bombardiert worden, wahrscheinlich im Zuge der Bombardierungen der Stadt Arnsberg. Am Morgen des 11. April erhielt Rumbeck noch Beschuß, vermutlich von Panzern, die bereits in der Nähe von Arnsberg standen. Eine deutsche Flakbatterie hielt noch ihre Stellung auf der Rumbecker Höhe bis kurz vor dem Einmarsch der US-Truppen. Später schossen amerikanische Artillerie-Einheiten nach Arnsberg hinein. Die sogenannte Kaiser-Wilhelm-Brücke war vorher noch durch ein deutsches Sprengkommando gesprengt worden.[462]

---

461 Schumacher, a. a. O., S. 66
462 Schumacher, a. a. O., S. 67 und 68

Nachdem Arnsberg von mehreren Seiten umfaßt war, wurde auch dort die Lage für die deutschen Verteidiger unhaltbar.[463] Was in den Stunden bis zur endgültigen Besetzung der Stadt durch die Verbände des 10. US-Infanterieregiments geschah, hat Fritz Schumacher in seinem Buch „Heimat unter Bomben" eingehend beschrieben:

»Am 10. April, nachmittags, erscheinen amerikanische Panzer auf dem „Bockstall". Nach kurzem Feuergefecht zogen sie sich wieder zurück. Am selben Tag hatten sie Niedereimer von Breitenbruch her besetzt, die erste Truppenspitze erschien bei Obereimer vor den Toren der Stadt.

Am Seltersberg brannte der Wald. — Deutsche Dynamitkommandos waren am 11. April noch an der „Arbeit". Die Klosterbrücke wurde teilweise gesprengt, die amerikanischen Fahrzeuge fuhren wenig später einfach durch die Ruhr.

An der Jägerstraße versuchte Hermann B. den Truppführer des Kommandos von der Unsinnigkeit des Sprengens zu überzeugen: ‚Sie wissen doch, daß in einigen Stunden hier alles vorbei ist. Sie zerstören mit der Brücke auch die Versorgungsleitungen für die Bevölkerung!'

Der Feldwebel runzelte die Stirn: ‚Ich habe meinen Befehl. Im übrigen mischen Sie sich hier nicht ein; das könnte Ihnen schlecht bekommen. Denken Sie an die Remagener Brücke ...' Natürlich dachte Hermann B. daran.

Er hörte nur noch, wie der Feldwebel so etwas rief wie ‚Mensch, hauen Sie ab ...' Und es schien ihm, als sei die Stimme schon gar nicht mehr so unfreundlich.

Jedenfalls hatte man die Sprengung dann so gemacht, daß die Versorgungsleitungen kaum beschädigt wurden. ‚Ich konnte am Tag darauf', erinnerte sich Hermann B., der auf dem Seltersberg wohnte, ‚wieder telefonieren.'

Seinem unerschrockenen Auftreten war es auch zu danken, daß die ersten Amerikaner nicht das Telegrafenamt in die Luft gehen ließen und die Dinge um Post und Telegraf schnell wieder in Ordnung kamen.

Die Warenlager wurden überall geräumt, auch die in der Jägerkaserne und im Arbeitsdienstlager. Alles stand im Zeichen der Auflösung.

Jeder erwartete den Tag der Besetzung zugleich als einen Tag der Befreiung.

Ostern (1. April) und Weißer Sonntag (8. April) hinterließen in den stark beschädigten Kirchen mit Feierstunden ohne Glocken und Orgel trostlose Erinnerungen.

Getauft wurde seit Tagen nur noch eilig in der Sakristei. Bestattungen konnten nur in aller Frühe stattfinden wegen der Fliegerangriffe, denn die Jabos schossen rücksichtslos auf einsame Spaziergänger wie auf Kleinbahnzüge.

In Niedereimer war Pater Linus Kötter aus dem Oeventroper Kloster Pfarrvikar. Ihn schickten die Amerikaner am 11. April als Parlamentär nach Arnsberg. Die Stadt solle übergeben werden, andernfalls werde man sie zusammenschießen oder zerbomben. Natürlich war das die damals übliche Anordnung, aber die Amerikaner hatten auch die Mittel, es zu tun. Pater Linus Kötter ahnte nichts Gutes, als er den schweren Gang tat. Er traf den Bürgermeister im Luftschutzkeller der Frauenklinik.

Dieser rief den Kampfkommandanten, einen SS-Offizier, an, der im Unterstand beim Offizierskasino war. Man brachte den Parlamentär mit verbundenen Augen in den Luftschutzkeller der Kreisleitung der NSDAP (heute Gesundheitsamt), wo sich eine unerfreuliche Unterredung abspielte, zu der man auch Propst Kampschulte hinzugezogen hatte.

---

463 Es muß sich hier bei den deutschen Verteidigungskräften um verschiedene Restgruppen von Einheiten des Sperrverbandes Wirtz gehandelt haben.

Der Kommandeur drohte mit Erschießen; der als besonders parteifreundlich bekannte General Model, der sich später im Ruhrgebiet erschoß, soll die sofortige Erschießung verlangt haben, die dann aber durch Vorhaltungen von Bürgermeister und Propst verhindert wurde. Sicher ist, daß der SS-Offizier den telefonisch erhaltenen Befehl, den Parlamentär zu füsilieren, nicht ausführte. Pater Linus Kötter wurde mit verbundenen Augen kreuz und quer durch die Stadt geführt und endlich im Lazarett der Jägerkaserne interniert. Seine Mission war ergebnislos verlaufen.

Doch der Tag war noch nicht zu Ende. In der Frauenklinik hatten Dr. med. Beaufays und der Hausgeistliche Pater Jünnemann die Unterredung mit angehört. Gemeinsam gingen sie, begleitet von einer Schwester, der späteren Gattin von Dr. Beaufays, über den Schloßberg in Richtung Schefferei und Niedereimer, um sich in die Aktion einzuschalten. Sie trafen amerikanische Soldaten und wurden zum Kommandeur gebracht. Sie beschworen den amerikanischen Offizier, nicht auf die Stadt zu schießen, die keine Soldaten und nur noch Verwundete berge.

Jetzt wurde Pater Jünnemann noch einmal nach Arnsberg geschickt, um die Forderung der Amerikaner nach offizieller Übergabe zu überbringen. Der Bürgermeister solle mit den Soldaten, die noch vorhanden seien, an der Stadtgrenze ohne Waffen erscheinen. Frist 16.00 Uhr. Die Frist wurde auf 17.00 Uhr verlängert.

Es wäre sicher kein Schuß mehr gefallen, wenn die Amerikaner einfach eingerückt wären.

Pater Jünnemann wurde an der Schefferei abgesetzt. Er ging wieder zur Frauenklinik. Aufregung bei allen im Luftschutzkeller!

Der Bürgermeister: ‚Verderben Sie nicht alles wieder . . .' Darauf verließ Pater Jünnemann schnell wieder die Altstadt. Er konnte dem amerikanischen Offizier nichts Neues melden.

Dieser darauf: ‚Nun machen wir es anders . . .'

Doch es brauchte nichts mehr zu geschehen. Denn während hier verhandelt wurde, waren die Amerikaner von Rumbeck her in die Stadt eingedrungen. Doch das erfuhren die Deutschen in Niedereimer erst am 12. April.

In der Stadt verhafteten die Amerikaner die leitenden Beamten der Regierung; der derzeitige Regierungspräsident Dr. Eickhoff war in Iserlohn, wo eine Ausweichstelle der Bezirksregierung war. Auch Rathaus und Kreishaus wurden besetzt. Eine Militärregierung übernahm auch im zivilen Bereich das Kommando.

Die Amerikaner waren da! Vom Alten Feld her hörte man noch das Knattern von Gewehrmunition, die verbrannt wurde. Auf dem Neumarkt begegneten mir am 12. April die ersten GI's. Sie gingen geduckt an der Häuserfront, aber sie spähten vergebens nach Feinden aus. Alles war ruhig und still. Die Straßen waren wie ausgestorben. Die Menschen saßen noch in den Kellern und Bunkern.«[464]

Südlich von Arnsberg stießen am gleichen Tage die Bataillone des 2. US-Infanterieregiments der 5. US-Infanteriedivision nach Westen und Südwesten vor; dabei kam es ebenfalls zu teils heftigen Kämpfen. Das erste Dorf in diesem Kampfabschnitt war Herblinghausen, das nach kurzem Artillerieüberfall am 11. April aus Richtung Berge besetzt wurde. Bei dem Beschuß wurden sechs Häuser beschädigt. Etwa gleichzeitig wurde auch das benachbarte kleine Dorf Visbeck von den US-Truppen besetzt. Zu Schäden war es dabei nicht gekommen.

Von dort aus stießen die US-Kampftruppen weiter gegen Hellefeld und Altenhellefeld vor. In Hellefeld hatte es in den Tagen vor der Besetzung ebenfalls zahlreiche Truppendurchzüge gegeben. Am 9. und 10. April kam es zum ersten Artillerie-

beschuß. Am 11. April gab es ein halbstündiges Trommelfeuer, das aber glücklicherweise größtenteils in die Felder ging, trotzdem aber eine Reihe Häuser beschädigte. Zwei Häuser wurden gänzlich zerstört, und auch die alte St.-Martinus-Pfarrkirche erhielt einige schwere Treffer. Die letzten vier Nächte des Krieges verbrachten die meisten Einwohner in den Kellerräumen.

Auf Hellefeld hatten sich die Resteinheiten des Sperrverbandes Wirtz zurückgezogen. Auch zahlreiche Flakkräfte standen hier in der Abwehr. Drei Flugzeuge sind in der Nähe des Dorfes abgestürzt. Bei den Kämpfen um das Dorf sind 26 amerikanische und 15 deutsche Soldaten gefallen. Etwa gleichzeitig wurde das benachbarte Dorf Altenhellefeld von den US-Truppen besetzt.[465]

Von Hellefeld und Altenhellefeld stießen die US-Verbände gleichzeitig weiter gegen Westenfeld und Linnepe vor. In Westenfeld wurden bei einer kurz voraufgegangenen Beschießung vier Häuser beschädigt. Beim Beschuß von Linnepe wurden drei Gehöfte zerstört und mehrere Häuser beschädigt, bevor die amerikanischen Panzertruppen einrückten.

Wie es in diesen Tagen in jenem Kampfabschnitt auf der deutschen Seite aussah und wie ein deutscher Truppenführer hier den Angriff der amerikanischen Verbände erlebte, schildert sehr eindrucksvoll der Erlebnisbericht des damaligen Kommandeurs der Panzerbrigade 106, „Feldherrnhalle", Hauptmann Richard Pohl:

„Bis Mitte April 1945 waren die Reste der Brigade, verstärkt durch Werfer und leichte Flak sowie einige zugeteilte Reichsarbeitsdienst- und Volkssturm-Einheiten, als ‚Kampfgruppe Feldherrnhalle' bei Meschede im Rhein-Ruhrkessel gelandet. Nun wurden sie als Divisionsreserve herausgezogen. Über die weitere Entwicklung berichten wieder Aufzeichnungen des damaligen Brigadeführers. — Der Brigadegefechtsstand kam nach Hellefeld im Sauerland. Zur Lagebesprechung am 11. April trafen alle Kommandeure ein. Jedoch war die Division schon nicht mehr in Altenhellefeld zu finden, der neue Gefechtsstand noch nicht angegeben. Ein Major i. G., Ia einer anderen Kampfgruppe, fand dazu einige ‚herzerfrischende' Worte und entschuldigte sich dann beinahe bei jedem Befehl.

Im Ort stauten sich bereits die Etappenteile des Kessels, die auch schon von der anderen Kesselfront her nach hier geflüchtet waren. Ich hatte keine Lust, meinen kleinen Stab den pünktlich um neun erscheinenden Jabos zu opfern, ließ einen Gefechtsmelder zurück und fuhr mit beiden Gefechtsfahrzeugen des Stabes nach Helle-

---

464 Schumacher, a. a. O., S. 49 ff.
Anmerkung des Verfassers zu den Kämpfen um Arnsberg: Die Ruhr war bekanntlich die Grenze zwischen den Operationen der 1. und 9. US-Armee. Obwohl die Einheiten der Kampfgruppe Faith von der 95. US-Infanteriedivision vom XIX. US-Korps der 9. US-Armee bereits am 10. April den Nordrand von Arnsberg erreicht hatten, wurde die eigentliche Besetzung der Stadt jedoch den Bataillonen des 10. Infanterieregiments der 5. US-Infanteriedivision vom III. US-Korps der 1. US-Armee, gemäß einer besonderen Vereinbarung zwischen den Stäben, überlassen. Die endgültige Besetzung und Klärung der Stadt wird bei Mary H. Williams in ihrer Chronologie auch erst unter dem 12. April angegeben. Ob der deutsche Kampfkommandant von Arnsberg ein SS-Offizier war, läßt sich aus der Studie des Generalleutnants Wirtz nicht belegen. Die deutschen Truppen waren wahrscheinlich Restgruppen der ehemaligen Kampfgruppe Scherzer, die sich aus dem Bereich der Möhne auf Arnsberg zurückgezogen hatten. Sicherlich auch Restgruppen des Pionierbataillons 73, Flak-Einheiten und andere Splittergruppen aus den Einheiten des Sperrverbandes Wirtz, die bis zu dem Zeitpunkt noch nicht aufgerieben waren.

465 Schumacher, a. a. O., S. 77 und 78

feld zurück. Pünktlich kamen auch die ersten Jabo-Ketten und machten sich bei Altenhellefeld und Endorf über die Trosse der schweren Artillerie her. Sie flogen auch unser Wespennest an, und die Zwei-Zentimeter des Bataillons Walter schoß einer genau die Stellung anfliegenden Maschine direkt in den Rachen. Sie raste in den Erdboden und zerschellte, den Rest zerrissen ihre detonierenden Bomben. Ein ‚Riesenpilz' blieb lange in der Luft stehen.

Sofort setzte der zweite Jabo an, doch ehe er in Angriffsrichtung eindrehen konnte, holte ihn noch im Querflug das Nachbargeschütz herunter. Der dritte zog ab, nachdem er sich durch einige Runden vom Schicksal seiner Kameraden überzeugt hatte. Nach diesem Intermezzo begann die Artillerie des Gegners, wohl aufgrund der Fliegermeldungen, mit einem Höllenzauber. Ganze Granat-Teppiche — wir kannten sie bereits seit Köln und Bonn — flautschten, wie eine riesige Fliegenklatsche, auf den zusammengebauten Ort, schlugen die Dachfirste zusammen und rissen Giebelwände fort. Roter Ziegelstaub und weißer Kalkputz in krausen Wirbeln der Druckwelle wurden bis in die letzten Kellerecken gefegt, in denen Bewohner und Soldaten gemeinsam kauerten und nach diesem Inferno verstaubt, mit wunderlichen Augen, noch einmal in die Welt zurückkehrten.

Ich selbst bin eben im Begriff, aus dem Keller nach oben zu gehen, um mir ein Bild von der Lage zu machen, als es schon wieder mit Pfeifen und Gurgeln heranorgelt und rechts und links einhaut. Mit zwei Sätzen bin ich am Nachbarhaus, wo mein Schwimm-VW am Giebel steht. Dieses Haus aber hat keinen Keller, und während ich noch heranspringe, fliegt mir eine neue Wolke von Staub, Dreck und Glassplittern um den Kopf. Ich kann eben noch den Stallraum erreichen, in den jetzt auch die Hausbewohner stürzen. Eine Lage hat das Vorderhaus weggerissen und, wie ich dann feststellte, mein Wagen brennt, zersiebt von Splittern. Trotz des Beschusses bin ich mit einigen Sprüngen dort, aber es ist nichts mehr zu retten. Die Telefonleitungen hängen zerfetzt herum, aber die Strippenzieher sind, mitten im Feuer, schon wieder dabei zu flicken. In Kürze ist die Verbindung zur Division wiederhergestellt.

In dem Stall hat auch ein Infanterie-Oberst Zuflucht genommen und erkundigt sich nun, ob ich der ‚Anschluß' für ihn sei? Ich bejahe. Noch während wir reden, heult eine neue Lage über den Hausfirst hinweg — ein kurzes Zucken — und fährt mit Zischen und Fauchen johlend über die Sumpfwiese hinter dem Stall. Einige Splitter schwirren durch die fenster- und türlosen Öffnungen, der Oberst steht mit fahlgrauem Gesicht und übernächtigten Zügen in der Tür, er denkt nicht an Deckung. Die nächste Lage liegt wieder kürzer, und ich trete vorsorglich in einen Seitengang, so daß ich etwas mehr Mauerwerk in Feindrichtung vor mir habe.

‚Ich habe die ganze Nacht hindurch das Regiment eingewiesen, bis nach Arnsberg hin, quer durch den Wald', sagt der Oberst, ‚aber es hat doch alles keinen Zweck!' Ich sage nichts, gehe in den Hof und sehe mehrere Gehöfte brennen. Überall löschen Soldaten, trotz des Feuers, und haben Erfolg. Ebinger und Hollfelder mit ihren Werferkompanien haben wohl dem Ami sehr zugesetzt, denn das sieht alles nach Vergeltungsschlag aus. Das ganze Dorf ist wie ausgestorben, alles sitzt in den Kellern. Auf der Straße, vor einer Stunde noch Teil eines schönen und gepflegten sauerländischen Bauerndorfes, liegen Stalltüren, herausgerissene Fenster und Türen, Telefonleitungen, gefällte Bäume, elektrische Kabel, Dachziegel, Schutt, Fahrzeuge und Gerät wie Kraut und Rüben durcheinander im immer noch andauernden Feuer der feindlichen Artillerie. Erneut gibt es keinerlei Verbindung mehr, alles ist abgerissen. In der Luft tummeln sich immer neue Jabo-Verbände und drücken weiter ins Kesselzentrum, wo

sich die Trosse stauen und Deckung suchen. Über allem aber scheint wie zum Hohn eine herrliche Frühlingssonne.

In den Feuerpausen höre ich das helle Bellen von Panzerkanonen, es könnte aber auch eigene Acht-Acht sein. Das macht mich unruhig: Ich gehe zum Gefechtsstand Walther und lasse mir nochmals den jetzigen Standort der Panzerabwehr-Flak erklären. Ich rieche förmlich, daß etwas in der Luft liegt, und kann den Eindruck stärkster Angriffsvorbereitungen der Amis nicht loswerden. Bei alledem keine Verbindung, weder nach vorn noch nach hinten: Es läßt mir keine Ruhe! So will ich diese selbst herstellen und fordere den Stab zum Aufbruch auf. Das zweite Fahrzeug folgt in Fliegerabstand. Als wir den Kirchgang entlangfahren, haut hinter uns ein neuer Artillerie-Teppich ein.

Nach zweihundert Metern halten wir und sehen den Todeskampf der Ortschaft an, die sich gegen die Feuerschläge der großen Kaliber nicht wehren kann. In allen Gesichtern lese ich tiefe Niedergeschlagenheit und die immer deutlicher werdende Gewißheit um den traurigen Untergang unseres Vaterlandes nach den unbeschreiblichen Leistungen und Opfern. Tiefster Frieden herrscht im Gelände, kein Soldat weit und breit, nur das Gurgeln der Feindlagen, die über uns hinweg fauchen und nach Linnepe schlagen, erinnern neben dem Dauerton der Jabomotoren an den Krieg.

Uns mutet jedenfalls dieser Zustand im Freien wie ein tiefer Frieden an, ich lasse die Männer verschnaufen und jeden wieder etwas zu sich selber kommen. Dann geht es weiter, wir wollen über einen Feldweg von hinten nach Linnepe hinein. Während wir an einer Hügellehne entlangfahren, kommt ein neuer Jaboverband, diesmal sind es ‚Lightnings' (Doppelrümpfe). Wir drücken uns unter einen Baum und wollen den Zauber über uns abwarten. Da erfaßt die Walter-Flak den ersten, er rennt mit voller Geschwindigkeit in den Endorfer Berg hinein. Doch die anderen fliegen stur weiter. Heute ist offenbar Großkampftag der amerikanischen schweren Waffen, das ist uns so langsam klar geworden. Immer enger wird dabei der lang-ovale Rhein-Ruhrkessel, sein Durchmesser ist an der schmalsten Stelle auf zweiundzwanzig Kilometer zusammengedrückt worden: ein Hexenkessel!

An Weiterfahren ist im Augenblick nicht zu denken, die Luft ist voller Jabos. Ich gehe etwa hundert Meter die Hügellehne hinauf, setze mich mit dem Fernglas unter eine kleine Birke und beobachte Linnepe: Dort stimmt etwas nicht, da sind schon Panzer drin! Unten wartet meine Mannschaft in Fliegerdeckung. Über dem Endorfer Berg steht eine große schwere Brandwolke, der Ort liegt im Zentrum des amerikanischen Angriffs von der anderen Seite her. Immer wieder stoßen die Jabos wie grimmige Taranteln auf das arme Dorf herab, und immer wieder sieht man das bösartige, blaugrüne Züngeln ihrer Bordwaffen. Es ist jetzt gegen 14.00 Uhr. Ständig höre ich Pak- oder Panzerfeuer aus Linnepe.

Da sitze ich nun im raschelnden Laub des vergangenen Herbstes, durch das schon seit Tagen der neue Frühling heraussprießt. Eben biege ich einen Birkenast zur besseren Tarnung zurecht, als sich mein Schicksal mit voller Wucht und im Zischen und Orgeln aus der Luft her zu besiegeln scheint: Ich kann es noch heute nicht recht beschreiben, wie alles ablief, jedenfalls umfing mich plötzlich ein unheimlich wirbelnder Luftdruck, schräg von vorne kommend, und ich hatte das Gefühl, daß mich unausweichbar eine schwere Pranke mit unheimlicher Wucht zusammenschlug.

Ich habe keinen Abschuß gehört, nichts. Der furchtbare Schlag einer wohl auf zwei Meter Entfernung eingeschlagenen Granate hat mich aus dem Sitz kurz nach hinten gerissen, aber sogleich faßte ich mich wieder. Während ich den nach hinten auf

den Rücken gewirbelten, gelenklosen linken Arm mit der heilen Rechten wieder nach vorne hole, sage ich als erstes Wort, mehr Hohn als Feststellung: ,So, nun hat's dich ja auch!'

Im Hintenübersehen stelle ich fest, daß mein Fernglas weggerissen ist, mein linkes Schulterstück mit einem tellergroßen Stück des Kradmantels und der schwarzen Uniform fehlt. Aus der Höhlung des hinten herausgerissenen Schultergelenks starren die silbernen Randflächen der leeren Achselpfanne, während an einem Sehnenfetzen noch Knochenteile aus der Wunde hängen und das Ganze von vorn so gut wir gar nicht zu sehen ist.

Nun versuche ich, ohne Hilfe der Hände aufzustehen. Das geht kaum, denn ich muß mit der Rechten ja den leblos baumelnden und nun auch schon langsam schmerzenden Arm am Handgelenk festhalten. So wippe ich mehrmals nach vorn, und endlich stehe ich wieder. Mit dem Gefühl eines Buben, der seine Schläge bezogen hat, und einer unbeschreiblichen Wurschtigkeit gehe ich den Hang hinunter zu den dort wartenden Fahrzeugen. Noch bin ich gar nicht ganz da, als schon Feldwebel Haberkorn, meine Gefechtsordonnanz, ,Anwerfen!' befiehlt.

Noch im Herankommen sage ich kurz: ,Verbandskasten!' Mein blasses Gesicht macht ihn stutzig, er tritt zur Seite und sieht den zerfetzten Rücken. Mit einem mir unvergeßlichen Ausdruck seiner blauen Augen entfährt es dem treuen, unerschrockenen Kameraden: ,Ach, Herr Hauptmann!'

Was ich nun an kameradschaftlicher Aufopferung erfuhr, war bisher unerlebt und das Erhebendste für mich im ganzen Krieg! — Sofort wurden der Kradmantel abgeschnitten und zwei Verbandspäckchen als Tampons in den freiliegenden Wundkrater gelegt. Mit dem Dreieckstuch banden wir den Arm hoch. Jetzt erst, nach fast fünf Jahren voller Feldzüge, öffnete ich meine Morphiumkapsel, die ich noch vom ,Englandkommando 1940' als Tauch-Panzermann besaß, und nahm gleich drei Tabletten auf einmal, der Schmerzen wegen.

,Zur Division und ins Lazarett!' befehle ich und setze mich neben den Fahrersitz. Warm und stetig sickert an der linken Körperseite das Blut herunter am Bein entlang und sammelt sich in meinen Stiefeln. Wir nähern uns Linnepe, schwerstes Feuer liegt auf dem Ort. Im Näherkommen stelle ich fest, daß der Ami noch nicht drin ist, deutsche Landser springen über die Straße, Deckung suchend. Ich befehle: ,Durchfahren!'

Etwa dreißig Meter vor uns springen erneut zwei Infanteristen über die Straße. Da haut wieder eine ganze Lage genau vor den Ortseingang. Ein Landser rollt getroffen in den Graben und robbt ums Leben aus dem Inferno von Qualm und glühendem Eisen den Graben entlang, der andere wirbelt, im drehenden Fallen in zwei Teile zerrissen, unmittelbar vor unsere Räder, wie eine gemähte Frucht der Schlacht. Noch im Grauen des Geschehens brülle ich: ,Links!' Schon sind wir vorbei, durch Qualm, Gestank und Brand. Zwei Ortschaften weiter hört das Feuer langsam auf.

Rechts an einem Gebäude steht die Kommandoflagge der Division, der wir zugeteilt waren. Ich lasse halten, kann aber selbst kaum noch hoch und schicke Haberkorn zum Ia mit meiner Abmeldung und der Benennung des Nachfolgers, Oberleutnant Matten. Weiter geht die Fahrt, und ich habe sehr unter den zunehmenden Schmerzen und der verstärkten Blutung durch die Fahrterschütterungen zu leiden. Bei der Division haben wir erfahren, daß Hemer zur offenen Stadt erklärt worden ist und ohne Beschuß bleiben soll. Also dorthin! Schon dreißig Kilometer sind wir in einem großen Bogen am Kesselrand gefahren, endlich das Schild ,Hemer'! Sofort zum Standort-Lazarett. Langsam gehe ich die Treppen hoch und hinein, einen hellen Flur entlang,

bis rechts zwei Türen kommen: OP. Kurz geklopft und hinein! Inzwischen bin ich fast eine Stunde lang ohne Versorgung nach dem Treffer, und die Fahrt hat die Blutung nicht mehr stocken lassen. Da standen nun vier Ärzte an zwei Tischen, operierten sehr intensiv und ohne aufzusehen. Ich salutierte und schon fragte der Oberstabsarzt Dr. Haarmann: ‚Ja, und was wollen Sie?' — ‚Ich möchte verbunden werden'! — ‚Dann warten Sie bitte draußen!' — ‚Danke' knurrte ich ihn an, salutierte und ging. Da sah er wohl im Umwenden meinen Rücken: ‚Kommen Sie doch her, Sie müssen sofort auf den Tisch!' Im Handumdrehen wird ein dritter Tisch hereingeschoben, schon senkt sich die Evipannadel tief in den Arm, und im herrlichen Gefühl des Geborgenseins versinkt mein Bewußtsein in ein stilles Traumland, das ich seit Monaten nicht mehr gekannt habe: Alles vergessend, alles verzeihend, glitten die Gedanken in ein langes, leeres Nichts . . ."[466]

Eine andere Kampfgruppe stieß derweil gegen Grevenstein vor. Hier sollte es nochmals zu kurzen Kämpfen kommen, als die deutschen Truppen am 11. April die Verteidigung der Stadt aufgaben. Nur noch ein kleines Kommando und eine Flakbatterie blieben zurück, als die Deutschen in Richtung Linnepe und Meinkenbracht abzogen. Bevor die US-Truppen einrückten, schossen die Amerikaner fast 24 Stunden lang mit Artillerie und Granatwerfern in die Stadt, deren Bewohner in Kellern oder in den nahen Wäldern hausten. Zwei Wohnhäuser stürzten bei dem Beschuß ein, wobei zwei Mitbürger ums Leben kamen. Neun deutsche und drei amerikanische Soldaten sind hier bei den Kämpfen gefallen.

Zu schweren Kämpfen kam es auch noch um Meinkenbracht. Der Ort wurde von einer kleinen SS-Einheit verteidigt, wobei zehn deutsche Soldaten und ein Zivilist umkamen. Elf von 27 Häusern wurden total zerstört oder schwer beschädigt. In der Zeit vom 10. bis zum 12. April sollen hier rund 6 000 Soldaten gelagert haben.[467]

Die Resteinheiten des Sperrverbandes Wirtz hatten sich nach dem Verlust von Altenhellefeld und Hellefeld und nach dem Rückzug aus Westenfeld auf die Höhen zwei Kilometer ostwärts von Sundern zurückgezogen. Die Verteidigung wurde hauptsächlich durch Flak-Einheiten geleistet, da die artilleristischen und die infanteristischen Kampfkräfte äußerst gering waren. Im Ruhr-Abschnitt Arnsberg - Neheim-Hüsten standen nur noch kleine Volkssturm-Einheiten, abgesehen von einzelnen Sprengtrupps an den Brücken.[468]

Im noch nicht besetzten Teil des Kreises Meschede war das Dorf Sallinghausen, südlich von Wenholthausen gelegen, eines der ersten, das an diesem Tage von den US-Truppen besetzt wurde. Auch hier hatte es in den letzten Wochen sehr viel Einquartierung gegeben, so daß das Dorf in der Woche nach Ostern mit deutschen Truppen überfüllt war. Am Abend des 9. April rückten die letzten deutschen Einheiten in Richtung Sundern ab, nachdem in der Nacht vorher erstmals Beschuß im Ort niedergegangen war. Vor dem Abmarsch hatten deutsche Pioniere noch provisorische Panzersperren angelegt und auch eine Minensperre. Vorgesehene Brückensprengungen konnten nicht mehr ausgeführt werden, da die amerikanischen Panzerspitzen

466 Der vorstehende Bericht wurde dem Verfasser freundlicherweise vom ehemaligen Führer der Panzerbrigade 106, Major der Reserve a. D. Richard Pohl, zur Verfügung gestellt. Weitere Einzelheiten der Brigade im Anhang, Anlage 20.

467 Schumacher, a. a. O., S. 79

468 Wirtz, a. a. O., S. 11

schon zu nah herangerückt waren. Die Bevölkerung barg sich auch hier in Wäldern, in Kellern und Splittergräben. Am Nachmittag des 10. April kam es noch einmal zu einem Feuerüberfall auf das Dorf, worauf bald weiße Fahnen gehißt wurden. Am Abend ging ein deutscher Soldat als Parlamentär zu den Amerikanern und meldete ihnen, daß das Dorf keinen Widerstand leisten werde und die Soldaten, die noch darin seien, sich ergeben wollten. Er wurde zurückgeschickt, um noch vor Mitternacht mit den anderen zurückzukommen. Jetzt wurden die Soldaten überall geweckt, mit Kaffee und Butterbroten noch einmal bewirtet und die Brotbeutel mit Proviant für die Gefangenschaft gestopft, und dann zogen kurz vor 24.00 Uhr etwa 35 Soldaten nach Wenne in die Gefangenschaft, darunter auch ein bayerischer Unteroffizier, der sich lange gesträubt hatte mit den Worten: „Mich kriegen sie nicht in Gefangenschaft, ich bin in Rußland aus so manchem Kessel wieder herausgekommen, und so komme ich auch hier wieder heraus." Am 11. April, gegen 15.00 Uhr erst rückte eine amerikanische Wagenkolonne in das Dorf von Wenne her ein und nahm hier Quartier.[469]

„Ebenso harmlos spielte sich die Besetzung des am Zusammenfluß von Marpe und Salwey gelegenen Dorfes Sieperting ab. Auch hier hatten Teile der Panzerlehrdivision im Quartier gelegen. Die Beschießung setzte am 9. April um 22.00 Uhr ein, und am 10. April abends griff die bisher nur im Umkreis spürbare Wirkung auf das Dorf selbst über, richtete hier aber nur geringe Schäden an. Ohne Widerstand zu finden, rückten die Amerikaner am 11. April, gegen 7.00 Uhr von der Rochuskapelle her mit leichten Fahrzeugen ein, während Spähtrupps über die Felder an der Wolfschlade kamen. In der Nacht vorher waren noch deutsche Truppen im Ort gewesen, aber am 11. April, gegen 11.00 Uhr war Sieperting völlig geräumt.

Niedersalwey war vor den Kampftagen ein beliebtes Etappenquartier gewesen. Ein aus Ungarn bestehendes Holzfällerkommando hatte hier gelegen, das am 19. März nach Dormecke abrückte. Ihm folgte — unter Hauptmann Schmidt — der Kraftfuhrpark 545, der im nahen Steinbruch Fahrzeuge reparierte. Ferner war hier bis Ende März eine SS-Abteilung einquartiert, die nach Auffüllung weiterzog. Um die Ostertage kamen Einheiten der Panzerlehrdivision ins Quartier. Die Feier der Erstkommunion der Kinder fand am Weißen Sonntag ohne Störung statt. In den Nächten vom 9. auf den 10. April und vom 10. auf den 11. April lag das Dorf unter Artilleriebeschuß, der nur geringe Schäden verursachte. Die Zivilbevölkerung hatte sich im Homertgebirge vielfach Hütten und Unterstände gebaut und siedelte zum Teil mit ihrem Vieh dorthin über, soweit sie nicht in ihren Kellern blieb. Die Wehrmacht lieferte dem Feind hier ein Rückzugsgefecht. Am Eingang des Ortes und im Ort standen Panzer, die in Richtung Sieperting feuerten. Die Amerikaner erwiderten das Feuer, so daß die in der Nähe gelegenen Häuser stark mitgenommen wurden. Durch Einsatz ihrer Luftwaffe, die mit Bomben und Bordwaffen eingriff und dabei einen Hof in Brand schoß, wurden die Panzer zum Rückzug gezwungen. Der Einmarsch der amerikanischen Panzer erfolgte dann am 11. April zwischen 9.00 und 10.00 Uhr aus Richtung Kückelheim über den Pöthen. Dabei wurde noch, wie man von Fehrenbracht aus beobachtete, ein amerikanischer Panzer durch zwei deutsche Panzer, die jetzt mitten in Obersalwey hielten, zusammengeschossen. Auch von der Kirche her wurde noch von deutschen Soldaten geschossen. Alle Häuser, in denen die Amerikaner noch deutsche Soldaten fanden, mußten sofort geräumt werden. Viele im Dorf zurückgebliebene deutsche Soldaten ergaben sich, die meisten aber zogen sich in die Wälder

[469] Huyskens, a. a. O., S. 108 und 109

zurück. An Gefallenen der Wehrmacht wurden hier aus den Kampftagen von Nieder- und Obersalwey vier Soldaten beerdigt. Auch die Zivilbevölkerung hatte Verluste."[470]

Obersalwey hatte auch schon verschiedene Einquartierungen gehabt, bevor hier in den ersten Tagen des April General von Zangen mit seinem Stab von der 15. deutschen Armee für einige Tage Quartier nahm. Der Artilleriebeschuß begann hier am 9. April, gegen 22.00 Uhr und steigerte sich in der Nacht zum 11. April. Am 11. April, gegen Mittag rückte der Feind von Niedersalwey mit starken Panzerkräften vor. Zwei deutsche Panzer, die den Ortseingang verteidigten, wurden vorher durch feindliche Flieger, welche mit Bomben und Bordwaffen in den Kampf eingriffen, gezwungen, sich zurückzuziehen. Obersalwey hat dabei schwer gelitten. Namentlich das Unterdorf wurde stark mitgenommen. Vier Gehöfte brannten vollständig nieder, und fast alle Häuser waren hier beschädigt. Durch die von amerikanischer Seite, sicher auch von den Panzern, verwandte Phosphormunition wurden außer den Brandschäden an Gebäuden auch Waldstücke am Homert schwer mitgenommen. Viele Einwohner waren während der Kampfhandlungen in die Berge geflüchtet.

An Soldaten wurden drei Gefallene gemeldet. Gegen 13.00 Uhr wurde das Dorf besetzt. Eine nicht unbeträchtliche Zahl deutscher Soldaten geriet hier in Gefangenschaft. Ein großer Teil der starken, von Niedersalwey gekommenen amerikanischen Verbände bog von hier aus auf Meinkenbracht ab. Kleinere Abteilungen rückten zur Schliprüthener Mühle und zur Romke. Amerikanische Artillerie ging am Rüeberg in Stellung und nahm von hier aus neue Ziele unter Beschuß. Am 12. April zogen die Amerikaner insgesamt nach Schliprüthen und Meinkenbracht weiter.

Im benachbarten Fehrenbach waren beim Aufmarsch der deutschen Truppen zunächst starke Flakkräfte zusammengezogen worden. Große Truppenkonzentrationen und Munitionslager im Walde ließen auf eine vorgesehene Verteidigung schließen. In der Nacht vom 9. zum 10. April schwoll der Gefechtslärm an, gleichzeitig schlugen die ersten Granaten ein. Der Beschuß hielt bis zum Morgen des 11. April an. Am Abend des 10. April waren die von Kückelheim vorstoßenden US-Verbände auf starken deutschen Widerstand auf den Höhen zwischen beiden Orten gestoßen. Auch einige deutsche Panzer waren in den Ort eingerollt, um das Dorf zu verteidigen. Kurz nach Mittag rollten dann die ersten US-Panzer auf das Dorf vor, und die mitfahrenden Infanteristen schwärmten aus, um das Dorf zu besetzen. Dabei wurde noch ein Haus in Brand geschossen.[471]

Im benachbarten Schliprüthen hatten sich am Abend des 9. April zahlreiche deutsche Rückzugskolonnen gestaut. Am anderen Morgen schlugen auch hier die ersten Granaten ein. Es gab Beschädigungen und zwei Tote. Am 11. April wurde das Dorf durch amerikanische Jagdbomber bombardiert und mit Bordwaffen beschossen. Bald standen zwei Häuser in Flammen, und nach einem weiteren Angriff brannten noch fünf Häuser, und weitere vier wurden durch das Feuer schwer beschädigt. Die Amerikaner vermuteten hier noch deutsche Truppen, und einzelne deutsche Panzer hatten Widerstand geleistet. Gegen 15.00 Uhr sah man acht US-Panzer auf das Dorf zurollen, und von einer anderen Seite ging US-Infanterie in Schützenlinie gegen das Dorf vor. Die Schliprüthener Mühle wurde bereits um die Mittagszeit von einer anderen Schützenlinie, die von Obersalwey her durch den Wiesengrund gegen die Mühle vorging, besetzt.

---

470 Huyskens, a. a. O., S. 109 und 110
471 Huyskens, a. a. O., S. 111 und 112

Das Dörfchen Ramscheid am Fuße des Heidfeldes wurde am gleichen Tage gegen 16.00 Uhr ohne Kampfhandlungen besetzt. Die einrollenden Panzer kamen von Schöndelt und teilten sich hier. Eine Kolonne fuhr durch die Bahnunterführung in den Ort Serkenrode hinein, den sie um 16.00 Uhr erreichten. Die begleitende Infanterie war von Ramscheid aus über die kahle Höhe des Linkscheids ausgeschwärmt und — nach Beobachtung eines Augenzeugen — wie im Manöver gegen das Dorf vorgegangen. Auch von einer anderen Seite kam eine Abteilung Infanterie. Beide Abteilungen trafen sich später am hohen Bahndamm. Sie fanden die meisten Häuser weiß beflaggt vor und konnten noch zahlreiche Gefangene machen. Den Panzer- und Infanterie-Einheiten folgten starke Artillerieverbände, die im Dorf in Stellung gingen und später ein starkes Feuer eröffneten.[472]

In Serkenrode hatten in den Tagen zuvor ein höherer deutscher Stab gelegen sowie zahlreiche andere deutsche Einheiten. Vor der Besetzung hatte das Dorf schon amerikanischen Beschuß erhalten, der in der Nacht vom 10. zum 11. April begann. Deutsche Flak-Einheiten hatten von hier aus die amerikanischen Jagdbomber, die in der nächsten Umgebung ihre Angriffe flogen, bekämpft und auf Distanz gehalten. Auch deutsche Artillerie schoß noch beim Einmarsch der amerikanischen Verbände kurz in das Dorf hinein.[473]

Fast gleichzeitig mit Serkenrode wurde das weiter talabwärts gelegene Dorf Fretter besetzt. Auch hier hatte es in den letzten Wochen zahlreiche Einquartierungen durch deutsche Truppen gegeben. Der örtliche Volkssturm wurde aufgeboten, und auch die älteren Hitlerjungen erhielten noch Marschbefehle. Am Abend des 9. April gab es den ersten leichten Beschuß. Am 10. April griff auch deutsche Artillerie in die Beschießung ein, um die Rückzugsbewegungen deutscher Truppen zu decken. Am Nachmittag gab es neun tote Zivilpersonen und mehrere Schwerverletzte. In der folgenden Nacht wurde der Beschuß noch stärker, und ein Teil der Einwohner flüchtete in die Höhle eines Kalkwerkes. Die deutsche Artillerie zog sich am 10. April abends zurück, da aber die vorfühlenden US-Einheiten immer noch mit Widerstand rechneten, setzten sie am Morgen des 11. April nochmals zwei Jagdbomber ein, die bei zwei Angriffen um 9.00 und 11.00 Uhr jedesmal zwei Bomben warfen. Dabei wurde ein Haus völlig zerstört, und sieben weitere Häuser brannten ab. Bei der Besetzung des Dorfes am Nachmittag gegen 16.00 Uhr wurden mehrere Häuser und auch die Mühle in Brand geschossen. In Fretter war das rauhe Vorgehen der einrückenden US-Truppen noch lange in unangenehmer Erinnerung.[474]

Die vordersten Spitzen dieser US-Kampfgruppe rückten noch weiter nordwestlich vor bis Bausenrode und an den Höhenzug nördlich von Fretter. Dabei gerieten sie unter deutsches Artillerie- und Maschinengewehrfeuer und hatten Verluste; auch ein Gehöft ging bei den Kämpfen in Flammen auf. Damit hatte der Vormarsch der amerikanischen Truppen in diesem Bereich des damaligen Kreises Meschede zunächst seinen äußersten westlichen Punkt erreicht.[475]

---

472 Huyskens, a. a. O., S. 112 und 113

473 Huyskens, a. a. O., S. 113

474 Nach Huyskens hatten die Dorfbewohner das Beutemachen der US-Truppen dieses Verbandes in schlechter Erinnerung wie auch die beschämende Behandlung der deutschen Kriegsgefangenen. Diesen wurde alles persönliche Eigentum abgenommen und nicht einmal gestattet, ihren Mantel mitzunehmen.

475 Huyskens, a. a. O., S. 114. Die US-Panzerverbände im Raume Salwey-Schlipprüthen gehörten zum Kampfkommando B der 7. US-Panzerdivision.

Das Gebiet war von Süden her von den Truppen der 99. US-Infanteriedivision besetzt worden. Dabei stießen die Einheiten des 394. Infanterieregiments bis in den Raum um Serkenrode, während die Bataillone des 393. Infanterieregiments den Raum um Fretter besetzten. Die 9. US-Infanteriedivision war aus der Kampfzone herausgezogen worden und übernahm im Hinterland Besatzungsaufgaben.[476]

Für die deutschen Truppen im Befehlsbereich der 15. Armee war auch der 11. April ein schwerer und verlustreicher Tag gewesen. Die Reste des Sperrverbandes Wirtz hatten sich etwa zwei Kilometer östlich von Sundern nochmals sammeln können. Nördlich davon war Neheim verlorengegangen. Im Süden standen in einer Linie von Endorf bis Endorfer Hütte die Reste der 176. Infanteriedivision. Daran schlossen sich die Verbände der 338. Infanteriedivision an.

Das Korps Püchler meldete das Vorgehen des Feindes beiderseits von Valbert nach Norden durch das Ebbe-Gebirge. Das Vorrücken der US-Verbände geschah fast nur noch über Hauptstraßen und sonstige befestigte Wege.[477]

Die 3. Panzergrenadierdivision sicherte mit ihren zusammengeschmolzenen Einheiten um Plettenberg mit Anschluß an die 2. Flakdivision. Diese stand längs der Straße Plettenberg-Ostertal-Sperre-Stotmert. Die Reste der Panzerlehrdivision waren in den Raum südlich von Werdohl verlegt worden mit dem Auftrag, an der Straße Plettenberg-Lüdenscheid eine Sicherungslinie aufzubauen, da mit einem starken Feindangriff aus südlicher Richtung gerechnet wurde. Da vom Gegner noch nichts zu bemerken war, hatte die Division einige Stunden Zeit, um die Verbände zu ordnen. Der Divisionsgefechtsstand wurde in Kleinhammer eingerichtet. Die Kampfkraft der Division war äußerst schwach.[478]

Die Führung der 15. deutschen Armee kam am Nachmittag des 11. April zu folgender Lagebeurteilung:

Nach dem Verlust von Arnsberg muß sowohl nördlich wie besonders auch südlich des Sorpe-Staubeckens mit starkem Feindvorstoß gerechnet werden. Dort steht praktisch keine Abwehrkraft mehr. Die letzten Teile des Sperrverbandes Wirtz in der Linie Stemel-Sundern haben keine Kampfkraft mehr.

Im Süden ist ein feindlicher Angriff an den großen Straßen zwischen Lüdenscheid und Plettenberg zu erwarten. Der durch die Grenzverlegung der Armee zugeschlagene Raum verfügt lediglich über die 3. Panzergrenadierdivision südlich von Plettenberg

---

476 First United States Army, Report of Operations ... Das 47. Infanterieregiment der 9. US-Infanteriedivision, das bisher in der Kampfgruppe Birks operiert hatte, wurde zur Unterstützung des VII. US-Korps nach Mitteldeutschland in Marsch gesetzt.

477 von Zangen, a. a. O., S. 25 f.

478 Hudel, a. a. O., S. 12 f.: Die Panzerlehrdivision. Von der Division war nur noch eine Kampfgruppe übriggeblieben. Die beiden Panzergrenadierregimenter hatten nur noch die Stärke von etwa zwei schwachen Bataillonen. Das Pionierbataillon und die Aufklärungs-Abteilung hatten noch etwa Kompaniestärke. Etwa zehn Panzer und Panzerjäger waren noch bedingt einsatzbereit. Die Artillerie hatte erheblichen Munitionsmangel und konnte kaum noch schießen. An Betriebsstoff wurden nur noch geringe Mengen von einem Gemisch von Fliegerbenzin und Rohöl zugeführt, wovon noch ein Bestand im Ruhrgebiet lagerte. Dadurch fielen in kurzer Zeit viele Fahrzeuge infolge von Motorenschäden aus.
Durch Auffangen von Versprengten aller Truppenteile und durch Reparatur von allen möglichen Fahrzeugen, die führerlos an den Straßen standen, wurde dauernd versucht, die Division zu verstärken. Doch meist lohnte sich diese Mühe nicht; die Versprengten splitterten meist nach kurzer Zeit wieder ab, die Fahrzeuge mußten früher oder später wegen Betriebsstoffmangel liegenbleiben.

und im Westen davon über die 2. Flakdivision mit ihren schwachen Teilen. — Verbindung zur 5. Panzerarmee besteht nicht; die Lage im Raum Lüdenscheid und westlich ist völlig ungeklärt. Gegenmaßnahmen lassen sich nicht mehr treffen, da Kräfte nicht verfügbar. Lediglich das Herausziehen der letzten Teile der Panzerlehrdivision zum Einsatz im Raum südlich und südostwärts von Werdohl wird vorsorglich angeordnet.[479]

General Köchling beurteilte die Lage seiner Verbände des LXXXI. Korps am Ende dieses Tages etwa wie folgt:

Am 11. April tritt der Amerikaner — wohl nach Aufschließen ostwärts des Wennebach-Abschnittes — zur weiteren Verfolgung gegen die Trümmer der beiden Divisionen an. Befehle werden vom Korps für die weitere Kampfführung nicht mehr gegeben. Bei dem Besuch des Kommandierenden Generals auf den Divisionsgefechtsständen, die bei dem überall durchgesickerten Feind nur mit Mühe zu erreichen sind, wird die tatsächliche Lage durchgesprochen und ein weiterer Gefechtsstandwechsel verboten. Der Kommandeur der 176. Infanteriedivision meldete sich krank; an seine Stelle tritt der Artilleriekommandeur des LXXXI. Armeekorps, der bei dem völligen Fehlen an Korps- oder zusätzlicher Artillerie sowieso unausgelastet war. Der Stab der Division Wirtz verbleibt in Calle, während das Generalkommando sich nach Dörnholthausen verlegt.

Auf amerikanischer Seite ist der Tag gekennzeichnet durch besonders starken Luftwaffeneinsatz und forciertes Vortreiben ihrer Panzerverbände, die bis zum Abend bei starker Einbuße der deutschen schweren Waffen, besonders der Artillerie, vor der 176. Division den Linnepe-Abschnitt erreichen und nördlich anschließend vor der Division Wirtz ostwärts des Linnepe-Abschnitts etwa die Linie Westenfeld-Flamecke-Wennigloh-Hüsten. (Hüsten am 11. April endgültig verloren.)[479a]

An der südlichen Kesselfront dirigierte Generalmajor Matthew B. Ridgway die Divisionen seines XVIII. US-Luftlandekorps weiter nach Norden, um die schwachen Divisionen der 5. Panzerarmee abermals zurückzudrücken. Auf der rechten Flanke des Korps stießen die Regimenter der 86. US-Infanteriedivision etwa acht Kilometer weit vor bis in die Nähe des Biggesees. Das 342. Infanterieregiment drang mit seinen Bataillonen in Attendorn ein und besetzte die Stadt. Die benachbarte 8. US-Infanteriedivision rückte mit ihren Verbänden fast zwölf Kilometer vor. Einheiten des 13. Infanterieregiments gelangten in den Raum um Kierspe und besetzten die Stadt. Rechts davon stießen die Bataillone des 121. Infanterieregiments nach Nordwesten. Vorderste Spitzenverbände des Regiments erreichten an diesem Tage den Damm der Versetalsperre südöstlich von Lüdenscheid und besetzten ihn.

In der Mitte der Korpszone stieß die 78. US-Infanteriedivision mit ihren drei Regimentern nebeneinander etwa sechs Kilometer am Vormittag und weitere fünf Kilometer am Nachmittag nach Norden vor. Das 310. Infanterieregiment auf der rechten Seite besetzte gegen leichten deutschen Widerstand den Bereich um Dümmling — Berg Neustadt. Das 311. Infanterieregiment im Zentrum der Angriffsfront der Division schloß Gummersbach ein und besetzte die Stadt, nachdem deutscher Widerstand ausgeschaltet war. Auf der linken Flanke der Division stieß das 309. In-

---

479 von Zangen, a. a. O., S. 26
479a Köchling, a. a. O., S. 29–30

fanterieregiment auf deutschen Widerstand, konnte aber die Linie Drabenderhöhe-Bielstein erreichen und halten.[480]

Ein gewaltiger Vorstoß gelang an diesem Tage einigen Einheiten der 13. US-Panzerdivision an der linken Flanke des XVIII. US-Luftlandekorps. Vorderste Einheiten des Divisionskampfkommandos B umgingen Troisdorf, durchfuhren die Wahnerheide und Urbach und erreichten mit ihren Spitzen Dunnwald, westlich von Bergisch-Gladbach. Eine andere Kampfgruppe stieß entlang der Autobahn vor, rollte durch Lohmar und kämpfte leichten Widerstand im Bereich von Breidt nieder. Währenddessen kreuzten Einheiten der Divisionskampfgruppe R die Sieg. Die Einheiten der 97. US-Infanteriedivision folgten den schnell vorstoßenden Kampfgruppen der 13. US-Panzerdivision, besetzten das Hinterland und säuberten die Widerstandsnester, die von den schnell vorstoßenden Panzerverbänden einfach umfahren worden waren.[481]

Im Angriffsbereich dieser beiden US-Divisionen auf der linken Flanke des XVIII. US-Luftlandekorps hatte auch an diesem Tage die 3. Fallschirmjägerdivision die Hauptlast der deutschen Abwehrkämpfe zu tragen. Mit konzentrierter Kraft auf schmaler Angriffsfront waren die US-Panzerkampfgruppen zum Angriff angetreten. Nach kurzem, schwerem Kampf waren die nordostwärts Troisdorf entlang der Agger aufgebauten Sicherungen zerrissen worden, und die Amerikaner stießen hier durch bis nördlich von Bruch und in den Raum von Vingst. Die hier stehenden deutschen Kräfte — vornehmlich Flak-Abteilungen — konnten den Feind nicht aufhalten, fügten ihm aber durch äußersten Widerstand, der an zahlreichen Stellen zum Nahkampf führte, erhebliche Panzerverluste zu.[482]

Ein anderer US-Panzerverband war aus dem Raum Siegburg nach Norden vorgestoßen, hatte die schwachen deutschen Sicherungen in Lohmar überwunden und drehte dann mit Teilen nach Norden gegen Breidt, gegen den rechten Flügel der 353. Infanteriedivision, ohne auf nennenswerten eigenen Widerstand zu stoßen. Das Nachziehen weiterer Panzerkräfte wurde beobachtet.

Hinter den US-Panzergruppen trat auch die seit Tagen vor Siegburg festliegende (97.) Infanteriedivision zu neuem Angriff an. Es gelang ihr in immer noch harten Kämpfen, im Laufe des Tages auch die letzten Widerstandsnester in und um Siegburg zu vernichten. Andere Teile versuchten von Siegburg über die Agger auf Troisdorf anzugreifen, wurden aber hier von den teilweise nur überrollten, aber stehengebliebenen Teilen der 3. Fallschirmjägerdivision abgewiesen. Trotzdem stand die Führung des XII. deutschen SS-Korps in diesem Abschnitt vor einer schweren Lage.[483]

12. APRIL:

An diesem Tage „brannte" es an allen Fronten der Heeresgruppe B im Ruhrkessel. Die deutschen Resteinheiten wurden überall weiter zurückgedrängt, und das baldige Ende war nun deutlich abzusehen. Den deutschen Verbänden mangelte es nunmehr an allem.

---

480 Williams, a. a. O., S. 487. Auch First United States Army . . . (wie Anmerkung 314)

481 Wie Anmerkung 480. Ulms/Reuther, a. a. O., S. 71 f.

482 Nach Charles Whiting, Die Schlacht um den Ruhrkessel, S. 146, verloren die amerikanischen Einheiten an diesem Tage dort 30 Panzer, die vornehmlich von den 8,8 cm-Flakbatterien abgeschossen wurden.

483 Ulms/Reuther, a. a. O., S. 71 f.

Im Rahmen des III. US-Korps traten die Regimenter der 5. US-Infanteriedivision aus ihren am Vortage gewonnenen Positionen abermals zum weiteren Vorstoß nach Westen an. Einheiten des 10. Infanterieregiments beendeten die Besetzung von Arnsberg und hatten die Regierungsbezirkshauptstadt damit völlig unter Kontrolle. Andere Einheiten des Regiments drangen gleichzeitig bereits bis Wennigloh vor. Einheiten des 2. Infanterieregiments stießen bis zur Röhr vor und besetzten den Bereich um Hachen-Recklinghausen. Auf der anderen Seite der Röhr wurden erste Brückenköpfe errichtet. Die 32. Cavalry-Aufklärungsschwadron, die mit dem Regiment zusammen operierte, klärte den Raum zwischen der Röhr und dem Sorpestaubecken. Die vordersten Angriffsspitzen stießen bis Seidfeld, südwestlich von Sundern, vor. Bei diesen Vorstößen wurden wiederum zahlreiche Ortschaften überrollt und besetzt.[484]

Aus Richtung Hellefeld drangen die US-Kampfgruppen an diesem Tage zunächst bis Wennigloh vor und besetzten den Ort, ohne daß es zu Kämpfen kam. Von dort aus stießen die Amerikaner mit ihren Panzer- und motorisierten Infanterieverbänden bis Hachen und Enkhausen vor, ohne auf besonderen Widerstand zu stoßen. Weiter südlich gelangten die Amerikaner gleichzeitig bis Stemel und Sundern.

In Stemel erhielt Generalleutnant Wirtz einen Anruf von der 15. Armee, daß nach Meldung der linken Nachbardivisionen Hüsten verloren sei. Diese Meldung bestätigte sich später. Die auf Sundern zuführende Straße wurde 300 Meter südlich

---

DER WEHRMACHTSBERICHT MELDET:

*12. April 1945 „... Heeresgruppe B: Von Norden und Süden weiter Druck. Der größte Teil des Industrieraums ist nun verloren, darunter Mülheim. Vom Rhein werden die eigenen Kräfte bald abgedrückt sein. Als Rest verbleibt noch das Industriegebiet von Hagen und Witten. Bedrohlich ist der feindliche Vorstoß bei Olpe in Richtung Lüdenscheidt; dagegen die Panzerlehrdivision."*

---

von Hüsten nur noch an einer Straßensperre von einer Volkssturmgruppe gesperrt. Im übrigen Bereich mußte festgestellt werden, daß der Volkssturm zum großen Teil abgerückt war und nicht mehr kämpfen wollte. Damit war die Ruhrfront zwischen Arnsberg und Neheim praktisch ohne Abwehr, da sonstige Kräfte nicht mehr verfügbar waren. Gegen Mittag hatten die Amerikaner Sundern bereits durchschritten und stellten sich zu neuen Angriffen bereit. Es war überall nur noch eine geringe eigene Abwehr vorhanden; alle Dörfer zeigten weiße Fahnen. Vom Gefechtsstand des Sperrverbandes Wirtz in Stemel wurde gleichzeitig beobachtet, daß amerikanische Infanterie den Wald südwestlich von Stemel durchschritt und auf Langscheid vorging. Ein einzelnes deutsches Geschütz am Südrand von Stemel nahm die Bekämpfung auf. Gegen 15.00 Uhr griff plötzlich eine US-Kompanie Stemel überraschend von Osten her an. Damit waren die Kämpfe hier zu Ende; und der Stab des Sperrverbandes Wirtz geriet in amerikanische Kriegsgefangenschaft.[485]

Der Bereich um Sundern war in den Tagen vor der Besetzung mehrmals von feindlichen Fliegern angegriffen worden. Es gab zahlreiche Einquartierungen und Truppenbewegungen. An den Straßen wurden Schützenlöcher ausgehoben und Panzersperren aus dicken Holzbalken angelegt. Am 10. April erlebten die Bewohner der

---

484 Williams, a. a. O., S. 489
485 Wirtz, a. a. O., S. 11

Freiheit Sundern den letzten Angriff. Vormittags fielen Bomben, nachmittags wurde die Kreuzung Hauptstraße/Hellefelder Straße beschossen. Die Bewohner flüchteten in die Keller. Mehrere Häuser wurden schwer beschädigt, und auch die Kirche wurde zum Teil zerstört. Die Nacht zum 12. April war ruhig. Die amerikanischen Panzerspitzen standen schon bei Hellefeld und Westenfeld. Am 12. April rollten dann die ersten US-Einheiten in Sundern ein, denen endlose Kolonnen von Panzern und Fahrzeugen folgten. Die naheliegenden Wälder wurden von den US-Truppen durchkämmt.

Das nördlich des Sorpesees gelegene Hachen hatte während des ganzen Krieges unter der Bedrohung durch die Wasserflut gelebt. Der Damm war durch deutsche Flak-Einheiten gesichert gewesen. In den letzten Kriegstagen waren hier zwei Häuser durch Bomben zerstört und fünfzehn beschädigt worden. Die beiden Röhrbrücken waren vorher noch gesprengt worden, bevor die Amerikaner nach kurzem Artilleriekampf hier einrückten.

Von Hachen aus stießen die Amerikaner gleich weiter gegen Enkhausen vor. Zwei deutsche Panzerspähwagen hatten sich noch am Nachmittag den US-Truppen entgegengestellt und auf sie gefeuert. Dadurch kam es zur Beschießung durch die US-Artillerie, wodurch zwei Häuser in Trümmer gelegt wurden. Gegen 22.00 Uhr hatten die amerikanischen Truppen das Dorf besetzt und unter Kontrolle.[486]

Südlich der 5. US-Infanteriedivision drangen die Panzerkolonnen der 7. US-Panzerdivision vor, teilweise die Einheiten der 5. Infanteriedivision im Norden kreuzend. Auch nach Südwesten stieß eine Kampfgruppe vor: über Langenholthausen hinaus bis zu einer Linie von Garbeck bis Blintrop. Auf der Westseite der Sorpetalsperre besetzte das Divisionskampfkommando A den ganzen Bereich zwischen Balve, Beckum und Hövel.[487]

Das Dorf Langscheid, unterhalb des Sorpestaudammes gelegen, hatte während der gesamten Kriegszeit mit der Furcht vor der Staudammbombardierung leben müssen. Der Damm, der durch Flak-Einheiten geschützt war, war mehrmals angegriffen worden, ohne daß er schwer zerstört worden wäre. In den letzten Tagen des Krieges waren auch im Dorf selbst einige Bomben gefallen, wobei ein Haus zerstört und mehrere Häuser beschädigt wurden; drei Personen kamen dabei zu Tode. Die Betonbrücke Stemel/Langscheid war gesprengt worden. Trotzdem rückten die Amerikaner von Stemel aus schnell hier ein. Zuvor hatten deutsche Truppen den Bürgermeister Wortmann noch daran gehindert, auf dem Kirchturm die weiße Fahne zu hissen.

Kurz vor der Besetzung durch die amerikanischen Truppen erhielt auch das Dorf Mellen, westlich der Sorpetalsperre gelegen, Artilleriebeschuß. Dabei wurden vier Häuser zerstört und brannten ab. Ein deutscher Soldat kam dabei zu Tode. Das Dorf hatte in den ersten zwei Wochen kein Wasser, die Gemeinde hatte keine eigene Wasserleitung; das Wasser mußte durch eine Pumpstation zum Hochbehälter befördert werden, die Stromleitungen waren aber zerstört.[488]

Südlich des Sorpesees waren die amerikanischen Panzertruppen aus der Richtung Grevenstein vorgestoßen und hatten als erstes Endorf und Stockum besetzt. Stockum war ohne Kämpfe und Beschädigungen davongekommen. Von dort aus stießen die US-Panzerverbände gleich weiter westlich.

---

486 Schumacher, a. a. O., S. 101
487 Wie Anmerkung 484
488 Schumacher, a. a. O., S. 87 und 88

Endorf, südöstlich von Stockum gelegen, war nicht so glimpflich davongekommen. Die Paßhöhen auf der Homert, zum Kreise Meschede hin, waren von den deutschen Truppen noch hinhaltend verteidigt worden. Hier hatten sich auch die amerikanischen Einheiten für den weiteren Vorstoß in großer Zahl bereitgestellt. Auf Endorf selbst lag vor der Besetzung starkes Artilleriefeuer, vermutlich, weil man hier größere deutsche Truppenansammlungen festgestellt hatte, die auf dem Rückzug waren. Vierzehn Wohnhäuser gingen bei dem Beschuß in Trümmer, zwei Kleinkinder kamen zu Tode. Der Einmarsch der US-Truppen von den Höhen der Homert aus vollzog sich über Feld- und Waldwege, die vorher noch von keinem Auto befahren worden waren.[489]

Amecke und Allendorf waren die nächsten Stationen auf dieser Vormarschstrecke der US-Panzerverbände. Amecke hatte zwar ebenfalls schweren Beschuß erhalten, wodurch acht Häuser mehr oder weniger schwer zerstört wurden. Auch die Kirche erhielt mehrere schwere Treffer. Neun gefallene deutsche Soldaten wurden hier später bestattet. Von Amecke, wie auch von Endorf aus, beschoß schwere amerikanische Artillerie später andere Ziele in westlicher Richtung.

Die Titularstadt Allendorf hatte bereits am 27. Juni 1940 die ersten Kriegstoten zu beklagen, als der Spätzünder einer Bombe fünf Kinder zerriß. Der Krieg näherte sich der Gemeinde dann erst in den Apriltagen 1945 wieder. Von den Höhen der Homert her näherte sich langsam die Front und mit ihr die Kolonnen der zurückgehenden deutschen Truppen. Das war auch wohl für die Amerikaner der Grund, mit Bomben und Bordwaffen anzugreifen. Im Tiefflug griffen die „Jabos" die deutschen Kolonnen an, die besonders am 9. und 10. April in Massen die Gegend durchzogen. Die Polenbrücke zerbrach unter der Last der deutschen Tigerpanzer.[490]

Über den weiteren Verlauf der Ereignisse berichtet Fritz Schumacher in seinem Buch „Heimat unter Bomben":

„Am 11. April — Dechant Nühse hatte die Meßfeier wegen Fliegeralarm abbrechen müssen — wurde Allendorf zunächst mit Phosphorgranaten beschossen. Für die alte Feuerspritze mit Handbetrieb führte der Bach zu wenig Wasser; dann folgte der Angriff einer Bomberstaffel im zweimaligen Anflug. Durch Artilleriefeuer und Fliegerbomben wurden zehn Wohnhäuser in kürzester Zeit zerstört; ein deutscher Soldat (Toni Spanier) und ein polnischer Soldat (Thomas Janus) starben unter den Trümmern mit den Zivilisten. Männer, Frauen und Kinder, Allendorfer und Evakuierte, ein Kind, das in einem Haus vor den Fliegerbomben Schutz gesucht hatte, wurden getötet. In den Kellern starben auch Menschen aus der Nachbarschaft, die hier Schutz gesucht hatten. Hier und da konnten sie aus den Kellern befreit werden. Unter den Toten waren auch eine nach hier evakuierte Frau mit zwei Kindern und zwei polnische Landarbeiter. Für 42 Tote wurde auf dem Friedhof an der Kirche, in der zunächst die Todesopfer aufgebahrt worden waren, das Grab bereitet. Auf den Grabkreuzen liest man heute noch elfmal: Ein unbekannter Soldat."

Von größeren Kampfhandlungen verschont blieb auch das Dorf Langenholthausen, am Südwestzipfel des Sorpesees gelegen.

„Amerikanische Truppen zogen, aus der Richtung Amecke kommend, am 12. April ein. In der letzten Nacht und am Morgen dieses Tages schoß deutsche Artil-

---

489 Schumacher, a. a. O., S. 75
490 Schumacher, a. a. O., S. 72 ff.

lerie noch ins Dorf. Durch Beschuß amerikanischer Artillerie gingen zwei Häuser in Flammen auf. Beim Einmarsch hörte man nur noch Gewehrfeuer."

Auch über den Einmarsch der US-Truppen in Balve berichtet Fritz Schumacher ausführlich:

„Dem Hönnetal näherte sich die Front durch das Lennetal, flußabwärts in die Seitentäler vordringend und von Rönkhausen über den Hohen Lenscheid in das Allendorfer und Balver Gebiet.

An den Osterfeiertagen (1. und 2. April) gab es häufig Fliegeralarm. Fluchtartig verließen Menschen den Gottesdienst. Große Sorge bereitete der Bevölkerung, die sonst den nächsten Tagen in Ruhe entgegensah, ein Munitionszug, der auf dem Bahngeleise stand; aber glücklicherweise wurde er nicht getroffen.

Als es auch am Weißen Sonntag (8. April) immer mehr Fliegeralarme gab, kamen die Menschen kaum noch zum Schlafen. Zu Hunderten rückten noch immer Volkssturmmänner aus dem Industriegebiet in Richtung Allendorf.

Viele Einwohner richteten sich in ihren Kellern mit Bettzeug ein, manche suchten täglich Schutz in den Höhlen des Hönnetals, über dem ständig die Jabos kreuzten. Das Krankenhaus, das auch als Lazarett diente, hatte alle Tage neue Verwundete zu versorgen.

Am Donnerstag, 12. April, näherten sich die amerikanischen Panzerspitzen aus der Richtung Mellen/Allendorf. Am westlichen Baumberg war noch eine deutsche Batterie in Stellung; deutsche Tigerpanzer waren hinter der Kirche in Stellung gebracht. Nachmittags fielen die ersten Granaten in die Stadt, ein deutscher Offizier wurde auf der Straße tödlich getroffen.

An vielen Häusern entstanden durch dieses Feuer erhebliche Schäden, andere kamen mit Dach- und Mauerschäden davon. Auf dem Friedhof wurden 20 Gräber zerstört.

Die Tigerpanzer verließen abends die Stadt. Es rollten schwere amerikanische Panzer ein, die bei der Landwirtschaftsschule haltmachten.

Vorausgegangen war die mutige Aktion des Josef H. Als Parlamentär, mit der weißen Fahne in den Händen, war er bis zum amerikanischen Befehlshaber bei Langenholthausen vorgedrungen und hatte erreicht, daß von einer weiteren Beschießung der Stadt Abstand genommen wurde. Er erbot sich auch, mit dem ersten Panzer zu fahren, um damit zu zeigen, daß Balve wirklich von deutschen Truppen geräumt sei. Das Sprengen der Hönnebrücke war durch eine Frau verhindert worden, die das Sprengkommando so lange in ihrem Geschäft aufhielt, bis es zu spät zur Sprengung war.

Den Panzern folgten noch am selben Abend andere Truppenteile. Jedes besetzte Haus wurde vom Keller bis zum Speicher durchsucht. Von Wulfringhausen und Benkamp aus hörte man noch heftiges Geschützfeuer.

Der 12. April war der Tag der Besetzung der Hönnestadt. Am folgenden Tag drangen die Amerikaner bis zur Balver Höhle vor, in der sich der Betrieb einer Waggonfabrik befand. Mehrere hundert Menschen und viele Soldaten hatten in der Höhle die kommenden Dinge abgewartet. Die Soldaten wurden als Gefangene abgeführt."[491]

Bis nach Balve war auch Leutnant Max Diether von Elterlein von der 5. Kompanie des Panzerregiments 16 der 116. Panzerdivision gekommen. Hier schoß er mit seinem schweren Jagdpanther seinen letzten Sherman-Panzer am Ortsausgang ab.

---

[491] Schumacher, a. a. O., S. 79 ff.

Vier Tage später kam auch für ihn und die Besatzung seines Kampfwagens das Ende der Kämpfe.[492]

Das Dorf Garbeck war an diesem Tage der am weitesten westlich gelegene Punkt, neben Küntrop, den die amerikanischen Panzerspitzen erreichten. Die Dörfer Garbeck, Höveringhausen und Leveringhausen wurden am 12. April kampflos von den Amerikanern besetzt. Teilweise hatte es hier bereits am 11. April kurz Feindberührung gegeben. Die deutschen Truppen hatten sich am 12. April zurückgezogen.

Auch die Gemeinden Affeln und Altenaffeln wurden an diesem Tage kampflos von den Amerikanern besetzt. Eine kurze Beschießung war der Besetzung vorausgegangen, wobei zwei Häuser in Brand gerieten. Auch das benachbarte Küntrop wurde an diesem Tage besetzt. Hier hatte es in den Tagen zuvor ein zweitägiges Artilleriegefecht zwischen Küntrop und Werdohl gegeben.[493]

An diesem 12. April wurden auch im südwestlichen Teil des Kreises Meschede die letzten Orte von den amerikanischen Truppen besetzt. Neben Verbänden der 7. US-Panzerdivision, die von Osten kamen, waren es vornehmlich Teile der 99. US-Infanteriedivision, die von Süden her das Lennetal entlangstießen und diese Orte besetzten. Diese Einheiten mußten teilweise sehr schwieriges und rauhes Gebirgsgelände überwinden. Die Bataillone des 394. Infanterieregiments stießen dabei bis Endorf vor und machten Kontakte mit Einheiten der 7. US-Panzerdivision.[494]

„Von Schliprüthen aus richtete der amerikanische Vormarsch sich weiter auf Becksiepen, Kuckuck und Röhrenspring. Becksiepen und Kuckuck hatten am 11. April Beschuß. In Kuckuck wurde an diesem Tage ein Soldat tödlich verwundet. Von der Schliprüthener Mühle marschierten die Amerikaner am 12. April um 8.00 Uhr ab und besetzten gegen 9.00 Uhr Becksiepen und Kuckuck. Von dort rückten sie erst am 13. April, um 14.00 Uhr in Richtung Röhrenspring weiter. Röhrenspring, das schon in der Nacht vom 11. zum 12. April unter starkem Artilleriefeuer gelegen hatte, wurde aber schon am 12. April um die Mittagsstunde besetzt, und zwar von Truppen, die aus der Richtung Fölsmecke-Ilsenberg gekommen waren. Durch Befragen verschiedener Ortseinwohner, die den Vormarsch beobachteten, hat unser Mitarbeiter festgestellt, daß in den Abendstunden des 11. April starke Kolonnen das Tal unterhalb Serkenrode durchquerten, und in den frühen Morgenstunden des 12. April wurden starke Infanterieverbände in der Delf gesehen, wie sie auf weichen Waldwegen nach Norden marschierten. Jedenfalls waren die Paßhöhen um Röhrenspring und die Wildewiese jetzt das Ziel der am 11. April in diese Gegend eingerückten amerikanischen Truppen, die von hier weiterzogen in Richtung Endorf im Kreis Arnsberg. In Röhrenspring will man in diesen Tagen viele Tausend Mann und etwa 2500 Fahrzeuge in dieser Richtung haben durchziehen sehen. Nach der Besetzung fuhr amerikanische Artillerie in langen Reihen auf dem freien Felde oberhalb des Dorfes zur Beschießung weiterer Ziele auf.

Das Dorf Weuspert wurde nach mäßiger Beschießung am 11. April am folgenden Tage durch die Amerikaner ohne Kampf besetzt. Unter welchen Umständen zwei in der Nähe aufgefundene und im Walde beigesetzte deutsche Soldaten gefallen sind, ist nicht bekannt.

---

492 Brief des ehemaligen Leutnants Max Diether von Elterlein an den Verfasser anläßlich einer Befragungsaktion

493 Schumacher, a. a. O., S. 88

494 Williams, a. a. O., S. 489

Die im westlichen Zipfel des Kreises gelegenen, bisher noch nicht erwähnten Orte des Kreises, westlich von Fretter, wurden alle am 12. April von den aus dem Kreis Olpe nordwärts entlang der Lenne vordringenden amerikanischen Truppen besetzt. Aus den Bergen um Melbecke drangen sie über Weringhausen und Deutmecke gegen Schönholthausen und Ostentrop vor."[495]

In Weringhausen war man, beunruhigt durch die Bombenangriffe auf Finnentrop und Grevenbrück, im Februar 1945 dazu übergegangen, mit Unterstützung des Besitzers der dortigen Westfälischen Kalkwerke zum Schutz der Bevölkerung einen Bunker zu bauen, kam aber damit bis zum Beginn der Kämpfe nicht zu Ende. Oberhalb Weringhausen ging am 9. April zur Deckung des deutschen Rückzugs eine Flakbatterie in Stellung, die in Richtung Altenhundem feuerte. In der Nacht vom 11. zum 12. April lag das Dorf unter Artilleriebeschuß. An hundert Granaten fielen in dem Ort und in der Umgebung. In einer Scheune wurden vier auf der Wanderung begriffene Italiener und in dem Übernachtungsraum der bei den Kalkwerken beschäftigten Russen zwei Russen getötet. Der entstandene Sachschaden war im Vergleich zu Fretter, Ostentrop und Lenhausen gering. Gegen 5.40 Uhr hörte der Beschuß auf, und wenig später waren die Amerikaner im Dorf.

Wesentlich schwerer waren die Kriegserlebnisse für Deutmecke. Bereits im März hatte Deutmecke große Einquartierungen gehabt. Der Stab des Infanterieersatzbataillons 78, dessen Kompanien in den umliegenden Dörfern und dessen Regimentsstab in Attendorn untergebracht waren, lag in Deutmecke. Später rückten Teile des Bataillons in Richtung Sundern ab, der Rest blieb. Um Ostern ging Artillerie bei Deutmecke in Stellung, z. B. auf dem Heueken schwere und leichte Flak jenseits der Bahnlinie bei Josef Hömberg und im Otterstein.

In der Nacht vom 10. auf den 11. April setzte Artilleriebeschuß ein. Bereits am Abend des 11. April wurden amerikanische Spähtrupps bei der Rittmecke gesichtet. Sie waren mit Infanterie und Panzern durch das Gebirge von Ödingen und Melbecke gekommen. Gegen 18.00 Uhr rückten sie in geschlossener Formation ein. Der kleine Rest der deutschen Soldaten, von denen sich ein Teil inzwischen zu Zivilisten verwandelt hatte, um der Gefangenschaft zu entgehen, wurde gefangengenommen.

Ostentrop hatte im Frühjahr stark unter der Belästigung durch Tiefflieger gelitten, so daß die Frühjahrsbestellung sehr schwierig war. Eine Anzahl Bombentrichter in der Nachbarschaft legte Zeugnis davon ab. Die bereits bekannte Unruhe auf den Straßen und stark wechselnde Einquartierungen gingen den eigentlichen Kampftagen voraus. Am 10. April, nachmittags um 14.00 Uhr, fielen die ersten Granaten ins Dorf und scheuchten die Dorfbewohner in die Keller.

Die deutsche Artillerie, die bisher das feindliche Feuer stark erwidert hatte, stellte in der Nacht zum 12. April gegen Mitternacht ihr Feuer ein, und bald hörte auch der Artilleriebeschuß auf. Eine unheimliche Stille trat ein. Gegen 8.00 Uhr morgens rückten die ersten Amerikaner in Ostentrop ein. Gegen Abend zog der größte Teil wieder ab. In der folgenden Nacht mußten die Einwohner dann nochmals die Kellerräume aufsuchen ‚wegen noch immer anhaltenden Artilleriefeuers', das demgemäß noch von deutscher Seite gekommen sein müßte.

Schönholthausen wurde am 12. April, gegen 11.00 Uhr vormittags, besetzt, nachdem Infanterie schon frühmorgens durch das Tal von Deutmecke her am Bahnhof erschienen war. Eine Nebelwerfertruppe und ein Heeresverpflegungsamt waren hier

---

495 Huyskens, a. a. O., S. 115 und 116

**I P W  R E P O R T**

The following identifications were made from PWs processed through the Division Cage for the period:

| PWs | Organization |
|---|---|
| 12 | AT Bn 130, Pz Lehr Div |
| 3 | Pz Regt 130, " |
| 4 | Begleit Co, " |
| 16 | Repl Bn 130, " |
| 3 | A R 130, " |
| 28 | 901 Regt, " |
| 14 | 902 Regt, " |
| 11 | Hq, 338 Div |
| 2 | 757 Regt, 338 Div |
| 1 | Repl Bn 757, 338 Div |
| 7 | 759 Regt, " |
| 5 | A R Regt 338, " |
| 7 | AT Bn 338, " |
| 3 | Hq, 3 PG Div |
| 25 | 8th Regt, 3 PG Div |
| 11 | 29 Regt, " |
| 5 | Motor Park, " |
| 33 | Arty Regt, " |
| 16 | Rcn Bn 103, " |
| 27 | F E B 3, " |
| 18 | Sig Bn 103, " |
| 2 | Hq, 176 Div |
| 1 | 1218 Regt, 176 Div |
| 9 | 1219 Regt, " |
| 4 | F E B 1176, " |
| 1 | Labor Co, 1176, 176 Div |
| 10 | Arty Regt 1176, " |
| 2 | Tech Bn 2 |
| 1 | Transport Btry 86/VI |
| 1 | Stosstrupp Schule |
| 28 | Engr Constr Bn 48853 |
| 5 | Engr Bn 655 |
| 16 | Repl Bn 26 |
| 12 | Labor Bn 798 |
| 1 | Engr Bn 933 |
| 50 | O.T. |
| 7 | Engr Bn 246 |
| 16 | L S Bn 387 |
| 9 | L S Bn 486 |
| 2 | L S Bn [illegible] |
| 2 | L S Bn 778 |
| 2 | Furlough |
| 16 | Med Repl Bn 6 |
| 4 | Repl Bn 464 |
| 5 | Repl Bn 211 |
| 1 | Repl Bn 58 |
| 76 | F E B B |
| 2 | Para Mortar Bn 2 |
| 5 | Kampfschule WEST |
| 3 | March Bn 6 |
| 3 | Signal Bn 213 |
| 1 | Vet Co 162 |
| 2 | Repl Bn 4 |
| 1 | Rcn Bn 4 |
| 1 | Arty Regt 146 |
| 6 | Repl Bn 306 |
| 2 | Prison Guard 377 |
| 1 | F E B 167 |
| 1 | Regt BORTCHARD, 3 Para Div |
| 1 | Observation Bn 34 |
| 1 | Army Ration Office |
| 2 | Regt KOBILINSKI |
| 2 | 1052 Regt, 84 Div |
| 1 | Engr Bn 326 |
| 2 | Army Fort Bn 13 |
| 2 | Kraftfahr Bn 8 |
| 1 | Russian |
| 3 | AT Bn 668 |
| 127 | Supply Bn 547 |

| PWs | Organization |
|---|---|
| 1 | Sec Cadre Plat, 176 Div |
| 1 | Signal Bn 1176, " |
| 1 | Engr Bn 1176, " |
| 1 | Repl Bn 1220, " |
| 41 | 741 AA Bn |
| 8 | II/22 AA Bn |
| 4 | 553 AA Bn |
| 2 | 95 AA Bn |
| 3 | 938 AA Bn |
| 3 | Flak Inf Bn 6 |
| 1 | Flak Inf Bn 818 |
| 8 | Flak Inf Bn 7 |
| 9 | Flak Sturm Regt 3 |
| 6 | AA Regt 84 |
| 6 | Flak Arty Schule II |
| 22 | 98 AA Bn |
| 13 | 311 AA Bn |
| 4 | 64 AA Bn |
| 2 | 79 AA Bn |
| 3 | 617 AA Bn |
| 1 | 472 AA Bn |
| 8 | 38 AA Bn |
| 1 | 840 AA Bn |
| 20 | 766 V A K |
| 13 | 409 V A K |
| 2 | 388 V A K |
| 9 | Repl Section 3 |
| 8 | F E B 116 |
| 2 | 81 A K Ration Regt |
| 1 | Repl Bn 529 |
| 1 | Trng Bn 39 |
| 9 | KG MEISNER |
| 5 | Pz Bn 106 |
| 3 | Werfer Regt I/51 |
| 1 | Fort Engr Bn 321 |
| 2 | Signal Trng Bn 2 |
| 1 | March Bn 127 |
| 1 | Repl Bn 374 |
| 1 | Repl Bn 7 |
| 7 | Airforce Signal Bn 233 |
| 17 | Transport Bn 115 |
| 5 | Repl Bn 328 |
| 1 | Repl Bn 453 |
| 3 | 156 Regt, 116 Pz Div |
| 1 | Arty Regt 12 |
| 2 | Airforce Signal Bn 142 |
| 2 | Rcn Bn 116 |
| 1 | March Co 75 |
| 2 | AT Bn 12 |
| 8 | Telegraph Construction Bn |
| 3 | Engr Bn 50 |
| 3 | FREIKORPS SAUERLAND |
| 2 | Army MPs |
| 3 | Transport Bn 592 |
| 1 | QM Co 603 |
| 1 | Constr Co 125 |
| 6 | Rcn Bn 81 |
| 1 | Repl Bn 39 |
| 1 | Repl Bn 57 |
| 4 | L S Bn 895 |
| 1 | L S Bn 1006 |
| 10 | L S Bn 874 |
| 40 | L S Bn 479 |
| 1 | L S Bn II/9 |
| 1 | L S Bn 708 |
| 4 | Straggler collection point |
| 141 | Through CIC |
| 78 | Hospital Cases |
| 13 | Discharged |

T O T A L . . . 1296

*Dokument 14: After-Action-Report der 99. US-Infanteriedivision mit der Auflistung von Gefangenen im Sauerland vom 11. bis 12. April 1945*

einquartiert gewesen. Am 9. April waren auch hier zur Deckung des Rückzuges auf der anliegenden Höhe noch Geschütze in Stellung gebracht worden. Der feindliche Beschuß setzte am 10. April, nachmittags 18.00 Uhr, ein und hielt bis zum 12. April an. Es fielen etwa 150 Granaten in den Ort und die Umgebung. Beschädigt wurden zehn Häuser, einige schwer.

Von den im Lennetal liegenden Orten wurde Bamenohl zuerst von dem amerikanischen Vormarsch erfaßt. Die deutschen Truppen hatten noch an verschiedenen Stellen Flakgeschütze, Maschinengewehre und Panzer eingesetzt, zogen diese aber am 11. April und in der Nacht zum 12. April ohne Kampf zurück. Am 11. April wurde eine kleine Gruppe deutscher Soldaten oberhalb des Ortes in der Bärmke durch amerikanische Artillerie beschossen und hatte dabei einen Toten. In der Nacht zum 12. April lag das Dorf unter Artilleriebeschuß, durch den sieben Häuser leicht und eines schwer beschädigt wurden. Auch die Kirche erhielt einen Treffer. Der Einmarsch der Amerikaner erfolgte am Morgen des 12. April ruhig und ohne Kampf. Neben Panzern bildeten farbige Soldaten die amerikanische Spitze, was die Bevölkerung zunächst beunruhigte. Übergriffe sind aber nicht bekannt geworden. Eine Anzahl zurückgebliebener Soldaten und einige Zivilisten wurden in die Gefangenschaft abtransportiert. Viele Fremdarbeiter, vor allem Holländer, hatten sich in einem Walde am Schulberg versammelt und hier die Ankunft der Amerikaner erwartet.[496]

Von Bamenohl rückten die Amerikaner ohne Aufenthalt auf Finnentrop vor. In Finnentrop bestand infolge der wiederholten schweren Bombenangriffe im März eine gegenüber dem übrigen Sauerland besondere Lage. Zwar hatten sich die Menschenverluste infolge zahlreicher guter Bunker und Schutzräume einschränken lassen, aber die Bevölkerung war verängstigt. Viele Familien hielten sich in den letzten Wochen tagsüber in den Bergen auf oder verbrachten die Nächte dort in Hütten, andere liefen täglich zum Schönholthauser Tunnel, bis hier eines Tages der Aufenthalt verboten wurde. Viele wanderten täglich auf die Nachbardörfer bis nach Schliprüthen. Man fand dieses Leben in nassen und kalten Bunkern oder auf der Flucht von Tag zu Tag unerträglicher. Es blieb keine Ruhe mehr zum Essen, geschweige denn zur Arbeit. Der Ort war menschenleer geworden, selbst an den Ostertagen und am Weißen Sonntag hatten kaum 400 Menschen am Gottesdienst teilgenommen. Die Kriegsstimmung war auf den niedrigsten Stand gesunken, und auch die 250 kriegsgefangenen Amerikaner, die Mitte März von Siegen her durch Finnentrop geführt wurden, hatten sie nicht verbessern können. Die Zerstörung von Dörfern und Städten, von Hab und Gut und den vielen Menschenleben war von Tag zu Tag sinnloser erschienen.

Finnentrop hatte wie Bamenohl vor dem Einmarsch der Amerikaner nur einen geringen Artilleriebeschuß gehabt. Es war auch durch seine Lage stärker geschützt als andere Orte. Eindrucksvoller waren die letzten Verteidigungsmaßnahmen, die von deutscher Seite getroffen wurden. Am 11. April sprengte man sinnloserweise noch die Eisenbahnbrücken nach Siegen und Olpe und die alte Lennebrücke bei Biggemann, am 12. April frühmorgens sprengte man an der Straße nach Lenhausen noch Dutzende von Bäumen, um dadurch die Straße zu sperren, und beschädigte noch viele Häuser, mit dem Erfolg, daß die amerikanischen Pioniere kaum eine halbe Stunde brauchten, um die Straße wieder frei zu machen. Bereits am 11. April hatte amerikanische Infanterie das Gehöft Oberstadt und den Lindenbaum erreicht. Am 12. April, gegen 11.00 Uhr rollten Panzer über die Hauptstraße von Grevenbrück her nach Fin-

---

496 Huyskens, a. a. O., S. 117 und 118

nentrop hinein. Bei der Fahrt am Werk vorbei fielen Schüsse, bei denen ein Amerikaner verwundet wurde. Einzelnen der Täterschaft verdächtigen Männern diesseits der Lenne schenkte man schließlich Glauben, daß die Schüsse von der anderen Lenneseite gekommen seien. Tatsächlich hatten einzelne Soldaten dort das Stumpfsche Haus zur Verteidigung eingerichtet. In wenigen Minuten waren beide Häuser in Brand geschossen, und die Verteidiger zogen sich zurück. Durch den Widerstand gereizt, gingen die Amerikaner bei der Durchsuchung der Häuser nicht gerade rücksichtsvoll vor, zumal die meisten Häuser von den Bewohnern verlassen und verschlossen waren. Die Amerikaner richteten sich in Finnentrop zur Verteidigung ein, stellten in Fenstern Maschinengewehre auf, und ihre Panzer standen kampfbereit die Kirchstraße aufwärts. Während der ganzen folgenden Nacht und auch am folgenden Tage schoß die amerikanische Artillerie auf die abziehenden deutschen Truppen, und auch diese sandten jetzt noch Granaten auf Finnentrop.[497]

Am 13. April zogen die amerikanischen Kampftruppen auf Altena-Hagen weiter und machten neuer Einquartierung Platz.

In dem bisher vom Krieg verschont gebliebenen Orte Lenhausen mit dem Schloß der Grafen von Plettenberg-Lenhausen wurden am 8. April starke Verteidigungsmaßnahmen getroffen. SS-Truppen zogen ein, und im Dorf wie auch außerhalb ging Artillerie in Stellung. Am 9. und 10. April griff diese in die Kämpfe ein. Am 10. April, abends 20.00 Uhr, setzte feindlicher Artilleriebeschuß ein. Die Amerikaner müssen in Lenhausen stärkeren Widerstand befürchtet haben, denn sie setzten am 11. April, nachmittags 16.00 Uhr, Jagdbomber auf den Ort an, die in viermaligem Anflug mit etwa 13 Bomben, Bordwaffen und Brandmunition ihr Zerstörungswerk verrichteten. Mehrere Zivilpersonen, darunter auch die Gräfin Plettenberg, wurden getötet. Zwölf Häuser, einschließlich der gräflichen Mühle, brannten bis auf den Grund nieder, andere wurden beschädigt, besonders stark die Kirche. Vorräte und Vieh gingen zugrunde. Neun deutsche Soldaten wurden auf dem Ortsfriedhof beerdigt. Die Amerikaner rückten von Schönholthausen und von Finnentrop her an und zogen am 12. April, gegen 16.00 Uhr in das Dorf ein. Die von französischen Arbeitern in die Jagdhütte gebrachte Leiche der Gräfin Plettenberg wurde am 13. April von den Amerikanern in der Pfarrkirche aufgebahrt.

Als letzter Ort des Kreises Meschede wurde Rönkhausen mit Glinge am 12. April besetzt. Rönkhausen hatte während des Krieges für den Kreis eine besondere Bedeutung dadurch bekommen, daß 1942 in dem als Hitler-Jugend-Heim vorgesehenen, aber kaum benutzten Gebäude ein der HJ-Bannführung in Bestwig unterstehendes Wehrertüchtigungslager eingerichtet wurde, in dem Hitlerjugend in vierwöchigen Ausbildungskursen eine vormilitärische Ausbildung unter Leitung eines HJ-Bannführers erhielt.

Seit Anfang März 1945 hatte Rönkhausen auch militärische Einquartierung. Unter den Tieffliegerangriffen vor Beginn der feindlichen Offensive hatte Rönkhausen besonders stark zu leiden. Am 11., 21. und 26. März wurden der Bahnhof und seine Umgebung mit Bomben angegriffen. Es kam zu erheblichem Sachschaden. Die Bevölkerung wurde dadurch eingeschüchtert, und viele erbauten sich infolgedessen in den umliegenden Wäldern Hütten, in denen sie Schutz suchten. Anfang April wurde in der Schule eine Funkstation eingerichtet, aber wenige Tage später trat an ihre

---

497 Huyskens, a. a. O., S. 118 und 119

Stelle ein Hauptverbandsplatz. Seitdem das Rote Kreuz in Rönkhausen auf allen Dächern leuchtete, hatte Rönkhausen vor den Fliegern Ruhe, und die Bevölkerung ging kaum noch in die Keller, wenn Flieger kreisten. Dagegen setzte am Abend des 10. April gegen 21.00 Uhr Artilleriebeschuß ein, dem außer drei Soldaten auch fünf Zivilpersonen zum Opfer fielen, während eine Zivilistin schwer verletzt wurde. In den Kampftagen starben auf dem Verbandplatz in der Schule drei schwerverletzte Soldaten, auf einem im neuen Lenscheid eingerichteten zweiten Verbandplatz vier. Insgesamt liegen auf dem Ortsfriedhof sieben und am Waldrand des neuen Lenscheid vier Soldaten der deutschen Front begraben. Die Besetzung durch die Amerikaner erfolgte ohne Kampf am 12. April, abends 18.30 Uhr. Es folgten infolge der Plünderungen durch die freigewordenen Russen und Polen nach den Worten eines Mitarbeiters Tage des Greuels.

Mit den Ereignissen des 12. April war nunmehr der ganze Kreis Meschede in der Gewalt des amerikanischen Siegers. Neun Tage hatte er gebraucht, um ihn zu erobern, zehn Tage lang war seine Feuerwalze von Ort zu Ort über ihn dahingerollt, Brand und Zerstörung auch dorthin tragend, wohin bis jetzt der Krieg noch nicht gekommen war. Unersetzliche Werte waren vernichtet. Außer den großen Verlusten der deutschen Verteidiger, deren Stahlhelme auf zahlreichen Gräbern der Ortsfriedhöfe, an Wegrainen und in Wäldern von dem letzten und größten Opfer kündeten, das sie — ihrem Fahneneid getreu, wenn auch nutzlos — der Heimat gebracht hatten, waren auch zahlreiche Zivilpersonen jeden Alters und Geschlechts getötet, verwundet oder zu Krüppeln gemacht worden.[498]

Bei der 15. deutschen Armee herrschte am Abend dieses Tages wohl keine Klarheit darüber, wo die Reste der einzelnen Divisionen standen. Es heißt in der Studie des Generals von Zangen u. a.: „Durchbruch südlich Arnsberg (11. 4. abends). Korps Köchling. In den Abendstunden starker Durchbruch von Osten über Stockum; der Kommandierende General gerät in Gefangenschaft. Feind stößt weiter auf der Linie Langenholthausen-Affeln.

Oberbefehlshaber der Armee — auf Gefechtsstandwechsel von Stotmert nach Dahle — setzt selbst Ortsverteidigung beiderseits Neuenrade an und unterstellt ab 12. April den Abschnitt ostwärts Werdohl—Küntrop—Garbeck (ausschließlich) dem Höheren Artillerie-Kommandeur, Generalleutnant Burdach.

Er beantragt bei der Heeresgruppe die Unterstellung des XXXXVII. Panzerkorps zum Einsatz in Linie Balve—Menden—Bösperde—Unna—Dortmund; für den Fall der Einnnahme von Dortmund Zurücknahme im Norden auf Bösperde—Schwerte.

Korps Püchler. Räumt Plettenberg und geht zurück auf Linie Werdohl—Lüdenscheid.

Beurteilung der Lage 11./12. 4.

Abwehr kann nur noch mit Schwerpunkt beiderseits des Lennetales erfolgen. Die Linie Werdohl—Neuenrade—Garbeck wird einige Tage auch mit schwächsten Kräften gehalten werden können, wenn die Sperrung bei Neuenrade gelingt. Weiter nördlich ist der Verlust von Iserlohn nur noch eine Frage kurzer Zeit. Die Panzerlehrdivision wird nunmehr in den Raum um Werdohl herangezogen."

Über den Verlauf der Ereignisse des 12. April schreibt General von Zangen in seiner Studie u. a.:

---

498 Huyskens, a. a. O., S. 119

„Korps Köchling steht im wesentlichen an Straße Lüdenscheid—Werdohl ohne Anschluß nach rechts, in ganz dünner, stützpunktartiger Aufstellung.

Westlich von Lüdenscheid soll Feind im starken Vorgehen auf Hagen sein. Korpsabschnitt Burdach von Werdohl bis Garbeck, hält im wesentlichen, keine ernsthaften Angriffe bei Neuenrade.

Beim linken Nachbarn (XXXXVII. Panzerkorps) geht Unna verloren, Dortmund wird geräumt.

Armeegefechtsstand nach Wixberg (nördlich Altena)."[499]

Von Kampfhandlungen kann General Köchling am 12. April auch nicht mehr berichten, wenn er schreibt:

„Nicht aus führungsmäßigen, sondern lediglich aus psychologischen Gründen suchte ich an diesem Tage die beiden Divisionskommandeure zum letzten Mal auf ihren Gefechtsständen ostwärts Dörnholthausen und in Stemel unmittelbar hinter den vordersten Sicherungen auf. Dieser Tag ist nicht mehr als organisierter Kampftag, sondern lediglich als ein planloses Scharmützel kleiner und kleinster Einheiten anzusprechen, wo weder der Wille der Führer noch der Truppe zum Kampf vorhanden war. Psychisch und physisch am Rande ihrer Kraft ersehnte die Truppe angesichts der hoffnungslosen Lage die Abgabe des letzten Schusses und die Beendigung eines fast sechsjährigen Kampfes, der jedem Soldaten, seinen Angehörigen, seiner Heimat und seinem Vaterland so unendliches Leid angetan hatte.

Die überwiegende Masse des LXXXI. Armeekorps ging an diesem Tage bei dem amerikanischen Vorstoß südlich und nördlich der Sorpetalsperre verloren.

Zwar hatte das Generalkommando noch am frühen Morgen zur Vermeidung des Kampfes ein Ausweichen auf den Abschnitt beiderseits des Sorpestaubeckens von Hagen bis Hüsten befohlen, ohne jedoch durch das allmähliche Versagen aller Verbindungen die Gewißheit zu haben, daß dieser Befehl noch durchkam.

Eben vor den amerikanischen Panzerspitzen zum Gefechtsstand zurückkommend, erreichte ich gegen Mittag denselben (1 Kilometer südlich von Dörnholthausen), wo gegen 16.00 Uhr der Führer der 176. Division eintraf und mir den Zusammenbruch seiner Division meldete.

Ohne reguläre Führung befanden sich überall im Gelände vereinzelte kleine Trupps, die, zwar seelisch stark mitgenommen, jedoch ihre soldatische Haltung und Disziplin unverbrüchlich bewahrten."[499a]

---

499 von Zangen, a. a. O., S. 25 f.
Anmerkung des Verfassers: General von Zangen gibt die Gefangennahme des Kommandierenden Generals des LXXXI. Korps, General Köchling, mit seinem Stab für den 11. April abends an. Professor Huyskens schildert dieses Ereignis, allerdings mit dem Tod des Generals, bereits am 10. April. In der Darstellung der Kämpfe des III. US-Korps in der Gesamtdarstellung der 1. US-Armee wird die Gefangennahme des deutschen Generals mit seinem Stabe erst unter dem 13. April erwähnt.
General Friedrich Köchling selbst schreibt in seiner Studie zu seiner Gefangennahme: „In der Nacht 12./13. April verblieb das Generalkommando mit dem engsten Führungsstab auf dem Gefechtsstand. Ohne auch nur das Geringste über die eigene Truppe, über die zweite (Qu.-)Staffel und geschweige denn über das Vorkommen des Amerikaners zu wissen, stellte sich der Kommandierende General mit seinem Stab dem Kommandeur der 7. amerikanischen Panzerdivision zur Verfügung, auf dessen Gefechtsstand die Führungsabteilung gegen 9.30 Uhr eintraf.
Irgendwo aufgegriffene Trümmer des Korps sollen dann noch auf Anordnung des Feldmarschalls Model zusammengefaßt worden sein und unter Führung des Artillerie-Kommandeurs bei der 15. Armee, Generalleutnant Burdach, einige Tage weitergekämpft haben."

499a Köchling, a. a. O., S. 30—31

Über den Einsatz der restlichen Einheiten der 3. Panzergrenadierdivision berichtet deren Divisionsgeschichte über diesen Tag in dem neuen Kampfraum:

„Während die Masse der Division ab dem 12. April im Raum Plettenberg sammelt, wo in der Linie Lüdenscheid-Plettenberg eine Front aufgebaut werden soll, werden andere Teile weiter südlich zur Sperrung des Lennetals eingesetzt, wo die Front am 11. April in der Linie Waldbröl-Olpe-Altenhundem verläuft. So erhält Hauptmann Dr. Schütze mit dem Stab Panzergrenadierregiment 8 den Befehl, südlich von Grevenbrück ein Bataillon abzulösen; dieses ist aber bereits vom Gegner gefangengenommen. Am 12. April wird die Brücke, nachdem Artillerie sich zurückgezogen hat, gesprengt; dann setzt sich das Bataillon zur Division im Raum Plettenberg ab. Aber der Gegner stößt weiter vor und trifft nördlich des Ortes auf die III./Artillerieregiment (mot.) 3 (Major Hahn). Diese Abteilung hat wegen Kraftstoffmangels ihre schweren Geschütze sprengen müssen und wird unter ihrem Kommandeur infanteristisch mit einem Sperrauftrag eingesetzt. Sie wird vom Gegner vereinnahmt. Bis Rönkhausen kommt der Gegner im Lennetal vor, weiter westlich am 16. April bis Attendorn."[499b]

Die Panzerlehrdivision hatte an diesem Tage an der Straße Plettenberg—Lüdenscheid gestanden und keine unmittelbare Gefechtsberührung in ihrem Abschnitt gehabt. Das Störungsfeuer steigerte sich jedoch stündlich. Am Nachmittag wurde der Kommandeur des Panzerlehrregiments als Kampfkommandant nach Herscheid befohlen. Als Kampfgruppe standen ihm zur Verfügung: drei Panzer, eine schwache Panzergrenadierkompanie und die bei Herscheid stehenden Teile eines Flak-Sturmregiments. Mit diesen unzureichenden Kräften war die von beherrschenden Höhen umgebene Ortschaft nicht zu halten und mußte am Abend vor dem hauptsächlich mit Artillerie arbeitenden Gegner geräumt werden.

In der Nacht wurden die Panzergrenadiere der Division nach Norden zum Aufbau einer Widerstandslinie ostwärts von Werdohl—Neuenrade gezogen, da der Feind von Osten her drückte. Reste des Pionierbataillons und drei Panzer sperrten die Nord-Süd-Talstraße drei Kilometer nordwestlich von Herscheid.[500]

An diesem Tage standen aber auch bereits Teile der 116. Panzerdivision mit ihren Einheiten an der Ostfront des Ruhrkessels im Kampf mit den vorstoßenden Divisionen des III. US-Korps. Die Division war zuvor in schweren Rückzugskämpfen bis auf die Ruhr zurückgegangen und stand mit einem Großteil ihrer Verbände bereits auf dem Südufer der Ruhr. Sie hatte keine Verbindung zu den östlichen deutschen Nachbareinheiten.[501]

Der damalige erste Generalstabsoffizier der 116. Panzerdivision, Oberstleutnant H. G. Guderian, schreibt über diesen Tag in seiner Studie u. a.:

„Da die Lage beim rechten Nachbarn (Gruppe Wirtz der 15. Armee) sehr unklar war, setzte die Division zur Aufklärung dorthin an, und zwar in den Raum südost- und ostwärts der Sorpe-Talsperre und auf Arnsberg. Der rechte Flügel der Division wurde bis Herdringen verlängert. Die Front der Division verlief sodann an der Ruhr von Neheim bis Langschede. Die Kampfgruppe 156 war noch nördlich des Flusses bei der 190. Infanteriedivision. Um die Lage beim rechten Nachbarn eindeutig zu

---

499b Dieckhoff, a. a. O., S. 406

500 Hudel, a. a. O., S. 13

501 Vergleiche hierzu die Beschreibung der Rückzugskämpfe der 116. Panzerdivision bis zur Ruhr in Kapitel 3/II: „Mit der Großkampfgruppe Twaddle von der Lippe zur Ruhr".

klären, fuhr der Divisionskommandeur am Vormittag zur Gruppe Wirtz, deren Gefechtsstand nicht in Erfahrung zu bringen war und daher von ihm gesucht werden mußte. Er fand ihn in Müschede. Die Gruppe verfügte nur noch über ganz geringe Kräfte ohne Kampfwert und ohne Artillerie. Sie wurde vom überlegenen Gegner zurückgedrängt und kämpfte gerade in Gegend Westenfeld, sieben Kilometer ostwärts der Sorpe-Talsperre. Bei Arnsberg war sie ebenfalls im Kampf. Die in ihrem Raum angesetzte Aufklärung der Division meldete gleichzeitig, daß der Gegner die bei Westenfeld stehenden schwachen Kräfte geworfen hätte, in zügigem Vorgehen auf Seidfeld und Sundern sei und daß Arnsberg vom Feind genommen wäre.

Die Division setzte daraufhin sofort aus eigenem Entschluß zusammengekratzte schwache Sperrgruppen (einige Panzer, Pak und Pranzergrenadiere) auf Amecke und Langscheid—Hachen an, um einen Durchbruch des Feindes beiderseits der Talsperre in die rechte Flanke und in den Rücken der Division zu verhindern. Die auf Amecke angesetzte Gruppe traf dort auf überlegenen Feind und wurde auf Balve zurückgeworfen. Der Feind stieß in Richtung Neuenrade weiter und nahm am Abend Balve. Die auf Langscheid—Hachen angesetzte Gruppe sperrte die Straßen westlich der beiden Orte. Der über Arnsberg vorgehende Feind traf auf die Sicherungen der Division bei Herdringen. Zwischen Hüsten und Neheim konnte ein feindlicher Übersetzversuch das Westufer der Ruhr gewinnen.

Am Abend stand die Division in einem großen Bogen von Gegend Balve über Hövel—Herdringen—Ruhr bis Langschede. Reserven besaß sie nicht mehr. Der Abschnitt Balve—Herdringen war nur durch Sperrgruppen an den Straßen gesichert. Die rechte Flanke der Division war völlig ungeschützt. Bei Neuenrade ging der Hauptverbandsplatz der Division verloren.

Trotz dieser Lage sollte auf Befehl der Heeresgruppe ein Wechsel der Befehlsverhältnisse stattfinden. Der Stab der 190. Infanteriedivision sollte den Abschnitt der 116. Panzerdivision südlich, der Stab der 116. Panzerdivison den Abschnitt der 190. Infanteriedivision nördlich der Ruhr übernehmen.

Als Grund wurde angegeben, daß der Panzerdivisionsstab besser zur Führung der Panzer im vermeintlichen Schwerpunkt nördlich des Flusses geeignet sei. Die Division wehrte sich mit allen Mitteln gegen den Plan, da die Masse ihrer Truppe auf dem Südufer war, die Nachrichtenmittel voll eingesetzt und nicht herauszulösen waren und die Entwicklung der Lage am rechten Flügel der Division einen Wechsel der Führung schon gar nicht mehr gestattete. Alle Einwendungen wurden nicht anerkannt. Die Nachrichtenmittel beider Divisionen sollten ausgetauscht werden und, falls das nicht ging, eine Division mit den Mitteln der anderen geführt werden. Der Ia der 190. Infanteriedivision erschien bereits zur Übernahme auf dem Gefechtsstand der 116. Panzerdivision. Endlich brachte die katastrophale Entwicklung der Lage bei der Gruppe Wirtz diesen Plan zum Scheitern. Wie die Division erst jetzt aus dem Bericht des Generalleutnants Bayerlein ersehen hat, war der Grund dieses Befehls die Absicht des Feldmarschalls Model, mit den beweglichen Kräften unter Führung der 116. Panzerdivision nach Norden aus dem Kessel auszubrechen — ein Plan, der zwölf Tage vorher noch Aussicht auf Erfolg gehabt hätte, nun aber völlig aussichtslos geworden war. Ich erwähne ihn nur, um zu zeigen, mit welchen Schwierigkeiten in jeder Hinsicht Truppe und Führung in den letzten Wochen des Krieges zu rechnen hatten.

In der Nacht verstärkte die Division die Südostfront soweit wie möglich und unterstellte alle dort eingesetzten Teile dem Kommandeur des Panzerregiments 16. Diese Gruppe sicherte die Flanke der Division etwa in Linie südwestlich Beckum—

Hövel—Ainghausen. Im Abschnitt Herdringen—Wimbern führte das Panzergrenadierregiment 60 anschließend bis Langschede Panzerartillerieabteilung 116 und Panzergrenadierregiment 156. Die rechte Flanke der Division im Waldgebiet nordwestlich Balve blieb ungeschützt. Sie wurde lediglich durch schwache Aufklärung von Einheiten der Versorgungstruppen notdürftig überwacht. Die Gefahr einer Abspaltung der Division durch einen Feindangriff von Süden auf Iserlohn war groß. Die Division rechnete ständig damit, war aber nicht in der Lage, irgendetwas dagegen zu tun."[502]

An der südlichen Kesselfront ging es bei den Divisionsresten der 5. Panzerarmee an diesem Tage abermals weiter zurück, dicht gefolgt von den Spitzen der US-Divisionen des XVIII. US-Luftlandekorps.

Auf der rechten Angriffszone des Korps marschierte die 86. US-Infanteriedivision mit ihren Regimentern etwa fünf Meilen vorwärts und überwand dabei mit dem 343. Infanterieregiment zerstreuten deutschen Widerstand, wo er noch geleistet wurde. Am Abend hielt die Division eine Linie von Herscheid bis Plettenberg. In den späten Stunden des Tages bildete die Division die Kampfgruppe Poope mit dem III. Bataillon des 342. Infanterieregiments für den Angriff auf Lüdenscheid.[503]

In der Mitte der Korpsfront stellten sich drei Divisionen von rechts nach links (8., 78. und 97. Infanteriedivision) für den letzten Sturm auf den Ruhrkessel in einer Angriffslinie bereit. Die 8. Infanteriedivision drang acht bis zehn Meilen tief in den Kessel vor. Das 28. Infanterieregiment erreichte Kreuzberg, während das 121. Infanterieregiment mit seinen vordersten Einheiten bis Ehringhausen vorstieß. Im Zentrum der Korpsfront rückte die 78. Infanteriedivision etwa sechs Meilen vor und zerschlug dabei ebenfalls zerstreuten Widerstand deutscher Resteinheiten. Am Abend dieses Tages hatte das 310. Infanterieregiment Klüppelberg erreicht, und auf der linken Flanke erreichten die Bataillone des 311. Infanterieregiments Thier. Währenddessen waren die Einheiten des 309. Infanterieregiments entlang der Angriffszone der Division vorgestoßen und hatten die Wälder in der Nähe von Engelskirchen durchkämmt.

Auf der linken Korpsfront setzte die 13. US-Panzerdivision ihren Vorstoß nach Norden fort. Das Kampfgruppenkommando B stieß mit seinen Einheiten auf der Ostseite des Rheines rasch nach Norden und erreichte Burscheid. Der Vormarsch des Kampfkommandos A wurde verlangsamt, als die Spitzenverbände in der Umgegend von Rosrath schweres Feuer aus 8,8-cm-Flakgeschützen und Artilleriegeschützen erhielt. Im Hinterland der Division klärte die 97. US-Infanteriedivision die Bereiche, die von den Panzergruppen umfahren worden waren, und säuberte diese von deutschen Truppen. Die Einheiten des 386. Infanterieregiments erreichten am Abend Wellerscheid. Die Einheiten des 387. Infanterieregiments bewegten sich bis zum Abend in die Umgegend von Breidt.[504]

In dieser Gegend hatten sich nochmals die stark geschrumpften Einheiten der 3. Fallschirmjägerdivision dem mehrfach überlegenen Gegner entgegengestellt. Im Verlauf des Morgens stand diese Division im Walde zwischen Rösrath und Rath bereit zum Angriff nach Westen gegen den Rhein. In schweren Kämpfen gegen den

502 Guderian, a. a. O., S. 15
503 Williams, a. a. O., S. 489. Auch First United States Army ... (wie Anmerkung 314)
504 Williams, a. a. O., S. 489

überlegenen Panzerfeind konnten eigene Kräfte von Osten her vorübergehend in Eil eindringen. Der weitere Durchstoß gelang nicht mehr. Auch der von Norden angesetzte Stoß blieb nach guten Anfangserfolgen in der Höhe von Vingst liegen. Am Abend war die letzte Kraft der eigenen Teile erlahmt, die Straße Siegburg—Rath wieder voll in Feindeshand. Das Korps genehmigte den Vorschlag der Division, den Neuaufbau der Verteidigung in der Linie Buchheim—Rösrath zu versuchen.[505]

Auch die benachbarte 353. Infanteriedivision wurde am 12. April auf breiter Front von Süden und Südosten angegriffen und ihre mühsam geflickte Stützpunktlinie erneut zerschlagen. Die Reste der zusammengewürfelten und über keinen inneren Halt mehr verfügenden eigenen Kampfgruppen waren zu einem nennenswerten Widerstand nicht mehr in der Lage. Nördlich von Seelscheidt—Much stießen die Amerikaner bis fast an die Agger. Drabenderhöhe ging durch Angriff von Süden verloren.

Mit mehrfach durchbrochener Südfront, einem zerschlagenen und tiefumgangenen linken Flügel war es nunmehr klar, daß die nächsten Tage das Ende bringen mußten. Wann und wie dieses Ende erfolgen würde, hing kaum von den eigenen Maßnahmen, sondern nur noch von den Operationen des Gegners ab.[506]

Wenn bis zum 12. April die deutschen Truppen den vordringenden amerikanischen Divisionen noch Widerstand leisteten, wo sie dazu in der Lage waren, so kann man das für die Tage nach dem 12. April nicht mehr sagen. Überall waren die Deutschen seit Tagen auf dem Rückzug, der Kessel wurde von Tag zu Tag kleiner, und in ihm stauten sich die Restverbände der Divisionen mit all ihren Nachschubeinheiten und rückwärtigen Diensten.

13. APRIL:

Aus den am Vortag erreichten Positionen stießen am 13. April die Divisionen des III. US-Korps nochmals nach Westen vor. Auf der rechten Flanke drangen die Regimentskampfgruppen des 10. und 2. Infanterieregiments der 5. US-Infanteriedivision nach Nordwesten in das Gebiet zwischen Hönne und Ruhr vor. Die Spitzenverbände hielten am Abend eine Linie von Herdringen—Holzen—Böingsen. Links davon standen die vordersten Teile des 2. Infanterieregiments bereits in Asbeck und Eisborn.[507]

An ihrer linken Flanke wurden die Einheiten der 5. Division durch Teile der 7. US-Panzerdivision unterstützt. Diese Einheiten stießen zum Teil noch auf eingegrabene deutsche Infanterie, die sich mit Granatwerfern und Panzerabwehrwaffen verteidigte. Die Divisionskampfgruppe A rückte etwa acht Kilometer vor und begann mit der Einkreisung von Deilinghofen. Deutsches Artilleriefeuer und Panzerabwehrfeuer verlangsamten aber den Vorstoß der Angriffsspitzen dieser Einheit. Die Divisionskampfgruppe R stieß zur gleichen Zeit gegen Neuenrade vor, das von einer Angriffssäule besetzt wurde. Eine andere Vormarschsäule versuchte gleichzeitig etwa zwei Kilometer weiter nördlich den dortigen Infanterieeinheiten in einigen Ortschaften zu helfen, den Widerstand durch eingegrabene deutsche Infanterie und Panzerabwehrfeuer zu überwinden.

Durch die Zusammendrückung des Kessels waren auch die Angriffsfronten der US-Divisionen kleiner geworden, und so folgte die 99. US-Infanteriedivision den

---

505 Ulms/Reuther, a. a. O., S. 73 f.
506 Wie Anmerkung 505
507 Williams, a. a. O., S. 491

Vormaschbewegungen der 7. US-Panzerdivision und zerschlug den Widerstand der deutschen Resteinheiten, den die Panzerkolonnen umgangen hatten. Mehrere kleinere Ortschaften wurden dabei besetzt. Die Vorstöße des 393. Infanterieregiments längs der Nordseite der Lenne wurden verlangsamt durch das hügelige Gelände, die Wälder und vereinzelten Widerstand deutscher Truppen. Die Spitzengruppen hatten am Abend den Ort Eiringhausen, nördlich von Plettenberg, erreicht. Links davon marschierten die Bataillone des 395. Regiments nach Norden und Nordwesten und er-

---

DER WEHRMACHTSBERICHT MELDET:

*13. April 1945 „. . . Die Heeresgruppe B verfügt noch über 17 Verbände, jedoch nur mit einer Stärke von je 3 000 Mann, so daß es sich in Wirklichkeit um 5 bis 6 Verbände handelt. Nördlich des Harzes drehte der Feind gegen Blankenburg ein und kam in Richtung Dessau vor . . .“*

---

reichten die Umgebung von Stefanopel. Gleichzeitig drangen die Einheiten des 394. Regiments in den Bereich südlich und südwestlich des Sorpesees vor bis in die Gegend um Garbeck. Dabei wurde Verbindung mit Teilen der 7. Panzerdivision aufgenommen.[508]

Als einer der ersten Orte im damaligen Kreise Arnsberg wurde an diesem Tage Müschede, südlich von Neheim-Hüsten, besetzt. Amerikanische Infanterie, Panzer und Artillerie rollten von Norden über die „Reichsstraße“ 229 in den Ort ein. Vorher hatte es leichten Artilleriebeschuß gegeben, wobei einige Häuser beschädigt wurden. Später richteten die Amerikaner hier eine Sammelstelle für deutsche Kriegsgefangene ein.[509]

Nordwestlich davon, im Raume Herdringen—Voßwinkel—Wimbern, sicherten an diesem Tage bereits Einheiten des Panzergrenadierregiments 60 der 116. Panzerdivision, die hier am Tage zuvor eingetroffen waren. Im Verlauf des 13. April kam es noch zu teilweise heftigen Kämpfen, als die Amerikaner auf der gesamten Front zwischen Neheim-Hüsten und Beckum bei Balve zum Angriff antraten. In heftigen Kämpfen bei Beckum und Hövel an der „Reichsstraße“ 222 konnte ein Durchbruch verhindert werden. Herdringen ging jedoch verloren, und die Amerikaner drangen in den Wald nordwestlich des Ortes ein, wo sie Verbindung mit den bereits zwischen Hüsten und Neheim über die Ruhr gegangenen Kräften herstellten. Am Nachmittag erfolgte aber gleichzeitig ein tiefer Einbruch über Wettmarsen—Ainghausen und auf Holzen. Zu Kampfhandlungen kam es beim Einmarsch der Amerikaner in Holzen nicht mehr. Die deutschen Truppen hatten sich noch rechtzeitig abgesetzt.[510]

Während weiter südlich die Besetzung von Hövel am gleichen Tage ohne Kampf erfolgte — lediglich drei Häuser wurden durch Artilleriefeuer stark beschädigt —, wurde um das benachbarte Beckum noch schwer gekämpft. Fast 20 Stunden wurde hier gerungen.

Das Dorf war am Tage zuvor noch ein Heerlager gewesen, als bereits um 7.00 Uhr früh die erste Granate ins Dorf einschlug und einen unerhörten „Feuerzauber“, wie die Soldaten sagten, eröffnete. Die Luft war erfüllt vom Bersten und Krachen der Granaten, die aber zum großen Teil in die Felder einschlugen und die Äcker um-

---

508 Wie Anmerkung 507
509 Schumacher, a. a. O., S. 101
510 Guderian, a. a. O., S. 16 f.

pflügten. Aber auch viele Häuser, darunter auch die Schule, wurden getroffen. Auf dem Schulhof kamen fünf deutsche Soldaten durch eine Bombe um; sie waren nicht mehr zu erkennen. Sie ruhen auf dem dortigen Friedhof, und ein großer Grabstein erinnert daran: „Hier ruhen fünf unbekannte deutsche Soldaten." Auch sechs andere deutsche Soldaten fanden dort ihr Heldengrab.

Während der Beschießung war die Bevölkerung in die Keller geflüchtet. Am Abend war die Beschießung besonders stark. Im Krachen der Granaten hörte man das Bersten und Brechen von Hauswänden und Dächern. Am Morgen des 13. April rückten die amerikanischen Truppen langsam gegen Beckum vor. Dabei kam es zu einem schweren Kampf zwischen deutschen und amerikanischen Panzern auf der Hauptstraße. Ein ausgebrannter amerikanischer Panzer erinnerte später noch daran. Gegen 14.00 Uhr war Beckum besetzt. Die Straßen waren mit Trümmern bedeckt. Vier Häuser brannten noch, und fast an allen Häusern des Dorfes sah man die Spuren von Granateinschlägen. Auch hier mußten am Abend zahlreiche Häuser für die Besatzungstruppen geräumt werden.[511]

Bei ihrem weiteren Vorstoß nach Nordwesten drangen die Amerikaner auch auf Eisborn vor. Das Dorf hatte zuvor 24 Stunden lang amerikanisches Artilleriefeuer erhalten, mit geringen Unterbrechungen. Dabei wurden 14 Häuser, zwei Wirtschaftsgebäude und der Kirchturm zerstört.

Eisborn war kurz vorher noch von 300 bis 400 Mann deutscher Truppen verteidigt worden; in der Schule lag eine Abteilung Volkssturmmänner. Die Amerikaner rückten von Hövel her über Wettmarsen durch das Grübecktal vor.

In einem Haus in der Grübeck waren 21 Frauen und Kinder im Keller. Fensterscheiben gab es schon nicht mehr. Wenn die Einschläge amerikanischer Granaten in der Nähe lagen, zitterte das Haus in allen Fugen.

Da ließ sich Schuhmachermeister Wilhelm Hake ein weißes Handtuch geben und ging mutig auf die Straße. Einige Meter vor ihm schlug eine Granate ein; es ging aber alles gut. Vor ihm hielt nach kurzem Weg ein Sherman-Panzer; der Panzerkommandant, ein Feldwebel, sprach fließend Deutsch. Wilhelm Hake sagte: „Nun schießt doch nicht mehr. Es gibt hier keine Verteidiger." Der Feldwebel brachte Hake zum nächsten Offizier. Der gab Befehl zum Einstellen des Feuers.[512]

Am gleichen Tage wurde auch das weiter nördlich gelegene Dorf Asbeck abends gegen 18.30 Uhr von den amerikanischen Truppen besetzt. Zu Kampfhandlungen ist es dabei nicht gekommen. Ebenso kampflos wurde am gleichen Tage das nordöstlich von Asbeck gelegene Dorf Holzen besetzt. Deutsche Truppeneinheiten, die hier gesehen wurden, befanden sich bereits im Zustand der Auflösung. Südlich von Holzen fand man in Albringen zwei gefallene deutsche Soldaten und einen anderen, der in einem getroffenen deutschen Panzer verbrannt war. Südlich von Mimberge fanden sich noch drei weitere gefallene deutsche Soldaten.[513]

Damit war an diesem Tage auch der größte Teil des Kreises Arnsberg von den amerikanischen Truppen besetzt worden. Teilweise standen sie schon im benachbarten Kreis Iserlohn und Altena. Die Kämpfe neigten sich auch hier dem Ende zu. Am anderen Tage wurden im Bereich nordwestlich von Neheim ebenfalls die Orte Echthausen und Voßwinkel besetzt. In Voßwinkel gab es dabei nur noch ein leichtes Ge-

511 Schumacher, a. a. O., S. 85
512 Schumacher, a. a. O., S. 83 f.
513 Schumacher, a. a. O., S. 84

plänkel. Von hier aus stießen die amerikanischen Einheiten weiter gegen Echthausen vor. Das Dorf hatte zuvor drei Tage lang Artilleriefeuer erhalten, wobei zwei Frauen und mehrere ausländische Soldaten im Lazarett getötet wurden. Mehrere Gebäude, darunter Kirche und Schule, erhielten Treffer.[514]

Aus der Gegend um Balve war eine andere starke US-Kampfgruppe am gleichen Tage zu einem überraschenden Vorstoß nach Westen angetreten und hatte hier die schwachen deutschen Sicherungen überwältigt. Der damalige Ia der 116. Panzerdivision schreibt hierüber:

„Entscheidend aber wurde ein völlig überraschender Panzervorstoß durch den Wald von Balve auf Deilinghofen am Spätnachmittag. Der Gegner war unbemerkt — die dort eingesetzten Spähtrupps der Versorgungstruppen kehrten nicht zurück — durch den Wald vorgedrungen und erschien am Abend in Deilinghofen auf dem dortigen Flugplatz.

Auf Hemer lag Artilleriefeuer. Die für die Nacht befohlene Absetzbewegung hinter den Hönneabschnitt westlich von Volkringhausen—Menden—Fröndenberg wurde bedroht. Bei Hemer und Deilinghofen konnte das Vordringen des Gegners durch Einsatz einiger zusammengeraffter eigener Panzer zum Stehen gebracht werden, so daß es der Division gelang, in der Nacht eine stützpunktartige Linie von Sundwig über Hemer-Ost — Häusergruppe nördlich Deilinghofen—Lendringsen—Hönnetal — aufzubauen. Der Divisionsgefechtsstand wurde in der Nacht nach Hemer-Nord verlegt."[515]

Weiter südlich drangen die US-Verbände an diesem Tage auch gegen den Raum Werdohl und Lüdenscheid vor. In den Raum um Werdohl war bekanntlich die Panzerlehrdivision verlegt worden. Hier hatten in der Nacht die Amerikaner von Osten angegriffen und Neuenrade genommen. Die Gefahr lag nahe, daß die Amerikaner nach Westen bis zur Lenne weiterstießen, um die bei Werdohl eingesetzten Kräfte abzuschneiden. Die Divisionsführung nahm daher die Sperrgruppe von der Nord-Süd-Talstraße (drei Kilometer nordwestlich Herscheid) zurück und setzte sie zusammen mit einem schwachen Bataillon des Panzergrenadierregiments 902 nördlich Werdohl zum Gegenangriff auf Neuenrade an. Der Angriff wurde mehrfach versucht, die Kräfte waren aber zu schwach. Es konnte lediglich von den drei eingesetzten Panzern erreicht werden, daß die Straße am Südwestausgang von Neuenrade durch Feuer gesperrt blieb.

Die Reste des Panzergrenadierregiments 901 und der Aufklärungs-Lehrabteilung wurden zur Sicherung nach Osten und Südosten ostwärts Altena bei Dahle eingesetzt. Um Werdohl kam es nicht mehr zu nennenswerten Kämpfen. Die US-Artillerie-Einheiten belegten die Stadt aber zeitweise mit heftigem Feuer.[516]

Weiter westlich kam an diesem Tage auch das Kriegsende für die Stadt Lüdenscheid. Wie die Ereignisse abliefen, schildert sehr eindrucksvoll folgender Zeitungsbericht der Lüdenscheider Nachrichten vom 14. April 1965:

»Im März war in der Gegend von Herscheid eine Armeewaffenschule eingetroffen, die von einem Obersten von Woltersdorf geführt wurde. Durch Ergänzungen wurde die Truppe auf Überregimentsstärke gebracht und ihr die Verteidigung des Ebbegebirges übertragen.

---

[514] Schumacher, a. a. O., S. 98 und 99
[515] Guderian, a. a. O., S. 17
[516] Hudel, a. a. O., S. 13

## NOCH 40 SCHUSS MUNITION

Am 11. April war Major Zorn, ein Pionieroffizier, zum Kampfkommandanten von Lüdenscheid ernannt worden. Sein Stab war etwa 40 Mann stark und quartierte sich in der Villa Basse, dem heutigen Altersheim, in der Siegesstraße 10 (jetzt Breslauer Straße) ein. Major Zorn hatte so gut wie keine Truppen zur Verfügung, er brachte die Reste einer Panzerjägerabteilung mit einem einzigen Panzerspähwagen mit, der nur noch 40 Schuß Munition besaß.

Ebenfalls am 11. April traf in den Morgenstunden die Nachricht vom Ebbekamm ein, daß die Armeewaffenschule in der Nacht abgerückt sei, ohne daß der Oberst eine Nachbartruppe oder gar eine vorgesetzte Dienststelle benachrichtigt habe. Die Amerikaner griffen durch die Lücke der deutschen Front sofort an und rückten damit Lüdenscheid näher.

## BESCHIESSUNG BEGINNT

Über den Beginn der Beschießung Lüdenscheids gehen die Augenzeugenberichte auseinander. Einige behaupten, daß bereits in der Nacht auf Mittwoch die ersten Granaten in Lüdenscheid gefallen seien. Bestimmt wurde aber am Mittwochabend die Stadt beschossen, und am Donnerstagnachmittag gab es auch Menschenverluste. Der Fabrikant Fritz Wehberg ging mit einem Kriegskameraden von 1914, Rudolf Sendler, vom Kaufhof auf das Postamt, als eine Granate heranheulte. Sie krepierte in einer Menschengruppe, die auf der Altenaer Straße in Höhe der Firma Jünger & Co. stand. Fünf Menschen waren sofort tot, darunter auch Fritz Wehberg. Rudolf Sendler wurde so schwer verwundet, daß ihm ein Bein amputiert werden mußte.

Die erste Beschießung — der Unglücksgranate folgten viele andere — hatte sowohl die Christuskirche, die Post sowie Häuser in der Wilhelm-, Altenaer- und Weststraße beschädigt. Am Freitagmorgen setzte dann ein mehr konzentriertes Artilleriefeuer ein, das auf den Krankenhauskomplex in der Philippstraße gerichtet war, obwohl das Gebäude mit roten Kreuzen weithin kenntlich gemacht war. Der erste Volltreffer gegen 7.00 Uhr tötete einen Verwundeten, der sich geweigert hatte, das untere Stockwerk aufzusuchen. Zum Schutz vor Bombardierung und Beschießung waren schon seit langem an verschiedenen Stellen des Krankenhauses Erdwälle aufgeworfen worden. Die Stationen für die Schwerstkranken befanden sich in den untersten Stockwerken, so daß bei den sich häufenden Alarmen nicht mehr allzu viele Schwerverwundete und -kranke in den Keller zu befördern waren.

## VOLLTREFFER AUFS KRANKENHAUS

So gelang es auch am Freitagmorgen bei dem planmäßigen Beschuß des Krankenhauses, alle Verwundeten und Insassen in Sicherheit zu bringen. Zum Glück trafen die Einschüsse nur die Südseite des Gebäudes und das davorgelagerte neue Isolierhaus. Insgesamt landeten 36 Granaten auf dem Gelände, davon die meisten als Volltreffer im Haus. Das Dach des Neubaus, in dessen beiden oberen Stockwerken während des Krieges das Reservelazarett untergebracht war (im Erdgeschoß befand sich, wie heute, die Entbindungsstation), geriet in Brand.

Als eine Pause im Beschuß eintrat, versuchten Ärzte und Pfleger, Leichtverwundete, die Oberin und alle abkömmlichen Schwestern, denen sich auch freiwillige Hel-

fer aus der Nachbarschaft anschlossen, das Feuer zu löschen. Die amerikanischen Artilleristen — die Batterie selber stand bei Mintenbeck — beobachteten diese Rettungsaktion und schossen sich erneut auf das Reservelazarett ein, wobei es nochmals einen Toten und einen Verwundeten gab. Darauf wurden die Löscharbeiten zunächst eingestellt und wurden dann erst in den Mittagsstunden gänzlich beendet.

## UNHEIL ABWENDEN!

Erst im Laufe des Freitagvormittags stellte die städtische Verwaltung den Dienst ein. Sämtliche Geschäfte in der Stadt hatten geschlossen. Morgens war noch einmal eine Delegation auf dem Rathaus erschienen, die bat, daß auch die zivile Verwaltung alles tun möge, um Unheil von Lüdenscheid abzuwenden. Gegen 11.00 Uhr waren nur noch der Verwaltungsdirektor Demmer, die Herren vom Orde, Raulf und Müller sowie die beiden Polizeimeister Bauckhage und Heinzer im Gebäude anwesend. Die Polizeibeamten der Stadt, mit Ausnahme der alten und kranken, waren bereits einige Tage vorher in nördlicher Richtung abgefahren, um angeblich in ein Kampfbataillon eingereiht zu werden. Sie sollen aber nicht über Iserlohn hinausgekommen sein.

In die bedrückende Stille, die am Freitagmorgen auf dem Rathaus herrschte, kam gegen Mittag der telefonische Anruf eines amerikanischen Offiziers. Wahrscheinlich hatte er einen Telefonapparat in der Elspe benutzt. Dieser Offizier, der recht gut Deutsch sprach, erklärte, seine Truppe würde die Stadt weiter beschießen, wenn Lüdenscheid nicht sofort übergeben werde. Der Amerikaner forderte Verwaltungsdirektor Demmer auf, um 14.00 Uhr am Westtor im Luisental (Kölner Straße) mit einer weißen Fahne und zwei Bürgern zur Übergabe zu erscheinen.

In der Unterredung erklärte Herr Demmer, daß der Oberbürgermeister nicht mehr im Hause sei und daß die Befehlsgewalt über die Stadt der Kampfkommandant Major Zorn habe. Demmer setzte aber sogleich hinzu, daß die Stadt nicht weiter verteidigt werde, weil die Truppen bereits abgerückt seien, es gebe in Lüdenscheid selbst keine Befestigungen.

Der Amerikaner wollte sodann wissen, ob noch Volkssturmformationen vorhanden seien, und als Demmer dies verneinte, erkundigte sich der Offizier eingehend nach dem „Werwolf". Demmer erklärte: „Diese dummen Jungen haben wir nicht in Lüdenscheid", und teilte dem Amerikaner zum Schluß der Unterredung mit, daß er den Kampfkommandanten sofort unterrichten werde.

Aber auch andere Männer setzten sich für die Schonung der Bergstadt ein. In dem Befehlsstand von Major Zorn befand sich General v. Basse (in Zivil) und rechnete dem Kommandanten vor, daß mindestens zwei Divisionen notwendig seien, wenn er die Stadt wirkungsvoll verteidigen wollte. Diplomkaufmann Willi Schulte, der zum Volkssturm gehörte, drang ebenfalls auf Major Zorn ein, die Verteidigung der Stadt aufzugeben, da sie doch undurchführbar sei. In diese Aussprache kam ein Telefonanruf des Zeitungsverlegers Dr. Ehmer, der Major Zorn mitteilte, daß die in der Stadt verbreitete Version: „Lüdenscheid soll bis zum letzten Mann verteidigt werden!" allgemeine Empörung hervorgerufen haben. Er beschwor den Major, seine Leute zurückzuziehen und nicht die Verantwortung auf sich zu nehmen, daß Lüdenscheid noch im letzten Augenblick Frontstadt würde. Als Zorn sich auf seinen Treueid berief, schlug Dr. Ehmer ihm vor, sich „unter dem Druck des Gegners" mit „hinhaltendem Widerstand" abzusetzen, um eine neue Verteidigungslinie zwischen Lüdenscheid und Altena auf freiem Felde einzurichten. Zorn entschloß sich, bei der Heeres-

gruppe rückzufragen. Ob er mit ihr noch Verbindung bekommen hat, ist nicht bekannt, doch war sein Befehlsstand gegen 14.00 Uhr geräumt, die Verteidigung um Lüdenscheid löste sich auf.

## AMERIKANER ZIEHEN EIN

Am Freitag, 13. April, zwischen 15.00 und 16.00 Uhr, bei hellem Sonnenschein, rückten dann amerikanische Panzer konzentrisch auf den Mittelpunkt der Stadt zu: auf der Kölner Straße aus Richtung Brügge, von Haus Schöneck über die Parkstraße und von der Höh über die Herscheider- und Schützenstraße. Nur ganz vereinzelt wurde innerhalb des Stadtgebietes noch Widerstand geleistet. Die Amerikaner feuerten dabei nervös um sich, im Vorgarten der Villa Ecke Philipp- und Hohfuhrstraße sollen von einer deutschen Infanteriegruppe noch zwei Mann gefallen sein. Sonst aber flüchteten überall in den Nebenstraßen noch Trupps deutscher Soldaten. Schon am Abend sah man amerikanische Kraftwagen mit Gefangenen durch die Stadt und aus der Stadt fahren. Viele deutsche Soldaten waren, als sie sich überrollt sahen, aus den Hauskellern herausgekommen und hatten sich ergeben.«

Auch an der südlichen Kesselfront, im Bereich der 5. Panzerarmee, rüsteten die Divisionen des XVIII. US-Luftlandekorps zu einem gewaltigen Stoß nach Norden. Die 86. US-Infanteriedivision, immer noch an der östlichen Korpsflanke an der Grenze zum III. US-Korps, stellte an diesem Tage eine besondere motorisierte Regimentskampftruppe aus den Einheiten des 341. und 342. Infanterieregiments zusammen. Aufgabe dieser neuen Kampfgruppe war es, rasch nach Norden vorzustoßen, um bei Hagen — südlich der Ruhr — zur Teilung des Kessels Verbindung mit Verbänden der 9. US-Armee aufzunehmen. Andere Teile des 342. Regiments stießen gleichzeitig durch die Stellungen der 8. US-Infanteriedivision vor, nahmen Oberbrügge ein und rückten weiter vor, um Lüdenscheid zu besetzen. Das 343. Infanterieregiment warf mit seinen Einheiten einen leichten deutschen Gegenangriff bei Herscheid zurück und erreichte Plettenberg.[517]

Die 8. US-Infanteriedivision rückte mit ihren Regimentern ebenfalls nach Norden vor. Das 13. Regiment auf der rechten Seite der Angriffszone erreichte dabei Wilsse. Dieser Punkt war etwa zwei Kilometer weiter als die allgemeine Angriffslinie des Regiments. Das 28. Infanterieregiment rückte bis Radevormwald vor und schickte im Laufe der Nacht die vordersten Einheiten weiter nach Schwelm. Die 78. US-Infanteriedivision rückte an diesem Tage bis in die Gegend von Wipperfürth vor und festigte dort ihre erreichten Positionen. Auf der linken Flanke erreichte das 309. Infanterieregiment Olpe, während das 310. Infanterieregiment an der rechten Flanke seinen Vormarsch fortsetzte und Hückeswagen erreichte.[518]

Die benachbarte 97. US-Infanteriedivision in der linken Angriffszone des Korps zog ihre Einheiten zusammen und stieß damit etwa sieben Kilometer nach Norden, kreuzte die Agger, erreichte die Umgebung von Rosrath und rückte später noch weiter vor, um den Raum hinter der 13. US-Panzerdivision zu sichern.

Die drei Regimenter der 97. US-Infanteriedivision (das 386., 387. und 303. Infanterieregiment) hatten am Abend dieses Tages eine Linie erreicht, die gerade durch Bergisch-Gladbach führte und bis in die nordöstliche Umgebung reichte.

---

517 Williams, a. a. O., S. 491

518 Wie Anmerkung 517

Die Divisionskampfkommandos A und B der 13. US-Panzerdivision klärten in ihrem rückwärtigen Gebiet die Zonen, die auf den schnellen Vorstößen zunächst umfahren worden waren. Teile der 97. US-Infanteriedivision gaben hierbei Unterstützung. Das Kampfkommando B griff später wieder in nordöstlicher Richtung an und stand am Abend mit seinen Spitzenverbänden bei und in Lützenkirchen. Damit war auch die Stadt Köln an ihrer gesamten Ostseite weitgehend eingeschlossen.[519]

In diesem Raum mußten die Verbände der 3. Fallschirmjägerdivision vor weitüberlegenen amerikanischen Kräften ihre gerade erst bezogenen Stellungen räumen. Eine feindliche Panzergruppe nahm Delbrück, eine andere trat aus dem Raum Rath nach Nordosten an und nahm Bensberg. Nachfolgende Infanterieverbände stießen in das bereits in der Nacht vom 11./12. April verlassene Rhein-Sieg-Dreieck, andere schlossen über Rösrath nach Norden auf und folgten hier den angreifenden feindlichen Panzerspitzen.

Bei der 353. Infanteriedivision stieß der Gegner ohne Widerstand weiter nach Nordosten und nahm Ehreshoven und Lindlar. Die weite Überholung des linken Korpsflügels hielt an. Am Nachmittag gingen Wipperfürth und Hückeswagen verloren.

Am Spätabend des 13. April befahl das XII. Korps die Zurücknahme der weitumgangenen und nicht mehr zusammenhängenden Stützpunkte der Südfront und neuen Widerstand in der Linie: Leverkusen, Dhünn-Stellung — über Odenthal, Blecher, Forthausen, Halzenberg, südwestlich Hückeswagen.

Bei der 5. Panzerarmee wurde dringend um Lagemeldung beim LVIII. Panzerkorps und Anschlußnahme in Gegend Wipperfeld gebeten. Während die 3. Fallschirmjägerdivision ohne größere neue Einbußen die neu befohlene Linie stützpunktartig besetzte, erreichte der Korpsbefehl die 353. Infanteriedivision nicht mehr. Wahrscheinlich wurden die letzten Restteile, einschließlich des Divisionsstabes, im Raume Lindlar überrollt.

Damit stand am Morgen des 14. April der linke Flügel des Korps mit der 3. Fallschirmjägerdivision bei Halzenberg; bei dem schon weitumgangenen Flügel spielte dies keine große Rolle mehr, da der Abschnitt der nun völlig ausgefallenen 353. Infanteriedivision vom Korps an sich schon sehr schmal vorgesehen war.[520]

---

519 Wie Anmerkung 517

520 Ulms/Reuther, a. a. O., S. 78

7. Kapitel:

# Kapitulation im Ruhrkessel

Mit dem überraschenden Vorstoß der 5. US-Infanteriedivision und der 7. US-Panzerdivision gegen die Ruhr und das Hönnetal am 12. April waren diese US-Verbände aus Rücken und Flanke in den Abschnitt des LIII. Korps des Generalleutnants Bayerlein vorgestoßen. Bayerlein hatte erst am 8. April hier das Kommando über die drei deutschen Divisionen nördlich der Ruhr zwischen Dortmund und der Möhnetalsperre übernommen.[521]

Die Divisionen des LIII. Korps, die 180. und 190. Infanteriedivision und die 116. Panzerdivision, waren bis zum 12./13. April auf die Ruhr, zum Großteil auch schon hinter die Ruhr zurückgegangen. Links an das LIII. Korps schloß sich das LXIII. Korps des Generals Abraham an. Das Generalkommando XXXXVII. Panzerkorps nahm die Stelle eines Armeeoberkommandos über beide Korps wahr.

Die Nordfront des Ruhrkessels verlief nunmehr ausnahmslos längs der Ruhr, da auch die Divisionen des LXIII. Korps fast vollständig hinter die Ruhr zurückgegangen waren. Die Ruhr war bekanntlich auch die Grenze zwischen den Operationen der 1. und 9. US-Armee und wurde von beiden Seiten nur von Spähtrupps abgetastet.[522]

Die Rheinlinie wurde von schwachen Sicherungen des XII. SS-Korps besetztgehalten und war bisher nur von einzelnen amerikanischen Spähtrupps, die über den Rhein gekommen waren, abgetastet worden. Die drei Divisionen der 15. US-Armee hielten sich hier noch vorsichtig zurück; sie sollten für spätere Besatzungsaufgaben eingesetzt werden.

An der südlichen Kesselfront waren die Restverbände der Divisionen der 5. Panzerarmee zurückgedrängt worden auf eine Linie etwa nordöstlich von Köln über Lüdenscheid bis nördlich von Plettenberg. Im Osten waren die Reste der 15. Armee auf eine Linie von Werdohl-Iserlohn-Hemer-Menden zurückgeworfen worden. In dem nur noch ca. 45—50 Kilometer langen und 20—30 Kilometer tiefen Kessel stauten sich die restlichen Kampfverbände der deutschen Divisionen mit ihren Nachschub-Einheiten, Trossen und allen rückwärtigen Diensten.

Wie die Entwicklung im Stab der Heeresgruppe B gesehen und beurteilt wurde, beschreibt der damaligen Chef des Stabes, Generalmajor Carl Wagener, u. a.:

»Vom 12. bis 13. April rückten sich die Nord-, Süd- und Ostfront der Heeresgruppe bedenklich nahe. Die letzten Ruhrbrückenköpfe wurden bei der Gruppe von Lüttwitz zurückgenommen. Dortmund war geräumt. Bei der 5. Panzerarmee erfolgte überraschend ein tiefer Panzerdurchbruch von Siegburg bis Burscheid nordostwärts Köln und bei der 15. Armee ein Durchbruch bis Lüdenscheid und zur Sorpetalsperre. Am 13. April war die Ostfront als zerbrochen anzusehen. Das LXXXI. Armeekorps wurde vermißt. Starke Straßenverstopfungen, Fahrzeugmassierungen in jedem Waldstück, zahllose Versprengte zeigten das Bild der beginnenden Auflösung. Der Kessel hatte nur noch einen Durchmesser von etwa 45 Kilometer. Brot und Munition reichten nur noch für drei Tage.

---

[521] Vergleiche hierzu die einzelnen Beschreibungen in den entsprechenden vorangegangenen Kapiteln.
[522] Vergleiche auch hier die genauen Kampfbeschreibungen in den einschlägigen Kapiteln.

Aus dem Wehrmachtsbericht erfuhr die Heeresgruppe die aussichtslose Lage außerhalb des Kessels: Hannover, Braunschweig, Magdeburg, Weimar, Jena verloren; die Elbe vom Gegner erreicht; die Ostfront dicht vor Berlin. Der Zeitpunkt war da, zu dem die Heeresgruppe ohne Rücksicht auf Auftrag und allgemeine Lage einen selbständigen Entschluß, ihren letzten, fassen mußte gemäß ihrer Absicht, die Verantwortung für eine Einstellung des Widerstandes auf keinen Fall den untergeordneten Stellen zu überlassen, sondern selbst zu übernehmen. Eine amerikanische Aufforderung zur Kapitulation wurde jedoch nicht beantwortet, da ihre Bedingungslosigkeit selbst die Rechte der Genfer Konvention in Frage stellte.

Bei der Prüfung aller Möglichkeiten für das weitere Handeln kam das Oberkommando der Heeresgruppe zu einer Lösung, welche die Russen nach vielen Kesselschlachten dieses Krieges im Osten geübt hatten: Die Heeresgruppe wollte sich auflösen, und zwar auf Befehl und, so weit möglich, geordnet. Als Stichtag wurde hierfür der 17. April festgelegt, der Tag, an dem Verpflegung und Munition verbraucht sein würden, also die letzten Möglichkeiten zu einer Fortsetzung des Kampfes genommen waren. Demgemäß erhielten die Armeen den Befehl, am 17. April den Widerstand einzustellen. Alle jungen und älteren Jahrgänge waren, sofort beginnend, aus dem Wehrdienst in ihre Heimat zu entlassen. Offiziere, Berufssoldaten und mittlere Jahrgänge waren bis zum 17. April aufgrund freiwilliger Meldung in drei Gruppen einzuteilen:

1. Nicht fechtende Truppen und solche ohne Waffen und Munition hatten sich unter dem Kommando ihres Truppenführers überrollen zu lassen und zu ergeben.
2. Gruppen aus Freiwilligen, die sich unter Führung des ältesten Offiziers in Uniform oder Zivilkleidung ohne Waffen in die Heimat durchschlagen sollten.
3. Gruppen aus Freiwilligen, die unter Führung eines Offiziers bewaffnet und in Uniform zu einer eigenen Front außerhalb des Kessels durchbrechen sollten.

Ein Befehl oder auch nur eine Aufforderung zum „Wehrwolf" erging nicht. Aufgrund dieses Befehls liefen die Entlassungen sofort an und wurden auch auf Jahrgänge ausgedehnt.

Der Feind änderte ab 14. April seine Taktik des langsamen Zurückdrängens der Kesselfront von allen Seiten und trat zu entscheidenden Durchbrüchen an. Der Durchbruch entlang der Ruhr westlich von Neheim bis nördlich von Iserlohn und von Süden auf Hohenlimburg und Hagen am 14. April spaltete den Ruhrkessel in zwei Teile und beschleunigte dadurch das Ende. Die Befehle der Heeresgruppe zur Auflösung hatten natürlich den Rest eines letzten Widerstandswillens schon vor dem 17. April beseitigt. Und der bisherige Einklang zwischen feindlichem Vorrücken und eigenem Ausweichen machte nun einer stürmischen Entwicklung Platz.«[523]

Generalleutnant Bayerlein hatte am Nachmittag des 12. April, nach Erledigung der notwendigen Führungsentscheidungen, das Gefangenenlager östlich von Hemer besucht. Das Lager, in dem fast 25 000 alliierte Kriegsgefangene aller Nationen untergebracht waren, hatte schon tagelang von den Versorgungsbehörden der Armee und Heeresgruppe keinerlei Verpflegung mehr erhalten. Der Lagerkommandant erhielt vom LIII. Korps Anweisung, Verpflegung bei der Landbevölkerung zu sammeln. Außerdem wurde ihm ein kleines Versorgungslager des Korps bei Letmathe zur Verfügung gestellt.[524]

---

523 Wagener, Kampf und Ende der Heeresgruppe B, a. a. O., S. 561–562
524 Bayerlein, a. a. O., S. 6 f.

Dieses Lager hatte auch der Führung des XXXXVII. Panzerkorps erhebliche Sorgen bereitet. Wenn es auch nicht die direkte Aufgabe des Korps war, so hatte doch der Quartiermeister entsprechende Anweisung erhalten, soweit wie möglich den Kriegsgefangenen Verpflegung zuzuführen. Die 116. Panzerdivision erhielt den Befehl, in der Nähe des Lagers keine Front aufzubauen und für eine ordnungsmäßige Übergabe des Lagers an die Amerikaner zu sorgen.[525]

Das LIII. Korps des Generalleutnants Bayerlein hatte ab 13. April keine direkte Verbindung mehr mit den vorgesetzten Dienststellen der Armeegruppe von Lüttwitz und der Heeresgruppe B. Lediglich Funkverbindung war noch vorhanden. Die Ereignisse der letzten Tage waren demnach nur noch dem Kommandierenden General, dem

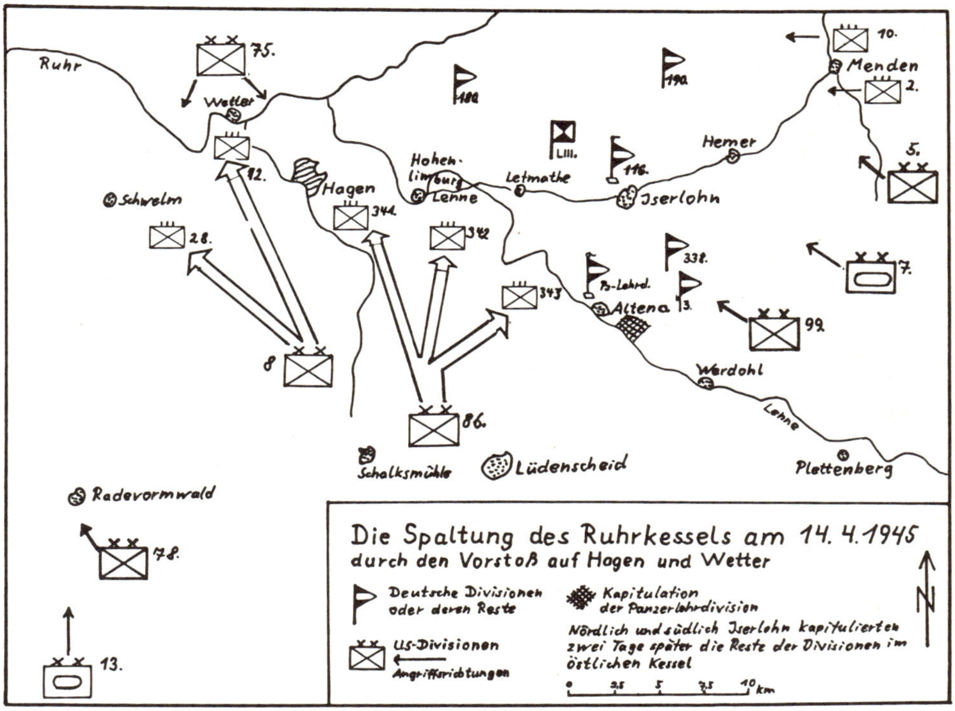


*Karte 25: Die Spaltung des Ruhrkessels durch den Vorstoß auf Hagen am 14. April 1945*

Chef des Stabes und Ia und den unterstellten Divisionskommandeuren, soweit sie ihre Abschnitte betrafen, bekannt.[526]

Generalleutnant Bayerlein besuchte am Nachmittag zum zweiten Male das Gefangenenlager östlich von Hemer. Kurz zuvor war das Lager von Süden her mit starken Artillerieüberfällen belegt worden, wahrscheinlich in Unkenntnis darüber, daß es sich um ein Gefangenenlager handelte. Es waren schwere Verluste eingetreten (70 Tote und Verwundete) bei einem Feuerüberfall, der ein großes Zelt getroffen hatte. Auf seinen Befehl wurde ein im Lager gefangener amerikanischer Major gebeten, zu der gegenüberliegenden feindlichen Kampfgruppe der 99. US-Infanteriedivision zu fah-

525 von Lüttwitz, a. a. O., S. 22

526 Wie Anmerkung 524

ren, um die Lage klarzustellen und die Einstellung des Feuers zu erwirken, damit weitere Verluste unter den Gefangenen vermieden würden. Das war die erste Verbindungsaufnahme mit dem Feinde im Korpsabschnitt.[526a]

Am Nachmittag des gleichen Tages (13. April) führte Generalmajor von Waldenburg (Kommandeur der 116. Panzerdivision) auf seinem Gefechtsstand Försterei nordwestlich von Iserlohn mit Genehmigung von Generalleutnant Bayerlein Besprechungen mit US-Offizieren der gegenüberstehenden Division über die Kampfführung bei Hemer, um die Stadt zu schonen.[527]

In den Abendstunden fuhr General Bayerlein zur Panzerlehrdivision, die südlich und nordöstlich von Werdohl im Abschnitt des LXXIV. Korps im Kampfe stand. Er nahm Abschied von der Division, die er erst im Januar 1944, vor der Invasion, aufgestellt und über ein Jahr geführt hatte, und riet dem Divisionsführer Oberst von Hauser, sobald wie möglich bei der nächst günstigen Gelegenheit zu kapitulieren, so wie das Korps es auch beabsichtigte, um in diesem aussichtslosen Kampf so viel Menschen und deutsches Gut zu schonen wie nur möglich. Oberst von Hauser sicherte das zu, am 15. April, nach Verbindungsaufnahme mit dem Feind, die Waffen zu strecken. Am Abend gab das Korps den Befehl zur Räumung des gesamten Nordufers der Ruhr in der Nacht des 13. zum 14. April, aber mit der Weisung, keine lebenswichtigen Brükken und Einrichtungen zu zerstören, was von der Truppe auch so durchgeführt wurde. Inzwischen war der Feind von Süden her auf den Südrand von Hagen durchgestoßen und hatte den Kessel in zwei Teile gespalten.

14. APRIL:

Gegen nur noch geringen örtlichen Widerstand traten an diesem Morgen die US-Divisionen ihren weiteren Vorstoß in den Ruhrkessel an. In breiter Front erreichten die Amerikaner zwischen Neheim und Bösperde die Ruhr und überwanden dabei leicht einzelne deutsche Widerstandsnester. Im Angriffsbereich der 5. US-Infanteriedivision drangen das 10. und das 2. Infanterieregiment gegen Menden vor, besetzten die Stadt, stießen mit Teilen bereits weiter und klärten den gesamten Bereich zwischen Hönne und Ruhr. Einige restliche deutsche Verteidigungsstellungen wurden dabei überwunden. Von Süden und Südosten her drang gleichzeitig die 99. US-Infanteriedivision über schwieriges Terrain nach Norden vor. Das 395. Regiment besetzte Ihmert, während das 394. Regiment Westig besetzte. Weiter südlich klärte das 393. Regiment den Bereich um Neuenrade. Das Divisionskampfkommando A der 7. US-Panzerdivision bewegte sich zuerst westlich und dann in nördlicher Richtung, durchstieß dabei schwieriges Waldgelände und griff gegen steifen deutschen Widerstand Hemer an, das am Abend besetzt wurde.[528]

Die Situation an der deutschen Nordostfront schildert für die 116. Panzerdivision, die hier noch führte, der damalige Ia Oberstleutnant H.-G. Guderian wie folgt:

„Die Verluste der Division, vor allem an Panzern, waren so groß und der Mangel an Artillerie-Munition so erheblich, daß von geregelter Kampfführung nun keine Rede mehr war.

Am Vormittag wurde die Sicherungslinie von Sundwig nach Süden bis Ihmert verlängert. Der Feind trat von Deilinghofen nach Norden und bei Lendringsen nach

---

526a Bayerlein, a. a. O., S. 7–8.
527 Wie Anmerkung 524
528 Williams, a. a. O., S. 493 f.

Westen zum Angriff an. Er warf die Sicherungen bis auf die Straße Hemer-Menden zurück. Der Divisionsgefechtsstand wurde im Laufe des Vormittags nach Gerlingsen verlegt.

Da in Hemer mehrere Tausend Verwundete und ein großes Gefangenenlager waren, wurden am Mittag von der Division Verhandlungen mit der gegenüberliegenden 7. amerikanischen Panzerdivision geführt, die zur Neutralisation Hemers führten.

Südlich und nördlich von Hemer sowie aus Menden heraus griff der Gegner am Nachmittag weiter an. Er erzielte mehrere Einbrüche, so daß für die Nacht die Zurücknahme der Sicherungslinie auf die Linie Dalhausen-Westig-Landhausen-Sümmern — südwestlich Langschede befohlen wurde. Der Divisionsgefechtsstand wurde nach Refflingsen-Süd verlegt.

Im Kessel waren Menschen und Fahrzeuge in beängstigender Fülle zusammengedrängt, aber es fehlte an Waffen, Munition und Führungsmöglichkeiten. Alle alten Jahrgänge waren auf Befehl der Heeresgruppe zu entlassen. Die Entlassenen irrten im Kessel umher und lähmten den Willen der noch kämpfen und fechten wollenden jüngeren Jahrgänge.

---

DER WEHRMACHTSBERICHT MELDET:

*14. April 1945 „... Bei der Heeresgruppe B hat sich die Lage verschärft. Der Gegner erweiterte seinen Einbruchsraum bei Lüdenscheidt und südostwärts Hagen. Dadurch besteht zwischen dem Osten und Westen nur noch ein 12 Kilometer breiter Schlauch. Munition und Betriebsstoff sind noch bis zum 14. bzw. 16. April vorhanden. Die Verpflegung langt noch weiter. Der Anschluß an die Produktion ist zweifelhaft geworden ...“*

---

Am Abend des 14. April war Hagen noch gefallen, so daß die in Letmathe befindliche Panzerwerkstatt der Division ausfiel und gesprengt werden mußte. Die Division verfügte nun über keine einsatzbereiten Panzer mehr.

Angesichts dieser Lage befahl die Division den Kommandeuren am Abend des 14. April, daß die Division auf Stichwort den Kampf einstellen würde, um weiteres unsinniges Blutvergießen zu verhindern. Sie stellte es für diesen Fall frei, zu kapitulieren oder zu versuchen, sich nach Osten durchzuschlagen. Sie erklärte, der Divisionsstab selbst würde mit der Masse der Truppe zusammen kapitulieren, da es aussichtslos wäre, in größerer Zahl durch feindbesetztes Gebiet bis an die Elbe oder noch weiter nach Osten durchzudringen.

Die Bewegungen in der Nacht vom 14. auf den 15. April führten dazu, daß ein Teil der Panzergrenadiere des Regiments 60 vermißt wurde, so daß bei Landhausen ein Loch in der Front entstand, das nicht mehr zu schließen war.“[529]

Über die Übergabeverhandlungen in Hemer mit den Amerikanern schreibt der damalige Kommandeur der 116. Panzerdivision, Generalmajor Siegfried von Waldenburg, u. a.: „Die am 14. April geführten ersten Verhandlungen mit Offizieren der 7. amerikanischen Panzerdivision, die zur Neutralisierung von Hemer führten, wurden in kameradschaftlicher und entgegenkommender Weise durchgeführt. Hierdurch wurde für Tausende von Gefangenen und Verwundeten und für die mit Menschen überfüllte Stadt selbst eine große Gefahr beseitigt. Eine Aufforderung der amerikanischen Offiziere, den Widerstand nun allgemein einzustellen, mußte ich ablehnen.

---

[529] Guderian, a. a. O., S. 17 ff.

Noch standen einzelne, mühsam aufgebaute Sicherungen der Division in loser Anlehnung und Verbindung mit den Nachbarn. Die letzte Granate war noch nicht verschossen, noch kämpften einige wenige Panzer bis zum Abend dieses Tages gegen eine allerdings gewaltige Übermacht. Die für eine Einstellung des Kampfes notwendigen Befehle waren noch nicht gegeben. Die entsprechenden vorbereitenden Weisungen ergingen in der folgenden Nacht an die Kommandeure."[530]

Das Gefangenenlager in Hemer lag im direkten Abschnittsbereich des Panzergrenadierregiments 60 der 116. Panzerdivision. Der Regimentskommandeur Oberstleutnant Stephan erinnert sich daran:

„Hinhaltend kämpfend hatte das Regiment am 13. April den Raum Hemer-Iserlohn erreicht. Um Verluste zu vermeiden, waren örtliche Gegenstöße untersagt, außerdem mangelte es an Munition und Betriebsstoff. In der Kaserne in Hemer befand sich ein Gefangenenlager mit rund zehntausend russischen Gefangenen. Als die Front näher an Hemer herankam, witterten die Gefangenen Freiheitsluft, und es kam im Lager zu erheblichen Rebellionen. Der Lagerkommandant erbat Hilfe, er befürchtete, die Gefangenen könnten ausbrechen. Ich begab mich mit einigen Panzerspähwagen in die Kaserne. Dann ließ ich die Sprecher der einzelnen Gefangenenkompanien kommen und über den Dolmetscher mitteilen, daß sich der Krieg dem Ende nähere, sie sollten Ruhe bewahren, um unnötiges militärisches Eingreifen mit eventuellem Blutvergießen zu vermeiden. Ich werde mit den anrückenden amerikanischen Truppen Verbindung aufnehmen, das Lager den Amerikanern übergeben und bitten, sich der hungernden Gefangenen anzunehmen. Diese Mitteilung sollte allen Gefangenen bekanntgegeben werden. Mit Genehmigung der Division nahm ich mit dem amerikanischen Abschnittskommandanten Funkverbindung auf und schickte Hauptmann Holtkamp als Parlamentär zu den Amerikanern, um Zeit und Ort einer Unterhandlung zu vereinbaren. Der amerikanische Abschnittskommandeur traf — wie vereinbart — in Hemer, im Hause des Herrn Ahrens, dem Regimentsgefechtsstand, ein. Wir gaben uns die Hand, und ohne feindliche Gefühle gegeneinander zu hegen trug ich ihm das Anliegen des Regiments vor. Wir vereinbarten für den nächsten Tag eine Waffenruhe von fünf Stunden. In dieser Zeit sollte das Regiment den Raum Hemer räumen und auf die Höhen ostwärts von Iserlohn zurückgehen. In dieser Zeit sollte der deutsche Lagerkommandant das Gefangenenlager übergeben. Ich bat den amerikanischen Oberst, die Gefangenen weiter in Gewahrsam zu halten, da die Bevölkerung von Hemer und Umgebung Plünderung und sonstige Ausschreitungen befürchte. Leider hat sich der amerikanische Abschnittskommandeur nicht an die Vereinbarung gehalten, sondern die Tore geöffnet. Wie eine Sturmflut ergossen sich die freigelassenen Gefangenen auf Hemer und die umliegenden Orte. Viel Leid haben diese Einwohner in den letzten Tagen des Krieges über sich ergehen lassen müssen."[531]

Fritz Vogelsang, Brigadegeneral der Bundeswehr a. D. und damals Major und Kommandeur des Panzer-Artillerieregiments 146 der 116. Panzerdivision, erinnert sich ebenfalls an die letzten Tage im Ruhrkessel:

„Unter dem Druck der von Osten herangekommenen Amerikaner wurde die Division zusammen mit der Panzerlehrdivision im Raum Menden-Lendringsen-Hemer-Iserlohn zusammengedrängt und eingeschlossen. Grenadiere und Panzer besaß sie kaum noch. Als Ersatz für die Grenadiere traten für wenige Tage Angehörige

---

530 Siehe auch den Anhang von Generalmajor von Waldenburg in der Studie B-713.
531 Brief des ehemaligen Oberstleutnants Eberhard Stephan an den Verfasser

des sogenannten ‚Freikorps Sauerland' in Erscheinung, die wenig Erfahrung besaßen und sich bald nach Hause absetzten. Der Kampf der restlichen Tage bis zur Kapitulation wurde im wesentlichen durch einige Panzer und Spähwagen, durch rege infanteristische Spähtrupptätigkeit und den unter Benutzung der Aufklärungsergebnisse sehr massiven und schlagkräftigen Einsatz der Artillerie des Regiments 146 bestritten, das nach Eingliederung der Reste eines Artilleriekorps und mehrerer 8,8 cm- und Eisenbahnflak-Einheiten an die 20 Batterien besaß. Munition für diese überfallartigen Einsätze wurde in den Eisenbahntunneln von Werdohl gefunden. Oberstes Ziel war dabei, den Gegner in den Wäldern zu treffen, Höfe, Dörfer und Städte aber unbedingt zu verschonen."[532]

Weiter südlich kam es im Bereich ostwärts von Altena nicht zu wesentlichen Kämpfen. Bei der Kampfgruppe der Panzerlehrdivision nördlich von Werdohl sammelten sich im Laufe des Tages viele Versprengte. Sie hatten jedoch keinerlei Kampfwert. Am Abend mußte die Stadt geräumt werden. Die südwestlich von Neuenrade stehenden drei Panzer wurden von amerikanischen Panzern abgeschnitten und mußten nach Verschuß ihrer Munition gesprengt werden. Am späten Abend wurde mit den noch aus dem Raum Werdohl zurückkommenden Teilen das Lennetal südöstlich von Altena gesperrt.[533]

Über die letzten Einsätze der 3. Panzergrenadierdivision an diesem Tage schreibt Gerhard Dieckhoff u. a.:

„Die Division befindet sich an diesem Tage im Raum Plettenberg, wo sie zum letzten Mal eingesetzt wird. Noch einmal geht das Artillerieregiment (mot.) 3 (Major Petzel) in Stellung mit der I. Abteilung (Oberleutnant Brundtke), die noch über die 2. und 3. Batterie verfügt, und der II. Abteilung (Hauptmann d'Heureuse), der die 6. und 7. Batterie unterstehen. 2 cm-Flak nimmt angreifenden Gegner unter Feuer. Viele der Geschütze und Kraftfahrzeuge müssen anschließend wegen Mangel an Munition und vor allem an Kraftstoff gesprengt werden. Gering sind die infanteristischen Kräfte des Regiments 8 (Hauptmann Dr. Schütze und Hauptmann Littmann) und des Regiments 29, dessen Führer, Major Leiendecker, als einer der letzten Angehörigen der Division fällt und dessen Restteile von Major Türke geführt werden. Es existieren nicht mehr das Pionierbataillon, die III./Artillerieregiment 3. Auch die Panzerjäger-Abteilung und die Panzer-Abteilung lösen sich an diesem Tage auf.

Doch die Division zieht sich in der Nacht zum 15. April weiter nach Nordwesten im Lennetal auf Altena zurück und am folgenden Tag (15. April) auf Östrich (3 Kilometer westlich von Iserlohn), wo sie unter den Befehl des LIII. Armeekorps tritt. Hier erfolgt der letzte Einsatz der Artillerie und der Flak."[533a]

An der südlichen Kesselfront drangen die Divisionen des XVIII. US-Luftlandekorps ebenfalls weiter in den Kessel vor und trafen dabei kaum noch auf deutschen Widerstand. Die 86. US-Infanteriedivision stieß etwa 10 Kilometer vor, erreichte die Ruhr und erhielt dabei nur noch ganz geringen Widerstand. Das 341. Infanterieregiment drang mit seinen Bataillonen in Hagen ein und noch drei Kilometer weiter östlich. Rechts davon näherte sich das 343. Infanterieregiment mit seinen Einheiten

---

532 Brief des ehemaligen Majors und Brigadegeneral der Bundeswehr a. D. Fritz Vogelsang an den Verfasser

533 Hudel, a. a. O., S. 14

533a Dieckhoff, a. a. O., S. 406

gegen leichten Widerstand Hohenlimburg. Weiter südlich hatten andere Einheiten des Regiments während des Vorstoßes entlang der Lenne zeitweilig noch Gewehr- und Artilleriefeuer erhalten, als sie verschiedene kleinere Orte besetzten. Die 8. US-Infanteriedivision stieß mit ihrem 13. Regiment rasch bis Wetter vor und nahm Verbindung auf mit Einheiten der 75. US-Infanteriedivision vom XVI. Korps der 9. US-Armee. Damit hatten die Amerikaner den Ruhrkessel in zwei Teile gespalten.[534]

Das 28. Infanterieregiment, das auf der linken Flanke der 8. Division vorgestoßen war, hatte vor seiner Front noch zahlreiche gesperrte Straßenkreuzungen und Ortseingänge zu überwinden, wodurch der Vormarsch verlangsamt wurde. Gegen Abend wurde Schwelm besetzt, und die vorderste Spitze drang bis Esborn vor. Die 78. Infanteriedivision mit dem Kampfkommando B von der 13. US-Panzerdivision drang gegen leichten Widerstand etwa 10 Kilometer nach Nordwesten vor. Auf der rechten Flanke säuberte das 310. Regiment Hückeswagen und setzte den Vormarsch auf Lennep fort, wo die Einheiten erstmals an diesem Tage deutsches Artilleriefeuer erhielten. Im Zentrum der Angriffsfront besetzte das 311. Regiment Eipringham, während am linken Flügel das 309. Regiment das Gebiet beiderseits des Diper- und Dhünn-Flusses besetzte. Auf der linken Korpsflanke folgte die 97. US-Infanteriedivision der 13. US-Panzerdivision. Sie besetzte das Hinterland und festigte die errungenen Geländegewinne der vorgestoßenen Panzerkampfgruppen der 13. Panzerdivision.[535]

Die hier noch stehenden Teile der 3. Fallschirmjägerdivision hatten an diesem Tage keine großen Feindberührungen. Beiderseits von Forthausen überschritt amerikanische Infanterie jedoch den Dhünn-Abschnitt auf breiter Front und stand damit kurz vor dem Korpsgefechtsstand des XII. SS-Korps. Infolge der Zerschlagung der 353. Infanteriedivision war dieser Raum nicht gedeckt. Eine letzte verfügbare Kampfgruppe war noch in der Aufstellung begriffen und wurde am Abend an der linken Flanke der Division eingesetzt. Am Abend drang hier der Gegner von Osten her in Wermelskirchen ein.

Das hier führende XII. SS-Korps erhielt noch in der Nacht zum 15. April vom Oberkommando der 5. Panzerarmee den Befehl, nach entsprechender Artillerievorbereitung mit allen verfügbaren Kräften nach Südosten aus der Umklammerung aus den jetzigen Stellungen auszubrechen. Die Fortsetzung der amerikanischen Angriffe in der Frühe des 15. April machte jedoch alle Befehle und Planungen illusorisch.[536]

An der nördlichen Kesselfront wurde an diesem Tage im Stabe des XXXXVII. Panzerkorps des Generals von Lüttwitz u. a. notiert: „Von Süden her stößt der Gegner in den Nachmittagsstunden nach Hohenlimburg und Hagen hinein. Eine südlich von Hagen vom Korps notdürftig aufgebaute Abwehrfront wird vom Feind überrannt. Damit ist der Ruhrkessel in zwei Teile gespalten.

Starke Verkehrsstauungen, Fahrzeugmassierungen in jedem Waldstück, führerlos umhermarschierende Gruppen von Soldaten, vorzeitig gesprengte Geschütze zeigen das Bild der Auflösung. Der Korpsgefechtsstand wurde am Abend nach der Försterei Löhnen (zwei Kilometer südlich von Iserlohn) verlegt."[537]

---

534 Diese Entwicklung der Lage war in den letzten Tagen abzusehen, ohne daß die deutschen Führungsstellen etwas dagegen tun konnten.

535 Williams, a. a. O., S. 493 f.

536 Ulms/Reuther, a. a. O., S. 79

537 von Lüttwitz, a. a. O., S. 22–23

Die auf dem linken Flügel des Korps Abraham an der Ruhr stehende Division Hamburg meldet an diesem Tage die Zurücknahme der letzten Teile aus dem Brükkenkopf nördlich von Hattingen. Feindliche Vorstöße über die Ruhr im Divisionsabschnitt wurden abgewiesen.

Der Munitionsmangel zwingt dazu, eine Batterie nach der anderen aus dem Kampf zu ziehen. Flakbatterien, die noch über Munition verfügen, unterstützen den Abwehrkampf der Division.[538]

Die rechts anschließende 2. Fallschirmjägerdivision meldete in den Tagen nach dem 12. April, daß ihr rechter Flügel nicht nur von dem bei Wetter über die Ruhr gegangenen Gegner angegriffen, sondern auch von einem über Lüdenscheid und Radevormwald anrollenden Gegner in Flanke und Rücken gefaßt werde.[539]

Von den beiden anschließenden Divisionen, 180. und 190. Infanteriedivision, liegen von diesem Tage keine Meldungen vor. Vor der Front der 190. Division herrschte schon am Vortage Ruhe, die zum Ausbau der eigenen Stellungen benutzt wurde.

Von den Divisionen des XVI. US-Korps war an diesem Tage lediglich die 75. Infanteriedivision an die Ruhr vorgedrungen und hatte Verbindung mit der 8. Infanteriedivision aufgenommen, so daß der Kessel nun gespalten war. Alle anderen Divisionen des XVI. US-Korps festigten ihre Stellungen nördlich der Ruhr, besetzten bisher noch freie Gebiete und übernahmen dort erste Besatzungsaufgaben.[540]

Für den Befehlsbereich des LIII. Korps an der Nordfront des Ruhrkessels notiert Generalleutnant Bayerlein über diesen Tag u. a.:

„Das Gefangenenlager Hemer wurde an die 99. US-Infanteriedivision übergeben. Hemer wurde von der 116. Panzerdivision geräumt. Menden ging verloren. Die Abwehrlinie verläuft nun am Hönne-Abschnitt und zwischen Iserlohn und Hemer. Der Ruhrabschnitt wird noch gehalten. Die Panzerlehrdivision kapitulierte bei Neuenrade und Werdohl und sandte einen Abschiedsfunkspruch, in dem Oberst von Hauser die Kapitulation an General Bayerlein als dem Gründer der Division meldete. Die Stadt Hagen wird völlig vom Feind besetzt. Damit ist der Kessel endgültig in zwei Teile geteilt. Mit Armeegruppe von Lüttwitz besteht keine Funkverbindung mehr. Heeresgruppe Model befiehlt durch Funkspruch: Das Korps soll sich nach dem westlichen Teil des Kessels zur Heeresgruppe durchschlagen, um deren Kampfkraft zu verstärken. Der Funkspruch bleibt ohne Antwort, der Befehl wird nicht durchgeführt, da er gar nicht mehr ausführbar ist und zudem die Absichten des Korps durchkreuzen würde.“[541]

Der Stab der 15. Armee, General von Zangen, meldete für den 14. April, daß das Panzerkorps von Lüttwitz jetzt der Armee unterstellt und über die Ruhr zurückgegangen sei. Es hält etwa in Linie Schwerte-Sümmern bis ostwärts von Iserlohn-Ihmert.

Der Korpsabschnitt Burdach hielt daran anschließend mit kaum noch kontrollierbaren Kräften beiderseits von Evingsen. Die Reste des LXXIV. Korps (Püchler) mit der Panzerlehrdivision und der 3. Panzergrenadierdivision hielten ostwärts und südlich von Altena. Dort wurde der Widerstand zuerst eingestellt.[542]

---

538 Steinmüller, a. a. O., S. 9
539 Lackner, a. a. O., S. 4
540 Williams, a. a. O., S. 493 f.
541 Bayerlein, a. a. O., S. 9–10
542 von Zangen, a. a. O., S. 26–27

15. APRIL:

An der Ostfront des Ruhrkessels setzten an diesem Tage die Divisionen des III. US-Korps ihre Operationen fort. Nachdem der Raum um Menden restlos gesäubert war, rückten Teile der 5. US-Infanteriedivision etwa vier Kilometer weiter vor und erreichten die Ruhr entlang der ihr gegebenen Ziele. Letzte deutsche Widerstandszentren wurden dabei überwunden und bereinigt. Aus dem Raum südlich von Menden stießen auch Einheiten der 7. US-Panzerdivision nach Westen und Nordwesten in den Kessel hinein. Diese trafen an einigen Stellen noch auf eingegrabene deutsche Infanterie, die sich mit Handwaffenfeuer und Panzerabwehrwaffen verteidigte. Granatwerferfeuer sowie Artilleriefeuer und Beschuß aus Selbstfahrlafetten (Panzerhaubitzen) begegneten hier den Amerikanern nochmals und verzögerten ihren Vorstoß. Das Divisionskampfkommando R konnte aber mit drei gemischten Kampfgruppen die Eisenbahnlinie bei Kalthof überwinden und weiter vorstoßen. Links von der 7. US-Panzerdivision faßte die 99. US-Infanteriedivision ihre Verbände zusammen und drang mit ihren drei Regimentern gleichzeitig gegen nur noch schwachen deutschen Widerstand etwa sechs Kilometer weiter vor. Die Einheiten konnten Altena besetzen und rückten dann weiter auf Iserlohn vor, wo sie allerdings nochmals auf sich versteifenden Widerstand trafen.[543]

Auf der deutschen Seite standen hier fast nur noch die schwachen Sicherungen der 116. Panzerdivision. In den Aufzeichnungen des damaligen Ia der Division heißt es über diesen Tag u. a.:

„Durch die bei Landhausen entstandene Lücke drang der Feind, ohne Widerstand zu finden, in den Wald südlich von Landhausen ein. Außerdem stieß er südlich von Westig durch, so daß die Sicherungen dort auf den Ostrand von Iserlohn zurückgenommen werden mußten. Iserlohn selbst sollte durch Truppen des Kampfkommandanten von Iserlohn verteidigt werden. Diese waren jedoch so schwach, daß die Division ihre dort eingesetzten Teile belassen mußte. Im linken Abschnitt der Division ging Sümmern gegenüber dem überlegenem Feind mit Panzern verloren. Am Abend bestand keine kampffähige Truppe mehr. Die Panzer waren sämtlich nicht mehr einsatzfähig, die Panzergrenadiere fast ganz aufgerieben, die Artillerie hatte keine Munition mehr. Die Division versuchte, für die Nacht eine Sicherungslinie — etwa im Zuge der Bahn Iserlohn-Kalthof — aufzubauen, was aber nicht mehr gelang. Der Divisionsgefechtsstand wurde in den Wald am Reingser-Bach zurückverlegt."[544]

---

DER WEHRMACHTSBERICHT MELDET:

*15. April 1945 „. . . Bei der Heeresgruppe B erhebliche Verschärfung der Lage. Der Munitionsverbrauch ist höher als veranlagt. Den Trossen fehlen die Waffen. Weiteres Gelände ging verloren . . ."*

---

Weiter südlich stellte an diesem Tage die Panzerlehrdivision den aussichtslosen Kampf ein und kapitulierte. Wie sich die letzten Stunden der Division vollzogen, geht aus dem Bericht des Majors Hudel hervor: „Am frühen Morgen standen sämtliche Restteile der Division unmittelbar ostwärts und südlich von Altena. Der Gegner fühlte nur vereinzelt vor; zu Kämpfen kam es nicht mehr.

543 First United States Army. Report of Operations 23. February — 8. May 1945 (wie Anmerkung 314)

544 Guderian, a. a. O., S. 19

Der Ruhrkessel war durch die letzten Vorstöße des Gegners gespalten. In der Nacht vom 14. zum 15. April überzeugte sich die Divisionsführung von der Sinnlosigkeit weiteren Widerstandes. Bei einer Kommandeurbesprechung um 6.00 Uhr morgens wurde daher bekanntgegeben, daß die vollständige Zerstörung Altenas und die völlige Auflösung der Division verhindert werden solle. Nach Verschuß der Munition und Zerstörung der schweren Waffen wolle die Division die Kapitulation anbieten.

Nachdem am Nachmittag die Munition verschossen war, wurden die Geschütze der Artillerie und die Waffen der Panzergrenadiere gesprengt. Ein von der 15. Armee eingehender Befehl, nördlich von Altena noch weiteren Widerstand zu leisten, kam nicht mehr zur Ausführung. Die in Altena befindlichen Teile der Division traten mit ihren Handwaffen zum letzten Mal vor dem Divisionsführer an, der nach einer kurzen Ansprache die Division entließ. Amerikanische Panzer waren bereits aufgefahren. Die Reste der Panzerlehrdivision, die seit Juni 1944 ununterbrochen im Einsatz stand, traten den Weg in die Gefangenschaft an."[545]

An der Südfront des Ruhrkessels hatte im Bereich der 5. Panzerarmee auch fast jeglicher Widerstand aufgehört. In der Angriffszone des XVIII. US-Luftlandekorps ging die 86. US-Infanteriedivision auf dem rechten Flügel etwa sechzehn Kilometer längs des Westufers der Lenne vor bis zur Einmündung in die Ruhr. Das 341. Infanterieregiment säuberte das gesamte Südufer der Ruhr in diesem Bereich, das 342. Regiment bereinigte gleichzeitig das linke Ufer der Lenne nördlich von Genna. Die 8. US-Infanteriedivision beseitigte in ihrem erreichten Abschnitt die letzten deutschen Widerstandsnester und kleinen Kessel und sicherte gleichzeitig ihre erreichten Stellungen beiderseits Schwelm und Oberwengern. Im Zentrum des Korps drang die 78. US-Infanteriedivision mit ihren drei Regimentern etwa zwölf Kilometer weiter nach Norden vor und stand am Abend in einer Linie ostwärts von Solingen bis Wuppertal. Links anschließend ging die 97. US-Infanteriedivision ebenfalls zehn Kilometer nach Norden und hielt am Abend mit ihren Einheiten die allgemeine Linie von Neukirchen bis Burscheid. Am linken Flügel des Korps rollte die 13. US-Panzerdivision mit dem Kampfgruppenkommando B bis nach Opladen, während das Kampfgruppenkommando A Positionen nördlich von Leverkusen gewann.[546]

Hier standen den angreifenden amerikanischen Divisionen immer noch die Resteinheiten der 3. Fallschirmjägerdivision gegenüber. Auf ihrem rechten Flügel wurde diese Division von den angreifenden US-Panzerverbänden in der Dhünnstellung durchstoßen, die bis Opladen und Schlehbusch durchbrachen, jedoch noch nicht die Wupper überschritten. Die hier am linken Flügel des XII. SS-Korps neu gebildete Gruppe von Rautenfeld wurde genau wie vorher die 353. Division in der linken Flanke umgangen und gleichzeitig frontal durchbrochen. Der mit starken Kräften gegen die sich immer mehr verschmälernde eigene Front angreifende Gegner nahm Burg, Ehringhausen, Remscheid und Ronsdorf und stieß weiter bis an die Vororte von Wuppertal. Am 15. April hatte sich hier die Entwicklung der Vortage beschleunigt.

---

545 Hudel, a. a. O., S. 14–15. Anmerkung des Verfassers: Nach Franz Kurowski: „Von den Ardennen zum Ruhrkessel" kapitulierte die Panzerlehrdivision mit 2 400 Mann, 8 Panzern und Selbstfahrlafetten, 50 gepanzerten Fahrzeugen und einer einzigen noch einsatzbereiten 8,8 cm-Flakbatterie.

546 First United States Army ... (wie Anmerkung 314)

Am Spätnachmittag besuchten der Oberbefehlshaber der Heeresgruppe B, Generalfeldmarschall Model, und der Oberbefehlshaber der 5. Panzerarmee, Generaloberst Harpe, den Korpsgefechtsstand des XII. SS-Korps in Haan. Zunächst überbrachte der Feldmarschall den Befehl zu weiterem Widerstand am 16. April. Der Korpsstab richtete sich in Haan zur Nahverteidigung ein.

Kurz darauf brachte Generaloberst Harpe einen neuen Befehl: Der Großraum Düsseldorf war nur so lange zu halten, wie dies ohne restlose Vernichtung der eigenen Truppe möglich war. Dann sollte sich die Truppe vom feindlichen Angriff überrollen lassen und — in kleinere Gruppen aufgelöst — selbständig nach Osten bis an die Weser durchschlagen. Dieser Befehl wurde noch am Abend mündlich durch Offiziere an alle Divisionen überbracht. Das Generalkommando setzte noch hinzu, daß das Überrollen bereits in den augenblicklichen Stellungen zu geschehen habe, da von hier aus der Anschluß an das unübersichtliche Waldgelände des Bergischen Landes noch gegeben war.

Ein gleicher Befehl erging am Abend mündlich an alle Abteilungsleiter des Generalkommandos und die Führer der Korpstruppen. Er enthielt keinerlei Kampf- oder Zerstörungsaufträge, sondern nur die Weisung des Durchschlagens zu den im Weserraum noch kämpfenden deutschen Verbände.

Praktisch bedeutete dieser Befehl, der die immer unerträglicher werdende innere Spannung von Führung und Truppe löste, die Kapitulation der zusammengeschmolzenen Restverbände. Die vernünftigere, aber durch höchste Befehle verbotene Kapitulation der Führung wurde bei diesem Verfahren ersetzt durch die früher oder später erfolgende kampflose Gefangennahme zahlloser kleiner und kleinster Gruppen.[547]

An der nördlichen Kesselfront ging an diesem Tage der Kampf auch langsam zu Ende. Beim Stabe des XXXXVII. Panzerkorps schrieb General Freiherr von Lüttwitz über den 15. April 1945:

„Heftiger Artillerielärm um Iserlohn beweist, daß der Gegner Iserlohn in den frühen Morgenstunden angreift. Gegen 9.00 Uhr fällt die Funkstaffel des Korps durch Artillerievolltreffer aus. In den Vormittagsstunden gelingt dem Gegner der Übergang über die Ruhr bei Ergste, er stößt in Richtung Letmathe vor. Um 15.00 Uhr wird ein Ordonnanz-Offizier zum LIII. Armeekorps gesandt mit dem Befehl, den Kampf einzustellen. Der Stab des XXXXVII. Panzerkorps wird um 16.00 Uhr vom Feinde überrollt. Der Dolmetscher des Korps wird zur Verbindungsaufnahme zum 395. US-Infanterieregiment gesandt. Am 16. April, um 3.00 Uhr schweigt das feindliche Feuer. Der Ruhr-Ostkessel ist endgültig erledigt."[548]

Im nunmehrigen Westkessel an der linken Flanke des LXIII. Korps (Abraham) standen immer noch die Einheiten der Division Hamburg hinter der Ruhr. Hier machte sich der feindliche Druck aus südostwärtiger Richtung im Rücken der Division bemerkbar. Die benachbarte 2. Fallschirmjägerdivision war von ihrem Nachbarn getrennt und hatte die Front nach Osten eingenommen. Der Rücken der Infanteriedivision Hamburg war ungedeckt. Das Fallschirmjägerregiment 7 war aus der Ruhrfront herausgezogen und nördlich von Wuppertal mit Front nach Süden zur Rückendeckung der Division eingesetzt worden.[549]

---

547 Ulms/Reuther, a. a. O., S. 81 ff.

548 von Lüttwitz, a. a. O., S. 23

549 Steinmüller, a. a. O., S. 9

Über die rechts anschließenden Verbände der 2. Fallschirmjägerdivision und der 180. Infanteriedivision liegen für diesen Tag keine besonderen Meldungen vor.

Bei der weiter nach rechts haltenden 190. Infanteriedivision wirkten sich die feindlichen Angriffe gegen die rechte Nachbardivision, die 116. Panzerdivision, auch auf ihren rechten Flügel aus. Der Feind hatte die 116. Panzerdivision auf Kalthof und Sümmern zurückgeworfen, deshalb mußte der rechte Flügel der 190. Infanteriedivision auf Hennen zurückgebogen werden. Um die Mittagszeit traf hier der Befehl ein, alle Soldaten mit dem Geburtsdatum 1898 und älter in das Zivilverhältnis zu entlassen. Dadurch wurde die Division, welche bei den Sicherungsregimentern zum größten Teil ältere Soldaten hatte, stark geschwächt. Nurmehr schwache Sicherungen der Division blieben an der Ruhr stehen.[550]

Über die Ereignisse an der Nordostfront des Kessels schreibt Generalleutnant Bayerlein über diesen Tag:

„Der Feind stößt über Landhausen nördlich an Hemer und Iserlohn vorbei und über Menden auf Ostsümmern vor. Zwischen Hemer und Iserlohn wird die Stellung gehalten.

Der Kampfkommandant von Iserlohn, General Büchs, erhält vom Korps die Weisung, die Stadt Iserlohn nicht zu verteidigen. Die Stellungen an den Stadträndern

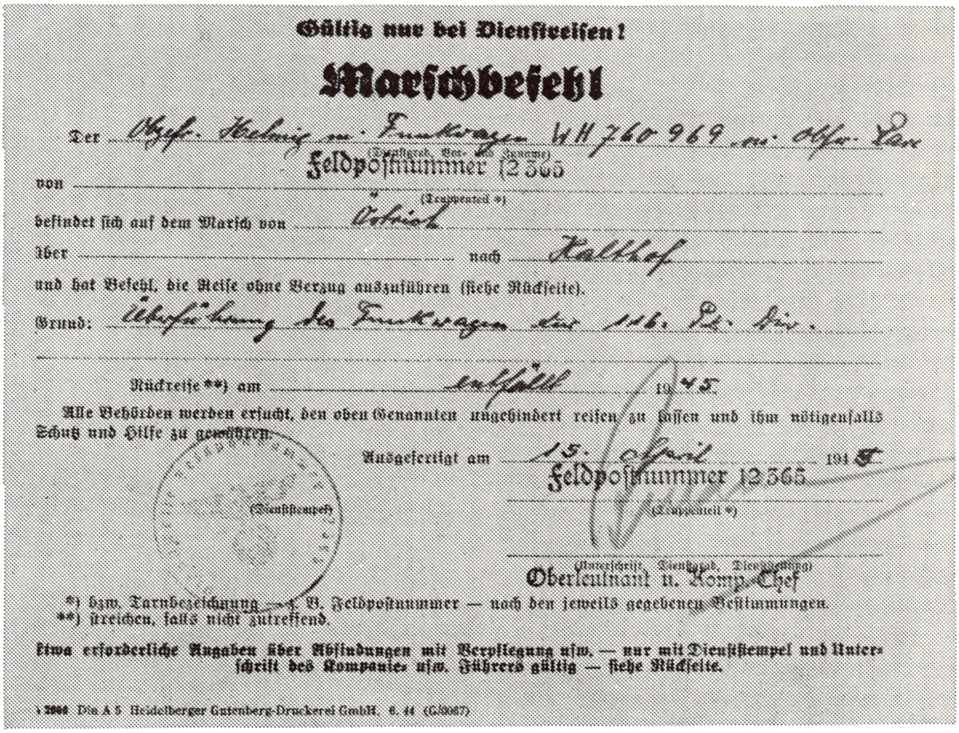
Gültig nur bei Dienstreisen!

**Marschbefehl**

Der Ogefr. ... m. Funkwagen WH 760 969 m. Ogefr. ...
(Dienstgrad, Vor- und Zuname)

von Feldpostnummer 12365
(Truppenteil *)

befindet sich auf dem Marsch von Östrich

über ... nach Kalthof

und hat Befehl, die Reise ohne Verzug auszuführen (siehe Rückseite).

Grund: Überführung des Funkwagens der 116. Pz. Div.

Rückreise **) am entfällt 1945

Alle Behörden werden ersucht, den oben Genannten ungehindert reisen zu lassen und ihm nötigenfalls Schutz und Hilfe zu gewähren.

(Dienststempel)

Ausgefertigt am 15. April 1945

Feldpostnummer 12365
(Truppenteil *)

(Unterschrift, Dienstgrad, Dienststellung)
Oberleutnant u. Komp.-Chef

*) bzw. Tarnbezeichnung — z. B. Feldpostnummer — nach den jeweils gegebenen Bestimmungen.
**) streichen, falls nicht zutreffend.

Etwa erforderliche Angaben über Abfindungen mit Verpflegung usw. — nur mit Dienststempel und Unterschrift des Kompanie- usw. Führers gültig — siehe Rückseite.

1 2000 Din A 5 Heidelberger Gutenberg-Druckerei GmbH. 6. 44 (G/0067)

*Dokument 15: Einer der letzten Marschbefehle der 116. Panzerdivision für die Überführung eines Funkwagens von Östrich nach Kalthof am 15. April 1945*

---

550 Hammer, a. a. O., S. 30

werden geräumt, um die noch kaum beschädigte Stadt zu schonen. General Büchs wird darüber unterrichtet, daß das Korps in der Nacht kapitulieren werde." Am späten Nachmittag besprach General Bayerlein mit General von Waldenburg die Lage und den Entschluß zur Kapitulation auf dem Gefechtsstand der 116. Panzerdivision im Walde westlich von Refflingsen. Diese Besprechung wurde vor dem Chef des Stabes des Korps geheimgehalten. Den genauen Zeitpunkt der Absendung des Parlamentärs mußte sich General Bayerlein noch vorbehalten.

Anschließend Besprechung mit General Hammer (190. Infanteriedivision) auf dessen Gefechtsstand in Reingsen. General Hammer stimmte der Kapitulationsabsicht zu.

21.00 Uhr wurde der Parlamentär an die gegenüberstehende 7. US-Panzerdivision abgesandt mit folgender schriftlich festgelegter Weisung:

‚LIII. Korps ist bereit, die Waffen zu strecken, um weiteres nutzloses Blutvergießen zu vermeinden. Bitte Feuer einzustellen. Erbitte weitere Weisungen. — Bayerlein, Generalleutnant.'

Bayerlein berichtet weiter:

„General Klosterkemper (Kommandeur der 180. Infanteriedivision) wurde nun zum Gefechtsstand des Korps befohlen und über die Absicht unterrichtet. Er war damit nicht einverstanden und hatte bereits einen Gegenangriff gegen den über die Ruhr bei Ergste vorgebrochenen Feind vorbereitet und wollte diesen Angriff unter allen Umständen durchführen. General Klosterkemper wird auf dem Korpsgefechtsstand festgehalten. Sein Ia erhält Anweisung, alle Kampfhandlungen einzustellen."[551]

Von der 15. Armee ist vom 15. April (abgesandt am 14. April abends) nur noch folgendes bekannt:

„Armeeoberkommando macht Stellungswechsel nach Schmidthacke (zwei Kilometer nördlich von Wixberg) und stellt durch Befehl den geschlossenen Kampf in der Osthälfte des Ruhrkessels mit Wirkung vom 15. 4. ein. Die Beendigung des schon seit Tagen völlig aussichtslos gewordenen Kampfes wird in einem letzten Funkspruch am 15. 4. 1945 der Heeresgruppe B gemeldet."[552]

16. APRIL:

Am 16. April 1945 endete der gesamte organisierte deutsche Widerstand im östlichen Teil des Ruhrkessels. Als die geschlagenen und völlig durcheinandergeratenen Verbände der Divisionsreste auf engem Raum zusammengedrängt waren, gab es keinen anderen Ausweg mehr. Das gesamte Gebiet war von den US-Divisionen überrannt worden, und es gab nur noch wenige kleine Gebiete, die von den amerikanischen Truppen durchkämmt werden mußten. Endlose Schlangen von Gefangenen wurden gemacht, und am Abend zählte man eine Rekordsumme von gefangenen Deutschen, darunter den Kommandierenden General des LIII. Korps sowie die Generäle der 116. Panzerdivision und der 180. Infanteriedivision mit ihren Stabsoffizieren. Im Westen wurden noch weitere Vorstöße gemacht. Gepanzerte Gruppen an der Spitze, traf man kaum noch auf Widerstand. Die letzten feindlichen Widerstandsnester wurden jetzt zerschlagen.

In der Zone des III. US-Korps hatten die Divisionen ihre Aufgabe fast beendet und setzten gemeinsam die Besetzung des vor ihnen liegenden Raumes fort und

---

551 Bayerlein, a. a. O., S. 10–11
552 von Zangen, a. a. O., S. 27

erzwangen die Übergabe der restlichen deutschen Verbände. Am Abend waren 52 000 Gefangene gemacht worden, darunter Admiral Scheer und zwölf Generale. Die 7. US-Panzerdivision marschierte mit ersten Teilen bereits zu neuen Aufgaben in den Raum südwestlich von Göttingen. Die 5. US-Infanteriedivision bereitete sich auf Sonderaufgaben entlang des Korpsabschnittes vor.[553]

Generalleutnant Bayerlein beschreibt die letzten Stunden vor der Kapitulation des LIII. Korps im Ostteil des Ruhrkessels wie folgt:

„2.00 Uhr Rückkehr des Parlamentärs mit der Antwort der 7. US-Panzerdivision: ‚Kapitulationsangebot angenommen'. Chef des Stabes der Division wird 7.00 Uhr auf dem Gefechtsstand des Korps erscheinen und alles Weitere vereinbaren.

3.00 Uhr hörte das schwere feindliche Artilleriefeuer auf, jeder Kampflärm verstummt, die Waffenruhe war eingetreten.

7.00 Uhr erscheint der Chef des Stabes der 7. US-Panzerdivision und gibt Weisungen über Sammelräume der Truppen, Abgabe von Waffen und Munition, Verpflegung der Gefangenen. Da Iserlohn zunächst in die Kapitulation nicht mit eingeschlossen war, wurde ein Offizier des Stabes dorthin gesandt mit der Weisung, sich der Kapitulation anzuschließen, was auch gleich geschah.

Der Kommandeur der 9. Panzerdivision, Oberst Zollenkopf, bisher dem LXXIV. Korps unterstellt, trifft ein, da er gehört hatte, daß US-Offiziere auf dem Gefechtsstand des LIII. Korps seien. Oberst Zollenkopf wurde veranlaßt, sich mit seiner Division der Kapitulation des LIII. Korps anzuschließen. Er tat dies sofort.

11.00 Uhr: Nachdem alle Befehle zur Durchführung der Waffenstreckung gegeben waren, wurden alle Generale und Generalstabsoffiziere des Korps und der unterstellten Division geschlossen vom Chef des Stabes der 7. US-Panzerdivision zum Gefechtsstand dieser Division geführt. Es waren:

Generalleutnant Bayerlein, o h n e Chef des Stabes und ohne Ia, da beide mit der Kapitulation nicht einverstanden waren und den Gefechtsstand verlassen hatten; Generalmajor von Waldenburg mit Ia Oberstleutnant im Generalstab Guderian; Generalleutnant Hammer mit seinem Ia; Generalmajor Klosterkemper mit seinem Ia; Oberst Zollenkopf, Kommandeur der 9. Panzerdivision mit seinem Ia.

12.30 Uhr Ankunft auf dem Gefechtsstand der 7. US-Panzerdivision östlich von Menden.

Generalleutnant Bayerlein meldet an den Kommandeur der 7. US-Panzerdivision den Umfang der Kapitulation (Kommandeur der 7. US-Panzerdivision war General Hasbrook): 30 000 Mann, mit den nicht genau bekannten Teilen rückwärtiger Truppen, wahrscheinlich noch wesentlich mehr; 40 Geschütze; 30 einsatzbereite Panzer, 100 beschädigte Panzer, mehrere 1 000 Kraftfahrzeuge.

Am Nachmittag wurden alle Generale und Generalstabsoffiziere in das Sammellager Brilon gebracht, während Generalleutnant Bayerlein und Generalmajor von Waldenburg zum Gefechtsstand der 1. US-Armee weiterfuhren. Dort wurde Generalleutnant Bayerlein vom Ic (G2) der Armee, Oberst Dixon, verhört. Generalleutnant Bayerlein hatte der 1. US-Armee des Generals Hodges schon viele Monate gegenübergestanden: in Nordafrika (Tunesien), in der Normandie, Nordfrankreich, Ardennen-Offensive, Rheinland, Remagen-Brückenkopf und schließlich im Ruhrkessel.

---

553 First United States Army (wie Anmerkung 314)

Daher war er der 1. US-Armee genau bekannt. Oberst Dixon sicherte Generalleutnant Bayerlein zu, daß die sensationelle Kapitulation des Korps Bayerlein zunächst nicht im Rundfunk bekanntgegeben werde, um die Familienangehörigen vor der vom Oberkommando der Wehrmacht für die Angehörigen eines Kapitulierenden festgesetzten Sippenhaftung zu bewahren.

Oberst Dixon betonte Generalleutnant Bayerlein gegenüber, die Kapitulation des Korps sei von besonderer Bedeutung, da sie die erste von größerem Ausmaße sei und die erste, bei der ein höherer Truppenführer an der Spitze seiner Truppen und mit denselben die Waffen niederlege. Viele Menschenleben auf beiden Seiten und deutsches Gut seien durch die rechtzeitige Kapitulation gerettet worden."[554]

Wie es bei der 116. Panzerdivision in den letzten Stunden vor der Kapitulation aussah, schildert nochmals der damalige erste Generalstabsoffizier Oberstleutnant Heinz G. Guderian:

„In der Nacht vom 15. auf den 16. April wurde vom Korps nach Rücksprache mit dem Divisionskommandeur, der zum Korpsgefechtsstand bestellt worden war, die Kapitulation befohlen. Während der Nacht noch lag der ganze Raum der Division unter schwerem feindlichen Artilleriefeuer, das mit Hellwerden aufgrund der Vereinbarungen des Korps mit der 7. amerikanischen Panzerdivision eingestellt wurde. Von seiten der Division wurde ebenfalls mit Hellwerden ein Parlamentär zu den bis auf 500 Meter an den Divisionsgefechtsstand herangekommenen Panzern der 7. amerikanischen Panzerdivision geschickt.

So endete der Kampf der 116. Panzerdivision nach Ausfall aller Panzer, nach Verschuß aller Artilleriemunition, nach Aufreibung der Panzergrenadiere und nachdem ein Ausbruch geschlossen oder auch in kleineren Gruppen infolge der Entwicklung der großen Lage unmöglich geworden war, mit einer ehrenvollen Kapitulation."[555]

An die Kapitulation erinnern sich auch einige Kommandeure der 116. Panzerdivision in besonderer Weise. Major Fritz Vogelsang, damals Artilleriekommandeur, schreibt u. a.:

„Am 15. April war die letzte Munition verschossen. Am 16. April erfolgte die Kapitulation. Erste Sammelplätze für die Gefangenen waren Sümmern und Brilon."

Major Tebbe, Führer der Panzer-Abteilung, erinnert sich:

„Im Raume Erwitte-Schmerlecke hatte ich einen zivilen Horch 8 übernommen (Pkw). Mit dem fuhr ich dann ‚vornehm' bei Menden auf die Kapitulationswiese. Mein Fahrer, Leutnant Vettermann, in weißen Handschuhen. Dieses ist auch von den Amerikanern gefilmt worden."[555a]

Über den weiteren Verlauf seines Einsatzes bis zur Kapitulation weiß Hauptmann Koenigsbeck, 9. Batterie/Panzerartillerieregiment 146, noch folgendes zu berichten:

»Der Weg führte die 9. Batterie nördlich vom Möhnesee vorbei über Neheim-Hüsten, Vosswinkel, Menden in Richtung Hemer. Hier erhielten wir noch einen Feuerbefehl, in dem ein Feuerschlag auf das inzwischen vom Amerikaner besetzte Menden angeordnet wurde. Mein Rechentruppführer hatte ein gutes Kartenmaterial

---

554 Bayerlein, a. a. O., S. 11 ff.

555 Guderian, a. a. O., S. 19

555a Auszüge aus Briefen der ehemaligen Kommandeure in der 116. Panzerdivision an den Verfasser anläßlich mehrfacher Befragungen

und ein noch besseres Gefühl und eine recht gute Ausbildung. So wurde der ‚Feuerschlag' ordnungsgemäß auf eine Wiese am Stadtrand gelegt, so daß keinerlei Schaden durch diesen irrsinnigen Befehl angerichtet wurde. Zum Glück wurde dieses nicht von einem Menschen beobachtet, der hierin eine Sabotage gesehen hätte, sonst wäre zumindest der Rechentruppführer sofort von einem Standgericht ohne langen Prozeß erschossen worden. Am Morgen des 16. April 1945 kam der Befehl:

„Um 9.00 Uhr (oder war es 8.00 Uhr?) ist Waffenstillstand! Bis dahin ist sämtliche Munition auf lohnende Ziele zu verschießen!" — Den Wahnsinn dieses Befehls hatten meine Dienstgrade und Soldaten sofort erkannt. Nach einer Viertelstunde bekam ich folgende Meldung des Batterieoffiziers: „Munition verschossen, Rohre leer!" Auf meine etwas wütende Nachfrage: „Wohin?" erhielt ich die Antwort: „In den Teich des Bauernhofes, auf dem die Geschütze stehen, haben wir alle Munition sorgfältig versenkt." Eine Antwort, die mich zutiefst zufriedenstellte!«[555b]

Hauptmann Werner Adam, II./Panzerregiment 16, erinnert sich an die letzten Tage: „Am 15. April, also einen Tag vor der Kapitulation, waren noch ganze zwei Panzer V und vier Panzer IV einsatzbereit. Auf der Strecke von Wickede nach Menden konnten wir noch zehn Feindpanzer abschießen. Nach diesem Gefecht wurde Waffenruhe befohlen und die Kapitulation eingeleitet. Wir vernichteten unsere Kampfpanzer mit Tränen in den Augen in einem Waldstück bei Iserlohn-Letmathe und gingen am 16. April in amerikanische Gefangenschaft. Ich ging hundemüde und deprimiert in Gefangenschaft, die anfangs genauso ruhelos war, wie die Kampfwochen vorher gewesen waren."[555c]

Oberstleutnant Stephan, der Kommandeur des Panzergrenadierregiments 60, ließ seine letzten Männer antreten und verabschiedete sich auch von ihnen und schreibt u. a.:

„Wie vereinbart, setzte sich das Regiment am 15. April auf die Höhen ostwärts von Iserlohn — der letzten Widerstandslinie — ab. Von der Division war der Befehl gekommen, im Laufe des 16. April den Kampf einzustellen. Am frühen Sonntag-

---

DER WEHRMACHTSBERICHT MELDET:

*16. April 1945 „. . . Bei der Heeresgruppe B verschärft sich die Lage schnell weiter. Der Gegner hat nunmehr die Kräfte aufgespalten. Ostwärts ein kleinerer Kessel mit dem Armeeoberkommando 15, der von Süden und Osten angegriffen wurde, und ein größerer, westlicher Kessel mit dem Panzerarmeeoberkommando 5, der gleichfalls von Süden und Osten angegriffen wurde. An der Rheinfront noch Ruhe . . ."*

---

morgen des 15. April versammelte ich die Reste des Regiments auf dem Vorplatz des Eingangs zur Dechenhöhle, dicht westlich von Iserlohn. Die Kampffahrzeuge wurden aufgefahren, die Verschlüsse der Waffen entnommen. Ich hatte Befehl gegeben, keine Kraftfahrzeuge zu zerstören, um diese für den Frieden einsatzbereit zu halten. So stand das Regiment, ein kleines verlorenes Häuflein, angetreten zum letzten Appell vor mir; ein sonnenheller Frühlingsmorgen, die Bäume blühten, Wehmut erfüllte die Gemüter.

[555b] Brief des ehemaligen Hauptmanns Wolfgang Koenigsbeck an den Verfasser aufgrund mehrfacher Anfragen im Juni 1983

[555c] Brief des ehemaligen Hauptmanns Werner Adam an den Verfasser vom 17. Juni 1983. Weitere Erinnerungen von Hauptmann Adam im Anhang, Anlage 21

In einer kurzen Ansprache sagte ich: ‚Kameraden, der Krieg ist zu Ende. Der Lorbeer des Sieges war uns nicht vergönnt. Getreu eurem geleisteten Eid habt ihr all die schweren Jahre des Krieges eure Pflicht für Deutschland erfüllt. Viele Kameraden haben diese Treue mit dem Leben bezahlt. In dieser Stunde gedenken wir unserer lieben gefallenen Kameraden, die draußen auf dem Schlachtfeld geblieben sind und nun nicht nach vollbrachter Arbeit nach Hause gehen können. Das Schicksal hat es gewollt, daß für einige von euch der Krieg dort zu Ende geht, wo ihr 1939 in den verhängnisvollen Krieg gezogen seid. Wir gehen jetzt auseinander, ich danke euch für eure Tapferkeit und Treue. Versucht, dem Schicksal einer Gefangenschaft zu entgehen. Deutschland braucht euch mehr denn je in der tiefsten Stunde seiner Demütigung.'"[556]

An das Ende im Kessel erinnert sich auch der damalige Funktruppführer Ernst Hellmich noch genau. Von Ihmert bei Altena hatte der Funktrupp nach Kalthof bei Schwerte zurückverlegt. In einem Walde war dort auch die Funkzentrale untergebracht. Hellmich erinnert sich noch an eine riesige deutsche Artilleriekonzentration, deren Rohre nach Osten gerichtet waren. Es kam dann später noch zu einem ziemlich starken Artillerieduell zwischen den deutschen und amerikanischen Batterien, das auch die Nacht hindurch andauerte. Dabei gab es in der Funkgruppe noch zwei Gefallene. Am anderen Morgen kapitulierte auch der Funktrupp, nachdem er noch einen Funkspruch an einen anderen Trupp der Division im Harz, mit dem man noch Verbindung hatte, abgesetzt hatte. Hellmich hörte in diesen letzten Stunden auch von einer Parole, nach der es gegen die Russen weitergehen sollte.[556a]

Der Kommandeur der Division, Generalmajor Siegfried von Waldenburg, schreibt über die Kapitulation seiner Division u. a.:

„Am 15. April erlahmte der Widerstand der Division. Die gesamte Artilleriemunition war bis zur letzten Granate verschossen, der letzte Panzer im Kampf ausgefallen; die verbliebenen Reste waren auf engstem Raum zusammengedrängt. Angesichts dieser Lage meldete ich am Nachmittag dieses Tages General Bayerlein auf meinem Gefechtsstand, daß jede Fortsetzung des Widerstandes nicht mehr möglich und sinnlos sei und die kampfunfähigen Reste der Division den Kampf einstellen würden. In der Nacht vom 15. zum 16. April wurde nach Rücksprache auf dem Korpsgefechtsstand mit allen Divisionskommandeuren die Kapitulation durch das Korps befohlen. Am 16. April morgens führte ich im Auftrage des Korps die ersten Verhandlungen mit dem Chef des Stabes der 7. amerikanischen Panzerdivision, nachdem ich vorher durch einen Ordonnanzoffizier meines Stabes um Einstellung des feindlichen Feuers, das nicht mehr erwidert werden konnte, gebeten hatte. Ich brachte sodann den Chef des Stabes der 7. amerikanischen Panzerdivision auf den Gefechtsstand von General Bayerlein, der die weiteren Verhandlungen führte. Gleichzeitig übergab ich den Amerikanern einige gefangene amerikanische Offiziere — darunter einen Oberst —, die gebeten hatten, nicht in ein Gefangenenlager zu kommen, sondern bei der 116. Panzerdivision verbleiben zu können. Zur gleichen Zeit legten die Reste meiner Division die Waffen nieder. Die noch vorhandenen Geschütze, schweren Waffen usw. wurden gesprengt.

---

556 Brief des ehemaligen Oberstleutnants Eberhard Stephan an den Verfasser

556a Dem Verfasser mitgeteilt von dem heute 64jährigen Amtsgerichtsdirektor Ernst Hellmich in Erwitte.

Dem Kommandeur des Panzergrenadierregiments 156 — als nächstältestem Offizier der Division — gab ich die letzten Befehle für das Sammeln, Versorgen und Verhalten aller mir unterstellten Truppen. Ich selbst wurde über die 7. amerikanische Panzerdivision zur uns gegenüberliegenden amerikanischen Armee nach Bad Wildungen gebracht. Dort wurde mir durch den Ic der Armee folgendes erklärt, und mit diesem Urteil unseres ehemaligen Gegners schließe ich meine Berichte über die 116. Panzerdivision ab. Er sagte: ‚Die uns seit langem bekannte und sehr geachtete 116. Panzerdivision hat immer heldenhaft, sehr hart, aber fair und bis zum letzten Augenblick ehrenvoll gekämpft.'"[557]

Die letzten Stunden der 3. Panzergrenadierdivision werden von Gerhard Dieckhoff in der Divisionsgeschichte wie folgt beschrieben:

„Inzwischen hat die Heeresgruppe am 14. April den Befehl herausgegeben, am 17. April den Widerstand aufzugeben. Sie tut das, um den Zeitpunkt der Waffenstreckung nicht den untergeordneten Verbänden zu überlassen; den 17. April hat sie festgesetzt, weil nur noch bis zu diesem Tage Munition und Lebensmittel in den Kesseln vorhanden sind.

Die Division hat demgemäß ihre Einheiten aufgeteilt und in verschiedenen Orten versammelt. Bei den Kompanien befinden sich jeweils die Einheitsführer. So haben sich die Panzerjäger-Abteilung und Panzer-Abteilung am 14. April in einer Offiziersversammlung aufgelöst. Anschließend gehen die Kompanieführer zu ihren Einheiten, um sie im Augenblick des Überrollens aufzulösen. Der Befehl, sich außerhalb des Kessels zu weiterem Kampfe zu melden, ist utopisch, da der Gegner Truppen genug hat, nicht nur die Straßen zu kontrollieren, sondern ebenfalls das Waldgelände zu durchsuchen, wobei auch Fremdarbeiter eingesetzt sind.

Nach einem Befehl des Wehrmachtsführungsstabes an die Heeresgruppe hätte sich der Ostkessel zum Westkessel durchschlagen sollen. Dieser Befehl wird aber wegen seiner Aussichtslosigkeit nicht zur Kenntnis genommen. Denn der Gegner hat am 15. April nicht nur die Verbindung zwischen seiner 1. und 9. Armee bei Hagen nach Westen und Osten verbreitert, sondern auch bereits Letmathe besetzt.

Am 16. April übergibt der Kommandeur des LIII. Armeekorps, General Bayerlein, nach einstündiger Waffenruhe den Kessel Iserlohn, d. h. den östlichen Kessel. Gleichzeitig führt auch der Divisions-Kommandeur mit der 99. US-Infanteriedivision Verhandlungen und übergibt die ‚Division'.

Die Waffen sind, als die Amerikaner auftauchen, gesprengt. Die Motore werden durch Ausbauen von Teilen unbrauchbar gemacht. Munition und Kraftstoff sind nicht mehr vorhanden.

Das I./Panzergrenadierregiment 29 (Major Türke) ist in diesem Augenblick noch 75 Mann stark, ähnlich die anderen Bataillone. Die Panzer-Abteilung hatte zuletzt noch ein Sturmgeschütz (Leutnant Sichelschmidt).

Die Division ist auch in den Tagen seit Küstelberg, da sich das Ende des Krieges klar abzeichnet, ein geordneter Verband. Das Kriegsgericht braucht keine Urteile wegen Fahnenflucht zu fällen."[557a]

---

557 Guderian, a. a. O., MS Nr. B-713, Anhang des Generalmajors von Waldenburg. Anmerkung des Verfassers: Oberstleutnant Guderian gibt in der Studie die personelle Stärke der kapitulierenden Teile der 116. Panzerdivision mit etwa 3 000 Mann an. Die aus dem Ruhrkessel abgeschobenen Teile der Division kämpften im Harz und an der Saale unter fremder Führung weiter, bis auch diese dort in amerikanische Gefangenschaft gerieten.

557a Dieckhoff, a. a. O., S. 407

Aber noch eine andere Kapitulation besonderer Art gab es in Iserlohn, als die Männer einer Kompanie der schweren Jagdtiger-Abteilung 512 unter Hauptmann Albert Ernst ihre schweren Jagdtiger aufgaben. Karl Peukert hat dieses Ereignis bereits 1965 in seiner Broschüre „Die Amis kommen" wie folgt beschrieben:

„Daß die Amerikaner nach der Einnahme von Kesbern am 15. April nicht lange nach versprengten deutschen Soldaten suchen, liegt daran, daß sie noch am selben Tag die letzte größere Stadt im östlichen Teilkessel, Iserlohn, einnehmen wollen. Sie kommen zwar bis an den Stadtrand, setzen den Angriff aber nicht fort. Eine Handvoll Jagdtiger-Panzer der Tiger-Abteilung 512, die schon am Tage davor bei Hemer den Vormarsch der Angreifer verzögert hat, flößt nun auch am Rande Iserlohns den Amis Respekt ein.

In der Stadt selbst herrscht schreckliches Durcheinander. Beim Kampfkommandanten General Büchs in der Flakkaserne hält sich auch Generalleutnant Bayerlein auf, der die Sinnlosigkeit weiterer Kämpfe einsieht.

Der Kampfkommandant schwankt. Er weiß, daß Widerstand schwere Gefahren für die Bevölkerung heraufbeschwören kann, und neigt zur Kapitulation. Aber er kennt auch den Befehl, der seit dem Fall Königsberg jeden Kommandanten mit dem Standgericht oder mit Rache an der Familie durch Sippenhaft bedroht. Und er hat einen Sohn als Major an der Front vor Berlin. In diesem Dilemma kann der General nur eines tun: nichts.

Außerdem sind noch die Jagdtiger am Stadtrand. Der Kompaniechef, Hauptmann Ernst, möchte ebenfalls die Stadt vor der Zerstörung bewahren, verlangt aber für die Kapitulation seiner Einheit — und damit auch der ganzen Stadt — den Befehl eines Generals. So verrinnen die Nachtstunden in lähmender Ungewißheit. Jeder weiß nur eines: Morgen früh greifen die Amis wieder an . . .

Drei Bataillone des zur 99. US-Division gehörenden 394. Infanterieregiments stehen zum letzten Stoß bereit. US-Generalmajor Walther E. Lauer, der Divisionskommandeur, erinnert sich:

Am Montag, dem 16. April, wurde der Angriff auf Iserlohn von 6.00 bis 8.30 Uhr durchgeführt. Dann befahl ich Waffenruhe bis zum Mittag, um abzuwarten, ob sich alle Truppen ergeben würden. Verschiedene Resteinheiten der Deutschen kapitulierten, aber eine kleine Gruppe Unentwegter wollte den hoffnungslosen Kampf noch fortsetzen. Einem tapferen Verband unter dem Befehl von Hauptmann Ernst wurde gestattet, im Stadtkern eine förmliche Übergabe zu vollziehen. Der Offizier ließ seine Panzer vor dem Rathaus auffahren und meldete nach einer kurzen Ansprache an seine Männer dem Kommandeur des II. Bataillons, Oberstleutnant Robert L. Kriz, die Kapitulation. Ich beobachtete den Vorgang von meinem Jeep aus. Etwa tausend Zivilisten, meist Frauen und Kinder, sahen zu."[558]

Wie sich die Ereignisse im Raume Hemer-Iserlohn im einzelnen abspielten, hat Albert Ernst in späteren Aufzeichnungen festgehalten:[558a]

---

558 Peukert, Die Amis kommen, S. 56–58.

558a Anmerkung des Verfassers: Der nachstehende Bericht wurde aus der Erinnerung heraus mehrere Jahre nach Kriegsende geschrieben und findet nicht die einhellige Zustimmung noch lebender Zeitzeugen. Die Kapitulation der Kompanie Ernst wird aber in der Geschichte der 99. US-Infanteriedivision erwähnt. Albert Ernst ist heute noch mit Oberstleutnant Robert L. Kriz befreundet.

## ÜBERGABE DES ISERLOHNER BEZIRKS

### HEMER

»Die letzten Tage dieses Krieges führten mich als Kompaniechef mit meiner Panzerkompanie, der Jagdtiger-Abteilung 512, in den Iserlohner Bezirk. Ich führte unsere neuesten Panzer (Jagdtiger, Gewicht ca. 72 t).

Am 13. April 1945 erhalte ich Befehl, die Stadt Hemer unbedingt für 24 Stunden mitzuhalten. Ich ziehe meine Panzer aus Menden auf Hemer zurück und lasse aus Hagen einige Panzer zur Verstärkung anrollen. Eine Panzerdivision ist im Abschnitt Hemer eingesetzt. Der 13. April verlief ruhig. Bei Feindberührung am 14. April beginnt das Chaos. Bestimmte Soldaten verlangen Widerstand bis zum letzten, andere werfen die Waffen weg, einige ziehen sich auf neue Widerstandslinien zurück. Viele Truppenführer entziehen sich der Verantwortung, indem sie sich von ihrem Schicksal treiben lassen und weder zu diesem noch zu jenem entscheidend Stellung nehmen. Andere bestimmen Vertreter und entschlüpfen heimlich der Uniform oder melden sich bei rückwärtigen Stäben, um ihr Leben, wie es so schön hieß, dem Führer zu erhalten. Als die ersten Granaten die unzerstörte Stadt Hemer erreichen, versuche ich vergeblich, mit dem Ortskommandanten und mit den dort untergebrachten Stäben Verbindung aufzunehmen, um in dieser neuen Situation zu handeln. Hinzu kommt noch, daß die russischen Gefangenen, die im Gefangenenlager sind und von Landesschützen bewacht wurden, rebellierten.

In dieser neu geschaffenen Lage übernehme ich den Oberbefehl und die Verantwortung für Hemer. Meine Maßnahmen wurden wie folgt durchgeführt:

1. Funkspruch an den Oberbefehlshaber, der nicht beantwortet wurde: „Bitte Hemer als Lazarettstadt übergeben! Kampfwert der deutschen Truppen ist null und nichtig. Hemer ist unzerstört. 30000 Russen sind ohne Bewachung im Lager."
2. Dieser vorstehende Befehl wird gleichzeitig durch Kradmelder schriftlich überbracht.
3. Ein Sanitätsoffizier, der sich mir zur Verfügung stellt, fährt als Parlamentär in die amerikanischen Linien, erwirkt Waffenruhe und führt amerikanische Parlamentäre zu weiteren Verhandlungen zu mir.

Während der Verhandlungen, die ich mit den Amerikanern in Niederhemer führe, kehrt der Kradmelder mit dem Führerbefehl zurück: „... Wer Städte ohne die Genehmigung von Keitel usw. übergibt, haftet mit seinem Leben und dem Leben seiner Sippe ... siehe Königsberger Urteil ..." (General Lasch).

Ergebnis unserer Verhandlung:

1. Die Amerikaner übernehmen sofort den Bezirk Hemer-Westig.
2. Die in diesem Raum eingesetzten Truppen werden sofort entwaffnet und begeben sich in Gefangenschaft.
3. Meine Kompanie erhält freien Abzug auf Iserlohn.
4. Auf meine persönliche Bitte hin wird ein amerikanischer Offizier als Parlamentär in Begleitung meines Kompanie-Truppführers Oberfeldwebel Bogut zum Oberbefehlshaber und zum Kommandanten nach Iserlohn entsandt, der die Übergabe des gesamten Kessels mit der Stadt Iserlohn fordert. Der Parlamentär wird von den deutschen Dienststellen abgewiesen.

Nach Rückkehr des Parlamentärs fahre ich gegen Abend mit meiner Kompanie nach Iserlohn. Ein amerikanischer Offizier begleitet mich durch die amerikanischen

Linien und gibt mir weitere 30 Minuten Waffenruhe. Auf der Höhe der Hemer Hardt durchfahren wir die neue deutsche Widerstandslinie. Meine Panzer bleiben außerhalb der Stadt (Richtung Iserlohn — Hemer, Iserlohn — Westig). Am selben Tag fällt die Stadt Hagen. Meine dort eingesetzten Panzer erhalten von mir Befehl, sich über Hohenlimburg auf Letmathe abzusetzen.

Nach Ablauf der Waffenruhe belegt der Amerikaner das Gebiet der Iserlohner Heide mit starken Feuerüberfällen. Die Stäbe, die hier noch ihr ruhiges Quartier haben, werden sehr nervös. Ich melde mich dort beim Oberbefehlshaber und erstatte Meldung, was ich getan habe. Der Oberbefehlshaber bestätigt mir, was ich menschlich getan habe, sei richtig, jedoch bekomme ich später die Verantwortung. Ich erhalte Befehl, mich unverzüglich beim Kommandanten General Büchs in Iserlohn zu melden.

ISERLOHN

In derselben Nacht melde ich mich beim Stadtkommandanten von Iserlohn, der seinen Stab im Casino der Flak-Kaserne untergebracht hat. Anwesend sind Offiziere aller Waffengattungen. Nach der Lageschilderung kommt der Befehl: „Iserlohn wird verteidigt!" Ich bekomme noch einen Sonderauftrag, am frühen Morgen mit meinem Erkundungszug (Panzerspähwagen) Fühlung mit dem Feind zu nehmen. Da man mich im Casino wegen Übergabe der Stadt Hemer sehr argwöhnisch behandelt, ziehe ich vor, die Nacht bei meinen Männern in Letmathe zu verbringen.

Am 15. April 1945 — früh — fahre ich mit meinen Männern die befohlene Erkundung. Überall das gleiche Bild. Einige wollen fanatisch kämpfen, andere sind führerlos, wieder andere gehen nach Hause. Diesen Bericht trage ich dem Stadtkommandanten vor. Er glaubt meinen Worten nicht. Wir fahren erneut Erkundung. Ich komme mit gleichem Bericht zurück. Dem Kommandanten ist die Lage fremd. Er beschuldigt mich und meine Männer der Unzuverlässigkeit. Ich erwidere: „Wenn wir noch solche Männer haben, wie ich sie besitze, dann ist noch nicht alles verloren!" Die Unterhaltung wird erregt von allen Anwesenden diskutiert. Der Kommandant will die Lage nicht wahr haben. Ich gehe nun zum Äußersten und sage: „Herr General, draußen steht mein Spähwagen, steigen Sie selbst ein und überzeugen Sie sich von meinem Bericht!"

Die Lage in der Stadt ist ruhig. Die Bevölkerung sitzt in den Kellern. Dann und wann ein Granateinschlag, der die Stadt erzittern läßt! Ich verlege meinen Gefechtsstand von Letmathe nach Iserlohn. Unter den Fremdarbeitern gärt es. Sie warten auf einen günstigen Augenblick, um zu rebellieren. Waffen und Munition liegen überall umher. Ich erkenne die Lage und fahre erneut zum Kommandanten. Ganz unzweideutig schildere ich die Lage, und zum Schluß unterstreiche ich die Meldung mit den Worten: „Herr General, ich habe nunmehr die feste Überzeugung, daß Sie Ihre Truppen nur noch auf der Karte kennen, bitte übergeben Sie unverzüglich die Stadt!" Erhitzte Gesichter, wildes Gerede! Zu dem anwesenden Offizier-Korps wende ich mich mit aller Kaltblütigkeit: „Meine Herren, Sie sind nicht nur zum Leben geboren, und wir nicht nur zum Sterben, bitte nehmen Sie ein Gewehr, verteidigen Sie die Stadt." Der Kommandant geht aufgeregt im Saal auf und ab. Dann wendet er sich mit folgenden Worten zu mir: „Ich habe eine geheime Sitzung, bitte gehen Sie ins Nebenzimmer!" Ich bitte, an der Sitzung teilnehmen zu dürfen. Der Kommandant lehnt mit den Worten ab: „Sie nicht mehr!" — Im Casino ist es ruhig. Ich sitze in Begleitung von zwei Offizieren in einem Nebenraum. Plötzlich

Oberes Bild: Seitenansicht dieses Panzerfahrzeuges. Mit fast 80 t Gefechtsgewicht, 6 Mann Besatzung, einer 12,8 cm-Kanone und starker Panzerung war dieses das schwerste deutsche Panzerfahrzeug, das noch bei einigen deutschen Einheiten zum Einsatz kam. – Im Ruhrgebiet bei der Jagdtiger-Abteilung 512.



In Netphen bei Siegen blieb dieser deutsche Jagdtiger stehen. Foto: privat

**Kapitulation der Jagdtiger-Kompanie unter Ritterkreuzträger Albert Ernst in Iserlohn. Obere Rei Anfahrt und Aufstellung der Jagdtiger auf dem Schillerplatz. Mittlere Reihe: Antreten der Besatzungen und Meldung durch Kompaniechef Ernst an US-Oberstleutnant Robert L. Kriz (99. Division). Bilder links: Die Übergabe wurde auch für die Amerikaner gefilmt. Unteres Bild rechts: Kompaniechef Albert Ernst und Oberfeldwebel Boghut**

Zahlreiche Zuschauer sind Zeugen der Kapitulation der 1. Kompanie/ Jagdtiger-Abteilung 512 auf dem Schillerplatz in Iserlohn.

Sie führten die Kompanien der Jagdtiger-Abteilung 512 im Ruhrkessel:

Ritterkreuzträger Albert Ernst führte die 1. Kompanie

Eichenlaubträger Otto Carius führte die 2. Kompanie

Fotos: US-Army und privat

Ein amerikanischer Kameramann filmt den Durchzug einer pferdebespannten deutschen Kolonne in Kalthof bei Schwerte: 16. April 1945.



Eine Sammelstelle für gefangene deutsche Soldaten zwischen Volmershausen und Gummersbach an der heutigen B 55.
Fotos: US-Army

Eine Gruppe von 7000 deutschen Soldaten, die bei Iserlohn im Bereich der 7. US-Panzerdivision kapitulierten, wartet auf ihren Abtransport.

Eine andere Gruppe deutscher Soldaten kapituliert vor der 7. US-Panzerdivision in Sümmern bei Iserlohn und wartet auf den Abtransport: 16. April 1945.



Ein Teil der 10 000 im Bereich der 99. US-Infanteriedivision aufgegriffenen deutschen Truppen wird in ein Sammellager gebracht: 16. April 1945.

Fotos: US-Army

Bilder oben, von links nach rechts:

General der Artillerie Eduard Crasemann führte das XII. SS-Korps im Ruhrkessel.

Generalleutnant Gerhard Engel führte bis zum 10. April die 12. Infanteriedivision im Raum Olpe.

Der Kommandierende General des III. Flakkorps Generalleutnant Heino von Rantzau.

Bild links:
Generalmajor Friedrich Römer, Kommandeur der 22. Flakdivision, verläßt mit Offizieren der 89. US-Infanteriedivision sein Stabsquartier in Iserlohn und geht mit weiteren 6000 Mann in Gefangenschaft.

Auf dem Gefechtsstand des LXVII. Korps in Altwied am 12. März 1945, von links nach rechts: Oberstleutnant Warning, Generalleutnant Höcker, Feldmarschall Model, Oberst Pilling, General Lucht, General Hitzfeld, Generalmajor Tolsdorf

Fotos: US-Army und privat.

Nordöstlich von Brilon hatte die 1. US-Armee ein provisorisches Sammellager auf freiem Felde für rund 55 000 deutsche Kriegsgefangene eingerichtet: 19. April 1945.

erhebe ich mich und wende mich zum Major: „Herr Major, melden Sie bitte dem Herrn General, daß ich in zwei Stunden hier wieder erscheine!" „Sie dürfen nicht gehen", erwidert der Major. „Herr Major, ich gehe, die Dinge in der Stadt erwarten von mir etwas anderes, als auf Konferenzen zu warten."

Termingemäß erscheine ich nach zwei Stunden im Casino. Zu meinem persönlichen Schutz habe ich zwei weitere Panzerspähwagen mitgebracht. Die Lage ist hier ganz verändert. Das Casino ist fast leer. Einige alte Stabsoffiziere erklären mir, daß der Kommandant mich bereits sucht, um mit mir die Lage zu besichtigen. — Es war gelogen. — Er soll sich unten in der Stadt befinden. Ich donnere durch die Stadt, nirgends hat man einen General oder einen Stab gesehen. Nochmals fahre ich ins Casino, der General mit seinem Stab ist nicht anwesend. Die Dunkelheit senkt sich über Iserlohn. Die alten zurückgebliebenen Stabsoffiziere befürchten, daß der General in Gefangenschaft geraten sein könnte, und streiten sich, wer der neue Kommandant ist. Ich erkläre ihnen kurz: Iserlohn wird übergeben.

Gegen Mitternacht erreiche ich mein Quartier. Meine altbewährten, in vielen Schlachten erprobten Panzerkommandanten lasse ich rufen. Es erfolgt die Lagebesprechung. Nüchtern und klar, der Wahrheit entsprechend, schildere ich die Lage. Die Stellungnahme meiner Männer ist wie folgt: Wir gehen nach Hause, wir schlagen uns durch, wir bleiben bei der Bevölkerung. Bestimmen Sie, was werden soll. Sachlich und bestimmend gebe ich etwa im folgenden meinen Entschluß bekannt: „Das Chaos wird nach dem Bekanntwerden der Flucht der verantwortlichen Offiziere unausbleiblich sein. Jeder wird jeden erschießen. Ich habe den festen Willen, morgen früh bei Tagesanbruch persönlich in die amerikanischen Linien zu fahren, um dort um Waffenruhe zu bitten, anschließend einen verantwortlichen General zu holen, der dann den Kessel übergibt. Notfalls werde ich diesen Schritt selbst unternehmen. Da ich nun von Übergabe spreche, hat nach altem Waffengesetz jeder von euch das Recht, die Führung an sich zu reißen. Ich bin dann dessen Gefangener. Er ist für das Kommende allein verantwortlich." Tiefbewegt, solche Worte aus dem Munde ihres Kompaniechefs zu hören, erheben sich meine altbewährten Recken, geben mir die Hand und sagen einstimmig: „Wer uns sechs Jahre geführt hat, wird uns auch die letzten sechs Stunden führen." Meine Befehle und Anordnungen, die von meinen Männern restlos durchgeführt werden, sind folgende:

Alle Männer bleiben auf ihren Posten. Dem Kampf wird schrittweise ausgewichen. Spähwagen und Spähtrupps patrouillieren ununterbrochen durch die Stadt, um Ruhe und Ordnung aufrechtzuerhalten. Der Bürgermeister ist zu mir zu schaffen (wurde nicht aufgefunden). Verbindung mit anderen Truppen wird aufrechterhalten. In Letmathe wird bei Feindberührung der Kampf unverzüglich eingestellt. Der Funktruppführer setzt alle 20 Minuten folgenden Funkspruch blind ab:

„Lage in Iserlohn hoffnungslos; versuche, bis früh durchzustehen; beabsichtige, Stadt zu übergeben; erbitte weitere Befehle!"

Der 16. April 1945, ein warmer Frühlingstag, wendet das Schicksal der Stadt. Meine Männer haben meinen Spähwagen mit weißen Tüchern bedeckt. Ich besteige den Wagen und setze mich außerhalb auf das Vorderteil des Wagens. Mein treuer Kompanie-Truppführer ist mein Begleiter. Ich erreiche die amerikanischen Linien und werde zum Divisions-Kommandeur in der Nähe des Seilersees geführt. Dieser ist mit den Angriffsvorbereitungen auf Iserlohn stark beschäftigt. Er fragt, was ich will. Ich erkläre ihm, daß ich als Parlamentär aus der Stadt komme und um Waf-

fenruhe bitte. Der Kommandeur lehnt ab, weil man sein Angebot von Hemer aus abgeschlagen hat. Man will mich in Gefangenschaft führen. Entrüstet nehme ich hiergegen Stellung und frage, ob er es auf sein Gewissen nehmen will, einen wehrlosen deutschen Offizier, der zu ihm als Parlamentär kommt, in Gefangenschaft abzuführen. Der Kommandeur wechselt mit mir die Blicke, dann fragt er: „Sind Sie Herr Ernst?" Ich antworte: „Jawohl, der bin ich." „Gut, Ihnen gebe ich die Waffenruhe." Formalitäten erfolgen. Ich muß mich bis zum Schillerplatz zurückziehen. Die Waffenruhe tritt sofort in Kraft. Ablauf der Waffenruhe: 12.00 Uhr. Letzte Verhandlung 11.30 Uhr im Rathausgebäude. Ich verpflichte mich, einen General zu holen, der den Kessel übergibt. Bekomme Freifahrt auch außerhalb des Kessels. Der amerikanische Oberst schickt Sanitätspersonal, um unsere Verwundeten zu verbinden. Bei allen noch kämpfenden Einheiten lasse ich sofort die Waffenruhe verkünden. Mein Weg führt mich zum Oberbefehlshaber[558b] in die Iserlohner Heide. Er ist bereits ein Gefangener. Es erfolgt ein kurzer Wortwechsel: „Was macht Iserlohn?" fragt der Oberbefehlshaber. „Iserlohn steht!" ist meine Antwort. „Ich bitte um Befehl." „Ich habe Ihnen keine Befehle mehr zu geben, ich bin ein gefangener General!" „So werde ich unverzüglich die Stadt Iserlohn selbst übergeben!" „Tun Sie es bitte!"

In der Zwischenzeit hat mein Stellvertreter (Leutnant Rondorf) zu der geplanten Übergabeverhandlung sich um einen Dolmetscher bemüht und wartet vor meinem Quartier auf mich. Leutnant Rondorf, mein Kompanie-Truppführer und der Dolmetscher, ein verwundeter Offizier, der am Stock geht, fahren zum Rathaus. Der amerikanische Divisions-Kommandeur ist mit seinem Stab bereits anwesend. Einige Herren der Bürgerschaft, ein Polizeimajor und einige Polizeibeamte stehen abseits. Wir wechseln keine Worte, denn ich weiß, das Kommende trage ich allein.

Die Übergabeverhandlung beginnt:

Wir nehmen Platz am Konferenztisch. Mir gegenüber, an der Stirnseite des Tisches, sitzt der amerikanische Divisions-Kommandeur. An der Längsseite sitzen die Dolmetscher. Links neben mir steht mein Kompanie-Offizier, rechts von mir mein Kompanie-Truppführer. Ich lasse durch meinen Dolmetscher übersetzen, daß der verantwortliche General der Stadt geflohen und der Oberbefehlshaber des Kessels bereits in Gefangenschaft ist. Man befragt mich, ob ich der Kommandant der Stadt sei. Das muß ich verneinen und erkläre, daß ich die Führung an mich gerissen habe und somit auch bereit sei, die Verantwortung zu tragen. Man fragt mich nach der Kampfstärke. Die Zahl kann ich nicht angeben, schätze sie aber auf etwa 20 000 Mann. Im weiteren Verlauf treten folgende Punkte besonders hervor:

1. Die Stadt Iserlohn hat kapituliert.
2. Alle Soldaten, außer meiner Einheit, legen sofort die Waffen nieder und gehen in Gefangenschaft.

---

[558b] Anmerkung des Verfassers: Mit Oberbefehlshaber ist hier der Kommandeur des LIII. Korps, Generalleutnant Bayerlein, gemeint. Albert Ernst äußerte gegenüber dem Verfasser, daß er General Bayerlein zweimal aufgesucht habe. Dieser konnte ihm aber keine Befehle mehr erteilen, da er sich bereits als Gefangener der Amerikaner betrachtete. Das Ganze müßte sich unmittelbar vor der Kapitulation des Korpsstabes des Generalleutnants Bayerlein abgespielt haben.

3. Zur Beruhigung und zum Schutz der Bevölkerung gegen Übergriffe bleibe ich mit meiner Einheit unter Waffen, bis die amerikanischen Truppen die Stadt restlos übernommen haben (Aufmarschgebiet für meine Einheit: Bahnhofstraße, Rathausplatz).
4. Nach Übernahme der Stadt soll ich mich mit meiner Einheit öffentlich in Ehren auf dem Schillerplatz ergeben.

Wir erheben uns von den Plätzen. Ich gebe mein Wort, daß ich zu dem Vertrag stehe. Die Übergabeverhandlung ist beendet. Draußen auf den Straßen verkünden es die Lautsprecher.

Kurz nach 14.00 Uhr erscheint ein Befehlsüberbringer, der mich auffordert, mit meiner Einheit zum Schillerplatz zu kommen. Wir fahren im Trauermarsch die Wermingserstraße entlang und nehmen Aufstellung auf dem Schillerplatz. Dort steht in bester militärischer Haltung zum letzten Male meine Kompanie. Die Bevölkerung hat trotz der großen Ereignisse noch Zeit für uns und nimmt in tiefer Ergriffenheit regen Anteil an unserem Geschick. Soldaten der amerikanischen Wehrmacht müssen Absperrdienste übernehmen. Der amerikanische Divisions-Kommandeur erscheint mit seinem Stab und nimmt uns gegenüber Aufstellung. Ich stehe vor der Front und spreche noch einmal zu meinen Männern: „Meine Kameraden! Über sechs Jahre haben wir zusammen gekämpft, so manche schwere Stunde haben wir gemeinsam getragen. Wenn ich euch stets aufgrund eures Vertrauens mit Erfolg geführt habe, so muß ich euch heute zur Kapitulation führen. Die Kraft unserer Armee ist gebrochen. Was ich tat, habe ich aus dem Triebe des Herzens getan, aus der Vernunft heraus. Ihr seid Soldaten der Ehre, die letzten Kämpfer des Kessels. Seit Tagen löst man sich heimlich hinter unserem Rücken auf und sucht in irgendeiner Form das Weite. Man hat uns betrogen und verlassen. Wenn wir nun heute die Waffen niederlegen und in Gefangenschaft gehen, so nehmen wir eine Gewißheit mit: Die Stadt und der Bezirk Iserlohn stehen. Das Blut seiner Bürger ist nicht geflossen. Meine Kameraden! Ich danke euch für eure Treue und all euren Beistand, den ihr mir stets gegeben habt. — Kompanie stillgestanden! Augen rechts!"

Der amerikanische Kommandeur kommt mit seinem Adjutanten auf mich zu. Ich gehe ihm entgegen und erstatte Meldung. „Herr Oberst, ich melde gehorsamst: Die letzten Kämpfer des Kessels, die Kämpfer von Iserlohn, legen den Kampf in aussichtsloser Lage nieder, ergeben sich dem mächtigen Gegner und bitten um ehrenvolle Behandlung!"

Der Oberst gibt mir die Hand. Ich beuge mich, lege erneut die Hand zum militärischen Gruß an. Die Übergabe ist beendet.

Der Oberst sprach einige Worte der Anerkennung zu mir. Ich habe sie nicht mehr vernommen. Man machte mir das Angebot der sofortigen Freiheit. Ich lehne ab mit der Begründung: Wer sechs Jahre mit seinen Männern einen Weg ging, fürchtet sich nicht vor dem Letzten.«[559]

An der südlichen Front des restlichen Kessels, im Bereich des XVIII. US-Luftlandekorps, festigte die 86. US-Infanteriedivision zunächst ihre erreichten Positio-

---

559 Aus den Aufzeichnungen des ehemaligen Chefs der 1. Kompanie/Jagdtiger-Abteilung 512, Ritterkreuzträger Albert Ernst, die er dem Verfasser freundlicherweise zur Verfügung stellte.

nen, bevor sie weiter vorstieß, um restliche zerstreute Widerstandspunkte der Deutschen zu bereinigen. Im Bereich der 8. US-Infanteriedivision stieß das 121. Regiment, unterstützt vom Kampfkommando R der 13. US-Panzerdivision, zehn Kilometer nach Westen und erreichte Wülfrath, wobei man nur noch auf Straßensperren und andere Blockaden stieß. An der rechten Flanke war gleichzeitig das Kampfkommando B von Hattingen aus vorgestoßen und hatte mit Einheiten des 13. Regiments zugleich den Raum um Velbert erreicht.

Die 78. US-Infanteriedivision griff mit ihren Regimentern bereits um 7.00 Uhr nach Norden an und begegnete dabei nochmals Widerstand im Bereich von Cronenberg. Sie übernahm später Besatzungsaufgaben, da die 8. Division den restlichen Vorstoß übernahm. Das Kampfkommando B der 13. US-Panzerdivision griff nach Norden an und traf noch auf einzelnen Widerstand bei der Besetzung von Mettmann. Das Kampfkommando A bewegte sich etwa fünf Kilometer nördlich und besetzte den Bereich etwa fünf Kilometer ostwärts von Düsseldorf. Hinter den Panzerverbänden nahm auch die 97. US-Infanteriedivision nochmals ihren Vormarsch auf und erreichte dabei mit dem 303. Infanterieregiment nach einem Sechzehn-Kilometer-Marsch das Gebiet um Hilden.[560]

Damit ging auch in diesem Bereich der Kampf um den Ruhrkessel zu Ende für alle die Einheiten, die noch bis zuletzt unter dem Befehl des XII. SS-Korps gestanden hatten. Der am frühen Morgen erneut angreifende Gegner überfuhr die keinen Widerstand mehr leistenden deutschen Restkräfte.

Aus ihren Wupper-Brückenköpfen bei Butterheide und Opladen traten die 13. US-Panzer-, weiter westlich die 97. US-Infanteriedivision und östlich auch die 78. US-Infanteriedivision zum Angriff nach Norden an. Kampflos durchfuhren sie das noch nicht besetzte Gelände.

Am frühen Morgen ließ sich Feldmarschall Model durch einen Ordonnanzoffizier beim Stab des XII. SS-Korps über die Lage informieren. Dieser berichtete, daß der Feldmarschall zunächst beabsichtigt habe, nach Düsseldorf zu gehen, sich aber jetzt entschlossen hätte, das Ende des Kampfes mit einem engsten Stab in dem Waldgebiet zwischen Haan und Hilden zu erwarten. Weitere Nachrichten vom Führungsstab der Heeresgruppe erhielt das Generalkommando nicht mehr.

Am frühen Vormittag erschienen der Oberbefehlshaber und der Chef der 5. Panzerarmee. Sie befahlen dem Korps, sofort die Führung des LVIII. Panzerkorps zusätzlich zu übernehmen, da die Armee keine Verbindung mehr zu diesem hatte. Der Einwand des Korps, daß es auch keine Verbindung hätte, wurde nicht berücksichtigt.

Etwa gegen 10.00 Uhr erschienen am Südeingang von Haan, von Ohligs her kommend, Feindpanzer. Während die Masse des Generalkommandos sich befehlsgemäß in kleinste Gruppen auflöste, verlegte die engste Führungsstaffel nach Solingen-Nord, wo durch Teile der Nachrichten-Abteilung ein neuer Gefechtsstand in Vorbereitung war. Es war jedoch weder zu den unterstellten Divisionen, die sämtlichst überrollt waren, noch zu dem neu unterstellten Panzerkorps Verbindung zu erhalten.

Die Führungs-Abteilung sah zu diesem Zeitpunkt — 16. April, etwa 12.00 Uhr — ihre Führungsaufgabe als beendet an und verlegte feindwärts in den Raum Burg zur Durchführung der letzten gegebenen Befehle.[561]

---

560 Wie Anmerkung 543

561 Ulms/Reuther, a. a. O., S. 83

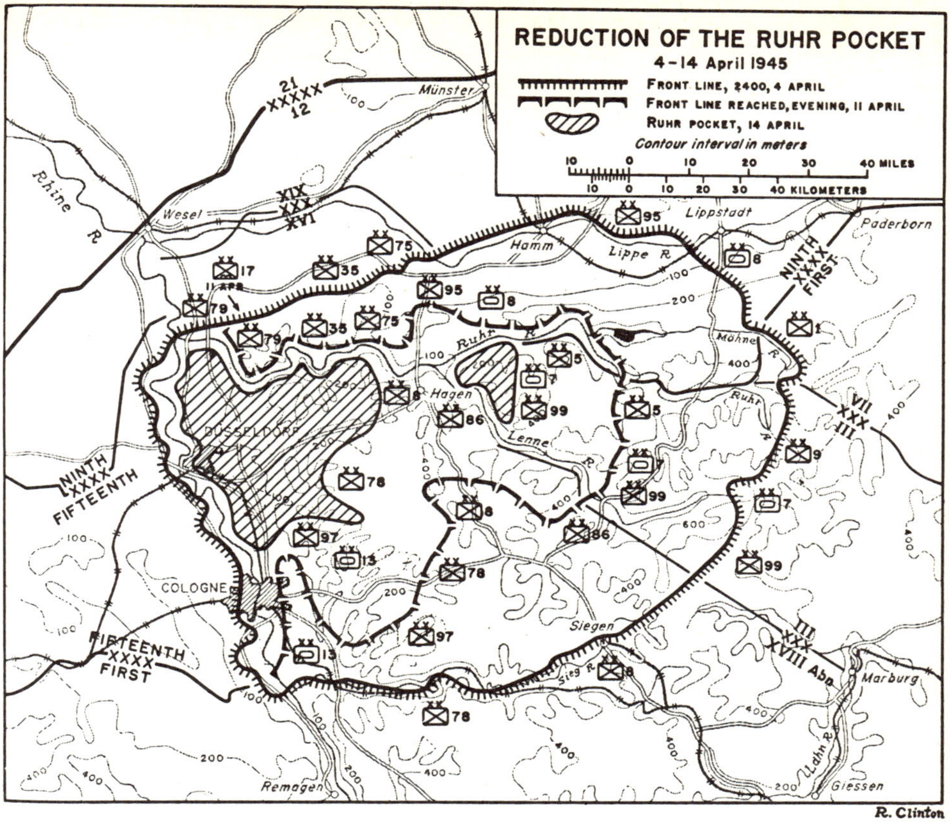


*Karte 26: Die Zerschlagung des Ruhrkessels nach amerikanischer Darstellung (Aus Charles MacDonald, The last Offensive)*

Im verbliebenen Westkessel meldete die 2. Fallschirmjägerdivision: „Am letzten Kampftag hatte die Division etwa folgende Front: Linker Flügel im Raum Hattingen, rechter Flügel, der nach Süden umgebogen war, im Raum Hasslinghausen. Der Gegner griff ab Morgengrauen mit starken Panzerkräften besonders Front und Flanke des rechten Flügels an, und da die Artillerie und die schweren Waffen keine Munition mehr hatten, wurde die Division im Laufe des Tages überrollt und versprengt. Damit hörte die Kampftätigkeit der Division auf.“[562]

Ähnliches berichtet auch die Infanteriedivision Hamburg, die mit ihren Resteinheiten immer noch im äußersten Nordwesten des Ruhrkessels stand: „Am 16. April greift der Feind erneut an, durchstößt die 2. Fallschirmjägerdivision, überrollt den Gefechtsstand der Infanteriedivision Hamburg von Osten her und macht damit die Fortsetzung des Kampfes unmöglich. Gegen Mittag wird der Kampf eingestellt.“[563] Am gleichen Tage hatten auch andere deutsche Verbände — soweit sie überhaupt noch bestanden — den aussichtslosen Kampf aufgegeben. Die letzten Geschütze wurden nach Verschuß der Munition unbrauchbar gemacht, und dann begaben sich

562 Lackner, a. a. O., S. 4
563 Steinmüller, a. a. O., S. 13

die Reste der Einheiten in Gefangenschaft, wo sie noch nicht von den Amerikanern überrollt worden waren. Es handelte sich nachweislich noch um folgende Einheiten: die 183. Infanteriedivision in der Gegend von Wipperfürth, die 338. Infanteriedivision nordöstlich von Altena, in der Nähe auch die Reste der 3. Panzergrenadierdivision und zwischen Remscheid und Wuppertal die 62. Infanteriedivision.[564]

Lediglich im Raum Düsseldorf hielten sich zu diesem Zeitpunkt noch starke deutsche Flakkräfte des III. Flakkorps (Generalleutnant von Rantzau), die teilweise schon in die Erdkämpfe verwickelt waren.

---

DER WEHRMACHTSBERICHT MELDET:

*17. April 1945 „... Heeresgruppe B: Der Endkampf hat begonnen. Von der 15. Armee liegen keine Meldungen mehr vor. Der Oberbefehlshaber der Heeresgruppe meldet zwei tiefe Einbrüche. Einzelne Teile sind bereits überrollt. Waffen und Munition fehlen. Gehalten wird noch die Ecke um Düsseldorf. Der Stab des Oberbefehlshabers dient als Eingreifreserve. Die Aufforderung zur Übergabe wurde abgelehnt. Die Funkverbindung funktioniert noch ...“*

---

Generalleutnant von Rantzau schreibt hier über die letzten Tage u. a.: „Um den Raum Ratingen-Düsseldorf stand als letztes ein Ring von etwa fünf schweren und eine Anzahl leichter Flakbatterien. Gleichzeitig kämpften an der Ruhr und südlich die 4. und 22. Flakdivision bis zu ihrem Ende, das sich auch hier nicht in wilder Auflösung, sondern in Ordnung vollzog, soweit man eine Übergabe nach hartem Kampf überhaupt ordentlich nennen kann. —

Am 15. und 16. April habe ich in diesem Kampfraum viele Batterien und Stäbe der Flakartillerie besucht. Ordnung und feste Führung überall. Mein Befehl: ‚Verschießen und dann überrollen lassen mit anständiger geschlossener Übergabe!‘ wurde anerkannt und hat sich überall durchgesetzt.

Die Forderung, nach dem letzten Schuß auf die Stadt Düsseldorf zurückzugehen und dann um sie zu kämpfen, habe ich abgelehnt, weil ich den Kampf nicht in die ohnehin schon schwerst getroffene Stadt tragen wollte. In den Stellungen, die zum größten Teil gut ausgebaut waren, kämpfte der Flakartillerist; hier sollte auch das Ende sein. Mehr wollte ich nicht fordern!

Als Kommandant habe ich zuletzt am 14. April den Kommandeur der 7. Flakdivision (Generalmajor Ehrhard) eingesetzt, dessen Verbände bereits überrollt waren.

Am 16. April hörte ich von Unruhen in der Stadt, ohne Einzelheiten zu erfahren. Eine leichte Batterie wurde auf Wunsch des Feldmarschalls in die Stadt gelegt. Über ihr Wirken habe ich nichts mehr erfahren.

Am 16. April, gegen 20.00 Uhr rief mich ein deutscher Oberst (Name entfallen) an und verlangte den Aufenthalt des Feldmarschalls zu erfahren, zu dem er zwei US-Offiziere mit einem Brief ihres Kommandierenden Generals bringen sollte. Ich lehnte dies ab und vereinbarte als Treffpunkt den Gefechtsstand des Generalkommandos. Eingetroffen, wurde der Brief von dem begleitenden Offizier allein zum Feldmarschall gebracht, während die amerikanischen Offiziere, betreut vom Chef des Generalstabes und dem Ia, bei uns warteten. — Die Antwort brachte der Oberst nach 45 Minuten mündlich. Sie lautete kurz: ‚Nicht ja und nicht nein!‘ Vom Inhalt des Briefes

[564] Haupt, Das Ende im Westen, S. 115

erzählte mir der Feldmarschall am 17. April in der Morgenfrühe. Mit Bezug auf ein Beispiel der Kriegsgeschichte forderte der amerikanische General die Kapitulation."[565]

17. APRIL:

An diesem Tag hörte im restlichen Kessel aller Widerstand auf. Die amerikanischen Einheiten waren damit beschäftigt, den Kessel aufzurollen und letzte Gebiete zu besetzen. Hierzu wurden noch notwendige Operationen fortgesetzt im Gebiet nördlich von Ratingen und südlich von Duisburg zwischen Rhein und Ruhr. Düsseldorf wurde ohne Widerstand besetzt. Bis zu diesem Zeitpunkt hatten die Verbände der US-Armee bereits 260 000 deutsche Gefangene gemacht, und man rechnete mit weiteren 50 000, die sich noch im restlichen Kesselgelände befanden.[566]

In der Zone des III. US-Korps rüstete die 7. US-Panzerdivision, nach Säuberung der Korpsgrenze, bereits für eine neue Verwendung im Bereich des V. US-Korps an der Elbe. Auch die 99. US-Infanteriedivision verließ bereits das Kampffeld zu einer neuen Verwendung. Nur die 5. US-Infanteriedivision verblieb dort, besetzte noch einige bisher freie Gebiete, übernahm gleichzeitig erste Besatzungsaufgaben und sorgte für den Abtransport der Gefangenen.

Im Bereich des XVIII. US-Luftlandekorps rüsteten die 78. und 86. US-Infanteriedivision ebenfalls bereits für eine neue Verwendung in einem anderen Frontabschnitt, nachdem sie ihre Einheiten gesammelt hatten. Das 13. Infanterieregiment der 8. US-Infanteriedivision rückte entlang der Ruhr weiter nach Westen vor, während das 121. Infanterieregiment Verbindung mit Einheiten des Kampfkommandos B der 13. US-Panzerdivision bei Wülfrath aufnahm. Später setzten diese Verbände den Vormarsch bis nach Duisburg fort und nahmen Verbindung auf mit Einheiten der 9. US-Armee. Weiter südlich brach auch der letzte deutsche Widerstand im Bereich der 97. US-Infanteriedivision zusammen. Mehrere kleine Kessel und Stützpunkte wurden von den Einheiten der Division bereinigt. Das 303. Infanterieregiment drang mit seinen Bataillonen in Düsseldorf ein und besetzte die Stadt, ohne auf Widerstand zu treffen. Andere Einheiten der Division drangen gleichzeitig in Solingen ein.[567]

Am Abend dieses Tages hatten die amerikanischen Truppen den gesamten Ruhrkessel wohl bereinigt und dabei auch (eine) große Beute gemacht, besonders an Gefangenen. Am 18. April, um 6.30 Uhr hörte jeglicher Widerstand im Ruhrkessel auf, und nur noch einige kleine Orte und Stützpunkte mußten von den amerikanischen Truppen besetzt werden.

---

565 Generalleutnant von Rantzau, Teilnahme des III. Flakkorps an den Kämpfen im Ruhrkessel, 25. 3. – 17. 4. 1945, MS Nr. B-313, S. 10 ff.
Anmerkung: Generalmajor Ridgway hatte seinen Stabsoffizier Hauptmann Brandstetter mit folgendem Brief an Feldmarschall Model geschickt: „Weder die Geschichte noch der Militärberuf kennt einen nobleren Charakter, einen brillanteren Meister der Kriegführung und einen pflichtbewußteren Staatsbürger als den amerikanischen General Robert E. Lee. Diesen Monat sind es 80 Jahre, daß er, als seine Truppen dezimiert, aller Mittel für eine effektvolle Kriegführung entblößt und von einer überwältigenden Übermacht völlig eingekreist waren, eine ehrenvolle Kapitulation wählte. Denken Sie an die Soldatenehre, an den Ruf des deutschen Offizierskorps, bedenken Sie die Zukunft Ihrer Nation, und legen Sie die Waffen nieder. Die deutschen Menschenleben, die Sie dadurch retten, wird Ihr Land dringend brauchen, um seinen würdigen Platz in der Gesellschaft der Völker wieder einzunehmen. Die deutschen Städte, die Sie retten werden, stellen eine unersetzbare Notwendigkeit für das Wohl Ihres Volkes dar."

566 Wie Anmerkung 543

567 Wie Anmerkung 543

Zwischen dem 6. und 18. April hatte die 1. US-Armee eine Offensive an zwei verschiedenen Fronten durchgeführt. Die eine war im Ruhrgebiet zur Zerschlagung des Ruhrkessels, die andere war der Vorstoß nach Osten zur Elbe. Vier Korps mit insgesamt 14 Divisionen waren dabei eingesetzt gewesen; davon zwei Korps mit acht Divisionen am Ruhrkessel und zwei Korps mit sechs Divisionen für den Angriff nach Osten. Drei weitere Divisionen kamen in dieser Zeit noch dazu, so daß Generalleutnant Courtney Hodges insgesamt 17 Divisionen unter seinem Befehl hatte.

Über 450 Kilometer Luftlinie lagen in den Tagen vom 14. bis zum 18. April zwischen den beiden Fronten, und die Armee hatte große Sorgen mit der Sicherung und Kontrolle dieses besetzten deutschen Gebietes während des schnellen Vorstoßes.

Die Schlacht um die Ruhr hatte am 18. April geendet. Der schnelle Vorstoß aus dem Brückenkopf bei Remagen hatte die deutsche Heeresgruppe B eingekreist und zwei Korps von der Heeresgruppe H. Über 317 000 Gefangene wurden gemacht, darunter 24 Generäle und ein Admiral. Das war mehr als doppelt soviel, als die Amerikaner vorher geschätzt hatten. Viele Panzer und Geschütze wurden zerstört oder erbeutet, und auch die deutschen Verluste durch Tote und Verwundete waren hoch.[568]

Den deutschen Oberbefehlshaber in diesem Kessel, Generalfeldmarschall Walter Model, hatten die Amerikaner aber noch nicht fangen können — und sie sollten ihn auch nicht bekommen.

Über die letzten Tage im Stabe der Heeresgruppe B schreibt der damalige Generalstabschef Generalmajor Carl Wagener u. a.:

»Am 15. April ging Remscheid verloren. Am gleichen Tage mittags meldete sich der Ostkessel nicht mehr. In ihm waren das Armeeoberkommando 15 mit unterstellter Gruppe von Lüttwitz mit ihren Restverbänden eng zusammengedrängt. Ein Funkbefehl des Wehrmachtsführungsstabes zum Durchbruch dieser Teile in den Westkessel war undurchführbar. Am 16. April wurde der Westkessel von allen Seiten angegriffen und löste sich in einzelne Gruppen auf, die dem Befehl der Heeresgruppe entsprechend verfuhren. Der letzte Widerstandsblock wurde durch Teile des Flakkorps um Düsseldorf gebildet.

Die eigene Führung hatte nach und nach ganz aufgehört. Ganze Divisionskampfgruppen waren schon in den letzten Tagen ausgefallen. Dem Oberkommando der Heeresgruppe, das am 14. April seinen Gefechtsstand nach Wuppertal verlegt hatte, fehlte in diesen Tagen jeder Überblick über die Lage im einzelnen. Seine Aufgabe war auch erfüllt, die Befehle für das Ende waren gegeben. Der vom Wehrmachtsführungsstab am 14. April eingegangene Befehl zum Ausbruch der Heeresgruppe wurde kaum noch gelesen, geschweige denn weitergegeben. Der Stab teilte sich am 16. April westlich Haan in die drei befohlenen Gruppen.

Als sich Oberbefehlshaber und Chef der Heeresgruppe trennten, fragte Generalfeldmarschall Model: „Haben wir alles getan, um vor der Geschichte zu bestehen? Was bleibt einem geschlagenen Feldherrn dann noch zu tun?" Und er beantwortete die Frage selbst: „Im Altertum nahmen sie Gift."

Am 17. April früh wurde der letzte Widerstand der Heeresgruppe B ostwärts von Düsseldorf eingestellt.«[569]

Über die letzten Stunden im Raume Düsseldorf vor dem Ende berichtet der Kommandierende General des III. Flakkorps, Generalleutnant von Rantzau, u. a.:

---

568 Wie Anmerkung 543

569 Carl Wagener, Kampf und Ende der Heeresgruppe B im Ruhrkessel, S. 562

„Am 17. April, um 5.30 Uhr traf ich den Feldmarschall — wie vereinbart — an der Straße Hubbelrath-Düsseldorf, dicht vor der Stadt. Heller, offener Frühlingsmorgen. Der Artilleriekampf lebte bald energisch auf. Von amerikanischer Seite wurde Nebel geschossen. Nach dem Besuch mehrerer Batterien und Stäbe begegnete ich um 10.00 Uhr dem Feldmarschall zufällig auf der Rennbahn Düsseldorf und später, zuletzt gegen 13.00 Uhr, vor Ratingen in der Villa Dr. Zapf auf dem Gefechtsstand einer Flak-Abteilung. Feldmarschall Model hatte sich in den letzten Tagen eng an das Flakkorps angeschlossen. Er hatte nur noch drei Offiziere und eine Funkstelle bei sich.

---

DER WEHRMACHTSBERICHT MELDET:

*18. April 1945 „... Der geschlossene Widerstand der Heeresgruppe B ist am 17. April zu Ende gegangen. Kleinere Gruppen kämpfen noch weiter ...“*

---

Das völlig tote und ruhige Ratingen durchfuhr ich 13.15 Uhr zum Ostausgang, vor dem ich den Stab der 4. Division wußte. Feindnähe hielt mich zurück. Die Division muß um diese Zeit gefangengenommen worden sein. Die Stadt Ratingen muß ohne Kampf in Feindeshand gefallen sein. Auf Umwegen erreichte ich den Korpsgefechtsstand, vorbei an den feuernden Batterien und deren Flugbahnen kreuzend. An keiner Stelle sah ich auch nur Anzeichen der planlosen Auflösung bzw. lungernde Soldaten, dafür aber Berge von Geschoßhülsen und rauchende, hellweiß geschossene Rohre.

Die Lage war seit dem Vormittag in der Feindabsicht jedem klar: Einkesselung des Korpsstabes mit der ihn umgebenden Flakartillerie, offensichtlich in der Absicht, hier den Feldmarschall zu fangen.

Um 16.15 Uhr übergab ich in voller Ordnung, ohne Kampf, meinen Stab einer gewaltigen Übermacht. Kurz danach hörten wir die letzten Schüsse.

Der führende amerikanische Oberst fragte sofort nach dem Feldmarschall, das war seine Pflicht. Ich antwortete nicht, das war meine Pflicht. Gegenseitige Achtung beherrschte die Situation. Die Forderung zu befehlen, den Kampf sofort einzustellen, konnte ich nicht mehr durchführen, da selbstverständlich alle Verbindungen rechtzeitig aufgegeben waren. Dem amerikanischen Oberst genügte scheinbar mein an die Truppe gegebener Befehl: Vor der Stadt soll Schluß sein, zerschießen, sprengen, übergeben!

Wie das Ende des Kampfes um Düsseldorf sich tatsächlich gestaltet hat, habe ich nicht mehr erfahren. Ich hoffe aber, daß die Stadt — und ihre Bevölkerung — nicht mehr gelitten hat.

Mit mir wurden gefangengenommen: die Führungsgruppe des Generalkommandos und der Stab der 1. Flakbrigade.

Die 2. Staffel des Generalkommandos habe ich bei Wermelskirchen zurückgelassen, um eine Massierung im letzten Kessel zu vermeiden. Der Kampf endete, weil die Munition ausgegangen war und gegen überlegenen Feind ohne Handwaffen und Nahkampfmittel der Kampf sinnlos geworden wäre. Damit erfüllte sich die Absicht, das ohnehin schwer betroffene Stadtgebiet von Düsseldorf zu schonen.“[570]

Den deutschen Oberbefehlshaber im Ruhrkessel bekamen die Amerikaner nicht. Ihm war es am Nachmittag des 17. April gelungen, mit einer kleinen Gruppe durch

---

[570] von Rantzau, a. a. O., S. 12 ff.

die amerikanischen Linien zu schlüpfen. (Vergleiche hierzu auch die Schilderungen des Generals von Rantzau.)

Mit einer restlichen Führungsstaffel, zu der der II a, Oberst Pilling, der I c, Oberstleutnant i. G. Michael, der I d, Major i. G. Winrich Behr, ein Achtradpanzerspähwagen, ein Opel-Blitz-Nachrichtenfahrzeug und ein DKW-Meisterklasse gehörten, gelangte Feldmarschall Walter Model in das Waldgebiet der Wedau, südlich der Stadt Duisburg. Am anderen Tage rückten bereits amerikanische Panzer in das nur zwei Kilometer von dem Versteck entfernte Lintorf ein.[571]

In dieser Gruppe wurde darüber beraten, wie sich der Feldmarschall angesichts der Auflösung seiner Heeresgruppe verhalten sollte. Model wußte, daß nach einer Rundfunkmeldung der Engländer alle höheren deutschen Offiziere nach dem Ende der Kämpfe sich vor Kriegsgerichten zu verantworten hätten. Es gab außerdem ein Wort an seinen Sohn, das er nach der Kapitulation von Feldmarschall Paulus in Stalingrad ausgesprochen hatte: „Ein Feldmarschall geht nicht in Gefangenschaft. So etwas gibt es einfach nicht!"

Am 20. April 1945 hörte die Reststaffel die Ansprache des Reichsministers Goebbels zum 56. Geburtstag von Adolf Hitler aus Berlin, das bereits unter dem Feuer der schweren russischen Artillerie lag. Goebbels sprach von der „verräterischen Ruhrarmee". Major i. G. Behr hatte den Eindruck, als sei sich sein von ihm bewunderter Feldmarschall erst an diesem — vorletzten — Tag seines Lebens darüber klargeworden, wem er gedient, wer Deutschland verdorben hatte — und die Lebensleistung des Feldmarschalls.

Am Vormittag des 21. April 1945 ging der Feldmarschall mit dem jungen Major i. G. Behr eine Weile in den schon frühlingshaften Wäldern spazieren. Dabei übergab ihm der Feldmarschall einige Erinnerungsstücke für seine Frau. Nichts jedoch — so Behr — ließ erkennen, daß er Entschlüsse für die Zukunft, für seinen Tod noch am gleichen Tag, gefaßt hatte. Major Behr schlug dem Feldmarschall vor, er wolle mit seinem Fahrer einen „Erkundungsvorstoß" in Richtung Wedau unternehmen, um festzustellen, wo die Amerikaner stünden und wie überhaupt die Lage in diesem Raum sei. Der Major meinte, daß er in drei bis vier Stunden zurück sei. Als er mit dem Fahrer zurückkam, war bereits alles geschehen . . .

In den Mittagsstunden des 21. April 1945 bat Feldmarschall Model seinen Adjutanten Oberst Pilling zum letzten Mal um Begleitung. Unter einer Gruppe besonders prächtiger hoher Eichen im Walde zwischen Lintorf und Wedau machte er Halt, zog und entsicherte seine Pistole Kaliber 6,35 Millimeter.

Nach der Angabe von Oberst Pilling geschah dies gegen 14.00 Uhr. Nach einer späteren eidesstattlichen Erklärung von Oberst a. D. Theodor Pilling vor dem Badischen Notariat I in Freiburg i. Br. am 24. April 1951 lag die Uhrzeit ungefähr bei 16.00 Uhr, als der Feldmarschall seinem Leben ein Ende setzte.

Oberst Pilling und Oberstleutnant Michael bestatteten ihren Oberbefehlshaber am Nachmittag unter den Eichen. Die Führungsstaffel löste sich auf. Michael und Behr umgingen jede Gefangennahme, noch im Geist ihres Feldmarschalls. Generalmajor Wagener, der am 19. April in Gefangenschaft geraten war, wurde mit Fragen überhäuft, wo sich der Feldmarschall denn aufhalte . . .

---

571 Walter Görlitz, Strategie der Defensive Model, Limes Verlag Niedermayer und Schlüter GmbH, Wiesbaden und München 1982, S. 265

Der Befehlshaber der 12. alliierten Heeresgruppe, General Omar N. Bradley, hatte dem Soldaten einen hohen Orden versprochen, der ihm Model lebendig bringe. Es war die letzte Ehre, die der westliche Gegner dem Feldmarschall erwies.[572]

Im Jahre 1955 wurden die sterblichen Überreste des Feldmarschalls auf den Soldatenfriedhof Vossenack/Eifel umgebettet. Dort ruht er nun auf einem einstmals heiß umkämpften Schlachtfeld, inmitten seiner Soldaten.

☆

Mit der Einstellung aller Kampfhandlungen im Ruhrkessel war für die Menschen an Rhein und Ruhr, Lippe, Sieg und Lenne der Krieg zu Ende. Zu Ende die Angst vor Tod und Vernichtung durch die jahrelangen Bombardierungen, vor allem im Rhein-Ruhrgebiet — zu Ende auch die Angst vor der nationalsozialistischen Gewaltherrschaft, die zwölf Jahre auch über den Menschen in Westfalen gelastet hatte.

Während am 18. April 1945 im Ruhrgebiet der letzte deutsche Widerstand erlosch, war die Lage an den anderen Frontabschnitten im Westen für Adolf Hitler ebenso hoffnungslos. Er zog nur keine Konsequenzen daraus.

Im Nordwesten stand die 1. Kanadische Armee am Zuidersee und schnitt damit alle deutschen Verbände in Holland ab. Rechts davon stand die 2. Britische Armee mit ihrem XXX. Korps vor Bremen. Das XII. Korps hatte Soltau genommen, und weiter rechts stand das VIII. Korps zwischen Uelzen und Lüneburg. Beide Korps rüsteten sich für den Vormarsch auf Hamburg.

Weiter südlich operierte die 9. US-Armee. Das XX. US-Korps drang mit der 2. US-Panzerdivision und der 30. US-Infanteriedivision auf Magdeburg vor. Die 8. US-Panzerdivision und andere Verbände schlossen gleichzeitig die deutschen Truppen im Harz ein.

---

DER WEHRMACHTSBERICHT MELDET:

*19. April 1945 „... Der Kampf zwischen Ruhr und Rhein ist beendet. In wochenlangem schwersten Ringen haben Truppen aller Waffengattungen unter dem Oberbefehl des Generalfeldmarschalls Model überlegene Kräfte von zwei amerikanischen Armeen gebunden und ihnen in vorbildlicher Pflichterfüllung bis zum letzten Atemzuge Widerstand geleistet. Der Gegner erlitt hierbei schwere Verluste an Menschen und Material ..."*

---

Südwestlich davon stieß die 3. US-Panzerdivision an der Spitze des VII. Korps der 1. US-Armee gegen Mulde und Elbe vor. Andere Verbände der 1. US-Armee schnitten gleichzeitig den Harz von Süden und Osten ab, während die vordersten Einheiten vor Leipzig standen.

Südlich davon stürmten die Panzerkolonnen der 3. US-Armee des Generals Patton der tschechoslowakischen Grenze entgegen. Daneben schwenkte das XV. Korps der 7. US-Armee bereits gegen Nürnberg und Fürth ein. Im Südwesten drangen die Verbände der 1. Französischen Armee auf Stuttgart und die Schwäbische Alb vor.[573]

Im Osten waren am 16. April die 1. Ukrainische Front unter Marschall Konjew und die 1. Weißrussische Front unter Marschall Shukow zum Angriff auf Berlin angetreten.

---

572 Ebd., S. 266–268

573 Williams, a. a. O., S. 501 ff.

Am 25. April trafen sich bei Torgau an der Elbe die Spitzen der 69. US-Infanteriedivision mit den Spitzen der 58. sowjetischen Gardedivision; das Großdeutsche Reich war in zwei Teile geteilt. Am 8. Mai 1945 erfolgte die bedingungslose Kapitulation.

☆

*Über den Sinn und Zweck einer Verteidigung des Ruhrkessels ist in der internationalen Militärliteratur bereits genügend geschrieben worden. Deshalb soll in dieser Dokumentation dazu keine Stellungnahme erfolgen. Es sollen lediglich einige Gedanken von deutschen Generalen zitiert werden, die in der Verteidigung des Ruhrkessels hohe Verantwortung trugen.*

## SCHLUSSBETRACHTUNGEN

### Der Kommandierende General des LIII. Korps:

Mit der Abschließung des Ruhrgebietes durch die Amerikaner war die Lage der deutschen Truppen in diesem Gebiet aussichtslos geworden. Denn Ausbruchsversuche zur Sprengung des Umfassungsringes waren unmöglich, da die Kampfkräfte der eingeschlossenen Truppen zu gering gewesen sind, um auch nur an einer Stelle einen durchschlagenden Erfolg erzielen zu können. Die einzigen tatsächlich durchgeführten Versuche dieser Art bei Winterberg am 31. März und 1. April waren daher von vornherein zum Scheitern verurteilt.

Wirksame Maßnahmen zur Öffnung des Kessels konnten nur von außen kommen. Aber auch hierfür standen der oberen Führung keine ausreichenden Kräfte zur Verfügung: Die SS-Brigade Westfalen, die dem Ausbruchsversuch bei Winterberg von Nordwesten her entgegenkommen sollte, trat gar nicht zum Angriff an, wahrscheinlich weil sie noch gar nicht einsatzbereit war. (Anmerkung des Verfassers: Bayerlein kannte sicherlich nicht den Verlauf des Einsatzes der SS-Brigade Westfalen.) Die 12. Armee Wenk war ebenfalls genausowenig in der Lage, einen Angriff auf den Kessel zu unternehmen, da sie viel zu weit entfernt war und auch nicht genügend Kampfkraft hatte, einen wirksamen Angriff zu führen. Diese Armee war noch in der Aufstellung begriffen, während das Oberkommando der Wehrmacht — wie es häufig geschah — diese Truppe für voll kampffähig und einsatzbereit ansah. Eine der bekannten Selbsttäuschungen des Oberkommandos der Wehrmacht!

Diese aussichtslose Lage veranlaßte nüchtern denkende Truppenführer zu dem Gedanken an eine Kapitulation, um Menschen und deutsches Hab und Gut zu retten. Denn es war klar, daß das Oberkommando der Wehrmacht, auch wenn es die Lage für aussichtslos ansah, ein Halten des Kessels und eine Verteidigung bis zum letzten Mann befehlen würde — wie es bei Stalingrad und in anderen Fällen geschah —, um feindliche Kräfte möglichst lange zu binden und den Vormarsch auf Zentraldeutschland zu verzögern. Daß diese Verzögerung des feindlichen Vormarsches in nennenswertem Umfang durch das Halten des Kessels herbeigeführt werden würde, glaubte bei der Truppe kaum jemand. Um so klarer war es aber, daß das sinnlose Halten des Kessels ungeheure Verluste an Menschen und deutschem Gut verursachen würde.

Eine Kapitulation widersprach aber völlig der oberen Führung und auch der Heeresgruppe Model. Jede Kapitulation war durch „Führerbefehl" mit dem Tode durch Erhängen und Sippenhaftung bedroht. Außerdem hatte jeder Untergebene das Recht, den Truppenführer, der die Absicht hatte zu kapitulieren, zu beseitigen. Das waren

die Schwierigkeiten, die einer Kapitulation entgegenstanden. Deshalb mußte der richtige Moment gefunden werden. Da Model unter keinen Umständen dafür zu gewinnen war und auch General v. Lüttwitz seine anfängliche Bereitschaft später nicht mehr aufrechterhielt, mußte das Korps warten, bis beide keinen unmittelbaren Einfluß auf die Führung hatten. Dieser Moment war am 15. April gekommen.

Im Korpsstab mußten dabei noch die Widerstände des Chefs des Stabes und des I a überwunden werden. Da dies aussichtslos war, wurde die Kapitulation in Zusammenwirken mit dem Kommandeur der 116. Panzerdivision, Generalmajor v. Waldenburg, und ohne Wissen der Angehörigen des Korpsstabes eingeleitet. Der Kommandeur der 190. Infanteriedivision, Generalmajor Hammer, war ebenfalls seit einiger Zeit in meine Absichten eingeweiht und voll damit einverstanden, während der Kommandeur der 180. Infanteriedivision, Generalmajor Klosterkemper, eine Kapitulation völlig ablehnte. Durch die Kapitulation wurde zahlreichen Soldaten auf beiden Seiten das Leben oder die Gesundheit gerettet und viel deutsches Gut vor der Vernichtung bewahrt. Die Städte Iserlohn, Letmathe, Menden, Hemer und Schwerte haben es der Kampfführung des Korps und der Waffenniederlegung zu verdanken, daß sie keinen oder nur geringen Schaden erlitten.

Viele kleinere Ortschaften sind ebenfalls völlig unversehrt geblieben. Zerstörungen wurden vom Korps nicht durchgeführt. Bei der Weiterführung des Kampfes wären Zerstörungen nicht zu vermeiden gewesen und hätten ein erhebliches Ausmaß erreicht. Von seiten des Korps wurde alles getan, den aussichtslosen Kampf so verlustlos wie möglich unter größter Schonung von Menschen und Gut zu führen.

Die Kapitulation des LIII. Korps war die erste dieser Art (eines geschlossenen Korps mit allen Truppen nach vorheriger Verbindungsaufnahme mit dem Feinde) auf dem westlichen Kriegsschauplatz und auch die einzige bis zur allgemeinen Kapitulation am 9. Mai 1945.

(MA-BA, MS Nr. B 836) *Fritz Bayerlein*

Der Kommandeur der 338. Infanteriedivision:

Vom 4. April an wurde die Führung der Division ohne jede Orientierung über die eigene und feindliche Lage gelassen. Diese Orientierung erhielt sie nur durch das Abhören des feindlichen Funkdienstes. Die Befehle, die von der Armee an die Division kamen, waren durchweg unausführbar und zeigten, daß sich die Armee in völliger Unkenntnis der Lage bei der Division befand, obwohl die Division die Aussichtslosigkeit des weiteren Kampfes, der nur sinnloses Blutvergießen bedeutete, mehrfach klar zum Ausdruck brachte unter Hinweis auf den gänzlich ungenügenden Ausbildungsstand der Division. Dringendes Bitten um klare Orientierung und vernünftige Befehlsführung durch Korps und Armee wurden unter Drohungen mit kriegsgerichtlicher Ahndung schroff abgewiesen.

(MA-BA, MS Nr. B 817) *Wolf Ewert*

Der Oberbefehlshaber der 15. Armee:

1. Der Kampf im Ruhrkessel hätte immer noch einen gewissen Sinn gehabt, wenn tatsächlich eine Möglichkeit bestanden hätte, bei günstigerer Entwicklung der Lage an anderer Stelle Entsatz zu bringen. Dem Oberbefehlshaber der Heeresgruppe B unterstelle ich den guten Glauben an eine solche Möglichkeit; dem Oberkommando der Wehrmacht unterstelle ich diesen Glauben — heute! — nicht mehr.

2. Der Kampf an der Ruhr wurde über zwei Wochen früher beendigt als an den meisten anderen Kampfplätzen. Aber auch er hat, ohne den wertvollen Industrieraum schützen oder erhalten zu können, abermals unnötiges Blut gekostet. Und das unter Bedingungen, die aussichtslos waren und deren Aussichtslosigkeit das Oberkommando der Wehrmacht übersehen haben muß. Nicht übersehen hat sie die Truppe, die in der Masse bis zuletzt ihr Bestes gab.

3. Der Verlust von Remagen und der Kampf um den Brückenkopf hatten bereits zur Genüge erwiesen, daß keine Aussicht mehr bestand, im Westen den erhofften Feindstopp zu erreichen. Auch die Entwicklungen im Raum Münster, in Süddeutschland, im Osten zeigten unweigerlich das Ende an. Aus dieser Kenntnis nicht die Konsequenz gezogen zu haben: „Beendigung des Kampfes um jeden Preis", wird immer das Schuldkonto der letzten obersten deutschen Führung belasten.

4. Die Truppe im Ruhrkessel stand einer nicht mehr lösbaren Aufgabe gegenüber. Sie hat sich ihr gleichwohl in opfervollem, pflichttreuem Einsatz unterzogen und schließlich — in voller Übereinstimmung mit den eigenen Führern — den Kampfplatz in soldatischer Disziplin verlassen. Dafür danke ich an dieser Stelle den tapferen Männern der 15. Armee.

*Gustav von Zangen*

(MA-BA, MS Nr. B 849)

## Zusammenfassung des Chefs des Generalstabes der Heeresgruppe B:

Eine kritische Beurteilung der Lage und der Maßnahmen der Heeresgruppe B im März 1945 muß sich abschließend mit folgenden Fragen auseinandersetzen:

1. Hat die Heeresgruppe zur Beseitigung des Brückenkopfes Remagen genug getan, oder hat sie nicht durch ihre Maßnahmen den raschen Durchbruch des Feindes aus dem Brückenkopf begünstigt und damit ihr Ende im Ruhrkessel selbst verschuldet? Unter Berücksichtigung der langen Zeit der Untätigkeit der 5. Panzerarmee und des nur langsamen, allmählichen Herauslösens ihrer Divisionen muß man sich fragen, ob es nicht richtiger gewesen wäre, sofort die ganze 5. Panzerarmee zum Angriff gegen den Brückenkopf linksum machen zu lassen oder wenigstens die Masse ihrer Kräfte rechtzeitig herauszulösen und zum späteren Gegenangriff bereitzustellen.

Die Heeresgruppe hat diese Lösung nicht gefunden, einmal, weil sie nicht ein weiteres Loch in der Rheinverteidigung aufreißen wollte, ohne damit mit Sicherheit das erste zu beseitigen, zum anderen, weil sie die Truppe mit ihrem unausgebildeten Ersatz, nur zum Teil beweglich, angesichts der feindlichen Luftherrschaft und des beschränkten Raumes hierzu nicht mehr für fähig hielt.

Auf jeden Fall aber wäre es, rückschauend, ein ganzer Entschluß gewesen, der allerdings am Endergebnis auch nichts geändert hätte. Auch ein stärkerer Schwerpunkt der Verteidigung vor der Brückenkopf-Ostfront hätte bei dem Zustand der eigenen Truppe und ihrer Unterlegenheit einen Durchbruch auf die Dauer nicht verhindert.

2. Warum hat die Heeresgruppe B, als die Brückenkopffront zerbrochen und mit eigenen Mitteln nicht mehr zu schließen war, ihre Stellungen am Rhein immer weiter und so lange gehalten und ist nicht wie die Nachbar-Heeresgruppen zur Erhaltung einer geschlossenen Front rechtzeitig und, wenn nötig selbständig, kämpfend nach Osten ausgewichen? Was veranlaßte sie, durch Zurückbiegen ihrer Flügel hinter Sieg und Ruhr ihre Einschließung direkt anzubahnen?

Die Lage bei der Heeresgruppe B war insofern anders als die der Nachbarn, als ihre Rheinfront nicht angegriffen und der Schutz des Ruhrgebietes ihr ausdrücklich aufgetragen war. An die Entsatzmöglichkeit von außen, die immer wieder zugesagt wurde, hat die Heeresgruppe nicht sehr geglaubt. Wenn aber der Krieg nach Verlust des Rheins überhaupt noch fortgesetzt wurde, dann konnte das Ruhrgebiet nicht von einer Heeresgruppe gegen den Befehl selbständig aufgegeben werden. Im übrigen haben die beiden anderen Heeresgruppen mit ihrem Rückzug die Lage auch nicht gewendet und kaum einen Zeitgewinn gebracht.

3. Warum hat die Heeresgruppe, als ihre Einschließung vollzogen war, nicht selbständig den Entschluß zum Ausbruch gefaßt, der zwar abgelehnt war, aber immer wieder von ihr erwogen und ihr zum Schluß auch befohlen wurde?

Eine Fortsetzung des Krieges ohne das Ruhrgebiet war, wie gesagt, sinnlos, eine Räumung daher schwerwiegender als eine Kapitulation. Auch war die Truppe zu einem Bewegungskrieg, noch dazu mit verwandter Front und ohne Nachschub, nicht mehr fähig, und zu einem Endkampf im eigenen Land, den der deutsche Soldat seit 100 Jahren nicht mehr geführt hatte, wohl auch nicht gewillt. Das Ausbleiben des Ausbruchs aus der Einschließung hat jedenfalls der Truppe und der Bevölkerung mit Sicherheit weitere Verluste erspart.

4. Warum hat die Heeresgruppe nicht kapituliert, wenn sie die Lage als aussichtslos ansah?

Eine Kapitulation setzt die Verhandlungsbereitschaft der Gegenseite voraus, die nach Verkündung der bedingungslosen Kapitulation nicht mehr gegeben war.

Aus allen vier Fragen geht deutlich hervor:

Der Sinnlosigkeit weiteren Widerstandes nach dem Zusammenbruch der Rheinverteidigung konnte durch nichts mehr ein Sinn gegeben werden! Es war ebenso sinnlos, hinter die Weser zurückzugehen, wie den Ruhrkessel zu verteidigen oder in diesem zu kapitulieren. Hier zeigte sich die völlige Zerfallenheit zwischen politischer Führung und Heer. Die Truppe hat darum zum Schluß in berechtigter Selbsthilfe nicht mehr wirklich gekämpft, sondern nur noch Scheingefechte geführt.

Hitler aber, der in seiner Person politische und militärische Führung vereinigte, hat die Grundsätze der Kriegführung und der Truppenführung heillos durcheinandergeworfen. Es waren soldatische und nicht politische Grundsätze, die den Krieg verlängerten, als wäre Deutschland ein Bunker, der nicht kapituliert, weil er durch sein Opfer einem größeren Ganzen dient. Es waren politische und nicht soldatische Gesichtspunkte, die der Heeresgruppe B die undurchführbare Verteidigung des Rhein-Westufers und des Ruhrgebietes aufzwangen.

Unser Verhängnis war es schließlich, nicht voll erkannt zu haben, daß mit der Ausweitung der Kriege und ihrer Technisierung die deutsche hergebrachte Art der Truppenführung mit ihrer Maßlosigkeit „bis zum letzten Hauch von Mann und Roß" allein einen Kräfteausgleich nicht mehr herstellen konnte und daß die moderne Kriegführung mit ihrer Abhängigkeit von Versorgung und Rohstoffen nicht mehr dem menschlichen Willen allein, sondern auch Wirtschaftsgesetzen gehorcht. Die politische Führung hatte dem deutschen Soldaten einen Zweiten Weltkrieg nicht erspart, der in den Zahlen- und Wirtschaftsverhältnissen von vornherein zum Scheitern verurteilt war. Sie glaubte bis zuletzt, daß Tapferkeit der Truppe und Kühnheit der Führung jederzeit den Ausschlag geben, und war damit in falscher Auffassung von Tradition und Erfahrung vergangener Zeiten steckengeblieben.

An der Gesamtlage änderte der Ausfall der Heeresgruppe B nichts. Zwar war damit ein Loch in die Westfront gerissen, 300 000 Mann fielen zum Kampf in Innerdeutschland aus. Jedoch band die Heeresgruppe B bis zuletzt fast 20 feindliche Divisionen, denen gegenüber sie im hinhaltenden Kampf innerhalb der zurückgehenden übrigen Front wahrscheinlich früher erlegen wäre.[574]

*Carl Wagener*

Der Oberbefehlshaber West, Generalfeldmarschall Albert Kesselring, der bereits vorher einige Maßnahmen bei der Heeresgruppe B und auch bei der Heeresgruppe H (z. B. die Verschiebung des XXXXVII. Panzerkorps nach Süden über die Lippe) kritisiert hatte, schreibt über das Ende im Ruhrkessel u. a.:

»Ich bezeichne die Aufgabe der Heeresgruppe B, mit ihren ostwärts stehenden Teilen Verbindung zu Kräften der 11. Armee aufzunehmen, mit allem Vorbedacht als „Ausbruchsversuch". Er konnte auch nichts anderes darstellen, da der richtige Zeitpunkt bereits überschritten war, die beweglichen Kräfte inner- und außerhalb des Kessels sehr schwach waren und die 12. Armee, im Raum von Magdeburg ostwärts der Elbe in Aufstellung begriffen, erst in drei Wochen auf dem Kampffeld auftreten konnte. Erschwerend kam noch das Zurückklappen des linken Flügels der Heeresgruppe H ins Ruhrgebiet dazu, das dem rechten Flügel der Heeresgruppe Montgomery Operationsfreiheit in die Flanke der deutschen Durchbruchskräfte gab. Aber der Versuch mußte gemacht werden, da die besseren Möglichkeiten im März nicht ausgenutzt worden waren oder vielleicht auch nicht ausgenutzt werden konnten. Nun war aber höchste Eile geboten; der Vorstoß aus dem Raum Winterberg nach Osten mußte dabei durch Kräfte der inzwischen improvisierten 11. Armee aus dem Raum westlich von Kassel unterstützt werden. Unsere Bemühungen auf Bereitstellung der unentbehrlichsten Kräfte und meine an Ort und Stelle gegebenen Anweisungen sollten sich als nutzlos herausstellen. Am 1. April 1945 vormittags meldete mir mein Chef nach Eintreffen auf meinem Gefechtsstand Reinhardsbrunn im Thüringer Wald, daß nach einem kurz vorher eingegangenen „Führerbefehl" die Ausbruchsversuche aus dem Ruhrkessel einzustellen seien und die Heeresgruppe B das Ruhrgebiet als „Ruhrfestung" in unmittelbarer Unterstellung unter das OKW zu verteidigen habe.

Ich war über diesen Entschluß des OKW mehr als betroffen, widersprach er doch allen Planungen. Beim OKW mochte mitgesprochen haben, daß nach dem Liegenbleiben des Angriffs des LIII. Armeekorps ostwärts Winterberg ein Durchbruch keinen Erfolg mehr haben könnte, und eine eingeschlossene Heeresgruppe so viel Feindkräfte fesseln würde, daß das weitere Vortreiben einer starken Angriffsgruppe nach Osten in den mitteldeutschen Raum in Frage gestellt wäre. Ferner glaubte das OKW vielleicht, durch Verweisung der Heeresgruppe auf die Vorräte des Ruhrgebietes diese versorgt zu sehen und damit den anderen Verbänden der Westfront mehr zuführen zu können. Man muß diese Gründe verstehen, auch wenn man sie nicht billigen kann.

Tatsächlich konnte das Ruhrgebiet mit den Truppen der Heeresgruppe und der zahlreichen Bevölkerung höchstens zwei bis drei Wochen ernährt werden. Heeresnachschubgut war nur in geringem Umfang vorhanden. Operativ gesehen war das

---

574 Wagener, a. a. O., S. 563–564. Generalmajor Carl Wagener schreibt in einem bisher unveröffentlichten Manuskript über seinen Chef u. a.: Generalfeldmarschall Model hat seinem Volk bis zum Tode in höchster persönlicher Einsatzbereitschaft und rastlos gedient. Sein hartes Soldatentum und seine Tapferkeit wären es wert gewesen, in einer edleren Zeit gelebt und einen besseren Herrn gefunden zu haben.

Ruhrgebiet für General Eisenhower uninteressant; sein Ziel lag weiter östlich. Die Fesselung starker alliierter Einschließungskräfte konnte nur erwartet werden, wenn das Ruhrgebiet hartnäckig, also auch offensiv, verteidigt würde. Nach meinen bisherigen Beobachtungen war damit nicht ohne weiteres zu rechnen. Die 300 000 Mann der Heeresgruppe B konnten bei der Schließung der Lücke zwischen Teutoburger Wald und Thüringer Wald nicht im entferntesten ersetzt werden.

Die Kämpfe um den Ruhrkessel wickelten sich, wie zu erwarten war, ab und führten am 17. April zur Kapitulation, deren Grund vor allem darin zu suchen sein dürfte, daß Führung und Truppe nicht mehr den Sinn des Krieges verstanden. Daß auf deutscher Seite noch gekämpft werden konnte, bewiesen allein die schweren Verluste einer amerikanischen Division bei Siegburg.

Mit dem 17. April war die Tragödie der Heeresgruppe B beendet; um die Ruhr und deren Ausnutzung begann ein neuer Kampf in anderer Form!

Dem Führer der Heeresgruppe B, Generalfeldmarschall Model, gilt mein Gedenken. Ein wagemutiger, kühner Soldat schied freiwillig aus unseren Reihen. Wer kann es ihm — heute zurückblickend — verdenken? Aus meiner Erinnerung wird er nie schwinden!«[575]

☆

In diesen Tagen muß aber auch den hohen deutschen NS-Führern klar geworden sein, was die Stunde geschlagen hatte. Toland berichtet darüber in seinem Buch „Das Finale“:

»Als die Amerikaner den Ring bei Lippstadt geschlossen hatten und der Widerstand im Ruhrkessel zusammengebrochen war, gab Hitler endlich zu, daß die totale Niederlage nicht nur möglich, sondern sogar wahrscheinlich sei. ‚Aber selbst diese Aussicht‘, sagte er, ‚mindert nicht mein unerschütterliches Vertrauen in die Zukunft des deutschen Volkes. Je mehr wir leiden, desto ruhmreicher wird die Auferstehung des ewigen Deutschlands sein!‘

Obgleich er persönlich es nicht ertragen könne, in einem besiegten Deutschland zu leben, wolle er allen, die überlebten, einige ‚Verhaltensregeln‘ geben. Er riet ihnen, die Rassengesetze zu befolgen, die der Nationalsozialismus festgelegt habe, und die ‚Unauflöslichkeit der Einheit aller germanischen Rassen zu bewahren‘.

Er prophezeite, daß es nach der deutschen Niederlage nur noch zwei große Weltmächte geben werde: Amerika und die Sowjetunion. ‚Die Gesetze sowohl der Geschichte als auch der Geographie werden diese beiden Mächte zu einer Kraftprobe entweder auf militärischem Gebiet oder auf den Gebieten Wirtschaft und Weltanschauung zwingen. Nach denselben Gesetzen ist es unvermeidbar, daß beide Mächte Feinde Europas werden. Und ebenso gewiß ist, daß diese beiden Mächte früher oder später den Wunsch zeigen werden, die Unterstützung der einzigen überlebenden großen Nation in Europa, des deutschen Volkes, zu suchen. Mit allem mir zur Verfügung stehenden Nachdruck sage ich, daß die Deutschen es um jeden Preis vermeiden müssen, in diesem oder jenem Lager die Rolle des Bauern zu spielen.‘[576]«[577]

---

575 Albert Kesselring, Soldat bis zum letzten Tag, Athenäum-Verlag Bonn 1953, S. 369 f.

576 Dies war das letzte von Hitlers „Privatgesprächen“. Fünfzehn Tage später, am 17. April, wurden die Dokumente aus Berlin herausgeschafft.

577 Toland, a. a. O., S. 324

8. Kapitel

# Nach der Kapitulation

Gleich nach der Besetzung der Städte und Dörfer begannen die Amerikaner auch damit, wieder für Recht und Ordnung zu sorgen und die deutsche Zivilverwaltung wieder in Gang zu bringen. Während es in den ersten Tagen die rückwärtigen Dienste der Kampfeinheiten in Verbindung mit der Militärpolizei waren, konnten später auch größere Verbände hierfür abgestellt werden. Daß die Amerikaner hierbei auch auf große Schwierigkeiten stießen, ist wohl nicht zu leugnen.

Eine der größeren Einheiten, die nach der Beendigung der Kampfhandlungen mit solch einer Aufgabe betraut wurde, war die 95. US-Infanteriedivision, die im zentralwestfälischen Raum erste Maßnahmen zu ergreifen hatte. Die Geschichte der 95. US-Infanteriedivision berichtet recht ausführlich darüber:

»Inzwischen hatte die Division am 16. April, 18.00 Uhr die zweite Phase der Zivilverwaltung begonnen. Im Gegensatz zu den früheren Lösungen, die nur von Zeit zu Zeit während der Periode fortgesetzter taktischer Operationen des dauernden Vormarsches im Ruhrkessel getroffen worden waren, war Plan Nr. 2 als Vorbereitung für eine dauernde Besetzung vorgesehen.

Das Verwaltungsgebiet, für das die Division verantwortlich war, lag zwischen den Grenzen von Münster, Werne, Langschede im Süden, ostwärts die Ruhr entlang bis Nuttlar, dann nordostwärts über Brackwede und Halle nach Hilter, südwestwärts zurück nach Münster. Geseke und Paderborn gehörten nicht dazu. Ursprünglich war das Gebiet der britischen Zivilverwaltung zugewiesen, aber dann blieben nur die Städte Hamm, Unna und Dortmund mit ihren Stadtkreisen unter der Kontrolle von britischen Abteilungen. Zwischen dem 16. April und dem 20. Mai wurden in dem Gebiet der 95. Division aber noch einige Änderungen vorgenommen und am 25. April die Zone etwas nach Süden verschoben. Am 1. Mai wurden einige kleinere Grenzverschiebungen vorgenommen, damit die Divisionszone mit den deutschen Verwaltungsbezirken übereinstimmte.

Die der Division zugewiesenen Gebiete hatten zum Teil industriellen und zum anderen Teil landwirtschaftlichen Charakter. Beide Gebiete waren auf unterschiedliche Art durch den Krieg geschädigt worden. In den kleinen Städten und Dörfern landwirtschaftlicher Gebiete hatte es wenig Schäden durch Luftangriffe gegeben. Der Zustrom von Evakuierten aus den Städten hatte die Bevölkerung um durchschnittlich 25 Prozent vermehrt. Die größeren Städte und ihre Industrien waren jedoch hart getroffen worden, die Bevölkerung war bis auf etwa ein Drittel oder ein Viertel ihrer normalen Zahl zurückgegangen, und die industrielle Produktion hatte aufgehört. Dortmund und Münster zum Beispiel konnten im amtlichen Sinn nicht mehr als Städte bezeichnet werden. Sie existierten nur noch als Wohnplätze und in bescheidenem Maße als Verwaltungszentren. Sie waren Parasiten für die ländlichen Gebiete, wie es die römischen Städte im früheren Mittelalter (genauer gesagt, in der römischen Kaiserzeit) gewesen waren.

Im Verwaltungsgebiet der Division war das dringlichste Problem nicht, eine geordnete deutsche Gesellschaft wiederherzustellen und zu kontrollieren, sondern vielmehr die drohende Gefahr abzuwenden, die aus der gegenwärtig großen Zahl von

Verschleppten erwuchs. Früher, im Nazisystem, eine unterdrückte Minderheit, jetzt ein freies und vielleicht anarchisches und zerstörerisches Element. Die Anzahl der Verschleppten war unterschiedlich, nach den verschiedensten Bezirken der Division, aber im Durchschnitt betrug sie 60 000, und die Höchstzahl lag bei 112 000 Personen. Das erste Ziel der Militärverwaltung war, einer wachsenden Plünderung vorzubeugen, Räubereien — ob nun bei den Verschleppten oder bei Deutschen — zu verhindern. Das geschah durch Aufstellung von Wachen bei allen wichtigen Vorratslagern und Kaufhäusern, wie auch dadurch, daß das Militär vorübergehend als Polizei eingesetzt wurde, wo immer Unordnung drohte.

Das nächste Ziel war, diese Verschleppten zu sammeln, in Lagern unterzubringen, und sie, soweit es ging, nach Nationalitäten aufzugliedern, um so für ihre Rückführung in ihre Heimatländer vorbereitet zu sein, wann immer sich das als durchführbar erwies. Es mußte für ärztliche Betreuung gesorgt werden, und man bemühte sich, den Epidemien durch Ungeziefervernichtungsmittel vorzubeugen. Es mußte für Nahrungsmittel gesorgt werden, und im allgemeinen konnte das durch die deutschen Ladengeschäfte geschehen. Doch ging man dabei vorsichtig vor, denn die Militärverwaltung wollte die deutschen Reserven nicht so stark erschöpfen, daß direkte alliierte Hilfe für Deutschland selbst erforderlich wurde.

Das zweite Hauptproblem war die Wiederherstellung einer geordneten deutschen Gesellschaft. Eine örtliche Verwaltung mußte bestätigt oder eingerichtet werden, und das geschah mit Hilfe des Gegenspionagekorps. Im allgemeinen konnte eine totale Ausmerzung von Nazis nicht angestrebt werden, denn dann hätte man in zu großer Anzahl Leute ohne administrative Erfahrung einsetzen müssen. Die prominentesten Parteimitglieder waren geflohen oder waren automatisch festgenommen worden. Die Fanatiker wurden ausgemerzt, und die Verwaltung wurde meistens in die Hände eines älteren Ortsvorstehers und derjenigen Mitarbeiter gelegt, deren Verbindung mit der Partei wenigstens zum Teil durch ihre Berufstätigkeit unumgänglich gewesen war. Die Polizei wurde im ganzen auf die gleiche Art ausgesiebt, und die „Nazis" die übrigblieben, waren weitgehend diejenigen, die seit 1937 oder 1938 mit der Partei in Verbindung gekommen waren. Nachdem sie durchleuchtet worden war, durfte die Polizei ihre Arbeit wieder aufnehmen, und für das gesamte Gebiet der Division wurde ein besonderes juristisches Schnellgerichtssystem aufgebaut durch die Militärregierung.

Zwischen dem 25. April und dem 10. Mai wurden über 67 Fälle verhandelt. Die Angeklagten waren vorwiegend Deutsche, aber es wurde auch eine Anzahl von Verschleppten vor Gericht gestellt. Die am häufigsten vorkommenden Delikte waren Plünderei, rechtswidriger Besitz und Übertretung des Ausgehverbots. Die Bestrafung richtete sich nach den Umständen: Für Plünderung z. B. reichte sie von 60 Tagen bis zu einem Jahr Haft,während es für die Nichtachtung des Ausgehverbots Geldstrafen von 50,— bis 2 000,— Reichsmark gab.

Auf wirtschaftlichem Gebiet zielte die Militärverwaltung auf Förderung der Rückkehr zu normalen Verhältnissen ab. Das frühere „stand fast" (dageblieben) wurde zurückgenommen, und alle Deutschen durften sich ohne Ausweis im Divisionsgebiet bewegen, um zu ihren Bauernhöfen oder zu ihrem Handel und Gewerbe zurückzukehren. Man bemühte sich, die öffentlichen Versorgungsbetriebe wieder in Gang zu setzen. An erster Stelle wurden die wichtigsten Läden wieder geöffnet: Bäckereien, Metzgereien und sonstige wichtige Geschäfte. Dann regte man auch andere Betriebe zur Wiedereröffnung an und drang darauf, daß die Kleinindustrie, zum Beispiel

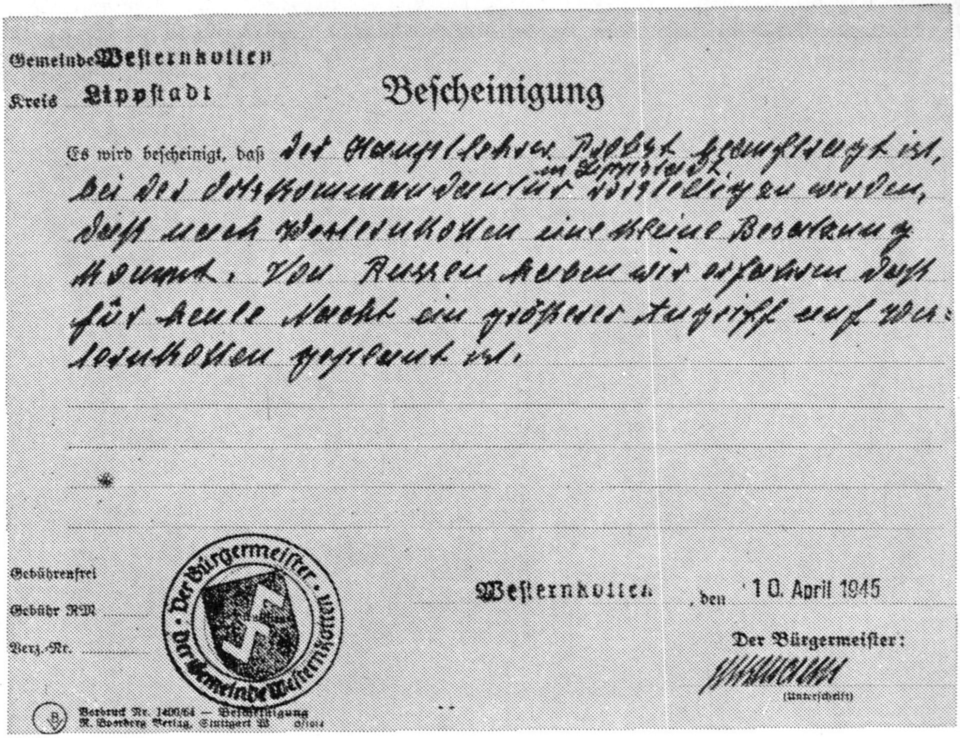

Gemeinde Westernkotten
Kreis Lippstadt

**Bescheinigung**

Es wird bescheinigt, daß der Hauptlehrer Probst beauftragt ist, in Lippstadt bei der Ortskommandantur vorstellig zu werden, daß nach Westernkotten eine kleine Besatzung kommt. Von Russen haben wir erfahren daß für heute Nacht ein größerer Angriff auf Westernkotten geplant ist.

Gebührenfrei
Gebühr RM
Verz.-Nr.

Der Bürgermeister Gemeinde Westernkotten

Westernkotten, den 10. April 1945

Der Bürgermeister:
(Unterschrift)

Vordruck Nr. 1400/64 — Bescheinigung
R. Boorberg Verlag, Stuttgart W

*Dokument 16: Bescheinigung für den Hauptlehrer Wilhelm Probst, Westernkotten, in Lippstadt bei der Ortskommandantur vorstellig zu werden, daß eine kleine Besatzung nach Westernkotten kommt.*

Möbelwerkstätten, die Produktion wieder aufnahmen. Was in dieser Beziehung die Schwerindustrie anging, so hielt man sich zurück, um politische Entscheidungen abzuwarten.

Im allgemeinen und besonderen waren die Deutschen zur Zusammenarbeit sehr bereit, und im Divisionsbereich gab es fast keinen irregulären Widerstand von Werwolf oder Freikorpsleuten. Diejenigen, die man zur Mitarbeit aufforderte, zeigten sich bereitwillig, und allem Anschein nach fürchtete man die Zusammenarbeit mit der Militärregierung nicht. (Die unausgesprochenen Gefühle der Deutschen können hier nicht analysiert werden, aber es gibt verschiedene Umstände, aus denen sich der Mangel an Verbitterung, die man hätte erwarten können, zum Teil erklären läßt. An erster Stelle wußten die Deutschen dieses Gebietes, daß der Krieg schon lange vor der Ankunft der Amerikaner verloren war. Für sie bedeutete deren Kommen nicht eine verheerende Niederlage, sondern das Aufhören von Schrecken und sinnloser Vernichtung. An zweiter Stelle war die Bombardierung der Zivilbevölkerung bis zu einem Punkt fortgeschritten, wo selbst die Zivilisten etwas von der unpersönlichen Einstellung des Frontsoldaten gegenüber seinem Gegner angenommen hatten.

Während der Zeit vom 16. April bis zum 9. Mai wurden die oben skizzierten Maßnahmen mit Nachdruck vorangetrieben, und am Ende dieser Periode waren die meisten Schwierigkeiten auf dem besten Weg, völlig überwunden zu werden. Die Verschleppten waren unter Kontrolle und in getrennten Lagern untergebracht. Auf

Gerichtsbarkeit gestützt, waren Verwaltung und polizeiliche Überwachung eingerichtet und die ersten Schritte getan worden, um das Wirtschaftsleben und den öffentlichen Dienst wiederherzustellen.

Am 10. Mai gab die Division in dem ihr zugewiesenen Gebiet auf Korpsbefehl einen großen Teil ihrer vorherigen Verantwortung ab. Zu diesem Datum übernahm die (britische) Abteilung 307 der Militärverwaltung unter Kommando des XVI. Korps die volle Verantwortung im Divisionsgebiet: 1. Zivilverwaltung; 2. öffentliche Wohlfahrtseinrichtungen; 3. Zivilpolizei und Feuerwehr; 4. Militärverwaltung und Zivilgerichtsbarkeit; 5. Bank- und Postwesen; 6. Wiederherstellung von Waren und Produktion, öffentlicher Dienstleistungen; 7. Wiederbelebung der Landwirtschaft; 8. Wiederherstellung der öffentlichen Versorgungsbetriebe; 9. öffentliche Gesundheitsfürsorge.

Gemäß den Anweisungen des Armeekorps hielten die Befehlshaber der Militärverwaltungen ab 10. Mai enge Verbindung mit den Gebietskommandeuren. Letztere konnten in folgenden Bereichen ihren Beistand anfordern: 1. Einsatz von Personal des Gegenspionage-Korps zur Vernehmung von Zivilpersonen und weiterführenden Nachforschungen; 2. Beistand von Truppen zur Sicherung von Einrichtungen, die für die Tätigkeit der Militärverwaltung wichtig waren; 3. Entleihung von Motorfahrzeugen zum Transport von Lebensmitteln und für andere dringliche Transportware; 4. militärische Hilfe bei der Wiederherstellung öffentlicher Versorgungsbetriebe und Fernmeldeleitungen.

Von allen diesen Hilfen war die wichtigste die Tätigkeit der Abteilung des Gegenspionagekorps unter Kommando von Hauptmann August K. Bott. Auch auf diesem Gebiet war schon vorher einiges getan worden. Vom 9. bis zum 20. Mai wurden 106 Verhaftungen vorgenommen, vom 16. April bis zum 20. Mai, als die Division durch die 35. Division abgelöst wurde, waren es insgesamt 319 Verhaftungen.

Es gab auch Verpflichtungen, die auch nach dem 10. Mai gültig blieben. Im Korpsbefehl sind sieben aufgezählt: 1. Besetzung, Militärpolizei und Sicherheitsdienst im zugewiesenen Gebiet; 2. Unterdrückung von Widerstand jeglicher Art; 3. Einrichtung von Patrouillen, Straßensperren und anderen Sicherheitsmaßnahmen; 4. Bereitstellung angemessener Bewachung von Nachrichtenanlagen; 5. Betreuung, Überwachung und Repatriierung Verschleppter, Einrichtung und Verwaltung von getrennten Lagern und Verlegung Verschleppter nach Sammelstellen zur Rückführung in ihre Heimatländer; 6. Betreuung, Überwachung und Verwaltung von Lagern verbündeter Kriegsgefangener; 7. Zusammenarbeit mit den Abteilungen der Militärregierung auf allen diesbezüglichen Gebieten.

Die Sicherungsmaßnahmen wurden routinemäßig ausgeführt, und es gab keinen Widerstand von Bedeutung. Wie im April lag auch im Mai das größte Problem bei den Verschleppten. Während deren Anzahl je nach Verwaltungsbezirk unterschiedlich war, betrug der Durchschnitt 60 000 Personen, und mehr als hundert Lager standen unter Divisionsaufsicht. Verhältnismäßig wenige wurden aufgehoben, obwohl 1 400 Franzosen und Belgier und etwa 1 300 Holländer in die Heimat entlassen wurden. Die Verpflegung der Verschleppten wurde gehandhabt wie vor dem 10. Mai, wobei ein Teil der Lieferung den Ortsvorstehern auferlegt wurde, während der andere Teil aus Reserven der 9. US-Armee kam.

Zusätzlich zu diesen Verschlepptenlagern hatte die Division auch noch Lager verbündeter Kriegsgefangener zu verwalten. Während der ersten Tage des Monats gab es in den Lagern der Division etwa 70 000 alliierte Kriegsgefangene, aber nach der

Grenzverschiebung ging die Anzahl auf etwa 18 000 zurück. Ihr weitaus größter Prozentsatz lag bei den Russen und Polen. Von der geringen Anzahl von Franzosen, Belgiern und Niederländern waren die meisten Ende April schon entlassen worden. Am 20. Mai z. B., als ein Teil der Lager schon der 35. Division überstellt war, gab es noch 5 384 Russen und 455 Polen von insgesamt 5 936 Kriegsgefangenen.

Während der letzten Tage des April und der ersten Maitage befaßte sich die 95. Division mit den drei Massenmorden und den Begräbnisplätzen, welche in ihrem Gebiet bekanntgeworden waren. Man ging dabei jeweils nach derselben Methode vor. Wenn die Militärregierung von der Lage der Begräbnisplätze erfuhr, befahl sie dem jeweiligen Bürgermeister, die Leichen ausgraben zu lassen. Die Ortsbewohner wurden dann gezwungen, Einzelgräber für die Opfer auszuheben und an diesen vor den Beisetzungsfeiern einer nach dem anderen vorbeizugehen. Die Mehrzahl der Beobachter war der Ansicht, daß die Haltung der Deutschen dabei Gleichgültigkeit gegenüber den Verbrechen und Ärger wegen der Unannehmlichkeiten verriet.

Der Fall Warstein mag als typisch angeführt werden. Am 26. April wurde das Vorhandensein eines Massengrabes gemeldet. Am 3. Mai erhielt der Bürgermeister Befehl, die Leichen ausgraben zu lassen. Einundsiebzig Tote wurden gefunden, die meisten von ihnen waren Russen. Im ganzen waren es 60 Männer, 10 Frauen und ein Kind. Am 4. Mai wurden die Einzelgräber von Deutschen ausgehoben, und 8 000 Bewohner des Gebietes wurden gezwungen, die Toten anzusehen, bevor die Beisetzungsfeier begann.

Der Fall wurde für künftige Verfahren der Gerichtsbehörden für Kriegsverbrechen untersucht und folgender Rekonstruktionsversuch erstellt: Vom 18. März bis zum 26. März gab es zahlenmäßig den größten Zug von Zwangsarbeitern nach dem Osten, und in diesem Zeitraum befanden sich etwa 700 von ihnen in der Nähe von Warstein. Man versuchte, sie in Sammellager zu bringen, aber das gelang nur zum Teil. Laut Gerüchten innerhalb der Bevölkerung ist der Reichsführer SS Heinrich Himmler zu der Zeit in der Nähe gewesen. Als er auf einer benachbarten, mit diesen Arbeitssklaven überfüllten Straße entlanggefahren sei, habe er befohlen, sie zu erschießen. Jedenfalls scheint es, daß diese einundsiebzig in der Nacht vom 20./21. März im Langenbachtal bei Warstein insgeheim niedergeknüppelt und erschossen wurden. Das SS-Sonderkommando (Stab Kammler), das in Suttrop stationiert war, war für diese Morde verantwortlich. Zu der Zeit, als diese Untersuchung darüber durchgeführt wurde, merkte man, daß die Deutschen noch zu viel Angst hatten, um Aussagen zu machen; und kein Augenzeuge dieses Massenmordes war befragt worden. (Oder konnte befragt werden?)«

Über die Morde der SS-Einheit im Warsteiner Wald berichtet Fritz Schumacher in seinem Buch „Heimat unter Bomben" u. a.:

»Ein Obelisk im Warsteiner Wald, am Rande eines kleinen Friedhofes, hielt die Erinnerung wach an grausige Tage, an die SS-Henker von Warstein, die einige Zeit in der Wästerstadt stationiert waren. Für die Warsteiner war es eine grauenvolle Enthüllung, als sie an einem sonnigen Tag im April im Langenbachtal die Todesopfer dieser SS-Einheit, Frauen, Männer, Kinder, liegen sahen. Die Bürger der Stadt und des Amtes waren von der Besatzungsmacht aufgefordert worden, die stummen Zeugen dieses Verbrechens selbst zu sehen; sie wurden auf Lastkraftwagen dorthin gebracht.

Im März 1945 starben unter den Kugeln der SS-Henker 35 Männer, 21 Frauen und ein Kind in den Waldungen zwischen Warstein und Kallenhardt; sie waren aus

dem Lager in der Suttroper Schule herausgeholt worden. Am 21. März wurden im Langenbachtal 14 Männer, 56 Frauen und ein einjähriges Kind erschossen; man hatte sie aus der Warsteiner Sauerlandhalle herausgeholt. Und am 22. März wurden zwischen Warstein und Eversberg, auf der Eversberger Heide, 80 Fremdarbeiter niedergeschossen. Als zwölf Jahre später die verantwortlichen SS-Führer, soweit sie noch lebten oder greifbar waren, in einem großen Prozeß vor Gericht gestellt wurden, ergab sich folgendes Bild jener Tage, wie es 14 Jahre später in der Presse zu lesen war.

Das SS-Kommando hatte in Warstein einen geheimen Auftrag. Es sollte eine Anlage erstellen, die mit den V-2-Waffen zusammenhing. Leiter des Kommandos war ein SS-Obergruppenführer Dipl.-Ing. Dr. Kammler. (Dr. Kammler liebte Beethovens Musik. Er veranstaltete zusammen mit der sehr jungen und musikalischen Sekretärin eines aus dem Ruhrgebiet nach Warstein verlagerten Betriebes Hausmusikabende, er spielte Klavier, sie Geige. Freunde klassischer Musik erlebten mit diesen beiden schöne Stunden, schreibt der Chronist, um die Diskrepanz herauszustellen zwischen diesem Leben und den Mordszenen, die Kammler befahl.)

In jenen Wochen hatte der große Treck der Fremdarbeiter aus dem Ruhrgebiet durch die sauerländischen Berge, die Flucht vor dem Krieg, begonnen. Lange Kolonnen wurden über die Wege in östlicher Richtung geführt. Überall dasselbe Bild. Vermutlich waren alle froh, der Frontnähe entrückt zu sein, wenngleich der Hunger ihr Begleiter war auf diesen Trecks durch die Wälder.

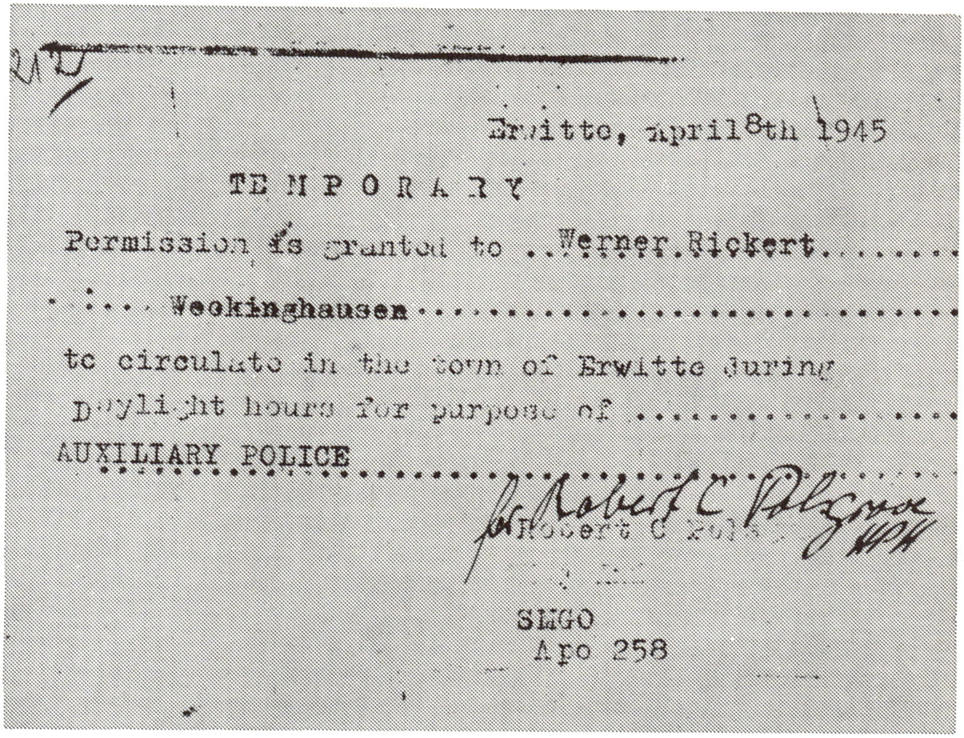

Erwitte, april 8th 1945

TEMPORARY

Permission is granted to ..Werner.Rickert.......

.... Weckinghausen ..............................

to circulate in the town of Erwitte during

Daylight hours for purpose of ...............

AUXILIARY POLICE

for Robert C Polsgrove

Robert C Pols...

SMGO

Apo 258

*Dokument 17: Passierschein für den Jungbauern Werner Rickert, Weckinghausen, während des Tageslichtes sich in Erwitte bewegen zu dürfen. Ausgestellt von Robert C. Polsgrove, Major der Infanterie 8. US-Panzerdivision.*

SS-Oberführer Dr. Kammler hatte nach Rückkehr von einer seiner Reisen nach Berlin verkündet: „Das Fremdarbeiterproblem wird für die deutsche Bevölkerung existenzbedrohend. Wir müssen jetzt Vergeltung üben. Wir müssen die Zahl der Fremdarbeiter dezimieren ..." Von Plünderungen weiß man zu dieser Stunde im Raum Warstein noch nichts; das alles kam erst viel später.

Am 20. März befahl Kammler, mit dem „Dezimieren" zu beginnen. Wahllos werden im Lager der Suttroper Schule 35 Männer, 21 Frauen und dazu ein Kind herausgesucht. Sie werden auf Lastkraftwagen verfrachtet, die erst an einer einsamen Stelle des Waldes zwischen Warstein und Kallenhardt halten. Schüsse zerreißen die Waldstille. — 56 schuldlose Menschen lagen tot. Die Leichen wurden verscharrt.

SS-Männer tauchten am folgenden Tag im Lager der Sauerlandhalle auf. Tausend Fremdarbeiter lagern hier in dumpfer Ergebenheit und warten darauf, daß sich irgendetwas tut. Ein trauriges Schicksal, aber alle dürfen doch hoffen, einmal aus diesen Tagen des Infernos mit dem Leben davonzukommen.

‚Wer meldet sich freiwillig für den Abtransport in ein besseres Lager?' wird gefragt. 14 Männer und 56 Frauen, eine mit einem einjährigen Kind, melden sich auf dieses Angebot einer Verbesserung ihrer Lage.

Die Lastkraftwagen, auf die sie verladen werden, halten im Langenbachtal. Auf der Talsohle werden die Menschen zusammengetrieben. Dann fegen Garben aus Maschinenpistolen in die verängstigte Gruppe. In wenigen Minuten sind 71 Menschen tot. Wo noch Leben zu sein scheint, hilft der Genickschuß des Offiziers nach. Ein grausiges Werk!

Am 22. März sagen die SS-Leute im Lager: ‚Wir brauchen sofort 80 besonders kräftige Männer zum Arbeitseinsatz, aber schnell!' Diese werden sofort ausgesucht. Sie wurden die Opfer der Mordschützen in der Nähe von Eversberg.

Nach den Massenmorden hatte die SS den Opfern Wertsachen, Personalpapiere und noch verwertbare Kleidungsstücke abgenommen und gegen Quittung dem Oberzahlmeister abgeliefert.

Wenig später stand die Sauerlandhalle in Flammen. Tausende von Fremdarbeitern waren hier eingesperrt. Die Halle war in zwei Teile geteilt; in dem größeren Teil hockten die Russen, in dem anderen Franzosen. In dem russischen Teil waren Türen und Fenster verriegelt; der von den Franzosen belegte Hallenteil war nur verschlossen.

Als die Russen in Todesnot vor der Feuersglut um Hilfe riefen, rissen die Franzosen ein Loch in die Bretterwand, die beide Teile voneinander trennte, und verschafften den Russen so einen Ausweg, so daß es keine Todesopfer dieser Brandnacht gab. Die Halle brannte bis auf die Grundmauern nieder.

1958, als der Prozeß gegen die Mörder von Warstein eröffnet wurde, lebte der Hauptverantwortliche, Dr. Kammler, nicht mehr. Der SS-General, dem in den letzten Kriegsmonaten alle V-Waffen unterstanden und der unbegrenzte Machtbefugnisse hatte, zerbiß, als alles verloren war, in der Nähe von Prag eine Zyankalikapsel. Ein Prozeßzeuge sagte über ihn aus: ‚Wir hatten keinen höheren Befehlshaber als ihn. Wenn er beim Stab eintraf, versetzte er alle Offiziere in ekstatischen Zustand. Alle zitterten vor ihm. Seine Vollmachten waren unbegrenzt.'

Hohe Freiheitsstrafen erhielten die Verantwortlichen jener Morde in dem Prozeß in Arnsberg (1959), der die Erinnerung an eine schreckliche Zeit wachrief.

Der fast drei Meter hohe Gedenkstein und die Gräber wurden aus dem Langenbachtal zum Ausländer-Friedhof an der Bundesstraße 55 gebracht.«

9. Kapitel

# Gefangenenschicksale

Während die Soldaten der im Ruhrkessel stehenden amerikanischen Divisionen nach beendeten Kampfhandlungen mit dem Aufräumen der verbliebenen Restgebiete des Kessels begannen und in den besetzten Gebieten erste Verwaltungsmaßnahmen wieder in Gang setzten, wanderten einige Hunderttausende deutscher Soldaten in die Kriegsgefangenschaft.

Die im Bereich des Ruhrkessels gefangenen deutschen Soldaten wurden teils sofort in die späteren Großlager von Remagen-Andernach gebracht, teils aber auch erst in kleineren Lagern nördlich von Hamm und nördlich von Brilon gesammelt.

Einige deutsche Verbände hatten es ihren Soldaten bei der Kapitulation freigestellt, sich einzeln oder in Gruppen zu anderen Einheiten außerhalb des Kessels oder in die Heimat durchzuschlagen. Sicherlich haben das etliche Soldaten versucht und — nicht wenige — es dabei mit dem Leben bezahlt.

Stellvertretend für die mehr als 300000 deutschen Soldaten, die im Ruhrkessel in Gefangenschaft gerieten, will der Verfasser das Schicksal einiger Angehöriger der 116. Panzerdivision schildern, da ihm hierüber einige Erlebnisberichte zugänglich waren.

Einer der ganz wenigen, die der Gefangenschaft entgehen konnten, war der ehemalige Funktruppführer Ernst Hellmich. Nach der Kapitulation seines Funktrupps in einem Wald bei Kalthof hatte Ernst Hellmich Zivilzeug angelegt, das er sich zuvor von seinem Elternhaus mitgebracht hatte, als der Funktrupp dort in Stellung lag. In einer Packtasche hatte er auch einen Autoreifenschlauch und eine Luftpumpe mitgebracht, um mit deren Hilfe notfalls die Ruhr überqueren zu können. — Auf seinem Marsch nach Hause traf er zunächst in Schwerte auf eine zerstörte Ruhrbrücke, die aber noch für Fußgänger einigermaßen passierbar war. Nach unbehelligter Überwindung des Flusses marschierte er weiter in östlicher Richtung, vorbei an einem US-Landeplatz, bis zu einem Dorf. Nach der Übernachtung auf einem Bauernhof ging es am anderen Morgen wieder weiter. Dabei stieß er in dem Dorf Hengsen auf Fußball spielende Amerikaner. Einer der US-Soldaten hielt ihn an und fragte nach dem Woher und Wohin und sagte ihm geradeaus, daß er deutscher Soldat sei. Man wollte ihn zur nächsten amerikanischen Kommandantur schicken. So wurde er per Jeep nach Opherdicke gefahren, wo in einer Gaststätte eine amerikanische Fernsprechzentrale installiert war. Dort wurde er in einem Raum eingesperrt; später kamen noch zwei deutsche Soldaten hinzu. Da nur die oberen Räume des Hauses mit US-Truppen belegt waren, gelang es Hellmich, in einem leerstehenden Zimmer ein Fenster zu öffnen und unbemerkt hinauszuspringen. In einem nahegelegenen Hohlweg versteckt er sich zunächst und wartete ab. Nachdem die Flucht scheinbar nicht bemerkt worden war, machte er sich wieder auf den Weg und umschlug das gesamte Gelände in einem weiten Bogen. Später fragte er einen deutschen Bauern nach weiteren US-Soldaten. Unbehelligt konnte er jedoch weiter in Richtung Heimat gehen. Am 18. April, um 14.00 Uhr war er bereits wieder auf seinem elterlichen Hof in Hemmerde bei Unna. Etwa eine halbe Stunde später kamen plündernde Polen auf den Hof, vor denen er sich zunächst verbergen mußte. Am 2. Mai stellte er sich den US-Behörden und wurde verhört, später aber dann nach Hause geschickt.

Nur wenige Tage in freier Gefangenschaft war auch der Obergefreite Rolf Heckmann von der 13. Kompanie des Panzergrenadierregiments 156. Ihm gelang es ebenfalls, nicht in Gefangenschaft zu geraten, sondern sich abzusondern. Da er ortskundig war, gelang es ihm, an einer seichten Stelle durch die Ruhr zu kommen und sich zunächst bei anderen Versprengten zu verstecken. Einige Tage später war er bereits wieder in seiner Heimatstadt Wickede/Ruhr.

Wenige Tage in der Gefangenschaft war auch der ehemalige Leutnant Herbert Rose von der II. Abteilung des Panzerregiments 16 der 116. Panzerdivision. Er war mit seinen anderen Kameraden zunächst in das Gefangenenlager von Brilon gebracht worden. Rose schrieb aus Vancouver/Kanada hierüber an den Verfasser u. a.:

„Da aber Verpflegung, Moral und das Wetter immer schlechter wurden — von Unterbringung war ja keine Rede —, bin ich mit noch zwei Kameraden nach drei Tagen ausgebrochen und nach einigen Episoden glücklich entkommen. Am 4. Mai stand ich im südlichen Oldenburg bereits wieder in der Backstube und backte Brot."

Wesentlich länger in Gefangenschaft war auch der ehemalige Chef der 1. Kompanie des Panzerpionierbataillons 675 der 116. Panzerdivision, Oberleutnant Otto Varnholt. Seine Tagebuchaufzeichnungen vermerken dazu folgende Einzelheiten:

15. April: Kompanie verlegt nördlich von Iserlohn: Verteilung der Wehrpässe an die noch vorhandenen Soldaten (Kompanie wird praktisch aufgelöst).

16. April: Meldung beim Bataillonsgefechtsstand über Auflösung der Kompanie. Abmeldung beim Kommandeur mit der Maßgabe, sich in die Wälder zu schlagen, um einer Gefangennahme zu entgehen. Dort über Grüne nach Wixberg, in den Wald von Attern mit: Kremer, Borchert, Stöppel, Pusch. 15.00 Uhr wird der Wald von Amerikanern durchkämmt. Beim Näherkommen der feindlichen Infanterie freiwilliges Marschieren aus dem Wald auf die Hauptstraße und somit in Gefangenschaft. Erster Sammelplatz von dort: Fußmarsch zehn Kilometer, dann mit Lastkraftwagen nach Hemer. Die Behandlung war bis dahin einwandfrei.

17. April: Gegen 10.00 Uhr Abfahrt von Hemer über Neheim-Hüsten, Arnsberg nach Brilon. Transport in ein großes Sammellager. Die Division sammelt in einem besonderen Camp. Die eingelieferten Soldaten werden von Jugoslawen, die ca. 50 Meter lang eine Gasse gebildet haben, am laufenden Band mit langen Stöcken verprügelt (Spießrutenlaufen).

18. April: Das Pionierbataillon 675 versammelt sich nach und nach wieder vollständig. In dem Sammellager von Brilon sind ca. 30 000 Gefangene.

21. April: Einsatz von starkem Regen. Der Lagerplatz verwandelt sich in Schlammteiche.

22. April: Gegen 11.00 Uhr Verladung auf Lastkraftwagen, 100 Mann auf einem Lkw., Abtransport über Olpe, Siegburg, Remagen. Dort Sammellager auf den Rheinwiesen. Ca. 300 000 Gefangene werden geschätzt. Es gibt kaum Verpflegung.

25. April: Die Offiziere werden herausgeholt und in Viehwagen der Reichsbahn mit 40 Mann verladen.

26. April: Fahrt über Lüttich, Namur, Richtung Paris. Eine genaue Fahrtroute konnte nicht festgestellt werden.

27. April: Ankunft in Attichy, einem ehemaligen Flugplatz, der jetzt als Gefangenenlager eingerichtet worden war. Unterbringung in offenen Zelten zu 50 Mann. Erneute Durchsuchung und Abnahme fast aller noch gebrauchsfähigen Gegenstände.

30. August: 16.30 Uhr Ausmarsch aus dem Gefangenenlager. Gegen 20.00 Uhr Abfahrt mit einem Güterzug in Richtung Heimat.

2. September: Ankunft in Voetze bei Geldern, englisches Lager. Von dort aus Weiterführung in ein Entlassungslager nach Arnsberg (Obereimer).

Auch dem Hauptmann Hans-Joachim Tzschentke gelang es, sich zunächst der Gefangenschaft zu entziehen. Wie das möglich war, beschreibt er so:

Ich zog es vor, mit Hauptmann Inboden (Feldersatzbataillon) und einem Teil seines Stabes (13—15 Mann), im Walde versteckt, den Gegner an uns vorbeilaufen zu lassen und dann in Nachtmärschen (15.—24. April) den Kreis Büren zu erreichen — von da ab in Zivil—, wo wir es wegen der Überfälle durch Fremdarbeiter vorzogen, in amerikanische Gefangenschaft (bei Lichtenau) zu gehen (28. April).

Als Gefangene transportierte man uns nach Bad Driburg, wo unsere Einheiten festgestellt wurden. Am Abend fanden wir uns in Lippstadt in einem Gefängnis (?) wieder, in dem wir in so kleinen Räumen (Zellen?) untergebracht waren, daß man praktisch — wenn überhaupt — nur im Stehen schlafen konnte. Am Abend des 29. April ging es auf Sattelschleppern (oder Lkws), dicht gepfercht, weiter nach Herford, am 30. April in Viehwaggons nach Lager Büderich bei Wesel. Hier lagen wir genau in unseren Stellungen von den Kämpfen um den Brückenkopf Wesel. Die Gräben dienten uns als Notunterkünfte. Vom Camp Büderich — nicht weniger bekannt als die Hungerlager Remagen, Andernach, Kreuznach — ging es im Bahntransport am 26./27. Mai nach Frankreich.

Als man mich in Bad Driburg vernahm, stellte der Dolmetscher sofort — heute meine ich: mit Respekt — fest, daß der von mir angegebene Truppenteil, das Feldersatzbataillon 146, zur 116. Panzerdivision gehörte. Obwohl ich in Zivil war, sollte ich wohl einer gesonderten Behandlung zugeführt werden, was mir damals gar nicht so angenehm schien, denn ich wußte ja nicht, daß alle gefangenen ‚Windhunde' ins Lager Brilon gebracht wurden, von wo sie wegen guter und fairer Kampfführung frühzeitig entlassen wurden. Die NS-Offiziere in unseren Einheiten hatten in den letzten Monaten oft den Auftrag, uns den Gegner anders darzustellen, als er dann wirklich war. Als ich mich am 28. April in Gefangenschaft begab, in einem Dorf, das schon vier Wochen lang eine amerikanische Besatzung hatte, bot mir als erstes der vernehmende amerikanische Oberleutnant eine Zigarette an. Ich empfand das damals als eine noble Geste. In Driburg erfuhr ich keine „Sonderbehandlung", weil sich wohl ein besonderer Transport nicht lohnte; denn soweit ich mich besinne, waren wir damals zu wenige von dieser Division.

Oberleutnant Josef Blome erinnert sich an seine Gefangennahme: Am 15. April befand ich mich in einem Wald südlich von Hemer, als plötzlich auf dem Waldweg, der vollgestopft war mit deutschen Fahrzeugen, ein amerikanischer Jeep, gefolgt von einem Spähwagen mit weißer Fahne, an mir vorbeifuhr. Ich wurde gezwungen, als Begleitoffizier mitzufahren. Es ging bis zu einem größeren Hof, auf dem sich der deutsche Korpsgefechtsstand befand. Hier wurde die Kapitulation besprochen. Gegen Abend hieß es dann, die einzelnen Einheiten sollten sich auf einer Wiesenfläche in der Nähe einer Siedlung für die Übergabe sammeln. In der Zwischenzeit vernichteten wir unsere Handfeuerwaffen und bündelten unser Gefangenengepäck. Gegen 18.00 bis 19.00 Uhr zogen die amerikanischen Truppen, wohlgeordnet wie im Frieden, durch unsere Sammelstelle. Bisweilen durchstreiften amerikanische Soldaten unseren

Lagerplatz und nahmen uns als Souveniers unsere Orden und Uhren ab. Wir verbrachten die Abendstunden mit Kartenspiel und Gesprächen bei unseren Zelten. Die Amerikaner ließen uns in völliger Freiheit. Erstaunt waren wir über die gute technische Ausrüstung dieser Truppe. Über Fernsprechfunk wurden die einzelnen Fahrzeugkolonnen weitergeleitet.

Uns wurde Weisung erteilt, daß wir am 16. April in Marschkolonnen mit unseren Fahrzeugen unter eigener Führung in den Raum Sundern fahren sollten. Nach den Parolen, die unter uns kursierten, hieß es, wir würden bis zur baldigen Entlassung in Sälen und Hallen untergebracht. Als wir in die Nähe von Sundern kamen, sahen wir eine riesige Menschenmenge; es waren deutsche Gefangene. Erst hieß es, wir würden zu Mittag noch eine Suppe bekommen, aber bald mußten wir spüren, daß jetzt die harte Gefangenschaft begann. Betrunkene Schwarze kamen auf uns zu, schrien uns an und trieben uns zu großen Lastwagen. Es waren Sattelschlepper, auf die über 100 Gefangene geschoben wurden. Die wenigen Habseligkeiten, die wir noch bei uns hatten, wurden uns entrissen. Als ein betrunkener schwarzer Ami mich als Offizier erkannte, wollte er mir ins Gesicht schlagen. Da er mich in der Masse und dem Gedränge nicht erreichen konnte, mußte einer meiner Kameraden für mich diese Schläge hinnehmen.

Von Sundern ging es in ein Sammellager bei Brilon. Da es schneite und regnete, froren wir, weil wir keinen Schutz hatten. Wir standen hier drei Tage im Matsch einer Wiese und bekamen drei Tage weder etwas zu trinken noch zu essen.

Dann ging es mit Sattelschleppern in das große Gefangenenlager nach Remagen. Auch hier erlebten wir nur Hunger und Kälte. Zwei Tage später wurden wir in Viehwaggons verladen und in das amerikanische Gefangenenlager nach Attichy (Frankreich) gebracht. Bei 100 Gramm trockenem Brot und Kaffee verbrachten wir unsere Tage ohne eine Beschäftigung bis zur Entlassung im September.

## IN ALTENA ZU HAUSE UND DOCH IN GEFANGENSCHAFT

Weniger Glück als einige seiner Divisionskameraden hatte der damalige Stabszahlmeister und Stabsintendant im Panzerpionierbataillon 675, Richard Wolff-Boenisch. Über die Zeit seiner Gefangenschaft hat er einen besonders ausführlichen Bericht geschrieben:

»Am 14. April waren wir in Nachrodt im engen Lennetal zwischen Letmathe und Altena. Es ist ein herrlicher Frühlingstag. Ich habe meinen Wagen im Park der Burg Reisewitz untergestellt. Das Städtchen wimmelt von Soldaten aller Waffengattungen. Ein feindliches Flugzeug will mit seinen Bomben die Lennebrücke treffen, streift aber nur das Geländer. Auf dem Bataillonsgefechtsstand am Rande des Ortes erklärt mir der Kommandeur, daß die Division beabsichtigt, den aussichtslosen Kampf aufzugeben und morgen zu kapitulieren. Er meint, ich solle doch schon heute zu meiner Familie fahren, da es ja gleich sei, ob ich morgen hier oder in Altena in Gefangenschaft käme. Ich habe mich daraufhin von allen alten Kameraden herzlich verabschiedet und bin dann zurück zu meinem Wagen gegangen. Mein Fahrer, der gute Doschko, fährt mich dann nach Altena.

„Hier bin ich wieder, der Krieg ist verloren, alles war umsonst, ich stehe vor dem Nichts!" Meine Frau tröstet mich und meint, wir sollten doch froh sein, daß wir noch

leben. Ich schlage Doschko vor, hier zu bleiben, weil er ja vorläufig doch nicht in seine sudetendeutsche Heimat gehen kann, aber er hat anscheinend eine stille Liebe in Menden, die er noch aufsuchen möchte.

Der nächste Tag ist ein Sonntag. Ich sehe von meinem Fenster frühmorgens auf das gegenüberliegende Lenneufer. Ein einzelner amerikanischer Panzer rollt an und hält. Im Turm steht ein Soldat und beobachtet mit seinem Fernglas die Straße. Ich könnte ihn leicht mit dem Gewehr abschießen, aber wem würde das schließlich helfen? Nach dem Frühstück gehe ich zum Stadtkommandanten, einem älteren Hauptmann aus dem 1. Weltkrieg, und stelle mich ihm zur Verfügung. Er will mir gerade einen Verteidigungsabschnitt zuteilen, als ein Leutnant das Zimmer betritt. Er meint nun, daß der junge Mann doch diese Aufgabe übernehmen kann. Wenn ich Lust hätte, könnte ich zu seinem Verpflegungslager in der Lennestraße gehen. Dort wäre sein Feldwebel dabei, die Lebensmittelbestände an die Zivilbevölkerung auszugeben. Statt nun vorher Bescheid zu sagen, marschiere ich gleich zu der Verpflegungsstelle, wo schon eine lange Schlange steht. Wir sind etwa eine halbe Stunde dabei, Brot, Konserven, Schokolade, Butter und Zigaretten zu verteilen, als ein Schreckensruf ertönt: „Die Amis kommen!" Ich stecke die Nase vor die Tür und sehe, wie auf der schmalen Straße ein Panzer langsam anrollt, links und rechts begleitet von Infanteristen. Was nun? Eine Hintertür hat das Haus nicht, die Hinterfront steht direkt in der Lenne. Ich warte also hinter der Gardine ab, bis die Panzerspitze vorüber ist. Dann schleiche ich vorsichtig durch die menschenleere Straße. Plötzlich kommt ein Jeep angerast. Auf ihm stehen zwei Soldaten, brüllen mich an und haben ihre Gewehre im Anschlag. Zum ersten Mal in meinem Leben hebe ich meine Arme hoch, aber sie fahren weiter. Ich bin ungefähr noch zweihundert Meter von meiner Wohnung entfernt, als die zwölfjährige Cousine meiner Frau schreiend angelaufen kommt: „Onkel Richard, lauf schnell weg, vor eurem Haus stehen viele Amis!" Ich renne schnell in das an der Straße gelegene Städtische Krankenhaus. Eine alte Schwester bringt mir sofort einen blau-weiß-gestreiften Krankenanzug und verstaut meine Uniform. Eine Viertelstunde später liege ich im Bett. Über mir hängt eine Tafel mit meiner Fieberkurve, und auf dem Nachtschränkchen steht eine Schüssel mit Milchsuppe. Meine Frau, die mich schon seit Stunden vermißt, erhält nun durch ihre Cousine die Nachricht, wo ich zu finden bin. Sie kann aber nicht zu mir kommen, da die Amerikaner die Straße gesperrt haben und keinen durchlassen.

Am nächsten Morgen, den 16. April, um 5.00 Uhr holt dann die alte Schwester auf meine Bitte hin meine Frau aus der Wohnung. Mit einer Rot-Kreuz-Binde kommen sie durch bis zum Krankenhaus. Etwas später erscheint der Herr Chefarzt, Dr. Driedger, und erklärt mir kurz und bündig, ich müsse sein Haus verlassen, da ich als Wehrmachtsangehöriger die Sicherheit seiner Anstalt gefährde. In meiner ersten Enttäuschung und Wut rufe ich die Schwester und bitte sie, mir sofort meine Uniform wiederzubringen. Dann verlasse ich das Krankenhaus, um zu versuchen, zu meiner Wohnung zu gelangen. Die Bürgersteige liegen voll von amerikanischen Soldaten, aber keiner von ihnen kümmert sich um mich. Erst kurz vor meiner Haustür werde ich angerufen: „Hallo, wohin?" Ich gehe stur weiter, bis mich zwei junge Soldaten festhalten. Sie gehen mit in meine Wohnung, wo ich von Frau, Kindern und Schwiegereltern weinend empfangen werde. Nachdem ich in meinem Rucksack eine Garnitur Wäsche, ein Paar Schnürschuhe, Brot und Büchsenwurst eingepackt habe, verabschiede ich mich von allen und werde dann zur Gefangenen-Sammelstelle im Garten des Fabrikanten Reinecke gebracht. Meine beiden Jungen haben sich nun auch zu mir

durchgeschmuggelt. Sie füllen die Feldflaschen der hier herumliegenden Soldaten mit Wasser. Ein amerikanischer Offizier geht durch unsere Reihen und fragt mich, warum ich mich erst heute in Gefangenschaft begeben hätte. Ein Mann meines Dienstgrades hätte doch schon vor einem Jahr sehen müssen, daß der Krieg verloren war. Ich frage ihn, ob amerikanische Offiziere in unserer Lage schon früher den Kampf aufgegeben hätten? Da antwortet er kurz: „Ja, selbstverständlich!" Nun, über diese Auffassung läßt sich streiten. Kurze Zeit später werde ich mit zwei anderen Offizieren wieder auf die Straße geführt, wo ein Pkw für uns zur Abfahrt bereitsteht. Meine Frau ist für kurze Zeit nach Hause gegangen, um etwas zu essen, da sie den ganzen Tag vor Aufregung noch nichts zu sich genommen hatte. Sie wird sofort gerufen, erreicht mich ganz außer Atem und kann mich noch einmal umarmen. Dann fährt der Wagen mit uns ab in die Ungewißheit.

Es geht zunächst nach Neuenrade, wo schon viele Gefangene lagern und ich auch die ersten Kameraden unseres Pionierbataillons wiedersehe. Wir müssen unsere Rucksäcke und Tragetaschen auspacken. Man wirft alle Stücke, auch die Lebensmittel, auf einen großen Haufen, übergießt diesen mit Benzin und steckt ihn an. Ein paar Bauernjungen, die noch ein paar Sachen retten wollen, werden zurückgetrieben. Ja, da verstehe einer die amerikanische Mentalität! Gegen Abend erreichen wir Brilon. Hier sind auf einem Felde Zehntausende deutscher Soldaten zusammengetrieben worden. Sie werden ringsherum von Panzern und Maschinengewehren bewacht. Wir kratzen uns mit den Händen und Eßlöffeln Erdlöcher in den Boden. Wir haben Hunger, aber zu essen bekommen wir nichts. Es gibt nur einen Wasserkran, und dort stehen schon Hunderte Schlange. Neben mir liegt ein Stabsintendant mit Namen Gerhard ter Balk, der sein letztes Stück Speck mit mir teilt. In der Nacht hat sich das warme Frühlingswetter gewandelt. Am Morgen läuft Wasser über unsere Zeltbahn ins Erdloch. Wir blicken uns um und sehen das ganze Feld schneebedeckt. Auch am zweiten Tag gibt es keine Verpflegung. Ich kaue dafür noch immer auf meiner Speckschwarte herum. Es taut wieder, und der zertrampelte Ackerboden wird weich.

Am dritten Tag gibt es wieder nichts zu essen. Viele nagen an Grashalmen. Es fahren jetzt aber sehr viele große Lkws vor. Wir werden wie das Schlachtvieh — immer zu 40 Mann — auf einen Wagen verladen. Damit wir auf der Fahrt nicht verlorengehen, hat man ein dickes Seil um uns gespannt. In einem tollen Tempo geht es jetzt durch das Sauerland an den Rhein. Wir passieren Orte, wo unsere deutschen Mädchen mit den amerikanischen Soldaten rauchend und Kaugummi kauend, in den Fenstern liegen. Unsere Moral hat ihren Tiefpunkt erreicht. Am späten Nachmittag haben wir Remagen erreicht. Auf den Rheinwiesen scheint eine ganze Armee zu kampieren. Am Eingang liegen in Cellophan eingewickelt einige nackte Leichen deutscher Soldaten. Das Gras ist von den vielen Menschen völlig zertrampelt und der Boden vom Regen aufgeweicht. Nachts frieren wir gottserbärmlich. Am nächsten Tag gibt es endlich etwas zu essen. Jeder erhält eine amerikanische Breakfast- oder Dinnerpackung, die aus ein paar Keksen, einem Riegel Schokolade oder Bonbons und einer kleinen Dose Käse oder Leberwurst besteht. Wir schlingen alles schnell herunter und sind dann aber noch hungriger als zuvor. Ich besorge mir einen dicken leeren Verpflegungskarton, den ich auseinandernehme und der mir nachts als Unterlage dient. Die passionierten Raucher leiden besonders unter dem Mangel an Tabakwaren. Es gibt Leute, die bei den Amerikanern ihre goldenen Trauringe gegen drei Zigaretten eintauschen. Ich beobachte sogar Offiziere, die sich auf die von Negern fortgeworfenen Kippen stürzen. Bei vielen ist jede Haltung, jeder Stolz verlorengegangen.

Nach ein paar Tagen werden die Offiziere aussortiert und zum Bahnhof Remagen geführt. Ein Güterzug steht dort für uns bereit. Wir werden eng in die Waggons gepfercht, und nachdem die Türen verplombt sind, geht die Fahrt los ins Ungewisse. Am nächsten Morgen befinden wir uns in Frankreich. In Attichy, einem kleinen Ort zwischen Soissons und Compiegne, werden wir ausgeladen. Die Franzosen bewerfen uns mit Steinen und Kohlen. Mob gibt es überall, man sollte sich daher hüten, eine Nation nach diesem Gesindel zu beurteilen. Das dortige, auf einem Hügel gelegene, unübersehbare Zeltlager wird also für die nächste Zeit unser Quartier sein. Offiziere, Mannschaften, Hitlerjungen, Österreicher usw. sind in einzelnen „Cages", auf deutsch „Käfigen", getrennt untergebracht. Unsere lieben Wiener tragen jetzt rot-weiß-rote Kokarden und wollen keine Deutschen mehr sein. Gerade sie waren es doch, die 1938 am lautesten „Heil Hitler" und „Wir wollen heim ins Reich!" gerufen haben.

50 Mann kommen auf ein Zelt. Es ist ungefähr zwölf Meter lang und vier Meter breit. Auf jeder Längsseite liegen 25 Mann auf Stroh — so eng wie die Löffel in einem Besteckkasten. Ich bin zwischen unserem Technischen Inspektor Schmeißer und dem Stabsintendanten ter Balk eingeklemmt. Letzterer ist im Zivilberuf Sparkassendirektor in Gronau und nebenbei noch ein hoher NSDAP-Funktionär, im übrigen aber ein feiner Kerl und guter Kamerad. Weitere Mitbewohner unseres Zeltes sind Hauptmann Hossenfelder, die Oberleutnante Varnholt und Wallstab, die Leutnante Eisen und Lux sowie Angehörige unseres Artillerieregiments und der Flak.

Am nächsten Tag kommt der Herr Lagerkommandant, angeblich ein aus Ungarn stammender jüdischer Major, persönlich in unser Cage. Sein Adlatus sammelt auf einem Tablett alle Dienstuhren, Taschenmesser, Notizbücher und sonstige gefährliche Sachen von uns ein. Der Deutsche Gruß durch Hochheben des rechten Armes ist ab sofort verboten. Wir haben jetzt alle Amerikaner wieder mit der alten militärischen Ehrenbezeigung, das heißt durch Anlegen der rechten Hand an die Kopfbedeckung, zu grüßen. Zuwiderhandlungen werden bestraft.

Es beginnen jetzt Wochen und Monate größter Demütigungen und Entbehrungen. Der Hunger ist bei uns täglich zu Gast . . . Die Portionen sind zum Sterben zu viel und zum Leben zu wenig. Morgens zwischen 4.00 und 5.00 Uhr gibt es eine sogenannte „Süße Suppe" aus Milchpulver. Jeder erhält eine Kelle voll auf seinen Blechteller. Wer im Zelt Geburtstag hat, darf den Suppenkessel auskratzen. Das Mittagessen besteht alle Tage aus einer Scheibe Weißbrot und einem Eßlöffel „Rash", einer Mischung von einer billigen Art Corned Beef mit Kartoffelstückchen, oder einem kleinen Würfel Käse. Gegen 17.00 Uhr gibt es das gleiche wie mittags oder einen Kochlöffel Bohnensuppe, dazu einen Becher Bohnenkaffee oder Tee. Manche stürzen sich vor Hunger auf den leeren Kaffeekessel, um den dicken Satz herauszukratzen. Ein Kamerad, der fünf bis sechs Eßlöffel voll heruntergeschlungen hat, bekommt anschließend einen schweren Herzanfall. Das einzige Fett, das wir erhalten, ist monatlich einmal ein Teelöffel voll Schmalz. Nie gibt es etwas Gemüse, Salat oder Obst. Meine Suche nach ein paar Löwenzahnblättern, Brennesseln oder ähnlichem Grünzeug ist immer vergeblich. Manchmal finde ich in meinem Lagerstroh noch zwei bis drei Weizenkörner. Am ersten Pfingsttag bekommt jeder als Mittagsverpflegung eine halbe hohe Steckrübe. Als wir eines Tages zu unserer größten Überraschung eine Gemüsesuppe erhalten, auf der sogar ein paar Fettaugen schwimmen, finden wir diese schon eine Viertelstunde später in unserer Hose wieder. Der Hunger bringt manche Leute auf die seltsamsten Ideen. Ich beobachte einen Kameraden, der seinen Eßlöffel Haschee auf ein Holzbrettchen gelegt hat und das kleine Häufchen mit einem

Brennglas anstrahlt. Er will einmal eine warme Mahlzeit haben. Wehe, wenn bei der Verpflegungsverteilung jemand ein paar Gramm Brot mehr erhält als ein anderer! Die Insassen einiger Zelte haben sich daher aus Dosenblech Waagen gebaut, mit denen man haargenau alle Portionen abwiegen kann. Durch das ständige Hungergefühl sind alle sehr gereizt, so daß es oft wegen Geringfügigkeiten zu Reibereien kommt. Mir wird bei dem leeren Magen an manchen Tagen ganz schwarz vor den Augen.

Eines Tages erscheint eine Abordnung des Schweizer Roten Kreuzes, um sich von der Behandlung und dem Zustand der Gefangenen ein Bild zu verschaffen. An der Küche steht heute auf einer großen schwarzen Tafel folgender Speiseplan: Morgens: Süße Milchsuppe mit Obsteinlage; mittags: Weißbrot, Corned Beef, Schokolade, Bohnenkaffee; abends: Bohnensuppe mit Fleischeinlage, Vitamin-C-Getränk. Welch ein Hohn, wenn man bedenkt, wie winzig die Portionen sind! In dem Suppenkessel für 50 Mann schwimmen höchstens zwei bis drei Dörrpflaumen herum. Jedes Zelt erhält nur eine Tafel Schokolade, das heißt: Jeder Mann bekommt ein halbes Häuschen. Das Vitamingetränk besteht aus einem kleinen Stanioltütchen Zitronenpulver, das man mit dem stark chlorhaltigen Trinkwasser mischen muß. Die Kommission zieht abends wieder befriedigt und mit gutem Gewissen ab.

Mit der Ausgabe von Toilettenartikeln verfahren die Amerikaner großzügiger. Es gibt alle zwei Wochen ein Stück Seife, Marke „Lifeboy". Daneben erhalten wir genügend Rasierklingen und Rasierschaum. Mit letzterem reibe ich auch meine rissig gewordenen Stiefel ein, denn ich meine, was für die Haut gut ist, muß auch für das Leder gut sein. Schwierigkeiten bereitet das Waschen der schmutzigen Leibwäsche. Ich habe mir dafür eine größere Konservenbüchse besorgt, fülle diese mit Wasser, schnippele ein paar Stückchen Seife hinein und lasse den ganzen Inhalt einen Tag lang stehen. Anschließend wringe ich die Wäsche aus und lasse sie dann in der Sonne trocknen. — Von Zeit zu Zeit erscheint ein amerikanischer Sanitätssoldat mit seiner großen „DDT"-Spritze und schießt uns eine Ladung dieses Ungeziefervertilgungsmittels unter das Hemd und in die Hose. Es ist bedeutend besser als unser deutsches „Lausetod-Pulver", das so widerlich nach Knoblauch und Zwiebeln duftet.

In den ersten Maitagen müssen alle Insassen unseres Cages antreten, und wir erfahren durch den deutschen Lagerführer, einer sehr zwielichtigen Persönlichkeit, daß Adolf Hitler sich erschossen hat und seine Frau sowie Dr. Goebbels mit seiner ganzen Familie sich vergiftet haben. Wir nehmen alles ziemlich apathisch hin, denn wir sind überzeugt, hätte man sie lebend gefangengenommen, würde man sie wahrscheinlich wie wilde Tiere in einen Käfig gesperrt und später aufgehängt haben. Weiterhin wird bekanntgegeben, daß die Deutsche Wehrmacht unter dem Großadmiral Dönitz den aussichtslosen Kampf aufgegeben hat und am 9. Mai bedingungslos kapituliert hat. Still und schicksalsergeben kehren wir zu unseren Zelten zurück. Unsere Gedanken gehen jetzt zu unseren Familien. Wann werden wir sie wohl wiedersehen?

Inzwischen kommen neue Gefangenenkolonnen. Darunter befindet sich auch unser früherer Adjutant, Leutnant Colly. Er erzählt mir von seinen letzten Einsätzen bei Hahnenklee und Clausthal-Zellerfeld im Harz. Ich treffe auch den jungen Leutnant Rahmede aus Altena. Man hat ihn aus einem Lazarett geholt und mit seiner zwölf Zentimeter langen, noch nicht verheilten Brustwunde hierher geschleppt.

Kurz darauf werden die Landwirte und Bergleute aufgerufen, sich zu melden. Anscheinend werden sie in der Heimat dringend gebraucht. Studienräte werden jetzt

ı Anröchte verkündet der Gemeindebote von einem Halbkettenfahrzeug aus eine Proklamation der US-Militärbehörden an ie Zivilbevölkerung.

Fotos: US-Army



.m 3. Mai 1945 in Warstein/Sauerland. Soldat Joseph Bennet (95. Infanteriedivision) führt den neuen Bürgermeister eter Struif an die Leichen von 71 toten Russen. Diese waren von SS-Einheiten in den letzten Kriegstagen wahllos erschossen 'orden.

Eine russische Artistengruppe unterhält amerikanische und befreite russische Soldaten und Fremdarbeiter in Lippstadt: 20. Mai 1945.

Leutnant John W. Lody befragt drei Zivilisten, die für ein Lippstädter Gefängnis verantwortlich waren: 26. April 1945.

Der russische Oberst Nicola, ehem. Kriegsgefangener, ist nun Kommandant des alliierten Kriegsgefangenenlagers in Lippstadt. Rechts und links zwei Oberste des XVI. US-Korps: 20. Mai 1945

Fotos: US-Army

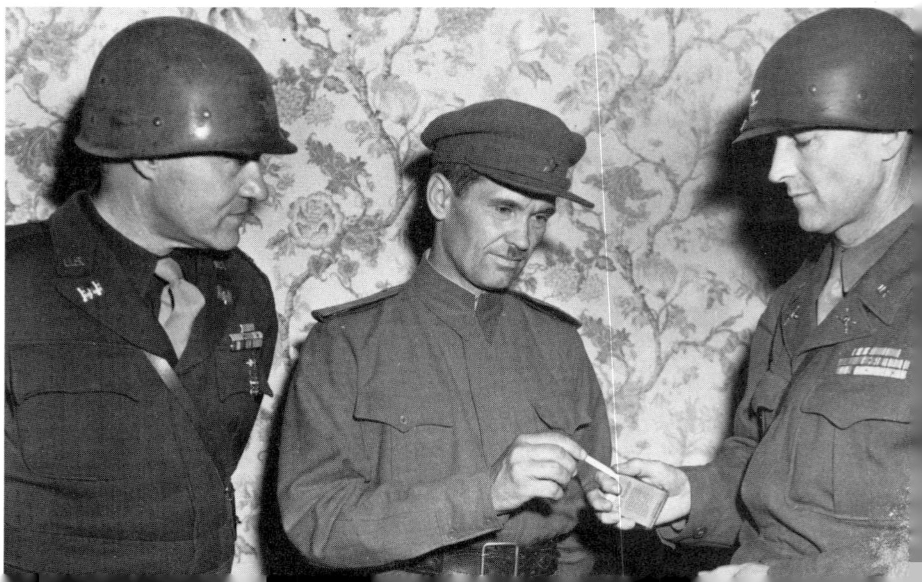

**ʼer Staatssekretär im US-Kriegsministerium, Robert P. Patterson, besucht am 4. Mai 1945 das Hauptquartier der ʼ5. US-Infanteriedivision auf der Burg in Erwitte. Eine Ehrenkompanie ist zum Empfang des hohen Gastes angetreten.**



Fotos: US-Army

150 Millionen Reichsmark soll dieser alte Gobelin wert sein. Im Schloß des Grafen von Spee in Alme bei Brilon, wo wertvolle Kunstschätze ausgelagert worden waren, besichtigen zwei US-Soldaten sowie der Deutsche Dr. Karl Wilkes dieses kostbare Stück: 26. April 1945.

Befreite russische Zwangsarbeiter verspotten in Soest vor einem Kasernengelände einen sogenannten »Teufelsreiter«, der den Niedergang des Dritten Reiches symbolisieren soll: 8. Mai 1945.

Im Besatzungsbereich der 79. US-Infanteriedivision geleiten russische Fremdarbeiter in Dortmund einen verstorbenen Kameraden zur letzten Ruhe: 24. April 1945.

Fotos: US-Army

Eine Ehrenwache der 95. US-Infanteriedivision vor dem Ehrenmal für russische Kriegstote auf dem Ehrenfriedhof bei Stukenbrock, nördlich von Paderborn: 13. Mai 1945

Eine Ehrengarde amerikanischer und russischer Offiziere schreitet die Front der dort angetretenen amerikanischen und russischen Truppen ab.

Generalmajor John B. Anderson, Kommandeur des XVI. US-Korps (zweiter von rechts), mit dem russischen Oberst Kyrinin (dritter von rechts) vor dem Monument anläßlich der Totenehrung: 13. Mai 1945

Fotos: US-Army

Das blieb zurück: Kreuze und Gräber

Gefallene der Panzerbrigade 106 Feldherrnhalle auf dem Dorffriedhof in Brunskappel im Jahre 1946

Der Soldatenfriedhof Eversberg bei Meschede. Hier ruhen die Toten der Divisionen, die im östlichen und nördlichen Sauerland kämpften.

Der Soldatenfriedhof in Erwitte. Er wurde am 4. April 1945 selbst zum Schlachtfeld, als die Panzer der 8. US-Panzerdivision den Friedhof beschossen und Gräber und Hecken niederwalzten.

Fotos: Verfasser

Im Tal des Friedens, beim Kloster Böddeken zwischen Büren und Paderborn, ruhen in langen Reihen die Toten aus den Kämpfen im Raum Büren-Paderborn-Warburg. Vornehmlich auch die Gefallenen der SS-Brigade Westfalen, Volkssturmleute u. a.

Volkstrauertag 1979: Offizielle Trauerfeier des Kreises Paderborn auf dem Soldatenfriedhof Böddeken mit den Abordnungen der Vereine und Soldatenkameradschaften

Fotos: Verfasser

**Obere Bilder:**
**Auf dem Soldatenfriedhof**
**Böddeken**

**Der Jüngste**
**war erst 16 Jahre alt.**

**Auf dem**
**Soldatenfriedhof**
**in Erwitte**

**Auch die**
**Unbekannten**
**seien nicht**
**vergessen.**

**Kränze**
**auf dem**
**Soldatenfriedhof**
**Böddeken**
Fotos: Verfasser

plötzlich zu Bauern und Bankbeamte zu Kumpels, nur um aus diesem Lager herauszukommen. Man sucht auch Leute für Aufräumungsarbeiten im früheren Kampfgebiet, Hafenarbeiter für Cherbourg und Kräfte für die französischen Bergwerke. Ich denke aber nicht daran, meine Arbeitskraft den Alliierten zur Verfügung zu stellen. Lieber hungere ich weiter.

Man hat nun angeordnet, daß alle Gefangenen ihre Orden und Dienstgradabzeichen ablegen. Ein Hauptmann der Artillerie aus unserm Zelt und ich weigern uns zunächst, dieser Aufforderung nachzukommen. Als man uns aber mit Essenabzug droht, geben auch wir nach und trennen unsere Schulterstücke, Kragenspiegel und Silberkordeln an der Feldmütze ab. (Ich war 1941/42 als Leiter der Verwaltung eines großen Gefangenenlagers im Emsland und in Südrußland tätig. Zeitweilig hatte ich mehr als 250000 Gefangene zu betreuen, aber derartige Diffamierungen hat es bei uns nie gegeben. Das Verhalten der Amerikaner verstößt zwar gegen die internationalen Bestimmungen über die Behandlung von Kriegsgefangenen, aber wir gelten ja als Kriegsverbrecher und stehen daher außerhalb der Gesetze.) Mittlerweile sind meine Hosen an den Knien durchgestoßen, und die Sohlen an den Stiefeln haben sich losgelöst, so daß ich sie mit Draht notdürftig festhalten muß. Bald sehen wir alle aus wie die größten Landstreicher.

Für widerspenstige Leute oder sonstige aufbegehrende Gefangene hat man sich eine besondere Strafe ausgedacht. Sie werden innerhalb des Cages noch einmal in einem besonderen, engen, mit Stacheldraht umwickelten Käfig ohne Verpflegung eingesperrt. — Damit es uns nicht zu langweilig wird, müssen wir von Zeit zu Zeit an der einen Ecke des Lagers Sand in Säcke füllen und diese dann an der anderen Ecke wieder ausschütten. Anschließend erfolgt das gleiche Spiel, nur umgekehrt.

Unter den Gefangenen befinden sich manche geistige Kapazitäten. Viele von ihnen sammeln eine Gemeinde um sich und predigen über Philosophie, Medizin, Literatur, Wirtschaft und Kochkunst. Ich besuche die Vorträge eines Schuldirektors über Goethes Leben und seine Werke sowie die überaus interessanten Vorlesungen eines Universitätsprofessors über die Entstehung des Menschen von der Urzelle bis zum heutigen „homo sapiens". Leider wird letztgenannter Lektor eines Tages von der amerikanischen Militär-Polizei abgeführt. Wir vermuten, daß es sich bei ihm um einen politisch besonders schwer belasteten Wissenschaftler handelt. Geradezu pervers finde ich in unserer jammervollen Lage die Ausführungen einzelner dozierender Herren, wie man am besten einen pikanten Fleischsalat, eine Schwarzwälder Kirschtorte oder einen kräftigen Bärenfang-Likör herstellt.

Unvergeßlich bleibt mir der Musikabend, der von einem Luftwaffenoffizier, dem Dirigenten der Dresdener Oper, mit seinen freiwilligen Sängern durchgeführt wird. Tiefergreifend für uns alle ist der Abschluß der Veranstaltung mit der Weise „Träumerei" von Schumann, die von einem Kameraden auf einem irgendwo aufgetriebenen Klavier in der Abenddämmerung vorgetragen wird.

Es gibt auch viele handwerkliche Künstler unter den Gefangenen. Eines Tages wird im Lager eine Ausstellung aller mit den primitivsten Mitteln aus Holz und Blech angefertigten Gegenstände durchgeführt: Armbänder, Ringe, Spangen, Likörgläser, Tabletts, Schachfiguren, Pokale, Vasen, Kerzenhalter, Bilderrahmen, Lampenschirme, Aschenbecher, Kinderspielzeug usw. Ich muß hierbei an das Wort denken: „Wenn man einen Deutschen mit zehn leeren Blechdosen in die Wüste schickt, kommt er nach drei Tagen mit einem fertigen Auto wieder zurück!"

Otto Varnholt und ich haben nun auch eine passende Arbeit gefunden. Wir sollen durch das Lager eine Straße bauen, die statt mit Steinen mit leeren Konservendosen zu pflastern ist. Als Belohnung gibt es abends einen Schlag Bohnensuppe. Wir erhalten nun beide die üblichen Handstampfer, und dann geht die Arbeit los. Alle Viertelstunde machen wir eine kurze Pause, laufen dann zu einer beiseite gestellten Konservendose, in der sich einmal Vanillepuddingpulver befand, um daran kräftig zu riechen. Moralisch gestärkt, nehmen wir dann die Arbeit wieder auf. Nach 14 Tagen liegt bereits ein ungefähr 30 Meter langes und fünf Meter breites, in der Sonne hell glitzerndes silbernes Band vor uns. Die Kameraden staunen.

Am 25. August müssen wir unsere Arbeit unterbrechen, und man erklärt uns, daß wir alle in die Heimat entlassen werden sollen. Am nächsten Tag werden wir zum Arzt geführt, und man nimmt von uns Daumenabdrücke. Mit dem heutigen Tage werden wir also in der amerikanischen Verbrecherkartei geführt. Ich werde dann nach meinem Beruf gefragt. Meinen militärischen Dienstgrad will man nicht wissen, sondern die Tätigkeit, bevor ich Soldat wurde. Ich war vor 22 Jahren Schüler. Also schreibt man mir, dem 39jährigen, auch in meinem Entlassungsschein unter Beruf: Schüler.

Am 26. August erhalten wir für drei Tage Verpflegung: Brot, Marmelade, Schmalz und Chesterkäse. Dann marschieren wir zum Bahnhof. Unterwegs kommen wir auch am Cage der Österreicher vorüber, die schon im Juni glaubten, entlassen zu werden. Jetzt stehen sie enttäuscht am Stacheldrahtzaun, wir aber lächeln etwas schadenfroh zu ihnen hinüber. Man will sie noch nicht heimschicken, weil die Besitzverhältnisse zwischen den Amerikanern und Russen in Österreich noch nicht ganz geklärt sind. Am ersten Abend auf der Eisenbahn müssen wir alle feststellen, daß von unserem Reiseproviant nur noch kleine Reste vorhanden sind. Egal, nach fünf Monaten sind wir wieder einmal richtig satt geworden.

Am nächsten Morgen fahren wir schon durch rheinische Städte, und abends landen wir in Weeze, zwischen Goch und Kevelaer am Niederrhein. Wir werden hier für einige Tage in einem britischen Lager untergebracht. Die Verpflegung ist hier etwas reichlicher, wenngleich auch der englische Spieß es nicht unterlassen kann, uns mit seinem Stock eins überzuziehen, wenn wir beim Antreten nicht schnell genug sind.

Endlich, am 5. September, winkt uns die Freiheit. Mit Lastkraftwagen werden wir nach Arnsberg gefahren. Dort erhalten wir Bohnensuppe, soviel wir vertragen können. Otto Varnholt verschlingt innerhalb von fünf Minuten ein ganzes großes Kochgeschirr voll. Anschließend krümmt er sich vor Schmerzen und ruft mir zu: „Richard, ich sterbe, grüß mir noch einmal alle Verwandten!" So schlimm soll es aber nicht kommen. Wir verabschieden uns herzlich und versprechen uns ein baldiges Wiedersehen. Abends bin ich auf dem Bahnhof in Hagen, kann aber erst am anderen Morgen weiter nach Altena. Hunderte von Zivilpersonen und entlassenen Soldaten müssen in der Unterführung des Bahnhofs übernachten. Neben mir liegt eine noch jüngere blonde Frau; sie fragt mich, woher ich jetzt komme. Wie es der Zufall will, stellt sich heraus, daß es die Mutter unseres Oberleutnants Hölling ist, der ebenfalls heute in seine Kölner Heimat entlassen wurde.

Am nächsten Morgen um 7.00 Uhr kann ich nach Altena weiterfahren, und um 8.00 Uhr stehe ich unrasiert, zerlumpt und völlig abgemagert mit einem kleinen Pappkarton vor meiner Haustür. Meine Familie ist ganz überrascht, so früh hatte man mich nicht zurückerwartet. Es wurde immer erzählt, daß die aktiven Berufssoldaten als letzte entlassen würden.«

Der ehemalige Hauptmann Otto Walter aus Lippstadt, der in Iserlohn in der Wehrmachtsverwaltung tätig war, hat über seinen Aufenthalt im Lager Attichy in Frankreich nachstehendes Gedicht verfaßt:

P.W.-SORGEN

*Drei Fragen gibt's in uns'rer Welt,*
*die jeden Mann in jedem Zelt*
*erregen und bewegen.*
*Die e r s t e lautet sicherlich:*
*„Wann schlägt die Stunde wohl für mich,*
*in der ich werd' entlassen?"*

*Es ist verständlich in der Tat,*
*daß diese Frage Vorrang hat*
*vor allen andern Dingen.*
*Bin ich entlassen, fällt ja fort,*
*was mich bedrückt an diesem Ort — —*
*dann bin ich wunschlos glücklich.*

*Besonders stark an jedem Tag*
*beschäftigt uns die z w e i t e Frag':*
*„Was bringt der Magenfahrplan?"*
*Gibt's dünne Supp', gibt's dicken Brei?*
*Gibt's wenig, gibt es mehrerlei?*
*Dies alles ist sehr wichtig!*

*Das Rätselraten fängt erst an*
*beim Brote richtig. Wieviel Mann,*
*ob vier, ob zehn es teilen.*
*Gibt's Zukost heut', gibt's trocken Brot?*
*Gibt's Hash, Rosinen, Rübe rot?*
*Gibt's Zucker oder Käse?*

*„Wie weit kam heute der Nachschlag?"*
*So lautet stets die d r i t t e Frag',*
*wenn's Essen ist verteilet.*
*Denn es ist wirklich gar nicht ohn',*
*wenn man die doppelte Portion*
*bekommet zugemessen.*

*Kaum hab mein Essen ich verdrückt,*
*so sehne ich mich recht verzückt*
*schon nach der nächsten Mahlzeit.*
*Denn wir sind hungrig jeden Tag,*
*ob ohne oder mit Nachschlag — —*
*zum Sattsein langt es nimmer.*

Attichy, 22. Juni 1945 *Otto Walter*

Auch der ehemalige Obergefreite Max Brückner hat die Tage seiner Gefangenschaft in einem Tagebuch festgehalten:

7. April: Vor dem Hof bei Bittingen (südlich von Soest) werden wir erst einmal gefilzt. Im Dorf befindet sich ein Lazarett. Wir werden vom Ami stark bewacht und stehen zwei Stunden mit den Händen über dem Kopf. Zwei Polen, die vorbeikommen, wollen von den Amis eine MP, damit sie uns erschießen können. Wir werden noch einmal gefilzt und dann auf einen Lkw verladen. Zuerst geht es nach Erwitte, und hier bleiben wir, bis es dunkel ist. Nach zwei Stunden kommen wir auf einen anderen Lkw und fahren kreuz und quer durch die Gegend. Von der Autobahn ist ein Lkw mit 100 Gefangenen die Böschung hinuntergefahren und umgekippt. Wir kommen in ein großes Freilager und schlafen auf einer feuchten Wiese.

8. April: Wir von der 8. Batterie sind noch alle beisammen. Auf der Autobahn stehen Lkws, auf die wir nun verladen werden. Einige kommen sogar noch mit ein oder zwei Koffern; diese fliegen in den Chausseegraben. Zwei von uns, Kamerad Maschek und Gustav Klein, sind schon weg; wir sehen sie nie wieder. Auf unserem Sattelschlepper sind wir fast 100 Mann. Es wird eine tolle Fahrt, und wir kommen danach in ein neues Sammellager bei Dülmen. Von der 116. Panzerdivision sind wir hier zu 182 Mann. Es gibt zum ersten Mal etwas zu essen. Am Abend sitzen wir schon wieder auf einem Lkw. Bei Wesel geht es über den Rhein — bis nach Rheinberg — in ein neues Freilager. Rings um uns Stacheldraht, Wachtürme und Scheinwerfer! Geschlafen wird auf dem feuchten Erdboden.

9. April: Es ist Mittag, als wir wieder verladen werden. Dieses Mal sind es offene Güterwaggons. Auf dem Boden liegen noch Eisenschlacke und verrostete Nägel. Wir sind zu 58 Mann und haben alle Platz gefunden. Auch wir von der 8. Batterie sind noch alle zusammen. Zu essen gibt es nichts. Unsere Fahrt führt uns über Erkelenz und Viersen. Frauen stehen an der Bahnstrecke und weinen. Hier wird fast die gesamte männliche Bevölkerung in Gefangenschaft gebracht. Vor Hunger legen wir uns auf den Boden und schlafen ein.

10. April: In der Nacht sind wir durch Aachen gekommen und haben jetzt in der Frühe Maastricht erreicht. Holländer rufen uns Schimpfworte zu. Doch als wir durch Lüttich und Namur kommen, wird es noch schlimmer. Wir werden von der fanatischen Bevölkerung von allen Seiten mit Steinen usw. beworfen. Es ist heiß. Ermattet von Hunger und Durst, liegen wir im Waggon flach. Vielen wird es schon schwarz vor Augen. Unsere anderen Leidensgenossen sind zu 80 Prozent aus Kasernen und kennen solche Strapazen nicht.

11. April: Wir wurden am gestrigen Abend ausgeladen und liegen wieder im freien Felde. Alle haben Hunger, und erst in der Frühe gibt es etwas zu essen: eine Kelle Milchsuppe und vier Kekse. Am Abend müssen wir antreten. Die ersten vier bekommen eine Früchtekiste. Wir marschieren durch die Stadt zum Bahnhof. Durch die aufgebrachte Bevölkerung müssen wir Spießruten laufen. Später liegen wir wieder in einem offenen Waggon. Jetzt sind wir von der 8. Batterie nur noch zu fünf Mann: aus Gelsenkirchen, Magdeburg, Hohenzollern, Leipzig und Berlin.

12. April: In der Frühe sind wir in Laon und fahren an der Fisme entlang; die Bäume stehen in Blüte. Auf einer Station bekommen wir für drei Tage Verpflegung. Am Abend regnet es.

## DER KRIEGSGEFANGENE

*Der Tag ist fern, noch schaun' die Sterne nieder,*
*du wandelst am Zaun entlang, fröstelnd hin und wieder.*
*Beneidest der Gefährten besseren Schlaf,*
*der Tausend hier, die gleiches Schicksal traf.*
*Auf engstem Raum, wie dermal einst im Grabe,*
*liegt Mann bei Mann, bei seiner kleinen Habe.*
*Der harte Boden gibt das Bett zur Ruh',*
*ein Mantel und der Himmel deckt sie zu. —*
*Die Kälte trieb dich auf.*

*So ist die Nacht. Und wenn die Sonne steigt,*
*dem Aug' sich nur geringe Tröstung zeigt.*
*Wohl überwölkt des Himmels heit'res Blau*
*der staubigen Fläche unerquicklich Grau,*
*ein Kranz von grüner Landschaft rings sie säumt,*
*wo über Wald und Hang die Sehnsucht träumt.*
*Du schaust und schaust, bis dir das Auge brennt,*
*doch von dem ärmsten grünen Fleck dich trennt*
*vielfacher Stacheldraht.*

*Verscholl'n am Strande der bewegten Zeit,*
*entfremdet aller eig'nen Wirklichkeit,*
*mußt du mit Nichtigkeit die Stunden würzen,*
*mit primitivstem Tun den Tag verkürzen.*
*Verbleiben nur an irdischen Genüssen*
*der Essenszeiten allzu schmale Bissen,*
*ein Spiel, ein Lied, ein Vortrag dann und wann*
*rühr'n heimlich dir die sücht'ge Seele an.*
*Und Kameradschaft gilt.*

*Weit schwerer noch als alle eigene Not*
*bedrückt die Zukunft dich, die dunkel droht.*
*Der fernen Heimat ungewiß Geschick,*
*der obdachlosen Deinen Wohl und Glück.*
*Und so, gelähmt im Denken und im Handeln,*
*find't ruhelos der Morgen hier dich wandeln.*
*Vor Tag und Tau . . . Doch laß dir Tröstung sein,*
*daß einer kommt, der wieder frei und dein,*
*der alles neu beginnt.*

Im Lager Thuree bei La Fleche, am 24. April 1945 — *Max Brückner*

13. April: In der Nacht sollen wir durch Paris gekommen sein. Auf einer Station werden wir mit Steinen beworfen. Auf der weiteren Fahrt passiert das noch des öfteren. Über Chartres kommen wir nach Le Mans. In La Fleche hält nachts um 3.00 Uhr der Zug. Alles aussteigen! Wir marschieren wieder in ein Freilager.

14. April bis 5. Mai: Lager Thuree bei La Fleche. — Wir liegen während dieser ganzen Zeit bei jedem Wetter im Freien. Am schlimmsten sind in dieser Zeit die Brüder, die sich „deutsches Stammpersonal" nennen. Sie sind schlimmer als der Ami. Zum großen Teil haben sie seit 1940 in Frankreich gelegen — bis zur Invasion —, bei Cherbourg und anderen Orten dann die Hände hochgehoben und sind in Gefangenschaft gegangen. Hier liegen rund 35 000 deutsche Kriegsgefangene. Jeder hat einen kleinen Platz zum Schlafen. Ich decke mich mit meinem Mantel zu. Wir haben ja Training, im Freien zu schlafen; aber die anderen Kumpels aus Kasernen, Etappen und von zu Hause gehen die ganze Nacht im Kreis spazieren. — So verbringen wir hier unsere Tage im Freien — bei jedem Wetter. Das Essen reicht gerade, daß man nicht verhungert.

5. Mai: Es regnet in Strömen. Wir werden wieder verladen. Franzosen mit ihren blauen Anzügen und Baskenmütze, mit MP bewaffnet, stehen an der Straße. Zu 40 Mann liegen wir in einem dunklen Waggon.

6. bis 7. Mai: Unsere Bewacher kommen in unsere Waggons, brüllen und schreien und schlagen mit ihren Koppeln auf uns ein. Alles, was sie brauchen können, klauen sie, anscheinend sind sie betrunken.

6. Mai: Unser Zug hält in Poitiers. Ein Teil der Kumpels wird ausgeladen. Durch unsere Luke sehen wir, wie sie im Dauerlauf durch die Straßen gejagt werden. Von unserer 8. Batterie sind die alten Kameraden Peters, Klemm, Strauß, Meinicke, Schlösser und Thewes mit dabei. Nach einigen Kilometern hält der Zug wieder, die Türen werden geöffnet. Unten stehen die Maquis. Mit Brüllen werden wir aus den Waggons und über den Bahnsteig gejagt. Wir marschieren anschließend im Gleichschritt in einen kleinen Ort. Vorn eine große Sowjetfahne, rechts und links das Sternenbanner und die Trikolore. Wir schwenken nun in eine alte Wassermühle ein, und hinter uns schließt sich das Tor. Endlich haben wir wieder ein Dach über dem Kopf.

7. Mai: Salles. — Der kleine Ort liegt zwischen La Rochelle und Poitiers. Wir sind vom Ami an die Franzosen verkauft worden. Von der 8. Batterie bin ich nur noch mit Kamerad Dörr hier. Jetzt geht das Hungern los. — Wasser mit Steckrüben. Wir werden von ehemaligen „Terroristen" in Zivil, mit einem Karabiner auf dem Rücken, die Zigarette lässig im Mund, bewacht. Langsam werden sie freundlicher. — Was soll auch der Haß!

15. Mai: Endlich ist es soweit; wir sollen bei den Bauern arbeiten und kommen somit aus dem Lager heraus. Uns zehn Mann holt ein Lkw ab. Wir fahren durch die kleine Stadt Parthenay. In einem Wald ist das Ziel erreicht. Unsere Unterkunft ist ein am Waldrand gelegenes Haus. Bis zum 11. Juni geht es nun jeden Morgen in den Wald. Hier fällen wir jeden Tag zehn Stunden lang junge Eichen, die später entrindet werden. Wir werden von einem jungen Mann bewacht, der aber meistens abwesend — bei seiner Braut — ist. Wir sind hier Selbstversorger geworden; die Zutaten für unser Essen bringt der Patron, der zweimal in der Woche kommt. Für diese schwere Arbeit ist es jedoch zu wenig. Im Walde finden wir aber reichlich Pilze.

Nachdem diese Arbeit fertig ist, werden wir aufgeteilt. Drei Mann kommen in einen Steinbruch, die anderen zu Bauern. Ich bleibe allein zurück und arbeite noch acht Tage bei einem Bauern. Von 6.00 Uhr früh bis in die Nacht hinein bin ich auf

dem Feld. Mais wird gelegt, gegen Kartoffelkäfer gespritzt; anschließend beginnt die Heuernte.

Am 16. Juni holt mich mein Patron mit einem Pkw ab. Er ist Bürgermeister eines Dorfes und Präsident einer Molkerei. Die Fahrt geht zurück über Parthenay weiter nach Niort. Abseits der Straße liegt im Grünen ein Bauernhof. Mit einem Glas Rotwein werde ich dem Bauern Maxim Gelin übergeben. Das Gehöft heißt Au Verger-de Vouhe und liegt in der Nähe von St. Pardoux-deux-Severs. Ich werde gut aufgenommen und habe eine kleine Kammer für mich allein. Aus alten Sportzeitungen Jahrgang 1924/26 versuche ich die französische Sprache zu erlernen.

Es ist nun Erntezeit, und ich arbeite an der Dreschmaschine. Die Drecksarbeiten muß natürlich der „Prisonier“ machen. Das anschließende Festessen ist einmalig und dauert Stunden.

23. September: Wieder Stellungswechsel. Mein neuer Bauer heißt Gabriel Plawoht, der Hof La Lande — de Clave per Reffannes deux Severs. Die Häuser liegen auf einer Anhöhe; neben uns wohnt auch mein Bürgermeister. Der Platz, auf dem die beiden Bauernhäuser liegen, heißt „La Lande“. Die Siedlung wurde im Jahre 1180 von Mönchen gegründet. Damals haben diese auf den Äckern die Steine aufgesucht und rings um die Felder und Wiesen als Windschutz aufgeschichtet, eine Art Palisadengebäude, „La Palise“; diese wurde später noch bepflanzt. Der neue Mönch, der den Rest ihrer Arbeiten nach Jahrhunderten fortführt, ist der Kriegsgefangene Max Brückner aus Berlin. Arbeiten, essen, schlafen: das ist mein Tagesprogramm, ob Regen oder Sonnenschein.

Am Abend sitzen wir alle in der Küche vor dem offenen Kamin. Vorn verbrennt man fast, auf dem Rücken ist einem kalt. Trotzdem bin ich gut aufgenommen und habe auch einiges an neuem Zeug bekommen. Ich habe eine eigene Kammer mit elektrischem Licht, und auch das Essen ist gut. Die Familie besteht außer meinem Bauern und seiner Frau Marie-Luise aus dem Sohn Michel und einem alten Großvater. Am Abend kann ich den deutschen Rundfunk hören. Arbeit gibt es in Menge: Ställe ausmisten usw. Später lege ich auf einer Wiese eine Drainage.

Mit Gabriel fahre ich eines Tages nach St. Maixent zum Markt. Wir haben sechs Ferkel mit, die wir schnell verkauft haben. Anschließend bummeln wir durch die Stadt. In meiner Uniform werde ich wie ein Weltwunder bestaunt. Ein französischer Offizier kommt uns entgegen und grüßt mich ganz verblüfft.

Weihnachten 1945: Es ist das fünfte Weihnachtsfest, das ich nicht mit meiner Familie verleben kann: 1941 bei Wjasma, 1942 Kaserne in Wuppertal, 1943 Nova Nikolajewka, 1944 Ardennen, 1945 Clave in Frankreich. Ich habe bis heute keine Nachricht aus Berlin erhalten. Ich weiß nicht: Lebt meine Familie noch? — Leben meine Eltern noch? — Auf unserem Kommando feiern wir Kumpels unser Weihnachtsfest. Von seinem Bauern hat ein jeder etwas mitgebracht. Es ist reichlich.

Januar 1946: Jetzt ist es kalt geworden. Wir reißen draußen eine Hecke weg. Aus den Steinbrüchen und auch von den Bauern haben sich viele Kumpels auf den langen Weg in die Heimat gemacht. Hoffentlich kommen sie durch!

30. Januar: Hurra!! Erste Post aus Berlin. Meine Frau schreibt, alle sind noch am Leben. Mein Schwiegervater ist noch in den letzten Kriegstagen, am 27. April 1945, bei einem Bombenangriff auf Berlin ums Leben gekommen.

17. Februar: Ein Festtag auf unserem Kommando. Vom Lager gab es für jeden ein Hemd, Tabak, Schokolade, Keks, Fruchtschnitten, Ölsardinen und auch Zeitungen.

23. Februar: Wieder eine große Freude. Mein Vater hat mir eine Postkarte geschrieben. Beide sind noch am Leben. „Gott sei Dank!" Nur Tante Emma ist in den letzten Kriegstagen im Keller ihres Hauses noch ums Leben gekommen.

April 1946: Unser Mittagstisch wird jetzt reichlich mit Fischen aus dem Atlantik versorgt. Ich soll nun den letzten Monat auf La Lande arbeiten. Meine Post geht nicht mehr über das Lager, sondern mit einer Deckadresse nach Berlin.

Ostern 1946: Wir feiern auf unserem Kommando. Jeder von den Kumpels hat geschenkte und geklaute Eier mitgebracht. Wir rauchen Tabak aus Algerien und Zastozigaretten.

15. Mai: Ich arbeite nun wieder beim Straßenbau und muß für das Dorf Clave Straßen und Wege reparieren und säubern. Jeden Tag bekomme ich mein Essen bei einem anderen Bauern.

*Der Kriegsgefangene Max Brückner in Clave/Frankreich*

August: Ich habe bis jetzt schon bei 15 Bauern gegessen. Ich sitze als Prisionier immer mit am Tisch. Nicht so wie in Deutschland, wo der Knecht manchmal ein Mensch zweiter Klasse war. Vom Kommando geht es täglich zum Baden in dem kleinen Flüßchen Moulin Follie. Wir spielen auch Fußball gegen die Bauernburschen. Der August geht zu Ende, und die Dreschmaschinen rattern. Die Weizenernte war gut. Ich habe immer noch meine Arbeit auf dem Wege. Heute habe ich bei dem 20. Bauern gegessen. Ich lerne dabei die französische Küche kennen und werde überall gut aufgenommen. Meine Verständigung ist auch fortgeschritten, und so kennt

schon jeder im Dorfe den „Maxe". Nebenbei habe ich eine neue Beschäftigung gefunden. Beim Steineklopfen finde ich viele Fossilien. Mein Museum füllt sich mit versteinerten Fischen, Muscheln und Ammonshörnern.

September: Meine Arbeit auf dem Wege geht langsam zu Ende. Habe heute bei dem Bauern Josef Peltye gegessen. Er war ehemaliger Kriegsgefangener und spricht etwas Deutsch. Auch er hat am eigenen Leibe gespürt, was Stacheldraht heißt. Die Kartoffelernte ist in diesem Jahre besonders gut. Ein guter Kamerad vom Kommando, Walter Weiß, hat uns verlassen. Hoffentlich läßt er sich nicht zur Fremdenlegion anwerben.

Oktober: Im Radio hören wir das Urteil von Nürnberg. Am 6. komme ich wieder zurück zu Planchet. Der Sohn Michel ist mein bester Freund geworden. Wir ernten Kartoffeln und Rüben. Es gibt jetzt reichlich Nüsse, Wein, gelbe reife Feigen und eßbare Kastanien. Ich ziehe im Dorf herum und helfe beim Weizendreschen.

November: Es ist kalt und windig geworden. Mit den Feldern sind wir fertig, und der Weizen ist in der Erde. Auf dem Kommando ist es einsam geworden. Beide Walters, Emil, Otto, Alfred und Kurt aus Berlin sind wieder im Lager. Meine Zivilpost von hier nach Berlin läuft jetzt gut und schnell.

Dezember: Nun arbeite ich mit meinem Kommandochef, dem Straßen-Sonny, zusammen in einem kleinen Steinbruch. Ich schlafe und esse weiter bei Gabriel. Am 6. Dezember fahren wir beide mit dem Fahrrad nach St. Maixent und von dort mit dem Zug nach Prin Deyrancon. Endlich einmal eine andere Atmosphäre! Der Zug ist voll, und wir stehen im Abteil. Jetzt mache ich noch eine nette Reisebekanntschaft. Die Frau hat den Mut, sich mit mir in deutscher Sprache zu unterhalten. In Prin Deyrancon treffe ich zuerst Fritz. Er hat seinen 50. gefeiert und fährt am morgigen Tag nach Deutschland zurück. Auch Walter Hörnchen, Alfred und Herbert Walter habe ich getroffen. Im Lager ist nicht viel los. Wenn ich den Stacheldraht und die Negerbewachung sehe, wird mir übel. Da wir nicht viel Zeit haben, wird bald aufgebrochen, und wir marschieren nach Mauzé. Von dort fahren wir mit dem Paris-Expreß zurück — am liebsten wäre ich sitzengeblieben. Es war schön, einmal etwas anderes zu sehen.

15. Dezember: Ich habe meine Steinbrucharbeiten beendet und arbeite wieder auf der Straße und später wieder bei Gabriel.

24. Dezember, Heiliger Abend: Nach den kalten und für diese Gegend ungewöhnlichen Tagen ist es nun wieder etwas wärmer geworden. Es ist jetzt das sechste Jahr, das ich nicht zu Hause feiern kann. Wir marschieren am Abend wieder zum Kommando, um gemeinsam das Fest zu feiern. Unser Kommandoraum ist festlich geschmückt. In der Ecke steht der geschmückte Weihnachtsbaum, und über dem Tisch hängt noch der große Adventskranz, den ich gebunden habe. Über dem Kamin hängt ein großer Mistelzweig. Das alles soll uns auf Weihnachtsgedanken bringen. Die Gaben von unseren Bauern sind spärlich. Außer meinem verschobenen Apfelkuchen brachten die anderen noch Äpfel, Nüsse, Mehl und Kartoffeln mit. Eine Flasche Rotwein wurde organisiert, ein Brot und ein Pfund Butter haben wir selbst gekauft. Für uns gibt es ein zünftiges Kartoffelpuffer-Essen. Anschließend werden noch zwei Blitzlichtaufnahmen zur Erinnerung gemacht. Von uns bin ich noch der einzige, der Humor hat; es ist aber auch nur Galgenhumor. Es ist ja nur, damit die Sorgen und Gedanken der Kameraden an die Heimat etwas verscheucht werden. Die Lichter des Weihnachtsbaumes brennen; mit den Weihnachtsliedern will es nicht so recht klap-

pen. — Wie stimmt denn auch die Weihnachtsbotschaft mit der Gefangenschaft übereein?

Erster Weihnachtstag: Hier arbeiten die Menschen wie an einem Wochentag. Wir „Prisoniere" feiern und treffen uns auf dem Kommando. Sollen die Bauern ruhig einmal ohne uns auskommen! Wir spielen einen Dauerskat!

Zweiter Weihnachtstag: Arbeitstag — Holz sägen, aber immer hübsch langsam! Am Abend hören wir über den Rundfunk die vielversprechenden Weihnachtsbotschaften der Staatsoberhäupter.

Silvester: Auf unserem Kommando kommen wir am Abend zu einem Hühneressen zusammen. Anschließend wird wieder unser zünftiger Dauerskat gespielt. Um Mitternacht werden im Kamin der Weihnachtsbaum und der Adventskranz verbrannt. Dann gehen wir alle wieder auseinander durch die dunkle Nacht zu unseren Bauern. — Was wird uns das Jahr 1947 bringen? Wieder Enttäuschung? Werden wir wieder unsere Hoffnungen begraben müssen? Die Heimat wartet auf den Frieden; wird das Jahr 1947 ihn uns bringen?

15. Januar: Meine Frau schreibt aus Berlin: „Ich hätte schon schneller geschrieben, aber ich konnte der Kälte wegen nicht. Wir hatten bis unter 20 Grad minus und dann nicht genügend Kohlen. Unsere vierjährige Tochter hat in der Wohnung Handschuhe an."

30. Januar: Die Kälte ist auch hier in Frankreich ungewöhnlich. Das Thermometer fiel auf minus 20 Grad, dazu kam noch Sturm. Ich bin bei diesem Wetter jeden Tag im Freien und spalte Holz.

5. Mai: Meine Arbeit in Clave ist beendet. Ich werde zurück nach Prin Deyrancon in das Lager gebracht. Von Plachet und Plaut erhalte ich zum Abschied noch ein gutes Freßpaket und eine kleine Flasche Schnaps. Mein Bettnachbar ist ein Berliner und wohnt dort ganz in meiner Nähe. Am anderen Tage muß ich mit anderen Kameraden zusammen nach Mauzé zur Untersuchung. Von Senegalnegern werden wir begleitet. Im Hospital werde ich von einem deutschen Arzt untersucht und soll am Bruch operiert werden.

12. Mai: Gegen Mittag werde ich operiert. Ich liege auf dem Tisch und werde betäubt. Nach Stunden werde ich wieder wach, liege im Bett und habe einen Sandsack auf dem Bauch. Ich habe nun Zeit und kann wieder mal ein Buch lesen. Unser Hospital liegt 40 Kilometer von La Rochelle entfernt. Vor unserem Fenster bewacht uns ein Senegalneger. Manchmal steigt er durch das Fenster und besucht uns; nebenbei besorgt er auch noch Zeitungen und Zigaretten.

Pfingsten 1947: Zur Feier des Tages wird ein Festessen zusammengestellt. Einen Teil davon habe ich von meinem Geld gekauft. Aus dem Lager werden die entlassen, die dort die ganzen Jahre geschoben und den feinen Mann gespielt haben. Sie sind prima angezogen und haben alle neue Schuhe. Diese „Auch-Kameraden" sind gesund und strotzen vor Kraft.

21. Mai: Ich bin zu früh aufgestanden und habe nun an der Wunde einen Bluterguß. Ich werde heute noch einmal geschnitten, aber diesmal ohne Narkose. Ich sehe zu, wie die Wunde geöffnet wird und wie das Blut herauskommt. Anschließend liege ich in einem Zimmer mit sechs Mann. Wie ich erfahre, hat der Arzt noch nie eine Operation durchgeführt. Mit den Schwarzen habe ich mich angefreundet. Sie sagen: „Ihr seid drinnen gefangen und wir draußen."

20. Juni: Das Hospital Mauzé wird aufgelöst, und wir kehren nach Prin Deyrancon zurück. Ich wurde D. V. geschrieben. Die Schwarzen sind fort, und an ihre Stelle sind Tunesier getreten. Das Essen im Lager ist miserabel: es gibt Fischmehlsuppe. Jetzt das Traurigste: Ich wurde von der D. V.-Liste gestrichen. Korruption und Schiebung blühen auch hier. Leute, die dauernd im Lager waren, wie Barackenführer, Musiker, Schweinefütterer usw., werden mit einem Mal arbeitsunfähig und fahren in die Heimat. Es stinkt zum Himmel. Man dachte, bald wieder bei den Seinen zu sein, und jetzt diese Enttäuschung.

Juli: Mein neuer Bauer, bei dem ich nun wieder arbeiten muß, heißt Marcel Bernard, La Glaciere de Ensigne. Er war auch in deutscher Kriegsgefangenschaft und spricht einige Brocken Deutsch. Er hat eine saubere Frau, und das Essen ist sehr gut. Ich schlafe in einer Garage und kann bei der herrschenden Wärme das Tor auflassen. Es ist hier eine trockene und steinige Gegend, ohne Hecken. Ich hüte auf dem Acker das Vieh. In einem Hause im Dorf liegt ein Straßenkommando mit zwölf Kameraden.

14. Juli — Französischer Nationalfeiertag: Mein Patron ist mit seiner Familie fortgefahren. Ich hüte die Kühe. Die Kumpels vom Straßenbau haben bei einem Bauern 60 Eier, 60 Kilogramm Mehl und 20 Liter Wein organisiert.

Anfang August: Wir sind mit dem Mähen fertig und fahren jetzt das Getreide ein. Es ist nicht viel in diesem Jahr. Auf den Feldern ist alles verbrannt; die Blätter auf den Bäumen sind gelb geworden. — Solch eine Hitze wäre noch nie dagewesen, erzählen uns die Franzosen. In der Sonne waren es 67 Grad, im Schatten 48 und im Zimmer 34 Grad. Wenn ich Zeit habe, fahre ich abends zu einem kleinen Flüßchen zum Baden. Wir haben jetzt mit dem Weizendreschen angefangen, und ich bin bei jedem Bauern mit dabei. Es ist eine Sauarbeit bei dem Staub und der Hitze. Mein Kumpel und ich müssen hinter der Maschine das Stroh fortschaffen.

5. September: Habe heute die Kameraden auf ihrem Kommando besucht. Vor Hunger sind sie meistens auf Raub aus. Aus den Kellern holen sie Wein und von den Feldern Trauben. Bei einem Bauern klauten sie mittags sämtliche Eier aus den Nestern. Sogar die Gendarmerie wurde eingeschaltet, fand aber nichts als Porree.

8. September: Wir sind zu zehn Personen auf den Feldern und schneiden die Trauben ab. Abends werden diese dann gepreßt. Obst gibt es hier in Massen. Nachdem die Ernte vorbei ist, gibt es bei jedem Bauern noch ein zünftiges Festessen, das Stunden dauert. Ich habe bei 25 Bauern Dreck geschluckt und bei zehn in der Weinlese geholfen. Meine Arbeit geht jetzt hier zu Ende. — Schade!

23. September: Ich habe mir selbst eine neue Arbeit gesucht und brauche nicht zurück ins Lager. Ich fange bei Ernest Lamson, Kultivateur in Villiers sur Chize an. Die Unterkunft ist gut, das Essen ist mau. Der Alte ist ein zerknautschter Gartenzwerg, dafür ist seine Frau besser. Ich bin den ganzen Tag draußen und pflüge mit einem Ochsengespann die Felder. Es sind zwei heimtückische Biester.

7. Oktober: Mit dem Bus fährt der Sohn mit mir nach Poitiers, es sind rund 80 Kilometer. Im Lager treffe ich viele alte Bekannte wieder: die Kameraden aus Clave und Ensigne und zum Schluß noch Walter Klemm, einen alten Kumpel von der 8. Batterie. Das war nach langer Zeit eine Wiedersehensfreude. Am anderen Tage, als wir wieder zurück sind, verschreibt mir ein Arzt allerlei Medizin. Nach einigen Tagen geht die Arbeit auf den Feldern weiter. Ich egge und fahre Mist.

Dezember: Ich bin die letzte Woche hier. Der Weizen wird noch gesät und Holz gehackt. Meine Alte hat noch meine Hose und meine Jacke geändert. Ich bekomme

eine Baskenmütze und einige Fotos zur Erinnerung. Auf den Weg ins Lager bekomme ich noch Käse, Fleischdosen, Schokolade und Schnaps mit. Mit dem Bus fahre ich zurück nach Poitiers ins Lager. Die Baracken sind voller Heimkehrer. Bis März sollen sie alle fort sein. Dann wären wir dran. Durch Zufall treffe ich meinen ehemaligen Kameraden Hannes Stauss von der 8. Batterie. Es gibt vieles zu erzählen.

10. Dezember: Es ist saukalt. Ich liege direkt an der Tür. Ständig ist sie offen, weil immer welche zu den Aborten laufen. Das Essen hier ist mager: mittags 1 Liter Kohlsuppe, 200 Gramm Brot, 200 Gramm Margarine, abends wieder Wassersuppe. Einmal gibt es ungenießbare Heringe aus einem Faß. Die großen eisernen Fässer werden morgens und abends nur einmal geheizt. Am 22. Dezember wird für uns Theater gespielt. Wir sehen das Stück „Der zerbrochene Krug".

Heiliger Abend 1947: Es ist das erste Mal, daß ich das Weihnachtsfest hinter Stacheldraht verbringe. Abends brennen die Lichter an einem großen Baum zwischen den Baracken. Unser Kamerad Jakob Heuken spielt auf der Harmonika Weihnachtslieder. Als Festessen gibt es süße Nudeln und Feigen. Ich habe 400 Franc auf meinem Konto und kaufe davon eine große Dose Leberwurst, eine Dose Apfelmus, einen Füllhalter, 1 Kilogramm Kartoffeln und 1 Liter Wein.

Erster Weihnachtstag: Ich schreibe einen Brief nach Hause und lese einen Brief, den meine Frau im Januar 1947 geschrieben hat. Zu Mittag gibt es Schweinefleisch, Brot und 400 Gramm Feigen, am Abend Kakao und drei Pfannkuchen.

Prosit Neujahr 1948: Es ist, oder besser gesagt: es soll das Jahr der Freiheit sein. Nun sind die neuen Entlassungskategorien herausgekommen. Ich bin mit der Nummer 13 dabei, das ist vielleicht im Monat Mai oder Juni.

14. Januar: Ich bin nun schon wieder zwei Monate im Lager und z. Z. krank geschrieben: Sehnenentzündung. Abends erzählen die Kumpels meist ihre Erlebnisse. Da es meist Kriegs- und Gefangenenerlebnisse sind, hängen sie einem bald zum Halse heraus.

20. Januar: Es ist Mittag; da wird mir mitgeteilt, daß ich auf ein weiteres Kommando muß. Ich sitze bald wieder im Omnibus und fahre zum fünften Mal diese Strecke. Ich lande in dem kleinen Städtchen Brioux-su-Boutonne 2 Severs. Mein neuer Patron ist Bauer, und in der Küche erwartet uns schon die Madame des Hauses. Ihre Musterung ist zur Zufriedenheit ausgefallen, und ich bekomme noch ein gutes Abendbrot. In einer großen Stube, wo schon ein Knecht schläft, wird mir ein Bett zugewiesen, wo ich mal wieder richtig schlafen kann. Mein neuer Patron heißt Alfred Favrioux. Er ist Viehhändler und hat einen großen Hof mit 80 Stück Vieh in einem neuen großen Stall. Zum Hof gehört eine alte Wassermühle, unter der die Boutonne fließt.

22. Januar: Heute ist Viehmarkt in Beidux. Wie die Cowboys treiben wir das Vieh durch die Straßen zum Markt. Aus der ganzen Umgebung kommen die Bauern, und ich treffe viele Bekannte aus Ensigne und Villiers.

25. Januar: Der erste Sonntag hier — und schönes Wetter. Mit dem Fahrrad radle ich über die alten bekannten Straßen und besuche zuerst das Kommando in Villefolet. Das war für alle eine Überraschung. Die ersten Fragen: Wann kommen wir nach Hause?

12. Februar: Heute ist wieder Markt, und ich habe wiederum viele Bekannte getroffen.

15. Februar: Wenn ich Zeit habe, fahre ich mit dem Fahrrad durch die Gegend. Ich bin bei der Gendarmerie bekannt, und dadurch kann ich ungehindert umherfahren.

15. April: Bis heute habe ich fünf Paar Ochsen zum Pflügen gehabt. Es ist schwer, jedesmal mit einem anderen Zug zu pflügen. Jedes Biest hat seine Eigenarten.

23. Mai: Das Wetter ist schön, und wir verrichten allerlei Gartenarbeit. Hermann Carsten ist mit einem Fahrrad nach Hause getürmt. Eine Woche später folgte ihm Otto Hoidt, er nahm das Rad von seinem Kommandochef. Von beiden haben wir nichts mehr gehört; hoffentlich sind sie gut durchgekommen!

29. Mai: Als ich abends um 21.00 Uhr vom Acker komme, erfahre ich, daß mein Entlassungsbrief angekommen ist. Endlich!!! Jetzt können sie ihre Drecksarbeit alleine machen.

30. Mai: Früh fahre ich zum letzten Mal mit dem Bus von Brioux nach Poitiers. Mit meinem Patron Alfred gehe ich noch in ein Kaufhaus, wo er für mich einige Kleinigkeiten kauft. Zum Abschied trinken wir noch einige Gläser Weißwein. Oben am Lager an der Kontrolle verabschieden wir uns. Die Marokkaner sind bei der Kontrolle gnädig. Bald liege ich auf einer Pritsche in der Heimkehrerbaracke. Am 4. Juni soll es nach Angouleme gehen. Von meinem Konto hebe ich 570 Franc ab und kaufe in der Kantine ein.

4. Juni: Es geht los! Vormittags antreten, Gepäckkontrolle. Mittags werden wir 125 Mann in einen Güterzug verladen. Wir fahren über Ruffec an der grünen Charente entlang nach Angoulême. Nach dem Aussteigen müssen wir fünf Kilometer bei der Hitze durch die Stadt marschieren und kommen alle müde im Lager an. In den Baracken wimmelt es zwischen den Ritzen von hungrigen Wanzen. Wir schlafen im Freien.

6. Juni: Früh antreten! Nach Gepäckkontrolle geht es zurück zum Bahnhof. Am Nachmittag — um 14.00 Uhr — klettern wir, immer 40 Mann, in einen Waggon. Jetzt geht die Fahrt auf dem gleichen Weg zurück: von Poitiers über die Loire nach Tours.

7. Juni: Als wir früh wach werden, stellen wir fest, daß wir schon an Paris vorbeigefahren sind. Wir fahren an der Marne entlang über Chalons sur Marne, erreichen Bar le Duc, die Mosel und sind dann in Metz. Vom Zug aus sehen wir die Städte Homburg an der Höhe, Forbach und kommen in der Nacht durch Kaiserslautern.

8. Juni: Wir fahren an der Nahe entlang. Die Weinberge grüßen uns Heimkehrer. In Betzenheim heißt es aussteigen. Noch einmal Baracken und Stacheldraht! Wir werden registriert und bekommen neue Entlassungspapiere. Am Nachmittag ist es endlich soweit. Wir steigen in einen Personenzug; Fenster sind keine vorhanden. Was macht's? — wir fahren in die Heimat! Bei Bingerbrück kommen wir an den deutschen Rhein, sehen den Mäuseturm, Caub, Bacharach, Andernach, Brohl, Koblenz. Die Bevölkerung steht an den Straßen und bereitet uns einen herzlichen Empfang. Abends sind wir in Köln.

9. Juni: Wir sind in der Nacht weitergefahren und morgens in Essen. Durch das Westfalenland erreichen wir Bremen, um dann über Soltau direkt in das Munsterlager zu fahren. Nach dem Antreten werden wir auf Wellblechbaracken verteilt. Gleichzeitig mit uns sind Heimkehrer aus England und Rußland angekommen. Welch ein Kontrast! — Die einen sind gut gekleidet und kommen mit vollen Seesäcken, die anderen fallen schon mit ihren Wattejacken und Fellmützen auf. Sie kommen aus dem äußersten Sibirien, haben aufgedunsene Gesichter und sind ausgemergelt.

11. Juni: Ich sitze wieder im Zug, und wir fahren die gleiche Strecke zurück nach Münster in Westfalen. Auf den Bahnhöfen warten schon viele Angehörige auf ihre Heimkehrer. Wir verbleiben in Münster in einer Kaserne. Es gibt gutes Essen und Bier.

12. Juni: Wir werden noch einmal aufgerufen und bekommen Fahrkarten. Am Mittag fahren wir mit einem Sonderzug weiter. Dülmen — 1945 mein erstes Gefangenenlager. Von den Bahnhöfen holen die Frauen ihre Männer ab. Umarmungen, Freudentränen fließen. — In Krefeld steigen wir paar Mann aus. Ich fahre mit dem Zug nach Viersen. Allein stehe ich in Viersen auf dem Bahnhofsvorplatz. Ich schultere meine Habseligkeiten und mache mich auf den Weg in die Freiheit, in eine ungewisse neue Zukunft! Was wird sie bringen? Am Abend bin ich bei Familie Müller. Schon in Frankreich hatten sie mich eingeladen. Ich wurde hier gut aufgenommen.

20. Juni: Es gibt neues Geld. Für 60,00 Mark erhalten wir erstmals 40,00 DM.

24. Juni: Von der Stadt Viersen bekomme ich einen Flüchtlingspaß.

1. Juli: Ich habe immer noch keine Arbeit gefunden. Das Geld wird alle; ich habe keine Kleidung. Meine Frau kann aus Berlin nicht kommen. — Postsperre nach Berlin. Jede Arbeit würde ich annehmen, überall Absagen.

12. Juli: Ich beginne meine erste Schulschicht auf der Zeche Sophia Jakoba in Hückelhoven. Ich fahre täglich um 4.00 Uhr früh mit einem alten Bus zur Zeche. Untertage transportiere ich Holz in den Streb. Abends geht's den gleichen Weg zurück.

16. August: Meine Frau hat es geschafft und ist schwarz über die Grenze gekommen. Nach Jahren nun endlich das erste Wiedersehen! Meine Tochter ist aber groß geworden.

3. September: Beide sind wieder fort, zurück nach Berlin.

1. Oktober: Bin umgezogen und wohne jetzt wieder in Baracken in Ratheim.

22. Dezember: Urlaub! — Ich fahre in ein neues Abenteuer. Es fängt gut an, in Düsseldorf ist die Fahrt bereits zu Ende. Später weiter mit dem Zug über Hamm und von dort über Hildesheim, Goslar nach Bad Harzburg. Noch neun Kilometer bis zur Grenze. Ich schleiche nachts mit einer jungen Frau aus der Gegend durch den Wald. Ich habe Ilsenburg erreicht und gelange mit dem Zug weiter nach Brandenburg. Im Wartesaal gibt's eine Polizeikontrolle, aber ich kann alles behalten. Die Bescheinigung von der Zeche über IK-Ware hat geholfen. Ich packe Fleisch, Speck, Kaffee, Schokolade, Schnaps und Gewürze wieder ein. Den anderen wurde alles abgenommen.

24. Dezember: Es ist Nacht, und ich fahre weiter. Unter der Bank will mir einer meine Tasche stehlen. Mit beiden Beinen stehe ich auf seiner Hand. In Potsdam heißt's aussteigen, und mit der S-Bahn geht's weiter nach Berlin bis zur Friedrichstraße. Endlich — nach Jahren bin ich wieder daheim.

20. Januar 1949: Mit einer Dakota fliege ich mit der Luftbrücke aus Berlin nach Lübeck. Mit dem Zug geht's über Hamburg, Bremen nach Essen. Mein Geld ist alle. Die Stadt Essen stundet mir eine Fahrkarte.

24. Januar: Ich beginne wieder eine neue Arbeit — dieses Mal vor Kohle.

4. Juni: Meine Frau und Tochter sind aus Berlin heute angekommen. Sie wohnen im Gasthof Busch in Ratheim. Zehn Stunden waren beide marschiert, um über die Grenze zu kommen. Unsere Tochter kann mit den Kindern des Gasthofes an einem Tisch sitzen und Milch trinken, so viel sie will.

27. Juni: Beide sind wieder abgefahren.

30. Juni: Telegramm aus Ilsenburg. Der Grenzübergang war schwierig.

22. Juli: Ich fahre von Ratheim ab und sehe zum letzten Mal die Fördertürme und Halden der Zeche Sophia Jakoba. Zur Mittagszeit bin ich in Düsseldorf und gehe spazieren. Am Abend sitze ich zum letzten Mal am Rhein.

23. Juli: Um 4.00 Uhr früh fahre ich mit dem Interzug nach Berlin. In Helmstedt englische Kontrolle, in Marienborn deutsche Kontrolle! Abends bin ich in Berlin-Friedrichstraße. Frau und Kind holen mich vom Bahnhof ab. Nach acht langen Jahren bin ich endlich wieder bei meiner Familie!

# WESTFALENS OPFER IM ZWEITEN WELTKRIEG

| | |
|---|---|
| 300000 | fielen auf den Schlachtfeldern des letzten Krieges. |
| 200000 | Westfalen kehrten als Krüppel heim. |
| 10285 | verloren ein Bein. |
| 5130 | verloren einen Arm. |
| 901 | verloren Arm und Bein. |
| 417 | verloren ihr Augenlicht. |
| 36676 | Männer, Frauen und Kinder wurden im Bombenhagel getötet. |
| 217437 | westfälische Kinder wurden zwangsverschickt, und Tausende kehrten nicht heim. |
| 454000 | Wohnungen wurden völlig zerstört oder schwer beschädigt. |
| 346 | Kirchen Westfalens wurden vernichtet. |
| 20502 | Juden wurden aus Westfalen vertrieben und ermordet. |
| 103 | Synagogen wurden geschändet. |
| 12177 | Westfalen wurden Insassen von Konzentrationslagern und endeten durch Genickschuß und Folterqualen. |
| 272 | Geistliche wurden zu Märtyrern. |
| 341 | Familien erhielten die Totenasche ihrer Lieben aus den KZ-Lagern zugesandt. |

Nach einem von der westfälischen Provinzial-Regierung im Juni 1946 herausgegebenen Plakat – Abgedruckt in der „Westfalenpost" vom 1. Juli 1946

# Anhang

Anlage 1:

## GLIEDERUNG DER ALLIIERTEN STREITKRÄFTE
(nach Eisenhower, Kreuzzug in Europa)

12. ARMEEGRUPPE (Bradley)

3\. US-ARMEE (Patton)
70\. US-Infanteriedivision (Barnett)
VIII. US-Korps (Middleton)
89\. US-Infanteriedivision (Finley)
87\. US-Infanteriedivision (Culin)
65\. US-Infanteriedivision (Reinhart)
XII. US-Korps (Eddy)
71\. US-Infanteriedivision (Wyman)
26\. US-Infanteriedivision (Paul)
11\. US-Panzerdivision (Dager)
90\. US-Infanteriedivision (Earnest)
XX. US-Korps (Walker)
80\. US-Infanteriedivision (McBride)
6\. US-Panzerdivision (Grow)
76\. US-Infanteriedivision (Schmidt)
4\. US-Panzerdivision (Hoge)

1\. US-ARMEE (Hodges)
20\. US-Panzerdivision (Ward)
III. US-Korps (Van Fleet)
99\. US-Infanteriedivision (Lauer)
7\. US-Panzerdivision (Hasbrouck)
9\. US-Infanteriedivision (Craig)
28\. US-Infanteriedivision (Cota)
5\. US-Infanteriedivision (Irwin)
V. US-Korps (Huebner)
9\. US-Panzerdivision (Leonard)
2\. US-Infanteriedivision (Robertson)
69\. US-Infanteriedivision (Reinhardt)
VII. US-Korps (Collins)
1\. US-Infanteriedivision (Andrus)
3\. US-Panzerdivision (Hickey)
104\. US-Infanteriedivision (Allen)
XVIII. US-Luftlandekorps (Ridgway)
8\. US-Infanteriedivision (Moore)
78\. US-Infanteriedivision (Parker)
97\. US-Infanteriedivision (Halsey)
86\. US-Infanteriedivision (Melosky)
13\. US-Panzerdivision (Wogan)

15\. US-ARMEE (Gerow)
66\. US-Infanteriedivision (Kramer)
106\. US-Infanteriedivision (Stroh)
16\. US-Panzerdivision (Pierce)
XXII. US-Korps (Harmon)
82\. US-Luftlandedivision (Gavin)
101\. US-Luftlandedivision (Taylor)
94\. US-Infanteriedivision (Malony)
XXIII. US-Korps (Balmer)

9\. US-ARMEE (Simpson)
29\. US-Infanteriedivision (Gerhardt)
XIII. US-Korps (Gillem)
5\. US-Panzerdivision (Oliver)
84\. US-Infanteriedivision (Bolling)
102\. US-Infanteriedivision (Keating)
XVI. US-Korps (Anderson)
79\. US-Infanteriedivision (Wyche)
8\. US-Panzerdivision (Devine)
95\. US-Infanteriedivision (Twaddle)
75\. US-Infanteriedivision (Anderson)
35\. US-Infanteriedivision (Baade)
17\. US-Luftlandedivision (Miley)
XIX. US-Korps (McLain)
83\. US-Infanteriedivision (Macon)
2\. US-Panzerdivision (White)
30\. US-Infanteriedivision (Hobbs)

21\. ARMEEGRUPPE (Montgomery)
79\. Britische Panzerdivision (Hobart)

2\. BRITISCHE ARMEE (Dempsey)
I. Britisches Korps (Crocker)
VIII. Britisches Korps (Barker)
15\. Britische Infanteriedivision (Barber)
11\. Britische Panzerdivision (Roberts)
6\. Britische Luftlandedivision (Bols)
XII. Britisches Korps (Ritchie)
7\. Britische Panzerdivision (Lyne)
53\. Britische Infanteriedivision (Ross)
52\. Britische Infanteriedivision (Hakewell-Smith)
XXX. Britisches Korps (Horrocks)
3\. Britische Infanteriedivision (Whistler)
43\. Britische Infanteriedivision (Thomas)
51\. Britische Infanteriedivision (McMillan)
Gardepanzerdivision (Adair)

1\. KANADISCHE ARMEE (Crerar)
I. Kanadisches Korps (Foulkes)
49\. Britische Infanteriedivision (Rawlins)
5\. Kanadische Panzerdivision (Hoffmeister)
II. Kanadisches Korps (Simonds)
Polnische Panzerdivision (Maczek)
2\. Kanadische Infanteriedivision (Matthews)
3\. Kanadische Infanteriedivision (Spry)
4\. Kanadische Panzerdivision (Vokes)

Anlage 2:

## Kriegsgliederung der Heeresgruppe B am 22. 3. 1945

B

| | Der Heeresgruppe unmittelbar unterstellt | 15. | 5. |
|---|---|---|---|
| Grosse Verbände | | LXVII.: 5., 167., 18., 26., 89., 277., 272., 326. <br> LXXIV.: 340., 9. <br> LIII.: 3., 11., Lehr, 363., 62., 3. | LVIII.: 12., 353. <br> LXXXI.: 59. <br> XII. SS: 338., 183., 176. |
| Panzer | —— | 1 Sturm-Gesch.Brig.   schw. Pz.Jäger Abt. 654   Jagd Tiger Abt. 512   Pz.Abt. 506 (Tiger) | —— |
| Artillerie | —— | 2 Volks-Artl.Korps   1 Werfer Brig. | 2 Schw. Abteilungen |
| Flak | 1 Flak-Korps | 1 Flak-Rgt. | 1 Flak-Rgt. |
| Pioniere | —— | —— | —— |
| Bautruppen | 2 OT-Brigaden 6 Bau Btl | —— | —— |
| Ordnungs-truppen | 1 Feldgendarm. Abt. | —— | —— |

## KRIEGSGLIEDERUNG DER HEERESGRUPPE B VOM 12. APRIL 1945

| | |
|---|---|
| Oberbefehlshaber: | Generalfeldmarschall Model |
| Chef des Generalstabes: | Generalmajor Wagener |
| General der Artillerie: | Generalleutnant Thoholte (29./30. März Sonderauftrag: Führung der 15. Armee) |
| General der Pioniere: | Generalmajor von Ahlfen (Ende März bis 6. April Sonderauftrag: Sperrverband von Ahlfen) |

## 5. PANZERARMEE

| | |
|---|---|
| Oberbefehlshaber: | Generaloberst Harpe |
| Chef des Generalstabes: | Generalmajor von Mellenthin, F. W. |
| Höherer Artilleriekommandeur: | Generalleutnant Burdach (nur bis 8. April) |

mit GENERALKOMMANDO XII. SS-KORPS
Kommandierender General: Generalleutnant Crasemann
59. Infanteriedivision (Nachfolger Generalleutnant Poppe)
3. Fallschirmjägerdivision (Oberst Hummel)
Gruppe Witte (vermutlich Pioniere)
363. Volksgrenadierdivision (Generalmajor Weber)

mit GENERALKOMMANDO LVIII. PANZERKORPS
Kommandierender General: Generalleutnant Botsch
62. Volksgrenadierdivision (Oberst Heilmann)
353. Volksgrenadierdivision (Oberst Koppenwallner)
12. Volksgrenadierdivision (Generalmajor König, ab 12. April, vorher Generalmajor Engel)
9. Panzerdivision (Oberst Zollenkopf)
183. Volksgrenadierdivision (Oberst Warrelmann)

## 15. ARMEE

| | |
|---|---|
| Oberbefehlshaber: | General der Infanterie von Zangen |
| Chef des Generalstabes: | Oberst i. G. W. Reinhard |
| Höherer Artilleriekommandeur: | Generalleutnant Burdach seit 9. April, vorher Generalleutnant Metz |
| Armee-Pionierführer: | Generalleutnant Wirtz (mit Sonderauftrag Sperrverband Wirtz) |

mit GENERALKOMMANDO LXXIV. ARMEEKORPS (seit 8. April Ostfront)
Kommandierender General: General der Infanterie Püchler
272. Infanteriedivision (Generalmajor König, bis 12. April, dem Auflösungstag bei Olpe)
338. Infanteriedivision (Generalmajor Ewert)
Gruppe Meißner (Oberst Meißner), vorher Sperrverband von Ahlfen
Panzerlehrdivision (Oberst Freiherr von Hauser)
3. Panzergrenadierdivision (Generalmajor Denkert)
176. Volksgrenadierdivision (Generalmajor Landau)

mit GENERALKOMMANDO LXXXI. ARMEEKORPS
Kommandierender General: Generalleutnant Köchling, ab 6. April, vorher Generalleutnant Baade, gefallen 8. Mai 1945
Gruppe Scherzer (Oberst Scherzer, Festungs-Pionier-Stab)
Gruppe Wirtz (Generalleutnant Wirtz)
Panzerbrigade 106 (Hauptmann Pohl)
unterstellt: Bauleitungsstab (Sonderstab) General der Infanterie von Kortzfleisch, Heeresbaupioniertruppen

## Armeeabteilung von Lüttwitz (vorher XXXXVII. Panzerkorps)

| | |
|---|---|
| Befehlshaber: | General der Panzertruppen Heinrich Freiherr von Lüttwitz |
| Chef des Generalstabes: | Oberstleutnant i. G. Douglas Graf von Bernsdorff |

mit LIII. ARMEEKORPS
Kommandierender General: Generalleutnant Bayerlein
Gruppe Deichmann (Reste 340. Volksgrenadierdivision?)
180. Infanteriedivision (Generalmajor Klosterkemper)
190. Infanteriedivision (Generalleutnant Hammer)
22. Flakdivision (Generalmajor Römer)
116. Panzerdivision (Generalmajor von Waldenburg)

mit GENERALKOMMANDO LXIII. ARMEEKORPS
Kommandierender General: General der Infanterie Abraham
Division Hamburg (324. Infanteriedivision) (Generalleutnant Steinmüller)
2. Fallschirmjägerdivision (Generalleutnant Lackner)

Im Ruhrkessel, dem Oberbefehlshaber West unterstellt:
III. Flakkorps (Generalleutnant von Rantzau)

| | | |
|---|---|---|
| 2. Flakdivision (Oberst Laicher) | mit 15. Armee | auf |
| 7. Flakdivision (Generalmajor Ehrhard) | mit 5. Panzer-Armee | Zusammenarbeit |
| 1. Flakbrigade (Oberst Roehler) | mit XII. SS-Armeekorps | angewiesen |

(Aus Unterlagen von Brigadegeneral der Bundeswehr Hansgeorg Model)

### Anlage 3:

GLIEDERUNG DER 1. FALLSCHIRM-ARMEE

Oberbefehlshaber: General der Fallschirmtruppen Schlemm, ab 28. März 1945 General der Infanterie Blumentritt. Chef des Generalstabes: Oberst i. G. Kusserow.

II. Fallschirm-Korps: General der Fallschirmtruppen Meindl
6. Fallschirmjägerdivision: Generalleutnant Plocher
7. Fallschirmjägerdivision: Generalleutnant Erdmann
8. Fallschirmjägerdivision: Generalmajor Wadehn

XXXXVII. Panzerkorps: General der Panzertruppen Freiherr von Lüttwitz
15. Panzergrenadierdivision: Generalleutnant Rodt
116. Panzerdivision: Generalmajor von Waldenburg

LXIII. Armeekorps: General der Infanterie Abraham
2. Fallschirmjägerdivision: Generalleutnant Lackner
Division „Hamburg" (Infanteriedivision Nr. 324, wird im April 1945 noch umbenannt in Division z. b. V. 618): Generalleutnant Steinmüller

LXXXVI. Armeekorps: General der Infanterie Straube
84. Infanteriedivision: Generalmajor Fiebig
180. Infanteriedivision: Generalmajor Klosterkemper
190. Infanteriedivision: Generalleutnant Hammer

Gliederung der 116. Panzerdivision:
(Generalmajor von Waldenburg, Ia Oberstleutnant i. G. Guderian): Panzerregiment 16, Panzergrenadierregimenter 60 und 156, Panzer-Aufklärungsabteilung 116, Panzer-Artillerieregiment 146, Heeres-Flakartillerie-Abteilung 281, Panzerjäger-Abteilung 228, Pionier-Bataillon 675, Nachrichten-Abteilung 228, Nachschubtruppen 66. — Die I./Panzerregiment 16 (Panther) war die bisherige Panzer-Abteilung 116.

(Anlage 3 und 4 aus Günter Wegmann, Osnabrücker Mitteilungen, Band 83 und 84)

Anlage 4:

Division Nr. 476: Kommandeur Oberst Feind, dann Oberst Hüllen. Ia Major i. G. Ziermann: Grenadier-Ersatzregiment 211 (Haltern, dann Soest), Grenadier-Ersatzregiment 253 (Attendorn, dann Gelsenkirchen), Grenadier-Ersatzregiment 536 (Düsseldorf-Haen) (tritt zur neugebildeten 361. Volks-Grenadier-Division), (Neuaufstellung, 29. März 1945 Paderborn), Artillerie-Ersatzregiment 16 (Hamm), Wehrkreis-ROB-Lehrgang VI (Detmold), Kraftfahr-Ersatz- und Ausbildungs-Abteilung 26 (Arnsberg), Panzer-Pionier-Ersatz- und Ausbildungs-Bataillon 16 (Lahde bei Minden), Grenadier-Ersatzregiment 426 (siehe oben).

Standorte der Division 476 (Stand vom 30. März 1945):
Lippstadt: Kampfkommandant Major Finke, 180 Mann Wehrmacht, 200 Mann Volkssturm
Erwitte: Kampfkommandant Leutnant Rück, 20 Mann Wehrmacht
Geseke: Kampfkommandant Hauptmann Rüppel, 200 Mann Wehrmacht
Büren: Kampfkommandant — unbekannt — ohne Besatzung
Keddinghausen: Kampfkommandant B, Bau-Bataillon IV
Hemmern: Kampfkommandant Major Will, Bau-Bataillon IV
Rüthen: Kampfkommandant Oberstleutnant Bähmann, 2 Züge Flak, 2 Züge Fallschirmjäger
Belecke: Kampfkommandant Hauptmann Grüffler, 50 Mann Nebelwerfer-Abteilung V, 2 Zug 2-cm-Flak, Teile Pionierschule aus Bergheim
Suttrop: Kampfkommandant Major Ernst, ohne Angaben
Warstein: Kampfkommandant Major Hass, 200 Mann Volkssturm
Scharfenberg: 2 Gruppen Volkssturm
Rixen: 1 Gruppe Volkssturm
Altenbüren: Kampfkommandant Oberleutnant Möller, 1 Kompanie Flak, 3 Panzerzerstörer-Trupps
Antfeld: 2 Züge Flak
Brilon Wald: 1 Zug RAD
Olsberg: 1 Zug Volkssturm
Siedlinghausen: Kampfkommandant Hauptmann Winch, 1 Zug Volkssturm
Silbach: 35 Mann Luftwaffe
Winterberg: 80 Mann Volkssturm
Züschen: 110 Mann Wehrmacht
Nuttlar: Kampfkommandant Major v. d. Heid, 2 Alarmkompanien Kraftfahr-Ersatz- und Ausbildungs-Abteilung 26, Füsilier-Bataillon 39 und Schweres Bataillon 536
Meschede: Kampfkommandant Hauptmann Klitzke, 1 Kompanie Kraftfahr-Ersatz- und Ausbildungs-Abteilung 26, Major Echtermann 14. und 15. Kompanie Grenadier-Ersatz-Regiment 536
Stärkemeldung Division 476, Garbeck, den 30. März 1945: Darin werden genannt:
Grenadier-Ersatz- und Ausbildungs-Regiment 536 (Füsilier-Ersatz- und Ausbildungs-Bataillon 39, Grenadier-Ersatz- und Ausbildungs-Bataillon 77, 453, 454, schweres Grenadier-Ersatz- und Ausbildungs-Bataillon 536), Grenadier-Ersatz- und Ausbildungs-Regiment 211 (Grenadier-Ersatz- und Ausbildungs-Bataillon 464, 473, Kraftfahr-Ersatz- und Ausbildungs-Abteilung 26), ferner beim Grenadier-Ersatz- und Ausbildungs-Regiment 536: Panzer-Zerstörer-Ersatz- und Ausbildungs-Kompanie 536 und Infanterie-Nachrichten-Ersatz- und Ausbildungs-Kompanie 536.

Gliederung der 180. Infanteriedivision:
Grenadierregimenter 1221, 1222 und 1223, Divisions-Füsilier-Bataillon 180, Artillerieregiment 880, Panzerjäger-Abteilung 180, Nachrichten-Kompanie 1180, Divisionsversorgungsregiment 1180.

Gliederung der 190. Infanteriedivision:
Grenadierregimenter 1224, 1225 und 1226, Divisions-Füsilier-Bataillon 190, Panzerjäger-Abteilung 190, Artillerieregiment 890, Nachrichten-Abteilung 1190, Pionier-Bataillon 1190, Feldersatz-Bataillon 1190, Versorgungstruppen 1190. Die Division wurde erst im März 1945 im Raum Hilversum-Utrecht aufgefrischt.

Gliederung der Division „Hamburg“:
Grenadierregimenter 588 (Hamburg 1) und 589 (Hamburg 2), Divisions-Füsilier-Bataillon 324, Artillerie-Regiment 324, Pionier-Bataillon 324, Nachrichten-Abteilung 324, Nachschubtruppen. Die Division war am 4. März 1945 im Wehrkreis X als Alarmeinheit (Gneisenau) in 4 Tagen bis zum 8. März gebildet worden.

## TRUPPENGLIEDERUNGEN UND GEFECHTSSTÄRKEN, LIII. KORPS OSTFRONT

Führer: Generalleutnant Bayerlein, Chef: Oberstleutnant von Siebert

Panzerlehrdivision
Führer: Oberst Niemack, ab 2. April 1945: Oberst Freiherr von Hauser
Stärke: zwei schwache Panzergrenadierregimenter, etwa in Bataillonsstärke. Kampfstärke etwa je 300 Mann. Panzergrenadierregiment 902 hatte fast nur Volkssturm-Ersatz. Eine Aufklärungs-Abteilung zu 2/3 Stärke. Eine Panzer-Abteilung zu etwa 15—20 einsatzbereiten Panzern. Zwei Artillerie-Abteilungen (4 Batterien), Panzerjäger-Abteilung zu etwa 15 einsatzbereiten Jägern.

3. Panzergrenadierdivision, Führer: Generalmajor Denkert
Stärke: zwei schwache Panzergrenadierregimenter. Stärke etwa wie Panzerlehrdivision. Eine Aufklärungs-Abteilung in halber Gefechtsstärke (150 Mann). Eine Sturmgeschütz-Abteilung zu etwa zehn einsatzbereiten Sturmgeschützen. Zwei Artillerie-Abteilungen (vier Batterien). Sonst unbekannt.

176. Infanteriedivision, Führer: Generalmajor Landau
Grenadierregimenter 1218, 1219 und 1220
Stärke: Die Division wurde im Raum von Düsseldorf notdürftig zum großen Teil durch Volkssturm-Ersatz aufgefrischt. Wenig kampfkräftig. Kampfstärke etwa 800—1000 Mann. Zwei Artillerie-Abteilungen (vier bis fünf Batterien). Keine Panzer oder Panzerjäger.

Schwere Panzerjäger-Abteilung 654, Führer: Major Noak
Stärke: Etwa zehn einsatzbereite Jäger

Schwere Panzer-Abteilung 506, Führer: Hauptmann von Römer
Stärke: Etwa sechs bis zehn einsatzbereite Panzer (Tiger II)

(BA-MA, MS-Nr. B-396)

## GLIEDERUNG DER 338. INFANTERIEDIVISION

(Nach einem After-Action-Report der 99. US-Infanteriedivision, ergänzt von Generalmajor a. D. Wolf Ewert)

Kommandeur: Generalmajor Wolf Ewert

| | |
|---|---|
| Infanterieregiment 757: | Major Geiger |
| I. Bataillon | Hauptmann Rittermann |
| II. Bataillon | Hauptmann Jung |
| Infanterieregiment 758: | Major Hesse |
| I. Bataillon | ? |
| II. Bataillon | Hauptmann Heidenreich |
| Infanterieregiment 759: | Major Fuhrmann |
| I. Bataillon | Hauptmann von Komorowsky |
| II. Bataillon | Oberleutnant Strohmaier |
| Artillerieregiment 338: | Major Holst |
| I. Abteilung | Hauptmann Stadler |
| II. Abteilung | ? |
| III. Abteilung | ? |
| IV. Abteilung | Hauptmann Korn |
| Aufklärungs-Abteilung 338: | mit Sturmgeschütz- und Fla-Kompanie |
| Pionier-Bataillon 338: | Major Seitz |
| Nachrichten-Abteilung 338: | ? |
| Füsilierbataillon 338: | Hauptmann von Wiedebach |

## ZEICHENERKLÄRUNG

Die Karten sind – soweit nicht die Quelle direkt angegeben wurde – vom Verfasser nach deutschen und amerikanischen Unterlagen gezeichnet worden. Der Verfasser hat bewußt die früheren deutschen und auch die alliierten taktischen Zeichen benutzt, um auch dem militärisch nicht versierten Leser eine bessere Gegenüberstellung zu ermöglichen.

Nachstehend die wichtigsten taktischen Zeichen:

| Deutsche | | Alliierte |
|---|---|---|
|  | Armee |  |
|  | Armeekorps | 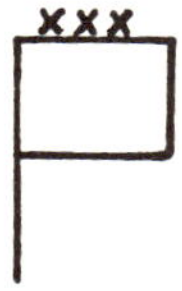 |
|  | Infanteriedivision |  |
|  | Panzerdivision |  |
|  | Panzerbrigade | 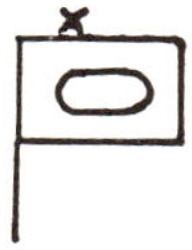 |
|  | Infanterieregiment |  |
|  | Infanteriebataillon oder Kampfgruppe |  |

Bei den alliierten wie auch bei den deutschen Truppen gab es im Verlauf der Kampfhandlungen oftmals Änderungen in den Unterstellungsverhältnissen. Siehe auch hier die Beschreibungen in den einschlägigen Kapiteln.

Auf Abkürzungen wurde bei der Abfassung dieser Dokumentation weitgehend verzichtet. Nachstehend einige Erläuterungen zu nicht vermeidbaren Abkürzungen:

Ia = Erster Generalstabsoffizier
Ic = Zweiter Generalstabsoffizier
i. G. = im Generalstab
OKH = Oberkommando des Heeres
OKW = Oberkommando der Wehrmacht
NSDAP = National Sozialistische Deutsche Arbeiter Partei
RAD = Reichsarbeitsdienst

## Anlage 5:

HITLERS WEISUNGEN FÜR DIE KRIEGFÜHRUNG 1939–1945:

Führerbefehl vom 25. November 1944 über die Befehlsführung bei auf sich selbst gestellten Truppenteilen:

„Der Krieg entscheidet über Sein oder Nichtsein des deutschen Volkes. Er fordert rücksichtslosen Einsatz jedes einzelnen. Todesmutige Tapferkeit der Truppen, standhaftes Ausharren aller Dienstgrade und unbeugsame überlegene Führung haben auch aussichtslos erscheinende Lagen gemeistert.

Führer deutscher Soldaten kann nur sein, wer mit allen Kräften des Geistes, der Seele und des Körpers seinen Männern täglich die Forderungen vorlebt, die er an sie stellen muß. Tatkraft und Entschlußfreudigkeit, Charakterfestigkeit und Glaubensstärke und harte unbedingte Einsatzbereitschaft sind seine unerläßlichen Eigenschaften für den Kampf. Wer sie nicht oder nicht mehr besitzt, kann nicht Führer sein und hat abzutreten.

Ich befehle daher: Glaubt ein Truppenführer, der auf sich selbst gestellt ist, den Kampf aufgeben zu müssen, so hat er erst seine Offiziere, dann Unteroffiziere, danach die Mannschaften zu befragen, ob einer von ihnen den Auftrag erfüllen und den Kampf fortführen will. Ist dies der Fall, übergibt er diesem – ohne Rücksicht auf den Dienstgrad – die Befehlsgewalt und tritt selbst mit ein. Der neue Führer übernimmt das Kommando mit allen Rechten und Pflichten."

(Günter Wegmann, Osnabrücker Mitteilungen, 84. Band, S. 145)

## Anlage 6:

NAMENLOSE GEFALLENE
Im Raum Etteln/Henglarn (südlich von Paderborn)

Mit dem HIAG-Kriegsgräberbeauftragten Kamerad August Hoffmann fuhr ich in den Kampfraum unserer letzten Einheiten, der Panzer-Aufklärer-Ausbildungs-Ersatz-Abteilung.

Bereits nach Verlassen Paderborns berührten wir die ersten uns vertrauten Ortschaften, die Ende März 1945 im Mittelpunkt harter Kämpfe standen. Erinnerungen an manchen lieben Kameraden wurden in uns wach, und die damaligen Ereignisse rollten noch einmal vor uns ab:

Als beide Abteilungen am 29. März im Fußmarsch, aus dem Staumühlelager kommend, den Raum südlich von Paderborn erreichten, war noch nicht bekannt, daß amerikanische Panzerspitzen weit über Warburg hinausgestoßen waren und unsere ersten Marschziele bereits in ihre Aufklärung einbezogen hatten. So konnte es nicht ausbleiben, daß am Karfreitag alle Kompanien Feindberührung meldeten. Besonders hart entwickelten sich die Kämpfe in Nord- und Kirchborchen, wo auch Einheiten aus Augustdorf eingesetzt waren, in Henglarn und Etteln. Hier bewährten sich neben den alten Hasen die jungen Kameraden, die teilweise erst vier Wochen Soldat waren und noch bis zum Auftreffen auf den Gegner ausgebildet wurden.

Jetzt, nach dreizehn Jahren, kamen wir wieder in diese Gegend, um Vermißtenschicksale aufzuklären. In Etteln, dem Hauptziel unserer Fahrt, hatte der Junglehrer Beil bereits von sich aus Nachforschungen angestellt. Durch die Aufgeschlossenheit der einzelnen Dorfbewohner konnten wir für unsere weiteren Ermittlungsbemühungen wertvolle Hinweise erhalten. Sehr bedeutsam waren ihre Berichte, die sie aus ihrer Sicht heraus über die damaligen Vorkommnisse abgaben. Wir waren sehr betroffen, als wir hören mußten, daß unsere gefallenen Kameraden über die Osterfeiertage und teilweise sogar bis zu zehn Tagen unbestattet geblieben waren und daß sie während dieser Zeit von Ausländern ausgeplündert worden sind. Eine Beerdigung wurde anfangs verboten.

Alle von uns Befragten sagten übereinstimmend aus, daß fast sämtliche Kameraden durch Kopfschüsse gefallen waren. Diese müssen aus nächster Entfernung abgegeben worden sein, denn dafür spricht, daß sie sehr gut gezielt waren. In einem Falle wurde ein Kamerad, der vorher noch mit einem Bauchschuß angetroffen wurde, später durch einen Kopfschuß getötet aufgefunden.

Wir wurden an eine Hecke geführt, hinter der damals achtzehn durch Kopfschüsse getötete Kameraden gefunden wurden. Die nach Tagen und unter großen Schwierigkeiten einsetzende Bergung unserer Kameraden durch die Dorfbewohner war dadurch erschwert, daß sie nicht mehr an der Stelle, wo sie der Tod ereilte, lagen.

Die noch vorgefundenen Erkennungsmarken und Nachlaßsachen wurden leider von dem damaligen Gemeindebürgermeister nicht ordnungsgemäß untergebracht, so daß auch diese restlichen Sachen, bei erneuten Plünderungen durch Fremdarbeiter, abhanden gekommen sind.

Wenn heute noch zehn Namenlose in diesem Ort zu beklagen sind, dann dürfen nicht nur allein die damaligen Zustände hierfür verantwortlich gemacht werden.

In diesem ersten Kampfraum sind gefallen: in Nordborchen 60, Kirchborchen 45, Henglarn 38, Etteln 35, Büren 13, Neuenbeken 13, Haaren 10, Altenbeken 9, Dörenhagen 8, Wewer 8, Husen 8, Herbram 5, Lichtenau 5, Steinhausen 5, Harth 5, Kleinenberg 5, Ebbinghausen 4, Atteln 3, Meerhof 3, Dalheim 2 und in Alfen 2 Kameraden.

Diese 286 Gefallenen sind heute auf dem Heldenfriedhof Böddeken gebettet. Wir konnten bei unserem Besuch mit großer Genugtuung feststellen, daß unsere Kameraden eine würdige Ruhestätte bekommen haben. Wir standen an dem Grabe des heldenhaften Unterscharführers Solderitsch, der seine Truppe junger Rekruten damals zurückschickte und ihr Absetzen durch seinen Tod ermöglichte. So erinnerte uns fast jeder Grabstein an einen lieben Kameraden. Leider fehlen noch bei 65 die Inschriften.

An den Gräbern unserer gefallenen Kameraden gelobten wir, die Toten nicht zu vergessen! Wir werden wiederkommen! Mögen bis zu diesem Zeitpunkt noch einige Kameraden von der I. und II. Abteilung zu uns finden, um unsere traurige Arbeit zu unterstützen. Wir schieden von der letzten Ruhestätte unserer Kameraden auch in Gedanken an die, die in den späteren Kämpfen in Hessen, im Harz und in Thüringen von uns gingen.

*Karlheinz Springer*

(Informationskopie aus dem Archiv Jost W. Schneider, Wuppertal)

Anlage 7:

## Vae victis! — Wehe dem Besiegten!

(Erläuterungen zu den Ereignissen südlich von Paderborn)

Wir schreiben das Jahr 1984. Fast vierzig Jahre sind seit dem Ende des letzten großen Weltkrieges vergangen. Die Mehrzahl der vor 1934/35 Geborenen kann sich noch gut an die damalige Zeit erinnern, wie unsere Heimat im Frühjahr 1945 ausgesehen hat. Die nachfolgenden Generationen kennen die Darstellung des Krieges nur aus Filmen und aus dem Fernsehen und können sich nur dadurch eine Vorstellung machen, welche Zerstörungen der alliierte Bombenkrieg auch im westfälischen Raum anrichtete.

Der in diesem Gebiet eingesetzte deutsche Soldat leistete teilweise noch erbitterten Widerstand; es galt ja, die Heimat gegen den andrängenden übermächtigen Gegner zu verteidigen.

Bei der Befragung der Gefangenen äußerten die Vernehmungsoffiziere der Alliierten ihre Verwunderung über den erbitterten Widerstand. Sie konnten es sich nicht erklären, daß die deutschen Soldaten jetzt noch so hartnäckig kämpften, da doch alles verloren und der Kampf sinnlos geworden war.

Die Erklärung dafür ist relativ einfach. Einmal kämpfte man nicht mehr im Ausland, sondern versuchte, deutschen Boden zu verteidigen. Schließlich hatte die gegnerische Propagandamaschine durch Abwurf von Millionen von Flugblättern, durch Lautsprecherpropaganda und andere Mittel neuzeitlich-psychologischer Kriegführung die Sinnlosigkeit jeglichen Widerstandes verbreitet. Aber auch die eigene Führung hatte drakonische Strafen für Fahnenflucht angedroht, griffen fliegende Standgerichte hinter der Front gegen angebliche Feiglinge rücksichtslos durch. Die Alliierten hatten keinen Zweifel daran gelassen, welches Schicksal zwanzig Millionen Deutsche zu erwarten hatten: die Soldaten der Waffen-SS sollten jahrelang als Gefangene nach Sibirien verbannt werden. Vor allem aber die Forderung nach bedingungsloser Kapitulation wie auch der in Umrissen bekanntgewordene Morgenthau-Plan trieben die deutschen Soldaten dazu, mit dem Mut der Verzweiflung zu kämpfen und das eigene Leben so teuer wie möglich zu verkaufen.

Das Oberkommando der Wehrmacht in Berlin operierte noch mit Armeen, Korps und Divisionen, die es nur noch auf dem Kartenbrett und dem Namen nach gab. Zerschlagene Kampfverbände, in Stärke, Bewaffnung und Ausrüstung auf einen Bruchteil geschmolzen, hastig aufgestellte Alarmeinheiten mit völlig unzureichender Bewaffnung, ohne schwere Waffen, ohne Nachrichtenmittel und ohne Nachschub: das waren die Verbände, die gegen einen übermächtigen Gegner zu kämpfen hatten.

Der neuernannte Oberbefehlshaber West, Generalfeldmarschall Albert Kesselring, war ebensowenig in der Lage, aus den wenigen leidlich arbeitenden Rüstungsbetrieben Waffen und Munition heranzuschaffen, wie der oberste Befehlshaber der Heeresgruppe B, Generalfeldmarschall Walter Model. Generale und Stabsoffiziere wurden zu Einheiten versetzt, die nur noch auf dem Papier bestanden, deren Masse bereits durch die Schnelligkeit des gegnerischen Vormarsches in Gefangenschaft geraten war. Nur unter diesem Aspekt kann man den Kampf rechtsrheinisch nach dem 7. März 1945, dem Fall der Remagener Ludendorff-Brücke, betrachten.

Den Verlauf der Kämpfe im Münsterland und Westfalen hat Günter Wegmann ausführlich beschrieben. Seine gründliche Arbeit, die auf gewissenhaften Nachforschungen beruht, kann mit Recht als Standardwerk für diese Phase des Krieges in unserer Heimat gelten. Sie braucht hier nicht besonders erwähnt zu werden. Das Thema, mit dem wir uns befassen wollen, wird in der Literatur unserer Republik geflissentlich übergangen. Angeblich steht es einem Volke, das so große Schuld auf sich geladen hat, nicht zu, auf die Schuld der damaligen Gegner und heutigen Verbündeten hinzuweisen.

In den Zusatzprotokollen zu den Pariser Überleitungsverträgen hat sich unsere Regierung verpflichten müssen, in keiner Form gegen Kriegsverbrechen der Alliierten vorzugehen. Dagegen mußten sich Tausende von deutschen Soldaten, Beamten und Funktionsträgern der NSDAP aufgrund alliierter Kontrollratsgesetze besonderen Überprüfungen unterziehen oder sich vor Kriegsgerichten der westlichen und östlichen Siegermächte verantworten. Neben manchem Schuldigen belasteten von Haß und Rachegefühlen diktierte Zeugenaussagen auch viele Unschuldige. Ohne eine persönliche Schuld auf sich geladen zu haben, starben sie durch die Kugeln alliierter Exekutionskommandos oder ließen ihr Leben unter den Galgen von Darmstadt, Dachau und Hameln. Der Sieger schreibt die Geschichte, der Besiegte, der bedingungslos kapituliert hat, ist rechtlos.

Zwar hatten alle auf dem westlichen Kriegsschauplatz beteiligten Nationen die Haager See- und Landkriegsordnung anerkannt, nach deren Regeln ein konventioneller Krieg zu führen war. Die Sowjetunion war diesem weitumspannenden Vertragswerk nicht beigetreten. Die Vereinigten Staaten von Amerika, England, Frankreich und später China hatten im Verlauf des Krieges die Charta der Vereinten Nationen geschaffen, und England, Frankreich, führend die USA, hatten schon 1943 beschlossen, „Kriegsverbrecherlisten" anzulegen, um nach dem gewonnenen Krieg Angehörige der Achsenmächte vor Gericht stellen zu können.

Schon ab 1917 hatten die damaligen Ententestaaten Kriegsverbrecherlisten anlegen lassen, die nach Unterzeichnung des Friedensdiktats von Versailles der jungen deutschen Republik präsentiert wurden. Auf diesen Listen standen die Namen prominenter Truppenführer wie auch die von U-Bootkommandanten. Ausgeliefert wurde jedoch niemand.

Zwar hatte man deutscherseits bereits bei der Besetzung Österreichs und des Sudetenlandes den einrückenden Heeres- und Verfügungs-Truppen-Verbänden Kommandos der Sicherheitspolizei und des Sicherheitsdienstes nachfolgen lassen, die nach besonderen Listen Gegner des Regimes, sonstige Unbeliebte und vor allem Juden zu verhaften hatten. Erste größere Aktionen fanden nach dem Einmarsch in Polen im September 1939 gegen die polnische Oberschicht, Juden und sonstwie „Verdächtige" statt.

Andererseits beweisen die Akten der damaligen Wehrmachtsuntersuchungsstelle, daß im Westen abgesprungene deutsche Flieger bei Verhören mißhandelt wurden. Nach Beginn des Westfeldzuges am 10. Mai 1940 wurden in Frankreich unter Beteiligung der Bevölkerung versprengte Soldaten, abgeschossene Fliegerbesatzungen mißhandelt und niedergemacht. In Holland verfuhr man mit abgesprungenen Fallschirmjägern in einigen Fällen ähnlich.

Die Eskalation eines Weltkrieges, wo ideologische und wirtschaftliche Gegensätze so extrem aufeinanderprallten, ließ die bis dato weitgehend beachteten Kriegsregeln nach und nach auf beiden Seiten verschwimmen. Je erbitterter dieser Krieg geführt wurde, um so mehr häuften sich die Fälle, wo Gefangene kurzerhand niedergemacht wurden, um sich nicht mit ihnen zu belasten. Die Gegner im Westen und Südosten machten hierbei keine Ausnahme, was sich bereits bei der Besetzung der Insel Kreta abzeichnete. Nach der Invasion in Frankreich, d. h. nach dem 6. Juni 1944, nahmen derartige Übergriffe besonders bei kanadischen Einheiten zu, auch wenn dies stets Einzelfälle blieben. Die Untergrundbewegungen in den von Deutschen besetzten Ländern im Westen, Südosten, vor allem aber im weiträumigen Rußland, hatten nicht nur viele Divisionen und Kampfgruppen im Kleinkrieg gebunden, die an den bedrohten Fronten dringend benötigt wurden, sondern Tausende in einem dem deutschen Soldat ungewohnten Guerillakrieg Leben oder Gesundheit gekostet.

Im Jahre 1945 galt ein Menschenleben nicht viel. Die Heimatfront hatte den Bombenkrieg und jahrelangen Luftterror fast überall zu spüren bekommen. Ganze Städte waren in ihrem Kern zertrümmert. Die an die Städte gebundene Bevölkerung vegetierte in Trümmern und Kellern. Alliierte Flieger, besonders die damals berüchtigten Doppelrumpfflugzeuge vom Typ P 38 „Lightning" (Blitz), hatten längst Jagd auf Eisenbahnzüge, spielende Kinder, pflügende Bauern und harmlose Milchfahrzeuge gemacht.

Es gab für die alliierten Soldaten Handbücher und Belehrungen über die vielen Uniformträger in Deutschland, aber wer sollte und wollte in der Hitze des Kampfes einen harmlosen, unbewaffneten Bahn- oder Postbeamten mit dunkelblauer oder schwarzer Hose von einem Angehörigen der Allgemeinen-SS unterscheiden? Alles, was tatsächlich oder zufällig noch braune Breeches oder braune Hem-

den trug, war sowieso ein „Nazi" – und nach dem Schießen wurde erst gefragt. Für den Gegner mit seiner personellen und materiellen Übermacht war es sicherer, alles, was in Feindesland eine Art Uniform trug, erst mal hinter Gitter oder Stacheldraht zu bringen. Oft dauerte es nach dem Zusammenbruch Monate, ja Jahre, bis ein unbewaffneter, harmloser Bahnarbeiter aus Haft und Gefangenschaft entlassen wurde.

In den ersten Märztagen 1945 war die 3. US-Panzerdivision „Spearhead" (Speerspitze) von Köln aus über den Rhein gesetzt, hatte das schwer mitgenommene Altenkirchen besetzt, stieß – kaum Widerstand begegnend – durch den Dillkreis auf Marburg vor. Die gewaltige Zangenbewegung der 1. und der 9. US-Armee um das Ruhrgebiet zeichnete sich bereits ab. Der Armada der 3. US-Panzerdivision wurde der Vorstoß nach Norden befohlen, in Richtung Paderborn, wo man den riesigen Ruhrkessel zu schließen gedachte. Paderborn war auch in der Weimarer Zeit Garnisonstadt, und das Sennelager war der Inbegriff einer der besten Ausbildungsplätze für Panzertruppen. Hier hatten zahlreiche Panzer-Einheiten des Heeres und der Waffen-SS ihre ständigen Ausbildungs- und Ersatz-Einheiten untergebracht.

Natürlich waren diese Kader ständig nach fronttauglichen Soldaten ausgesiebt; das Ausbildungspersonal bildeten überwiegend schwerversehrte Soldaten aller Dienstgrade, denen ein Arm, ein Bein oder gar beide Beine fehlten! Beim SS-Panzer-Ausbildungs- und Ersatzregiment in der Senne gab es Ausbilder, die längst nicht mehr ohne fremde Hilfe in ihre Panzer ein- und aussteigen konnten.

Die Rekruten im Großraum Paderborn-Sennelager und in den umliegenden Orten setzten sich aus Angehörigen der Jahrgänge 1927-28 zusammen. Dazu kamen bisher unabkömmlich („u. k.") gestellte Bergleute und Zechenpersonal der Zechen aus dem Ruhrgebiet, die nicht mehr Kohle fördern konnten, da die Zechen total durch Bomben zerstört waren.

Der überall im Lande umherziehende sogenannte „Heldenklau" kämmte ebenfalls die wenigen Klein- und Mittelbetriebe aus, so daß noch mancher die Uniform anziehen mußte. Die Versorgungslage war jedoch damals schon so schlecht, daß eine Art Räuberzivil überwog oder uralte Garnituren ausgegeben wurden.

Im Sennelager-Nord war zudem ein der Waffen-SS unterstehendes HJ-Wehrertüchtigungslager, das über die Weser nach Osten verlegt werden sollte. Ebenso sollte sich der Großteil der Angehörigen des Jahrgangs 1929 in Sammelorten östlich der Weser melden. Am Morgen des 30. März gelang es einem dieser Jungen, der sich in Senne-Nord befand, in Halbzivil mit Holzschuhen, teils zu Fuß, teils per Anhalter, nach Hause, nach Dörenhagen, durchzuschlagen. Dort beobachtete er die vier Tiger, die sich quer durch die Gärten des Dorfes in Richtung Kirchborchen bewegten. Diese Panzer wurden kurz darauf von amerikanischen Flugzeugen mit Napalm beworfen, da man keine panzerbrechenden Spezialbomben an Bord hatte. Man meldete diese Panzer auch als vernichtet, ohne zu ahnen, daß diese bei Beginn der Dämmerung unweit von Hamborn noch eine bedeutende Rolle spielen sollten.

Die Kampfgruppe Richardson der 3. US-Panzerdivision war unvermutet auf erbitterten Widerstand gestoßen. Panzerlose Besatzungen und Panzergrenadiere hatten sich am Hanggelände geschickt eingegraben. Entsprechende Meldungen wurden von der Kampfgruppe zur Division abgesetzt, und plötzlich hieß es, „Big Six" – wie der Spitzname des Divisionskommandeurs Major General Maurice Rose lautete – würde selbst nach vorn kommen, um sich ein Bild zu machen. Doch den bewährten, tapferen Offizier wollte man nicht unbedingt soweit vorn haben, wo der Feuerzauber anhielt.

Was dann in der Dämmerung des 30. März 1945 unweit von Hamborn geschah, war ein Vorfall, wie er sich in ähnlicher Form hundert-, ja tausendfach auf beiden Seiten in diesem Krieg an allen Fronten abgespielt hat. Roses Jeep, als Fahrer Sergeant Shaunce, als Begleitoffizier Major Robert Bellinger, gefolgt von einem Panzerspähwagen, war plötzlich in einen Hinterhalt geraten, den – das kann heute als sicher gelten – die gleichen vier „Tiger" bildeten, die man angeblich mittags bei Dörenhagen vernichtet haben wollte. Der Jeep blieb an Bäumen hängen, die drei Soldaten mußten das Fahrzeug verlassen. Da öffnete sich eine Panzerluke, und der Kommandant rief den Amerikanern zu, die Waffen abzulegen und die Hände hochzunehmen. Bellinger und Shaunce entledigten sich ihrer Pistolen. Bei Rose dauerte dies vermutlich länger, so daß der Deutsche auf ihn einen Feuerstoß abgab, der den General tödlich traf. Die augenblickliche Verwirrung benutzten Bellinger und Shaunce, um schleunigst zu verschwinden.

Später haben die Amerikaner ein Kriegsverbrechen angenommen und ließen den „Fall Rose" beim War Department, Judge Advocate General unter Nr. 12-407 untersuchen.

Eine objektive Darstellung findet sich bei John Toland „Das Finale – die letzten hundert Tage", d. h. sowohl in der amerikanischen Originalausgabe als auch in der deutschen Übersetzung.

Toland hat für seine Arbeit die Akten der kriegsgerichtlichen Untersuchungen eingesehen, die sich auch im Archiv des Verfassers befinden. Allerdings fehlen in den Unterlagen des Verfassers, die ihm

1983 aus Washington zugeschickt wurden, die bedeutungsschweren Zeugenaussagen von Major Bellinger und Sergeant Shaunce.

Die Deutschen wußten nicht, wen sie da getötet hatten, und zogen sich im Schutz der Dunkelheit zurück. Ein amerikanisches Suchkommando fand Stunden später die Leiche des gefallenen Generals und den unangetasteten Jeep mit allen darin befindlichen Unterlagen. Ein Landwirt aus Kirchborchen berichtete vor Jahren dem Verfasser, es habe ein beschädigter Jeep noch monatelang an einer Mauer von Schloß Hamborn gestanden.

In Zeitungen aus dem Raum Paderborn, aber auch bei H. Euler „Entscheidungsschlacht an Rhein und Ruhr" (Motorbuch Verlag, Stuttgart 1980, S. 163-168) werden die Abläufe im Großraum Paderborn beschrieben.

Nicht am 8., sondern am 9. April 1945 erschien auf der Vorderseite des „Völkischen Beobachters" (süddeutsche Ausgabe, München) die Meldung über die angebliche Erschießung General Roses durch Zivilisten in Paderborn. Die Meldung war reine Zweckpropaganda für den sogenannten „Werwolf", dem der Tod des amerikanischen Generals nun wirklich nicht angelastet werden konnte. Nach verschiedenen mündlichen Überlieferungen soll allerdings bereits am 1. April der im Raum Wiedenbrück stehende deutsche Propaganda-Sender „Primadonna" neben dem Aufruf zur Bildung des „Werwolfs" angeblich auch schon über den Tod General Roses berichtet haben. Ein überzeugender schriftlicher Beweis dafür fand sich trotz allen Suchens in den Archiven bisher nicht.

Für spätere Forschungen wäre einigen Hinweisen nachzugehen, für welche Sondereinsätze Angehörige des HJ-Wehrertüchtigungslagers Wewelsburg ausgebildet werden sollten, die nominell dem SS-Hauptamt Ergänzung und Erfassung (Obergruppenführer Berger) und dem Leiter des „Werwolf", (SS-Obergruppenführer Prützmann) unterstanden. Auch spielte der zuständige Höhere SS- und Polizeiführer im Wehrkreis VI (Gruppenführer K. Gutenberger †) dabei eine noch ungeklärte Rolle.

Interessant erschien dem Verfasser jedoch der Hinweis mehrerer befragter damaliger HJ-Angehöriger, „sie seien noch bis 1947 von der damaligen alliierten Militärpolizei gejagt worden".

Der Vorfall hatte jedoch noch erhebliche Folgen. Erst jetzt wurde innerhalb der 3. US-Panzerdivision bekannt, daß Rose Jude und Sohn eines Rabbiners war. Clevere Propaganda lastete den Tod des Generals den tapfer und erbittert kämpfenden Soldaten der „SS-Panzerbrigade Westfalen" an — und in den nächsten Tagen wurden mehr als 120 Soldaten der Waffen-SS-Einheiten, die sich den Amerikanern ergaben, erbarmungslos niedergemacht: erschossen meist durch Genickschüsse oder erschlagen. Man ließ die Leichen tagelang dort liegen, wo diese Unglücklichen ihr junges Leben lassen mußten. Erst in den ersten Apriltagen gestatteten die Amerikaner deutschen Zivilisten, die Toten zu begraben.

Es entsprach amerikanischen Gepflogenheiten, zusammen mit den eigenen Toten auch die des Feindes mit zum rückwärtigen Armeefriedhof auf den Versorgungsfahrzeugen zu transportieren. Dieser Armeefriedhof war bereits in Ittenbach/Siebengebirge angelegt worden; hier fand auch Maurice Rose seine vorläufige Ruhe. Der Verfasser erinnerte sich bei seinen Nachforschungen an diesen Friedhof und fand zunächst mit Hilfe zweier bekannter deutscher Offiziere die Vermutung bestätigt, daß auch ein Teil der bei Paderborn und Schloß Neuhaus gefallenen oder sonst ums Leben gekommenen deutschen Soldaten nun in Ittenbach ruht.

Die ermordeten Gefangenen blieben zunächst verscharrt, an Feldrainen, auf Äckern — nur wenige wurden auf Ortsfriedhöfen beigesetzt. Die relativ hohe Zahl an heute noch Unbekannten erklärt sich durch die Tatsache, daß umherziehende Zwangsverschleppte die Gemeindeverwaltungen heimsuchten und dabei zunächst sichergestellte Erkennungsmarken, Soldbücher und Nachlaßgegenstände mitnahmen und später wegwarfen.

Der 1983 verstorbene Rektor a. D. Wolfgang Beil, geboren 1929, aus Etteln hat nicht nur dem Verfasser gegenüber, sondern auch überlebenden deutschen Soldaten, die Jahre später die Gegend aufsuchten, die Vorgänge Ende März/Anfang April für Etteln und Umgebung bestätigt.

Bei den Umbettungen auf die neu angelegte Ehrenstätte Friedental/Böddeken fand der Umbettungsdienst des Volksbundes bei zahlreichen Skeletten erhebliche Schädelverletzungen. Über die Identifizierung eines aus dem Ruhrgebiet stammenden gerade erst Eingezogenen, der unter seinem Ledermantel noch Zivilkleidung und seine Papiere nebst Füllhalter trug, berichtete 1981 der Stadtspiegel in Büren.

Die vorstehende Schilderung will nicht Kriegsverbrechen oder Verbrechen gegen die Menschlichkeit — begangen von Deutschen — mit Verbrechen der Siegermächte aufrechnen.

Die Studie soll nur den jüngeren Generationen zeigen, was 1945 im Westen auf Heimatboden geschah. Die in den fünfziger Jahren erschienenen Zeitungsserien der Kreise Büren, Höxter, Paderborn und Warburg („in jenen Tagen") erwähnen diese oder ähnliche Vorfälle, die sich auch an ver-

schiedenen Orten bis zur Weser hin belegen lassen. Diese letzten Kriegsopfer ruhen meist auf den Ehrenstätten Brakel und Breuna (Landkreis Kassel).

In Staatsarchiven des Landes NRW finden sich noch alte Ermittlungsakten gegen „Unbekannt", bei denen Morde an deutschen Soldaten vorermittelt wurden. Monate später erfolgten mehr oder minder gleichlautende Stellungnahmen; „da der oder die Täter nicht zu ermitteln waren", wurde das Verfahren eingestellt.

Die Wahrheit ist nüchtern: Die Bundesrepublik und ihre damaligen Repräsentanten mußten sich in den Zusatzprotokollen zu den Pariser Verträgen verpflichten, Kriegsverbrechen oder ähnliche Übergriffe, begangen durch die damaligen alliierten Streitkräfte, niemals gerichtlich zu ahnden.

ANMERKUNGEN

*Die beim Verfasser vorhandenen amerikanischen ‚after action reports' — Wochen nach den Paderborner Ereignissen in Thüringen von besonders ausgesuchten Offizieren erstellt — sind, was das Kampfgeschehen zwischen Kirchborchen-Hamborn-Dörenhagen angeht, nicht immer genau und zuweilen widersprüchlich. Bei einigen Amerikanern scheint auch der Grundsatz vorgeherrscht zu haben: „Vorsicht ist besser als der Tod", vor allem, weil man mit diesem heftigen Widerstand an sich zahlen- und ausrüstungsmäßig stark unterlegener deutscher Einheiten nicht gerechnet hatte.*

*Wegen des Fehlens entsprechender deutscher Unterlagen mußte mehrfach auf amerikanische Quellen zurückgegriffen werden, zu denen z. B. die gesamten Meldungen gehören, die hinsichtlich Befehlen, Funksprüchen usw. vom 83. US-Panzer-Aufklärungs-Bataillon oder an dieses geschickt wurden. Mit heute noch erhältlichen Koordinatenkarten (Maßstab 1:100 000) kann das Vorgehen der Amerikaner sehr gut nachvollzogen werden. Aufschlußreich sind ebenfalls die „PW-Interrogation reports", die gezielten Befragungen deutscher Kriegsgefangener, und deren Auswertung.*

*Die als Fotokopie vorhandenen Akten des Judge Advocate General — des Heeresrichters der US Armee, War Crimes Office, Fall 12-407 (General Rose) — sind nicht sehr ergiebig. Was auffällt, sind ungenaue Ortsangaben zum Todesort selbst, es wird nur sehr allgemein „südlich Paderborn" angegeben. Auch fehlen entsprechende Koordinate sowie erstaunlicherweise die Aussagen von Major Robert Bellinger und Sergeant Shaunce, die John Toland sicher s. Z. beim Abfassen seines Buches zur Verfügung gestanden haben.*

*Feindtote, also deutsche Soldaten, mußten mit 50 Meter Mindestabstand von amerikanischen Gefallenen oder tödlich Verunglückten beigesetzt werden. Zu den nachdenkenswerten Dingen alliierter Nachkriegspolitik gehörte auch, daß kein toter Amerikaner auf deutschem Boden ruhen sollte. Daher wurden ab Sommer 1945 amerikanische Kriegstote durch den US-Gräberdienst exhumiert und auf neu geschaffene Großanlagen in den Niederlanden, in Belgien und Frankreich überführt. Zu den ursprünglich angelegten Armeefriedhöfen gehörten Ittenbach/Siebengebirge, Breuna/Landkreis Kassel und Nieder-Weisel bei Butzbach, wohin die in Mitteldeutschland gefallenen Amerikaner zunächst gebracht wurden.*

*Jost W. Schneider, Wuppertal*

Nachtrag: Verbände der Waffen-SS kämpften nur in den Räumen Paderborn und Unna. Nennungen an anderen Orten sind irrtümlich von den Ortschronisten erfolgt.

Anlage 8:

KURZGESCHICHTE DES FLUGPLATZES STÖRMEDE

1937: Die Planungen laufen an.

1939: Erste Arbeiten. Im September ist der Platz einsatzfähig.

1940: Am 9. Mai starten von dort Luftlandetruppen zum Einsatz nach Rotterdam.
Im benachbarten Hölter Klee wird ein Scheinflughafen mit 50 Me 109-Attrappen angelegt. Später ist dort ein Ausbildungslager.

1944: Stationierung von Teilen eines Tagjagdgeschwaders, eines Nachtjagdgeschwaders und eines Nachtschlachtgeschwaders. Weitere Gebäude werden errichtet.
September: Eine technische Kompanie des Kampfgeschwaders 51 (für V-Waffen zuständig), wird nach Geseke verlegt, um Vorbereitungen zu treffen. Der Scheinflugplatz im Hölter Klee wird für den Abschuß vorgesehen. Es kam aber nicht mehr zur Ausführung.
Winter: Bau einer langen Startbahn für die Me 163. Dazu sind viele hundert Fremdarbeiter im Einsatz und über 1 000 Russen.

1945: Bis zum Monat März bleibt der Flugplatz unerkannt. Erst nach einem Luftkampf zur Mittagszeit, als deutsche Jäger dort aufsteigen, wird der Platz von den alliierten Fliegern entdeckt.

In den letzten Tagen des Monats März lagen dort nachweislich Teile der I. Gruppe des Jagdgeschwaders 27 (Kommandeur: Major Franzisket), die 9. Staffel (Staffelkapitän: Hauptmann Strünig) der III. Gruppe des Nachtgeschwaders 1 (Kommandeur: Major Drewes, Adjutant: Oberleutnant Walter Scheel, der spätere Bundespräsident).

Über die letzten Tage und Wochen hat der ehemalige Bordfunker von Major Drewes, Erich Handke, folgendes notiert:

Am 3. März ist Feldwebel Lahmann abgestürzt.

Am 5. März stürzte Leutnant Adamsky mit Unteroffizier Schulz am Möhnesee ab.

Am 20. März wurde durch einen Jagdbomberangriff auf dem Platz eine Maschine zerschossen.

Am 21. März erfolgte ein weiterer Jagdbomberangriff (Durchschüsse in unserer Baracke).

Am 22. März erfolgte wieder ein Jagdbomberangriff (12 Thunderbolt), wieder ein Treffer in unserer Baracke und in der Küchenbaracke.

Am 23. März ein weiterer Jagdbomberangriff (eine Maschine verbrannt, unsere Schreibstube mit allen Wehrpässen verbrannt, der Schreiber ist tot).

Am 23. März hat eine „Moskito" nachts Brandbomben über dem Platz abgeworfen.

In den letzten drei Wochen lagen noch eine Jagdstaffel und Schlachtflieger auf dem Platz. Flakschutz hatte der Platz nicht. Unsere Warte hatten selbst zwei oder drei MG-Stände aufgebaut (je ein 2-cm-Zwillings-MG 151 auf einer Doppellafette).

Am 24. März erfolgten vormittags zwei Jagdbomberangriffe, die Schorsch Petz und mich in unserer Baracke aus dem Bett jagten. Jetzt hatten wir die Nase voll und zogen als letzte aus der Baracke aus. Mittags quartierten wir uns in Langeneicke bei Bauer Knüppel ein.

Es war allerhöchste Zeit; am frühen Nachmittag gab es noch Luftkämpfe über dem Platz. 18 Mustangs griffen aus Überhöhung sieben startende Me 109 an; kurz darauf lagen sechs Me 109 und eine Mustang am Boden. Eine Me 109 bohrte sich am östlichen Ortsausgang in eine Wiese und explodierte erst in der Nacht. Ein deutscher Flugzeugführer kam leicht verwundet in Langeneicke am Fallschirm herunter.

Dann kam nachmittags gegen 17.00 Uhr der langerwartete Angriff auf unseren Platz mit etwa 100 viermotorigen Bombern. Von Langeneicke aus sahen wir eine ungeheure Staubwolke auf das Dorf zuwälzen. Nur eine Maschine und vier Baracken wurden zerstört. Die restlichen zehn Maschinen, die weiter im Walde standen, waren vom Rollfeld, das wie umgepflügt war, abgeschnitten. Abends besahen wir uns den Schaden: Unsere Baracke mit Gefechtsstand stand noch, auch unser letzter Koffer, den wir zurückgelassen hatten.

Für unsere zehn Maschinen wurde bis zum 30. März neben dem Platz eine schmale Startbahn zurechtgemacht, damit die Maschinen rausstarten konnten zur Verlegung nach Hildesheim. Schorsch und ich fuhren am 29. abends in einem Lkw mit der Gruppe nach Hildesheim. Major Drewes im Krad vorweg. Unsere Maschine wurde von einem Unteroffizier nach Hildesheim geflogen. Als wir losfuhren, waren die feindlichen Panzer bei Büren gemeldet, bei Paderborn kamen uns eigene Tigerpanzer entgegen.

Am 5. April verlegten wir weiter nach Lüneburg und am 13. April nach Neumünster. Zum Einsatz kamen wir nicht mehr. Am 18. April erhielt Major Drewes noch das Eichenlaub zum Ritterkreuz.

Am 2. Mai verlegten wir nach Oldersbeck bei Husum, wo wir am 8. Mai 1945 interniert wurden. Wir lagen dann noch acht Wochen bei deutschen Bauern, denen wir bei der Ernte halfen, bis wir Ende Juli entlassen wurden.

(Aus Mitteilungen von Alfons Dunker, Geseke, bzw. Brief von Erich Handke an den Verfasser)

## Anlage 9:

### KURZGESCHICHTE DES FLUGPLATZES LIPPSTADT

| | |
|---|---|
| 1935: | Bau des Fliegerhorstes Lippstadt-Lipperbruch<br>Oktober 1935 Einweihung und Übernahme durch Fliegerhorst-Kommandantur mit einer Fliegerhorst-Kompanie |
| 1935 bis Anfang 1936: | Aufstellung des Jagdgeschwaders „Horst Wessel" |

| | |
|---|---|
| März 1936 bis Anfang 1937: | Aufstellung des Jagdgeschwaders „Freiherr von Richthofen" |
| Anfang 1937: | Aufstellung und Schulbetrieb Sturzkampf-Geschwader 2 unter Führung von Oberst Weiß<br>Aufklärungsgruppe Hochwasser |
| Herbst 1938: | III. Gruppe / Jagdgeschwader „Horst Wessel", Stationierung nach Sudeten-Einsatz bis Verlegung zum Kriegseinsatz 2. August 1939 |
| August 1939 bis Kriegsende 1945: | Flug-Nachschub-Gruppe und Instandsetzungsgruppe, Aufstellung und Betrieb bis Kriegsende |
| 1941–1945: | Schule für Luft-Nachrichten-Helferinnen, Aufstellung und Betrieb bis Ende März d. J. 1945 |
| 19. April 1944: | Erster gegnerischer Luftangriff auf den Fliegerhorst Lipperbruch; Zerstörung des Rollfeldes und 70 Prozent der Flugzeughallen. Ein Teil der Unterkünfte unbrauchbar; geringe Menschenverluste aufgrund von rechtzeitigem Fliegeralarm |
| 5. Oktober 1944: | Zweiter Großangriff auf Lipperbruch durch rund 300 gegnerische Flugzeuge; starke Zerstörung des wiederinstandgesetzten Rollfeldes, fast aller Horstanlagen und zahlreicher Unterkünfte, darunter die Luft-Nachrichten-Helferinnen-Schule. Zerstörungen auch in den Ortschaften Bad Waldliesborn, Lipperode und umliegenden Gehöften. Geringe Menschenverluste aufgrund von Vorwarnung. |
| 1. April 1945 (Ostern): | Besetzung Lippstadts durch Truppen der 2. und 3. US-Panzerdivision. Belegung des Fliegerhorstes durch die US-Air-Force; Auslegen des Rollfeldes mit Stahlmatten und Stahlblechplatten und Verwendung als Feldflugplatz für den Kampfeinsatz bis zum Kriegsende am 8. Mai 1945. Unterbringung der Truppe in einem Zeltlager |

(Aus einer militärgeschichtlichen Studie über Lippstadt, von Major a. D. Karl-Heinz Köhler (†). Dem Verfasser freundlicherweise zur Verfügung gestellt von Frau Erna Köhler.)

## Anlage 10:

### AUS DEN ERINNERUNGEN DES VOLKSSTURMFÜHRERS WILHELM OBERWINTER, LIPPSTADT

„Sollte Lippstadt vor Menschenverlusten und Zerstörungen bewahrt bleiben, dann mußte das Wagnis der ‚Feindbegünstigung' eingegangen werden. Denn in einem auch von Himmler und Bormann unterzeichneten Befehl des Oberkommandos der Wehrmacht hieß es: ‚Städte liegen an wichtigen Verkehrsknotenpunkten. Sie müssen daher bis zum äußersten verteidigt und gehalten werden. Für die Befolgung dieses Befehls sind die in jeder Stadt ernannten Kampfkommandanten persönlich verantwortlich. Handeln sie dieser soldatischen Pflicht zuwider, so werden sie, wie alle zivilen Amtspersonen, die den Kampfkommandanten von dieser Pflicht abspenstig zu machen versuchen oder ihn gar bei der Erfüllung dieser Aufgabe behindern, zum Tode verurteilt.'

Mein Plan, in dem ich unter diesen Verhältnissen noch eine Chance für Lippstadt sah, war einfach. Unter Vortäuschung militärischer Maßnahmen wollte ich die Volkssturmmänner beim Anmarsch der Amerikaner, ohne daß die vorhandenen Panzerfäuste ausgegeben werden sollten, in den Gehölzen und Wäldern an der Gieseler, der Glenne und dem Boker Kanal gegen Fliegersicht verstecken, um sie keinen Kampfhandlungen auszusetzen. Wenn ich als Zurückbleibender die ersten Amerikaner in der Stadt sah, sollte das Bataillon aufgelöst werden, damit die Männer als harmlose Zivilisten in die hoffentlich unversehrte Stadt zurückkehren konnten.

Mit diesem Vorhaben, das wochenlang vorbereitet wurde, sollte erreicht werden:

1. daß die gegnerische Aufklärung eine praktisch geräumte, unverteidigte Stadt feststellte und damit ein den Angriff vorbereitender Bombenabwurf unterblieb;
2. daß der militärisch wertlose Volkssturm in Sicherheit gebracht war und keine Verluste erlitt;
3. daß die Stadt kampflos besetzt werden konnte;
4. daß Fanatikern, die unbedingt noch kämpfen wollten, außerhalb der Stadt dazu Gelegenheit geboten wurde, ohne anderen Schaden zuzufügen. (Die Ernüchterung war so stark, daß davon kein Gebrauch gemacht wurde.)

Um bei meinem Räumungsplan kriegerische Maßnahmen vorzutäuschen, wurden vor der Glennebrücke bei Ense in Cappel und in Lippstadt auf der Beckumer Straße ‚Panzersperren' aus beweglichen Betonrollen angelegt. Für diese neuartige Konstruktion ließ mir der auf Besichtigungsfahrt befindliche Gauleiter durch das Landratsamt seine besondere Anerkennung aussprechen: ‚Man muß den Feind immer wieder vor neue Überraschungen stellen.' Glücklicherweise hatte er die in der Konstruktion verborgene hintergründige Absicht nicht erkannt: Die Rollensperren ließen sich zur Entfestigung der Stadt leicht öffnen und wurden auch geöffnet, als die amerikanischen Panzer im Anmarsch waren, was bei den üblichen schweren Baumsperren nicht möglich gewesen wäre.

Als die ersten Amerikaner, ohne auf Widerstand zu stoßen, über die Reste der gesprengten Lippertorbrücke die Innenstadt betreten hatten und trotz ihrer schweren Bewaffnung mit ihrem Erscheinen den Frieden verkündeten, war das der Stadt vom Hitlerregime zugedachte Schicksal der Zerstörung glücklich abgewendet. Bei eingestelltem Telefondienst ließ ich durch Melder für die an der Gieseler wartenden Kompanien den Auflösungsbefehl übermitteln. Damit wurden meine Volkssturmmänner auch offiziell zu harmlosen Zivilisten, die sie als Angehörige des ‚Kampfbataillons' immer geblieben waren. Für mich war der Auflösungsbefehl mit einem gewissen Risiko verbunden, denn es bestand zu der Stunde noch die Möglichkeit eines Gegenangriffs auf Lippstadt durch die im Raum Erwitte, Stirpe, Benninghausen liegende intakte Panzerdivision ‚Windhund'."

(Heimatblätter „Der Patriot", Folge 4/1965)

Anmerkung des Verfassers zu den Schilderungen des Herrn Oberwinter: Die „Windhund-Division" (116. Panzerdivision) befand sich in jenen Stunden noch nicht im Raume südwestlich von Lippstadt. Sie wurde gerade erst aus der Front um Recklinghausen herausgelöst.

(Herr Oberwinter verstarb während der Drucklegung dieses Werkes am 1. Juni 1984.)

## Anlage 11:

### AUS DEN ERINNERUNGEN EINES LIPPSTÄDTER „FREIKORPS-MANNES":

Unter Führung des SA-Obersturmführers Josef Menke wurde ein sechs Mann starker Trupp, zumeist kriegsbeschädigte alte Männer, zusammengestellt. Eine Lippstädter Firma stellte ein kleines Fahrzeug mit Holzvergasermotor zur Verfügung. Mit acht Panzerfäusten und zwei Kisten Handgranaten beladen, ging es in Richtung Meschede los. Auf der Fahrt begegnete man vielen deutschen Truppenteilen, die sich zurückzogen. Die Aufgabe des Trupps war, sich auf dem Kreisbefehlsstand in Olsberg zu melden und von dort aus weitere Anweisungen entgegenzunehmen. An der Kreuzung der Reichsstraßen 7/55 in Meschede wurde die Gruppe von einem Doppelposten angehalten und an der Weiterfahrt gehindert. Alle Teilnehmer an dieser Erkundung waren Freiwillige und trugen Zivilkleidung. Obersturmführer Menke konnte sich aber ausweisen, und bald ging die Fahrt weiter. Man kam aber nur noch bis Nuttlar, da versagte das Fahrzeug. Zum Glück verfügte man über sechs Fahrräder; damit fuhren drei Mann weiter bis Olsberg, während die anderen bei dem Fahrzeug blieben. Auf dem Kreisbefehlsstand in Olsberg angekommen, traf man den dortigen Kreisleiter, Offiziere der Wehrmacht und einen Führer des Reichsarbeitsdienstes. Man wurde herzlich empfangen und anhand einer großen Generalstabskarte in die nähere Umgebung eingewiesen. Der Weg von Altenbüren nach Brilon sollte von der Drei-Mann-Gruppe aus Lippstadt beobachtet werden. Vorsichtig machte man sich zu Fuß auf den Weg dorthin. Unterwegs erhielt man in einer Gastwirtschaft erste Informationen über die Amerikaner. Dabei stellte sich schon heraus, daß es mehr als nur einige Panzer waren, von denen in Lippstadt die Rede gewesen war. Nachdem man sich vorsichtig weiterbegeben und eine Stelle erreicht hatte, wo man bis Brilon sehen konnte, stellte man – obwohl es bereits Abend und

schon dunkel war – eine 600 bis 700 Meter lange beleuchtete Fahrzeugkolonne westlich von Brilon fest. Nach Olsberg zurückgekehrt, forderte man einen Pkw an, nahm einen Teil der Kampfmittel wieder mit und fuhr nach Lippstadt zurück.

## Anlage 12:

### BEI DEN TROSSEN DER 116. PANZERDIVISION:

Die 116. Panzerdivision hatte bereits am 30. März einen Teil ihrer Trosse und sonstigen rückwärtigen Dienste nach Osten in Marsch gesetzt. Bei einer solchen Kolonne war der 24jährige Fahrer Franz Stakemeier aus Erwitte, der sich wie folgt erinnert: „Unsere Kolonne, etwa 20 Fahrzeuge Nachschub, Troß und Stab des Panzergrenadierregiments 60 unter Führung des Oberzahlmeisters Birkenfeld, kam von Oberberge und sollte am Karsamstag in Hamm über die Lippe; das war aber nicht mehr möglich, da auf der Autobahn bereits die Amerikaner nach Osten rollten. Wir sind dann südlich der Lippe über Herzfeld-Lippborg (dort Lippeübergang) – Liesborn in Richtung Batenhorst gefahren und waren am Morgen des 1. April in Detmold. Von dort ging es weiter in den Harz."

Eine andere Kolonne, die in diesen Stunden Lippstadt passierte, war von der II. Abteilung des Panzerregiments 16. Karl-Heinz Frickenstein aus Völlinghausen, damals Unteroffizier der 8. Kompanie, erinnert sich wie folgt: „Wir hatten mit unserer Panzerabteilung am Karfreitagnachmittag Sprit erhalten. Dann kam ein Befehl, sich in Richtung Werl zurückzuziehen. In Werl ging unser Treibstoff zu Ende, und wir mußten nach Neheim, um neuen Treibstoff zu empfangen (Karsamstagmorgen). Auf dem Rückweg war die Autobahn ab Hamm nicht mehr befahrbar. Die Einheit bewegte sich daraufhin südlich der Lippe entlang nach Osten und kam am ersten Ostertag (1. April) morgens um 5.00 Uhr durch Lippstadt. Hier sammelte die Abteilung, die etwa drei bis vier Panzer IV und vier bis fünf vollmunitionierte Cromwell-Panzer umfaßte, die mit einem Dutzend anderer in der Ardennenoffensive von der Division erbeutet worden waren. Jeder Panzer hatte ein anderes Fahrzeug, Lkw, Zugmaschine oder sonstiges im Schlepp.

Nach Empfang eines Funkspruchs, der besagte, daß die Abteilung aus dem Kessel hinausfahren sollte, bewegte sich die Kolonne – wegen der Jabos einzeln – über Mastholte, Rietberg in Richtung Bielefeld. Hierbei wurden die auf der Autobahn in Richtung Bielefeld vorstoßenden feindlichen Panzerspitzen beschossen. Etwa am Osterdienstag waren wir in Bünde-Herford wiederum ohne Sprit. Über Grene/Kreiensen gelangte die Kolonne dann später bis Nordhausen im Harz."

(Aus einem Gesprächskreis mit mehreren Angehörigen der ehemaligen 116. Panzerdivision im April 1981, in der Wohnung des Verfassers).

## Anlage 13:

### WEITERE ERINNERUNGEN EINES LIPPSTÄDTER „FREIKORPS-MANNES":

Der damalige Freikorps-Mann Josef Menke machte dem Verfasser zu den Ereignissen des 1. April 1945 weitere Angaben, die dieser in einem Gespräch am 8. Februar 1982 niedergeschrieben hat: „Man wollte sich ursprünglich nach Soest zum Wehrbezirkskommando begeben, sah dann aber davon ab. Kreisleiter Lücke soll sich später allein bis zum Harkortberg begeben haben. In Erwitte angekommen, traf die kleine Gruppe auf der Reichsschulungsburg auf einige besonders energische Vaterlandsverteidiger, die Erwitte zur Festung erklärt hatten. Es wurde den sechs Lippstädtern geraten, nicht die Hellwegkreuzung zu benutzen. Sie begaben sich später mit ihren Fahrrädern weiter über Ebbinghausen und Horn nach Schmerlecke. In der Brennerei Siedhoff wurde kurz Kaffee getrunken, und weiter ging es noch bis Schallern. Am Abend kehrte man um und fuhr über Altengeseke, Anröchte und Berge. Bei Bauer Albersmeier tauschte man das alte Militärzeug gegen Zivilzeug und fuhr von dort aus vorsichtig nach Lippstadt zurück. Man kam aber nur bis zur damaligen Glashütte und verbrachte dort bei Bekannten die Nacht.

Josef Menke erinnert sich, daß dort die amerikanischen Truppen eine starke Igelstellung, vornehmlich aus Panzern, errichtet hatten. Am frühen Morgen des zweiten Ostertages begab sich Josef Menke mit seinem Fahrrad vorsichtig in die Stadt zurück, vorbei an zahlreichen amerikanischen Fahrzeugen und Geräten. Auf der Rixbecker Straße angekommen, stand in unmittelbarer Nähe seiner Wohnung ebenfalls sehr zahlreiches Kriegsgerät. Auf der Kreuzung zur Unionstraße stand ein schweres Artilleriegeschütz, das später in Richtung Erwitte feuerte."

## Anlage 14:

OSTERMONTAG 1945 IN ALTENBÜREN:

„An diesem Tage verlor Bürgermeister Dierks sein Leben. Der einzige Zeuge dieses unglücklichen Vorfalls ist der Förster Reuter. Er war von dem Abgesandten des Gauleiters, der sich bei Dierks einquartiert hatte, auf den Kreuzberg gerufen worden, um Befehle für den Volkssturm entgegenzunehmen. Reuter und Dierks befanden sich während des Angriffs auf das Dorf zusammen mit dem Parteimann im Keller des Hauses. Als der Gefechtslärm näher kam, lief der letztere die Treppe hinauf, riß ein Fenster auf, feuerte seine Pistole ab und flüchtete. Bald darauf standen die Amerikaner auf der Straße und schossen durch das Fenster in den Keller. Als Reuter und Dierks aus dem Keller kamen, befahl ihnen ein Korporal, vor ihm her zur Wirtschaft Göke zu gehen, wo etwa 30 Gefangene mit dem Gesicht zur Hauswand standen. Die beiden Männer mußten sich auf den linken Flügel stellen. Der Korporal stieß den Bürgermeister ein paar Schritte zurück und fragte ihn in Gebärdensprache, ob er der Besitzer des Hauses sei. Dierks bejahte das, gab aber immer wieder zu verstehen, daß er nicht geschossen habe. Da jagte ihm der Amerikaner eine Kugel in die Brust. Tödlich getroffen brach Dierks zusammen. Zwei oder drei Schüsse folgten. In diesem Augenblick erschien auf der Haustreppe ein amerikanischer Offizier und schien zu fragen, was hier vorginge. Er wies den Korporal zurück und sagte allen vernehmbar in deutscher Sprache: ‚Auf deutsche Gefangene wird nicht geschossen.' Es ist möglich, daß Dierks das Opfer einer Verwechslung wurde, da er und der Abgesandte des Gauleiters gleiche Regenmäntel trugen.

Im Keller des Homann'schen Bauernhauses stieß Pfarrer Meyer mit dem Panzerkommandanten zusammen. Dieser warf dem Geistlichen vor, daß das Dorf einen furchtbaren Nazifanatismus gezeigt habe. Der Offizier mußte sich aber belehren lassen, daß die Schuld an dem Widerstand allein den militärischen Führern zuzuschreiben sei. Daraufhin geboten die amerikanischen Offiziere den Plünderungen im Dorfe Einhalt."

„Am Weißen Sonntag, dem 8. April, gegen 22.00 Uhr hörte Frau Homann-Junkern in der Nähe ihres Hauses einen amerikanischen Posten mit steigender Stimme mehrfach rufen: ‚Kommen Sie her!' Bald darauf fiel ein Schuß, der Josef Schmidt, den Sohn des Schneidermeisters Schmidt, tödlich traf. Dieser tat Dienst bei der Wehrmacht in Meschede, hatte Zivilkleidung übergezogen und wollte in der Nacht zu seinen Eltern. Er sah aber das väterliche Haus von Amerikanern besetzt. Auf dem Wege zu seiner Großmutter im Unterdorfe ereilte ihn der Tod.

Am 10. April stieß Josef Ernst im Eichholz, dort, wo der Waldweg in die Fichten führt, auf die Leichen von sechs deutschen Soldaten. Sie lagen dicht hintereinander auf dem Gesicht, und zwar jeder mit dem Kopf auf dem Gesäß des Vordermannes. Franz Terborg-Hanskoers und Fritz Kaiser, die die Toten holten, stellten einwandfrei fest, daß alle sechs Soldaten Genickschüsse hatten. Wer die Übeltäter waren, konnte nicht geklärt werden."

## Anlage 15:

FUNKMELDUNGEN AUS DEM RAUM ERWITTE:

Bevor die Einheiten der 8. US-Panzerdivision jedoch weiter vorstießen, wurde erst eine aktive Feindaufklärung betrieben. Besonders der Raum südwestlich von Lippstadt und östlich von Erwitte wurde genau beobachtet.

3. April, 88th an G-2, 16.10 Uhr, Nr. 58:
83rd Kavallerie meldet 100 deutsche (Soldaten) in Westernkotten, auch andere Installationen ...

3. April, 88th an G-2, 17.20 Uhr, Nr. 65:
Freundliche Einheit meldet deutsche Panzerkolonne, 1 Stunde lang, in Westernkotten letzte Nacht. Ein Jeep wurde in der Stadt morgens früh beschossen. Straßen Nord und Ost sind vermint.

3. April, G-3 an G-2, 18.40 Uhr, Nr. 74:
Beobachter von 398th meldet, der Feind sei in unbekannter Stärke in Eikeloh (4636). Divisions-Artillerie informiert.

3. April, 88th an G-2, 18.52 Uhr, Nr. 76:
Unsere Patrouillen haben abgestiegene Männer und 3 Panzer in Overhagen gesehen.

3. April, Blackstone an G-2, 19.30 Uhr, Nr. 81:
Zivilist meldet eine Panzereinheit südlich von Lippstadt. Einige Zivilisten gehen in ihre Keller, einige holen weiße Fahnen ein.

3. April, G-2 an CCR, 20.20 Uhr, Nr. 91:
Zuverlässiger Informant berichtet, er habe die 116. Panzerdivision in der Nähe von Ebbinghausen gesehen (3735); es wird geplant, die Lippe nach Norden zu überqueren. Vorposten von ihrer Konzentrationszone gefangen (besetzt) bei 438358.

(Alle Meldungen aus dem G-2-Journal der 8. US-Panzerdivision vom 2.–3. April 1945. Die mehrstelligen Zahlen sind Ortsangaben aus einer amerikanischen Koordinatenkarte.)

Anlage 16:

ERINNERUNGEN UND AUFZEICHNUNGEN des ehemaligen Panzer-Unteroffiziers Werner Antkowiak, 2./Panzerregiment 16/116. Panzerdivision:

Die Kampfstaffel der I./16. (eine Bezeichnung für den zusammengefaßten Rest aller einsatzfähigen Panzer der 1. bis 4. Kompanie), in einer Gesamtstärke von noch ca. 12–14 Kampfwagen, erhielt – wir waren an schnelle Umgruppierungen auch auf weitere Entfernungen als „Feuerwehr" gewöhnt – am Nachmittag des 31. März 1945 im Raum Hervest-Dorsten (hier mehrere Abwehrgefechte mit den über den unteren Niederrhein und aus Holland vorgedrungenen gegnerischen Spitzen) den Auftrag, in den Raum Brambauer (bei Dortmund) zu verlegen, wo uns weitere Aufträge erwarten sollten. So setzten wir uns ohne Verzug in Marsch und erreichten – durch zum Teil brennende Städte (Fliegerangriffe), wie Marl und Recklinghausen, – Brambauer kurz vor Mitternacht. Hier bezogen wir selbstgesuchte Quartiere, nachdem die Fahrzeuge in einem Volkspark getarnt untergestellt worden waren. Unserer Besatzung wurde ein seit langem nicht mehr gewährter Luxus geboten: rasieren mit warmem Wasser, baden in der Wanne, schlafen in Federbetten und am nächsten Morgen (1. April/ 1. Ostertag) für jeden Kameraden ein frisches (Oster-)Ei mit einer Tasse Bohnenkaffee (Ausnahmeerlebnis!). Die Quartierswirtin tat an uns gut, was sie ihren im Felde stehenden Söhnen gern hätte zukommen lassen ...

Der Traum währte nicht lange. Gegen 10.00 Uhr: auftanken neben einer Fabrikmauer, über die ein sehr dicker Schlauch hing, weshalb wir einmal nicht 36 Kanister zu schleppen brauchten. Anschließend Abmarsch gen Osten zur und über die B 1. Noch vor der Nachmittagsdämmerung kamen wir in die Nähe von Erwitte. Hier wurden – wie üblich – Einzelaufträge erteilt. Ich meine, wir sind mit drei oder vier Panthern nach Erwitte eingefahren, während die anderen Kameraden wohl nördlich und südlich (Anröchte ?) Sicherungsaufgaben entlang der B 55 in Richtung Osten übernahmen.

Wir fuhren mit unserem „212" (in dem auch Karl Techen war) in der Dämmerung bis zur großen Kreuzung, bogen nach rechts und später wieder nach links – ich glaube dann nochmals rechts – ab und kamen auf einen befestigten Weg, der – wie ich meine – an einem Friedhof vorbei ins Feld führte. Eine dicke 3/4 Meter hohe Mauer trennte Friedhof (Garten mit einzelnen Bäumen?) und Grünstreifen neben dem Weg voneinander. Etwa in Höhe des ersten Drittels der Mauer gingen wir vor der Mauer (die in Nord-Süd-Richtung verlief) Richtung Osten in Stellung, vor einem hinter der Mauer stehenden Gebüsch oder Kugelbaum, damit unsere Silhouette uns nicht vorzeitig verriet.

Ca. 50–70 Meter entfernt von uns war ein wohl noch im Versuchsstadium eingesetztes Maschinenflakgeschütz, das aus einem Magazin mit 5 cm-Munition auch Dauerfeuer zu schießen in der Lage war, zum Erdkampf in Stellung gegangen. Die Luftwaffensoldaten – uns unbekannt – stammten alle aus dem Ruhrgebiet und hofften, wenn es noch näher zur Heimat zurückging, sich „verkrümeln" zu können. Sie hatten auch ein Scherenfernrohr, durch das Karl Techen versuchte, etwas im Vorfeld zu erspähen. Da die Dämmerung langsam zur Dunkelheit überging, hat er wohl nichts erkennen können. Bewegungen (Auspuff-Flammen von Panzern) hat er sicher nicht ausmachen können; das hätte auch nicht den Kampfgewohnheiten unseres Gegenübers entsprochen, da dieser regelmäßig mit Einbruch der Dunkelheit den Krieg einstellt.

Ein zweiter Panzer, der mit uns auf den „Friedhofsweg" (heute sicher eine bewohnte Straße) fuhr, zog etwa 200 Meter weiter durch und ging dort ebenfalls in Stellung. Um welche Besatzung es sich dabei handelte, weiß ich nicht mehr. Der oder die anderen beiden Wagen sind an der Hauptkreuzung wohl nach links eingebogen, um in ähnlicher Weise den Ortsrand nördlich der B 1 zu sichern.

Als wir in Richtung Erwitte rollten, war bekannt, daß wir den noch mit angeblich schwachen Kräften gerade „vor uns" geschlossenen Ruhrkessel öffnen sollten, um den angeschlagenen Teilen der Division (Verwundeten, reparaturfähigen Schadfahrzeugen usw.) den Abzug nach Osten zu ermöglichen, wo aus diesen Teilen wieder eine schlagkräftige Kampfgruppe zusammengestellt werden sollte. Tatsächlich soll sich auch eine unbekannte Zahl von Divisionsangehörigen im Harz gesammelt

haben, so daß sich der merkwürdige Zustand ergab, daß Kameraden aus der gleichen Kompanie sowohl (überwiegend) in amerikanische als auch (Verwundete) in russische Kriegsgefangenschaft gerieten. Wohl weil die Amerikaner zu stark waren, hat man uns dann vermutlich von Erwitte aus nicht mehr gen Osten antreten lassen und auf den Raum Iserlohn zurückgenommen. Das gilt indes nur für die Panzer, die keinem Abschnittsführer unterstellt waren (so z. B. Oberstleutnant Stephan).

Zur damaligen Zeit kannte man wegen des zusammengezogenen Restes der letzten Wagen aus den verschiedenen Kompanien (hier der I. Abteilung des Panzerregiments 16 – der Pantherabteilung des Regiments –; die II. Abteilung mit ihren Panzern IV war unserer Abteilung kaum jemals begegnet, sie stieß erst sehr spät zum Regiment) zu einer Kampfstaffel kaum die Namen der Kameraden aus dem Nachbarwagen, weil sie anderen Kompanien zugehörten.

Es kann sein, daß wir am 2. April tagsüber zwischen Soest und Erwitte untergezogen sind (mir aber nicht bewußt, auch nicht wahrscheinlich, da wir doch mal wieder „Feuerwehr" waren und an den „Brandort" eilten) und erst am 2. April abends in Erwitte in Stellung gingen. Dann hätte Karl Techen am 3. April die Feindpanzer beobachtet.

Es kann aber auch sein, daß wir die nach vorn abgesetzte gepanzerte Spitze der Vorausabteilung „Stephan" waren und dann am 1. April abends in Stellung gingen. Dafür spricht die Eilbedürftigkeit, mit der wir uns bewegten, und die Tatsache, daß ich vor Erwitte andere Soldaten als die drei bis vier Wagen unserer Einheit überhaupt nicht in Erinnerung habe (auch keine Kameraden des Panzergrenadierregiments 60), was typisch für „Spitze" fahrende Panzer war. Wir waren außer der Flak-Bedienung mutterseelenallein; auch anderntags – beim Abrücken – habe ich niemanden gesehen; mir schien der Ort wie ausgestorben. Wenn es so war, muß Karl Techen sich um einen Tag geirrt und seine Beobachtungen bereits am 2. April angestellt haben, was auch möglich ist, da bei dem ebenen Gelände mit einem Scherenfernrohr die Sicht sicherlich mehr als acht Kilometer betrug. Oder ist Vorausabteilung „Stephan" erst am 2. April eingetroffen?

Unsere Stellung befand sich nach meiner Erinnerung nicht an der B 1, sondern ca. 200–400 Meter südlich davon entfernt; die Straße verlief parallel zu unserem Schußfeld, das links von der B 1 begrenzt war. Gab es dort eine längere Mauer (auch dichte Hecke), über die Baumkronen ragten (vielleicht von Obstbäumen)? Kann sich dort ein anderer Friedhof (z. B. Judenfriedhof) befunden haben? Ich meine, den nächsten Ort (Eikeloh) konnte man mit bloßem Auge beobachten.

Kommando-Inhaber. Ich war auch für die Funkverbindung zuständig. Wegen der Ortungsgeräte der Amerikaner schalteten wir nach meiner Erinnerung zu dieser Zeit Funkempfänger nur noch nach Weisung zu vorher festgelegten Zeiten kurz ein, um gegebenenfalls Befehle entgegenzunehmen. Da die Kompanien pp. nicht mehr bestanden, waren die sonst bekannten Stimmen, aus denen man erkennen konnte, mit wem man Verbindung hatte, auch verstummt. Die Befehle und Aufträge sowie Ansprachen der Gesprächspartner wurden vertarnt durchgegeben. So erhielt man sie nur über einen Anonymus (z. B. Falke 3 oder ähnlich), wußte aber nicht, wer sich dahinter verbarg. Es ist aber sicher, daß wir in Erwitte nicht in den Funkverkehr eintraten und daß der Unbekannte immer jemand vom Panzerregiment 16 – nicht ein Kommandeur der Panzergrenadiere – war; denn die Eigenart der Funkgeräte ließ nur Panzerfunk untereinander zu. Insgesamt handelten wir nach eigenem Auftrag (Sichern Ortsrand Erwitte!).

So sind wir mit ca. vier Panthern nach Erwitte eingefahren. Nach dem Abrücken fuhren wir – auch wegen der Jabos – nur noch allein in die (grobe) Richtung Iserlohn. Es gab keine Linien mehr. Infanteristen sahen wir im Einsatz nicht mehr. Alle nachfolgenden Gefechte führten wir allein gegen die Spitzen der nachfolgenden amerikanischen Panzereinheiten. Man nannte das: hinhaltenden Widerstand, etwas Richtiges tun im vermuteten Gesamtverlauf. Es war die beginnende Auflösung. Wir haben auch – so glaube ich zu wissen – seit dem Auftanken vor Erwitte (vermutlich in Schmerlecke) bis zur Selbstsprengung am 15. April 1945 im Raum Hemer nicht mehr getankt und auch keine Verpflegung mehr erhalten; jede Verbindung – außer über Funk (bis zum 13. April, ca. 11.00 Uhr) – war abgerissen.

Nach nochmaligem Durchdenken komme ich nunmehr zu dem Schluß, daß wir (ca. vier Panzer, darunter unser 212) wahrscheinlich doch erst am späten Nachmittag des 2. April in Erwitte eintrafen; denn auch der 2. April war ein Feiertag (Ostermontag), und ich hatte meine Erinnerungen an einen solchen geknüpft. Damit stimmen denn auch die Feststellungen, daß Stephan keine Panzer zur Verfügung oder hinter sich hatte (wir sind ja am nächsten Morgen bereits in Richtung Möhnesee abgerufen worden). Wir haben daher auch nicht den nächtlichen Artillerie-Beschuß auf Erwitte miterlebt, der ja für die Nacht vom 1. zum 2. April belegt ist. Es stimmt dann auch Karl Techens Zeitangabe, und es ist einzuordnen, was Leutnant Rose berichtet; denn offenbar führte er einen anderen Teil unserer Kampfstaffel in Richtung Nordosten. Es kann dann auch stimmen, daß im Dunkeln nicht zu erkennende Infanteristen in einem dünnen Sicherungsschleier vor uns lagen, die ich aber nicht be-

merkt habe. Lediglich das 5 cm-Maschinenflakgeschütz auf Bodenlafette, das mit Luftwaffensoldaten (nicht NS-Leuten!) besetzt war, stand rechtsseitig vor uns und ist wohl später von den Amerikanern als Pak angesehen worden, weil auch sie eine solche Waffe – genau wie wir – vorher nicht gesehen haben dürften und weil mit dieser Waffe auch panzerbrechende Munition verschossen werden konnte. Ich weiß, daß diese Soldaten mir auch überwiegend solche Munition gezeigt hatten (man war ja schließlich an jeder neuen Waffe neugierig interessiert!).

Von irgendwelchen NS-Leuten oder auch Volkssturmmännern habe ich in der Nacht nichts zu sehen bekommen. Das gilt auch für den nächsten Morgen, an dem wir bei Tageslicht abrückten. Wir sind dann auf einer Parallelstraße südlich der B 1 in Richtung Westen gefahren, um später nach Südwesten abzubiegen (West- Ostönnen?).

Zur Feststellung Gerhard Tebbes über eine unterstellte Hetzer-Kompanie kann ich nichts vermelden; darüber ist mir nichts bekannt. Leutnant Rose habe ich nicht persönlich kennengelernt. Er gehörte der 4. Kompanie (wir der 2.) an. Er muß wohl, als vor Erwitte die Kompanie-Reste zusammengeworfen wurden, zur Kampfstaffel gestoßen sein. Vorher hatten die Kompanien zwar im Abteilungsverband jede für sich ihre Aufgabe, so daß man sich deshalb gegenseitig kaum über die Kompanie-Grenze hinaus kannte. Anders natürlich die Kompanie- und Zugführer, die ja häufig bei Einsatzbesprechungen zusammentrafen.

Ich war damals gerade 20jähriger Unteroffizier. 1940 trat ich als 14jähriger in die Heeresunteroffiziersvorschule Dresden ein und erlernte dieses damals moderne Berufsleben an mehreren Ausbildungsstätten sehr gründlich – auch mit taktischer Beschulung – kennen. Deshalb war ich sehr jung – jedoch schon mit langer Dienstzeit – befördert worden und in der Lage, taktische Zusammenhänge – soweit sie aus der eingangs geschilderten Panzermann-Perspektive erkennbar waren – auch zu begreifen.

## Anlage 17:

### WEITERE ERLEBNISSE VON MAJOR DUNKER

„Am frühen Morgen des 3. April erhielt ich den Befehl, die Führung meiner Kampfgruppe abzugeben und umgehend auf dem Divisionsgefechtsstand zu erscheinen. Ich wußte, jetzt war es soweit!

Als ich mich um 6.00 Uhr beim Ia, Oberstleutnant i. G. Guderian, auf dem Gefechtsstand meldete, gab er mir den Befehl, unverzüglich nach Hamm weiterzufahren und mich dort beim Divisionskommandeur zur Übernahme eines wichtigen neuen Auftrages zu melden.

Kopfschüttelnd setzte ich mich in meinen Wagen und fuhr nach Hamm. General von Waldenburg begab sich mit mir sofort ins Stadtinnere und erteilte mir die Aufträge für ein Unternehmen. Mir war dieses Verhalten rätselhaft, jedoch dachte ich: Wenn er von Beckum nichts sagt, dann sage auch ich nichts.

Nach Beendigung des Unternehmens meldete ich mich am Nachmittag des 5. April beim Divisionskommandeur zurück. Er legte mir eine schriftliche Meldung des Bezirks-Kampf-Kommandanten von Soest, Oberst Stripp, vor und erklärte mir, er wisse von der ganzen Angelegenheit nichts. Völlig verblüfft erwiderte ich, daß ich in der Nacht vom 31. März zum 1. April durch Funk Meldung erstattet hätte. Jetzt war das Staunen an ihm: er hätte diese Meldung nie zu Gesicht bekommen.

Der General ließ daraufhin alle Funkmeldungen der fraglichen Nacht durchsuchen, während ich in der Zwischenzeit berichten mußte. Des Rätsels Lösung fand sich alsbald: Der 1. Ordonnanzoffizier, Hauptmann K., hatte in der besagten Nacht nach mehrtägigem, ununterbrochenem anstrengenden Dienst sich in den ruhigeren Morgenstunden schlafen gelegt. Die Funkmeldung war ihm vorher vorgelegt worden. Er hatte sie durchgelesen und abgezeichnet. Als er erwachte, hatte er sie aufgrund der Übermüdung vergessen. Die Vorlage der Meldung war beim Divisionskommandeur und Ia unterblieben.

General und Ia legten mir nahe, zum Amerikaner überzulaufen, da sie keine Möglichkeit hätten, mir aus dieser Lage herauszuhelfen. Trotz Drängens – auch von seiten aller übrigen Offiziere und Soldaten des Divisionsstabes – lehnte ich diesen gut gemeinten Rat ab. Noch am gleichen Nachmittag wurde auf Anordnung des Kommandierenden Generals, General der Panzertruppen Freiherr von Lüttwitz, ein Kriegsgerichtsverfahren gegen mich eingeleitet. Meine Vernehmung wurde vom Divisionsrichter, Oberfeldrichter Manteuffel, und dem Ic der Division, Hauptmann Dr. Holtermann, durchgeführt, die sich bemühten, dieselbe – soweit wie möglich – zu meinen Gunsten abzufassen. Nach Vernehmung einiger weiterer Zeugen wurden alle Unterlagen am gleichen Abend noch durch

einen Kurier zum Korpsgefechtsstand geschafft. Ich selber verblieb zunächst beim Divisionsstab. Am 7. April wurde ich — nachdem Hamm und Soest gefallen waren — auf Anordnung des Kommandierenden Generals als Kampfkommandant von Werl mit dem Auftrag eingesetzt, mich mit den dortigen Teilen einschließen zu lassen.

Im Laufe des 8. April wurde Werl eingeschlossen und spätnachmittags vom Amerikaner genommen. In der Abenddämmerung schlug ich mich mit etwa 50 Mann durch den feindlichen Einschließungsring durch und erreichte in der Nacht die weiter zurückgedrängte eigene vordere Linie. Als ich mich gegen Mitternacht bei meinem Divisionskommandeur zurückmeldete, war er sprachlos; er wähnte mich bereits in sicherer Obhut der Amerikaner.

Ich wurde sehr bald mit der Führung einer neuen Kampfgruppe betraut, da das fliegende Standgericht des Heeres sich inzwischen meines Falles angenommen hatte. Die letzten Kämpfe im Ruhrkessel erlebte ich zwischen Möhnetalsperre und Iserlohn. Am 14. April — zwei Tage vor Zusammenbruch des Ruhrkessels — geriet ich in den Mittagsstunden nach kurzem Ortskampf in Appricke, südlich von Menden, mit meinem Stab in amerikanische Gefangenschaft. Dadurch entging ich endgültig der standrechtlichen Erschießung wegen selbständiger Aufgabe der Stadt Beckum."

(Günter Wegmann, in: Osnabrücker Mitteilungen, 84. Band, S. 153 und 154)

## Anlage 18:

### FÜHRERBEFEHL VOM 19. MÄRZ 1945:

Es handelt sich um den Führerbefehl über Zerstörungsmaßnahmen im Reichsgebiet. Sein voller Wortlaut: „Der Kampf um die Existenz unseres Volkes zwingt auch innerhalb des Reichsgebietes zur Ausnutzung aller Mittel, die die Kampfkraft unseres Feindes schwächen und sein weiteres Vordringen behindern. Alle Möglichkeiten, der Schlagkraft des Feindes unmittelbar oder mittelbar den nachhaltigsten Schaden zuzufügen, müssen ausgenützt werden. Es ist ein Irrtum zu glauben, nicht zerstörte oder nur kurzfristig gelähmte Verkehrs-, Nachrichten-, Industrie- und Versorgungsanlagen bei der Rückgewinnung verlorener Gebiete für eigene Zwecke wieder in Betrieb nehmen zu können. Der Feind wird bei seinem Rückzug uns nur eine verbrannte Erde zurücklassen und jede Rücksichtnahme auf die Bevölkerung fallen lassen.

Ich befehle daher:

1. Alle militärischen, Verkehrs-, Nachrichten-, Industrie- und Versorgungsanlagen sowie Sachwerte innerhalb des Reichsgebietes, die sich der Feind für die Fortsetzung seines Kampfes irgendwie sofort oder in absehbarer Zeit nutzbar machen kann, sind zu zerstören.
2. Verantwortlich für die Durchführung dieser Zerstörung sind die militärischen Kommandobehörden für alle militärischen Objekte, einschließlich der Verkehrs- und Nachrichtenanlagen, die Gauleiter und Reichsverteidigungskommissare für alle Industrie- und Versorgungsanlagen sowie sonstige Sachwerte; den Gauleitern und Reichsverteidigungskommissaren ist bei der Durchführung ihrer Aufgabe durch die Truppe die notwendige Hilfe zu leisten.
3. Dieser Befehl ist schnellstens allen Truppenführern bekanntzugeben; entgegenstehende Weisungen sind ungültig."

### ERLASS ZUM FÜHRERBEFEHL VOM 19. MÄRZ 1945:

Der Erlaß hatte folgenden Wortlaut:

Der Führer — Führerhauptquartier, den 30. März 1945

„Zur einheitlichen Durchführung meines Erlasses vom 19. 3. 1945 ordne ich an:

1. Die befohlenen Zerstörungsmaßnahmen von Industrieanlagen dienen ausschließlich dem Zweck, dem Gegner die Nutzung dieser Anlagen und Betriebe zur Erhöhung seiner Kampfkraft unmöglich zu machen.
2. In keinem Fall dürfen die ergriffenen Maßnahmen die eigene Kampfkraft schwächen. Die Produktion muß bis zum letztmöglichen Zeitpunkt selbst unter der Gefahr aufrechterhalten bleiben, daß bei schnellen Bewegungen des Gegners einmal ein Werk unzerstört in seine Hände fällt. Industrieanlagen aller Art, einschließlich der Versorgungsbetriebe, dürfen daher erst dann zerstört werden, wenn sie vom Feind unmittelbar bedroht sind.

3. Während bei Brückenbauwerken und anderen Verkehrsanlagen nur eine totale Zerstörung dem Feind die Nutzung auf längere Sicht unmöglich macht, kann bei Industrieanlagen auch durch nachhaltige Lähmung der gleiche Zweck erreicht werden.
   Totale Zerstörungen für besonders wichtige Werke werden auf meine Weisung vom Reichsminister für Rüstung und Kriegsproduktion festgelegt (z. B. Munitionsanstalten, wichtige chemische Werke usw.).
4. Die Auflösung zur Lähmung und Zerstörung von Industrieanlagen und anderen Betrieben wird vom Gauleiter und Reichsverteidigungskommissar gegeben, der ihre Durchführung überwacht.
   Die Durchführung wird ausschließlich von den Dienststellen und Organen des Reichsministers für Rüstung und Kriegsproduktion vorgenommen. Dabei haben alle Dienststellen der Partei, des Staates und der Wehrmacht Hilfe zu leisten.
5. Durchführungsbestimmungen erläßt mit meiner Zustimmung der Reichsminister für Rüstung und Kriegsproduktion. Er kann Einzelanweisungen an die Reichsverteidigungskommissare geben.
6. Diese Grundsätze gelten sinngemäß für die Betriebe und Anlagen in der unmittelbaren Kampfzone."

gez. Adolf Hitler

(Albert Speer, Erinnerungen, Anmerkungen S. 583 u. 586)

Wie eine notfalls erforderlich werdende Brückensprengung in der Praxis ablief, zeigt nachstehende Erklärung aus dem Kampfraum nordöstlich von Soest:

Frhr. Heereman v. Zuydtwyck

Surenburg, 6. Juni 1947
Post Riesenbeck i. W.
Tel. Hörstel 2

*Eidesstattliche Versicherung*

*Ich erkläre an Eidesstatt folgendes, wobei mir bekannt ist, daß die Abgabe einer falschen eidesstattlichen Versicherung strafbar ist.*

*Ich, Max Frhr. von Zuydtwyck, war am 31. 3./1. 4. 1945 als Major und Abschnittskommandeur des Lippeabschnittes Benninghausen-Lippborg auf dem Gefechtsstand Oestinghausen (Wirtschaft Korff) eingesetzt.*

*Gegen 20.00 Uhr abends (31. 3. 1945) erhielt ich telefonisch von meinem Kommandeur, Oberstleutnant Schuster (jetzt wohnhaft in Soest, Thomästraße 28), den strikten Befehl, die durch den Verteidigungskommissar Kreisleiter Ernst vorbereiteten Brückensprengungen durchzuführen. Ich versuchte zunächst, die Brückensprengungen hinauszuzögern, mit dem Argument, es befänden sich noch Truppen von uns jenseits der Lippe und würden durch die Sprengungen außerdem die Telefonkabel nach Herzfeld zerstört, so daß ich von jeder Nachrichtenübermittlung abgeschnitten wäre.*

*Im Laufe des Abends wurde ich immer energischer auf die Durchführung des Sprengbefehls hingewiesen.*

*Um Mitternacht herum, kurz vor der erfolgten Sprengung, erschien der damalige Ortsgruppenleiter von Lippborg, Herr Hegemann, bei mir und bat mich eindringlichst, von der befohlenen Sprengung der Lippebrücke Abstand zu nehmen. Ich erklärte ihm, daß es mir nicht mehr möglich wäre, die Durchführung des wiederholt ergangenen Befehls noch weiter hinauszuzögern, vielmehr meine vorgesetzte Dienststelle in Soest jetzt endgültig sofortige Meldung über die erfolgte Sprengung der Lippebrücke Lippborg-Heintrop verlange.*

*Die Sprengung erfolgte dann gegen 2.00 Uhr nachts (1. 4. 1945) auf meinen Befehl durch die Veterinär-Abteilung 6.*

*Max Freiherr Heereman v. Zuydtwyck*

Eingetragen unter Nr. 84 Urkundenrolle für 1947

Die vorstehende Namensunterschrift des mir persönlich bekannten Freiherrn Max Heereman von Zuydtwyck aus Surenburg Post Riesenbeck i. W. beglaubige ich.

Hamm (Westf.), 6. Juni 1947

(Siegel des Notars)
Walther Eilert
Notar

(Aus dem Archiv des Ortsheimatpflegers Julius Stein, Lippetal-Lippborg)

Anlage 19:

## GESCHICHTE DER SCHWEREN JAGDTIGER-ABTEILUNG 512 (Heeres-Abteilung)
Von Hauptmann a. D. Walter Scherf

Im Januar 1945 wurde ich zum Kommandeur der schweren Jagdtiger-Abteilung 512 bestellt, die in der Aufstellung begriffen war.

(Nach dem Kriegstagebuch des OKW, 8. Band, S. 1384, war lt. Befehl des Führerhauptquartiers an den Oberbefehlshaber West vom 6. Februar 1945 die schwere Panzer-Abteilung 512 [Jagdtiger] aufzustellen, die mit 31 Jagdtigern im Bereich des Oberbefehlshabers West verwendet werden sollten.)

Die Gliederung sah etwa so aus: Schwere Jagdtiger-Abteilung 512

| | |
|---|---|
| Kommandeur: | Hauptmann Walter Scherf (Ritterkreuz, Deutsches Kreuz in Gold) |
| Adjutant: | Leutnant Hans Senftleben |
| Ordonnanzoffizier: | Leutnant Rolf Kettner |
| Abteilungsarzt: | Oberarzt Dr. Königshausen? |
| Zahlmeister: | Oberzahlmeister Otto Brenner |
| 1. Kampfkompanie: | Oberleutnant Albert Ernst (Ritterkreuz) |
| 1. Zugführer: | Leutnant Heinz Rondorf |
| 2. Zugführer: | Leutnant Kubelka |
| 3. Zugführer: | Offiziers-Anwärter Sepp Tarlach |
| 2. Kampfkompanie: | Oberleutnant Otto Carius (Eichenlaub zum Ritterkreuz) |
| 1. Zugführer: | Leutnant Hans-Jürgen Haß |
| 2. Zugführer: | Leutnant Fritz Rieß |
| 3. Zugführer: | Leutnant von Salisch |
| Versorgungskompanie: | Oberleutnant Hans Fink |
| Werkstattkompanie: | Oberleutnant Dipl.-Ing. Wetterling |

*Hauptmann Walter Scherf (zuvor in der 3./schwere Panzerabteilung 503, in der Turmluke eines Tigerpanzers) führte die neu aufgestellte Jagdtiger-Abteilung 512.*

Ob noch eine sogenannte Stabskompanie vorhanden war oder erst aufgestellt werden sollte, weiß ich nach fast 40 Jahren nicht mehr. Gemeint ist also, daß in einer solchen Kompanie ein Fla- und Panzer-Spähwagen-Zug, Erkunderzug (Kräder), Sanitätstrupp usw. zusammengefaßt waren. Aufstellungsort: Januar – Februar 1945 in Westenholz bei Delbrück. Gefechtsstand in der Molkerei Epping, Westenholz.

Oberfeldwebel Heinz Grein, ein erfahrener Panzermann, Panzerfahrlehrer und Tiger-Kommandant, wurde im Januar 1945 von Hauptmann Scherf zum Nibelungenwerk abkommandiert. Dort sollte er als verantwortlicher Beauftragter für die Jagdtiger-Abteilung 512 die zur Auslieferung kommenden Jagdtiger überprüfen und nach dem Einschießen auf dem Truppenübungsplatz Döllersheim die Jagdtiger der Abteilung 512 im Bahntransport zuführen. Grein erinnert sich hieran wie folgt: „Dieses hatte auch soweit geklappt, bis uns die Amerikaner am 21. März bei einem schweren Luftangriff das ganze Werk zusammenschlugen. Alle 100-t-Kräne fielen aus, und wir konnten die ersten 14 Tage kein Geschütz mehr montieren. Munition für die 12,8 cm-Kanone wollten sie uns nicht geben. Da habe ich dem dortigen Hauptmann gesagt: ‚Ohne Munition wird kein Wagen verladen.' Er wollte mich vor ein Kriegsgericht bringen, da habe ich nur gesagt, das könne er tun. Nach Fertigstellung der Wagen im Werk habe ich sie sofort aus dem Werk herausgenommen und unter Tarnung und Bewachung außerhalb des Werksgeländes aufgestellt. Wir sind dann am 29. April 1945 auf Befehl des Generalinspekteurs der Panzertruppen in St. Vallentin verladen worden und kamen nach St. Pölten, wo wir in der Hauptkampflinie bei Prinzersdorf standen. Unterstellt waren wir dort der 6. SS-Panzerarmee; also nicht mehr der Jagdtiger-Abteilung 512, die im Ruhrkessel operierte. Wir hatten noch neun Wagen und kamen am 8. Mai 1945 in amerikanische Gefangenschaft." (Aus einem Brief von Heinz Grein an Walter Scherf)

Soweit schon vorhanden bzw. aufgefüllt, waren die einzelnen Kompanien – wegen der Fliegertätigkeit – auf verschiedene Gehöfte verteilt. Die Kampfkompanie Carius befand sich mit großen Teilen noch auf dem Truppenübungsplatz Döllersheim. Die Jagdtiger mit der 12,8 cm-Kanone wurden im damaligen sogenannten Nibelungenwerk Linz gebaut. Die Ersatz-Abteilung 500 Paderborn, Major Lüders, stellte für alle Tiger-Abteilungen den personellen Nachschub.

Am 18. Februar 1945 besuchte ich die 2. Kompanie von Oberleutnant Carius auf dem Truppenübungsplatz Döllersheim. Die Kompanie war noch beim Einschießen der Jagdtiger. Bei dieser Gelegenheit habe ich selbst dort drei Schuß mit der 12,8 cm-Jagdtiger-Kanone abgegeben. Abends – am 21. Februar – kehrte ich mit meinem Feldwebel Schröder von der langen Pkw-Fahrt nach Westenholz zurück.

Im Zeitraum der Aufstellungsphase nahmen amerikanische Panzerverbände Anfang März im Handstreich die über den Rhein führende Eisenbahnbrücke von Remagen, die zur rechten Rheinseite führte. Aus dem schnell gebildeten Brückenkopf stießen die US-Panzerverbände sofort in Richtung Osten bis zur Autobahn vor.

Die Abteilung 512 wurde alarmiert. Sie war noch nicht vollständig aufgestellt. Mit dem ersten Bahntransport wurde die Kompanie Oberleutnant Ernst in Richtung Remagen-Siegburg (?) verladen. Die 1. Kompanie Ernst wurde auf der Ost-Rheinseite – vor dem US-Brückenkopf – der schweren Panzer-Abteilung 506 – Kommandeur Hauptmann Dr. v. Römer – für wenige Tage zugeteilt. Sie kam dann in den Raum Siegen und wurde mir wieder unterstellt. Dort war inzwischen die schwere Panzer-Abteilung 512, nach vielen Irrfahrten der einzelnen Kompanien (Bahntransporte – Fehl- und Umleitungen), eingetroffen. Ich glaube, die Abteilung war im Rahmen einer Panzerdivision eingegliedert.

Einen beweglichen Panzereinsatz im eigentlichen Sinne gab es im Raume Siegen-Weidenau-Netphen überhaupt nicht. In dieser Linie waren die zur Verfügung stehenden Jagdtiger auf Höhen eingesetzt. Der Befehl lautete: „Die aus Richtung Dillenburg vorrückenden amerikanischen Einheiten, insbesondere Panzer, gepanzerte Schützenpanzer, Lastkraftwagen usw. unter Beschuß nehmen, damit der Vormarsch vor Erreichen der Sieg gestoppt wird!" Ich selbst stand mit meinem Tiger und einem weiteren auf einem höher gelegenen Kasernengelände, nördlich von Siegen. Unter mir lag das Dörfchen Eiserfeld. Über Siegen hinweg schossen wir auf die amerikanischen Einheiten, wie bereits erwähnt. Der Abteilungsgefechtsstand mit Adjutant, Ordonnanzoffizier usw. befand sich in allernächster Nähe und mußte häufig verlegt werden. Die Versorgungs-Kompanie von Oberleutnant Fink lag im Bereich westlich, außerhalb von Geisweid; ebenso die Werkstatt-Kompanie.

Der Ruhrkessel war schon zum größten Teil dicht. Die im Kessel befindlichen Nordeinheiten marschierten nach Süden, und die anderen umgekehrt; das gleiche von West nach Ost. Wenn man von einer Panzerdivision hörte, dann war diese immer ein kleines, durch Ausfälle zusammengeschmolzenes Panzergebilde.

Da die Jagdtiger mit ihrer großen Feuerkraft erstmals erschienen und eingesetzt wurden, stand ich als Kommandeur immer mit der Heeres-Abteilung 512 dem Feldmarschall Model zur Verfügung und wurde von seinem Hauptquartier Panzerkorps oder Panzerdivisionen zugeteilt.

(Lt. Kriegstagebuch des OKW, 8. Band, S. 1385, befanden sich beim Oberbefehlshaber West [10. Februar 1945] die schwere Panzerjäger-Abteilung 653 [32 einsatzbereite Jäger], dazu in Zuführung die schwere Panzer-Abteilung 512, deren 2. Kompanie voraussichtlich am 22. Februar in Döllersheim verwendungsbereit war.)

Eines Tages erhielt ich sinngemäß den Befehl vom Ia-Hauptquartier Model: „Alle verfügbaren Jagdtiger zusammenziehen und im Bahntransport in den Raum Fröndenberg-Langschede verlegen!" Die Bahntieflader waren bereits im Verladebahnhof Kreuztal (?), d. h. in einem Eisenbahntunnel, eingetroffen. Ich selbst sollte mich sofort beim Stab Model, Ia, melden. Ich weiß heute nicht mehr, ob der Verladebahnhof Kreuztal oder ein anderer in der Nähe und der Entladebahnhof Fröndenberg oder Altena war.

In einem Kübelwagen fuhr ich in Begleitung meines Adjutanten und des Nachrichtenoffiziers – letzterer wegen der Funkfrequenzabstimmung – voraus, in Richtung Holzwickede, zum Hauptquartier Model. Dieses, so glaube ich heute, war auf einem Gutshof in der Nähe von Holzwickede. In der Nähe führte eine Bahnlinie vorbei; das weiß ich sicher.

Der diensthabende Ia-Vertreter – ein Oberst – empfing mich in sehr anmaßendem Ton mit der Frage, wo ich mit der Abteilung bliebe. Er wußte anscheinend von den Straßenverstopfungen durch Kolonnen nichts und erteilte mir den vorläufigen Befehl, mich sofort in der Kaserne von Unna beim dortigen Kommandanten, Sturmbannführer Sch., zu melden. Von dort solle ich ihn wieder anrufen, weil er über den Einsatz der Abteilung nichts wisse; Model käme aber selbst bald. Ich durfte nicht einmal die Rückkehr meiner Offiziere mit Pkw abwarten, sondern mußte mich zu Fuß nach Unna auf den Weg machen. Diese Übernervosität hatte mich sehr verärgert. An der nächsten Bahnüberführung – etwa 500 bis 600 Meter vom Hauptquartier entfernt – stand ein Volkssturmmann mit Fahrrad als Brückenwache. Er gab mir freundlicherweise sein Fahrrad, und damit radelte ich zur Kaserne. Der Sturmbannführer war in seinem Gefechtsstand, einem Tiefbunker innerhalb der Kaserne. Nach einer Weile rief ich den nervlich sehr strapazierten Oberst vom Hauptquartier wieder an und erhielt jetzt den Befehl, mich beim Kommandierenden General des LIII. Korps, Generalleutnant Bayerlein, zu melden. Ich sagte noch dem „durchgedrehten" Ia, er möge mir doch wenigstens meine Offiziere mit Pkw zur Kaserne schicken. Diese kamen auch, und wir brachten erst das Fahrrad dem Verleiher zurück, bevor wir zu Generalleutnant Bayerlein fuhren. Heute glaube ich, daß der Gefechtsstand des LIII. Korps in der Nähe von Refflingsen war; ob es stimmt, weiß ich allerdings nicht mehr. Denn von dort aus, so meine Vermutung, war der Weg später zu den Amerikanern zur Übergabe nicht weit: Fahrzeit etwa 15 Minuten.

Vom Kommandierenden General des LIII. Korps, Generalleutnant Bayerlein, erhielt ich den Befehl, mit der Jagdtiger-Abteilung 512 – also mit den Kompanien Carius und Ernst – und anderen Panzern eine kleine Kampfgruppe zu bilden und eine breite Panzerfront auf der Höhe in der Nähe des Bismarckturmes – westlich und ostwärts der Reichsstraße 233 – mit Schußrichtung zur Reichsstraße 1 einzurichten. Von dort würde ein Panzerangriff erwartet. Noch beim Anrollen meiner kleinen Kampfgruppe fuhr ich mit einem Beiwagenkrad voraus, um das Gelände zu erkunden. Auf den weiten Feldern fuhren wir fast bis zur Reichsstraße 1 und daran ein großes Stück entlang. Im Beiwagen saß ein Schütze mit Maschinengewehr. Ich befand mich auf dem Rücksitz des Krads. Von starken feindlichen Kräften war im Moment nichts zu spüren. Auf einmal sahen wir in etwa 100 Meter Entfernung einen amerikanischen Spähtrupp in Stärke von ca. sechs Mann im Straßengraben der Reichsstraße 1 liegen. Wir hielten und schauten durchs Fernglas – tatsächlich, es stimmte, es waren Amerikaner! Da diese nicht auf uns schossen, drehten wir um und fuhren langsam im großen Bogen zurück. Beim Umdrehen winkte mir noch ein Amerikaner zu. Ich dachte, er meinte „Auf Wiedersehen!", und er sollte Recht behalten haben; denn lange hat es bis zur Gefangennahme nicht mehr gedauert. Am gleichen Abend – nach der Erkundung – brachte ich meine Kampfgruppe, bestehend aus 1. und 2. Kampfkompanie und anderen Panzern, in die entsprechenden Bereitstellungsräume.

Die Kompanie-Chefs Oberleutnant Ernst und Oberleutnant Carius sowie der Zugführer der vier zugeteilten Panther wurden von mir auf der Höhenlinie Bismarckturm in den geplanten Feuerleitplan, d. h. Abwehr-Gelände-Raumaufteilung in Richtung Reichsstraße 1, vorher eingewiesen. Ich besprach mit ihnen auch die Hauptfeuerstellen auf und nördlich der Reichsstraße 233 – Abzweig Straße nach Frömern.

Von jeder Kompanie war bereits in der Abenddämmerung je ein Jagdtiger zur Höhe als Sicherungsposten vorgezogen worden. Die Bereitstellungsräume der Kompanien befanden sich unmittel-

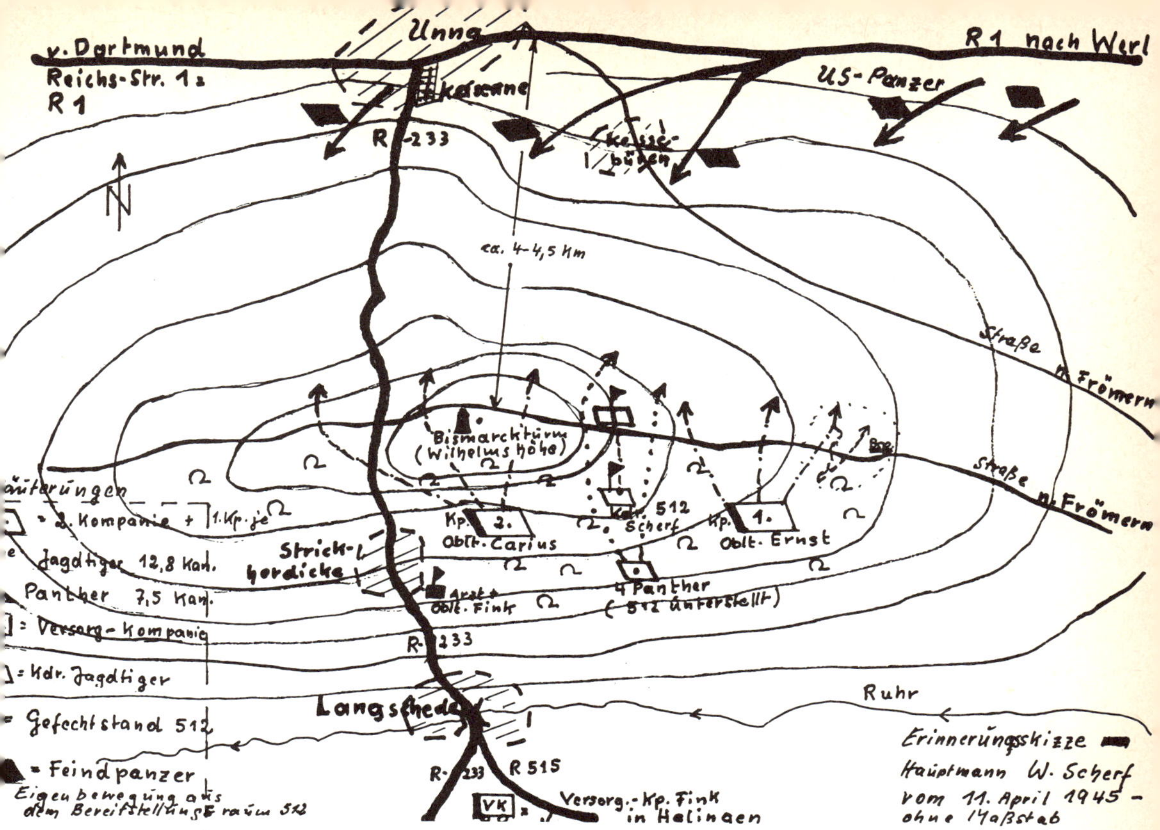


*Erinnerungsskizze zu dem Gefecht am 11. April 1945 von Hauptmann Walter Scherf*

bar hinter der Wilhelmshöhe im lichten Baumbestand (s. Skizze). Der Abteilungsarzt sowie Kompaniechef Oberleutnant Fink und mein Adjutant hatten einen Gefechtsstand am Ortsrand von Strickherdicke bezogen. Die Versorgungs-Kompanie Fink lag im Raum Halingen. Als Kommandeur hatte ich mit meinem Jagdtiger Funkverbindung mit dem LIII. Korps General Bayerlein.

Vor unserem Einrücken in die Bereitstellungsräume (10. April) waren bereits vier bis fünf Vierlings-Fla-Geschütze auf Panzerfahrgestellen im Höhengelände in getarnter Stellung.

Als am nächsten Morgen die ersten Feindpanzer an der Reichsstraße 1 erschienen und langsam in Richtung Wilhelmshöhe einschwenkten, gab ich an die Kompaniechefs Ernst und Carius den Befehl, mit ihren Jagdtigern in die vorgesehenen Feuerstellungen auf der Höhenlinie und hart nördlich davon einzurücken. „Antreten zur Höhenlinie – klar zum Gefecht – sofort Feuer frei!" Die Kompaniechefs hatten Anweisung, ihre Panzer nach den ersten Feuerstößen in den Hinterhang zurücksetzen zu lassen und hieraus seitlich versetzt auf dem Höhenrücken wieder in eine andere Stellung zu fahren. Die vier Panther ließ ich in Reserve, weil die Jagdtiger mit ihrer weitreichenden 12,8 cm-Kanone die Entfernung Wilhelmshöhe – Reichsstraße 1 (ca. vier bis viereinhalb Kilometer) besser im Schuß überbrücken konnten. Erst bei weiterer Annäherung der Feindpanzer sollten die schneller schießenden Panther zum Einsatz kommen.

Von den mittlerweile angreifenden 50 bis 60 amerikanischen Panzern wurden durch uns in kurzer Zeit mehr als 15 abgeschossen. Die 12,8 cm-Kanone hatte schon eine ausgezeichnete, weitreichende Wirkung! In meinem Kommandeurs-Tiger stand ich unmittelbar ostwärts des Bismarckturmes zwischen meinen beiden Kampfkompanien. Ausfälle hatten wir in den ersten Stunden nur wenige. Der US-Panzerverband war wohl durch die vielen Verluste geschockt und zog sich hinter die Reichsstraße 1 zurück. Durch das abfallende, fast freie Gelände zum Gegner hatten wir eine günstige Ausgangsposition. Nach kurzer Zeit wurden wir von amerikanischen Jagdbombern heftig angegriffen. Auch unser Zurückziehen in die geringe deckungsreiche Hinterhangstellung nützte uns nicht viel, denn es gab leider mehrere Ausfälle.

In den ersten Nachmittagsstunden erfolgte der zweite größere Feindpanzer-Angriff. Nun waren die Jabos sofort mit dabei. Zur weiteren Abwehr wurden von mir die Panther eingesetzt, die sich

sehr gut bewegten und schnell mit ihrer 7,5 cm-Kanone Entlastung brachten. Auch bei diesem Angriff konnten wir den Angreifern wiederum erhebliche Verluste zufügen. Wir hatten natürlich auch wieder etliche Ausfälle zu beklagen. So konnten wir – wenn auch sehr beschwerlich – die Höhenlinie bis zum Abend halten. Es trat dann doch einigermaßen Ruhe ein. Vermutlich wollten die Amerikaner am nächsten Tag ihren Angriff auf die beherrschende Höhe wiederholen. Als wir unsere toten Kameraden, unter ihnen auch Leutnant v. Salisch (?), unmittelbar am Bismarckturm beisetzten, war ich auch zugegen. Wir mußten leider an diesem Tag harte Verluste hinnehmen, denn die Übermacht war zu groß geworden.

Noch in den Abendstunden kam vom LIII. Korps General Bayerlein der Befehl: „In der Nacht absetzen zum südlichen Ruhrufer und Stützpunkt-Stellungen beziehen!"

Vor dem Morgengrauen hatten die noch fahrbereiten Panzer ihre neuen Einsatz-Stützpunkte erreicht. Der Gefechtsstand der Jagdtiger-Abteilung 512 wurde in die Nähe der Ortschaft Kalthof verlegt. Es ist mir nicht mehr in Erinnerung, wie viele Einsatztage noch folgten, wahrscheinlich nur noch wenige.

An einem Abend – 15. April? – wurden alle Kommandeure der Generalleutnant Bayerlein unterstellten Einheiten zu ihm befohlen. Wahrscheinlich war ich auch mit Major Tebbe dabei. Generalleutnant Bayerlein war ein ruhiger, sachlicher, freundlicher und mit Geschick operierender Kommandierender General. Er erläuterte uns die Situation, d. h. die fatale Lage. Diese kannten wir ja auch selber schon. Er sagte sinngemäß mit ruhiger Stimme, er habe sich entschlossen, das sinnlose Blutvergießen durch Einstellen der Kampfhandlungen zu beenden. Nicht nur die ihm anvertrauten Soldaten, sondern auch die Zivilbevölkerung lägen ihm am Herzen. Es habe keinen Sinn mehr, weiterzukämpfen. Mit dem nächsten amerikanischen Hauptquartier in der Nähe von Menden habe er Verbindung aufgenommen und die Übergabe seiner ihm unterstellten Einheiten für den nächsten Tag mit der Entwaffnung vereinbart. Eine Waffenruhe ab 6.00 Uhr – 16. April sei befohlen. Jeder der anwesenden Kommandeure begrüßte die Entscheidung Bayerleins. Die mir unterstellten Einheiten – auch der Kompaniechef Ernst – erhielten diesen Korpsbefehl von mir weitergeleitet, um sich ab nächstem Tag zur Entwaffnung vorzubereiten.

Am folgenden Morgen – 16. April (?) (den Tag genau weiß ich nicht mehr) –, wahrscheinlich 8.00 Uhr, versammelten sich wieder die Kommandeure bei Bayerlein zur gemeinsamen Fahrt zu einer kleinen Anhöhe bei Menden. Dort war der amerikanische Gefechtsstand der 7. US-Panzerdivision (?). Eine Gruppe US-Offiziere mit weißer Flagge hatte uns zu dieser Fahrt abgeholt. In meinem Kübelwagen waren außer mir mein Adjutant und mein alter zuverlässiger Fahrer und langjähriger Bekannter Feldwebel Egon Schröder, der mich von der Abteilung 503 an begleitete und zu dem ich heute noch ein gutes, freundschaftliches Verhältnis habe. Ein Mann mit Verstand und Gespür und findiger Nase, was sich auch dieses Mal wieder herausstellen sollte.

Nach vorheriger Aussage von Bayerlein war mit den Amerikanern vereinbart worden, daß ein Übergabegespräch stattfinden und jeder Kommandeur mit amerikanischen Begleitern zu den einzelnen Einheiten fahren sollte, um dort in Ruhe „die Entwaffnung vorzunehmen", damit kein Zwischenfall entstehe. An diese, dem General Bayerlein gegebene Zusage hielten sich die Amerikaner allerdings nicht. Als wir auf der Mendener Höhe im Zeltlager der Amerikaner eintrafen, wurden wir sofort in Offiziere und Unteroffiziere getrennt und mußten uns in einer Linie aufstellen. Man erklärte, wir seien ab sofort Gefangene der US-Armee und würden nicht mehr zu den Einheiten zurückkehren. Proteste von Bayerlein und seinen Verhandlungsoffizieren mit dem Hinweis, die Einheiten erwarteten ihre Verhandlungsoffiziere zurück, sonst könne evtl. bei deren Fernbleiben etwas passieren – und daß dann die Verantwortung bei dem befehlenden US-Kommandeur läge, wurden einfach abgetan.

Mein Egon Schröder hatte schon vorher an die Rückkehr anscheinend nicht geglaubt, denn er brachte mir noch schnell einen Rucksack mit einer Decke und einigen Wäschestücken. Die Nacht verbrachten wir auf der Mendener Höhe im Freien und wurden am nächsten Tag über Letmathe auf Lastkraftwagen nach Remagen, in das Hauptgefangenenlager, gebracht.

Anmerkung des Herausgebers:

Die Jagdtiger-Abteilung 512 war etwa am 11. April 1945 kurzzeitig der 116. Panzerdivision unterstellt worden. Der letzte größere Angriff dieser Abteilung, zusammen mit anderen Verbänden der 116. Panzerdivision, ist bereits auf den Seiten 340–342 beschrieben worden. (Die Darstellung dieses Gefechtes findet nicht in allen Einzelheiten die Zustimmung des damaligen Kommandeurs der Jagdtiger-Abteilung 512, Hauptmann Walter Scherf. Sie wurde in dieser Geschichte durch weitere Einzelheiten ergänzt.) Die Reste der Kampfkompanie Ernst kapitulierten in Iserlohn (siehe Beschreibung auf den Seiten 511–515.) Die Kampfkompanie Carius kapitulierte im Raume Letmathe-Ergste.

Nach einer Mitteilung von Oberleutnant Carius umfaßte seine Kompanie in den letzten Tagen noch sechs bis acht Jagdtiger. Sie war im Rahmen der Gesamtkampfgruppe am 11. April 1945 im Raume südwestlich von Unna eingesetzt, auf dem linken Flügel auf dem Höhenzug. Nach Carius wurde der herankommende Gegner bereits in einer Distanz von ca. vier Kilometern bekämpft. Ob Erfolge erzielt werden konnten, wußte Carius nicht mehr zu sagen. Auch diese Jagdtiger wurden von den US-Jagdbombern erkannt und pausenlos angegriffen und dadurch zum Rückzug gezwungen.

Bei diesem letzten Einsatz der Kompanie Carius war auch der Obergefreite Kurt Preller. Preller erinnert sich daran, daß die Kompanie drei Jagdtiger auf der Höhe im Einsatz hatte, während drei andere Jagdtiger der Kompanie bis in die Stadtnähe von Unna vorgerollt waren. Die Kampfgruppe auf der Höhe konnte zumindest einen Sherman-Panzer abschießen, so erinnert sich Kurt Preller. Dann wurden auch diese Wagen von den Jagdbombern entdeckt und angegriffen.

An diesen 11. April erinnert sich ebenfalls der ehemalige Unteroffizier Heinz Beltz. (Er war zunächst auch im Raume Siegen bei Klafeld-Geisweid und vorher bei Eitorf eingesetzt gewesen, wobei die enorme Feuerkraft der 12,8 cm-Kanone des Jagdtigers festgestellt werden konnte.) Bei dem Angriff auf die von Amerikanern bereits besetzte Kaserne in Unna konnten zwei Sherman-Panzer und eine Zwillingspak abgeschossen werden. Dann wurde auch diese Gruppe von Jagdbombern stark angegriffen. Die Kompanie Carius hatte an diesem Tage noch zwei Tote und vier Schwerverwundete zu beklagen, aber nicht in den Panzern, sondern außerhalb durch Jagdbomberangriffe.

Der ehemalige Oberleutnant Hans Fink, der mit seiner Versorgungskompanie für den Nachschub usw. der Jagdtiger-Abteilung verantwortlich war, erinnert sich an folgendes Erlebnis: „Da ich ständig auf der Suche nach Sprit war, hörte ich, daß im Tunnel von Werdohl ein Kesselwagenzug mit Sprit stände. Dem Lokführer habe ich befohlen, den Kesselwagenzug aus dem Tunnel zu ziehen. Ich habe dann auch getankt, aber mit viel Verlust. Der Lokführer verlangte meinen Namen, den ich ihm auch gab, und hatte dann Ärger, weil der Kesselwagenzug OKH-Reserve war, was ich nicht wußte."

Anlage 20:

## KURZGESCHICHTE DER PANZERBRIGADE 106 „FELDHERRNHALLE"

Im Zuge der Aufstellung von 13 neuen und modernen Panzerbrigaden im Jahre 1944 wurde am 24. Juli 1944 durch eine Verfügung des Oberkommandos des Heeres auch die Panzerbrigade 106 „Feldherrnhalle" gebildet. Sie setzte sich zusammen aus den Restteilen der Panzergrenadierdivision „Feldherrnhalle" sowie aus Ersatztruppenteilen aus Danzig und Elbing. Die Aufstellung erfolgte auf dem Truppenübungsplatz Mielau in Nordpolen. Der Führer der Brigade wurde der bisherige Kommandeur des Panzerregiments 11 (6. Panzerdivision), Schwerterträger Oberst Dr. Franz Bäke.

Die Panzerbrigade 106 gliederte sich in: Stabskompanie; eine Panzerabteilung mit vier Kampfkompanien zu je elf Pantherpanzern mit einer Versorgungskompanie; ein Panzergrenadierbataillon mit einer Versorgungskompanie und acht Grenadierkompanien; eine Panzerpionierkompanie; eine Grenadier-Kraftwagen-Kolonne und eine Werkstatt-Kompanie. Gesamtstärke: etwa 2500 Mann.

Am 31. August 1944 war die Brigade einsatzbereit und wurde anschließend an die Westfront verlegt. Unter dem Oberkommando der 1. Armee nahm sie zunächst im Raum südöstlich von Luxemburg an ersten Abwehrkämpfen teil. Ab Mitte September focht sie im Rahmen des XIII. SS-Armeekorps im Raum südlich von Metz. Ab 4. Oktober sammelte die Brigade im Raum westlich von Belfort und wurde dem LXXXV. Armeekorps unterstellt. Im Zuge weiterer Abwehrkämpfe, immer an den Brennpunkten der Front, wechselte in der Folgezeit öfters die Unterstellung. Ab 9. November in der Heeresgruppenreserve, wurde die Brigade ab 10. November abermals dem XIII. SS-Armeekorps unterstellt, später der 21. Panzerdivision.

Ab 23. November erfolgte der Einsatz im Raum Mühlhausen/Elsaß bei gleichzeitiger Unterstellung unter das Armeeoberkommando 19, unter Führung des LXIV. Armeekorps.

Vom 1. Januar bis zum 7. Februar 1945 erfolgten weitere schwere Abwehrkämpfe im Brückenkopf Elsaß. Am 3. Februar hatte Oberstleutnant Dr. Drewes die Führung der Brigade 106 übernommen. Ab 17. Februar wurde die Panzerbrigade 106 der Heeresgruppe B unterstellt und in den Raum Köln verlegt. Nach Unterstellung unter das LXXXI. Armeekorps innerhalb der 15. Armee ab 3. März waren die einzelnen Einheiten der Brigade in den nächsten Tagen bis zum 7. März in Köln eingesetzt. Anschließend erfolgte eine Verlegung in den Raum Bonn-Remagen und ein Einsatz in der Stadt Bonn. (Vergleiche hierzu auch die Schilderungen im Kapitel 1: „Schicksalsbrücke Remagen".) Am 9. März wurden die Reste der Brigade auf das östliche Rheinufer mit Fähren und Schlauchbooten übergesetzt und am 10. März der 9. Panzerdivision unterstellt. Sodann erfolgte anschließend ein

erster Abwehreinsatz im Raum nördlich und ostwärts Honnef. In den folgenden Tagen kommt es hier wie auch um Himberg und besonders um Ägidienberg, das zur Festung erklärt wird, zu schweren Abwehrkämpfen mit dem etwa zehnmal stärkeren Gegner. Im Zuge der weiteren amerikanischen Angriffe sind die Reste der Brigade am 22. März auf den Raum von Altenkirchen zurückgeworfen worden. Am Tage zuvor hatte die Brigade letztmalig „Ersatz" bekommen (UK-Gestellte und unausgebildete und neu eingezogene viertägige Soldaten, zunächst ohne Waffen). Im Zuge weiterer schwerer Abwehrkämpfe und des Rückzuges war am 28. März der Raum um Haiger erreicht worden. Hier kam es nochmals kurzfristig zu schweren Abwehrkämpfen und harten Verlusten auf beiden Seiten. Reste der Brigade meldeten sich anschließend beim Kommandeur der 762. Volksgrenadierdivision. Am 29. März kommt ein Befehl vom LVIII. Panzerkorps, eine neue Verteidigungsstellung in der Linie Simmersbach-Eibelshausen zu beziehen. Dabei gelang das Durchtrennen eines amerikanischen Panzerkeils und der Bahnlinie. — Zwei Tage schwerster Kämpfe! — Bei Ausführung dieses Auftrages wurde der Brigadeführer Oberstleutnant Dr. Drewes verwundet und geriet nach versuchtem Entkommen doch noch in amerikanische Gefangenschaft. Hauptmann Richard Pohl, bisher Führer der Panzerabteilung „Feldherrnhalle", übernimmt die Führung der Brigade. Es folgen weitere schwere Kämpfe und Ausfälle. Am 30. März wird nach neuem Divisionsbefehl drei Kilometer zurückgegangen und im Rothaargebirge und entlang der Höhenstraße Lahnkopf-Rauher Hut-Försterei Hennenroth 600—700 Meter hoch) eine neue Abwehrstellung bezogen. Die rechte Flanke soll gegen rechts überholende US-Truppen abgeschirmt werden. Vier Tage lang erfolgten Kämpfe im Rothaargebirge gegen amerikanische Infanterie und ein Scharfschützenbataillon, wobei die Amerikaner schwerste Verluste erlitten.

Die letzten Tage der Panzerbrigade 106 nach den Aufzeichnungen des letzten Brigadeführers, Hauptmann Richard Pohl: „Mein dritter Adjutant seit Haiger ist durch Verwundung ausgefallen. Ein neues Bataillon wird uns zugeführt und unterstellt. Der Kommandeur ist sehr gut, die Truppe schlecht. Sie läuft in diesen Waldgebieten bei Nacht und Nebel oft in die Irre und wird zum Teil gefangengenommen."

5. April: Nach einem Funkspruch werden wir herausgelöst und zu eineinhalb Tagen Ruhe und Instandsetzung nach Hilchenbach, ausgangs des Rothaargebirges, verlegt. Neu zugeteilt wird uns durch General Bayerlein, der jetzt unseren Kesselabschnitt führt, die Tigerabteilung 506 mit elf Tigerpanzern unter Hauptmann Jobst Christoph von Römer. Da an den Kampfwagen laufend Defekte auftreten, sind kaum je mehr als drei im Einsatz. Zwei Tage lang erfolgen hinhaltende Ortskämpfe. In diesem eingeschnittenen Gelände — mit vielen Quertälern — kämpft die Brigade abgesessen.

7. April: Die Kompanie des Leutnants Terhalle geht, zu Fuß eingesetzt, am gegenüberliegenden Berghang nach sechsstündigem Kampflärm verloren. Ein Sherman-Panzer wurde abgeschossen.

8. April: Die Tiger-Abteilung 506, unter Hauptmann von Römer, wird zu einem Sondereinsatz abgezogen.

Die Panzerbrigade 106 erhält den Sonderauftrag, die Stadt Meschede wiederzunehmen. Da die Brigade zu diesem Zeitpunkt aber nur noch über fünf Schützenpanzer, 18 Grenadiere zu Fuß und ganze elf Pioniere verfügt, schlägt der „Brigadeführer" entgegen der Weisung vor, mit den zwei Werferkompanien und den Brigaderesten unmittelbar hinter der Stadt einen starken Sperr-Riegel aufzubauen, um die Straßenspinne Meschede so unter Kontrolle zu bringen. Der Plan wird von der Division in Calle (Anmerkung des Verfassers: Es handelte sich hier um den Führer des Sperrverbandes Wirtz, Generalleutnant Wirtz) gutgeheißen und sofort ausgeführt. Neu zugeführt und unterstellt werden: ein Luftwaffen-Alarmbataillon (Walter), eine Flakbatterie 2 cm, zwei RAD-Kompanien und zwei Volkssturmkompanien.

9. bis 10. April: Die Kampfgruppe der Panzerbrigade 106 hält sich tapfer, trotz der vielen fremden Einheiten. Alle Angriffe der Amerikaner, um aus Meschede auszubrechen, schlagen fehl. Die Werferkompanien unter Oberleutnant Hollfelder und Ebinger haben hieran entscheidenden Anteil.

Anmerkung des Verfassers: Am 11. April schied Hauptmann Pohl durch Verwundung aus. (Siehe sein Bericht über den Einsatz im Raum Hellefeld/Sauerland, im Kapitel „Endkämpfe um das Sauerland".) Mit der Führung der Restkräfte der Brigade wurde Oberleutnant Matten, Chef der Brigade-Stabskompanie, beauftragt. Im Verlaufe der letzten Rückzugsgefechte erreichten die Brigadereste über Linnepe, Endorf, Beckum, Hemer, Obersprockhövel und Mettmann am 18. April Ratingen. Die letzten Fahrzeuge und Geräte wurden hier unbrauchbar gemacht. Für die Nacht vom 19. auf den 20. April wurde die Auflösung angeordnet und die Bildung von kleinen Gruppen, um sich durch die amerikanischen Linien durchzuschlagen und in Obersprockhövel wieder zu sammeln. Das gelingt aber nur wenigen.

Andere kleine Gruppen der Brigade, die außerhalb des Kessels gelangt waren, kämpften unter der Führung fremder Einheiten weiter bis zur deren Kapitulation.

## Anlage 21:

Aus den Erinnerungen von Hauptmann Werner Adam, II./Panzerregiment 16, aus den letzten Kampftagen 1945:

### Einsatz südlich von Unna

Leutnant Rose wurde von Major Tebbe mit instandgesetzten Panzern aus der Panzer-Werkstatt-Kompanie bei Letmathe in den Raum südlich von Unna in Marsch gesetzt. Die Tigerpanzer stammten aus Paderborn bzw. Lüdenscheid (Ersatz-Abteilung SS-Panzerregiment „Das Reich" (??). Führungsmäßig wurde im Laufe der Abwehrkämpfe südlich von Unna Hauptmann Kühne, Führer der I. Abteilung Panzerregiment 16, beauftragt. Diese Teile gingen in ständigem Abwehrkampf entlang der Reichsstraße 233 nach Süden, Richtung Sümmern, zurück. In dieser Zeit stand ich mit der Restkampfstaffel des Panzerregiments 16 im Abwehrkampf im Raum Menden. Beide Kampfgruppen haben in diesen Kämpfen dem Gegner noch erhebliche Verluste zugefügt. Bei der Straßengabel nordöstlich von Menden (Reichsstraße 233) trafen sich unsere Panzergruppen. Sie bildeten unter meinem Befehl einen Panzerriegel gegen Norden und Nordosten. Es muß etwa am 14. April gewesen sein. Am 15. April erreichte uns hier der Befehl des LIII. Korps zur Feuereinstellung und zur Vorbereitung der Kapitulation. Das Panzerregiment 16 und andere Teile der 116. Panzerdivision sammelten im Raum nördlich von Letmathe – beim Schäfer am Ufer – von wo aus wir am 16. April, nach der Kapitulation, in amerikanische Gefangenschaft gingen.

### Einsatz von Sturmtigern im Ruhrkessel

Im Verlauf der Forschungen über den Einsatz des Panzerregiments 16 machte Major Tebbe dem Verfasser noch folgende Angaben:

„Mir wurde am Nordrand des Ruhrgebietes eine Batterie Tiger-Raketenwerfer, 38 cm, unterstellt. Ich habe sie auch in einer sehr prekären Situation in scharfem Schuß eingesetzt. Phantastisch, hinterher hatten wir Ruhe! Wir bedauerten, daß wir diese Werfer nicht schon vorher gehabt hatten. Ich meldete den Einsatz an die Division – Folge: Große Erregung bei der Division! Ich mußte begründen, warum, wieso ich diese Raketenwerfer eingesetzt hatte. Darüber war ich erstaunt; wozu hatte ich sie denn bekommen? Grund: Befehl vom Oberkommando des Heeres (OKH), diese Batterie dürfte nur nach Genehmigung durch das OKH oder durch das Führerhauptquartier eingesetzt werden. Dieses müßte taktisch begründet und dann – wie gesagt – genehmigt werden. Nun, wir – bzw. mein Divisionskommandeur – holten dies nach. Hut ab! So penibel waren wir noch einige Tage vor Beendigung des Krieges."

Hauptmann Werner Adam konnte die Angaben von Major Tebbe wie folgt ergänzen:

„Mir wurden Anfang März 1945 im Raum Wesel vier Sturmtiger, die sich im Raum Dorsten befanden, unterstellt. Ein Oberleutnant – Name entfallen! – meldete sich mit vier fabrikneuen Sturmtigern direkt vom Einschießen aus Paderborn (Sennelager). Allerdings – entgegen den mir vorliegenden Beschreibungen (Tiger, die Geschichte einer legendären Waffe, S. 316–318) dieser Sonderfahrzeuge – waren es nur sieben Schuß Munition, je drei Schuß rechts und links an der Panzerwand in Halterungen und ein Schuß auf der Ladebühne, mit Gurten gesichert, die mitgeführt wurden. ‚12 Schuß' ist bestimmt eine Fehlangabe, weil dies vom Raum und vom Gewicht her kaum möglich erscheint.

Die Wirkung der Geschoß-Raketen war für den Feind verheerend und entspricht den Angaben. Da die Geschosse, durch den Raketenantrieb bedingt, einen langen Rauchschweif meteorenhaft hinter sich herzogen und dadurch die Abschußstellung verrieten, mußte nach jedem Schuß ein Stellungswechsel vorgenommen werden.

Zum ersten Einsatz kam es im Raum von Dorsten-Kirchhellen. Nach der Räumung von Kirchhellen bezogen wir eine Stellung in den Waldstücken nördlich von Feldhausen, ca. zwei Kilometer ostwärts Kirchhellen. Wir konnten die Straßengabel nördlich von Kirchhellen (R 223) gut einsehen und beobachteten, daß sich dort starke amerikanische Kampfteile versammelt und festgefahren hatten. Mit allen vier Sturmtigern wurde eine Salve in direktem Beschuß abgegeben. Die Wirkung unseres Beschusses war für unsere damaligen Begriffe unfaßbar. Fahrzeuge flogen durch die Luft, und Panzer kippten um wie Pappschachteln. Wir mußten natürlich unsere Stellung sofort räumen. Aber es dauerte Stunden, bis sich der Feind erholt hatte und seine Flugzeuge einsetzte. Wann dieser Einsatz der Sturmtiger stattfand, kann ich nicht mehr genau sagen.

Im weiteren Zurückgehen über Polsum – Marl – Datteln wurden alle noch vorhandenen 24 Schuß aus günstigen Stellungen nur in direktem Beschuß abgefeuert, um eine möglichst gute Wirkung zu erzielen. Im Raum ostwärts von Datteln mußten wir dann, da alles verschossen und auch kein Munitionsnachschub mehr zu erwarten war und uns die Sturmtiger durch ihre Unbeweglichkeit in den weiteren Aufgaben behinderten, diese wertvollen Panzer zu unserem Leidwesen vernichten."

Anmerkung des Verfassers:

Der Einsatz der Sturmtiger im Raum Kirchhellen wurde durch Major Tebbe dem Verfasser nochmals bestätigt. Die 116. Panzerdivision stand in den letzten Märztagen mit ihren Einheiten im Raum Dorsten – Kirchhellen – Polsum. Ihre Gegner waren hier die 30. US-Infanteriedivision und die 8. US-Panzerdivision. Leider fand sich in der Divisionsgeschichte der 8. US-Panzerdivision kein Hinweis auf den Einsatz dieser neuen deutschen Panzerwaffe.

Auch der ehemalige Ia der 116. Panzerdivision, Oberstleutnant i. G. Heinz G. Guderian, bestätigte dem Verfasser auf abermalige Anfrage den Einsatz der Sturmtiger im Raume Kirchhellen im Verband der Division. Führer der Sturmtiger war Hauptmann Wilhelm von Gottberg, der auch Auflagen bezüglich des Einsatzes hatte. Guderian meint jedoch, daß diese Dinge vor dem Einsatz geklärt waren. Einzelheiten über Einsätze und Erfolge vermochte Guderian allerdings auch nicht mehr zu sagen.

Zum Einsatz südlich von Unna meint Guderian, daß dort am 11. April nur noch das Panzergrenadierregiment 156 nördlich der Ruhr kämpfte. Diesem waren alle Panzer der Division unterstellt. In der Nacht vom 12. zum 13. April wurde diese Kampfgruppe auf das Südufer der Ruhr zurückgenommen. Da zwischenzeitlich an der Südostfront der Division eine bedrohliche Lage entstanden war, wurden alle verfügbaren Panzer, auch die aus der Werkstatt, in diesen Raum verlegt und unter den Befehl von Major Tebbe gestellt.

Nachtrag

Nach Auskunft des Heimatforschers Franz Rose aus Menden hat auch ein Sturmtiger am Stadtrand von Menden am Oesperner Weg gestanden. Amerikanische Soldaten sollen später in das Rohr gekrochen sein und haben sich fotografieren lassen.

Nach den Berichten mehrerer Augenzeugen sollen bereits einige Tage vor dem Einmarsch amerikanischer Truppen in Menden ein Jeep mit Parlamentären die Stadt aufgesucht haben. Die Verhandlungen fanden im damaligen Reserve-Lazarett Missionshaus (heute Heilig-Geist-Gymnasium) statt. In einem späteren Aufruf wurde die kampflose Übergabe der Stadt vorbereitet.

Anlage 22: Zu den Ereignissen in Wiedenbrück

Wie grausam ein moderner Krieg ist, mag ein Beispiel aufzeigen, das im Grunde für viele ähnliche Geschehnisse gilt.

Am Abend des 31. März bewegt sich ein aus Richtung Lippstadt kommender „Kleinkonvoi", bestehend aus einem Wehrmachtsbus, einem LS-Fahrzeug und einem nicht genau bekanntem dritten unweit des Rhedaer Tores in Wiedenbrück. In den Fahrzeugen sitzen Luftkriegsflüchtlinge, Luftwaffenhelferinnen und einige junge Soldaten, die von einem Reserve-Offizierslehrgang aus Nürnberg kommen und nach Osnabrück zu ihrer Einheit wollen.

Gegen 22.10 Uhr stoppt das LS-Fahrzeug, der Fahrer schaltet kurz das Licht ein, um sich zu orientieren. Plötzlich setzt aus zur Sicherung postierten US-Panzern wildes MG-Feuer auf die Fahrzeuge ein. Die Hölle scheint ausgebrochen zu sein: Die Fahrzeuge geraten in Brand, Verzweiflungs- und Hilfeschreie, Stöhnen! Einige Insassen, Soldaten und Luftwaffenhelferinnen, gelingt es noch, wenngleich verwundet, abzuspringen und sich in benachbarten Häuserkellern in Sicherheit zu bringen. Die Überlebenden, meist schwer Verletzte, werden in das St.-Vincenz-Krankenhaus gebracht, wo man sich um die Armen bemüht. Der damals sechzehnjährige Flakhelfer Hans Brennecke verliert seine Mutter und drei Schwestern; Luftwaffenhelferinnen wie Soldaten kommen ums Leben, ebenso Fahrer und Begleiter des LS-Fahrzeuges.

Achtzehn Menschen haben den Tod gefunden oder verstarben an ihren schweren Verletzungen.

Trotz aller Bemühungen in den ersten Nachkriegsjahren gelang es nicht, alle 18 Opfer zu identifizieren. Ihre sterblichen Überreste ruhen heute, mit und ohne Namen, auf dem katholischen Friedhof im Stadtteil Wiedenbrück.

Cornelius Ryan „Der letzte Kampf" und Charles Whiting „Das Ende im Ruhrkessel" erwähnen einen Vorfall, der dem geschilderten auffallend ähnlich ist. Trotz intensiver Suche in amerikanischen Armeeakten gelang es jedoch nicht, festzustellen, welche Einheit der Amerikaner daran beteiligt war (Unterlagen im Archiv Jost W. Schneider, Wuppertal).

# Register

## I. ORTS- UND GEOGRAPHISCHES REGISTER

Die Schreibung der Ortsnamen erfolgt so, wie sie die Quellen angeben. Eventuelle Änderungen durch kommunale Neuordnungen sind nicht berücksichtigt.

Das gesamte geographische Register (Flüsse, Gebirge, Landschaften usw.) befindet sich am Ende des Ortsregisters.

## GEOGRAPHISCHES REGISTER

Flüsse:



Kanäle:



Talsperren:



Gebirge/
Gebirgszüge:

## II. NAMEN- UND PERSONENREGISTER
(auch Kampfgruppen, die nach ihrem Führer benannt wurden)

Nachtrag:

## III. MILITÄRISCHES REGISTER

(Besondere Kampfgruppen, die nach ihrem Führer benannt wurden, sind bereits unter dem Namen des jeweiligen Führers im Personenregister genannt.)

### ALLIIERTE STREITKRÄFTE

## DEUTSCHE STREITKRÄFTE

*EIN WORT DES DANKES*

*möchte ich allen Personen und Institutionen im In- und Ausland sagen, die mir beim Zustandekommen dieser Dokumentation Rat und Hilfe gaben.*

*Zu besonderem Dank bin ich Herrn Jost W. Schneider, Wuppertal, verpflichtet sowie Herrn Archivrat Dr. Josef Henke vom Bundesarchiv in Koblenz für ihre große Hilfe bei der Beschaffung von schriftlichen Unterlagen und Fotos.*

*Ferner danke ich den Herren Monfort, Meyer, Oberstleutnant von Benda, Major Dr. Vogel, Oberstleutnant Möschel vom Militärgeschichtlichen Forschungsamt Freiburg sowie Herrn Dr. Trump vom Bundesarchiv in Koblenz.*

*Zu vorzüglichem Dank bin ich auch allen Mitgliedern des Familienverbandes der Windhund-Division (ehem. 116. Panzerdivision) verpflichtet, die mir über Jahre hinweg Auskünfte erteilten, den Herren Generalmajor der Bundeswehr a. D. H. G. Guderian (Oberstleutnant und ehem. Ia der 116. Panzerdivision), Brigadegeneral der Bundeswehr a. D. Fritz Vogelsang (Major und Kommandeur des Artillerieregiments 146 der 116. Panzerdivision), Oberstleutnant a. D. Eberhard Stephan (ehem. Kommandeur des Panzergrenadierregiments 60), Oberstleutnant a. D. Heinrich Grollmann (ehem. Kommandeur des Panzergrenadierregiments 156), Major a. D. Gerhard Tebbe (ehem. Kommandeur des Panzerregiments 16), Hauptmann a. D. Hans Joachim Tzschentke (9. Panzergrenadierregiment 60).*

*Dank gilt ferner den Herren Hauptmann a. D. Werner Adam (II./Panzerregiment 16), Hauptmann a. D. Dr. Wolfgang Koenigsbeck (9./Artillerieregiment 146), Oberleutnant a. D. Josef Blome (8./Artillerieregiment 146), Leutnant a. D. Max Diether von Elterlein (7./Panzerregiment 16), Oberleutnant a. D. Otto Varnholt (1. Kompanie des Panzerpionierbataillons 675), Leutnant a. D. Herbert Rose (8. Kompanie, Panzerregiment 16), Funkunteroffizier Herbert Schepp, dem Unteroffizier Werner Antkowiak, dem Panzerkommandanten Willi Kleine, dem Richtschützen Karl Tecen (alle 2./Panzerregiment 16) sowie dem Unteroffizier Hans Frickenstein (8./Panzerregiment 16), dem Funktruppführer Ernst Hellmich, den Herren Obergefreiten Franz Stakemeier und Max Brückner sowie Herrn Kurt Wendt und dem Vorsitzenden des Familienverbandes der Windhund-Division, Herrn Johannes Puppe.*

*Herrn Major a. D. Rudolf Dunker danke ich besonders für die Genehmigung, seine umfangreichen Aufzeichnungen veröffentlichen zu dürfen.*

*Ein besonderes Dankeswort gilt dem Oberst der Bundeswehr a. D. Helmut Ritgen (ehem. Kommandeur II./Panzer-Lehrregiment 130) für die Redigierung verschiedener Texte und vielfache Auskünfte; weiterhin dem Hauptmann a. D. Walter Scherf für seine Bemühungen um die Geschichte der Jagdtiger-Abteilung 512. Auch den ehemaligen Kompaniechefs dieser Abteilung, Oberleutnant Otto Carius und Albert Ernst, bin ich zu Dank verpflichtet, letzterem vor allem für seine Aufzeichnungen und für die Überlassung von Fotos.*

*Besonderer Dank gilt auch Herrn Major a. D. Richard Pohl, dem letzten Kommandeur der Panzerbrigade 106 (Feldherrnhalle), für die Überlassung seines Erlebnisberichtes um Hellefeld und für die zahlreichen Fotos aus dem ehemaligen Kampfgebiet.*

*Für Rat und Hilfe danke ich: Herrn Altbundespräsident Dr. Walter Scheel, Generalmajor a. D. Carl Wagener, Brigadegeneral der Bundeswehr Hansgeorg Model, Frau Hella Model (Tochter des Feldmarschalls Model) und Major a. D. Heinrich Jürgens, Major a. D. Martin Drewes, Hauptmann a. D. Klaus Hossenfelder.*

*Für die Übersetzungen englisch-amerikanischer Texte habe ich zu danken: Frau Oberstudienrätin i. R. Caroline Schlünder, Paderborn, Frau Konrektorin Hildegard Mönnig, Erwitte, Herrn Lehrer Robert Jungeblodt, Lippstadt-Esbeck, Herrn Jost W. Schneider, Wuppertal, Herrn Stuart Russell, Wewelsburg, meinem ehemaligen englischen Kollegen Martin Hamlet und Herrn Ludger Vienenkötter, stud. ing., Erwitte.*

*

*Das vorliegende Werk wäre nicht zustande gekommen ohne die großzügige finanzielle Unterstützung der Laumanns Druck und Verlagsgesellschaft mbH, Lippstadt, die sich seit jeher der Herausgabe heimatlichen Schrifttums verpflichtet weiß. Daher gilt mein Dank ganz besonders den Herren Verlegern Reinhard Laumanns und Dr. Michael Laumanns.*

*Nicht zuletzt danke ich allen Mitarbeitern des technischen Betriebes, die an der Erstellung des Werkes beteiligt waren.*

*Erwitte, Juli 1984* — *Willi Mues*

Benutzte Literatur:


*Alman, Karl,* Panzer vor, Bochum-Langendreer, 1974
*Bieker, Hermann,* Die brennende Stadt Paderborn, 1948
*Cramer, Hugo,* Der Landkreis Brilon im Zweiten Weltkrieg, Brilon 1955
*Deus, Dr. Wolf-Herbert,* Soester Chronik, 1942—1948, Soest 1951
*Dunker, Alfons,* Geseker Album, Band I und IV
*Eisenhower, Dwight D.,* Kreuzzug in Europa, Amsterdam 1948
*Euler, Helmuth,* Die Entscheidungsschlacht an Rhein und Ruhr 1945, Stuttgart 1980
*Flender, Hans-Martin,* Der Raum Siegen im Zweiten Weltkrieg, Siegen 1979
*Görlitz, Walter,* Strategie der Defensive — Model, Limes Verlag, Wiesbaden-München 1982
*Grusemann, Dr. Hans,* Altengeseke 833—1983, Altengeseke 1983
*Haupt, Werner,* Das Ende im Westen, Dorheim 1972
*Heitkemper, Paul,* Geschichte des Kirchspiels Horn, Horn 1962
*Hohmann, Dr. Friedrich Gerhard,* Das Ende des Zweiten Weltkrieges im Raum Paderborn, Westfälische Zeitschrift, 130. Band, 1980
*Huyskens, Professor Dr. Albert,* Der Kreis Meschede unter der Feuerwalze des Zweiten Weltkrieges, Bielefeld 1949
*Kiepke, Dr. Rudolf,* Paderborn — Werden — Untergang — Wiedererstehen, Paderborn 1949
*Klockow, Helmut,* Stadt Lippe/Lippstadt, Lippstadt 1964
*Meerkemper, Heinrich,* Ahlen im Zweiten Weltkrieg, Ahlen 1964
*Peukert, Karl,* Die Amis kommen, Hagen 1969
*Ryan, Cornelius,* Der letzte Kampf, München-Zürich 1966
*v. Scherven, Ilsemarie,* Hamm — so, wie es war, Düsseldorf 1977
*Schnieder, Siegfried,* Wadersloh — Geschichte einer Gemeinde im Münsterland, Band II, 1982
*Schoppmeier, Heinrich / Süggeler, Kaspar,* Geschichte der Gemeinden Mülheim/Sichtigvor/Waldhausen, Arnsberg 1969
*Schöne, Manfred,* Passion einer Stadt. Olpe im Zweiten Weltkrieg 1939—1945, Olpe 1965
*Schramm, Percy Ernst,* Die Niederlage 1945. Aus dem Kriegstagebuch des Oberkommandos der Wehrmacht, dtv-dokumente 1962
*Schumacher, Fritz,* Heimat unter Bomben, Der Kreis Arnsberg im Zweiten Weltkrieg, Arnsberg 1969
*Speer, Albert,* Erinnerungen, Propylaen Verlag, Berlin 1969
*Spethmann, Hans,* Die Eroberung des Ruhrgebietes im Frühjahr 1945, Essen
*Toland, John,* Das Finale. Die letzten hundert Tage, Lizenzausgabe des Deutschen Bücherbundes, Stuttgart-Hamburg-München 1968
*Tönsmeier, Dr. Josef,* Das Lippeamt Boke, Salzkotten-Boke 1968
*Wagener, Carl,* Kampf und Ende der Heeresgruppe B, in: Wehrwissenschaftliche Rundschau, Heft 10, 1957, Berlin-Frankfurt/M
*Wasmuth, Karl,* 910 Jahre Uelde, 1072—1982, Uelde 1982
*Wegmann, Günter,* Das Kriegsende zwischen Niederrhein, Emsland und Teutoburger Wald im März/April 1945, I. Teil Osnabrücker Mitteilungen, 83. Band 1977, II. Teil Osnabrücker Mitteilungen, 84. Band 1978
*Whiting, Charles,* Die Schlacht um den Ruhrkessel, Wien-München 1978
*Wilmot, Chester,* Der Kampf um Europa, Frankfurt/M.-Berlin 1960
*Wolf/Mues,* 1000 Jahre Völlinghausen, Völlinghausen 1978


Für die Darstellung der deutschen Kampfhandlungen wurden folgende Arbeiten ehemaliger deutscher Generäle aus dem Militärgeschichtlichen Forschungsamt Freiburg benutzt: MS B-195, MS B-197/198, MS B-217, MS B-313/314, MS B-382/383, MS B-396, MS B-508, MS B-614, MS B-709, MS B-713/714, MS B-817, MS B-836, MS B-849/850.


Rat und Auskünfte sowie sonstige schriftliche Aufzeichnungen gaben die Stadtarchive: Ahlen, Altena, Arnsberg, Brilon, Delbrück, Dortmund, Duisburg, Essen, Gelsenkirchen, Geseke, Hamm, Lippstadt, Lüdenscheid, Menden, Meschede, Paderborn, Recklinghausen, Rheda-Wiedenbrück, Salzkotten, Siegen, Soest sowie das Kreisarchiv Warendorf in Liesborn.

Besonderer Dank gilt hier dem Leiter des Stadtarchivs Lippstadt, Herrn Dr. Hartwig Walberg, für die Besorgung und Bereitstellung der „After action Reports" der 8. US-Panzerdivision und der 95. US-Infanteriedivision.

Weitere gedruckte Quellen (Festschriften, Zeitungsbeiträge):

*Henke, Dr. Josef,* Nationalarchiv in Washington: „Kampfgruppe P nahm Erwitte", in: Heimatblätter Folge 13/1979, „Der Patriot", Lippstadt

*Kneer, Heinrich,* Als der Zweite Weltkrieg zu Ende ging, in: Heimatblätter Folge 14/1965, „Der Patriot", Lippstadt

*Mues, Willi,* Der Kreis Lippstadt als Kampfgebiet, Einmarsch in Erwitte, Letzte Tage des Krieges, in: Heimatblätter Folge 18, 19, 20/1969-70, „Der Patriot", Lippstadt

*Oberwinter, Wilhelm,* Erinnerungen eines Volkssturmführers, in: Heimatblätter Folge 4/1965, „Der Patriot", Lippstadt

*Wiegel, Josef,* Der Raum Schmallenberg im Ruhrkessel, in: Schmallenberger Heimatblätter, Ausgabe 53/54, 1981/82

*Zacharias, Josef,* Aus den Tagen des Zusammenbruchs, in: Heimatblätter Folge 17/1969-70, „Der Patriot", Lippstadt

Festbuch: 150 Jahre Handwerker-Schützenverein Erwitte, 1970

Festbuch: 250 Jahre Männer-Schützenverein Erwitte, 1978

Festbuch: 150 Jahre Schützenverein Berenbrock, 1978

Festbuch: 100 Jahre Lipperoder Schützenverein, 1977

Festbuch: 25 Jahre Gewerkschaft der Polizei, Hamm 1971

Festbuch: Diestedde – Aus der Geschichte eines münsterländischen Dorfes

Festbuch: 50 Jahre Katholische Pfarrei St. Josef, Bad Waldliesborn

Zeitungsberichte in: „Der Patriot" (Westfalenpost) Nr. 42 u. 43, 1949

Zeitungsberichte in: „Der Patriot" Fortsetzungsserie, April 1950

Zeitungsberichte in: „Der Patriot" Fortsetzungsserie, April 1957

Zeitungsberichte in: „Der Patriot" Nr. 84, 1955

Ausländische Literatur:

*Bradley, Omar N.,* A Soldier's Story, London, New York, o. J.

*Knickerbocker, H. R.,* Danger Forward, The Story of the First Division in World War II., Washington

*Fuermann, George M., Cranz Edward F.,* Ninety-Fifth Infantry Division History 1918–1946, Atlanta Georgia, o. J.

*Leach, Charles R.,* In Tornados Wake, A History of the 8th Armored Division, Chicago 1956

Spearhead in the West. The third amored Division 1941-1945, Nashville, Tennessee 372 19 USA, 1980 (reprint)

*MacDonald, Charles B.,* The last Offensive, United States Army in World War II, The European Theater of Operation, Office of the Chief of Military History of the Army, Washington D. C. 1973

*Williams, Mary H.,* US-Army in World War II, Special Studies Chronologie 1941–1945, Office of the Chief of Military History of the Army, Washington, D. C. 1960

First United States Army Report of Operations 23. February – 8. May 1945, Comanding General First U. S. Army and Headquartery Staff Sections USA 1946

*Pustet, Friedrich,* The History of the 88th Cavalry Reconnaissence-Squadron Mechanized, Germany Oktober 1945

History of the 67th Armored Regiment, Braunschweig 1946

*Davis jr. Franklin M.,* Die Entscheidung im Westen, Time-Life-Bücher, Amsterdam 1982

Weitere ungedruckte Quellen:

After action Reports der 2., 3. und 8. US-Panzerdivision, der 83. und 95. US-Infanteriedivision

Fotonachweis:

Die meisten Fotos dieser Dokumentation stammen von US-Kameramännern der damaligen Streitkräfte, vermittelt durch Department of the Army, US-Army Audiovisual Center Washington D. C., ferner von der Redaktion der US-Army-Zeitung Stars and Stripes, Darmstadt.

Einige Fotos sind Reproduktionen aus Divisionsgeschichten der US-Army.

Fünf Fotos stammen aus dem Imperial War Museum, London.

Die Fotos des Bundesarchivs Koblenz sind mit besonderer Signatur versehen. Weitere Fotos stellten zur Verfügung: Major a. D. Richard Pohl, Friedrich Bruns, Jost W. Schneider, Stuart Russell, Sammlung Dr. Manfred Schöne, Aloys Müller, Albert Ernst, Heinrich Gödde, Hansgeorg Model, Hella Model, Hedwig Stern, Marianne Wirtz, Edelgard von Kortzfleisch, Wolf Ewert, Otto Hitzfeld, Walter Scherf.

Alle Karten dieser Dokumentation wurden – soweit nicht die Quelle direkt angegeben ist – vom Verfasser nach den vorhandenen deutschen und amerikanischen Unterlagen gezeichnet.

Für die Besorgung erster amerikanischer Quellen im Jahre 1970 möchte ich nochmals danken: dem aus Erwitte stammenden und 1973 97jährig in El Paso/Texas verstorbenen Mister Louis Fischbein sowie dem damaligen Colonel M. I. Robert H. Fechtmann (Chief Historical Services, Department of the Army, Washington).

Herzlicher Dank gilt auch Herrn Ortwin Nossinski von der Redaktion „Stars and Stripes“, Darmstadt, für alle bereitwilligen Auskünfte und die leihweise Überlassung zahlreicher Fotos der US-Army.

---

## Berichtigung

Bei den umrandeten Text-Einschüben in Kursiv-Schrift muß es statt „Der Wehrmachtsbericht meldet“ heißen: „Aus dem Kriegstagebuch des Oberkommandos der Wehrmacht“.

Diese Auszüge sind entnommen dem Taschenbuch „Die Niederlage 1945“, dtv dokumente, herausgegeben von Percy Ernst Schramm, Deutscher Taschenbuch Verlag GmbH & Co. KG., München 1962.